rks.

Tafel I.

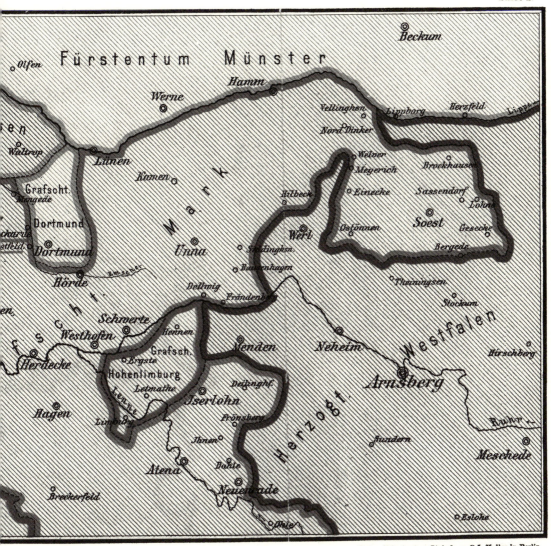

Geogr.-lith. Anst. u. Steindr. v. C. L. Keller in Berlin.

r Bergordnungen.

Kurkölnische Bergordnung.   Jülich-Bergische Bergordnung.

der nat. Länge.
20   30 km.

Das Ruhrgebiet –
Ein historisches Lesebuch

Das Ruhrgebiet –
Ein historisches Lesebuch

zusammengestellt und bearbeitet von den
Mitarbeiterinnen und Mitarbeitern
des Instituts für soziale Bewegungen
der Ruhr-Universität Bochum und der
Stiftung Bibliothek des Ruhrgebiets

in zwei Bänden herausgegeben von
Klaus Tenfelde und Thomas Urban

Bd. 1

Die Umschlagabbildung zeigt einen Füllort der Schachtanlage Shamrock 3/4 in (Herne-)Wanne mit moderner Doppelförderungsanlage um 1896 (Fotograf unbekannt; Bergbau-Archiv Bochum 32/4496: Album »Bergwerksgesellschaft Hibernia 1873–1898«). Die Abbildung ist abgedruckt in: Gabriele Unverferth/Evelyn Kroker, Der Arbeitsplatz des Bergmanns in historischen Bildern und Dokumenten, 5. Aufl., Bochum 2003, S. 147; Michael Farrenkopf, Mythos Kohle. Der Ruhrbergbau in historischen Fotografien aus dem Bergbau-Archiv Bochum, Münster 2009, S. 48.
Die Karte im Vorsatz aus: Verein für die bergbaulichen Interessen im Oberbergamtsbezirk Dortmund (Hg.), Die Entwickelung des niederrheinisch-westfälischen Steinkohlen-Bergbaues in der zweiten Hälfte des 19. Jahrhunderts, Bde. 1–12, Bd. 10: Wirtschaftliche Entwickelung, Berlin 1904, vor S. 9.
Die Karte im Nachsatz aus: Klaus Tenfelde, Sozialgeschichte der Bergarbeiterschaft an der Ruhr im 19. Jahrhundert, 2. Aufl., Bonn 1981, S. 59 (Vorlage aus: Wilhelm Runge, Das Ruhr-Steinkohlenbecken, Berlin 1892, Tafel 1).

Gefördert durch

Diese Quellensammlung bietet sich sowohl für den Geschichtsunterricht in der Sek I als auch in der Oberstufe an, da sich auf dieser Basis ein differenziertes Bild des Ruhrgebiets entfalten lässt. Die thematische Vielfalt der zusammengestellten Text- und Bildquellen ermöglicht nicht nur die Berücksichtigung individueller Interessenlagen von Schülerinnen und Schülern sondern kommt damit auch der Forderung nach Multiperspektivität besonders nach. Durch die Aufbereitung werden die Schülerinnen und Schüler zudem in ihrem eigenverantwortlichen Lernen unterstützt und gefördert.

1. Auflage, Juli 2010
Satz und Gestaltung: Klartext Medienwerkstatt GmbH, Essen
Umschlaggestaltung: Volker Pecher, Essen
Druck und Bindung: Druckerei Strauss, Mörlenbach
© Klartext Verlag, Essen 2010
ISBN 978-3-8375-0286-2
Alle Rechte vorbehalten

www.klartext-verlag.de

Inhalt

Das Ruhrgebiet: Raum – Zeit – Quellen (Einleitung)
Von Klaus Tenfelde und Thomas Urban 9
    I. Die Entwicklung der schwerindustriellen Ballungsregion 9
    II. Raum und Geschichte 13
    III. Quellen und Dokumente zur Ruhrgebietsgeschichte –
        Ziele der Dokumentation 16
    IV. Editorische Hinweise 20

Dokumentenverzeichnis und Kurzregesten 23

BAND 1

Kapitel I
Von der Alten Welt zum Bergbauland 51
Von Dieter Scheler
    Dokumente 56

Kapitel II
Frühindustrialisierung 125
Von Thomas Urban
    Dokumente 132

Kapitel III
Industrielle Revolution und die Entstehung des Ruhrgebiets 177
Von Gunnar Gawehn und Marco Rudzinski
    Dokumente 182

Kapitel IV
Arbeit in der Schwerindustrie 227
Von Hans-Christoph Seidel
    Dokumente 232

Kapitel V
Die Entwicklung der Städte bis zum Ersten Weltkrieg 281
Von Benjamin Ziemann und Klaus Tenfelde
    Dokumente. 286

Kapitel VI
Oberschicht, wirtschaftliche Führungsgruppen und industrielle Interessenpolitik 341
Von Barbara Michels
    Dokumente. 346

Kapitel VII
Arbeiterleben und Arbeiterkultur in der schwerindustriellen Erwerbswelt. 399
Von Klaus Tenfelde
    Dokumente. 404

Kapitel VIII
Sozialer Konflikt und Gewerkschaften bis zum Ersten Weltkrieg. 449
Von Klaus Tenfelde
    Dokumente. 454

Kapitel IX
Weltkrieg, Bürgerkrieg, Besetzung 1914–1924 – Das »unberechenbare Jahrzehnt« . . . 501
Von Holger Heith
    Dokumente 505

BAND 2

Kapitel X
Weimarer Republik –
Zwischen scheinbarer Stabilisierung und Weltwirtschaftskrise (1923–1932) 551
Von Jürgen Mittag und Karsten Rudolph
    Dokumente 557

Kapitel XI
Nationalsozialistische Machtübernahme und
Konsolidierung der Terrorherrschaft 1933/34 611
Von Silvia Lagemann und Thomas Urban
    Dokumente. 615

Kapitel XII
Nationalsozialismus und Zweiter Weltkrieg 653
Von Gustav Seebold und Holger Heith
    Dokumente. 659

Kapitel XIII
Trümmer, Armut, Arbeit. Der Wiederaufbau der Region 715
Von Jürgen Jenko
    Dokumente 720

Kapitel XIV
Von der Industriestadtregion zur modernen Großstadtregion 767
Von Klaus Tenfelde und Benjamin Ziemann
    Dokumente. 773

Kapitel XV
Wirtschaftlicher Strukturwandel –
technische Innovation und Arbeit im Ruhrgebiet. 831
Von Walter Vollmer und John Wesley Löwen
    Dokumente. 839

Kapitel XVI
Gewerkschaften, sozialer Konflikt, Mitbestimmung, Sozialdemokratisierung. 889
Von Helke Stadtland
    Dokumente. 896

Kapitel XVII
Gesellschaftlicher Strukturwandel –
Bildungsrevolution, Daseinsweisen und soziokulturelle Herausforderungen 947
Von Jens Adamski und Julia Riediger
    Dokumente. 951

Kapitel XVIII
Ruhrstadt – Kulturhauptstadt. Region und Identität nach 1945 1001
Von Dagmar Kift
    Dokumente. 1006

ANHANG

Verzeichnis der Abkürzungen 1055

Erklärung der bergmännischen Fachausdrücke (Bergbau-Glossar) 1061

Auswahlbibliografie
   1. Einführungen und Überblickswerke, Quellensammlungen
      und „Lesebücher" 1065
   2. Hilfsmittel (Atlanten, Beständeübersichten, Bibliografien,
      Forschungsberichte etc.) 1066
   3. Ausstellungs- bzw. Museumskataloge und Zeitschriften 1067
   4. Wichtige neuere Werke zur Bevölkerungs- und Stadtgeschichte 1068
   5. Wichtige neuere Werke zur Industrie- und Sozialgeschichte 1069

Verzeichnis der Mitarbeiterinnen und Mitarbeiter 1073

Nachweis der Urheberrechte 1075

Register 1077

Das Ruhrgebiet:
Raum – Zeit – Quellen
(Einleitung)

Von Klaus Tenfelde und Thomas Urban

I. Die Entwicklung der schwerindustriellen Ballungsregion

Das Ruhrgebiet ist eine ganz besondere „Geschichtslandschaft". Anders als die allermeisten sonstwie historisch entstandenen Landschaften, verdankt es seine Entstehung nicht den mehr oder weniger zufälligen territorial- und dynastiegeschichtlichen Verstrickungen deutscher und europäischer Geschichte, und es schmückt sich deshalb auch nicht mit einem auf die Wittelsbacher oder Wettiner, die Hohenzollern oder gar die Hanse zurückreichenden Selbstbewusstsein. Das Ruhrgebiet ist nicht von Fürsten, es ist von den Menschen der Moderne „gemacht" worden, von Unternehmern und Arbeitern. Der ausschließliche Entstehungsgrund für diese, nach London und Paris, größte Städteballung Europas war der Aufstieg der Montanindustrie, von Bergbau und Stahl, im Zeitalter der Industrialisierung.

Es gab eine Geschichte des Ruhrgebiets „vor" dem Ruhrgebiet. Dass sich hier wie andernorts in Deutschland und Europa seit dem frühen Mittelalter eine vergleichsweise dichte Städte- und Kulturlandschaft entfaltet hatte, macht die Region für die Erforschung und Kenntnis des Mittelalters und der Frühen Neuzeit so interessant wie jede andere. Mit Duisburg, Dortmund und Essen entwickelten sich zeitweise bedeutende Städte. Selbst für die Römerzeit, die Jahrhunderte der Völkerwanderungen und das frühe Mittelalter bis zur Zeit der Karolinger bietet der Raum gelegentlich überraschende Einsichten. Soweit sich Erkenntnisse auf schriftliche Quellen stützen können, wird er seit dem späten 8. Jahrhundert fassbar. Von Kohlefunden berichten die Quellen jedoch erst seit dem späten 13. Jahrhundert. Vom Eisen und von sonstigen Metallen ist früher schon die Rede – freilich kaum im späteren Ruhrgebiet, eher schon im südlich angrenzenden Bergischen Land und in der Region, die heute Sauerland heißt.

Kohlenhandel am Rhein lässt sich im späten Mittelalter nachweisen, aber Transporte aus dem Aachener Revier und vielleicht sogar aus dem Raum um Lüttich waren vermutlich bedeutender als solche von der Ruhr. Das hing mit Transportwegen, Berechtsamen und territorialherrschaftlichen Ansprüchen zusammen, auch lagen die Fundstätten in wenig besiedelter Gegend, und die im mitteldeutschen und habsburgischen Erzbergbau längst fortgeschrittenen Abbau- und Fördertechniken dürften die Region erst seit dem 18. Jahrhundert erreicht haben. Damals erst begannen, in der Zeit des preußischen Merkantilismus, im Wesentlichen aus fiskalischen Gründen gezielte Maßnahmen zur Erschließung der Bodenschätze in der Region, die allerdings immer noch in mehrerer Herren Ländereien aufgesplittert war. Immerhin, am Ende des 18. Jahrhunderts gab es bereits rund 1.700 Bergleute, bei zunehmender Tendenz. Auch nachdem die Gesamtregion beim Wiener Kongress endgültig an Preußen gelangt war, blieb das Wachstum noch verhalten. Früher schrieb man dem alten Bergrecht und einer unter dessen Ägide zögerlich handelnden, beamteten Bergbauelite die Hauptschuld an der einstweilen sehr langsamen Entwicklung zu. Dass sich diese seit den 1830er Jahren deutlich beschleunigte, war dem technischen Fortschritt, vor allem den Anfängen des Tiefbaus auch unterhalb der den Karbon überlagernden, stark Wasser führenden Mergelschicht, sowie dem sich abzeichnenden Eisenbahnbau geschuldet.

Das lenkt den Blick auf die Dampfmaschine und damit auf Eisen und Stahl. Man kann sagen, dass dieser Branche in der Anlaufphase der Industriellen Revolution eher größere Bedeutung zukam als dem Bergbau: Mitte des 18. Jahrhunderts entstanden bereits mehrere Betriebe zur Verhüttung des Raseneisenerzes, das man in der Emschermulde fand. Aus ihnen sollte bald die später so genannte Gutehoffnungshütte in Oberhausen werden, der erste „Großbetrieb" schon an der Wende zum 19. Jahrhundert mit bald mehreren Hundert Arbeitern. Die Kruppsche Gussstahlfabrik, 1811 gegründet, konnte lange Zeit nicht mithalten, aber dieses Werk sollte den ausgezeichneten Ruf des Ruhrstahls durch seine einzigartigen Tiegelstahl-Produkte später in alle Welt tragen. So rauchten die Schornsteine im Revier längst schon, als endlich mit einem entscheidenden technischen Fortschritt die enge Verzahnung von Kohle und Stahl möglich wurde. Denn in allen Zeiten war Eisenerz, um die erforderlichen hohen Temperaturen zu erreichen, mit Holzkohlen verhüttet worden. Nun erst gelang es, nach Jahrzehnten des Herumprobierens, aus der an der Ruhr reichlich vorhandenen Fettkohle brauchbaren Koks zu backen. Und weil mit dem um die Mitte des 19. Jahrhunderts stark zunehmenden Eisenbahnbau nun auch ein Großkunde bereitstand, der Stahl in großen Mengen und reichlich Kohle für den Betrieb nachfragte, nahm das Revier seit den 1850er Jahren einen gewaltigen Aufschwung, und das Ruhrgebiet entstand.

Kohle und Stahl sind die Stoffe, auf denen die Industrialisierung beruhte. Im Jahrzehnt nach der Revolution von 1848/49 kam noch ein weiterer Wachstumsfaktor hinzu: Man fand nämlich, in enger Verzahnung mit den Flözlagen des Karbon, einige Eisensteinflöze, den sogenannten „Blackband", vornehmlich im Dortmunder Raum. Kohle und Eisenerz auf denselben Zechen zu fördern, das musste hochlukrativ erscheinen. Und so setzten nun auch spekulative Investitionen ein, aber auf längere Sicht erwies sich der Eisenstein als wenig ergiebig, und manche groß geplanten Hüttenbetriebe machten bereits bankrott. Dennoch schritt die Wachstumsgeschichte des Ruhrgebiets nun mit riesigen Schritten voran. Hatten im Jahre 1849 etwa 12.000 Bergleute Kohle gefördert und rund 2.800 Arbeiter Roheisen erschmolzen oder Metallerzeugnisse gefertigt, so sollten, am Ende einer ersten starken Wachstumsphase, im Jahre 1875 etwa 84.000 Bergleute Kohle gewinnen und 30.800 Arbeiter Roheisen erschmelzen; in der sonstigen Metallverarbeitung und im frühen Maschinenbau wurden nun 13.700 Männer beschäftigt. Dagegen sank die Beschäftigung in der früher auch in dieser Region durchaus bedeutenden Textilindustrie im selben Zeitraum von 4.000 auf 3.600 Arbeitskräfte.

Man sieht, das Ruhrgebiet gewann als Montanregion Gestalt. Das Bevölkerungswachstum folgte der industriellen Expansion. In den vier Kernkreisen der Industrialisierung: Duisburg,

Essen (das anfangs zum Kreis Duisburg gehörte), Bochum und Dortmund, wurden 1818 gerade einmal zusammen knapp 120.000 Menschen gezählt. 1848 waren es erst 221.000, aber 1875 bereits 679.000 und 1890 fast 1.085.000, und die Zunahme, die sich nun aus Zuwanderern und aus der Familienbildung dieser stets jungen Zuwanderer errechnete, sollte jetzt, ab 1895, noch einmal in ein nur gewaltig zu nennendes Wachstum münden. Man nennt diese Blütezeit der Schwerindustrie zwischen 1895 und 1914 oft „Hochindustrialisierung", weil sich jetzt die ganz anderen Produktionsbedingungen, Schichtungen und Lebensweisen der Bevölkerung als „Industriegesellschaft" endgültig, unwiderruflich, durchsetzten. An der Wende zum 20. Jahrhundert wuchsen die Städte der Region, zu Beginn des 19. Jahrhunderts kleine Orte mit ein paar Tausend Einwohnern, teilweise durch Eingemeindung der umliegenden Kirchdörfer und Industrie-Vororte zu Großstädten, und das Ruhrgebiet dehnte sich über die genannten Kernkreise aus, überwiegend nach Norden, in den Emscher- und Lipperaum.

Damit war eine neue, eigenartige Gesellschaft entstanden: die regionale Montangesellschaft. Sie unterschied sich nach Herkünften, Beschäftigungsformen und Lebensweisen deutlich von anderen regionalen Arbeitsgesellschaften, und sie beherrschte das Bild, in manchen Vororten bis zur Ausschließlichkeit. Eine vergleichbare Homogenität der Erwerbsgesellschaft, hier um Kohle und Stahl, wurde nirgends sonst erreicht. Das war in anderen europäischen Montanregionen: in England, Belgien und bestimmten Landschaften Frankreichs, ganz ähnlich, wie auch in Oberschlesien oder an der Saar, aber das Ruhrgebiet wuchs zur größten dieser Regionen und, in sozialstruktureller Hinsicht, zu einem Prototyp einer Montanregion. Es war immer auch eine Krisenregion, denn gerade bei Kohle und Stahl werden Absatzkrisen bis heute viel stärker gespürt als in anderen Branchen. Die Krisenjahre überwogen gar nach 1914: Sieht man von den besonderen Bedingungen der Kriegszeiten ab, so geriet das Revier ab 1918 nach anfänglichem Wiederaufschwung dank inflationsgestützter Nachfrage – 1922 wurde mit weit mehr als einer halben Million Männern im Kohlenbergbau der Höchststand aller Zeiten erreicht – in eine Absatz- und Rationalisierungskrise mit dem Höhepunkt der Weltwirtschaftskrise ab 1929/30. Sonderkonjunkturen waren es nun, die den Ausstoß an Kohle und Stahl emportrieben: Die Rüstungskonjunktur der Nationalsozialisten spätestens ab 1936, die Kriegsbedarfe an Eisen und Stahl, die Wiederaufbaukonjunktur und, in den Wirtschaftswunderjahren der Nachkriegszeit, neuerlicher Stahlbedarf etwa mit der Massenmobilisierung.

Veränderungen in der Bereitstellung und Zusammensetzung der Energiebedarfe moderner Volkswirtschaften hatten sich in Deutschland mit dem Aufschwung des Braunkohlenbergbaus als eines wichtigen Versorgers der neuen Elektrizitätswirtschaft teilweise schon in der Zwischenkriegszeit abgezeichnet. Überversorgung mit Steinkohle war dann zu erkennen, als das Rohöl auf die Weltmärkte drängte. Anderes kam hinzu, so beispielsweise der relativ immer geringere Koksbedarf im Verhüttungsprozess, die Elektrifizierung und Motorisierung des Verkehrs und auch die Umstellung des Hausbrands auf die damals sehr preiswert und viel sauberer erscheinende Ölversorgung. 1957 wurde das Jahr der Krise, und in den frühen 1960er Jahren wurde bereits unausweichlich, dass die alten Hellwegstädte, die sich bisher gern als Stätten der Kohle und des Stahls gerühmt hatten, als solche bald nicht mehr würden existieren können.

Das war der Beginn eines Strukturwandels, der sich noch in der Gegenwart fortsetzt. Wieder veränderte die Region fundamental ihre Prägungen. Es gibt seit einiger Zeit nur noch sehr wenige große Zechen und nur noch einen großen Hüttenkonzern. Im Jahre 2018 soll jegliche Kohlenförderung eingestellt werden. Heute, mehr als ein halbes Jahrhundert nach Einsetzen der Bergbaukrise (der Stahlabsatz geriet etwa ein Jahrzehnt später in die Krise), unterscheidet sich die Erwerbsstruktur der ehemaligen Montanregion so gut wie nicht mehr von derjenigen anderer Regionen und Großstädte. Das Ruhrgebiet weist seit der Jahrtausendwende eher weniger Industriebeschäftigte auf als manche Landkreise in der Umgebung, etwa die Kreise Arnsberg und Borken. Längst sind einige große Unternehmen der Energiewirtschaft sowie die Chemiebranche bedeutsamer als Bergbau und Hütten, nicht nur, was die Beschäftigung angeht. Diese weist im Übrigen ein stärker diversifiziertes Grundmuster auf als jemals zuvor, und zwar vor allem als Folge der privaten und öffentlichen Dienstleistungen, die längst das Erwerbsbild bestimmen und denen neben vielem Anderen endlich der Einstieg der Frauen in das Erwerbsleben auch in dieser riesigen Region der schweißtreibenden Männerarbeit zu verdanken war. Das spiegelte sich vor allem in den Ergebnissen der „Bildungsrevolution" der 1960er und 1970er Jahre. Ursprünglich angetreten, um auch den Arbeiterkindern im Ruhrgebiet endlich Wege zu höherer Bildung zu eröffnen, ebneten die Bildungsreformer vor allem den Arbeitertöchtern den Weg zum sozialen Aufstieg. Seit rund zwei Jahrzehnten gilt das Ruhrgebiet – seit Gründung der Ruhr-Universität 1965 sind zahlreiche höhere Bildungsanstalten hinzugekommen – als ausgeprägte Bildungs- und Kulturregion.

Das kam nicht von ungefähr. Auf zwei Wegen ist der Strukturwandel vergleichsweise konfliktfrei vorangetrieben worden: durch staatliche Hilfen und durch die Mitwirkung der gesellschaftlichen Kräfte, namentlich auf dem Wege der Montanmitbestimmung, einer Besonderheit im deutschen Betriebsverfassungsrecht (seit 1951). Die staatlichen Hilfen wurden, in einer Serie aufeinander folgender Förderprogramme, auf kommunaler, landes- und bundespolitischer Ebene und schließlich auch seitens der Europäischen Union gewährt. Sie vor allem gaben den Hunderttausenden Arbeiterfamilien, deren Arbeitsplätze entfielen und deren Existenz damit prekär wurde, die nötige Zeit und oft auch mancherlei Chancen, die Umstellung nicht nur mit einem anderen Arbeitsplatz an sich zu vollziehen, sondern auch gedanklich zu bewältigen. Gegenwärtig (2010) arbeiten noch rund 24.000 Beschäftigte in bergbaulichen Betrieben ausschließlich im Norden des Reviers. Die dortigen kommunalen Gebietskörperschaften stehen deshalb in den kommenden Jahren vor riesigen Herausforderungen. In dieser zuletzt industrialisierten Teilregion ist der Strukturwandel noch längst nicht beendet.

Insgesamt hielt die schwerindustrielle Blütezeit des Reviers ziemlich genau über 110 Jahre an, von 1850 bis 1960. Sie war, in der ersten Hälfte dieser Zeit (bis 1914), von Aufschwungjahren geprägt, die dem Äußeren der Landschaft ein unverwechselbares Gepräge gaben und die seine Wahrnehmung bis heute bestimmt haben. In der zweiten, etwa eine Generation umgreifenden Phase überwogen die Krisenerfahrungen, die sich den wirtschaftlichen Wechsellagen so sehr wie den politischen Brüchen verdankten. Die große Masse an Menschen, die das Ruhrgebiet weiterhin bevölkerten – und die nach 1945 durch das Einströmen von Flüchtlingen und Vertriebenen, seit etwa 1960 dann durch Zuwanderung damals so genannter Gastarbeiter, noch einmal kräftig „durchmischt" wurden –, hat einigen Wohlstand erst unter den gänzlich anderen Bedingungen der Nachkriegszeit erreichen können. Auch darin unterscheiden sich jene 5,3 Mio. Menschen, von denen dabei zumeist die Rede ist, also knapp ein Drittel der nordrhein-westfälischen Bevölkerung, nicht mehr von jeder anderen deutschen Region.

II. Raum und Geschichte

Wer von 5,3 Mio. Menschen spricht, meint die heutige Bevölkerung im Gebiet des Regionalverbands Ruhr (RVR). Dieser 1920 als Siedlungsverband Ruhrkohlenbezirk entstandene, in der Nachkriegszeit über einige Jahrzehnte als Kommunalverband Ruhrgebiet firmierende „kommunale Zweckverband" bietet eine gewisse, hinsichtlich ihrer Kompetenzen nach wie vor recht schwache „Klammer" für die derzeit 53 „kommunalen Gebietskörperschaften", die ihm angehören. Eine administrative Klammer, vergleichbar den Regierungsbezirken, bildet der RVR nicht, auch wenn ihm der Gesetzgeber jüngst eine gewisse regionale Planungskompetenz übereignet hat.

Und außerdem umfasst das Verbandsgebiet, aus in der Entstehungszeit gut gemeinten Gründen, einen größeren Raum als das eigentliche urbane Kerngebiet. Man dachte in erster Linie an die Versorgung der industriellen Kernzone durch die umliegenden ländlichen Räume. Es fällt außerordentlich schwer, dem Ruhrgebiet eine andere räumliche Einheit zu unterstellen als diejenige einer Schwerindustrie, die es heute kaum noch gibt. Die pure Geografie erlaubt keinerlei überzeugende Grenzziehungen. Der den Namen gebende Fluss bezeichnet nur die Ursprungsformation der Moderne, das Kerngebiet fand und findet sich nördlich davon. Die Geologie könnte helfen, legt man denjenigen Raum zugrunde, in dem Kohle gefördert wurde oder auch in Zukunft gewinnbar erscheint. Dann würde Münster dazu gehören. Richtiger erscheint es, den tatsächlichen Aufwuchs der Schwerindustrie, die wirtschaftliche und weitgehend auch politische Prägung durch die sehr großen Unternehmen in Kohle und Stahl, als wesentlichstes Prägemerkmal zu bestimmen, auch und gerade hinsichtlich der so verursachten Folgeerscheinungen. Allein der Montanwirtschaft verdankt das Ruhrgebiet seine Entstehung und seine anhaltenden Besonderheiten. Anders als in sonstigen Industrieregionen haben Zechen und Hütten die Topografie der Landschaft zutiefst verändert, indem sie Täler und Berge im Wortsinn schufen, Erschließungswege zu Land, zu Wasser und auf der Schiene errichteten, die Städte aneinander wachsen ließen und in den Städten das soziale Gefüge durch Siedlungstätigkeit und Stadtplanung nach ihren Bedürfnissen räumlich ordneten – mit anhaltenden Folgen für die binnenregionale Durchgliederung, für die alltäglichen Bindungen und Beziehungen der Menschen. Erst seit das Ruhrgebiet zur Bildungsregion wurde, sind sich seine Einwohner der Gründe und Umstände ihres Miteinander zunehmend bewusst geworden.

Dass dem Ruhrgebiet bis heute eine stärkere administrative Durchgliederung versagt blieb, hatte viele Gründe, welche die innere Raumbildung bestimmt haben. Zu den wichtigsten zählt der Umstand, dass die moderne Verwaltungsgliederung durch die preußische Obrigkeit im

Anschluss an den Wiener Kongress 1815 für die beiden preußischen Westprovinzen, das Rheinland und Westfalen, dauerhaft festgelegt wurde – sie ist in den regionalen Zuständigkeiten mit Regierungspräsidien in Münster, Arnsberg und Düsseldorf bis heute bestehen geblieben. Die Behördenstruktur als „harter" Standortbildner, an dem sich zahllose „weiche" wie die Verbände, Korporationen und privatwirtschaftlichen Zentren zu orientieren pflegen, ist also, *erstens*, entstanden, bevor die moderne Industrie als neuer Standortbildner in ihren Wirkungen auch nur zu erahnen war. Die Schwerkraft der administrativen Institutionen überdauerte (nicht nur zwischen Ruhr und Lippe) den Wandel.

Der *zweite wichtige Grund* hing mit den eher politischen Zuständen im historischen Wandel zusammen. Denn das vormoderne territoriale Gefüge wirkt ja letztlich noch heute in den dauerhaften administrativen Zuordnungen nach. Außerdem: Zu keinem Zeitpunkt seiner Geschichte, die bis zum Beschluss des Alliierten Kontrollrats 1947 über die Auflösung Preußens als staatliche Einheit anhielt, war dieser Staat daran interessiert, neue regionale Schwerpunktbildungen zu gestatten. Im Gegenteil, dem Ruhrgebiet blieben wegen einer beinahe chronischen Sicherheitsbesorgnis Einrichtungen einer regionalen Identität versagt: Universitäten, sogar (mit einer Ausnahme) Kasernen. Dort, im Ruhrgebiet, hätte ja ein vielleicht schwer beherrschbarer Kern autonomer Willensbildung entstehen können, und überhaupt, im Verständnis jener Zeit wurden Einrichtungen „höherer" Bildung für die weit überwiegende Arbeiterbevölkerung nicht eben für dringend gehalten. Und als die Alliierten, zumal die für den Nordwesten zuständige englische Besatzungsmacht, nach dem Zusammenbruch 1945 die Neuordnung Deutschlands in Angriff nahmen, stand eine ganz andere, schon 1918 beherrschende Sorge im Vordergrund: Nie wieder sollte Deutschland, gestützt durch die Industriemacht des Ruhrgebiets, einen Waffengang unternehmen können. Zeitweise, bis zur befohlenen Gründung des Bundeslandes Nordrhein-Westfalen 1946 in der typisch so genannten „Operation Marriage", stand die Bildung eines neutralisierten oder dauerhaft besetzten Eigenstaats „Ruhrgebiet" zur Diskussion.

Ein *dritter wichtiger Grund* für die Störungen der regionalen Selbstfindung verbindet sich mit der Besonderheit der Menschen, die das Ruhrgebiet bevölkerten. Schon seit den 1850er Jahren übertrafen die Zugezogenen sehr bald die Ortsansässigen. Und die ersteren, zumal die Generation der jeweiligen Zuwanderer, strebten kaum je nach einer neuen regionalen Identität, sie hatten andere Sorgen. Sie und ihre Kinder sahen sich überdies ganz anderen Milieu-Bildnern ausgesetzt: den Zechen und Hüttenwerken als Formkräften eines arbeitsreichen Alltags, den Kirchen, den Gewerkschaften und Parteien, dem eher durch Wohnkolonien als durch die Städte geformten kommunalen Dasein. Mehr noch: Arbeiterbevölkerungen streben, das hat schon der Soziologe Georg Simmel Anfang des 20. Jahrhunderts bemerkt, weit weniger und jedenfalls nicht zunächst nach regionaler Identität; es sind eher „bürgerliche" Schichten, denen solches Begehren typisch ist. Bis zum Strukturwandel hatte sich jedoch das Bürgertum im Revier, wegen der Besonderheit der montanindustriellen Erwerbsschichtung, kaum entfalten können. Es stand zudem gleichfalls unter dem Einfluss der schweren Industrie, und es hatte gar, soweit es „akademisch" gebildet war, importiert werden müssen. So gesehen, hat der viel beschworene „Strukturwandel" der Nachkriegszeit, indem er eine sehr tief greifende Umschichtung, „Normalisierung" und damit auch „Verbürgerlichung" der gesellschaftlichen Strukturen in der Region auslöste, erst die sozialen Voraussetzungen für regionale Identitätsbildung geschaffen. Es gehört zu den Paradoxien der Ruhrgebietsgeschichte, dass dieser Prozess zwar zuvor längst eingesetzt hatte, sich aber erst verstärkte, als die Form gebende Hauptkraft, die Montanindustrie, an Bedeutung verlor.

Viertens schließlich die Städte. Zwischen etwa 1850 und 1914 wuchsen sie durch Zuzug und Eingemeindungen, und mit der letzten großen Eingemeindungswelle der späten 1920er Jahre sogen sie die sie umgebenden Landkreise auf. Sie traten damit in unmittelbare Nachbarschaft, in Konkurrenz zueinander. Im Ruhrgebiet gehört Dortmund zum „Hinterland" von Bochum – und umgekehrt. Nun waren die Städte sehr groß und mächtig geworden, jede für sich, und eines gemeinsamen Planungsverbands in der Region schien es nicht mehr zu bedürfen. Städte pflegen lokale, nicht regionale Kulturen. Einer regionalen Identität jenseits kommunalrechtlicher Belange stehen sie im Wege.

Als eine eher politische Einheit, freilich ohne jede administrative Konsequenz, ist das Ruhrgebiet von innen und außen erst in den 1920er Jahren wahrgenommen worden. Jetzt hatten die lange währenden nachrevolutionären Wirren und Ereignisse – gipfelnd in den wirtschaftlichen Auseinandersetzungen, in der Roten Ruhr-Armee nach dem Kapp-Putsch 1920 und im passiven Widerstand gegen die französisch-belgische Besetzung 1923 – weithin in Deutschland bekannt gemacht, dass hier, im „Wilden Westen", ein eigenes kollektives Handlungsformat, eine eigene Bevölkerung zusammengemischt worden war, die um ihre Eigenart zu kämpfen begonnen hatte. Seither wusste jedermann in Deutschland, und fatalerweise auch im Ausland, was das war, dieses „Ruhrgebiet": eine riesige Ansammlung aller Abträglichkeiten, welche die moderne Industriewirtschaft erzeugte – und zugleich das Symbol schlechthin für industrielle Macht, die „Waffenkammer" des Deutschen Reichs.

Klischees und Stereotypen sind immer schnell erzeugt, verwurzeln sich und zementieren lieb gewordene Wahrnehmungen. Man kann sie, für das Ruhrgebiet, zu Tausenden benennen und ihnen noch in jeder Schrift über die Region nachspüren. In einer „völkisch" gestimmten Zeit entstand beispielsweise, mit Wilhelm Brepohl als wortreichem Verfechter, das scheinbar wissenschaftlich begründete Gerede vom „Ruhrvolk", dem merkwürdige und schon sprachlich unerträgliche Besonderheiten wie „biologische Verostdeutschung" und „kulturelle Verwestdeutschung" zugesprochen wurden. Letztlich kann man auch darin einen freilich ganz abgleitenden Versuch erkennen, regionale Identität zu begründen. Andere Klischees stützten sich mehr in Äußerlichkeiten ab, in jenem Gesamtbild rauchender Schornsteine, in den unbezweifelbaren Umweltschäden, auch manchmal in der vermuteten Kulturlosigkeit jener Montanproletarier. Man darf daran erinnern, wie stolz eine ganz andere Generation von Fortschrittsgläubigen dereinst auf eben diese Schornsteine gewesen war und wie sehr auf ihnen in der unmittelbaren

Nachkriegszeit zunächst einmal die Erlangung von Wohlstand trotz aller Zerstörung beruhte. Man hat, seit den Zeiten des Strukturwandels, gegen die Klischees vom „Pott" energisch und mit guten Gründen gekämpft und doch dabei, etwa mit dem Werbeslogan „Der Pott kocht", für die Wahrnehmung von außen wohl auch bestärkt, was eigentlich überwunden werden sollte.

In all den Kämpfen über Selbstfindung und Identität, das „Image" nach innen und außen, wird leicht übersehen, dass, neben die Besonderheit der Entstehung des Ruhrgebiets, sehr bald eine andere Besonderheit, die eigene urbane Qualität des Wirtschafts- und Siedlungsraums, getreten ist. Diese „Städtestadt", wie Alfons Paquet sie wohl als erster genannt hat, bildete eine Eigenart heraus, die man in anderen Welt-Metropolen so nicht findet: Diese sind wohl überall vom Zentrum her gewachsen, aber das Ruhrgebiet wuchs aus vielen Zentren an- und ineinander. Es gab niemals nur ein Zentrum, das administrative Zuständigkeit, Dienstleistungen und kulturellen Glanz nur auf sich allein gezogen hätte. Hierfür war die Standortwahl der schweren Industrie ursächlich. Um das Kohlengebirge zu erschließen, bedurfte es netzartig anzulegender Abteufpunkte für Schächte und Schachtanlagen, und die große Hüttenindustrie siedelte in den ursprünglichen Landkreisen, wenn auch meist am Rand der bestehenden alten Stadtgebilde. Jeder dieser Riesenbetriebe sog dann Scharen von Menschen an sich, für die, möglichst im fußläufigen Umfeld, Wohnquartiere zu errichten waren. Zu Dutzenden, ja, zu Hunderten entstanden Subzentren, die nach kommunaler Eigenständigkeit strebten und diese teilweise auch erreichten – die allermeisten sind freilich von den Riesenstädten der Hellweglinie zuletzt noch in der kommunalen Gebietsreform der 1970er Jahre verschluckt worden.

Bis heute beherrscht diese, tendenziell abwertend ausgedrückt, „Zersiedelung" die topografische Struktur der Städtestadt. In ihr wirken die Raum fordernden Hiebe der Montanwirtschaft bis in die Gegenwart.

III. Quellen und Dokumente zur Ruhrgebietsgeschichte – Ziele der Dokumentation

Das Ruhrgebiet ist ungeheuer reich an Quellen über seine Geschichte. Mag man bedauern, dass diese heute, wenn nicht über den Leihdienst der Bibliotheken, dann in zahlreichen Archiven und zu einem wichtigen Teil an Aufbewahrungsorten außerhalb des Ruhrgebiets zugänglich sind, so ist doch der Quellenreichtum für sich höchst erfreulich und zugleich problematisch. Niemand ist imstande, die Gesamtüberlieferung zu erfassen, aber das trifft ganz ähnlich für weite Bereiche auch der politischen und der Sozialgeschichte des 19. und 20. Jahrhunderts zu. Während man in der Mittelalter- und teilweise noch in der Frühneuzeitforschung um jedes dokumentierte Wort zu kämpfen hat, plagt die Historikerinnen und Historiker des 19. und 20. Jahrhunderts eher die Vielzahl und Vielfalt der Überlieferungen und die damit allgegenwärtige Redundanz. Und dennoch, besonders wichtig erscheinende Entwicklungen sind dann doch wieder kaum oder gar nicht durch Quellen belegt.

In diesem Lesebuch werden Quellen unterschiedlichster Herkunft gedruckt. Wir haben nach intensiver Diskussion nur auf zwei Quellengruppen beinahe vollständig verzichtet: zum einen auf statistische Quellen zur Wachstums- und Schrumpfungsgeschichte der Wirtschaft, zur Zuwanderungs-, Bevölkerungs- und Stadtgeschichte und zu vielen sonstigen Bereichen. Solche Quellen sind heute in der Forschungsliteratur bequem erreichbar, werden aber auch durch Einrichtungen wie den RVR etwa für Unterrichts- und Werbezwecke, teilweise und durchaus ausführlich auch im Internet bereitgehalten. Die Einleitungen zu den dokumentierten Themen bieten wenigstens die unentbehrlichsten Hinweise – ein Ersticken im „Datensalat" wollten wir dem Leser ersparen. Zum anderen verzichtet das Lesebuch nahezu vollständig auf den Abdruck von Bildern, auch wenn – und teilweise: gerade, weil – die „Lesegewohnheiten" der Moderne in bedeutendem Umfang visuelle Information zu bevorzugen scheinen. Es sei die kritische Bemerkung gestattet, dass anscheinend, je informationsbedürftiger moderne Rezipienten sich geben, die Befähigung zur Vertiefung in dichte, ganz andere, vielfach für sich sprechende Texte verloren zu gehen droht. Dem wollten die Mitarbeiterinnen und Mitarbeiter dieses Lesebuchs nicht nachgeben. Dieser Gestus fiel umso leichter, als das Genre der Bildbände, auch solcher mit historischen Inhalten, gerade im Ruhrgebiet gegenwärtig – und zumal im Kulturhauptstadtjahr 2010 – eine deutliche Konjunktur erlebt. Gerade die historische Fotografie ist in den letzten beiden Jahrzehnten gleichsam „entdeckt" worden, und ihre Entwicklung verlief zeitlich synchron zur Ruhrgebietsgeschichte. Es sei auch nicht übersehen, dass historische Bilder, Fotografien zumal, einen hohen Quellenwert besitzen. Will man freilich nicht nur illustrieren, sondern Erkenntnisse aus Bildern herausfiltern, dann bedarf dies einer eigenständigen Methodologie. Illustrierende „Bildgeschichten" sind jedoch, wie gesagt, reichlich verfügbar. Wir haben uns in diesem Druckwerk entschlossen, gelegentlich die ursprüngliche Quelle durch Faksimiles kenntlich zu machen, und darüber hinaus findet, neben einigen wenigen Plakaten, die Karikatur als eine eigenständige, bisher u.W. in der regionalen Forschung nicht behandelte Gattung wiederholt Berücksichtigung.

Die Herkunft der Quellen ist, der Überlieferung entsprechend, ungemein vielfältig. Unter den zeitgenössisch ungedruckten und gedruckten Quellen wurden solche mit, wie noch zu erläutern ist, eher „wahrnehmungsgeschichtlichem" Inhalt bevorzugt, aber auf Normen setzende Texte – Gesetze und Verordnungen, Anordnungen an die Polizeibehörden und vieles Ähnliche – konnte nicht ganz verzichtet werden. Gern wurden literarische Texte und zeitgenössische Zeitungsberichte, die für sich hohe Authentizität bieten, berücksichtigt. In weiten Teilen kommt jedoch bisher ungedrucktes oder schwer, nur in Archiven, zugängliches Material zum Abdruck. Bei der Suche bestätigte sich eine grundlegende Erfahrung der Ruhrgebietshistoriker: Die wichtigsten, für die Region insgesamt aussagestarken Quellen sind in den Akten der Regierungsbezirke Arnsberg, Münster und Düsseldorf erhalten, weil die staatliche Mittelinstanz sowohl die Weisungen der Ministerien „von oben" als auch die Berichterstattung aus den Städten, Kreisen, Polizeidienststellen und wichtigen sonstigen Behörden zu koordinieren und darin Kompetenzen wahrzunehmen hatte. Eben diese Quellen werden außerhalb des Ruhrgebiets, in Düsseldorf für den „rheinischen" und in Münster für den „westfälischen" Teil, aufbewahrt. In Münster finden sich außerdem die zentralen Akten des Oberbergamts Dortmund und, wie auch in Düsseldorf, einiger Bergämter und Landkreise. Kriegsverluste sind übrigens kaum zu beklagen, und das gilt auch für die meisten Stadtarchive im Ruhrgebiet, die teilweise, wie in Dortmund, auf sehr alte Wurzeln zurückgehen, weitgehend jedoch mit der Entwicklung der städtischen Leistungsverwaltungen im Zeitalter der Urbanisierung, also gegen Ende des 19. Jahrhunderts, entstanden sind. Auch andere, teilweise übergeordnete Archivalien wie diejenigen der Ministerien werden gelegentlich herangezogen. Als ein für die Geschichtsschreibung des Ruhrgebiets besonders glücklicher Umstand erweist sich überdies, dass die hier entstandenen Großkonzerne stark genug waren, eigene Firmenarchive aufzubauen, aus denen wiederum gelegentliche Funde in diesem Buch dokumentiert werden. Das betrifft auch die Wirtschaftsarchive zu Dortmund und Köln und vor allem das Bochumer Bergbau-Archiv im Deutschen Bergbau-Museum sowie das Archiv der Industriegewerkschaft Bergbau und Energie im Archiv für soziale Bewegungen der Stiftung Bibliothek des Ruhrgebiets zu Bochum.

Historiker sind den Umgang mit Serienquellen gewohnt und erstellen solche auch in Druckfassungen – man denke an die Dokumente zur auswärtigen Politik, an Kabinettsprotokolle, aber auch an die Edition von Tagebüchern, an mehr oder weniger vollständige Quellensätze über wichtige, meistens politische Ereignisse und an vieles andere. Etwa sind zur deutschen „Landesgeschichte" und oftmals zur Geschichte wichtiger Städte in bestimmten Phasen ihrer Entwicklung teilweise über Jahrzehnte große Quellensammlungen veröffentlicht worden, wobei sich wissenschaftliche Akademien, wo es solche gab und gibt, um solche editorischen Großprojekte verdient gemacht haben. Eine ähnliche Serienpublikation böte sich gerade auch für das Ruhrgebiet an. Sie könnte aus schier überbordendem Quellenreichtum schöpfen, ließe sich, da ein vergleichsweise kurzer historischer Zeitraum zu dokumentieren wäre, sachthematisch überzeugend gliedern und würde künftigen Generationen sicheren und im Einzelnen stark vertieften Rückgriff auf Gewesenes ermöglichen. Eine „Akademie des Ruhrgebiets" gibt es bisher nicht, mithin auch keinen Träger eines solchen Unterfangens, und es bleibe dahingestellt, ob eine solche Maßnahme zu wünschen ist.

Warum dies zu erwähnen ist: Dieses „Historische Lesebuch Ruhrgebiet" will eine denkbare serienartige Quellenpublikation nicht vorwegnehmen, noch gar ersetzen. Einzelne Aspekte der Ruhrgebietsgeschichte sind ja auch bereits durch meist sehr seriöse Quellenpublikationen dokumentiert worden. Das „Lesebuch" verfolgt andere Ziele:

Eine auch nur einigermaßen durch Kenntnis gesättigte Überblicksgeschichte des Ruhrgebiets gibt es gegenwärtig nicht – umso zahlreicher finden sich in den Regalen der Buchhändler populäre, kaum auf Probleme konzentrierte Veröffentlichungen: von anregender Durchreise-Lektüre bis zur anekdotenhaften Geschichtspräsentation auf wenigen Seiten. Wer sich in lernender Absicht über diesen einzigartigen Wirtschafts- und Kulturraum kundig machen will, wird vom Buchmarkt enttäuscht. Wer darüber, in unseren Schulen, auch lehren und lernen will, muss sich das Material mühsam selbst zusammenstellen. Sicher leisten dabei Bibliotheken, Stadtarchive und einzelne historische Zentren und Gedenkstätten, die in manchen Städten des Ruhrgebiets teilweise anlassbezogen entstanden sind, wertvolle Hilfen. Wir hoffen nun, mit diesem Lesebuch dem historisch interessierten Leser, der mehr und Authentisches über die Region erfahren will, einen informationsreichen Rückhalt zu geben.

Das Format „Lesebuch" ist mit diesem Ziel gewählt worden. Es bietet erzählte Geschichte mehr als systematische Interpretation, Wahrnehmung mehr als hieb- und stichfeste Daten und Strukturen, aber es enthält von all dem eine gehörige Portion. Es ist vor allem für „den Leser" gedacht, gleichviel, welchen Motiven sich die Bereitschaft zur Beschäftigung mit der Ruhrgebietsgeschichte verdankt. Wir wünschen uns, beispielsweise, dass das eine oder andere der hier präsentierten Dokumente schon im heimatkundlichen Unterricht der Grundschule nacherzählt wird oder dass eines der nachfolgenden 18 Kapitel als Arbeitsgrundlage in einem gymnasialen Leistungskurs dienen kann. Gerade deshalb haben wir uns bemüht, mit den Quellen auf eine Weise umzugehen und sie in einer Weise zu präsentieren, die von der Geschichtswissenschaft geradezu zur Grundlage ihrer Arbeitstechniken gemacht worden und nachfolgend noch zu beschreiben ist.

Es ist in der Vorbereitung der Edition, die auf langjährige Absichten zurückgeht, gelungen, unter Darlegung dieser Absichten Unterstützung einzuwerben. Das betrifft zu allererst die Mitarbeiterinnen und Mitarbeiter, die Doktorandinnen und Doktoranden des Instituts für soziale Bewegungen der Ruhr-Universität Bochum und der mit diesem Institut eng verbundenen Stiftung Bibliothek des Ruhrgebiets zu Bochum. Indem auf diese Weise durch Eigenforschung erlangte Kompetenz eingebracht und die Quellenrecherche von den Mitarbeiterinnen und Mitarbeitern der Bibliothek des Ruhrgebiets unter der Leitung von Frau Klara Prinz und Frau Beate Hepprich sowie von den Leitern des Archivs für soziale Bewegungen, Herrn Dr. Gustav Seebold und Herrn Holger Heith, fachkundig unterstützt wurde, entstand ein Gemeinschaftswerk. Nicht überall reichte die im Hause vorhandene sachliche Zuständigkeit, und so danken die Herausgeber ganz besonders den beiden externen Mitarbeitern, Herrn Prof. Dr. Dieter Scheler (Kap. I) und Frau Dr. Dagmar Kift (Kap. XVIII), für ihre Bereitschaft zur Mitwirkung. Entschiedener Dank gilt außerdem den zahlreichen Bibliothekarinnen und Bibliothekaren, Archivarinnen und Archivaren, die uns bei der Suche nach Quellen selbstlos unterstützten. Dabei stellte sich heraus, dass einige Fundorte besonders ergiebig waren, und das wird dem kundigen Leser an den Kopfregesten auffallen. Wir haben darüber hinaus in einer Schlussphase der Vorbereitungen während eines Workshops gerade den eben bezeichneten Personenkreis um mitlesende Wahrnehmung und Kritik anhand beinahe fertiger Entwürfe für die einzelnen Kapitel gebeten und dadurch wichtige weitere Hinweise erhalten, aber auch Hinweise solcher Art, die man sich „ins Stammbuch" schreiben muss. Dafür danken wir sehr nachdrücklich.

Entscheidend war schließlich, dass es gelang, für die dargelegten Absichten einen Förderer zu gewinnen. Ohne eine am Institut für soziale Bewegungen eingerichtete Koordinationsstelle, die von Mitte 2007 bis zum Frühjahr 2010 durch Dr. Thomas Urban wahrgenommen wurde, hätten die Mitarbeiterinnen und Mitarbeiter nicht zusammengefunden und wären die vielfach sehr ausführlichen, gesammelten Quellenkonvolute, aus denen dann unter Rücksprachen eine weitere Auswahl getätigt werden musste, nicht zu bewältigen gewesen. Die Personal- und Sachkosten dieser Koordination hat die Stiftung Mercator in Essen übernommen. Die Herren Staatssekretär a. D. Rüdiger Frohn als Vorsitzender des Beirats und Dr. Bernhard Lorentz als Geschäftsführer der Stiftung haben unsere Arbeit begleitet, uns ermuntert und unterstützt, und dafür bekunden wir unseren herzlichen Dank. Nicht zuletzt ist die Drucklegung des Werks zu einem vertretbaren Preis durch die Stiftung Mercator und den Klartext Verlag in Essen, dessen Geschäftsführer Dr. Ludger Claßen und weiteren Mitarbeitern wir ebenfalls zu Dank verpflichtet sind, möglich geworden. Unser besonderer Dank gilt schließlich Frau Jutta Schröder, die zahlreiche Transkriptionen oft schwer zu entziffernder Texte gefertigt hat, sowie Frau Jelena Jojevic B.A. und Frau Kathrin Oerters M.A., die uns bei den Korrektur- und Registerarbeiten unterstützten.

IV. Editorische Hinweise

Unsere Dokumentation präsentiert rund 600 bisher ungedruckte, aber auch bereits veröffentlichte Quellen zur Geschichte dieser Region von den Anfängen bis zur Gegenwart. Angesichts der kaum überschaubaren Fülle an überliefertem Material zur Ruhrgebietsgeschichte kann es sich selbstverständlich nur um eine ganz eng begrenzte Auswahl von Quellen verschiedenster Provenienz handeln. Die Spannweite reicht von persönlichen Schriftstücken einzelner Betroffener und Handelnder über literarische Verarbeitungen bis hin zu teilweise Norm setzendem behördlichen Schriftgut. Insgesamt soll die weiter oben begründete Schwerpunktsetzung dem Leser mit der Authentizität der Quellensprache möglichst vielfältige, stets vertiefend gemeinte Einblicke in das Werden und den Wandel der Region ermöglichen.

Die Auswahl der Quellen folgte keinen starren Kriterien, sondern richtet sich nach der Einschlägigkeit der jeweiligen Dokumente für zuvor ausführlich diskutierte, ausgewählte Sachthemen. Dabei sollen wesentliche Deutungsstränge, darunter Industrie, Arbeit und Alltag, Migration, Urbanisierung, Strukturwandel und Politik, anhand der zusammengestellten Quellen als „rote Fäden" erkennbar hervortreten. Grundsätzlich soll die Quellensammlung dem Benutzer, dem historisch interessierten Laien in gleichem Maße wie dem Schüler, Studierenden oder Wissenschaftler, dazu dienen, nach Dokumenten zu schürfen und dabei nicht nur auf Erwartbares (und bereits Veröffentlichtes), sondern auch auf Überraschendes und Abseitiges zu stoßen.

Von Ausnahmen abgesehen, werden im „Historischen Lesebuch Ruhrgebiet" Schriftquellen in transkribierter Form abgedruckt. Die wenigen Faksimiles (mit oder ohne Transkription) wurden in erster Linie aufgrund ihres Quellenwerts aufgenommen. Gleichwohl verbindet sich der Quellenwert in den meisten Fällen mit einem eher illustrativen, der optischen Auflockerung der Publikation dienenden Zweck.

Die Quellen sind in achtzehn sachthematische Kapitel geordnet, die im Wesentlichen chronologisch angelegt sind, sich jedoch untereinander teilweise zeitlich überlappen. Innerhalb der einzelnen Kapitel folgen die Dokumente dagegen einer strengen Chronologie. Den jeweiligen Quellen-Kapiteln sind kurze Einleitungstexte vorgeschaltet, die die abgedruckten Dokumente in einen lockeren sachlichen Kontext bringen. Somit ist es weder Intention noch Aufgabe der Einleitungen, dem Leser umfassende Interpretationen der zusammengestellten Dokumente verfügbar zu machen. Mitunter haben sich bestimmte Quellen für mehrere Kapitel angeboten. Hier musste nach Rücksprache mit den Bearbeitern zu Gunsten bzw. zu Lasten eines Kapitels entschieden werden; Querverweise zwischen den Kapiteln und Dokumenten erleichtern dabei,

Zusammenhänge herzustellen. Um dem Benutzer einen raschen Zugriff auf einzelne Dokumente zu erleichtern, wurde ein Dokumentenverzeichnis, ebenfalls nach Kapiteln angeordnet, vorangestellt.

Obwohl es in der Geschichtswissenschaft bis heute keine offiziell festgeschriebenen editionstechnischen Standards gibt,[1] wurden die Quellen im „Historischen Lesebuch Ruhrgebiet" gemäß der üblichen Praxis der Historiker aufbereitet. Die „Kopfregesten" sind von den Autorinnen und Autoren der einzelnen Kapitel angefertigt worden, stimmen also grundsätzlich nicht mit eventuell vorhandenen Überschriften in den Vorlagen der Quellen überein. Sie enthalten in der fett gedruckten Titelzeile in gedrängter Form den Hauptinhalt und das Entstehungsjahr der jeweiligen Quelle. Hierbei tritt die Interpretation gegenüber einem eher deskriptiven, „neutralen" Stil zurück. Der untere Teil gibt, soweit möglich, Auskunft über den Typ des Dokuments (Rundschreiben, Bericht, Rede etc.), den oder die Urheber der Quelle, den oder die Adressaten, die Datierung, sowie – sofern es sich nicht um eine Originalausfertigung handelt – über den Grad der Originalität. Im Anschluss hieran wird der Fundort der jeweiligen Quelle unter Angabe beispielsweise des Druckorts oder des Bestands im Archiv, der Akte und des Blatts (soweit im Archiv paginiert wurde) nachgewiesen. Bei Zeitungsartikeln sind – falls bekannt – der Verfasser, der Titel, die Nummer der Ausgabe und das Datum aufgeführt. Diejenigen Dokumente, die bereits in der veröffentlichten Literatur (Monografien, Quellensammlungen etc.) gedruckt wurden, werden durch entsprechende bibliografische Angaben, allerdings beschränkt auf einen Druckort, ergänzt. Das Gleiche gilt für gedruckte Quellen wie z.B. Zeitschriftenaufsätze, Reiseberichte und Reportagen. Gemäß dem alten Historikergrundsatz „ad fontes!" wurde dabei, soweit vertretbar, versucht, der „ursprünglichen" Quelle habhaft zu werden, und dabei ergaben sich, ohne dass dies eigens vermerkt würde, manchmal überraschende Befunde zur Zuverlässigkeit anderweitig getätigter Abdrucke. Schließlich wird in den Kopfregesten durch einen Vermerk (Auszug) kenntlich gemacht, dass die Wiedergabe einer Quelle nicht am Beginn der Vorlage, sondern später einsetzt oder zuvor endet.

Bei der Wiedergabe der Quellen sind zurückhaltende, vorsichtige „Modernisierungen" vorgenommen worden. Die Zahlen eins bis zwölf werden in der Regel ausgeschrieben. Schreibweisen, die in der gegenwärtigen Schriftsprache längst keine Anwendung mehr finden, wurden der heutigen orthografischen Praxis angepasst (z.B. „Teil" statt „Theil", „konsumieren" statt „consumiren"). Offensichtliche Fehler in Orthografie, Interpunktion und Grammatik wurden stillschweigend beseitigt. Dieses Verfahren wurde allerdings in Ausnahmefällen außer Kraft gesetzt: Einzelne „Ego-Dokumente" (z.B. Bergarbeiter-Bittschriften, Erinnerungen), in denen der

---

[1] Zu den Aufgaben und Problemen von Editionsvorhaben bzw. den Vor- und Nachteilen der Editionstechniken in der Geschichtswissenschaft vgl. Lothar Gall/Rudolf Schieffer (Hg.), Quelleneditionen und kein Ende? Symposium der Monumenta Germaniae Historica und der Historischen Kommission bei der Bayerischen Akademie der Wissenschaften München, 22./23. Mai 1998, München 1999; Patrick Sahle, Digitale Editionsformen. Zum Umgang mit der Überlieferung unter den Bedingungen des Medienwandels, Köln 2010 (im Druck).

Gebrauch der Schriftsprache deutlich von den Regeln abweicht und für sich Erkenntnisse über die Verfasserpersönlichkeit in ihrer Zeit erlaubt, werden buchstabengetreu wie in der Vorlage wiedergegeben, was im Kopfregest vermerkt wird.

Handschriftliche Korrekturen, Ergänzungen etc. sind bei der Wiedergabe der Quellen übernommen worden. Dagegen wurden Rand- und Bearbeitervermerke von Hand nur insoweit in den Fußnotenapparat aufgenommen, als sie zur Interpretation und Einordnung der Quelle beitragen bzw. einen eigenen Quellenwert besitzen. Hervorhebungen jedweder Art, die vom Urheber eines Dokuments vorgenommen wurden, sind durchweg kursiv gesetzt. Bei einzelnen Dokumenten (z.B. Flugblättern), die eine Vielzahl von Hervorhebungen aufweisen, werden nur die am deutlichsten markierten Passagen kenntlich gemacht. Handschriftliche Hervorhebungen (z.B. Unterstreichungen) der Empfänger von Schriftstücken wurden in der Regel nur dann in den Anmerkungen berücksichtigt, wenn sie mit gewissem Nachdruck getätigt wurden. Auf eigene Hervorhebungen wurde grundsätzlich verzichtet.

Absätze und Untergliederungen der Quellen sind in der Regel übernommen worden. Eine abweichende Regelung wurde nur dort getroffen, wo die Übersichtlichkeit des abzudruckenden Textkorpus zu stark beeinträchtigt worden wäre. Unleserliche Textpassagen und Unterschriften sind durchweg mit einem Vermerk versehen worden. Bei etlichen Quellen des „Historischen Lesebuchs Ruhrgebiet" wurden an den Stellen, an denen z.B. Redundanzen und längere thematische Abschweifungen drohten, zum Teil umfangreichere, in jedem Einzelfall sorgfältig bedachte Kürzungen vorgenommen. Diese Auslassungen werden durch eckige Klammern gekennzeichnet. Notwendige Ergänzungen seitens der Bearbeiter werden, z.B. bei unvollständigen Sätzen oder Namenszusätzen, ebenfalls durch eckige Klammern kenntlich gemacht.

Die insgesamt sparsame Kommentierung der Dokumente in den Fußnoten beschränkt sich im Wesentlichen auf kurzbiografische Angaben zu den wichtigeren handelnden oder sonstwie bezeichneten Personen bzw. auf knappe sachliche Erläuterungen von Ereignissen und Sachverhalten, die für das Quellenverständnis von größerer Bedeutung sind. Darin war, um den Abdruck nicht zu überfrachten, ein Mittelweg zu wählen, der auch dem mit jeweiligen historischen Umständen weniger vertrauten Leser Verständnis ermöglicht. Wo dies sinnvoll erschien, finden sich in den Anmerkungen zudem Hinweise auf weiterführende Spezialliteratur und Querverweise auf andere Lesebuch-Quellen inner- und außerhalb eines Kapitels. Auf weitergehende Interpretationen der Editoren wurde in den Anmerkungen grundsätzlich verzichtet. Bergmännische Fachausdrücke werden nicht im Fußnotenapparat, sondern in einem Glossar im Anhang der Quellensammlung erklärt. Gleiches gilt für Abkürzungen, die zusammen mit Maß- und Gewichtseinheiten sowie Währungen in einem gesonderten Verzeichnis aufgelöst werden.

Das „Historische Lesebuch Ruhrgebiet" wird durch ein bedingt hierarchisch gegliedertes, kombiniertes Personen-, Firmen-, Orts- und Sachregister erschlossen. Darin werden Ortsnamen nach gegenwärtigem Eingemeindungsstand den jeweiligen Kommunen zugeordnet.

Dokumentenverzeichnis und Kurzregesten

Band 1

I. Von der Alten Welt zum Bergbauland *(Scheler)*

1. Altfrid, Bischof von Münster und Abt von Werden (839–849), berichtet über das Leben des heiligen Liudger.	56
2. Werdener Urbar (881–884): Die den heutigen Raum Dortmund betreffenden Aufzeichnungen	58
3. Kaiser Friedrich II. erneuert den Bürgern von Dortmund ein Privileg vom 1. Mai 1220 (Mai 1236).	59
4. Brief des Godert von Asbeck an Stift und Stadt Essen, in dem er sich für seine Fehdeführung gegen Hermann Scholle und den Schulten von Nyenhuis rechtfertigt (8. Juli 1489)	61
5. Chronik des Duisburger Johanniters Johann Wassenberch über den Aufstand der Duisburger Gilden gegen den Rat der Stadt 1513/14	63
6. Zeitgenössische Kanzleiaufzeichnung über den Huldigungsumritt Herzog Johanns III. von Kleve-Mark-Jülich-Berg und Ravensberg in der Grafschaft Mark 1522	67
7. Hermann Hamelmanns Aufzeichnungen über das sogenannte Essener Religionsgespräch am 1. September 1571	70
8. Die älteste Bergordnung des Stifts Essen: Die Bergordnung der Kohlengesellschaft auf der Goes (1575)	75
9. Zur Bedeutung der Gewehrfabrikation für die Stadt Essen (1690–1717)	78
10. Aus dem amtlichen Bericht des Steuerrats F.W. Motzfeld über den Zustand der Stadt Bochum (1722)	82
11. Protokoll des Wettiner Bergmeisters August Heinrich Decker über die Ergebnisse seiner im Auftrag des Berliner Generaldirektoriums unternommenen Bereisung der Kohlenabbaugebiete in der Grafschaft Mark (1735)	88
12. Bericht des späteren Oberlandesgerichtspräsidenten Friedrich Wilhelm Rappard (1818) über sein Studium in Duisburg (1766–1769)	89
13. Aus dem Tagebuch des französischen katholischen Gerbereibesitzers Pierre Hyppolite Léopold Paillot über sein Exil an Rhein und Ruhr (1794)	92
14. Karl Freiherr vom und zum Stein, Oberpräsident der westfälischen Kammern, über die Neuordnung der preußischen Territorien im Westen (1802)	96
15. Dortmund und Hagen im Juni 1802. Reisebericht des lutherischen Pastors Johann Moritz Schwager	98
16. Bericht über die demonstrativ aufgeklärte Beerdigung des städtischen Abdeckers von Duisburg (1803)	103
17. Der Dortmunder Kaufmann Gottfried Wilhelm Wiskott über seine Lehrzeit u.a. im Hause Krupp (1805)	104
18. Der Herausgeber des Westfälischen Anzeigers, der Dortmunder Präfekturrat Dr. Arnold Mallinckrodt, zur Pressefreiheit im napoleonischen Großherzogtum Berg (1808)	108

19. Freiherr vom Stein an Graf Spiegel zum Desenberg über die Struktur der westfälischen Städte, ihre Vertretung auf dem westfälischen Provinziallandtag und die Wahl der Gemeindevertretungen (20. April 1818)	110
20. Johann Nepomuk von Schwerz über die Landwirtschaft am Hellweg (1820)	111
21. Der Arnsberger Regierungspräsident Georg Wilhelm Keßler über die Entscheidung, Arnsberg zum Sitz der preußischen Bezirksregierung zu machen (August 1836)	117
22. Dankadresse der Juden in Duisburg und Ruhrort an den rheinischen Provinziallandtag wegen seiner Beschlüsse zur Förderung der rechtlichen Gleichstellung der Juden (17. Juli 1843)	119
23. »Programm der Demokratie«: Leitartikel der »Essener Volks-Halle«, Zeitung der Essener Demokraten, Jahrgang 1850, Nr. 7 und Nr. 8 (16. und 18. Januar)	120

II. Frühindustrialisierung *(Urban)*

1. Freiherr Franz Ferdinand von der Wenge bittet den Erzbischof von Köln um das Recht, bei Osterfeld (heute Oberhausen) eine Eisenhütte für sich und seine Erben errichten zu dürfen (1752).	132
2. Revidierte Berg-Ordnung für das Herzogtum Kleve, Fürstentum Moers und die Grafschaft Mark vom 29.4.1766	133
3. Der Unternehmer und Techniker Johann Eberhard Pfandhöfer bittet den preußischen Staat um die Genehmigung zum Abbau von Eisenstein und zum Bau der Eisenhütte Sterkrade (1780).	136
4. Der preußische König Friedrich der Große belehnt den Unternehmer Pfandhöfer mit dem Abbau der Raseneisenerze bei Sterkrade (1781).	137
5. Stand und Perspektive der Ruhrschifffahrt um 1800	138
6. Der Pfarrer und Schriftsteller Johann Moritz Schwager über die Besichtigung einer Dampfmaschine in Königsborn bei Unna (1802)	140
7. Der »Königliche Fabrikenkommissar« und Oberbergrat Eversmann berichtet über die Ausstattung, Produktion und Beschäftigtenzahl der St. Antony-Hütte (1804).	141
8. Aus der Autobiografie des »Mechanikus« Franz Dinnendahl in Essen, o. J. [1808]	144
9. Einschätzung eines Reisenden zum Stand der industriellen Entwicklung zwischen Essen und Duisburg (1809)	147
10. Streit zwischen zwei Duisburger Spinnfabrikanten über die gegenseitigen Entziehung arbeitender Kinder (1814/15)	150
11. Der Mitbegründer der Gutehoffnungshütte in Sterkrade, Gottlob Jacobi, macht Eberhard Hoesch auf ein in England praktiziertes, neuartiges Verfahren zur Herstellung von Stahl aus Roheisen aufmerksam (1817).	152
12. Anzeige der Gesellschafter der Gutehoffnungshütte vom 22. Juli 1820, in der die Errichtung einer Maschinenwerkstatt in Sterkrade (heute Oberhausen) bekannt gemacht wird	152
13. Berufswahl per Brockhaus: Der Iserlohner Landrat Peter Eberhard Müllensiefen (1766–1847) und »der Gedanke der Glashütte« zu Beginn der 1820er Jahre, der 1826 in Witten an der Ruhr zur Gründung der Glasfabrik Crengeldanz durch die beiden Söhne Gustav und Theodor führte [1837–1839]	153

14. Der Bürgermeister von Herdecke berichtet 1824 dem Hagener Landrat über Kinderarbeit in den hiesigen Tuchfabriken.	155
15. Der Ruhrindustrielle Friedrich Harkort wirbt für den Bau von Eisenbahnen als neuem Transportmittel, dem er »manche Revolution in der Handelswelt« zutraut (1825).	157
16. Der Mülheimer Ruhrschiffer und Kohlenhändler Mathias Stinnes legt 1828 seinen Gläubigern (»Creditoren«) eine Vermögensaufstellung vor, erläutert seine weiteren Geschäftspläne und bittet um die Gewährung eines vierjährigen, mit Raten zu begleichenden Zahlungsaufschubs.	159
17. Auf Schacht »Franz« in (Essen-)Schönebeck wird 1834 erstmals im Ruhrgebiet die Mergelschicht durchstoßen.	160
18. Johann Dinnendahl über das Fortschreiten der mechanischen Werkstätten, die Vorzüge des Koksroheisens und den Ehrgeiz, der Erbauer »des ersten Kokshochofens in der Rheinprovinz« zu werden (1834)	162
19. Der Kampf der Ruhr-Gewerken gegen das veraltete Bergrecht: Eine Petition aus dem Jahre 1834	164
20. Ein holländischer Maler besichtigt 1835 die Eisenhütte Westphalia in Lünen und hält seine Eindrücke in einem Reisetagebuch fest.	168
21. Der Fabrikant Hermann Diedrich Piepenstock, Gründer der Dortmunder Eisen- und Stahlindustrie, erhält 1841 die behördliche Erlaubnis, in Hörde ein Puddlings- und Walzwerk zu errichten.	169
22. »Dieser Hemmschuh muss jetzt fallen.« Der aus Hattingen stammende Abgeordnete Gustav Höfken beantragt in der Frankfurter Nationalversammlung eine grundlegende Reform des deutschen Bergrechts (1848).	170
23. Franz Haniel berichtet über seine Engagements als Unternehmer in der ersten Hälfte des 19. Jahrhunderts (1858).	172

III. Industrielle Revolution und die Entstehung des Ruhrgebiets *(Gawehn/Rudzinski)*

1. »Ein großartiger Plan«. Der Unternehmer und Politiker Friedrich Harkort propagiert das Projekt einer die preußischen Westprovinzen durchquerenden Eisenbahnlinie (1833).	182
2. Der Ruhrorter Unternehmer Franz Haniel befürwortet den Bau einer Eisenbahn durch das noch weitgehend unerschlossene Emschertal (1841).	183
3. Das Märkische Bergamt Bochum macht dem Oberbergamt Dortmund Vorschläge zur künftigen Lohngestaltung, um Ruhe und Ordnung unter den Bergleuten zu erhalten (1848).	186
4. Bochum als »Deutsch-Sheffield«? Die Gussstahlfabrikanten Jacob Mayer und Eduard Kühne werben um staatliche Finanzhilfe für ihren Betrieb (1848).	189
5. »Viel Geschrei und wenig Wolle!« Der Landrat des Kreises Dortmund beurteilt die vermuteten Eisensteinvorkommen im Hörder Steinkohlenrevier mit Skepsis (1850).	191
6. Statut der Bergbau-Gesellschaft Concordia zu Oberhausen (1850)	192
7. Handelsminister von der Heydt zur Vereinfachung der Bergwerksverwaltung (1851)	194
8. »Eisen-Produktion und Eisen-Fabrikation in einer Hand«. Die Gründung des Hörder Vereins 1852	195

9. Bereits zu Beginn der 1850er Jahre stellt sich ein Mangel an Bergarbeitern auf den Zechen des Ruhrgebiets ein. Franz Haniel ersucht um die Genehmigung, Bergleute aus Schlesien anwerben zu dürfen (1853).	199
10. Eine weitere auf Vertikalität ausgerichtete Aktiengesellschaft entsteht. Der umfassende Gesellschaftszweck des Bochumer Vereins wird formuliert (1854).	200
11. Beobachtungen eines Reisenden längs der Köln-Mindener Eisenbahn (1856)	201
12. Ein Arnsberger Regierungsrat über die Folgen des industriellen Aufschwungs für Lohnarbeit und Lohnentwicklung (1857)	203
13. Viel Verkehr – nicht nur nach Herne. Die Handelskammer unterstreicht gegenüber dem Handelsminister das Bedürfnis nach einem unmittelbaren Anschluss von Stadt und Kerngebiet des Kreises Bochum an die Eisenbahn (1858).	205
14. Durch das sogenannte Freizügigkeitsgesetz vom 21. Mai 1860 wird das Direktionsprinzip endgültig aufgehoben und die Schließung des Arbeitsvertrags zwischen Bergarbeitern und Unternehmern der freien Übereinkunft überlassen.	207
15. Das Geld ist über Nacht zu Erde geworden: Bochums Bürgermeister Greve blickt auf das »kalifornische Zeitalter« und sein Ende zurück (1861).	210
16. Veränderung der traditionellen Verhältnisse. Bürgermeister Greve über die Praxis der Arbeitsmigration und ihre sozialen Folgen (1863)	211
17. Rückblick der Handelskammer Essen auf die industrielle Entwicklung von Essen, Werden und Kettwig seit den 1840er Jahren [1864]	212
18. Abschied von der »Schiffsladung« verschiedener Bergordnungen in Preußen. »Glückauf«-Artikel zum Erlass des Allgemeinen Berggesetzes vom 24. Juni 1865	214
19. »Quelle von Elend und Verderben«. Das Oberbergamt Dortmund warnt vor der Abwerbung preußischer Bergleute für türkische Bergwerke in Bosnien (1866).	215
20. Eine Region kommt zu ihrem Namen: Nikolaus Hocker spricht vom Ruhrgebiet (1867).	216
21. Ostpreußen an die Ruhr? Eine frühe staatliche Anregung zur Ost-West-Wanderung (1868)	217
22. »Der Weg zu einer neuen Stufe großartiger industrieller Tätigkeit steht offen«. Die Zeitschrift »Glückauf« sieht die deutsche Wirtschaft gestärkt aus den Einigungskriegen der 1860er Jahre hervorgegangen (1871).	218
23. »Wir leben jetzt in der Stahlzeit«. Alfred Krupp propagiert seinen Werkstoff (1871).	219
24. Der Vorsitzende des Bergbau-Vereins, Friedrich Hammacher, zur Gründung des Deutschen Reichs 1871	219
25. Der Bürgermeister der Stadt Essen, Gustav Hache, warnt im März 1873 vor den Gefahren der Spekulation und Zuwanderung und befürchtet eine Radikalisierung der Arbeiterschaft bei einem Einbruch der Konjunktur.	220
26. Der Düsseldorfer Regierungspräsident berichtet über die Auswirkungen der Wirtschaftskrise auf Industrie und Bevölkerung des Ruhrgebiets (1878).	223

IV. Arbeit in der Schwerindustrie *(Seidel)*

1. Strafkatalog für Bergarbeiter. Das Beispiel der Essener Zeche Hundsnocken (1860)	232
2. Bittschriften als bergmännische Protestform: Beschwerde über Verschlechterung der Arbeitsverhältnisse nach der Bergrechtsreform (1867)	234

3. Ansätze patriarchalischer »Menschenführung« in der Eisen- und Stahlindustrie (1871/72)	239
4. Verhältnisse und Beschäftigung der jugendlichen Bergarbeiter (1874)	240
5. Der Unternehmer als Patriarch (1875)	242
6. Erste Massenentlassungen von Bergarbeitern in der wirtschaftlichen Stagnation der 1870er Jahre	244
7. Lebensbedingungen der Bergarbeiter im Revier Oberhausen (1877)	246
8. Der Amtmann von Herne bittet die Schweizer Gemeinde Illnau, das Reisegeld für einen in seine Heimat zurückwandernden, erwerbslosen Arbeiter vorzustrecken (1877).	248
9. Arbeitsbeziehungen und Grubenmilitarismus im Bergbau: Die Position der Steiger (1889)	249
10. Arbeitsbeziehungen im Bergbau: Ein Betriebsführer meldet sich zu Wort (1889).	250
11. Denkschrift über die Arbeitsbeziehungen im Steinkohlenbergbau (1890)	251
12. Arbeitsordnung in der Eisen- und Stahlindustrie: Das Beispiel der Gutehoffnungshütte (1892)	254
13. Das Ruhrgebiet und der ländliche Arbeitsmarkt 1892	255
14. Beschwerde einer Bergmannsmutter über die Misshandlung ihres Sohns durch einen Steiger der Zeche Kaiser-Friedrich (1896)	256
15. Tiegelguss bei Krupp (1899)	256
16. Die Wurmkrankheit und ihre Kosten (1903)	258
17. Einführung obligatorischer Arbeiterausschüsse im preußischen Bergbau (1905)	260
18. Erinnerungen an das Grubenunglück auf Zeche Radbod in Hamm 1908 [um 1930]	260
19. Einführung von Arbeitsnachweisen für Bergarbeiter im Ruhrbergbau (1909)	262
20. Die Suche nach der Ursache gehäuft auftretender Grubenunglücke (1910)	264
21. Über den ländlichen Nebenerwerb der Bergarbeiter im Ruhrgebiet (1913)	265
22. Ausländische Spezialarbeiter im Ruhrgebiet. Das Beispiel italienischer Gesteinsarbeiter (1916)	266
23. Moralische Bedenken gegen die Frauenarbeit im Bergbau (1917)	268
24. Arbeiterkontrolle bei Krupp (1871; 1917/18)	269
25. Einführung von Betriebsräten auf den Zechen 1919	270
26. Literarische Verarbeitung der Arbeitswelt Stahlindustrie. Heroisierende Darstellung harter Arbeit (um 1923)	271
27. Grubenklima und Unfälle als besondere Gefahren der Bergmannsarbeit (1925)	272
28. Die Auswirkungen der Mechanisierung auf die Gesundheit des Bergmanns (1928)	273
29. Zur Arbeitszufriedenheit der Bergarbeiter (1927)	275
30. Schilderung eines Arbeitstages unter Tage (1928)	276
31. Sozialkritische Verarbeitung der Arbeitswelt Bergbau in der Literatur (1904; 1931)	278
32. Die kurze Lebensarbeitszeit des Bergarbeiters (1945)	279

V. Die Entwicklung der Städte bis zum Ersten Weltkrieg (Ziemann/Tenfelde)

1. »Die wilde Ruhr kunstvoll und kühn überschritten«. Feierliche Eröffnung eines Teilstücks der Köln-Mindener Eisenbahn zwischen Duisburg und dem Essener Norden (1846)	286

2. Aufruf um Spenden für die Errichtung einer katholischen Volksschule in Herne 1863	288
3. In Essen angekommen. Brief des zugewanderten Bergarbeiters Max Alias in seine ostpreußische Heimat 1875	289
4. Im preußischen Abgeordnetenhaus berichtet der Referent der Kommission für das Gemeindewesen über einen außergewöhnlichen Bergschaden (1876).	289
5. Knappschaftsärzte verschiedener Gemeinden des Ruhrgebiets beschreiben die Relation von einheimischen und zugewanderten Arbeitern (1878).	290
6. Die Emscher: Zustand des Flusses um 1890	292
7. Das Weichbild der Gemeinde Schalke in der Emscherzone gegen Ende des 19. Jahrhunderts [1919]	292
8. Rede des Oberhausener Kommerzienrats Dr. Carl Lueg bei der Eröffnung der elektrischen Straßenbahn in Oberhausen über die Bedeutung von Straßen- und Eisenbahnen für die Stadtentwicklung (1897)	293
9. Der Düsseldorfer Regierungspräsident erläutert, dass der Gemeinde Altenessen aufgrund ihrer »defizienten Urbanisierung« die angestrebte Gewährung des Stadtrechts versagt werden sollte (1898).	295
10. Herne, die »jüngste Stadt Westfalens«, bewirbt sich als Station des Kaiserbesuchs im August 1899 anlässlich der Einweihung des Dortmunder Hafens.	297
11. Die Innenstadt von Essen um 1899 [1944]	299
12. Kritik an der Verwaltung des Ruhrgebiets durch eine Bezirksregierung, deren Sitz weit außerhalb der Region liegt (1899)	301
13. Aufgaben und Leistungen der Städte im Revier 1903	302
14. Der Bochumer Landrat Gerstein legt die Hintergründe für die Eingemeindung der Landgemeinde Wiemelhausen in die Stadt Bochum offen (1903).	305
15. Lieder beim Festessen zum 25-jährigen Dienstjubiläum von Bürgermeister Schaefer in Herne preisen den erreichten Stand der kommunalen Daseinsfürsorge (1904).	305
16. Mängel in der Trinkwasserversorgung lösen in Gelsenkirchen eine Typhusepidemie aus, die etwa 300 Todesopfer fordert (1905).	307
17. Ratspolitik in Landgemeinde und Stadt. Erinnerungen Otto Heinemanns [1943]	309
18. Der Landrat von Gelsenkirchen, zur Nieden, begründet nicht ohne Eigennutz gegenüber dem Regierungspräsidium in Arnsberg seine Ablehnung der Stadtrechtsverleihung an Wanne und Eickel (1908).	311
19. Anwerbung von Neubergleuten: der »Masurenaufruf« von 1908	316
20. Erste Initiative zur Gründung einer Technischen Hochschule im Ruhrgebiet (1908)	318
21. Anfänge einer S-Bahn für das Revier: Planungen für eine Städtebahn Düsseldorf-Dortmund 1910	320
22. Die zur Provinz Westfalen gehörenden Städte des Ruhrgebiets im Jahr 1910	322
23. Mit 100.000 Einwohnern ist Hamborn eine Großstadt, rechtlich aber noch immer eine Landgemeinde (1910).	324
24. Das Ruhrgebiet im Wettstreit der Dichter 1901–1911	324
25. In Eickel wird 1912 das erste Kommunalkino im Deutschen Reich gegründet.	327
26. Probleme der Flächenplanung im Ruhrgebiet 1912: Verkehrs- und Grünflächen	328
27. Der Düsseldorfer Regierungspräsident von Dallwitz zählt in einem Schreiben an Wilhelm II. die Gründe dafür auf, dass Sterkrade zur Verleihung der Stadtrechte geeignet ist (1912).	331

28.	Siedlungsstruktur der Vororte und ihre Abhängigkeit von den benachbarten Städten (1912)	332
29.	Das Bevölkerungswachstum und die jährliche Fluktuation der Bevölkerung erreichen in der Industriegemeinde Hamborn vor dem Ersten Weltkrieg Extremwerte (1913).	334
30.	Unzureichende Abwasserentsorgung und Müllabfuhr in den Landgemeinden und Vororten führen zu schlechten hygienischen Verhältnissen. Der Kreisarzt von Dortmund berichtet (1913).	336
31.	»Kinderkrankheiten« auf Zollverein: Die Direktion der Zeche Zollverein in Essen-Katernberg erklärt die Umweltbelastungen durch ihre neuen Anlagen und lehnt durchgreifende Gegenmaßnahmen ab (1913).	338
32.	Die Herner Zentrumspartei beklagt in einer Resolution die konfessionell einseitige Besetzung der höheren Beamtenstellen in der Stadt (1913).	340

VI. Oberschicht, wirtschaftliche Führungsgruppen und industrielle Interessenpolitik *(Michels)*

1.	Die bürgerliche Elite an der Ruhr organisiert sich in Vereinen. Mitgliederliste der Essener »Societät« während der Französischen Zeit (1812)	346
2.	Alfred Krupp bittet den Oberpräsidenten der Provinz Westfalen, Freiherrn von Vincke, um ein Darlehen aus der Ruhrschifffahrtskasse (1836).	348
3.	Friedrich Harkort über die soziale Verantwortung von Staat, Unternehmern und Gesellschaft (1844)	350
4.	Hermann Krupp, Bruder Alfred Krupps, über dessen Verehelichung (1853)	351
5.	Franz Haniel über Geburt, Verheiratung und Verlust seiner Kinder (1858–1862)	352
6.	Der neu gegründete Verein für die bergbaulichen Interessen im Oberbergamtsbezirk Dortmund stellt sich vor (1859).	355
7.	Handelsminister von der Heydt über die Gründung (1858) des Vereins für die bergbaulichen Interessen im Oberbergamtsbezirk Dortmund (1859)	355
8.	Auszug aus der Schlusskommersrede des Bundesbruders und Präses Philipp Schiller anlässlich des einjährigen Bestehens des Berg- und Hüttenmännischen Vereins (1862)	356
9.	Die Haltung der Arbeitgeber zum Bergarbeiterstreik: Essen 1872	357
10.	Der Bochumer Unternehmer und Handelskammerpräsident Wilhelm Endemann über sein geschäftliches und öffentliches Wirken (1872)	358
11.	Zu den Aufgaben des Bergbau-Vereins in der Wirtschaftskrise (1874)	360
12.	Alfred Krupp über »Maßnahmen zur Haltung des Geschützabsatzes durch Höflichkeitsbezeugungen und Geschenke« (1878)	361
13.	Über die Sorgen und das Anlageverhalten eines Ruhrgewerken in der zweiten Hälfte des 19. Jahrhunderts. Erinnerungen der Tochter Heinrich Grimbergs [1933]	362
14.	»Bahnbrecher des Kohlenbergbaus von Westfalen«. Thomas Robert Mulvany über seinen Vater William Thomas Mulvany (1885)	364
15.	Feierstunde der Bergbauelite (1886)	364
16.	Der Dortmunder Stahlindustrielle Albert Hoesch soll zum Kommerzienrat ernannt werden (1889).	365
17.	Erklärung der Zechenvertreter zum großen Bergarbeiterstreik 1889	366

18. Die Haltung der Arbeitgeber zu Streiks (1890)	367
19. Zeitungsartikel zur Gründung des Rheinisch-Westfälischen Kohlensyndikats 1893	368
20. Dank der Kommune: August Thyssen wird 1896 Ehrenbürger der Gemeinde Styrum.	370
21. Aus den Statuten der »Wigwam«-Gesellschaft zu Mülheim an der Ruhr (1898)	372
22. Gut vernetzt: Paul Brandi über die Essener Oberschicht um 1900 [1944]	373
23. Der Bergbau-Verein gratuliert seinem einzigen Ehrenmitglied zum 80. Geburtstag (1900).	375
24. Der Generaldirektor des Bochumer Vereins berichtet seinem Bruder, Generalvertreter der Firma in Berlin, vom Besuch des BV-Pavillons durch Wilhelm II. auf der Düsseldorfer Gewerbeausstellung im August 1902.	376
25. Nach der Beisetzung des verstorbenen Friedrich Alfred Krupp hält Wilhelm II. eine Ansprache vor den Direktoren und Arbeitervertretern des Kruppschen Werks im Essener Bahnhof, die als »Tischtuchrede« Berühmtheit erlangte (1902).	378
26. Der Mülheimer Fabrikbesitzer und Verbandsfunktionär der deutschen Lederindustrie, Eugen Coupienne, erhält 1904 vom König von Preußen ein Patent als Kommerzienrat.	380
27. Streit um den preußischen Staatsbergbau im Ruhrgebiet (1904)	381
28. »Mit so viel Geschick und Energie«. Der junge Gustav Stresemann über das industrielle Organisationswesen in Rheinland und Westfalen (1905)	382
29. Emil Kirdorf, Gründer des Rheinisch-Westfälischen Kohlensyndikats und Generaldirektor der Gelsenkirchener Bergwerks-AG, über das Verhältnis der Ruhrindustrie zur Politik auf der Versammlung des Vereins für Socialpolitik (1905)	383
30. Laut Jahrbuch der Millionäre ist Bertha Krupp von Bohlen und Halbach 1912 die reichste Privatperson im gesamten Deutschen Reich.	384
31. Gustav Krupp von Bohlen und Halbach spricht sich gegen den geplanten Sturz des Reichskanzlers Theobald von Bethmann Hollweg aus (1917).	386
32. Der rheinische Separatismus und die Schwerindustrie 1919	387
33. Bestrebungen zur Konzentration der Stahlindustrie 1919	389
34. Funktionen und Mitgliedschaften in Vereinen und Verbänden. Der Krupp-Direktor Heinrich Vielhaber [um 1919]	390
35. »Mehr Kaufmann als Unternehmer«. Heinrich Imbusch über Hugo Stinnes [1936–1942]	391
36. Berufliche Weichenstellungen eines angehenden Industriemanagers [1985]	395
37. Familie Krupp zwischen Weimarer Republik und Nachkriegszeit (1927–1950)	396

VII. Arbeiterleben und Arbeiterkultur in der schwerindustriellen Erwerbswelt *(Tenfelde)*

1. Die Knappschaft: soziale Rechte der Bergleute (1824)	404
2. Bergfest und Verleihung einer Fahne an die Mülheimer Knappschaft 1832	406
3. Bericht über das Bergfest der Knappen der Zeche Wiesche, Mülheim, im Jahre 1838 (wieder entdeckt 1938)	407
4. Festprogramm des Vereins der Belegschaft der Zeche Ver. Hannibal in Bochum 1855	409
5. Kollektive Bittschrift von Bergleuten aus dem Hardensteiner Revier an das Oberbergamt Dortmund um Lohnerhöhung 1855	411
6. Fahnenweihe in einem katholischen Knappenverein 1862	412

7.	Aus den Statuten des katholischen Knappenvereins Niederwenigern 1863	413
8.	Aufruf von Bergleuten in der Gegend von Recklinghausen zur Gründung eines Vereins: 25. Oktober 1867	414
9.	Gegenseitige Unterstützung als Motiv der Vereinsgründung. Aus den Statuten des Bergmannsvereins Glückauf Dortmund-Berghofer Mark 1872	414
10.	Zechenwohnungen im Kreis Essen 1872	415
11.	Verbot der Unterstützungseinrichtungen von Knappenvereinen 1873	416
12.	Lebensverhältnisse und Haushaltsführung zu Beginn der großen Wirtschaftskrise 1874	417
13.	Der Knappenverein Dortmund-Aplerbeckermark beschwert sich wegen Nichtgenehmigung seiner Statuten (1874).	418
14.	Eisenbahn-»Frevel«. Die Direktion der Köln-Mindener Eisenbahn weist auf die Zerstörung der Bahnanlagen durch die Arbeiterbevölkerung im Raum Essen hin (1874).	419
15.	Familienbildung und Lebenshaltung der Bergarbeiter in Wattenscheid 1874	420
16.	Über die Gründung der evangelischen Arbeitervereine im Revier 1882	421
17.	Die Lage der Arbeiter im westlichen Ruhrgebiet 1889	422
18.	Verhaltensregeln für die Bewohner einer Menage in Herne [1880er Jahre]	423
19.	Bericht über ein Verbandsfest der katholischen Vereine Dortmunds 1890	423
20.	Gutachten des Alldeutschen Verbands zur »Polenfrage« im Ruhrgebiet (1901)	426
21.	Zur Frage der Zulassung von Frauen zu Versammlungen politischer Vereine (1902)	428
22.	Der Reichstagsabgeordnete Hermann Roeren urteilt über die Beziehungen zwischen deutschen und polnischen Katholiken 1903.	429
23.	Ein katholischer Knappenverein erwägt, Wähler der sozialdemokratischen Partei aus seinen Reihen auszuschließen (1904).	430
24.	Zur Frage der Zwangsräumung von Bergarbeiterwohnungen während des Streiks 1905	431
25.	Christliche Gewerkschaften und konfessionelle Arbeitervereine als Kulturbewegung (1906)	432
26.	Gründung eines »Nationalen Bergarbeiter-Verbands« in Essen-Altenessen 1906	432
27.	»Ist es eine Schande, Bergarbeiter zu sein?« Vom Ansehen der Bergarbeiter (1907)	434
28.	Über den »Alkoholunfug« 1909	436
29.	Die Spaltung der evangelischen Arbeitervereine 1910	438
30.	»Hier kam der kleine Mann mehr zur Geltung«. Zeitungsbericht zur Cranger Kirmes 1911	440
31.	Staatliche Überwachung der »Lustbarkeiten der Polenvereine« 1912	441
32.	Über das geschwundene Ansehen des Bergmannsstandes (1914)	442
33.	»Ist die Bergmannsjugend verdorben?« (1920)	444
34.	»Ruhrland – Kinderland«. Gesundheitsverhältnisse in Oberhausen in den 1920er Jahren	445
35.	Leben in der Kolonie in den 1920er Jahren [1983]	447

VIII. Sozialer Konflikt und Gewerkschaften bis zum Ersten Weltkrieg *(Tenfelde)*

1.	Kollektivbeschwerde märkischer Knappschaftsältester an die Oberberghauptmannschaft zu Berlin über den Verlust von Privilegien und die sich verschlechternde soziale Lage der Bergleute (1823)	454

2. Eingabe von Bergleuten der Zeche Pörtingsiepen an das Bergamt Essen um Lohnerhöhung 1830	458
3. Anonymer Drohbrief an den Revierbeamten Bergmeister Klotz mit Lohnforderungen (1830)	459
4. In Castrop protestieren Eisenbahnarbeiter der Köln-Mindener Eisenbahn gegen Kürzungen bei der Lohnauszahlung (1847).	459
5. Immediateingabe der Bergleute der Grafschaft Mark wegen der neuen Knappschaftsstatuten 1858	460
6. »Schutz der Arbeitswilligen«: ein Streik auf Zeche Shamrock in Herne 1861	462
7. Erster Massenstreik im Ruhrgebiet 1872: Behördliche Maßnahmen zur Streiküberwachung	463
8. Massenstreik 1872: Die Gewerken der großen Essener Zechen ersuchen um polizeilichen Schutz für arbeitswillige Bergarbeiter.	464
9. Die Ursachen des Streiks von 1872 in der Sicht der Arbeitgeber	465
10. Aufruf an die Bergleute in Rheinland und Westfalen zur Gründung eines Bergarbeiterverbands 1877	466
11. Das erste Attentat auf Kaiser Wilhelm I.: Majestätsbeleidigungen in Essen 1878	467
12. Vor dem Sozialistengesetz: Beginn der Hetze gegen Sozialdemokraten im Sommer 1878	469
13. Der christlich-soziale Arbeiterverein in Essen und das Sozialistengesetz 1878	470
14. Unter dem Sozialistengesetz: Rote Fahnen und Gerüchte 1886	471
15. Der Ausbruch des großen Streiks vom Mai 1889 im Raum Essen	471
16. August Siegel erinnert sich an die Audienz der Streikführer aus dem Ruhrgebiet bei Kaiser Wilhelm II. am 15. Mai 1889 [1931].	472
17. Der »Alte Verband«, die sozialdemokratische Bergarbeitergewerkschaft, wird am 19. August 1889 in Dortmund-Dorstfeld gegründet.	474
18. Die Behörden beobachten misstrauisch die Gründung des Verbands deutscher Bergarbeiter 1889.	475
19. Grundsätze des 1894 gegründeten Gewerkvereins christlicher Bergarbeiter (1898)	476
20. Die »Herner Polenrevolte«: Bekanntmachung des Landrats vom 27. Juni 1899	477
21. Aus der freigewerkschaftlichen Agitation 1902	478
22. Auftakt zum Massenstreik 1905: Bericht über eine Streikversammlung der Belegschaft der Stinnes-Zeche Bruchstraße in Bochum-Langendreer am 27. Dezember 1904	480
23. Massenstreik 1905: Aufruf der »Siebenerkommission«, Januar 1905	483
24. Massenstreik 1905: Schutz der Arbeitswilligen	484
25. Emil Kirdorf erinnert sich an den Bergarbeiterstreik von 1905 (1906).	484
26. Internationale Solidarität: Reaktionen der Ruhrbergleute auf den Bergarbeiterstreik in Nordfrankreich 1906	485
27. Der Deutsche Metallarbeiter-Verband wirbt unter Gelsenkirchener Hüttenarbeitern für den Beitritt zur Gewerkschaft (1906).	487
28. Aufruf des Gewerkvereins christlicher Bergarbeiter zur Berggewerbegerichtswahl 1908	489
29. Sozialdemokraten bei Krupp (1908)	490
30. Ein arbeitswilliger Bergmann bittet den Betriebsinspektor der Zeche Lucas anlässlich eines Streiks um Schutz vor den Streikposten (1910).	491

31.	»An die Bergsklaven!« Syndikalistische Agitation gegen den Arbeitsnachweis des Zechenverbands 1910	492
32.	Streikjustiz 1912	496
33.	Fortgesetzter Streit unter den Bergarbeitergewerkschaften nach dem »Dreibundstreik« 1912: Bericht über eine Bergarbeiterversammlung am 28. Dezember 1913	498

IX. Weltkrieg, Bürgerkrieg, Besetzung 1914–1924 – Das »unberechenbare Jahrzehnt« *(Heith)*

1.	Die Essener Chronik berichtet über die Auswirkungen des deutschen Kriegseintritts 1914 auf das öffentliche Leben in der Stadt [1928].	505
2.	Der Gewerkverein christlicher Bergarbeiter Deutschlands appelliert an den Zechenverband, auf die zu Kriegsbeginn angekündigten Lohnabzüge angesichts der Gewinnlage zu verzichten und stattdessen selber Opfer zur Verteidigung des Vaterlands zu bringen (Aug. 1914).	506
3.	Zur Kruppschen Preispolitik nach Kriegsbeginn (1914)	506
4.	Die Königliche Bergwerksdirektion Recklinghausen beantragt beim Minister für Handel und Gewerbe in Berlin, den kriegsbedingten Arbeitskräftemangel im Ruhrbergbau durch den Übertage-Einsatz von Frauen zu kompensieren (1915).	507
5.	Die Unternehmensleitung des Bochumer Vereins berichtet über die schlechten Erfahrungen mit russisch-polnischen und belgischen Arbeitern und bittet daher dringend darum, von einem weiteren kriegsbedingten Austausch deutscher Arbeiter durch Ausländer abzusehen (1915).	508
6.	Misshandlung russisch-polnischer Arbeiter durch Grubenbeamte 1915. In ihrer Eingabe an das Oberbergamt Dortmund machen die vier Bergarbeiterverbände des Ruhrgebiets auf diese Übergriffe aufmerksam und bitten darum, die Vorfälle zu untersuchen.	509
7.	Der Rabbi der Synagogengemeinde Duisburg beantragt beim Oberbürgermeister die Freigabe von Fetten, die für rituell lebende Duisburger Juden geeignet sind (1916).	511
8.	Der Wittener Oberbürgermeister weist auf die Notwendigkeit hin, die Lebensmittelversorgung rein industrieller Gemeinden an das Niveau der landwirtschaftlich geprägten Bezirke anzugleichen, um dem wachsenden Unmut in der Stadtbevölkerung entgegenzutreten (1917).	511
9.	Streiks im Oberhausener Bergrevier (Frühjahr 1917)	512
10.	»Die Bergleute marschieren auf!« (1917)	513
11.	Unruhen im Speisesaal. Polizeibericht über Proteste in einem Barackenlager der Firma Fried. Krupp AG in Essen, die durch Unzufriedenheit mit der Lebensmittelversorgung ausgelöst wurden (1917)	513
12.	Ein Recklinghäuser Bergmann, Jahrgang 1909, über seine persönlichen Erinnerungen an das »Hungerjahr« 1917 [1981]	514
13.	»Es waren schlimme, schlimme Jahre«. Erinnerungen von Ida Martin aus Gelsenkirchen-Buer an die Weltkriegszeit 1914–1918 [ca. Anfang der 1980er Jahre]	515
14.	Bericht eines Offiziers über die Erzählung eines jungen, aus dem Ruhrgebiet stammenden Soldaten über von der Front geschmuggelte Waffen und deren geplante Verwendung nach dem Krieg (1918)	517

15. Der Vorstand des Mülheimer Bergwerks-Vereins sieht die Gefahr eines Bergarbeiterstreiks im Ruhrrevier nur dann gegeben, wenn die Regierung in Berlin weiter nachsichtig und ängstlich gegenüber den Arbeitern agiere. Das Generalkommando in Münster habe bereits zugesichert, in einem solchen Fall für »Ruhe und Frieden« zu sorgen (1918).	517
16. Die Bergarbeiterverbände werden im Oktober 1918 vom Zechenverband als verhandlungsberechtigte Vertreter anerkannt.	518
17. Die Polen im Ruhrgebiet in der Endphase des Ersten Weltkriegs (1918)	519
18. Planungen in der Ruhrindustrie zur Entlassung weiblicher Arbeitskräfte nach Kriegsende (1918)	520
19. Flugblatt für die Sozialisierung des Bergbaus und gegen wilde Streiks (Febr. 1919)	520
20. Flugblatt gegen die sozialdemokratische Regierung in Berlin, für einen Generalstreik und den Abzug von Reichswehrtruppen aus dem Ruhrgebiet (Febr. 1919)	523
21. Beschwerde über die zunehmenden Hamsterfahrten aus den Industrieregionen des Ruhrgebiets nach Ostwestfalen (1919)	524
22. Der Regierungspräsident in Arnsberg berichtet an den Minister des Innern über spartakistische Unruhen in seinem Regierungsbezirk (1919).	525
23. Erstmals in der Geschichte des Ruhrbergbaus soll den Bergleuten unter bestimmten Voraussetzungen Urlaub gewährt werden (1919).	528
24. Polizeibericht über »Aufwiegler« und »Hetzer« in Duisburg (1920)	529
25. Flugblatt der »Roten Ruhr-Armee«, in dem sie sich gegen Vorwürfe der Grausamkeit wehrt und dem Militär eben diese vorwirft (1920)	529
26. Während des »Ruhrkampfs« bittet die »Rote Ruhr-Armee« die Firma Fried. Krupp AG um die Herstellung und Bereitstellung von Geschützen und Munition (1920).	530
27. Bericht über antisemitische Ausschreitungen von Reichswehrtruppen Mitte Juni 1920, bei denen erstmals Hakenkreuze in den Straßen von Dortmund gesehen wurden	531
28. Polizeibericht über militärische Übungen von Syndikalisten und Kommunisten im Hamborner Stadtgarten (1920)	532
29. Die Essener Zentrumspartei wirbt um die Wahlstimmen der Haus- und Grundbesitzer (1921).	532
30. Die Firma Fried. Krupp AG schließt ein »Geheim-Abkommen« mit dem Reichswehrministerium bei der Entwicklung und Produktion von Kriegsgerät (1922).	533
31. Der Kampf gegen die Ruhrbesetzung beginnt: Zeitschriftenartikel, in dem die »enge Notgemeinschaft« der Bevölkerung beschworen und zur Abwehr alles Fremden aufgerufen wird (1923)	535
32. Recklinghäuser Arbeiterverbände und Händler rufen am 7. Februar 1923 zum Boykott gegen die Soldaten der französischen Besatzungsmacht auf.	536
33. Das französische Oberkommando stellt mit Anordnung vom 8. Februar 1923 den Boykott gegen die Besatzung unter Strafandrohung.	536
34. Bericht eines Krupp-Angestellten über die Verhaftung Gustav Krupp von Bohlen und Halbachs durch die französischen Besatzer (1923)	537
35. Hungerunruhen und Straßenkämpfe in Gelsenkirchen 1923	538

36.	Die Firma Fried. Krupp AG reagiert mit der Herstellung eigener Gutscheine und Gutmarken auf die Inflation und den Mangel an Zahlungsmitteln in Essen und Umgebung (1923).	539
37.	Plünderungen und Diebstähle in Essen während der Inflations- und Besatzungszeit 1923	540
38.	Die nackten Zahlen der Inflation 1923. Eine Rückschau aus dem Jahr 1932	541
39.	Zeitungsartikel über einen Sprengstoffanschlag auf der Hochfelder Brücke, bei dem mehrere belgische Soldaten ums Leben kommen (1. Juli 1923)	542
40.	Die Besatzungsbehörde in Duisburg reagiert umgehend und mit zahlreichen Sanktionen auf den Sprengstoffanschlag der vorherigen Nacht (1. Juli 1923).	542
41.	Ein Herner Lehrer fordert Entschädigung für seine von den französischen Besatzern beschlagnahmten Brieftauben (1923).	543
42.	»Ein Funke genügte zur Explosion«. Das konfliktreiche Krisenjahr 1923 aus der Sicht eines Dortmunder Polizeiführers [ca. 1930]	544
43.	Die deutsche Staatsführung gibt Ende September 1923 den passiven Widerstand an der Ruhr auf.	546
44.	Die Bergarbeiterverbände des Ruhrgebiets rufen zur Wiederaufnahme der Arbeit auf (1923).	547
45.	Ein Beigeordneter aus Oberhausen zieht im Frühjahr 1924 eine vorläufige Bilanz der Besatzungszeit und deutet auf die künftigen Probleme der Gemeinden im Ruhrgebiet hin.	548

Band 2

X. Weimarer Republik – Zwischen scheinbarer Stabilisierung und Weltwirtschaftskrise (1923–1932) *(Mittag/Rudolph)*

1.	Bilder vom Ruhrgebiet im Jahr 1923 [1924]	557
2.	Der Gelsenkirchener Beigeordnete Jakob Sieglar (SPD) berichtet über die Auswirkungen von Inflation und Ruhrbesetzung auf die Arbeitsmarktlage der Stadt (1924).	560
3.	Politische Auseinandersetzungen an der Ruhr anlässlich der Reichspräsidentenwahl 1925	562
4.	Erinnerung an die Beendigung der Besetzung des Ruhrgebiets 1925 [1950]	564
5.	»Erlösung!« Artikel in der Erstausgabe der Zeitschrift »Hephästos« zum Ende der Ruhrbesetzung 1925	565
6.	Kommunismus und Internationalismus: eine KPD-Versammlung in Essen am 31.8.1925	567
7.	Protest der Wittener Stadtverwaltung und der Stadtverordnetenversammlung gegen Zechenstilllegungen (1925)	569
8.	Rationalisierung und Stilllegung im Ruhrbergbau (1926)	571
9.	Rationalisierung und Mechanisierung im Bergbau (1928)	575
10.	Auswanderung aus dem Ruhrgebiet (1928)	576
11.	Die Haltung der evangelischen Kirche zum Ruhreisenstreit (1928)	576
12.	Das Ruhrgebiet in sozialkritischen Reportagen (1928)	577
13.	Das Ruhrgebiet im Schulbuch (1929)	582

14. »Raub am Lebensnotwendigsten!« Zeitungsartikel zum Einkommen der Bergarbeiter im Ruhrbergbau (1930)	583
15. Die sozialpolitische Situation im Ruhrgebiet in der Ära Brüning (1930–1932)	587
16. »Heute stirbt unser Pütt!« Ein gebürtiger Gelsenkirchener zur Stilllegung der Zeche Rheinelbe-Alma (1931)	588
17. Die Stimmung im Ruhrgebiet aus Sicht der Arbeiter (1931)	589
18. Aufstieg der nationalsozialistischen Bewegung (1925–1932/33)	594
19. Gegen »Hungerlöhne«, »faschistische Beamte« und weitere Stilllegungen im Ruhrbergbau. Forderungen einer kommunistischen Betriebszellenzeitung in Datteln (1932)	600
20. Zulassung und Verbot von Demonstrationen (1932)	603
21. Der Preußenschlag – legalisierter Staatsstreich (1932)	603
22. Reaktionen der Sozialdemokratie auf den »Preußenschlag«: Kundgebungen und Proteste (1932)	604
23. Das Vorgehen der Justiz am Beispiel des Dortmunder Schupo-Prozesses (1932)	605
24. Machtanmaßung der SA: Beispiele aus Dortmund und Bochum (1932)	607
25. Potenziale und Grenzen der NSDAP im Ruhrgebiet (1932)	608
26. Sozialer Protest in der Lyrik (1933)	609

XI. Nationalsozialistische Machtübernahme und Konsolidierung der Terrorherrschaft 1933/34 *(Lagemann/Urban)*

1. Unterschiedliche Wahrnehmungen der Industrieclub-Rede Hitlers Anfang 1932	615
2. Politische Haltung der Ruhrindustrie im November 1932	617
3. Durchschnittliche Reichstagswahlergebnisse der fünf stärksten Parteien in ausgewählten Ruhrgebietsstädten im Vergleich zum Reichsdurchschnitt (1930–1933)	617
4. Ein Bochumer Arbeiter erinnert sich an den 30. Januar 1933, den Tag der »NS-Machtergreifung«, in seiner Stadt [1983].	618
5. Noch am Abend des 30. Januar 1933 droht die Mehrheit der Polizisten eines Polizeireviers in Castrop-Rauxel Hitler-Überläufern mit Gewalt (31.1.1933).	619
6. Wenige Tage nach dem 30. Januar 1933 wird der Zentrumspolitiker Weyer seines Amts als Polizeipräsident von Oberhausen-Mülheim enthoben. Die katholische Presse berichtet über den diesbezüglichen »Sturm der Entrüstung« in ihrem Lager und ruft dazu auf, die Antwort bei der Reichstagswahl im März zu geben.	620
7. Die NSDAP über Ruhrarbeiter und »Westfalenschädel« im Zentrum der deutschen Industrie [1938]	621
8. Reichsbankpräsident Schacht fordert im Februar 1933 die führenden Vertreter der westlichen Industrie auf, sich mit konkreten Fördersummen am kommenden Wahlkampf der NSDAP zu beteiligen.	622
9. Der Verleger und Oberbürgermeister der Stadt Essen, Theodor Reismann-Grone, über die Tage der »Machtergreifung«, seine politischen Ambitionen und das »Ende der Selbstverwaltung« (Januar bis Juli 1933)	623
10. Reaktion der regionalen Zentrums-Presse auf den 30. Januar 1933, die Ergebnisse der März-Wahlen und das Hissen der Hakenkreuzflagge auf dem Bochumer Rathaus	626

11.	Der Bergarbeiterführer und Reichstagsabgeordnete Fritz Husemann berichtet über die Besetzung des Verwaltungsgebäudes des »Alten Verbands« und andere Besetzungen durch die SA in Bochum (März 1933).	626
12.	Der ehemalige Kriminalbeamte Ernst B. über seine Verhaftung und Folterung bei der Gestapo in Recklinghausen im März 1933 [1947]	627
13.	Der Ruhrindustrielle Emil Kirdorf, ein früher Förderer Adolf Hitlers und der nationalsozialistischen Bewegung, spricht sich im März 1933 offen gegen »das unmenschliche Unmaß der fortgesetzten antisemitischen Hetze« aus.	628
14.	Der Recklinghäuser Polizeipräsident ruft seine Beamten zum rücksichtslosen Gebrauch der Schusswaffe gegen Kommunisten auf (März 1933).	628
15.	Bekanntmachungen des Bochumer Anzeigers, um »Irrtümer« bezüglich der jüdischen Abstammung von deutschen Bürgern zu vermeiden (März und April 1933)	629
16.	Erinnerungen eines ehemaligen SPD-Stadtverordneten an die erste Stadtverordneten-Versammlung nach der »Machtergreifung« in Duisburg-Hamborn am 31. März 1933 [1960]	630
17.	Moorsoldatenlied (April bis August 1933)	631
18.	Antrag der Recklinghäuser KPD an den Stadtverordnetenvorsteher vom 18.4.1933, Hitler nicht zum Ehrenbürger der Stadt zu ernennen	633
19.	Brief des Duisburger Oberbürgermeister Jarres an Göring über seine bevorstehende Ablösung (April 1933)	634
20.	Erinnerungen eines Duisburger Gewerkschafters und Sozialdemokraten an seine Verhaftung und Drangsalierung durch die SA und SS am 2. Mai 1933 [1965]	636
21.	Aufruf der Zeitung »Tremonia« an Dortmunder Lehrer zur Teilnahme an der Bücherverbrennung in Dortmund (Mai 1933)	638
22.	Der Essener Superintendent Johannsen resümiert die Tage der NS-Machtübernahme und rühmt die Tradition der Krupp-Stadt als »gute nationale Stadt« (Mai 1933).	638
23.	»Wie das rote Tuch auf den Stier«. SA- und SS-Führer in Witten fordern auch nach dem Erlass des Berufsbeamtengesetzes die unverzügliche Entlassung von Polizeibeamten, die als Gegner des Nationalsozialismus angefeindet werden (Juni 1933).	640
24.	Aus der Entschließung der Revolutionären Gewerkschaftsopposition, Bezirkskomitee Ruhrgebiet (Juni 1933)	640
25.	»Geistlicher Hetzer in Haft genommen«. Zeitungsbericht über die Festnahme des Bochumer Vikars Stöcker, dem Beleidigung der nationalsozialistischen Staatsführung vorgeworfen wird (Juni 1933)	641
26.	Der Duisburger Stadtverordnete Aloys Combes erklärt seinen Austritt aus der Zentrumspartei und bittet einen Tag später um die Aufnahme in die Stadtverordnetenfraktion der NSDAP (Juni 1933).	642
27.	Denunziation eines Recklinghäuser Lehrers bei der örtlichen SA wegen Verbesserungen in einem Schüleraufsatz (Juli 1933)	643
28.	Die Dortmunder Staatspolizeistelle führt im Sommer 1933 eine veränderte Ermittlungstaktik gegenüber Kommunisten ein und nimmt Geiseln (August 1933).	643
29.	Kompetenzstreitigkeiten am Bochumer Theater (August 1933)	644

30.	Ärztliches Gutachten über die Todesursache Oskar Behrendts, eines bekannten Mitglieds der Gelsenkirchener KPD (August 1933)	644
31.	Der Direktor des Essener Folkwang-Museums, Dr. Ernst Gosebruch, soll im August 1933 auf Antrag des Oberbürgermeisters Reismann-Grone als »Kunst-Bolschewist« seines Amts enthoben werden.	645
32.	Erinnerungen Fritz Bohnes, Mitglied der verbotenen »Naturfreunde« in Gelsenkirchen, an die Auflösung ihres illegalen Zeltlagers in Dorsten-Wulfen durch die Gestapo im September 1933 [1982]	646
33.	Laut dem Verwaltungsbericht der Stadt Mülheim ist seit dem Tag der Machtübernahme der Nationalsozialisten eine »Besserung auf der ganzen Linie« eingetreten und wird das »Elend« der Arbeitslosigkeit mit »großem Erfolg« bekämpft [Anfang 1934].	647
34.	Geburtstagsgratulation des Gelsenkirchener Oberbürgermeisters an Adolf Hitler (April 1934)	649
35.	Der ehemalige Gladbecker KPD-Stadtleiter Fritz Grabowski erinnert sich an den Aufbau einer illegalen »Bezirksleitung Ruhrgebiet« im Sommer 1934 und an den getarnten kommunistischen Widerstand im Dortmunder »Instruktionsgebiet« [1983].	650
36.	Polizeifunkspruch über jüngst in Recklinghausen aufgefundene kommunistische Flugblätter (August 1934)	651

XII. Nationalsozialismus und Zweiter Weltkrieg *(Seebold/Heith)*

1.	Der Aufsichtsratsvorsitzende der Bergwerksgesellschaft Hibernia, Erich Winnacker, fordert umfangreiche Umstrukturierungen nach nationalsozialistischen Vorgaben (1933).	659
2.	»Schluss mit polnischen Gerüchten«. Offener Brief der Vereinsführung des Deutschen Meisters FC Schalke 04 zur Abstammung ihrer Spieler (1934)	660
3.	Die nationalsozialistische Betriebsverfassung definiert das Verhältnis von Unternehmern und Belegschaftsmitgliedern als eine archaische Abhängigkeit zwischen Führer und Gefolgschaft. Die in der Weimarer Zeit erkämpften Rechte der Belegschaft werden zugunsten der Macht des Unternehmers beschnitten (1935).	662
4.	Die Gestapoleitstelle Dortmund berichtet an das Geheime Staatspolizeiamt über den Brief eines unbekannten Arbeiters an einen Funktionär der Deutschen Arbeitsfront, in dem er sich systemkritisch äußert (1937).	664
5.	Die Deutsche Arbeitsfront ist für die nationalsozialistische Ausrichtung der Betriebe verantwortlich und fungiert als Mittler zwischen Betriebsleiter und Belegschaft (1937).	665
6.	Der Sozialwissenschaftler und Volkskundler Wilhelm Brepohl über den »Typus P« im Ruhrgebiet (1938/39)	666
7.	Der Ende 1933 gegründete Jüdische Kulturbund Rhein-Ruhr versucht Anfang November 1938 letztmals, den dramatischen Mitgliederschwund zu stoppen.	668
8.	Die Staatsführung erlaubt die Zerstörung jüdischen Eigentums und fordert die Verhaftung jüdischer Mitbürger im Anschluss an die Reichspogromnacht vom 9./10. November 1938.	669
9.	»Das sind Menschen«. Ein Essener Bürger, der Mitleid für die jüdischen Opfer der Reichspogromnacht äußert, wird denunziert und der Gestapo zugeführt (1938).	669
10.	Vorbereitung und Verlauf der Reichspogromnacht aus Sicht des Duisburger Polizeipräsidenten (1938)	670

11.	»... weil es doch heißt, der jüdische Besitz soll in arische Hände übergehen«. Ein Oberhausener Bürger bittet die Stadtverwaltung um die Genehmigung zum Kauf eines in jüdischem Eigentum befindlichen Einfamilienhauses (1938).	671
12.	Stimmungsbericht über die Unzufriedenheit der Bergleute im Recklinghauser Revier und Zwangsmaßnahmen zur Verpflichtung der Bergarbeitersöhne für den Bergbau (1939)	672
13.	»Acht Stunden – genug geschunden!« Handzettel einer kommunistischen Widerstandsgruppe gegen eine Erhöhung der Arbeitszeit im Bergbau [September 1939]	673
14.	Das Amtsgericht Dortmund verurteilt den deutschen Berglehrling W. B. wegen »Arbeitsverweigerung« zu einem Monat Gefängnis. Eine Abschrift des Urteils wird zur Abschreckung auf der Schachtanlage öffentlich ausgehängt (1939).	673
15.	Vorlage für ein »nationalsozialistisches Gebet« (1940)	675
16.	Ein deutscher Bergarbeiter der Firma Fried. Krupp AG wird wegen des Vorwurfs mangelnder Arbeitsdisziplin in ein »Arbeitserziehungslager« überwiesen (1941).	675
17.	Nachdem sie Tabakwaren an einen Juden verkaufte, wird das Ladenlokal einer Oberhausenerin geschlossen (1941).	678
18.	Kinderlandverschickung: Ein Gelsenkirchener Lehrer berichtet (1941).	679
19.	Liesel K. (Jg. 1926) aus Wanne-Eickel notiert in einem teilweise illustrierten Album ihre Eindrücke und ihre Stellung zum Nationalsozialismus während des achtmonatigen Aufenthalts im Landjahrlager Abbenroth (1941).	681
20.	Bericht des Berggewerbelehrers E. K. aus Sterkrade an den Bergassessor Nebelung in Oberhausen vom 8. Juli 1941 über die Bewunderung seiner Schüler für die Edelweißpiraten.	683
21.	»Was sagen die Leute über den Krieg?« Auszüge aus den Schulaufsätzen Bochumer Arbeiterkinder (1942)	684
22.	Einblicke in die Ernährungslage sowjetischer Zwangsarbeiter im Ruhrgebiet (1942)	686
23.	Der Gesundheitszustand sowjetischer Kriegsgefangener im Ruhrbergbau (1942)	687
24.	Baracken und Stacheldraht: Zur Unterbringung von Ausländern und Zwangsarbeitern im rheinisch-westfälischen Industriebezirk (1942)	688
25.	Die Nationalsozialisten proklamieren den »totalen Arbeitseinsatz« in Analogie zum »totalen Krieg«: Frauen und Rentner werden für die Rüstungsindustrie rekrutiert (1943).	693
26.	Der Präsident des Fußballklubs Rot-Weiss Essen weigert sich, den Vereinssportplatz für die Aufstellung von Zelten für Zwangsarbeiter freizugeben (1943).	695
27.	Wilhelm Tengelmann, Vorstandsvorsitzender der staatlichen Bergwerksgesellschaft Hibernia, nimmt in einer Denkschrift zum Einsatz von Zwangsarbeitern im Steinkohlenbergbau an der Ruhr Stellung (1943).	697
28.	Die Industriellen an der Ruhr organisieren die Waffenproduktion in vergleichsweise großer Eigenverantwortung (1943).	700
29.	Die britische Luftwaffe erklärt das rheinisch-westfälische Industriegebiet erneut zum Kriegsschauplatz, kündigt die Zerstörung der Rüstungsindustrie an und fordert die Zivilbevölkerung auf, das Gebiet zu verlassen (1943).	701

30.	Die Bochumer Pöppe, Schmitfranz und Lotz werden, weil sie ausländische Rundfunksender abgehört, feindliche Flugblätter gelesen und über die Inhalte in Gaststätten mit Bekannten gesprochen haben, vom Zweiten Senat des Volksgerichtshofs zum Tode bzw. einer langjährigen Zuchthausstrafe verurteilt (1944).	702
31.	In Bochum erschlägt ein Stahlarbeiter einen Mitbürger, der bei Aufräumungsarbeiten nach einem Bombenangriff im November 1944 am siegreichen Ausgang des Kriegs zweifelt.	706
32.	»Bochum ist eine tote Stadt«. Brief einer ausgebombten Frau an ihren jüdischen Ehemann (1944)	708
33.	Nach einer neuen Welle von Luftangriffen auf das Ruhrgebiet erhält die dortige Rüstungswirtschaft eigene Entscheidungsstrukturen: Der Industrielle Albert Vögler wird im Dezember 1944 Chef des Ruhrstabs, dem auch der Bergbau angehört (1945).	710
34.	Der Leiter der Bochumer Feuerwehr meldet die Erschießung eines sowjetischen Zwangsarbeiters, der bei Aufräumungsarbeiten einen Salzstreuer gestohlen hatte (1945).	711
35.	Der Gauleiter und Reichsverteidigungskommissar des Gaus Westfalen-Süd, Albert Hoffmann, sanktioniert die Lynchjustiz an abgeschossenen alliierten Jagdbomberpiloten (1945).	712
36.	Der rheinische Teil des Ruhrgebiets wird evakuiert (25.3.1945).	712
37.	Aussage des Herner Volkssturmangehörigen Heinrich Naumann über die Ermordung von zwei Deutschen und einem sowjetischen Staatsangehörigen in der Endphase des Zweiten Weltkriegs (17.5.1945)	713

XIII. Trümmer, Armut, Arbeit. Der Wiederaufbau der Region *(Jenko)*

1.	Der von den Alliierten im April 1945 zum Altenessener Ortsbürgermeister bestellte katholische Kaufmann Wilhelm Kleff berichtet über die ersten von ihm angeordneten Maßnahmen.	720
2.	Dortmunder Sozialdemokraten beraten im April 1945 über die Reorganisation der Partei und ihre Mitwirkung am kommunalen Wiederaufbau.	721
3.	Die Belegschaftsvertreter der Bochumer Zechen beschließen im April 1945 die Bildung einer Einheitsgewerkschaft auf betrieblicher Basis.	723
4.	In einer Ende April 1945 auf der Bochumer Zeche Prinz Regent verteilten Proklamation an die Bergarbeiter wird der organisatorische Zusammenschluss in einem Einheitsverband als Mittel zum demokratischen Neuanfang nach dem Ende des NS-Regimes gefordert.	724
5.	Der kommissarische Direktor des Siedlungsverbands Ruhrkohlenbezirk, Rappaport, plädiert Ende Mai 1945 dafür, die zentrale Lenkung der Bauwirtschaft aus Kriegszeiten beizubehalten, um ein »gleichmäßiges Vorgehen« beim Wiederaufbau des Ruhrgebiets zu erreichen.	726
6.	Der kommissarische Dortmunder Oberbürgermeister Dr. Ostrop ruft die Bevölkerung Anfang Juni 1945 zur Trümmerbeseitigung auf.	727
7.	Der Essener Oberbürgermeister Rosendahl bittet die britische Militärregierung im Juli 1945, angesichts des unter der deutschen Zivilbevölkerung herrschenden Mangels an Kleidung von deren Requisition abzusehen.	728
8.	Die SPD und die Union deutscher Sozialisten in Bochum beschließen am 13. August 1945 ihre organisatorische Vereinigung.	730

9.	Wie vielerorts im Ruhrgebiet, so wird auch im Landkreis Recklinghausen die desolate Ernährungslage mit plündernden Ausländern in Zusammenhang gebracht (1945).	731
10.	»Stärkste Bazillenverbreiter«. Der kommissarische Bürgermeister der Stadt Recklinghausen bittet die britische Militärregierung im November 1945 um die baldige Räumung eines »Polenlagers« bei Waltrop.	732
11.	Captain Siruge von der britischen Militärregierung teilt dem Betriebsausschuss der Zeche Prinz Regent im November 1945 die Rücknahme »wilder« Entnazifizierungsmaßnahmen mit.	732
12.	Das Vermögen der Firma Fried. Krupp wird Ende 1945 per Gesetz der Kontrolle der britischen Militärregierung unterstellt.	733
13.	Die Arbeiter und Angestellten der Essener Gussstahlfabrik der Firma Fried. Krupp schlagen Ende 1945 anstelle einer Demontage eine Umgestaltung der Kruppwerke und deren Überführung in öffentliches oder gemischtwirtschaftliches Eigentum vor.	733
14.	Die Christlich-Demokratische Partei Gelsenkirchen informiert die britische Militärregierung im November 1945 über die Zusammenarbeit mit dem Zentrum in Buer.	734
15.	Eine Herner Bürgerin beantragt im Dezember 1945 beim städtischen Hauptwirtschaftsamt die Ausbesserung ihres Schlafzimmermobilars.	735
16.	Major Fox, Kommandant der britischen Militärregierung, schwört im Dezember 1945 die erstmals zusammentretenden Wanne-Eickeler Stadtverordneten auf demokratisches Handeln in der Selbstverwaltung zum Wohl der Bevölkerung ein.	736
17.	Die Belassung ehemaliger NSDAP-Mitglieder in hohen Verwaltungspositionen sorgt 1946 in Mülheim für Proteste und Schwierigkeiten im demokratischen Aufbau der Kommunalverwaltung.	738
18.	Der Wittener Oberstadtdirektor legt im Frühjahr 1946 eine Bilanz der NS-Zeit vor und macht Angaben zur dortigen Versorgungs- und Flüchtlingslage.	739
19.	Fritz Günzburger berichtet im April 1946 in einem Artikel für die niederländische KP-Zeitung »De Waarheid« über die Lebensverhältnisse im Ruhrgebiet.	741
20.	»Keine Strafkolonie«. Der Essener Vorstand des Industrieverbands Bergbau wehrt sich im April 1946 gegen die Beschäftigung belasteter, ehemaliger »Parteigenossen« im Ruhrbergbau.	743
21.	Über den Stand der Entnazifizierung und den dadurch hervortretenden Mangel an ausgebildetem Verwaltungspersonal in Mülheim an der Ruhr (1946)	744
22.	Gründung des Gelsenkirchener Kreisverbands der Industriegewerkschaft Metall im Juli 1946	745
23.	Die Stadt Bottrop bittet die Militärregierung um schnelle Hilfe bei der Schaffung neuer Bergarbeiterwohnungen im »Kern des Kohlegebiets« (1946).	746
24.	Situation der Volksschulen in Recklinghausen (1946)	747
25.	Sozialisierung des Bergbaus: Resolution der Belegschaftsversammlung der Zeche Bruchstraße in Bochum-Langendreer (1947)	748
26.	Der Wittener Oberstadtdirektor befürchtet im März 1947 baldige Unruhen in seiner Stadt, falls die Versorgung mit Lebensmitteln weiterhin ungeregelt erfolgt.	748
27.	Ein Bergmann aus Moers berichtet dem stellvertretenden Vorsitzenden des Industrieverbands Bergbau, Willi Agatz, über den Proteststreik vom 3. April 1947.	749

28.	»Wer will da undankbar sein?« Petition eines Essener Bürgers an Oberbürgermeister Dr. Gustav Heinemann, Gustav Krupp von Bohlen und Halbach das entzogene Ehrenbürgerrecht wieder zu verleihen (1948)	752
29.	»Deklassiert, zurückgesetzt und verachtet«. Der Volksmissionar Tolksdorf berichtet über die geistige und soziale Isolierung der in Gelsenkirchener Berglehrlingsheimen untergebrachten Jungbergleute aus den Ostgebieten (1948).	753
30.	Eingabe des Bochumer Vereins an US-Präsident Truman, US-Außenminister Marshall und den US-Kongress vom 8.1.1949, die Demontage des Werks einzustellen.	754
31.	Ein Recklinghäuser Diözesansekretär beschwert sich im Februar 1949 beim Vorsitzenden des Industrie-Verbands Bergbau, August Schmidt, über die Missachtung der Parität in der Stellenbesetzung innerhalb der Gewerkschaft.	756
32.	Ein Flüchtling aus Schlesien berichtet 1950 über sein Verhältnis zu den einheimischen Bergleuten am Arbeitsplatz und die Versorgungslage der Familie.	757
33.	Verwaltungsbericht über den Bevölkerungsanteil der Vertriebenen und Flüchtlinge in verschiedenen Städten des Ruhrgebiets (1950)	758
34.	Die innergewerkschaftliche Auseinandersetzung mit den Kommunisten (1950)	759
35.	Wiederaufbau der Schwerindustrie im östlichen Ruhrgebiet: Gründung der Dortmund-Hörder Hütten-Union (1951)	760
36.	Zeitungsbericht über die Arbeit von Bochumer Trümmerfrauen (1952)	762
37.	Die Bewohner einer Duisburger Siedlung wehren sich gegen die Ansiedlung von »Zigeunern« in ihrer unmittelbaren Nachbarschaft (1952).	762
38.	Der Oer-Erkenschwicker Ortsvorsitzende des Bundes der vertriebenen Deutschen appelliert 1956 an die alteingesessene Bevölkerung, den Vertriebenen zu helfen.	763
39.	»Kumpelpastoren« unter Tage. Die beiden evangelischen Hilfsprediger Helmut Disselbeck und Gerhard Leipski berichten über die Erfahrungen ihrer einjährigen Bergmannstätigkeit auf Kohlenzechen des Ruhrgebiets (1957).	763
40.	Im Januar 1960 wird das letzte Flüchtlingslager in Duisburg geräumt. Zu viele Schlichtwohnungen stehen leer.	765

XIV. Von der Industriestadtregion zur modernen Großstadtregion (Tenfelde/Ziemann)

1.	»Von allen Göttern der Heimat verlassen«. Industrie und Naturschutz 1919	773
2.	»Sittliche Erneuerung des Volks«: Planung eines gemeinnützigen Theaters für das Ruhrgebiet (1920)	774
3.	Der Schutz der Wälder sowie die Koordinierung des Bergmannswohnungsbaus sind die wichtigsten Arbeitsfelder des Siedlungsverbands nach seiner Gründung (1921).	775
4.	Die Zentrumsfraktion der Stadt Gladbeck zieht frühzeitig eine negative Bilanz der Eingemeindungsdiskussion nach dem Ersten Weltkrieg (1922).	777
5.	Eine »unfertige Stadt«: Gelsenkirchen 1924	778
6.	Frühe Planungen: Autobahnen für das Ruhrgebiet (1925)	780
7.	Zwei Sonette über Umweltschäden: Der Gelsenkirchener Bergarbeitersohn, Lehrer und Dichter Josef Voß über den »Wäldermord« im Ruhrgebiet (1925)	780
8.	»Hier ist der Rauch ein Himmel.« Joseph Roths literarischer Blick auf das Revier (1926)	781

9.	»Ganz und gar im Aufbau« unter der »Herrschaft der Arbeit«. Hans Spethmann über Ruhrstadt und Ruhrstädter (1926)	782
10.	Amtsärztlicher Bericht über Gesundheitsschäden an Schulkindern infolge von Rauchemissionen: Herne-Sodingen 1927	785
11.	»Hausrecht« und »Faustrecht«. Theaterkritik in Bochum 1928	786
12.	Hernes Oberbürgermeister Täger zur langwierigen Eingemeindungsdiskussion (1928)	789
13.	Über die Bedeutung der Bergschäden für die wirtschaftliche Gewinnung der Steinkohle im Ruhrgebiet (1929)	791
14.	Die Stellung der KPD zur kommunalen Neugliederung im Ruhrgebiet 1929	792
15.	Essen-Karnap: Die Zersiedelung eines Industrie-Vororts (ca. 1930)	794
16.	»Zwei Welten« diesseits und jenseits der Fabrikmauer (1935)	796
17.	Eine »gewaltige Harmonie«. »Ruhrland« – eine nationalsozialistische Wahrnehmung um 1935	798
18.	Zentrale des Wiederaufbaus: Der Direktor des Siedlungsverbands Ruhrkohlenbezirk, Rappaport, betont im Dezember 1945 gegenüber der britischen Militärregierung die große Bedeutung seiner Dienststelle für die Neugestaltung des Ruhrgebiets.	798
19.	Der Dortmunder Stadtbaurat Delfs erläutert, warum bei der Stadtplanung im Wiederaufbau der Nachkriegszeit Kompromisse geschlossen werden mussten (1951).	800
20.	»Ruhrschnellweg« oder »Ruhrschleichweg«? Schnellstraßenbau im Widerstreit von Verkehrschaos, Finanzpolitik und Modernitätserwartung. Ein Radio-Streitgespräch aus dem Jahr 1953	801
21.	Der Direktor des Siedlungsverbands Ruhrkohlenbezirk, Sturm Kegel, sieht das Ruhrgebiet nicht als monströse »Ruhrstadt«, sondern als »föderalistische Städtelandschaft« (1954).	804
22.	Leistungen und Grenzen des sozialen Wohnungsbaus am Beispiel Essen (1955)	804
23.	Essen, Dortmund und die Verwaltungsstrukturreform: Das Ruhrgebiet – ein Integrationsproblem (1957)	806
24.	Das Ruhrgebiet erhält ein Bistum. Gruß- und Abschiedsworte zur Gründung des Bistums Essen 1958	810
25.	Eine junge französische Bibliothekarin schildert Ende der 1950er Jahre ihre Eindrücke vom Ruhrgebiet.	812
26.	Vom Mythos des Ruhrgebiets (1959)	813
27.	Die Adam Opel AG will für die Ansiedlung eines Automobilwerks von der Stadt Bochum drei Geländestücke mit zusammen mehr als 120 Hektar Größe erwerben. Sie stellt der Stadt Bedingungen für Zustand und Erschließung der Flächen (1960).	815
28.	Selbstbild der Städte: Bochum und Gelsenkirchen 1962	816
29.	Ein katholischer Pastoralsoziologe des Bistums Essen beschreibt 1963 die historisch tradierten Defizite der städtischen Pfarrstrukturen und die Wandlung des Charakters der Pfarrei im Ruhrgebiet nach 1945.	818
30.	Die Industrie- und Handelskammer Dortmund legt einen eigenen Vorschlag für eine Verwaltungsreform im Ruhrgebiet vor (1965).	820
31.	Experten des Siedlungsverbands Ruhrkohlenbezirk entwerfen minutiöse Pläne für die Anlage von Freizeitparks zu Erholungszwecken (1967).	822

32.	»Erbötigkeitsplanung«. Probleme der Stadtplanung im Ruhrgebiet am Beispiel der Stadt Herne (1971)	823
33.	Strukturprobleme der Großstädte im Ruhrgebiet in den 1970er Jahren (1977)	825
34.	Gegen den Abriss von Zechensiedlungen. Ein Mieterprotest an den Ministerpräsidenten Johannes Rau (1985)	827
35.	Stadtdirektor Wallmann, Bottrop, beurteilt 1986 das Image seiner Stadt und die Entwicklungschancen im nördlichen Ruhrgebiet.	828

XV. Wirtschaftlicher Strukturwandel – technische Innovation und Arbeit im Ruhrgebiet *(Vollmer/Löwen)*

1.	Sechs Zechen im südlichen Ruhrgebiet legen Ende Februar 1958 erstmals seit 25 Jahren wieder eine Feierschicht wegen Absatzmangels ein. Diese Maßnahme ruft Proteste der IG Bergbau hervor.	839
2.	Stimmen von Bergarbeitern zur ersten Feierschicht auf Zeche Katharina in Essen (Februar 1958)	839
3.	Strukturkrise der Steinkohle aus Sicht der Bundesregierung (1959)	840
4.	Bergbau und kommunale Finanzkraft in den Kohlenstädten der Emscher- und Lippezone (1960)	841
5.	Die Stadt Herten versucht 1960 die Ansiedlung der Ford-Werke im nördlichen Ruhrgebiet gegen den Widerstand des Bergbaus durchzusetzen.	842
6.	Technischer Fortschritt im Ruhrbergbau: Die ersten Grubenwarten werden eingerichtet (1962).	845
7.	Menschliche Probleme der Bergleute beim Verlust des Arbeitsplatzes (1962)	846
8.	Das Dortmunder Brauereiwesen – eine Bestandsaufnahme Mitte der 1960er Jahre	847
9.	Auswirkungen von Zechenschließungen auf die Menschen innerhalb der Region – Ansichten der Kommunen (1964)	848
10.	Strukturwandel: Resümee einer wissenschaftlichen Untersuchung (1964)	849
11.	Die IGBE fordert eine Neuordnung der Bergbau- und Energiewirtschaft (1965).	850
12.	Die Dortmunder Industrie- und Handelskammer sieht für den Bergbau kaum noch Entwicklungschancen und tritt daher für eine Beschleunigung des Strukturwandels ein, der im Ruhrgebiet nicht neu, sondern lediglich in ein »akutes Stadium« getreten sei (1966).	851
13.	Stimmungsbericht zur Stilllegung der Zeche Langenbrahm in Essen (1966)	852
14.	Auswirkungen der Bergbaukrise aus kommunaler Sicht und Maßnahmen zur Strukturverbesserung an Rhein und Ruhr (1966)	853
15.	Protokoll der Betriebsversammlung der Gladbecker Zeche Möller/Rheinbaben, nachdem der Vorstand der Bergwerksgesellschaft Hibernia AG am 2. November 1966 die Stilllegung beschlossen hatte	855
16.	»Kadetten« und »Kommilitonen«. Bochum wird Musterbeispiel des Strukturwandels (1966).	857
17.	Die Handwerkskammer Dortmund sorgt sich um die Existenz der vom Strukturwandel betroffenen Zulieferer und bietet gleichzeitig ihre Unterstützung bei der Beschäftigung bzw. Umschulung entlassener Bergarbeiter an (1967).	859

18. Der nordrhein-westfälische Ministerpräsident Heinz Kühn beschreibt im November 1967 die Lage des Bergbaus und der Bergbaustädte sowie die Gefühle der Menschen des Reviers im Deutschen Bundestag.	860
19. Neuordnung bei Krupp: Gründung der Stiftung 1968	861
20. Gründung der Ruhrkohle AG: Unterzeichnung des Grundvertrags (1969)	862
21. »Im Augenblick der entscheidende Faktor«. Der nordrhein-westfälische Wirtschaftsminister Riemer (FDP) zum Strukturwandel in der krisenbehafteten Textilindustrie (1973)	863
22. Die Bedeutung der Textilindustrie für kleinere Gemeinden des Ruhrgebiets. Das Beispiel Kettwig (1974)	864
23. Der Hauptgeschäftsführer der IHK Dortmund zieht 1977 eine pessimistische Zwischenbilanz zum Strukturwandel in seinem Kammerbezirk, dem östlichen Ruhrgebiet.	865
24. Die Handwerkskammern des Ruhrgebiets sehen sich als »Gegengewicht zur Monostruktur« der Region (1979).	867
25. »Das Ungewisse macht Dich fertig«. Arbeitsplatzabbau in einem Duisburger Stahlwerk: Ein Arbeiter spricht über die Auswirkungen aus Sicht eines Betroffenen [1983].	868
26. Einer der Gründungs-Geschäftsführer erläutert die Ziele und Besonderheiten des TechnologieZentrums Dortmund und dessen Beitrag zum Strukturwandel (1986).	870
27. Abschied vom »Bergmann alten Stils«. Der Wandel der Arbeit wird auf einer Recklinghäuser Zeche besichtigt (1986).	872
28. Norbert Lammert, Vorsitzender des Bezirksverbands Ruhr der CDU, fordert von allen Beteiligten, die Entwicklungschancen des Reviers zu nutzen (1986).	874
29. Altkanzler Helmut Schmidt (SPD) plädiert im September 1987 für den Erhalt des heimischen Steinkohlenbergbaus.	876
30. »Das Ende einer Epoche«. Ein Journalist zur Stahlfusion Krupp-Hoesch 1992	877
31. Zeitbedarf für den Strukturwandel aus Sicht des Managements eines Stahlunternehmens (1992/93)	878
32. Region im Umbruch: Das Ruhrgebiet, jahrzehntelang von der Schwerindustrie geprägt, setzt auf Technologie und Dienstleistungen (1995).	878
33. »China-Town in Westfalen«. Das letzte Dortmunder Stahlwerk wird demontiert (2002).	880
34. Der frühere Krupp-Vorstandsvorsitzende Gerhard Cromme über die großen Fusionen in der Eisen- und Stahlindustrie im Ruhrgebiet der 1990er Jahre (2005)	882
35. Der Geschäftsführer eines Bergbau-Zulieferers erläutert die Strategien, mit denen sich das mittelständische Unternehmen dem Strukturwandel stellt (2005).	883
36. Strukturwandel aus Sicht des Vorstandschefs von Eon Ruhrgas (2007)	884
37. Ein ehemaliger Bergmann, der heute Besuchergruppen durch das »Weltkulturerbe« Zollverein führt, erinnert sich an die Stilllegung und beschreibt die neue Nutzung »seiner« Zeche (2008).	886

XVI. Gewerkschaften, sozialer Konflikt, Mitbestimmung, Sozialdemokratisierung *(Stadtland)*

1. Vor der Mitbestimmung: Sozialisierung des Bergbaus? (1947)	896
2. Mitbestimmung – Angebote der Unternehmer (1947)	898

3. SPD-Betriebsgruppen in Duisburg 1951	899
4. Vor der Auflösung des katholischen Milieus: Frontstellung gegen die SPD 1952	901
5. Kampf um Mitbestimmung 1955	903
6. Luftverschmutzung im Ruhrgebiet I (1957)	904
7. In der Vorbereitung auf den Marsch nach Bonn – ein »wirtschaftliches Stalingrad an der Ruhr«? (1959)	906
8. Marsch nach Bonn – September 1959	909
9. Godesberger Programm – Rezeption im Ruhrgebiet I (1959)	910
10. Godesberger Programm – Rezeption im Ruhrgebiet II (1960)	911
11. Klage eines Funktionärs (1961)	913
12. Luftverschmutzung im Ruhrgebiet II (1963)	913
13. Auswirkungen des Strukturwandels (1972)	915
14. »Wilder Streik« im Februar 1973 bei Hoesch Dortmund – Vorwurf der »Mitbestimmungskumpanei«	916
15. Gewerkschaftsopposition im Betriebsrat bei Opel (1973)	918
16. Mitbestimmung ist »scheinsozial« (1975).	921
17. Kontroverse in der SPD Oberhausen: Vorrang von Arbeitsplätzen oder Umweltschutz? (1977)	922
18. Streiklied aus dem Stahlarbeiterstreik 1978/79	923
19. Stahlkrise 1982 – Forderung der IG Metall Dortmund nach Überführung der Stahlindustrie in Gemeineigentum	924
20. SPD und Strukturkrise – Duisburg 1984	926
21. IBA Emscher Park – Zielsetzungen (1987)	927
22. Rheinhausen – Rede vom 30.11.1987 zum »Kampfauftakt«	930
23. Rheinhausen – Position der Arbeitgeber (1987)	932
24. Rheinhausen – ein Jahr danach: Bericht einer Fraueninitiative (1988/89)	934
25. Betriebsrat – Werdegang und Tätigkeitsprofil [1988]	935
26. »Eigentum verpflichtet« – Rede eines Pfarrers in Hattingen 1988	937
27. Strukturwandel: Einschätzungen (1989)	938
28. Die Sozialdemokratisierung des Ruhrgebiets [1996]	939
29. »Das Band der Solidarität« 1996/97 – eine Chronik	940
30. »IBA von unten« (1997)	944
31. IBA – eine Würdigung danach (2000)	945

XVII. Gesellschaftlicher Strukturwandel – Bildungsrevolution, Daseinsweisen und soziokulturelle Herausforderungen *(Adamski/Riediger)*

1. Fraktionsübergreifender Antrag im nordrhein-westfälischen Landtag auf Errichtung einer Technischen Hochschule im Ruhrgebiet, insbesondere zur Ausbildung junger Ingenieure (1948)	951
2. Die Volkswirtin Resi Dieckmann, Mitarbeiterin der Sozialforschungsstelle Dortmund, äußert sich über die Erwerbsnot der Frauen und ihre Arbeitsmotive im Ruhrgebiet (1948/1949).	953

3. Der Initiator und Geschäftsführer der Sozialforschungsstelle Dortmund, Otto Neuloh, kritisiert die Diskrepanz zwischen der wirtschaftlichen Bedeutung des Ruhrgebiets und dem negativen Image des Reviers als »Kohlenpott« (1949).	956
4. Ergebnisse einer zwischen Dezember 1951 und März 1952 von der Sozialforschungsstelle Dortmund durchgeführten Erhebung in Datteln über den Berufsweg der weiblichen Jugend, insbesondere den der Bergarbeitertöchter (1953)	958
5. Das »Kuratorium zur Förderung des wissenschaftlichen Lebens der Stadt Dortmund« diskutiert über die dringende Notwendigkeit einer Technischen Hochschule im Ruhrgebiet (1956).	960
6. Zeitgenössische Kritik am anfänglichen Desinteresse des deutschen Bergbaus an der Beschäftigung italienischer »Fremdarbeiter« (1956)	963
7. Offener Brief an die Zeitschrift »ruhrgebiet« über Gründe und Hemmnisse für die Errichtung einer Technischen Hochschule im Ruhrgebiet (1960)	964
8. Zeitungsbericht über unterschiedliche Erfahrungen mit ausländischen Arbeitskräften – insbesondere Japanern und Türken – bei der Hamborner Bergbau AG (1962)	965
9. In Straßeninterviews erfragt eine Studentenzeitung in Bochum Meinungen zum Aufbau der Hochschullandschaft im Ruhrgebiet (1963).	967
10. Der Arbeitsdirektor einer Bergwerksgesellschaft berichtet der IGBE über seine Erfahrungen mit »Gastarbeitern« im Bergbau (1964).	969
11. Werner Willutzki, Mitglied des Schulausschusses des Rats der Stadt Dortmund, erörtert die Frage, warum sich so wenige Arbeiterkinder an höheren Schulen befinden (1965).	971
12. Die Beschreibung der Situation eines »sozialen Brennpunkts« in Duisburg (1965)	973
13. Auszug aus der Ansprache von Ministerpräsident Franz Meyers zur Eröffnung der Ruhr-Universität Bochum am 30. Juni 1965	975
14. Weihnachtslieder-Umdichtung, die von Studierenden der Pädagogischen Hochschule Dortmund bei der Eröffnungsfeier der Technischen Universität Dortmund am 16. Dezember 1968 angestimmt wurde	976
15. Der Schulausschuss der Stadt Gelsenkirchen spricht sich für die Einrichtung einer Gesamtschule aus (1969).	977
16. Notiz über eine Besprechung zur Wohnsituation im Türkenwohnheim der Schachtanlage Friedrich der Große, Herne, am 13. und 14. Juli 1970	979
17. Die Ruhrkohle AG bewertet die Ausländerbeschäftigung im Unternehmen (1979).	980
18. Der Arbeitnehmer und Gewerkschafter Cengiz Camci beschreibt die Probleme türkischer Arbeiter in ihrer neuen Umgebung (1979).	981
19. Eine Reportage darüber, wie ein Duisburger Stadtteil zwischen zwei Kulturen zerreißt (1980)	983
20. Die kulinarische Seite soziokulturellen Wandels wird anhand einer Straße in Dortmund geschildert (1982).	986
21. Ein Journalistenpaar berichtet von seiner Freundschaft mit einer türkischen Familie in Essen (1982).	987
22. Arbeiterinnen und weibliche Angestellte entwickeln in der Werkszeitschrift von Hoesch Gedanken zu Frausein und Erwerbstätigkeit in einem Männerbetrieb (1982).	991
23. Das Straßenmagazin »BODO« gibt in seiner Erstausgabe einen Einblick in Alltagssorgen von Obdachlosen (1995).	994

24.	Zur Schul- und Ausbildungsfrage von »Gastarbeiterkindern« in zweiter und dritter Generation (2002)	995
25.	Auszüge aus einer Fallstudie zur ethnischen und sozialen Segregation in Gelsenkirchen (2006)	998

XVIII. Ruhrstadt – Kulturhauptstadt. Region und Identität nach 1945 *(Kift)*

1.	Bericht über die Wiederaufnahme des kulturellen Lebens in Herne 1945 und die Unterstützung seitens der Bochumer und Essener Bühnen (1947)	1006
2.	Kunst gegen Kohle: Betriebsratsmitglied Karl Biermann erinnert an Beginn und Mythos der Ruhrfestspiele in Recklinghausen 1946 [1984].	1007
3.	Bergarbeiterliteratur als Orientierungshilfe und spätere Lebensaufgabe für Walter Köpping, Leiter der Abteilung Bildung der IGBE [1984]	1008
4.	Plädoyer für eine eigene Kultur des Industrierreviers von Franz Große-Perdekamp, Leiter der Kunsthalle Recklinghausen und künstlerischer Berater der Vereinigung der Freunde von Kunst und Kultur im Bergbau e.V. (1948)	1010
5.	Beitrittsaufruf von Heinrich Winkelmann, Vorsitzender der Vereinigung von Kunst und Kultur im Bergbau und Direktor des Bochumer Bergbau-Museums, an alle Bergarbeiter im Revier (1948)	1012
6.	Der Künstler Thomas Grochowiak über die Gründung, Ziele und Aktivitäten der Künstlergruppe »junger westen« 1948 [2006]	1014
7.	Bergleute als Laienkünstler (1950)	1015
8.	Jahresbilanz 1953 der Revierarbeitsgemeinschaft für kulturelle Bergmannsbetreuung	1016
9.	Ein proletarischer Antiheld als Symbolfigur: Herbert Kochs »Kumpel Anton« (1954)	1017
10.	Zuwanderung und Integration der Heiligen Barbara aus Oberschlesien (1954)	1018
11.	Treffen der Bergmannsdichter auf dem Bergwerk Walsum 1956	1019
12.	Solidarischer Revierfußball als Vorbild für die gewerkschaftliche Geschlossenheit aller Werktätigen im Saarland [1957]	1020
13.	Konkurrenz statt Kooperation der Ruhrgebietsstädte zum Nachteil ihrer Bewohner und ihres Ansehens (1960)	1021
14.	Wo bleibt der Ruhrgebietsfilm? Bericht über die VI. Westdeutschen Kurzfilmtage in Oberhausen (1960)	1023
15.	Gleichberechtigt neben den Stätten der Wirtschaft und ein Haus für alle: das Gelsenkirchener »Musiktheater im Revier« des Architekten Werner Ruhnau (1960)	1024
16.	Europäischer Kulturaustausch und internationale Anerkennung für die Ruhrfestspiele und die Kulturpolitiker des Bergbaus auf dem »Festival du Nord« in Lille (1961)	1025
17.	Industrielle Arbeitswelt und Literatur: Die Dortmunder Gruppe 61 [1972]	1025
18.	Arbeiterliteratur im Konflikt: Der Streit um Max von der Grüns »Irrlicht und Feuer« (1963/64)	1026
19.	Beat-Festival 1966 in Recklinghausen, dem neuen »Mekka der Beatbewegung«	1029
20.	Fortschrittliche Jugendpflege in Recklinghausen: Kurt Oster und seine Beat-Festivals [1992]	1031
21.	Die Essener Songtage 1968 im Spiegel der konservativen Presse	1032

22.	Das Manifest des Künstlers Ferdinand Kriwet: Den Strukturwandel nutzen, um das Ruhrrevier in das »größte Kunstwerk der Welt« umzuwandeln (1968)	1033
23.	Umdenken in der Denkmalpflege: Die Rettung der Maschinenhalle der Zeche Zollern II/IV in Dortmund (1969)	1035
24.	Bewahrung des industriekulturellen Erbes am authentischen Ort: die Gründung des Westfälischen Industriemuseums (1979)	1036
25.	Kult im Revier: Herbert Grönemeyers »Currywurst« (ca. 1980)	1037
26.	Zur kulturellen Aufwertung der Arbeiterviertel. Reportage über den Bau des Naturkundemuseums in der Dortmunder Nordstadt (1981)	1037
27.	Regionale Arbeitsteilung, kommunale Finanzierungsprobleme und individuelle Zielvorstellungen: Die Theater 1986	1038
28.	Türkische Gärten und Literatur der Migranten (1986)	1040
29.	Kultur als Wirtschaftsfaktor? Die Diskussion um das Musical Starlight Express in Bochum 1987	1042
30.	Rückblick des Steigers und »Taubenvaters« Theo Ritterswürden auf Hochzeit und Niedergang des Taubensports (1986–1988)	1043
31.	Der Bezirksvorsitzende der CDU Ruhr, Norbert Lammert, zur Zukunft des Ruhrgebiets als Kulturlandschaft und zur Rolle der Kultur als Wirtschaftsfaktor (1988)	1045
32.	BVB, Schalke & Co. Der Ruhrgebietsfußball als Imageträger einer modernen und gleichzeitig traditionsbewussten Region (1997)	1046
33.	Modernes Theater in alten Industriehallen: Die erste RuhrTriennale und ihr Leiter Gérard Mortier (2002)	1047
34.	Selbstbild und Fremdwahrnehmung der Ruhrgebietskultur (2004)	1049
35.	Essen wird »Europäische Kulturhauptstadt 2010« (2006).	1050
36.	Zentraler Milieuort im Revier: Die Bude und der »Budenzauber« von Frank Goosen (2009)	1051
37.	Die »Metropole Ruhr« stellt sich vor (2010).	1053

Kapitel I
Von der Alten Welt zum Bergbauland
Von Dieter Scheler

Im ersten Kapitel dieses Lesebuchs soll die Vorgeschichte jener Strukturen dokumentiert werden, die den Raum bestimmten, als seine Verwandlung zum Ruhrgebiet begann. Theoretisch müsste man dafür weit zurückgehen: was etwa Handel und Landwirtschaft am Hellweg angeht, bis ins 6. Jahrtausend v. Chr., was die Siedlungskerne der späteren Städte angeht, immerhin noch bis in vorrömische Zeit. Für das Lesebuch wichtiger ist aber die Frage, wann sich Formen ausgebildet haben, die noch um 1800 unseren Raum prägten. Vereinfacht gesagt sind das für Landwirtschaft, Handel und Gewerbe, für Stadt, Sozialstruktur und politische Raumorganisation das 13. und 14. Jahrhundert, für Konfessionen und Bildung das 16. und 17. Jahrhundert und für die publizistische Öffentlichkeit das 18. Jahrhundert.

Die erste Phase der durch schriftliche Überlieferung dokumentierten Geschichte der Region am Hellweg zwischen Ruhr und Lippe ist die Zeit vom 8. bis zum 12. Jahrhundert. Es war die Zeit der Missionierung der Sachsen von der östlichen Grenze des fränkischen Reichs, der Entstehung zweier bedeutender geistlicher Institutionen der Region, des Klosters Werden und des Frauenstifts Essen. Die Königsherrschaft in diesem Raum stützte sich auf solche Institutionen und eine Kette von Königshöfen am Hellweg entlang, aus denen sich durch königliche Privilegierung Duisburg und Dortmund als frühe Städte heraushoben.

In einer zweiten Phase mit Beginn des 13. Jahrhunderts wurde die königliche Herrschaft abgelöst von Territorien, die gräfliche Familien aufbauten, die gleichzeitig ihre Schutzherrschaft über Werden und Essen durchsetzten. Die Grafen von der Mark sollten zu ihrem Ausgangsterritorium, das von Hamm bis in den Raum westlich von Essen reichte, das niederrheinische Territorium der Grafen von Kleve gewinnen, das die Region von Emmerich bis Duisburg links- und rechtsrheinisch umfasste und damit den rheinischen und westfälischen Raum am Hellweg mit der Schutzherrschaft Essen in der Mitte zu einer politischen Einheit verklammerte. Erst die Bildung der preußischen Provinzen nach 1815 hob diese Einheit wieder auf. Nur Dortmund als Reichsstadt konnte sich diesem Prozess der territorialen Verklammerung entziehen. Die Organisation des Großterritoriums in Ämtern ließ aus älteren Siedlungskernen Kleinstädte wie Bochum, Hörde oder Hattingen erwachsen. Amtsträger wurde der niedere Adel, der sich in diesem Territorialisierungsprozess als eigene Schicht herausbildete.

Materiell ruhte diese Herrschaft in erster Linie auf der Landwirtschaft auf ungewöhnlich ertragreichen Böden. Auch die bäuerliche Siedlung und die ländliche Gesellschaft gewannen in dieser Phase jene Struktur, die sie noch zu Beginn des 19. Jahrhunderts aufwiesen. Bauern und Adel blieben das beherrschende Element der Region, trotz der beiden großen Städte Duisburg und Dortmund. Denn beide waren im späten Mittelalter in erster Linie Städte des Handels und nicht des Exportgewerbes. Die Gewerberegion, mit deren Produkten sie Handel trieben, war das südliche Bergland, der Raum zwischen Lippe und Ruhr dagegen dessen Kornkammer. Eine wesentliche Veränderung erfuhr diese Struktur, die sich in ihren Grundzügen bis ins beginnende 19. Jahrhundert erhielt, aber im religiösen Bereich.

Die Reformation, die sich in diesem Raum nur langsam durchsetzte, führte, bedingt durch die vermittelnde Religionspolitik der Landesherren, durchgehend zu gemischt konfessionellen Verhältnissen in Stadt und Land, nicht nur in Kleve-Mark, sondern auch in den über ein Jahrhundert damit vereinigten Territorien Jülich-Berg und Ravensberg. Diese im Alten Reich außergewöhnliche mehrkonfessionelle Kultur erhielt auch nach der Aufteilung des Großterritoriums zwischen den Fürstenhäusern Brandenburg und Pfalz-Neuburg einen permanenten Austausch zwischen dem Raum am Hellweg und dem bergischen Raum auf der Ebene der protestantischen Geistlichkeit aufrecht, die an den im Gefolge der Reformation entstehenden Gymnasien, vor allem dem Dortmunder Archigymnasium, und der 1655 eröffneten protestantischen Universität Duisburg ihre Ausbildung erhielten. Beide Bildungseinrichtungen wurden im 18. Jahrhundert auch der Ausgangspunkt einer entstehenden publizistischen Öffentlichkeit, deren Höhepunkt der „Westfälische Anzeiger" Arnold Mallinckrodts war. Das Blatt erreichte ein aufgeklärtes Publikum, nicht nur von Geistlichen, sondern auch Bürgern und Adeligen im protestantischen Westfalen und im Bergischen Land bis nach Düsseldorf.

Obwohl vor der französischen Besetzung (1806–1813) und dem Wiener Kongress (1815) durchaus debattiert worden war, die alte politische Raumstruktur der Region am Hellweg für die neue Provinzbildung zu nutzen, teilte man den Raum jedoch zwischen den beiden neuen preußischen Provinzen Rheinland und Westfalen auf. Die politische Entwicklung im Vormärz ging dann von den Zentren der Provinzen in Düsseldorf und in Münster aus, in denen die am traditionellen Vorbild organisierten Ständeversammlungen die ganze Spannweite konservativer und liberaler Positionen dokumentierten, die sich in der Revolution von 1848 gegenüberstanden.

Die frühe Geschichte des Raums wird durch die Vita des hl. Liudger *(Dok. 1)* repräsentiert, die nicht nur die Missionierung Sachsens durch einen Friesen an der Ostgrenze des fränkischen Reichs zum Inhalt hat, sondern auch die ursprünglich exzentrische Lage Münsters im Gegensatz zu Werden sichtbar werden lässt. Das Werdener Urbar *(Dok. 2)* belegt die dichte Besiedlung des Hellwegs um Dortmund und die ständischen Differenzierungen unter den Bauern, die seit dem Spätmittelalter hier aber verschwinden *(Dok. 14)*.

In die Zeit des Endes königlicher Herrschaft im Hellwegraum führt das Privileg Friedrichs II. für Dortmund 1236 *(Dok. 3)*. Es garantiert nicht nur städtische Selbstbestimmung durch den eigenen Gerichtsstand, sondern weist die Stadt auch als Fernhandelsstadt aus. Innerstädtische Konflikte zwischen der den Rat beherrschenden Oberschicht und den Zünften führt der Bericht des Johann Wassenberch über die Duisburger Revolte 1513 vor *(Dok. 5)*. Derselbe latente Konflikt zwischen Ratsobrigkeit und städtischer Gemeinde wird auch in den Auseinandersetzungen um die Durchsetzung der Reformation in Essen greifbar *(Dok. 7)*. Und noch die Vorschläge des Freiherrn vom Stein zum Wahlmodus der Gemeindevertretungen 1818 lassen sich als später Reflex dieser Erfahrungen begreifen *(Dok. 19)*. Die Rolle des Adels verdeutlicht der Rechtfertigungsbrief eines Essener Adeligen aus dem 15. Jahrhundert *(Dok. 4)*, der belegt, wie selbstverständlich dieser Stand noch von seinem Recht auf Fehdeführung Gebrauch macht.

Herrschaftsausübung war noch zu Beginn des 16. Jahrhunderts personal und streng ritualisiert, wie der Huldigungsumritt Johanns III. 1522 zeigt *(Dok. 6)*. Die Kanzleiaufzeichnungen darüber dokumentieren auch die Bindung des Landesherrn an den Rechtsstatus seiner Schutzherrschaft (Essen) und die hervorgehobene Rolle kleiner Amtsstädte wie Hörde. In Hermann Hamelmanns Bericht über das Religionsgespräch in Essen 1571 *(Dok. 7)* wird das Konfliktpotenzial sichtbar, das in der Reformation in einer protestantischen Stadt mit einer katholischen Landesherrin und einem protestantischen Schutzherrn vorhanden war.

Kohleförderung in der Region wurde schon seit dem Mittelalter kleingewerblich oder als Nebengewerbe betrieben, wie viele Texte bis ins frühe 19. Jahrhundert belegen *(Dok. 9–11, 13, 20; vgl. auch Kap. II)*; am deutlichsten vielleicht die älteste Bergordnung des Stifts Essen von 1575 *(Dok. 8)*. Kritisch sah diese Praxis der Bergmeister August Heinrich Decker, der die Grafschaft Mark im Auftrag des preußischen Königs bereiste, um die Kohlenvorkommen zu inspizieren *(Dok. 11)*. Seine Wahrnehmung allein aus dem Blickwinkel des fiskalischen Interesses des Staates kennzeichnet auch viele königliche Erlasse für die westlichen Territorien. Zwar versuchten die Regierungen in Kleve und Hamm die Interessen ihrer Länder zur Geltung zu bringen, doch oft ohne Erfolg, wie der Briefwechsel um die Essener Gewehrfabrik zeigt *(Dok. 9)*.

Als notwendige Qualifikation geistlicher und weltlicher Amtsträger galt seit der Mitte des 16. Jahrhunderts zunehmend das Studium auf Gymnasien und Universitäten. Für das Theologiestudium genügte auch das Gymnasium *(Dok. 15)*, für die anderen Fächer bezog man als Klever, Berger oder „Markaner" meist die Universität Duisburg *(Dok. 12)* und später oft auch noch Halle an der Saale. Dementsprechend waren im Kreis der Beamten- und Pastorenfamilien der Region Rationalismus, Aufklärung und Philanthropie durchaus verbreitet. *(Dok. 15)*.

Teilweise spielten sich diese Entwicklungen schon unter dem Eindruck der französischen Revolution ab, deren territoriale Folgen sich bald abzeichneten *(Dok. 14)*. Als sie eintraten, war das französische System, das im Großherzogtum Berg mit seinem Ruhrdepartement etabliert wurde, durchaus nicht unbeliebt, solange die Lasten der Kriege nicht durchschlugen *(Dok. 20)*. Die große Hoffnung auf Pressefreiheit auch in der Zukunft, die der Publizist Arnold Mallinckrodt 1808 ausdrückte *(Dok. 23)*, erfüllte sich im napoleonischen Polizeistaat aber nicht. Der „Westfälische Anzeiger" stellte sein Erscheinen ein. – Dass die Aufklärung auch die Konfessionen erfasste und im Alltag praktiziert wurde, belegt die demonstrativ öffentliche Beerdigung eines Abdeckers in Duisburg *(Dok. 16)*. Eine Spätwirkung von ungleich größerem Gewicht war dann die schrittweise jüdische Emanzipation, wie sie im 19. Jahrhundert vom Rheinischen Provinziallandtag vorangetrieben wurde *(Dok. 22)*.

Die Lebensbedingungen am Hellweg zwischen Ruhr und Lippe waren im 18. Jahrhundert noch nicht industriell geprägt. Im östlichen Bereich der Region ist es zunächst nur Hagen, das sich durch seine Verbindungen zum Eisengewerbe im Sauerland und zum Tuchgewerbe im Bergischen Land zu einem frühindustriellen Ort entwickelt *(Dok. 15)*.

Der relative Wohlstand der Hagener Arbeitsbevölkerung wird auch mit der Nähe zu den Kornmärkten nördlich der Stadt begründet *(Dok. 15)*. Dies erklärt, weshalb die steigende Nachfrage nach Korn und Fleisch die fruchtbare Region zwischen Bochum und Unna in dieser Zeit nicht in Richtung Industrialisierung drängte, sondern zur Intensivierung der Landwirtschaft Landwirtschaftlicher Besitz bedeutete Gewinn und materielle Absicherung. Noch in den zwanziger Jahren des 19. Jahrhunderts war die Landschaft um Duisburg und Dortmund von Bauernhöfen, Äckern und Weiden geprägt. Und die Bauern um Dortmund waren vermögende Leute *(Dok. 20)*.

Der scheinbare Widerspruch, dass nämlich Ackerland die Grundlage bürgerlichen Besitzes bildete und es dennoch viele reiche Kaufleute gab *(Dok. 13)* oder mit hohem Aufkommen an Verbrauchssteuern zusammenging *(Dok. 10)*, lässt sich auflösen. Denn sowohl die Einkommen dieser „Ackerbürger"-Kaufleute in Dortmund aus gewinnbringendem Detailhandel mit einem zahlungskräftigen Umland wie die der königlichen Beamten in Bochum aus ihren Amtserträgen ließen sich unproblematisch mit Vermögensabsicherung durch ertragreichen Landbesitz verbinden. – Was eine Stadt am Hellweg vor der Industrialisierung ausmachte, beschrieb wohl am treffendsten 1818 der Freiherr vom Stein *(Dok. 19)*.

Dieser hatte bereits 1802 für die politische Neuordnung der Region eine Territorialgliederung in Vorschlag gebracht, die Essen zum Verwaltungsmittelpunkt einer westfälischen Provinz Kleve-Mark gemacht hätte *(Dok. 14)*. Doch sie wurde bei der endgültigen Organisation der neuen preußischen Provinzen nicht aufgegriffen, obwohl Vincke, der Oberpräsident der neuen Provinz Westfalen, Essen und Werden gerne bei seiner Provinz gesehen hätte. Dass er andererseits Arnsberg als Sitz des südlichen Regierungsbezirks seiner Provinz durchgesetzt hatte, fand allerdings selbst bei seinen Freunden wie dem Regierungspräsidenten Keßler wenig Gegenliebe *(Dok. 21)*.

Keßler sah schon 1836 in der Art und Weise der Auswahl Arnsbergs ein Grundproblem der preußischen Politik: den Ausschluss der betroffenen Bürger von politischen Entscheidungen. In der Revolution von 1848 brach sich dieses Problem dann Bahn. Die Revolution erfasste zwar auch das spätere Ruhrgebiet, doch zu bewaffnetem Widerstand gegen die Niederschlagung der Revolution kam es hier, anders als in Iserlohn und in Elberfeld, nicht. Dennoch erschien den Regierungsbeamten vor Ort die Lage bedrohlich. Und ganz unberechtigt war diese Einschätzung nicht, wie der große Erfolg der „Volks-Halle", der Zeitung der Demokraten in Essen, zeigt: Hier wurden noch 1850 radikale politische Leitartikel publiziert *(Dok. 23)*.

Es ist nicht ganz einfach, auch die Lebenswelt der Zeit im Rahmen dieses Kapitels einzufangen. Einen Ansatz dazu sollen die Auszüge aus autobiografischen Texten bieten *(Dok. 12, 13, 15)*, vor allem der autobiografische Bericht von Gottfried Wilhelm Wiskott über seine Jugend *(Dok. 17)* und nicht zuletzt der geradezu ethnografische Bericht von Johann Nepomuk Schwerz *(Dok. 20)*.

Literaturhinweise

Ulrich Borsdorf (Hg.), Essen – Geschichte einer Stadt, Essen 2002.

Michael Fessner, Steinkohle und Salz. Der lange Weg zum industriellen Revier, Bochum 1998.

Gustav Luntowski et al. (Hg.), Geschichte der Stadt Dortmund, Dortmund 1994.

Mathias Ohm et al. (Hg.), Ferne Welten – freie Stadt. Dortmund im Mittelalter. Katalog zur Ausstellung „Ferne Welten – freie Stadt. Dortmund im Mittelalter", Dortmund, 2. April – 16. Juli 2006, Bielefeld 2006.

Stefan Pätzold (Hg.), Bochum, der Hellwegraum und die Grafschaft Mark im Mittelalter. Ein Sammelband, Bielefeld 2009.

Günter von Roden, Duisburger Notizen. Zeitgenössische Berichte von 1417–1992, Duisburg 1998.

Klaus Schaller (Hg.), „… dir zum weitern Nachdenken" – Carl Arnold Kortum zum 250. Geburtstag, Essen 1996.

Wilhelm Schulte, Volk und Staat. Westfalen im Vormärz und in der Revolution 1848/49, Münster 1954.

Ferdinand Seibt (Hg.), Vergessene Zeiten. Mittelalter im Ruhrgebiet. Katalog zur Ausstellung im Ruhrlandmuseum Essen, Bde. 1–2, Essen 1990.

Dokumente

1. **Altfrid, Bischof von Münster und Abt von Werden (839–849), berichtet über das Leben des heiligen Liudger.**[1]
Basilius Senger (Übers.), Das Leben des Heiligen Liudger von Altfrid, Münster 1959, S. 21–23. (Auszug)

30. Der heilige Liudger war in den heiligen Schriften sehr gut ausgebildet, wie es das von ihm verfasste Buch über das Leben seiner heiligen Lehrer Gregor und Albrich[2] deutlich erweist. Aber auch die ersten Anfänge des heiligen Bonifatius,[3] seine Ankunft und Weihe, die in einem anderen Büchlein übergangen worden waren, hat er in schöner Sprache niedergeschrieben. Er unterließ es auch nie, seinen Schülern jeden Morgen selber Lesungen zu halten; und was immer er in frommen Büchern an Anregungen fand, das bemühte er sich mit allem Fleiß selbst zu befolgen und andere zu lehren. Er hütete sich davor, sich einen eitlen Namen zu machen, und deshalb strebte er nach dem Wort des Apostels (2 Kor. 10, 13), alles mit Maß zu tun. Eine (Mönchs-)Kutte wollte er nicht tragen, weil er das Mönchsgelübde nicht abgelegt hatte; er trug aber ein Bußhemd, das er leichter verbergen konnte, bis zu seinem Lebensende auf dem bloßen Leib. Fleischgenuss lehnte er zu bestimmten Zeiten nicht ab; doch hat ihn keiner seiner Schüler je an Speise oder Trank gesättigt gesehen. Wenn er nach seiner Gewohnheit Arme und Reiche an seinen Tisch geladen hatte, unterließ er es nicht, während des Mahls die süßen Heilslehren des ewigen Lebens in ihre Herzen strömen zu lassen, sodass sie mehr durch geistliche als durch irdische Genüsse gesättigt heimkehrten. Er war der Vater der Armen, der seiner selbst nicht achtete, und suchte nach dem Wort des Apostels (1 Kor. 9, 19–23), […] sich allen anzupassen, [so]dass er allen nützen könnte. Er wollte auch so gern als Glaubensbote zu den Nordmannen[4] gehen; aber König Karl[5] wollte auf keinen Fall seine Zustimmung dazu geben.

31. Als der allmächtige Gott schon beschlossen hatte, ihm den ewigen Lohn für seine frommen Mühen zu geben, wurde er vor seinem Tod eine Zeit durch körperliche Leiden heimgesucht.

---

1 Liudger (um 742–809) aus westfriesischem Adel, erzogen in St. Martin Utrecht und in York, wirkte als Missionar an der Ijssel, in Friesland und schließlich im westlichen Sachsen, wo er 793 ein Kloster in Mimgernaford (Münster) als Ausgangspunkt des späteren Bistums Münster gründete, das er bis zu seinem Tod zusammen mit dem von ihm 799 begonnenen Kloster Werden als Doppelkloster leitete.
2 Abt Gregor von St. Martin in Utrecht und Verwalter der Diözese Utrecht (†774), Schüler von Bonifatius; Alberich war Nachfolger Gregors als Abt und als Bischof von Utrecht (†784).
3 Bonifatius, angelsächsischer Missionserzbischof (672/75–754), Missionar und Begründer der Kirchenorganisation im Osten des fränkischen Reichs („Apostel der Deutschen").
4 Dänen.
5 Karl der Große (768–814), fränkischer König seit 768, römischer Kaiser seit 800, betrieb die Missionierung und Unterwerfung der Friesen und Sachsen.

Seinen Geist beschäftigte er jedoch in seiner Krankheit nach seiner Gewohnheit immerfort eifrig mit frommen Übungen. Er hörte fromme Lesungen, sang Psalmen oder trieb irgendwelche andere geistliche Dinge, um ja niemals von der himmlischen Betrachtung abzulassen und so lau zu werden. Fast jeden Tag feierte er, zwar mit krankem Körper, aber nimmermüden Geistes, die heilige Messe.

Am Sonntag vor der Nacht, in der er aus dieser Welt zum Herrn gehen sollte, predigte er gleichsam, als wolle er von den ihm anvertrauten Schafen Abschied nehmen, öffentlich in seinen beiden Kirchen; am frühen Morgen in Coesfeld, wobei ein Priester die Messe sang, und um die dritte Stunde (9 Uhr) in Billerbeck, wo er selbst kranken Körpers, wie gesagt, aber stark durch seine feurige Liebe fromm das letzte Messopfer feierte. Hier gab er auch in der folgenden Nacht unter dem Beistand seiner Schüler seine teure Seele dem Herrn zurück.

In der Stunde seines Hinscheidens nun gab der Herr in Gnaden ein Zeichen seiner Milde. Der Priester Gerfrid nämlich, sein Neffe und Nachfolger,[6] eilte in der gleichen Nacht zusammen mit anderen Brüdern zu ihm, um ihn zu besuchen. Sie hatten nur noch eine kurze Wegstrecke zurückzulegen, da sahen sie, wie vor ihnen ein helles Licht wie Feuer in die Höhe stieg und alle Finsternis der dunklen Nacht vertrieb. Und sofort erkannten sie darin ein Zeichen für den Heimgang des heiligen und ehrwürdigen Vaters und legten den Rest des Weges in großer Eile zurück. Sie fanden ihn schon tot. Und als sie genau nachforschten, erkannten sie, dass in demselben Augenblick, in dem ihnen das Licht erschienen war, derjenige zum Herrn heimgegangen war, der beständig das wahre Licht betrachtet und geliebt hat.

32. Nun hatten seine Schüler nicht vergessen, dass der Priester des Herrn bei seinen Lebzeiten angeordnet hatte, man solle seinen Leib in Werden bestatten, wo er selbst auf seinem Familienbesitz eine Kirche mit Mönchskloster zu Ehren des heiligsten Erlösers, der heiligen Gottesmutter und des heiligen Apostelfürsten Petrus erbaut hatte. Aber dem widersetzte sich das Volk in Anbetracht seiner frommen Verdienste heftig. So beschloss man, ihn in das von ihm erbaute und schon erwähnte Münster Mimigerneford zu überführen und in der Marienkirche unbeerdigt stehen zu lassen, bis der ehrwürdige Bischof Hildigrim von Châlons,[7] der Bruder und Schüler des Mannes Gottes, mit dem glorreichen König Karl verhandelt hätte. Auf dessen Befehl, vielmehr nach dem Ratschluss Gottes, wurde sein heiliger Leib dort begraben, wo er zu seinen Lebzeiten selbst bestimmt hatte, und zwar außerhalb der Kirche an der Ostseite. Er war nie damit einverstanden, dass in einer Kirche, die er geweiht hatte, der Leichnam eines Menschen bestattet würde.

So ist er im Jahre 809 nach der Menschwerdung des Herrn am 26. März gestorben und wurde am 32. Tag nach seinem seligen Tod, das heißt am 26. April, an dem genannten Ort begraben.

---

6 Bischof von Münster (809–839).
7 Jüngerer Bruder Liudgers, Bischof von Châlons und Halberstadt (†827).

2. Werdener Urbar (881–884)[8]: Die den heutigen Raum Dortmund betreffenden Aufzeichnungen

Norbert Reimann, Königshof, Pfalz, Reichsstadt: Bilder und Texte zur Entstehung der Stadt Dortmund, Dortmund 1984, S.11. (Lateinischer Text und Übersetzung).

In uilla Uuonomanha liber homo Siuuard de IIII^a parte mansi octo denarios.
Radnoth liber homo in eadem solidum soluit.

(Im Dorf Wambel zahlt der freie Mann[9] Siward von einer Viertelhufe[10] acht Pfennig. Der freie Mann Radnoth zahlt im gleichen Dorf einen Schilling).[11]

In Throtmanni liber homo Arnold VIII denarios nobis soluit.

(In Dortmund zahlt uns der freie Mann Arnold acht Pfennig.)

In uilla Dorstidfelde liber homo Berahtger de dimidio XVI modios ordei. In eadem uilla Egiluuard liber VI denarios.

(Im Dorf Dorstfeld zahlt der freie Mann Berahtger von einer halben Hufe 16 Scheffel Gerste.[12] Im gleichen Dorf zahlt der freie Egilward sechs Pfennig.)

In uilla Linni liber homo Egilmar de manso XII modios de sigilo et totidem de ordeo, XX modios auene vel X ordei.
In eadem Uualdger de dimidio X modios ordei.

(Im Dorf Kirchlinde zahlt der freie Mann Egilmar von einer Hufe 12 Scheffel Roggen und ebenso viel Gerste, 20 Scheffel Hafer oder 10 Scheffel Gerste. Im selben Dorf zahlt Waldger von einer halben Hufe 10 Scheffel Gerste.)

In uilla Bouinkhusun Uualdger de dimidio manso X modios de sigilo et VIII denarios heriscilling.

(Im Dorf Bövinghausen zahlt Waldger von einer halben Hufe 10 Scheffel Roggen und 8 Pfennig Heerschilling.)[13]

In uilla Tospelli Tidbald de manso pleno XXIII modios ordei et totidem de sigilo, VIII denarios heriscilling, II modios farine et mansionem et gallinam.
In eadem Sebraht de tercia parte mansi X modios de sigilo, VIII denarios heriscilling.

---

8 Älteste erhaltene Aufzeichnung des Besitzes und der Einkünfte (Urbar = Nutzen) des Klosters Werden vom Ende des 9. Jahrhunderts, das auf älteren Heberegistern (Verzeichnissen Abgabepflichtiger und ihrer Leistungen) wie dem vorliegenden für den Bruktergau (Raum des heutigen mittleren und östlichen Ruhrgebiets) beruht.
9 Freie, die wohl nur Pächter von Land des Klosters Werden waren.
10 Landwirtschaftlicher Besitzkomplex, im Idealfall von einem Umfang von 10 Hektar.
11 12 denarii (ausgeprägte Pfennige) = 1 solidus (nicht ausgeprägte Münzeinheit Schilling).
12 Scheffel: Getreidehohlmaß in unterschiedlicher lokaler Ausprägung. – Ende des 19. Jahrhunderts hätte ein Dortmunder Scheffel Gerste etwa 30 Kilogramm gewogen.
13 Alte Abgabe für die Befreiung vom Heeresdienst.

(Im Dorf Oespel zahlt Tidbald von einer vollen Hufe 24 Scheffel Gerste und ebenso viel Roggen, 8 Pfennig Heerschilling, 2 Scheffel Mehl und Herberge[14] und ein Huhn. Im selben Dorf zahlt Sebraht von einer Drittelhufe 10 Scheffel Roggen, 8 Pfennig Heerschilling.)

3. Kaiser Friedrich II. erneuert den Bürgern von Dortmund ein Privileg vom 1. Mai 1220 (Mai 1236).
Karl Rübel (Hg.), Dortmunder Urkundenbuch, Bd. 1. Dortmund 1881, Nr. 74, S. 27–30. – (Übersetzung: D. Scheler).

Im Namen der heiligen und ungeteilten Dreifaltigkeit. Friedrich der Zweite durch göttliche Gunst und Milde Kaiser der Römer und immer Augustus, König von Jerusalem und Sizilien.[15] Die kaiserliche Hoheit vermehrt und erhöht ihre Ehrentitel, wenn sie aus angeborener Güte und Gnade heraus die Verdienste der Getreuen wahrnimmt und ihre gerechten Bitten huldvoll erfüllt. Deshalb wollen wir, dass allen Getreuen des Kaiserreichs, gegenwärtigen wie zukünftigen, bekannt werde, dass die Bürger von Dortmund, unsere Getreuen, unsere Hoheit demütig gebeten haben, dass wir ihnen ein Privileg, das unsere Hoheit ihnen als König erteilt hatte und das während ihres Stadtbrands verbrannt war, von dem aber eine in allem getreue Abschrift bei ihnen erhalten geblieben war, gemäß dem Wortlaut dieser Abschrift gnädig erneuern möchten, dessen vollständiger Wortlaut dieser ist:

Friedrich der Zweite durch göttliche Gnade König der Römer und immer Augustus und König von Sizilien. Es geziemt königlicher Milde, dass diejenigen, von denen wir wissen, dass sie unseren Vorfahren und dem Reich voller Hingabe dienten und sich als treu erwiesen haben, für ihren Dienst von ihr würdige Belohnung erhalten müssen. Deshalb mögen alle Getreuen des Kaiserreichs, gegenwärtige wie zukünftige, wissen, dass wir mit Blick auf die Treue und Hingabe, welche die Gemeinde der Dortmunder Bürger unseren Vorgängern als Kaiser und König der Römer immer erwies, mit Blick auch auf den freiwilligen Dienst, den diese Bürger uns lobenswerterweise erwiesen haben und in Zukunft noch erweisen können, sie mit Leuten und Hab und Gut unter unseren und den besonderen Schutz des Reiches stellen, indem wir die Privilegien unserer Vorfahren, König Konrads[16] und Kaiser Friedrichs,[17] unseres Großvaters, erneuern und die ihnen erteilten Rechte aus sicherer Kenntnis heraus bekräftigen.

Zum ersten nämlich gewähren und befestigen wir auf Dauer aus königlichem Wohlwollen diesen Bürgern und allen ihren Nachkommen das Recht, dass sie nicht gezwungen werden

---

14 Verpflichtung zur Beherbergung des Grundherrn oder Verpächters oder seiner Vertreter.
15 Friedrich II. (1194–1250), aus dem Geschlecht der Hohenstaufen, Sohn Kaiser Heinrichs VI. und Konstanzes, der Königin von Sizilien; seit 1198 – unter der Vormundschaft von Papst Innozenz III. – König von Sizilien, seit 1212 deutscher König, seit 1220 römischer Kaiser, seit 1225 König von Jerusalem.
16 Konrad III. (1093–1152), von 1138–1152 König von Rom, Italien und Burgund.
17 Friedrich I. Barbarossa (1122–1190), 1155–1190 Kaiser des Heiligen Römischen Reichs.

können, sich wegen jemandem, der sie wegen ihres Grundbesitzes und ihrer Leute gerichtlich belangen will, außerhalb unserer Stadt zu verantworten, noch in ein Gerichtsverfahren vor einem fremden Richter gezogen werden können, sondern sich nur in unserer Stadt vor dem jeweiligen Grafen oder dem Richter gerichtlich zu verantworten haben.

Weiterhin setzen wir fest und gewähren ihnen dieses Recht, dass, da diese Bürger mit ihren Waren häufig Orte verschiedener Provinzen aufsuchen müssen, um ihre Geschäfte abzuwickeln, dass sie, wohin sie auch innerhalb der Grenzen des Römischen Reichs immer unterwegs sind, nicht ungerechterweise zum gerichtlichen Zweikampf[18] gezwungen werden dürfen.

Zum Zeichen unserer überfließenden Gnade, die wir den vorgenannten Bürgern erweisen, deren alte Rechte wir in keiner Weise beeinträchtigen, sondern vielmehr bewahren wollen, räumen wir ihnen ein und gestatten wir ihnen, dass – wo immer sie auch zu Wasser und zu Land ihrer Geschäfte wegen reisen müssen – sie von jedem Zoll und jeglicher unstatthafter Abgabe innerhalb unseres ganzen Reichs auf ewig befreit sind.

Und also setzen wir fest und befehlen mit königlicher Autorität strengstens, dass keine Person, [sei sie] niedrig oder hochgestellt, geistlich oder weltlich, sich herausnehme, von diesen Bürgern irgendeinen Zoll zu verlangen oder anzunehmen oder ihre Rechte zu brechen oder sonst auf irgendeine Weise sich ihnen entgegenzustellen. Wer das aber täte, soll zur Bestrafung seiner Schuld hundert Pfund geprüften Goldes zahlen, die Hälfte an unsere Kammer und die andere Hälfte an die durch das Unrecht Geschädigten.

Zum Gedächtnis unserer Verleihung und Bestätigung haben wir befohlen, diese Urkunde mit unserem Siegel zu festigen. [...][19]

Gegeben zu Frankfurt im Jahre der Menschwerdung des Herrn 1220 am 1. Mai, in der 8. Indiktion.

Wir aber, unsicher über den Wahrheitsgehalt der Bitten, da für unsere Hoheit nicht feststand, ob die von den genannten Bürgern angebotene Fassung der Abschrift auch dem Wortlaut des von unserer Hoheit ausgefertigten Privilegs folgte, und dass es [wirklich] verbrannt war, beauftragten den ehrwürdigen Erzbischof von Trier, die Richtigkeit des Vorgenannten gründlichst zu untersuchen. Und nachdem dann für diesen und für uns nach eidlicher Aussage mehrerer unserer glaubwürdigen Getreuen dieses Orts die Richtigkeit der Verleihung der Urkunde, ihre Zerstörung durch Brand und die Korrektheit der Abschrift vollständig feststand, und wir unseren Blick auf die ungetrübte Treue und die aufrichtige Hingabe wandten, welche diese getreuen

---

18   Kämpferische Auseinandersetzung vor Gericht zur Entscheidung eines Rechtsstreits, dessen Ausgang als Gottesurteil gedeutet wurde. Von der Kirche zu Beginn, von weltlichen Herrschern im Laufe des 13. Jahrhunderts verboten. Von den Städten wegen der langen Dauer des Verfahrens (u.a. wegen der aufwendigen Einübung der Kämpfer für den Kampf) als unpraktikabel abgelehnt.

19   Es folgen die Namen der Zeugen: Die Erzbischöfe von Mainz, Köln und Trier, die Bischöfe von Magdeburg, Metz, Speyer und Regensburg, der Herzog von Bayern, der Pfalzgraf bei Rhein, der Herzog von Brabant, der Landgraf von Thüringen, die Grafen von Askanien und von Holland, der Markgraf von Baden, der Graf von Württemberg, der Marschall von Justingen, der Schenk von Schipf, der Truchsess von Bolanden.

Bürger von Dortmund bekanntermaßen unserer Person und der Ehre des Reichs unverbrüchlich gehalten und geleistet haben und auch die ganz freiwilligen, erwünschten Dienste bedachten, die sie bisher uns und dem Reich treu und hingebungsvoll erwiesen haben, noch erweisen und in Zukunft noch besser erweisen können, haben wir befohlen, die Abschrift selbst von Wort zu Wort in dieses Privileg einzufügen und damit das Privileg, das ihnen verloren ging, aus der Gnade unserer Hoheit zu erneuern.

Und also setzen wir fest und gebieten mit kaiserlichem Gebot, dass keine Person, [sei sie] niedrig oder hochgestellt, geistlich oder weltlich, sich herausnehme, unsere vorgenannten Getreuen gegen den Wortlaut dieses unseres gegenwärtigen Privilegs freventlich zu behelligen. Wer sich das aber herausnähme, soll zusätzlich zur Strafe des oben genannten Privilegs hundert Pfund reinen Goldes zahlen, die Hälfte an unsere Kammer und die andere Hälfte an die, welche das Unrecht erlitten.

Damit aber diese Erneuerung die Kraft ewiger Dauer erhalte, haben wir befohlen, dieses gegenwärtige Privileg auszufertigen und mit einer goldenen Bulle, in die unser Majestätssiegel eingedrückt ist, zu versehen. [...][20]

Geschehen im Jahr der Menschwerdung des Herrn 1236, im Monat Mai, in der neunten Indiktion, unter der Herrschaft unseres Herrn Friedrich, von Gottes Gnaden unbesiegtesten Kaisers, immer Augustus und Königs von Jerusalem und Sizilien; im 16. Jahr seiner Kaiserherrschaft, im 11. Jahr seines Königtums von Jerusalem und im 38. seines Königtums in Sizilien. Unter gutem Vorzeichen Amen.

Gegeben zu Koblenz im Jahr, im Monat und in der Indiktion wie vorgenannt.

4. Brief des Godert von Asbeck an Stift und Stadt Essen, in dem er sich für seine Fehdeführung gegen Hermann Scholle und den Schulten von Nyenhuis rechtfertigt (8. Juli 1489)

„Godert von Asbeck, genannt Pinsequaidt, an die ehrwürdigen edlen und wohl geborenen Jungfrauen des Kapitels, die ehrsamen weisen Bürgermeister und den Rat der Stadt Essen gesandt" vom 8.7.1489, abgedruckt in: Ferdinand Schroeder, Das Essener Stadtschreiberbuch des 15. und 16. Jahrhunderts. Beiträge zur Geschichte von Stadt und Stift Essen 22 (1902), S. 66–68. – (Übersetzung: D. Scheler).

Ehrwürdige, edle und wohlgeborene Jungfrauen des ganzen Kapitels von Essen. Ehrsame weise Bürgermeister und Rat der Stadt Essen.[21]

---

20 Es folgen die Namen der Zeugen (die Erzbischöfe von Köln und Trier, die Äbte von Prüm und Werden, der Herzog von Brabant, der Landgraf von Thüringen, der Deutschordensmeister und die Grafen von Sayn, Kleve, Geldern und Jülich) sowie das Signet Friedrichs: Zeichen des Herrn Friedrich des Zweiten von Gottes Gnaden Kaiser und immer Augustus und König von Jerusalem und Sizilien.
21 Die beiden Obrigkeiten des Essener Territoriums: das Damenkapitel unter der Fürstäbtissin und die (gegenüber der Landesherrin teilsouveräne) Stadt Essen.

Ich möchte Euch wissen lassen, dass ich von verschiedenen guten Freunden gehört habe, dass einige von Euren Jungfrauen, Bürgern und Einwohnern mit Namen Herman Scholle und andere sehr hochmütig und aufgeblasen über mich und meine Ehre reden und sagen, ich sei gar nicht Feind geworden,[22] ich hätte hinterlistig und verbrecherisch gehandelt, ohne meine Ehre zu wahren – und wie [Scholle] das mit noch viel mehr Worten in Recklinghausen und Dinslaken gesagt hat.

Dazu möchte ich Euch wissen lassen, dass ich keinesfalls hinterlistig vorgehen würde, wie das sein Vater tat. Ich will es sehr wohl mit Hilfe Adeliger und anderer guten Leute beweisen, dass ich Feind geworden bin und der Magd den [Absage]Brief gegeben habe, den sie als Beweisstück in ihren Busen steckte. Danach könnt Ihr fragen lassen. Auch könnt Ihr in dieser Abschrift sehen, falls Ihr den Text noch nicht gesehen habt, dass ich laut Inhalt des [beigefügten] Briefs Feind geworden war. Auch hatten sie den Brief noch, als der Richter und der vorgenannte Scholle zur Brandstelle eilten. Denn es war da der Rat Scholles, den Brief beiseite zu halten, womit er einmal mehr seine „Tüchtigkeit" bewiesen hat, was er wohl noch viel öfter getan hat, wie schon jetzt deutlich ist und wohl noch deutlicher werden wird. Hätte der „tüchtige" Mann so sehr geraten, mir Recht und Billigkeit widerfahren zu lassen, als er riet, als er sein Handgeld [zum Abschluss der Übereinkunft] nahm, dann wäre es nicht leicht so gekommen, wie es gekommen ist. Und da nun meine Frau[23] und das ganze Kapitel ihm so sehr vertraut haben und seinem Rat geglaubt haben, so möge er ihnen auch billig zu ihrem Besten raten, denn das verdienen sie wohl von ihm nach Lage der Dinge. Und Euch Jungfrauen und Kapitel, Bürgermeister und Rat der Stadt Essen ist wohlbekannt, wie erbärmlich ich um das Meine gebracht worden bin, und mir nichts wieder gutgemacht wird, und mir darüber hinaus auch mein Haus und mein Hof niedergebrannt wurden gegen Gott, Ehre und Recht, was Ihr selbst gut wisst. Und so seiet Ihr gebeten, ihm zu raten, dass mir das [von ihm] geschehe, was mir von Gottes wegen als Recht zustehe, und mir die Brandstiftung, die mir gegen Gott, Ehre und Recht geschehen ist, wieder gutgemacht werde, das würde ich alles gütlich annehmen.

Und ich möchte Euch auch wissen lassen, weshalb der Schulte van Nyenhuis der erste [gegen den sich meine Fehde richtete] war. Das kam von seinem großen Hochmut und seiner Aufgeblasenheit, wodurch er ungewöhnliche Reden führte darüber, was seine Eltern getan hatten, womit er mich und meine Freunde sehr bedrängte. Und er kaufte und erwarb von meiner Frau und ihren Räten das Gebot, dass die Kirche, der Brockhof und die, die dazu gehören,

---

22   Die Fehde war noch im 15. Jahrhundert legitimes Rechtsmittel bei Versagen des gerichtlichen Austrags. Sie musste dem Fehdegegner durch einen Fehdebrief (Absage) vor Beginn der Fehdehandlungen angekündigt werden und außer dem eigentlichen Rechtsgrund auch den Vorwurf der Ehrverletzung durch den Gegner enthalten. Ohne Übergabe des Fehdebriefs war man kein rechtmäßiger Feind, sondern ein ehrloser Verbrecher. Ziel der rechtmäßigen Fehde war die Beilegung des Konflikts u.a. durch Entschädigungen. Fehdeführende wurden von Fehdehelfern unterstützt, die Fehde selbst mit Raub und Brand durchgeführt.
23   In dieser Quelle ist mit „meiner Frau" durchgängig die Äbtissin gemeint.

auf seiner Mühle zu mahlen hatten und nirgendwo sonst.[24] Und dasselbe hatte Johan van der Heiden seinen Leuten, mit Namen Rocken, die in Rotthausen wohnen, auch geboten. Und jetzt am vergangenen Johannistag [24. Juni] hat man auch denen von Hessler geboten, dass sie auch auf der vorgenannten Mühle mahlen lassen müssen. Weiterhin verbreitete er Lügen über mich bei meiner Frau, was an Leib, Ehre und Gut ging. Und als ich vergangenes Jahr meinem Herrn von Kleve[25] diente und nicht zuhause war, so ließ [Nyenhuis] oft die Seinen zu meinem Haus ziehen, nahm mir wohl ein halbes Fuder Erbsen[26] ab und zog damit weg. Ich habe ihn mehrfach gebeten, dass er mir die Erbsen, die er mir abgenommen hatte, wiedergäbe oder bezahlte, was er aber nicht tun wollte; und so behielt er die Erbsen voller Hochmut und gab mir dazu auch noch spitze Worte.

Das möchte ich Euch wissen lassen und will mit dem Brief, dessen Kopie ich Euch sende, und mit diesem Brief Euch gegenüber meine Ehre vollständig erwiesen und bewahrt haben. Und Ihr möchtet die „rechtschaffenen" Leute anweisen, dass sie mir wegen solcher lügenhafter Reden über mich das tun [Genugtuung leisten], was mir deshalb gebührt.

Gott sei mit Euch.

Geschrieben unter meinem Siegel am Tag Kilians und seiner Genossen [8. Juli], im Jahr [14]89.

5. Chronik des Duisburger Johanniters Johann Wassenberch über den Aufstand der Duisburger Gilden gegen den Rat der Stadt 1513/14

Chronik des Johann Wassenberch von 1474–1517, abgedruckt in: Theodor Ilgen (Hg.), Die Chroniken der westfälischen und niederrheinischen Städte, Bd. 3: Soest und Duisburg, Leipzig 1895, S. 177–266. – (Übersetzung: D. Scheler).

a) Im Jahr des Herrn 1513

Dass in Duisburg ein Aufstand der Gemeinde gegen Bürgermeister, Schöffen und Rat[27] geschah

---

24   Es handelt sich um den Mühlenzwang, der Einwohner eines bestimmten Bezirks verpflichtete, auf einer bestimmten (Bann)Mühle ihr Getreide mahlen zu lassen. Hierbei handelte es sich um ein einträgliches feudales Hoheitsrecht, das auch weiter verliehen werden konnte und bis zum Ende des Alten Reichs bestand.
25   Herzog Johann II. (1481–1521).
26   Erbsen waren ein wertvolles landwirtschaftliches Produkt, das in der zweiten Hälfte des 15. Jahrhunderts im Durchschnitt noch um ein Drittel teurer gehandelt wurde als Weizen, die teuerste Getreidesorte.
27   Zu Beginn des 16. Jahrhunderts bildeten zwei Bürgermeister und der Rat (im 15. Jahrhundert gebildet aus acht Vertretern des alten Rats und acht von der Gemeinde neu Gewählten) im jährlichen Turnus die Obrigkeit. Das Hochgericht der Stadt bestand aus den Schöffen und dem Richter, der nach Schöffenurteil zu handeln hatte. Die „Sechzehner" waren ein Gemeindeausschuss aus den vier Vierteln der Stadt, der die Kontrolle über die Finanzen ausübte und das Recht hatte, Beschwerden gegen den Rat anlässlich von dessen Wahl vorzutragen. Die Erweiterung zum Ausschuss der

In diesem Jahr, am 13. Februar, dem ersten Fastensonntag, ließen die Bürgermeister nach der Messe die Glocke läuten und in den Kirchen ausrufen, dass, wer ein guter Bürger sei, auf das Rathaus kommen sollte. Als nun die Bürger da waren, kam ein Bürgermeister und sagte zu der Gemeinde: „Wir haben Euch hierher kommen lassen und wollten zu verstehen geben, ob, da nun die meisten der Sechzehner verstorben sind, Ihr sie wählen wollt oder wir". Die Gemeinde trat ab zur Burg,[28] [die Bürger] berieten sich und kamen bald zurück und sagten, sie hätten früher lange [nur] 16 gehabt, sie hätten nun 24 gewählt usw.

Zum anderen ließ ein Bürgermeister sie wissen und sagte der Gemeinde, wenn sie auf ihren Gildekammern[29] oder auch in den öffentlichen Wirtshäusern säßen und ihr Bier miteinander tränken und über Bürgermeister, Schöffen und Rat sprächen, würde ihnen dann irgendetwas aufstoßen, dass diese etwas getan hätten oder während ihrer Amtsführung geändert hätten, das sie nicht hätten tun sollen, oder etwas, das ihnen an ihrer Rechenschaft nicht genüge, das sollten sie dem ganzen Rat mitteilen: [Der Rat] wollte sich bessern und wollte veranlassen, dass es [wieder] gut würde. Und dass [die Gemeinde] sich gemeinsam beraten und in acht Tagen am Sonntag [20. Febr.] wieder kommen und dem Rat Bericht erstatten sollten. Damit trat die Gemeinde ab.

Am selben Tag nach der Vesper, zu der Zeit, zu der die Gildebrüder[30] gewöhnlich auf ihre Gildekammern gehen, berieten sie sich gemeinsam und wurden sich einig, dass man zwei Schriftstücke abfassen sollte, einen in Unser-Lieber-Frauen-Kammer und einen in Sankt-Anthonius-Kammer,[31] in die man alle die Punkte schreiben sollte, die gegen die Gemeinde gerichtet waren und die der Rat so lange gegen den Willen der Gemeinde geübt hatte, und wollten vor allem diese völlig aufgehoben wissen. Von Stund an verbanden sich auf den Gildekammern mehr als 60 Bürger miteinander auf Tod und Leben für den Fall, dass die anderen Bürger ihnen nicht folgen wollten.

Am selben Abend sandten sie einige von den 24 zum Bürgermeister und verlangten, dass er die Stadtknechte an die Tore schicken und anordnen lassen sollte, dass die Torhüter am nächsten Tag die Tore geschlossen halten sollten und keinen Bürger hinauslassen sollten. So geschah es.

Am nächsten Tag, dem Montag, dem Valentinstag [14. Febr.], gingen die 24 zu allen Toren und nahmen den Torhütern die Schlüssel ab und gingen dann zum Bürgermeister und verlangten, dass er die Stadtknechte vor das Tor eines jeden Bürgers gehen lassen und jedem sagen

---

„Vierundzwanziger" 1513 wurde offensichtlich vom Herzog bereits 1514 wieder kassiert. Für den Schriftverkehr des Rats war der Sekretär, ein studierter Mann, zuständig.
28   Gerichtshaus- und Gerichtsplatz neben dem Rathaus.
29   Zunftstuben.
30   Zunftgenossen.
31   Versammlungsräume von Gebetsbruderschaften (für das Seelenheil ihrer Mitglieder), die gleichzeitig Gildekammern (Zunftstuben) waren.

lassen sollte, dass ein jeder Bürger in den Minderbrüder-Hof[32] kommen sollte bei Strafe von 4 Goldgulden.

Als sie nun dort zusammen waren, so verlas man die Schriftstücke, die am Vorabend abgefasst worden waren, und ließ einen von ihnen sagen, dass es ihre erklärte Absicht sei, alle diese Punkte abzuschaffen. Und da mussten alle gemeinen Bürger schwören, sich dem anzuschließen, um den untersten Stein nach oben zu legen. Und geschähe es, dass jemand unter ihnen wäre, der das nicht einhielte und von der Gemeinde zur Obrigkeit überginge, dem sollte man seinen Hals ohne Schöffenurteil abschlagen.

Als nun dies geschehen war, wurden von der Gemeinde die 24 auf die Ratkammer geschickt mit dem Schriftstück, das ihnen am besten schien – und das war das, welches auf der Sankt-Anthonius-Kammer verfasst worden war –, und ließen den Rat wissen, dass sie sich beraten hätten und ein Schriftstück mitbrächten, das sie lesen sollten, und ihnen darauf nun unverzüglich antworten sollten, was sie tun und lassen wollten.

Als der Rat das Schriftstück gelesen hatte und sah, dass die Gemeinde rasend war und es sein musste, sprachen sie: Ja, sie würden all das tun, so wie [die Bürger] es verlangten. Daraufhin verlangte die Gemeinde, dass der Rat seinen Sekretär auf die Gildekammer Unserer-Lieben-Frau schicken sollte, um das Schriftstück zu kopieren und auf Pergament schreiben zu lassen, und die Stadt sollte ihr Sekretsiegel[33] daran hängen, um das fest und unverbrüchlich auf ewige Zeiten zu halten; und die Urkunde sollte auf der Gildekammer Unserer-Lieben-Frau liegen und nicht beim Rat. Diese Urkunde wurde abgefasst und am Sonntag nach Sankt Valentin [20. Febr.] auf dem Rathaus im Beisein der gemeinen Bürger verlesen.

Als dies nun Herzog Johann von Kleve[34] vernahm, dass die Gemeinde von Duisburg einen solchen Aufstand gemacht und sich der Obrigkeit widersetzt und sie gezwungen hatte, eine solche Urkunde auszustellen und auch zu besiegeln gegen Vorsatz und Willen der Obrigkeit; und dass dieser Aufstand und Zwietracht von der Gildekammer Unserer-Lieben-Frau seinen Ausgang genommen hatte und sie die anderen auf ihre Seite gezogen hatten, das missfiel Herzog Johann und seinen weisen Räten sehr. Nun hatte aber die genannte Gilde zu Orsoy aus dem Marktzoll eine jährliche Rente von 40 Goldgulden, diese Rente ließ Herzog Johann sofort beschlagnahmen und verbot dem Zöllner, sie an sie zahlen, es sei denn mit seinem Willen. Und er schrieb nach Duisburg zwei Briefe, einen an den Rat und einen an die Gemeinde, dass sie am Montag nach Johannistag [27. Juni] nach Kleve kommen sollten, um von beiden Seiten zu hören, welche Anliegen die Gemeinde gegenüber dem Rat hätte, warum sie einen solchen Aufstand gemacht hätte, und um die, die man dabei im Unrecht zu sein finden würde, so zu bestrafen, dass andere Städte sich daran ein Beispiel nehmen sollten. So wurden vier vom Rat und acht von der Gemeinde nach Kleve zu reisen gesandt und fuhren auf Kosten der Stadt

---

32 Hof des Minoriten (Franziskaner-) Klosters.
33 Nicht Geheimsiegel, sondern das kleine Siegel der Stadt.
34 Johann II. (1481–1521).

zu Schiff gemeinsam nach Kleve, nämlich am Johannis und Pauls Tag [26. Juni] an einem Sonntagmorgen.

Bevor nun die von der Gemeinde mit den Gesandten des Rats auf das Schiff gingen, mussten ihnen die vom Rat geloben, dass sie mit einem Mund sprechen wollten, was ihnen auch gelobt und zugesagt wurde.

Als sie nun auf der Ratkammer in Kleve waren, wurde die von der Gemeinde befragt, in welchem Ausmaß und weshalb sie solche Zwietracht gestiftet und solchen Aufstand gemacht hätten, wie das von der Zeit an, da Duisburg Stadt geworden war, noch nie gehört und geschehen war. Was darauf und auf alle die anderen Punkte nun geantwortet wurde, das ist im Einzelnen nicht nötig zu wissen. Das Ergebnis war, dass mein gnädiger Herr vor allen Dingen die Urkunde nach Kleve gesandt haben wollte, welche die Gemeinde von der Obrigkeit erzwungen hatte, was aber die ganze Gemeinde nicht tun wollte, um den untersten Stein nach oben zu legen. Und so sandten sie nach Kleve eine Kopie der Urkunde, worauf aber insbesondere gar keine Erwiderung kam, denn mein gnädiger Herr schrieb zurück, dass seine Räte nicht zuhause wären, sodass die Angelegenheit zu dieser Zeit ruhte.

Danach auf Sankt Pantaleonstag [28. Juni] wurden alle Akzisen[35] wieder erhoben und ausgetan, wie das früher der Fall gewesen war. Die Weinakzise mit dem städtischen Weinkeller wurde für 160 Goldgulden und die Mahlakzise für 453 Goldgulden verpachtet.

b) Im Jahr des Herrn 1514

[...] In selben Jahr, nachdem also die Bürgergemeinde sich im vergangenen Jahr am Valentinstag [14. Febr. 1513] empört und gegen den Rat einen Aufstand gemacht hatte, in den auch Herzog Johann von Kleve eingegriffen hatte, wollte dieser von der Stadt [deshalb] 1.200 Goldgulden[36] haben, worüber in Kleve viele Tage verhandelt wurde. Letztlich einigte man sich aufgrund inständiger Bitten und besonderer Freunde auf 400 Gulden, welche die Stadt meinem Herrn geben musste. Auch wurden die Gildekammern abgeschafft, damit die Gildebrüder dorthin nicht mehr zum Trinken und zu Beratungen gehen sollten, wie sie das gewöhnlich taten.

---

35 Verbrauchsteuer auf Wein und Abgaben aus den städtischen Bannmühlen, die jährlich meistbietend an Bürger verpachtet wurden.
36 Geldstrafe für Vergehen von Gemeinden, deren Höhe im Belieben des Landesherrn stand, der sich die Bestrafung dieser Vergehen immer vorbehielt.

6. Zeitgenössische Kanzleiaufzeichnung über den Huldigungsumritt Herzog Johanns III. von Kleve-Mark-Jülich-Berg und Ravensberg[37] in der Grafschaft Mark 1522

Ferdinand Schmidt, Die Huldigung Herzog Johanns III. von Cleve in der Grafschaft Mark 1522, in: Süderland 13 (1935), S.63–64. – (Übersetzung: D. Scheler).

Wie mein gnädiger Herr im Land von der Mark empfangen und wie ihm gehuldigt wurde.[38]

Zuerst in Essen, wo mein gnädiger Herr der Äbtissin und dem Kapitel geloben und schwören und bei dieser Gelegenheit eine neue Urkunde ausstellen musste, aber seine fürstlichen Gnaden haben der Stadt nicht geschworen noch die Stadt seiner fürstlichen Gnaden.[39] – Äbtissin, Kapitel und Stadt haben meinem gnädigen Herrn und der gnädigen Frau ein großes Fass Wein, 30 Malter Hafer, zwei fette Ochsen und auch Fisch genug geschenkt.

Von Essen weiter nach Hörde geritten und dort einige Tage geblieben. Es kamen die Bürgermeister von Dortmund[40] zu meinem gnädigen Herrn und der gnädigen Frau mit untertäniger großer Ehrerbietung und schenkten ihren fürstlichen Gnaden zum Willkomm[en] in den hiesigen Landen zwei stattliche vergoldete Deckelkannen.

Von Hörde sind mein gnädiger Herr und die gnädige Frau als nächstes nach Hamm geritten, aber ihre fürstliche Gnaden sind [vorher] für eine oder eineinhalb Stunden in Kamen abgestiegen, wo mein gnädiger Herr die Huldigung empfing. Dort hatten die von Kamen Essen vorbereitet und – da sie innerhalb von 30 Jahren wohl viermal abgebrannt waren – schenkten sie dann dem Herrn und der Frau [nur] eine kleine silberne Kanne.

Weiter am Abend in Hamm angekommen und dort zwei Nächte geblieben, und mein gnädiger Herr hat nach beurkundetem und besiegeltem Herkommen die Huldigung empfangen, und die von Hamm übergaben seiner fürstlichen Gnaden die Schlüssel der Stadt, die seine fürstliche Gnaden ihnen wieder anbefahl. Und die von Hamm haben meinem gnädigen Herrn und der gnädigen Frau zwei passende silberne Kannen und in jeder Kanne hundert Goldgulden geschenkt, zur Hälfte meinem gnädigen Herrn und zur Hälfte meiner gnädigen Frau, und dazu sechs Ohm Wein. Und nachdem die Huldigung geschehen war, hatte mein gnädiger Herr den Rat mittags zu Gast, und am Abend gingen ihre fürstliche Gnaden mit Jungfrauen und Frauen auf das Tanzhaus, wo die von Hamm Bier und Wein ausschenkten, so viel man brauchte.

---

37 Johann III. (1521–1539) war seit 1510 mit der Erbtochter Maria von Jülich-Berg verheiratet, seit 1511 Herzog von Jülich, Berg und Ravensberg und seit 1521 auch Herzog von Kleve und Mark. Er war damit Herr über einen der größten Territorienkomplexe im Westen des Reichs.

38 Die Huldigung der Städte war ein ritualisierter Vorgang, bei dem die Städte symbolisch die Stadtschlüssel und Geschenke übergaben und Treue schworen, der Landesherr aber im Gegenzug die Privilegien der Stadt erneuerte oder beschwor.

39 Als Schutzherr (Vogt) des Territoriums der Fürstäbtissin wurden bei Huldigungen die Rechtsverhältnisse zwischen beiden häufig in Urkunden fixiert und beschworen. Da die Stadt unter der Herrschaft der Äbtissin stand, huldigte sie nicht dem Schutzherrn.

40 Hörde war wegen seiner Nähe zur Reichsstadt Dortmund eines der wichtigsten Ämter der Grafschaft Mark. Das Geschenk der souveränen Stadt Dortmund war ein (diplomatisches) Ehrengeschenk.

Von Hamm nach Soest: Dort hat mein gnädiger Herr denen von Soest einen schweren Eid leisten müssen,[41] und dann haben die von Soest, nämlich Bürgermeister und Rat und sonst niemand, da es dort nicht Gewohnheit ist, noch jemanden zu beteiligen, meinem gnädigen Herrn wiederum als ihren Erbherrn gelobt und geschworen und dabei seiner fürstlichen Gnaden die Schlüssel der Stadt überliefert, die ihnen wieder anbefohlen wurden. Und nach der Huldigung haben sie meinem gnädigen Herrn in einem seidenen Beutel hundert Goldgulden, dazu zwei Fuder Wein und 30 Malter Hafer geschenkt und meiner gnädigen Frau eine zierliche Kanne und eine goldene Deckelkanne, dazu schenkte das Kapitel[42] meinem gnädigen Herrn auch Hafer. – Am Mittag, als die Huldigung geschah, hatte mein gnädiger Herr den alten und den neuen Rat, auch die alten und neuen Zwölfer,[43] zusammen mit den ehrenwerten Mannen aus der Ritterschaft und den Prälaten, die dort waren, zu Gast; musste bei dieser Gelegenheit auch Speise und Verköstigung an die Klöster, die Türhüter, Zöllner und Müller liefern lassen. Am anderen Tag hatte seine fürstliche Gnaden die Kanoniker zu Gast und bei allen Mahlzeiten die zwei Bürgermeister und zwei oder drei vom Rat. Die von Soest gaben auch allen Amtsträgern Trinkgeld. Dasselbe gab auch mein gnädiger Herr den Dienern und Knechten der Stadt, jedem nach seiner Stellung, und belief sich damit das Geschenk seiner fürstlichen Gnaden alles in allem auf 33 bis 34 Goldgulden, dabei aber nicht berücksichtigt das Trinkgeld in den Herbergen.

Von Soest ritt mein gnädiger Herr mit ungefähr 200 gerüsteten Pferden nach Lippstadt und ließ meine gnädige Frau in Soest zurück. Und seine fürstliche Gnaden blieb eine Nacht in Lippstadt, wo seine fürstliche Gnaden geloben und schwören musste, den Vertrag und die Einung zwischen seiner fürstlichen Gnaden und den Herren von Lippe, die 1445 abgeschlossen worden war,[44] zu halten; und danach musste seine fürstliche Gnaden auch der Stadt schwören, und dann huldigten sie seiner fürstlichen Gnaden wiederum als einem Erbherrn über die Hälfte der Stadt und der Herrschaft von Lippstadt, vorbehaltlich der anderen Hälfte den Herren von Lippe und das alles nach dem Wortlaut der Vertragsurkunde. Und die von Lippstadt schenkten meinem gnädigen Herrn vier Ohm Wein und einiges an Fisch und weiter nichts. Mein Junker von der Lippe schenkte meinem gnädigen Herrn einiges an Bier und auch Fisch.

---

41 Die Stadt, die sich in der Soester Fehde (1444–1448) dem Herzog unterstellt hatte, hatte einen rechtlichen Sonderstatus ausgehandelt, der fast reichsstädtischer Unabhängigkeit glich.
42 Kanonikerstift St. Patrokli, Soest.
43 Die Soester Stadtobrigkeit bildeten zwei Bürgermeister, Rat und Zwölfherren (Gemeindeausschuss als Gegengewicht zum Rat) mit einer Amtszeit von zwei Jahren. Mit dem Ausscheiden der Hälfte der Ratsmitglieder und der Zwölfherren nach einem Jahr sowie dem Nachrücken der neu Gewählten bestanden immer nebeneinander alte und neu Räte und Zwölfherren.
44 Um die Bundesgenossenschaft der Herren von Lippe in der Soester Fehde zu erhalten, verzichteten die Herzöge von Kleve und Mark, denen Lippstadt verpfändet worden war, 1445 auf die Pfandschaft und teilten sich stattdessen die Herrschaft über die Stadt mit den Herren von Lippe. Diese Samtherrschaft auf der Grundlage dieser Abmachung blieb bis ins 19. Jahrhundert bestehen.

Von Soest ritt ihre fürstliche Gnaden weiter nach Unna, wo sie ihre fürstliche Gnaden ehrenvoll empfingen; und sie schenkten ihrer fürstliche Gnaden ein Fass Wein von 3 ½ Ohm und ein Fuder Unnaer Bier und dazu eine zierliche hohe silberne Kanne und zwei vergoldete Kannen oder Becher, die übereinander zu stecken waren und in jeder Kanne oder Becher 50 Goldgulden, nämlich 50 für meinen gnädigen Herrn und 50 für meine gnädige Frau. Und die von Unna übergaben auch die Schlüssel der Stadt, so wie es andernorts auch geschehen war. Zu Mittag hatte mein gnädiger Herr den Rat von Unna zu Gast und am Abend die Bürgerinnen und Jungfrauen, so wie es in Hamm geschehen war.

Von Unna aus ritten mein gnädiger Herr und die gnädige Frau wieder nach Hörde und blieben dort acht oder neun Tage, und während dieser Zeit beschied seine fürstliche Gnaden vier oder fünf Abgesandte aller der anderen Städte des Landes von der Mark nach Hörde, und [diese] huldigten dort als Bevollmächtigte der anderen Bürger seiner fürstlichen Gnaden und leisteten ihm Eide. Die Vorfahren meines gnädigen Herrn pflegten auch nach Schwerte und Iserlohn zu reiten, doch die verlangten das zu dieser Zeit nicht, Iserlohn wegen des Stadtbrands und Schwerte wegen der Seuche.

So kamen die Abgesandten von Iserlohn, Schwerte und Lünen an einem Tag und leisteten ihre Huldigung. Und es schenkten die von Iserlohn eine zierliche Kanne (im Wert) von 100 Goldgulden, die von Schwerte ebenfalls eine Kanne, doch nicht so wertvoll, aber darin lagen für meine gnädige Frau 50 Goldgulden. Die von Lünen gaben nichts als etliches an Fisch und entschuldigten sich dafür, weil sie ganz abgebrannt waren.

Danach am nächsten Tag kamen die von Lüdenscheid, Breckerfeld und Altena und schenkten gemeinsam zu dritt eine passende Kanne, da auch Breckerfeld und Altena vor kurzem abgebrannt waren.

Die von Bergneustadt und Plettenberg kamen auch am selben Tag, und die von Bergneustadt schenkten dem Herrn und der Frau 24 Goldgulden und die von Plettenberg 20 Goldgulden.

Am selben Tag erschienen auch die von Neuenrade, die, da sie vor einem Vierteljahr bis auf den Grund abgebrannt waren, baten, ihnen das Geschenk aus Gnade zu erlassen.

Danach kamen die von Hattingen und Bochum. Die von Hattingen schenkten eine passende Kanne, und die von Bochum baten darum [ihnen das Geschenk zu erlassen], da sie ganz durch Brand ruiniert seien.

Und so ritten mein gnädiger Herr und die gnädige Frau am Tag nach Remigius [2. Okt.] aus dem Land von der Mark, [waren] am Abend in Essen und [ritten] von da weiter nach Wesel und so wieder zurück nach Kleve.

7. Hermann Hamelmanns Aufzeichnungen über das sogenannte Essener Religionsgespräch am 1. September 1571

Heiner Faulenbach (Hg.), Quellen zur rheinischen Kirchengeschichte, Bd. 1: Das 16. Jahrhundert. Düsseldorf 1991, Nr. 74, S. 298–317 (Auszug). Die Schriftform der Vorlage wurde beibehalten.

Kurtze anzeigung was sich etlicher Religions Sachen halben vorm Erbaren Rahte der Statt Essen besprochen haben der Licentiat Hermannus Hamelmannus[45] und Casparus Isselburgus[46] den I. Septembris Anno Domini 1571. Dabey was sich vor und nach gehaltenem Gesprech zugetragen, auch kürtzlich vermeldet wirdt. Anno 1572.

Dem Erntfesten und Erbaren Kaufherrn Henrich Kramer zu Leipsich, meinem günstigen Herren und Förderer, sampt dem Achtbaren und bescheiden Rötger Rosenthael von Ketwig, Bürger zu Essen, meinem guten Gönner. […][47]

Datum eilends Essen in Westfalen am Tag der Beschneidung Jesu Christi, an welchem man anhebt den Zahl des 72. Jahrs nach 1500.

Euer Erntvesten Gnaden und Liebden williger Hermannus Hamelmannus Licentiatus

Hermanni Hamelmanni Licentiati Vorrede an den christlichen Leser, darin vermeldet, was sich vor dem Gespräch zwischen ihm und Ern Caspare Isselburg hat zugetragen.

[Hamelmann berichtet, dass er von Bürgermeister und Rat der Stadt Essen eingeladen worden war, um die Kirchenordnung der Stadt Essen wiederherzustellen und auf der Ratkammer im Essener Rathaus auf Nachfrage bestätigt bekam, dass der Rat beim lutherischen Bekenntnis bleiben wolle. Auf die Frage Hamelmanns, ob er denn für seine Aufgabe auch einen Helfer bekomme, antwortet ihm der Rat, dass das der derzeitige Prediger sei:]

Casparus Isselburg genannt (der von dem Durchleuchtigen Hochgebornen Fürsten und Herrn Herzogen zu Cleve, Jülich und Berg, Graf zu der Mark und Ravensberg, Herrn zu Ravenstein, Ihrem gnädigen Schutz- und Schirmfürsten hieher promovirt geworden) hätte, so wäre ein

---

45 Hermann Hamelmann aus Osnabrück (1525–1595), gelehrter polemischer lutheranischer Theologe und Schriftsteller, war seit 1563 Generalsuperintendent in Gandersheim und führte unter Herzog Julius (1568–1589) die kirchliche Neuordnung im Herzogtum Braunschweig-Lüneburg durch.
46 Caspar Isselburg aus Köln, seit 1564 Prediger in Essen, war nach seiner Entlassung Prediger an St. Martini in Bremen.
47 Als sich seit 1563 in der Stadt Essen die Reformation durchsetzte, standen sich unter deren Anhängern im Reich schon Lutheraner und Reformierte feindlich gegenüber, da sie sich in theologischen Grundfragen und Fragen des Ritus grundsätzlich unterschieden. Der Schutzherr (Vogt) des Stifts Essen, Herzog Wilhelm V. von Jülich-Kleve-Berg (1539–1592), versuchte in seinen Territorien einen vermittelnden Weg zwischen der alten Kirche und den neuen Konfessionen zu gehen und die Konfessionalisierung zu verhindern. Er hatte unter Umgehung der Rechte der Fürstäbtissin 1564 Isselburg als Prediger bestellt, der als Lutheraner offensichtlich zunehmend reformierten Positionen zuneigte. Strenge Lutheraner in Essen wie Rutger Rosenthal von Kettwig lehnten Isselburg scharf ab und bemühten sich mithilfe des Leipziger Kaufmanns Heinrich Kramer, der aus Hattingen stammte, einen neuen Prediger zu finden. Kramer wies sie auf Hermann Hamelmann hin. Ihm und Rosenthal ist sein Traktat gewidmet.

Ehrbarer Rat der zuversichtigen Hoffnung, derselbe Casparus sollte mit mir zur Einigkeit und Vereinigung dergestalt sich begeben, daß, im Fall er irgendwo wäre gestrauchelt und hätte gefehlt, daß er sich von mir würde lassen unterrichten.

[Eine persönliche Unterredung zwischen Hamelmann und Isselburg verschärft nur den Konflikt. Während Hamelmann Isselburg in ausformulierten Artikeln vorwirft, entgegen der Essener Kirchenordnung zentrale Punkte der lutherischen Kirchenpraxis zu verwerfen, bestreitet Isselburg grundsätzlich die Berechtigung des Eingreifens Hamelmanns und verlangt, seine Position vor der städtischen Obrigkeit verteidigen zu dürfen, was geschieht:]

Den 25. Augusti, als Bürgermeister, Rat und Vierundzwanzig[48] versammelt, hat er [Isselburg] mit weitläufigen, prächtigen Worten vorgetragen, wie daß er von Hochgedachtem, unserm gnädigen Schutzfürsten mit Verwilligung der Äbtissin und Capitels ein Pastor dieser Kirche vorgestellt und verordnet, auch vom Erbaren Rat samt Vierundzwanzig und ganzer Gemeinde auf- und angenommen. Derwegen hätte ein Erbaren Rat nun unweislich ihm und der ganzen Kirche ungütlich getan, daß sie einen Fremden und Unbekannten ohne sein Consent aus weiten Örtern, der die Kirche allhie unruhig zu machen, eine neue hispanische Inquisition anzurichten und in dieser Freien Stadt Essen einzuführen Vorhabens, hätten gefordert und bestellt, der ihm auch allsolche unbillige, beschwerliche Artikel (hat dieselben vorgelesen), hätte vorgestellt. So derselbe Besteller ihm doch billiger auf seine ihm erst vorgegebenen Rationes[49] vorerst sollte geantwortet haben.

[Am 1. September kommt es dann vor dem Rat zu einem ausführlichen Streitgespräch zwischen Hamelmann und Isselburg. In diesem Zusammenhang wird Isselburg von Hamelmann und Ratsmitgliedern vorgeworfen, sich damit nicht an die Essener lutherische Kirchenordnung zu halten, sondern sie willkürlich zwinglianisch[50] abzuändern. Das Streitgespräch endet mit der Beurlaubung Isselburg durch den Rat. Der Schlussteil lautet:]

Frederich von Asbeck, Ratsherr: Herr Bürgermeister, er hat auch wider die Ordnung etliche Kranken, da er um angelangt, die zu besuchen, zu trösten und Sakrament zu geben, mutwillig versäumt, nicht zu denen wollen kommen, sondern den armen Leuten solches verweigert, daß darüber eine arme Sünderin in großem Elend, Karmen und Wehklagen ist hingestorben.

Casparus: Frederich, das ist gelogen. Ihr seid mir allezeit nicht gut gewesen.

Frederich: So bin ich des Rats nicht würdig. (Hier sind zum beiden Teil die Affecte damit untergelaufen, auch mit angemaßter Schmähung.) Ich wills euch überzeugen. Herr Bürger-

---

48   Die Essener Stadtobrigkeit bildeten zwei Bürgermeister, der Rat, der den Rentmeister wählte, und die Vierundzwanziger, die das Finanzgebaren von Rat und Rentmeister kontrollierten.
49   Argumente.
50   Huldrych Zwingli (1484–1531), der Reformator von Zürich, der dem reformierten Flügel der Reformation zugerechnet wird, unterschied sich von den Lutheranern nicht nur durch seine symbolische Auffassung des Abendmahls, sondern auch durch seine Forderung nach bedingungsloser Abschaffung aller katholischen Zeremonien im Gottesdienst.

meister, ich bitte, man wollte mir einen Stadtdiener vergönnen, etliche Personen jtzunder Vorbescheiden zu lassen, mit denen ichs kann und will beweisen. So habt ihr auch mit euren Gesellen gepredigt, daß ihr den Kranken das Sakrament des Nachtmahls nicht wolltet reichen, sondern man sollte in Zeit kommen, dieweil man gesund wäre, und in der Gemeinde das empfangen.

Casparus: Das ist auch nicht wahr.

Wißmann, Bürgermeister: Solches hab ich von euch gehört.

Casparus: Nein, Bürgermeister.

Wißmann, Bürgermeister: So möcht euch der Teufel zuhören, wenn ihrs alles, was ihr redet, verneinen wollt.

Casparus: Ich habs nicht geredet, so visitiere ich ja auch die Kranken noch zurzeit.

Anton Grimmolt, Fürstlicher Rentmeister zu Bockum:[51] Es ist doch nichts; was hilft es, daß wir allhie die Zeit zubringen? Laßt uns abbrechen!

Aken, Bürgermeister: Das ist die Summa: Er will die Ordnung nicht halten, und wir sind mit den Vierundzwanzig des vereinigt, bei dieser Kirchenordnung der Augsburgischen Confession und der Apologia[52] zu bleiben. Darum will er unser Diener nicht sein.

Casparus: Ihr wollt meiner gern quitt sein und diesen Rochschwentzer[53] und Heuchler, mit dem ich nicht begehre, den Kirchendienst zu verwalten, wieder haben.

Henrich Schmeeß, Rentmeister: So handelt ihr, Herr Caspar, allezeit mit guten Leuten, die ihr also verachtet und versprecht, wollt auch dem Rat kein Gehör geben. Darum muß euch der Korb aufgezogen sein.

Casparus: Ja, Herr Rentmeister, darum daß ich euch gestraft hab, daß ihr mit eurem Korn so viel Wucher getrieben, derhalben seid ihr auch zornig auf mich.

Henrich Schmeeß: Das ist nicht wahr; ich hab den Roggen verkauft und gegeben nach dem gemeinen Kauf. Bin kein Wucherer.

Aken, Bürgermeister: Wenn er nur was mehr wüßte, er würde es euch sagen, so zornig, bitter und heftig ist er.

Secretarius: Mich wundert, warum daß ihr alle Dinge so verworfen habt wider die Augsburgische Confession und wider unsre allhie angenommene Kirchenordnung, als die schönen lateinischen Gesänge und dergleichen, damit die alten Doktoren bezeugen, daß sie mit uns einer Lehre sind.

---

51   Rentmeister des angrenzenden Amts Bochum, der hier nicht in seiner Funktion als Verwalter der Einkünfte des Landesherrn, sondern als sein politischer Vertreter auftritt.

52   Lutheranische Bekenntnisschriften: Die Konfession wurde 1530 auf dem Augsburger Reichstag dem Kaiser überreicht, die Verteidigungsschrift auf die Einwände katholischer Theologen gegen die Konfession als „Apologia" 1531 veröffentlicht.

53   Einer, der am Rockzipfel hängt.

Casparus: Ja, lieber Secretarie, ihr seid ein Männlein, der nicht allein gern die lateinischen Gesänge, sondern wohl eine ganze lateinische Messe auf papistische[54] Weise haben wollt.

Secretarius: Das ist gelogen.

Casparus: Wohlan, Hamelmanne, ihr müßt in eurem Lande ein Bettler sein, daß ihr hierher gekommen, und wollt mich gern ausstoßen, das ihr denn auch vor sieben oder acht Jahren im Sinn gehabt.

Hamelmannus: Ich hab von meinem gnädigen Fürsten und Herrn Herzog Julio mehr in Besoldung gehabt, als ich hier bekommen kann. Das weiß ich gewißlich; so bezeuge ich das auf mein Gewissen, daß ichs keiner Besoldung halben tu.

Casparus: Du Heuchler, der du mich gern wolltest ausdringen und dich selber eindringen, du wirst ramspötich[55] werden, und kein Heil wird dir widerfahren.

Wißmann, Bürgermeister: Er dringt sich nicht herein, sondern wir haben ihn rechtmäßig berufen und gefordert. Er wollte sich auch wohl finden lassen, aber ihr wollt nicht.

Aken, Bürgermeister: Das ist der Schwärmer[56] Art, daß sie auf Schelten und Schmähen fallen.

Sevener: Gevatter, seid nicht so hastig und bedenkt euch!

Vincentius Stoht, Senior im Rat: Sehet zu, Gevatter, daß euch der Kauf nicht gereue, denn wir wollens gern gut mit euch sehen!

Aken, Bürgermeister: Herr Caspar, wollt ihr diese Ordnung nicht halten, so habt ihr Urlaub.

Casparus: Ich bitt um ein Bedenken bis auf nächst künftigen Dienstag.

Wißmann, Bürgermeister: Wir verstehen das Bedenken wohl, denn ihr vielleicht bedacht, auf der Kanzel davon zu predigen und die Gemeinde gegen einen Rat zu hetzen.

Casparus: Bürgermeister, ihr könnt wohl gedenken, daß ich meiner Beurlaubung gedenken muß.

Wißmann, Bürgermeister: So verbieten wir euch, daß ihr euch nicht weiters, denn die rechte Wahrheit ist, vortun und anzeigen wollt, daß ihr nämlich darum beurlaubt, daß ihr die allhie angenommene Kirchenordnung, darauf ihr auch allhie angenommen seid, nicht habt wollen halten. So ihr anders tut oder sonst etwas vornehmt, wird ein Rat es dabei nicht lassen.

Damit ist Casparus hinausgegangen.

[Danach reicht Isselburg Beschwerde beim Herzog als Schutzherrn der Stadt gegen das Vorgehen des Rats ein und predigt in der Stadt gegen Hamelmann. Der Rat seinerseits rechtfertigt sein Vorgehen gegen Isselburg gegenüber dem Herzog, der zunächst nur verlangt, diesem einen Verweis zu erteilen.]

---

54 Katholisch.
55 Unselig.
56 Lutheranische Bezeichnung für Zwinglianer.

Als aber Bürgermeister und Rat des gedachten Caspari Supplication[57] von hochermeldeter Fürstlicher Gnaden, um dieselbe zu verantworten, zugestellt und ein Ehrbarer Rat dieselbe mit gründlichem, wahrem Bericht schleunig beantwortet, ihre Personen und Hamelmannum in allem entschuldigt, so haben ihre Fürstliche Gnaden folgends an vielgemeldeten Bürgermeister und Rat (wie denn auch an Casparum selbst) ein ernstliches Schreiben getan, denselben Casparum (den ihre Fürstliche Gnaden vor etlichen Jahren der Stadt von Essen commendiert[58] und zugesandt) an Stund zu verweisen und lassen passieren. Ob nun Casparus (als ihm ein Ehrbarer Rat die Befehlsschriften hat lassen anzeigen) wohl drei Predigten still gehalten und gehorsamt, doch hat er, unangesehen solchen Fürstlichen Befehl, zur vierten Predigt sich gewaltsam auf die Kanzel gedrungen und hinfort auch eines Ehrbaren Rats vielfältig Gebot und Erinnerung übertreten, das Kirchenamt wie vorhin verwaltet und des vielgedachten Hamelmanni schier in allen Predigten zum ärgsten gedacht und ausgehipt,[59] denselben einen Papisten, Exorzisten,[60] Wolf, Heuchler, eingedrungenen Meutemachern etc. angegeben, auch alle Zuhörer, daß sie sich vor dem sollten hüten und warten, heftig vermahnt, damit er dann sich die Gemeinde anhängig gemacht und des Hamelmanni Person bei jedermänniglichen nicht allein verdächtig, sondern ganz verhaßig, in großer Verachtung, Hohn, Spott und schmähliche Verlästerung gebracht, und als da folgends mit dem Licentiaten Hamelmanno vor der ganzen Gemeinde (die nun anhängig ihm wäre) aufs Feuer zu disputieren sich berühmt und also seine Sache fein können bemänteln, eine feine hübsche Farbe ihr anstreichen und bei vielen ein Frohlocken erlangt. Es haben aber die Bürgermeister aus ehrhaftigen Ursachen dem Licentiaten sich in keine schriftliche noch mündliche Handlung oder Disputation einzulassen oder zu begeben verboten, die ihm sonst wohl gewachsen war.

Dies alles, wie gemeldet, als Casparus ohne Unterlaß getrieben, den mehren Teil der Gemeinde samt etlichen ihren Vorständen sich anhängig gemacht, hat er also nicht geringe Unlust durch seinen Anhang mit öffentlichen und heimlichen Versammlungen, Verbindungen, Conspirationen, Protestation und ändern dergleichen Handlungen, so zu einem Aufruhr sich wohl bald hätten ansehen lassen, angerichtet und wider eines Ehrbarer Rats vielfältigen Fürstlichen Gnaden Befehlschrift zu gehorsamen, Erinnerung, alles in seinem mutwilligen Proposito[61] und Dienst halsstarrig verharrt und fortgefahren, haben Bürgermeister und Rat endlich im Beisein Notarien und Zeugen in seiner Gegenwärtigkeit von allem seinem mutwilligen, halsstarrigen, geübten Handel öffentlich protestiert, ja auch seine begangene Contumaciam[62] ad animum revociert[63] und folgends solches Protestation-Instrument[64] an hochgedachte Fürstliche Gnaden und deren hochweise Räte lassen gelangen. Darauf denn auch endlich an Bürgermeister, Rat

---

57 Eingabe.
58 Empfehlen.
59 Ausschelten.
60 Teufelsaustreiber.
61 Vorsatz.
62 Widerspenstigkeit, Verstocktheit.
63 Ernstlich erneut anklagen.
64 Beweisdokument.

und Vierundzwanzig und ganze Gemeinde ein gar ernstlich und scharf Schreiben, daß ihre Fürstliche Gnaden vielgemeldeten Casparum Isselburg nicht allein in ihrer Fürstliche Gnaden Schutzstadt Essen, sondern auch ihrer Fürstliche Gnaden Fürstentum, Städten und Landen länger mit nichten wollte dulden. Item,[65] daß niemand ihn auch hausen oder herbergen sollte bei Fürstlicher höchster Ungnade angekommen. Wie ihm, Casparo, solch Fürstlich Befehl durch etliche aus dem Rate und Vierundzwanzig von wegen der Gemeinde ist vorgelesen und dem zu gehorsamen auferlegt, hat er sich des Kirchendiensts dafort mehr enthalten und nach vierzehn Tagen Aufschiebens den ersten Novembris für seine Person den Abzug genommen, Weib und Kinder samt allen den Seinen noch binnen Essen verlassen, aber in der Nachbarschaft, als man sagt, eine Zeitlang geblieben.

8. Die älteste Bergordnung des Stifts Essen: Die Bergordnung der Kohlengesellschaft auf der Goes (1575)

F. Gerß, Die älteste Kohlenordnung im ehemaligen Stift Essen. Bergordnung der Kohlengesellschaft auf der Goes im Stift Essen, 1575, in: Glückauf 14/26 (1878), S. 2. Die Schriftform der Vorlage wurde beibehalten.

Ich Johan Nyß in nachgemelter[66] Sachen substituirter Richter thue kundt und zeuge mit diesem Bericht ghen jedermenniglichen, daß im Jhar und Tage hierunter beschreven die sambtliche Gesellschaft und societät der Köhlers auf der Goeß im Stifte von Essen mit gnädigem Consent[67] und Bewilligung der Hochwürdigen Fürstinnen und Frau, Frau Irmgardten deß Kayßerlichen freyweltlichen Stifts Essen Abtissinnen, gebohrner Gravinnen zu Diepholz etc.[68] alß der Landfürstlichen Obrigkeit eine richtige Ordnung, verkörnige[69] und contract, wie sambt und besonder sich in und auf dem Werck und Berge nun hinfürter steths halten und deren gebrauchen sollen, freywilliglich und einträgtig gemacht, eingangen und beschloßen, wie hernach folgt.

Anfänchlich sol ein jeder deß Sommers zu sechs Uhren des Morgens auf dem Berge in der Arbeit sein, und dabey bleiben und verharren biß des Abends zu sechs Uhren, deß Winterzeits und Tagen aber nach Gelegenheit: und wehr daran seumig sein würde, sol hochgemelter meiner gnadigen Fürstin und Frau verfallen sein und geben einen Daler und der Geselschaft einen Daler, und sol darzu die Lychung[70] nicht haben, sol auch den ghenigen, der vor ihm arbeitet, belohnen.

Item[71] welcher von dem Berg pleibt und einen Feiertag machen würde, als man arbeiten würde, sol damit meiner gnadigen Frawen drey Thaler und der Geselschaft drey Thaler verfallen

---

65 Bezeichnung für neuen Sinnabschnitt: Dann, ebenso.
66 Unten genannt.
67 Zustimmung.
68 Irmgard von Diepholz II. (1561–1573).
69 Verordnung.
70 Gleiche Verteilung; genossenschaftlicher Anteil.
71 Bezeichnung für neuen Sinnabschnitt: Dann, ebenso.

sein; und wer muthwilliglich außpliebe und bey dem Drincken oder Saufen wehre, sol duppelt geben.

Item so Ihemandts in den Berg zoge, eß wehre bey Tage oder Nacht, und hiebe also Kohlen bey Unzeiten darauß, welche nit in Behoef[72] der Gesellschaft quemen, sal meiner gnedigen Frau hochgemelt[73] verfallen sein und geben zehen Daler; und sol darneben sein Theil auf dem Berge und waß er daselbst hatte der Gesellschaft zumahlen verfallen sein, die damit ihr Best thun und laßen sol mögen.

Item woh Ihemandts Kohlen austhuen oder auswinnen würde, welche bueten[74] deß Principalen des Bergs wissen und willen verkauft oder versoppen würden, sol meiner gnedigen Frawen, wie imgleichen der Gesellschaft, ider einem verwirkt haben und geben zehen Dahler.

Item ein jeder sol sein Locht und Kertzen zu rechter gebürlichen Zeit daselbst in Arbeiten haben bei pfoen[75] von einem Daler, und weß die Gesellschaft auch dadurch in Schaden queme, sol und mag von seinen, des Mangelhaften, Kohlen gemeßen werden. Zudem sol Einider seiner Kerzen in dem Berge nach Notturft gebrauchen und nicht davon wiederum heimtragen, bei Pfoen Verwirkung der Lychung von einem halben Theil acht Tage lang, und sol gleichwol schuldig sein darauf zu arbeiten, wie vorgemelt, daß soll allezeit und Tage einer von den ihenigen, die auf dem Berg ahn der winden arbeiten, auf die Kertzen sehen; und ein solches sol umbgehen und fleißig verwahrt werden, bei Pfoen eines Dalers.

Ferner wehr auf dem Berg schweren und fluchen und sonsten gotteslasteriche unnütze wort gebrauchen und außgießen und sprechen würde, der soll allezeit hochgemelter Fürstinen und Frauen fünf Daler und der Gesellschaft fünf Daler zu Bueß und Straf geben. – Wehr auch ein solches von Jemandt sehen und hören, und gleichwol nit anbringen, sondern verschweigen würde, sol mit gleicher pfoen darumb gestraft werden.

Item wer einigen Unwillen, Zank und Wiederwertigkeit auf dem Berge anrichten würde, sol meiner gnedigen Frawe, wie imgleichen der Gesellschaft, verfallen sein mit fünf Daleren.

Item der dem andern einige Kohlen abstehle, es wehr im kleinen oder großen, mit tragen oder sonst, der sol meiner gnedigen Frawen verfallen sein mit zehn Daleren und der Gesellschaft sein Theil aufm Berge; wehr aber kein Theil auf dem berge hätte, den sollen und mögen Ihre F[ürstliche] gn[aden] ferner darumb nach Gelegenheit straffen. Diejenigen auch, so solches Stehlens und Abtragens wissens und consent gegeben hetten, sollen ebenfalß hochbestimpter[76] Fürstin und Fraw zehen Daler geben, und ihr Anpart[77] auf dem Berge der Gesellschaft verfallen sein.

---

72 Zugunsten, für.
73 Oben genannt.
74 Ohne.
75 Poen, Strafe.
76 Oben genannt.
77 Anteil.

Item die Tragers auf dem Berge sollen mit Fleiß darauf sehen, daß Niemandt aus und von seinem Haufen Kohlen gestohlen werden, bei pfoen meiner gnedigen Fürstin und Fraw zweyen und gleichermaßen der Geselschaft zween Daler zu verrichten.

Item Niemandts soll Kohlen auf dem Pütz hawen und nemmen, die er mit sich heimtrage; und wehr solches hierüber thuen und betretten würde, sol meiner gnedigen Fraw zween Daler geben und der Geselschaft sein Anpart auf dem Berge verfallen sein.

Item einjeder mag auß und von seinen Kohlen, wan sie ihme zugemeßen sindt, heimtragen, dieselbe verkaufen und seines Willens gebrauchen; jedoch dach[78] die Kohlen einem Fremdten verkauft wehren oder verkauft werden sollen, sol allezeit einen auß der Geselschaft in den Kauf tretten und gehen mögen; es wehre dan Sach, daß die Kohlen vorhin der Geselschaft angebotten wehren.

Item so Ihemandt sein Anparth auf dem Berge zum Theil oder gantz abstehen wolle, daß selbe soll baußen[79] der Geselschaft nit verkauft werden; und wofern dan die Geselschaft darvor thuen wolte, waß ein ander willig wehre, sol derselben frey stehen und die negste darzu sein: würde aber und wehre etwaß verkauft, ehe und bevor eß der Geselschaft angebe, daß selbe sol der Geselschaft verfallen sein und magh noch allezeit einer von der Geselschaft in den Kauf gehen, wie hieroben davon gemeldet.

Auch er[80] sol Niamandts von der Geselschaft Insperringe oder Verhinderungen an Pützfahren oder der Rith[81] noch sonst in dem Berge oder an dem Wercke und Arbeit durch sich selbst oder die Seine Schaden thuen oder verursachen einigerley weiß; undt so Jemandt dessen waß thuen oder verursachen würde, sol er solches ohne einige Ein- oder Wiederrede zu erstatten und zu entrichten schuldig sein und nichts weniger Hochermelter Fraw Abtissin zehen Daler und dazu sein Theil auf dem Berge der Geselschaft verfallen sein, und sol auch allezeit daß Unterwerk[82] irst gekohlet werden.

Wo nun zu einiger Zeit von Jemandts gegen obgemelte Verköhrung, Ordnung und Articulen sambt oder besonder gehandlet gethan oder übertretten würde, und ein oder mehr von der Geselschaft dabey wehren und solches gesehen oder gehört hetten und wüsten und doch verschwegen und nicht alsbaldt den negsten oder folgendts Tags ansagen und melden würden, der oder dieselben alle sollen mit dubbelter Pfoen und Straff darumb gestraft werden, wie alles darum oben geschrieben, auch und letzlich mag die Geselschaft mit den Tragern und Viertelfaßeren[83] ordnen nach ihrem Behaich.

Wannuhn dieße Verordnung, Verköhrung und Vertrag also vor mich Johannen Nyß als dießfals substituirten und sonderlich von viel hochgedachter meiner gnedigen Fürstin und Frauen

78   Wenn.
79   Außerhalb.
80   Von ihnen.
81   Gang.
82   Das Tiefste der Grube.
83   Austeiler.

Abtissinen committirten[84] und Befehlhabenden Richteren geschehen, eingewilligt und ergangen dar mit mich bey über und ahn Leonardt Dumme und Theveß Hohehauß Gerichtsfrohnen,[85] Johann Berckhoff, Weinmar und Goddart Alderkamp und mehr Anderen alß Standtgenossen, als hab ich in Urkund und Gezeugnuß meinen Siegel an dießen Brief gehangen. Actum et Datum anno Domini 1575 ahm zehndten Tag deß Monats Aprilis.

Vidimations-Vermerk[86] des Notars Johann Gerhard Gathmann.

9. Zur Bedeutung der Gewehrfabrikation[87] für die Stadt Essen (1690–1717)[88]
a) Acta betreffend den Prozeß Kaufgilde contra Schmiedeamt. Stadtarchiv Essen, abgedrückt in: Karl Mews, Geschichte der Essener Gewehrindustrie. Beiträge zur Geschichte von Stadt und Stift Essen 31 (1909), S. 26. (Auszug)

Schmiedeamt 1690

Und warum soll sich das Schmiedeamt die Privilegien verringern lassen? Billiger wäre es, diese zu vermehren, da bekannt ist, dass dieses Amt oder Handwerk mehr Nahrung[89] in die Stadt bringt, als irgendein ander[es] Amt oder Gilde. Ja, durch das Schmiedeamt florieren andere Ämter und Gilden, wenn selbiges darniederliegt, so empfindet es die ganze Stadt an ihrer Nahrung.

Schmiedeamt 1693

So wohl mancher Fürst, Herr oder auch Stadtmagistrat wünschen und neben Verleihung vieler stattlicher Privilegien noch vieles spendieren möchten, wenn sie nur solche wohlbestellte und numeröse Schmiedezunft, als die [Essener] ist, in ihren Landen und territoriis[90] haben könnten.

Schmiedeamt 1694

Durch Verlierung eines Schmieds verliert die Stadt mehr als einen Kaufmann.

Kaufgilde 1694

... dabei ist zu erinnern, dass die Schmiede, wenn keine Kriegszeiten, mit Kohlenschaufeln, Holzhacken, Dreschen und dergleichen Arbeit ihren Unterhalt gewinnen; dass also der geringste Kaufgildebruder der Stadt mehr einbringt als vier Schmiede. Bringen vielleicht die

---

84 Beauftragt.
85 Gerichtsboten, Vollstreckungsbeamte.
86 Bestätigung der Übereinstimmung der Abschrift mit dem vorgelegten Original.
87 Die Gewehrfabrikation entwickelte sich seit dem 16. Jahrhundert zum bedeutendsten Gewerbezweig der Stadt Essen. Ihren Höhepunkt erreichte sie Anfang des 17. Jahrhunderts.
88 Das Schmiedeamt (Zunft der Schmiede) und die Kaufmannsgilde standen in einem dauernden Konflikt, da den Schmieden nur der Kleinhandel in der Stadt, den Kaufleuten nur der Großhandel nach außerhalb erlaubt war.
89 Erwerbsmöglichkeit.
90 Territorien.

Schmiede in Kriegszeiten mehr ein, so ist das noch nur ein Käferleben und dauert ad quoddam tempus,[91] ein vornehmer Kaufmann bringt fast ein Viertel des Schmiedeamts ein.

> b) Schriftwechsel zwischen der Stadt Essen und den brandenburgischen Kurfürsten bzw. preußischen Königen über Förderung des Absatzes der Essener Gewehrfabrikation (1695/96, 1714, 1716/17). Geheimes Staatsarchiv Preußischer Kulturbesitz Berlin, I. HA GR, Rep. 34, num. 63a,[1] abgedruckt in: Karl Mews, Geschichte der Essener Gewehrindustrie. Beiträge zur Geschichte von Stadt und Stift Essen 31 (1909), S. 52–55. (Regesten)

[Schriftwechsel mit Kurfürst Friedrich III. (König Friedrich I.)[92] 1695/96]

1695 Stadt Essen an den Kurfürsten: Es ist landeskundig, dass die Schutzstadt Essen von vielen Jahren her in sonderbarem Ruf gewesen [ist], dass daselbst allerhand gute Gewehre, als Flinten, Musketen[93] und Pistolen nach verlangter Art und Modell gemacht werden und darin der Stadt Lüttich und anderen Orten, wo sonst Gewehr[e] verfertigt [werden], jederzeit den Vorzug gehabt [hat]. Seit einiger Zeit nun hat der Gewehrhandel nachgelassen, weil das Eisen aus dem Sauerland in der Arbeit sich öfters untüchtig und allzu weich befindet, weil ferner die Livranciers[94] und Gewehrhändler nicht hinreichend für gute Arbeit gesorgt [haben]. Deshalb hat die Stadt eine Gewehrordnung[95] erlassen und strenge Visitation verordnet. Der Kurfürst möge für seine Armee die Lieferungen in Essen bestellen und auch bei den Kurfürsten von Sachsen, Pfalz und Lüneburg sowie in den Niederlanden ein Wort für Essen einlegen; auch durch seine Drosten[96] und Beamten im Sauerland auf die Kaufleute einwirken, dass sie tüchtiges und zur Verfertigung des Gewehrs bequemes Eisen liefern, widrigenfalls sie zum Schadenersatz genötigt werden sollen.

1695, November 1/11, Kleve: Der Kurfürst wird dem Gesuch der Stadt entsprechend seinen Ministern an den auswärtigen Höfen Anweisung geben und dafür sorgen, dass bei den Regimentern bekannt gemacht werde, inskünftige das Gewehr in Essen zu bestellen [Unterzeichnet von Kurfürst Friedrich und E. Danckelmann].[97]

1695, November 5/15, Kleve: Unter Hinweis auf die neu erlassene Gewehrordnung Essens werden die Residenten[98] Bartholdi zu Hannover, Becker in Düsseldorf, Schmettow im Haag angewiesen, bei den Regierungen, wo sie beglaubigt sind, darauf hinzuwirken, dass sie die Gewehrlieferungen für ihre Regimenter in Essen bestellen.

---

91 Eine bestimmte Zeit.
92 Kurfürst Friedrich III. von Brandenburg (1688–1713) war seit 1701 König in Preußen.
93 Fast zwei Meter langes Gewehr mit glattem Lauf.
94 Lieferanten gekaufter Waren.
95 Die „Neue Verordnung" von 1669.
96 Amtleute.
97 Eberhard Christoph Balthasar von Danckelmann (1663–1722), aus Lingen/Ems, Erzieher des späteren Kurfürsten Friedrichs III., unter ihm seit 1692 Präsident der Regierung in Kleve und 1695 sein Premierminister, 1697 gestürzt.
98 Botschafter.

1696, 27. Februar – 8. März, Oranienburg. An die Stadt Essen: Der Kurfürst teilt mit, dass er seinen Ministern in England, Holland, zu Düsseldorf und Hannover Anweisung gegeben hat, die Essener Gewehrfabrikation zu empfehlen. Er stellt der Stadt anheim, die Minister eingehender über die neue Ordnung der Gewehrmanufaktur zu unterrichten.

1696, 28. Februar – 9. März, Oranienburg. An Herrn von Schmettow im Haag: Wiederholte Anweisung, dem König von England und den Generalstaaten die Essener Gewehrfabrikation zur Ausrüstung ihrer Armeen in den Niederlanden und am Rhein zu empfehlen. Auch soll er darauf hinwirken, dass der Stadt Essen die Freiheit, so der Staat ermelter[99] Stadt auf eine gewisse Quantität bisher nach Holland gebrachten Gewehrs bei den dortigen Licenten Zöllen[100] verstattet, dieselbe auch ferner genießen lasse, da der Staat, was er an Zolleinnahme einbüße, durch den billigeren Preis der Gewehre wieder einbringe.[101]

[Schriftwechsel mit König Friedrich Wilhelm I.[102] 1714–1717]

1714, Juli: Stadt Essen an König Friedrich Wilhelm I.: Die brandenburgische Verwendung vor etwa 20 Jahren hat den erwünschten Erfolg gehabt, nicht allein für die preußischen Regimenter sind Gewehrlieferungen in Essen bestellt worden, sondern auch von Dänemark, Polen, Pfalz-Neuburg, Braunschweig und Münster. Seit einigen Jahren ist nun wieder ein Rückgang eingetreten. Selbst die Bestellungen für die preußischen Regimenter haben aufgehört, die größtenteils aus Lüttich ihre Gewehre beziehen, obwohl dort nicht so gut Gewehr[e], was Dauer, Festigkeit und Güte anbetrifft, gemacht [werden], wofür sich die Stadt auf die Königliche Generalität und Offiziere bezieht. – Fast die Hälfte der Bürgerschaft arbeitet an Gewehr und sei darauf angewiesen. Durch das Darniederliegen des Gewehrhandels ist die Stadt in Armut geraten; auch die märkischen Untertanen des Königs, die das Eisen liefern, haben dadurch Verluste. Die Stadt kann ferner die Schutzgelder[103] nicht aufbringen, bittet um Zuwendungen von Bestellungen oder um die Erlaubnis, die Schutzgelder in Musketen erstatten zu dürfen.

1714 Juli 18, Kleve: Die klevische Regierung befürwortet das Gesuch der Stadt Essen, die nochmals um Schutz gebeten hat. [...] „Nun ist in facto wahr und bekannt, dass in Essen schöne und feste Arbeit verfertigt und leidlichen Preises verkauft werde, als man zu Lüttich und anderen Orten es einkaufen kann; nicht weniger bezeugt die Erfahrung, dass zu Essen das Schießgewehr von gutem, weichen Eisen geschmiedet, dagegen das Lüttcher Gewehr von brüchigem Eisen gemacht wird, leichtlich springt und allerhand Gefahr nach sich zieht. Die Schutzverwandten[104] in Essen und die märkischen Eingesessenen des Amts Bochum, Werden

---

99 Genannt.
100 Einfuhrzölle.
101 Das Antwortschreiben sollte auch v. Danckelmann nach England zugestellt werden, damit dieser dann die nötigen Schritte einleiten konnte.
102 König 1713–1740.
103 Vogtgeld, Steuer aufgrund der Vogtei des Königs in der Nachfolge der Herzöge von Kleve und Mark.
104 Unter der Vogtei des Königs stehende Untertanen der Fürstäbtissin von Essen.

und Hattingen, wo sich Bohrmühlen befinden, profitieren davon, wenn für das königliche Heer die Gewehre in Essen hergestellt werden." [...]

1714 August 17 Berlin: An die klevische Regierung: [...] „Der König wird es gern sehen, wenn für die Armee Gewehre in Essen bestellt werden. Die dortigen Fabrikanten können sich bei unserer Generalität und unseren Offizieren melden." [Unterschrieben von Friedrich Wilhelm I. und v. Blaspeil].

1716 Jun[i] 29: Die klevische Regierung reicht die Bittschrift der Stadt Essen ein, in der diese um Zuwendung von Gewehrlieferungen bittet. Vor zwei Jahren ist der Stadt die Versicherung gegeben worden, dass für die Armee in Essen bestellt werden würde. Aber kein Effekt ist erfolgt. Der Gewehrhandel ist immer weiter zurückgegangen, die Stadt in Desolation[105] geraten [...]. Die Regierung stellt anheim, dem Gesuch, wo nicht ganz, so doch zum Teil stattzu[geben] und wenigstens zum Versuch für einige Regimenter die Lieferung des Gewehrs von Essen geschehen zu lassen.

1716 Dezember 8: [Die] Stadt Essen bittet den König nochmals um Zuwendung von Gewehrlieferungen und sendet Proben von Flinten, Karabinern und Pistolen mit Angabe des Preises ein. Die Gewehrhändler erbieten sich, nach jedem beliebigen Modell und Kaliber Gewehre herzustellen.

1716 Dezember 24: Schreiben v. Blaspeils: Es hat der König placidiert,[106] dass das Gewehr von den Untertanen in den klevisch-märkischen Landen solle gemacht werden, wenn sich die Meister in dem Land des Königs niederlassen, die Arbeit so sauber wie in Lüttich ist und alle Jahre offeriertermaßen für zwei Regimenter Gewehre verfertigt werden können.

1716 Dezember 25... An die klevische Regierung: Der König ist nicht abgeneigt, für seine Armee in Essen Gewehr[e] verfertigen zu lassen, wenn die dort wohnenden Büchsenmacher sich in Hattingen, Bochum oder sonstwo in der Grafschaft Mark niederlassen. Darüber wie über die Leistungsfähigkeit der Essener sind unter der Hand Erkundigungen einzuziehen und mit dem fördersamsten zu berichten.

1717 Januar 8: Bericht der klevischen Regierung: Sie hält es nicht für praktikabel, die Essener Gewehrfabrikation ins Märkische zu ziehen, indem sich allerorts eben nicht die Gelegenheit wie zu Essen findet, allwo diese Manufaktur vor hundert und mehr Jahren etabliert gewesen und woselbst die dazu erforderten Mühlen, Schmieden und [die mit den] übrigen Gerätschaften versehenen Meister ansässig sind. Die Stadt Essen stehe zwar nicht eigentlich unter märkischer Hoheit, aber doch unter erblich königlichem Schutz, zahle einen monatlichen Beitrag zur Kriegskasse, hält sich zum König, auch gegen die Fürstin [...] und pflegt als Untertan betrachtet zu werden. Von der Manufaktur in der Stadt profitieren auch die umwohnenden märkischen Untertanen; die Regierung zweifelt nicht, dass die Stadt im Stande ist, die erforderliche Anzahl Gewehre zu liefern und stellt anheim, der Stadt vorerst die Lieferungen zuzuwenden, bis man sehe, ob die Manufaktur ganz und gar in das Land gezogen werden könne.

---

105 Trostlosigkeit, Verelendung.
106 Entschieden.

10. Aus dem amtlichen Bericht des Steuerrats F. W. Motzfeld über den Zustand der Stadt Bochum (1722)

Geheimes Staatsarchiv Preußischer Kulturbesitz Berlin, Rep. 92, Nachlass des Kriegsrats Friedrich Ludwig Fischbach, Nr. 54ᵈ. – Landesarchiv NRW Abt. Westfalen, Kleve-Märkische Regierung Landessachen 489. – Zusammenfassende Textwiedergabe nach letzterer Überlieferung: Amtliche Berichte über die Städte, Freiheiten etc. der Grafschaft Mark 1722, in: Aloys Meister (Hg.), Die Grafschaft Mark. Festschrift zur 300jährigen Vereinigung mit Brandenburg-Preußen, Dortmund 1909, S. 110–112. Die Schriftform der Vorlage wurde beibehalten.

Historischer bericht von der stadt Bochumb.[107]

[...]

Situation

Die stadt liegt sonsten in einer ebene und ist das rings herumb liegende ambt[108] beynahe von frembden herrschaften, gestalt es ins westens und osten an das stift[109] Essen, und ins norden ans Cöllnische[110] grentzet, environniret,[111]

Beschafenheit.

Sie ist zwarn anfangs mit wällen und graben umbgeben gewesen; welche aber gäntzlich verfallen, und wegen der schlechten einkünfte und andrer nohtwendigere spesen[112] zu reparieren hindangesetzt sind;

---

107 Ab 1716 führte König Friedrich Wilhelm I. von Preußen (1713–1740) in seinen westlichen Provinzen eine neue indirekte Steuer, die Akzise, in den Städten ein, nahm diesen ihr herkömmliches Besteuerungsrecht und ließ die Steuer durch eingesetzte königliche Akzisemeister erheben, die von königlichen Kriegs- und Steuerräten überwacht wurden. Diese waren für einen der Steuerkreise zuständig, die in den Territorien gebildet wurden. In der Grafschaft Mark war dies je einer für die Städte südlich und nördlich der Ruhr. Motzfeld war Steuerrat für den Steuerkreis nördlich der Ruhr. – Die von ihm angefertigten Berichte über den Zustand der Städte seines Amtsbezirks sollten die statistische Grundlage bilden für Maßnahmen zur Steigerung der Akzise-Einnahmen, die vor allem zur Finanzierung des kostspieligen stehenden Heeres des Königs verwendet wurden. Die Berichte sind nach einem einheitlichen Schema angelegt (Ursprung der Stadt, Ableitung des Namens, Privilegien, Satzungen, geografische Lage, Befestigung, Häuser, Scheunen, Kirchen, Handwerker, Erwerbsmöglichkeiten, Abgaben, Einnahmen und Ausgaben der Kämmerei, öffentliche Gebäude, Waldungen, Dörfer, Ackerland, Heuland, Weiden, Malz- und Branntweinschrot, Wirtshäuser, Branntweinbrennen, Wollverarbeitung, Passiv- und Aktivschulden, Feuerwehr, fehlende Gewerbe, Verbesserungsvorschläge).
108 Territoriale Untereinheit, vergleichbar einem heutigen Landkreis.
109 Geistliches reichsunmittelbares Herrschaftsgebiet der Fürstäbtissin von Essen.
110 Das kölnische Vest Recklinghausen: Weltliches Herrschaftsgebiet des Fürstbischofs von Köln.
111 Umgeben.
112 Ausgaben.

Anzahl der häuser.

Das innere der stadt betrefend sind darin, (wozu aber auch die außer der ringmauer vorhandene häuser gezehlet werden) an der zahl 350 häuser, welche meist und nur 135 außgesondert, mit ziegelen bedecket sind;

Scheunen

Scheunen aber sind sind 9 mit stroh und noch 39 mit ziegel bedecket, also summa 48 und können die stroh dächer entweder auß unvermögenheit der bürger oder wegen schwachheit der höltzernen fundaments nicht wohl anders gemachet werden;

Kirchen

Überdeme sind 3 kirchen, wo von die Römisch-Catholische religions verwandte so alhie in numero praevalieren[113] die pfar- oder parochial kirche einhaben, die Evangelisch-Reformirte und Lutherische kirchen aber sind vor wenig jahren erst erbauet worden.

Innungen

Die einwohner können, weilen keine gilden oder zünfte vorhanden, nach eigenem belieben, wan sie nur die bürgerschaft[114] haben, nahrung[115] treiben, und findet sich vor itzo[116] die anzahl der haußwirthen[117] 354 an frauen 382 und an kindern und gesinde 927 zusamen 1663 personen starck,

worunter 21 tuchmacher, welche aber nicht alle würcklich daran arbeiten, auch die meiste nur die wolle zu den fabricirenden Tüchern vor andere spinnen, 11 kaufhändler oder krämer, so meist mit fett und saltzwaaren[118] handeln, 1 tabacksspinner,[119] 23 bäckers und brauern, 1 goldschmied, 14 schneideren, 12 grob und klein schmiede, 2 sattlern oder hammen[120] machern, 3 weinhändlers 3 mauerleute, 3 faßbänders,[121] 3 kürschners, 2 apotheker, 3 barbirs, 8 linnenwebers, 12 schumacher, 2 kupferschmiede, 2 drechßlern und tischlern, 4 nachtherbergiers, 2 Glasmachers, 8 knopfmachers, 1 blaufärber und darüber, welche bekandter maßen überall mit allerhand waaren handlen auch schlachten 7 Juden familien. die übrige bürger und ein-

---

113 Der Zahl nach überwiegen.
114 Bürgerrecht.
115 Gewerbe, Erwerb.
116 Jetzt.
117 Hausherr, Haushaltsvorstand.
118 Dazu gehörten Käse, Speck, Fisch, Öl, Kerzen und andere verderbliche und deshalb gesalzene Waren.
119 Hersteller von Tabak.
120 Kummet (gepolsterter Bügel um den Hals von Zugtieren).
121 Faßbinder, Büttner.

wohners[122] sind mehrentheils königliche und stadtsbediente,[123] wie auch fuhr- und ackerleute, so dan taglöhner.

Nahrung

Was anlanget die nahrung, ist solche wegen entlegenheit des orts gar schlecht, gestalten alle bürgern zu ihrer subsistence[124] des sommers den ackerbau nachgehen müßen und wird den meisten handwercksleuten sauer genug, so viel geld, womit sie das erforderende bau- und fahrlohn[125] bezahlen mögten, neben der königlichen consumtions accise[126] sonderlich bey der schweren einquartierung bey zu bringen. Die geringe leute ernehren sich damit, daß sie täglich nach den kohlbergen gehen, und eine oder mehr tragten kohlen auf ihren rücken oder schubkarren zur stadt bringen, und längs der thüren verkaufen, die frauen machen auch etwa einen stüber[127] auß linnentuch, zu deme hatt fast ein jeder wenigstens eine kuh und etwa ein gartenstück wovon die gemeine leute sich kümmerlich ernehren müßen;

Onera[128]

Gegen diese ihre nahrung[129] müßen sie wegen der consumtion zur königlichen accise tragen, und hat sich dieselbe in anno 1719 an diesem sonst ohn vermögens und kleinen ort jedoch nebst den ambtswirthlichen accisen[130] erstrecket zu 4016 reichsthaler 25 stüber 9 Pfennige,[131] noch müssen einige bürgers von denen in erbpfacht habenden stücken oder auß ihren häusern jährlich zur königlichen ambtsrenthey[132] vor 50 rauch-hüner[133] und 50 pfund wachs abtragen ad[134] 12 reichsthaler 15 stüber zu deme ist daselbst an gestempeltes Papier[135] in besagtem jahre debitiret[136] worden vor 243 reichsthaler 48 stüber und ist fast verwunderlich daß ein solcher kleiner ort an diesen und jenen noch viel aufbringen können; weilen aber die wege in dieser gegend gar schlim und wegen des zähen erdreichs bey faulen wetter im stande

---

122 Bewohner der Stadt, die das Bürgerrecht nicht erworben haben.
123 Königliche und städtische Beamte.
124 Lebensunterhalt.
125 Material- und Transportkosten.
126 Verbrauchssteuer.
127 Kleine Münze (1 Reichstaler = 60 Stüber).
128 Lasten.
129 Von ihrem Erwerb.
130 Abgaben an das Amt Bochum.
131 1 Stüber = 12 Pfennige.
132 Verwaltung der Einkünfte des Amts, vor allem aus staatlichem Grundbesitz.
133 Abgabe eines Huhns für eine Feuerstelle (Haus).
134 Zu; Summe von.
135 Für Schriftstücke im Verkehr mit Verwaltung und Justiz musste gebührenpflichtiges, staatlich gestempeltes Papier verwendet werden.
136 Verkaufen, leisten.

zu halten ohnmüglich, also ist die sonst ziemliche passage[137] eine zeithero sehr schlecht gewesen,

[…]

Passiv-schulden.

Da diese stadt im anfang des vorigen jahrhunderts auch mit der gemeinen plage des wegen des durch absterben Johannes Wilhelms hertzogen zu Jülich pp. entstandenen successions streits[138] verübten feindlichen überzüge[139] behaftet, und damahlen wie auch vorhin[140] bey einlogirung der hispanischen und anderer frembden völcker in dem stande gewesen, daß sie die vor augen stehende einäscherung ihrer häuser und plünderung der wenig übrig gebliebenen haabseligkeit durch ansehentliche geldsummen zu redimiren[141] genothdränget worden, dahero komt es dan auch daß sie in tiefe schulden gerathen, also daß sie ohne die nach der zeit aufgeschwollenen interessen[142] in capitali ad 6458 reichsthaler,[143] wo von jedoch von 1720 an bis hirhin so weit sie zum staat das interesse gebracht,[144] die gebräuchliche Zinsen bezahlet sind, liquide[145] schuldig.

Active schulden

Und hatt sie bey andern dagegen keine capitalia[146] oder einige forderungen außstehen.

---

137 Einträgliche Straßenzolleinnahme.
138 Jülich-Klevischer Erbfolgestreit nach dem Tod Herzog Johann Wilhelms von Jülich-Berg, Kleve-Mark und Ravensberg 1609. – Die beiden Dynastien, welche die Territorien erbten und seit 1614 unterschiedlichen Konfessionen angehörten – der Pfalzgraf von Pfalz-Neuburg war katholisch und der Kurfürst von Brandenburg evangelisch-reformiert – führten mithilfe ihrer Bundesgenossen, den katholischen Spaniern und den reformierten Niederländern, die ihrerseits miteinander im Krieg lagen, Krieg um ihre Territorien. Besonders 1722 litt Bochum unter spanischer Besatzung.
139 Kriegerische Durchmärsche.
140 Vorher: Schon mit dem Ausbruch des spanisch-niederländischen Kriegs hatte es seit 1578 wiederholt Durchmärsche und Einquartierungen der Truppen beider Parteien in Kleve-Mark gegeben.
141 Loszukaufen.
142 Ohne die im Laufe der Zeit angefallenen Zinsen.
143 Höhe des aufgenommen Kapitals von 6.458 Reichstalern.
144 Dem Staat die Zinszahlungen übertragen hatten: König Friedrich Wilhelm I. von Preußen hatte die Schulden seiner Städte in Kleve-Mark auf Berliner Kassen übertragen lassen, die damit die Zinszahlungen an die Gläubiger übernahmen, gleichzeitig aber über einen entsprechenden Zuwachs an anlagefähigem Kapital verfügten.
145 Gläubigern gegenüber.
146 Verliehene Geldsummen.

Feuergereitschaft.

Die feuerrüstungen bestehen vor itzo in einer großen brandsprützen wo von die büde[147] holtz das übrige Metal ist, einer schlangensprütze,[148] 170 lederne eimer, 3 haken, 18 große leitern, überdeme hatt ein jeder bürger einen ledern eimer und kleinen feuerhaken im hause, ohne die kleine sprützen so bey einigen bürgeren noch erfindlich sind; hölzerne auf schlitten stehende kufen, worin das waßer pflegt angefahren zu werden, sind nicht vorhanden, haben auch wegen fehlender Mittel nicht angeschaft werden können; zu deme werden bey enstehenden feuers brünsten, welche Gott in gnaden abwenden wolle, solche anstalten gemachet, daß das waßer in eimern und ringeln[149] zur gnüge angetragen wird; dan an brunnen sind 97 an der, darunter ein publiquer[150] auf dem Marckt, noch alle in guhtem stande; also vermeinet magistratus ohnmaßgebig[151] daß sie davon wie auch an andern feuerrüstungen eben keinen mangel haben, sondern damit nohtdürftig[152] versehen sind.

Fehlende handwercker

An handwerckern fehlen, so sich an diesem ort annoch ernehren könten, ein zinnengießer und huhtmacher, und wäre zu wünschen, daß ein oder ander dahin zu ziehen angesetzet werden könte, angesehen, wie oben angereget, die übrige handwercker schlechten gewinn haben.

Wie die nahrung zu verbeßeren.

Es mögte aber deren nahrung verbeßert werden können, wan die sonst impracticable wege in guhten stand gesetzet und die passanten[153] durch die stadt zu ziehen genöhtigt würden; weilen aber die straßen gantz tief und bei vielen regen von dem an beyden seithen herabfließendem schlam oder wohl gar herab fallenden erdklumpen dermaßen verdorben, können sie auß den stadtsmitteln ohnmüglich verbeßert noch der abfluß wegen ermangelnden holtzes, so sie ohnedem mit sehr großen kosten im nohtfall anschafen müßen, verhindert werden.

Wann also Seiner Königlichen Majestät allergnädigst gefallen mögte, hierzu einige gelder u der accise-cassen[154] reichen zu laßen, wird commissarius loci[155] darauf bedacht seyn, leute die eine beständige verbeßerung unternehmen dürften, außzuhändigen,[156] und mit ihnen nach

---

147 Bütte, Fass.
148 Feuerspritze mit einem langen ledernen Schlauch, der beim Spritzen schlangenartig am Boden liegt.
149 Großes Wasserfass.
150 Öffentlich.
151 Ohne vorzugreifen.
152 Hinreichend.
153 Durchreisenden.
154 Zentrale staatliche Kasse der Akzise-Einnahmen.
155 Königlicher Kriegs- und Steuerrat; damals Friedrich Wilhelm von Motzfeld für die Städte nördlich der Ruhr, der Verfasser des Berichts.
156 Diese Gelder auszuhändigen.

einzurichtendem und ad ratificandum[157] einzusendendem bestech[158] zu accordiren;[159] überdeme wäre wohl sehr nöhtig, daß denen bauren in den dörfern und sonsten auf dem platten lande die impassablen wege nicht allein, welches sie mit geringer mühe, weil sie holtz und pferde an sich selben haben, thun können, außzubeßern, sondern auch in guhtem stande zu unterhalten, bey nahmhafter brüchten strafe[160] anbefohlen würde; welches aber nicht füglicher wird geschehen können, alß wan ohn maßgebig einem jeden nach getrage[161] seines schatzungscontingents[162] einen sichern district[163] weges in guhtem esse[164] zu halten ab- und angewiesen und da er darin säumhaftig und denselben verderben ließe, würcklich gestrafet würde; da sonsten, wan sie alle concurriren,[165] die wege nimmer besser werden dürften, gestalt ein jeder bey der gemeinen beßerung so wohl seine pferde in anführung[166] des holtzes und sandes alß sich selbst gerne spahret, und nur machen daß sie vom werck erlöset werden; wan aber die fahrende und reisende, die sonsten umbwege suchen müßen, diesergestalt durch die stadt zu ziehen genöhtigt werden könten, wäre solches nicht allein der städts cämmerey in erhebung des weggeldes sondern auch den schmieden karrenmachern, kaufleuten, wirthen und andern handwerckern, und gefölglich Seiner königlichen Majestät accise durch die aufnahme der consumtion[167] sehr vortheilig.

Was wegen der unbeschrenckheit des Mutui commercii[168] mit denen an dieser grafschaft grentzenden frembden unterthanen bey andern städten erwehnet, wird hier zu repetiren[169] umbdemehr nicht nöhtig seyn, weilen oben angerühret[170] welchergestalt diese stadt und ambt bey nahe rings herumb von der grafschaft Dortmund, stif Essen und Cöllnischen fest Recklinghausen eingeschloßen ist, und dahero mit denselben zu handeln, es seye dan zu ihrem gäntzlichen ruin, keines weges außsetzen oder nachlaßen können.

Sigillatum[171] Bochumb den 9ten Martii 1722.

F. W. Motzfeldt.

157   Zur Genehmigung.
158   Entwurf, Plan.
159   Verbindliche Absprachen zu treffen.
160   Geldstrafe.
161   Belastung.
162   Grundsteuer auf dem Land (im Gegensatz zur Akzise in der Stadt).
163   Einen bestimmten Abschnitt.
164   Unversehrtem Zustand.
165   Sich alle gemeinsam beteiligen.
166   Holzfuhren.
167   Zunahme von (durch Accise besteuerbarem) Verbrauch.
168   Grenzüberschreitender gegenseitiger Handel.
169   Wiederholen.
170   Angeführt.
171   Gesiegelt.

11. Protokoll des Wettiner Bergmeisters August Heinrich Decker[172] über die Ergebnisse seiner im Auftrag des Berliner Generaldirektoriums[173] unternommenen Bereisung der Kohlenabbaugebiete in der Grafschaft Mark (1735)

Heinrich Achenbach, Geschichte der Cleve-Märkischen Berggesetzgebung und Bergverwaltung bis zum Jahre 1815, Berlin 1869, S. 18f. Die Schriftform der Vorlage wurde beibehalten.

Actum aufm Hombrucker Waldhause den 1. Octobris 1735.

Auf der Baropper Heyde. Allhier sind sehr viele aus dem Morgen nach Abend stehende und mit einander paralell-lauffende Steinkohlen-Bänke befindlich, welche ihr fallendes alle wie ein flacher Gang gegen Mittag in die Teuffe haben, die meisten Bänke sind bis auf die Wasser, und so viel die niedrigen Acketrufften[174] auf jeder Bank truckner können aus, auf dem Raub hinweg und törckel oder zuschanden gehauen, daher zu bejammern, dass so viele schöne neben einander und in wenig Distanz von einander liegende Steinkohlen-Bäncke ruiniret, welche alle vermittelst eines tieffen Stollens und Haupt Kunst-Schachtes in die Teuffe hätten verfolget, und zu des Landes Besten mit viel wenigern Kosten, nunmehro, da im höchsten alle Kohlen weggeraubet, ad usum[175] gebracht werden können.

Dass auf dieser Heyde von 100 und mehr Jahren her eine grosse Menge gefordert, selbiges zeigen die Rudera[176] und vielen Tage Brüche und Pingen; unter denen gehabten Acketrufften soll wenig von Steinkohlen herausgefordert, und das Meiste zurückgelassen seyn. Es weiss aber kein Gewerke oder Kohlen-Häuer zu sagen, wie tief eine Banck gesetzet, oder sich in einer gewissen Teuffe abgeschnitten hätte, sondern es bleiben alle diese sogenanndten Köhlers darbey, dass es nicht möglich sey, die Kohlen tieffer, als jetzo geschehn, aus der Erden zufordern; Wissen auch nicht wie ein rechter Stollen angeleget, und durch quergestein getrieben, viel weniger wie die vorliegenden Rücken und Berg-Mittel (nach der hiesigen Redens-Art Klancken oder Trückungen) durchbrochen werden müssen, sondern so lange sie die Erde zu Tage auswerffen können und Keilhauig[177] Gestein haben, führen Sie ihre Acketruffte fort, legen 8 Zoll weite und 6 Zoll hohe Fluder[178] hinein, decken ein Brett darüber, werffen die Erde darüber her, führen es auf der Banck fort, und rauben die Steinkohlen weg, so lange sie können, kommen sie an einen Rücken oder Berg-Mittel, da das Gestein mit der Keilhaue oder Picke

---

172 August Heinrich Decker, seit 1731 beim Bergamt in Wettin, seit 1734 dort Bergmeister, 1735 Bergrat, führender Bergbausachverständiger der Berliner Regierung. Sein Bericht über den Bergbau der Grafschaft Mark ist einseitig auf dessen fiskalische Nutzung ausgerichtet und enthält auch technische Missverständnisse.
173 Seit 1723 oberste Behörde der Innen- und Finanzverwaltung in Preußen, unter Friedrich Wilhelm I. faktisch die Regierung.
174 Eigentlich Wasserlösungs- bzw. »Erbstollen«, von Decker synonym mit Stollen verwendet. Die Bezeichnung rührt vom Lateinischen (»Aquaeduct«) her.
175 Zum Nutzen.
176 Überreste.
177 Mit der Keilhaue zu bearbeiten.
178 Gerinne.

nicht zu zwingen ist, sondern mit Schlägel und Eisen auch Bohren gewonnen werden muss, so hat ihre Weisheit mit der Arbeit ein Ende, rauben vollens weg, was sie kriegen können, und werffen die Schächte nebst denen in der Teuffe stehen und zurückgelassenen besten Kohlen zu, graben an einem andern Orte wieder Pütte, und fangen ihre Arbeit und Raubbau, nach der allhier eingeführten Berg-Unordnung wieder an, wie sie selbigen verlassen, und zuführen gearthet seyn. Auf solche Weise nun ist diese mit so vielen Stein-Kohlen Bancke gesegnet gewesene Baroper Heyde grössesten Theils verdorben, und der dem Landes-Herrn zuständige unterirdische Steinkohlen-Schatz durch unordentliche Bau-Arth und unwissende Bergleute ruiniret worden, welcher Unfug durch eine neue Berg-Ordnung und einige Bergbau-Verständige Berg-Bediente, so die Bergwerke ordentlich dirigiren, abgestellet werden muss. Gegenwärtig ist auf dieser Heyde noch gangbar; die so sogenanndte Hessenbank so Herman Schultze zu Renninghausen et Consortes bauen, sie streichet 6 Uhr und fället gegen Mittag 12 Uhr denen andern gleich und paralell, sie ist 3 Fuss mächtig, und eine gute Kohle, die Schachte sind 9 Lachter[179] tieff, und was in dieser Teuffe bis auf die Acketrufft weg geraubet werden kann, fordern die Gewercken heraus, wie vorher beschrieben.

Die Egerkämpffgen Banck, auf dieser Heyde, streichet und fället mit obiger Banck gleich, wird von Bohmern & Cons. gebauet, das Haupt-Ort war eingestellt, weil sich eine Klancke oder Rücken vorgeleget hatte, wurde also ausgehauen, und ein neuer Schacht angefangen, welchen sie hinter den Rücken angesetzet, die daselbst befindl. Acketrufft zog fast gar kein Wasser ab, hat vermuthlich Schaden gelitten, sonst ist die Steinkohle gut, die Banck auch 2 bis 3 Fuss mächtig, die Schächte, aber 7 Lachter tief.　　　　　　　　　　　　　　　Decker.

12. Bericht des späteren Oberlandesgerichtspräsidenten Friedrich Wilhelm von Rappard[180] (1818) über sein Studium in Duisburg (1766–1769)

Autobiographie des Königl. Preuß. Oberlandesgerichts-Präsidenten D. Friedrich Wilhelm v. Rappard, hg. von dessen Sohn August v. Rappard, Hamm 1837, S. 19–24 (Auszug). Die Schriftform der Vorlage wurde beibehalten.

[Rappard sollte gegen seinen Willen Kaufmann werden, um später die von seinem früh verstorbenen Vater in Kleve gegründete Seidenfabrik zu übernehmen. Er wurde deshalb vom Gymnasium genommen, um sich in Französisch und im Rechnen zu üben. Allerdings blieben seine anschließenden Bewerbungen wegen seiner schlechten Handschrift erfolglos. Er setzte es schließlich durch, Jura studieren zu dürfen und wurde auf das Studium durch

---

179　Längenmaß im Bergbau (preußisches Lachter = 2,09 m).
180　Friedrich Wilhelm Rappard, geb. in Kleve 1848, gest. in Hamm 1833. Er machte als Jurist Karriere bei der Kriegs- und Domänenkammer in Hamm als Kriegs- und Domänenrat unter den Präsidenten v. Stein und v. Vincke und war nach der Einrichtung der Provinz Westfalen 1820–1830 Oberlandesgerichtspräsident in Hamm. 1791 wurden er und andere Familienmitglieder in den Adelstand erhoben.

seinen Schwager, den Prediger Neomagus, zusammen mit drei weiteren Schülern in Sonsbeck vorbereitet. Rappard berichtet in seiner Autobiografie:]

[...] ich war ungefähr ein Jahr bei ihm [Neomagus], als er mich für fähig hielt, zur Universität abzugehen; er begleitete mich dahin, nämlich nach Duisburg,[181] wo ich drei Jahre, nämlich vom Herbst 1766 bis dahin 1769, Studirens halber gewesen bin; aber [...] auch etwas gelernt habe. – Der damalige Prorektor der Universität war der Professor *Ammendorff*,[182] ein Theologe; – mein Schwager überließ es ihm, ob er mich prüfen wolle; als er aber vernahm, daß ich von ihm unterrichtet worden, hielt er es für überflüssig, und ertheilte mir die Matrikel.[183] Es hielt schwer, ein gutes Quartier zu erhalten, und ich mußte es in einer Apotheke nehmen, wo die Herren Schnappsbrüder sich des Morgens in großer Anzahl zu versammeln pflegten. Von diesem Morgengetränk bin ich nie ein großer Freund gewesen. [...] Dieses unangenehme Verhältniß in meinem Quartier bestimmte mich aber auch dazu, es bald wider zu verlassen, und ich zog bei dem Herrn Professor *Withof*[184] ein, wo ich es recht gut hatte.

Die Universität war damals mit zwölf Professoren in der That vortrefflich besetzt. Die Professoren *Jansen*,[185] *Withof*, *Leidenfrost*,[186] *Berg*,[187] *Schlechtendahl*[188] und *Tobias Carrach*[189] sind als Schriftsteller in der gelehrten Welt sehr bekannt und berühmt. Die Anzahl der Studirenden mochte ungefähr 100 betragen, war also sehr geringe. Gegenwärtig (1818) steht der Universität eine große Veränderung, wo nicht gänzliche Aufhebung bevor, in der Art, daß sie wohl mit der Universität in Münster oder Bonn wird vereinigt werden.[190]

Meine mehrsten und fast alle juristischen Collegia[191] habe ich bei dem Herrn Professor *Schlechtendahl* gehört, und ich bin diesem vortrefflichen Mann für seinen gründlichen Unterricht, so wie für die Anleitung, die er mir besonders gegeben hat, unendlich viel Dank schuldig. Es war ein Mangel in der Verfassung dieser Universität, daß keine kameralistischen Col-

---

181 Der Plan einer Universitätsgründung geht auf Wilhelm V. von Jülich-Kleve-Berg im Jahr 1555 zurück, wurde aber erst von Kurfürst Friedrich Wilhelm von Brandenburg 1655 realisiert. Theologisch war die Universität auf das reformierte Bekenntnis ausgerichtet.
182 Philipp Jakob Ammendorf, geb. 1708, Professor der Theologie 1749–1784.
183 Einschreibung.
184 Johann Hildebrand Withof, geb. 1694, Professor der Geschichte, Beredsamkeit und des Griechischen 1720–1769.
185 Peter Jansen, geb. 1698, Professor der Theologie und der Kirchengeschichte 1744–1770.
186 Johann Gottlob Leidenfrost, geb. 1715, berühmter Professor der Medizin 1743–1794.
187 Johann Peter Berg, geb. 1737, Professor der Theologie und der orientalischen Sprachen 1764–1800.
188 Friedrich Gottfried Schlechtendahl, geb. 1730, Professor der Jurisprudenz 1752–1801.
189 Johann Philipp Carrach, geb. 1730, Professor der Jurisprudenz 1758–1768. – Rappard verwechselt ihn mit seinem Vater Tobias, Professor der Jurisprudenz an der Universität Halle.
190 1818 wurde die Universität aufgehoben und ihr Vermögen dem der neu gegründeten Universität in Bonn zugeschlagen.
191 Vorlesungen.

legia[192] gelesen wurden; man glaubte, aus einem guten Juristen könne immer ein Kameralist werden. Es mag dies wohl zuweilen der Fall sein; aber als Regel kann ich es doch nicht gelten lassen. Gewiß erfordert dieses Fach besondere und ausgebreitete Kenntnisse, wovon in den Institutionen und Pandekten,[193] auch im Jure canonico[194] nichts vorkommt, und die ein eigenes Studium erheischen. [...]

Das Leben auf der Universität macht einen wichtigen und merkwürdigen Abschnitt unserer Lebensgeschichte aus; wichtig, weil es darauf ankommt, wie wir unsere Zeit verwenden, und dadurch den Grund unserer künftigen politischen Existenz, ob sie glücklich oder unglücklich sein soll, legen; merkwürdig, weil wir uns nach einer oft sehr strengen Aufsicht und Zucht nun in den Zustand der Freiheit versetzt fühlen, die Schöpfer unserer eigenen Handlungen sind, und wenigstens glauben, daß Niemand uns zu gebieten habe! – Die Rückerinnerung an diese Zeit erfreut uns daher immer, selbst im hohen Alter, besonders wenn wir mit einem unbefleckten reinen Gemüthe auf dieselbe zurückblicken können. Wie ich meine Zeit angewendet habe? wollt ihr Kinder und besonders ihr Herren Söhne vielleicht gern wissen; wer wollte aber wohl so neugierig fragen! Würde es euch Freude machen, wenn ihr hörtet, daß euer Vater ein unordentlicher, liederlicher Bursche gewesen wäre, der nur Studirens halber auf der Universität gewesen, und übrigens in stetem Jubel gelebt hätte? Ach, es gibt der jungen Leute leider genug, von denen man dies sagen kann und muß, und es gibt auch der Gelegenheiten zu Anordnungen und Ausschweifungen aller Art so viele, daß schon ein sehr gesetzter Charakter dazu gehört, denselben zu widerstehen. Der Himmel hat mich bewahrt und väterlich beschützt und geleitet. Ich kann euch nach dem Zeugnisse meines Gewissens sagen, daß ich sehr fleißig und ordentlich, aber auch kein Kopfhänger und Stubenschwitzer, wohl aber ein sehr aufgeräumter, lustiger Studiosus gewesen bin! – Meine Collegia versäumte ich durchaus nicht, auch ließ ich es an Wiederholung und Vorbereitung nicht fehlen; besonders geschah dieses in Gesellschaft zweier Freunde, indem wir täglich des Nachmittags bald bei Diesem, bald bei dem Andern und Dritten zusammenkamen. Waren wir aber damit fertig, dann gingen wir einem anständigen Vergnügen nach in Gesellschaft anderer Studenten, und waren lustig und guter Dinge. Daß dabei je zuweilen dumme Streiche vorfielen, nun, wie läßt sich dieses von jungen Leuten, die nicht überall das rechte Maaß und Ziel zu treffen wissen, und vollends in diesem Stande der Freiheit ohne alle Aufsicht, anders erwarten?! – Zank und Streit habe ich wenig, aber doch ein paarmal gehabt, und der letzte Spaß hätte mir beinahe das Leben gekostet. (Diese Geschichte habe ich nicht weiter ausmalen mögen, weil ich meinen Gegner zu sehr kompromittirt haben würde, ich bedecke sie daher lieber mit dem Mantel der Liebe.) Sonst lebten die Studenten ziemlich ordentlich, und unter sich friedlich; die

---

192 Die Kameralistik behandelte den Bereich der öffentlichen Verwaltung, insbesondere den der landesfürstlichen Finanzen. Die ersten Lehrstühle für das Fach waren 1727 an den Universitäten Halle und Frankfurt/Oder eingerichtet worden.
193 Grundtexte des Römischen Rechts.
194 Kirchenrecht.

größte Anzahl derselben waren Clever und Markaner,[195] und gewiß sind unter diesen sehr viele geschickte und brauchbare Staatsbeamte auf dieser Universität gebildet worden. [...]

Die Stadt Duisburg ist übrigens ein Ort, der zu einer Universität ganz geeignet ist; viele Gelegenheiten zu Zerstreuungen bietet er nicht dar, ist aber doch in einer angenehmen Gegend, in der Nähe des Rheines und der Ruhr gelegen. Zu meiner Zeit war es daselbst sehr wohlfeil – ein sehr guter Mittagstisch kostete monatlich 5 Thaler gemein Geld, ein anständiges Quartier jährlich 30 Thaler, die Flasche guten Rheinweins 4 gemein Groschen oder 12 Stüber;[196] ich habe von 300 Thalern gemein Geld sehr gut und ordentlich gelebt. Wo sind diese Zeiten geblieben?! Meine Herren Söhne haben mir mehr gekostet; sie mögen aber auch wohl nicht *so ordentlich* als ich gewesen sein, – – nun, dieses Kapitel will ich auch lieber mit dem großen Mantel der Liebe zudecken, und gehe jetzt in meiner Biographie von der Universität nach dem älterlichen Hause zurück. Dies geschah im Herbste 1769, und ich wurde sehr liebevoll aufgenommen. Ich hatte sehr gute Zeugnisse mitgebracht, welches meiner guten Mutter viel Freude machte; sie unterließ aber auch nicht, die alten Tanten davon in Kenntniß zu setzen, die denn von nun an nicht weiter fragten. Was wohl aus dem dummen Fritz, der nicht einmal ordentlich schreiben könne, werden sollte?

13. Aus dem Tagebuch des französischen katholischen Gerbereibesitzers Pierre Hyppolite Léopold Paillot[197] über sein Exil an Rhein und Ruhr (1794)

Journal d'un Emigré, étapes d'outre Rhin 1794–1795 publié par René Paillot, Paris Bruxelles 1909 (Sonderabdruck aus der Revue générale), S.48–57. – Pierre Hyppolite L. Paillot, »Zuflucht Rhein/Ruhr«, Tagebuch eines Emigranten (Edition Lit Revier 2), Essen 1988, S. 71–77. (Auszüge mit Textkorrekturen der verfehlten deutschen Übersetzung)

Dortmund
Am 20. Oktober nahmen meine Frau, meine Kinder und ich Abschied von der Familie de Gheugnies,[198] wir verließen Bochum und ließen uns in Dortmund nieder.

---

195 Studenten aus dem Herzogtum Kleve und der Grafschaft Mark.
196 1 Preußischer Reichstaler = 24 Groschen.
197 Pierre Hyppolite Léopold Paillot (1759–1815), Besitzer einer Gerberei in Condé (Frankreich, Departement Nord-Pas-de-Calais), gehörte zu den Honoratioren der Stadt, war in den Revolutionskriegen 1793/94 nach der Übergabe der Stadt an österreichische Truppen Schöffe in der wieder eingeführten vorrevolutionären Verwaltung gewesen und musste als Kollaborateur, mit der Hinrichtung und der Konfiskation bedroht, 1794 zusammen mit Schwiegervater und Schwager Dubuisson und zwei Dienstboten vor den vordringenden Revolutionstruppen fliehen und ins Exil gehen. Sein Tagebuch, das nur in Auszügen veröffentlicht ist, umfasst die Zeit bis 1795, als er nach dem Ende der Schreckensherrschaft mit seiner Familie zurückkehrte. Er musste nach dem Staatsstreich gegen die Royalisten 1797 erneut untertauchen und konnte erst 1800 endgültig nach Condé zurückkehren.
198 Familie des Amtmanns (Grand Bailli) von Condé in der Zeit vor der Revolution, die sich den Familien Paillot und Dubuisson bei der Flucht ins Exil angeschlossen hatte.

Seinem Auftrag, uns eine Unterkunft zu besorgen, hatte Herr Dubuission nicht nachkommen können. Durch die Anwesenheit vieler Emigranten knapp und teuer geworden, war es sehr schwierig, eine zu finden. Also zogen wir in die Wohnung ein, die Dubuisson und die Herren de Ruesnes[199] seit ihrer Ankunft bewohnten, und wir hofften, bis zum nächsten Monat eine bessere zu finden. Diese Unterkunft, die sich in dem Haus eines Fleischers mit dem Namen Quadbech befand, bestand unten aus einem großen Zimmer. Zwei Tische und ein paar Stühle bildeten die einzige Möbelausstattung. Am Tag darauf baute Bruil[200] das schlechte Bett ohne Vorhänge zusammen, das er für uns damals in Derendorf gezimmert hatte. Meine armen Kinder und die Hausdienerinnen schliefen in demselben Zimmer unmittelbar auf dem Fußboden auf Strohmatten. Dieses Zimmer diente auch als Heizraum, was nicht sehr praktisch war.

Ich weiß nicht mehr genau, wie die de Ruesnes dieses Gemeinschaftsleben ausgehalten haben. Sicher ist nur, dass wir keinen Anlass hatten, uns über sie zu beschweren. Sie teilten oben ein Zimmer mit Schwager Dubuisson, der auf einer Matratze schlief, während sie ein richtiges Bett hatten. Mein Pferd hatte im Stall Platz gefunden, und mein Kabriolett wurde in der Scheune abgestellt. Für diese trostlose Wohnung mussten wir zehn Ecus[201] monatlich zahlen; allerdings durften wir auch die Küche benutzen. [...]

Jeder von uns hatte seine besonderen Pflichten. Der Herr Pastor [de Ruesnes] kümmerte sich um die Aufgaben seines Amts und bereitete die Predigten vor, die uns während der Adventszeit dreimal wöchentlich gehalten wurden, von denen zwei der Abbé Moguet[202] hielt. Von Zeit zu Zeit hörten wir uns die Predigten eines französischen Dominikaners an. Herr de Ruesnes und meine Frau verwalteten sparsam unsere Ausgaben. Herr Dubuisson, der etwas Deutsch konnte, war unser Dolmetscher. Außerdem war er beauftragt, Brennholz für unsere Gemeinschaft zu hacken. Ich musste immer zum Markt gehen, der zweimal in der Woche stattfand, und Herr de Ruesnes und ich mussten dreiviertel Meilen von Dortmund entfernt Steinkohle holen, von der wir einen Sack füllten, den wir dann auf unser Pferd luden. Es war wahrscheinlich schon merkwürdig anzusehen, wie ich, in meinen Mantel eingehüllt, dessen Kragen und Ärmelaufschläge goldbestickt waren, das arme Tier mit seiner Ladung am Zügel führte. [...]

Diese Hansestadt, die unter dem Schutz des preußischen Königs steht, befindet sich im Herzogtum Westfalen.[203] Ihre Lage — sie liegt abseits der wichtigen Verkehrsverbindungen[204] — macht sie ziemlich trist. Sie ist mindestens so groß wie Valenciennes,[205] zählt jedoch nur achthundert Häuser. Die meisten Straßen in der Nähe der Stadtmauer sind nicht einmal

---

199   Jean-Baptiste de Ruesnes (1751–1838), seit 1789 Pastor in Condé und sein Bruder.
200   Dienstbote der Familie Paillot, von Beruf Schreiner.
201   1 Ecu = 60 Sous.
202   Ehemaliger Kanoniker der Stiftskirche St. Wasnon in Condé.
203   Nicht im Herzogtum Westfalen (das war das größte westfälische Territorium des Fürsterzbischofs von Köln), sondern in der Grafschaft Mark.
204   Unzutreffend.
205   Nächste große Stadt (Frankreich, Departement Nord-Pas-de-Calais) bei Condé: Valenciennes hatte aber um 1800 etwa 17.000 Einwohner, Dortmund 1795 nur etwa 4.000 Einwohner.

gepflastert. Sie führen nur zu Gärten oder großen Häusern, von denen einige zu den hübschesten in der Stadt gehören und die von deutschen [Adeligen] bewohnt werden.

Die meisten Einwohner wohnen in der Stadtmitte. In der Regel sind die Häuser schlecht gebaut worden. Es sind Fachwerkhäuser, deren Gefach mit unbearbeiteten Bruchsteinen oder weiß getünchtem Lehm ausgefüllt war. Sie stehen mit dem Giebel zur Straße, sodass das Wasser von den Dächern auf sehr enge Gassen herunter rinnt, was im Sommer oder bei Regen einen unwahrscheinlich üblen Gestank verursacht. Jedes Haus ist vom anderen durch eine ein oder zwei Fuß breite Gasse getrennt.

Die Stadtmauer wäre schon schön, wenn sie etwas besser instand gehalten würde. Die Stadt hat sechs Tore, die im Winter gegen vier Uhr geschlossen werden; sie werden jedoch für ein Sou pro Person wieder geöffnet, wenn jemand sie passieren möchte. Obgleich die Stadt keine großen Straßenverbindungen mit den anderen Städten besitzt, gibt es offensichtlich viele reich wirkende Kaufleute, für die Gildeordnungen existieren, die streng befolgt werden.

In Dortmund gibt es Bräuche, die ich seltsam fand. Nachts, von zehn Uhr abends bis vier Uhr morgens, geht ein Wächter durch die Straßen und verkündet die Uhrzeit, indem er an jeder Straßenecke in ein schauriges und ohrenbetäubendes Jagdhorn bläst. Es machte einen schrecklichen Krach. Die Scheunendrescher, die gewöhnlich in Siebenergruppen gehen und für jeden arbeiten, der sie braucht, pflegen ihren Tag um zwei Uhr nachts anzufangen, wahrscheinlich auch um dazu beizutragen, einen am Schlafen zu hindern. Da die meisten Einwohner ihre Felder bebauen und da fast jeder eine Scheune an der Straße hat, um die Ernte einzufahren, verursachten die Drescher einen einzigartigen Lärm und sorgten im Winter für ein frühes Aufstehen.

Noch etwas Merkwürdiges ist mir aufgefallen: Sonntags und mittwochs gehen sieben oder acht zwischen sieben und fünfzehn Jahre alte Schüler singend und musizierend von Tür zu Tür, wofür sie ein bisschen Geld bekommen.

Die Wohnräume sind sehr schmutzig, denn das Feuer wird in Öfen gemacht, die nicht wie bei uns mit einem Schornstein verbunden sind. Das Ofenrohr mündet, wie schon in Essen gesehen, vor dem Haus, was auf den Straßen einen unangenehmen und üblen Rauchgeruch verursacht.

Hauptnahrungsmittel sind reichlich Gemüse und Pökelfleisch und vor allem Kaffee, in den sie Zichorien geben.

Die Kleidung ähnelt der von Essen,[206] abgesehen davon, dass es besonders für die Frauen auf dem Land Mode ist, einen dreifachen Unterrock aus dickem roten Tuch zu tragen. Die etwas wohlhabenderen Bürgerinnen, so zum Beispiel unsere Vermieterin, tragen ein Kleid aus sehr kostbarer Seide mit einem Unterrock aus Calamank[207] mit breiten Streifen, dicke schwarze

---

206 Paillot bemerkte zur Kleidung in Essen: „Die Tracht der Frauen war recht merkwürdig. Fast alle trugen einen schwarzen Unterrock und ein Korsett, ebenfalls schwarz und mit einer silbernen Borte verziert. Über einem kleinen, straff aufgesetzten Hut haben sie ein Tuch zurechtgelegt wie der weiße Schleier einer Nonne. Des Öfteren verwechselte [ich] sie auch mit denen" (S. 65).

207 Wollener Damast, einseitig seidig glänzend.

Strümpfe und schwarze Schuhe. In der Art und Weise sich zu kleiden, das Haus einzurichten, zu bauen, in einem Wort, bei allen Hausbräuchen unterschieden sich Bürger und Bauern sehr stark voneinander.

Dieses Volk kam uns erstaunlich misstrauisch vor, denn in den Läden wurde das Geld, mit dem man bezahlte, gewogen, und sein Klang wurde überprüft. Auf den Märkten legten die Marktfrauen ihre Hände auf ihre Körbe, als hätten sie Angst, dass man sie ihnen wegnimmt, sodass wir kaum noch sehen konnten, was sie zu verkaufen hatten.

Die dominierende Religion in dieser Stadt ist die protestantische. Es gibt vier große, ehemals katholische Kirchen, die heutzutage in den Händen der Lutheraner sind. Eine andere Kirche benutzen die Kalvinisten für ihre Predigten. Die fünf- bis sechshundert Katholiken, die fast alle arm sind, können sich keinen Pfarrer leisten. Aus diesem Grund haben sie auch keine Gemeindekirche. Es gibt jedoch zwei Klöster, das der Dominikaner und das der Franziskaner oder Minoriten, die die Sakramente spenden und Pfarrfunktionen ausüben. Die Kirche der Franziskaner war unsere, einfach weil sie in unserer Nähe lag. Der Herr Pastor [de Ruesnes] las jeden Tag die Messe, bei der ich oder sein Bruder die Messdiener waren. Die religiösen Zeremonien waren ähnlich wie in Düsseldorf, auch wenn sie mit weniger Frömmigkeit stattfanden.[208] Es gab auch ein Prämonstratenserinnenkloster.[209] Soviel über diese Stadt, in der wir zu lange gewohnt haben, um uns nicht gelangweilt zu haben. […]

Zu dieser Zeit besuchte ich das kleine Dorf Hörde. Dreiviertel Meilen von Dortmund entfernt, lag es in einem schönen Tälchen, nicht weit von der Grube, aus der wir uns mit Kohle versorgten. Dieser Ort bietet nichts Bemerkenswertes, außer einem Damenstift;[210] die Stiftsdamen waren katholisch, lutherisch und kalvinistisch. Abwechselnd hielten sie Gottesdienst in derselben Kirche. Für alle gab es nur eine Äbtissin, die der Reihe nach aus einer der drei Konfessionen gewählt wurde. Wir gingen auch nach Huckarde spazieren, einem kleinen katholischen Dorf, wo die [Abbés] de Jalain[211] ihren Wohnsitz aufgeschlagen hatten. Nicht weit davon entfernt befindet sich der kleine Ort Dorstfeld. Gelegentlich fuhren wir dorthin, um Lebensmittel sowie Heu für mein Pferd zu kaufen. Das Heu war sehr teuer, ein einziges Pfund kostete schon einen Sou.

---

208 Paillot hatte in Düsseldorf vor allem die frommen Prozessionen bewundert (S.3 4).
209 Katharinenkloster, 1803 aufgehoben und abgebrochen.
210 Das freiweltliche Damenstift Clarenberg.
211 Théophile Jean-Baptiste Joseph (1757–1814) und Emmanuel (1766–1856), beide in Condè geboren.

14. Karl Freiherr vom und zum Stein, Oberpräsident der westfälischen Kammern,[212] über die Neuordnung der preußischen Territorien im Westen (1802)

Stein an den Geheimen Oberfinanzrat Johann August Sack[213] vom 15.7.1802, abgedruckt in: Freiherr vom Stein, Briefwechsel; Denkschriften und Aufzeichnungen, hg. von Erich Botzenhart, Bd.1. Stuttgart 1957, S. 350–352. (Auszug)

Euer Hochwohlgeboren sehr verehrliches Schreiben vom 9. des Monats habe ich zu beantworten.

1) Arrondissement[214] der Länder.
Wer bekommt denn Recklinghausen?[215] Es ist ein unbegreiflicher Missgriff, dass man dieses fahren lässt, da es uns den Lauf der Lippe gibt, in genauen Handelsverbindungen in Rücksicht auf Kohle, Getreide [im Transit] mit der Grafschaft Mark steht, und hätte man uns hier mit Freude aufgenommen, da jeder darauf rechnete.

Die Vertauschung von Kleve gegen den Rest des Münsterschen wäre in der Hinsicht, dass d[a]nn alle Berührungspunkte mit Frankreich aufhören, gut, dagegen nachteilig, dass wir die für Westfalen wichtigen Ausmündungen der Ruhr, Lippe und einen Fuß auf dem Rhein verlieren – welches gewiss sehr nachteilig sen würde.

Zu der Unterhaltung der Wasserbauten lässt sich schon Rat schaffen.

2) Verwaltungsdistrikte der Kammern.
Die Verwaltung des Klevischen wird am füglichsten der Märk[i]schen Kammer anvertraut,
a) wegen der politischen Verbindung durch Stände, Steuerwesen, Wasserbau, Servis,[216] Landtage,

---

212 Heinrich Friedrich Karl Reichsfreiherr vom und zum Stein (1757–1831), geboren in Nassau, preußischer Staatsminister, 1780 Bergrat in Wetter, 1796 Oberpräsident aller westfälischen Kammern, bedeutender Verwaltungsreformer. Als Staatsminister Leiter der inneren und äußeren Angelegenheiten des Staats, setzt er 1807 innerhalb eines Jahres bedeutende Reformen durch (u.a. die Aufhebung der Leibeigenschaft und die Städteordnung). Von Napoleon 1808 geächtet, geht Stein ins Exil nach Österreich und Russland, 1814 kurzzeitig Gesandter auf dem Wiener Kongress, danach zieht er sich ins Privatleben zurück, nimmt aber 1826 das Amt des Landtagsmarschalls im 1. Westfälischen Provinziallandtag an. Er stirbt 1831 auf seinem westfälischen Besitz in Cappenberg. Zum Freiherrn vom Stein vgl. auch Dok. 19 in diesem Kapitel.
213 Johann August Sack aus Kleve (1764–1831), seit 1788 Bergrat in Wetter, hier wie seit 1792 als Justiziar der Kriegs- und Domänenkammer in Kleve dem Freiherrn vom Stein unterstellt, 1800 Geheimer Oberfinanzrat beim Generaldirektorium in Berlin, Mitarbeit an den Reformen Steins und Gneisenaus, 1814/15 Oberpräsident der neuen Rheinprovinz, 1816–1831 Oberpräsident der Provinz Pommern.
214 Arrondierung, Abrundung.
215 Das kurkölnische Vest Recklinghausen fiel an den Herzog von Arenberg.
216 Abgabe (Steuer) für die Befreiung von Einquartierungen.

b) der geografischen, weil hier die Märk[i]sche[n] Flüsse Ruhr und Lippe ausmünden und beide Provinzen einander und das Essendische[217] berühren,
c) die Handelsverbindung mit Kohlen, Salz,
d) Identität der Rustikalverhältnisse,[218] Erbpachtbauern, gleiche Domänenverfassung.

Setzt man noch zwei, höchstens drei Räte nach Hamm und Kleve, so lassen sich die Geschäfte leicht bestreiten.

Zum Aufenthaltsort der Kammer würde ich alsdann Essen wegen seiner Zentrallage, der Regierung Hamm wählen, weil durch Entfernung beider Kollegien von diesem Städtchen sein Wohlstand untergraben und [der] Wert der Grundstücke, Häuser usw. plötzlich und stark fallen würde.

Die Münstersche Kammer müsste Paderborn haben
1. wegen der Berührung, worin beide stehen,
2. Identität der Religion, Rustikalverfassung, des Zustands der Kultur, der Verwaltungs- und Verbesserungsobjekte. Diese sind
   a) Navigation[219] der Lippe, Straßenbau,
   b) Eigentumsordnung, denn in beiden ist Eigenbehörigkeit,[220]
   c) Gemeinheitsteilung.[221]
3) Auswahl der verwaltenden Personen.

Wenn die Lingensche Regierung nach Münster kommen soll, so müsste[n] ihr notwendig ein tüchtiger Präsident und mehrere geschickte Räte zugeordnet werden, denn sie besteht aus dem starrsinnigen, kampflustigen, bigotten, sonst redlichen und geschickten Moeller,[222] aus dem intriganten, unruhigen, unedlen und gewinnsüchtigen Schmidt und dem kleinen, schwachen, armen und durch häusliches Elend niedergedrückten Warendorff,[223] ich wünschte sehr, man könnte Schmidt ganz versetzen.

Was fangen wir mit Goldbeck[224] an, könnte man ihn nicht nach Erfurt oder auch Essen bringen, Coninx aber einen größer[e]n Wirkungskreis anweisen.

---

217 Raum Essen.
218 Bäuerliche, ländliche Verhältnisse.
219 Schiffbarmachung.
220 Leibeigenschaft, Unfreiheit.
221 Aufteilung des gemeinschaftlichen Grund und Bodens (meist Weideland) von Gemeinden.
222 Als Regierungsdirektor.
223 Regierungsrat bei der Lingenschen Regierung.
224 Geheimer Kriegsrat, Direktor des Landes-Administrations-Collegiums von Geldern.

15. Dortmund und Hagen im Juni 1802. Reisebericht des lutherischen Pastors Johann Moritz Schwager[225]

Johann Moritz Schwager, Bemerkungen auf einer Reise durch Westphalen bis an und über den Rhein. Bielefeld 1804 (Neudruck 1987: mit einem Nachwort von Olaf Eimer; Quellen zur Regionalgeschichte; 1; Johann Moritz Schwager, Werke; 1), S. 48–74. Die Schriftform der Vorlage wurde beibehalten.

Wir hatten unserm Freunde D. Arnold Mallinkrodt, dem Herausgeber des westfälischen Anzeigers[226] [angekündigt], am 11. Jun[i] bei ihm in Dortmund einzutreffen; wir waren auch um 11 Uhr vor dem Thore, vor welchem kaum ein Hund Obdach finden würde, aber hier mußten wir für heute unser Ziel finden. Der Thorwärter ließ durchaus nicht mit sich handeln; wir boten ihm einen Reichsthaler, bloß zwanzig Häuser in die Stadt hineinzugehen, und dem Herrn Dr. Mallinkrodt, der doch auch eine Magistratsperson sey, zu sagen, daß wir da wären; seine Pflicht war unbestechlich, und unser einziger Trost war und blieb: daß des andern Morgens um 4 Uhr das Thor würde geöffnet werden. Wir hatten schon unterwegs davon geredet, daß die Thorhüter in Reichsstädten nicht mit sich spassen ließen, wir hielten aber ein wenig auf uns und unsere Connexion – bis wirs erfuhren, denn sichs gebührte.

Das Klügste für uns war, gute Miene zum bösen Spiele zu machen; der Regen hatte nachgelaßen, die Luft war warm, unser Wagen trocken, bequem; und der Fuhrmann spannte aus, und hütete seine Pferde. Wir alle waren in der beßten Stimmung, nur mich Armen quälte der schrecklichste Durst, und keine Pfütze versprach genießbares Wasser nach einem so starken Regen. Der Tag graute endlich, es ward heller und zuletzt hell, ich war eben mit dem Fuhrmann auf der Jagd nach Wasser – als sich ganz leise das Thor öffnete. Jetzt ward angespannt, ein Bürger, der mir im Thore begegnete, und sich über unser Nachtquartier ein wenig wunderte, erbot sich uns den Weg nach dem *Römischen Kaiser* zum Gastwirthe Riepe zu zeigen; ich sah nun den armen Sünder, der mich gezwungen hatte zu campiren, erfuhr von dem Bürger, daß der Schlüssel am Thore gewesen sey, den der Schächer vorgeblich beim ersten Bürgermeister zu seyn behauptete, erfuhr von eben diesem Bürger, daß man sonst hübsche Leute nicht campiren ließ, als uns – und wenn ich nun den Elenden ansah, so war ich wirklich ein wenig aufgebracht. Beim Thee schrieb ich mein erstandenes Abentheuer an meinen Freund Mallinkrodt,

---

225 Johann Moritz Schwager (1738–1804), geb. in Kulkhuhl bei Gimborn (Kreis Gummersbach), Besuch des Gymnasiums in Lennep, 1758 des Archigymnasiums in Dortmund, seit 1759 Theologiestudium in Halle und Jena, Hauslehrer in Remscheid, Aachen und Groningen, seit 1768 bis zu seinem Tod lutherischer Pfarrer in Jöllenbeck bei Bielefeld, einer der führenden westfälischen Aufklärer. – Seine „Bemerkungen auf einer Reise durch Westphalen bis an und über den Rhein", der Bericht über seine 1802 unternommene Reise, verfasste er 1803; sie erschienen kurz nach seinem Tod 1804 im Druck. – Zu einem weiteren Auszug aus Schwagers Reisebericht, der sich mit der Besichtigung einer Dampfmaschine in Königsborn bei Unna befasst, vgl. Dok. 6 in Kap. II.

226 Arnold Mallinckrodt (1768–1815), aus einer alten Dortmunder Ratsfamilie stammend, aufgeklärter Jurist und Publizist, gründete 1798 in Dortmund den »Westphälischen Anzeiger«, der in der Verlagsbuchhandlung der Gebrüder Mallinckrodt erschien. Vgl. dazu Dok. 18 in diesem Kapitel.

der Zettel durfte nicht eher weggebracht werden bis wir schliefen, und andere Leute würden aufgestanden seyn, und als wir aufstanden, war mein Freund in Gesellschaft des Stadtmajors schon da, uns zu bewillkommnen, zu bedauern, und uns Genugthuung anzubiethen.

Ich war also nach 43 Jahren zum erstenmale in Dortmund, wo mir's als Schüler des Archigymnasii[227] einst so wohl ging; man sagte mir, daß die Stadt sich seitdem zu ihrem Vortheile sehr verändert habe; ich fand sie häßlicher, denn das Rosenroth, das ihr meine Erinnerung, meine Phantasie untergelegt hatte, war verschwunden, undt ein Todtengrau an die Stelle getreten. ich wußte, daß das alte, abscheuliche Pflaster neu geworden war; das Neue war weniger schön im Anschauen, als das Alte meiner Erinnerungskraft. Ich fand den Gasthof freilich schöner, als das Bürgerhaus, das einst hier stand, aber dafür waren auch alle Bürgerhäuser schlechter. Kurz, ich war ein Spiel meiner eigenen Phantasie geworden, und bekam hier eine starke Lection, sie künftig nicht mehr zum Maßstabe zu nehmen. [...] Das Haus meines Freundes, in welches wir nun im Triumpfe einzogen, schien mir von außen kleiner und weniger schön zu seyn, als ehemals, da ich oft hier war, einen Mitschüler zu besuchen; nur nach einigen Stunden überzeugte mich das Innere, daß ich mich doch wohl könne getäuscht haben.

Was ich indeß meiner Reisegesellschaft voraus gesagt hatte, sie zu recht guten, biedern Menschen führen zu wollen, konnte ich erfüllen, überall kam man uns mit der herzlichsten Gutmüthigkeit entgegen und zuvor, und ich konnte dies auf die ganze Reise versprechen. Eine gewisse, gastfreundschaftliche Gutheit ist der Character jener Gegend, an welcher der Zahn der Zeit und Aufklärung, wenn man will, noch nicht genagt hat; wenigstens traf ich mit keinen Ausarten zusammen. Man will freilich behaupten, daß sich die Sitten im vergangenen Kriege[228] merklich verschlimmert hätten, aber auf meinem Standpuncte konnte ich keine Belege dazu sammeln. Mit Spielern und Betrügern kam ich nie zusammen, und daß das weibliche Geschlecht leichtsinniger geworden wäre, entdeckt ein Mann in meinem Alter nicht mehr, wenn er nicht Arzt ist. Die Moden ändern das Inwendige des Menschen nicht, so auffallend sie auch das Aeußerliche ändern und oft verstellen; ich fand doch noch manches weibliche Bildniß aus meiner Jugendzeit im Wespencostüm, und freute mich über meine jetzige Zeitgenossinnen, die doch vernünftiger angekleidet sind. An die geschornen Köpfe gewöhnt man sich, wie man sich an alles Häßliche und Unnatürliche gewöhnt; wenigstens erinnert uns jetzt keine Kratznadel weiter an Dinge, an welche man nicht gern erinnert seyn mag. [...] Mit den Perücken der Damen vertrug ich mich um so besser, da ich sie nicht bemerkte, und der große Haarkünstler *Morgenstern* in Dortmund zeigte mir bloß ihre Existenz. Vielleicht tragen die Damen dergleichen

---

227 Das 1543 als protestantische Gelehrtenschule gegründete Archigymnasium mit dem Schwerpunkt der Ausbildung auf den alten Sprachen und der Theologie wurde im 18. Jahrhundert als *Gymnasium illustre* zu einer kleinen Universität mit den Fächern Jura und Medizin erweitert, allerdings ohne akademische Abschlussmöglichkeit in diesen Fächern. Dagegen konnte man nach dem Abschluss in der Theologie ein Pfarramt antreten, ohne noch zusätzlich eine Universität besuchen zu müssen.

228 Der zweite erfolglose Krieg der Koalition der europäischen Mächte gegen die Truppen des revolutionären Frankreich (1798–1802), der auf dem Kontinent mit dem Frieden von Lunéville abgeschlossen worden war.

Dinger auch aus Großmuth, um die Perückenmacher nicht aussterben zu laßen; die Männer sind da hartherziger.

Der Vater und Schwiegervater meines Freundes erinnerten sich mehr von meiner Jugend in Dortmund, als ich selbst; wir hatten uns ziemlich genau gekennt, und was sie mir von mir selbst erzählten, mögte ich mir meinem jetzigen Ich nicht erzählen lassen, obs gleich nichts Böses war. Der erste Bürgermeister *Schäfer*[229] erzählte mir, was ich längst vergessen hatte: daß er mich, bei meinem Abgange nach Universitäten am 1. Mai 1759 bis Lünen zur Post begleitet habe, und daß an diesem Tage der Rogken in den Feldern höher gewesen, als wir beiden, ob wir gleich beide nicht unter die Kleinen gehörten. [...]

Ich dachte mir, Gott weiß wie lange, das Archigymnasium in Dortmund als ein bloßes Institut, aber nicht als ein *Gebäude* des Instituts; und doch war ein Gebäude da, nur konnte ich es nicht finden. Ich fand es endlich zufällig, aber ich kannte es nicht mehr. Als Secundaner hatte ich freilich mehr die Collegia in den Häusern der Professoren gehört, dafür glaubte ich auch das Haus des seligen Superintendenten Pilger,[230] in welchem ich am meisten gehört hatte, bei finsterer Nacht wieder zu finden, und ich suchte es bei Tage vergeblich. An die Vergangenheit konnte ich mich also nicht mehr anschließen, aber die Gegenwart gab mir Ersatz.

Mein alter Freund Mallinkrodt, der Vater, konnte mich wenig entschädigen, denn er hörte sehr schwer, und war krank; desto mehr Freude machte uns mein Freund Mallinkrodt der Sohn. Durch seine Schriften, und namentlich durch seinen westphälischen Anzeiger, ein für unser Vaterland äußerst wichtiges Institut, waren wir bekannt geworden, und wir waren jetzt nicht bloß Bekannte, sondern Freunde. Sein Bruder, Associée des Buchhandels, ward uns gleich lieb durch die sichtbarste Gutmüthigkeit; eben so gut mußten wir seine Frau finden, und wir wären des Glücks, solche Freunde zu haben, nicht werth gewesen, wenn uns unter ihnen nicht wohl gewesen wäre. Wir verhinderten den vielbeschäftigten Doctor freilich, aber mit unserem Willen nicht; [...] Die ganze Mallinkrodtsche Familie stand für einen Mann, wo wir hinkamen konnten wir uns als zu Hause ansehen, und durch sie erweiterte sich unsere Bekanntschaft. [...]

Bei einer Wittwe Mallinkrodt, gebornen von Steinen, einer Enkelin unsres Historikers von Steinen,[231] hatte ich das Glück, den Kriegsrath Terlinden,[232] und den Prediger Eylert aus Hamm[233] kennen zu lernen. Den ersten als einen fleißigen Schriftsteller im juristischen Fache,

---

229 Caspar Heinrich Schäffer, letzter regierender Bürgermeister der Reichsstadt von 1785–1803, gest. 1805.
230 Martin Pilger (1705–1769), seit 1730 Prorektor und Professor der Philosophie, 1747 Rektor (Gymnasiarch) und seit 1755 gleichzeitig Superintendent.
231 Johann Dietrich (Diederich) von Steinen (1699–1759), aus einer Pastorendynastie in Frömern (heute Ortsteil von Fröndenberg/Ruhr) stammend, westfälischer Historiker (*Westphälische Geschichte* in vier Bänden 1755–1760) und evangelischer Pfarrer zu Frömern.
232 Reinhard Friedrich Terlinden (1750–1818), Jurist, Kriegsrat und Kammerjustitiar in Hamm, Verfasser zahlreicher juristischer Abhandlungen.
233 Friedrich Rulemann Eylert (1770–1852), geb. in Hamm, Theologe; 1794 als Nachfolger seines Vaters Pastor in Hamm, 1806 auf Empfehlung des Freiherrn vom Stein zum Hof- und Garni-

und den zweiten als einen vortrefflichen Prediger. Von ihm hatte ich kürzlich viel Gutes gehört [...]; sein Aeußerliches kündigt einen Rechtschaffenen an, dem man sich ohne weiteres anvertrauen mögte. Den Pastor Leis[234] hatte ich schon, als er Pastor in Lennep war, gekannt, und desto lieber war es mir, ihn hier noch wieder zu finden. Er besitzt unsere besten Gesangbücher, und geht damit um, aus den sehr vielen guten Liedern die beßten auszuwählen, um aus den beßten Gesangbüchern das allerbeßte zu sammeln; ermuß sich also einen feinen guten Geschmack zutrauen. Gierig[235] war nach ihm Rector in Lennep, und jetzt Professor in Dortmund, ein rühmlichst bekannter Humanist, auch als Schriftsteller.

Die lutherischen Prediger in Dortmund trugen zu meiner Zeit noch Rochel,[236] Chorröcke und, wenn ich nicht irre, auch noch Wollenkragen und Chorhüte; jetzt nur Mantel und Umschlägelchen nebst dem dreifach aufgekrempten Hute. Sie haben also das Ueberflüßige weggeworfen; mögte man auch sie bis auf den eigentlichen Bedarf aussterben laßen! Vier Hauptkirchen ist für das jetzige Dortmund zu viel, und neun Prediger gedoppelt, deren Gehalt für vier höchstens fünf nicht zu viel wäre. Man könnte ueberflüßige Predigten und Arbeiten eingehen laßen, um desto besser würden die Uebrigbleibenden arbeiten und zur Arbeit Muth behalten. Wäre das gut besetzte Archigymnasium nicht da, das noch hin und wieder ein Stadtkind zum Studiren verleitet, so würde sich es mit der Zeit von selbst geben, denn im Ganzen genommen kömmt in dasiger Gegend das Theologiestudieren ganz aus der Mode.

Ob auch diese Reichsstadt mit ihrem Gebiete in den Entschädigungstiegel geworfen werden wird, muß die Zeit lehren; sie ist die letzte Reichsstadt in Westfalen, und für unsere Provinz käme dann die Auflösung unserer Constitution[237] desto eher. Nach der Lage gehörte sie künftig dem Könige von Preußen, wäre also dem Reiche entzogen, dem überhaupt der Gnadenstoß nahe zu seyn scheint; ob an diesem allmähligen Absterben unserer Constitution viel gelegen, wage ich nicht zu entscheiden, nur kommt's mir vor, daß die andere Ordnung der Dinge jenseits des Rheins auch wohl eine andere diesseits nothwendig mache, denn unsere Reichskriege haben sich ein wenig verdächtig gemacht.[238]

---

sonsprediger nach Potsdam berufen. 1818 zum ersten Bischof der vereinigten lutherischen und reformierten Kirche in Preußen und Mitglied des Staatsrats ernannt.
234 Johann Adam Leis, Pastor der St.-Marien-Kirche in Dortmund, gest. 1819.
235 Gottfried Erdmann Gierig (1752–1804), aufgeklärter Pädagoge, der in Leipzig Theologie und alte Sprachen studiert hatte, und von Lennep, wo er seit 1778 Rektor der Lateinschule gewesen war, 1786 nach Dortmund berufen wurde; letzter Rektor des reichsstädtischen Archigymnasiums.
236 Kleidung von Geistlichen. Überrock mit engen Ärmeln.
237 Verfassung.
238 Nach dem Frieden von Lunéville 1801, der Frankreich das linke Rheinufer zusprach, liefen 1802 die Verhandlungen der Reichsstände über die Entschädigung für die davon betroffenen Fürsten und Herren, die 1803 in den Beschluss der Säkularisierung der geistlichen Territorien und der Mediatisierung der Reichsstädte und der kleineren Reichsterritorien (Reichsdeputationshauptschluss) mündeten. Dortmund gelangte damit 1803 zunächst an das Haus Nassau-Oranien, wurde aber bereits 1806 in das neu gebildete napoleonische Großherzogtum Berg eingegliedert.

An 15. Jun[i] setzten wir unser Reise fort. [...]

Von Dortmund bis Herdeke sind gerades Weges durch den Wald Ardey drei Stunden: nur der Weg war für unsern Wagen unbrauchbar, vielleicht selbst für Kärner mit ihren hohen Rädern. Daß solche Wege nicht gebessert werden ist in der Regel, besondert jetzt, da man eine Chaussee hat, und sie auch gern benutzt sieht. Der Ardey hatte schon im 7jährigen Krieg[239] nicht den beßten Ruf, es verloren sich in dieser Wildniß einzelne Franzosen, man fand zum Exempel bei einem Kohlenschachte ein paar abgehauene Hände, ohne den Kerl zu finden, dem sie gehört haben mogten, der sich muthmaßlich festgehalten hatte, um nicht hinabgestürzt zu werden, und nach dem Kriege soll man noch manches Corpus delicti in den aufzuräumenden Schachten gefunden haben. Zur kaum vergangenen Zeit der Unsicherheit war der Ardey ein sicherer Schlupfwinkel der Horden von Spitzbuben, und ist es noch, wenn sie sich aus den Gefängnissen befreiet haben, und schwerlich wird er seinen guten Namen je wieder erhalten, wenn er ihn je gehabt haben sollte.

Wir mußten über Hörde bis Aplerbeck zurück fahren, und einen ganz spitzen Winkel machen, um den Chausseeweg zu erreichen; [...] Statt drei Stunden hatten wir bis Herdecke fünf zu machen [...] Unser junger Freund Carl Springorum[240] war uns bis zum Höchsten, etwa anderthalb Stunden weit zu Pferde entgegen gewesen, um uns abzuholen; wir blieben ihm zu lange, und waren doch bald nach ihm bei seiner Mutter, und mit ihm am Tische, besahen die Ruhr, und fuhren gegen Abend bis Hagen. [...] Carl Springorum begleitete uns bis Hagen, eine Stunde weit. Wir sahen die Ruhr und Volme, fanden Eisen- und Stahlhämmer; meine Reisegesellschaft, welche noch viele erwartete, stieg nicht aus, sie zu besehen, verschob es immer mehr und mehr – und sah am Ende gar keinen. [...]

Hagen ist ein nach und nach durch Fabricken entstandener angenehmer Ort, der wohl zunächst dem Brande in Lennep und der Intoleranz von Hükeswagen und Wipperfürt sein Entstehen zu verdanken hat. In Lennep wollte man nicht wieder bauen, wie es die Regierung wünschte, sondern wie die Hottentotten ihre Kraal's bauen; ein gewisser Moll[241] zog also mit seiner Tuchfabricke nach Hagen, welche jetzt vortrefflich und sehr ausgebreitet ist. Andere Fabricken schlossen sich an diese an, besonders die sogenannte Steyermärkische Sensenfabrick[242] auf der Enneperstraße, die Fabrick von Futterklingen u.a.m. Der König bestellte einen

---

239 Im Siebenjährigen Krieg (1756–1763) zwischen den europäischen Großmächten standen sich u.a. als Kriegsparteien Frankreich und Preußen gegenüber. Auch der Hellweg und das nördliche Sauerland waren zeitweise Kriegsschauplatz.

240 Über Carl Springorum, vermutlich Vorfahr der später berühmt gewordenen Dortmunder Industriellenfamilie, ist wenig bekannt. Die „Kurze historisch-genealogisch-statistische Geschichte der Hauptstadt Hamm, und der ursprünglichen Entstehung der Grafschaft Mark…" des Hammer Bürgermeisters Möller (1803) führt ihn und einen „Rathmann Springorum" als Subscribenten (Abonnenten) aus Herdecke auf.

241 Christian Moll aus Lennep errichtete 1741 in Hagen eine Tuchfabrik.

242 Steiermärkische Sensen waren solche mit blauen Klingen.

Fabrickenkommissair; jetzt steht der geschickte und thätige *Eversmann*[243] diesem Posten vor, und ist den Fabricanten auf manche Art sehr nützlich. Auch ward den Fabrickarbeitern Cantonfreiheit[244] verliehen, sie wohnen dem Kornmarkte in Herdecke nahe, fühlen das Accisefixum kaum, und genießen doch mächtigen Schutz. Durch die Fabricken werden die Fabrickherrn reich, man merkt es an den prachtvollen, geschmackvollen Häusern und Gebäuden, auf welchen das Auge gerne verweilt, und für mich war Hagen ein neuer, schöner Ort, der in meiner Jugend sehr unbedeutend war.

16. Bericht über die demonstrativ aufgeklärte Beerdigung des städtischen Abdeckers von Duisburg (1803)

Conrad Jacob Carstanjen,[245] Chronik der Stadt Duisburg 1801 bis 1838, hg. von Günter von Roden, Duisburg 2000, S. 25–26.

Im Herbst dieses Jahres hatten wir kurz nacheinander zwei Auftritte von ganz sonderbarer und seltener Art. Es starb nämlich um diese Zeit unser alter Abdecker, Michael Küpper,[246] welcher zur katholischen Gemeinde gehörte. Die Nachbarschaft, welche aus armen Leuten und Tagelöhnern, sowohl Katholiken als Protestanten bestand, weigerte sich aber, die Leiche deswegen zum Grab zu tragen, weil der Küpper kein ehrliches Handwerk[247] getrieben hätte. Sechs fromme Geistliche aus dem hiesigen Minoriten-Kloster suchten indessen diese ungebildeten Menschen dadurch von ihrer irrigen Meinung zu überzeugen, dass sie den Toten selbst zur Ruhestätte trugen. Diese lobenswürdige Handlung machte aber wenig Eindruck bei denselben; denn als einige Wochen nachher des verstorbenen Abdeckers Sohn[248] und Nachfolger in seinem Geschäft ebenfalls mit dem Tod abging, da sträubte sich diese Nachbarschaft wieder, demselben die letzte Ehre zu erzeigen, denn sie wären nicht verpflichtet, einen Schinder zum

---

243 Um 1740 war für die Grafschaft Mark in Hagen eine „Fabriken-Kommission" eingerichtet worden, in der seit 1783 für die Städte südlich der Ruhr Friedrich August Alexander Eversmann (1759–1837) zuständig war, der sich intensiv der technisch-wirtschaftlichen Entwicklung der Region widmete. – Zur Besichtigung der St. Antony-Hütte durch Eversmann vgl. Dok. 7 in Kap. II.

244 Befreiung von Soldatenaushebungen für das Militär.

245 Konrad Jacob Carstanjen (1763–1840), geboren in Duisburg, Sohn des Kaufmanns Martin Carstanjen, Professor der Medizin in Duisburg 1788–1818. – Anlass zur Abfassung der Chronik war die Aufforderung der preußischen Regierung, Ortschroniken anzulegen, weitergegeben durch die Regierung in Düsseldorf im Jahr 1877 und wiederholt 1822. Carstanjen verfasste die Chronik zunächst wohl in einem ersten Schritt in den Jahren 1823 bis 1826, danach jährlich in unmittelbarer Nähe zu den Ereignissen.

246 Tatsächlich der Sohn Küpper (begraben am 29.6.1803).

247 Henker und Abdecker galten seit dem Mittelalter als unehrliche Berufe. Schon flüchtiger Kontakt mit ihnen durch persönliche Berührung oder Berührung ihrer Gerätschaften machte „ehrliche Leute" unehrlich. Die Vorstellung der Unehrlichkeit dieser beiden Berufe hielt sich sehr lange. Reichsrechtlich wurde sie erst 1772 aufgehoben.

248 Tatsächlich der Vater Küpper (begraben am 13.10.1803).

Kirchhof zu tragen. Um dieses abscheuliche Vorurteil, ein Überbleibsel aus frühen, finster[e]n Zeiten, woran der gemeine Mann nicht nur hier, sondern auch an vielen and[e]ren Örtern noch streng hängt, zu vernichten, trugen zwölf der angesehnsten und achtbarsten Männer unserer Stadt, worunter der Oberbürgermeister, einige Geistliche, Professoren, die ersten Kaufleute und andere Honoratioren waren, die Leiche zum Grab hin, und ein großes Gefolge von den gerechtesten Einwohnern begleitete dieselbe unter Glockengeläut zum Kirchhof, und nach der Beerdigung wurde dem Verstorbenen ein sehr feierliches Totenamt gehalten, sodass in langer Zeit kein Toter in unserer Stadt mit so vieler Ehrenbezeugung und unter einer so großen und ansehnlichen Begleitung als unser entschlafener Abdecker zur Ruhe gebracht worden ist. Diese schöne und edle Handlung ist in mehreren politischen[249] Zeitungen, besonders in dem Hamburgischen Correspondenten,[250] mit Beifall gewürdigt worden. Möge sie nur überall befolgt werden, damit der gemeine und unaufgeklärte Haufe zur vernünftigen Einsicht gelange und überzeugt werde, dass kein Geschäft, wodurch ein Mensch dem and[e]rn Dienste leistet, mit Unehre und Schande verbunden sei und dass daher einem Abdecker oder Wasenmeister umso weniger nach seinem Tod mit Verachtung begegnet werden dürfe, der für seine Nebenmenschen solche Dienste verrichtet hat, wozu sich nur wenige entschließen können und die dennoch verrichtet werden müssen.

17. Der Dortmunder Kaufmann Gottfried Wilhelm Wiskott[251] über seine Lehrzeit u.a. im Hause Krupp (1805)

Wilhelm Gottfried Wiskott, Leben, Leiden und Schiksale des zwar noch lebenden, aber durch Drangsale der Verhängnisse so leidenden Kaufmanns Wilhelm Gottfried Wiskott von Dortmund zur Warnung meiner noch lebenden sieben Kinder: Eine Lehre für Jedermann, Köln 1805, S. 32–45. Die Schriftform der Vorlage wurde beibehalten.

Mir wurde bei der Taufe in Dortmund, wo meine Geburt vom 20ten auf den 21ten Juli 1755 gerade um zwölf eintraf, die Namen *Henrich Wilhelm Gotfrid Wiskott* zugelegt. Ich war der dritte Sohn in der Ordnung, von einer Anzahl von *eilf* Kindern. [...] Mein Vater war Prediger

---

249 Das öffentliche Staatsleben betreffend.
250 „Staats- und gelehrte Zeitung des Hamburgischen unpartheyischen Correspondenten", erschienen von 1731 bis 1845.
251 Wilhelm Gottfried Wiskott (1755–1808), aus einer angesehenen Dortmunder ratsfähigen Familie stammend, war Mitglied der Vierundzwanziger, einem mit dem Rat konkurrierenden Gremium mit Befugnissen bei Stellenbesetzung, Gesetzgebung und Finanzkontrolle, das ursprünglich eine Vertretung der Zünfte war. Darüber hinaus war er Vorsteher und Kassierer der Gesellschaft „Harmonisch". In seiner Lebensgeschichte beschreibt Wiskott seine erfolglose Tätigkeit als Kaufmann in Dortmund und seinen Bankrott. Seine Familie geriet in Armut und verließ Dortmund. Das Ehepaar trennte sich, und der gescheiterte Kaufmann versuchte nach vergeblichen Anläufen, wieder zu Geld zu kommen, um mit der Abfassung und Veröffentlichung seiner Misserfolgsgeschichte schließlich einen kleinen Gewinn zu machen. Wiskott starb 1808 in Bremen.

in Dortmund, so wie sein Vater Argigymnasiarch[252] und Pastor Primarius[253] daselbst war, der, wegen seinen mit Beifall herausgegebenen Werken, zu damaliger Zeit Epoche machte. […] Den freigebigen Charakter meines guten Vaters kannten diejenigen, die Umgang mit ihm hatten […] dabei ich jedoch erinnern muß, daß seine gesagte Güte, und der siebenjährige Krieg,[254] der ihm seine Einkünfte, welches in Korn bestand, benahm, ihn arm gemacht hatte, welches einen Mann von empfindungsvollen Charakter, wie er einer war, gramvoll machte; und dies war die Ursache seines zu frühen Todes, welcher seinen hinterlassenen sieben Knaben nicht nur die gehörige Erziehung, sondern auch unsrer guten Mutter, welche eine Kaufmanns Rittershaus Tochter von Hattingen,[255] so wie unsere Großmutter eine Bürgermeisters Tochter von Dortmund war, – die Mittel dazu beraubte. Diese gute Frau überraschte ihrer drohenden Leiden wegen, der Tod noch zu rechter Zeit, nemlich drei Jahren nach dem Ableben ihres Gatten, nachdem sie bei einer ansteckenden Krankheit ihren kranken, und mit ihr sterbenden Bruder des Kaufmanns Rittershaus in Dortmund sorgfältig verpflegte. […] Sechs bei ihrem Tode noch lebende Knaben, davon drei in Condition[256] bei der Handlung waren, wurden vater- und mutterlos. Ein einziger von uns war nur noch in etwa in Verdienst; sein Principal[257] Herr Sölling[258] in Essen hatte ihm eine kleine Nebenhandlung erlaubt; und dies war der älteste.

[Dieser älteste Bruder, sorgt, nachdem ein anderer Bruder von einem Verwandten aufgenommen worden war, dafür, dass die verbliebenen beiden Brüder mit Hilfe von Verwandten in Dortmund von einem Lehrer in Pflege genommen und unterrichtet wurden.]

Die Absicht meines Vaters war, daß ich einst als Theologe in seine Fußstapfen treten könnte; dies war sein Wunsch. Auf seinem langen Krankenlager, besprach er sich dieserwegen mit einem seiner Kollegen, welcher ihm die Versicherung gab, daß er in Verbindung seiner Freunde darzu beitragen würde, daß seine Wünsche in Erfüllung kommen dürften. Gleich nach dem Tode meines Vaters war würklich eine Verabredung unter einer ansehnlichen Familie getroffen, daß ich auf dem Gymnasium das Studium fortsetzen könnte; es währte aber kein Vierteljahr, so kommt einer dieser Interessenten von der Messe zurück, kündigt mir an, daß ich ohne Verzug mich bereit halten müßte, nach Lippstadt in eine gute Handlung zu treten. Ich war jetzt eben 14 Jahre alt. Beim Aussteigen vom Postwagen fragte ich ein Mädchen nach dem Hause meines Principals, sie begleitete mich dahin, sagte die bedeutende Worte: „Sie sind ja nur noch Kind, was wollen Sie denn in dem Hause machen? da man dort immer einen starken Knecht

---

252 Rektor des Archigymnasiums.
253 Erster Pastor an der Dortmunder Hauptkirche, der Reinoldikirche.
254 1756–1763.
255 Johann Georg Rittershaus hatte 1751 in Dortmund das Bürgerrecht erworben.
256 In Stellung.
257 Lehrherr, Chef.
258 Um welches Mitglied der bekannten Essener Kaufmannsfamilie es sich handelt, ist unklar. – Für das Jahr 1809 lassen sich in der Mitgliederliste der Essener „Societät" die Kaufleute A. und G. Sölling nachweisen (vgl. Dok. 1 in Kap. VI).

gehabt, der das grosse Korn-Geschäft versah, zu dieser Arbeit haben sie keine Glieder." [...] Der alte Herr, so wie die Frau *Höcker*, unterhielten sich ihres gesprächigen guten Charakters wegen, mit mir auf eine liebevolle Art; kaum trat der Sohn, mein Principal ins Haus, hatte jede Unterhaltung eine Ende. In einer Nebenstube mich hingeführt, hörte ich, daß man zur Stund an, sich nicht zu gemein mit mir machen sollte: er trat dann zu mir, sagte, daß er sich einen von so zarten Gliedern nicht vorgestellt hätte, morgen werde ich einen Versuch mit ihm machen, in wie weit er mir in meinen Geschäften dienen kann.

Die Magd führt mich auf eine sehr alte grosse Kammer, die über die Scheune und vom Hause abgesondert lag, zu Bette; kaum befand ich mich hierauf, darauf man sich kaum wiederfinden konnte, so entfernte sich die Magd mit dem Lichte, zukte über dem Kinde weinend die Schultern. Zu Hause war ich gewohnt gewesen, bei meinen Brüdern zu schlafen; eine solche geschwinde Veränderung, überdem von der Seite einer zärtlichen Mutter entfernt, die ihre Kinder jedoch nicht verwöhnte, mußte auf ein empfindsames Gemüth von einem zarten Jüngling Eindruk machen. [...] Kein Schlaf überkam dem Jüngling, aber wohl der Gedanke unter beständigem Weinen, an seine Mutter und Brüder: hierzu war noch die Hofnung, da mein Principal sich über die zarten Glieder wunderte; die ganze Nacht durch betete, gelobte Gott, daß wenn er mich wieder nach Hause führte, so wollte ich Tag und Nacht studieren; hätte man mich jezt wieder nach Hause geschikt, ich glaube gewiß, daß das Studium das rechte Fach für mich geworden wäre, dann die Welt zu besehen, darauf sich jeder Jüngling gewöhnlich freut, hatte ich's schon an diesem Abend genug.

[Die Arbeit für den Lehrling bestand darin, auf einem riesigen, sich über drei Häuser erstreckenden Dachboden täglich das dort lagernde Malz und Korn mit der Schaufel oder mit der Hand umzuschaufeln und monatlich den Vorrat nachzumessen, gleichgültig, ob das notwendig war oder nicht.]

[...] Es war aber mehr darum zu thun, dem Jüngling, den man unten im Hause nicht leiden konnte, eine Arbeit anzuweisen, die über seine Kräfte ging, und dennoch mußte es geschehen.

Indessen fiel der Anfang gegen die Erwartung meines Principals so gut aus, daß der Gedanke mich wider dahin zu schicken, von dannen ich kommen war, sich bald verlohr. Hatte ich gleich die Kräfte oder das Ansehen nicht, so konnte er den folgsamen Jüngling doch leiten wie er wollte; wäre dies nun mit mehrerer Menschenliebe geschehen, so hätte man, wenn gleich nicht mehr geschehen konnte, bei einer noch größeren Willigkeit die Freude gehabt, den Jüngling anstatt zu einer maschienen-mäßigen Arbeit anzuspornen, bei einem gehörigen Nachdenken den Weg zu seinem künftigen Glück nicht verschlossen.[...]

Dies lag aber nicht in dem Charakter meines Principals: bei dem Eigensinn, bei einem mürrischen Wesen, daß nicht allein von seiner Krankheit herrührte, traten seine eben nicht erwünschte Verhältnisse in Rüksicht auf Vermögens Umstände in Verbindung; dies machte ihm sogar oft, seinen Eltern zuwider, und dem unschuldigen Lehrling anhaltende Verdrießlichkeiten; er erlaubte sich nicht angemessene Worte mit einem zu verwechseln; was geschehen sollte und mußte, das wurde mit ein paar Worte abgebrochen, um sich nichts vergeben zu wollen. War die schwere Arbeit, wenn sie auch noch so gut gemacht, und von einem Knecht nicht besser wäre geendigt worden, nicht nach seinem Wunsch ausgeführt, so hatte er die fatale Gewohnheit an sich, und belohnte des Jünglings Arbeit mit Maulschellen, auch oft mit der Wurfschaufel [...].

Die ganze drei Jahren meines Dortseyns habe ich weder Ein- noch Verkaufsbuch gesehen; mein Principal hatte selbige auf seiner Stube, die er abschloß, sobald er sie verließ; wenn er auch, welches bei seinem Handel sehr selten eintrat, ein Brief unten in der Wohnstube schrieb, so sah ich dies nicht; zu keiner andern Zeit durfte ich darinn erscheinen, als wenn Mittags und Abends gespeiset wurde; die übrige Zeit des Tages, wenn auf den Kornböden keine Geschäfte zu verrichten waren, wurde mir die kleine Winkelstube, darinn der Schein von Tabac etc. zum Verkaufe stand, angewiesen; darin mußte dann, und wenn's die Bäume aus der Erde gefroren hätte, wie eine Bildsäule stehen. Sogar wurde mir verboten, in der von Hause mitgebrachten Bibel zu lesen, damit mich das im Lauf vor der Thür nicht aufhalten durfte, um den vorbeigehenden Bauer zu fragen, ob er nicht ein Päckchen Tabak einkaufen wollte. [...]

[Am Ende des letzten Lehrjahrs von Wiskott starb sein Lehrherr, kurz danach auch dessen Vater.]

Die Handlung wurde nicht weiter fortgesetzt; und ich wurde durch meinen älteren Bruder bei die Frau Witwe *Krupp*[259] in Essen befördert. Hier traf ich eine Gewürz- und Tuchhandlung an. Da ich drei Jahren conditioniert[260] hatte, so war man schon einen erfahrenen Jüngling vermuthend, wie bald wurde man aber gewahr, mit welchem kenntnißlosen Lehrling sie zu thun hatten. Sogar die Waagen, die Oel- Traan- und andere Waagen mußten mir in die Hand gethan werden, um sie nach dem Maasstab füllen zu können. Am zweiten Abend wurde mir eine Rechnung überreicht, um sie in das mir vorgelegte Facturabuch[261] einzutragen. Dies waren dem versäumten Jüngling bömische Dörfer, kaum konnte ich noch zusammenhängend schreiben; ein Fehler mischte sich nach dem andern in das Buch; das bemerkte meine Principalinn, sie lachte hart auf, fragte mich, nachdem sie mich ihres Sohns wegen bange gemacht hatte, was ich denn doch in Lippstadt gemacht hätte? Sobald Herr *Krupp*[262] nach Hause kam, wurde das Feuer angeblasen; das schöne Facturabuch war verunstaltet, und ich durfte mich nicht unterstehen, Rechnungen darinn zu übertragen, so wie ich mit Wahrheit sagen kann, daß sich die drei Jahre in ihrer Stratze kein Buchstabe von mir vorfinden wird. Von Stund an verlohr sie Achtung und Zutrauen. Geld durfte ich nicht in die Töne werfen, man nahm die von meinen Händen weg. Mir wurde, wie ich ankam, eine schöne Kammer angewiesen, traurig über meine

---

259 Helene Amalie Krupp, geb. Ascherfeld (1732–1810), die Großmutter Friedrich Krupps, des Gründers der Essener Gussstahlfabrik.
260 In Stellung sein.
261 Rechnungsbuch.
262 Peter Friedrich Wilhelm Krupp (1753–1795), Vater von Friedrich Krupp.

Unwissenheit, nahm ich meine Bibel, las, ehe ich mich schlafen legte, darinn; die Thür öffnete sich, und es war meine Principalinn, die das Licht vor meinen Augen wegnahm, die Thür hart zuschlagend, ohne ein Wort zu sagen, sich entfernte. Dies ist eine Frau von mehr als 50tausend Thaler, der es auf ein bieschen Oel ankam. Der folgende Abend gab Aufklärung, daß es nicht nur um das Licht allein zu thun, sondern daß die schöne Kammer für einen Unwissenden zu gut war; Die Magd wieß mir mit dem Licht in der Hand meine Bettstelle, dicht an der Boden-Treppe auf einem luftigen Gang an. Für diesen Abend konnte ich mich des Lichts noch bedienen, in der Folge gar nicht.

Der Wissenschaften oder Kenntnisse in mein Fach, die ich in diesem Hause sammeln durfte, waren nicht viele; indessen übte ich mich doch im Schreiben, im Kopieren der Briefe im Kopiabuch, die der würdige verewigte Herr *Krupp*, so auch zuweilen eine Rechnung mir gab, um sie für mich auf ein Papier abschreiben zu können.

18. Der Herausgeber des Westfälischen Anzeigers, der Dortmunder Präfekturrat Dr. Arnold Mallinckrodt,[263] zur Pressefreiheit im napoleonischen Großherzogtum Berg (1808)[264]

„Was ein Jahrzehend bestand, wird es ferner bestehen? II. Was kann der Anzeiger, oder eine ähnlich Zeitschrift künftig leisten?", in: Westfälischer Anzeiger 1808, Nr. 1 vom 1.1.1808, S. 2–3.

Was wir vor zehn Jahren nicht ahnten, das ist ins Dasein gerufen. Westfalen, sonst in so viele, so verschiedenartige Teil zerstückelt, wird nun wenige größere Ganze bilden. Welche? Darüber werden wir bald die Bestimmung jenes großen Mannes der Zeit erfahren. Der Name des Vaterlands, sonst die Länder zwischen Weser und Rhein und über denselben bezeichnend, ist der eines Königreichs geworden,[265] welches, das alte Ostfalen umfassend, sich bis zur Elbe erstreckt; doch gehören zu ihm bis jetzt nur vier Provinzen des alten Westfalens. Ob seine Grenzen sich noch erweitern, oder ob wir unseren alten Namen verlieren, und welchen oder welche neue wir erhalten werden? Bald werden wir es erfahren.

---

263 Der 1798 von Arnold Mallinckrodt gegründete und in der eigenen Dortmunder Verlagsbuchhandlung der Gebrüder Mallinckrodt verlegte »Westphälische Anzeiger« hatte ein weites Verbreitungsgebiet über Kleve-Mark hinaus bis ins Bergische Land und nach Ostfriesland und entsprechend weit gestreute Mitarbeiter. 1809 aufgrund der französischen Pressezensur im Herzogtum Berg eingestellt, erschien er nochmals von 1815 bis 1818, bis er auch vor der preußischen Zensur kapitulierte. Zu Mallinckrodt vgl. Dok. 15, Anm. 226 in diesem Kapitel.

264 Napoleon I. (1769–1821). Ihm, der das Großherzogtum Berg, zu dem auch Dortmund gehörte, persönlich verwaltete, hatte der Herausgeber als Vorspann zu diesem Artikel zu Neujahr 1808 als „allgemeinen Neujahrswunsch" das Motto gewidmet, dessen Anfangsbuchstaben den Namen Napoleon ergaben: *Napoleon Augustissimus Pace Omnes Laetificet Europaei Orbis Nationes* („Mög' Napoleon der Große Europas Völker durch allgemeinen Frieden erfreuen!").

265 1807 war das Königreich Westfalen unter Napoleons Bruder Jerome Bonaparte errichtet worden.

Welche Bestimmung indes darüber ergehe, größere oder nur wenige Ganze werden sich bilden, deren Gesetz, deren Seele Einheit sein wird; und das ist immer eine reiche Quelle für das Wohl der einzelnen Teile.

Ob unter diesen Veränderungen der Anzeiger ferner bestehen kann und wird?

Dem Namen nach, der ihm vorerst verbleiben möge, vielleicht nicht. Aber eine ähnliche Zeitschrift kann und wird auch ferner bestehen; sie ist in mancher Rücksicht eine Art Bedürfnis geworden und kann auch ferner nützen. Auch ferner kann sie auf die Annäherung entfernterer Bewohner an entferntere, die jetzt noch ein enges Band umschlingt, und auf ihre nähere Teilname aneinander wirken; auch ferner kann sie nützliche öffentliche Anstalten im Einzelnen vorbereiten und befördern, sie kann Schwierigkeiten begegnen, Vorurteile aufräumen, auch ferner kann sie Kräfte regen, Ideen-Reibung bewirken, viel nützliches Wissen mehr verbreiten und allgemeiner machen; auch ferner kann sie durch bescheidene Publizität Gutes [be]wirken.

Große Kräfte, mächtige Hebel liegen in der Publizität.[266] Eine Regierung, die ihr einen bescheidenen Spielraum [ge]stattet, die sich ihrer selbst zur Vorbereitung nützlicher Anstalten und zur Bekanntmachung der öffentlichen Maßregeln und der öffentlichen inner[e]n Verhältnisse bedient, vermag eben dadurch viel, die Publizität ist ein gewisses Mittel für Sie, Ihre edel[e]n Zwecke zu erreichen, sich die Zufriedenheit Ihrer Untertanen zu sichern und deren Glück um vieles zu befördern. Vornehmlich ist sie für eine Regierung auch ein vortreffliches Mittel, die Unterbehörden unter Kontrolle zu setzen. „Es kann", sagte ein ehrwürdiger Monarch, „nicht jedem zugemutet werden, in solchen Fällen, die eine Rüge verdienen, sich der Unannehmlichkeiten, womit offizielle Denunziationen verbunden sind, auszusetzen. Sollte nun auch eine anständige[267] Publizität unterdrückt werden: so würde ja gar kein Mittel übrig bleiben, hinter die Pflichtwidrigkeiten der untergeordneten Behörden zu kommen, die dadurch eine sehr bedenkliche Eigenmacht erhalten würden. *In dieser Rücksicht ist eine anständige Publizität der Regierung und [der] Untertanen die sicherste Bürgschaft gegen die Nachlässigkeit und den bösen Willen der untergeordneten Offizianten*[268] *und verdient auf alle Weise befördert oder geschützt zu werden.*"

Viel gibt es aufzuräumen bei den großen Veränderungen, die uns bevorstehen. Eine neue Schöpfung entsteht, und in vielem ist eine gänzliche Wiedergeburt nötig. Ein neuer Geist muss wirksam werden. Kann man zweifelnd fragen, was eine solche Zeitschrift unter diesen Umständen leisten kann?

Möge also der Westfälische Anzeiger oder eine ihm ähnliche Zeitschrift auch ferner bestehen; sei es jener oder diese, sie werden einen gebahnteren Weg finden, der Schwierigkeiten weniger, als jener in seinen Anfängen, zu bestehen haben; möge sie ferner des Guten viel wirken!

Männer des Vaterlands, die Ihr Kraft in Euch fühlt, die Ihr das Vaterland und das Gute liebt, ein Blick in die neue Welt – erneue[rt] und belebt[t] unsere Kraft; wirken wir mit Wärme und Eifer zum Besser[e]n! Die ewigen Gesetze sind Fortschreiten dahin.

---

266 Öffentlichkeit, Veröffentlichung.
267 Angemessen.
268 Amtsträger, Beamte.

19. Freiherr vom Stein an Graf Spiegel zum Desenberg[269] über die Struktur der westfälischen Städte, ihre Vertretung auf dem westfälischen Provinziallandtag und die Wahl der Gemeindevertretungen (20. April 1818)

Freiherr vom Stein, Briefe und amtliche Schriften, hg. von Erich Botzenhart, Bd. 5, Stuttgart 1964, S. 478–479. (Auszug)

Euer Hochwürden glauben, dass man die Städte in keine[r] besondere[n] Kammer vereinigen solle, weil in der Provinz Westfalen das Gewerbe auf dem platten Land zerstreut ist und die Städte meistens Ackerbauer sind. Man muss sich nach meiner Meinung möglichst den alten Institutionen nähern, nach ihnen bildeten aber Städte eine besondere ständische Abteilung. Sodann sind selbst Ackerstädte der Sitz des städtischen Verkehrs, es bestehe in kleinem Handel, in der Handwerkerei, oder es entstehe[n] aus dem Aufenthalt der Gerichts- und Verwaltungsbehörden Erziehungsanstalten. Endlich fehlt es in dem Westfälischen Oberpräsidial-Distrikt[270] nicht an Fabriken und Handelsstädten: Olpe, Brilon, Lüdenscheid, Altena, Iserlohn, Hattingen, Schwelm, Essen, Dorsten, Warendorf, Bielefeld, Herford, Minden, oder sonst bedeutende Städte [wie] Unna, Soest, Hamm, Lippstadt, Paderborn, Dortmund usw. Das Gewerbe in dem Westfälischen Provinzialdistrikt ist teils in den oben angeführten Fabrikstädten,[271] teils auf dem platten Land. Das Gewerbe auf dem platten Land ist entweder abhängig und innig verbunden mit dem städtischen, z.B. die Weber, kleine Eisenfabrikanten mit den Verlegern in den Städten, oder selbstständige Fabrikdörfer[272] [wie] z.B. Eilpe, Haspe und dergleichen könnte man mit den nahegelegenen Städten [wie] Hagen verbinden — und für solche einzelne[n] Fälle lassen sich leicht Modifikationen finden. Ist es selbstständig auf dem platten Land als Bergbau, Hüttenwerke, so sehe ich noch keinen großen Nachteil, wenn sie in der dritten Kammer erscheinen; ist man hie[r]von abgeneigt, so verbindet man sie mit der benachbarten Stadt. [...]

In den Gemeindeversammlungen können nur Gemeindeglieder erscheinen, die ein Eigentum von einer gewissen Größe besitzen. Es ist gut, wenn in den Städten nach Ständen gewählt wird; denn die Standesgenossen einer Stadt sind untereinander in näherer Berührung als die Bewohner eines Stadtviertels, sind sie ernannt, so sind sie nicht solche, sondern Beamte. Sind die Vorstände der Gemeinden gewählt, so kann man sie als Vertreter ihrer Gemeinden mit Recht ansehen. Die Kirche muss in ihrer Vertretung auf dem Landtag eine Bürgschaft für ihren ruhigen Zustand erhalten, ein Bindungsmittel mit den größeren politischen Institutionen.

---

269 Ferdinand August Graf Spiegel zum Desenberg (1764–1835), Freund des Freiherrn vom Stein, aufgeklärter Jurist und Theologie, 1793 Domherr in Münster, 1813 von Napoleon zum Bischof von Münster ernannt, vom Papst aber nicht bestätigt; 1817 Mitglied des preußischen Staatsrats; 1824 Erzbischof von Köln. – Zu den Vorschlägen vom Steins zur Neuordnung der preußischen Territorien im Westen vgl. Dok. 14 in diesem Kapitel.
270 Preußische Provinz Westfalen.
271 Im Original: Fabriken Städten.
272 Im Original: Fabriken Dörfer.

20. Johann Nepomuk von Schwerz[273] über die Landwirtschaft am Hellweg (1820)

Johann Nepomuk von Schwerz, Beschreibung der Landwirtschaft in Westfalen und Rheinpreußen, 1. Teil. (Nachdruck unter dem Titel »Beschreibung der Landwirtschaft in Westfalen«, Münster o. J.), Stuttgart 1836, S. 243–245, 248–249, 251–252, 261–266. – Erstdruck dieses 7. Abschnitts in den Möglinschen Annalen der Landwirtschaft 6 (1820), S. 454–550.

Siebenter Abschnitt.
Bäuerliche Verhältnisse und Zustand der Landwirtschaft auf dem Hellweg der Grafschaft Mark und des Herzogtums Westfalen

I. Verteilung des ländlichen Grundeigentums.

Die Landwirte wohnen mehrenteils in Dörfern zusammen, weniger auf abgesonderten, sich nahe liegenden Höfen oder einzelnen Kolonaten.[274] Das Land auf dem linken Ufer der Lippe hat ein ganz anderes Ansehen, eine ganz andere Kultur, ganz andere Menschen, als auf dem rechten Ufer. Koppeln, Kämpe, vereinzelte, in ihrem Gehölz steckende, von allem Verkehr abgeschnittene Kolonate, wie man sie im Münsterland findet, verschwinden mehr und mehr; der Acker liegt frei und offen, für das Auge oft zu unbegrenzt, da; die Feldstücke liegen gemischt untereinander. – Alles hat seine Ausnahme, sodann auch dieses, und das Angeführte gilt nur für den größeren Teil des Landes. Einzelne, auch zu [dritt] und [zu viert] zusammenliegende Höfe finden sich allerdings, und um sie kreisen ihre Besitzungen, prangen ihre Bäume, grünen ihre Wallhecken. [...] Selbst die Dörfer sind nicht so wie anderswo, oder doch nicht so häufig, straßenförmig zusammengebaut; sondern jeder Bauernhof darinnen hat in der Regel seinen geschlossenen, ziemlich weitläufigen und mit Bäumen besetzten Hofraum, auf dem sich die Wirtschaftsgebäude nebst einigen Einliegerwohnungen befinden.

Da die Dorfschaften klein sind, so liegen die Ländereien meistens in der Nähe, und die Ackerpferde haben [es] nicht nötig, wie im Paderbornschen, samt dem Futtertrog und Trankfass zu Feld zu ziehen.

Man hat an einigen Orten Vollbauern, Halbbauern, Kötter, Einlieger, an ander[e]n Schulzen, Bauern usw. [...] *Schulzen* sind solche, welche sechs und mehr Pferde auf ihrem Kolonat halten, *Halbschulzen*, welche vier bis fünf Pferde halten müssen; *Drillinge*, welche ihrer drei haben; *Kötter*, welche ein bis zwei Pferde, auch wohl einen Ochsen oder ein Maultier halten.

---

273 Johann Nepomuk Hubert von Schwerz (1759–1844), geadelt 1821, aus Koblenz, war als Agrarfachmann 1816 in preußische Dienste getreten, um als Regierungsrat mit dem Sitz in Münster eine groß angelegte Enquete über den Stand der Landwirtschaft in der Provinz Westfalen und in der Rheinprovinz durchzuführen und Verbesserungen vorzuschlagen. – 1818 berief ihn der König von Württemberg als Direktor der zu gründenden staatlichen landwirtschaftlichen Lehranstalt in Hohenheim. Die Ergebnisse seiner Bereisungen und Nachforschungen im Rheinland und in Westfalen veröffentlichte er 1836 noch einmal zusammenfassend in einer eigenen Darstellung.
274 Bauerngüter, besonders solche in erblicher Leihe.

Auf dem Hellweg rechnet man auf jeden Pflug, das ist jedes Gespann von zwei Pferden, ein Areal von 40 bis 60 Magdeburgischen Morgen,[275] je nach Beschaffenheit des Bodens und der Entfernung der Grundstücke. Die Wirtschaften von zwei Pflügen, also von 80 bis 120 Morgen Ackerland, sind die gewöhnlichsten. [...] Der Dortmunder Morgen gleicht ungefähr zwei Magdeburger Morgen. [...]

Die Kötter bauen [auf] fünf bis 20 Morgen [an]. [...]

II. Verkehr mit den Grundstücken.

In der Grafschaft Mark war früher, nach dem preußischen Consolidations-Edikt,[276] die Teilung eines steuerbaren Kolonats verboten. Seit der Umwälzung des Alten durch die Fremdlinge sind alle Grundstücke dem freien Verkehr unterworfen. [...] Die Weisheit der französischen Landes-Regierung hat die alten Fugen auseinandergeschlagen und alles infinitum[277] teilbar gemacht.

Kauf und Verkauf einzelner Grundstücke kommen sehr häufig, die ganzer Güter sehr selten vor. Seit einigen Jahren wird in der Mark der 25fache Wert des reinen Ertrags zur Basis des Verkaufspreises genommen. [...]

Zu Dortmund, wo man einen kostbaren Großgerstboden hat, ist es nicht selten, dass die Äcker für die Hälfte des Körnerertrags bestellt werden. Ich fand dabei folgende Übereinkunft: Der Ackersmann verrichtet alle Spann- und Handarbeiten, welche auf die Bestellung des Bodens fallen, gibt den Samen her, führt die ganze Ernte in die Scheune des Eigentümers und drischt aus. Dafür zieht er die Hälfte des Körnerertrags. Der Eigentümer behält die andere Hälfte und das Stroh von der ganzen Ernte, gibt aber auch allen Mist zur Bedüngung des Ackers her. Es sind solches wohl die vorteilhaftesten Bedingnisse, welche ein Eigentümer sich wünschen kann, aber auch nur auf solchem Boden wie um Dortmund annehmbar. [...]

Zweckmäßige Größe der Höfe. Auf einem Bauernhof, sagt einer meiner Korrespondenten aus dem Märkischen, müssen notwendig neun bis zehn Menschen leben können; denn in einer Haushaltung auf dem Land finden sich leicht so viel Köpfe, z.B. ein oder zwei Alte, ein Mann, eine Frau, drei Kinder, ein Knecht, eine Magd. Diese Personenzahl zu ernähren, die Kinder zu erziehen und dem Staat eine nützliche Familie zu erhalten, dazu gehört ein Hof von vier Pferden oder zwei Pflügen. Im Allgemeinen findet man, dass zweipflügige Bauernhöfe am besten bewirtschaftet werden, weil das Hauspersonal dem Umfang angemessen und manche unvermeidliche[n] Unglücksfälle auf eine solche mittelmäßige[278] Wirtschaft nicht so nachteilig wirken. [...]

IV. Lage und Boden

Der Landstrich, dessen Beschreibung wir vor uns haben, hebt etwas westlich von Bochum an und dehnt sich über Dortmund, Unna, Werl, Soest, Erwitte bis zu den Grenzen des Fürstbistums

---

275 4 Magdeburgische Morgen = 1 Hektar.
276 Edikt von 1711.
277 Unendlich.
278 Mittlere.

Paderborn aus. Er beträgt also zehn bis zwölf Meilen[279] in [der] Länge, und ein, zwei bis drei [Meilen] in [der] Breite.

Der westliche Teil davon gehört zu der Grafschaft Mark. Wir werden diesen [der] Kürze halber den Hellweg [...] nennen und den östlichen unter dem Namen des Amts Werl und der Soester Börde andeuten, obgleich auch dieser Teil zu dem Hellweg gehört. Der Hauptunterschied, der zwischen beiden Teilen in Hinsicht auf den Boden obwaltet, besteht darin, dass der östliche Teil mehr feucht, der westliche mehr trocken ist. Daher kann man im Durchschnitt Werl und Soest mehr für einen Weizen- und Hafer-, den Hellweg für einen Roggen- und Großgerstenboden annehmen; wiewohl in beiden Teilen wieder Abweichungen vorkommen.

Nicht überall ist der Hellweg von gleicher Güte. Zwischen den Ufern der Lippe und Ruhr liegend, erhebt er sich gegen seine Mitte und bildet hauptsächlich nach der Nordseite eine Abdachung nach der Lippe zu. Jene mittlere Erhöhung bleibt ohne Widerspruch der beste und fruchtbarste Teil des Ganzen. Er hat einen milden mergelartig tiefen, beinahe unübertrefflichen Roggen- und Großgerstboden, der aber auch ebenfalls zu Weizen und Wintergerste geeignet ist. Die Breite dieses kräftigen Erdstrichs erstreckt sich im Durchschnitt wohl nicht über anderthalb Stunden. [...]

Der Boden im Amt Werl ist zum Teil unübertrefflich und würde den aus der Gegend von Dortmund übertreffen, wenn ihn die Feuchtigkeit, vielleicht auch nur der Mangel an Abwässerung, nicht daran hinderte. [...]

VII. Häusliche und moralische Verhältnisse der Landeinwohner.

Die isolierten Bauernhöfe, welche man auf dem *Hellweg* findet, sind von ihren Holz- und Obstpflanzungen umringt und bieten daher dem Auge den so gefälligen ländlichen Anblick dar, der so sehr mit dem des städtischen Lebens und Aufenthalts kontrastiert. Die Hofräume sind groß, mit toten Zäunen oder lebendigen Hecken umgeben und mit einem Gattertor geschlossen. Außer dem Hauptbau, welcher die Ställe, die Dreschtenne und die Wohnung, nach der beliebten allgemeinen westfälischen Bauart, enthält, liegen Scheunen, Schuppen und verschiedene kleine Bauten im Hof unter den hohen Bäumen zerstreut umher. Die Tenne ist mit steinernen Platten belegt, und die Höhe oder das Gebälk darüber durchaus mit Brettern gebödmet,[280] eine Sache, die anderswo meistens vernachlässigt wird und zu manchem unglücklichen Sturz Anlass gibt. [...]

Der Teil, welcher die Wohnung bildet, ist sehr geräumig, hat hochgestochene luftige Stuben, große Fenster und gute eichene Türen, an welchen durchgehends schön gescheuerte kupferne Schlösser ansitzen. Außer den Poldern unterhalb Antwerpen[281] habe ich noch nie so geräumige und gute Bauernwohnhäuser gesehen als in diesem Teil Westfalens. [...]

---

279 1 preußische Meile = 7,5 km.
280 Einen Boden aus Brettern zimmern.
281 Seine Beobachtungen der Landwirtschaft dieser Region hatte er als „Anleitung zur Kenntniss der belgischen Landwirthschaft" in drei Bänden zwischen 1807 und 1811 veröffentlicht.

Folgender, von einem Märkischen Landwirt mitgeteilter Beitrag über das Wesen und die Verhältnisse der Landwirte auf dem *Hellweg* hat zu viel Interesse, als dass ich ihn nicht wörtlich anführen sollte. Er reicht überdem zu, um einen Beweis von der Bildung der besser[e]n Klasse hiesiger Landwirte zu geben.

„Es fehlt", sagt er, „hiesiger Gegend an keiner Art von Vorteil. Zu dem guten, zum Teil kostbaren Boden gesellt sich noch die glückliche Lage, wo wegen der Nachbarschaft volkreicher Handels- und Fabrikgegenden es nie an Umschlag und Absatz gebricht. Vor 25 Jahren führten die politischen Ereignisse in Frankreich[282] für das diesseitige Nachbarland eine glückliche Epoche herbei. Durch das plötzliche Aufblühen der Fabriken und des Handels, durch den Krieg selbst, den damals noch keine Requisitionen begleiteten, entstand eine große Vermehrung des Geldumlaufs. Der Wert der Dinge stieg auf einmal sehr, und der Landmann in den kornreichen Gegenden der Grafschaft Mark gründete damals seinen Wohlstand.

Selbst unter den Stürmen der nachherigen Zeit haben sich vernünftige Landwirte bei diesem Wohlstand erhalten. [...]

Leider aber hat sich seit einiger Zeit ein Luxus unter den hiesigen Bauern eingeschlichen, der vielen sehr verderblich geworden ist. Derselbe äußert sich zunächst in der Kleidung. Alles Provinzielle des Anzugs, welches den Bauer[n] und seine Angehörigen in ander[e]n Gegenden auszeichnet und ehedem zu einem Vorteil auch hier unterschied, verschwindet täglich mehr. Man sucht es den vornehmer[e]n Ständen in der Kleidung gleich zu tun. Die Eitelkeit geht so weit, dass ein Bauernknecht fast ausgehöhnt wird, wenn er keine Taschenuhr trägt.

Der Eine will den Ander[e]n übertreffen, besonders ist das der Fall beim weiblichen Geschlecht. Der Kaufmann steht sich wohl dabei, der Jude noch besser; denn alles, was zur öffentlichen Schau kommt, muss neu sein, von anderswo herkommen und glänzen. Dazu gesellt sich ein Hang zum Wohlleben und sonstigen häuslichen übertriebenen Aufwand, welcher die Ausgaben so sehr mehrt und das größte Übel beim Landwirt, den Müßiggang, zur Folge hat.

Doch lässt sich dieses letztere jetzt nicht mehr im Allgemeinen sagen, denn glücklicherweise haben die letzten drückenden Jahre manchen Leichtsinn gedämpft. Zwar wird der Bauer hier nie wieder zu seiner früher[e]n Einfachheit zurückkehren, denn er ist an mehrere Genüsse gewöhnt, welche der häufige Verkehr und die fortschreitende Bildung mit sich führen. So lebt z.B. der etwas bemittelte Bauer mit seiner Familie im Haus abgesondert vom Gesinde, er führt einen eigenen Tisch und geht nur im Notfall selbst mit zur Arbeit, seine Kinder müssen jedoch bei der Arbeit mit in die Reihe treten, insofern solche, wie [es] meistens der Fall ist, für seinen Stand erzogen werden.

Wenn der hiesige *Kötter* eine große Familie zu ernähren hat, so muss er kümmerlicher leben als der Bauer. Hat er das nicht, so erwirbt er seinen Unterhalt leichter und mit Sicherheit, denn da er keinen Knecht halten kann, so muss er selbst zur Arbeit gehen und wird dadurch vom Müßiggang und unnützen Geldausgaben außerhalb [des] Haus[es] abgehalten.

---

282 Erster Koalitionskrieg 1792–1797.

Sein Haushalt ist klein und einfach. Es wird nur ein Tisch gedeckt. Großen Aufwand kennt er nicht. Die *Brinksitzer* verdienen unter uns überall ihr Brot. Sie sind meistens Professionisten,[283] die von ihrem Handwerk leben, dabei haben sie Haus und Garten, auch etwas Land, welches ihnen der Bauer kultiviert, wovon sie die Kosten mit ihren Händen abverdienen. Sie bezahlen wenig Pacht, unbedeutende Steuern, und an Arbeit fehlt es ihnen nie.

Der *Heuerling* oder Tag[e]löhner hat kein Vermögen, er bewohnt die Hütten des Bauern und dient diesem. Wenn er gesund ist und arbeiten will, so ernährt ihn der Hof mit seiner ganzen Familie.[...]

Seit 25 Jahren ist es mit den *Schulen* und Unterrichts-Anstalten besser geworden, und seitdem auch sind mehrere Kenntnisse nützlichen Wissens unter den Landleuten verbreitet worden.

Die zugenommene *Industrie* in vielen ander[e]n Zweigen, der dadurch sich vervielfachte Handelsverkehr, die vielen Kriege selbst haben beigetragen, dass der Landmann jetzt hier auf einer höher[e]n Stufe der Bildung steht als vor jener Zeit. Aus dem Bauernstand sind viele brauchbare Männer für andere Fächer hervorgegangen, und der Vermögende verwendet fortwährend für seinen Stand ungewöhnliche Kosten auf die Erziehung der Kinder.

Man kann indessen überhaupt nicht sagen, dass die Verbesserung der Schulen und des Unterrichts bis jetzt auf den Wohlstand und das *Lebensglück* des Bauern wohltätig eingewirkt habe. Besser wird es hiermit erst werden, wenn man noch einige Dezennien in der geistigen Ausbildung wird fortgeschritten sein. Ein großer Teil der jetzigen Generation ist darin erst zu einer gewissen Halbheit gekommen, welche mehr schadet als nützt. Der Bauer wähnt jetzt überklug zu sein, weil er lesen, schreiben und rechnen kann, er weicht aus seinem Gleis, er beschäftigt sich mit Dingen, die nicht in seinen Wirkungskreis gehören und die ihm verderblich werden, weil er auf den Rat der Vernünftigen nicht achtet. Die Zeitereignisse haben ein Freiheitsgefühl angefacht, welches Heil bringend werden kann, wenn es gehörig geleitet wird. Dasselbe äußert sich aber bisher noch zu häufig auf verkehrte Weise. Vorzüglich auffallend ist dieses rücksichtlich der Verhältnisse der Bauern zu den Grundeigentümern. Es hat sich ein widerstrebender, prozesssüchtiger Geist eingeschlichen, welcher durch die Unvollkommenheit der neueren Gesetze aufgeregt und durch unedle und Zwietracht liebende Ratgeber genährt wird.[284] Dieser Geist wird bald in den feindseligsten Hass ausarten, wenn die Regierung nicht mit bestimmteren und kräftigeren Gesetzen ins Mittel tritt.

In *staatsbürgerlicher* Hinsicht hat der jetzige Charakter des Landmanns nicht einen so hohen Wert, als mancher vielleicht glaubt. Die großen Opfer des letzten Freiheitskriegs waren nicht allgemeine Ausflüsse eines löblichen Gemeinsinns, einer reinen Vaterlandsliebe. Mit der französischen Regierung war der größte Haufe des Bauernstands am wenigsten unzufrieden;

---

283 Handwerker.
284 Das dürfte sich auf Arnold Mallinckrodt beziehen, der Bauern erfolgreich bewog, durch direkte Intervention bei Napoleon die Gesetze über die Ablösung der Feudallasten im Großherzogtum Berg zugunsten der Bauern zu verschärfen, was jedoch vor Ort zu zahlreichen Prozessen führte.

dennoch half er kraftvoll mit zu[zu]schlagen, als die Fremdlinge vertrieben werden mussten. Aber welche waren die Hauptmotive?

A) Das gute Beispiel seiner ehemaligen Landsleute; b) die neue Art und Weise der Aufforderung zum Kampf für *König und Vaterland*; c) die Versprechung einer besser[e]n Zeit, welche jene Aufforderungen begleitete; und d) die darauf gegründete Hoffnung, dass es wirklich besser werden würde.

Der Bauer, so wie er jetzt ist, kennt den ehemaligen *blinden Gehorsam* nicht mehr. Er hat angefangen zu denken und zu urteilen; das Ziel seiner Einsichten darf aber nicht zu weit in die Zukunft hinaus gesteckt sein, er misst die Erfolge seiner Handlungen nach der Gegenwart. Die vorigen Regierungen hatten sein Vertrauen verloren, die jetzige kann es gewinnen, wenn sie nur anfängt, einzelne, seine Subsistenz betreffende, Zweifel dem Geist gemäß zu lösen. Dass er dem Vaterland mit Gut und Blut verpflichtet sei, davon ist er überzeugt.

Der *Gewerbefleiß* hat seit 25 Jahren außerordentlich zugenommen; durch verbesserte Kultur, durch die Urbarmachung vieler wüsten Gründe hat sich der Getreidebau sehr vermehrt. Schade ist es nur, dass die Industrie der Bauern auch hier an manchen Orten die verkehrte Richtung genommen hat. Der Landmann des Hellwegs kann vom Ackerbau leben, wenn er mindestens einen zweipflügigen Hof besitzt und den Geschäften desselben nachgeht. Statt sich damit zu begnügen, haben die nahen Umgebungen der Fabriken- und Handelsgegenden bei vielen Bauern eine Liebhaberei für Nebenverdienste erzeugt, welche ihnen keinen Vorteil bringen. Der eine gibt sich an den Produkthandel; der andere an das Fuhrwerk auf der Landstraße; jeder liebt den unsicher[e]n augenblicklichen baren Gelddienst und versäumt sein Hofwerk, welches ihn sicherer nähren würde, wenn er es zur rechten Zeit abfertigte und nur einzelne Tage für solche Nebenverdienste zu erübrigen suchte.

Um die *Moralität* steht es nicht besonders rühmlich. Die in den letzten Dezennien so vielfach gewechselten Zeitverhältnisse haben bei manchen Gleichgültigkeit für Religion und Tugend im gemeinen Leben herbeigeführt. Man unterlässt häufig den Kirchengang (die vorherrschende Religion ist die protestantische), und hieran sind teils die höheren Stände, teils die Prediger selbst Schuld; Erstere, weil sie gar keine Kirche besuchen, und Letztere, weil sie durch populären Vortrag nicht zu erbauen wissen."

So weit der angeführte brave Landwirt vom Hellweg!

21. Der Arnsberger Regierungspräsident Georg Wilhelm Keßler[285] über die Entscheidung, Arnsberg zum Sitz der preußischen Bezirksregierung zu machen (August 1836)

Brief an einen deutschen Freund in London (August 1836), abgedruckt in: Leben des königlich preußischen Wirklichen Geheimen Rathes Georg Wilhelm Keßler, Biographen Ernst Ludwig Heim's: Aus seinen hinterlassenen Papieren, Leipzig 1853, S. 326–327 (auszugsweise abgedruckter Brief). Die Schriftform der Vorlage wurde beibehalten.

Für uns arme Verbannte liegt ein ganz besonderer Trost darin, daß du mitten in dem größten Haufen der Menschen, der sich auf einem Fleck der Erde zusammengeballt hat, unter all ihrem Geld und Gut, ihren Wundern an Häusern, Schiffen, Erfindungen etc. dich dennoch einsam fühlen und sehnen kannst nach dem traulichen Kreise der alten Getreuen, welche im Feuer und unter dem Hammer der Zeit gestählt und erprobt sind, und in der Fremde nicht gefunden werden. Wer könnte dies lebendiger mit dir empfinden als wir hier, und wem könnte Deine Sympathie zugleich wohler tun? Die Erhebung des Gemütes, der freudige Mut, welcher aus der Erkenntnis seines Berufs dem Menschen erwächst, mangelt mir, Gott Lob, auch nicht, ein so ganz anderer Kreis als der deine mir auch im Laufe der Zeit, seit du mich aus deiner potsdamer Schule entlassen hast, zugeteilt worden ist. Was ich in dieser Hinsicht von Arnsberg erwartete, ist mir geworden; wenn ich aber hier für die Entfernung von allen mir Teuren auch auf gar keinen Ersatz rechnete, meine Verweisung hierher auch als eine Art Grablegung betrachtete, so habe ich mich auch hierin nicht getäuscht. So roh und ungeschlacht das Treiben der Menge hier ist, in Garten und Feld, in jedem Gewerbe auch alles höhern Strebens ermangelnd, so absolut unfruchtbar ist auch dieser Boden für allen edlern geselligen Verkehr. Ob das noch Jugend voll verborgner Kraft, berufen zu dereinstiger schönen Entfaltung – ob's Alter verdumpft in weiland kölnisch-sauerländischem[286] Pfaffentum und Schmutz? That is the question – und daran hängt der Segen oder der Fluch des Werks, an dem ich arbeite, welchem ich meine Opfer gebracht habe und ferner bringe. Auf einer vierzehntägigen Reise durch den nördlichen Teil meines Regierungsbezirks, die Grafschaft Mark, habe ich gesehen, wie dort Steinkohlen, Dampf- und eine unermeßliche Fülle von Wasserkräften von den betriebsamen Bewohnern sinnig benutzt werden, allenthalben gewahrt man das glückliche Fortschreiten des Gewerbfleißes, das Gedeihen eines höhern Wohlstandes. Bei einer freiern Bildung unserer Staatseinrichtungen hätte die Regierung notwendig in jener bessern Hälfte des Bezirks ihren

---

285 Georg Wilhelm Keßler (1782–1846) aus Herpf/Franken trat 1806 in den preußischen Staatsdienst. Nach Stationen in Potsdam, Münster, Frankfurt/Oder und wieder Potsdam seit 1825 im Finanzministerium in Berlin, wo er sich aufgrund seiner wirtschaftspolitisch liberalen Überzeugung nicht halten konnte und durch die Bemühungen des Oberpräsidenten Vincke in Münster, der ihn aus seiner Potsdamer Zeit 1809–1813 kannte, 1836 zum Regierungspräsidenten in Arnsberg ernannt wurde, ein Amt, das er bis 1845 bekleidete. – An welchen Freund aus der Potsdamer Zeit der Brief gerichtet ist, hat sich nicht feststellen lassen.

286 Arnsberg war bis zur Säkularisation 1803 Verwaltungsmittelpunkt des Herzogtums Westfalen, einer der weltlichen Herrschaften des Fürsterzbischofs von Köln gewesen.

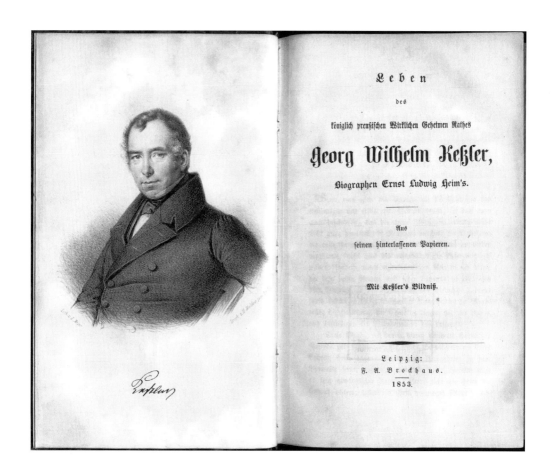

Sitz nehmen müssen. Da wir aber mehr durch die Ideen Einzelner[287] als durch die Stimme der Mehrheit in Staatssachen geleitet werden, so ist die Regierung auf die scheinbar ungeschickteste, unnatürlichste Weise hierhergepflanzt und mit schweren Kosten der nötige Apparat dazu geschaffen worden. Die Häuser scheinen wie aus Nürnberg[288] verschrieben an die sonderbare Gebirgshalbinsel geleimt. – Mein Trost, meine Hoffnung aber ist, daß Gott, nach dem Zeugnisse der Weltgeschichte, die frommen Absichten und stillen Taten des Einzelnen ebenso wohl zu segensreichen Folgen zu entwickeln pflegt, als das so oft wüste, aus dem Bedürfnisse des Augenblicks ertönende Geschrei der Menschen. Die Markaner haben vielleicht schon mehr Ursache zu bitten: laissez nous faire[289] – als: kommt und regiert uns! Dem alten rohen Herzogtum Westfalen aber kann die Nähe seiner Regierung nur ersprießlich sein. Darum verzweifle ich nicht, daß meine obige question noch günstig im Laufe der Zeit werde gelöset, die schönen

---

287 Der Oberpräsident Vincke hatte gegen die preußische Regierung, die Hamm als neuen Regierungssitz im südlichen Teil der Provinz Westfalen favorisierte, Arnsberg durchgesetzt.
288 Spielzeughäuser.
289 Lasst uns nur machen!

Träume unseres edlen Freundes von Vincke[290] glücklich in Erfüllung gehen und sein Andenken in später Zukunft gesegnet werde.

22. Dankadresse der Juden in Duisburg und Ruhrort an den rheinischen Provinziallandtag wegen seiner Beschlüsse zur Förderung der rechtlichen Gleichstellung der Juden (17. Juli 1843)[291]

Günter von Roden, Duisburger Notizen: Zeitgenössische Berichte von 1417–1992, Duisburg 1998, S. 184–186.

Untertänigste Dank-Äußerung der israelitischen Gemeinden zu Duisburg und Ruhrort wegen der von Einer hochverehrten Stände-Versammlung gefassten Entscheidung in Betreff der Juden-Emanzipation.

Hochansehnliche, hochverehrteste Stände-Versammlung! Soeben trifft wie ein Sonnenstrahl aus düsterer Luft die Nachricht bei uns ein, dass Eine hohe Stände-Versammlung mit beinahe völliger Stimmengleichheit[292] für die Emanzipation der Juden zu entscheiden geruht hat. Die Freude, mit welcher diese Nachricht unsere Gemüter durchzittert, vermischt sich mit den heißesten Gefühlen des tiefsten Herzendanks, und wir fühlen uns gedrungen, diesen Dank hiermit Einer hohen Ständeversammlung ehrerbietigst darzubringen.

Ach! Worte vermögen es nicht, unsere freudige Rührung und unsere Dankgefühle zu schildern, und, indem wir uns, niedergedrückt von der Überzeugung, wie arm und dürftig die Sprache ist, die tiefsten und heiligsten Gefühle warm und treu zu offenbaren. –

Auch uns soll also die Sonne der Freiheit leuchten! – Auch wir sollen, befreit von den unseligen Fesseln, die uns banden, ungehindert teilnehmen dürfen an den Fortschritten der Zeit, an dem überall sich regenden jugendlich frischen Wirken zur Beförderung allgemeiner menschliche[r] und bürgerliche[r] Interessen! Wir sollen nicht länger seufzen unter dem unverdienten Hass blinder Vorurteile! Wir sollen als Brüder anerkannt und aufgenommen sein in das Band der bürgerlichen Gesellschaft, und die starre Scheidewand, die uns Jahrhunderte von diesem Bruderbund trennte, soll darniedersinken! –

---

290   Friedrich Ludwig Wilhelm Philipp Freiherr von Vincke (1774–1844) aus Minden, 1815–1844 Oberpräsident der Provinz Westfalen. Vincke war auch Gutsbesitzer in Ickern (Castrop-Rauxel) und Hohensyburg (Dortmund).
291   Der Rheinische Provinziallandtag besaß nur regionale Kompetenzen, darüber hinaus aber auch das Petitionsrecht an den König. Es wurde gerade vom 7. Provinziallandtag, der im Mai 1843 tagte, im Zusammenhang mit der Verfassungsfrage ausgiebig genutzt. Dementsprechend wurden die Beschlüsse zur Abschaffung noch aus napoleonischer Zeit stammender judenfeindlicher Bestimmungen im Rheinland um die Petition an den König ergänzt, Vorbereitungen zur Abschaffung aller Benachteiligungen der Juden in Preußen zu treffen. Dankadressen an den Landtag waren ein Mittel, die öffentliche Diskussion politischer Themen zu befördern. Sie wurden im Dezember 1843 grundsätzlich verboten.
292   Gemeint waren die Abstimmungsergebnisse der beiden genannten Beschlüsse, die bei 51:23 und 54:19 lagen.

O, wie wahr ist es, dass die Menschheit in herrlicher Entwicklung begriffen sei! Die Entscheidung Einer hohen Stände-Versammlung ist ein Triumph der Humanität, und die Stimmenkugeln,²⁹³ welche dafür hingegeben worden [sind], sind wahrlich nicht die geringsten Perlen, mit welchen die Bürgerkronen der hochverehrten Mitglieder Einer hohen Stände-Versammlung geziert erscheinen! In dem Element der Freiheit, die uns jetzt beglücken soll, wird sich ein neues, frischeres Leben unter uns entwickeln, und in dem Streben danach hoffen wir den Dank am besten betätigen zu können, der gegen Eine hohe Ständeversammlung in unser[e]m Herzen glüht!

In dem freudigen, dankenden Jubel, der an den Ufern des ganzen deutschen Rheins den humanen Gesinnungen und Beschlüssen Einer hohen Stände-Versammlung gezollt wird, mischen wir auch den uns[e]rigen, und aus voller Seele rufen wir:

Preis und Heil den hochgeschätzten Volksvertretern! Heil und Ehre
dem König und dem Vaterland!

Es verharren in tiefster Ehrerbietung Einer hohen Ständeversammlung untertänigste israelitische Gemeinde-Glieder und namens derselben

Der israelische Vorstand	Der israelische Vorstand
zu Duisburg	zu Ruhrort
David Levy	Joseph Isaac

23. „Programm der Demokratie": Leitartikel der „Essener Volks-Halle",²⁹⁴ Zeitung der Essener Demokraten, Jahrgang 1850, Nr. 7 und Nr. 8 (16. und 18. Januar)

Friedrich Meisenburg, Die »Essener Volks-Halle«, eine demokratische Zeitung aus den Jahren 1849–1850. Beiträge zur Geschichte von Stadt und Stift Essen 69 (1953), S. 71f, Faksimile vor S. 17 (Auszug). Die Schriftform der Vorlage wurde beibehalten.

Programm der Demokratie
Selbst regieren; Wenig regieren; Billig regieren

Dies war unser Programm in der Vergangenheit, und dies soll es bleiben in der Zukunft. Je mehr das jetzt herrschende System die Regierung wieder abtrennt von dem Volke, je mehr die Regierung in diesem Gegensatze gegen das Volk genötiget ist, in alles sich zu mengen,

---

293 Geheimes Abstimmungsverfahren: durch Abgabe weißer oder schwarzer Kugeln für oder gegen etwas zu stimmen (Ballotage). Vgl. dazu auch die Einleitung zu Kap. VI.

294 Die „Essener Volks-Halle" erschien von April 1849 bis Juni 1850, finanziert durch eine Aktiengesellschaft, die von demokratisch orientierten Mitgliedern des größten politischen Vereins der Revolutionszeit in Essen, des *Politischen Clubs*, getragen wurde. Mit ihrer Forderung nach einer konstitutionellen Monarchie auf breiter demokratischer Basis blieb „Volks-Halle" gemäßigt, stand aber dennoch im Gegensatz zur konstitutionell-konservativen Position der 1775 gegründeten, seit 1799 unter dem Namen „Allgemeine Politische Nachrichten" erscheinenden Essener Zeitung der Verlegerfamilie Baedeker. Ende September 1849 erreichte sie mit einer Zahl von 700 Abonnenten fast die der Baedekerschen Zeitung (800 Abonnenten).

niemand zu trauen, je mehr dieses Soldaten- und Polizei-System das Einkommen des Landes verschlingt und Preußen in Schulden und Defizits stürzt; um so mehr wird die Demokratie festhalten an jenen drei Worten, die ihr ganzes politisches System enthalten. Ehe nicht diese drei Worte eine Wahrheit geworden sind im Lande, eher wird auch keine Ruhe darin einkehren.

Selbst regieren wollen sich jetzt die Völker; sie mögen nicht mehr wie unmündige Kinder von einem Ministerium regiert werden, was, wenn ihnen die Männer des Volkes gegenüber stehn, nicht einmal imstande ist, sein System zu verteidigen. Wir haben den Creme der Bureaukratie in der Nationalversammlung und aufgelösten zweiten Kammer[295] gesehen; wir haben

Zeitungskopf der »Essener Volks-Halle«, Nr. 7 vom 16.1.1850 [Stadtarchiv Essen]

gewesene Minister, wir haben Präsidenten der Regierungen und anderer Landesbehörden auf der Tribüne gehört und staunend frug sich das Volk, als es den trivialen Inhalt dieser Reden, die Schwerfälligkeit der Auffassung und des Vortrags vernahm: Ist dies die verborgene Weisheit der Regierung, die das Volk nicht erreichen kann, weshalb es stets in heiliger Scheu und respektvoller Ferne sich halten soll? Von wem sind die neuen Ideen, die besten Entwürfe für die Verfassung und die organischen Institutionen des Staats ausgegangen? Von der Nationalversammlung zu Frankfurt und zu Berlin; was die Regierung dazu getan hat, war vom Übel, und was sie selbst von Entwürfen brachte, war so hohl und abgestorben, dass es erst durch die Arbeit der Volksvertretung hindurch gehen musste, um mit einem lebensfähigen Geist und Inhalt sich zu erfüllen. Und trotzdem will die Regierung das Monopol der Weisheit behalten, trotzdem sollen diese Männer, die das Volk durch seinen Instinkt und seine Wahl aus sich

---

295 Friedrich Wilhelm IV. löste am 5.12.1848 die Preußische Nationalversammlung auf. Nach der darauf oktroyierten Verfassung wurde im Januar 1849 eine Zweite Kammer des Landtags gewählt, die der König im Mai 1849 auflöste, weil die Kammer sich zum Verfassungsentwurf der Frankfurter Nationalversammlung bekannt hatte.

heraus hingesandt hatte, um den Neubau zu schaffen, trotz dem sollten diese Männer unfähig sein, Gesetze zu geben und zu regieren!

Selbst regieren will nicht bloß das Volk sich; es kann es auch; die geringen Anfänge, die im Jahre 1848 damit gemacht worden, haben es bewiesen. Man schreit über die Extreme, in die die Opposition geraten; allein es waren keine Extreme; die Entwicklung der Begebenheiten hat den Linken der Versammlungen hierfür die glänzendste Rechtfertigung gegeben; nur den Halbheiten der Zentren und der Rechten[296] haben Deutschland und die Einzelstaaten ihren jetzigen kläglichen Zustand zu verdanken. Sollten aber auch unausführbare Forderungen gestellt worden sein, so waren sie das natürliche Erzeugnis jenes zähen Widerstandes der Regierungen. Gebet den Männern des Volkes die volle Macht, wie es sein soll, setzet die Regierung zu einer Exekutivbehörde herab, wie es sein soll, die den Beschlüssen der Volksvertretung höchstens Gründe aber nie Gewalt entgegenstellen darf, dann wird sich jener Auswuchs unausführbarer Extreme schnell verlieren. Nur die Ohnmacht, die das Recht in sich fühlt, führt zur Übertreibung; die Macht aber mit dem Rechte führt zur Mäßigung. Die Volksvertretungen werden mit Besonnenheit das Allgemeine des Staats in Gesetzgebung und Regierung bestimmen; denn das Volk und sie sind ja identisch; aber dazu gehört, dass diese Vertretung weiß, jeder Beschluss von ihr sei Gesetz und werde in ihrem Geiste vollzogen. Stellt Deutschland auf diese Stelle, und ihr könnt sicher sein, dass besonnen von dem Volke gewählt und besonnen von den Vertretern der Staat geleitet werden wird.

Selbst regieren will sich das Volk, nach dem großen Beispiele Nordamerikas, weil es sieht, dass nirgends mehr Ruhe und Ordnung herrscht, als dort, wo die Selbstregierung eine Wahrheit ist. In diesem Selbstregieren liegt das allgemeine, gleiche Wahlrecht, denn ohnedem ist keine Selbstregierung, sondern eine Regierung schlimmer als der absolute Staat, weil es eine Regierung der Minderheit über die Mehrheit ist, weil es die Regierung des Privilegiums ist, weil es die Regierung der Geldaristokratie, der Börsenherren, der Kapitalisten und Rentiers[297] ist, die weniger als der absolute Monarch anstehen, die übrigen Klassen zu ihrem Vorteile auszubeuten, die an den indirekten Steuern festhalten, weil diese den größten Teil der Steuerlast auf den Arbeiter werfen; die nie in eine Einkomm-, Erbschafts- oder Kapitalsteuer willigen werden, weil sie jeden nach Verhältnis trifft.

Wenig regieren will die Demokratie. Sie will, dass jeder Mensch zunächst sich selbst regiere, dass dasselbe von der Familie, von der Gemeinde, von den Bezirken, von der religiösen Gesellschaft geschehe: sie will dass der Staat in diese kleinen Kreise und ihre Angelegenheiten sich nicht mische, sie vertrauensvoll gewähren lasse, so weit sie die Rechte anderer nicht verletzen; sie will, dass die Regierung nur das übernehme, was ihrer Natur nach von diesen kleinen Kreisen und Kräften nicht erreicht werden kann; sie will dass der Staat zu dem ursprüngli-

---

296 Parteien der Mitte und der Rechten.
297 Jemand, der von seinen Renten (Einkünften) lebt.

chen Begriffe eines Vertrages[298] zurückgehe, dass er nichts sei, als eine Privat-Gesellschaft im Großen, die immer dann am besten gedeiht, wenn die Direktoren so wenig möglich regieren; wenn der Organismus durch das eigene Interesse jedes Einzelnen sich in der Bewegung und am Leben erhält und nicht durch das Kommandowort eines mit der Peitsche an der Spitze stehenden Sklavenaufsehers. Die Demokratie sagt: Das Ideal des Staates ist der Staat, der gar keine Regierung hat; wo die Freiheit der Individuen und kleinen Verbindungen bis zu der großen des Staats herauf, so weit und doch so harmonisch mit dem Interesse der Individuen geregelt ist, dass es weder Exekutoren noch Gendarmen, weder Strafen noch Bajonette und Kanonen bedarf, um die Ordnung zu sichern; wo die Freiheit die Ordnung selbst erzeugt und selbst verteidigt, wo der einzelne Bürger der Repräsentant der Freiheit, deshalb die Regierung den Repräsentanten der Ordnung, nicht außer sich, sondern in sich hat; wo diese Regierung nicht in der Person von Ministern und Präsidenten an dem grünen Tische sitzt, vor sich das heilige Amtsgeheimnis, hinter sich die Konstabler[299] und Kanonen und die Bürger tief unten, sondern wo diese Höhen und Tiefen, diese Akten und diese Säbel verschwunden sind, alles zu Bürgern und nichts als Bürgern eines freien Staates geworden ist. Dies Ideal hält die Demokratie fest; es ist ihr Ziel; sie strebt danach und wird nicht aufhören danach zu streben; mag sie verlacht werden, oder verfolgt. Es ist ein trivialer Satz geworden, dass diejenige Armengesetzgebung die Beste sei, die sich zuletzt selbst überflüssig mache; aber es muss ein eben so trivialer Satz werden, dass die Staatsregierung die Beste ist, die nur das eine Ziel vor Augen hat, sich selbst überflüssig zu machen.

Aus der Ansicht, dass die Demokratie nur wenig zu regieren brauche, folgt, dass die demokratische Regierung auch eine billige sei, da ein demokratisches Volk weder Heere noch Polizei und Spione gegen sich selbst brauche und weder auswärtige noch innere Feinde fürchte. *Drei Viertel des Heeres und die höhere Polizei könne man deshalb entlassen. An Steuern brauche Preußen in Zukunft nur noch die Grundsteuer, die Grenzzölle und eine mäßige Einkommensteuer beizubehalten. Auch die aufgeblähte Verwaltung lasse sich wesentlich vereinfachen:* Es verschwinden die großen Regierungskollegien mit ihren Präsidenten oder Geheimen- und Regierungsräten, Schul-, Bau-, Wasser- und anderen Räten und fallen zusammen in das kleine Büro eines Regierungskommissars, der nicht selbst regiert und verwaltet, sondern nur darauf achtet, dass durch die Selbstregierung der Gemeinden Kreise und Bezirke die allgemeinen Interessen des Staates, d.h. aller, nicht beeinträchtigt werden.

---

298   In der Entwicklung der Demokratie-Theorie spielte die Konstruktion eines Herrschafts- und Gesellschaftsvertrags zwischen Regierung und Volk eine wichtige Rolle.
299   Polizist.

Kapitel II
Frühindustrialisierung
Von Thomas Urban

Die im Verlauf des 18. Jahrhunderts im heutigen Ruhrgebiet eingeleitete wirtschaftliche Entwicklung wird in der Forschung gemeinhin als vor-, proto- bzw. frühindustrielles Zeitalter bezeichnet. Sie weist drei wesentliche, miteinander verbundene Merkmale auf: Erstens war es mehr und mehr gelungen, die hier vorhandenen Rohstoffvorkommen – vor allem Steinkohle, zunächst aber auch Erze – gezielt zum Aufbau neuer gewerblicher Zweige wie des Eisenhüttenwesens zu nutzen. Zweitens verfügten Pionierunternehmer wie Franz Haniel, Mathias Stinnes oder Friedrich Harkort über das notwendige Know-how, um technische Neuerungen (Maschinen, Verfahren) in der Region mehr oder weniger gewinnbringend ein- bzw. umsetzen und damit die Produktion von Gütern auf eine neue, industrielle Grundlage zu stellen. Drittens vollzog sich der Übergang von handwerklich geprägten Gewerbezweigen zu Fabriken keineswegs flächendeckend, eher lokal als regional, und nur dort, wo die Infrastruktur am wenigsten rückständig war. Dies schlug sich nicht zuletzt im Landschaftsbild jener Zeit nieder.

Wer um das Jahr 1800 das heutige Ruhrgebiet bereiste, fand dort noch keine Industrielandschaft vor. Im Emscherraum und an der Lippe dominierten kaum erschlossene Heidelandschaften, und in der Hellwegzone bestimmten – abgesehen von der freien Reichsstadt Dortmund, dem Stift Essen und Duisburg – eher von Landwirtschaft eingerahmte Dörfer als wachsende Städte das Bild. Die Verkehrswege waren überwiegend in einem miserablen Zustand, was nicht nur das Reisen per Postkutsche zu einem Abenteuer machte. Neben den zahlreichen Zollgrenzen in der territorial zersplitterten Region *(vgl. Karte Einband)* schränkten auch die schlechten Straßen den Warentransport erheblich ein.

Der mit Abstand zuverlässigste und schnellste Verkehrsweg war zu dieser Zeit ein Fluss: Die seit dem Jahr 1780 zwischen Langschede und Ruhrort schiffbare, mit insgesamt 16 Schleusen ausgestattete Ruhr ermöglichte einen regen Schiffsverkehr mit einer Vielzahl von Gütern, der nur bei Niedrig- bzw. Hochwasser sowie im Winter zum Erliegen kam *(Dok. 5)*. Folgt man Reiseberichten aus dieser Zeit, konnten die an der Ruhr gelegenen Orte diesen Standortvorteil für sich nutzen und – basierend auf der Ruhrschifffahrt – verschiedene Gewerbezweige ausbauen, die heute längst nicht mehr mit dem Ruhrgebiet in Verbindung gebracht werden. So wurden z.B. in Kettwig und Werden erste Tuchfabriken errichtet und über Ruhr und Rhein ein intensiver Tuchhandel mit Holland und über die Nordsee betrieben, während in Essen die zwischenzeitlich aufgegebene Herstellung von Gewehren *(vgl. Dok. 9 in Kap. I)* zu Beginn des 19. Jahrhunderts wieder auflebte.

Besonders beeindruckt zeigten sich Reisende von Mülheim an der Ruhr: Die erst 1808 unter napoleonischer Herrschaft gegründete, junge Stadt besaß laut Philipp Andreas Nemnichs

Tagebüchern aus dem Jahr 1809 »verschiedene gute Erwerbszweige« und hatte sich innerhalb kürzester Zeit zu einem Handelszentrum entwickelt. Als Rückfracht für heimische Steinkohlen gelangten u.a. sogenannte Spezereiwaren (Gewürze) und andere Kolonialwaren, Getreide und Wein über die Ruhr nach Mülheim *(Dok. 9)*. In der Folgezeit kamen immer häufiger auch pflanzliche Gerbstoffe und tierische Häute hinzu, die die dort ansässigen Gerbereien zu Ledererzeugnissen verarbeiteten. Vor allem der Bedarf an Geschirrleder für die in der Treidelschifffahrt, im Bergbau und im Speditionsgewerbe eingesetzten Pferde war beträchtlich. Trotz der großen Nachfrage begann sich das Ledergewerbe erst gegen Ende des 19. Jahrhunderts vom Handwerksbetrieb zur Industrie zu wandeln.

Der bestimmende Faktor der Ruhrschifffahrt war jedoch der Kohlentransport. Den Eigentümern (Gewerken) der Bergwerke in der Grafschaft Mark und in den Stiften Essen und Werden erschlossen sich über den Fluss völlig neue Absatzgebiete, und auch den Kohlenhändlern verhalf dieses Gewerbe zu einigem Wohlstand. Zu Letzteren gehörten auch Franz Haniel aus Ruhrort *(Dok. 17, 23)* und sein Mülheimer Kontrahent Mathias Stinnes, die ihr höchst erfolgreiches Unternehmertum auf dieser Branche gründeten. Haniel schuf bereits zu Lebzeiten ein »vertikal und horizontal ausgebautes Konglomerat von Unternehmen, das von der Rohstoffgewinnung bis zum Transport und Verkauf der Produkte alle Glieder der Wertschöpfungskette abdeckte« (Weber-Brosamer). Aber auch Stinnes' rascher Aufstieg aus einfachen Verhältnissen vom Schiffsjungen zum Reeder und Gewerken war für die damalige Zeit recht ungewöhnlich. Als Stinnes 1828, knapp zwanzig Jahre nach der Gründung seines Geschäfts und dem Kauf des ersten Ruhrkahns, seinen »Creditoren« eine Zahlungsbilanz vorlegte, hatte er, u.a. durch den Ankauf von Bergwerksanteilen, ein stattliches Vermögen erwirtschaftet *(Dok. 16)*.

Die meisten frühindustriellen Unternehmer konnten ihren Kapitalbedarf nicht aus eigener Kraft bestreiten, sondern waren auf fremde Unterstützung angewiesen. Ein wahrnehmbares Bankenwesen begann sich an der Ruhr erst im Zuge der Industriellen Revolution herauszubilden; ebenfalls fällt die Gründung kapitalkräftiger Aktiengesellschaften in diese Periode *(vgl. dazu Kap. III)*. Daher bestand das Fremdkapital der als Personengesellschaften organisierten Unternehmen bis Mitte des 19. Jahrhunderts häufig aus kurz- und längerfristigen Darlehen von Freunden, Verwandten und Bekannten, für deren Begleichung sich der Unternehmer persönlich verbürgte. Vereinzelt traten Kohlenhändler als Kreditgeber auf, aus deren Verleihgeschäft mitunter sogar kleine Privatbanken hervorgingen. Staatliche Kredite waren höchst selten; entsprechende Gesuche wurden in den meisten Fällen abgelehnt. Vor diesem Hintergrund mussten die Unternehmen vielfach mit einem beschränkten Kapitalvolumen auskommen. Grundsätzlich war jedoch das Risiko, sich und sein Unternehmen hoffnungslos zu verschulden, bereits zu dieser Zeit beträchtlich, sofern man nicht, z.B. durch eine »Querfinanzierung« gewinnträchtiger und verlustreicher Betriebszweige, Wege fand, das Vermögen geschickt umzuverteilen.

Ohne die Steinkohle ist der Industrialisierungsprozess im Ruhrgebiet nicht vorstellbar. Um 1800 wurde dieser Rohstoff in erster Linie im Süden, beidseits der Ruhr, gefördert. Die Voraussetzungen, unter denen die Kohle ans Tageslicht gebracht wurde, waren gleichwohl von Revier zu Revier verschieden. Die Unterschiede zeigten sich bereits beim Bergrecht *(vgl. Karte*

Einband): Die in Hattingen, Sprockhövel und Witten geltende »Revidierte Clevisch-Märkische Bergordnung« von 1766 *(Dok. 2)* und das in ihr verankerte Direktionsprinzip sorgten – stark vereinfacht – dafür, dass fortan nicht mehr die Gewerken, sondern die Bergbehörden die Geschicke der Bergwerke lenkten. Die Bergbehörde traf somit alle wichtigen Entscheidungen und degradierte die Zecheneigentümer, nicht ohne Widerstand, zu bloßen Befehlsempfängern. Während sich dagegen der im Stift Essen betriebene Bergbau – basierend auf der von Gewerken entworfenen Bergordnung von 1575 *(vgl. Dok. 8 in Kap. I)* – unter der letzten Fürstäbtissin Maria Kunigunde nahezu ungehindert entfalten konnte, war auch im Mülheimer Bergbau die »Jülich-Bergische Bergordnung« aus dem Jahr 1719 deutlich liberaler und gab den Bergwerkseigentümern alle Freiheiten: Damit konnten sie z.B. selbst über die Arbeitszeiten und Löhne der bei ihnen angelegten Bergarbeiter bestimmen. Doch auch hier änderten sich die Verhältnisse, als Mülheim an der Ruhr nach Ende der napoleonischen Zeit ab 1815 preußisch wurde.

In den 1830er und 1840er Jahren liefen die Gewerken an der Ruhr *(Dok. 19)*, aber auch Politiker und Ökonomen wie der Hattinger Gustav Höfken *(Dok. 22)* wiederholt gegen das veraltete Bergrecht Sturm, das sie als »Hemmschuh« der wirtschaftlichen Entfaltung geißelten. Die herbeigesehnte Bergrechtsreform trat schließlich zwischen 1851 und 1865 in Kraft *(vgl. Dok. 14, 18 in Kap. III)* – mit allen weitreichenden Folgen für das künftige Kräfteverhältnis zwischen Grubenbesitzern, Bergbehörden und Belegschaften *(vgl. dazu etwa Kap. VIII)*.

Dass eine Modernisierung der Ruhrbergwerke bereits lange vor der Bergrechtsreform geboten schien, geht aus den Berichten des preußischen Oberbergrats Friedrich Wilhelm Graf von Reden (1752–1815) hervor. Nach einer Inspektionsreise durch das Ruhrtal im Auftrag des preußischen Königs Friedrich II. zeichnete von Reden zu Beginn der 1780er Jahre das Bild eines – wohl auch im Vergleich zu den Verhältnissen in Oberschlesien – rückständigen, wenig effektiven und für die Bergleute äußerst gefahrvollen märkischen Steinkohlenbergbaus. Dagegen konnten die beim Kohlenabsatz stets konkurrierenden Bergwerke des Mülheimer Raums zu Beginn des 19. Jahrhunderts durch fortschrittliche technische Anlagen ihre Leistungsfähigkeit deutlich steigern. Hierzu trug in der Region Essen-Mülheim gerade auch das vertikale Durchstoßen der Mergelschicht bei: Während sich das 1834 erschlossene Flöz auf Schacht Franz erst einige Zeit nach der Augenscheinnahme durch die Bergbehörde *(Dok. 17)* als nicht abbauwürdig erwies, konnte Franz Haniel drei Jahre später auf Schacht Kronprinz die unterhalb der Mergeldecke freigelegte Kohle erstmals produktiv abbauen. 1842 folgte ihm Mathias Stinnes, der mit der dritten Durchstoßung die Kohlenförderung auf Schacht Graf Beust I erfolgreich aufnahm. Der Niedergang der Essener und Mülheimer Magerkohlenzechen setzte erst im Zuge der Nordwanderung des Ruhrbergbaus und der Entstehung großer Tiefbauzechen seit den 1870er Jahren ein, mit der die Kohlenförderung in der Region in neue, bislang ungekannte Dimensionen vorstieß.

Der Einfluss, den England auf den technischen Fortschritt in Deutschland im Laufe des 19. Jahrhunderts ausübte, kann kaum überschätzt werden. In diesem Zusammenhang spielte gerade in der frühindustriellen Zeit der Maschinenbau, und hier insbesondere die Dampfmaschine, eine tragende Rolle. Anders als im Harz und in Oberschlesien, wo man sich bereits seit den 1780er Jahren eingehend mit der Dampfmaschinentechnik befasst hatte, kam diese Anlage erst mit einiger Verzögerung an die Ruhr.

Die 1799 auf der Königlichen Saline Königsborn bei Unna aufgestellte Dampfmaschine, die manchen Zeitgenossen tief beeindruckte *(Dok. 6)*, war bereits nach dem »neuen Prinzip« von James Watt gebaut worden: Sie war weitaus effizienter und bedienungsfreundlicher als die sogenannten Feuermaschinen Thomas Newcomens, die seit Beginn des 18. Jahrhunderts das Grundwasser aus englischen Bergwerken abgepumpt hatten. Jene Maschine, die auch Haniels und Stinnes' Kohlenabbau unterhalb der wasserreichen Mergelschicht erst möglich machte, konstruierte ab 1801 der gelernte Zimmermann Franz Dinnendahl für die Werdener Zeche Wohlgemuth *(Dok. 8)*. Sowohl die 1804 in Betrieb genommene als auch die zuvor auf der Zeche Vollmond bei Bochum zusammengefügte Dampfmaschine begründeten Dinnendahls Aufstieg zum Konstrukteur weiterer Maschinen alten und neuen Typs, die er wie auch sein Bruder Johann *(Dok. 18)* in eigenen Maschinenbauwerkstätten in Essen und Mülheim fertigte.

Die gusseisernen Teile der Dinnendahlschen Dampfmaschine stammten aus einem Betrieb im spärlich besiedelten Vest Recklinghausen, der heute gemeinhin als »Wiege der Ruhrindustrie« gilt. Tatsächlich begründete die 1753 auf Antrag des Freiherrn Franz von Wenge *(Dok. 1)* unter dem Namen »Gottes Gnaden« vom Kölner Erzbischof genehmigte St. Antony-Hütte das Eisenhüttenwesen im Ruhrgebiet. Die Anlage bei Osterfeld, die das dort in großen Mengen unter der Grasnarbe vermutete Raseneisenerz zu Roheisen schmelzen und zu Eisenwaren (u.a. Töpfe, Pfannen, Öfen) verarbeiten sollte, konnte jedoch erst Ende der 1780er Jahre mit Gewinn produzieren. Zu dieser Zeit hatte ihr Pächter Eberhard Pfandhöfer die St. Antony-Hütte wieder verlassen, nicht ohne zuvor eine eigene »Eisenschmelze« im benachbarten Sterkrade, die Hütte Gute Hoffnung, gegründet zu haben *(Dok. 3, 4)*.

Die Namen der folgenden – zwischenzeitlichen – Eigentümer beider Hütten lesen sich wie ein Who is Who der Montangeschichte im Ruhrgebiet: 1799 konnte Helene Amalie Krupp die Hütte Gute Hoffnung für ihren Enkel Friedrich Krupp ersteigern. Da der Begründer des späteren Weltkonzerns sie jedoch eher glücklos führte, verkaufte die Großmutter das Werk keine zehn Jahre später an den Essener Kaufmann Heinrich Huyssen. Die St. Antony-Hütte *(Dok. 7)* gelangte in den 1790er Jahren in den Besitz der Fürstäbtissin des Stifts Essen und ihres Teilhabers Gottlob Jacobi *(Dok. 7, 9, 11, 12, 23)*, der zudem St. Antony und die neu gegründete Eisenhütte Neu-Essen als Direktor leitete. Nachdem die Fürstäbtissin beide Hütten an Jacobis Schwäger, die Brüder Franz und Gerhard Haniel, verkauft hatte, wurden diese 1808 mit Huyssens Anlage zur Hüttengewerkschaft und Handlung Jacobi, Haniel & Huyssen (JHH) zusammengefügt. Hieraus ging später der Montan- und Maschinenbaukonzern Gutehoffnungshütte (GHH) hervor.

Der Maschinenbau und die Eisenindustrie an der Ruhr waren bereits früh eng miteinander verzahnt. Dies zeigt allein die langjährige, wenngleich konfliktreiche Zusammenarbeit der Brüder Franz und Johann Dinnendahl mit Gottlob Jacobi. Diese Kooperation endete spätestens in den 1820er/30er Jahren, als beide Seiten versuchten, beides aus einer Hand anzubieten. So reagierten die Eigentümer der Hüttengewerkschaft JHH, 1820 selbst Gründer einer eigenen

Maschinenwerkstätte *(Dok. 12)*, empfindlich auf das Bestreben Johann Dinnendahls, 1833 mit der Friedrich Wilhelms-Hütte eine weitere »Eisenschmelze« im Ruhrgebiet zu etablieren. Zuvor war bereits 1826/27 in Lünen die Eisenhütte Westphalia *(Dok. 20)* gegründet worden. Der Protest der Hüttengewerkschaft an das preußische Handelsministerium führte die ihrer Meinung nach zu geringen Vorräte an Brennholz im heutigen Großraum Oberhausen-Mülheim an, die die Werke in den sicheren Ruin treiben würden. Johann Dinnendahl ließ dieses Störfeuer zunächst unbeeindruckt: Sein Ziel war es, im Hochofenbetrieb Eisenerz mithilfe von Steinkohlenkoks zum Schmelzen zu bringen *(Dok. 18)*. Da auch die JHH entsprechende Versuche anstellte, entstand eine Art Wettkampf, den in den 1840er Jahren schließlich die Friedrich Wilhelms-Hütte für sich entschied. Zu dieser Zeit war Johann Dinnendahl jedoch längst nach Minden abgewandert, wo er 1849 starb.

Die frühindustriellen Unternehmer an der Ruhr waren nicht nur darum bemüht, neuartige Maschinen, sondern auch innovative Produktionsverfahren aus England zu übernehmen und weiterzuentwickeln. Zu diesem Zweck reisten einige Vertreter inkognito nach England, um sich vor Ort das eine oder andere abzuschauen. Diese, damals mit drakonischen Strafen belegte Form der Industriespionage favorisierte wohl auch Gottlob Jacobi, der 1817 Eberhard Hoesch über den auf der britischen Insel betriebenen »Puddlingsprozess« aufklärte *(Dok. 11)*. Dieses Verfahren, bei dem das ständig mit langen Stangen umgerührte Roheisen getrennt von der brennenden Steinkohle in einem Ofen schmelzen konnte, garantierte bei richtiger Anwendung veredeltes Roheisen bzw. Stahl. Als der Gründer der Dortmunder Eisen- und Stahlindustrie, Hermann Diedrich Piepenstock, 1841 die Genehmigung zur Errichtung eines »Puddlings- und Walzwerks« in Hörde erhielt *(Dok. 21)*, war er jedoch nicht der erste, der dieses Verfahren im Ruhrgebiet praktizierte.

Pionier auf diesem Gebiet war – übrigens für ganz Deutschland – Friedrich Harkort, der das Puddeln erstmals Mitte der 1820er Jahre in Wetter an der Ruhr eingeführt hatte. Harkort war es auch, der bereits zu dieser Zeit fest vom künftigen Siegeszug der Eisenbahn als neuem, schnellem Transportmittel nicht nur in England, sondern auch in Rheinland-Westfalen überzeugt war *(Dok. 15)*. Diese Ansicht unterstrich er wenige Jahre später mit einer Denkschrift anlässlich des geplanten Baus der Köln-Mindener Eisenbahn *(vgl. Dok. 1 in Kap. III)*. Ähnlich vehement setzte sich Franz Haniel in den 1840er Jahren für den Bau von Eisenbahnen durch das heutige Ruhrgebiet ein. Ob es sich um die von ihm 1841 zunächst favorisierte, »projektierte Rhein-Weser Eisenbahn« *(vgl. Dok. 2 in Kap. III)* oder um die Köln-Mindener Eisenbahn handelte: Stets – und schließlich mit Erfolg – versuchte er die politischen Entscheidungsträger, allen voran den preußischen König, davon zu überzeugen, in welchem Ausmaß neue Absatzmärkte für Kohle und andere Güter durch die Eisenbahn erschlossen werden konnten *(Dok. 23)*.

Was die Einführung bzw. Etablierung neuer technischer Verfahren anbelangt, so ist schließlich auch der junge Alfred Krupp zu erwähnen: Nach dem Tod seines Vaters Friedrich 1826 trieb Alfred Krupp die Herstellung von hochwertigem Tiegelstahl (benannt nach den aus Ton und Grafit bestehenden Tiegeln) in der Essener Gussstahlfabrik voran. Die aus Tiegelstahl gefertigten Produkte, u.a. Stempel und Walzen für Münzanstalten und die Besteckindustrie, waren in den 1830er und 1840er Jahren stark nachgefragt. Trotz der ausgeprägten Konjunkturabhängigkeit dieses Marktes setzte Krupp die erzielten Gewinne umgehend in weitere, durchaus riskante Investitionen um. Im Februar 1848, als Alfreds Mutter Therese Krupp ihr Erbe vorzeitig regelte, wurde ihr Sohn schließlich Alleineigentümer der Kruppschen Gussstahlfabrik.

Die Frühindustrialisierung im Ruhrgebiet war allerdings nicht nur von technischem Fortschritt im Kohlenbergbau und in der Eisenverhüttung, risikofreudigen Unternehmern und einem allgemeinen wirtschaftlichen Aufschwung nach dem Abbau der innerpreußischen Zollschranken (1818) sowie der Gründung des deutschen Zollvereins (1834) geprägt. Vielmehr wies diese Phase auch einige Schattenseiten auf. Dort wirkte sich in der ersten Hälfte des 19. Jahrhunderts der Zusammenhang von »Industrialismus und Armuth« (Georg Swederus, 1844) gerade auch für die Landarbeiter nachteilig aus: Die Betroffenen hatten der Landwirtschaft in der Hoffnung auf bessere Lebensbedingungen den Rücken gekehrt, waren jedoch von den Ernährungs- und Wohnverhältnissen, die sie in den Städten vorfanden, rasch enttäuscht. Da es zu dieser Zeit noch gänzlich an organisierten Arbeiterbewegungen fehlte, hatten sie kaum Möglichkeiten, sich gegen niedrige Löhne und den damit verbundenen geringen Lebensstandard zu wehren. Lebensmittelverknappungen infolge von Missernten taten ihr Übriges. An der Ruhr herrschte hingegen in den 1830er und 1840er Jahren keine Massenarmut, wie sie etwa das benachbarte Bergische Land bestimmt hatte. In dieser Region mit ihrem traditionellen Textilgewerbe, in der sich der Wandel vom Handwerk zur Industrie – auch mithilfe märkischer Steinkohlen – deutlich früher vollzogen hatte, sahen sich die dortigen Arbeiter einem weit verbreiteten Pauperismus ausgesetzt.

Dass jedoch auch an der Ruhr Kinderarbeit mit überlangen Arbeitszeiten, unzureichender Ernährung und einem prekären Gesundheitszustand zum damaligen Arbeitsalltag gehörten, zeigen die hier präsentierten Beispiele aus den Duisburger Spinn- bzw. den Herdecker Tuchfabriken *(Dok. 10, 14)*. In den Kohlenbergwerken an der Ruhr war Kinder- und Frauenarbeit in der ersten Hälfte des 19. Jahrhunderts offenbar nicht verbreitet. Dennoch dürfte zumindest in der aufstrebenden Eisenindustrie des Reviers das preußische »Regulativ über die Beschäftigung jugendlicher Arbeiter in Fabriken« (1839) im Arbeitsalltag vielfach unterlaufen worden sein. Zwar verhängte dieses Gesetz ein Beschäftigungsverbot für Kinder unter neun Jahren und begrenzte die Arbeitszeit für ältere Kinder auf 8 ½ Stunden. Berücksichtigt man dagegen die soziale Not, unter der viele Arbeiterfamilien im Vormärz litten, konnten es sich viele Eltern buchstäblich nicht leisten, auch ihre jüngeren Kinder nicht in die Fabriken zu schicken. Erst im Zuge der Industriellen Revolution, die im Ruhrgebiet die frühindustrielle Epoche Mitte des 19. Jahrhunderts ablöste, begannen sich die Verhältnisse – langfristig betrachtet – allmählich zu bessern.

Literaturhinweise

Ralf Banken et al., Die MAN – eine deutsche Industriegeschichte, 2. Aufl., München 2008.

Burkhard Beyer, Vom Tiegelstahl zum Kruppstahl. Technik- und Unternehmensgeschichte der Gussstahlfabrik von Friedrich Krupp in der ersten Hälfte des 19. Jahrhunderts, Essen 2007.

Michael Fessner, Steinkohle und Salz. Der lange Weg zum industriellen Ruhrrevier, Bochum 1998.

Dieter Kastner, Kinderarbeit im Rheinland. Entstehung und Wirkung des ersten preußischen Gesetzes gegen die Arbeit von Kindern in Fabriken von 1839, Köln 2004.

Jürgen Kocka, Lohnarbeit und Klassenbildung. Arbeiter und Arbeiterbewegung in Deutschland 1800–1875, Berlin 1983.

Wolfgang Köllmann, Beginn der Industrialisierung, in: Ders. et al. (Hg.), Das Ruhrgebiet im Industriezeitalter, Bd. 1: Geschichte und Entwicklung, Düsseldorf 1990, S. 11–79.

Landschaftsverband Rheinland – Rheinisches Industriemuseum (Hg.), St. Antony – Die Wiege der Ruhrindustrie. Ein »Wirtschaftskrimi« um die erste Eisenhütte im Revier. Begleitbuch zur Ausstellung in der St. Antony-Hütte, Münster 2008.

Olaf Schmidt-Rutsch (Hg.), Friedrich Wilhelm Graf von Reden (1752–1815). Beiträge zur Frühindustrialisierung in Oberschlesien und an der Ruhr, Essen 2008.

Wolfhard Weber, Gedanken und Dokumente zur Ruhrschiffahrt nach 1770, in: Märkisches Jahrbuch für Geschichte 108 (2008), S. 167–188.

Bernhard Weber-Brosamer, Haniel 1756–2006. Eine Chronik in Daten und Fakten, Duisburg-Ruhrort 2006.

Horst A. Wessel, Mülheimer Unternehmer – Pioniere der Wirtschaft. Unternehmergeschichte in der Stadt am Fluss seit dem Ende des 18. Jahrhunderts, Essen 2006.

Dokumente

1. Freiherr Franz Ferdinand von der Wenge bittet den Erzbischof von Köln um das Recht, bei Osterfeld (heute Oberhausen) eine Eisenhütte für sich und seine Erben errichten zu dürfen (1752).

Eingabe des Freiherrn von der Wenge[1] vom 17.5.1752. Stadt- und Vestisches Archiv Recklinghausen, Abt. Herzoglich-Arenbergisches Archiv, HAAIB Fach 18, Nr. 116, Bd. 1, Bl. 10, abgedruckt in: Urkunden aus der Entstehungsgeschichte der Gutehoffnungshütte, Aktienverein für Bergbau und Hüttenbetrieb 1741 bis 1872, Oberhausen 1938, Dok. I, 3.

Dass Ew. Kurfürstl[iche] Durchlaucht unter [Datum] des 15. [Oktober] 1743 gnädigst geruht [haben], mir zu [ge]statten, in [dem] Vest Recklinghausen in der Gegend von Osterfeld und Buer einen unstreitig verstreut, meist unfruchtbaren, verstreut liegenden, steinigen, vermutlich Eisen [ent]haltenden schlechten [Untergrund] zum hoffenden Gebrauch zu des publici[2] Nutzen nachzusuchen, zu bauen und zu gebrauchen, mir auch deshalb den untertänigst [beigefügten] Mutschein mitzuteilen, dafür statte [ich] die untertänigste schuldige Dankpflicht.

Wenn nun aber Gnädigster Kurfürst und Herr dergleichen zweifelhaftige Mineralien sich keineswegs übereilter ohne große Gefahr so weniger anlegen lassen, als in diesen [...] von Bergwerken unbebauten Landen keine Bergverständigen zu haben gewesen, sondern aus entlegenen Orten mit [besonders] großen Kosten verschrieben werden müssen, [...] so werde dennoch [...] auch der unstreitig höchste künftige Nutzen mich ni[ch]t in weiterer Nachsuchung und künftig nützlicher Anlegung dieses unsicheren Werks ermüden lassen.

So lebe [ich in] so größerer ungezweifelter Zuversicht, Ew. Kurfürstliche Durchlaucht werden gnädigst geruhen, mir sowohl deshalb für mich und meine Erben die wirkliche gnädigste Belehnung mit der Freiheit und [der] Rechte in Anlegung einer Eisenhütte und dazu zum Guss, Ziehung und Hammer dienlich[en] Öfen und Häuser, nebst etwa dreißig freien Jahren [...] gnädigst zu belehnen. Eine solche Gnade untertänigst nachsuchend, höchstdieselbe zu[m] Schutz des Allerhöchsten, mich aber zu höchsten [Huldigungen] untertänigst empfehlend in tiefster Erniedrigung sterbe

    Ew. Kurfürstl[iche] Durchl[aucht]
    Meines gnädigsten Kurfürsten und Herrn Herrn
    untertänigst Treugehorsamster
    Franz Ferdinand von der Wenge.

1 Franz Ferdinand von (der) Wenge (1707–1788), aufgewachsen auf dem Rittergut Portendieck im Stift Essen, schlug die Laufbahn eines Geistlichen ein und wurde Mitte der 1730er Jahre in das Domkapitel des Fürstentums Münster aufgenommen, wo er als Domkapitular Karriere machte. Zur Vita von Wenges vgl. Martin Schmidt, Freiherr Franz von Wenge, in: Landschaftsverband Rheinland – Rheinisches Industriemuseum (Hg.), St. Antony – Die Wiege der Ruhrindustrie. Ein »Wirtschaftskrimi« um die erste Eisenhütte im Revier, Münster 2008, S. 13–16.
2 Öffentlichen.

2. Revidierte Berg-Ordnung für das Herzogtum Kleve, Fürstentum Moers und die Grafschaft Mark vom 29.4.1766

Revidirte Berg-Ordnung, vor das Herzogthum Cleve, Fürstenthum Meurs und vor die Grafschaft Marck. Sub Dato Berlin den 29. April 1766, S. 24f., 40–42. (Auszug), u.a. abgedruckt in: Gerhard Adelmann (Bearb.), Quellensammlung zur Geschichte der sozialen Betriebsverfassung. Ruhrindustrie unter besonderer Berücksichtigung des Industrie- und Handelskammerbezirks Essen, Bd. 1, Bonn 1960, S. 8–12 (Dok. 9).

[Kapitel] XXIX.
Wie es mit dem Betrieb- und Berechnung der Zechen gehalten werden soll.

§ 1.

Da es die Erfahrung bezeugt, wie sehr es Bergwerks-Liebhabern zum Schaden und Nachteil gereicht, wenn ihnen die Einrichtung des Baues auf ihren gemuteten und bestätigten Werken allein überlassen [wird], indem sie sich größtenteils auf ihre öfters ganz unerfahrenen Arbeiter, Steiger und Schichtmeister verlassen müssen, von diesen aber zu unnötigem und unnützem Bau verleitet und um das Geld gebracht werden; zu [schweigen], was öfters [an] Klagen zwischen Gewerken und Arbeitern wegen des Arbeits-Lohns, ja auch unter [den] Gewerken ferner selbst entstanden, bald wegen Berechnung, Zubußen und Ausbeute,[3] bald aber wegen Bezahlung des Arbeits-Lohns, da der eine Gewerke das Werk betreiben, der andere aber dasselbige nicht betreiben lassen wollen, mithin sich deswegen untereinander nicht vergleichen können, und was dergleichen vielerlei Vorfälle mehr sind, diese Unordnungen aber nicht anders als zum Nachteil und üblen Ruf unserer Bergwerke gereichen können, mithin deren Abstellung um so nötiger ist.

So sollen künftighin

§ 2.

unter des Bergamts Direktion alle Zechen betrieben und vor denselbigen berechnet werden, und dasselbige, sobald eine Zeche verliehen und bestätigt ist, sich derselbigen sofort annehmen, den Bau darauf regulieren und die dazu nötigen Arbeiter, Steiger und Schichtmeister, welche des Schreibens erfahren [sind], wegen ihres Empfangs hinlängliche Kaution stellen, [daneben] aber, weder direkt noch [indirekt], durch ihre Verwandten bei der Zeche, [bei der] sie stehen, interessiert sein müssen, nach Beschaffenheit und Umständen der Zechen, ordnen und ansetzen, auch zur Bestreitung der Kosten die nötige Zubuße ausschreiben, und daher sich von dem Lehn-Träger den Extrakt der Gewerkschaft abliefern, denselbigen aber in das Gegenbuch gehörigen Orts eintragen lassen. […]

---

3 Arbeitete ein Bergwerk ohne Gewinn (Ausbeute), mussten die Gewerken den Verlust (Zubuße) aus dem eigenen Vermögen ausgleichen, um den Grubenbetrieb aufrechtzuerhalten.

[Kapitel] XLVIII.
Von [den] Bergleuten, und wie sie sich verhalten sollen.

§ 1.

Alle Bergleute, sie sind beweibt oder unbeweibt, keiner ausgeschlossen, sollen uns und unserem Bergamt gehorsam und getreu sein und deswegen in Pflicht genommen [werden], auch darauf in das Knappschaftsregister verzeichnet werden;

§ 2.

In bergmännischen Habit[4] gehen; und

§ 3.

ihre Arbeit, wozu sie von Geschworenen, Steigern und Schichtmeistern angewiesen [werden], treulich und fleißig verrichten, auch nicht eher aus der Arbeit gehen, bis die Schicht zu Ende [ist]; auch

§ 4.

kein Bergmann ohne Vorwissen des Steigers oder Schichtmeisters, seine Schicht mit einem anderen verwechseln, es geschehe unter [welchem] Vorwand, wegen ehehaften oder anderer Ursache willen, es immer wolle.

§ 5.

Diejenigen Hauer, welche Gedinge genommen, sollen sie treu und fleißig verfahren und heraus schlagen und davon ihren gesetzten Lohn, mehr aber nicht zu erwarten haben: Sollten aber Verhinderungen, wegen Wasser oder Wettermangel oder andere redliche Ursachen vorfallen, dass die Hauer nicht zukommen können, als denn soll der Geschworene nach Recht und Billigkeit das Gedinge so einrichten, damit [den] fleißigen Arbeitern die Arbeit und Mühe bezahlt werde.

§ 6.

Sollen sie ihre Arbeit und Gedinge aushalten und nicht davon entweichen, welcher Hauer oder Arbeiter aber seine Arbeit oder Gedinge auflassen und sich weiter versuchen wollte, der soll selbiges 14 Tage vorher dem Bergmeister und Geschworenen ansagen und nach Verlauf dieser Zeit sein[en] Lohn und einen Abkehr-Zettel erhalten, nach erhaltenen Abkehr-Zettel aber sich von Stund[e] an fortmachen, des Bergwerks enthalten, und nicht durch sein Feiern und Müßiggang andere [an] ihrem Anfahren und Arbeit[en] hindern; widrigenfalls das Bergamt einen solchen Abgelegten oder Abgekehrten, der sich über drei Tage (es geschehe denn solches wegen Krankheit) aufhalten, und sich mit [den] Bergleuten conversiren[5] wird, an eine Poenitentz-Arbeit[6] stellen und durch Zwangs-Mittel dazu anhalten soll.

§ 7.

Welcher Hauer oder Arbeiter aber von seiner angenommenen Arbeit und Gedinge entweichen und nicht, wie sich es gebührt, abkehren würde, derselbe soll auf anderen Zechen und Privat-

---

4 Hier: Tracht.
5 Unterhalten, kommunizieren.
6 Vermutlich: Strafarbeit.

Arbeit nicht angelegt, sondern noch dazu bestraft werden, sein zurückstehender Lohn auch der Knappschafts-Kasse zu gute kommen. Daher auch

§ 8.

kein Schichtmeister, Steiger oder Gewerke einen Berg-Arbeiter anlegen und Förderung geben soll, welcher nicht seinen Abkehr-Zettel und Matricul,[7] dass er in die Knappschafts-Kasse eingeschrieben [ist], vorzeigen kann.

§ 9.

Derjenige Gewerke oder Schichtmeister, [der] wider den vorigen § 8 handeln wird, soll, wenn er ein Gewerke ist, um 5 Rtlr., wenn er aber nur schlechthin Schichtmeister oder Steiger ist, jedes Mal und ohne Nachsicht um 2 Rtlr. bestraft, auch der Arbeiter sofort aus der Arbeit gewiesen werden.

[Kapitel] XLIX.
Zu welcher Zeit die Bergleute anfahren, und wie die Schichten gehalten werden sollen. Und zwar

§ 1.

Die Schichten sollen auf [den] Werken und nach deren Bedürfnis vom Bergmeister und Geschworenen reguliert und dergestalt eingerichtet werden, dass die vollen Schichten zu acht Stunden, die Neben-Schichten aber vier Stunden lang dauern. Es sollen aber auf [den] metallischen Bergwerken die Bergleute und Berg-Arbeiter allezeit früh um vier Uhr die erste Schicht bis zwölf Uhr mittags, die andere Schicht von zwölf Uhr mittags bis acht Uhr abends und die dritte von acht Uhr abends bis vier Uhr morgens anfahren, auf [den] Steinkohlen-Bergwerken hingegen im Monat Januar und Dezember um sieben Uhr, im Februar und November um sechs Uhr, im März, April, September und Oktober um fünf Uhr, im Mai, Juni, Juli und August um vier Uhr morgens anfahren, und also acht Stunden beständig in der Arbeit sein, auch nicht eher ausfahren, bis diese acht Stunden verflossen [sind] und sie ausgeklopft werden.

§ 2.

Auf welcher Zeche aber nicht zwei Schichten gearbeitet werden, da soll die Nacht-Schicht nicht gestattet, wo aber nur eine Schicht verfahren wird, dazu soll keine andere als die Frühschicht genommen werden.

§ 3.

Keinem Hauer oder Arbeiter [werden] zwei Schichten [an] einem Tag, weder in einer, noch auf zwei Zechen zu machen und zu verfahren erlaubt, doch aber nicht [verwehrt], noch eine Neben-Schicht auf des Geschworenen oder Steigers Geheiß zu machen oder auch [bei] ihm selbst oder anderen um Lohn [eine] Weile zu arbeiten oder zu schürfen.

---

7 Dokument über die Einschreibung in die »Matrikel« der Knappschaft.

§ 4.

Auf allen sowohl metallischen als [auch] Kohlenbergwerken soll jedes Mal vor Anfang der Arbeit das auf allen wohl gesitteten Bergwerken gewöhnliche Morgengebet bei willkürlicher Strafe [...] ohne Ausnahme gehalten werden.

3. Der Unternehmer und Techniker Johann Eberhard Pfandhöfer bittet den preußischen Staat um die Genehmigung zum Abbau von Eisenstein und zum Bau der Eisenhütte Sterkrade (1780).

»Gehorsamstes Memorial und Bitte meiner des Eberhard Pfandhöfer[8] eine in der Gegend von Dinslacken anzulegende Eisen-Hütte betreffend« vom 22.9.1780. Bezirksregierung Arnsberg (ehemals Oberbergamt Dortmund, Berechtsamsakte betr. Eisensteinzeche Gute Hoffnung, B 2613, vol. I), abgedruckt in: Urkunden aus der Entstehungsgeschichte der Gutehoffnungshütte AG für Bergbau und Hüttenbetrieb 1741–1872, Oberhausen 1938, Dok. II, 1; Landschaftsverband Rheinland/Rheinisches Industriemuseum (Hg.), St. Antony – Die Wiege der Ruhrindustrie. Ein »Wirtschaftskrimi« um die erste Eisenhütte im Revier. Begleitbuch zur Ausstellung in der St. Antony-Hütte, Münster 2008, S. 18.

Wohl- und Hochedelgeborene
Meine Hochzuehrende Herrn!

Ich bin willens, in der Gegend von Dinslaken zwischen den drei Flüssen Rhein, Ruhr und Lippe an dem mir dazu am besten convenable[9] scheinenden und beim Augenschein zu bestimmenden Ort auf den daselbst erfindlichen Eisenstein eine Eisenhütte anzulegen, weshalb ich dann auch Kraft dieses, auf obige Gegend und Wasser Gefälle unterm Namen

Gute Hoffnung

Mutung eingelegt und Ew. Wohl- und Hochedelgeborene dienstrechtl[ich] gebeten haben will, mich damit zu belehnen.

Weil aber in sehr kurzer Zeit in dem benachbarten Kur-Kölnischen eine große Quantität Eichen- und Buchenholz [...] verkauft werden soll und ich dessen zur Erbauung der Eisenhütte sehr benötigt bin, dabei aber das Risiko nicht übernehmen darf, mich, bevor der Augenschein über meine Mutung eingenommen [wird], in einen solchen Handel zu tragen, so bitte Ew. Wohl- und Hochedelgeborene ich deswegen gehorsamst, [dass] dieselben geruhen wollen, den

---

8 Johann Eberhard Pfandhöfer (1743-Todesjahr unbekannt), aus einer Siegener Eisenhüttenfamilie stammend und seit Ende der 1760er Jahre Leiter verschiedener Eisenhütten, war seit 1779 alleiniger Pächter der St. Antony-Hütte. Umtriebig, aber früh hoch verschuldet, verließ Pfandhöfer nach der Gründung der Sterkrader Hütte die St. Antony-Hütte 1783. Nachdem der Kauf der St. Antony-Hütte gescheitert und seine Sterkrader Hütte wiederholt vom Konkurs bedroht war, floh 1797 aus dem Ruhrgebiet. Zu Pfandhöfer vgl. Martin Schmidt, Johann Eberhard Pfandhöfer – Gründer der Hütte Gute Hoffnung und schillernde Persönlichkeit, in: St. Antony, S. 16–19.
9 Brauchbar.

Augenschein aus angeführten Ursachen in möglichster Eile einnehmen zu lassen, wogegen ich mit besonderer Hochachtung stets verharre

Ew. Wohl- und Hochedelgeborene gehorsamer Diener

Eberhard Pfandhöfer

4. Der preußische König Friedrich der Große belehnt den Unternehmer Pfandhöfer mit dem Abbau der Raseneisenerze bei Sterkrade (1781).

Königliche Genehmigungsurkunde an das Märkische Bergamt in Wetter vom 3.5.1781. Bezirksregierung Arnsberg (ehemals Oberbergamt Dortmund, Berechtsamsakte betr. Eisensteinzeche Gute Hoffnung, B 2613, vol. I), abgedruckt bei: Urkunden aus der Entstehungsgeschichte der Gutehoffnungshütte AG für Bergbau und Hüttenbetrieb 1741–1872, Oberhausen 1938, Dok. II, 2.

Seine Königl[iche] Majestät von Preußen, unser allergnädigster Herr, genehmigen bei den von dem Märkischen Bergamt in dessen Bericht vom zehnten des vorigen Monats weitläufig auseinandergesetzten Umständen, dass dem Eberhard Pfandhöfer die Belehnung über den in der Gegend von Sterkrade gemuteten Eisengang[10] [...] erteilt werden kann. Und da man nicht abgeneigt ist, dem Entrepreneur[11] die Zollfreiheit auf die rohen Materialien, jedoch nur in Ansehung der Seiner Königl[ichen] Majestät zustehenden Zölle zu verschaffen, so hat das Bergamt demselben bekannt zu machen, dass er diese Materialien alle Jahre zu designieren und den Freipass darüber durch die Klevische Kriegs- und Domänenkammer[12] nachzusuchen habe. Übrigens hat das Bergamt dem Entrepreneur zu baldiger Instandsetzung dieses Werks allen möglichen Vorschub zu leisten, welches auch der Kammer aufgegeben worden [ist], wie denn auch die deshalb verhandelten Akten dem Oberbergrat Waitz Freiherrn von Eschen bei seiner Dahinkunft vorzulegen, damit derselbe die für den Pfandhöfer auszufertigende Belehnung, wovon demnächst eine Abschrift anher einzureichen [ist], mit revidieren und wegen Beförderung der Anlage dieses mit Wiesen- und Morast-Erzen[13] zu betreibenden Eisenwerks das Nötige veranlassen könne.

Signatum Berlin den 3. Mai 1781

Auf Seiner Königl[ichen] Majestät allergnädigsten Spezial-Befehl

Schmitz

10 Eisenerzvorkommen.
11 Unternehmer.
12 Provinzialbehörde im Königreich Preußen, die u.a. mit der Unterstützung des stehenden Heeres und der Einziehung von Steuern und Abgaben betraut war.
13 Gemeint ist das Raseneisenerz, das seit den 1740er Jahren in größeren Mengen dicht unter der Grasnarbe im Grenzgebiet des Herzogtums Kleve, des Vests Recklinghausen und des Stifts Essen vermutet wurde. Vgl. dazu die »Übersichtskarte der alten Territorien des Ruhrbezirks« im Einband.

5. Stand und Perspektive der Ruhrschifffahrt um 1800[14]

J[ohann] A[dolph] Engels,[15] Der Ruhrstrom in Westphalen, in: Ders., Ueber Papier und einige andere Gegenstände der Technologie und Industrie, Essen und Duisburg 1808, S. 158–169, bzw. J[ohann] A[dolph] Engels, Ein Beiytrag zur Geschichte der Ruhrschiffarth, in: Magazin für Westphalen 1799, S. 447–466; zuletzt abgedruckt bei Wolfhard Weber, Gedanken und Dokumente zur Ruhrschiffahrt nach 1770, in: Märkisches Jahrbuch für Geschichte 108 (2008), S. 167–188, hier S. 178–182.

Kein Land wurde bisher mehr verkannt, und keins verdiente weniger verkannt zu sein als Westfalen. Die vormaligen elenden Wege, eine vernachlässigte Polizei-Verfassung, vorzüglich in den geistlichen Ländern, verleiten selbst berühmte Reisende – die bekanntlich immer Nachbeter finden – die ungerechtesten Urteile über die Bewohner Westfalens zu fällen. Der unparteiische Beobachter wird diesen nicht absprechen, dass sie fleißig und industriös sind. In einigen Gegenden Westfalens ist der Ackerbau so gut und der Landmann so wohlhabend wie in wenigen Ländern Deutschlands. [...]

Unter [die] Merkwürdigkeiten Westfalens gehört auch der Ruhrstrom, welcher seit 1770 schiffbar ist. [...]

Der Ruhrstrom entspringt am Winterberg im Süderland[16] und fließt bei Ruhrort in den Rhein. Schiffbar ist er bis Herdecke, gewöhnlich aber wird er nur bis Witten befahren.[17]

Die Ruhr hat 16 Schleusen, welche unter Friedrich dem Großen und auf dessen ausdrückliches Verlangen angelegt worden sind. Dadurch entstand erst eine blühende Schifffahrt, und dadurch konnte der Bergbau so stark betrieben werden. Die Interessenten der Kohlenbergwerke der Grafschaft Mark, Werden und Essen (in anderen Gegenden Westfalens gibt es keine Kohlen), wie die Kohlenhändler zu Mülheim und Ruhrort, haben ihren Wohlstand dieser Anlage zu verdanken. Die [meisten] Herrschaften und Eigentümer der Mühlen und Schlachten widersetzten sich der Anlegung der Schleusen, und ohne sie konnte die Schifffahrt unmöglich empor kommen, indem jedes Schiff überall, wo eine Mühle oder Schlacht[18] ist, ausladen musste. Die Fahrt ging daher nicht allein sehr langsam, sondern es konnten auch nur wenige Schiffe fahren; dabei war sie bei jedem steigenden Wasser, wo nicht ganz gehemmt, doch wenigstens sehr gefährlich und noch dazu äußerst kostspielig.

Jetzt fahren auf dem Ruhrstrom über 200 bis 250 Schiffe. Bei vollem Wasser können täglich 30 bis 40 Schiffe durch die Schleusen gelassen werden, wobei der Schleusenwärter immer Arbeit hat, um die Tore zu öffnen und zuzumachen.

---

14 Für den Hinweis auf diese Quelle danke ich Herrn Prof. Dr. Wolfhard Weber, Ruhr-Universität Bochum.
15 Johann Adolph Engels (1767–1828), gelernter Kaufmann und Verfasser kleinerer Schriften zu wirtschaftlichen, politischen und religiösen Themen, betrieb um 1800 eine Papiermühle bei Werden. Vgl. hierzu Dok. 9 in diesem Kapitel.
16 Sauerland.
17 Die Schiffbarmachung der Ruhr wurde im Jahr 1780 abgeschlossen.
18 Stauanlage, Wehr.

Im Sommer bei kleinem Wasser und im Winter bei anhaltendem Frost liegen die Schiffe still, weil alsdann das Wasser zu klein ist. Die Ruhr ist im Durchschnitt ein halbes Jahr fahrbar; dessen ungeachtet passieren durch die unteren Schleusen jährlich über 3.000 Schiffe. [...]

Den größten Teil der Einkünfte hat der König von Preußen zur Verbesserung der Ruhrschifffahrt bestimmt. Man kann daher mit Recht hoffen, dass die Schifffahrt und Kohlenhandlung mit der Zeit in den blühendsten Zustand kommen wird; indem im Westfälischen außer den Märkischen, Werdenschen und Essenschen nur wenige Steinkohlen-Flöze sind, und die Kohlen in den Gegenden des Niederrheins und in Holland nicht entbehrt werden können. Es lässt sich daher von der Weisheit des Königs und seiner Regierung erwarten, dass sie den Bergbau und die Schifffahrt auf den höchstmöglichen Flor[19] bringen wird.

Wird der schöne Plan, die Ruhr wenigstens zum Teil zu den [meisten] Zeiten schiffbar zu machen, ausgeführt, dann eignet sich der Ruhrstrom auch, um Handlungsgüter darauf zu transportieren, welches bis jetzt noch nicht geschehen kann. Die jetzigen Schiffe sind nicht dazu eingerichtet: Sie sind ganz unbedeckt, und vorn an dem Mastbaum ist nur ein kleiner Kasten, welches der Saal, das Speisezimmer und die Schlafstube der Schifferknechte ist. Kaum hat er so viel Platz, dass die Knechte gedrängt neben einander liegen können; dennoch brennt darin beständig ein Ofen, worauf sie ihr Wasser zum Kaffee (welchen sie häufig trinken) und die Kartoffeln kochen, auch zuweilen Kuchen backen. Es ist in diesem Kasten unerträglich heiß, und wären die Matrosen nicht solche rohen und starken Leute, so würde die plötzliche Abwechslung der Nässe, Kälte und Hitze, der sie sich aussetzen müssen, ihre Gesundheit ganz zerstören.

Die Nachenknechte aus der Herrschaft Broich[20] zeichnen sich besonders aus. Sie scheuen keine Witterung und keine Arbeit. Unter ihnen sind Kohlenschieber, die 6 bis 800 Pfund auf einer Schiebkarre fahren. Bekommen sie Streitigkeiten, dann gibt es blutige Köpfe. In der Wut ziehen sie ein langes Messer [her]aus und greifen ihren Gegner damit an; doch sind sie so böse nicht, wie sie scheinen, wenn man sie unter sich so grässlich zanken, schimpfen, fluchen und toben hört. Ihr Plattdeutsch ist von dem übrigen Westfälischen ganz verschieden, und überall flicken sie ein Sch zwischen den Wörtern ein, Z[um] E[inzelnen] Ick krieg – sche – (ich kriege Dich), Ick schlon – sche – de Knooken vanein (ich schlage Dir die Knochen entzwei). Hault – sche – d'Maul tho (halt Dein Maul zu). Zu jedem Schiff, welches mit zwei Pferden herauf gezogen wird, gehören fünf Leute.

Wenn einst die Ruhr ganz fahrbar gemacht werden sollte, und mit bedeckten Frachtschiffen befahren würde, so könnte der Strom auch für Reisende benutzt werden. Der Freund der Natur würde hier Seelengenuss finden.

---

19 Wohlstand, Gedeihen.
20 Die Herrschaft Broich, bestehend aus den Mülheimer Höfen sowie den Schlössern Broich und Styrum, gehörte zwischen 1766 und 1806 zusammen mit dem näheren Umland dem Landgrafen von Hessen-Darmstadt.

6. Der Pfarrer und Schriftsteller Johann Moritz Schwager über die Besichtigung einer Dampfmaschine in Königsborn bei Unna (1802)

Johann Moritz Schwager,[21] Bemerkungen auf einer Reise durch Westphalen, bis an und über den Rhein. Neudruck der Ausgabe Leipzig und Elberfeld 1804 (mit einem Nachwort von Olaf Eimer), Bielefeld 1987, S. 44–46.

Des dritten Tages wollte ich in Dortmund sein; eigentlich waren es noch fünf Stunden, auf Recke[22] hielt man es für drei Stunden und glaubte so. Wir hatten also Zeit, zum Mittagessen zu bleiben, und taten es willig, denn wir schieden ungern. Die Frau Landrätin wollte uns bis Kamen begleiten, um bei dem Oberstlieutenant von Carlowitz den Gegenbesuch zu machen; aber gleich nach dem Essen traten uns ein paar herzliche Gewitter in den Weg, und es ward später als es sollte. Sie gingen vorüber, und wir fuhren in dieser angenehmen Gesellschaft ab. In Kamen erwartete uns der Hauptmann von Mey, der im vorigen Winter bei uns gelegen und mit uns Umgang gehabt hatte, ein lieber Mann, den ich gern wiedersah, und darüber hinaus das Eilen vergaß, selbst einen neuen Freund, Doktor *Bölling*,[23] sah ich wieder, der uns auf dem Salzwerk *Königsborn* erwartete, um uns die berühmte Dampfmaschine[24] zu zeigen, auf welche ich mich schon so lange gefreut hatte. Wir sahen sie noch, unter Donner und Blitz, […] mit Staunen sahen wir das große, imponierende Werk menschlicher Erfindung, in solchen Augenblicken wird mir der Mensch heilig, und ich steige auf ihm als einer Leiter zum Allerheiligsten empor und verhülle mein Angesicht.

Wir hatten *Grens* neues Journal der Physik,[25] ersten Band bei uns, hatten's gelesen; Watt's verbesserte Dampfmaschine, dergleichen eine die Königsborner ist, konnten wir also begreifen, obgleich nicht ganz, denn mir fehlt es am Sinn für das Detail und an Unverschämtheit, abzuschreiben. […] Uns ward alles, insoweit wir hinzukommen konnten, sehr anschauend gezeigt, der 9 Fuß breite, 6 Fuß hohe und 20 Fuß lange Kessel, der mit Wasser gefüllt war, und vermittelst des Feuers die Dämpfe erzeugt, die durch eine Röhre in den Zylinder geleitet werden und die ganze Maschine in Bewegung setzen; ein Zylinder von Eisen gegossen, der

---

21 Johann Moritz Schwager (1738–1804), im Kreis Gummersbach geboren und Absolvent des Archigymnasiums in Dortmund, studierte in Halle (Saale) und Jena Theologie und war seit den 1760er Jahren lutherischer Pastor bei Bielefeld. Schwager, der als aufgeklärter Theologe galt, entfaltete bis zu seinem Tod eine rege publizistische Tätigkeit.

22 Gemeint ist der alte Adelssitz der Familie von der Recke in der früheren Kamener Kirchspielgemeinde Lerche, heute Ortsteil der Stadt Hamm.

23 Hierbei handelt es sich vermutlich um Christian Johann Dietrich Bölling (1760–1837), ab 1797 – zunächst stellvertretender – Oberberggrichter am Oberbergamt Wetter bzw. Essen sowie von 1816 bis zu seinem Ruhestand 1830 Direktor des Oberbergamts Dortmund.

24 Diese, nach dem »neuen Prinzip« von James Watt gebaute Dampfmaschine war 1799 auf der Saline Königsborn in Betrieb genommen worden.

25 Zwischen 1790 und 1794 veröffentlichte Friedrich Albert Carl Gren (1760–1798) acht Bände des Journals der Physik bzw. von 1795 bis 1797 vier Bände des Neuen Journals der Physik. Beide Fachzeitschriften waren Vorläufer der heutigen Annalen der Physik.

außerhalb des Gebäudes lag, in welchem sich der Kolben bewegt. Die Kunst, mit einem Fingerdruck die erstaunend arbeitende Maschine augenblicklich zum Stillstand zu bringen und das Auslassen der Dämpfe, die in einem Augenblick das ganze Gebäude erfüllen und mit einem so fürchterlichen Gezische herausströmen, dass meine Begleiterinnen vorher gewarnt und angewiesen werden mussten, sich festzuhalten, um nicht vor Schrecken hinabzustürzen. Wir sahen in der Höhe den Balancier am Gestänge, die Kolben an ihm sich auf und ab bewegen, hörten in der Tiefe das Auspumpen des Wassers und hörten nicht auf zu staunen. Ich beschreibe nur meine Empfindungen, soweit ich es kann und nicht die Maschine selbst, an welche ich mich nicht wage. Wir verließen das große Schauspiel in einer Betäubung, die nicht geschickt zum Beobachten war. Vernünftiger hätten wir nun getan, im nahen Unna zu übernachten, aber in Dortmund wurden wir erwartet, und wir gingen ungern von unserem Plan ab.

7. Der »Königliche Fabrikenkommissar« und Oberbergrat Eversmann berichtet über die Ausstattung, Produktion und Beschäftigtenzahl der St. Antony-Hütte (1804).
F[riedrich] A[ugust] A[lexander] Eversmann,[26] Die Eisen- und Stahl-Erzeugung auf Wasserwerken zwischen Lahn und Lippe und in den vorliegenden französischen Departements, Dortmund 1804, S. 302–314 (Auszug).

Das ehemals zum Erzstift Köln gehörige, jetzt an das Herzoglich Ahre[n]bergische Haus gekommene Vest Recklinghausen liegt am Fuß des Kohlengebirges und besteht aus Mergelschichten und, nach der Lippe zu, aus sandigen Hügeln und Niedrigungen. In demselben ist in Absicht der Eisenfabrikation nur allein:

die *St. Antony-Eisenhütte* bemerkenswert; sie liegt auf der Klevischen Grenze am Starkraderbach, der unmittelbar über der Hütte aus den dortigen Brüchen entsteht. Sie wurde im Siebenjährigen Krieg[27] von einem von Wenge[28] [aus] dem Haus Portend[ie]ck[29] durch Luicker-Walen gebaut, gehört jetzt zu ¾ der Fürstin von Essen[30] und zu ¼ dem Hüttenfaktor Jakobi,[31]

---

26 Seit seinen ersten Bereisungen zu Beginn der 1780er Jahre unterhielt Friedrich August Alexander Eversmann (1759–1837), zeitlebens selbst mit technischen Versuchen auf dem Gebiet der Eisenverhüttung befasst, enge Kontakte zur St. Antony-Hütte und zur Gutehoffnungshütte. Zu Eversmann vgl. zuletzt Heike Hawicks, Friedrich August Alexander Eversmann – Ein Techniker im preußischen Staatsdienst, in: St. Antony, S. 29–31.
27 Der Siebenjährige Krieg (1756–1763) wurde zwischen Preußen, Großbritannien/Kur-Hannover auf der einen sowie Österreich, Russland und Frankreich auf der anderen Seite ausgetragen.
28 Zu Franz Ferdinand von Wenge vgl. Dok. 1 in diesem Kapitel.
29 Rittergut im damaligen Stift Essen.
30 Gemeint ist die letzte Fürstäbtissin des 1803 aufgelösten Stifts Essen, Maria Kunigunde.
31 Zum Leben und Wirken Gottlob Jacobis (1770–1823), des Mitbegründers der Hüttengewerkschaft und Handlung Jacobi, Haniel und Huyssen (JHH), auf den in diesem Kapitel mehrfach Bezug genommen wird, vgl. zuletzt Bernhard Weber-Brosamer, Gottlob Jacobi – Ein Techniker mit Durchsetzungsvermögen, in: Landschaftsverband Rheinland – Rheinisches Industriemuseum (Hg.), St. Antony, S. 23–25.

der auf der Hütte wohnt und sie betreibt; ein Mann von einer unvollkommenen hüttenmännischen Kenntnis und großer Tätigkeit. Die Hütte geht, so wie alle Hütten in der Gegend, von Rasen- und Sumpf-Erzen, die in den benachbarten Heiden und Niedrigungen liegen. Es [sind] hier ein *hoher Ofen*, ein *Windofen* und ein *Cupolo*[32] vorhanden. [...]

Vor dem hohen Ofen arbeiten vier Mann;
> der Hüttenmeister,
> der Unter- und Kleinschmelzer, und
> zwei Aufgeber, die sich mit Schichten von acht Stunden ablösen.

Der Hüttenmeister muss seine Leute stellen und auslohnen, wofür er von der Hütte Wochenlohn empfängt. Auf seine[r] Geschicklichkeit beruht der gute Betrieb des Ofens; er muss mit seinen Gehilfen dem Kleinschmelzer jedes Mal die Quantität Erze bestimmen, die auf den Satz geworfen werden sollen; er richtet sich dabei nach dem Gang des Ofens, hauptsächlich aber nach der Quantität der aufzugebenden Kohlen; [...]. Weil alles zu Gussware geht und von Rasenerzen geschmolzen wird, so ist es beim hiesigen Hüttenbetrieb eine sehr schwere Aufgabe, das Eisen immer im *Mittel*, das heißt, nicht zu hoch [und] nicht zu gar zu halten, denn das zu gare Eisen macht die Ware rau, voll Löcher und unansehnlich, wogegen das hohe Eisen sehr kaltbrüchig ist, im Guss zuviel Bruch gibt und im Gebrauch dem Springen ausgesetzt ist.

An der Sandformerei arbeiten gewöhnlich
> 2 Meister,
> 6 Knechte,
> 4 Putzer,
> 1 Plattenformer.

Einer von beiden Meistern steht im Wochenlohn und verfertigt allerhand feine Sachen, als Fußgestelle zu Öfen mit Girlanden und sonstigen Verzierungen, Treppengeländer, Trillagen[33] usw. Der zweite wird gewichtweise bezahlt und verfertigt Grapen,[34] Röhren, Ofendeckel und allerhand verdeckten Sandguss; er erhält [für] 1.000 Pfund,[35] einschließlich des Putzerlohns, fünf bis sechs Rtlr. Der Plat[t]enformer steht auf Wochenlohn, so er [ihn] von der Hütte ausbezahlt erhält; vorher stand er unter Aufsicht und im Lohn der Lehmformer.

An der Lehmformerei arbeiten
> 2 Meister und
> 7 Knechte.

Die Meister werden nach dem Gewicht bezahlt und erhalten für 1.000 Pfund 68, 10, 12 bis 16 Rtlr.; je nachdem die Ware mehr oder weniger Mühe erfordert.

---

32 Kupolofen = schachtartiger Ofen, der gewöhnlich zur Herstellung von Gusseisen dient.
33 Vermutlich: Pergolen.
34 Henkeltöpfe.
35 1 Pfund = 500 Gramm.

Die Lehmformerei beschäftigt sich mit Öfen von allerlei Facons, gewöhnliche und moderne von guter Zeichnung, Branntweinbrennerei und anderem Behuf – mit Feuermaschinenteilen,[36] Pumpensätzen und sonstigem künstlichen Lehmguss. Bei meiner Anwesenheit war man im Begriff, zwei große Zylinder zu Gebläse zu formen.

Das ganze durch die Hütte beschäftigte Personal besteht in

        4 Hohenofen[37]-Arbeiter,
        8 Sandformer,
        4 Putzjungen,
        1 Plat[t]enformer,
        9 Lehmformer,
        16 Erzgräber,
        32 Kohlenbrenner und Holzraider,[38]
        2 Putzknechte,
        4 Tagelöhner zum Erzmöldern[39] und Kohlen-Auftragen,
        80 Personen in Summa.

Das Erz wird in Entfernungen von ½ bis zu 4 Stunden von der Hütte gegraben. Das in Wiesen liegende ist das reichste, gibt aber das schlechteste Eisen. Es liegen die Erze von 3 Zoll bis zu 3 Fuß unter der Dammerde, teils in großen Stücken, so [dass sie] vor der Beschickung noch geklopft werden müssen, teils in kleineren Brocken, so [dass sie] Bohnen- oder Wascherze genannt werden, weil sie durchgeworfen und von dem mit sich führenden Sand mit Wasser gereinigt werden. [...]

Die Kohlen kommen mehrenteils aus [Essener] Waldungen, teils aus dem Recklinghausischen, teils aus der Grafschaft Mark. [...]

Der Hr. Faktor[40] Jakobi, der auf alles sinnt, was eine Ersparung bringen kann, hat kürzlich einen Ofen zum Trocknen der Formen angelegt, der mit Reisig [...] geheizt wird; dieser Ofen besteht aus einem gewölbten Raum von 4 ½ Fuß Höhe, der mit zwei Einsatztüren versehen ist. Diese Art der Feuerung ist wohlfeiler und auch mit weniger Feuergefahr verbunden als die gewöhnliche mit Holzkohlen.

Die bemerkenswerteste von H[er]rn Jakobi angebrachte Verbesserung des hiesigen Eisenhüttenwesens ist indessen die Einführung der Cupolos; [...]

Die Cupolos sind Hoheöfen en miniature; der Engländer baut sie in einem alten unbrauchbaren eisernen Zylinder oder zwischen vier eisernen Plat[t]en, die mit Ankern zusammengehalten werden; ihre ganze Höhe ist fünf bis acht Fuß. Der Herd wird von feuerfestem Ton geschlagen,

---

36 Teile für Dampfmaschinen, vermutlich zunächst nach dem »alten Prinzip« Newcomens. Vgl. dazu die Einleitung.
37 Hohenofen/Hohofen = altertümliche Bezeichnung für Hochofen.
38 »Holzknechte«.
39 Beschicken der Hochöfen mit Erzen.
40 Direktor.

und gemeiniglich[41] geht der Wind von zwei Seiten hinein. Die Engländer [be]treiben ihn mit Koks, und sein Gebrauch hat sich jetzt so bewährt gefunden, dass man dort statt der Windöfen, da wo es die Größe der zu schmelzenden Massen erlaubt, Cupolos anwendet. Sein eigentlicher Zweck besteht in Gutmachung des Brucheisens, zum Teil aber auch in Verbesserung des Gusseisens durch Umschmelzung. [...]

Die St. Antony-Hütte geht gewöhnlich 30 Wochen; sie verbrauchte, in der Kampagne von 1802, 4.898 Fass Kohlen einschließlich der Lehmformerei und 6.706 Fass Erz, woraus an reinen Gusswaren erfolgten 602.593 Pfund, die nach Köln, Holland, de[m] Bergischen, Märkischen, Münsterland, Osnabrück, Friesland, Bremen, Hamburg, Lübeck, Dänemark und Russland versendet wurden.

8. Aus der Autobiografie des »Mechanikus« Franz Dinnendahl in Essen, o. J. [1808]

ThyssenKrupp Konzernarchiv Duisburg, FWH/343, abgedruckt in: Hedwig Behrens, Mechanikus Franz Dinnendahl[42] (1775–1826). Erbauer der ersten Dampfmaschinen an der Ruhr. Leben und Wirken aus zeitgenössischen Quellen, Köln 1970, S. 29–41 (Auszug). Die Schriftform der Vorlage wurde beibehalten.

Ich wurde im Jahr 1775 den 20. August geboren. Mein Vater war Bernhardus Dinnendahl, meine Mutter hieß Christine und war eine geborene Königs. Diese meine Aeltern wohnten auf der Hörster Mühle, bei Steele, und ich bin also von Hause aus der Sohn eines Müllers. Auf meine Erziehung und Bildung konnten meine Eltern durchaus nichts weiter verwenden, als daß sie mich in einer elenden Dorfschule nothdürftig lesen und das Alphabet schreiben lehren ließen. Wegen ihrer Dürftigkeit mußte ich mir schon in meinem 12. Jahre durch Schweinehüten mein Brod verdienen. Indessen hatte ich von Kindheit an eine unwiderstehliche Neigung zur Mechanik. Daher schnitzte ich, während des Schweinehütens, allerlei in die Mechanik gehörige Sachen, z: B: kleine Oehl-, Gerst- und Kornmühlen, Eisenhämmer, Wasserkünste,[43] Pumpen u[nd] d[er]gl[ei]ch[en]. Allein eben dieses war auch die Ursache, dass ich von dem Bauer, dem ich als Schweinehirte diente, als ein zu diesem Geschäft untaugliches Subject, entlassen wurde, weil ich über meine Schnitzeleien[44] die Schweine vergaß, und oft des Abends kaum halb so viele wieder mit nach Hause brachte, als ich des Morgens mitgenommen hatte.

41 Gewöhnlich.
42 In der Forschung gilt Franz Dinnendahl als überaus talentierter Techniker und Wegbereiter der Dampfmaschine im Ruhrgebiet, dessen Wirken als Geschäftsmann und Unternehmer allerdings umso glück- und erfolgloser verlief. In seinen letzten Lebensjahren arbeitete er hoch verschuldet in der Steeler Gießerei seines jüngeren Bruders Johann Dinnendahl. Zum Leben und Wirken der Gebrüder Dinnendahl vgl. zuletzt Ulrike Laufer, Sie brachten die Dampfmaschine an die Ruhr: Die Brüder Franz (1775–1826) und Johann Dinnendahl (1780–1849), in: Horst A. Wessel (Hg.), Mülheimer Unternehmer – Pioniere der Wirtschaft, Essen 2006, S. 243–269.
43 Systeme zur Förderung, Hebung und Führung von Wasser.
44 Schnitzereien.

Ich mußte also wieder die Zuflucht zu meinen Aeltern nehmen, und mir mit Kohlenschieben[45] etwas zu verdienen suchen. Zwei Jahre ernährte ich mich auf diese Weise und da ich während der Zeit Stärke des Körpers genug erlangt hatte, um schwerere Arbeiten verrichten zu können; so entschloß ich mich Bergmann zu werden. In meinem 16. Jahre ohngefähr ließ ich mich als Bergmann einschreiben und arbeitete nun, anfänglich als Schlepper, nachher als Hauer, endlich in Querschlägen, Schacht-Abteufen und überhaupt in aller Steinarbeit. Nachdem ich es in diesem Geschäfte zu einiger Vollkommenheit gebracht und während der Zeit die Arbeiten und Pflichten eines Steigers und Obersteigers einigermaßen kennen zu lernen Gelegenheit gehabt hatte, so daß ich mir Hoffnung machte, einmal das eine oder andere zu werden; so entschloß ich mich, Bergmann zu bleiben.

Allein der Himmel wollte es, daß ein Oheim von mir mir den Vorschlag that, die bergmännische Arbeit ganz daran zu geben, und mich dagegen den Zimmermanns und Schreinerarbeiten zu widmen, weil ich doch dazu so große Lust hätte. […]

Drei Jahre trieb ich das eben angeführte Schreiner-Handwerk in der Gegend von Hattingen zu Altendorff (in der Grafschaft Marck:). In den Wintertagen mußte ich, wie das hier gebräuchlich ist, Holz schneiden. Meine Neigung zur Mechanik war aber noch immer gleich stark, und ich unterzog mich nur aus Noth, gleichsam mechanisch, den Tischler-Arbeiten, um Brod zu verdienen; denn mein Kopf nahm daran keinen Antheil, weil ich beständig über Ideen brütete. Da ich aber weder Vermögen noch Zutrauen hatte; so war mein Raffiniren[46] fruchtlos. Man wollte mir, da ich nur 11. Monate bei meinem Meister war und nicht Ein Haus hatte bauen helfen, nicht einmal den Bau eines solchen anvertrauen. Zufälliger Weise fand sich doch endlich ein Mann, der es wagte sich von mir ein Haus bauen zu lassen, und da dieses gelang; so baute ich in einem Zeitraum von 2–3 Jahren 10. Häuser und einige Scheunen. Unter diesen Umständen glaubte ich endlich selbst, daß ich ein Baumeister würde, als ein Umstand eintrat, der auf Einmal meiner Neigung zur Mechanik neues Leben gab, und auf mein weiteres Schicksal einen bedeutenden Einfluß hatte. Ich hatte nämlich wenn ich des Abends (je nachdem ich weit gehen mußte) um 9 oder 10 Uhr nach Hause kam, und des Morgens auch um 5 Uhr schon wieder an mein Geschäft mußte, dennoch oft bis 1. oder 2. Uhr Nachts gearbeitet, und mir nach und nach eine Wasserkunst im Kleinen verfertigt. Da nun gerade damals in meiner Nähe in einem Kohlenbergwerk (Wohlgemuth)[47] die Wasser nicht gewältigt werden konnten, und eine solche Maschine verfertigt werden sollte; so vertraute man mir die Erbauung derselben an, wiewohl es mir so viele Mühe kostete mir dieses Zutrauen zu verschaffen, daß ich mehrere Bogen damit würde beschreiben müssen, wenn ich alle die Schwierigkeiten schildern wollte, die ich zu bekämpfen hatte, ehe ich meinen Zweck erreichte, weil die Gewerkschaft größtentheils

---

45 Transport der Kohlen vom Ausgang eines Bergwerks (Stollenmundloch) bis zu einem Zwischenlager (Kohlenniederlage) an der Ruhr, von wo aus die Kohlen verschifft wurden. Der Transport erfolgte zunächst mit Handkarren, später mit Wagen.
46 Tüfteln, Verfeinern.
47 Gemeint ist die Zeche Wohlgemuth in (Essen-)Kupferdreh.

aus Landleuten bestand, denen ich mehrere Tage lang im Felde hinter dem Pfluge nachlaufen mußte, um sie zu bewegen, mir die Erbauung dieses Kunstwerks zu überlassen. Indessen war dieses wieder ein neuer Schritt auf dem betretenen Wege, der mich wenigstens veranlaßte immer mehr über Mechanik nachzudenken und mich mit Kohlen und Kreide im Zeichnen zu üben. [...]

Im Jahre 1801 ehe die Stifte Essen und Werden noch mit den Preußischen Landen vereinigt waren,[48] bauete ich den Gewerken der schon vorhin genannten Zeche Wohlgemuth im Werdenschen die erste Feuer-Maschine nach altem Prinzip.[49] Das ganze Personal am Märkischen Bergamte, besonders der Herr p. Crone,[50] selbst fremde Bergleute, welche Dampf-Maschinen zu sehen Gelegenheit gehabt hatten, zweifelten daran, daß ich ein solches Werk zu Stande bringen würde. Einige schwuren gerade zu, daß es unmöglich sey, und andere prophezeiten mir, weil es mir als gemeinem Handwerker jetzt wohl ging, meinen Untergang, weil ich mich in Dinge einließ, die über meine Sphäre hinaus gingen. Freilich war es ein wichtiges Unternehmen, besonders, weil in der hiesigen Gegend nicht einmal ein Schmidt[51] war, der im Stande gewesen wäre eine ordentliche Schraube zu machen, geschweige andere zur Maschine gehörige Schmiedetheile, als Steuerung, Cylinderstange, und Kessel Arbeit pp. hätte verfertigen können oder Bohren und Drechseln verstanden hätte. Schreiner- und Zimmermanns-Arbeiten verstand ich selbst; aber nun mußte ich auch Schmiede-Arbeiten machen, ohne sie jemals gelernt zu haben. Indessen schmiedete ich fast die ganze Maschine mit eigener Hand, selbst den Kessel, so daß ich 1–1 ½ Jahre fast nichts anders, als Schmiede-Arbeiten verfertigtek, und ersetzte also den Mangel an Arbeitern der Art selbst. Aber es fehlte auch an gut eingerichteten Blechhämmern und geübten Blechschmieden in der hiesigen Gegend, weshalb die Platten zum ersten Kessel fast alle unganz und kaltbrüchig waren. Eben so unvollkommen waren diejenigen Stücke der Maschine, welche die Eisenhütte liefern mußte, als Cylinder, Dampfröhren, Schachtpumpen, Kolben und d[er]gl[ei]ch[en]:. Auch dieses Hinderniß wurde überwunden, indem ich es durch Mittheilung meiner Ideen und durch das eigene Raffiniern des Herrn Jacoby, Eigentümer der Eisenhütte zu Starckrade,[52] in der Gegend von Dinslacken bei Wesel, dahin brachte, daß diese Eisenhütte alle nöthigen Stücke zu einer Maschine, Anfangs freilich unvollkommen, aber jetzt in der möglichsten Vollkommenheit liefert. Das Bohren der Cylinder setzte mir neue Hindernisse entgegen; allein auch dadurch ließ ich mich nicht abschrecken, sondern verfertigte mir auch eine Bohr-Maschine ohne jemals eine solche gesehen zu haben. So brachte ich es also nach unsäglichen Hindernissen, die vielleicht manchen Andern an mei-

---

48 Die Stifte Essen und Werden wurden im Zuge der Säkularisierung aufgelöst und fielen zunächst 1803 und 1815 auf Dauer an Preußen.
49 Erste atmosphärische Dampfmaschinen nach Thomas Newcomen. Vgl. dazu die Einleitung.
50 Christoph Wilhelm Crone (1757–1828), seit 1803 am Märkischen Bergamt in Wetter tätig, war später Oberbergmeister und Oberbergrat am Oberbergamt Dortmund.
51 Schmied.
52 Sterkrade bei Oberhausen.

ner Stelle abgeschreckt haben würden, endlich so weit, daß die erste Maschine, nach altem Prinzip, fertig wurde.

9. Einschätzung eines Reisenden zum Stand der industriellen Entwicklung zwischen Essen und Duisburg (1809)

Philipp Andreas Nemnich,[53] Tagebuch einer der Kultur und Industrie gewidmeten Reise, Erster Band, Tübingen 1809, S. 486–492, 494–503. (Auszug)

Kettwig. Ein Flecken, der wegen seiner Tuchfabrik zu bemerken ist. Ursprünglich bestand der hiesige Erwerb in der Verfertigung von wollenen Decken; vor mehr als hundert Jahren ging derselbe in Tuch über, womit geringe Weber den Anfang machten. Erst in neueren Zeiten haben sich Fabrikhäuser gebildet, durch deren Fleiß und Geschicklichkeit das Geschäft zur gegenwärtigen Vollkommenheit und Ausdehnung gebracht worden sind.

Es werden in Kettwig 8/4, 9/4 und 10/4 breite Tücher, zu den Preisen von 3 bis 8 Rtlr. (Louisd'or à 5 Rtlr.), wie auch etwas Kasimir,[54] fabriziert. Am zweckmäßigsten und gangbarsten sind die 9/4 Tücher. Die ersten Häuser sind: Gebrüder Scheidt, und Conrad Rombeck. Beide beziehen die Braunschweiger Messen und treiben außerdem ihren Tuchhandel nach Hamburg und anderen Gegenden des Nordens, bis nach Russland. Neben den gedachten beiden Häusern gibt es in Kettwig mehrere Basen, die einen oder zwei Stühle unterhalten und ihr Tuch teils in der benachbarten Gegend, teils nach Holland verkaufen.

Die Wolle wird aus Spanien, Portugal, Sachsen usw. bezogen und das Tuch größtenteils in der Wolle gefärbt. Walkerde kommt aus Linz am Rhein, in der Nähe von Bonn; Seife zum Walken aus Marseille und Abignon. Rüböl erhält man aus zwei benachbarten Ölmühlen und in Notfällen aus Holland. [...]

Ferner hat Kettwig: eine gut eingerichtete Farbemühle; einige bedeutende Fruchtessigbrauereien; Baumwollspinnereien auf Handmaschinen und ein Paar Seidenwebstühle; beide letztere von keiner Erheblichkeit und bloß für Elberfelder Rechnung.

Werden hat bedeutende Tuchfabriken, fast von eben der Beschaffenheit wie im benachbarten Kettwig. Dies Geschäft hat sich seit einigen Jahren ansehnlich vergrößert; denn es haben sich mehrere Fabrikanten hier niedergelassen, die zugleich vollkommener arbeiten, als es vorhin der Fall war. Die Versendungen des Tuchs geschehen vornehmlich nach Hamburg und [den] ganzen Norden. [...]

In Werden treibt man Baumwollspinnerei auf Handmaschinen. Es wird auch etwas von Stücksammet und seidenen Tüchern für Elberfelder Rechnung verfertigt.

---

53 Aus der Feder Philip Andreas Nemnichs (1764–1822), eines in Hamburg lebenden examinierten Juristen und Schriftstellers, der u.a. 1798 ein »Allgemeines Polyglotten-Lexicon der Naturgeschichte« in acht Sprachen herausgab, stammen weitere Reiseberichte aus England, den Niederlanden, Frankreich und Italien.
54 Vermutlich: Kaschmir.

In einer kleinen Entfernung von Werden besitzt J. A. Engels[55] eine Papiermühle, wo er die meisten Sorten von englischen Packpapieren, vorzüglich aber die rostfreien Papiere fabriziert. Seine Ware wird größtenteils im Märkischen und Bergischen zum Einwickeln der Stahlarbeiten gebraucht. […]

Die umliegenden beträchtlichen Steinkohlenbergwerke verschaffen Werdens Bewohnern einen sehr einträglichen Erwerb. Die Kohlen gehören zwar nicht zu den besten, allein die Nähe der Ruhr und die davon abhängende Leichtigkeit des Transports macht es doch, dass man den hiesigen jährlichen Kohlen-Umschlag auf 200.000 Rtlr. berechnet.

Das Werdensche Zunftwesen hat bisher keine Anlagen von Eisen- und Wollfabriken auf dem Land erlaubt. Jetzt aber wird vom Gouvernement dagegen gearbeitet, und man erwartet eine baldige Aufhebung dieser Zünfte. […]

Essen war schon in uralten Zeiten wegen seiner Gewehrfabriken berühmt. Unter anderen ist die Potsdamer Gewehrfabrik aus der [Essener] entstanden. In neueren Zeiten hat dies Gewerbe in Essen eine große Abnahme erfahren. Inzwischen haben sich Pieul & Pelletier vor kurzem mit ungefähr fünfzig Lütticher Arbeitern daselbst niedergelassen und eine Gewehrfabrik im Großen errichtet. Bei ihrer ausgebreiteten Connexion[56] und vortrefflichen wiewohl sehr teuren Arbeit gewinnt es das Ansehen, dass die Gewehrfabrik in Essen einen großen Teil ihres vorigen Ansehens wieder erhalten dürfte.

Es wurden ehemals große Quantitäten von Kaffeemühlen in Essen gemacht; dieser Erwerb hat in neueren Zeiten, insonderheit der Seesperre,[57] sehr abgenommen. Es werden auch Tuchkratzen in Essen verfertigt. Der hiesige Spezereihandel ist von einiger Beträchtlichkeit. Die Essener Steinkohlen besitzen vor den Werdenschen große Vorzüge. […]

Das Städtchen *Mülheim an der Ruhr* besitzt verschiedene gute Erwerbszweige.[58] Der Spezereihandel hat sich seit ungefähr zwanzig Jahren sehr emporgehoben; man zählt darin an zwölf Großhändler. Die Spezereiwaren, welche aus Holland, zum Teil auch aus Bremen und Hamburg kommen, gehen von hier aus ins Märkische, Kölnische und Münstersche. – Der Weinhandel ist von einiger Bedeutung.

Es werden um Mülheim fortdauernd Steinkohlen gegraben, jedoch ungleich weniger als in älteren Zeiten. Denn die meisten Werke sind durch eine frühere Sorglosigkeit jetzt mit Wasser angefüllt. Dagegen findet man die Anlage von Dampfmaschinen zu kostspielig. Man muss also den größten Teil der Steinkohlen aus dem Werdenschen holen. Diese werden dann, wenn sie die Ruhr verlassen, auf dem Rhein bis Mainz und Holland transportiert. In vorigen Zeiten, als

---

55 Zu Engels und dessen »Beytrag zur Geschichte der Ruhrschiffarth« (1799) vgl. Dok. 5 in diesem Kapitel.
56 Hier: Geschäftsbeziehung, Geschäftsverbindung.
57 Mit der von Napoleon 1806 verfügten und erst 1814 aufgehobenen sogenannten Kontinentalsperre wurde der europäische Warenverkehr, insbesondere mit England, zugunsten der französischen Wirtschaft stark beeinträchtigt.
58 Vgl. hierzu ausführlich Horst A. Wessel (Hg.), Mülheimer Unternehmer – Pioniere der Wirtschaft, Essen 2006.

der hiesige Steinkohlenhandel sich nur in höchstens zwölf Händen befand, war er für diese Individuen sehr einträglich. Jetzt aber teilt sich das Interesse wohl unter fünfzig Personen.

Der Schiffbau ist für Mülheim ein guter Erwerb; denn es werden hier viel[e] Kohlen-Nachen gebaut.

Mülheim hat auch einige Fabriken. Die vornehmste ist die Baumwollspinnerei von Troost & Compagnie in Luisenthal. Sie existiert seit ungefähr fünfzehn Jahren und hat sich nach der von Brügelmann in Cromford gebildet. [...] Joh. Wilh. Vogt fabriziert vorzüglich gute Tuchscheren. Sie werden nicht nur im Bergischen gebraucht, sondern gehen auch nach Holland, Aachen und gar bis Russland. Der Fabrikant hat sein Etablissement vor Kurzem ziemlich ausgedehnt; dennoch laufen immer mehr Bestellungen bei ihm ein, als er zu effektuieren imstande ist.

Duisburg, ein Städtchen mit ungefähr 5.000 Einwohnern. Der Haupterwerb besteht im Spezereihandel, und man zählt darin zwischen 25 und 30 Großhändler. Sie versorgen mit Spezereiwaren das Märkische, Bergische, Münstersche und Westfälische. [...]

Duisburg hält vier Bört- oder Wechselschiffe, wovon wöchentlich eines abgeht und eines ankommt, und dazu eine festgesetzte Zeit hat. Zwei von diesen Börtschiffen gehen bis Arnheim und zwei bis Wageningen. Von beiden Orten gehen Fahrzeuge weiter nach Amsterdam und Rotterdam. [...]

Der Handel von Duisburg hat in den Jahren 1794 bis 1801 seine glänzendste Periode gehabt. Seitdem hat er sich vermindert, und in diesem Augenblick teilt er sein Missgeschick mit allen übrigen Städten des europäischen festen Landes.

Duisburg hat mehrere ansehnliche Rauch- und Schnupftabaks-Fabriken. [...]

Ferner gibt es hier verschiedene Tuchfabriken. Sie sind von Lennep, seit der Feuersbrunst, welche i[m] J[ahre] 1746 diesen Ort gänzlich zerstörte, herübergekommen. Die feinen Tücher gehen nach Holland; die mittleren und ordinären nach Friesland, dem Münsterland usw. Von Maschinerie ist bis jetzt hier noch nichts in Anwendung gebracht worden.

Hofrat Merrem hat eine Fabrik von baumwollenen Zeugen nach englischer Art. Momm[59] lässt Wollenband weben, welches Geschäft aber nicht mehr so bedeutend ist, als es vor dem Krieg war. [...]

Die Universität Duisburg nähert sich mit schnellen Schritten ihrem Untergang. Vor nicht gar langen Jahren war die Zahl der Studierenden an hundert und die der Professoren elf. Jetzt ist jene auf etwas weniger als 30 [bzw.] auf fünf heruntergeschmolzen. [...]

Ruhrort, eine gute halbe Stunde von Duisburg. Hier ergießt sich die Ruhr in den Rhein. Der Ort ist zur Spedition besonders gelegen und überhaupt sehr betriebsam. Man führt einigen Handel mit Spezereien, einen Haupthandel aber mit Steinkohlen. Der Schiffbau ist von Wichtigkeit; es werden nicht nur Kohlen-Nachen, sondern auch große Rheinschiffe hier gebaut. [...]

---

59   Zum Spinnfabrikanten Momm vgl. Dok. 10 in diesem Kapitel.

Zwischen zwei und drei Stunden von Duisburg, und ebenso weit von Essen, liegen drei Eisenschmelzhütten. Die älteste und bekannteste heißt St. Antoni; sie existiert seit 1747.[60] Dann folgt die Gute Hoffnung seit 1780 und Neu-Essen seit 1790. St. Antoni und Neu-Essen gehörten ehemals der Fürstin von Essen. Gottlob Jacobi hatte seit 1793 die Inspektion darüber bis 1803, als er sich dieselben durch einen Ankauf [zu] eigen machte. Im Laufe des jetzigen Jahres kaufte er auch die Gute Hoffnung. Gegenwärtig lautet die Firma der gedachten drei Hütten: Haniel, Jacobi und Huyssen.

Das Erz, welches ein Rasenerz ist, und, wenn ich recht gehört habe, 28 Prozent liefert, wird ½ bis 4 Stunden von den Hütten gegraben. Die Holzkohlen kommen aus dem nämlichen Distrikt und die Steinkohlen aus dem Essendischen, 1 ½ Stunden von den Hütten entfernt. [...]

Unter anderem ist es bemerkenswert, dass Jacobi seit ungefähr zehn Jahren die einzelnen eisernen Teile zur Dampfmaschine liefert. Zuerst hat er die Saline in Königsborn bei Unna[61] damit versehen; jedoch mit Ausnahme des Zylinders, welcher einmal aus England und ein andermal aus Schlesien dahin gekommen ist. Die Zeche Vollmond bei Bochum, die Zeche Wohlgemuth im Werdenschen, das Bleiwerk Diepelingen bei Aachen, die Zechen Röttger und Herrenbank bei Essen haben ebenfalls Dampfmaschinen aus der Antoni-Hütte erhalten; ebenso die Fortifikationen bei Wesel zwei ganze Dampfmaschinen. Der kleinste der von Jacobi gelieferten Zylinder hatte 19 ½ Zoll und der größte 42 Zoll im Durchmesser.

Die obigen drei Hütten produzieren, eins ins andere gerechnet, jährlich an zwei Millionen Pfund Gusswaren. Der Absatz derselben ist sehr ausgebreitet. Sie gehen vom Märkischen und Bergischen an bis nach Bremen, Hamburg und Kopenhagen; ferner nach Holland, Ostfriesland usw., auch bei offener See nach den amerikanischen Kolonien.

In Neu-Essen liegt die Gießerei, als Hütte betrachtet, gegenwärtig still. Sie soll in eine Gießerei von allerlei kurzen Waren, nach der unlöblichen englischen Art, verwandelt werden.

Auf St. Antoni macht Jacobi Zubereitungen, um Gussstahl zu gewinnen.

10. Streit zwischen zwei Duisburger Spinnfabrikanten über die gegenseitige Entziehung arbeitender Kinder (1814/15)

Untersuchungssachen (1808–1815), als Schlichter geleitet vom Duisburger Bürgermeister. Stadtarchiv Duisburg, 10/2506.

P[raesentatum] M[agistratum][62]

Nach unserer gestrigen Unterredung und näherer Überprüfung habe ich gefunden, dass mein Werkmeister am Sonntag zwei Kinder von Frau Amweg und heute zwei Kinder von Krachten angenommen hat. Ich werde, wo ich nicht mit Gewalt dazu genötigt werde, die Kinder nicht von mir lassen. Nicht, weil ich sie unumgänglich nötig gebrauche, sondern

---

60   Zur Gründung der St. Antony-Hütte, die erst im Jahr 1753 genehmigt worden war, vgl. die Einleitung.
61   Vgl. dazu Dok. 6 in diesem Kapitel.
62   Dem Magistrat vorgelegt.

1. Weil Herr Böninger[63] sich früherhin auf meinen Vorschlag nicht willig fand, eine Konvention in Betreff der Kinder zu treffen, wobei doch nicht ich, sondern er gewonnen hätte.
2. Weil vor ca. drei bis vier Monat[en] Herr Böninger acht Kinder von mir, ohne ihnen einen Entlassungsschein von mir abzufragen, angenommen und behalten hat. Ich zeigte Herrn Böninger an, dass ich die Kinder, die ich ungern entbehre, nicht reklamieren wolle, bat mir aber einen, den Kindern geleisteten Vorschuss von Pf[ennigen] 19 aus. Ich erhielt darauf nicht allein keine genügende Antwort, sondern wurde auch auf meiner wiederholten Bitte an seinen Werkmeister von ihm verwiesen, was mich kränken musste, u[nd] wo ich also den Vorschuss noch nicht erhalten habe. Da mir die Eltern der Kinder erklärt haben, dass ihnen das Geld abgehalten würde, so bitte ich Sie, Herr B[ür]g[er]meister, bei dieser Gelegenheit auch dieses zu berücksichtigen, dass ich von den Kindern meinen Vorschuss zurückerhalte. –

Es wird mir recht sein, wenn Sie die Güte haben wollen, festzusetzen, dass die Kinder mit einer zwölftägigen Aufkündigung Freiheit haben zu gehen, wo[hin] sie wollen, wie herkömmlicher Gebrauch ist, obgleich ich den meinigen erklärt habe, dass sie Freiheit haben, mit jedem Tag zu gehen, wenn es ihnen bei mir nicht mehr gefällt.

J[ohann] A[rnold] Momm[64]

[Beschluss des Duisburger Bürgermeisters vom 26.9.1814]

Um eine regelmäßige Ordnung unter den in der Spinnerei von dem Herrn Ar[nold] Böninger an der Mühle bei Duisburg dienende[n] Arbeiter[n] anzuhalten, wird den Eltern derjenigen Kinder, [die] in der Fabrik stehen, zu[r] Pflicht festgesetzt, dass sie ohne vorherige Aufkündigung von sechs Wochen keines wegnehmen dürfen – ebenso ist das Verhalten [der] Großjährigen und unter ihrer eig[e]nen Aufsicht stehende[n] Arbeiter, weshalb ich Sie alle unter dem heutigen Dato vorberufen, und es [unleserlich] jedem freigestellt, sich dessen Verpflichtung mit eig[e]ner Hand Unterschrift festzugeben.

[Vermerk des Duisburger Bürgermeisters vom 10.1.1815]

Der Tagelöhner [...] Drenger gab zur Rechtfertigung der Wegnahme seines Kindes von der Fabrik des Herrn Böninger an, dass die Beschwerde ihn jetzt wohl nicht treffen könne, da er seinen Sohn schon seit fünf Wochen weggenommen [habe] und wegnehmen müsse, weil derselbe die strenge Arbeit [...] nicht mehr aushalten könne und Blut gespien habe. Nur das allein sei

---

63 Die mit Wasserkraft betriebene Spinnmühle Arnold Böningers (1764–1825), die bereits 1818 einging, verfügte 1815 über durchschnittlich 50 Arbeiter. Böningers Betrieb ist eine von zwei Spinnfabriken, die sich für Duisburg nach 1810 nachweisen lassen. Vgl. dazu Gerhard Adelmann, Die Baumwollgewerbe Nordwestdeutschlands und der westlichen Nachbarländer beim Übergang von der vorindustriellen zur frühindustriellen Zeit 1750–1815, Stuttgart 2001, S. 134f.

64 Die Spinnmanufaktur von Johann Arnold Momm (1774–1846), die sich 1814 nach der Inbetriebnahme einer Dampfmaschine Johann Dinnendahls zu einer Fabrik entwickelte, beschäftigte ein Jahr später etwa 60 Arbeiter. Aus zollpolitischen Gründen verlegte Momm seinen Betrieb jedoch bereits 1816 nach Holland. Vgl. ebd.

die Ursache der Wegnahme und nicht eines Mehrverdienstes, da sein Kind jetzt bei Hr. Momm nicht mehr als bei Hr. Böninger verdiene.

Die Frau Münter dagegen zeigte [ihren Sohn] mit einem kranken Daumen vor, wodurch derselbe verhindert worden [sei], arbeiten zu können, und es nicht mehr sei, dass derselbe bei Hr. Momm arbeite. Vielmehr wüsste sie sich selbst zu bescheiden, dass es unklug sein würde, ihr Kind aus der Arbeit des Böninger zu nehmen, da ihr Mann selbst bei Böninger in Arbeit stehe, und würde sie selbiges nach hergestellter Gesundheit wieder zur Fabrik des Böninger schicken.

11. **Der Mitbegründer der Gutehoffnungshütte in Sterkrade, Gottlob Jacobi, macht Eberhard Hoesch auf ein in England praktiziertes, neuartiges Verfahren zur Herstellung von Stahl aus Roheisen aufmerksam (1817).**
Brief Gottlob Jacobis an Eberhard Hoesch[65] vom 30.5.1817, abgedruckt in: Justus Hashagen, Geschichte der Familie Hoesch, Bd. 2, Teil 2, Köln 1916, S. 551; Karl-Peter Ellerbrock (Hg.), Eberhard Hoesch (1790–1852). Lebenserinnerungen eines Industriepioniers, Dortmund 1989, S. 23.

Es scheint, als wenn Du nicht wüsstest, dass in England schon seit ein[em] Jahrzehnt alles Roheisen bei rohen Steinkohlen in Windessen gefrischt und unter Walzen zu allen beliebigen Dimensionen gezogen wird. Diese Arbeit nennt sich der Puddlingsprozess und das Arbeiten selbst [Puddeln]. Der König von Preußen schickte 1814 zwei Hüttenverständige nach England, um diese Arbeit zu lernen. 1816 kamen dieselben wieder, und es wurde sogleich auf Hegermühle, mehrere Meilen von Berlin, ein Puddlingofen gebaut und die Walzen angelegt. Man arbeitet dort täglich. Allein man soll noch zuviel Roheisen verbrauchen und zu viel Steinkohlen vertun. Das Frischeisen soll aber vortrefflich sein. Man hat mir erlaubt, der Arbeit daselbst nach Belieben beizuwohnen. Allein meine Geschäfte erlauben es mir noch nicht, lange abwesend zu sein. Außerdem ginge ich auch lieber nach England als nach Berlin; am ersteren Ort kann man mehr sehen.

12. **Anzeige der Gesellschafter der Gutehoffnungshütte vom 22. Juli 1820, in der die Errichtung einer Maschinenwerkstatt in Sterkrade (heute Oberhausen) bekannt gemacht wird**[66]
Rheinisch-Westfälisches Wirtschaftsarchiv Köln 130–20002/52, abgedruckt in: Ralf Banken, Die Gutehoffnungshütte – Vom Eisenwerk zum Konzern (1758–1820), in: Johannes Bähr et al., Die MAN – Eine deutsche Industriegeschichte, München 2008, S. 15–129, hier: S. 43; Hedwig Behrens, Franz Dinnendahl, S. 54f.; Arnold Woltmann, Geschichte der Gutehoffnungshütte, in: Die Gutehoffnungshütte Rheinland. Zur Erinnerung an das 100jährige Bestehen 1810–1910, Düsseldorf 1910, S. 40.

---

65 Eberhard Hoesch (1790–1852), Eisenfabrikant aus der Eifel, war der Vater Albert Hoeschs, des späteren Gründers des gleichnamigen Stahlunternehmens in Dortmund.
66 Zuerst erschien die Anzeige in den »Allgemeinen Politischen Nachrichten« vom 23.7.1820 sowie mehr als zwei Jahre später im »Rheinisch-Westfälischen Anzeiger« vom 17.12.1822.

Die Bergwerks-, Hütten-, Hammer- und Fabriken-Besitzer werden hierdurch benachrichtigt, dass auf der Guten-Hoffnungs-Eisenhütte eine Werkstatt errichtet ist, worin Dampf- und Gebläsemaschine[n] jeder Dimension, nicht allein für Berg-, Hütten- und Hammerwerke, sondern auch für Spinnereien, Woll-, Öl- und Mahlmühlen, sowie für andere Gewerke verfertigt werden. [Die] Direktion dieses Geschäfts übernimmt, mit Genehmigung der Königlich preußischen Ober-Berg-Behörden, der Königliche Maschinen-Inspektor, Herr Merker, welcher von nun an hier domiziliert ist.

Allen, die uns ihr Vertrauen schenken und Bestellungen aufgeben wollen, versprechen wir eine gute kontraktmäßige Bedienung und verlangen erst dann, wenn die Maschine drei Wochen in Gang ist, die erste Hälfte des übereingekommenen Kaufschillings, drei Monate später die Hälfte des Rückstands, und den Rest, nachdem die Maschine fünf Monate im Gang sein wird.

Gutehoffnungs-Eisenhütte bei Dorsten oder Mülheim an der Ruhr, den 22. Juli 1820.

Die Interessenten der Maschinenfabrik daselbst

13. Berufswahl per Brockhaus: Der Iserlohner Landrat Peter Eberhard Müllensiefen (1766–1847) und »der Gedanke der Glashütte« zu Beginn der 1820er Jahre, der 1826 in Witten an der Ruhr zur Gründung der Glasfabrik Crengeldanz durch die beiden Söhne Gustav und Theodor führte [1837–1839]

»Auf Ersuchen meines geliebten Julius ihm und seinen sechs Geschwistern zum Andenken am Abend meines Lebens niedergeschrieben am Crengeldanz in den Wintermonaten 1837/38 und 1838/39«, abgedruckt in: Friedrich von Oppeln-Bronikowski (Hg.), Ein deutsches Bürgerleben vor 100 Jahren. Selbstbiographie des Peter Eberhard Müllensiefen, Berlin 1931, S. 280–282.[67] (Auszug)

Nach Beendigung des mühsamen Teilungsakts mit meinen Kindern legte ich meinen Söhnen Gustav und Theodor[68] die Frage vor, ob und was sie sich zu ihrem künftigen selbstständigen Fortkommen etwa überlegt hätten? Dabei erklärte ich Theodor vorab, dass ich ein größeres Bauerngut, wie er es vielleicht wünsche, für ihn anzukaufen völlig außerstande sei. Gustav seinerseits bezeigte entschiedene Vorliebe für eine Zuckerraffinerie, wie er deren in Bremen gesehen [hatte]. Da er das hierzu erforderliche Anlage- und Betriebskapital nicht genügend anzugeben vermochte, fragte ich als Mitglied des Berliner Vereins zur Beförderung des Gewerbefleißes bei dem Präsidenten, Geheimen Oberfinanzrat Beuth, direkt an. Dieser riet mir jedoch aus drei Gründen von dem Unternehmen ab. Nunmehr war guter Rat teuer, was denn meine erwachsenen Söhne eigentlich ergreifen sollten. Die mit Gewerben aller Art überfüllten Bezirke

---

67 Für den Hinweis auf diese Quelle danke ich Herrn Prof. Dr. Dieter Scheler, Ruhr-Universität Bochum.
68 Der Glasfabrikant Gustav Müllensiefen (1799–1874) trat zudem bis 1863 als Präsident der 1857 neu gegründeten Handelskammer Bochum in Erscheinung, sein jüngerer Bruder Theodor (1802–1879) war nebenher u.a. Abgeordneter der Preußischen Nationalversammlung 1848/49. Zur Vita Theodor Müllensiefens vgl. Paul Hermann Mertes, Theodor Müllensiefen, in: Rheinisch-Westfälische Wirtschaftsbiographien 2 (1937), S. 238–253.

Iserlohn und Hem[e]r hatten nichts anzubieten; denn woran noch ein Stück Brot zu verdienen war, darüber fielen alsbald Unternehmer her und ruhten nicht eher, bis sie sich gegenseitig das Geschäft verdorben hatten. Der einzige noch unversuchte Artikel, den ich von Altena her aus unserem früheren Großhandel mit Spanien als sehr einträglich kannte, war feines Weißblech, wovon Preye & Jordis in Frankfurt am Main beständig ein wohl assortiertes Lager für englische Rechnung unterhielten. Bei meiner pekuniären Ohnmacht konnte ich jedoch leider nur mit bloßer Angabe der Idee nützen, die später [Hermann] Diedr[ich] Piepenstock[69] zu Iserlohn mit einem Kostenaufwand von 100.000 Talern glänzend realisiert hat.

Nachdem ich erfolglos alle Fächer mit meinen Söhnen durchgegangen [war], nahmen wir Brockhaus' Konversationslexikon zu Hilfe und stießen unter dem Buchstaben G auf das Wort Glas, das ich mit besonderem Nachdruck betonte. Mir zur Linken saß Gustav und gegenüber Theodor. Beide fragten wie aus einem Munde: »Glas? Glas?« – »Ja, meine Kinder«, antwortete ich: »Glas, insofern es bei Steinkohlen geblasen werden kann«. Und nun erzählte ich ihnen, wie ein gewisser Notteboom[70] aus Böhmen (gebürtig aus der Nette bei Altena) schon in den achtziger Jahren Rumpe[71] empfohlen habe, eine Glashütte zu bauen, deren Betrieb bei Steinkohle, die ihnen in Böhmen fehlte, hier notwendig bedeutenden Gewinn abwerfen müsse.

Wie ein elektrischer Schlag schien mein Vortrag die beiderseitige Überzeugung zu durchdringen. Mit leuchtenden Augen rief Gustav aus: »Vater, lass mich darauf reisen, um die Fabrikation zu erlernen«. – »Nein, mein Sohn«, entgegnete ich kurzweg, »Du bist zu lebhaft und an mechanische Arbeiten nicht gewöhnt; das passt besser für Deinen Bruder«. Hocherfreut sagte hierauf Theodor: »Vater, dann lass mich reisen!«[72] Er wollte es sogleich tun, aber ich sagte: »Sachte, mein Sohn! So schnell kann das nicht gehen. Die Sache entscheidet über Euer ganz künftiges Leben; sie erfordert daher ruhige Überlegung und Vorbereitung; auch habe ich nebenbei einen unerlässlichen Vorbehalt zu bedingen«. – »Und der wäre?« – »Das sollst Du bald erfahren. Wer sich heutzutage nicht nur frei in den Schranken der Konkurrenz bewegen, sondern sich einige Überlegenheit sichern will, muss die hierzulande übliche Bahn der Empirie verlassen und alles, was zu seinem Unternehmen gehört, auf das Gründlichste theoretisch und praktisch lernen, damit er bei eintretenden anormalen Erscheinungen den zureichenden Grund auffinden und unabhängig von anderen selbst die nötige Abhilfe zu schaffen vermag. Willst Du als gemeiner Handwerksbursche inkognito wandern, dann soll Dich meine väterliche Unterstützung überall schützend begleiten. Im äußersten Notfall gestatte ich Dir jedoch, Deines Vaters Ehrenprädikat zu Deinem Schutz geltend zu machen, und ich werde in solchen Fällen bemüht sein, Dir den nötigen Beistand durch preußische Gesandtschaften und Konsulate möglichst

---

69 Zu Piepenstock vgl. Dok. 21 in diesem Kapitel.
70 Der Name war nicht ermittelbar.
71 Johann Caspar Rumpe (1748–1833) war Draht- und Nähnadelfabrikant und zu Beginn des 19. Jahrhunderts Bürgermeister in Altena (Sauerland).
72 Theodor Müllensiefen hatte sich zwischen 1823 und 1825 auf Reisen durch Deutschland, Italien und der Schweiz mit der Glasfabrikation vertraut gemacht.

schnell zu erwirken«. Theodor unterwarf sich gern allem und bat nur um Beschleunigung seiner Abreise. »Und ich, Vater?« sagte Gustav. – »Bemühe Dich unterdessen bei einem angesehenen Handelshaus um eine Stelle als Reisender und lass nebenher keine Glashütte unbesucht, um mit Deinem Bruder möglichst Schritt zu halten. Übrigens verpflichten wir uns hiermit gegenseitig zum unverbrüchlichen Stillschweigen«.

Aus dem Konversationslexikon hatten wir die Worte Kiessand, Kieselerde, Bergkristall, Laugensalz, Braunstein, Kreise und Arsenik als wesentliche und außerwesentliche Glasbestandteile angemerkt, von denen wir Kiesel, Bergkristall und Pottasche in der Umgegend von Iserlohn vorhanden wähnten. Das war ein Suchen vom Morgen bis an den Abend! Soviel meine Amtsgeschäfte es zuließen, nahm ich teil daran. Wer es gesehen [hätte], hätte uns alle für halb verrückt halten müssen. Sogar die Steinkohlenzeche Elisabeth zwischen Schwerte und Berghofen unweit der Kunststraße[73] beehrten wir uns mit unserem Zuspruch, denn es musste ja beiläufig auch schon auf eine schickliche Baustelle Bedacht genommen werden! Nichtsdestoweniger ward Theodors Ausrüstung möglichst beeilt, und er trat, mit unseren Segenswünschen begleitet, schon bald seine Wanderung an, zunächst in der Richtung nach Belgien, um je nach den Umständen weiter nach Frankreich vorzurücken. Gustav aber fand ein Unterkommen bei den Gebrüdern Post in Eilpe, die ihn nach kurzer Vorbereitungszeit eine Geschäftsreise in die östlichen Provinzen der Monarchie unternehmen ließen.

14. Der Bürgermeister von Herdecke berichtet 1824 dem Hagener Landrat über Kinderarbeit in den hiesigen Tuchfabriken.

Stellungnahme des Bürgermeisters von Herdecke vom 14.9.1824 auf das Circular des Landrats des Landkreises Hagen, Carl Friedrich Gerstein, vom 1.9.1824.[74] Stadtarchiv Herdecke, Stadt Herdecke (alt) 96a, Bl. 40–42 (Auszug), abgedruckt in: Gerhard E. Sollbach unter Mithilfe von Fritz Kollatz, Über 12 Stunden Fabrikarbeit täglich für achtjährige Kinder, in: Gerhard E. Sollbach et al. (Hg.), Zwischen Armenhaus und roter Ruhr. Untersuchungen zu den sozialen Verhältnissen in Herdecke vom 15. bis 19. Jahrhundert, Herdecke 1980, S. 33–40, hier S. 36–40.

1. In dem hiesigen Bezirk werden wenigstens 60 Kinder unter 14 Jahren in den Fabriken beschäftigt und
2. zwar teils zum Spulen bei den Tuchwebern, zum Anlegen der Pflöcke auf der Spinnerei, zum Reinigen der Wolle und in den Tuchfabriken.

---

73 Gut ausgebaute Landstraße, Chaussee.
74 Friedrich Carl Heinrich Gerstein (1780–1836), von 1822 bis zu seinem Tod Landrat des Landkreises Hagen, hatte in seinem Rundschreiben an die Bürgermeister von Hagen und Herdecke von einer Sitzung des preußischen Kultusministeriums berichtet, bei der »zufällig zur Sprache gekommen« sei, dass in Preußen sowohl tagsüber als auch nachts Kinder in Fabriken und Manufakturen beschäftigt worden seien. Diese Angelegenheit sei »in medizinisch polizeilicher Hinsicht so wichtig gefunden [worden], dass deshalb nähere gesetzliche Bestimmungen zu erwarten stehen«. Um sich zuvor einen Überblick über Art und Umfang der Kinderarbeit zu verschaffen, sollten die hierfür erforderlichen Informationen aus den einzelnen Städten und Landkreisen eingeholt werden.

3. Von ihrem 8. Jahr an bleiben dieselben fortwährend in den Fabriken;
4. arbeiten dieselben gewöhnlich von 5 Uhr morgens bis 8 Uhr abends, und haben in dieser Zeit nur morgens von 8 bis ½ 9, mittags von 12 bis 1, und nachmittags von 4 bis ½ 5 Uhr frei.
5. Die Kinder gehen des Morgens nüchtern an [die] Arbeit und trinken um 8 Uhr Kaffee, bei welchem gewöhnlich Kartoffel-Pfannkuchen, die nicht gar gebacken sind, gegessen werden; diese schon ohnehin schwere Kost wird von denselben aus Mangel an gehöriger Bewegung nicht gut verdaut. Dieselben befinden sich entweder bei schmieriger, nasser oder doch bei solcher Arbeit, die wegen de[s] üblen Geruch[s] der Gesundheit schädlich [ist]. Ist es nun vollends Winter und die Arbeitsstuben überheizt und von den Lampenschwaden verpestet, und diese schlecht bekleideten Kinder müssen in der größten Kälte, von Schweiß gebadet nach Hause, ist das Nachteilige gegen deren Gesundheit wohl leicht zu ermessen. Diejenigen Kinder nehmlichen[75] Alters, die nicht auf der Fabrik arbeiten, können sich auße[r] den Schulstunden nach Willkür der Eltern in freier Luft bewegen, und obgleich [unleserlich] nun die Nahrungsmittel derselben mit denen der Fabrikkinder gleich sind, so ist die Bewegung Ursach[e], dass sie besser verdauen, und geht hieraus wohl
6. hervor, dass Letztere weit gesünder sein müssen [als] erstere. Sieht man nur ein sogenanntes Fabrikkind und vergleicht es gegen ein nicht arbeitendes, so beweist schon die blasse kränkliche Aussicht des Ersteren, dass deren Lebensart gegen die der Letzteren schlecht sein muss.
7. Aus Vorstehendem geht schon hervor, dass die Verschiedenheit des Gesundheitszustands der Fabrikkinder gegen die anderen vorzüglich schon darin zu finden ist, dass dieselben nicht die gehörige Körperbewegung in freier Luft haben wie jene.
Auch haben erstere nicht hinlänglich Zeit zum Schlafen, indem, wenn dieselben auch gleich nach der Abendmahlszeit schlafen wollen, sie nicht vor 9 Uhr zu Bett kommen, und müssen sie dasselbe auch wieder um 4, höchstens ½ 5 Uhr verlassen, sodass ihnen nur sieben Stunden Zeit zum Schlafen übrig bleibt, was für ein Kind von 8 Jahren nicht genug ist.
8. Die Erwachsenen, die von früheren Jahren an auf Fabriken gearbeitet haben, leiden fast alle an Brustbeschwerden und Flüssen,[76] die sich von Jahr zu Jahr vermehren, und fast allgemein sterben diese Menschen an der Lungenschwindsucht.
Durch die Mechanisierung[77] werden jetzt bedeutend mehr Kinder in den Fabriken beschäftigt, [als] dies früher der Fall war, indem damals nur größtenteils Erwachsene vermöge der anzuwendenden Körperkraft in diesem Erwerbszweig arbeiten konnten.
9. Sehr wäre es wegen der zukünftigen Generation zu wünschen, wenn ein Gesetz gegeben würde, dass die Kinder vor ihrem 14. Jahr gar nicht zu den Fabrikarbeiten benutzt

---

75 Gleichen.
76 Hier vermutlich: Ausflüsse, Auswurf.
77 Dieser in der Quelle als »Mechanisierung« identifizierte Begriff, der im Original vermutlich mehrere Schreibfehler aufweist, wurde im Kontext erschlossen.

würde[n]. Möchte dies aber nicht geschehen können, so wäre zu wünschen, dass für [die] Kinder die feste Arbeitszeit von 6 Uhr morgens bis 8 Uhr, alsdann der Schulbesuch bis 11 Uhr, die freie Stunde von da bis 12 Uhr, alsdann wieder der Schulbesuch von nun bis 3 Uhr und die Zeit der Fabrikarbeit von 3 ½ bis 7 Uhr bestimmt würde.

Zwar sollen die Kinder schon jetzt die Schule wenigstens zwei Stunden des Morgens besuchen, indes[sen] wird [un]geachtet aller angewandten Mühen hierauf von dem Lehrer nicht streng gesehen, und es ist im Allgemeinen wohl anzunehmen, dass 2/3 der schulfähigen Fabrikkinder gar nichts lernen.

Der sittliche Zustand derselben ist vorzüglich bei dem weiblichen Geschlecht unter aller Kritik schlecht. Nicht allein, dass die Kinder von der frühesten Jugend an von den mehr Erwachsenen täglich schlüpfrige Unterredung hören, sehen dieselben vielmehr auch Behandlungen von beiderlei Geschlechtern ausüben, die jedenfalls die Seele des Kindes vergiften und dasselbe vor und nach zum Begehen ähnlicher Vergehen reif machen müssten.

15. Der Ruhrindustrielle Friedrich Harkort wirbt für den Bau von Eisenbahnen als neuem Transportmittel, dem er »manche Revolution in der Handelswelt« zutraut (1825).
Friedrich Harkort,[78] Eisenbahnen (Railroads), in: Hermann. Zeitschrift von und für Westphalen, oder die Lande zwischen Weser und Maas, Nr. 26 vom 30.3.1825, S. 201–202.

Durch die rasche und wohlfeile Fortschaffung der Güter wird der Wohlstand eines Landes besonders vermehrt, welches Kanäle, schiffbare Ströme und gute Landstraßen hinlänglich bewähren.

Der Staat sollte aus diesem Grunde die Weggelder nicht als eine Finanz-Quelle betrachten, sondern nur die Kosten einer vorzüglichen Unterhaltung erheben.

Größere Vorteile wie die bisherigen Mittel scheinen Eisenbahnen zu bieten.

In England sind bereits zu diesem Behufe über 150 Millionen Preuß[ische] Taler gezeichnet, ein Beweis, dass die Unternehmungen die öffentliche Meinung in einem hohen Grad für sich haben.

Auch in Deutschland fängt man an, über dergleichen Dinge wenigstens zu reden, und folgende Bemerkungen liefern vielleicht einige Beiträge dazu.

Meine Absicht ist nicht, in die Einzelheiten der Sache einzugehen, vorläufig genügen wohl einige allgemeine Umrisse.

Die westliche Eisenbahn von London nach Falmouth wird eine Länge von 400 engl[ischen] Meilen[79] erhalten.

Von Manchester nach Liverpool ist eine neue Eisenbahn von 32 engl[ischen] Meilen in Vorschlag gebracht, obgleich eine Wasserverbindung vorhanden [ist].

---

78 Zur Vita Friedrich Harkorts (1793–1880) vgl. Dok. 1, Anm. 1 in Kap. III.
79 Maßeinheit, 1 englische Meile = 1609,344 Meter.

Versuche, welche deshalb in Killingworth angestellt wurden, ergeben, dass eine Maschine von acht Pferde Kraft, ein Gewicht von 48 Tonnen, mit einer Geschwindigkeit von sieben Meilen per Stunde auf einer Ebene bewegte.

Denken wir uns nun eine solche Fläche von Elberfeld nach Düsseldorf, so würden 1.000 Zentner in 2 ½ Stunden von einem Ort zu anderen geschafft werden, mit einem Kohlen-Aufwand von fünf Scheffel[80] für die Reise.

Eine Maschine von acht Pferde Kraft würde innerhalb drei Stunden 1.000 Scheffel Kohlen von Steele nach dem Rhein schaffen, das heißt, die Ruhrschifffahrts-Cassa[81] völlig aufs Trockene setzen.

Die sämtlichen Ruhrzechen erhielten durch eine Eisenbahn den unschätzbaren Vorteil eines raschen, regelmäßigen Absatzes unter großen Fracht-Ersparungen.

Innerhalb zehn Stunden könnten 1.000 Zentner von Duisburg nach Arnheim geschafft werden; die Beurtschiffer[82] liegen allein acht Tage in Ladung.

Man macht vielleicht den Einwurf, dass nur selten eine Ebene sich ausmitteln lässt.

Dagegen erwidere ich, dass zwar nach Behältnis des Steigens mehr Kraft erforderlich ist, oder die Geschwindigkeit abnimmt, die Rückfahrt indessen um so viel rascher von Statten geht und die mittlere Geschwindigkeit bleibt.

Die größte Neigung des Weges zu Killingworth war 1 Fuß[83] in 840, und das höchste Steigen 1` in 327. – Die Eisenbahnen werden manche Revolution in der Handelswelt hervorbringen.

Man verbinde Elberfeld, Köln und Duisburg mit Bremen, oder Emden, und Holland-Zölle sind nicht mehr.

Die Rheinisch-Westindische Comp. darf Elberfeld als einen Hafen betrachten, sobald der Zentner für zehn Silbergroschen binnen zwei Tagen an Bord des Seeschiffs in Bremen zu legen ist.

Zu diesem Preis ist es für die Holländer unmöglich, selbst vermittelst Dampfbooten, die Güter zu übernehmen.

Wie glänzend würden die Gewerbe von Rheinland und Westfalen bei einer solchen Verbindung mit dem Meer sich gestalten?

Möge auch im Vaterland bald die Zeit kommen, wo der Triumphwagen des Gewerbefleißes mit rauchenden Kolossen bespannt ist, und Gemeinsinn die Wege bahnen!

---

80 Bis 1872 deutsches Hohlmaß für schüttbare feste Körper, in Preußen entsprach 1 Scheffel 0,54961 Hektolitern.
81 Die 1780 in Werden gegründete Ruhrschifffahrtskasse trieb von den Schiffseigentümern und Schleusenbesitzern Abgaben ein, die u.a. für die Instandhaltung und Modernisierung von Leinpfaden und Schleusen verwendet wurden. Zur Ruhrschifffahrtskasse vgl. auch Dok. 2 in Kap. VI.
82 Börtschiffer verkehrten regelmäßig auf einer festgelegten Route.
83 Englisches Längenmaß. 1 ft = 30,48 cm.

16. Der Mülheimer Ruhrschiffer und Kohlenhändler Mathias Stinnes legt 1828 seinen Gläubigern (»Creditoren«) eine Vermögensaufstellung vor, erläutert seine weiteren Geschäftspläne und bittet um die Gewährung eines vierjährigen, mit Raten zu begleichenden Zahlungsaufschubs.

Mathias Stinnes[84] an die Herren Creditoren[85] vom 19.2.1828. Stadtarchiv Mülheim/Ruhr 1600/21.

Hierneben überreiche ich meinen Herren Kreditoren einen ungeschminkten, auf Treu und Glauben ausgearbeiteten Vermögensstatus; dessen günstiges Resultat an Tlr. 53.922 Aktiven, gegen 35.319 Taler Passiven sich hervorstellt, so hin ein Plus von Tlr. 18.603 [...] erreicht. Wollen meine Herren Kreditoren hierbei in gerechte Betracht nehmen,

a) dass ich erst im Jahr 1822 mit einer verzinsbaren Schuldenlast von Tlr. 34.000 und dabei ohne irgend eine bedeutende Hilfsquelle meine Geschäfte neu begonnen [habe], die größtenteils alle abgetragen, de[r] kleine Rest aber immer richtig verzinst worden [ist].

b) dass ich so hin in dieser kurzen Zwischenzeit das obige Plus nicht allein [durch] meinen Verdienst, sondern auch durch Erwerb neuer Grundstücke, Ankauf von Berganteilen auf Sellerbeck[86] und Erbauung von fünf neuen Ruhr- und Rheinschiffen, meine Vermögensmaße bedeutend sicher[gestellt] habe;

c) so wird man mir die Gerechtigkeit widerfahren lassen, zu[zu]gestehen, dass ich das große Zutrauen meiner damaligen Kreditoren ebenso vollkommen gerechtfertigt, als mit Treue, Fleiß und äußerster Anstrengung gearbeitet habe.

Meine jetzigen Herren Kreditoren, hoffe ich, werden aus dieser Vergangenheit eine Bürgschaft für die Zukunft sehen; vertrauungsvoll tue ich daher denselben nachstehende Vorschläge, welche [mir], ebenso sehr die eigene Sicherheit meiner Kreditoren, als den Bestand meiner politischen Existenz abnötig[en].

Denn dass das Ausland mit Kohlen weiter als auf ein ganzes Jahr hinaus überfahren und bei diesem gelinden Winter die Überfahrung nicht konsumiert werden kann, ist notorisch, und

---

84 Mathias Stinnes (1790–1845) gehört zu den Pionieren der Mülheimer Wirtschaft und ist Begründer des gleichnamigen Konzerns. Der Schiffsjunge gründete in Mülheim an der Ruhr, die 1780 schiffbar wurde, bereits mit 18 Jahren eine eigene Kohlenhandlung (1808); zwei Jahre später kaufte er sein erstes Schiff. Sein Unternehmen expandierte rasch: 1820 fuhren bereits über 60 Schiffe auf Ruhr und Rhein unter seiner Flagge. Darüber hinaus betätigte sich der Unternehmer mit wachsender Intensität als Gewerke und Zechengründer im Steinkohlenbergbau an der Ruhr. Zu Mathias Stinnes vgl. zuletzt Ulrich S. Soénius, Vom Schiffsjungen zum Reeder und Zechenherrn: Mathias Stinnes, in: Wessel, Mülheimer Unternehmer, S. 195–209.

85 Zu den über zwanzig, meist männlichen Gläubigern, die im Anschluss an das Schreiben den vierjährigen Zahlungsaufschub mit ihrer Unterschrift bestätigten, gehörten neben Mathias Stinnes' älterem Bruder Georg die namhaftesten Vertreter der Mülheimer Oberschicht, u.a. der Einzelhändler und Kaufmann Johann Wilhelm Meininghaus, der Kolonialwarenhändler und Tabakfabrikant Johann Wilhelm von Eicken, der Lederhändler Heinrich Pelzer sowie der damalige Bürgermeister Lambert Maubach.

86 Gemeint ist die Mülheimer Zeche Sellerbeck.

die traurige Notorität ist die Ursache der Verdrückung des Kohlenhandels überhaupt – und de[s] meinigen insbesondere. Soll deshalb nicht das glückliche vorhandene Plus der Aktiven gegen die Passiven sich aufzehren, so muss durch Gewährung ausgedehnter Zahlungstermine der Zeitpunkt herbeigeführt werden, wo alles aufs Vorteilhafteste zu Geld gemacht und die Mehrheit meiner Schiffe verkauft werden können, und fünf Schiffe werden zureichen, meinen Kohlenhandel zu führen, den ich fortan mehr [als] früher klar als Mittel zur Ausführung fester Lieferungen an das Militär und den mir von [der] Hohen Regierung anvertrauten Steinanfahrten – [unleserlich] als Hauptzweck betrachten muss und werde, um nicht meinen Kreditoren zugleich [unleserlich] meine eigene Subsistenz[87] zu gefährden.

Mit Beibehaltung der im Moment bestehenden Rangordnung meiner Kreditoren, und mit Angelobung an Eides Statt, keine neue Hypotheken zu Gunsten eines Einzelnen neu auszustellen, bitte ich um die Gewährung eines vierjährigen Ausstands, sodass in jedem Jahr ein viertel in halb- oder ganzjährigen Raten [samt] gesetzlichen Zeichen prompt bezahlt werden sollen; selbstredend erhalten die Wechselinhaber gegen Rückgabe der laufenden neue Wechsel, [unter Hinzuziehung] gesetzlicher Zeichen, so wie die Buchschuld Kreditoren [Bekenntnisse] ihres Guthabens, ebenfalls [unter Hinzuziehung] der Zinsen; gegen Gewährung dieses verpflichte ich mich, alljährlich außer prompter Bezahlung eine genaue Bilanz aufzustellen und solche dem Herrn Justiz Kom[m]is[sar] Mauch zur Vorlage an die übrigen Kreditoren auszuhändigen; und sollen meine Herren Kreditoren, so[wohl] einzeln als [auch] vereint, [in] dem Fall, [in dem] sich darin ein bedeutende[r], etliche tausend Taler erreichen[der] oder gar übersteigender Ausfall zeigte, berechtigt sein, des gewährten Ausstands ungeachtet sogleich ihre Forderungen geltend zu machen und mein sämtliches Hab und Gut [...] ohne [...] jede Ausnahme in Anspruch und Beschlag zu legen; nämliche Berechtigung soll jeden meiner Kreditoren auch in dem Fall zustehen, wenn die [...] Terminzahlungen nicht gehörig eingehalten w[e]rden.

Nachdem ich nun hierdurch auch meinen Kreditoren völlig in die Hände gegeben [bin], so bitte ich durch Ihre verehrten Unterschriften, mir vorläufig den gebetenen vierjährigen Ausstand, wie oben gesagt, gütig zu gestatten und dadurch die Sicherheit Ihrer Forderungen sowie meiner bürgerlichen Subsistenz zu [be]wahren.

17. **Auf Schacht »Franz« in (Essen-)Schönebeck wird 1834 erstmals im Ruhrgebiet die Mergelschicht durchstoßen.**
Augenscheinprotokoll der Muthung »Franz« in der Gemeinde Schönebeck Bürgermeisterei Borbeck vom 29.3.1834, Abschrift.[88] Haniel-Archiv Duisburg, HAA:391, Bl. 183–184.

---

87 Lebensunterhalt, Lebenshaltung.
88 Der Augenschein wurde von den Beamten des Bergamts Essen durchgeführt. Unterzeichnet wurde das Dokument von den erwähnten Böhnert und Honigmann sowie von Bergmeister Kloz und einem Beamten namens Eckhoff. Das Schreiben wurde zur Kenntnisnahme auch an den Landrat der Nachbargemeinde (Mülheim-) Winkhausen gesandt.

Der Herr Kaufmann Franz Haniel[89] hatte heute Vormittag durch seinen Grubenaufseher dem mit unterzeichneten Bergmeister anzeigen lassen, wie bei der Schürfarbeit an den sogenannten Kaltenhofer Bäumen ein Steinkohlenflöz entblößt worden wäre; zugleich auch dringend bitten lassen, wo möglich, mit Zuziehung der Herren Markscheider Böhnert und Berggeschworener Honigmann, den bergordnungsüblichen Augenschein deshalb auf heute Nachmittag einzunehmen, weil ihn die Auffindung resp. Schürfarbeit sehr viel gekostet habe, und leicht der Fall eintreffen könne, dass durch einen[90] an der Dampfmaschine eine spätere Besichtigung vereitelt werden könne.

Der Bergmeister nahm daher umso weniger Anstand, darauf einzugehen und die Herrn p. Honigmann und p. Böhnert zur Beiwohnung des Augenscheins aufzufordern, als ihm die kostspieligen Schürfversuche des Herrn p. Haniel genügend bekannt waren, und als die Osterfeiertage bevorstanden, an welchen ihn derartige Geschäftsverrichtungen nicht anpassend schienen.

Die unterzeichneten Beamte[n] begaben sich daher nach der oben bezeichneten Schürfarbeit und fanden daselbst auch den Herrn Kaufmann Franz Haniel vor, welcher zuvörderst den in originali beigehenden Schürfscheinübertrag übergab, und demnächst den Schürfschacht von dem Solanus Kaltenhoff von dessen Wohnhaus in der Stunde Ost 5.4.2. in 9^3 Lachter Länge anwies. Auf diesem Schürfschacht stand eine neunzöllige Hochdruck-Wasserhaltungs-Dampfmaschine, mittelst welcher die Grubenwasser gehalten wurden.

Von den mehrbezeichneten Beamten wurde hierauf der Schürfschacht befahren, und es ergab sich dabei Folgendes:

Der Schürfschacht hat eine Tiefe von 26 Ltr.; in dieser Teufe ist ein sogenannter Mergelsand, welcher unter dem Mergel und über dem Steinkohlengebirge vorkommt, ein Ort, zuerst in der Stunde Ost 8.4. an 2 3/8 Lachter, dann in der Stunde West 2.4. an 10 ½ Lachter lang getrieben.

Auf diesem Punkt ist unter der Ortssohle ein 1 Ltr. Tiefer sogenannter blinder Schacht saiger abgeteuft, womit der Mergelsand unterteuft und das Steinkohlengeb[i]rge mit einem Steinkohlenflöz erreicht worden [ist].

Dieses Steinkohlenflöz hatte eine Mächtigkeit von 11 Zoll, hatte Schieferton zum Hangenden und Liegenden; das Streichen war die Stunde 6,0 und das Fallen bei 35 Grad auf Norden.

Nach eingenommener Besichtigung begab man sich hierher, und nachdem Vorstehendes niedergeschrieben war, gab der Herr Kaufmann Franz Haniel noch nachstehende Erklärung zu Protokoll:

1. Über die Vermessung habe ich mich in der soeben zu Protokoll gegebenen Mutung »Franz« ausgesprochen;
2. Erkläre ich, dass das besichtigte Flöz bauwürdig ist;

---

89 Zur Vita des Ruhrorter Kaufmanns Franz Haniel (1779–1868) vgl. Dok. 2, Anm. 2 in Kap. III sowie Dok. 23 in diesem Kapitel.
90 An dieser Stelle fehlt in der Abschrift ein Wort.

3. Liegt der Mutungsgegenstand in der Gemeinde Schönebeck, Bürgermeisterei Borbeck, Kreis Duisburg.
4. Da ich allein an dieser Mutung beteiligt bin, so will ich auch das Lehnträgergeschäft übernehmen, und da ich mich überzeugt halte, dass der Mutungsgegenstand sich im Bergfreien befindet, so will ich die Königliche Wohllöbliche Bergbehörde nur gehorsamst bitten, mir baldigst die Belehnung zu erteilen.

Vorgelesen, genehmigt und unterschrieben
    Franz Haniel

18. Johann Dinnendahl über das Fortschreiten der mechanischen Werkstätten, die Vorzüge des Koksroheisens und den Ehrgeiz, der Erbauer »des ersten Kokshochofens in der Rheinprovinz« zu werden (1834)

Eingabe Johann Dinnendahls[91] an den Oberpräsidenten der Provinz Westfalen, Freiherrn von Vincke, vom 1./2.7.1834. Landesarchiv NRW Abt. Westfalen, OP Münster 1093a, Bl. 72–82. (Auszug), abgedruckt in: Bilder und Urkunden aus der Geschichte der Friedrich Wilhelms-Hütte zu Mülheim an der Ruhr 1820–1905, unpag. (Dok. 16).

Einige unmaßgebliche Bemerkungen des Mechanikers Johann Dinnendahl zu Friedrich Wilhelms-Hütte bei Mülheim an der Ruhr über die dem Fortschreiten der mechanischen Werkstätten und somit der Verbreitung der Industrie im Wege stehenden Ursachen nebst Angabe der Mittel zu deren Entfernung, insbesondere in den Rheinprovinzen.

Wenn ich es wage, im Folgenden meine unmaßgeblichen Ansichten über den Standpunkt der mechanischen Werkstätten, insbesondere [der] aber in hiesiger Gegend belegenen, über deren Fabrikate, über die das Fortschreiten derselben hemmenden Ursachen, sowie überhaupt über den Einfluss der Maschinenfabriken auf [die] Industrie niederzulegen, so konnte mich hierzu einesteils nur Liebe zur Sache selbst, anderenteils die von Seiten des Staats zur Beförderung des Gewerbefleißes ausgesprochenen Aufmunterungen sowie mein Dafürhalten, durch vorliegende Andeutungen vielleicht auf irgendeine Art nützlich sein zu können, bewegen. Meine Stellung war seit dreißig Jahren von der Art, dass ich Gelegenheit genug zur Anstellung von Beobachtungen und Sammlung von Erfahrungen fand. Ohne alles Vermögen, mir selbst allein überlassen, habe ich nämlich durch unausgesetzte Tätigkeit im Maschinenbau, Leitung von Kohlenbergwerken mit Einführung des Tiefbaus, wobei mir eingeübte und erfahrene Arbeiter gänzlich mangelten und ich mit großen Schwierigkeiten zu kämpfen hatte, es dahin gebracht, mir außer dem bedeutenden Dampfmühlenetablissement in Krefeld, was eine Frucht-, Öl-,

---

91 Johann Dinnendahl (1780–1849) wird in der Forschung im Gegensatz zu seinem älteren Bruder Franz weniger als versierter Techniker, sondern als unternehmerisch erfolgreicher Dampfmaschinenfabrikant in Mülheim an der Ruhr, wo er die von ihm zu Beginn der 1830er Jahre begründete Friedrich Wilhelms-Hütte leitete, eingestuft. Zu den Brüdern Dinnendahl vgl. zuletzt Laufer, Dampfmaschine, S. 243–269.

Farbstoff-, Loh-, Knochen- und Graupenmühle umfasst, welche durch eine Dampfmaschine eigener Konstruktion betrieben werden, hier in Mülheim an der Ruhr eine Eisengießerei mit mechanischer Werkstätte in einiger Ausdehnung zu errichten, auch hierbei Eisensteingruben am Oberrhein in dem Maße zu akquirieren gesucht, sodass ich auf lange Jahre mit angemessenen Material zum Betrieb eines Hochofens, der gegenwärtig im Bau begriffen ist, versehen bin.

Durch Konfirmation der Königlichen Oberberghauptmannschaft im Hohen Ministerium des Innern vom 12. September 1832 ist mir auch die Belehnung über das unter dem Namen »Friedrich Wilhelm« hierselbst zu errichtende Eisenhüttenwerk erteilt worden.

Hierbei ruhte ich aber nicht. Wiewohl mir mein Auskommen hinlänglich gesichert war und ich als Gatte ohne Kinder wenig Bedürfnis hatte, so suchte ich doch aus besonderem Interesse für Vervollkommnung des Maschinenwesens überhaupt und namentlich in den industriösen Provinzen Westfalen und Rhein[land], meine Fabrik weiter auszudehnen. Ich verband mich mit Herrn Deus in Düsseldorf und Herrn Moll in Mülheim am Rhein[92] und glaube, da mir nun größere Mittel in die Hände gegeben waren, mein Geschäft auf den Standpunkt gebracht zu haben, wie er sich mit den gebotenen Mitteln und dem bis jetzt hauptsächlich benutzten inländischen Material erreichen lässt. [...]

In sämtlichen mechanischen Werkstätten der hiesigen Gegend wurde bis vor einigen Jahren größtenteils inländisches Eisen verarbeitet. Bekanntlich wird selbes mit Holzkohlen gehüttet und steht, wie ich gegen das Zeugnis mehrerer Schriftsteller, welche das Koksroheisen für spröde halten, aus Erfahrung behaupten kann, dem englischen, welches durch Anwendung [von] Koks aus dem Erz wird, bei weitem nach. Letzterem wird, abgesehen davon, dass das Erz wegen des anwendbaren höheren Hitzegrads reiner ausgeschmolzen werden kann, durch Koksfeuerung eine gewisse Weichheit und Geschmeidigkeit mitgeteilt, dass es sich bei den geringsten Dimensionen, wo das inländische zu spröde ist, noch bearbeiten lässt. Somit konnte inländisches Roheisen nur zu größeren Stücken verarbeitet werden, und *dies* ist auch der Grund, weshalb sich bei uns hauptsächlich der Bau *größerer* Maschinen vervollkommnet hat und der der Industriemaschinen noch sehr zurückgeblieben ist. Auffallend zeigte sich der Vorzug des englischen Eisens bei Reparatur der von hiesigen Fabrikinhabern aus England bezogenen und durch den Gebrauch teilweise abgenutzten Industriemaschinen. [...]

Unstreitig sind die hiesigen Provinzen und namentlich der niedrige, dem Rhein nahe liegende Teil des Ruhrtals und in diesem das unterhalb der letzten Schleuse und nur zwei Stunden vom Rhein entlegene, betriebsame Mülheim zunächst geeignet, jenes Eisen mit Vorteil zu produzieren, indem durch die reichhaltigen Kohlenbergwerke in der nahen Umgegend und der Grafschaft Mark hinlängliches und vorzüglich geeignetes Material zur Darstellung der Koks geliefert wird, auch bei den schiffbaren Flüssen und vorhandenen Hauptstraßen von Köln, Düsseldorf und Duisburg nach Münster, Wesel pp. die Transportkosten der Kohlen und des Eisensteins hierher, sowie des fertigen Eisens nach anderen Orten gering sind. Kommen, was zu hoffen ist, die

---

92 Bei den Teilhabern Dinnendahls handelte es sich um den Kaufmann Friedrich August Deus und den Bleiweißfabrikanten Heinrich Moll.

Eisenbahnen auch in hiesiger Gegend mit der Zeit zur Ausführung, so wird hierdurch der Transport zu jeder Jahreszeit noch gefördert, und die Kosten derselben werden noch geringer. Der Betrieb eines Ho[c]hofens mit Koks wird vorzüglich auch von mir bei der Ausdehnung meines Etablissements beabsichtigt, und ich hoffe, dem Bedürfnis des dadurch zu produzierenden, zum Maschinenbau unentbehrlichen Eisens nicht allein für die hiesigen Gegenden, sondern auch für entferntere dadurch abzuhelfen, zumal da ein solcher Ofen bei vollem Betrieb täglich 12 bis 16, auch wohl 20 Tausend Pfund liefern kann. Wenn auch im Anfang nicht auf Ausführung des Eisens zu rechnen ist, so ist für die Folge das doch nicht zu bezweifeln. [...]

Zwar bedarf es zum Betrieb eines Kokshochofens, der nur dann, wenn die Eisenproduktion im Großen betrieben wird, seine Kosten deckt, eines Kapitals von 80 bis 90.000 Rtlr., das bis jetzt über meine Mittel hinausreicht. Indessen denke ich, die Anlage desselben doch erst ins Werk zu richten, und wenn mir die Vervollständigung desselben auch erst im Laufe der Zeiten gelingt, so soll mich wenigstens das Bewusstsein erfreuen, nach meiner Überzeugung aus Liebe für die gute Sache gehandelt, den ersten Kokshochofen in den Rheinprovinzen angelegt und dadurch mittelbar für Vervollkommnung der Industriemaschinen und Hebung des Gewerbefleißes gewirkt zu haben, worauf ich von jeher mein Bestreben gerichtet und nicht fruchtlos hingearbeitet zu haben glaube.

Ich schließe mit der Bitte, dass meine hier niedergeschriebenen Bemerkungen, auf die ich gar keinen schriftstellerischen Wert lege, als wohlmeinend aufgenommen und ihnen da, wo sie irrig gefunden werden möchten, eine gütige Nachsicht gewährt werden wolle.

19. Der Kampf der Ruhr-Gewerken gegen das veraltete Bergrecht: Eine Petition aus dem Jahre 1834

Petition der Gewerken der Grafschaft Mark und aus dem Bergamtsbezirk Essen-Werden an den Kronprinzen[93] vom 19.12.1834. Abschrift. Landesarchiv NRW Abt. Westfalen, OP Münster 2835 vol. I; Haniel-Archiv Duisburg, HAA:307, Vol. I., Bl. 14–22.

Durchlauchtigster Kronprinz,
Gnädigster Herr!

Als wir im verflossenen Jahr uns des unvergesslichen Glücks zu erfreuen hatten, Ew. Königliche Hoheit in unseren Bergwerks-Revieren mit einem freudigen Glückauf! aus treu ergebenem Herzen zu begrüßen, geruhten höchstdieselben die huldreiche Zusicherung zu geben: *dass Ew. Königliche Hoheit an dem Flor unseres Steinkohlen-Bergbaus jederzeit lebhaften Anteil nehmen und zur Beförderung desselben gerne beitragen würde.* Diese gnädigste Versicherung und Ew. Königliche Hoheit allgemein bekannter segensreicher Einfluss auf die Staatsverwaltung ermutig[en] uns, höchste Aufmerksamkeit auf einen für den Bergbau hochwichtigen Gegenstand zu lenken.

---

93 Friedrich Wilhelm IV. (1795–1861) war nach dem Tod seines Vaters Friedrich Wilhelm III. ab 1840 König von Preußen, ehe er die Regentschaft 1858 aus gesundheitlichen Gründen vorzeitig an seinen Bruder Wilhelm I. abgab.

Es ist die bevorstehende neue Bergwerksgesetzgebung:

Unsere Berggesetze, so wie die aller deutschen Länder, haben ihren Ursprung in alten Gebräuchen, in Gewohnheiten und Aussprüchen sachkundiger Männer. Diese wurden aufgezeichnet und gesammelt und als Statuten befolgt. Wo später die landesherrliche Sanktion hinzutrat, entstanden die für einzelne Länder und Provinzen gültigen Bergordnungen. Aus dieser gemeinsamen Quelle fließend, stimmen alle älteren Berggesetze Deutschlands im Wesentlichen überein. Auch die neueren Berggesetze, insbesondere unsere Provinzial-Bergordnung vom 29. April 1766[94] und die betreffenden Vorschriften des Allgemeinen Preußischen Landrechts, sind in den Hauptgrundsätzen Wiederholungen der schon im dreizehnten Jahrhundert und sogar früher befolgten Berg-Gewohnheiten und aufgestellten Berg-Ordnungen.

Bei uns hat die Berggesetzgebung keine erheblichen Fortschritte gemacht, was vor Jahrhunderten galt, gilt noch heute. So gewiss es ist, dass die Verwaltung der preußischen Monarchie in allen ihren Zweigen als ein herrliches Vorbild dasteht, ebenso wenig dürfte es zu verkennen sein, dass sie in Rücksicht auf das Bergrecht und die Bergwerksverwaltungsgrundsätze gegen viele Länder deutscher und fremder Zunge, zurückgeblieben sei.

Auch die Behörden haben es anerkannt, dass die veralteten Institutionen nicht überall mehr und insbesondere nicht auf den Flözbergbau der Kohlenfelder passend sind.

Als Bergordnungen entstanden, war nur metallischer Gangbergbau in Umgang, nicht der Flözbergbau. Das Bedürfnis der Kohlen existierte nicht. Die vielen Waldungen lieferten das Brennmaterial im Überfluss und zu den geringfügigsten Preisen. Schon längst haben Seine Majestät der König in Ihrer allerhöchsten Weisheit und Gnade auch die Revision der Bergwerks-Gesetze zu befehlen geruht, und nach einer von den betreffenden Ministerien uns am 28. April des laufenden Jahres erteilten Resolution soll der bereits revidierte Entwurf eines neuen Bergrechts für die ganze Monarchie baldmöglichst zur weiteren Beratung kommen. […][95]

Nach den bestehenden Berggesetzen und größtenteils nach der uns in vielen Punkten unrichtig scheinenden Auslegung derselben seitens der Behörden ist der Staat durch seine Beamten der Administrator des gewerkschaftlichen Privateigentums. Die Administration beschränkt sich nicht auf eine Direktion, auf Anordnung und Aufsicht des technischen Betriebs, sondern dehnt sich zugleich auf die Ausführung festgestellter Betriebspläne und auch die ganze Ökonomie der Gruben aus, bis zu den geringfügigsten Gegenständen. Die Grubenbeamten, obgleich im Sold der Gewerken, werden von der Behörde angestellt und entlassen, und diese bestimmt zugleich den Betrag der Besoldung. Im ganzen Umfang gilt dasselbe von den Bergarbeitern jeder Klasse, die […] nach Belieben der Revierbeamten von einer Grube

---

94 Gemeint ist die Revidierte Klevisch-Märkische Bergordnung vom 29.4.1766, vgl. Dok. 2 in diesem Kapitel.
95 Die umfangreiche Petition widmete sich vier Hauptforderungen der Gewerken: 1. der notwendigen Vergrößerung der belehnbaren Grubenfelder, 2. der bergamtlichen Forderung nach ununterbrochenem Betrieb der Gruben, 3. der Abschaffung des »Direktionsprinzips«, 4. Ermäßigung der Steuern und Gebühren. Nur der dritte Punkt gelangt zum Abdruck.

zur anderen verlegt werden können. Die Behörde schließt die Kontrakte über Lieferung von Bau-Materialien und Arbeiten ab, sie bestimmt den Verkaufspreis der Kohlen, soll auch nach dem Gesetz das jährliche Quantum der Förderung einer jeden Grube bestimmen. Obgleich nun hierauf die Beamten die ganze Verwaltung fremden Eigentums führen, so wird dennoch von den Gewerken genaue Rechnungslage gefordert, die sonst überall wohl der Administrator, nirgends aber der Verwaltete zu legen hat. [...]

Unverkennbar haben die bestehenden Verwaltungsnormen den Bergwerksbesitzern alle Rechte genommen, die in der Natur und dem Begriff des Eigentums liegen und die durch die allgemeinen Gesetze unseres Staats [wie auch] aller zivilisierten Nationen jedem anderen Eigentümer vollständig zugesichert sind. Mag diese Verfassung in der Vorzeit bei Aufnahme des Bergbaus förderlich gewesen sein, wo die Bildung und Kultur noch keine Fortschritte gemacht hatte[n] und die Bergbaukunde nur ein Eigentum der Bergbeamten war. Längst ist diese Zeit vorüber.

Die Kenntnisse und Wissenschaften und insbesondere auch die Bergbaukunde sind ein Gemeingut aller derer geworden, die aus Neigung oder aus Interesse sich derselben widmen. Es wäre eine auf nichts zu gründende falsche Annahme, wenn gerade bei den Bergwerkseigentümern, und nur bei diesen, Mangel an Kultur und Bildung vorausgesetzt werden sollte! Unbedingt stehen die Gewerken mit den Ökonomen oder Landwirten, mit den Fabrikanten und allen übrigen Klassen der Gewerbstätigkeit durchgängig mindestens auf gleicher Stufe der Kultur. [...]

Keine Behörde stellt doch dem Ökonomen und Landwirt den Verwalter, den Baumeister und die Ackerknechte, kein Beamter bestimmt ihren Lohn und nimmt ihm seine Leute, um sie anderen zu überweisen. Ebenso wenig ist dies der Fall bei den Werkmeistern und Arbeitern der Fabrikinhaber, obgleich in diesem Zweig der Industrie bei den Aufsehern und bei den Arbeitern weit mehr Kunst und Geschicklichkeit als bei den Bergarbeitern erforderlich ist. Gewiss ist kein Grund vorhanden, bei den Bergbautreibenden eine Ausnahme von der Mehrheit aufzustellen, *dass jeder Eigentümer besser für sich sorge als jeder Dritte, der weder Gewinn noch Verlust trägt.* Die Anlagen und Ankaufs-Kapitalien unseres Bergwerks-Eigentums betragen Millionen, und dies unser Vermögen durch Dritte, von uns nicht gewählte Personen ohne irgend wesentliche Einwirkung nach den jetzigen Verwaltungsnormen ferner administrieren zu lassen, kann uns nur mit der höchsten Besorgnis erfüllen.

Wir erkennen in der gegenwärtigen Administration den Hauptgrund unserer zu hohen Produktionskosten.

Der Arbeiter, lediglich abhängig von den Beamten, heute auf dieser und nach kurzer Zeit wieder auf einer anderen Grube angelegt, kann kein Interesse für eine Grube gewinnen; er bleibt den Gewerken völlig fremd und sieht nicht diese, sondern die Beamten als seine Brotherrschaft an, weil sie ja nur von diesen abhängen. Und diese Arbeiter beendigen ihre Tagewerke häufig genug in fünf bis sechs Stunden und leisten ein Drittel weniger, als sie nach Verhältnis ihrer Kräfte und ihres Lohns gegen jeden anderen Arbeiter sehr füglich leisten könnten. Unsere Gruben-Beamten sind uns fremd, weil auch sie lediglich von der Behörde abhängig sind. Sie wagen es nicht, ihre Brotherren auf Mängel und Fehler aufmerksam zu machen, weil Beamte es sind, die solche begangen [haben]. Die Steiger verlieren Lust und Mut, die Arbeiter anzuleiten und zu unterweisen, weil sie wissen, dass ihre Mühe und Arbeit für fremde Gruben verwendet sein würde[n]. [...]

Wohl wissen wir, dass Beamte und, von diesen veranlasst, auch mehrere Gewerken, die denselben näher stehen mögen, andere Ansichten ausgesprochen haben und sogar versuchen, uns die an sich schon absurde Absicht der Bildung eines Bergbau-Monopols anzudichten. Ein solches Monopol steht in geradem Widerspruch mit unseren ausgesprochenen Ansichten und Wünschen und wäre in jeder Beziehung, insbesondere schon wegen des so sehr geteilten Berg[werks]eigentums und der so großen Anzahl der Grubenfelder, völlig unausführbar. Auch streut man aus, dass wir den sogenannten Freibau herbeizuführen beabsichtigen, wonach jeder Bergbau willkürlich betrieben werden könnte. Niemals haben wir solchen Wunsch gehegt. Niemand kann mehr als wir davon überzeugt sein, dass der Staat im Interesse des Gemeinwohls das Recht und die Verpflichtung habe, streng darauf zu achten, dass der Bergbau regelmäßig und nachhaltig geführt werde.

Wir hoffen und wünschen, dass das neue Bergrecht jeden Betrieb ohne vorgängige Genehmigung des Betriebsplans seitens der Bergbehörde streng untersagen, auch jede wesentliche Abweichung davon ohne Genehmigung nicht dulden möge. Wir wünschen nur, dass die von der Behörde genehmigten Betriebspläne durch die Grubenvorsteher oder Grubenbeamten ausgeführt werden dürfen, dass den Grubenbeamten, nicht von den Beamten angelegt und abgelegt, auch die ökonomischen Verhältnisse in die Hände der Gewerken gelegt werden.

Möge die Behörde überall die strengste Aufsicht führen und in allen Fällen gebietend und verbietend auftreten, wo gegen die Regeln der Bergbaukunde gehandelt oder die Gesundheit und das Leben der Arbeiter bedroht wird. Nur da sei die Behörde keine Gebieterin, wo es sich lediglich um das primäre Interesse der Gewerken handelt. Dagegen wünschen wir dringend, dass uns die Bergbeamten auch bei der Ausführung des Baues und bei dem Haushalt als beratende Freunde zur Seite stehen und sie durch das Gesetz ausdrücklich verpflichtet werden mögen, den Gewerken ihre Ansichten und Ratschläge mitzuteilen. So können die Kenntnisse und Erfahrungen der Bergbeamten in keiner Art verloren gehen.

Auch die Beibehaltung des Knappschafts-Instituts erscheint uns sehr wünschenswert, nur mit Vermeidung eines verderblichen Zunftzwangs und unter wesentlicher Teilnahme der Gewerken an der Aufsicht und Verwaltung dieses Instituts, wovon sie jetzt ausgeschlossen sind, obgleich sie allein die Mittel zu den Fonds hergeben.

Die Gewerken sind es, die das meiste Interesse haben, einen tüchtigen Bergmannsstand immer mehr zu befördern und dem fleißigen tüchtigen Arbeiter Gelegenheit zu geben, nach dem Verhältnis seiner Leistung gehörig belohnt zu werden, was jetzt nicht geschieht, wo der Träge oder Schwächliche und Ungeschickte mit ihm häufig völlig gleichgestellt ist. [...]

Bochum, 19. Dezember 1834
F. v. Romberg [und andere][96]

96 Die Petition wurde, teilweise durch Vollmacht, von insgesamt rund 75 Persönlichkeiten mitgezeichnet. Unter ihnen finden sich die Namen der bekanntesten Gewerkenfamilien sowohl des Essener als

20. **Ein holländischer Maler besichtigt 1835 die Eisenhütte Westphalia in Lünen und hält seine Eindrücke in einem Reisetagebuch fest.**

Lünen an der Lippe, 13. August 1835. Johannes Franciscus Christ, Wandelingen van een Landschapschilder langs de Ruhr en een gedeelte van den Rijn, Gorinchem 1835, aus dem Niederländischen übersetzt, abgedruckt in: Rolf Fritz (Hg.), Das Ruhrgebiet vor hundert Jahren. Gesicht einer Landschaft, Dortmund 1956, S. 120–137, hier S. 134f. (Auszug)

Nachdem wir die ausgedehnte Fabrik von Gusseisen von B. & G. besichtigt hatten, waren wir neugierig, die »Westfalia« genannte Gießerei, wo alle diese Dinge gemacht werden, anzusehen. Von den Eigentümern aufgefordert und begleitet, gingen wir dorthin. Das Werk liegt an der Lippe in einem Eichenwald, dessen Bäume das Holz für das Feuer geben und dessen Boden direkt unter der Oberfläche das Erz für den Schmelzofen liefert. Durch die Menge der zugehörigen Gebäude hat die Gießerei das Äußere eines kleinen Dorfes, und dies alles besteht erst seit ein paar Jahren. Als ich auf einer früheren Reise hier war, hatte ich noch die Wassermühle, die damals als einziges Gebäude in der Gegend stand, gezeichnet. Ich war überrascht, das Rad, das früher zum Mahlen des nährenden Korns gedient hat, jetzt verwendet zu sehen, um schreckliche Blasebälge zu bewegen und so zur Herstellung von Mitteln beizutragen, die gebraucht werden, um im Großen zu morden (es werden sehr viele Kugeln und Ähnliches für die Festungen Wesel und Lippstadt gegossen). Wir besuchten, um mit dem Ärgsten zu beginnen, die Öfen oder die sogenannte Hölle. Dies war wirklich eine Hölle à la Rubens, und ich zweifle nicht, dass unsere alten Prediger mit einer solchen Hölle neben ihrer Kanzel Wunder getan haben würden.

Wir verließen schnell diesen Platz, in dem die Hitze unerträglich wurde, und begaben uns nach unten. Hier war dasselbe, und es war nicht wesentlich kühler, da sich hier der Schmelzofen befindet. Hatten unsere Blicke oben in ein Meer von Flammen gestarrt, so konnten sie hier in lauter Glut schauen. Bei diesen Öfen war ein lang gestrecktes Gebäude, in dem die aus Lehm gemachten Formen standen. Jetzt hatte das Eisen den gewünschten Grad von Verflüssigung und Reinheit erreicht. Auf ein Zeichen laufen eine Menge Arbeiter, alle mit der Form, die sie zu füllen haben, vertraut, wegen der unerträglichen Hitze fast nackt, mit großen Schöpflöffeln zu dem Schmelzofen. Sie schöpfen das glühende Erz heraus und laufen, um es in die Form zu gießen. Während dieses Laufens umsprühen sie tausend Funken, und sie haben das Aussehen von Teufeln im letzten Akt des »Don Juan«.[97] Wenn eine Form vollgegossen ist, springt diese mit einem Ruck in die Höhe, und es klingt wie ein Kanonenschuss aus nächster Nähe und alle zusammen wie eine Kanonade. Diese Kanonade und das Brausen des Wassers auf den Rädern, das Gebrüll des Feuers und das Geknatter der Funken bilden ein Konzert, das uns die Haare zu Berge stehen ließ. Endlich war das Gießen beendet, die Formen wurden zerbrochen und die gegossenen Werkstücke, von denen einige wenige missglückt waren, andere aber die hübschesten Figuren darstellten, kamen zum Vorschein.

   auch des Bochumer Bergamtsbezirks.
97 Komödie in fünf Akten des französischen Dichters Molière, 1665 uraufgeführt.

21. Der Fabrikant Hermann Diedrich Piepenstock, Gründer der Dortmunder Eisen- und Stahlindustrie, erhält 1841 die behördliche Erlaubnis, in Hörde ein Puddlings- und Walzwerk zu errichten.

»Konzession des Königlichen Oberbergamts für die Westfälischen Provinzen in Dortmund und der Königlichen Regierung, Abteilung des Innern, zu Arnsberg für den Fabrick-Inhaber Herrn H. D. Piepenstock zur Anlegung eines Pudlings- und Walzwerks nebst Maschinen-Werkstatt unweit Hörde« vom 14./ 23.11.1841.[98] Landesarchiv NRW Abt. Westfalen, OP Münster 1093.

Nachdem der Fabrik-Inhaber H. D. Piepenstock[99] zu Iserlohn angezeigt hat, dass er willens sei, in der Nähe der Stadt Hörde auf den zu der sogenannten Burg gleiches Namens gehörigen Grundstücken unter Beachtung der bestehenden, die allgemeine Sicherheit betreffenden Bestimmungen ein auf Dampfkraft zu gründendes ausgedehntes Pud[d]lings- und Walzwerk nebst einer Maschinen-Werkstatt anzulegen, auch diese Anlage in landes- und gewerbepolizeilicher Hinsicht zulässig befinden und auf die ergangene öffentliche Bekanntmachung innerhalb der bestimmten Präklusivfrist von keiner Seite ein Einspruch erhoben worden ist:

So wird dem Fabrik-Inhaber H. D. Piepenstock die nachgesuchte Konzession zur Anlegung des fraglichen Puddlings- und Walzwerks und einer damit zu verbindenden Maschinen – Werkstatt hiermit erteilt – unter der Verpflichtung, in Betreff jeder zum Betrieb dieses Werks zu verwendenden Dampfmaschine vor deren Aufstellung den Erfordernissen der bestehenden Gesetze, namentlich der Allerhöchsten Kabinetts-Ordre vom 1. Januar 1831 und der Instruktionen vom 13. Oktober 1831 und 21. Mai 1835 [...], vollständig zu genügen.

---

98 Im entsprechenden Konzessionsgesuch an das preußische Innenministerium hatte Piepenstock im April 1841 die Absicht geäußert, »eine Anlage in größerem Maßstab zu machen zum Verfrischen des Roheisens mit Steinkohlen und damit zugleich eine Einrichtung zum Walzen von Stabeisen, Bandeisen, Schneideisen, Eisenbahnschienen, Eisenplatten und alle andere in dieses Fach passende Eisenarten nach dem besten englischen Prinzipien zu verbinden« (Ebd.)

99 Hermann Diedrich Piepenstock (1782–1843) war in Iserlohn unter Drahtziehern und Schmieden aufgewachsen und hatte in der väterlichen Schleifmühle gearbeitet. Nach der Erweiterung der handwerklichen Nadelproduktion und dem Bau von Fabrikationsstätten, u.a. eines Messingwalzwerks, betrieb Piepenstock ab Ende der 1820er Jahre in Konkurrenz mit Friedrich Harkort in der Grafschaft Limburg (ab 1815 Teil des Landkreises Iserlohn) Eisensteinbergbau. Vor dem Hintergrund spärlicher, zur Beschickung einer geplanten Eisenhütte nicht ausreichender Funde orientierte sich Piepenstock schließlich nach Hörde. Zur Biografie Piepenstocks vgl. ausführlich Wilfried Reininghaus, Hermann Diedrich Piepenstock, seine Familie und Unternehmen, in: Ottfried Dascher/Christian Kleinschmidt (Hg.), Die Eisen- und Stahlindustrie im Dortmunder Raum. Wirtschaftliche Entwicklung, soziale Strukturen und technologischer Wandel im 19. und 20. Jahrhundert, Dortmund 1992, S. 27–45.

22. »Dieser Hemmschuh muss jetzt fallen«. Der aus Hattingen stammende Abgeordnete Gustav Höfken[100] beantragt in der Frankfurter Nationalversammlung eine grundlegende Reform des deutschen Bergrechts (1848).

Protocoll der achten öffentlichen Sitzung vom 27.5.1848, abgedruckt in: Bochumer Kreisblatt, Nr. 25 vom 17.6.1848, S. 251f. Landesarchiv NRW Abt. Westfalen, OBA Dortmund 385, Bl. 2.

Der konstituierende Reichstag möge nach seiner definitiven Konstituierung in einer seiner ersten Sitzungen einen Ausschuss niedersetzen mit dem Auftrag:

»die Grundsätze einer *deutschen* Bergordnung, insonders eines gemeinschaftlichen Bergrechts und einer gleichmäßigen Besteuerung des Bergwerksbetriebs, mit Aufhebung des Bergregals der Einzelstaaten und des Zunftbetriebs zu entwerfen und die Ausführung derselben auf geeignetem Wege vorzubereiten«.

Arbeit ist die Quelle allen Reichtums, und dem Land lohnende Arbeiten zu schaffen, ist eine der wichtigsten nationalen Aufgaben. Der Bergbau gehört aber zu den Zweigen der Volkswirtschaft, deren Erfolge am dauerndsten und sichersten auf den Wohlstand des Landes hinwirken, weil der Preis der Bergerzeugnisse fast ausschließlich *bezahlte Arbeit* ist.

Nur Arbeit ist erforderlich, um die im Schoß der vaterländischen Erde aufbewahrt liegenden, unermesslichen Schätze aufzuschließen und der Verwertung zu übergeben. Außerdem bilden, wie allbekannt, Steinkohlen und Eisen, worauf es hier vorzüglich ankommt, die materiellen Haupthebel gewerblicher Entfaltung und Wohlfahrt.

Die deutschen Eisen- und Kohlenlager gehören, wie man namentlich erst neuerdings hat kennen lernen, zumal z.B. an der Ruhr und an der Sieg und Lahn, zu den reichsten der Welt und reichen nach dem Urteil aller Sachkundigen für viele Jahrtausende, selbst bei dem lebhaftesten Betrieb, aus. Allein dieser unermessliche Schatz blieb bei uns größtenteils nutzlos in der Erde begraben, weil unsere veralteten, hemmenden und bevormundeten Bergordnungen, wie verschieden sonst auch, doch alle darin übereinkommen, dass sie einen schweren Hemmschuh bildeten für das Gedeihen und die größere Entfaltung des Bergbetriebs. Dieser Hemmschuh muss jetzt fallen, auch der deutsche Bergbau muss endlich seiner Fesseln entledigt werden, wir müssen, um auf dem Weltgebiet der Industrie mit den Engländern, Belgiern, Franzosen wetteifern zu können, jetzt endlich den Weg einer aufgeklärten bergmännischen Gesetzgebung einschlagen, den England schon seit langer Zeit, zu seinem großen Vorteil, Frankreich seit seiner ersten konstituierenden Nationalversammlung, befolgt.

In Deutschland ist der Bergbau, zumal die Kohlenerzeugung, die hier vorzüglich in Betracht kommt, nicht nur unter allen europäischen Ländern durchgehends weit am höchsten, sondern

---

100 Gustav Höfken (1811–1889) gehörte von Mai 1848 bis Mai 1849 der Nationalversammlung als Delegierter der 14. Provinz Westfalen (Dortmund) an. Höfken, 1848 u.a. auch Privatdozent für Nationalökonomie, Finanzwirtschaft und Handelspolitik an der Universität Heidelberg und Verfasser zahlreicher politischer und wirtschaftlicher Schriften (darunter auch regelmäßige Artikel für das Bochumer Kreisblatt), trat ab 1849/50 in den österreichischen Staatsdienst (Handels- und Finanzministerium) ein und wurde dort später in den Adelsstand erhoben.

obendrein auch höchst ungleichmäßig und ungerecht besteuert. In England ist der Bergbetrieb durch Staatslasten so gut wie gar nicht beschwert; in Belgien ist der Steinkohlenbergbau nur mit fünf Prozent der Rein-Ausbeute belastet, und die Regierung baut dort für die Kohlenverfuhr die kostbarsten Kanäle, löst die Kanalgebühren dafür zum größten Teil ab usw. [...]

Jenes belgische Besteuerungssystem ist auch das französische, woher es kommt, dass selbst in preußischen Bezirken am linken Rheinufer nur fünf Prozent vom Netto-Ertrag erhoben werden, während auf dem rechten Rheinufer, wie in der Grafschaft Mark, im Essenschen und im Werdenschen, unerträgliche Abgaben die Ausbeutung der Kohlenlager bedrücken. So geschieht es, dass das kleine Belgien fast dreimal soviel Kohlen erzeugt als ganz Preußen, trotz unserer reichen Lager, nämlich für etwa 15 Millionen Taler an Wert gegen fünf Millionen. Und wir sollten, bei einer billigen Bergordnung, unsere Kohlenerzeugung nicht auf den Fuß Belgiens emporzuheben, sie also um zehn Millionen Taler jährlich zu vermehren, uns auch allmählich durch billigere Kohlenpreise von dem englischen Eisentribut, der wiederum viele Millionen Taler beträgt, freizumachen und damit zugleich tausend willigen Händen Arbeit und Brot zu geben vermögen? Ja, ganz ohne Zweifel, wir könnten das, und dabei würden die Staatskassen gar nicht einmal eine Einbuße erfahren, auch sie würden mittelbar dabei noch gewinnen! [...]

Unleugbar ist das Prinzip, von welchem auch das französisch-belgische Berggesetz bei der Erhebung der veränderten Bergsteuer ausgeht, nämlich die Abgabe auf den wirklichen oder reinen Ertrag der Grube zu legen, das allein richtige und dem Bergbau fördernde. Und wie, ist es nicht eine Schmach, dass heute noch bloß diejenigen Bergwerksbezirke unseres Vaterlands, welche unter der französischen Fremdherrschaft standen, von dem alten Steuerdruck, der alten Bevormundung und Fesselung befreit sind? Ja, diese Schmach, diese Ungerechtigkeit muss jetzt ein Ende nehmen – das beansprucht die ganze deutsche Nation, deren Interessen und Wohlfahrt nur zu lange hintangesetzt worden sind.

Die Frage über die Abschaffung der besonderen Regalien gehört wohl füglich vor die allgemeine Finanzkommission.

23. Franz Haniel berichtet über seine Engagements als Unternehmer in der ersten Hälfte des 19. Jahrhunderts (1858).[101]

Franz Haniel,[102] Biographie-Nekrolog. Hierüber angefangen zu schreiben bei meiner Badecur in Wiesbaden vom 15 Juli bis 25. dens[elben] in Wiesbaden 1858 *für meine Familie*. Aufstellung meines Lebenslaufs und die darin vorgekommenen Verhältnissen, von 10 zu 10 Jahren, so weit *ich mich diese jetzt noch erinnere*. Haniel-Archiv Duisburg, HM:7, Bl. 1–116, hier Bl. 34–37, 60–62, 71–72, 76–81, abgedruckt in: Bodo Herzog und Klaus J. Mattheier, Franz Haniel 1779–1868. Materialien, Dokumente und Untersuchungen zu Leben und Werk des Industriepioniers Franz Haniel, Bonn 1979, S. 13–125, hier S. 48–49, 69–71, 78–79, 83–87. (Auszug) Die Schriftform der Vorlage wurde beibehalten.

Anfang dieses Jahrhunderts fing ich auch das Stein Kohlen Geschäft auf meinen Nahmen an u. mein Bruder Gerhard trieb ein ähnliches auf seinen Nahmen; doch ging beides für gemeinschaftliche Rechnung, damals bedurfte dieses Geschäft noch eine eigene Concession, worin man sich verpflichten mußte nicht mit ausländische Kohlen Handel zu treiben, weder mit Mülheimer, Werdener noch Essender Kohlen, indem Mülheim a/d Ruhr, fürstlich Heßen Darmstädtisch, Werden Abt von Werden, Essen, Fürstin von Essen gehörte, also für Preußen Ausland war.[103] – [...]

Wie in dieser Zeit jene Länder an Preußen übergingen, wünschte die Fürstin von Essen, ihr privat Eigenthum, so sie aus ihrer Chaballio[104] angekauft hatte zu veräußern, worunter auch die Eisenhütte St. Antoni, und Neu Essen so wie die Korn- und Oel Mühle Oberhausen war, zu veräußern und machte dieses bekannt; weil wir nun die Spedition dieser Werke besonders Amunition in den Jahren 1792 bis 1796 zu besorgen hatten, auch die Auszahlung der Gelder von d[en] H[errn] J. F. Hoffmann & Sohne in Rotter[dam] für dem benachbarten Werke Gute Hoffnung an den damaligen besitzer Pfandhover[105] gegen Provision wahrzunehmen hatten, so wurden wir mit diesem Fache vertrauter [...].

Der Ländertausch im Jahr 1803[106] und die bekanntschaft inbetreff der Spedition und der Zahlungen veranlaßte mich auf die Hütten Werke der Fürstin zu reflectiren; ich stelte eine berechnung über die Kosten der Eisenertze bis zur Hütte, der Holzkohlen, des Kalksteins der verschiedenen Formertiefen, Gehälter, Zinsen pp auf, welche mir pro Jahr vortheilhaft erschienen, daß ich mich zum Ankauf entschloß u. dieses bruder Gerhard für gemeinschaftliche Rechnung mittheilte, welcher aber nicht besonders dafür war, im Verfolg indeßen beistimmte; die

---

101 Zu weiteren Auszügen aus Haniels Biographie-Nekrolog von 1858, die sich mit der Geburt, der Verheiratung und dem Verlust seiner Kinder befassen, vgl. Dok. 5 in Kap. VI.
102 Zum Leben und Wirken Franz Haniels (1779–1868) vgl. Dok. 2, Anm. 2 in Kap. III sowie zuletzt Bernhard Weber-Brosamer, Haniel 1756–2006. Eine Chronik in Daten und Fakten, Duisburg-Ruhrort 2006 sowie Ders., Franz Haniel – Ein Kaufmann mit Weitblick, in: St. Antony, S. 31–34.
103 Während die Stifte Essen und Werden zwischenzeitlich bereits 1803, vor der Französischen Zeit, preußisch geworden waren, gehörte Mülheim an der Ruhr erst nach 1815 zu Preußen.
104 Schatulle.
105 Gemeint ist Eberhard Pfandhöfer, vgl. dazu die Dok. 3 und 4 in diesem Kapitel sowie die Einleitung.
106 Vgl. Anm. 47.

Unterhandlungen zum Ankauf wurde mit der Fürstin von Essen so ihr Domiziel in Augsburg hatte angeknüpft, Inventarium pp aufgenommen und endlich der Ankauf abgeschloßen; unser Verkehr in Ruhrort litt durch Entbehrung dieser Fonds indeßen sehr, Speculation in Getreide, Wein, Colonial Waaren pp wurde beschränkt, da zum betrieb der angekauften Werke auch Geld erforderlich war u. Zinsen u. Dividende viele Jahre nicht gegeben sondern zur Ausdehnung u. Creditirung angelegt werden mußten; indeßen hatte ich die Überzeugung daß wir dabei prosperirten und wir von unsere Ruhrorter Geschäfte vollkommen u. mehr als unsere Haushaltung u. sonstige Ausgaben bedurften, bestreiten konnte.

Mit meiner jetzigen Frau, geborene Friederike Huyssen,[107] womit ich früher schon einigemal getanzt hatte, machte ich im Nov[em]b[e]r 1805 auf einen ball in Essen bekanndschaft u. heiratete Sie am 14 Juli 1806.

Unsere Handlungs Geschäfte in Ruhrort bestanden in Spedition u. Comission, Frucht, Wein Handel, Speculation pp – das Kohlen Geschäft betrieb ich unter meinen Nahmen mit 6 Ruhrnachens[108] welche wegen das schlechte Steuer Ruder (lange Streichlappen) nur die Hälfte gegen jetzt ladeten; aber viel beßere Verkaufspreise wie jetzt lieferten – mein Bruder Gerhard betrieb ebenfals unter seinen Nahmen ein Kohlen Geschäft. [...]

1823 im Febr[uar] starb G. Jacobi,[109] der Gatte meiner Schwester, welcher früher mit mir u. Bruder Gerh[ard] zu 1/3^{tel} Antheil an den Eisenhütten St. Antoni u. NeuEssen so wie an der Korn u. Oel Mühle zu Oberhausen u. später zu 1/4^{tel} auch an der Guten Hoffnungshütte betheiligt war; da wir bis dahin Zinsen u. Dividende zum Betrieb u. Ausdehnung in diesen Etablissements gelaßen u. nur monatlich auf zwei Tage zur Besprechung nach Sterkrade kamen, so veranlaßte ich hauptsächlich daß jeder von uns drei lebenden Theilhaber nach der Reihenfolge jeder einen Monat *persönlich* das Geschäft auf der Guten Hoffnungshütte vorstehen müßte, u. H[er]r Lueg[110] die Familie Jacobi vertreten könne, dieses besteht auch bis jetzt fort; [...] Durch unsere persönliche Anwesenheit, Überzeugung und Leistung sind die Geschäfte Intreßen dieser unsere Firma und das wir die Fonds in diesem Geschäft gelaßen u. hauptsächlich ließen, indem wir bruder Gerh[ard] u. ich von unserm privat Geschäft u. Vermögen *mehr* als wir zu unserer Haushaltung u. sonstigen Ausgaben bedurften, leben konnten, ganz *außerordentlich ausgedehnt* worden, wozu ich, fast in beständigen Kampf mit den drei andern drei Theilhaber vorzüglich beigetragen u. beinahe allein veranlaßt habe;

im beginn des Jahr 1824 ließ ich die 1te D[ampf]Maschine für die Oelmühle bauen im Verfolg bemühte ich mich, durch meine beide Freunde H u. L. Mertens u. Ab[raham] Schaaff-

---

107 Gemeint ist Friederike Huyssen (1785–1867), Schwester des späteren Schwagers und Teilhabers Franz Haniels, Heinrich Huyssen.
108 Nachen/Aak: Kohleschiff.
109 Zu Gottlob Jacobi vgl. auch die Dok. 7, 9, 11 sowie die Einleitung.
110 Wilhelm Heinrich Lueg (1792–1864), verheiratet mit Sophia Haniel, der Tochter Wilhelm Haniels, stieg vom Hauslehrer der Familie Haniel zum Direktor der Fa. Jacobi, Haniel & Huyssen auf.

hausen[111] in Cöln daß wir für die Cölner D[ampf]Schiffahrts Gesellschaft – Dampfschiffe repariren u. bauen wolten; [...] welches nicht allein die Gründung unsers Dampfschiffsbauwerfts sondern auch der Keßelwerkstätte in Ruhrort Blechwalzwerks, Puddlingswerk und Walzwerk zu Oberhausen veranlaßte; wobei ich ebenfals mit Kampf den Bau der Hohöfen mit Steinkohlen resp[ektive] Coaks so ich seit *vielen Jahren* gewünscht, so wie den Steinkohlen Bergbau in Oberhausen für unsere obige Anlage u. Firma erzwingen mußte u. durchführte; Da ich für mein privat Rech[nun]g sehr stark beim Steinkohlen Bergbau betheiligt war, so wußte ich, wie wichtig dieser für unsere obige Hütten u. Walz u. Pudlingswerke war u. würde im längeren Weigerungsfall mich von der Firma getrent u. für meine alleinige Rech[nun]g angelegt haben. [...] durch den Verlust des Kohlenverkehrs nach Holland und schwachen Betrieb des Bergbaus; schwankte ich von 1818 bis Ende 1823 zwischen der Anlage eine Zucker Raffinerie, Porzelanfabrick, Glaßhütte oder Dampf Oel Mühle; [...]

1830/1840[112] Durch die belgische Revolution im Herbst 1829[113] [...] erlangte unsere Ruhrgegend wieder den Kohlen Absatz nach Holland; unsere Kohlenbergwerk u. Verkehr in dieser Articel blühete auf u. unsere Gegend so wie Ruhrort gewann merklich dabei; ich reflectirte nun vorzüglich auf Erwerbung von Steinkohlenbergwerke, indem der ältere Besitz Zechen Antheile an Engelsburg, Ignatius, Eintracht, Alte Sakburg & Geitling, Steingatt, Baldeneier Erbstollen[114] pp meinen Kohlenbedarf für den Kohlenbedarf für Holland pp den ich aus früheren Verkehr u. Reisen kannte, nicht dekte, ich kaufte daher *viele andere* Steinkohlen bergwerke, u. legte das aus dem Oel Geschäft u[nd] eichern Baumrinde herausgezogene Capital darin an, so wie Vergrößerung *der Rhederei*, indem ich die Schiffe zum Transport der Kohlenprodukte verwandte, [...]

1840/1850[115] In dieser Periode hatte ich die Absicht da auf der Ruhr der Steinkohlen*bedarf* nicht mehr abgefahren werden konnte eine Eisenbahn von Bochum u. Stalleicken nach Ruhrorter Hafen einzuführen[116] u. hatte bereits die königliche Genehmigung von Berlin hierfür [...] *erhalten*; aber wie dieses ruchbar und bekannt wurde, stelte sich eine außerordentliche Gegenparthie seitens der am Ruhrstrohm betheiligten Bergwerksbesitzer ein, welche sich darüber beschweren u. als ein Monopol u. zum Ruin ihres Vermögens u. Anlagen an der Ruhr nach Berlin pp darstellten, [...] nach langen Debatten u. Hader schlug vor Schluß des Streites

---

111 Gemeint sind die Eigentümer des Kölner Bankhauses bzw. die beteiligten Familien an der 1848 gegründeten A. Schaaffhausen'schen Bankverein AG, dem ersten Bankinstitut auf Aktienbasis in Deutschland.
112 Im Original als Marginalie.
113 Die belgische Revolution, in der sich die vorwiegend katholische Bevölkerung im Süden des Vereinigten Königreichs der Niederlande gegen die protestantisch geprägte Nordprovinz wandte und die zur Staatsgründung Belgiens führte, fand im Jahr 1830 statt.
114 Die genannten Zechen befanden sich überwiegend im damaligen Revier [Essen-]Altendorf.
115 Im Original als Marginalie.
116 Zu Haniels »Bemerkungen bei den projektierten Rhein Weser Eisenbahn...« von 1841 vgl. Dok. 2 in Kap. III.

endlich der Rechtsanwald Egmund Heintzmann von Bochum vor,: da ich doch hauptsächlich im Intreße meiner Bergwerksbesitzungen im Eßender Revier die eisenbahn bauen wolte so mögte ich von der mir bewilligten Strecke, den Märkischen Gewerken, wobei ich doch auch betheiligt seie, die Strekke von Bochum Stalleicken bis an der Essen Märkischen Grenze die Eisenbahn zu bauen abtreten, ich könne dann von da bis Ruhrort diese bauen; nach einiger Besprechung hierüber, willigte ich dieses ein u[nd] so kam eine vollständige Einigung zu Stande, […]

Königliches Ministerium hielt zwei Gesellschaften auf der kurze Strecke auch nicht für gut. Es wurde daher wieder eine Versammlung der Betheiligten unter Vorsitz der Oberbergamtlichen u. Bergamtlichen Behörden von Dortmund, Bochum, Essen, u. des König[lichen] Regierungs Comißär Quentin von Dusseldorf in Essen veranlaßt, worin sich vorzüglich d[er] H[err] Justiz Rath Heintzmann[117] von Hamm viel Mühe gab eine Einigung dahin zu stande zu bringen, daß ich mit den andern Bergwerksbesitzern gemeinschaftlich die Eisenbahn von Bochum Stalleicken bis Ruhrort bauten; hiegegen sträubte ich mich aus allen Kräften; u. erklärte; daß diese Eisenbahn dann nie ausgeführt werden würde, weil sie keine Eisenbahn haben u. nur die Ruhrschifffahrt wolten pp auch die Familie Heintzmanns meistens aus Juristen u. Advocaten bestehe, mit denen ich mich nicht bis zum Tode herumschreiben wolle; […]

ich unterhielt mich nun besonders mit diesem[118] u. munterte ihn auf, von Deuz, D[üssel]dorf Duisburg, Ruhrort, Oberhausen zu bauen,[119] allein derselbe wolte nur direct von D[uis]b[ur]g auf Oberhausen einwilligen u. meinte ich könne mein Geschäft leicht nach D[uis]b[ur]g verlegen, ich stritt dagegen daß dieses wegen Ruhrorts bessere Lage nicht möglich sei u. ich dann die mir vom Staat bewilligte Bahn selbst bis Bochum-Stalleicken bauen müßte pp – Ca. 14 Tage später kam H[err] p Hansemann persönlich zu mir nach Ruhrort, beruhigte mich u. sagte, daß die Bahn von Deuz über D[uis]burg nach Oberhausen u. weiter nach Berlin gebaut werden müßte, daß er aber in seiner Broschüre angeben wolle, daß es Bedürfniß seie, Zweigbahnen nach Ruhrort u. dessen Häfen u. nach Mülheim a/d Ruhr zu bauen, dieses dem Verwaltungs oder Directionsrath überlaßen werde u. dann würde auch nach Ruhrort gebaut. – […]

1842 im Juli reißte ich zum Bade nach Wiesbaden, von da in Gesellschaft v[on] Carl Boninger, von Duisburg, Bürgermeister Pfeiffer v[on] Essen, Baum von Düsseldorf über F[rank]furt, Leipzig nach Berlin als Städtische Deputirte um beim Sr Majestät dem Könige den Bau der Eisenbahn statt RheinWeser v[on] Deutz, Elberfeld die Linie von Deutz über Düsseldorf, Duisburg Rhein Emscherbahn zu bevorworten u. um diese Linie zu bitten, wir waren mit uns 12 Deputirte vom Rhein dieserhalb in Berlin anwesend; wir 4 oben genannten mieteten, in F[rank]furt zu unserer bequemeren Fahrt mit Gepäck für *einen* Monat einen guten Wagen bis Leipzig mit extra Post Pferden, ließen den Wagen bis zu unserer Rückkehr in Leipzig stehen, u. reißten per Eisenbahn von da weiter nach Berlin wo wir 12 Deputirte bis zur Rückkehr des Königs von

---

117 Heinrich Heintzmann (1784–1853) war in Hamm seit 1821 als Justizkommissar tätig.
118 David Hansemann (1790–1864), Kaufmann und Bankier, trat nicht nur im rheinisch-westfälischen Raum, sondern u.a. auch in Ostpreußen als Förderer der Eisenbahn in Erscheinung.
119 Zum Bau der Köln-Mindener Eisenbahn vgl. Dok. 1 in Kap. III.

seiner verspäteten Reise nach Petersburg u. Oberschlesien ganz gegen unserer Erwartung ca. 4 Wochen verweilen mußten; endlich erhielten wir Audienz und wurden dieserhalb im Schloß zum MittagsEßen eingeladen. Vor Tisch hatten wir […] Audienz im Schloß bei Sr. Majestät F[riedrich] W[ilhel]m IV.[120] wir überreichten denselben eine Vorstellung, worin ein jeder von uns Hauptmomente bei getragen […], wobei Ingenieur Beise welcher kürzlich die Reise durch England in Eisenbahn Angelegenheiten gemacht u. die Vortheile für die Anlage einer Eisenbahn in der Ebene Rhein u. EmscherThal statt im Gebirge von Deutz über Elberfeld Gevelsberg pp. durch seine Reise Erfahrungen bemerkte, meinerseits erwähnte ich bei dieser Gelegenheit daß durch eine Eisenbahn die Route durchs Emscherthal eine große Menge SteinKohlenfelder der Transport erleichtert, der Absatz vermittelt, u. neue Kohlenfelder eröffnet u. der Bahn eine gute Rente sichern würde, wobei ich Sr. Majestät Abschrift eines Briefs vom Niederländischen FinanzMinister Rochussen[121] im Haag überreichte worin dieser mir nach Berlin schrieb, daß eine Eisenbahn von Holland nach Deutschland gebaut werden würde; welches unsern Vortrag und Project unterstützte.

---

120 Zu Friedrich Wilhelm IV. vgl. Anm. 90.
121 Jan Jacob Rochussen (1797–1871) war in den 1840er Jahren niederländischer Finanzminister.

Kapitel III
Industrielle Revolution und die Entstehung des Ruhrgebiets
Von Gunnar Gawehn und Marco Rudzinski

Erst mit dem Bau der Eisenbahnen, genauer, mit Errichtung der Köln-Mindener Eisenbahn wurde im Ruhrgebiet das hölzerne Zeitalter beendet und der große Aufschwung des Reviers eingeläutet. Als wichtigster Katalysator der Industrialisierung stimulierte die Eisenbahn alle wichtigen Märkte. Sie schuf zahlreiche neue Arbeitsplätze, belebte die Nachfrage nach hochwertigem Stahl für den Streckenbau und für die rollenden Güter, bedurfte großer Mengen an Kohle für den Betrieb und machte entfernte Absatzmärkte für Massengüter zugänglich. Noch in den 1830er Jahren waren erste Pläne für eine Eisenbahnstrecke durch das Ruhrgebiet wegen mangelnder Investitionsbereitschaft und fehlender Staatsinitiative gescheitert *(Dok. 1)*.

Die Köln-Mindener Eisenbahn wurde daraufhin erst in den 1840er Jahren errichtet. Die Hellwegstädte Mülheim an der Ruhr, Essen und Bochum sowie der Bergische Gewerberaum fanden bei diesem Projekt allerdings keine Berücksichtigung. Dem Wunsch vieler Unternehmer entsprechend, aber auch wegen der geringeren Kosten für den Grunderwerb, verlief die Eisenbahntrasse – gegen die vielfachen Proteste der Kommunalverwaltungen der ausgeklammerten Hellwegstädte – nördlich des Hellwegs *(Dok. 2, 13)*. Die Linienführung durch das noch dünn besiedelte nördliche Ruhrgebiet wurde mit Rücksicht auf die Erschließung neuer – vorrangig bergbaulicher – Fördergebiete beschlossen. Grundlage des Eisenbahnbaus bildete dementsprechend nicht nur der Personen-, sondern gerade auch der Güterverkehr; daneben spielten militärische Erwägungen eine wichtige Rolle. Nach zweijähriger Bauzeit wurde 1847 der letzte Streckenabschnitt fertiggestellt und der Verkehr zwischen Köln und Minden eröffnet. Innerhalb weniger Jahre wurde in direkter Nähe zur Eisenbahnstrecke eine Vielzahl von Tiefschächten abgeteuft. Binnen kürzester Zeit bewährte sich die Eisenbahn als Investitionsmagnet. Durch die Errichtung unzähliger weiterer Bahnstrecken verfügte das Ruhrgebiet seit den 1870er Jahren über das dichteste Streckennetz Europas. Die Ruhrindustrie profitierte dadurch von einer stetigen Erweiterung der Absatzmärkte, Ermäßigung der Transportkosten und Reduzierung der Transportzeit.

Die Protagonisten der Entwicklung waren unterschiedlicher Herkunft. Man findet unter ihnen traditionell kapitalkräftige Kaufleute aus der Region, die, wie der Industrie- und Bergbaupionier Franz Haniel, in ihren wirtschaftlichen Interessen breit aufgestellt waren und eine eigene Industriepolitik betrieben *(vgl. Dok. 23 in Kap. II)*. Andererseits engagierten sich technisch bewanderte, aber eher kapitalschwache Gründungsunternehmer vom Typus eines Jacob Mayer, der den »Bochumer Verein« aufbaute. Ihre Anfänge lagen in kleineren und mittleren Betrieben, und sie bemühten sich auf verschiedene Art und Weise, Kapital für Betrieb und Ausbau ihrer Unternehmungen zu akquirieren *(Dok. 4)*. Nötig wurde dies mehr denn je durch den enormen Finanzbedarf, der sich bei den Hüttenwerken wie im auf den kostenintensiven Tiefbau umgestellten Bergbau ergab und durch Einzelunternehmer kaum mehr zu bewältigen war. Eine der Ausnahmen stellte der Gussstahlfabrikant Alfred Krupp dar, der es verstand, das nötige Kapital im Familien- und Freundeskreis zu mobilisieren und den Ausbau aus reinvestierten Gewinnen zu finanzieren *(vgl. aber Dok. 2 in Kap. VI)*.

Eine Lösung für das Problem der Finanzierung wurde nach 1850 vorrangig durch die Gründung von Aktiengesellschaften möglich, deren Investoren beispielsweise aus dem Rheinland, aber auch aus dem westeuropäischen Ausland stammten. Der zu jener Zeit bedeutende Finanzplatz Köln entwickelte sich zu einem zentralen Ort für die Finanzierung der Ruhrindustrie. Es war insbesondere der Kreis um den Allroundunternehmer Gustav Mevissen, der die Chancen erkannte. Dies galt umso mehr, nachdem aufgrund des im südlichen und östlichen Revier vorkommenden Kohleneisensteins Hoffnungen auf eine doppelte Rohstoffbasis beflügelt worden waren, die sich aber als trügerisch erwiesen. Dennoch entstanden auch aus diesem Grund erstmals »vertikal« verbundene Konzerne mit angeschlossenen Zechen und Hüttenwerken, die fortan die schwerindustrielle Struktur der Region mitprägen sollten *(Dok. 5, 6, 8, 10, 11, 20)*.

Der damit verbundene industrielle Aufschwung führte zwischen 1852 und 1857 zu einer ersten Gründerzeit in der Region. Zahlreiche Neugründungen fanden jetzt statt: Allein zwischen 1851 und 1857 wuchs die Zahl der Zechen um über 50 Prozent, und die Zahl der in den Gruben aufgestellten Dampfmaschinen stieg im selben Zeitraum um mehr als das Doppelte. Damit ging ein starker Anstieg von Kohlenförderung und Eisenerzeugung einher, ehe eine internationale Finanzkrise dieser Entwicklung ein Ende bereitete und für erste Ernüchterung sorgte. Dieser erste Aufschwung brachte bereits mehr Wohlstand; die Löhne, aber auch die Preise stiegen *(Dok. 11, 12, 15)*. Mit ursächlich hierfür war die enorme Nachfrage nach Arbeitskräften, die nicht mehr allein aus der Region zu decken war. Dem Mangel suchte man zunächst durch Anwerbung erfahrener Bergleute aus anderen Regionen zu begegnen.

Unverzichtbar wurde aber sehr bald der Einsatz ungelernter Arbeitskräfte, die sich zunächst aus den agrarisch geprägten Landstrichen Westfalens, des Rheinlands und Hessens rekrutieren ließen und die den Städten und Gemeinden eine erste Zuwanderungswelle mit allen sich daraus ergebenden Schwierigkeiten bescherten: So stellten sich abgesehen von den Unterbringungsproblemen, welche die Unternehmen mit dem Bau erster Werkswohnungen und Ledigenheime zu entschärfen halfen, auch solche moralischer Art ein. Angesichts eines Überschusses an jungen, teils ledigen, teils verheirateten Männern, deren Familien jedoch in der Heimat zurückgeblieben waren, ergaben sich etwa im Hinblick auf Prostitution usw. in dieser Form bislang unbekannte Situationen. Aufgrund der relativ nahen Heimatorte spielte zunächst die Saison- oder Pendelmigration noch eine recht große Rolle. Die für die Bevölkerungsgeschichte der Region so spezifische, aber erst im letzten Viertel des 19. Jahrhunderts mit Macht einsetzende Fernwanderung ungelernter Arbeiter aus den preußischen Ostprovinzen war in dieser

Phase allenfalls Gegenstand behördlicher Planspiele. In der Praxis machte sie sich noch nicht bemerkbar *(Dok. 9, 16, 19, 21, 25)*.

Maßgeblichen Anteil am wirtschaftlichen Aufschwung des Ruhrbergbaus seit den 1850er Jahren hatte die Liberalisierung des Bergrechts zwischen 1851 und 1865. Rechtsgrundlage des Steinkohlebergbaus in weiten Teilen des Ruhrgebietes war bis dahin die »Clevisch-Märkische Bergordnung« von 1766 *(vgl. Dok. 2 in Kap. II)* gewesen. Durch diese Bergordnung wurde die merkantilistische Wirtschaftspolitik auf dem Gebiet des Bergbaus verfestigt. Der eigentliche Eigentümer, der sogenannte Gewerke, wurde nicht als Unternehmensinhaber, sondern lediglich als Finanzier und Untertan einer staatlich gelenkten Betriebsleitung betrachtet. Es galt das sogenannte Direktionsprinzip. Die Bergbehörde dirigierte die Anlegung der Bergleute, regelte die Arbeitszeiten und Löhne *(Dok. 3)*, übernahm die bergpolizeiliche Aufsicht und bestimmte die Preise für den Steinkohlenabsatz. Die Bergleute genossen durch das Direktionsprinzip ein Recht auf Arbeit, Steuerfreiheit, Befreiung vom Kriegsdienst und unterstanden (bis 1849) der eigenen Gerichtsbarkeit der Berggerichte. Zudem waren die Bergleute in Knappschaften ständisch organisiert und verfügten damit über eine für die Zeit bedeutende Absicherung für sich und ihre Familien bei Krankheit und Tod.

Die Ruhrgewerken forderten bereits im Vormärz in zahlreichen Petitionen die Reformierung des Bergrechts *(vgl. Dok. 19 in Kap. II)*. Insbesondere die Abschaffung der staatlichen Bevormundung durch das Direktionsprinzip wurde angestrebt. Erst die Verschiebung der Kräfteverhältnisse im Verlauf der Revolution von 1848 ermöglichte aber eine umfassende Bergrechtsreform im Sinne der Ruhrgewerken. Unter der Führung des Handelsministers August von der Heydt wurde das Bergrecht zwischen 1851 und 1865 in mehreren Etappen durch eine Novellengesetzgebung reformiert. Insgesamt 14 Gesetze haben das Bergrecht umfassend liberalisiert und die zentralen Forderungen der Ruhrgewerken erfüllt. Zu den wichtigsten Gesetzen gehörten das Miteigentümergesetz vom 12. Mai 1851, das Knappschaftsgesetz vom 10. April 1854, das Freizügigkeitsgesetz vom 21. Mai 1860 und das Kompetenzgesetz vom 10. Juni 1861. Ein Allgemeines Berggesetz fasste 1865 die Novellen in einem für nunmehr alle Teile Preußens verbindlichen Gesetz zusammen *(Dok. 18)*. Damit erhielten die Gewerken die Verfügungsgewalt über die Produktionsmittel, also auch über Förderung und Verkauf. Die staatliche Bergbehörde wurde sukzessive auf bergpolizeiliche Aufgaben beschränkt. Das Direktionsprinzip wurde durch das »Inspektionsprinzip« ersetzt. Vor allem das »Gesetz, die Aufsicht der Bergbehörden über den Bergbau und das Verhältnis der Berg- und Hüttenarbeiter betreffend« vom 21. März 1860, kurz »Freizügigkeitsgesetz«, veränderte die soziale und rechtliche Lage der Bergleute zutiefst. Der Abschluss des Arbeitsvertrags wurde nun der freien Übereinkunft zwischen den Unternehmern und den Arbeitern überlassen und die Bindung der Bergarbeiter an den Staat endgültig aufgelöst *(Dok. 14)*. Der staatlichen Pflichten und Privilegien entledigt, wurde der Bergarbeiter nun dem Industriearbeiter gleichgestellt.

Die Liberalisierung des Bergrechts hatte weitreichende Folgen für die wirtschaftliche Entwicklung des Ruhrgebiets. Die Investitionsbereitschaft ansässiger und ausländischer Unternehmer wurde durch die Novellengesetzgebung stark stimuliert. Nach Überwindung der Finanzkrise von 1858/59 erholte sich die Konjunktur auch aus diesem Grund. Mittlerweile war offenkundig, dass die Schwerpunkte der gewerblich-industriellen Tätigkeit im deutschen Westen im Begriff waren, sich zu verschieben.

Eine neue Zentrenbildung begann sich abzuzeichnen, und es ist gewiss kein Zufall, dass nun Bezeichnungen für die Bergbau- und Industrieregion an der Ruhr gesucht wurden. Bei Nikolaus Hocker ist 1867 erstmals die Bezeichnung »Ruhrgebiet« belegt – mit einer Abgrenzung, die dem heutigen Verständnis mit Ausnahme der zu dieser Zeit noch nicht schwerindustriell erschlossenen nördlichen und linksrheinischen Teile weitgehend entspricht *(Dok. 20)*. Dieses insgesamt relativ verkehrsbegünstigte Ruhrgebiet, das ein traditioneller Bergbaustandort war, sich jedoch gerade erst zu einer Eisenregion entwickelte, wurde nun zur schwerindustriellen Leitregion Preußens, Deutschlands und damit ganz Mitteleuropas, wodurch die Rolle anderer Regionen relativiert wurde. Die wirtschaftliche Dynamik war in dieser Phase im Ruhrgebiet zu Hause, was sich auch in der Zeit der Reichsgründung erweisen sollte.

Die 1860er Jahre waren von einem schwankenden Konjunkturverlauf geprägt und mündeten in eine Hochkonjunktur zwischen 1871 und 1873, bevor die sogenannte Gründerkrise seit 1874 zuerst die Eisen- und Stahlindustrie und schließlich den Bergbau erfasste. Die Konjunkturentwicklung von Ruhrbergbau und Eisen- und Stahlindustrie korrelierte also wie bereits in der Wirtschaftskrise gegen Ende der 1850er Jahre.

Investitionen in der Montanindustrie, in Eisenbahnen und beim Wohnungsbau sowie der wachsende private Konsum hatten den Aufschwung zu Beginn der 1870er Jahre getragen *(Dok. 23)*. Der militärische Sieg und die Reichsgründung von 1871 verstärkten die Aufbruchstimmung, die bald in einer Spekulationswelle bisher ungekannten Ausmaßes mündete *(Dok. 22, 24, 25)*. Außergewöhnliche Preissteigerungen für Kohle und Stahl stimulierten neuerliche Investitionen, und das führte binnen einiger Jahre zu Überkapazitäten und einer allgemeinen Marktsättigung. Absatzeinbruch, Dumpingpreise und schließlich Lohnkürzungen und Entlassungen waren die Folge. Die Eisen- und Stahlproduktion und der Bergbau befanden sich seit 1874 in einer schweren Krise, die bald sämtliche Gewerbe erfasste. Der Hochkonjunktur folgte somit eine Depression, die annähernd 20 Jahre dauerte und innerhalb derer etwa der Preis für eine Tonne Förderkohle von durchschnittlich 11 Mark (1874) auf zwischenzeitlich bis zu 4,14 Mark (1879) fiel.

Dem Preiseinbruch folgte aber kein Rückgang der Produktion. Im Ruhrrevier stieg die Steinkohleförderung von über 16 Mio. Tonnen (1873) auf über 20 Mio. Tonnen (1879). Besonders die in den Gründerjahren abgeteuften Zechen, die während der Wirtschaftskrise in Förderung traten, trugen zum Produktionsanstieg und weiteren Preisrückgang bei. Unter dem Druck der hohen Anlageinvestitionen und Selbstkosten erschien eine Verringerung der Produktion kaum möglich. Gegen Ende der 1870er Jahre wurden deshalb Vorschläge, die auf eine strukturelle Veränderung der Montanwirtschaft im Ruhrgebiet abzielten, aufgegriffen und – mit zunächst sehr begrenztem Erfolg – in die Tat umgesetzt *(Dok. 26)*. Vertikale und horizontale Unternehmenskonzentration sowie die Marktregulierung durch Preisabsprachen und Förderkonventionen bestimmten nunmehr zunehmend den Ruhrkohlenbergbau und mündeten schließlich im Jahre 1893 in die Gründung des Rheinisch-Westfälischen Kohlen-Syndikats *(vgl. Dok. 19 in Kap. VI)*.

Literaturhinweise

Ralf Banken, Die Gutehoffnungshütte: Vom Eisenwerk zum Konzern 1758–1920, in: Die MAN. Eine deutsche Industriegeschichte, München 2008, S.15–131.

Thomas Dupke, Kohle, Krupp und Kommunalentwicklung. Die Karriere eines Landstädtchens – Essen 1803 bis 1914, in: Ulrich Borsdorf (Hg.), Essen. Geschichte einer Stadt, Essen 2002, S. 266–367.

Karl-Peter Ellerbrock/Marina Schuster (Hg.), 150 Jahre Köln-Mindener Eisenbahn, Essen 1997.

Wolfram Fischer, Die Bedeutung der preußischen Bergrechtsreform (1851–1865) für den industriellen Ausbau des Ruhrgebiets, in: Ders. (Hg.), Wirtschaft und Gesellschaft im Zeitalter der Industrialisierung, Göttingen 1972, S. 161–178.

Lothar Gall, Krupp. Der Aufstieg eines Industrieimperiums, Berlin 2000.

Wilhelm und Gertrude Hermann, Die alten Zechen an der Ruhr, Königstein im Taunus 2003.

Jürgen Lindenlaub, Die Finanzierung des Aufstiegs von Krupp. Die Personengesellschaft Krupp im Vergleich zu den Kapitalgesellschaften Bochumer Verein, Hoerder Verein und Phoenix 1850 bis 1880, Essen 2006.

Rheinisch-Westfälisches Wirtschaftsarchiv zu Köln e.V. (Hg.), Kölner Unternehmer und die Frühindustrialisierung im Rheinland und in Westfalen (1835–1871), Köln 1984.

Wolfhard Weber, Entfaltung der Industriewirtschaft, in: Wolfgang Köllmann et al. (Hg.), Das Ruhrgebiet im Industriezeitalter, Bd. 1, Düsseldorf 1990, S. 199–336.

Paul Wiel, Wirtschaftsgeschichte des Ruhrgebietes. Tatsachen und Zahlen, Essen 1970.

Dokumente

1. »Ein großartiger Plan«. Der Unternehmer und Politiker Friedrich Harkort propagiert das Projekt einer die preußischen Westprovinzen durchquerenden Eisenbahnlinie (1833).
Friedrich Harkort,[1] Die Eisenbahn von Minden nach Cöln, Hagen 1833, S. 1.

Ausschnitt aus dem „Plan des Terrains der Eisenbahn von Minden nach Cöln und deren Seitenverbindungen. Entworfen von Henze und Fr. Harkort", aus: Friedrich Harkort, Die Eisenbahn von Minden nach Cöln, Hagen 1833 [Bibliothek des Ruhrgebiets Bochum]

1 Friedrich Harkort (1793–1880), Industrieller und Politiker, entstammte einer alten Fabrikantenfamilie der Region. Als Unternehmer – 1819 hatte er die Mechanische Werkstätte in Wetter mitbegründet – selbst wenig erfolgreich, gehörte er zu den wichtigen Impulsgebern der westdeutschen Industrialisierung. Mit einem ersten Aufruf war er bereits 1825 für den Eisenbahnbau eingetreten (vgl. Dok. 17 in Kap. II); sein großer Plan von 1833 für ein westdeutsches Netz war wegweisend. Zunächst kommunalpolitisch aktiv, war Harkort 1830 bis 1833 Mitglied des Westfälischen Provinziallandtages, bevor er in der zweiten Hälfte des 19. Jahrhunderts sowohl dem preußischen Abgeordnetenhaus als auch dem ersten Deutschen Reichstag angehörte. Große Bedeutung erlangte er zudem als politischer Publizist.

Großartig ist der Plan, eine Eisenbahn von Minden nach Köln zu legen.

Seit den Tagen des Hansebundes hat keine wichtigere Frage über Ackerbau, Handel und Gewerbe der Länder zwischen Weser und Rhein die öffentliche Meinung in Anspruch genommen!

Kühne Ideen und Unternehmungen besitzen einen großen Reiz und führen leicht, wie die Erfahrung unserer Tage lehrt, zu schwer bereuten nachteiligen Resultaten.

Eine ruhige Prüfung der Verhältnisse, welche allein das Gedeihen der Anlage bedingen, sei also unsere erste Pflicht.

Finden wir nach gründlicher Untersuchung, dass mit mäßigen Anstrengungen ein gemeinnütziges, gewinnbringendes Unternehmen ins Leben gerufen werden kann; dann wird es hoffentlich dem Vaterland nicht an Männern fehlen, die frei von kleinlicher Eifersucht und Nebenrücksichten kommenden Zeiten ein Denkmal zur Nacheiferung stellen!

Dazu wirke denn jeder kräftig in seinem Kreis. – Die deutsche Eiche ist reich genug, um als Lohn der Bürgertugend jede verdiente Stirne zu schmücken. [...]

Rheinland-Westfalen ist zu einem kräftigen Staatskörper vereint; fromme Wünsche früherer stiefmütterlicher Zeiten können jetzt verwirklicht werden. Laut hat sich nach außen die Stimme gegen die beschränkenden Anmaßungen Hollands und gegen die ewig wiederkehrenden fränkischen Händel erhoben; Deutschlands Handel darf weder den Launen einzelner Staaten noch dem Zufall unterwürfig sein.

Deshalb erkannte man das dringende Bedürfnis einer großen Verbindung mit Bremen. Sichernd für auswärtige Beziehungen, erhöhten Wohlstand im Inneren gewährend, hat der Plan einer Eisenbahn von Minden nach Köln allgemeine Teilnahme erweckt.

2. Der Ruhrorter Unternehmer Franz Haniel befürwortet den Bau einer Eisenbahn durch das noch weitgehend unerschlossene Emschertal (1841).

Franz Haniel,[2] »Bemerkungen bei den projektierten Rhein Weser Eisenbahn von Dortmund durchs Emschertal längs Bochum, Essen, über Oberhausen, Lipperheide (mit Zweigbahn nach Ruhrort) längs Duisburg nach Düsseldorf und Köln« (24. Mai 1841). Haniel-Archiv Duisburg, HAA:933, Bl. 5–7. (Auszug)

1. Das Emschertal ist durch das günstige Terrain gleichsam von der Natur zur Verbindung der östlichen mit den westlichen preußischen Provinzen für eine Eisenbahn angewiesen. Die Baukosten dieser Eisenbahn von Dortmund bis zum Rhein dürften unter ein Viertel gegen eine ähnliche Bahn von Dortmund über Witten, Hagen, Elberfeld, Opladen, Köln zu stehen kommen, worüber die Kosten-Anschläge das Nähere ergeben.

---

2 Franz Haniel (1779–1868) war ein Ruhrorter Kaufmann, der sich an einer Vielzahl von Unternehmen beteiligte und ein »kaufmännisch-industrielles Gebilde schuf, das als einer der ersten Konzerne, wenn nicht überhaupt der allererste, den Deutschland aufzuweisen hatte«, gilt. (Zit. nach: Hans Spethmann, Franz Haniel. Sein Leben und seine Werke, Duisburg-Ruhrort 1956, S. 151). Haniel war u.a. Miteigentümer der Hüttengewerkschaft Jacobi, Haniel & Huyssen (später Gutehoffnungshütte

Wird die Rhein-Weser-Bahn durchs Emschertal geführt, so bietet diese über Ruhrort, so wie über Neumühle [und] Wesel den schönsten Aufschluss an die Arnheimer holländische Bahn dar, und es ist dann mit Sicherheit zu erwarten, dass [die] Niederlande sich beeilen [werden], diese Bahn baldigst auszuführen und von Arnheim über Wesel, Neumühle bis in die Ruhrgegend zum Anschluss zu bringen. Die Niederrheinische Gegend würde hierdurch sehr gewinnen, die zweckmäßigste und schleunigste Verbindung zwischen Preußen, Deutschland, Niederlande und England [ist] dem Rhein eröffnet, ohne Belgien und Frankreich zu berühren. Durch die Bahn im Emschertal erreichen die Nordischen Expeditionen und Transporte billiger, schneller und mit ungleich weniger Gefahr die Rhein-Häfen zu Ruhrort, Duisburg, Düsseldorf, Wesel, da auf dieser Route bei gleichmäßigem sanften Gefälle weder stehende Maschinen noch Tunnels vorkommen. Die über Holland nach der nordischen Gegend gehenden Güter sind auf der Bahn durchs Emschertal ungefähr so schnell in Dortmund, wie auf der Bahn über Düsseldorf in Elberfeld, sodass für holländische Waren und reisende Niederländer, so [sie denn] die Rhein-Weser-Bahn durchs Emschertal benutzen, die Strecke von Elberfeld, Schwelm, Hagen, Witten bis Dortmund ausgenommen wäre; für die niederländische Verbindung ist daher der Umweg durchs Gebirge höchst nachteilig und störend.

2. Die Bewohner von Hagen, Schwelm etc. wünschen die Richtung zum großen Nachteil ganzer Länder über ihre Örter, indessen haben diese Plätze sehr gute Kunststraßen,[3] vermittelst deren sie sich nach Belieben in Dortmund, Bochum, Elberfeld, der Rhein-Weser-Eisenbahn anschließen können; die Eisenbahn zwischen Elberfeld und Düsseldorf hat nur eine Spur, dient daher sehr gut als Zweigbahn; wegen Terrain-Schwierigkeiten und großen Kosten soll die Einrichtung einer Doppelbahn-Spur fast einer neuen Eisenbahn gleichkommen.

3. Die Gegend von Dortmund, Bochum, Essen bis Oberhausen ist volk- und gewerbereich und fruchtbar, der Boden liefert für die Rheinische Expedition Steinkohlen, Eisen, Holz und Getreide und bezieht auch über Ruhrort und Duisburg am Rhein Kolonialwaren, Eisen, Holz, Wein, Getreide, Branntwein pp. Aus dem Ruhrorter Hafen gehen jährlich Rhein auf und abwärts 11 bis 12 Millionen Zentner Steinkohlen, welche größtenteils in der Nähe von Bochum und Essen gefördert werden. Wirft man einen Blick auf die Vergangenheit, so ist bei der Zunahme der Industrie dieses Konsumtions-Quantum in ca. 20 Jahren wenigstens auf das Doppelte zu

---

AG), gründete und beteiligte sich an vielen Bergwerksunternehmen (u.a. Zeche Zollverein, Rheinpreussen, Oberhausen) und unterhielt ein eigenes Handels- und Speditionsunternehmen. Darüber hinaus war er der Erste, dem es mit Hilfe der Dampfmaschine gelang, die Mergelschicht des Ruhrgebiets zu durchbohren. Dieser Pionierleistung auf Schacht Franz (1834) bzw. der Zeche Kronprinz (1835–1842) folgte in den 1840er Jahren die Nordwanderung des Ruhrbergbaus und der Abbau der Steinkohle des Ruhrgebiets auf industrieller Grundlage. Franz Haniel hatte nach Genehmigung der Streckenführung der Köln-Mindener Eisenbahn durch das Emschertal mit dem Bau der Zeche Zollverein in unmittelbarer Nähe der Eisenbahntrasse 1847 begonnen. Vgl. dazu auch Haniels Biografie-Nekrolog (Dok. 23 in Kap. II).

3 Chausseen.

erwarten, einesteils, weil das Brennholz jährlich beträchtlich teurer wird, anderenteils, weil die größeren oberrheinischen Städte wie z.B. Mainz, Wiesbaden, Frankfurt, Hanau, Darmstadt, Mannheim, Karlsruhe pp., die vor 40 Jahren nicht mal den Namen von Ruhrkohlen kannten, sich dieses Produkts zum häuslichen Gebrauch und zur Industrie jährlich um ein sehr Beträchtliches mehr bedienen. [...]

Die Kohlenanlagen bei Dortmund, Bochum und Essen in der Nähe des Emschertals sind sehr beträchtlich und werden bei den zunehmenden künstlichen Wasserhebungen zur jetzigen und zur weit stärkeren Förderung für viele Jahrhunderte hinreichen. Die besten, jetzt in Betrieb stehenden Essener Kohlengruben, als Zeche Vereinigte Hagenbeck, Sälzer & Neuack, Schölerpad, Wolfsbank pp. sowie auf vielen Märkischen Gruben, können teils durch Stollenbau, teils durch kleine Eisenbahnen, wie diese nach der Ruhr angelegt [sind], sich passend der Emscher-Eisenbahn anschließen; es ist demnach ein sehr bedeutender Kohlentransport besonders für den Ruhrorter Hafen mit Sicherheit in Anschlag zu bringen, der alle Transporte von Dortmund über Witten, Hagen, Elberfeld bis zum Rhein zusammen genommen überwiegen wird. Niemand wird darauf rechnen dürfen, dass Kohlen aus dem Wittenschen Revier den großen, teuren Umweg über Hagen, Elberfeld zum Rhein nehmen. Die Kohlen-Konsumtion im Inneren zu Hagen, Elberfeld pp. wird durch ähnlichen Verbrauch von Wesel, Ruhrort, Duisburg, Düsseldorf pp. für beide Bahnlinien ungefähr ausgeglichen, und blieben demnach ca. 5 ½ Millionen Zentner Kohlen-Ausfuhr für den Rheinischen Absatz zum Vorteil der Emscher-Eisenbahn.

Jacobi, Haniel & Huyssen beziehen und versenden für ihre Etablissements zu Gute Hoffnung, Antoni, Oberhausen, Neu-Essen & Ruhrort zwischen Oberhausen und Ruhrort jährlich ca. 200.000 Zentner und beziehen von den Essener und Märkischen Revieren [...] Kohlen, Holz, Roheisen über Oberhausen, so wie sie auf dieser Route bis Magdeburg & Berlin versenden, demnach für die Emscherbahn bewegen ca. ½ Million Zentner. [...]

Es ist anerkannt, dass die Ruhr mit ihren vielen Schleusen und wechselnden Wasserst[ä]nde[n] seit den letzten Jahren den Kohlen-Bedarf nicht so vollständig befriedigen konnte, dass die rheinischen Konsumenten stets mit Sicherheit auf Beziehung guter Kohlen zu gleichmäßigen und billigen Preisen rechnen können. Diese Unsicherheit ist Veranlassung, dass unser Absatz nach Holland durch die Konkurrenz englischer und belgischer und nach dem Oberrhein durch die Eschweiler- und Saarkohlen sehr gefährdet wird.

Es sind deshalb viele Mittel zur Vervollkommnung der Ruhrfahrt, namentlich die vollständige Kanalisierung der Ruhr und dann die Erbauung doppelter Schleusen, in Vorschlag gebracht. Ohne mich über die Zweckmäßigkeit dieser Anlagen in Vergleich zu den Baukosten auszulassen, glaube ich behaupten zu dürfen, dass eine vollständige und für immer genügende Aushilfe der Ruhrfahrt und durch eine Eisenbahn von den Märkischen und Essener Gruben nach Ruhrort erzielt werden kann, welche Überzeugung Veranlassung gegeben hat, dass von seiner Majestät dem hochseligen König[4] bereits zwei Konzessionen, die erste dem holländischen Obristleutnant Bake, die zweite dem Unterzeichneten auf die fragliche Bahnstrecke erteilt sind, deren

---

4 Gemeint ist der preußische König Friedrich Wilhelm III. (1770–1840).

Ausführung lediglich durch die sehr erschwerte Inbetriebsetzung einiger mutigen Kohlengruben in Essendischen,[5] namentlich der Zeche Hagenbeck, so wie durch die späte Ausbauung des hiesigen Hafens verzögert ist.

Das Bedürfnis, dem Rhein billige und gute Kohlen in genügender Quantität zuzuführen, ist für das fernere Aufblühen der rheinischen Industrie eins der wesentlichsten, für viele Zweige derselben eine Lebensfrage und überwiegt bei Weitem den Nutzen oder vielmehr die Annehmlichkeit, welche durch die Erbauung der höchst kostbaren Bahn durch die bergische Gegend erzielt würde. [...]

4. Von Oberhausen bis Düsseldorf berührt die Emscher-Eisenbahn größtenteils einen sterilen Boden, wodurch mithin geringe Grundentschädigung stattfindet, dabei sind mehrere Beerbte des Duisburger Waldes, worunter ich ebenfalls gehöre, damit einverstanden, dass keine Grundentschädigung, soweit die Bahn durch den Erben-Wald geht, stattfinden soll. Vonseiten der Stadt Duisburg ist ebenfalls eine freie Grundabtretung, soweit die Bahn deren Eigentum berührt, zu hoffen.

3. Das Märkische Bergamt Bochum macht dem Oberbergamt Dortmund Vorschläge zur künftigen Lohngestaltung, um Ruhe und Ordnung unter den Bergleuten zu erhalten (1848).

»Die jährliche Festsetzung der Normalschichtlohnsätze[6] für die verschiedenen Arbeiterklassen betreffend«. Bericht des Obersteigers Herold (Märkisches Bergamt Bochum) vom 10.4.1848. Landesarchiv NRW Abt. Westfalen, OBA Dortmund 1385, Bl. 220–224. (Auszug)

Die seit mehreren Wochen bestehende politische Aufregung hat auch unter den Bergleuten eine größere Regsamkeit hervorgebracht und unter denselben mannigfache Beratungen über das Knappschaftsinstitut und die Höhe ihres Lohns veranlasst, als deren Resultat nicht allein mehrere Eingaben einzelner Bergleute und Belegschaften, sondern auch die in der heutigen Versammlung der Knappschafts-Vertreter vorgetragenen Wünsche anzusehen sind.

Zu den wichtigeren derselben gehören ohne Zweifel diejenigen, welche die Lohnangelegenheiten betreffen, da von einem auskömmlichen gesicherten Lohn das Wohl der Familien der Bergleute abhängt.

Als ein Mittel hierzu [ist] seit dem Jahr 1818 die jährliche Festsetzung der Normalschichtlohnsätze für die einzelnen Arbeiterklassen anzusehen, die den Schichtlohnverschreibungen und Gedingen zugrunde gelegt werden sollen und ohne Zweifel zur Erzielung sicherer Löhne

---

5 Raum Essen.
6 Bis zum Erlass des »Gesetzes, die Aufsicht der Bergbehörden über den Bergbau und das Verhältnis der Berg- und Hüttenarbeiter betreffend« (Freizügigkeitsgesetz vom 21. Mai 1860) wurden die »Normallöhne« (Mindestlöhne) für die Knappschaftsgenossen zu Beginn jeden Jahres von der Bergbehörde – in Absprache mit den Gewerken bzw. den autorisierten Repräsentanten der Zechen – bestimmt.

der Arbeiter beitragen, ja auf die Dauer kaum zu umgehen sein werden, wenn nicht bald von Seiten der Gewerken, bald von Seiten der Bergleute unter den jetzigen Verhältnissen Klagen auftauchen sollen.

Die Normalschichtlohnsätze sind bei dem hiesigen Bergbau zuerst im Jahre 1818 zur Sprache gebracht [worden] und nach Rücksprache mit den Hauptgewerken der einzelnen Reviere mit dem Jahre 1819 in Wirksamkeit getreten. Sie sind bis zum Jahre 1824 wesentlich gesunken, vom Jahre 1825 an aber bis jetzt fast unverändert geblieben und haben z.B. für die Hauer folgende Höhe: im Revier Bochum 9 Silbergroschen, 4 Pfennig, im Revier Witten 10 Silbergroschen, im Revier Hörde 10 Silbergroschen, 4 Pfennig.

Seit dem Jahr 1825 sind aber teils in den Revieren untereinander, teils in den Preisen der notwendigsten Lebensbedürfnisse solche Änderungen vorgegangen, dass eine sorgfältige Revision der Normalschichtlöhne nicht länger verschoben werden kann, obgleich seit mehreren Jahren hiergegen sowohl seitens der Gewerken Widerspruch erhoben als auch seitens einzelner Beamten das Bedürfnis einer Änderung nicht eingeräumt worden ist.

Außer dieser Revision muss auch die Art der Ermittlung und Festsetzung der Normalschichtlohnsätze zur Sprache gebracht werden, weil unserer Ansicht nach hierbei eine wesentliche, nicht zu vermeidende Änderung erforderlich ist.

In erster Beziehung, nämlich in Bezug auf die Höhe dieser Normalschichtlohnsätze, führen wir nur an, dass seit dem Jahr 1825 in vielen Revieren die Anzahl der Bergleute um das Mehrfache gestiegen ist, während sie in anderen ziemlich gleich geblieben ist oder doch nur einen unbedeutenden Zuwachs erhalten hat. – Seit dem Jahr 1825 hat die Population bedeutend zugenommen, die Leute wohnen näher beisammen, wodurch die Wohnmieten und Landpächte merklich in die Höhe gegangen sind. Endlich ist auch die Zunahme der Abgaben namentlich der Kommunallasten nicht zu vergessen.

Wird alles dieses erwogen, so liegt es auf der Hand, dass die im Jahre 1825 bestandenen Normalschichtlohnsätze für die jetzige Zeit nicht mehr passen und einer Änderung bedürfen. Dieses Bedürfnis tritt umso mehr hervor, wenn berücksichtigt wird, dass die oben angeführten Sätze seit mehreren Jahren aus Mangel ihrer Brauchbarkeit nicht mehr angewendet sind und auch nicht angewandt werden konnten, wenn einem Mangel an Arbeitern vorgebeugt werden sollte, der sich ungeachtet dieses Verfahrens dennoch in einzelnen Revieren bemerklich gemacht hat.

Was die bei Festsetzung der Normalschichtlöhne beobachtete Form betrifft, so sind seit dem Jahre 1819 alljährlich die Gewerkschaftsdeputierten, bis jetzt aber niemals die Belegschaften über die Angemessenheit derselben gefragt [worden]; die Bergbehörde hat also gewissermaßen mit den Gewerkschaften gegen die Arbeiter operiert, oder gelinder ausgedrückt, es nur [für] nötig erachtet, die Gewerkschaftsdeputierten über diesen Gegenstand zu vernehmen, dagegen niemals die Arbeiter selbst oder Vertreter derselben gehört, ungeachtet es nicht in Zweifel gezogen werden kann, dass der Bergmann hierbei mindestens ein ebenso großes, wenn nicht ein größeres Interesse als der Gewerke hat.

Von dem Zeitpunkt an, als die Bergbehörde es [für] nötig erachtete, mit den Gewerkschaften Rat zu nehmen, mussten auch die Belegschaften oder Vertreter derselben bei den Beratungen zugezogen werden. Wäre dieses geschehen, so könnte der Behörde das öffentliche Zeugnis nicht entgehen, sich über den Parteien gestellt zu haben, welches nun von Einzelnen bezweifelt zu werden scheint.

Die Vergangenheit ist indes hinter uns, und es kann sich jetzt nur von der Zukunft und der Annahme des Verfahrens bei Festsetzung der Normalschichtlohnsätze für das nächste und die folgenden Jahre handeln.

Bei der großen Aufmerksamkeit, die den sozialen Verhältnissen zugewendet wird, ist dieselbe auch mehr als seither auf die Arbeiter gerichtet; selbst diese regen sich mehr und mehr und kamen mit Anforderungen hervor, die häufig an sich ganz billig, aber dennoch von ihnen früher nicht zur Sprache gebracht worden sind, an die sie früher kaum gedacht haben mögen.

Um diesen Regungen zeitig besänftigend zu begegnen, ist es unerlässlich, in den einzelnen Revieren:

a, mit Rücksicht auf die örtlichen Verhältnisse für die einzelnen Arbeiterklassen jährlich Normalschichtlohnsätze nach dem Preisen der notwendigsten Lebensbedürfnisse festzusetzen.

b, bei den Beratungen hierüber nicht allein die Gewerkschaftsdeputation, sondern auch aus jedem Revier Vertreter der Belegschaften – etwa zwei bis höchstens vier – zuzuziehen und deren Ansichten ebenso gut als die der Gewerkschaftsdeputation zu hören und zu berücksichtigen.

c, diesem Geschäft einen besonderen Tag zu widmen und deshalb nicht gelegentlich und oberflächlich bei der Kohlenpreisregulierung, wie es in den letzten Jahren geschehen [ist], als einen Gegenstand zu behandeln, der nur ungern berührt wird.

Diese Vorschläge werden vielleicht hin und wieder Besorgnisse erregen, namentlich wird ihnen entgegengestellt werden, dass durch eine angemessene Arbitrierung[7] der Normalschichtlohnsätze die Gedinge und Schichtlohnsätze über den jetzigen Stand steigen würden; allein diese Befürchtung vermögen wir nicht zu teilen, da die Bergleute sehr wohl wissen, dass von den bestehenden Normalschichtlohnsätzen schon seither zu ihren Gunsten abgewichen ist und zu ihren Vertretern im eigenen Interesse im Allgemeinen die intelligenteren ruhigen Leute ausgewählt werden, die die Ansprüche nicht höher stellen werden, als zur Erhaltung ihrer Familien notwendig ist, auf die mindestens eine überzeugende Belehrung die nötige Einwirkung nicht verfehlen wird. – In dieser Überzeugung sind wir durch das Verhalten der Bergleute in der jetzigen Zeit, in der es an Aufregung von vielen Seiten her nicht gemangelt hat, noch mehr bestärkt, daher wir uns auch zuversichtlich der Hoffnung hingeben, es werde das vorgeschlagene Verfahren nicht allein keine nachteilige, sondern eine gute Wirkung hervorbringen.

---

7   Arbitrierung – Schätzung.

4. Bochum als »Deutsch-Sheffield«? Die Gussstahlfabrikanten Jacob Mayer und Eduard Kühne werben um staatliche Finanzhilfe für ihren Betrieb (1848).
Mayer & Kühne an die städtischen Behörden Bochums vom 22.8.1848. Stadtarchiv Bochum B 340, Bl. 2–5.[8]

P.P.

Es ist schon vielfach anerkannt, dass der Mangel eines in jeder Art den englischen Gussstahl ersetzenden Fabrikats in Deutschland eine empfindliche Abhängigkeit von England herbeiführte, und deshalb sind viele Versuche auf dessen Erzielung angestellt, die aber trotz sehr bedeutenden Opfern fast alle nur ungenügenden Erfolg fanden; der deutsche Gussstahl hatte seither nicht die Güte des englischen und war außerdem meistens höher im Preis, und aus diesem Grund war es untunlich, mit den englischen fertigen Waren von Gussstahl zu konkurrieren, weil die Ausländer sich das dazu hie[r]her gelieferte Material sehr teuer bezahlen ließen, damit sie den Markt in fertiger Ware behaupten konnten. Die inländischen Stahlwerkzeuge wurden deshalb seither aus deutschem gewöhnlichen Stahl entweder nicht so gut [wie] aus Gussstahl oder aus englischem Stahl zu teuer gegen englische Ware, und darum trat die Notwendigkeit eines deutschen Gussstahls gebieterisch in den Vordergrund, wenn die vielen Tausende von Arbeitern in Stahlwaren zunächst nur im Bergischen und Märkischen an lohnendem Broterwerb bleiben sollten.

Aus Preußen allein wandern jährlich für Gussstahl in Stangen, Blechen und fertigen Werkzeugen enorme Summen nach England, und doch könnten wir anfangs einen großen Teil davon, später aber selbst das Ganze dem Inland erhalten.

Es lag sonach klar vor, dass eine gehörig eingerichtete Gussstahlfabrik bei gutem und billigem Fabrikat, im Inland ohne erhebliche Konkurrenz,[9] und deshalb eine nützliche rentable Anlage werden müsse, und hielten wir die Lage von Bochum wegen seiner guten und billigen Steinkohlen und Koks, sowie wegen seiner zweckdienlichen Verbindungsstraßen zur Begründung einer Gussstahlfabrik für ganz naturgemäß, und nachdem der Bau soweit gediehen [war], begannen wir von 1846 an, regelmäßig zu produzieren.

Bald stellte es sich heraus, dass die Konsumenten, namentlich in Remscheid und Solingen, mit Preis und Qualität zufrieden waren, und deshalb erweckte unsere Anlage die Aufmerksamkeit der Regierung zu Düsseldorf, welche von den Handelskammern in Lennep (Remscheid) und in Solingen Aufschluss verlangte, ob es wünschenswert und der Gegend von Nutzen wäre,

---

8 Hintergrund dieser Eingabe an Magistrat und Stadtverordnetenversammlung war der Wunsch der Unternehmer, sich für eine staatliche Finanzunterstützung für die seit 1842 bestehende, kapitalschwache Firma zu verwenden. Die daraufhin tatsächlich erfolgten Bemühungen des Bochumer Magistrats bei der Arnsberger Regierung blieben aber ebenso erfolglos wie andere Versuche der Inhaber, weiteres Kapital für Betrieb und Ausbau ihrer Fabrik zu akquirieren.
9 Die ältere Kruppsche Gussstahlfabrik im benachbarten Essen, zu der sich frühzeitig ein ausgeprägtes Konkurrenzverhältnis entwickelt hat, wird hier anscheinend geflissentlich ignoriert.

wenn das hiesige Etablissement eine Ausdehnung aus Staatsmitteln erhielte, um mit der Zeit den annähernden Bedarf in allen erforderlichen Dimensionen liefern zu können. –

Die Handelskammern haben nun während etwa acht Monaten unser Fabrikat vielfach und scharf geprüft und es ausgesprochen, dass die Überwindung der englischen Konkurrenz nicht allein wünschenswert, sondern für ihre Kreise zur Lebensfrage würde, ebenso, dass *wir* im Stande wären, diesem Mangel abzuhelfen, wenn wir zur nötigen Ausdehnung gelangen könnten.

Aus diesem Grunde nun hat namentlich die Handelskammer in Lennep (Remscheid) bei der Regierung in Düsseldorf eine Staats-Unterstützung unserer Sache warm befürwortet und dabei die Summe von 250.000 Talern veranschlagt, welche genügt, um das Etablissement für die Lieferung eines annähernden Bedarfs zu vervollständigen, um dasselbe auf Dauer rentabel zu machen, da es dann an Absatz niemals fehlen kann.

Bei der seitherigen unkompletten Anlage sind wir außerstande, den verschiedenen Anforderungen vieler Dimensionen zu entsprechen, und wollen wir einige davon anführen, damit es klarer begründet ist, dass ohne Erweiterung der Zweck verfehlt wird; so ist namentlich ein beständig großer Bedarf in Gussstahl-Platten vorhanden, von denen wir nur einen kleinen Teil jetzt auf einem fremden Walzwerk im Lohn ausstrecken lassen, allein dies genügt nicht, da auch die *äußere* Beschaffenheit der Platten wesentlich ist, und diese auf einer nicht lediglich für Stahl erbauten Walze hervorgehen kann, als man es von England gewöhnt ist; dazu kommt auch, dass wir zirka 1 Sgr.[10] p. Pfund Walzlohn und Fracht zahlen müssen, und dies beim Selbstbesitz einer weit besser geeigneten Walze sich kaum auf 3 Pfennige p. Pfund stellt, was allein bei nur 600.000 Pfund jährlich eine Ersparnis von ungefähr 15.000 Talern mit sich bringt, umgerechnet, dass die vermehrte Promptitüde[11] sehr förderlich ist und die Platten weit besser werden; ferner: Auf allen Eisenbahnen bedient man sich jetzt der Wagenfedern aus Gussstahl, und weil wir sie ohne Walze nicht machen können, so müssen sie von England bezogen werden, was wieder eine sehr bedeutende Geldausfuhr mit sich bringt; ebenso sind wir behindert, allen *dünnen* und allen *breiten* Gussstahl zu liefern, weil auch dazu eine Walze tätig sein muss, und gleich wichtig bleibt die Beschaffung schwerer Hämmer, weil ohne solche wieder die *starken* Dimensionen uns zu liefern unmöglich ist, nach denen oft bedeutende Nachfrage eintritt; ohne solche schweren Hämmer aber sind wir auch abgehalten, diejenigen Dimensionen, welche wir jetzt überhaupt anfertigen können, so schön im Äußeren herzustellen, wie es in England geschieht und für den Verkauf sehr wesentlich ist, obgleich die innere Güte deshalb nicht gerade besser wird. Man ist von England darin verwöhnt, und es ist Bedingnis, ebenso schön zu liefern.

Mit dem vorstehend beregten Kapital von 250.000 Talern aber würden wir alle Vorrichtungen von Maschinerien der Walze, Hämmer, Ofen und sonstigen Lokalitäten herstellen können und dabei einen bedeutenden Betriebsfonds behalten, ohne welchen die Massen von Rohma-

---

10 1 Silbergroschen = 12 Pfennige; 30 Silbergroschen = 1 Taler.
11 Promptitude (franz.): Schnelligkeit, Flinkheit, Beweglichkeit.

terial nicht beschafft und die Gewährung von mäßigem Kredit beim Absatz unsererseits nicht gegeben werden können, welche zwei Erfordernisse unbedingt nötig sind, wie wir seither zu unserem Nachteil nur zu lebhaft empfunden haben.

Nachdem die Düsseldorfer Regierung durch jene von der Handelskammer eingezogenen Berichte und Gutachten ein vermehrtes Interesse auf unsere Sache legte, fand sie sich bereits veranlasst, deshalb mit unserer Regierung in Arnsberg in Verbindung zu treten, und so liegt denn [die] nicht unbegründete Aussicht vor, dass unser Etablissement zu der nötigen Ausdehnung kommen wird.

Wenn dies nun erfolgt, so muss es unbedingt auf Bochum den wohltätigsten Einfluss üben, denn es werden sukzessive und jedenfalls im zweiten Jahr zirka 300 meistens hiesige Arbeiter beschäftigt mit etwa 1.000 Taler[n] Wochenlohn oder jährlich 50.000 Taler[n], welche der Natur der Sache nach in Bochum verzehrt werden; und doch ist dies nur der Anfang, während nach *solcher* Begründung und ohne erhebliche Konkurrenz die aus sich selbst entspringende Vergrößerung nicht zu bezweifeln ist, wofür die Erfahrung in anderen Fabrikdistrikten spricht.

Handel, Industrie und reger Verkehr würde[n] dadurch in Bochum gefördert und der Stadt und Gegend zum dauernden und wachsenden Aufschwung gereichen; das durch Gussstahlfabriken und Ware so berühmt gewordene Sheffield war vor 50 Jahren noch eine unbedeutende Stadt, und es ist nicht unmöglich, dass Bochum noch einmal Deutsch-Sheffield werden könnte.

5. »Viel Geschrei und wenig Wolle!« Der Landrat des Kreises Dortmund beurteilt die vermuteten Vorkommen an Kohleneisenstein im Hörder Steinkohlenrevier mit Skepsis (1850).

Der Landrat des Kreises Dortmund, Adolf Pilgrim,[12] an die Königliche Regierung zu Arnsberg vom 3.4.1850. Landesarchiv NRW Abt. Westfalen, RA Nr. 1110, Bl. 7.

Ew. Hochwohlgeboren
beehre ich mich, in Verfolg meiner vorläufigen Benachrichtigung vom 23. v[origen] M[onats] nunmehr das von dem Obergeschworenen Reinbach mir zugestellte Pro memoria über das Vorkommen von Eisenstein in dem Hörder Steinkohlenrevier,[13] angebogen zur gefälligen Kenntnisnahme ergebenst zu übersenden.

---

12 Christian Adolf Wilhelm Pilgrim (1785–1856) war zunächst Landrat der Kreise Medebach und Eslohe (Sauerland), bevor er dieses Amt ab 1833 im Kreis Dortmund ausübte.
13 Gestützt auf das Urteil eines Kasseler Oberbergratassessors, der bei einem Besuch der Hörder Hermannshütte auf Spuren von Toneisenstein gestoßen war, sah Reinbach in diesem Rohstoff den Schlüssel für künftiges Wirtschaftswachstum in der Region und weit darüber hinaus. Nachdem er die alle Stände erfasste »Wut, durch den Besitz von Eisensteinzechen reich zu werden«, verurteilt hatte, hob er das Engagement der Hermannshütte hervor, »nicht unbedeutende Kosten auf eine gründliche Untersuchung« zu verwenden. Reinbachs Denkschrift endet mit der Prognose, dass der Abbau des heimischen Eisenerzes und die Verschmelzung in neuen Hochöfen »die hiesige Gegend sehr bald in einer ganz anderen Gestalt erscheinen« ließen und dass hierdurch »Tausende von Arbeitern Beschäftigung und ansehnlichen Lohn« finden würden. Pro memoria des Obergeschwo-

So groß das Glück für unsere Gegend sein würde, wenn reichhaltige Eisenerzlager hier aufgedeckt werden mögen, so scheint das Gelingen doch noch in weiter Ferne zu liegen.

Die Suche macht sich Illusionen, die schwerlich Realität werden dürften. Der Oberbergrat v. Hövel,[14] mit dem ich über die Sache Rücksprache genommen [habe], versicherte [mir], dass er die für Eisenerze gehaltenen Lager genau untersucht, selbige jedoch durchaus nicht als solche habe anerkennen, noch für bauwürdig erklären können.

Also viel Geschrei und wenig Wolle![15]

6. Statut der Bergbau-Gesellschaft Concordia zu Oberhausen (1850)
Statut der Bergbau-Gesellschaft Concordia von 1850. Haniel-Archiv Duisburg, Akte betreffend: Beteiligung an der Bergbau-Gesellschaft Concordia.[16]

Wir Friedrich Wilhelm [IV.], von Gottes Gnaden, König von Preußen.
Nachdem unter dem Namen Bergbau-Gesellschaft Concordia eine Gesellschaft zu dem Zwecke zusammengetreten ist, um mittelst des von ihr durch Aktien zu fünfhundert Taler[n], welche auf den Namen bestimmter Inhaber lauten sollen, zusammenzubringenden Grundkapitals von fünfhundert und fünfzigtausend Talern Steinkohlenbergwerke in dem Bezirk des Essen-Werdenschen Bergamts zu erwerben und auszubeuten, und nachdem gegen das Gesellschaftsstatut, wie solches in der Uns vorgelegten Ausfertigung vom 27. Juli d. J. enthalten, und von den Unternehmern zu den notariellen Verhandlungen vom 29. Juni und 9., 19., und 26. Juli d. J. vollzogen worden ist, sich nicht zu erinnern gefunden hat, erteilen Wir hierdurch auf Grund des Gesetzes über die Aktiengesellschaften vom 9. November 1843 der vorgedachten Gesellschaft Unsere landesherrliche Genehmigung.

Wir erteilen die Bestätigung mit dem Vorbehalt, solche, falls das Statut nicht befolgt oder verletzt wird, unbeschadet der Rechte dritter Personen, zu widerrufen und bestimmen zugleich, dass die Gesellschaft den Vorschriften des Gesetzes vom 9. November 1843 und den ergangenen und noch ergehenden, den Bergbau betreffenden gesetzlichen Bestimmungen unterworfen ist.

---

renen Reinbach, o.D. Landesarchiv NRW Abt. Westfalen, RA 1110, Bl. 3–6. Vgl. zu diesem Thema auch Rainer Slotta, Standortbedingungen der Eisen- und Stahlindustrie. Der Eisensteinbergbau im Dortmunder Raum, in: Ottfried Dascher/Christian Kleinschmidt (Hg.), Die Eisen- und Stahlindustrie im Dortmunder Raum. Wirtschaftliche Entwicklungen, soziale Strukturen und technologischer Wandel im 19. und 20. Jahrhundert, Dortmund 1992, S. 13–25.

14 August Werner Freiherr von Hövel (1807–1864) war seit 1848 Oberbergrat am Oberbergamt Dortmund und wurde 1851 Direktor des Märkischen Bergamts in Bochum.

15 Teil des Sprichworts »Viel Geschrei und wenig Wolle, sprach der Teufel, da schor er ein Schwein«. (Sinn: »Viel Lärm um nichts.«).

16 Nach dem Kölner Bergwerks-Verein in Altenessen war die von Jobst Waldthausen, Christian Flashoff (beide aus Essen) und den Ruhrorter Gewerken Friedrich Wilhelm Liebrecht, Alphons Haniel und C. R. Mumm gegründete Zeche Concordia in Oberhausen die zweite Zeche des Ruhrgebiets, die als Aktiengesellschaft gegründet worden ist.

Gegenwärtige Urkunde ist mit den notariellen Verhandlungen vom 29. Juni, 9., 19. und 26. Juli d. J. durch das Amtsblatt Unserer Regierung zu Düsseldorf zur öffentlichen Kenntnis zu bringen,
Gegeben Bellevue, den 18. November 1850
Friedrich Wilhelm [IV.]

Statut der Bergbau-Gesellschaft Concordia zu Oberhausen

§ 1.

Unter dem Namen Bergbau-Gesellschaft Concordia wird hiermit eine Aktien-Gesellschaft auf unbestimmte Zeit gebildet. Die Gesellschaft hat ihren Sitz und ihr Domizil zu Essen, im Regierungsbezirk Düsseldorf.

§ 2.

Der Zweck der Gesellschaft ist die Erwerbung von Steinkohlenwerken in dem Bezirk des königlichen Essen-Werden'schen Bergamtes, die Ausbeutung dieser Werke und die Förderung und Bewertung der aus diesen Bergwerken kommenden Steinkohlen. Die Bereitung des Koks, die Erwerbung der zu Zwecken des Betriebes und dessen Beaufsichtigung von der Gesellschaft zu bestimmenden Grundstücken, Wege, Eisenbahnen, Gebäude, Vorrichtungen und Räume sowohl unter als auch über Tage und aller zur Erreichung des vorbemerkten Zweckes erforderlichen Rechte.

§ 3.

Das Grundkapital ist auf fünfhundertfünfzigtausend (550.000) Taler preußisch Courant, repräsentiert durch elfhundert Aktien, jede Aktie zum Nominalwert von fünfhundert (500) Talern preußisch Courant festgestellt.

Die Gesellschaft tritt in Wirksamkeit, wenn die landesherrliche Genehmigung erfolgt, und der königlichen Regierung in authentischer Form nachgewiesen wird, dass die Hälfte des Grundkapitals gezeichnet ist.

§ 4.

Die Aktien werden in fortlaufenden Nummern von Nummer eins bis Nummer elfhundert auf den bestimmten Inhaber unter Angabe des Aktionärs nach Vor- und Zunamen, Stand und Wohnort gestellt und von mindestens drei Mitgliedern des Vorstandes vollzogen. Das Aktienbuch, in das die ursprüngliche Ausgabe, sowie die künftige Übertragung der Aktien eingetragen wird, weist der Gesellschaft gegenüber den Inhaber der Aktie nach. Das Aktienbuch wird von den Vorsitzenden und zwei Mitgliedern des Vorstandes visiert.[17]

Jede Übertragung einer Aktie wird von dem Zedenten[18] auf der Aktie selbst vermerkt.

§ 5.

Die Aktienbeträge werden von dem Vorstand eingefordert; es dürfen nach erfolgter Einzahlung von dreißig Prozent zu einer der folgenden Einzahlungen höchstens zehn Prozent auf einmal

---

17 Visiert – beglaubigt.
18 Gläubiger, der seine Forderung an einen Dritten abtritt.

eingefordert werden; und es muss bei diesen folgenden Einzahlungen jeder folgende Zahlungstermin auf mindestens drei Monate nach dem letzten vorhergegangenen Einzahlungstermin hinausgerückt werden.

Über die Prozenteinzahlungen werden Interims-Quittungen nach dem beiliegenden Formular A. erteilt.

§ 6.

Wer den eingeforderten Aktienbetrag bis zum bestimmten Zahlungstermin nicht einzahlt und denselben auch binnen zwei Monaten, nachdem ihn der Vorstand zweimal schriftlich an die Einzahlung erinnert hat, nebst sechs Prozent Zinsen seit dem bestimmten Einzahlungstermin, nicht berichtigt, wird von dem Vorstand nach dessen Wahl entweder seiner Beteiligung als Aktionär und der von ihm bisher eingezahlten Aktienbeträge für verlustig erklärt, oder mittelst gerichtlicher Klage zur Zahlung des Beitrages nebst sechs Prozent Zinsen seit dem Zahlungstermin angehalten.

Der Zeichner einer Aktie ist für die Einzahlung von fünfzig Prozent des Nominalbetrages der Aktie unbedingt verhaftet; nach erfolgter Einzahlung dieser fünfzig Prozent geht bei Übertragungen einer Aktie die Pflicht zur Einzahlung der übrigen fünfzig Prozent auf den Zessionar[19] über, und der Zedent wird in diesem Falle von ferneren Einzahlungen befreit.

§ 7.

Die Aktien werden nach dem Formular B. ausgefertigt und dem Aktionär, sobald derselbe den Aktienbetrag voll eingezahlt hat, gegen Überreichung sämtlicher Interimsquittungen ausgehändigt.

Die Richtigkeit der Zession einer Interims-Quittung zu prüfen, ist die Gesellschaft zwar berechtigt, aber nicht verpflichtet.

7. Handelsminister von der Heydt zur Vereinfachung der Bergwerksverwaltung (1851)

Kommentar des Ministers für Handel, Gewerbe und öffentliche Arbeiten, August von der Heydt[20] vom 2.4.1851.[21] Abschrift. Landesarchiv NRW Abt. Westfalen, OBA Dortmund C 20, Bl. 155–156, abgedruckt in: Gerhard Adelmann, Quellensammlung zur Geschichte der sozialen Betriebsverfassung, Bd. 1: Überbetriebliche Einwirkungen auf die soziale Betriebsverfassung der Ruhrindustrie, Bonn 1960, Dok. 72, S. 108–109.

In den Anlagen empfängt das Königl[iche] Oberbergamt den Kammern in Allerh[öchstem] Auftrag vorgelegten Gesetzesentwurf über die Verhältnisse der Miteigentümer eines Bergwerks in

---

19 Jemand, an den eine Forderung abgetreten wird; ein neuer Gläubiger.
20 August von der Heydt (1801–1874), der als Abgeordneter seiner Heimatstadt Elberfeld in die Nationalversammlung gewählt wurde, leitete seit Ende 1848 im Kabinett Brandenburg-Manteuffel das Ministerium für Handel, Gewerbe und öffentliche Arbeiten und nahm damit direkten Einfluss auf die erste Gründerzeit der 1850er Jahre. Von der Heydt, ein Verfechter der preußischen Staatsbahn, trat später auch als Finanzminister in Erscheinung.
21 Am 12. Mai 1851 wurde das sogenannte Miteigentümergesetz (Gesetz über die Verhältnisse der Miteigentümer eines Bergwerks) erlassen, durch welches die Gewerken die Verfügungsgewalt über die Produktionsmittel, also auch über die Förderung und den Verkauf erhielten.

allen Landesteilen, mit Ausnahme der westrheinischen, nebst den dazugehörigen Motiven zur vorläufigen Kenntnisnahme.

Das Königl[iche] Oberbergamt wird daraus ersehen, dass neben dem Zweck, welchen der Titel des Gesetzes bezeichnet, durch dasselbe eine Repräsentation der Gewerkschafter hergestellt werden soll, welche befugt ist, den größten Teil der hinsichtlich des Betriebs, des Haushalts und des Kassenwesens der Bergwerke jetzt noch der Bergbehörde obliegenden Geschäfte zur eigenen Verwaltung zu übernehmen.

Mit Abgabe dieser Geschäfte wird sich dann zugleich die Verantwortlichkeit der Behörde für die bezüglichen sowie für viele andere Gegenstände vermindern.

Kann solches auch nicht sogleich, sondern nur allmählich geschehen, indem dabei die Wünsche der Bergwerksbetreiber möglichst berücksichtigt werden sollen, so ist doch eine bestimmte Aussicht gewonnen auf eine beschränktere Einwirkung der Bergbehörden, also auch auf eine allmähliche Verminderung der gegenwärtigen Anzahl der dortigen Beamten. Die nähere Beurteilung dieser Verhältnisse muss nun zwar einem späteren Zeitpunkt vorbehalten bleiben, wo sich die Folgen der Einführung des Gesetzes übersehen lassen werden; wenn jedoch nicht zu verkennen ist, dass die vielfach laut gewordenen Klagen über die Kostbarkeit der gesamten Bergwerksverwaltung, obwohl häufig übertrieben, doch nicht ganz grundlos sind, wenn ferner nicht in Abrede zu stellen ist, dass viele der gegenwärtigen Amtshandlungen der Revierbeamten, der Bergmeister und der Bergämter durch weitläufige Berichterstattung und Einholung besonderer, mehr formeller als materieller Genehmigungen erschwert, vervielfacht und nebenbei auch aufgehalten werden, und dass manche Geschäfte, namentlich Lokalverhandlungen mit Gewerkschaften, Generalbefahrungen pp. durch einen oder höchstens zwei Beamte besorgt werden können, während sie jetzt in den meisten Bezirken durch Kommissionen erfolgen, welche aus einer Mehrzahl von Beamten zusammengesetzt sind und oft mit der Einfachheit der zu verhandelnden Gegenstände in keinem Verhältnis stehen; so finde ich es notwendig, dass in allen Teilen des Dienstes alsbald jede tunliche Vereinfachung, d.h. eine Zurückführung auf das wahre Bedürfnis, stattfände.

8. »Eisen-Produktion und Eisen-Fabrikation in einer Hand«. Die Gründung des Hörder Vereins 1852

Prospectus zur Errichtung einer Actien-Gesellschaft unter der Benennung »Hörder Bergwerks- und Hütten-Verein« von März 1852, nebst Anlagen A-D, verabschiedet auf der konstituierenden Generalversammlung des Hörder Bergwerks- und Hütten-Vereins am 5.6.1852. ThyssenKrupp Konzernarchiv Duisburg, Außenstelle Hoesch-Archiv, DHHU/56.

Wenn man die Fortschritte der Industrie in Deutschland in allen ihren Zweigen während der letzten Dezennien verfolgt, so muss es auffallen, dass gerade die Grundlage aller Gewerbetätigkeit, die Erzeugung eines Eisens, gegen die übrigen Zweige so sehr zurückgeblieben ist. Deutschlands Reichtum an Eisenerzen, wie an Kohlen, ist bekannt; seine Berg- und Hüttenwerke genossen schon vor Jahrhunderten des besten Rufes, und dennoch ist seine Eisen-Produktion heute für den eigenen Bedarf bei Weitem nicht ausreichend, und auf ausländischen

Werken wird der größte Teil des in Deutschland konsumierten Eisens produziert. Die Einfuhr in den Zollverein betrug pro 1850 noch 2.217.726 Zentner. […]

In England und Belgien werden Eisenerze und Steinkohlen in den reichsten Lagerstätten unmittelbar nebeneinander oder in höchst geringer Entfernung aufgeschlossen; in Deutschland dagegen liegen fast alle bis jetzt bekannten und bebauten Eisenstein-Reviere in großer Entfernung von den Steinkohlen-Bassins. In England und in Belgien werden die geringen dort gegebenen Entfernungen rasch durch Eisenbahnen näher gerückt. In Deutschland, wo der Eisenbahnbau im Ganzen so rasch sich entwickelt hat, ist dennoch bis heute weder eine Bahn von der Ruhr zur Sieg und nach Nassau noch von der Inde[22] zur Eifel hergestellt, und nur in neuester Zeit in Ober-Schlesien eine Zweigbahn zum Anschluss der Eisenstein-Lager in Angriff genommen. […]

Was so lange vergebens gesucht wurde, reichhaltiger Eisenstein unmittelbar neben der Steinkohle, ist in neuester Zeit in der Grafschaft Mark im Bezirk des Königlichen Bergamts in Bochum gefunden und aufgeschlossen worden.

Wie die öffentlichen Blätter bereits vor längerer Zeit berichteten, wurden im Jahr 1849 in der Nähe von Dortmund, Hörde, Witten und Sprockhövel sehr reiche Lager von Kohlen-Eisenstein (Blackband) entdeckt.[23] Diese wichtige Entdeckung wurde seit jener Zeit unausgesetzt weiter verfolgt, und heute steht es unzweifelhaft fest, dass in den bis jetzt aufgeschlossenen Flözen ein Reichtum an Eisenstein vorhanden [ist], welcher mehr als hinreicht, um eine große Zahl von Hochöfen auf Jahrhunderte zu alimentieren. […]

Von dem Gedanken ausgehend, dass eine großartige Eisen-Produktion die höchste Rentabilität und die beste Garantie für einen dauernden Konsum in der Verbindung mit einem großen, der Eisen-Fabrikation gewidmeten Werk finde, bezwecken wir, in Gemeinschaft mit der Firma Piepenstock & Co. in Hörde,[24] den Besitzern der in der Anlage B[25] beschriebenen Hermannshütte, auf der Grund der anliegenden Statuten de dato Köln, den 8. Januar 1852, allerhöchst bestätigt durch Kabinetts-Ordre vom 16. Februar 1852, eine Aktien-Gesellschaft unter der Firma:

»Hörder Bergwerks- und Hütten-Verein«,

ins Leben zu rufen, um eine großartige Hochofen-Anlage und ein großartiges Puddlingswerk in einer Hand zu vereinigen und so ein ebenso hohen Gewinn versprechendes, als nationalökonomisch bedeutendes industrielles Etablissement zu begründen. Um die großen Vorteile dieser naturmäßigen Vereinigung von Eisen-Produktion und Eisen-Fabrikation in *einer* Hand jedem klar zu machen, bedarf es nur einer kurzen Beleuchtung der heutigen Sachlage der Hermannshütte, eines der großartigsten Puddlingswerke[26] des Zollvereins. […]

---

22   Nebenfluss der Rur im Voreifelgebiet.
23   Vgl. dazu Dok. 5 in diesem Kapitel.
24   Zu Hermann Diedrich Piepenstock, Gründer der Dortmunder Eisen- und Stahlindustrie, vgl. Dok. 21 in Kap. II.
25   Anlage B: Beschreibung der Hermannshütte.
26   Durch das Puddelverfahren wurde aus Roheisen Stahl gewonnen. Vgl. dazu auch Dok. 11 in Kap. II.

Die Eigentümer der Hermannshütte nehmen bei dem Projekt, was sie in Gemeinschaft mit den Eigentümern des Eisensteins ins Leben zu rufen gedenken, keinen besonderen Gewinn für sich in Anspruch; sie rechnen vielmehr auf den Gewinn, der für die Gesamt-Anlage notwendig aus der Vereinigung zweier zusammengehöriger Industriezweige hervorgehen muss. [...]

Zur Begründung eines völlig selbstständigen Urteils über Rentabilität und Zukunft des von uns projektierten Unternehmens nur noch wenige Bemerkungen über die Zweckmäßigkeit einer Hochofen-Anlage bei Hörde. Die dabei in Betracht kommenden Momente sind;
1) die Lage der Hochöfen für die Anfuhr des Eisensteins, der Kohlen und des Kalks;
2) die Lage der Hochöfen für den Absatz des Roheisens;
3) das Vorhandensein der erforderlichen Arbeiter und die Löhne derselben;
4) die Kosten der ersten Anlage;
5) die Rentabilität der Anlage.

Ad 1. Ein großer Teil der in der Anlage A[27] bezeichneten Eisenstein-Gruben liegt ganz in der Nähe von Hörde. Die Gewinnungskosten des Eisensteins sind, wie bereits erwähnt, sehr gering, der Reichtum an Eisenstein, selbst für eine ausgedehnte Anlage auf lange Zeit ausreichend.

Das Hörder Revier ist bekanntlich an Kohlen so reich, wie irgendein anderes in der Mark. In einer Entfernung von fünf bis 15 Minuten von der Hermannshütte liegen die Kohlen-Zechen Schabe,[28] Krone,[29] Bickfeld, Frei-Vogel; in einer Entfernung von einer Viertel – bis einer halben Meile die Zechen Glückauf, Glückaufsegen, Friedrich Wilhelm, Louise, Schürbank und Charlottenburg.

Sämtliche Zechen haben Tiefbau und sind auf sehr bedeutende Förderung eingerichtet. Dieselben liefern fast alle Fettkohlen, welche zum großen Teil bereits gegenwärtig zum Brennen von Koks verwendet werden.

Die große Konkurrenz der Kohlenzechen bürgt für die Mäßigkeit der Preise. Es bietet also weder die Masse noch die Güte noch der Preis der Kohlen irgendein Bedenken für die zu gründenden Hochöfen dar.

Reiche Kalklager finden sich bei Letmathe, Iserlohn und Hagen. Der Kalk wird franco Hermannshütte zu 18 Sgr. vor 1.000 Pfd. angeliefert.

Ad 2. In einem Umkreis von vier bis sechs Stunden von Hörde liegen die sämtlichen, teilweise sehr bedeutenden Puddlingswerke der Grafschaft Mark, welche, wie die Hermannshütte, ein sehr bedeutendes Quantum Roheisen teils aus Belgien, teils aus England, aus dem Nassauischen und dem Siegen'schen beziehen.

In nächster Nähe von Hörde ist daher, auch abgesehen von dem Konsum der Hermannshütte, ein großer Konsum von Roheisen [zu erwarten]. Dazu liegt Hörde nur eine halbe Meile

---

27 Anlage A: Aktenmäßige Darstellung der von den Herren Carl Dietzsch, Carl Overweg und Johann Friedrich Wiesehahn erworbenen Eisenstein-Berechtsame im Bezirke des Märkischen Bergamtes zu Bochum, Atteste, Eisenstein-Berechtsame.
28 Vermutlich: Zeche Schwabe/Am Schwaben (Dortmund-Stadtmitte-Südost).
29 Vermutlich: Zeche Himmelscrone (Dortmund-Hörde).

von der Station Dortmund, dem Knotenpunkt der Köln-Mindener und der Bergisch-Märkischen Bahn, entfernt und hat alle Aussicht, in kürzester Zeit durch eine Eisenbahn von Dortmund über Hörde, Unna nach Soest sich mit dem gesamten deutschen Eisenbahnnetz in direkte Verbindung gebracht zu sehen. Die Lage von Hörde ist für alle Sendungen nach Nord- und Mitteldeutschland die günstigste, welche bis jetzt für eine Hochofen-Anlage in Betracht genommen werden.

Ad 3. Die Hermannshütte beschäftigt gegenwärtig direkt zirka 1.200 Arbeiter. Eine große Zahl von Arbeitern wird in den Kohlengruben und in den sich rasch entwickelnden industriellen Etablissements von Dortmund und Umgegend beschäftigt, und es finden sich daher genügende und erprobte Arbeitskräfte zu mäßigen Lohnsätzen vor.

Die großen Vorteile, welche die in vollständigstem Betrieb befindliche Hermannshütte der Hochofen-Anlage in Bezug auf die Verwaltung und Kontrolle, sowie für die erforderlichen Maschinen und Gerätschaften gewährt, werden auch ohne näheres Eingehen auf dieselben jedem einleuchten. [...]

Die von den Eigentümern der Eisenstein-Konzessionen, Mutungen und Schürfscheine seit dem 1. Januar dieses Jahres zu Förderungs-Vorrichtungen und Förderungen, sowie zum Ankauf des zu der Anlage der Hochöfen selbst [er]forderlichen Terrains und zu dem Bau der Hochöfen selbst bis dahin verausgabten und noch ferner zu verausgabenden Gelder werden von der Aktien-Gesellschaft den Eigentümern der Eisenstein-Konzessionen, Mutungen und Schürfscheine vergütet.

Die eventuelle Verwendung des Kapitals der Aktien-Gesellschaft wird in Aussicht genommen, wie folgt:

Für Erwerbung der Hermannshütte und für das zum Betrieb derselben erforderliche Kapital 1.100.000 Tlr.

6 Hochöfen 600.000 Tlr.

Für Erwerbung von Kohlengruben und für die Lösung und Vorrichtung der Eisenstein-Felder, Stollenbauten usw. 300.000 Tlr.

$= 2.000.000$ Tlr.

Aktienzeichnungen werden entgegengenommen bei dem *A. Schaaffhausen'schen Bankverein* zu Köln.

Köln und Hörde, im März 1852.
Der Verwaltungsrat des Hörder Bergwerks- und Hütten-Vereins.
W[ilhelm] L[udwig] Deichmann. Carl Dietzsch. W[ilhelm] Joest. [Gustav] Mevissen. Carl Overweg. J[ohann] F[riedrich] Wiesehahn.

Hörde, den 5. Juni 1852.[30]

---

30 Unter den aufgeführten Personen finden sich etwa mit den Angehörigen der Familie Joest mehrere Mitglieder des Kreises um den vielseitigen Kölner Gründungsunternehmer Gustav Mevissen, der eine der bedeutendsten Persönlichkeiten für die Industrialisierung Westdeutschlands war.

9. Bereits zu Beginn der 1850er Jahre stellt sich ein Mangel an Bergarbeitern auf den Zechen des Ruhrgebiets ein. Franz Haniel ersucht um die Genehmigung, Bergleute aus Schlesien anwerben zu dürfen (1853).

Schreiben Franz Haniels an das Oberbergamt Dortmund vom 30.9.1853. Landesarchiv NRW Abt. Westfalen, OBA Dortmund 1733, Bl. 59–60.

Hochgeehrter Herr Oberbergrat![31]
Euer Hochwohlgeboren wollen mir gütigst gestatten, wenn ich um Ihre geneigte Unterstützung in nachstehender Angelegenheit zu bitten so frei bin.

Bereits seit diesem Frühjahr fehlt es auf vielen Gruben des Essener Kohlen-Reviers in empfindlicher Weise an der nötigen Anzahl tüchtiger Kohlenhauer, ein Mangel, der durch die rasche Entwicklung der Industrie in unserer Umgegend immer fühlbarer wird, und deshalb Abhilfe (insofern nicht die allerseits sich steigernde Gewerbetätigkeit durch politische oder sonstige Ereignisse einen Stoß erleiden sollte) in nächster Zeit wohl nicht ohne außergewöhnliche Mittel zu erwarten ist. Der Kölner Bergwerks-Verein[32] hat deshalb den Anfang gemacht und eine Anzahl Kohlenhauer aus dem Bergamtsbezirk Waldenburg[33] unter nachfolgender Bedingung zu beziehen [begonnen]:

Die Gewerkschaft übernimmt, – nachdem sich die Bergleute einen einjährigen Urlaub erwirkt und zur Arbeit auf Jahresfrist notariell verpflichtet haben, die Kosten der Hierherreise (ca. 13 ½ Taler pro Kopf). […] Dieser Betrag würde nach Ablauf eines Jahres die eventuellen Kosten der Rückreise ungefähr decken, wenn die Bergleute nicht – wie man hofft – dauernd hier bleiben wollen.

Für Beköstigung haben die Bergleute selbst zu sorgen, und finden sie hierzu [für] ca. 7 ½ – 8 Silbergroschen pro Tag Gelegenheit. Ein fester Lohn kann nicht garantiert werden, doch verdienen hiesige tüchtige Kohlenhauer nach den bestehenden Gedingen 15 bis 20 Silbergroschen pro Schicht.

Der Beamte des Kölner Bergwerks-Vereins teilt mir mit, dass sich während seiner Anwesenheit im Waldenburger Bezirk weit mehr Leute gemeldet hätten, als man habe aufnehmen wollen. In den oberschlesischen Bergrevieren solle ein noch größerer Überfluss an Bergleuten sein, – wodurch die Beförderung vom Schlepper zum Kohlenhauer nur sehr langsam vorangehe. – Ist diese Mitteilung richtig, so würde durch Übersiedlung tüchtiger schlesischer Kohlenhauer in größerem Maßstab dem Mangel in den hiesigen Revieren abzuhelfen und gleichzeitig den schlesischen Arbeitern – teils durch raschere Beförderung zu lohnenden Arbeiten, teils durch Heranziehung neuer Schlepper aus arbeitslosen Gegenden – eine wesentliche Abhilfe zu ver-

---

31   Der Name war nicht ermittelbar.
32   Die Bergbau-Gesellschaft »Kölner Bergwerks-Verein« hatte 1845 in Altenessen die Schächte »Neu-Cöln« (Carl) und Anna abgeteuft.
33   Waldenburg (pol. Wałbrzych), bis Anfang der 1990er Jahre das Zentrum des niederschlesischen Steinkohlereviers, hatte sich – u.a. durch einen Eisenbahnanschluss mit Breslau – ab Mitte des 19. Jahrhunderts zu einer Industriestadt entwickelt.

schaffen sein. Auf diese Betrachtungen gestützt, haben die Gewerkschaften der Tiefbauzechen Zollverein, Ver. Hagenbeck und Neu-Schölerpad bei Essen beschlossen, einen Beamten, Herrn Breucker aus Essen, zunächst nach den Gegenden von Minden und Halle, dann aber nach Schlesien zu senden, um einstweilen für jede Grube 50 tüchtige Hauer zu engagieren und Verbindungen einzuleiten, um diese Zahl nach Bedürfnis zu vermehren.[34]

Namens der drei bezeichneten Gruben-Vorstände erlaube ich mir, die ergebene Bitte an Euer Hochwohlgeboren zu richten, dass Sie geneigt sein mögen, unserem Bevollmächtigten, dem Herrn Breucker aus Essen, welcher so frei sein wird, in einigen Tagen seine Aufwartung zu machen, einige dem obigen Zwecke förderliche Einführungsschreiben nach Nieder- und Oberschlesien gütigst übergeben zu wollen.

Mit großem Dank würden wir es anerkennen, wenn Sie dieser Bitte zu entsprechen die Güte haben wollten.

10. Eine weitere auf Vertikalität ausgerichtete Aktiengesellschaft entsteht. Der umfassende Gesellschaftszweck des Bochumer Vereins wird formuliert (1854).

Statut des Bochumer Vereins für Bergbau und Gussstahlfabrikation vom 8.5.1854 in der von König Friedrich Wilhelm IV. von Preußen am 23.6.1854 genehmigten Fassung.[35] Amtsblatt der Königlichen Regierung Arnsberg vom 29.7.1854, S. 339f. (Auszug)

Titel zwei.
Gegenstand der Gesellschaft.
Paragraf vier.
Die Gesellschaft bezweckt:

a. die Ausbeutung von Kohlen, Ton, Eisen und anderen Mineralien und nützlichen Erzen und Erden in allen Konzessionen, welche der Gesellschaft in den Rheinischen und Westfälischen Oberbergamts-Bezirken, unter welchem Titel es immer sein mag, zugehören oder zugehören werden;
b. das Aufsuchen dieser verschiedenen Mineralien, die Erlangung, den Ankauf und die Pachtung der zur Ausbeutung derselben erforderlichen Konzessionen und Werke;
c. das Brennen der Steinkohlen zu Koks, die Zugutemachung von Eisen und allen anderen Erzen und Erden, sowie die weitere Verarbeitung der daraus gewonnenen Rohprodukte, überhaupt die Verarbeitung der gewonnenen oder erworbenen Produkte zu allen halbfertigen und fertigen Waren, die Darstellung von Stahl jeder Art und von Eisen- und Stahlwaren

---

34 Die genannten Zechen befanden sich im Besitz von Franz Haniel. Er verfolgte dort also persönliche Interessen.
35 Aufgrund der fortbestehenden finanziellen Schwierigkeiten (vgl. auch Dok. 4) entstand 1854 wiederum unter maßgeblicher Beteiligung des Mevissen-Kreises der Bochumer Verein für Bergbau und Gussstahlfabrikation als Nachfolger der Firma Mayer & Kühne.

und fertigen Fabrikaten in Hütten der Gesellschaft und in allen anderen Etablissements, welche sie zu errichten oder zu erwerben für gut finden wird;
d. den Verkauf von Kohlen, Koks, von selbst gewonnenen Erzen und Erden, der daraus gewonnenen Produkte wie der hieraus erzeugten Waren, Fabrikate und Handelsartikel;
e. endlich alle Geschäfte, welche sich an die oben sub a. bis d. erwähnten Geschäfte anschließen.

Paragraf fünf.

Alle im vorhergehenden Paragrafen nicht speziell angeführten Operationen sind der Gesellschaft untersagt.

11. Beobachtungen eines Reisenden längs der Köln-Mindener Eisenbahn (1856)

Levin Schücking,[36] Von Minden nach Köln. Schilderungen und Geschichten, Leipzig 1856. Neuere Ausgabe: Levin Schücking, Eine Eisenbahnfahrt von Minden nach Köln. Mit einem Nachwort von Inge Meidinger-Geise, Minden 1987, S. 84–86, 149f.

Der steigende Wohlstand infolge steigenden Verkehrs und steigender Arbeitsnachfrage lässt sich am besten am fallenden Wert des Geldes ermessen; und dass das Geld im Wert sinkt, zeigt sich nirgends mehr als in diesen Hauptverkehrsplätzen an den westfälischen Eisenbahnen wie Hamm und Dortmund: Das Leben ist hier in diesen kleinen Städten[37] beinahe so teuer wie in den größten Hauptstädten Deutschlands, sodass alles Wehe schreit, dessen Einkünfte sich nicht wie alle Preise verdoppelt haben.

Das kann man nun freilich nicht von denen sagen, welche so glücklich sind, in dieser glücklichen Grafschaft Mark eine Kuxe in einer Kohlenzechengewerkschaft zu besitzen. Wir zweifeln, ob irgendwo in der Welt eine Industrie je so riesenhafte Fortschritte gemacht hat wie der Kohlen[berg]bau hier. Wer mithin der alleinige Besitzer von Kohlenzechen ist, wie z.B. die Freiherren von Fürstenberg und Romberg, oder wie einige reiche Einwohner der Stadt Dortmund, der sieht seine Einkünfte in einer wahrhaft traumhaften Weise vergrößert; aber auch die Inhaber von einzelnen Kuxen oder nur Kuxenanteilen (die Kuxen werden meistens in Sechzehnteile geteilt, während ein einzelnes Bergwerk, »die Zeche«, 130 Kuxen enthält, von denen zwei dem Eigentümer des Grundstücks zufallen, auf welchem geschürft ist) ziehen glänzende Renten von den Unternehmungen, die sich natürlich jetzt zahlreich und fast beängstigend ohne Aufhören vermehren. Beinahe in gleichem Maße steigt die Zahl anderer industrieller Unternehmun-

---

36 Levin Schücking (1814–1883) lebte nach journalistischer Tätigkeit u.a. in Augsburg und Köln, wo er das Feuilleton der Kölnischen Zeitung geleitet hatte, seit 1852 als freier Schriftsteller im heimischen Münsterland. Als gefälliger Erzähler entwickelte er sich mit seinem vielseitigen Werk zu einem der meistgelesenen Autoren seiner Zeit. Seine landeskundlichen Kenntnisse gelangen auch in verschiedenen in Westfalen spielenden Romanen zum Ausdruck. Verdienste erwarb er sich um die Verbreitung des Werks der Annette von Droste-Hülshoff.
37 Die Stadt Dortmund zählte 1849 10.515 Einwohner; 1858 war die Bevölkerung bereits auf 22.099 Personen angewachsen.

gen, besonders die Metallindustrie, die Eisenhütten, die Messinggusswaren-, die Stahlfabriken usw., während die älteren Etablissements sich ausdehnen und immer großartigere Verhältnisse annehmen. – Puddel- und Walzwerke sind in reger Tätigkeit, auch der Galmeibergbau[38] erfreut sich eines schwunghaften Betriebs. Das Wichtigste aber ist die Tätigkeit der Hochöfen. Davon waren im westfälischen Hauptbergdistrikt im Jahre 1853 schon zwölf im Betrieb. [...] Doch hat man auch im Ruhrkohlenbassin Blackband oder Kohleneisenstein entdeckt, von welchem Erz im Jahre 1852 etwa 15.000 und 1854 schon über 200.000 Tonnen gefördert wurden. Die neu entdeckten Braun- und Toneisensteinlager am südlichen Rand des Ruhrkohlenreviers sind von gleicher Wichtigkeit, und so trägt alles dazu bei, diese Metallindustrie ins Unberechenbare zu steigern. Wir führen nur noch an, dass im Laufe des Jahres 1855 ein halbes Dutzend neuer Hochöfen in Betrieb gekommen sind.

Auf der Pariser Weltausstellung von 1855 war denn auch die Metallindustrie von keiner Seite so glänzend vertreten [wie] von Westfalen. [...]

Wir sind in Dortmund, neben dessen altersgrauen Mauern sich in eigentümlich besonderer Weise Vergangenheit und Gegenwart die Hand reichen. Dicht nebeneinander nämlich liegen hier der Hügel mit der alten absterbenden Linde, worunter einst »des hiligen rykes hemelike camer«,[39] der berühmte oberste Freistuhl auf roter Erde stand und die Feme ihre Freigrafen, Schöffen und Fronen versammelte –, und der Eisenbahnhof mit seinen unübersehbaren Stationsgebäuden und seinem Menschengewühl, mit seinen zischenden und dampfenden Lokomotiven, deren schwarze Rauchsäulen vom Nordwind gefasst durch die dürftige Blätterkrone des alten heiligen Baumes wallen, deren Rasseln und Pfeifen die poetischen Schauer der einst so stillen alten Malstätte ausgetrieben haben.

Auf dem Dortmunder Bahnhof, der ein sehr schönes und geräumiges Hauptgebäude hat, ist immer ein gewaltiges Gedränge von Menschen und Waren; es ist die Hauptzwischenstation zwischen Minden und Köln. Hier im Mittelpunkt des eigentlichen Kohlenreviers der Grafschaft Mark wird der größte Teil dieses wichtigen Versendungsgegenstandes verladen; hier sind die Maschinenwerkstätten, die Lokomotivwerkstätten, die zur Koksfabrikation dienenden Gebäude, die großen Waggonschuppen, kurz, eine ganze kleine Eisenbahnstadt. Dazu kommt, dass der Dortmunder Bahnhof zugleich für die hier sich abzweigende und durch die industriellen Bezirke von Herdecke, Hagen, Barmen, Elberfeld führende Märkisch-Bergische Eisenbahn dient, sowie sich hier ebenfalls die Dortmund-Soester Bahn abzweigt. [...]

---

38 Unter Galmei versteht man Zinkerze, deren Förderung sich im Regierungsbezirk Arnsberg 1855 jedoch auf Gruben im Raum Iserlohn beschränkte.

39 »Des heiligen Reiches heimliche Kammer«: Bis in das 15. Jahrhundert hinein nahm Dortmund, dessen Freistuhl Schauplatz bedeutender Prozesse war, etwa als Appellationsort eine überregional wichtige Rolle für die »heimlichen« Femeverhandlungen ein. Nicht ohne Stolz bezeichnete sich die Stadt 1433 selbst als »des heiligen Reichs Kammer in Westfalen«. Vgl. auch Luise von Winterfeld, Geschichte der freien Reichs- und Hansestadt Dortmund, 6. Aufl., Dortmund 1977, S. 95–103.

Die nächste Station ist Berge-Borbeck,[40] einst ein Lustschloss der Fürst-Äbtissin von Essen, jetzt ein Rittergut,[41] das einen Teil seines Areals zu den großen Hochöfenanlagen[42] des »Phönix« hergegeben hat, an denen die Schienenstraße sich unmittelbar entlangzieht. Links ab von hier führt eine Straße nach dem nahen Mülheim an der Ruhr, das in anmutiger, dicht bevölkerter Landschaft neben dem von einer schönen Kettenbrücke überspannten Fluss liegt, über ihm auf der Höhe die alte Herrschaft Broich – lebhaft, verkehr[s]reich, fabriktätig und industriös, wie sie das alle sind, diese Städte des Ruhr- und Lippelandes. Die Eisenbahn aber führt uns weiter nach Oberhausen, mitten in eine Landschaft, welche eine Staffage von nordamerikanischem Gepräge hat: Wir befinden uns in ödester Sandgegend, die kaum dürftigen Fichtenaufschlag nährt, in einer wahren Urheide;[43] und mitten in ihr erblicken wir die Schöpfungen des modernsten Kulturlebens, eben aus dem Boden gestiegene Stationsgebäude, Häuser, Hôtels, Fabriketablissements, und ehe viel Zeit verfließt, wird mit amerikanischer Schnelligkeit eine Stadt aus diesen Sandhügeln aufwachsen, das verbürgt der Knoten der Bahnlinien, der hier sich schürzt. Linkshin nämlich zieht der Schienenstrang der Köln-Mindener Bahn nach Duisburg, in gerader Linie vor uns fort der nach Ruhrort, rechts ab wirft sich der nach Wesel, Emmerich, Arnheim, Amsterdam; eine neue Linie nach Mülheim an der Ruhr wird gebaut; von Mülheim wird sie in zwei Abzweigungen, links nach Essen, Steele, Bochum, Witten ziehen, rechts das Ruhrtal hinauflaufen.

12. Ein Arnsberger Regierungsrat über die Folgen des industriellen Aufschwungs für Lohnarbeit und Lohnentwicklung (1857)

Ludwig Herrmann Wilhelm Jacobi,[44] Das Berg-, Hütten- und Gewerbe-Wesen des Regierungs-Bezirks Arnsberg in statistischer Darstellung. Nebst einer Hütten- und Gewerbe-Karte des Regierungs-Bezirks, Iserlohn 1857, S. 547–550. (Auszug)

Seit den letzten Jahren ist übrigens der Lohn der gewerblichen Arbeiter, wie der Arbeitslohn überhaupt, entschieden im Steigen begriffen; einerseits getrieben durch die hohen Preise aller Lebensmittel [...], andererseits (und dies ist der hauptsächlichste Hebel) aufs Glücklichste unterstützt durch die Vermehrung der Arbeitsgelegenheit, namentlich durch die schwungvolle Tätigkeit im Bergbau und in den Fabriken. »Es laufen zwei Herren hinter einem Arbeiter!« In

---

40 Zu diesem Teilstück der Köln-Mindener Eisenbahn vgl. auch Dok. 1 in Kap. V.
41 Hier liegt vermutlich ein Irrtum Schückings vor. Bei dem »Lustschloss« der Fürstäbtissin handelte es sich um das von ihr als Sommersitz genutzte Schloss Borbeck, das etwas weiter südlich lag.
42 Im Original: Hohöfenanlagen.
43 Im Original: Urhaide.
44 Ludwig Hermann Wilhelm Jacobi (1816–1882) wechselte 1860 ins Berliner Innenministerium und von dort als Geheimer Regierungsrat nach Schlesien, wo er fast 20 Jahre der Regierung Liegnitz angehörte. Außer der Arbeit über den Arnsberger Bezirk verfasste er statistische Schriften über Schlesien und das Versicherungswesen sowie Kommentare zur Gewerbegesetzgebung. Jacobi war Herausgeber der »Zeitschrift des preußischen Beamtenvereins«. 1871–1876 Mitglied des preußischen Abgeordnetenhauses; 1881/82 nationalliberaler Reichstagsabgeordneter.

Der von Schücking beschriebene Hauptbahnhof mit der alten Femlinde, links zwischen den Gleisen (Foto um 1890), abgedruckt in: Gustav Luntowski, Geschichte der Stadt Dortmund, Dortmund 1997, Tafelteil vor S. 241 [Stadtarchiv Dortmund]

den Gegenden des Kohlenbergbaus, dessen Begehr nach Arbeitskräften gar nicht befriedigt werden kann, stand vor vier Jahren schon der gemeine Arbeitslohn auf 10 bis 18 Sgr., und gehört augenblicklich ein Lohn von 16 bis 20 Sgr. für einen einfachen Tagelöhner nicht mehr zu den ungewöhnlichen Erscheinungen; der gemeine Handarbeiter jugendlichen Alters, mit nur wenig mehr als halber Arbeitskraft, ist dort nicht unter 10 bis 12 Sgr. täglich zu erhalten. Eine gleiche, selbst noch höhere Lohnsteigerung herrscht da, wo die Eisenbahnbauten Tausende von Händen an sich heranziehen. In solchen Gegenden ist entschiedener Arbeitermangel eingetreten, und derselbe wirkt am empfindlichsten auf den Stand der niederen Handwerker; denn Schuster- und Schneidergesellen verlassen Pfriemen und Nadel und gehen in die Grube oder in die Fabrik. Wie ungleich anders sieht es in dieser Beziehung in der erwerblosesten Gegend des Bezirks, im Kreis Wittgenstein aus, wo der Pulverarbeiter, den täglich und stündlich ein schrecklicher Tod bedroht, dennoch höchstens einen Wochenlohn von 3 Tlr.[45] erschwingt! Nur der Verdienst auf den untersten Altersstufen der jugendlichen Arbeiter hat in der letzten Zeit, statt der allgemeinen Tendenz zur Steigerung nachzufolgen, sich [...] vermindern müssen, weil durch die neuere Gesetzgebung die erlaubte Dauer der Fabrikarbeit für Kinder unter 14 Jahren auf sechs Stunden täglich beschränkt worden ist.

45 Der Lohn einer Sechstagewoche für einen Tagelöhner im Kohlenbergbaugebiet war somit höher als der maximale Wochenlohn eines Pulverarbeiters in Wittgenstein.

Wäre die allgemeine außerordentliche Nachfrage nach Arbeitern nicht vorhanden, gingen die meisten Geschäfte über und unter der Erde nicht in bordvollem Strom, und hätten deshalb nicht die Löhne den außerordentlich angewachsenen Preisen aller Lebensbedürfnisse einigermaßen nachfolgen können, so würde unser Arbeiterstand infolge der während einer Reihe von Jahren bestandenen drückenden Teuerung sich in einer sehr traurigen Lage befinden. Auch jetzt können die meisten sich nur so eben durchschlagen, viele unter großen Entbehrungen, viele unter Vorschüssen bei den Arbeitgebern, unter Schulden bei den Krämern, und es sind manche Jahre voll flotter Arbeit und billiger Lebensmittel nötig, damit der Arbeiterstand von dieser schweren Zeit der mageren Kühe sich nachhaltig erhole.

Wie der Lohn seine Steigerung hauptsächlich dem starken Begehr nach Arbeiterkräften verdankt, so wird derselbe, auch wohlfeilerer Preise ungeachtet, bei lebhaftem Geschäftsbetrieb nicht schnell herabgehen, da, wie er schwer steigt, er auch schwer fällt. Im Gegenteil kann man im Hinblick auf die außerordentliche Fülle von Unternehmungen, welche sich gegenwärtig im Bergbau und in der Fabrikation vorbereiten, und für welche tausend und abertausend Arbeitskräfte ein unerlässlich[es] Bedürfnis sind, selbst bei dauernd herabgehenden Nahrungspreisen ein Hinaufgehen der Löhne erwarten.

Denken wir uns nun die ersehnte Zeit stetig billiger Preise der Lebensmittel schon erreicht, und geben wir uns der Hoffnung hin, dass dann zugleich unter der Segnung des Friedens Gewerbe und Handel blühen werden, wie sie es gegenwärtig verheißen, und deshalb der Fleiß des Arbeiters vielfach begehrt sei, dass eben daher auch der Arbeitslohn sich mindestens auf der Stufe des Durchschnitts der letzten Jahre halte, so können wir die Lohnverhältnisse unserer Fabrikarbeiter als ziemlich günstig bezeichnen. Denn dieser Durchschnitt stellt sich (und zwar abgesehen von vorübergehenden Teuerungszulagen) im Großen und Ganzen für den erwachsenen Arbeiter – Kraft, Fleiß und Geschick, doch nur im gewöhnlichen Grad vorausgesetzt, – auf 2 ½ – 3 Tlr. wöchentlich, also auf 130–150 Tlr. jährlich.

13. Viel Verkehr – nicht nur nach Herne. Die Handelskammer unterstreicht gegenüber dem Handelsminister das Bedürfnis nach einem unmittelbaren Anschluss von Stadt und Kerngebiet des Kreises Bochum an die Eisenbahn (1858).
Jahresbericht der Handelskammer für den Kreis Bochum 1857, Bochum 1858, S. 7f.

Infolge der fortschreitenden, in den letzten Jahren insbesondere lebhaft gesteigerten Verkehrs-Verhältnisse tritt die Unzulänglichkeit unserer Kommunikationsmittel immer mehr hervor. – Dies gilt namentlich [für die] Straßen, die von dem Verkehr vorzugsweise berührt werden, wie dies bei den Straßen von *Bochum* nach *Herne* und von *Bochum* nach *Hattingen* der Fall ist. – Auch bei der sorgfältigsten Fürsorge lassen sich dieselben doch nicht fortwährend in dem Zustand erhalten, der dem massenhaften Verkehr derselben genügt.

Es dürfte kaum eine zweite Straße in der Monarchie geben, die einer so starken Abnutzung ausgesetzt ist, wie die von *Bochum* nach *Herne*.

In derselben Weise – wie die Straßen dem Frachtverkehr nicht mehr entsprechen – bleibt auch die Post hinter dem sich aus dem steigenden Personenverkehr entwickelnden Bedürfnis zurück. – Wiederholt hat sich in *Bochum* der Fall ereignet, dass Personen, welche mit der Post[kutsche] abreisen wollten, wegen Mangels an Wagen und Pferden zurückbleiben mussten. –

Nach einer Mitteilung der Oberpostdirektion zu *Arnsberg* sind im Jahre 1857 bei dem Postamt in Bochum 43.503 Personen zur Reise mit der Post eingeschrieben: Eine nicht geringe Anzahl Personen wird mit den verschiedenen Posten hier angekommen sein.

Die Zahl der durch regelmäßige Omnibus-Fahrten zwischen *Bochum* und *Herne* und in umgekehrter Richtung beförderten Personen beträgt nach einer ungefähren Schätzung über 40.000.[46]

Es kann nicht befremden, dass infolge dieser gesteigerten Verkehrsverhältnisse die Straßen von *Bochum* mitunter den Verkehr nicht zu fassen vermögen, und dass kaum ein Tag vergeht, an dem nicht lästige Stockungen in demselben eintreten. –

An anderen Orten des Kreises treten ähnliche Erscheinungen hervor, wenn auch nicht in dem Umfang, wie dies in *Bochum* der Fall ist. –

Alle diese Umstände legen aber Zeugnis dafür ab, wie tief das Bedürfnis der Ausführung der seit Jahren für unsere Gegend projektierten Eisenbahnen in den hiesigen Verhältnissen begründet ist. –

Leider befinden sich alle diese Unternehmungen, von denen insbesondere der Bergbau und die sich aus demselben bildende Montan-Industrie den kräftigsten Anstoß zu erwarten haben, bis jetzt noch immer in der Schwebe. Produzent und Konsument harr[en] mit Sehnsucht des Augenblicks, wo das hiesige Kohlenrevier aufgeschlossen und in den Stand gesetzt wird, seine reichen Schätze billig und rasch den weiter gelegenen Konsumtionspunkten zuführen zu können.

Jede Zögerung ist mit großem Nachteil verbunden, der nicht allein die hiesige Gegend berührt, sondern der sich so weit erstreckt, als die hiesigen Produkte zum Absatz gelangen werden.

Wir halten daher an der Hoffnung fest, dass Ew. Exzellenz, die Überzeugung von der Wichtigkeit der hiesigen Eisenbahnen für die Nationalwohlfahrt mit uns teilend, denselben auch fernerhin Ihre wohlwollende Fürsorge erhalten und deren Ausführung, soweit tunlich, befördern werden.

46 Diese starke Frequentierung von Omnibus und Straßenverbindung nach Herne ist damit erklärbar, dass sich dort seit Eröffnung der Köln-Mindener Eisenbahn 1847 »Bochums Bahnhof«, die Station Herne-Bochum, befand. Die etwa 8 Kilometer südlich gelegene Stadt Bochum und mit ihr das Kerngebiet des Landkreises erhielten erst 1860 einen unmittelbaren Anschluss an die Bergisch-Märkische Eisenbahn.

14. Durch das sogenannte Freizügigkeitsgesetz vom 21. Mai 1860 wird das Direktionsprinzip endgültig aufgehoben und die Schließung des Arbeitsvertrags zwischen Bergarbeitern und Unternehmern der freien Übereinkunft überlassen.

Gesetz, die Aufsicht der Bergbehörden über den Bergbau und das Verhältnis der Berg- und Hüttenarbeiter betreffend, in: Preußische Gesetz-Sammlung 1860, S. 201 ff.; Zeitschrift für Bergbau, Hüttenwesen und Salinenwesen 8 (1860), S. 217 ff.

Das Gesetz vom 21. Mai 1860 nebst Instruktion vom 16. Juni 1860.

Im Namen Sr. Majestät des Königs. Wir Wilhelm, von Gottes Gnaden Prinz von Preußen, Regent, verordnen, mit Zustimmung beider Häuser des Landtages, für den ganzen Umfang der Monarchie, mit Ausschluss der auf der linken Rheinseite belegenen Landesteile, was folgt:

§ 1. Der Bergwerkseigentümer ist bei dem unter der Aufsicht der Bergbehörde stehenden Bergbau der Einwirkung derselben auf die Gewinnung und Benutzung der Mineralien fortan nicht weiter unterworfen, als zur Wahrung der Nachhaltigkeit des Bergbaus, der Sicherheit der Baue, der Oberfläche im Interesse des Privat- und öffentlichen Verkehrs, des Lebens und der Gesundheit der Arbeiter notwendig ist.

Die Genehmigung der hiernach von dem Bergwerkseigentümer oder dessen Stellvertreter anzufertigenden Betriebspläne erfolgt durch die Bergbehörde.

§ 2. Die Abschließung der Verträge zwischen dem Bergwerkseigentümer und den Betriebsführern, den übrigen Grubenbeamten und Bergleuten ist nach näherer Bestimmung dieses Gesetzes lediglich dem freien Übereinkommen derselben überlassen; eine Mitwirkung der Bergbehörde bei der Annahme und Entlassung der genannten Personen, sowie bei der Festsetzung und Zahlung des Schicht- und Gedingelohns findet ferner nicht statt.

§ 3. Die Bergbehörde bestätigt die von den Bergwerkseigentümern für ihre Werke erlassenen Arbeitsordnungen.

§ 4. Das Vertragsverhältnis zwischen dem Bergwerkseigentümer und den Bergleuten kann, wenn nicht ein Anderes verabredet ist, durch eine, jedem Teil freistehende, vierzehn Tage vorher zu erklärende Kündigung aufgelöst werden.

§ 5. Vor Ablauf der vertragsmäßigen Arbeitszeit und ohne vorhergegangene Aufkündigung können Bergleute entlassen werden:
1. Wenn sie eines Diebstahls, einer Veruntreuung, eines liederlichen Lebenswandels, groben Ungehorsams oder beharrlicher Widerspenstigkeit sich schuldig machen;
2. wenn sie eine sicherheitspolizeiliche Strafvorschrift bei der Bergarbeit übertreten;
3. wenn sie sich Tätlichkeiten oder Schmähungen gegen den Bergwerkseigentümer, dessen Stellvertreter oder die ihnen vorgesetzten Beamten erlauben;
4. wenn sie zur Fortsetzung der Arbeit unfähig geworden oder mit einer ekelhaften Krankheit behaftet sind.

Inwiefern in den zu 4 gedachten Fällen dem Entlassenen ein Anspruch auf Entschädigung zustehe, ist nach dem besonderen Inhalt des Vertrags und nach den allgemeinen gesetzlichen Vorschriften zu beurteilen.

Vor Ablauf der vertragsmäßigen Zeit und ohne vorhergegangene Aufkündigung können Bergleute die Arbeit verlassen:
1. Wenn sie zur Fortsetzung der Arbeit unfähig werden;
2. wenn der Bergwerkseigentümer oder dessen Stellvertreter sich tätlich an ihnen vergreift;
3. wenn er ihnen den versprochenen Lohn oder die sonstigen Gegenleistungen ohne genügende Veranlassung vorenthält.

§ 6. Streitigkeiten der Bergwerkseigentümer mit den Bergleuten, welche sich auf den Antritt, die Fortsetzung oder Aufhebung des Arbeitsverhältnisses oder auf die gegenseitigen Leistungen während der Dauer desselben, oder auf die Anwendung der Arbeitsordnungen (§ 3.) beziehen, sind bei dem Berggeschworenen zur Entscheidung zu bringen.

Gegen die Entscheidung desselben, welche schriftlich erfolgen muss, steht den Beteiligten die Beschreitung des Rechtsweges binnen zehn Tagen präklusivischer Frist,[47] vom Tag der Behändigung der Entscheidung an gerechnet, offen; die vorläufige, dem Berggeschworenen zustehende Vollstreckung wird dadurch nicht aufgehalten.

§ 7. Der Bergwerkseigentümer oder dessen Vertreter ist verpflichtet, dem abkehrenden Bergmann ein Zeugnis über die Art und Dauer seiner Beschäftigung und auf Verlangen auch über seine Führung auszustellen, dessen Unterschrift die Polizeibehörde kosten- und stempelfrei zu beglaubigen hat.

Wird die Ausstellung des Zeugnisses verweigert, so fertigt die Polizeibehörde dasselbe auf Kosten des Verpflichteten aus, und verfällt Letzterer außerdem in eine Geldbuße von einem bis fünf Talern.

Werden dem abkehrenden Bergmann in dem Zeugnis Beschuldigungen zur Last gelegt, welche seine fernere Beschäftigung hindern würden, so kann er auf Untersuchung bei dem Berggeschworenen antragen, welcher, wenn die Beschuldigung unbegründet befunden wird, unter dem Zeugnis den Befund seiner Untersuchung zu vermerken hat.

§ 8. Der Bergwerkseigentümer oder dessen Vertreter dürfen Arbeiter, von denen ihnen bekannt ist, dass sie schon früher beim Bergbau beschäftigt waren, nicht eher zur Bergarbeit annehmen, bis ihnen von denselben das Zeugnis des Bergwerkseigentümers oder Stellvertreters, bei dem sie zuletzt in Arbeit standen, beziehungsweise das Zeugnis der Polizeibehörde (§ 7 Alinea[48] 2) vorgelegt ist. Zuwiderhandlungen gegen diese Vorschrift sind mit einer Geldbuße bis zu zehn Talern oder im Unvermögensfall mit verhältnismäßiger Gefängnisstrafe zu ahnden […].

§ 16. Bergwerkseigentümer oder deren Stellvertreter, welche ihre Bergleute oder die Obrigkeit zu gewissen Handlungen oder Zugeständnissen dadurch zu bestimmen suchen, dass sie sich mit dem Eigentümer eines anderen Bergwerks verabreden, den Bergwerksbetrieb einzustellen, oder die ihren Forderungen nicht nachgebenden Bergleute zu entlassen oder zurückzu-

---

47 Frist, nach deren Ablauf ein Recht infolge Versäumung nicht mehr geltend gemacht werden kann.
48 Alinea – mit Absatz beginnend.

weisen, im Gleichen diejenigen, welche zu einer solchen Verabredung Andere auffordern, sollen mit Gefängnis bis zu einem Jahr bestraft werden.

§ 17. Bergleute, welche entweder die Bergwerkseigentümer, deren Stellvertreter oder die Obrigkeit zu gewissen Handlungen oder Zugeständnissen dadurch zu bestimmen suchen, dass sie die Einstellung der Arbeit oder die Verhinderung derselben bei einzelnen oder mehreren Bergwerken verabreden oder zu einer solchen Verabredung Andere auffordern, sollen mit Gefängnis bis zu einem Jahr bestraft werden.

§ 18. Bergleute, welche ohne gesetzliche Gründe eigenmächtig die Arbeit verlassen, oder ihren Verrichtungen sich entziehen, oder sich groben Ungehorsams oder beharrlicher Widerspenstigkeit schuldig machen, sind mit Geldbuße bis zu zwanzig Talern oder verhältnismäßiger Gefängnisstrafe zu bestrafen.

§ 19. Die aufgrund der §§ 7, 8, 15 und 18 festgesetzten Geldstrafen fließen zu der im § 14 bezeichneten Knappschafts-Vereinskasse.

§ 20. Auf das Dienstverhältnis der Arbeiter bei Hüttenwerken, welche unter der Aufsicht der Bergbehörden stehen, finden die §§ 2 bis 7 und 10 bis 19 dieses Gesetzes, bei Hüttenwerken, wo dies nicht der Fall ist, die Bestimmungen der Allgemeinen Gewerbe-Ordnung vom 17. Januar 1845 und die dieselbe abändernden und ergänzenden Vorschriften Anwendung.

§ 21. Alle diesem Gesetz zuwiderlaufenden Bestimmungen der Provinzial-Bergordnung und der allgemeinen Landesgesetze treten außer Kraft. Die Statuten der auf Grund des Gesetzes vom 10. April 1854, betreffend die Vereinigung der Berg-, Hütten-, Salinen- und Aufbereitungsarbeiter in Knappschaften (Preußische Gesetz-Sammlung, S. 139), gebildeten Knappschafts-Vereine sind mit den Bestimmungen dieses Gesetzes in Übereinstimmung zu bringen.

§ 22. Mit der Ausführung dieses Gesetzes ist der Minister für Handel, Gewerbe und öffentliche Arbeiten beauftragt. Urkundlich unter unserer höchsteigenen Unterschrift und beigedrucktem königlichen Insiegel. Gegeben Berlin, den 21. Mai 1860

(L.S.) Wilhelm, Prinz von Preußen, Regent.
Fürst zu Hohenzollern-Sigmaringen. v. Auerswald. v.d. Heydt.
Simons. v. Schleinitz. v. Patow. Gr. v. Pückler. v. Bethmann Hollweg. Gr. v. Schwerin. v. Roon.[49]

---

49 Bei den Unterzeichneten handelt es sich um die Mitglieder des Ministerkabinetts Prinz Wilhelms von Preußen, der 1861 König wurde.

15. Das Geld ist über Nacht zu Erde geworden: Bochums Bürgermeister Greve blickt auf das »kalifornische Zeitalter« und sein Ende zurück (1861).

Max[imilian] Greve,[50] Bericht über die Verwaltung und den Stand der Gemeinde-Angelegenheiten der Stadt Bochum für das Jahr 1860–61 mit besonderer Rücksicht auf die städtischen Zustände der Vorzeit, Bochum 1861, S. 134f. Abschrift. Stadtarchiv Bochum.

Die üblen Nachwirkungen der allgemeinen Geld- und Handelskrisis, welche Ende 1857 wie ein verheerender Strom über Europa hereinbrach, haben sich, nachdem sie die hiesige Gegend erreicht hatten, mit steigender Intensität über dieselbe verbreitet. – Der schwunghafte Handels- und Gewerbebetrieb, der bis zum Jahre 1858 unsere Stadt belebte und zu sichtbarem Flor[51] emportrieb, hat infolgedessen allmählich eine Geschäftsstille erreichen müssen, welche unter dem Eindruck der Kriegsbefürchtungen der letzten Jahre[52] ohne wesentliche Änderung bis zur Gegenwart angehalten hat und mit wenigen Ausnahmen in allen Zweigen des Handels und der Gewerbe noch mehr oder minder lebhaft empfunden wird. –

Die geschäftliche Reaktion griff hier umso tiefer ein, als derselben unmittelbar eine Zeit vorherging, welche nicht mit Unrecht das kalifornische Zeitalter[53] genannt worden ist. – Hervorgerufen durch eine in vielen Fällen sich überstürzende Spekulation, welche, unterstützt und ermuntert durch die aus allen Teilen Deutschlands hier zusammenfließenden reichen Geldmittel, sich auf die Ausbeutung des Bergbaus und der metallurgischen Industrie geworfen hatte, war eine ganz ungewöhnliche Anspannung aller produktiven Kräfte erfolgt; Grundbesitz und Löhne, sowie überhaupt alle Werte hatten sich auf eine früher nie gekannte Höhe gesteigert; dementsprechend war auch der Verbrauch in allen Gegenständen des Bedarfs und des Luxus weit über das gewöhnliche Maß hinausgegangen.

---

50 Maximilian Greve (1815–1873) begleitete als Bochums Bürgermeister von 1843 bis 1873 die Entwicklung von der kleinen märkischen Kreisstadt zur expandierenden Industriestadt. Er gestaltete sie aber auch aktiv mit: So stritt er etwa eifrig für den unmittelbaren Anschluss der Stadt an die Eisenbahn und war 1856 maßgeblich an der Errichtung der Bochumer Handelskammer beteiligt. Nebenamtlich war er über viele Jahre deren erster Sekretär. (Vgl. vor diesem Hintergrund auch Dok. 13 in diesem Kapitel). Als Bürgermeister verfasste er den ersten hier zitierten Verwaltungsbericht der Stadt Bochum.

51 Wohlstand, Gedeihen.

52 Hier wird offenbar auf die von Österreich geforderte Unterstützung durch deutsche Bundestruppen in dem militärischen Konflikt mit Frankreich und Sardinien-Piemont um die habsburgische Machtstellung in Oberitalien angespielt. Preußen hatte sich innerhalb des Deutschen Bundes mit seiner Position, keine Hilfestellung zu gewähren, durchsetzen können. Gleichwohl war es im ersten Halbjahr 1859 zu Teilmobilmachungen gekommen, wodurch Kriegsängste provoziert worden sein dürften.

53 Die internationale Finanzkrise, von deren Auswirkungen in der zweiten Hälfte der 1850er Jahre auch das Ruhrgebiet erfasst wurde, war durch Überspekulationen infolge von Goldfunden in Kalifornien und Australien ausgelöst worden.

Auf diese Zeit ist seitdem eine Zeit nüchterner Enttäuschung gefolgt. Viele Illusionen sind zerstört worden, und das Geld, welches mancher in den Händen zu haben glaubte, ist über Nacht zu Erde geworden.

16. Veränderung der traditionellen Verhältnisse. Bürgermeister Greve über die Praxis der Arbeitsmigration und ihre sozialen Folgen (1863)
Statistische Darstellung der Stadt Bochum vom 25.7.1863. Stadtarchiv Bochum LA 757, Bl. 48f. (Auszug)

V. Abzüge u. Zuzüge der Bevölkerung

Es sind ausgewandert in den letzten drei Jahren:

3	Personen	nach	Australien
2	"	"	Amerika
1	"	"	Frankreich
1	"	"	Spanien
1	"	"	Mecklenburg-Schwerin

8 Personen

Eingewandert sind:

13	Personen	aus dem	Kurfürstentum Hessen
1	"	"	Sachsen-Meiningen
1	"	"	Herzogtum Sachsen
1	"	"	Hannover
1	"	"	Nassau
1	"	"	Großherzogtum Hessen
1	"	"	Fürstentum Waldeck

19 Personen

Eine heimliche Auswanderung ohne Entlassungsurkunde findet nur in seltenen Fällen statt. Neben den naturalisierten[54] Personen halten sich hier häufig Ausländer mit ihren Familien aufgrund von Heimatscheinen und Pässen auf, die in ihrer Heimat ihr Heimatrecht beibehalten.

Abzüge innerhalb des preußischen Staats unter Aufgabe des hiesigen Wohnsitzes sind erfolgt »77« und Zuzüge unter denselben Verhältnissen »457«. Die meisten der Zuziehenden, welche vorzugsweise den Provinzen Westfalen und Rheinland angehören, sind Arbeiter, welche auf den hiesigen industriellen Etablissements und beim Bergbau Beschäftigung finden. Das Einzugsgeld, welches hier zu entrichten ist, beträgt zwar nur fünf Reichstaler; die Zahlung ist aber in vielen Fällen drückend genug; und es wäre ein großer wirtschaftlicher Gewinn, wenn dasselbe ganz allgemein aufgehoben würde.

---

54 Naturalisation: Verleihung der Staatsbürgerschaft.

Abzüge und Zuzüge ohne Wechsel des Domizils haben stattgefunden:
1859: 2.473 – 1.624
1860: 1.842 – 1.461
1861: 1.927 – 1.582.

VI. Eheliche und Geburts-Verhältnisse

Für diese Abteilung fehlt uns das Material. Im Allgemeinen kann nur bemerkt werden, dass in Folge der Zunahme der Population und seitdem die hiesige Stadt den Charakter einer ländlichen Ackerstadt abgestreift und den eines Industrieorts angenommen hat, Konkubinate, welche früher beinahe ganz unbekannt waren, hier häufiger vorkommen. Insbesondere lieben es die hessischen Arbeiter, solche lose[n] außereheliche[n] Geschlechtsverbindungen zu unterhalten. Sie finden darin gewöhnlich nichts Anstößiges und geben auf Vorhalt häufig die Antwort: Sie seien getraut, aber noch nicht gekircht. –

Eine Folge der veränderten sozialen Verhältnisse hierselbst ist auch die Zunahme der gewerbsmäßigen Unzucht. – Nach der letzten Bevölkerungsaufnahme gab es hier über 1.000 Personen männlichen Geschlechts mehr als Personen weiblichen Geschlechts. – Die ersteren gehören fast alle dem reiferen Jünglings- und dem kräftigen Mannesalter an, sind meist unverehelicht oder leben getrennt von ihren in der Heimat zurückgebliebenen Frauen und verdienen durchgängig einen für ihre Verhältnisse hohen Lohn. – Es ist dadurch der Prostitution ein ergiebiges Feld dargeboten, und es kann daher nicht befremden, wenn dieselbe auch hier weitere Verbreitung findet, als man solches unter den früheren einfacheren Verhältnissen gewohnt war.

17. Rückblick der Handelskammer Essen auf die industrielle Entwicklung von Essen, Werden und Kettwig seit den 1840er Jahren [1864]

Jahresbericht der Handelskammer für das Jahr 1863. Landesarchiv NRW Abt. Rheinland, LRE 67, Bl. 195. (Auszug)

Als die Handelskammer – gestiftet durch Königliche Ordre vom 28. November 1840 – mit Beginn des Jahres 1841 ihre Wirksamkeit antrat, waren die ihren Bezirk bildenden Städte und Bürgermeistereien Essen, Werden und Kettwig zwar von einer seit alters als gewerbetätig in Kohlenbergbau und Tuchfabrikation gerühmten Bevölkerung bewohnt; die Zahl derselben aber und der Umfang ihrer Geschäftstätigkeit – für die damalige Zeit bedeutend – war[en] gegen die jetzigen Verhältnisse so gering, dass man mit Staunen die Erfolge sieht, welche fortschreitender Unternehmungsgeist, gesteigerte Technik, vor allem aber Vermehrung der Verkehrswege da hervorzubringen vermögen, wo die Natur dem Menschen ihre reichen Schätze zur Hebung darbietet.

Wie sehr g[e]rade die Vermehrung der Transportwege zur Hebung aller industriellen Tätigkeit beiträgt, zeigt sich recht deutlich an der Stadt *Essen*, welche erst, seitdem sie durch die Köln-Mindener Eisenbahn in den großen Verkehr hineingezogen worden [ist], zu einer eigentlichen

Industriestadt aufwuchs, dann aber auch sich zum Mittelpunkt einer Industrie erhob, die auf so kleinem Flächenraum mit den ersten Industriestätten des Vaterlandes in die Schranken tritt.

Im Jahr 1841 besaß Essen als An- und Abfuhrwege nur seine Landstraßen und mittelbar die Ruhr; eine Erweiterung seines Absatzgebiets erstrebte es durch die von der Handelskammer in ihrem ersten Jahresbericht (und leider auch heute noch im *Dreiundzwanzigsten*) verlangte Chaussee nach dem Vest Recklinghausen; jetzt ist Essen einer der wichtigeren Punkte von zwei mächtigen Eisenbahn-Systemen; die dritte große Eisenbahn baut ihren Schienenweg dahin, und der Rhein-Weser-Elbe-Kanal[55] ist das nächste Ziel seines Strebens.

Die Folgen davon mussten alle Erwartungen übertreffen: Im Jahr 1863 förderten zwei Zechen fast soviel Kohlen, als 1841 der ganze Essen-Werdensche Bergamtsbezirk; ein einziges Fabrik-Etablissement (das Kruppsche) beschäftigte ein Arbeiterpersonal, welches sechs Siebenteln der Bevölkerung der Bürgermeisterei Essen in 1841 gleichkam (im laufenden Jahr übersteigt die Arbeiterzahl der genannten Fabrik schon die ganze Einwohnerzahl von Essen in 1841); die Steinkohle des Bezirks, welche 1841 noch mühsam per Achse ihre Konsumenten in engem Gebiet aufsuchte, wagt jetzt die Konkurrenz mit England über den Ozean hinüber; die Fabrikate der Gussstahlfabrik stehen nicht allein den Produkten Englands, das früher den ganzen Industriezweig allein ausbeutete, gleich, sondern haben, namentlich in großen Stücken, den Vorsprung vor England gewonnen und sich dadurch auch dorthin den Weg gebahnt.

Erblicken wir hierin eine notwendige Folge des Zusammentreffens großer Naturschätze und regen Gewerbefleißes mit geeigneten Zufuhr- und Absatzwegen, so zeigen *Werden* und *Kettwig* die nachteilige Wirkung mangelnder Verkehrsstraßen.

Auch ihr Boden ist reich an Kohlen, und wie in Essen die metallurgische und montane, so findet in jenen Städten die Tuchfabrikation regen Betrieb. Sie liegen außerdem direkt an einer natürlichen Verkehrsstraße – der Ruhr; aber die Lokomotive hat ihren Weg noch nicht dahin gefunden, und die Ruhr leidet an dem Fehlen aller Wasserstraßen Preußens: Große Kapitalien sind darauf verwendet, die Schifffahrt wurde durch Jahrzehnte mit großen Lasten gedrückt, und noch immer ist die Ruhr nicht der Industrie in einer Weise dienstbar gemacht, um ihrem Bedürfnis zu entsprechen.

Daher denn konnten auch Werden und Kettwig trotz des Gewerbefleißes ihrer Bewohner sich noch nicht zu einem ähnlichen Aufschwung wie Essen erheben, und ihre Blüte wird erst dann beginnen, wenn die Ruhr-Eisenbahn sie aus ihrer Isolierung herausreißt und ihnen den Weltverkehr eröffnet.

---

55 Die Verbindung der drei Flüsse durch einen Kanal war bereits wiederholt angedacht worden. Mitte der 1850er Jahre erfuhr die Diskussion eine Belebung, als der Dortmunder Kreisbaumeister ein entsprechendes Projekt vorlegte. Es lag vor allem im Interesse der Bergbauindustrie, die sich dadurch eine Ermäßigung der Transportkosten erhoffte. In Essen bildete sich bereits 1857 im Umfeld des kurz darauf gegründeten Bergbauvereins ein Komitee, das die Anbindung des Bezirks mittels eines Kanals durch das Emschertal betrieb, der aber erst Jahrzehnte später realisiert werden sollte.

18. Abschied von der »Schiffsladung« verschiedener Bergordnungen in Preußen. »Glückauf«-Artikel zum Erlass des Allgemeinen Berggesetzes vom 24. Juni 1865

Zum 1. Oktober 1865, in: Glückauf 1 (1865), Nr. 40 vom 1.10.1865, S. 1.[56]

Der heutige Tag wird für den deutschen Bergbau stets ein besonders denkwürdiger bleiben. Mit demselben finden endlich lang gehegte Wünsche ihre Erfüllung, indem, wie uns allen bekannt, am 1. Oktober des Jahres das neue Berggesetz für den ganzen preußischen Staat in Kraft tritt, sodass nunmehr zum ersten Mal der Bergbau in allen weit gestreckten Ländern desselben ein gemeinsames Recht hat, nach gleichen Vorschriften verwaltet, nach gleichem Maß gemessen wird.

Außer dem französischen Bergrecht, welches auf der linken Rheinseite heimisch war, dem gemeinen deutschen Bergrecht und dem Tit. 16 des Allgemeinen Landrechts, das auf dem rechten Rheinufer überall wenigstens subsidiarische[57] Geltung hatte, waren wohl zwölf Bergordnungen in Kraft, die, bis zum Jahre 1564 zurückreichend, sämtlich dem 16. bis 18. Jahrhundert entstammten und denen sich noch in einzelnen Landesteilen alte Verträge, Mandate und Regulative als gesetzliche Norm für den Bergbau anschlossen. [...] So war ein Zustand entstanden, der die Rechtsfindung in Bergwerks-Angelegenheiten selbst für den Juristen außerordentlich schwierig, für den Laien fast unmöglich machte und nicht mit Unrecht seinerzeit zu den spöttischen Bemerkungen Anlass gab, Preußen möge seine bergmännische Ausstellung im Londoner Industrie-Palast durch eine Schiffsladung seiner verschiedenen Bergordnungen, als eines in der Welt einzig dastehenden Produkts seines Bergbaus, zum allgemeinen Besten ergänzen.

Ist der Fortschritt in der Rechtseinheit Preußens, den uns der heutige Tag bringt, schon für den Staatsbürger und noch mehr für den Bergmann ein erfreuliches Ereignis, so darf uns der Inhalt des neuen Berggesetzes nicht weniger mit Freude und Zuversicht auf dessen gedeihliche Wirksamkeit erfüllen. Dasselbe bildet den Abschluss einer Reihe von Arbeiten, die bereits vor 40 Jahren begonnen, und acht verschiedene Berggesetz-Entwürfe der Öffentlichkeit übergeben haben. Als frühere praktische Erfolge dieser Arbeiten sind denn auch die verschiedenen Novellen seit dem Jahre 1851 anzusehen, in denen man die alten Gesetze mit den Bedürfnissen der Gegenwart in den wichtigsten Punkten in Übereinstimmung zu bringen suchte und die den Boden geebnet haben für das neue Berggesetz, welches fortan die vielen seit drei Jahrhunderten angesammelten bergrechtlichen Vorschriften, die bisherigen Bergordnungen und Einzelgesetze mit einem Schlag beseitigt und ein allgemeines Bergrecht für den preußischen Staat schafft. So ist also dies Letztere nichts Neues, kein legislatorisches Experiment, sondern im Wesentlichen, unter Abscheidung der veralteten und unbrauchbaren Rechtsnormen, nur die Kodifikation der Rechtsgrundsätze und Verwaltungsmaximen, welche sich im Laufe der Zeiten

---

56   Die »Glückauf« war das Organ des 1858 gegründeten »Vereins für die bergbaulichen Interessen im Oberbergamtsbezirk Dortmund«.
57   Behelfsmäßig, unterstützend.

als segensreich für unseren Bergbau herausgebildet und bewährt haben, hervorgegangen aus der Tendenz, den Bedürfnissen des Bergbaus nach dem heutigen Stand der Wissenschaft und Technik, im Sinne der ausgedehntesten Selbstverwaltung, Rechnung zu tragen. Darum hat auch der alte Gewerke, der die gewohnte Clevisch-Märkische Bergordnung nach fast hundertjähriger Dauer heute zu Grabe tragen sieht, wahrlich keine Veranlassung zur Trauer, findet er ja ihre lebensfähigen Grundsätze in zeitgemäßer Umgestaltung im neuen Gesetz wieder.

In demselben Geist, [der] die Redaktoren des Berggesetzes von unbewährten, gesetzgeberischen Versuchen abgehalten [hat], hat man sich auch gehütet, zu sehr in Einzelheiten einzugehen und zu versuchen, die Entscheidung jedes einzelnen Falles schon im Gesetz vorzusehen. Mögen sich hierdurch auch, namentlich in der ersten Zeit, manche Kontroversen ergeben, wir zweifeln nicht, dass, wenn das neue Berggesetz in demselben Sinne, wie es gegeben, von den Beteiligten aufgenommen wird, auch die Lösung der noch offenen Fragen in freier Rechtsentwicklung zur allgemeinen Zufriedenheit leicht vonstattengehen wird.

Darum dem neuen Berggesetz ein volles, freudiges Glückauf!

19. »Quelle von Elend und Verderben«. Das Oberbergamt Dortmund warnt vor der Abwerbung preußischer Bergleute für türkische Bergwerke in Bosnien (1866).

Warnung des Oberbergamts Dortmund vom 9.4.1866, in: Westfälische Zeitung vom 16.4.1866, abgedruckt in: Ulrike Robeck u.a. (Bearb.), Materialien zur Geschichte des Ruhrgebietes 1766–1912. Quellenheft zur Bildplatte, Düsseldorf 1989, S. 160.

Warnung!

Äußerem Vernehmen nach wird von Agenten beabsichtigt, preußische Bergleute zur Übersiedlung nach der Türkei, hauptsächlich nach *Bosnien*,[58] zu bewegen.

Für deutsche Arbeiter ist aber im Inneren dieses Landes die Existenz trotz anscheinend hoher Löhne und günstiger Engagements-Bedingungen zunächst darum unerträglich und die Quelle von Elend und Verderben geworden, weil die äußeren Verhältnisse und Umgebungen, inmitten deren sie sich gestellt sehen, den heimatlichen Gewohnheiten und Ansprüchen in keiner Weise entsprechen, und die Arbeitgeber sich die Ordnung dieser Verhältnisse, soweit sie über das nächste Interesse ihrer Spekulation hinausgehen, nicht hinlänglich angelegen sein zu lassen gewohnt sind. – Der regelmäßigen Bezahlung der Arbeitslöhne, der Übermittlung von Ersparnissen an die in der Heimat verbliebenen Angehörigen und der Fürsorge für die Hinterbliebenen von Verunglückten stellen sich in den türkischen Provinzen die größten Schwierigkeiten entgegen; auch herrscht dort ein gänzlicher Mangel an seelsorgerischer und geistlicher Pflege, und diejenigen Handwerker, von welchen deutsche Arbeiter die täglichen Bedürfnisse des Lebens in Kleidung und Nahrung zu beziehen gewohnt sind, als Schneider, Schuster, Bäcker, Fleischer etc., sind, namentlich in *Bosnien*, gar nicht vorhanden.

---

58 Bosnien gehörte bis zur Annexion durch Österreich-Ungarn 1878 über 400 Jahre zum Osmanischen Reich.

Diese Andeutungen, mit Hinweis auf die traurigen Erfahrungen, welche bei den im Jahre 1860 aus hiesiger Gegend nach Süd-Russland übergesiedelten Bergleuten[59] gemacht worden sind, werden genügen, um vor der Anwerbung für türkische Bergwerke zu warnen.

20. Eine Region kommt zu ihrem Namen: Nikolaus Hocker spricht vom Ruhrgebiet (1867).

Nicolaus Hocker,[60] Die Großindustrie Rheinlands und Westfalens, ihre Geographie, Geschichte, Production und Statistik, Leipzig 1867, S. 115–118.

Das Ruhrgebiet.

Mit dem Kreis Duisburg treten wir in das Ruhrgebiet ein, das so wichtig ist für die moderne Industrie durch seine Kohlen- und Erzlager, wie seine Hüttenwerke und sonstige gewerbliche Etablissements. Erstere dehnen von Jahr zu Jahr ihren Absatzkreis weiter aus, während die Eisenwerke durch die Frachtermäßigungen auf den Eisenbahnen für Rohprodukte, durch den Wegfall der Steuer von den Erzen und [die] Reduktion der Abgaben von den Kohlenbergwerken unterstützt, sich mehr und mehr dem Zeitpunkt nähern, wo die Besiegung der Konkurrenz Englands im Zollverein zur Wahrscheinlichkeit wird. Die Konkurrenz Belgiens haben sie nicht mehr zu fürchten.

In der Gegenwart beherrschen Kohlen und Eisen unser ganzes öffentliches Leben. Wer Kohlen hat, der kann aus Erzen Eisen schaffen und dieses in Gold verwandeln. In der Landwirtschaft, in der Baukunst, in der Technik und in allen Zweigen der Gewerbe ist das Eisen unumgänglich nötig. Es findet im Leben wie im Tod Anwendung, denn die Metallsärge kommen mehr und mehr in Aufnahme. Das Ruhrtal besitzt Kohlen und Eisen, und so erklärt sich die Wichtigkeit, welche demselben in der modernen Industriegeschichte beigelegt wird.

Eine Fahrt durch das Ruhrtal ist denn auch für den Freund der Industrie von hohem Interesse. Zur Rechten wie zur Linken grüßen die hohen Schornsteine, die man so treffend die Obelisken der Neuzeit genannt hat. Über die grünen Bäume schlägt das Gesause der Dampf-

---

59 Infolge der Rezession, die auch den Bergbau erfasst hatte, waren rund 1.000 Essener Bergleute mit ihren Familien nach Russland ausgewandert.

60 Nikolaus Hocker (1822–1900), Schriftsteller und Journalist in Trier, Düsseldorf und ab 1857 in Köln, im gleichen Jahr Dr. phil.; 1861 Redakteur der Kölner Nachrichten. Er hinterließ ein breit gefächertes Werk von Gedichten über Bearbeitungen von Sagen und Studien über die deutsche Sagendichtung bis hin zu Kulturbilder entwerfenden Reisehandbüchern. 1857 legte er eine populäre Kölner Stadtgeschichte vor, im folgenden Jahr gab er eine Sammlung der Statuten aller deutschen Aktien- und Kommanditgesellschaften heraus. Nach verschiedenen Zeitungsaufsätzen bildete das Buch über die rheinisch-westfälische Großindustrie, das als sein wichtigstes gilt, den Endpunkt seiner volkswirtschaftlichen Studien. Infolge der zitierten Arbeit wurde er 1867 Kanzler des österreichisch-ungarischen Generalkonsulats für Rheinland und Westfalen in Köln, für das er bis 1898 tätig blieb. Daneben war er weiterhin schriftstellerisch aktiv. – Hocker liefert mit seiner Arbeit über die Großindustrie den frühesten bislang bekannt gewordenen Beleg für die Bezeichnung des »Ruhrgebiets« als solches, die sich etwa bei Jacobi (vgl. Dok. 12) zehn Jahre zuvor noch nicht finden lässt.

maschinen, das Brausen der Walzwerke an unser Ohr. Ausgedehnte Schlackenhaufen in der Nähe der Hüttenwerke bekunden, dass dort des Feuers Kraft den Scheidungsprozess vollzogen hat, während unabsehbare Kohlenzüge auf den Zechenbahnen die »schwarzen Diamanten« zur Köln-Mindener oder Bergisch-Märkischen Eisenbahn schaffen. Neben den Zeugen des nimmer rastenden Fleißes der Menschen hat auch das Ruhrtal Werke der Kunst wie des Altertums aufzuweisen, und selbst die Sage schlägt vernehmlich an das Ohr desjenigen, der ihren Klängen zu lauschen versteht, obgleich sie sich, einer scheuen Turteltaube gleich, vor dem Lärmen der Industrie in die stille Tiefe der Wälder geflüchtet hat. […]

Das Kohlenbassin der Ruhr erstreckt sich vom Rhein aus durch die Kreise Duisburg, Essen, Bochum und Dortmund bis in den Kreis Hamm und berührt den nördlichen Teil des Kreises Hagen. Außerdem kommen Steinkohlen im südlichen Teil des Kreises Recklinghausen und im Kreis Moers des linken Rheinufers, ferner bei Ibbenbüren und Minden vor. […]

Wir können also ruhig unsere Dampfmaschinen, Hüttenwerke und Fabriken noch bedeutend vermehren. An Brennmaterial wird es uns auf Jahrhunderte nicht fehlen, und es wäre töricht, sich gleich den Engländern Sorgen um das zu machen, was nach Verlauf von Jahrhunderten kommende Generationen brennen wollen.

21. Ostpreußen an die Ruhr? Eine frühe staatliche Anregung zur Ost-West-Wanderung (1868)

Oberbergamt Dortmund (Prinz Schönaich)[61] an den Bergbauverein (Hugo Haniel) vom 10.1.1868. Abschrift. Landesarchiv NRW Abt. Westfalen, OBA Dortmund 1796, Bl. 6.

Zur Linderung der außerordentlich großen Not in der Provinz Preußen[62] ist um einen, wenngleich nur kleinen Teil der dortigen Bevölkerung eine lohnende Beschäftigung zuzuweisen, bereits die erforderliche Einleitung getroffen, um geeignete Arbeiter aus Preußen nach Oberschlesien überzusiedeln und auf den Berg- und Hütten-Werken daselbst anzulegen. Es ist höher[e]n Orts die Frage angeregt, ob nicht auch auf den Werken Westfalens Arbeiter aus der Provinz Preußen Beschäftigung finden könnten, was namentlich, wenn sie zunächst zu Arbeiten über Tage, z.B. bei den Kohlenwäschen verwendet würden, wozu diese Arbeiter sich gewiss in kurzer Zeit anstellig erweisen würden, wohl ausführbar wäre. Es ist hierbei aber wesentlich Rücksicht zu nehmen, ob bei der Heranziehung solcher Arbeiter in der hiesigen stark bevölkerten Gegend für deren Unterkunft in der Nähe der Bergwerke genügend gesorgt werden kann, da außerdem die herangezogenen Arbeiter der größten Not verfallen würden. Wir ersuchen Euer Hochwohlgeboren diese Angelegenheit in dem von Ihnen zurzeit vertretenen Verein für bergbauliche Interessen zur gemeinsamen Beratung anzuregen, und würde es sich bei

---

61   August Prinz von Schönaich-Carolath (vermutlich 1821–1899) war Berghauptmann im Oberbergamt Dortmund.
62   Zwischen 1824 und 1878 waren Ost- und Westpreußen in der Provinz Preußen zusammengefasst. Der erwähnte Notstand betraf die Nordhälfte Ostpreußens – die Regierungsbezirke Königsberg und vor allem Gumbinnen – und resultierte aus der Missernte des kalten und nassen Sommers 1867.

näherem Eingehen auf den gemachten Vorschlag vielleicht empfehlen, auf gemeinschaftliche Kosten einen oder mehrere Beamte nach Preußen zu senden und wegen Übersiedlung geeigneter Arbeiter die erforderlichen Maßregeln anzuordnen. Über das Resultat dieser Beratungen im Verein, an dessen Mitglieder in der Mehrzahl von uns Schreiben in dieser Angelegenheit gerichtet wurden, bitten wir Euer Hochwohlgeboren, und sobald es Ihnen möglich wird, gefälligst Mitteilung machen zu wollen.

22. »Der Weg zu einer neuen Stufe großartiger industrieller Tätigkeit steht offen«. Die Zeitschrift »Glückauf« sieht die deutsche Wirtschaft gestärkt aus den Einigungskriegen der 1860er Jahre hervorgegangen (1871).
Rückblick, in: Glückauf 7 (1871), Nr. 1 vom 1.1.1871, S. 1.

Das soeben abgelaufene Jahr 1870 zeigt auf dem Gebiet des Deutschen Handels und der Deutschen Industrie so scharfe Kontraste, wie sie unter seinen Vorgängern kaum ein zweites aufzuweisen gehabt haben dürfte. [...] Schon im Jahr 1869 waren die Nachwehen des Kriegs von 1866 [...] zum größten Teil verschwunden. [...] Nach menschlicher Annahme lag eine Periode der glücklichsten Entwicklung friedlicher Arbeit und nationaler Wohlfahrt vor uns. Da brach inmitten des tiefsten Friedens der Kriegssturm über unser Land dahin und machte mit einem Schlag alle Berechnungen zu Schande. Die Blüte unseres Volks verließ ihre friedliche Beschäftigung und vertauschte sie mit dem blutigen Handwerk des Kriegs. Über eine Million der rüstigsten Jünglinge und Männer wurden den heimischen Werkstätten entrissen, um dem brutalen Angriff eines übermütigen Feindes mit den Waffen in der Hand entgegenzutreten. Zwar erholte sich die Gewerbswelt nach der unvermeidlichen ersten Betäubung in etwa, nachdem in wunderbar rascher Reihenfolge Sieg auf Sieg über den Feind erfochten war, aber noch entbehren wir des Friedens, und vor seiner hoffentlich baldigen Rückkehr werden Handel und Industrie nicht in die zu ihrem vollen Gedeihen erforderlichen Bahnen wieder einlenken. [...]

Die Nachfrage nach Kohlen und Eisen war in den ersten Monaten des Jahres in allen Teilen unseres Absatzgebiets eine ungemein lebhafte, und sie hielt auch bis zum Ausbruch des Kriegs an, sodass die Preise eine Höhe erreichten, welche den meisten Gruben- und Hüttenwerken günstige Geschäftsabschlüsse in Aussicht stellten. Allerwärts nahm man infolgedessen auf die Erweiterung der alten und auf die Anlage neuer industrieller Etablissements Bedacht. Durch den Krieg wurden aber plötzlich bis zu 15 Prozent der Arbeitskräfte den Werken entzogen, die großen Transportanstalten wurden für die Zwecke des Kriegs in Anspruch genommen und der Verkehr auf denselben gestört und zeitweise gänzlich unterbrochen. Gleichzeitig sah sich unsere Industrie von zwei seiner bedeutendsten Absatzgebiete, vom Oberrhein und von den Niederlanden, abgeschlossen. [...] Als ein besonderes Glück müssen wir es erachten, dass während der ganzen Dauer des Kriegs dem zurückgebliebenen Teil der Belegschaften der Zechen und den Hüttenleuten volle Gelegenheit gegeben war, ihre Arbeiten fortzusetzen, und zwar zu Lohnsätzen, die nicht hinter denjenigen vor dem Krieg zurückstanden; ja, es machte sich sogar zeitweise auf den Gruben ein empfindlicher Mangel an Arbeitskräften fühlbar, sodass einzelne Verwaltungen sich bekanntlich veranlasst sahen, französische Bergleute, die sich unter den Kriegsgefangenen befanden, bei der Bergarbeit zu verwenden. [...]

Deutschland wird, wenn nicht alle Anzeichen trügen, als ein mächtiges und fortan gegen frevelhafte Angriffe gesichertes Reich aus diesem Krieg hervorgehen; ein dauerhafter Friede wird der herrliche Preis des opfervollen Kampfs sein. Auch unsere Industrie wird an den Segnungen dieses Friedens teilnehmen und sich ungestört der Aufgabe unterziehen können, die reichen unterirdischen Schätze unseres Distrikts in immer größerem Umfang zutage zu fördern und dem wirtschaftlichen Leben zuzuführen. Der Weg zu einer neuen Stufe großartiger industrieller Tätigkeit steht offen; an dem Willen, ihn zu beschreiten, wird es bei dem regen Unternehmergeist unserer Bevölkerung nicht fehlen.

23. »Wir leben jetzt in der Stahlzeit«. Alfred Krupp propagiert seinen Werkstoff (1871).

Alfred Krupp[63] an Kaiser Wilhelm I. vom 23.4.1871. Historisches Archiv Krupp Essen, Alfred Krupps Briefe und Niederschriften, Bd. 10, 1871, S. 44–51, hier S. 49f.

Wir leben jetzt in der Stahlzeit. Das Eisenbahnwesen, Deutschlands Größe, Frankreichs Sturz, fällt in die Stahlzeit. Die Bronzezeit ist dahin, sie hat aufgehört, das Material des Krieges zu sein, sie hat fortan eine mildere Bestimmung, sie möge dienen, vom ersten Siegesdenkmal an, zu Monumenten großer Ereignisse, großer Taten und Männer, sie möge Ausdruck geben dem äußeren und inneren Frieden, sie möge in Glocken zur Kirche laden, zu Ornamenten dienen und zu gewerblichen Zwecken, und was von den eroberten Kanonen nicht so konsumiert wird, möge mit vergriffener Kupfermünze legiert, zu[r] Scheidemünze[64] geprägt werden und so, in Gestalt einer schöneren, dauerhafteren, allgemeinen deutschen Scheidemünze, als Siegestrophäe von Hand zu Hand gehend, die allgemeine Befriedigung bieten.

24. Der Vorsitzende des Bergbau-Vereins, Friedrich Hammacher, zur Gründung des Deutschen Reichs 1871

Bericht über die 12. ordentliche General-Versammlung des Vereins für die bergbaulichen Interessen im Oberbergamtsbezirk Dortmund vom 27.7.1871, S. 3.[65] Bergbau-Archiv Bochum 16/8.

Meine Herren! Wir pflegen stets unsere Geschäfte exakt und ohne Phrasen zu erledigen, so soll es auch heute geschehen; aber dennoch kann ich es mir nicht versagen, mit ganz kurzen

---

63 Alfred Krupp (1812–1887) übernahm 14-jährig von seinem verstorbenen Vater Friedrich Krupp (1787–1826) die noch ganz in den Anfängen steckende Essener Gussstahlfabrik und baute diese unter Perfektionierung der Tiegel- und anderer Stahlerzeugnisse zu einem seit den 1860er Jahren weltweit bekannten Stahlkonzern aus. Er gilt als einer der wichtigsten deutschen Pionierunternehmer. Vgl. Lothar Gall, Krupp. Der Aufstieg eines Industriepioniers, Berlin 2000 sowie die Dok. 3, 5 in Kap. IV und die Dok. 2, 4, 12 in Kap. VI.
64 Kleingeld; Münze, deren Nennwert höher ist als der Wert ihres Metallgehalts.
65 Die Ruhrgewerken haben sich 1858 erstmals zur Gründung eines Branchenverbandes zusammengefunden, um ihre Interessen – nach Vorbild der Handelskammern – geschlossen und koordiniert

Worten dem erhebenden Gedanken an die politischen Gestaltungen und Ereignisse des letzten Jahres Ausdruck zu geben, dem Gedanken, der uns alle beseelt und erfüllt. Ja, meine Herren, wir, die wir so wichtige und umfassende vaterländische Interessen, nicht nur wirtschaftliche und wissenschaftliche, sondern im wahren Sinne staatliche Interessen vertreten, insofern wir für die Hebung der Industrie, für das Wohl der Arbeiter tätig sind, wir wollen und dürfen nicht unsere heutigen Verhandlungen beginnen, ohne der heldenmütigen Erhebung unseres Volks im verflossenen Jahr mit begeisterter Freude zu gedenken. Sprechen wir vor allen Dingen den tapferen Führern der deutschen Armeen, nicht minder auch den großen einsichtsvollen Staatsmännern Deutschlands, unseren ganz besonderen Dank aus, für alles, was sie dem Vaterland zum Heil vollbracht haben und dass sie so mit Schwert und Feder ein Dach gezimmert haben, unter dessen Schutz sich unsere ganze große Nation wieder als ein einig Volk von Brüdern fühlt und alle Werke des Friedens, der Industrie, der Kunst und Wissenschaft ihren gesegneten Fortgang nehmen können. Dies ist der Gedanke, meine Herren, den wir hier freudig bekennen, und nun wollen wir zu unseren Geschäften übergehen.

25. Der Bürgermeister der Stadt Essen, Gustav Hache, warnt im März 1873 vor den Gefahren der Spekulation und Zuwanderung und befürchtet eine Radikalisierung der Arbeiterschaft bei einem Einbruch der Konjunktur.
Zeitungsbericht Gustav Haches[66] an den Düsseldorfer Regierungspräsidenten Carl Ludwig August Freiherr von Ende vom 30.3.1873. Landesarchiv NRW Abt. Rheinland, RD, Präs. 835, Bl. 65–72.[67]

Das abgewichene erste Quartal des laufenden Jahres hat Veränderungen in der Entwicklung der öffentlichen Zustände hiesiger Stadt nicht aufzuweisen. Der rasche Aufschwung der Industrie, der in der Mitte des Jahres 1871 seinen Anfang nahm und im Laufe des Jahres 1872 zu einer auf die kühnsten Erwartungen übersteigenden Ausdehnung jener Grundlage des wirtschaftlichen Lebens bildenden Tätigkeit führte, scheint seinen Höhepunkt noch nicht erreicht zu haben. Auch im abgewichenen Quartal haben sich die hohen Werte der Produkte der Montan- und Metallurgischen Industrie nicht nur erhalten, sondern auch durchgängig sich in steigender Tendenz befunden, und die Schaffenslust ist fort und fort im Wachsen begriffen. So erfreulich und segensreich diese großartige Entwicklung der industriellen Tätigkeit auf einer Seite wirkt, indem sie nicht nur große Reichtümer in die Hand Einzelner legt, sondern auch reichen und raschen Gewinn in die Kreise der Bevölkerung trägt, die bisher mühsam für das tägliche Brot zu streben hatten, […] so machen sich die unausbleiblichen Nachteile dieser

---

zu artikulieren. Durch Eingaben, Denkschriften und Petitionen haben sie fortan Einfluss auf die Staatspolitik genommen und ihre Interessen auch in Zusammenarbeit mit anderen Unternehmerverbänden vertreten. Der Jurist Friedrich Adolf Hammacher (1824–1904) war Vorsitzender des Bergbau-Vereins von der Gründung bis 1890.

66 Albert Gustav Hache (1835–1886) war von 1868 bis zu seinem Tod Bürgermeister der Stadt Essen.
67 Der Bericht muss vor dem Hintergrund des Bergarbeiterstreiks 1872 im Raum Essen Beachtung finden.

Entfaltung in der fortgesetzten Entwertung des Geldes und Steigerung aller Lebensmittelpreise [bemerkbar], wie nicht minder in dem entsittlichenden Streben nach mühelosem Erwerb. Das moderne Gründertum hat auch hier eine bedenkliche Ausdehnung gefunden und sich eine große Zahl begeisterter Anhänger erworben in den Schichten der Bevölkerung, die noch bis vor Kurzem in der fleißigen und redlichen Arbeit eine dauernde Quelle guten Erwerbs gesucht und gefunden hatten. Das kleine Kapital wendet sich mehr und mehr den trügerischen Unternehmungen zu, die durch die Gewährung momentan hohen Gewinns ihre Basis zu verdanken wissen, und es gehört kein Seherblick dazu, um vorauszusagen, dass der unvermeidliche Rückgang der augenblicklichen Hausse[68] eine völlige Vernichtung einer großen Zahl bisher guter und gesicherter Existenzen in seinem Gefolge haben wird.[69] Die große Gefahr für das staatliche und städtische Gemeinwesen, welche sich aus solcher Wirkung der gegenwärtigen Konjunktur ergeben wird, besteht aber darin, dass aus jenen vernichteten Existenzen ein Proletariat geschaffen wird, dass der sozialistischen Agitation ein willkommenes Werkzeug zur Ausbreitung ihrer destruktiven Tendenzen bietet. So gering im Augenblick die Zahl der erklärten Anhänger der verschiedenen sozialistischen Parteien in hiesiger Stadt auch ist, – abgesehen von den nach einigen Tausenden zählenden Mitgliedern des von der ultramontanen[70] Priesterschaft geleiteten christlich-sozialen Arbeiter-Vereins – und sicher auch bleiben wird, solange der Arbeiter hohen Lohn für seine Arbeit findet, solange der Handwerker reichlicher Bezahlung seiner oft mangelhaften Erzeugnisse sicher ist und der kleinere Geschäftsmann mit seinen Ersparnissen Spekulationsgewinn erzielen kann, so rasch wird sich mit dem Fortfall dieser Zustände die Zahl derjenigen mehren, welche allein noch in dem Umsturz der bestehenden Gesellschaftsordnung das Heil für sich selbst zu erblicken geneigt sind.

Weit entfernt, mit diesen Behauptungen etwas Neues und nur auf die hiesigen Verhältnisse Anzuwendendes sagen zu wollen, habe ich doch geglaubt, gerade dieses Mal, wo ich zum ersten Mal die Ehre habe, den Quartalsbericht direkt zu erstatten, mit einer kurzen Andeutung meiner Auffassung der hiesigen Zustände nicht zurückhalten zu sollen. Ich bin der unmaßgeblichen Meinung, […] dass einer der ersten Schauplätze einer gewaltsamen Eruption der Massen die hiesige Stadt und ihre Umgebung sein wird. Der Zündstoff zu einer gewaltsamen sozialen Revolution dürfte kaum in einer anderen Gegend so massenhaft vorhanden sein, wie in der hiesigen. Die mannigfachen Störungen der öffentlichen Ordnung in den letzten Jahren, die täglich in die Erscheinung tretenden Ausbrüche bestialischer Rohheit, wie sie die Verbrecherstatistik in den zahlreichen Fällen von Morden, Totschlag, Körperverletzungen und Misshandlungen sowie Vergehen gegen die Sittlichkeit zeigt, die Neigung zur Auflehnung gegen die obrigkeitlichen Anordnungen und die zu deren Vollstreckung berufenen Organen, bekunden einen solchen Mangel an Sinn für Recht und Ordnung, Zucht und Sitte, dass auch dem blödesten Auge einleuchtend sein muss, dass, wenn die hiesige, aus zahlreichen Elementen dieser Art zusam-

---

68 Starker Kursanstieg an der Börse, Gegenteil von Baisse.
69 Tatsächlich folgte im Mai 1873 mit dem Wiener Börsenkrach ein Ende der Hochkonjunktur.
70 Streng päpstlich gesinnt.

mengesetzte Bevölkerung eine nachhaltige Störung in ihren Erwerbsverhältnissen zu erleiden genötigt sein wird, der allein durch das materielle Wohlbefinden niedergehaltene Funke der Unzufriedenheit mit Leichtigkeit von fanatischen Führern zur halben Flamme angefacht und zu zerstörendem Durchbruch gebracht werden kann.

Ich bescheide mich mit diesen flüchtigen Hindeutungen auf die bedrohlichen Schatten, welche von den hiesigen augenblicklich so glänzend scheinenden öffentlichen Zuständen geworfen werden, umso mehr, als ich überzeugt sein darf, dass auch die Königliche Regierung sich der Gefahr bewusst sei, welche das Anschwellen einer Bevölkerung mit sich bringen muss, die in ihrer Mehrzahl sich lediglich leiten lässt von ihrem Magen! […]

Die Schwierigkeiten der wohnlichen Unterbringung dieser großen Bevölkerung lassen sich durch die bisherige Bautätigkeit nicht beseitigen. Wie viel auch die großartigen Anlagen von Arbeiterwohnungen der Krupp'schen Fabrik zur Erleichterung in Lösung der wichtigen Wohnungsfrage beigetragen haben, dem Bedürfnis ist noch lange nicht genügt. Die Vermehrung der Bevölkerung ist eben eine so rasche, dass in dem gleichen Zeitraum, in welchem für 2.000 – 3.000 Seelen ausreichende Wohnungsräume geschaffen werden können, eine gleiche Anzahl neuer Wohnungsbedürftiger wieder zugezogen ist. Es darf daher nicht Wunder nehmen, dass die Wohnungsverhältnisse hiesiger Stadt noch immer sehr traurig beschaffen sind. Nur die Anhäufung der Menschen in den einzelnen Häusern und Wohnungen in einer die Gesundheit nicht minder wie die Sittlichkeit schwer schädigenden Weise, sowie das Beziehen kaum im Rohbau fertiggestellter Gebäude, verbunden mit dem Umstand, dass die Schlafstelleninhaber und Kostgänger durch die Einteilung ihrer Arbeitszeit in Tag- und Nachtschichten eine und dieselbe Lagerstelle und Wohnstätte benutzen können, gibt die Erklärung dafür, dass die Zahl der beim Wohnungswechsel seitens der Polizeibehörde unterzubringenden Obdachlosen eine kaum nennenswerte ist. […]

Das Anwachsen der Bevölkerung stellt fort und fort an die Kommunalverwaltung gesteigerte Anforderungen auch in Bezug auf Erweiterung und Besserung der Straßenzüge und legt der Gemeinde in dieser Richtung außerordentlich hohe Ausgaben auf. Für Neu- und Umpflasterungen von Straßen, für Erweiterung bestehender und für Anlage neuer Wege sind im laufenden Jahre zirka 80.000 Taler und für Grunderwerb zur Durchschlagung von Straßen und Erschließung neuer Verkehrswege über 60.000 in Ansatz gebracht. […]

Alle diese erheblichen Ausgaben können selbstredend nicht aus den laufenden Einnahmen bestritten werden. Die Mittel müssen […] durch Anleihe aufgebracht werden, und ist zu diesem Behufe bereits mit Genehmigung der Königlichen Regierung […] in Höhe von 107.000 Talern beschlossen und ebenso von den Stadtverordneten genehmigt worden, dass seitens des Unterzeichneten ein Privilegium zu einer weiteren Obligationen-Anleihe in Höhe von 500.000 Talern nachgesucht wurde.

26. Der Düsseldorfer Regierungspräsident berichtet über die Auswirkungen der Wirtschaftskrise auf Industrie und Bevölkerung des Ruhrgebiets (1878).

Bericht des Düsseldorfer Regierungspräsidenten Robert Eduard von Hagemeister an den Koblenzer Oberpräsidenten Moritz von Bardeleben[71] vom 28.1.1878. Staatsarchiv Koblenz, Oberpräsidium Koblenz 9047, Bl. 8–15. (Auszug)

Während zu Anfang des verflossenen Quartals die Belegschaften vermehrt wurden, die Feierschichten wegfielen, Überschichten an deren Stelle traten und hierdurch [der] Monatsverdienst der Bergarbeiter auch ohne Erhöhung der Gedingesätze stieg, werden seit Beginn des Dezembers die Überschichten wieder durch Feierschichten verdrängt, sodass bei den unverändert hohen Lebensmittelpreisen und der Höhe der Kommunal-Abgaben sehr viele Bergmanns-Familien wieder in recht drückender Not sind.

Da bei Fortdauer der milden Witterung ein weiteres Sinken der jetzt kaum die sehr reduzierten Selbstkosten übersteigenden Kohlenpreise befürchtet wird, so versucht der Verein für die bergbaulichen Interessen, eine Vereinigung sämtlicher Zechen des Bezirks behufs gemeinsamer, rechtzeitiger und freiwilliger Reduktion der Förderung zustande zu bringen. Auf der Generalversammlung des Vereins am 22. Dezember haben die anwesenden Vertreter von 53 Zechen, welche insgesamt 50.000–60.000 Arbeiter beschäftigen, sich einstimmig für eine derartige Produktion erklärt.[72]

Es leuchtet auch ein, dass eine Erhöhung der Kohlenpreise nur durch eine Beschränkung des Angebots zu erzielen ist. Da die meisten Zechen mit Unterbilanz arbeiten, ist diese Preiserhöhung für sie eine Existenzfrage. Weitere Reduktionen der Förderung[s]- und Transportkosten sind nicht mehr möglich. Die Frachtsätze der Eisenbahnen sowohl wie die Löhne der Bergarbeiter sind auf die äußerste Grenze hinabgedrückt.

Ob aber jene Vereinigung zur Beschränkung der Förderung in größerem Umfang zur Ausführung kommen wird, ist bei der großen Zahl der Zechen und der Verschiedenartigkeit ihrer Interessen zu bezweifeln.

Wie dem auch sein möge, die Lage der Bergarbeiter wird in jedem Fall eine noch gedrücktere werden. Entweder tritt eine generelle Reduktion jetzt ein mit teilweisen Entlassungen resp. [einer] Verminderung der Schichten, oder es kommen allmählich die ungünstiger situierten Zechen zum Erliegen und ihre Arbeiter außer Beschäftigung. Schon jetzt berichten die Landräte, dass die Löhne der Bergleute bei den noch immer hohen Lebensmittelpreisen kaum zu

---

71 Robert Eduard von Hagemeister (1827–1902) war von 1877 bis 1883 Regierungspräsident in Düsseldorf, Moritz von Bardeleben (1814–1890) war von 1872 bis 1889 Oberpräsident der preußischen Rheinprovinz.

72 Zwischen 1878 und 1893 wurden im Ruhrgebiet eine Reihe von mehr oder weniger erfolgreichen Vereinigungen gegründet, die auf eine Ausdehnung der Absatzgebiete, Regulierung der Fördermengen und Preisabsprachen abzielten. Ein dauerhafter Zusammenschluss der Bergwerke des Ruhrgebiets gelang erst mit der Gründung des Rheinisch-Westfälischen Kohlensyndikats 1893. Durch den Syndikatsvertrag erfolgte eine Kartellierung der Produktion, Preise und des Vertriebs.

notdürftiger Ernährung einer Familie ausreichen. Deshalb haben im Landkreis Essen die früher zur III. Klassensteuerstufe veranlagten Bergleute pro 1878/79 in die I. und II. Stufe eingeschätzt werden müssen. Für die Stadt Essen sind die Durchschnittslöhne kürzlich aufgrund der Angaben des Oberbergamts ermittelt worden. Danach beträgt der durchschnittliche Lohn pro Jahr

1. für einen Hauer   731 Mark
2. für einen Schlepper   627 Mark
3. für einen Lagerarbeiter 638 Mark

oder, wenn man das Jahr zu 280 Arbeitstagen annimmt, pro Tag für Hauer 2,47, für Schlepper 2,30 und für Lagerarbeiter 2,35 Mark. Von diesen Löhnen lässt sich in Essen eine Familie kaum am Leben erhalten. Selbst diese Notlöhne sind nur zu erzielen durch bedeutend vermehrte Leistungen. Die Zahl der auf den Steinkohlenzechen des Oberbergamtsbezirks Dortmund beschäftigten Arbeiter belief sich im III. Quartal 1876 auf 81.264, im III. Quartal 1877 auf 71.782, sie verminderte sich also in einem Jahr um 9.482 oder um 11,7 Prozent. Die Förderung betrug während des III. Quartals 1876 91.738.710 Ztr., während des III. Quartals 1877 89.165.509 [Ztr.]. Sie sank also nur um 2.573.201 Ztr. oder um 2,8 Prozent. Die Zahl der betriebenen Zechen sank im selben Zeitraum von 230 auf 214.

Als zu Anfang des abgelaufenen Quartals die Förderung bedeutend zunahm und die Kohlenpreise stiegen, versuchten die Belegschaften einzelner Zechen durch Arbeitseinstellungen höhere Löhne zu erzielen. Diese Versuche missglückten durchgehend, und die Belegschaften sahen sich nach kurzer Zeit genötigt, die Arbeit wieder aufzunehmen. Es blieb indessen eine Verbitterung bestehen. Diese unzufriedene Stimmung benutzten die sozialdemokratischen Führer, um in Verbindung mit den Christlich-Sozialen die Gründung eines rheinisch-westfälischen Grubenarbeiter-Verbands zu versuchen, der sämtliche Bergleute beider Provinzen umfassen sollte. [...]

Die Lage der Eisen- und Stahlindustrie hat sich im verflossenen Quartal nicht gebessert. Die meisten Werke arbeiten nach wie vor mit beschränkter Kraft. Nur die Kruppsche Fabrik ist vollauf mit Aufträgen versehen und hat die Zahl ihrer Arbeiter um 934 vermehrt.[73]

Die Rheinischen Stahlwerke zu Meiderich, eines der technisch best geleiteten und größten Etablissements, sind im November in Gefahr der Zahlungseinstellung geraten. [...]

Durch diese Zahlungsverlegenheiten sind viele andere Firmen in Mitleidenschaft gezogen und die Kreditverhältnisse aller Eisenwerke empfindlich erschüttert worden. Es wird denselben schwer [fallen], neue Kredite bei den Bankiers zu finden und sich der Kündigungen der alten Kredite zu erwehren. Auch die Gutehoffnungshütte zu Oberhausen will ihr Aktien-Kapital auf die Hälfte reduzieren und arbeitet fortwährend mit bedeutender Unterbilanz. [...]

---

73 Nachdem die Kruppsche Gussstahlfabrik 1874 mit 11.804 Arbeitern und Angestellten ihren vorläufigen Belegschaftshöchststand erreicht hatte, waren dort infolge der krisenhaften Entwicklung 1877 nur noch 8.871 Menschen tätig.

Die so lange andauernde Lähmung von Handel und Gewerbe hat eine Verminderung des allgemeinen Wohlstandes bewirkt, welche sich durch Einschränkungen und geringeren Verbrauch kundgibt. – Empfindlich leidet darunter der kleine Handwerksstand. Durch die äußerst niedrigen Löhne [haben] die vielen Arbeitslosen in den meisten Industrie-Gemeinden größere Ansprüche an die Armenverwaltung hervorgerufen. Manche Gemeinden konnten diese Ansprüche wegen ihrer Steuerlast nur im Wege der Anleihe decken.

Kapitel IV
Arbeit in der Schwerindustrie
Von Hans-Christoph Seidel

In der in den 1920er Jahren deutlich anwachsenden journalistischen und belletristischen Literatur über das Ruhrgebiet, die sowohl Innen- wie Außensichten umfasst, ist die Region oft als »Land der Arbeit« um- und beschrieben worden. Dabei war das Verhältnis der Erwerbsarbeit leistenden zu den keiner Erwerbsarbeit nachgehenden Menschen im Ruhrgebiet gerade wegen dessen proletarisch-schwerindustrieller Prägung, die nur wenige Frauenarbeitsplätze bereithielt, stets ungünstiger als in anderen Regionen. Als »Land der Arbeit« präsentierte sich das Ruhrgebiet dagegen, weil es allein die Arbeitsmöglichkeiten in der Schwerindustrie waren, die seit der Mitte des 19. Jahrhunderts Hunderttausende Menschen in die zuvor dünn besiedelte Region gezogen hatten, zunächst aus der ländlichen Umgebung *(Dok. 13)*, vor allem seit den 1880er Jahren dann aus den preußischen Ostprovinzen. Außer Arbeit schien die Region ihren Bewohnern nicht viel zu bieten zu haben. Im Steinkohlenbergbau arbeiteten 1850 gut 12.000, zur Mitte der 1870er Jahre schon etwa 80.000 und am Vorabend des Ersten Weltkriegs etwa 400.000 Menschen. In der Kohlenkonjunktur der Nachkriegsjahre stieg die Beschäftigtenzahl noch einmal auf deutlich über eine halbe Million, bevor sie durch Inflation und Rationalisierung bis zum Beginn der Weltwirtschaftskrise auf etwa 350.000 fiel.

Die Rede vom »Land der Arbeit« verweist aber vor allem auf das zeitgenössisch noch vorherrschende Verständnis von Arbeit als schwerer körperlicher Handarbeit – und die bot die Schwerindustrie zuhauf. Die Arbeit im Untertagebergbau, auf der Hütte oder im Stahlwerk blieb in vielen Bereichen bis in die 1930er Jahre und darüber hinaus körperliche Knochenarbeit, die von Maschinen noch vergleichsweise wenig erleichtert wurde. Auf den Ruhrzechen begann zwar schon vor dem Ersten Weltkrieg die Einführung von mechanischen Strebförderanlagen, besonders der Schüttelrutsche, die körperliche Schwerarbeit von Schleppern beim untertägigen Transport der Kohle zurückzudrängen. In der Kohlengewinnung spielte der mechanische Abbau durch Schrämmaschinen und Hobel jedoch bis in die 1950er Jahre hinein nur eine untergeordnete Rolle. Die flächendeckende Durchsetzung des pneumatischen Abbauhammers nach dem Ersten Weltkrieg erhöhte die Produktivität eines Kohlenhauers erheblich, bedeutete aber schon wegen des Gewichts und der Vibration des Gewinnungswerkzeugs kein Ende der Plackerei, zumal die gewonnene Kohle weiterhin per Hand auf die Fördermittel geschaufelt werden musste *(Dok. 30)*. In der Hüttenindustrie hielt die arbeitserleichternde Vollmechanisierung seit dem zweiten Jahrzehnt des 20. Jahrhunderts Einzug. In den Walzstraßen blieben die Beschickung, Steuerung und Bewegung der modernen Produktionsaggregate aber noch länger harte Handarbeit.

Neben die Schwere der Handarbeit traten besonders im Untertagebergbau, aber auch in den Kokereien oder in den Hütten, häufig extreme Umweltbedingungen wie Hitze, Temperaturwechsel, Feuchtigkeit, Dunkelheit, Staub, Schmutz, Enge oder Lärm *(Dok. 28)*. Die körperliche Schwerarbeit bei extremen Umweltbedingungen begründete den besonderen Gefahrencharakter der schwerindustriellen Arbeit. Im Walzwerk hantierten die Arbeiter mit meterlangen und mehrere Hundert Kilo schweren Stäben glühenden Stahls. In einer breiteren Wahrnehmung setzte sich aber vor allem der Untertagearbeiter im Bergbau den größten Gefahren in der zeitgenössischen industriellen Arbeitswelt aus. Große Bergwerksunglücke durch Schlagwetterexplosionen, Strebbrüche, Grubenbrände oder gerissene Förderseile, die Dutzende oder, wie im Falle des Unglücks auf der Bockum-Höveler Zeche Radbod 1908, auch mehrere Hundert Tote fordern konnten, stellten keine Alltäglichkeit, aber wiederkehrende und in manchen Jahren gehäuft auftretende Ereignisse dar, die stets Debatten über den Einfluss unternehmerischer Gewinninteressen auf die Sicherheit im Untertagebergbau auslösten *(Dok. 18, 20, 27)*.

Alltäglich – und statistisch bedeutsamer – für die Bergarbeiter waren die Gefahren, die von den typischen Arbeitsverrichtungen und -umgebungen ausgingen: kleine und größere Verletzungen durch Stein- und Kohlenfall, infolge von Unachtsamkeiten, durch den Gebrauch der Werkzeuge. Hinzu traten die Berufskrankheiten. Vor dem Ersten Weltkrieg gehörte die durch das feucht-heiße Grubenklima begünstigte sogenannte Wurmkrankheit, eine parasitäre Magen-Darm-Erkrankung, zu den gefürchteten gesundheitlichen Risiken für Bergarbeiter *(Dok. 16)*. Seit den 1920er Jahren geriet die Steinstaublunge (oder Silikose) zum Synonym bergbaulicher Berufserkrankung. Schwerarbeit, Umweltbedingungen, Unfallgefahren und spezifische Erkrankungsrisiken trugen dazu bei, dass sich ein frühes Pensionsalter und damit eine relativ kurze Lebensarbeitszeit als wesentliche Merkmale der bergmännischen Arbeitswelt ausbildeten *(Dok. 32)*.

Arbeit in der Schwerindustrie war in hohem Maße konjunkturabhängig. Selbst die lange Expansions- und Aufstiegsphase des Ruhrbergbaus bis an den Vorabend des Ersten Weltkriegs war von konjunkturellen Rückschlägen begleitet, die sich in Arbeiterentlassungen niederschlugen *(Dok. 6, 8)*. Unsicherheit der Arbeitsverhältnisse und Arbeitslosigkeit gehörten daher auch schon vor den krisenhaften Entwicklungen der 1920er und 1930er Jahre zum Erfahrungshorizont der Industriearbeiterschaft an der Ruhr. Dies galt, zumal die Zechenbesitzer über die Einrichtung von Arbeitsnachweisen eine autoritäre Regelung des Arbeitsmarkts anstrebten, die »renitente« Bergarbeiter ausschließen sollte *(Dok. 19)*.

Legt man formale berufliche Abschlüsse als Kriterium zugrunde, war Arbeit in der Schwerindustrie zumeist unqualifizierte Arbeit. So wurde im Bergbau der Ausbildungsberuf »Knappe«, nach einigen Anläufen seit den 1920er Jahren, erst Anfang der 1940er Jahre eingeführt. Unabhängig von formalen Qualifikationen bedurften die Gewinnung der Kohle, die Verhüttung des Eisens und das Walzen des Stahls aber eines spezifischen, aus der Erfahrung gewonnenen und oft betriebsgebundenen Arbeitswissens. Spezialwissen musste in bestimmten Phasen des Industrialisierungsprozesses importiert werden, so im Eisen- und Stahlbereich durch Puddler und Walzer aus England *(vgl. Dok. 13 in Kap. II)* oder im Bergbau durch Gesteinsspezialisten aus Italien *(Dok. 22)*. Aber auch darüber hinaus erforderte schwerindustrielle Arbeit sowohl aus Produktions- wie aus Sicherheitsinteressen in hohem Maße Disziplin und Erfahrung mit Stoffen,

Gegebenheiten und Arbeitsprozessen, wie zum Beispiel der Tiegelguss bei Krupp verdeutlicht *(Dok. 15)*. Zugleich zeigt der Tiegelguss, wie auch die Strebkameradschaften im Bergbau, dass es sich bei schwerindustrieller Arbeit zumeist um kollektive Kraftanstrengungen zur Beherrschung komplexer Produktionsprozesse handelte. Dies begünstigte sowohl die Ausbildung eines besonderen Gruppen(selbst)bewusstseins als auch eine gewisse Selbstbestimmung in der Arbeitsverrichtung.

Es dürfte vermutlich kein anderes Thema gegeben haben, über das Unternehmer, Angestellte, Arbeiter, Gewerkschaften aller Couleur und staatliche Stellen so einmütig dachten, wie über das Thema Frauenarbeit: Frauen hatten in der schwerindustriellen Arbeitswelt nichts verloren. Dieser zum Prinzip erhobene Standpunkt berief sich weniger darauf, dass Frauen, etwa aus biologischen Gründen, nicht in der Lage wären, Schwerarbeit zu leisten, als vielmehr auf moralische Vorbehalte. Anders als beispielsweise in Oberschlesien, wo schwerindustrielle Frauenarbeit durchaus verbreitet war, wurde in der Schwerindustrie des Ruhrgebiets das faktische Frauenarbeitsverbot nur in den beiden Weltkriegen für begrenzte Zeit und in begrenztem Umfang durchbrochen *(Dok. 23)*. Weiter ist die Geschichte der Arbeit in der Schwerindustrie des Ruhrgebiets auch keine Geschichte der Kinderarbeit. Einer ungezügelten Ausbeutung jugendlicher Arbeitskraft setzten Jugendschutzgesetzgebung und Bergpolizei zudem wirksame Barrieren entgegen *(Dok. 4)*.

Die Faszination, welche die schwerindustrielle Arbeitswelt auf die Zeitgenossen ausübte, drückte sich seit dem ausgehenden 19. Jahrhundert zunehmend in lyrischer und literarischer Verarbeitung aus. Als historische Quelle vermitteln Gedichte, Romane und Berichte sowohl Wahrnehmungen von innen, etwa in Form der Bergarbeiterdichtung, als auch Wahrnehmungen von außen, etwa in Form der Industriereportage. Als zwei häufige, sich keineswegs immer gegenseitig ausschließende Motive dieser Literatur lassen sich einerseits die heroisierende Darstellung der Beherrschung einer unwirtlichen Arbeitsumwelt im Untertagebergbau bzw. der riesenhaften Produktionsaggregate in der Eisen- und Stahlindustrie, andererseits die sozialkritische Darstellung der Arbeits- und Lebensverhältnisse der Schwerarbeiter ausmachen *(Dok. 15, 26, 30, 31)*.

Die Arbeitsbeziehungen in den Großbetrieben des Bergbaus und der Eisen- und Stahlindustrie des Ruhrgebiets waren von einem spezifischen Herrschaftsanspruch der Unternehmer geprägt, der auf einer weder durch den Staat, noch durch die Arbeitnehmer einzuschränkenden »Herr-im-Hause-Stellung« insistierte. Im Bergbau nahmen nach den Liberalisierungsgesetzen der Bergrechtsreform *(vgl. die Dok. 8, 15, 19 in Kap. III)*, die den Bergwerksbesitzern die Regulierung der betrieblichen Arbeitsverhältnisse – u.a. Einstellung, Entlassung, Lohn, Arbeitszeit, betriebliche Strafen – übertrugen und die Bergarbeiter den Rechtsbedingungen des freien Arbeitsvertrages unterwarfen, deren Beschwerden über die sozialen Zustände auf den Zechen deutlich zu. Ihr Recht suchten die Bergarbeiter häufig noch in der traditionellen Form der Beschwerdeschriften an die Obrigkeit *(vgl. Kap. VIII)*, bis hin zum Monarchen als dem »obersten Bergherren«, in denen neben Lohn- und Arbeitszeitfragen stets die schlechte Behandlung und das harte Disziplinarsystem Anlass zum Protest boten *(Dok. 2, 7, 11, 14)*.

Seinen sichtbarsten Ausdruck fand der unternehmerische Herrschaftswille im Betrieb durch die Arbeitsordnungen, die das Disziplinarsystem aus der Zeit des Direktionsprinzips fortschrieben, ohne die im Staatsbergbau damit verbundene patriarchalische Verpflichtung einzulösen *(Dok. 1, 12)*. Die praktische Durchsetzung des unbedingten unternehmerischen Herrschaftsanspruchs im Zechenbetrieb oblag den technischen Angestellten, den Steigern und Betriebsführern, die den Produktionsdruck an die Arbeiterbelegschaften weitergaben und für diese den verhassten »Grubenmilitarismus« repräsentierten *(Dok. 9, 10)*. Ansätze patriarchalischer »Menschenführung«, die betrieblich-gesellschaftliche Herrschaftsansprüche durch Fürsorge für diejenigen, die sich der Disziplin willig beugten, abfederten, fanden sich eher noch in der Eisen- und Stahlindustrie *(Dok. 3, 5)*. Im Bergbau erzwangen die großen Streikbewegungen von 1889 und 1905 *(vgl. Kap. VI und VIII)* staatliche Eingriffe in die betriebliche Sozialordnung zugunsten der Bergarbeiter, doch trotz der zunächst fakultativen, dann obligatorischen Einführung betrieblicher Arbeiterausschüsse blieben den Belegschaften praktische Mitwirkungsrechte versagt *(Dok. 17)*.

Erst der Zusammenbruch des betrieblichen Herrschaftssystems in der politischen Revolution nach Ende des Ersten Weltkriegs verlangte von den Unternehmern die Anpassung an neue Rahmenbedingungen. Das Betriebsrätegesetz von 1920 beschnitt allerdings eher die Handlungsmöglichkeiten, die sich die betrieblichen Arbeiter- und Angestelltenvertreter in der Revolution erstritten hatten *(Dok. 25)*. Mit dem steigenden Arbeitsmarktrisiko und den sinkenden Einkommen infolge der krisenhaften wirtschaftlichen Entwicklung in den 1920er und 1930er Jahren schlug das Pendel der betrieblichen Herrschaftsbeziehungen erneut zugunsten der schwerindustriellen Unternehmer aus, die eine Zusammenarbeit mit den Betriebsräten ablehnten und weiter auf Strategien zur autoritären Integration der Arbeiter in die Betriebe setzten. So blieben die Arbeitsbeziehungen in der Schwerindustrie des Ruhrgebiets, sowohl auf der betrieblichen als auch auf der überbetrieblichen Ebene, stark konfrontativ geprägt.

Literaturhinweise

Franz-Josef Brüggemeier, Leben vor Ort. Ruhrbergleute und Ruhrbergbau 1889–1919, München 1983.

Uwe Burghardt, Die Mechanisierung des Ruhrbergbaus 1890–1930, München 1995.

Werner Conze/Ulrich Engelhardt (Hg.), Arbeiter im Industrialisierungsprozess. Herkunft, Lage und Verhalten, Stuttgart 1979, S. 283–335.

Karin Dahm-Zeppenfeld, Feierarbeit. Bilder aus der Dortmunder Hüttenindustrie 1850–1950, Essen 1998.

Evelyn Kroker/Michael Farrenkopf, Grubenunglücke im deutschsprachigen Raum. Katalog der Bergwerke, Opfer, Ursachen und Quellen, Bochum 1998.

Werner Plumpe, Betriebliche Mitbestimmung in der Weimarer Republik. Fallstudien zum Ruhrbergbau und zur Chemischen Industrie, München 1999.

Helmuth Trischler, Arbeitsunfälle und Berufskrankheiten im Bergbau 1851 bis 1945. Bergbehördliche Sozialpolitik im Spannungsfeld von Sicherheit und Produktionsinteressen, in: Archiv für Sozialgeschichte XXVIII (1988), S. 111–151.

Gabriele Unverferth/Evelyn Kroker, Der Arbeitsplatz des Bergmanns in historischen Bildern und Dokumenten, Bd. 1: Bildband, 4. Aufl., Bochum 1991; Bd. 2: Der Weg zur Vollmechanisierung, Bochum 1986.

Thomas Welskopp, Arbeit und Macht im Hüttenwerk. Arbeits- und industrielle Beziehungen in der deutschen und amerikanischen Eisen- und Stahlindustrie von den 1860er bis zu den 1930er Jahren, Bonn 1994.

Ulrich Zumdick, Hüttenarbeiter im Ruhrgebiet. Die Belegschaft der Phönix-Hütte in Duisburg-Laar 1853–1914, Stuttgart 1990.

Dokumente

1. Strafkatalog für Bergarbeiter. Das Beispiel der Essener Zeche Hundsnocken (1860)

Strafbestimmungen und Arbeitsordnung der Zeche Hundsnocken (Essen-Heisingen) vom 22.11.1860.[1] Landesarchiv NRW Abt. Westfalen, OBA Dortmund 1775, Bl. 191–193.

Strafbestimmung für nachstehend benannte Vergehen, wenn darüber keine gerichtliche Untersuchung stattfindet.

Nr.			Tlr	Sgr
1	Zu spätes Anfahren oder zu frühes Verlassen der Arbeit			
		fürs erste Mal	–	2 ½
		fürs zweite Mal	–	5
	Bei ferneren Wiederholungen	jedes Mal	–	10
2	Willkürliches Ausbleiben von der Arbeit			
		fürs erste Mal	–	10
		fürs zweite Mal	–	15
	In Wiederholungsfällen, wenn der Arbeiter nicht entlassen wird		–	18
[…]				
5	Wer mit seinen Mitarbeitern Streit anfängt			
		fürs erste Mal	–	10
		fürs zweite Mal	–	15
	Im Wiederholungsfall, wenn der Arbeiter nicht entlassen wird		1	–
6	Wer seinen Mitarbeiter schlägt oder stößt			
		fürs erste Mal	–	15
		fürs zweite Mal	1	–
	Im Wiederholungsfall, wenn der Arbeiter nicht entlassen wird		1	15
7	Wer seinen Mitarbeiter während der Arbeitszeit mutwilligerweise Wunden beibringt, womit derselbe seine Schichten noch verfahren kann		–	20

1 Die Arbeitsordnung (AO) wurde vom Bergamt Essen-Werden am 30.11.1860 genehmigt. Die Bergbehörden behielten sich bis zur Novellierung der AO 1892 eine Bestätigungs- bzw. Kontrollfunktion vor, damit die AO möglichst einheitlich angelegt waren und die Disziplinarstrafen das zulässige Maß nicht überschritten. Allerdings waren die Behörden nicht berechtigt, den Dienstvertrag zwischen den Gruben und Bergarbeitern insgesamt zu prüfen.

		Tlr	Sgr
8	Wer seinem Mitarbeiter während der Arbeitszeit durch eigenes Verschulden Wunden beibringt, womit derselbe seine Schichten nicht mehr verfahren kann, hat außer der nebenstehenden Strafe zur Knappschaftskasse auch dem Verwundeten für Kur und Arzneikosten und die verfeierten Schichten für jede derartige Schicht 20 Sgr zu zahlen, welcher Betrag dem Verwunder von seinem verdienten Lohn abgezogen und dem Verwundeten eingehändigt werden soll. Den Tag der Genesung bestimmt auf Kosten des Verwunders, welche ihm ebenfalls vom Lohn abgezogen werden, der betreffende Knappschafts-Arzt.	1	15
9	Wer seinen Mitarbeiter neckt oder schimpft		
	fürs erste Mal	–	10
	fürs zweite Mal	–	15
	In Wiederholungsfällen, wenn der Arbeiter nicht entlassen wird	–	18
10	Wer sich während der Arbeitszeit unsittlich aufführt oder unsittliche Gespräche führt		
	fürs erste Mal	–	15
	fürs zweite Mal	1	–
	In Wiederholungsfällen, wenn der Arbeiter nicht entlassen wird	1	15
11	Wegen des schändliches Fluchens »Gott verdamme mich«	–	15
12	Wegen des Genusses von Branntwein oder geistigen Getränken während der Zeit, in welcher gearbeitet werden soll		
	fürs erste Mal	–	15
	fürs zweite Mal	1	–
13	Wegen veranlassten Trinkens geistiger Getränke und eigener Trunkenheit während vorstehend genannter Zeit		
	fürs erste Mal	–	20
	fürs zweite Mal	1	10
14	Wer Bekanntmachungen auf der Grube abreißt, verdirbt oder unleserlich macht	–	20
15	Wer sich während des Morgengebets, Verlesens, Auslohnens und bei mündlichen Bekanntmachungen nicht richtig verhält	–	8
16	Wegen Ungehorsam oder Widersetzlichkeit gegen vorgesetzte Beamte		
	fürs erste Mal	–	15
	fürs zweite Mal	1	–

		Tlr	Sgr
In Wiederholungsfällen, wenn der Arbeiter nicht entlassen wird		1	10
[…]			
18 Wer die ihm überwiesene Arbeit nicht mit Sorgfalt oder nicht nach bergmännischen Regeln ausführt			
	fürs erste Mal	–	15
	fürs zweite Mal	–	20
In Wiederholungsfällen, wenn der Arbeiter nicht entlassen wird		1	10
[…]			
26 Wer sich Tätlichkeiten oder Schmähungen gegen die ihm vorgesetzten Beamten erlaubt und in diesem Fall nicht entlassen wird		1	15
27 Wegen Schlafens während der Arbeitszeit bei Maschinen oder Dampfkesseln		1	15

Für sonstige Vergehen, welche hier in dieser Strafbestimmung nicht benannt sind und vorkommen, können, wenn solche nicht gegen die bestehenden Landesgesetze verübt worden [sind], von den Grubenbeamten Strafen auferlegt werden.

Der Grubenvorstand
[gez.] L. König

2. Bittschriften als bergmännische Protestform: Beschwerde über Verschlechterung der Arbeitsverhältnisse nach der Bergrechtsreform (1867)

Kollektive Immediatbeschwerde von Bergleuten aus dem Essener Bezirk vom 29.6.1867, abgedruckt in: Bergarbeiter-Zeitung 17 (1905), Nr. 38 vom 23.9.1905; Heinrich Imbusch, Arbeitsverhältnis und Arbeiterorganisationen im deutschen Bergbau, Berlin 1980, S. 685–688; Klaus Tenfelde/Helmuth Trischler (Hg.), Bis vor die Stufen des Throns. Bittschriften und Beschwerden von Bergleuten im Zeitalter der Industrialisierung, München 1986, S. 187–191 (Dok. 76). Die Schriftform der Vorlage wurde beibehalten.

Alleruntertänigste Bitte der ganz gehorsamst unterzeichneten Bergleute im Kreise Essen um gnädige Anweisung der Königlichen Bergbehörden, die Festsetzung einer so langen Arbeitsschicht, bei welcher die Bergleute frühzeitig arbeitsunfähig werden müssen, nicht länger zu gestatten, sowie um gnädige Anordnung, daß die Königl. Bergbehörde überhaupt den Bergleuten vor den übermäßigen Bedrückungen der Gewerke einen wirksameren Schutz gewähren, als dies bisher geschehen ist.

Allerdurchlauchtigster, großmächtigster König! Allergnädigster König und Herr!

Die alleruntertänigst unterzeichneten Bergleute im Kreise Essen wagen es, durch die immer größer werdende Not dazu getrieben, Ew. Majestät Throne zu nahen, und mit der gehorsamsten Bitte einer gnädigen Berücksichtigung Folgendes alleruntertänigst vorzutragen:

Nachdem durch das Gesetz vom 20. Mai 1860 »die Aufsicht der Bergbehörden über den Bergbau und das Verhältnis der Berg- und Hüttenarbeiter betreffend« (Preußische Gesetzsammlung von 1860, Nr. 201) die Abschließung der Verträge zwischen den Bergeigentümern und den Bergleuten lediglich dem freien Übereinkommen derselben überlassen ist, und eine Mitwirkung der Königl. Bergbehörde bei Annahme und Entlassung der Bergleute, sowie bei Festsetzung und Zahlung des Schicht- und Gedingelohnes nicht mehr stattfindet, findet die Festsetzung der Arbeitszeit und des Arbeitslohnes von den Gewerkschaften (d.h. den Kapitalisten) ganz nach ihrem Belieben statt. Von ihnen ist seitdem die Arbeitszeit zwangsweise so übermäßig verlängert worden, daß bei der ohnehin schon so ungesunden Arbeit viele Bergleute bereits mit 30–35 Jahren arbeitsunfähig werden, zudem die Gewerke unsern Lohn auch so niedrig gestellt haben, daß er kaum hinreicht, uns die nötigsten Lebensbedürfnisse zu verschaffen. Sie betrachten uns nur als willenlose Maschinen und Arbeitsinstrumente, deren Arbeitskraft sie zu ihrem Vorteile möglichst ausnutzen können; denn wie wenig bei Festsetzung der Arbeitszeit von einem »freien Übereinkommen« die Rede ist, werden Ew. Majestät aus folgenden Angaben ersehen.

Wenn wir früher freiwillig und ausnahmsweise bei Störungen im Betriebe, wie Zubruchgehen von Strecken, Reißen von Bremsseilen usw. einige Stunden über die achtstündige Schicht gearbeitet, auch wohl eine Doppelschicht gemacht haben, so ist das jetzt Zwang geworden, und wer sich nicht in die längere Arbeitsdauer fügen will, wird von der Zeche entlassen und womöglich mit einem derartigen Zeugnis versehen, daß er auf einer anderen Zeche keine Arbeit mehr bekommen kann. Auf der Zeche Bonifacius z.B. ist im vorigen Jahre der Belegschaft durch den Grubenverwalter mittelst Anschlages in der Kaue bekannt gemacht worden: »Von jetzt ab wird bis Nachmittags 4 Uhr gearbeitet; wer sich nicht fügen will, erhält seine Entlassung« –, welche Drohung uns dann, weil wir wissen, daß es auf anderen Zechen ebenso geht, zur Abhaltung der Schichtzeit bis 4 Uhr Nachmittags so lange zwingt, bis wir nicht mehr dazu imstande sind. Da aber die meisten Leute schon um 5 Uhr Morgens einfahren, so sind das 11 Stunden. Wer dabei die Arbeit früher verläßt resp. früher in die Waschkaue tritt, wird gestraft. So ist auf den meisten Zechen jetzt eine 10–11stündige Schicht eingeführt. Zudem dauert die Förderung der Leute meist noch zwei Stunden. So lange Arbeitsschichten kann aber unser Körper unmöglich auf die Dauer aushalten, so erfreulich es auch ist, wenn die Gruben einen regen Absatz ihrer Produkte haben. Wie systematisch die Ausbeutung unserer Arbeitskraft durch die Gewerkschaften betrieben wird, und wie man kein Mittel scheut, uns zu den aufreibendsten Anstrengungen zu zwingen, zeigt unter anderm ein vor kurzem erlassener Anschlag von Schacht Gustav, durch den den Bergleuten angekündigt wird, daß, wenn sie nicht mehr Kohlen fördern als bisher, ihnen noch ein weiterer Lohnabzug von 5 Sgr. auf 100 Scheffel gemacht würde, so daß also diejenigen, die nicht imstande sind, mehr Kohlen zu fördern, als bisher, einen über das Verhältnis hinaus geringeren Lohn erhalten sollen, als diejenigen, die mehr als bisher fördern können. Die statistischen Nachweise über die Zahl und das Alter der Arbeitsunfähiggewordenen und der Verstorbenen würden schlagende Beweise von dem Unmenschlichen unserer Lage geben. Leider stehen uns dieselben nicht zu Gebote. Aber nicht umsonst ist es Sr. Königl. Hoheit dem Prinzen Friedrich Karl von Preußen im letzten Kriege aufgefallen, daß unter den dem Bergmannsstande angehörigen rheinischen Soldaten so viele schwächliche und brüchige Leute waren; nicht umsonst hat die hiesige Untersuchungskommission zur Aushebung für den Königl. Militärdienst die Wahrnehmung gemacht, daß die Bergleute in überwiegender Zahl zum Militärdienst untauglich sind. Es ist dies aber auch nicht anders möglich, wenn die jungen Leute den ganzen Tag in den unterirdischen Räumen, in schlechten Wettern und nassen Örtern arbeiten müssen, und wenn sie da, wo Kunst- oder Seilfahrt besteht, am Ende der Schicht oft stundenlang mit von Schweiß durchnäßten Grubenkleidern im kalten Wetterzuge ausharren müssen, ehe sie zu Tage gefördert werden. Besonders die Brust wird bei übermäßigem Arbeiten auf der Grube frühzeitig beengt. Ist aber die Gesundheit der Leute, oft schon mit 35 Jahren, durch diese Überanstrengungen so angegriffen, daß sie nicht mehr in der Grube arbeiten können, oder daß sie nicht mehr dasselbe leisten können, wie die jüngeren Leute, die ihre Kräfte noch nicht geopfert haben und erhalten sie von den Knappschaftsärzten gewöhnlich das Zeugnis »zu leichter Hüttenarbeit noch tauglich«, so haben sie keinen Anspruch auf Invalidenpension aus der Knappschaftskasse. Ist aber solche leichtere Grubenarbeit nicht zu bekommen, sind sie gezwungen, sich bei Privatleuten passende Arbeit zu suchen, so werden sie ihrer Rechte als Knappschaftsmitglieder vollständig verlustig, in ihrem frühen Alter erwartet sie das traurigste Los. Ja, die Gewerke sind so rücksichtslos, daß, wenn der Absatz auf den Gruben zeitweise schwächer wird, sie nicht, aber doch nur selten die jüngeren oder zuletzt angenommenen Arbeiter entlassen, welche doch viel leichter wieder anderweitig Arbeit finden können, sondern beinahe immer die älteren Bergleute, namentlich solche, welche in langjährigem, treuem Dienste oft mit Verachtung des Todes ihre Kräfte und ihre Gesundheit zu Nutzen der Gewerkschaft aufgeopfert haben. Als Steiger und Fahrhauer werden diejenigen oft noch ziemlich jungen Leute angestellt, die sich nur durch übermäßige Arbeit, die sie einige Jahre ausgehalten haben, bei der Grubenverwaltung beliebt gemacht haben und sich dazu eignen, die anderen Bergleute solange zur Arbeit anzutreiben, bis diese nicht mehr können. Die Grubenbeamten selbst aber haben meist gar keine Vorstellung davon, wie drückend die Lage des Bergmanns ist, da sie selbst sich gewöhnlich nie in ähnlicher Lage befunden haben, sondern nur als ausschließlich theoretisch ausgebildete Leute angestellt worden sind.

Obwohl wir aber auch so vielen Unglücksfällen ausgesetzt sind, – wie viele Menschen haben nicht allein durch die gefährliche Seilfahrt ihr Leben verloren – *so ist uns doch auch die so schöne und liebgewordene Einrichtung genommen worden, daß die Bergleute vor dem Anfahren gemeinsam mit dem verlesenden Steiger ihr Gebet verrichten. Anstatt des Morgens mit dem Gebetbuche kommen viele Beamte jetzt mit rohen Flüchen in die Waschkaue* und treiben die Bergleute eine Viertelstunde vor Anfahrt schon in die Grube. Wenngleich die Schicht durch das Morgengebet um etwa zehn Minuten verkürzt wurde, so ist es doch unverantwortlich, daß dieses Gebet auf fast allen Gruben in Wegfall gebracht worden ist.

Bei alledem sind die Gedinge so niedrig gestellt, daß wir trotz der übermäßigsten Anstrengungen allgemein in den drückendsten Verhältnissen leben. Gegenwärtig verdient ein mittlerer Arbeiter, wie die Mehrzahl ist, bei dem größten Fleiße während einer elfstündigen Schicht im Monat durchschnittlich 17 bis 18 Taler. Nur diejenigen, welche die lohnendste Arbeit haben, bringen es bis auf 30 Taler und darüber monatlich, die geringeren Arbeiter aber nur auf 9–10 Taler. Dabei stellen sich die Preise der unentbehrlichsten Lebensmittel hier durchschnittlich folgendermaßen [dar]: 1 Schwarzbrot von 12 Pfund 11½ Sgr., 20 Pfund Kartoffeln 11 Sgr., 1 Pfund Schweinefleisch 8½ Sgr., 1 Pfund Butter 11–12 Sgr. Miete jährlich 40–50 Taler. Für eine Familie von vier Personen betragen also die Kosten für die unentbehrlichsten Lebensbedürfnisse täglich etwa:

	Sgr.	Pfg.
Miete (45 Taler pro Jahr)	3	9
5 Pfund Brot	4	10
6 Pfund Kartoffeln	3	4
½ Pfund Fleisch oder Speck	4	3
1/6 Pfund Butter	2	–
1/10 Pfund Salz	–	1
Kaffee	–	9
Milch und Zucker	–	5
Öl auf d. Grube u. Seife	1	5
Summa	20	10

oder monatlich 20 Taler 25 Sgr., wobei auch Licht, Heizung, Kleidung, Schuhzeug, Hausgerät, Schulgeld und Steuern (15 Taler jährlich) noch garnicht gerechnet ist, während der Arbeiter durchschnittlich im Monat nicht mehr als 15 bis 16 Taler verdient.

Gegen alle angeführten Notstände aber haben wir gegenwärtig sozusagen gar keinen tatsächlichen Schutz, teils weil das Kgl. Oberbergamt seinen Sitz in Dortmund hat, teils weil den Bergleuten nicht die Mittel zu Gebote stehen, ihre Klagen vernehmlich und mit Nachdruck vorzubringen.

Wenn aber auch das Gesetz vom 20. Mai 1860, welches unter Mitwirkung des aus den Dreiklassenwahlen[2] hervorgegangenen Abgeordnetenhauses entstanden ist, den Gewerkschaften das Recht gibt, nach Belieben die Schicht verlängern und den Arbeitslohn herabsetzen zu können, so dürfen dieselben doch nach allgemeinen preußischen Gesetzen von diesem Recht

---

2   Das 1849 von Friedrich Wilhelm IV. verordnete Preußische Dreiklassenwahlrecht, das für die Wahlen zum preußischen Abgeordnetenhaus und zu den Gemeindevertretungen galt, teilte die Wähler nach ihrem direkten Steueraufkommen in drei Klassen ein. Die erste Abteilung der am höchsten Besteuerten, die in zahlreichen Wahlbezirken nur aus einer Person bestand, durfte danach ebenso viele Wahlmänner stellen, wie die zweite und die dritte Abteilung, der die überwältigende Mehrzahl der Wahlberechtigten angehörte. In Kombination mit der Wahlkreiseinteilung führte das Dreiklassenwahlrecht zu einer sehr starken Bevorzugung der Konservativen. Es wurde im November 1918 abgeschafft.

nicht in einer Weise Gebrauch machen, bei welcher die Arbeiter körperlich und geistig zu Grunde gehen müssen. Die Kgl. Berggeschworenen, denen solche Zustände doch nicht unbekannt bleiben können, und deren Pflicht es wohl wäre, etwas zur Abhilfe derselben zu tun, fühlen sich nicht dazu veranlasst, selbst wenn sie, wie es geschehen, von Bergleuten um Schutz angegangen werden. Denn obwohl ein Bergmann nur in der äußersten Not dazu greifen wird, sich bei den Behörden zu beschweren, so haben es doch einzelne getan, die grundlos plötzlich entlassen, oder denen ungerechte Lohnabzüge gemacht worden sind, z.B. die Bergleute Kollenberg und Gebrüder Wienkötter von Zeche Viktoria Mathias, Müller von Schacht Gustav, Peter Ellenbeck von Zeche Anna; aber Erfolg haben sie dabei fast gar nicht gehabt. An das Kgl. Oberbergamt zu Dortmund aber, auf welches nach dem Gesetz vom 10. Juni 1861 die Befugnisse des früher in Essen befindlichen Bergamtes nach Aufhebung des letzteren übergegangen sind,[3] sich zu wenden, ist vielen Bergleuten der Entfernung wegen nicht möglich und wenn es doch geschehen, so hat auch das Kgl. Oberbergamt den Bergleuten keinen Schutz gewährt, wie z.B. dem Wilh[elm] Wienkötter und dem Peter Ellenbeck von Zeche Anna.

Solche Fälle haben uns überzeugt, daß es vergebliche Mühe wäre, unser Anliegen erst den Königl. Berggeschworenen und dem Kgl. Oberbergamt zu unterbreiten; wir wenden uns vielmehr, da wir keine andere Möglichkeit einer baldigen Abhilfe unserer Not ersehen, und wir von der Überzeugung durchdrungen sind, daß Höchstdemselben das Wohl aller seiner Untertanen mit gleicher Wärme am Herzen liegt, uns hiermit direkt an Ew. Majestät, Höchstderselbe möchte die Kgl. Bergbehörden anweisen, daß dieselben eine derartige Verlängerung der Schicht durch die Gewerkschaften nicht länger gestattet, bei welcher, wie es bei einer länger als achtstündigen Schicht der Fall ist, die Gesundheit auch der kräftigsten Leute binnen kurzem zugrunde gehen muss; daß überhaupt die Kgl. Bergbehörden ihren Verpflichtungen gegenüber den Bergleuten tatsächlich mehr nachkommen, nämlich als unparteiisches Schiedsgericht uns den vollen gesetzlichen Schutz gegen die übermäßigen Bedrückungen der Gewerkschaften zu gewähren.

Ew. Majestät treu gehorsamste Bergleute des Kreises Essen.

[Es folgen die Unterschriften[4]]

---

3   Gemeint ist das Kompetenzgesetz vom 12. Juni 1861, das die Organisation und Aufgaben der Bergbehörden reformierte.
4   Die Antwort des preußischen Handelsministers von Itzenplitz vom 16.11.1867 zeugt von dem Rückzug des Staats aus seiner sozialordnenden Kompetenz nach der Bergrechtsreform. Aufgrund der Tatsache, dass »in den meisten Fällen [...] die Bergleute mit der Verlängerung [der Arbeitszeit] einverstanden« und »die polizeiliche Aufsicht der Bergbehörden sich gegenwärtig bloß auf die Sicherheit des Lebens und der Gesundheit der Arbeiter« erstrecke, läge »kein Grund vor, allgemein eine kürzere Arbeitszeit vorzuschreiben«. Weiter verwies der Handelsminister auf die Lohnsteigerungen seit 1859 und betrachtete daher die Löhne der Bergleute als durchaus auskömmlich: »Übrigens würde auch im entgegengesetzten Falle die Bergbehörde zur Abhilfe außerstande sein, weil die Abschließung der Verträge zwischen den Bergwerks-Eigentümern und den Bergleuten, wie in der vorliegenden Immediat-Eingabe zutreffend hervorgehoben wird, nach der jetzigen Lage der Gesetzgebung dem

3. Ansätze patriarchalischer »Menschenführung« in der Eisen- und Stahlindustrie (1871/72)

a) Auszug aus der „Urschrift" Alfred Krupps zur Vorbereitung des „Generalregulativs" [Dez. 1871]. Historisches Archiv Krupp Essen, FAH 2 P 100, abgedruckt in: Gerhard Adelmann, Quellensammlung zur Geschichte der sozialen Betriebsverfassung. Ruhrindustrie unter besonderer Berücksichtigung des Industrie- und Handelskammerbezirks Essen, Bd. 1, Bonn 1960, S. 276–277 (Dok. 687).

So wie jede Verbindung, jede Körperschaft von der kleinsten Familie an bis zum größten Staat zu ihrem Gedeihen der inneren Einigkeit und Treue bedarf, so ist Gleiches die Grundbedingung der dauernden Wohlfahrt eines gewerblichen Etablissements. Ohne Einigkeit, ohne Treue besteht kein Haushalt, kein Staat, kein Etablissement, auch nicht unter den günstigsten Nebenumständen. […] Im Interesse aller Beteiligten ist es daher die erste Bedingung, dass jeder in obiger Beziehung seine Schuldigkeit tue, seine Pflicht nicht verletze […].

Dagegen wird die Verwaltung nach wie vor jedem Bedürfnis, jeder gerechten Anforderung stets zuvorkommen, nicht nur weil sie die Überzeugung hat, dass sie nur mit befreundeten, wohlgesinnten Kräften ein dauerndes segensreiches Etablissement sich versichern kann, sondern weil dies ein ererbter Gebrauch ist, dem das Etablissement von seinem kleinen Ursprung her, seine gegenwärtige Bedeutung verdankt.

b) § 19 des Generalregulativs für die Firma Fried. Krupp in Essen a.d. Ruhr vom 9.9.1872. Historisches Archiv Krupp, WA 4/1493, abgedruckt und kommentiert in: Ernst Schröder, Alfred Krupps Generalregulativ, in: Tradition 1 (1956), Heft 1, S. 35-57, hier S. 45f.

Wie die Firma von allen, die dem Verband angehören, nicht bloß Tüchtigkeit im Beruf und in der Ausübung ihrer Berufspflichten, sondern überdies verlangen muss, dass ein jeder sich auch außerhalb seiner Berufstätigkeit nur von Ehre, Rechtsgefühl und Wahrhaftigkeit leiten lasse, und dass vorgekommene Fehler und Versäumnisse nicht verheimlicht, vielmehr sofort zur Kenntnis gebracht werden, um, wo noch Abhilfe möglich, diese herbeizuführen, wie sie von allen die Heilighaltung der Vertragstreue voraussetzt, so wird sie ihrerseits die ihr obliegende Pflicht der Vertragstreue nicht damit für erfüllt und erschöpft ansehen, dass sie die durch die Verträge übernommenen Rechtsverbindlichkeiten erfüllt, vielmehr wird sie nach wie vor bestrebt sein, treue Dienste und hervorragende Leistungen außergewöhnlich zu belohnen, und wird auch ihrerseits stets treu in Ehren halten, wer in aufrichtiger Hingebung ihr seine Kräfte gewidmet hat. Angemessene Erhöhungen der Löhne und Gehälter, außerordentliche Honorare und in den hervorragenderen Fällen Dotationen werden die Mittel der Firma sein, ihrer Anerkennung Ausdruck zu geben.

freien Übereinkommen derselben überlassen ist, und eine Mitwirkung der Kgl. Bergbehörden bei Annahme und Entlassung der Bergarbeiter, sowie bei Festsetzung und Zahlung des Schicht- und Gedingelohnes nicht mehr stattfindet, wodurch zugleich mehrere andere Beschwerdepunkte ihre Erledigung finden.« (Imbusch, Arbeitsverhältnis, S. 688 f.).

4. Verhältnisse und Beschäftigung der jugendlichen Bergarbeiter (1874)

Verein für die bergbaulichen Interessen im Oberbergamtsbezirk Dortmund,[5] Ordentliche Generalversammlung des Vereins für die bergbaulichen Interessen im Oberbergamtsbezirk Dortmund – stenographischer Bericht (1861–1879), Bericht der 15. ord. General-Versammlung vom 18.12.1874, S. 13–17. (Auszug)

Zu demselben äußerte sich zunächst Herr Bergassessor *Krabler*[6] als *Referent*, wie folgt:

Ihr Vorstand schlägt Ihnen folgende Resolution zur Annahme vor:

In Erwägung, dass die gesetzlichen Bestimmungen über die Beschäftigung *jugendlicher Arbeiter* nicht zu den festen Arbeitsformen des Bergbaus passen, vielmehr einem Ausschluss sämtlicher jugendlicher Arbeiter für den unterirdischen Betrieb gleichkommen und so den Bergbau und die bei demselben beschäftigten Arbeiterfamilien unnötigerweise weit mehr als alle anderen Industrien benachteiligen, indem namentlich die zeitige Heranbildung junger Bergleute hierdurch wesentlich leidet; dass aber andererseits diese Arbeitsformen vollständigen Schutz im Sinne und Geiste des Gesetzes gewähren: erklärt Generalversammlung es als dringend wünschenswert, dass die betreffenden Bestimmungen der Gewerbe-Ordnung, soweit sie die Beschäftigung jugendlicher Arbeiter zwischen 14 bis 16 Jahren unter Tage betreffen, einer *Revision* unterworfen werden.

Den Anlass zur Wiederaufnahme dieser Frage gab neuerdings die Enquete des Reichskanzleramts, zu welcher Ihr Vorstand sich gutachtlich geäußert hat. Er hält sich aber auch verpflichtet, diesen Gegenstand hier zur Sprache zu bringen. Die gesetzlichen Bestimmungen sind in dem Gesetz vom 21. Juni 1869[7] enthalten und setzen fest für Kinder unter zwölf Jahren absoluten Ausschluss von aller Fabrikarbeit, für Kinder von 12 bis 14 Jahren eine leichte

---

5 Der Verein für die bergbaulichen Interessen im Oberbergamtsbezirk Dortmund (Bergbau-Verein) konstituierte sich 1858 mit Sitz in Essen als erster organisatorischer Zusammenschluss der Bergbauunternehmer des Ruhrgebiets, um den Herausforderungen durch Wirtschaftskrise und Bergrechtsreform begegnen zu können. Das Engagement des Bergbau-Vereins galt zunächst vornehmlich der Erreichung marktordnender Förder- und Preiskonventionen. Nach dem großen Bergarbeiterstreik von 1889 und der Gründung des Rheinisch-Westfälischen Kohlensyndikats als Absatz- und Marktorganisation verschob sich seine Tätigkeit zunächst stärker zu sozialpolitischen Themen. Nach der Gründung des Zechenverbands 1908 als reine und eigenständige Arbeitgeberorganisation konzentrierte sich der Bergbau-Verein auf technisch-wissenschaftliche Tätigkeitsfelder. Gleichwohl galt der Bergbau-Verein vielen Zeitgenossen in den 1920er und frühen 1930er Jahren weiterhin als einer der mächtigsten Unternehmerverbände in Deutschland. Er wurde nach dem Ende des Zweiten Weltkriegs zunächst durch die britische Militärregierung suspendiert, Ende 1958 aber als treuhänderischer Vermögensträger und -verwalter verschiedener Bergbauverbände wieder reaktiviert. Zum Bergbau-Verein vgl. auch die Dok. 6, 7, 11, 23 in Kap. VI.

6 Emil Krabler (1839–1909), zunächst Bergassessor am Königlichen Oberbergamt Bonn, war seit 1868 Grubendirektor bzw. seit 1886 Generaldirektor des Kölner Bergwerks-Vereins in Altenessen. Zu Krabler vgl. auch Dok. 9 in Kap. VI.

7 Hierbei handelt es sich um die §§ 128ff. in der Gewerbeordnung für den Norddeutschen Bund vom 21.6.1869 (Bundes-Gesetzblatt des Norddeutschen Bundes 1869, No. 26, S. 245–284, hier S. 274f.).

Arbeit, die aber sechs Stunden nicht überschreiten darf, für Kinder von 14 bis 16 Jahren, die ihrer Schulpflicht bereits Genüge geleistet haben, eine Maximalarbeitszeit von zehn Stunden, die durch drei Pausen: vormittags eine halbe Stunde, mittags eine Stunde, nachmittags eine halbe Stunde mit Bewegung in der freien Luft unterbrochen werden muss. Außerdem ist die Nachtarbeit ausgeschlossen, indem die Arbeitsstunden nicht vor halb sechs Uhr morgens beginnen und nicht über halb neun abends dauern sollen. Jedermann wird einsehen, dass bei der Redaktion dieser Bestimmungen niemand zugegen gewesen ist, der mit den Verhältnissen des Bergbaus bekannt war. Es schließt sich der ganze Rahmen des Gesetzes an die Arbeit in Fabriken an. Für diese sind die Frühstücks-, Mittags- und Nachmittagspausen eingewöhnt und führen gar keine Beschwerden mit sich. Ebenso ist es mit dem Beginn der Arbeitsstunden. Ganz anders ist es beim Bergbau. Die Einteilung der zwölfstündigen Tagesarbeit und der Nachtruhe kennt der Bergmann nicht; er ist seit alter Zeit zum Drittelsystem gekommen. Das sind so feste Normen, die sich so fest eingewöhnt haben, dass in dieser Zeit Pausen gar nicht stattfinden. Nun vergegenwärtigen Sie sich die Lage derjenigen jugendlichen Arbeiter, die mit 14 Jahren aus der Schule kommen. Der Bergwerksbesitzer ist gar nicht imstande, sie unter Tage zu beschäftigen. Er müsste sie während der Arbeitsschicht aus der Grube fördern und eine halbe Stunden lang spazieren gehen lassen. Dass dies mit dem Betrieb unvereinbar ist, wird jedem Techniker einleuchten. Daher kommt diese Bestimmung einer vollständigen Ausschließung jugendlicher Arbeiter unter 16 Jahren von der Bergarbeit unter Tage gleich. Es bleiben für dieselben also nur Beschäftigungen über Tage: das Herausklauben der Berge [usw.]. Aber auch hier entsteht für sämtliche Gruben, die in zwei Schichten fördern, die Schwierigkeit, dass die jugendlichen Arbeiter nicht von 14 bis 22 Uhr nachmittags beschäftigt werden können, indem sie schon nach dem Gesetz um halb neun entlassen werden müssen. Wir können also jugendliche Arbeiter nur in sehr beschränktem Maße auf der Grube verwenden, und das hat den großen Nachteil, dass ein nicht unbedeutender Teil des Nachwuchses von Bergmannsfamilien uns verloren geht. Die Eltern sind, wenn die Jungen mit 14 Jahren aus der Schule entlassen werden, nicht in der Lage, sie noch zwei Jahre herumspazieren zu lassen; über Tage kann nur ein geringer Teil beschäftigt werden, die Folge davon ist, dass sie anderwärts Arbeit suchen, sie gehen in die Fabriken, Eisenhütten und andere größere Anlagen, wo sie vormittags, mittags und nachmittags ihre halbe resp. ganze Stunde frei haben und promenieren können. Von daher kommt nur ein sehr geringer Teil zum Bergbau zurück. Andererseits wird jeder einsehen, wie wichtig eine frühzeitige Gewöhnung gerade für den Bergmann ist. Wir beklagen es ja nur zu oft, dass wir gar keine gelernten Bergleute mehr haben, und eine Hauptursache dieses Übelstands ist die bestehende gesetzliche Bestimmung. Es wird uns nicht mehr die Möglichkeit gegeben, die jugendlichen Arbeiter heranzubilden. Wir bekommen sie entweder gar nicht oder als Überläufer später zurück, und sie werden sich dann der straffen Disziplin, die ja unter der Erde im Interesse der Arbeiter selbst gehandhabt werden muss, nur schwer fügen. Andererseits kann man gar nicht sagen, dass die Arbeiten in der Grube irgendwie dazu angetan sind, dass sie die Gesundheit der heranwachsenden jungen Leute gefährden könnten. Es sind ja nur ganz leichte Arbeiten, zu denen sie verwandt werden können, als Bremser, Wettertüröffner, Anknebler, Pferdeknechte usw., die ihre Kräfte nicht übermäßig anstrengen und die sie nicht an Orte führen, die von der Ventilation entfernt sind. Alle diese Umstände mögen bei der Abfassung der in Rede stehenden Paragrafen über die Verhältnisse der jugendlichen Arbeiter übersehen worden sein, und da ja, wie es scheint, jetzt die Absicht vorliegt, eine Revision dieser Bestimmungen vorzunehmen, so dürfte es gewiss geraten sein, auf diese tatsächliche Inkongruenz aufmerksam zu machen. Es schlägt Ihnen deshalb Ihr Vorstand die erwähnte Resolution vor.

5. Der Unternehmer als Patriarch (1875)

Vorwort Alfred Krupps zum »Arbeiter-Spiegel« Friedrich Harkorts (Februar 1875), abgedruckt in: Alfred Krupp und die Entwicklung der Gußstahlfabrik zu Essen. Nach authentischen Quellen dargestellt von Diedrich Baedeker, Essen 1889, S. 158–160.

Ein Rückblick auf das verflossene halbe Jahrhundert erweist einen so großen Wechsel in der Lage des Arbeiterstands zwischen damals und jetzt, dass Betrachtungen über die nächste und fernere Zukunft und über die Mittel, zum Nutzen derselben Beistand zu leisten, wohl eine Pflicht geworden sind für jeden Beteiligten und Berufenen. Der Umschwung der letzten zehn Jahre zeigt abwechselnd Not und Wohlstand, niedrigen Lohn und nie dagewesene Höhe desselben. Außerdem trat aber die auffallende Erscheinung zu Tage, dass *mit dem Steigen der Löhne die Unzufriedenheit zunahm* und dass zur Zeit, als jedermann Fortdauer der bestehenden günstigen Verhältnisse hätte wünschen sollen, zum Besten der Beteiligten – Arbeiter und Arbeitgeber – sogar Einstellung der Arbeit auf manchen Werken erfolgte, um durch Druck auf den Arbeitgeber noch höheren Lohn zu erpressen. Man trachtete sogar dahin, durch Entziehung des Bedarfs an Kohlen auch den Stillstand der Gussstahlfabrik zu erzwingen, als solche für lange Zeit im Voraus dringende Arbeiten vorzugsweise für den Staat übernommen hatte. Durch große Opfer ist damals dieses Unglück, welches doch am härtesten die Arbeiter der Fabrik betroffen haben würde, abgewendet worden. Nicht Freunde der Arbeiter haben dies veranlasst. Es waren ihre eigenen Feinde, die von der Unterstützung des zum Teil verleiteten Arbeiterstands leben und an die Spitze derselben sich zu schwingen hoffen. Unter dem Schein der Fürsorge wollen sie die Arbeiter ruinieren, um zu ihren selbstsüchtigen räuberischen Zwecken aus der Kraft solcher Hilflosen sich willige Werkzeuge zu schaffen, wenn der Zeitpunkt zum Umsturz der Ordnung ihnen günstig erscheint. Erfüllt von solchen Sorgen für das Wohl des Arbeiterstands entdecke ich eine Schrift: »Arbeiter-Spiegel von Friedrich Harkort«,[8] welche ich der Beherzigung empfehle, weil sie die Lage der Arbeiter, die Ursachen ihrer Beschwerden, ihr Recht und Unrecht klar schildert und den richtigen Weg zeigt, der allein zum dauernden Wohlergehen und zur Zufriedenheit führt. Der Name des Verfassers bürgt dafür, dass er nur diese uneigennützige Absicht verfolgt. Schon vor fünfzig Jahren hat derselbe Mann und jetzt hochbetagte Greis viele Arbeiter beschäftigt; er war derjenige, der vor ca. 45 Jahren zuerst den Puddlingsprozess in

---

8 Zum Pionierunternehmer Friedrich Harkort vgl. Dok. 15 in Kap. II, Dok. 1 in Kap. III sowie Dok. 3 in Kap. VI.

Deutschland, und zwar in Wetter a.d. Ruhr einführte,⁹ trotz Kosten, Mühen und Gefahr. Hunderttausende von Menschen haben jetzt in Deutschland ihr Brot von dieser so wichtig gewordenen Industrie. Damals, als ich noch wenige Arbeiter beschäftigte, habe ich seinen Unternehmungsgeist bewundert und verdanke ihm und anderen großen Beispielen die Anregung zu eigenem Streben. Wenn ein Mann, der seit dem Rücktritt aus der gewerblichen Tätigkeit sein Leben durch Sinnen, Wort und Schrift so reichlich dem Wohl der arbeitenden Klassen und namentlich der Volksbildung gewidmet hat, eine Schrift wie diese veröffentlicht, so darf dieselbe wohl als ein Gruß an seine Schützlinge, als ein am Lebensabend geschriebenes Vermächtnis angesehen und geehrt werden, und deshalb empfehle ich mit gleicher Wärme für das Wohl des Arbeiterstands die erwähnte Schrift zu allgemeiner Kenntnis und Beherzigung. Der Kern der Schrift ist ein Beweis, dass Fleiß, Treue, Mäßigkeit, Sittlichkeit und Ordnung im Hauswesen und in der Familie die sicheren Grundlagen des Wohlergehens und der Zufriedenheit sind, und dass diese Tugenden selbst Schutz bieten in schlechten Zeiten, dass dagegen trotz aller Fähigkeit, trotz aller List und feindseliger mächtiger Vereinbarungen am Ende Unbotmäßigkeit, Unordnung, Unsittlichkeit selbst bei zeitweise erpresstem hohen Lohn ins Verderben stürzen. Das Schicksal der Arbeitseinstellungen in England hat Unglück gebracht über Hunderttausende, die jetzt ohne Arbeit sind und zum Teil bleiben werden. Die treu bewährten guten Leute wird man selbst in schlechten Zeiten mit Vorzug und Opfern schützen – die schlechten, welche auf kein Mitgefühl rechnen können, wird man bei der nächsten Gelegenheit entfernen. Und so wird es auch auf der Gussstahlfabrik gehalten sein und bleiben. Aber Fleiß, Treue und Geschicklichkeit bei der Arbeit verbürgen allein noch nicht den dauernden Wert des Mannes. Er muss auch durch seine *Führung außerhalb der Fabrik*, durch sein *Hauswesen* und durch die *Erziehung seiner Kinder* sich Achtung erwerben und das Vertrauen zu seiner Beständigkeit. Man wird zum Nutzen des großen Ganzen auch hierauf mit Sorgfalt die Beobachtung richten. Ich begleite diese Zeilen noch mit einer Bemerkung, welche durch die Zeitumstände hervorgerufen wird. Ich wünsche nämlich, dass auf allen Werken der Gussstahlfabrik bis in die fernsten Zeiten *Friede* und *Eintracht* herrsche *zwischen den Konfessionen*, wie dies bisher stattgefunden. Nach einer 48-jährigen Tätigkeit als Arbeitgeber¹⁰ bekenne ich mit Freude, dass ich, obgleich protestantisch, von Anfang an immer in der Mehrzahl katholische Arbeiter und Meister hatte, und dass ich niemals einen Unterschied bemerkte in ihrer Treue; vielmehr habe ich der treuen Hingebung einer namhaften Zahl von ihnen aus allen Konfessionen zum großen Teil das Gelingen meiner Unternehmungen zu verdanken. Am Abend meines eigenen Lebens äußere ich die Hoffnung, dass es ferner so bleiben möge. Ich wünsche auch, dass die Kinder aller Konfessionen in den Schulen und auf den Spielplätzen, welche ich ihnen errichtete, sich befreunden, damit sie später als Männer, jeder nach seiner Kraft und Befähigung, auf den Werken der Fabrik in Gemeinschaft und in gutem Einvernehmen ihren Beruf erfüllen und ihr Brot erwerben. Denn Einigkeit ist die

---

9   Vgl. dazu die Einleitung zu Kap. II.
10 Nach dem Tod seines Vaters Friedrich Krupp 1826 hatte der damals 14-jährige Alfred faktisch die verantwortliche Leitung der Essener Gussstahlfabrik übernommen.

Bedingung der allseitigen Zufriedenheit und des Segens der Arbeit. Wer dieselbe zu stören wagen möchte, sei er jung oder alt, stehe er hoch oder niedrig, der soll entfernt werden. Ich hoffe aber, dass solcher Fall niemals bei uns eintreten wird, dass vielmehr Jedermann auch in dieser Beziehung sich bestreben wird, die Wohlfahrt aller zu befestigen.

Mit diesem warmen Wunsch schließe ich

Februar 1875 *Alfred Krupp*

6. Erste Massenentlassungen von Bergarbeitern in der wirtschaftlichen Stagnation der 1870er Jahre

Protokoll von Verhandlungen des Arnsberger Regierungspräsidenten und der Kommunalbehörden über Krisenmaßnahmen vom 5.2.1877. Abschrift. Landesarchiv NRW Abt. Westfalen, OBA Dortmund 1783, Bl. 106–113. (Auszug)

Auf Einladung des mitunterzeichneten Regierungspräsidenten, welcher sich in Begleitung des Kommunaldepartements-Rats der Königlichen Regierung hierher begeben hatte, waren heute die Herren Landräte des Land- und des Stadtkreises Dortmund, der Herr Bürgermeister der Stadt Hörde, sowie die Herren Amtmänner von Aplerbeck, Annen, Barop, Brakel, Castrop und Lütgendortmund mit den Unterzeichneten zu einer Besprechung über die stattgefundenen und noch bevorstehenden Entlassungen von Arbeitern der Kohlenzechen beider Kreise, sowie über diejenigen Maßregeln zusammengetreten, welche unter den obwaltenden Umständen zur Wahrung der öffentlichen Sicherheit, sowie zur Vorbeugung eines immerhin möglichen Notstands zu ergreifen sein werden.

Es wurde zunächst konstatiert, dass von den Zechen des Land- und Stadtkreises bis jetzt 968 Arbeiter entlassen waren. Weiteren 635 Bergarbeitern ist zum 15. d. M. gekündigt. Hierzu kommen möglicherweise in nächster Zeit 825 Arbeiter der Zechen Erin und Hansa. Beide gehören der Preußischen Bergwerks-Gesellschaft, deren Fallissement[11] mit Sicherheit zu erwarten ist. Wenn auch die Fortführung des Betriebs im Interesse der Massen Gläubiger liegt, so steht doch noch nicht fest, ob man sich dazu entschließen wird. Die Entlassung dieser Arbeiter würde umso härter empfunden werden, als die genannte Gesellschaft seit Wochen mit den Lohnzahlungen im Rückstand ist.

Übrigens würde diese Kalamität weniger der allgemeinen Lage des Bergbaus [als] den schlechten Finanzverhältnissen der beteiligten Aktiengesellschaft zuzuschreiben sein.

Nach den von den betreffenden Zechenvorständen festgehaltenen Grundsätzen werden an erster Stelle die unverheirateten Bergleute entlassen und unter diesen zunächst die fremden Arbeiter. Die bis jetzt Entlassenen gehören sämtlich der letztgedachten Kategorie an und sind nach den eingezogenen Erkundigungen etwa zur Hälfte bereits in ihre meist entfernt belegene Heimat zurückgekehrt.

---

11 Zahlungsunfähigkeit, Bankrott.

Die Zurückgebliebenen haben, wenn sie sich ernstlich darum bewarben, bisher meist andere Arbeit gefunden, doch sind schon Fälle vorgekommen, wo sie gegen bloße Kostgewährung sich zur Arbeit angeboten haben.

Die Folgen der ungünstigen Lage des Arbeiterstands haben sich bereits in einem beträchtlichen Rückgang der Sparkassen-Einlagen gezeigt. [...]

Auch wird über eine erhebliche Zunahme der Bettelei und Vagabundage allgemein geklagt. Vielfach bitten die Leute um Lebensmittel. Fälle, in denen die Bettler sich zu Drohungen verstiegen, sind zwar vorgekommen, aber doch nur vereinzelt. Diese Erscheinungen können indes den erst kürzlich eingetretenen Arbeiterentlassungen nicht zugeschrieben werden. Die betreffenden Personen waren meist entlassene Fabrik- und Hüttenarbeiter oder arbeitsscheue Subjekte.

Nachdem dem Landkreis Dortmund fünf Gendarmen zur Verstärkung überwiesen worden sind, darf, wie der Landrat Freiherr v. Rynsch[12] bestimmt erklärte, das vorhandene Exekutivpersonal – 23 Gendarmen und 45 Polizeibeamten – vorläufig als ausreichend angesehen werden. [...] Das Polizeipersonal des Stadtbezirks ist zur Unterdrückung etwaiger Ruhestörungen ebenfalls genügend.

Allseitig wird hervorgehoben, dass die gegenwärtige Kalamität sich in fast noch höherem Grad [als] in den Arbeiterentlassungen in der erheblichen Herabsetzung des Arbeitslohns resp. in der Verminderung der Arbeitsschichten äußer[t]. – Während der Bergmann früher wöchentlich sechs mal 3 und selbst bis 4 M., also im Ganzen 18–24 M. verdient habe, werde gegenwärtig in der Regel nur fünf, mehrfach auch nur vier Schichten wöchentlich mit einem Arbeitslohn von 2,20–2,50 M. pro Schicht gearbeitet. Da die Preise der Lebensmittel nicht erheblich gefallen sind, so reiche jener Lohn zum Unterhalt der Bergarbeiter und ihrer Angehörigen nicht mehr aus, es sei denn, dass man sich zu einer wesentlichen Einschränkung in den täglichen Lebensbedingungen entschlösse. Die Möglichkeit einer solchen Beschränkung sei übrigens nicht unbedingt ausgeschlossen, da die Bergarbeiter infolge der günstigen Lebensverhältnisse der letzten Jahre unverkennbar in manchen Dingen verwöhnt seien.

Nach Erörterung dieser Verhältnisse erklärten sich die Anwesenden darin einverstanden, dass zurzeit ein Notstand unter den beteiligten Arbeiterklassen noch nicht vorhanden sei, dass aber zur Verhütung eines solchen, sowie zur Aufrechterhaltung der öffentlichen Sicherheit und Ordnung schon jetzt geeignete Vorkehrungen getroffen werden müssten.

---

12 Otto Freiherr von der Heyden-Rynsch (1827–1912) war zwischen 1860 und 1899 Landrat in Dortmund. 1885 wurde er zum Dortmunder Ehrenbürger ernannt.

7. Lebensbedingungen der Bergarbeiter im Revier Oberhausen (1877)

Bergmeister Selbach (Oberhausen)[13] an das Königliche Oberbergamt Dortmund vom 7.2.1877. Landesarchiv NRW Abt. Westfalen, OBA 1781, Bl. 21–23.

Die Zechen
1. Ver. Wiesche
2. Ver. Sellerbeck
3. Ver. Hollenberg und Darmstadt
4. Ver. Rosenblumendelle
5. Oberhausen
6. Prosper
7. Humboldt
8. Ruhr & Rhein
9. Deutscher Kaiser

haben bis jetzt noch keinen Arbeiter entlassen, auch noch keine Entlassungen durch Kündigung vorbereitet. Den Betrieb beschränkt durch Feierschichten haben von diesen Zechen die folgenden:
1. Ver. Sellerbeck wöchentlich zwei Schichten
2. Ver. Rosenblumendelle wöchentlich zwei Schichten
3. Prosper (Schacht II) wöchentlich zwei Schichten
4. Humboldt wöchentlich zwei Schichten
5. Ruhr & Rhein feierte im Monat Januar im Ganzen zwei Schichten.

Der durchschnittliche Monatsverdienst auf den vorgenannten Zechen wurde wie folgt angegeben:

	Hauer M.	Schlepper M.	Tagesarbeiter M.
1. Ver. Wiesche	72–80	57	57
2. Ver. Sellerbeck	45–46	32–36	33
3. Ver. Hollenberg pp.	60–63	–	–
4. Ver. Rosenblumendelle	42	37	33
5. Oberhausen	85	65	65
6. Prosper I	75	60	52,5
7. Prosper II	49,5	39	32
8. Humboldt	51	42	37
9. Ruhr & Rhein	69	53	50
10. Deutscher Kaiser	69	57	54

Von den vorgenannten Zechen haben im Laufe des Monats Januar noch Arbeiter angenommen:

---

13 Bergmeister Carl Selbach (1835–1914), später Bergrat und Oberbergrat, war u.a. stellvertretender Vorsitzender des Berggewerbegerichts in Dortmund.

1. Ver. Sellerbeck 7 Mann
2. Oberhausen 22 Mann
3. Prosper I 20 Mann
　　　　　　　　　　　　　49 Mann

Die folgenden Zechen haben im Monat Januar Arbeiter entlassen resp. denselben auf den 1. Februar gekündigt:

1. Concordia 209 Mann
2. Roland 80 Mann
3. König Wilhelm 125 Mann
4. Alstaden I 29 Mann
5. Westende 32 Mann
　　　　　　　　　　　　475 Mann

Feierschichten haben diese Zechen in folgender Zahl verfahren:

1. Concordia wöchentlich 2 Schichten
2. Roland wöchentlich 2 Schichten
3. König Wilhelm wöchentlich 3 Schichten
4. Westende wöchentlich 2 Schichten

Als Durchschnittsverdienst wird von diesen Zechen für den Monat Januar angegeben:

	Hauer	Schlepper	Tagesarbeiter
1. Concordia	?	?	?
2. Roland	?	?	?
3. König Wilhelm	30–40	22–30	22–30
4. Alstaden	60–75	?	?

Der Arbeitsverdienst pro Monat Januar auf den Zechen Concordia und Roland ist indessen zu veranschlagen:

　für den Hauer　　　　　auf etwa 60 M.
　für den Schlepper　　　auf etwa 50 M.
　für den Tagesarbeiter　auf etwa 50 M.

Die Preise der Lebensmittel stehen sehr hoch, es kosten

　10 Pf. Schwarzbrot[14]　0,95 M.
　1 Pf. Rindfleisch　　　　0,60 M.
　1 Pf. Speck　　　　　　　0,80 M.
　1 Pf. Butter　　　　　　　1,40 M.
　1 Zentner Kartoffeln　　3,50 M.
　1 Liter Öl　　　　　　　　0,80 M.

14　Im Original: »11 Pfund« (vermutlich Schreibfehler).

Mit dem durchschnittlich erzielten Monatsverdienst ist daher die noch beschäftigte Arbeitermasse insgesamt nicht einmal imstande, notdürftig das Leben zu fristen. Die entlassenen Arbeiter haben meistenteils gar keine Existenzmittel, weil sie gegenwärtig auch sonst keine Arbeit finden. Dieser trostlose Zustand macht sich im Äußeren der Leute sehr bemerklich. Man begegnet überall großer Niedergeschlagenheit, die vielleicht, wenn die Kalamität lang anhält, in Verzweiflung ausarten dürfte.

Die Arbeiter sind im Ganzen jetzt sehr willig und zu jeder Arbeit bereit, die sie in besseren Zeiten wohl zurückweisen würden. Von Exzessen ist mir nichts bekannt geworden, auch nicht, dass die Arbeiter sich jetzt mehr, wie sonst, an sozialdemokratischen oder ultramontanen Verhandlungen beteiligten.

Meines Erachtens erfordert der Zustand schleunige Abhilfe event[uell] durch Eingreifen des Staates. Die Steuern müssten den Leuten nachgelassen und ermäßigt werden, namentlich die hohen Kommunalsteuern; auch müsste der Staat suchen, die Leute bei öffentlichen Bauten zu beschäftigen.

Im alten Bergrevier Mülheim ist die Lage der Arbeiter im Ganzen noch nicht so schlimm, wie bei Oberhausen und Borbeck, sowie Ruhrort.

Im Mülheimschen sind viele Leute, welche einen kleinen Kotten und Kartoffeln und Gemüse selbst gezogen und ein Schwein geschlachtet haben. Diese vermögen sie durch den Winter zu bringen, was die Bergleute zu Oberhausen, Borbeck und Ruhrort, die von der Hand in den Mund leben, in keiner Weise können.

8. Der Amtmann von Herne bittet die Schweizer Gemeinde Illnau, das Reisegeld für einen in seine Heimat zurückwandernden, erwerbslosen Arbeiter vorzustrecken (1877).
Der Herner Amtmann von Bock und Polach[15] an die Ortsbehörde zu Ill[n]au, Kanton Zürich, vom 18.7.1877. Stadtarchiv Herne IV/17, Bl. 82.

Die Familie, Arbeiter Georg Brändli u. dessen Ehefrau Marie geb. Rüegg, kann in der hiesigen Gemeinde bei der Stockung aller Industrie, namentlich des Kohlenbergbaus, nicht so viel verdienen, um ihren Lebensunterhalt zu bestreiten und beabsichtigt deswegen, sich nach ihrem Heimatort Ill[n]au zurückzubegeben. Zur Ausführung ihres Vorhabens fehlt ihr aber das nötige Reisegeld, welches […] 80 Frcs. betragen wird.

Die geehrte Ortsbehörde möchte ich im Interesse des Brändli um gefl. Auskunft ersuchen, ob dem Vorhaben desselben etwas im Wege steht und ob Wohldieselbe eventl. geneigt wäre, ihm die Reisekosten ad 80 Frcs. vorzustrecken.

Der p. Brändli ist ein ruhiger, arbeitsamer Mensch und hat sich mir gegenüber verpflichtet, die Reisekosten der geehrten Ortsbehörde nach und nach zu erstatten.

Der Amtmann
v[on] B[ock und Polach]

---

15 Karl von Bock und Polach (1840–1902) war von 1877 bis 1879 Amtmann von Herne.

9. Arbeitsbeziehungen und Grubenmilitarismus im Bergbau: Die Position der Steiger (1889)

Die Stellung der Steiger zu den Bergarbeitern, in: Tremonia Nr. 154 vom 6.7.1889. Landesarchiv NRW Abt. Westfalen, OP Münster 2828a, Bl. 117, abgedruckt in: Wolfgang Köllmann/Albin Gladen (Hg.), Der Bergarbeiterstreik von 1889 und die Gründung des »Alten Verbandes« in ausgewählten Dokumenten der Zeit, Bochum 1969, S. 221–222 (Dok. 145).

Aus Steigerkreisen geht uns der folgende Artikel mit der Bitte um Veröffentlichung zu, welcher wir umso lieber nachkommen, als es wünschenswert erscheint, auch von dieser Seite die Ansichten zur gegenwärtigen Bewegung offen aussprechen zu hören:

»Jetzt, da die Arbeiterbewegung durch die stattfindenden Untersuchungen der Beschwerden der Bergarbeiter eine unerwartete Wendung genommen hat, scheint man in gewissen Kreisen mit der Absicht umzugehen, für alle etwa aufgedeckten Missstände von vornherein die Unterbeamten, die Steiger, als die allein Schuldigen hinzustellen. Dazu kommt noch, dass in fast allen Bergarbeiter-Versammlungen von den Arbeitern über die Steiger hergezogen wird. Dies Letztere ist erklärlich, da es ja bekanntlich zu unseren Obliegenheiten gehört, alle Bestimmungen der Verwaltungen, welche zuungunsten der Bergleute getroffen werden, wie Lohnabzüge, Strafen usw., den Arbeitern mitzuteilen, infolgedessen dieselben die Steiger in erster Linie als ihre Feinde betrachten. Wollten doch die Arbeiter etwas weiter denken und sich die Lage der Steiger auf fast allen Gruben genauer ansehen, so würden sie finden, dass fast alle mit wenig Ausnahmen Grund haben, bei den jetzigen ungesunden Verhältnissen ebenso unzufrieden zu sein, wie sie selber. Die meisten Steiger fungieren heute nur noch als Aufseher in der Grube, Gedingemachen besorgt der Betriebsführer. Sie haben also nur die Arbeit zu kontrollieren, damit dieselbe gut ausgeführt und viel von den Arbeitern geleistet wird; außerdem haben die Steiger auf höheren Befehl alle paar Tage unter Strafandrohung daran zu erinnern, d.h. frei von Steinen und gutes Maß zu liefern, rechnet man da hinzu, dass die Lohnabzüge in den letzten Jahren den Arbeitern durch die Steiger (auf Befehl des Betriebsführers) mitgeteilt wurden, so ist es nicht zu verwundern, wenn sich mit der Zeit ein Verhältnis zwischen den Steigern und Arbeitern gebildet hat, welches in vielen Beziehungen besser sein könnte.

Es mag richtig sein, dass viele Steiger in ihren Obliegenheiten weiter gehen als notwendig ist, dass sie durch schroffes und unqualifizierbares Benehmen vieles verschulden, doch wonach wurde bis jetzt der Wert eines Steigers bemessen? Ich behaupte, nur nach seiner Fähigkeit in der strammen Behandlung der Arbeiter.

Man nennt dies Letztere bei den Vorgesetzten »schneidig«, dagegen wird der Steiger, der als gebildeter Mann, anständig, ruhig und human mit den Arbeitern umgeht, als »lau« bezeichnet, und ein solcher Steiger wird sehr häufig von einem »schneidigen« Betriebsführer oder Direktor daran erinnert, dass es Zeit für ihn sei, sich nach einer anderen Stelle umzusehen. [...]

Würden die Steiger jetzt in der Zeit der Lohnbewegung ihrer Überzeugung Ausdruck geben dürfen, so würden sich alle mit wenig Ausnahmen auf [die] Seite der Arbeiter schlagen, da dieselben unter den heutigen ungesunden Verhältnissen ebenso gut leiden wie diese. Auf der einen Seite der tägliche Umgang mit den Arbeitern, deren meist berechtigte Klagen man jeden

Tag anhören muss, ohne helfen zu können, auf der anderen Seite die Verwaltung (Betriebsführer und Direktor), die von uns verlangen: 1. dass die Arbeitslöhne nicht zu hoch kommen, 2. dass viel von den Arbeitern geleistet wird usw. Nimmt man hierzu die strenge Verordnung der Bergpolizeibehörde, die peinliche Untersuchung der Unfallkommission bei jedem einigermaßen wichtigen Unfall, so kommt man zu der Überzeugung, dass das Los der Steiger nicht rosig zu nennen ist. Dabei ist die Behandlung der Steiger seitens der Herren Betriebsführer und Direktoren (die sich auf vielen Zechen als echte Paschas aufführen) vielfach inhumaner als die der Arbeiter. An die Bergleute richte ich die Bitte, die Fälle, wo Ungehörigkeiten vonseiten der Steiger vorkommen, die Namen der Letzteren frei der Öffentlichkeit preiszugeben, um dadurch auf die betreffenden Beamten hinzuwirken, in Zukunft Ausschreitungen zu unterlassen; aber nicht alle Steiger für alle Missstände verantwortlich machen, da viele unter denselben sind, die mit den Arbeitern fühlen und denken.

Auch den Steigern ist bewusst, dass sie unter dem Einfluss der schädlichen Grubengase und anderen, den Bergmann schädigenden Einwirkungen in der Grube, einer frühen spärlichen Invalidität entgegengehen, dass ihnen ferner bei etwaigen Unfällen ihre Rechte ebenso gut streitig gemacht werden wie den Arbeitern. Fasst deshalb das Übel bei der Wurzel, seht weiter, dann werdet ihr finden, dass nicht die Steiger Eure schlimmsten Feinde sind, sondern andere.

Zum Schluss gebe ich den Herren Betriebsführern und Direktoren den wohlgemeinten Rat, in Zukunft auch zu ihren Steigern ein besseres Verhältnis anzustreben, die ihnen ja doch die Kastanien aus dem Feuer holen müssen, dieselben als ihre Mitbeamten anzusehen und dieselben bei ihrem schweren Beruf nicht, wie es so häufig geschieht, mit den Worten traktieren: »Wenn es Ihnen nicht passt, können Sie gehen«. Ich kann diesen Herren versichern, dass es auch unter den meisten Steigern stark gärt, wovon sie allerdings nichts wissen können. Doch das Ende trägt die Last. *Einer für Viele.*«

10. Arbeitsbeziehungen im Bergbau: Ein Betriebsführer meldet sich zu Wort (1889).
Westfälischer Merkur vom 25.7.1889. Landesarchiv NRW Abt. Westfalen, OP Münster 2828a, abgedruckt in: Wolfgang Köllmann/Albin Gladen (Hg.), Der Bergarbeiterstreik von 1889 und die Gründung des »Alten Verbandes« in ausgewählten Dokumenten der Zeit, Bochum 1969, S. 231 (Dok. 151).

Vor einigen Tagen gaben wir nach der »Tremonia« die Erklärung eines *Steigers* wieder, welcher sich und seine Kollegen gegen den Vorwurf in Schutz nahm, als gäben sie dem Bergmann berechtigten Grund zu Klagen, während sie doch eigentlich ebenso geplagte Leute seien, wie die Arbeiter selbst.

Infolge jenes Artikels meldet sich nun ein *Betriebsführer* zu Wort, und zwar im »Sprechsaal« der »Dortm. Ztg.«. Wir geben die Auslassung im Wortlaut:

»Vor einigen Tagen machte ein Artikel: ›Die Stellung der Steiger zu den Bergarbeitern‹ durch verschiedene Zeitungen die Runde, welcher viel Aufsehen erregte. Wird doch endlich vor dem Publikum der Schleier so langsam gelüftet und durch einen Blick auf die Bühne gleich gezeigt, welche Person auf den Bergwerken die Rolle spielt. Nur hat sich der Einsender insoweit geirrt, als er auch den *Betriebsführer* als den Drücker der Steiger und Arbeiter mitbetrachtet. Auf einigen Gruben mag dieses ja auch zutreffend sein, auf den meisten Zechen aber ist der *Betriebsführer ein ebenso geplagter Mensch*, wie der Steiger und Bergarbeiter. Will jener seine Stellung wahren, so hat er sich gerade so gut dem *Druck von oben* zu fügen, wie der Steiger. Halten wir Rundschau auf Zechen des Oberbergamtsbezirks Dortmund, so werden wir finden, dass es Gruben gibt, die während der Dauer ihres 16-jährigen Bestehens auch 14 Mal mit ihren Betriebsführern gewechselt haben. Zechen, die alle paar Jahre mit ihren Betriebsführern aufräumen, sind massenhaft aufzuweisen. Es ist dieses der beste Beweis, dass den Betriebsführern ein ebenso trauriges Los beschieden ist, wie den Steigern und gleich unglücklich sind, wenn ihnen der Stuhl vor die Tür gestellt wird. Deshalb, ihr Herren Steiger, betrachtet nur den Betriebsführer als Euren Leidensgenossen; wenn er sich etwas höher dünkt, so ist es eben eine Krankheit, die sich in dem Augenblick legt bzw. kuriert wird, sobald seine Stellenlosigkeit eintritt. Würden die Grubenbeamten in der Zeit der Lohnbewegung ihrer Überzeugung haben Ausdruck geben dürfen, ja, geehrte Kollegen, dann wäre er der erste Berechtigte gewesen, der für seinen schweren Beruf eine Lohnerhöhung hätte beanspruchen können, oder, wenn die Herren Gewerken und Aktionäre nur acht Tage hindurch mit ihm die Grube befahren und sich persönlich davon überzeugen würden, wer für sie die Kastanien aus dem Feuer holt, dann erfolgte sicherlich eine Erhöhung der Löhne und Besserstellung für die unteren Grubenbeamten, die jetzt 1.000 bis 1.500 Mark jährlich verdienen. Berechnet man, dass häufig ein *hoher Prozentsatz der hohen Direktoren-Gehälter auf Tantiemen* beruht, so ist das Treiben leicht begreiflich. Da nun nicht ein jeder Bergwerks-Direktor werden kann, so wird ihm jeder Grubenbeamte dieses Einkommen auch von Herzen gönnen, aber der sozial denkende Mann erinnert sich auch der Worte Sr. Majestät des Kaisers: »Es ist ja menschlich natürlich, dass jedermann versucht, sich in seiner Lage nach Möglichkeit zu verbessern.«

11. Denkschrift über die Arbeitsbeziehungen im Steinkohlenbergbau (1890)

Denkschrift über die Untersuchung der Arbeiter- und Betriebs-Verhältnisse in den Steinkohlen-Bezirken. Bearbeitet im Auftrage der Minister der öffentlichen Arbeiten und des Innern, Berlin 1890, S. 20, 23–24, 32–33, 39 (Auszug).

II. Schichtdauer

Den Staatsbehörden steht nach der augenblicklichen Lage der Gesetzgebung ein Einfluss auf die Länge der täglichen Arbeitszeit (Schichtdauer) nicht zu. Die Schichtdauer unterliegt vielmehr als Bestandteil des Arbeitsvertrags der freien Vereinbarung der Beteiligten. Zu Einschränkungen ist die Bergpolizei auf Grund des § 196 des Allgemeinen Berggesetzes vom 24. Juni 1865 nur in dem Fall befugt, wenn »die Sicherheit des Lebens und der Gesundheit der Arbeiter« in Frage steht.

Von diesem Gesichtspunkt aus hat z.B. das Königliche Oberbergamt zu Dortmund im Wege der Bergpolizei-Verordnung schon seit Jahren verboten, dass bei Temperaturen über 29 Grad Celsius der Arbeiter länger als sechs Stunden beschäftigt werde.

Die bis in die Mitte dieses Jahrhunderts im Ruhrkohlengebiet in Geltung gewesene Cleve-Märkische Bergordnung vom 29. April 1766[16] bestimmt im Kap. XLIX § 1, dass die Bergleute auf den Steinkohlenbergwerken

»acht Stunden beständig in der Arbeit sein sollten«,

bemisst also die *reine Arbeitszeit* auf acht Stunden.

Im Anschluss hier hat sich – im Gegensatz zu anderen Bergbau-Distrikten – die achtstündige Schicht, abgesehen von den weiter unten zu besprechenden Überschichten, bis auf den heutigen Tag mit verhältnismäßig wenigen Ausnahmen erhalten; dahingehende Bestimmungen finden sich nahezu in sämtlichen zur Vorlage gekommenen Arbeitsordnungen. Die Ermittlungen haben ergeben, dass vor dem Ausstand[17] *nur auf wenigen Gruben* eine Schicht von 8 ½, 9 oder gar 9 ½ Stunden gebräuchlich gewesen ist. Wenn trotzdem die Beschwerden anlässlich der Schichtdauer sich nahezu ohne Ausnahme auf allen Gruben erstrecken, so findet dies seine Erklärung in dem Umstand, dass die Arbeiter fast sämtlich nicht die eigentliche Arbeitszeit, sondern vielmehr diejenige Zeitdauer im Auge haben, welche zum *Ein- und Ausfahren* verwendet werden muss. [...]

III. Überschichten

Unter *Überschichten* (Beischichten) wird im bergmännischen Sprachgebrauch die durch außergewöhnliche Ereignisse herbeigeführte Verlängerung des regelmäßigen Tagewerks um einen gewissen Zeitraum verstanden, welcher zwei Stunden oder auch mehr (bei achtstündiger Schicht ¼, ½ usw. Überschicht) beträgt.

Nach den stattgehabten Ermittlungen sind nur auf vereinzelten Gruben des Dortmunder Oberbergamtsbezirks *keine* Überschichten vorgekommen; auf der weitaus überwiegenden Zahl wurden während der Wintermonate, in denen die Ansprüche an die Leistungsfähigkeit der Gruben zu steigen pflegen, Überschichten verfahren. [...]

Die *Dauer* der einzelnen Überschichten hat meist zwei bis vier Stunden betragen und hat sich mitunter auf sechs und acht Stunden erhöht.

Die zur Vorlegung gekommenen Arbeitsordnungen enthalten zum Teil betreffs der Überschichten nichts, öfter findet sich die Bestimmung, dass eine Verlängerung der Schichtzeit nur im Fall der Gefahr für das Leben der Arbeiter oder die Sicherheit der Grubenbaue eintreten solle; hin und wieder ist auch von »durch sonstige Verhältnisse bedingten Ausnahmefällen« sowie davon die Rede, dass in solchen Fällen ein »Übereinkommen zwischen dem Betriebsführer und dem Arbeiter« stattfinden solle. Nur selten enthalten aber die Arbeitsordnungen die allgemeine Vorschrift, dass der Arbeiter »*auf Verlangen* der Grubenverwaltung auch länger als acht Stunden«, insbesondere »bei außergewöhnlicher Kohlennachfrage« arbeiten müsse. Für den letzteren Fall ist dann meist noch vorgesehen, dass rechtzeitiger Anschlag an der Kaue

---

16 Vgl. Dok. 2 in Kap. II.
17 Gemeint ist der große Bergarbeiterstreik an der Ruhr von 1889, vgl. dazu besonders Kap. VIII.

stattfinden und kein Arbeiter gezwungen werden solle, länger als zehn Stunden zu arbeiten. [...]

Die gehörten Vertreter der Bergwerksbesitzer scheinen öfter ebenso wenig genaue Kenntnis von dem Inhalt der Arbeitsordnungen zu haben, wie die Arbeiter, stellen die behaupteten Missstände, insbesondere den Zwang zur Teilnahme an den Überschichten, zumeist in Abrede und verharren dabei, dass Überschichten, ganz abgesehen von den zur Sicherung der Grube usw. unaufschiebbaren Arbeiten, öfter auch behufs Erhöhung der Förderung nicht entbehrt werden können. [...]

Die Beschwerden über den Zwang zu Überschichten entbehren einer gewissen Begründung nicht. Die meisten Grubenverwaltungen haben bei angesagter Überschicht die Ausfahrt am Seil nur denjenigen Arbeitern gestattet, welche mit der ausdrücklichen Erklärung, die Überschicht nicht mitmachen zu wollen, einen Erlaubnisschein zur Ausfahrt vom Steiger erbeten und erhalten haben. Eine Verweigerung solcher Scheine ist nicht erwiesen, dagegen erscheint es durchaus glaubhaft, wenn die Arbeiter ihrer Scheu, die zur Gewährung solcher Erlaubnis erforderlichen Schritte zu tun, Ausdruck gegeben haben. [...]

VIII. Strafgelder

Die im Beginn des westfälischen Ausstands aufgetauchte Forderung »*Abschaffung der Strafgelder*« ist, wie dies auch nicht anders erwartet werden konnte, nahezu überall nicht aufrechterhalten worden. Die Arbeiter entbehren keineswegs der Einsicht, dass zur Wahrung der Ordnung beim Bergwerksbetrieb Strafen unumgänglich sind und beschweren sich nur über gewisse Einzelheiten:

dass die Strafen zu hoch bemessen sind und zu häufig eintreten, dass dieselben nicht nur vom Betriebsführer, sondern mitunter auch von Steigern angeordnet werden,

dass eine Beschwerdeinstanz fehle, dass sie an der Verwaltung der zumeist aus Strafgeldern gebildeten Unterstützungskassen nicht beteiligt sind.

Im Allgemeinen unterliegt die Notwendigkeit der Verhängung von Strafen beim Bergbau keinem Bedenken. Die eigenartigen Verhältnisse, unter welchen sich die Bergarbeit vollzieht: die gleichzeitige Beschäftigung vieler Hunderte von Bergleuten unter der Erdoberfläche, die Zerstreuung und Vereinzelung dieser Menschenmenge in zahlreichen unübersichtlichen Strecken und Räumen aller Art, die Gefahren der Arbeit und vor allem der Umstand, dass die Fahrlässigkeit eines Einzigen unter Umständen die ganze Belegschaft in Lebensgefahr stürzen und den gesamten Grubenbetrieb für längere Zeit unmöglich machen kann, bedingen die strengste Ordnung. Diese kann, soweit es sich nicht um die Befolgung bergpolizeilicher Vorschriften handelt – nur durch Zusammenstellung derjenigen Bestimmungen, nach welchen sich der Arbeiter bei der ihm übertragenen Arbeit zu richten hat, sowie durch Androhung von Nachteilen bei Verstößen gegen diese Bestimmungen erreicht werden. Die Gesetzgebung bietet dem Bergwerksbesitzer in der Arbeitsordnung, welche dabei noch dem weiteren Zweck dienen kann und soll, die gesamten zwischen Arbeitgeber und Arbeiter bestehenden Beziehungen festzulegen, ein geeignetes Mittel zur Aufstellung von Strafvorschriften. Hat der Arbeitgeber eine derartige

Arbeitsordnung erlassen und veröffentlicht, so stellen sich die auf Grund derselben verhängten Strafen rechtlich als *Konventionalstrafen* dar, wenn auch die Ungleichheit in der Machtstellung der beiden Vertragsparteien einigermaßen Bedenken erregt, sämtliche Rechtsfolgen dieser Auffassung für vorliegend zu erachten. [...]

XIV. Behandlung der Arbeiter durch die Beamten sowie das sonstige Verhalten der Letzteren

Die vielfachen Behauptungen über schlechte und geradezu unwürdige Behandlung der Bergarbeiter im *Ruhrkohlenbezirk*, welche während des Ausstands in der Tagespresse abgedruckt worden sind, haben durch die Untersuchung keine Bestätigung gefunden.

Bei den zahlreichen Vernehmungen der Arbeiter ist

eine Stimme wegen zu scharfen Antreibens zur Arbeit durch die Steiger,

eine Stimme wegen Grobheit und Unnahbarkeit des technischen Direktors,

etwa *ein halbes Dutzend* Stimmen wegen Grobheit der jüngeren Steiger unter Anerkennung des angemessenen Verhaltens der oberen Werksbeamten

laut geworden, während in einer nicht unbeträchtlichen Anzahl von Fällen ausdrücklich die angemessene Behandlung durch die Grubenbeamten und das bestehende gute Verhältnis zu denselben hervorgehoben ist.

12. Arbeitsordnung in der Eisen- und Stahlindustrie: Das Beispiel der Gutehoffnungshütte (1892)

Arbeiter-Ordnung der Gutehoffnungshütte 1892, abgedruckt in: Gerhard Adelmann, Quellensammlung zur Geschichte der sozialen Betriebsverfassung. Ruhrindustrie unter besonderer Berücksichtigung des Industrie- und Handelskammerbezirks Essen, Bd. 1, Bonn 1960, S. 476–477 (Dok. 896).

Die Arbeiter des Werks sind neben den gesetzlichen Bestimmungen der nachfolgenden Arbeitsordnung unterworfen.

§ 1.

Jeder Arbeiter, welcher auf dem Werk in Arbeit treten will, ist gehalten, seine Legitimationspapiere, namentlich einen Abkehrschein seines letzten Arbeitgebers und die Quittungskarte über die zur Invaliden- und Altersversicherung gezahlten Beträge vorzulegen, sowie sich einer ärztlichen Untersuchung zu unterziehen.

§ 2.

Bei der Annahme erhält der Arbeiter ein Exemplar dieser Arbeitsordnung und bescheinigt deren Empfang durch Unterschrift.

Mit der Annahme zur Arbeit ist zugleich seine Aufnahme in die Kranken- und Pensionskasse des Aktienvereins Gutehoffnungshütte ausgesprochen.

Mit den durch die Statuten dieser Kassen ihm auferlegten Pflichten und zustehenden Rechten hat er sich durch Einsichtnahme der Statuten, von welchen je ein Exemplar ihm ausgehändigt werden sollen, bekannt zu machen.

§ 3.

Mit der Annahme übernimmt der Eintretende die Verpflichtung, die ihm übertragene Arbeit mit Fleiß und Sorgfalt auszuführen, den Vorteil des Werks nach besten Kräften zu wahren und zu fördern und alles zu vermeiden, was die Arbeit und Ordnung auf dem Werk stören und demselben Nachteil bringen könnte.

Der Arbeiter erhält dagegen den bei seiner Annahme oder später festgesetzten Tage- und Schicht(Stunden)lohn und im Fall der Übertragung von Akkordarbeit den bei Festsetzung des Akkords vereinbarten Akkordlohn.

13. Das Ruhrgebiet und der ländliche Arbeitsmarkt 1892
Otto Auhagen,[18] Die ländlichen Arbeiterverhältnisse in der Rheinprovinz, in: Schriften des Vereins für Socialpolitik 54 (1892), S. 663–667. (Auszug)

Ob es nun in größerer Ausdehnung vorkommt, dass Leute nur zu gewissen Zeiten landwirtschaftliche Lohnarbeit versehen, sonst aber anderen Verdienst haben, hängt in der Rheinprovinz besonders von dem jeweiligen Einfluss der Industrie auf die Arbeiterverhältnisse ab. Wo die Industrie in Blüte steht, hohe Löhne bezahlt, da werden ihr die tauglichen Arbeitskräfte zuströmen, und diese werden wohl zu keiner Jahreszeit ihre industrielle Tätigkeit mit der ländlichen Arbeit vertauschen. […]

In den Kreisen *Rees*, *Kleve* und *Geldern*, die abseits von der Industrie liegen, sind die Arbeiterverhältnisse recht befriedigend. […] An dauernd beschäftigten Arbeitskräften fehlt es im Ganzen nicht, wenigstens quantitativ; qualitativ haben die Arbeitgeber manches auszusetzen. Es wandern ja nicht gerade viele nach den Industriebezirken (Essen, Oberhausen usw.) ab, aber es sind meist die kräftigsten und geschultesten Leute. Besonders hört man über den Mangel an guten Viehmägden klagen. »Die schmutzige und dabei schwere Stallarbeit hat vielen nicht gefallen, und sie sind lieber in die großen benachbarten Städte gezogen«. »Bei den vielen Molkereibetrieben der Gegend bereitet das große Unzuträglichkeiten«. Der Mangel muss durch die teuren Viehwärter aus Holland, besonders aber aus der Schweiz gedeckt werden. […]

In den Kreisen Ruhrort, Mülheim a. d. Ruhr und Essen beschäftigen sich die meisten Kinder höchstens zwei Jahre nach der Schulzeit in der Landwirtschaft, dann gehen sie mit dem Vater zur Arbeit in die Kohlenbergwerke und in die Eisenwerke, auch zur Textilindustrie. Der Mangel an einheimischen Arbeitern ist daher sehr groß. Der Landwirt sieht sich genötigt, da er auf freie Tagelöhner kaum rechnen kann, sehr viel Gesinde von auswärts zu beziehen. Oft genug geht dasselbe aber schon nach dem ersten Kontraktjahr zu der lohnenden Industriearbeit über. Ältere Arbeiter lassen sich im Dienst nur halten, wenn man ihnen Familienwohnungen mit Garten und Ackerland überlässt.

---

18 Otto Auhagen (1869–1945) setzte sich als Landwirtschafts-Attaché bei der deutschen Botschaft in Moskau von 1927 bis 1930 für die Auswanderung der in der Sowjetunion religiös verfolgten Mennoniten ein.

14. Beschwerde einer Bergmannsmutter über die Misshandlung ihres Sohns durch einen Steiger der Zeche Kaiser-Friedrich (1896)

Witwe Brand, Groß-Barop, an das Oberbergamt Dortmund vom 3.10.1896 (hs. von fremder Hand). Landesarchiv NRW Abt. Westfalen, OBA Dortmund 247, Bl. 55–56, abgedruckt in: Klaus Tenfelde/ Helmuth Trischler (Hg.), Bis vor die Stufen des Throns. Bittschriften und Beschwerden von Bergleuten im Zeitalter der Industrialisierung, München 1986, S. 319 (Dok. 169). Die Schriftform der Vorlage wurde beibehalten.

Beschwerde!
Die Unterzeichnete zeigt laut angabe ihres Sohnes Carl Rummel an, daß ihm der Steiger Born der Zeche Kaiser-Friedrich geschlagen hat. Der Sachverhalt ist folgender: Carl Rummel ist 16 Jahre alt und Beschäftigt unter Tage und zwar am Schachte zum leere Wagen schieben und mußte durchschnittlich 1 ½ Schicht verfahren als er dieserhalb nun am 1. Ocktober keine 1 ½ Schicht machte und nur mit eine Schicht abfuhr war es dem Steiger nicht angenehm weil er jedesmal erst darum befragt werden wollte wenn Rummel mit ein Schicht abfahren wollte. Als er nun ohne diese erlaubnis abfuhr wurde er von dem fraglichen Steiger auf der Steigerstube gerufen wo sich zu derselben Zeit noch zwei andere Steiger befanden die Steiger Oberhagemann und Krammwinkel mit der Aufforderung an diese beiden Steiger die Steigerstube zu verlassen welches sie nachkamen wollte sich auch der p. Rummel entfernen wurde aber mit den Worten Du bleibst mir aber hier zurückgerufen. Und nun ging es auf Rummel los er wurde zur Erde geworfen getreten und zuletzt noch mit Händen ins Gesicht geschlagen außerdem hat er ihn noch mit dem Fahrstock gedroht mit den Worten ich bringe dich um. Die beiden andere Steiger hatten aber nach angabe des p. Rummel an der Thür gestanden und gehorcht. Ich bitte nun oben erwähntes zu untersuchen und verlange die dementsprechende Bestrafung des betreffenden Steigers. Zu bemerken sei noch so viel wie ich in Erfahrung gebracht habe soll der fragliche Steiger für derartige Fälle bekannt sein.
  Es zeichnet Ergebenst
  [gez.] W[it]we Brand Groß-Barop Nr. 1

15. Tiegelguss bei Krupp (1899)

Gustav Koepper, In Plutos Reich. Wanderungen durch Schacht und Hütte im Rheinisch-Westfälischen Industriebezirk, Berlin 1899, S. 195–198.[19]

Um das Werden einer Kanone aus dem Gehalt dieser Tiegel zu verfolgen, begeben wir uns nunmehr zwischen dem Stammhaus und dem gewaltigen fünfstöckigen Verwaltungsgebäude hindurch in den Schmelzbau. Auf kolossalen eisernen Säulen ruht diese Halle, in ihrer Ausdehnung fast unübersehbar und mit regem Leben erfüllt. Soeben werden die Tiegel gefüllt und luftdicht verschlossen aus der Beschickungskammer hervorgebracht und in den Vorwärmofen eingesetzt; eine Zeitlang bleiben sie in diesem, dann kommen sie in die Schmelzöfen, die sich

---

19 Auch Koeppers Prachtband »In Schacht und Hütte« (1912) beschrieb die Arbeitswelt im Ruhrgebiet.

in langer Linie rechts und links von der Gießgrube erstrecken. Jeder der Schmelzöfen fasst 100 Tiegel und wird mit Generatorgas geheizt. Da sich in diesem Bau etwa zwanzig solcher Öfen befinden, so können auf einmal Güsse von 80.000 Kilogramm hergestellt werden.

Nun wird das Signal gegeben, und allsogleich heben sich die Türen der ersten Öfen rechts und links; mit einer gewaltigen Zange, die beweglich an der Decke hängt, ergreift ein Arbeiter den ersten Tiegel, zieht ihn hervor und lässt ihn vorsichtig in die Tragstange zweier anderer Leute gleiten. In gemessenem Schritt streben diese nach der Form zu und schütten den weißen Strom des Eisens über den Boden hin und senkt sich in die tiefer ruhende Form. Mann an Mann rückt nun die Schar heran; in fast ununterbrochenem Fluss werden die Tiegel entleert, Rinne an Rinne bildet sich und lässt ihren silbernen Inhalt in die Tiefe hinab gleiten. Dazwischen leuchten die Öfen mit ihren roten Strahlenkegeln in die Dämmerung des weiten Raums und helfen mit, ein Bild von zauberischer Schönheit zu schaffen, das sich erst von der erhöht liegenden Galerie aus dem Blick des Beschauers in seinen Einzelheiten enthüllt.

Man sieht erleichtert, dass zur Herstellung solch großer Güsse eine bedeutende Anzahl von Arbeitern erforderlich ist; sie beträgt bei einem Block von 70 bis 80 Tonnen mehrere Tausend …

Die Tiegel werden nach ihrer Benutzung von den Arbeitern durch Trichter in unterirdische Kanäle geworfen und hier nach ihrer Abkühlung zerschlagen. Da also jeder Tiegel nur einmal benutzt wird und an einem Tag bei viermaligem Guss oft mehrere Tausend Stück verbraucht werden, so ist der Gesamtkonsum an solchen ein unglaublich hoher. Es befinden sich ständig mindestens 100.000 Stück am Lager und gewaltige Maschinen sorgen dafür, dass der Vorrat nicht zusammenschmilzt.

Nach etwa zwei Stunden ist der Stahlblock so weit gestaltet, dass er mittelst hydraulischer [Kräne] auf große Wagen gehoben und zum Hammer befördert werden kann. Der Weg ist nicht allzu weit, und vor uns wölbt sich von starken eisernen Säulen getragen die Halle, in welcher der Hammer Fritz und sein kleinerer Kollege Max ihre gewichtigen Funktionen ausüben. Mit welcher Eleganz und Geräuschlosigkeit sich die mehr als 100.000 Pfund schwere Stahlmasse auf den Amboss dirigieren lässt, ist bewundernswert; prüfend senkt sich der Hammerbär auf die glühende Masse herab, dann ein Pfiff, die Männer treten zurück, und Schlag auf Schlag fällt der Hammer hernieder, sodass der Boden unter unseren Füßen zittert und dröhnt.

Nachdem der Block die gewünschte Form erlangt hat und bis ins Innere hinein gleichmäßig dicht und blasenfrei gehämmert worden [ist], geht man daran, dem Koloss seine Seele zu geben. Diese Arbeit ist eine der mühsamsten und erfordert die geübtesten Arbeitskräfte.

16. Die Wurmkrankheit und ihre Kosten (1903)

Polizeibericht (Fuß-Gendarm Timmerbeul) über eine öffentliche Bergarbeiterversammlung zur Wurmkrankheit und die Erlangung des vollen Krankengeldes in Altenbochum vom 2.8.1903. Abschrift. Landesarchiv NRW Abt. Westfalen, RA 14377.

Über die Verhandlung ist Folgendes zu berichten:

Nachdem der Vorsitzende des Knappenvereins, [Karl] Reuter [aus Altenbochum], die Erschienenen begrüßt hatte, gab er über den Zweck der Versammlung Aufklärung und machte darauf aufmerksam, nur mit gesetzlichen Mitteln vorzugehen, da sie auf nicht gesetzlichem Wege kaum zum Ziel kommen würden.

Er schilderte dann die Armut, die in den Familien entstände, wenn der Mann als Wurmkranker ins Krankenhaus geschafft würde und die Familie von dem geringen Krankengeld leben müsste. Sein Antrag gehe dahin, eine Resolution an die Reichsbehörde, [den] Allgemeinen Knappschaftsverein[20] und an die Gewerkschaften abzusenden, worin der Wunsch ausgesprochen würde, die Zechen zu veranlassen, Revierstuben zu errichten, wo die erkrankten Bergleute zu bestimmten Zeiten unter Aufsicht die Kur durchmachen müssten, nach Beendigung derselben sich aber wieder nach Hause begeben dürften. Nur dadurch schon würde den Familien wenigstens das volle Krankengeld erhalten, und die Krankenhäuser verschluckten nicht das Meiste.

Auch bedauerte Reuter, sowie seine Nachredner, dass es ungerecht sei, dass bei dieser Seuchenkrankheit dem Bergmann die ersten drei Tage seiner Krankheit nicht das Krankengeld gezahlt würde.

Der Knappschaftsälteste Fuest[21] [aus Altenbochum] machte dann bekannt, dass in seinem Sprengel bereits 236 Mann sich als wurmkrank gemeldet hätten, darunter seien Leute, die mehrere Kuren durchgemacht hätten.

Als dritter Redner trat der Bergmann [Heinrich] Armbrust [aus Wiemelhausen], der als Hetzer bekannt ist, auf. Er schilderte die Kur in den Krankenhäusern und die Armut der Familien. Um seine Worte recht drastisch zu machen, gab er an, dass er im Krankenhaus gesehen [habe], dass ein Familienvater sich die Brotkrumen gesammelt und dann seiner Frau für die Familie mitgegeben hätte. –

Zu dem letzteren Punkt bemerke ich, dass Armbrust ein Mann ist, der dies womöglich künstlich eingefädelt hat, um hierüber in Versammlungen sprechen zu können. Armbrust machte dann bekannt, dass drei Bergleute bereits an der Wurmkrankheit gestorben sein sollen.

Zum Schluss seiner Rede vermochte Armbrust es doch nicht zu unterlassen, zu sagen, wenn ihr Wunsch kein Gehör fände, sie dann einfach am Besten die Brocken (Arbeit) hinwerfen müssten.

---

20 Hierbei handelt es sich um einen Vorläuferverein der späteren Ruhrknappschaft, die ihren Sitz ebenfalls in Bochum hatte.
21 Randvermerk: »Mit Hilfe des alten Verbands gewählt«.

Der Vorsitzende Reuter trat sofort dem Armbrust entgegen und verbot sich die aufreizenden Reden, da er sich sonst veranlasst fühle, die Versammlung aufzulösen, und dann könnten sie unverrichteter Sache nach Hause gehen.

Als vierter Redner trat der Redakteur Hue[22] auf. Auch er bemängelte die scharfen Schlussworte des Armbrust und dankte dem Knappenverein für sein Entgegenkommen, betreffend Einräumung des Saals. Er ermahnte ein unüberlegtes Handeln zu vermeiden, da sie damit nichts erzielten. In Essen hätte er genug zu tun gehabt, um unüberlegten Schritten vorzubeugen. Hue machte dann auf den §14 Abs. 2 des Knappschaftsstatuts aufmerksam, wonach ihnen der Ausfall an Lohn gezahlt werden müsste. Die Krankheit sei durch fremde Arbeiter eingeschleppt worden, und die Zechen hätten die Schuld daran, mithin auch die gesetzliche Pflicht, zu zahlen. Nur durch den Schmutz auf den Zechen fände die Krankheit die rapide Verbreitung. Schon Dr. Tenholt[23] hätte im Jahre 1897 über den Schmutz auf den Zechen geschrieben, es sei aber in dieser Beziehung noch viel zu geschehen.

Dann machte Redner darauf aufmerksam, dass keiner von einer Zeche fortgehen sollte, ohne sich vorher auf Würmer untersuchen zu lassen, weil er sonst in Gefahr lief, von keiner Zeche mehr angenommen zu werden.

Hue bemängelte dann die Wurmbehandlung und erklärte, Dr. Jans hätte zu einem Bergmann gesagt, er solle sich auf seine Privatkosten heilen lassen, dann würde er innerhalb acht Tagen geheilt sein. Gerade über letzten Punkt wurde am Meisten kritisiert.

Dann beklagte sich Redner darüber, dass man von den Bergleuten, die zu einer anderen Zeche gingen, verlange, die Kosten der Untersuchung selbst zu tragen. Dem Knappschaftsältesten legte er ans Herz, hiergegen vorzugehen.

Als Musterzechen wurden vom Redner König Ludwig, Herkules und Oberhausen hingestellt. Benannte Zechen hätten den Bergleuten ein Entgegenkommen gezeigt, indem sie den Kranken den Ausfall an Lohn zahlten.[24]

Zum Schluss schlug Hue vor, eine Kommission zu wählen, die mit den Zechen verhandeln solle. Es wurden darauf außer dem Vorstand des Knappenvereins die Bergleute Armbrust, Kreft und Reuter[25] in die Kommission gewählt.

Nachdem dann der Knappschaftsälteste Fuest bekannt gemacht hatte, dass in 14 Tagen eine öffentliche Ältesten-Versammlung stattfinde, worin über die Wurmkrankheit und die Kosten verhandelt würde, schloss der Vorsitzende mit einem Hoch auf Sr. Majestät die Versammlung.

---

22   Otto Hue (1868–1922), Bergarbeiterführer und seit 1895 Redakteur der »Berg- und Hüttenarbeiterzeitung« des »Alten Verbands«, war von 1903 bis 1912 Mitglied des Reichstags für den Wahlkreis Bochum-Gelsenkirchen und zwischen 1913 und 1918 Mitglied des Preußischen Landtags.
23   D. Tenholt, Das Gesundheitswesen im Bereich des Allgemeinen Knappschafts-Verein zu Bochum, Bochum 1897.
24   Randvermerk: »Stimmt. Bestätigung auf Nachfrage beim Allg[emeinen] Knappschaftsverein«.
25   Randvermerk: »Anhänger des Alten Verbands«.

17. Einführung obligatorischer Arbeiterausschüsse im preußischen Bergbau (1905)

Begründung dieser Maßnahme im Entwurf zur Berggesetznovelle von 1905. Drucksachen des Hauses der Abgeordneten, 20. Legislaturperiode, I. Session 1904/05, Nr. 747, S. 17 (Auszug), abgedruckt in: Gerhard Adelmann, Quellensammlung zur Geschichte der sozialen Betriebsverfassung. Ruhrindustrie unter besonderer Berücksichtigung des Industrie- und Handelskammerbezirks Essen, Bd. 1, Bonn 1960, S. 355–356 (Dok. 225).

In den Großbetrieben des Bergbaus ist es unmöglich, dass der Werksbesitzer mit jedem Einzelnen seiner Arbeiter über die innerhalb der Belegschaft herrschenden Wünsche, Interessen und Beschwerden verhandelt. Die häufig sehr große Anzahl der Arbeiter, der in vielen Bezirken außerordentlich große Wechsel unter den Belegschaften, der stellenweise nicht seltene Wechsel im Personal der Werksbeamten erschwerten es sowohl den einzelnen Arbeitern, ihre Wünsche und Beschwerden dem Werksbesitzer gegenüber zu äußern, als auch dem Werksbesitzer, die Wünsche, Interessen und Beschwerden seiner eigenen Arbeiter kennenzulernen und sich mit ihnen darüber zu verständigen. Gerade aber im Bergbau muss wegen des hier regelmäßig stark beteiligten öffentlichen Interesses mehr als in anderen Gewerbszweigen darauf gedrängt werden, dass, soweit dies durch gesetzliche Maßnahmen verständigerweise erreicht werden kann, Arbeitgeber und Arbeiter nicht völlig unvermittelt nebeneinander stehen, sondern dass sie sich gegenseitig über die einzelnen Fragen des Arbeitsverhältnisses wenigstens aussprechen können. Dies gilt sowohl für ruhige Zeiten als [auch] für Zeiten der Erregung oder gar für Ausstände und dergleichen. Schon das Bestehen eines ständigen Arbeiterausschusses wird hier, wenn nicht überall, so doch häufig von Nutzen sein, namentlich aber gegebenenfalls die Gefahr des Ausbruchs allgemeiner Ausstände vermindern oder aber die Verhandlung zwischen den beiden Interessentengruppen während eines Ausstands ermöglichen und so zu einer Beilegung derartiger Ausstände beitragen können.

18. Erinnerungen an das Grubenunglück auf Zeche Radbod in Hamm 1908 [um 1930]

Moritz Wilhelm,[26] Geschichte meiner Familie, Mskr. [um 1930], abgedruckt in: Olaf Schmidt-Rutsch/Ingrid Telsemeyer (Hg.), Die Radbod-Katastrophe. Berichte und Zeichnungen des Einfahrers Moritz Wilhelm, Essen 2008, S. 51–52, 64.

Im November 1908 ereignete sich auf der Zeche Radbod bei Hamm eine Explosion, an Opfern die größte, die bis dahin Deutschlands Bergbau heimsuchte. Wie immer bei derartigen Ereignissen erhob die ganze Arbeiterpresse ein wüstes Geschrei,[27] sowohl gegen die Zechenverwaltung

---

26 Der gebürtige Saarländer Moritz Wilhelm (1865–1938) war 1899 aus beruflichen Gründen ins Ruhrgebiet abgewandert und dort rasch zum »Königlichen Einfahrer 1. Klasse« aufgestiegen. Nachdem Wilhelm mit der Aufsicht der Gelsenkirchener und ab 1907 der Zechen in Witten und Langendreer betraut worden war, erhielt er 1909 den Auftrag, mit zwei Kollegen die Aufräumarbeiten auf der Unglückszeche bei Hamm zu beaufsichtigen.

27 Gemeint ist hier vor allem die Bergarbeiter-Zeitung, gegen deren Redakteur es 1910 in Bochum sogar zu einem Gerichtsprozess kam.

als [auch] gegen die Bergbehörde, denen sie die Schuld an dem Unglück zumaß und machte die Staatsanwaltschaft mobil. Vorderhand fand die letztere aber kein Betätigungsfeld, da nach der Explosion die Grube unter Wasser gesetzt wurde, weil an mehreren Stellen Brände ausgebrochen waren und das ganze Südfeld durch große Brüche abgeschlossen war. Der kleinere Nordflügel mit besonderem Wetterstrom konnte nach der Explosion noch befahren werden, da dieser Teil von der Explosion weniger in Mitleidenschaft gezogen war. Aus ihm konnten 48 Mann, teils lebend und teils tot, geborgen werden. Im Südflügel, wo man den Ausgangspunkt der Explosion vermutete, konnte durch die giftigen Nachschwaden und durch die entstandenen Brände, wohl auch durch die Explosionswirkung kein menschliches Leben mehr vorhanden sein. Um die Brände zu ersticken, entschloss man sich, die Grube zum Ersaufen zu bringen, um sie zu retten.

Dieser Entschluss, sehr nahe liegend und in diesem Fall auch der richtige, brachte viel böses Blut in weite Kreise, namentlich in solche, die vom Bergbau nichts verstanden. Selbst im Preußischen Abgeordnetenhaus fanden lange Erörterungen in dieser Angelegenheit statt.

Die Bergbehörde hatte ein großes Interesse daran, zunächst die Ursache der Explosion zu ermitteln, dann aber auch, ob Arbeiter bei der Abschließung der Grube noch am Leben waren. Sie hatte ein besonderes Interesse an dieser Aufklärung, weil sie mit der Maßnahme der Zeche in vollem Umfang einverstanden war.

Um sich bei den bevorstehenden Aufräumungsarbeiten keinerlei Vorwürfe über Verdunklungsgefahr auszusetzen, beschloss sie, alle diese Arbeiten überwachen zu lassen. Zu diesem Zweck wurden drei Einfahrer kommissarisch nach Radbod versetzt, die sich auf alle Arbeitsdrittel verteilen sollten. Ihr Vorgesetzter sollte der Revierbeamte in Hamm sein.

Unter anderen wurde auch mein Kollege Holtmann nach Hamm versetzt. In der Zeit seiner Abwesenheit befuhr ich die Zechen allein. Nach siebenmonatiger Tätigkeit stellte er den Antrag auf Ablösung. Seinem Antrag wurde stattgegeben, und sollte ich an seine Stelle treten. Da die Grube sehr tief und sehr heiß war, befürchtete ich, dass sich mein Halsleiden wieder verschlimmern würde und wandte mich persönlich an das Oberbergamt, diese Versetzung wieder rückgängig zu machen. Ich hatte damit aber kein Glück, und so sollte am 1. September 1909 meine Tätigkeit in Radbod beginnen. Zuvor erbat ich mir vom Revierbeamten in Hamm einen dreiwöchigen Urlaub, der mir auch gewährt wurde.

Nach der Urlaubszeit, also am 20. September, trat ich mein neues Amt an und fand mich morgens um halb sieben auf Radbod ein.

Ein Steiger wartete schon auf meine Ankunft mit der Mitteilung, dass in seinem Revier eine Leiche freigelegt sei, die geborgen werden müsse.

Nach unserer Anweisung sollten alle besonderen Merkmale, die auf die Explosion Bezug hatten, insbesondere aber die Lage und der genaue Fundort der Leichen von uns festgestellt und berichtet werden.

Ich zog mich schnell um, und gemeinsam fuhren wir an. Unten fiel mir der ekelhafte Leichengeruch stark auf die Nerven, lagen doch an 300 Arbeiter und 20 Pferde als Leichen in dem Grubenraum, dessen längste Ausdehnung vom Schacht aus nicht mehr als 300 Meter betrug.

Bald waren wir an Ort und Stelle. Auf der Sohle lagen die halbverfaulten Überreste des Verunglückten. Vermoderte Kleiderreste lagen an bloßgelegten Knochen, von denen ein Teil durch den auf ihn gefallenen Bruch zersplittert war. Das infolge der Explosionswirkung aus dem Hangende gestürzte Gestein hatten Arbeiter vor meiner Ankunft weggeräumt.

Der Anblick des Toten, des Opfers seines Berufs, hatte mich innerlich sehr bewegt, mehr als alle späteren Geborgenen.

Nachdem ich meine Notizen, eine Zeichnung und die Namen der am Aufräumen Beschäftigten als Zeugen zu Papier gebracht hatte, streiften sich die Arbeiter Gummihandschuhe an und legten die Teile der Leiche einzeln auf ein ausgebreitetes Tuch. Als diese Arbeit beendet war, banden sie die vier Zipfel des Tuchs kreuzweise zusammen, und einer von ihnen trug das Bündelchen über die Schulter gehangen zu Tage. [...]

Am 15. Dezember 1910 war unsere Tätigkeit in Radbod beendet, und damit fand der traurigste Abschnitt meiner bisherigen bergmännischen Tätigkeit ein Ende.

19. Einführung von Arbeitsnachweisen für Bergarbeiter im Ruhrbergbau (1909)

Eingabe der vier Bergarbeiterorganisationen[28] des rheinisch-westfälischen Industriebezirks an den Vorstand des Zechenverbandes vom 19.10.1909. Landesarchiv NRW Abt. Rheinland, RD 15934, Bl. 253.

Wie durch die Tagespresse bekannt geworden, hat der obenbezeichnete Verband in einer am 12. Oktober d. J. stattgefundenen Generalversammlung beschlossen, für den rheinisch-westfälischen Steinkohlenbezirk einen Arbeitsnachweis einzurichten. Der Hauptsitz dieses Arbeitsnachweises soll Essen sein, daneben sollen noch etwa 15 bis 18 Nebennachweisstellen errichtet werden.

Die Aufgabe des Arbeitsnachweises soll sein, den dem Zechenverband angeschlossenen Werken und zugehörigen Nebenanlagen Arbeitskräfte zu vermitteln. Letztere dürfen nur durch Vermittlung des Arbeitsnachweises einheimische Arbeiter anlegen. Die Bergarbeiter würden also dadurch *gezwungen*, beim Wechsel der Arbeitsstelle, sei es infolge eigener Kündigung oder bei erfolgter Kündigung durch die Werksverwaltung, den Arbeitsnachweis zu benutzen. Die Arbeitsnachweise und die Zechenverwaltungen dagegen haben nach eigenem Ermessen darüber zu befinden, ob sie die ihnen vom Arbeitsnachweis zugewiesenen Arbeitsuchenden anlegen wollen oder nicht. Hat ein Arbeitsuchender eine Arbeit angenommen, findet sich aber innerhalb von zwei Werktagen des für den Arbeitsantritt festgesetzten Termins ohne hinreichende Entschuldigung auf der Zeche nicht ein, so wird er für die nächsten zwei Wochen von jeder Arbeit auf den dem Zechenverband angehörenden Werken ausgesperrt. Das Gleiche tritt ein, wenn ein Arbeiter unter Kontraktbruch die Arbeit niederlegt oder infolge Kontraktbruchs

---

28 Im Einzelnen handelt es sich um den Gewerkverein christlicher Bergarbeiter Deutschlands, den Verband der Bergarbeiter Deutschlands (»Alter Verband«), die Bergarbeiter-Abteilung der Polnischen Berufsvereinigung und den Hirsch-Dunckerschen Gewerkverein der Bergarbeiter.

von der Zeche entlassen wird. Zugestanden wird auch, dass unerwünschte Elemente ferngehalten werden sollen. […]

Für die Arbeiter ist der Arbeitsnachweis in der geplanten Form unannehmbar. Die unterzeichneten Vorstände der im hiesigen Industriebezirk vorhandenen Bergarbeiterorganisationen sehen sich daher veranlasst, namens der ihren Organisationen angehörigen Bergarbeiter im hiesigen Industriebezirk gegen die Einführung des Arbeitsnachweises in der gedachten Form Einspruch zu erheben und zu beantragen, dass die Errichtung eines Arbeitsnachweises seitens des Zechenverbands auf der gedachten Grundlage unterbleibt. Soll jedoch ein Arbeitsnachweis überhaupt errichtet werden, so darf es nur auf paritätischer Grundlage geschehen.

Zur Begründung vorstehenden Antrags und Einspruchs gestatten wir uns, anzuführen:

Es muss als unantastbarer Rechtsgrundsatz aufgestellt werden, dass dem Arbeiter das ihm gesetzlich gewährleistete Recht der Freizügigkeit und der Organisation gewahrt bleiben muss. Ferner muss er das Recht haben, wenigstens dann frei über seine Arbeitskraft verfügen zu können, wenn er die Arbeitsstelle wechselt. […] Jeder Versuch, dem Arbeiter das Recht, sich dort niederzulassen und sich eine Existenz zu gründen, wo es ihm beliebt, zu nehmen, oder seine freie Verfügung über seine Arbeitskraft zu beschränken, muss mindestens als eine Umgehung gesetzlicher Vorschriften und als ein Verstoß wider die guten Sitten bezeichnet werden.

Auch die Unterzeichneten und die ihren Verbänden angehörenden Bergarbeiter sind nicht prinzipielle Gegner der Einrichtung von Arbeitsnachweisen, und sie würden einem Arbeitsnachweis, errichtet auf paritätischer Grundlage, gern ihre Zustimmung geben. Womit sie sich aber unter keinen Umständen zufriedengeben können und werden, ist der beabsichtigte einseitige Zwangsarbeitsnachweis, der die von uns geschilderten Nachteile für die Arbeiter notwendig bringen muss.

Neben diesen für die Arbeiter bestimmt eintretenden Nachteilen können durch die Handhabung des Arbeitsnachweises noch weitere, nicht minder schwerwiegende hinzutreten.

Die Unterzeichneten geben sich der Hoffnung hin, dass auch der Zechenverband und seine Organe sich davon überzeugen lassen, dass der Arbeitsnachweis auf der geplanten Grundlage für die Arbeiter unannehmbar ist. Wir bitten daher dringend, im Interesse des Friedens in der rheinisch-westfälischen Bergwerksindustrie, entweder von der Einführung des Arbeitsnachweises wenigstens in der vorliegenden Form Abstand zu nehmen oder mit den unterzeichneten Arbeitnehmer-Vertretungen zwecks Schaffung eines paritätischen Arbeitsnachweises in Verbindung zu treten.

20. Die Suche nach der Ursache gehäuft auftretender Grubenunglücke (1910)

»Warum werden in der letzten Zeit so viele Bergleute verschüttet?«, in: Der Bergknappe 15 (1910), Nr. 50 vom 10.12.1910.

In den letzten Monaten wurden sehr häufig Kameraden bei ihrer Berufsarbeit verschüttet. Kaum ist die eine Kameradschaft tot oder lebend geborgen, so wird wieder von neuen Unglücksfällen berichtet. Die Verunglückungen durch Verschütten scheinen gerade in der letzten Zeit außerordentlich zuzunehmen. Die Nachrichten über solche Vorkommnisse jagen sich fast.

Die Häufigkeit solcher Unfälle wirkt beunruhigend. Es muss festgestellt werden, warum derartige Unfälle in so großer Zahl vorkommen und wie sie zu vermeiden sind. Allgemein bekannt ist, dass die Gefahren des Bergbaus mit *zunehmender Teufe* zunehmen. Die *Ausbildung der Bergleute lässt* in manchen Bezirken auch noch *viel zu wünschen übrig*. Infolge der gewaltigen Entwicklung des Bergbaus werden ständig bergfremde Arbeiter angelegt und mit gefährlichen Arbeiten beschäftigt, ehe sie die wünschenswerte und notwendige Kenntnis von den Gefahren des Grubenbetriebs haben. Auch das heutige *Gedingesystem* bringt Gefahren mit sich. Ebenso auch die *zunehmende Einführung maschineller Betriebseinrichtungen*. Das *Soll- und Prämiensystem* verlangt ebenfalls Erwähnung. Eine besondere Beachtung verdient aber unseres Erachtens in diesem Zusammenhang die *Einführung anderer Abbaumethoden*, wie sie in den letzten Jahrzehnten erfolgt ist.

Früher wurden in den einzelnen Abbauabteilungen in den Flözen meist in Abständen von zehn bis fünfzehn Metern Abbaustrecken getrieben und dann die zwischen diesen sich befindende Kohle abgebaut. Wenn dann, was gar nicht selten vorkam, ein solcher Pfeiler mal zu Bruch ging, so passierte ja auch manches Unglück. Meistens aber war es den Arbeitern möglich, sich rechtzeitig zu flüchten. Es gehörte nur die Zurücklegung eines Wegs von wenigen Metern dazu.

Jetzt sucht man das Treiben vieler Abbaustrecken zu ersparen und bessere Angriffsflächen an der Kohle zu gewinnen. Nach den neueren Abbauarten werden nicht wie früher zehn, zwölf oder fünfzehn Meter, sondern soweit wie möglich größere Flächen auf einmal in Angriff genommen. Das erleichtert und verbilligt die Kohlengewinnung, hat aber auch seine Schattenseiten, insbesondere auch mit Rücksicht auf das Leben und die Gesundheit der Arbeiter. Wenn in einer solchen Arbeit ein Zusammenbruch erfolgt, so können die Arbeiter sich nicht so schnell retten. Abgesehen davon, dass die in großer Zahl zusammenarbeitenden Arbeiter ohnehin nicht so leicht die drohenden Gefahren bemerken können, wie einzelne Arbeiter.

Besonders gefährlich werden die neuen Abbaumethoden, wenn *Schüttelrutschenbetrieb* eingeführt wird. Bei dem dann entstehenden ständigen Spektakel können die Arbeiter überhaupt nichts hören. Das einem Zusammenbruch vielfach vorhergehende Knistern wird von dem durch den Schüttelrutschenbetrieb erzeugten Lärm übertönt.

Es ist dringend geboten, dass die neuen Abbau- und Arbeitsmethoden eingehender auf ihre Gefährlichkeit untersucht werden. Man hat ja den Grubenbetrieb durch die Einführung anderer Arbeitsmethoden gewinnbringender machen wollen. Dieses ist ja an und für sich ein löbliches Beginnen, denn uns Arbeitern kann es auch im eigenen Interesse nur erwünscht sein, wenn der Grubenbetrieb großen Gewinn abwirft. Aber wir müssen verlangen, dass durch diese neue Betriebsweise das Leben und die Gesundheit der Arbeiter nicht gefährdet wird. Das ist von entscheidender Bedeutung. Wir erwarten, dass die Bergbehörde sich mit dieser Seite der neuen Einrichtungen mal eingehend befasst und bitten unsere Mitglieder, uns von jedem Unglück einen möglichst eingehenden Bericht zu übersenden, worin die gekennzeichneten Verhältnisse eine besondere Berücksichtigung erfahren. Wir glauben nämlich, dass die neuen Abbaumethoden auch an manchen Stellen eingeführt sind, wo die Gebirgsverhältnisse es mit Rücksicht auf das Leben und die Gesundheit der Arbeiter nicht gestatten.

21. Über den ländlichen Nebenerwerb der Bergarbeiter im Ruhrgebiet (1913)
Wilhelm Avereck, Die Landwirtschaft unter dem Einflusse von Bergbau und Industrie im Rheinischen Ruhrkohlengebiete, Leipzig 1913, S. 72–75.

Die Zahl der Schweine ist in unserem Bezirk nicht nur absolut, sondern auch im Verhältnis zur Bevölkerung ganz enorm gestiegen. Trotzdem kann von einer eigentlichen Schweinezucht im Industriegebiet keine Rede sein. [...]

Das starke Anwachsen der Schweinehaltung erklärt sich durch die große Anzahl der Parzellenbetriebe. Jeder Bergarbeiter oder sonstige industrielle Arbeiter, der ein Stückchen Land bewirtschaftet, mästet das Jahr über ein oder meistens mehrere Schweine. Die Ferkel werden auf den nahen Wochenmärkten im Alter von etwa sechs Wochen gekauft und stammen meistens aus westfälischen und hannoverschen Zuchten. Diese Rasse ist ein Produkt aus der Kreuzung des Landschweins mit englischen Rassen, wobei jedoch der Blutsanteil des Ersteren überwiegt.

Über die Zahl der Schweine in den einzelnen Kreisen und ihr Verhältnis zur Bevölkerungsziffer gibt nachstehende Tabelle, welche die Ergebnisse der Viehzählung aus dem Jahr 1906 enthält, Aufschluss.

Kreise	Anzahl der Schweine	Auf je 100 Einwohner kamen
Duisburg	7.226	37,6
Oberhausen	3.142	41,2
Mülheim-Stadt	5.883	62,6
Mülheim-Land	5.101	145,7
Dinslaken	30.797	238,7
Essen-Stadt	2.776	12,0
Essen-Land	25.487	104,5
Insgesamt	80.412	82,4

Die stärkste Schweinehaltung findet sich demnach im Kreis Dinslaken. Die bedeutend höhere Zahl dieses Kreises erklärt sich durch seinen mehr ländlichen Charakter, während die Kreise mit mehr städtischer Bevölkerung, Essen-Stadt, Duisburg, Oberhausen und Mülheim-Stadt, eine verhältnismäßig geringe Schweinehaltung haben.

Ganz besonderer Sorgfalt erfreut sich in unserem Bezirk die Ziegenzucht. Zu ihrer Hebung werden von den einzelnen Kreisen unter der Beteiligung des Staates und der Provinz erhebliche Aufwendungen gemacht. Fast in allen Ortschaften mit starker Arbeiterbevölkerung bestehen Ziegenzuchtvereine, die es sich zur Aufgabe machen, durch Einführung von männlichen und weiblichen Tieren leistungsfähiger Rassen, namentlich aus dem Saarner Gebiet, die Zucht zu verbessern und die Milchleistung zu fördern. [...]

Die Bedeutung der Ziegenhaltung liegt für den kleinen Mann darin, dass sie ihm für seinen Haushalt ohne erhebliche Kosten den Bedarf an Milch liefert. Die Ziege gibt durchschnittlich im Verhältnis zum Gebrauch an Futter mehr Milch als die Kuh; dabei ist die Milch noch gehaltreicher an Fett und Käsestoff und hat darum einen hohen Nährwert für Kinder und Kranke. Das für die Ziege nötige Futter kann zum Teil aus dem eigenen Haushalt beschafft werden. Im Industriegebiet nennt man deshalb die Ziege nicht mit Unrecht die »Kuh des Bergmanns«. [...]

Der Hauptanteil an der landwirtschaftlichen Arbeit bleibt naturgemäß den ländlichen Arbeitern überlassen. Man scheidet die Landarbeiter gewöhnlich in zwei große Klassen, in die kontraktlich gebundenen und in die freien Arbeiter. Zur ersten Klasse gehören das Gesinde und die für längere Zeit kontraktlich gebundenen Tagelöhner, die zweite Klasse bilden die freien Tagelöhner. Von den kontraktlich gebundenen Tagelöhnern kommen die Heuerleute hier fast gar nicht mehr vor, aber auch die Grund besitzenden Tagelöhner werden immer seltener. Gewöhnlich sind es dann noch Bergarbeiter, welche in der landwirtschaftlichen Arbeit einen Nebenverdienst suchen, was ihnen bei der kurzen Arbeitszeit im Bergbau, und besonders, wenn sie Nachtschicht haben, recht gut möglich ist, oder es sind Berginvaliden, die für die schweren Arbeiten im Bergbau nicht mehr tauglich sind, die leichteren landwirtschaftlichen Arbeiten jedoch noch ganz gut verrichten können. Alle diese Bergarbeiter, die sich zeitweise oder dauernd wieder mit der landwirtschaftlichen Arbeit befassen, sind durchgehends aus anderen Gegenden zugewanderte frühere ländliche Arbeiter. Der einheimische, von Jugend auf im Bergbau beschäftigte Arbeiter verschmäht es meistens, sich mit ländlichen Arbeiten abzugeben. Die meisten landwirtschaftlichen Arbeiten müssen deshalb vom Gesinde und in der Erntezeit von den Wanderarbeitern verrichtet werden. Eigentümlich an den ganzen Arbeiterverhältnissen im Industriebezirk ist der Umstand, dass ein heimischer ländlicher Arbeiterstand fast gar nicht existiert, da die Kinder der Arbeiter sich nach der Schulentlassung fast ausnahmslos dem Bergbau oder der Industriearbeit zuwenden.

22. Ausländische Spezialarbeiter im Ruhrgebiet. Das Beispiel italienischer Gesteinsarbeiter (1916)

Ina Britschgi-Schimmer, Die wirtschaftliche und soziale Lage der italienischen Arbeiter in Deutschland. Ein Beitrag zur ausländischen Arbeiterfrage, Karlsruhe 1916, S. 69–70.

An der eigentlichen *Kohlenförderung* sind die Italiener in ganz geringem Maße beteiligt; die Zahl der laut Fragebogen festgestellten Kohlenhauer beträgt nur 24. Italiener gehen nicht gern »vor die Kohle«, ist das allgemeine Urteil. Die Ursache wird in der geringeren Entlohnung bei längerer Lehrzeit gesehen. Durchschnittlich soll der Lohn der Gesteinshauer etwa 25 Prozent höher sein als der der Kohlenhauer. Auf einer Zeche wurde mir erzählt, dass die Italiener sofort ihre Papiere verlangen, wenn sie etwa zur Kohlenförderung dirigiert werden.

Dagegen wenden sich die Italiener mit Vorliebe der Arbeit zu, für die sie infolge der vielen Steinbrüche in Italien von Jugend auf vorgebildet sind: der *Gesteinsarbeit*, d.i. das Vorrichten der Stollen, das Freimachen der Wege für den Transport und das Freimachen der Kohlenflöze vom Gestein, um zur Kohle selbst zu gelangen. Diese Gesteinsarbeit ist ihre Spezialität, ihr verdanken sie den Einzug in den rheinisch-westfälischen Steinkohlenbergbau und die allgemeine Anerkennung als tüchtige Bergarbeiter. Das vom Verein für die bergbaulichen Interessen im OBB Dortmund herausgegebene Sammelwerk[29] berichtet über diesen Einzug und die Arbeitsmethode der Italiener sehr ausführlich wie folgt:

»Schon bei dem Aufschwung der 50er Jahre, der zudem noch besonders viele Magerkohlenzechen mit festem Nebengestein berührte, stellte sich das Bedürfnis nach besseren als den gewohnten Leistungen ein. Dazu kam, dass die wenigen Gesteinsarbeiten bis dahin von einer besonderen Klasse unter den Bergleuten, den »Querschlägern«, ausgeführt waren, deren Zahl nicht beliebig durch die der Bohrarbeit damals ganz unkundigen Kohlenbauer vermehrt werden konnte. So fanden schon früh in Westfalen Italiener als Gesteinshauer Verwendung, deren Leistungen und deren Arbeitsweise auch auf die einheimischen Arbeiter fördernd einwirkten. In den 60er Jahren waren sie schon eine gewohnte Erscheinung. Ihr Hauptverdienst ist die Einführung des Bohrens aufwärts gerichteter Löcher, des Schlenkerbohrens, für das der westfälische Bergmann den Ausdruck »Obsen« gebildet hat. Es hat wesentliche Vorteile beim Auffahren in abfallenden Schichten und lässt sich vorteilhaft in Aufbrüchen verwenden, deren Einführung es wesentlich begünstigt hat. Dass es auch zum Gemeingut der westfälischen Arbeiter geworden ist, hat viel mit dazu beigetragen, den Unterschied ihrer Leistungen gegen die der Italiener, die sich früher wie 2:3 verhielten, zu verringern. Heute sind die Letzteren, selbst wenn es sich um sehr rasches Fortschreiten mit Handarbeit handelt, den Einheimischen nur noch wenig überlegen, die ihnen überall da, wo es auf gewissenhaften Ausbau und sorgsame Arbeit ankommt, vorgezogen werden. Die Italiener benutzen gewöhnlich viel schwereres Bohrgerät als die westfälischen Bergleute.« […]

In den letzten Jahren sind vielfach Bohrmaschinen in Bergwerken eingeführt worden, doch ziehen die Italiener auch heute noch das Handbohren vor. Das Bohren mit der Maschine sei infolge der stärkeren Staubentwicklung sehr ungesund und ruiniere die Lungen, wurde mir von vielen Arbeitern gesagt. In Lothringen sind viel weniger Bohrmaschinen eingeführt als in Rheinland-Westfalen, da deren Kostspieligkeit einer allgemeinen Anlage noch entgegensteht.

---

29 Verein für die Bergbaulichen Interessen im Oberbergamtsbezirk Dortmund, Die Entwickelung des Niederrheinisch-Westfälischen Steinkohlenbergbaues in der zweiten Hälfte des 19. Jahrhunderts, Bd. I-XII, Bd. IV, S. 13.

23. Moralische Bedenken gegen die Frauenarbeit im Bergbau (1917)
H[einrich] Imbusch,[30] Arbeiterinnen im Bergbau, Essen 1917, S. 53–55.

Die Bergwerksarbeit weiblicher Personen übt in sittlicher Beziehung auch keinen günstigen Einfluss aus. [...]

Unbestreitbar bringt die Arbeit unter männlichen Vorgesetzten und in vielfacher Abhängigkeit von Männern den hilflosen und meist leicht zu beeinflussenden Arbeiterinnen in sittlicher Beziehung manche Gefahren. [...]

Auch das Zusammenarbeiten mit den Männern wirkt in der Regel auf beide Teile nicht günstig ein. Man muss bedenken, um welche Arbeiten es sich handelt. Mit der Trennung der Ankleide- und Aborträume ist nicht jede Gefahr ausgeräumt.

Die schwere und schmutzige Arbeit wirkt verrohend auf die Arbeiterinnen ein. Wegen ihrer Schwere stumpft die Arbeit die Arbeiterinnen ab. Das ist schon ein Verlust für das sittliche Leben. Dazu kommt dann der Kleidung und Körper aufs Ärgste verunreinigende Schmutz. Auch er wirkt gerade auf die Arbeiterinnen außerordentlich ungünstig ein. Jeder Kenner der weiblichen Psyche weiß, dass es in der Regel sehr übel um Mädchen oder Frauen bestellt ist, wenn sie keinen Wert mehr auf ihr Äußeres legen. Bei der Bergarbeit in Staub und Dreck aber hört das Schmücken auf. Einen besonders traurigen Anblick bieten insbesondere die Arbeiterinnen, wenn sie nach vollbrachter Schicht nach Hause gehen. Bei ihrem langen Haar ist es ihnen, sofern sie bei der Arbeit sehr unter Staub und Schweiß leiden, unmöglich, sich ausreichend zu reinigen. Die durchweg so viel Wert auf äußeren Putz legenden Frauen und Mädchen achten sich in ihrem Dreck selbst nicht mehr wie es sein müsste. Die Folgen können nur ungünstig sein. [...]

Das Familienleben der Arbeiter leidet ebenfalls unter der Bergarbeit der Arbeiterinnen. Durch die schwere und schmutzige Arbeit werden die Arbeiterinnen von der eigentlichen Hausfrauentätigkeit ferngehalten und werden bei ihnen Geist und Gemüt abgestumpft. Gerade die besonderen weiblichen Eigenschaften, die für das Familienleben von größter Bedeutung sind, leiden am meisten. Woher sollen die Arbeiterinnen, die Jahre oder Jahrzehnte lang von morgens bis abends in Staub und Schmutz arbeiteten, plötzlich Sinn für eine gemütliche und saubere Häuslichkeit bekommen? Wer gibt ihnen, wenn sie durch die Arbeit und Umgebung

---

30 Heinrich Imbusch (1878–1945), Gewerkschaftsführer, geb. in Oberhausen, zunächst Bergmann im Ruhrbergbau, 1905 Redakteur des »Bergknappen«, 1919 Leiter des Gewerkvereins christlicher Bergarbeiter Deutschlands, 1929 Vorsitzender des Deutschen Gewerkschaftsbunds, 1920–1933 Reichstagsabgeordneter für das Zentrum, 1933 Emigration in das Saarland und später Flucht nach Luxemburg, Belgien und Frankreich, engagierte sich im katholischen Widerstand, wurde 1937 in Abwesenheit von der deutschen Reichsregierung ausgebürgert und seine Familie für staatenlos erklärt, kehrte nach deutscher Besetzung der Beneluxstaaten 1942 unerkannt nach Essen zurück, wo er Anfang 1945 – im Untergrund lebend – an den Folgen von Entkräftung und einer Lungenentzündung starb. Zum Leben und Wirken Imbuschs vgl. Michael Schäfer, Heinrich Imbusch. Christlicher Gewerkschaftsführer und Widerstandskämpfer, München 1990. Zu Imbusch vgl. u.a. auch Dok. 35 in Kap. VI.

abgestumpft, ja verroht sind, weibliche Zartheit, wer gibt ihnen Herz und Gemüt und die sittliche Höhe, die wir unseren Müttern wünschen müssen? Und wer gibt ihnen die sonstigen Fähigkeiten und die notwendige Lust zur Führung des Haushalts? Die Fragen stellen, heißt sie beantworten. Sie deuten genügend deutlich die Folgen der Bergarbeit für das Familienleben an.

Auch das Einkommen der Arbeiter leidet unter der Frauenarbeit. Die Arbeiterin ist für den Mann ja in der Regel nicht nur Konkurrentin, sondern Schmutzkonkurrentin. Sie arbeitet billiger [als] der Mann. In manchen Fällen sogar billiger [als] die Maschine.

24. Arbeiterkontrolle bei Krupp [1871; 1917/18]
Auszug aus einem Brief Alfred Krupp aus Torquay vom 30.12.1871, ca. 1917/18 den Mitgliedern des Krupp-Direktoriums von Gustav Krupp von Bohlen und Halbach vorgelegt und abgezeichnet. Historisches Archiv Krupp Essen, WA 41/6–79.

Die Verwendung unserer Fotografischen Anstalt und ihre Vervollkommnung zu dem Zweck, die Arbeiter zu fotografieren, [sind] wieder eingeschlafen. Zuerst sollte jeder von oben herab bis zu Meistern und alten Arbeitern fotografiert werden, um so einige Exemplare eines Albums zu schaffen, die für jeden Wert haben, der mitgearbeitet hat. Ein solches Denkmal ist wohl jeder treue Arbeiter wert. Ferner wollte ich die Fotografie ausgedehnt haben auf jeden Arbeiter und selbst jeden Neueintretenden. Letzteres kann in Sonntagsstunden geschehen, und für Geld sind die Kräfte zu haben. Kein sichereres Mittel existiert zur Abwehr von allem Lumpengesindel, von solchen, die von der Polizei verfolgt werden, die mal auf dem Zuchthaus gesessen haben oder sonst genötigt sind, ein Inkognito zu bewahren, als wenn sie wissen, sie werden fotografiert. Ordentliche Leute wird es noch mehr anziehen. Wir haben schon manchen Sträfling aufgenommen und schlechte Kerle. Es ist nicht genug, dass sie ihre Strafe abgesessen haben, wir müssen unseren braven Leuten den Schutz bieten, dass sie nicht mit Gesindel zusammengebracht werden. Ich wünsche daher dieses Fotografieren aller Arbeiter für immer eingeführt und eine viel strengere Kontrolle über die Leute, ihre Vergangenheit, ihr Treiben und Leben. Wir müssen selbst unsere Privatpolizei haben, die besser instruiert ist als die städtische. Am dienlichsten wäre es wohl, sich nach irgendeinem bekannt Tüchtigen zu erkundigen, der im Departement der Polizei bereits sich bewährt hat, der dem gebildeten Stand angehört, die Verhandlungen mit der Stadt u[nd] anderen Behörden besorgt, mit der städtischen Polizei Hand in Hand geht. Die Kosten sind für gar nichts anzuschlagen. Sie werden sehen, was wir dann für eine Menge liederliches Gesindel an die Luft setzen werden und wie wir leicht uns durch Bessere rekrutieren. Wer das scheuen mag, dass die Fabrik eine Polizeikontrolle ausübt, und das werden viele äußern, der soll nur machen, dass er weg kommt, denn er fühlt sich nicht sicher, nicht auch einmal derselben in die Hände zu fallen.

25. Einführung von Betriebsräten auf den Zechen 1919

Vorläufige Dienstanweisung für den Betriebsrat, o.D. [März 1919], in: Bericht des Hauptvorstandes des Gewerkvereins christlicher Bergarbeiter Deutschlands über die Jahre 1919/20, S. 202–204; Jahrbuch des Verbandes der Bergarbeiter Deutschlands für 1919, S. 105–107; Gerhard Adelmann, Quellensammlung zur Geschichte der sozialen Betriebsverfassung. Ruhrindustrie unter besonderer Berücksichtigung des Industrie- und Handelskammerbezirks Essen, Bd. 1, Bonn 1960, S. 461–462 (Dok. 289b).

1. Der Betriebsrat ist die Vertretung aller Angestellten und Arbeiter des Betriebs.
   Der Betriebsrat tritt so oft zusammen, als es von wenigstens zwei seiner Mitglieder oder der Betriebsleitung gewünscht wird.
2. Der Betriebsrat hat das Recht der Einsichtnahme in alle Betriebsvorgänge, soweit dadurch keine Betriebsgeheimnisse gefährdet werden. Er unterstützt durch seinen Rat die Betriebsleitung und sorgt mit ihr für einen möglichst hohen Stand der Produktion, wobei Ziffer 9 besonders zu beachten ist.
   Die Betriebsleitung teilt im Einvernehmen mit dem Betriebsrat jedem seiner Mitglieder bestimmte Arbeitsgebiete zu.
3. Der Betriebsrat sorgt mit für die peinlichste Durchführung der berg- und gewerbepolizeilichen Bestimmungen und der Unfallverhütungsvorschriften. Er wird bei Unfalluntersuchungen von der Betriebsleitung hinzugezogen.
4. Drei vom Betriebsrat aus seiner Mitte bestimmten Personen, darunter mindestens einem Angestellten, die mindestens fünf Jahre im Bergbau und, soweit es sich nicht um neu eröffnete Betriebe handelt, mindestens ein Jahr lang in dem betreffenden Betrieb tätig gewesen sind, ist auf Wunsch Einblick in alle Vorgänge des Betriebs zu gewähren, soweit gesetzliche Bestimmungen dem nicht entgegenstehen.
5. Auf Antrag der Beteiligten haben sich bei Gehalts-, Lohnfragen und Arbeitsbedingungen allgemeiner Natur Betriebsrat und Betriebsleitung im Rahmen der gesetzlichen Bestimmungen und der von den wirtschaftlichen Organisationen getroffenen Vereinbarungen zu verständigen.
6. Über die Einstellung und Entlassung von Arbeitern und Angestellten sollen zwischen den wirtschaftlichen Organisationen Grundsätze vereinbart werden. Der Betriebsrat hat gemeinsam mit der Betriebsleitung für die Innehaltung dieser Grundsätze Sorge zu tragen.
7. Der Betriebsrat erhält von der Betriebsleitung einen geeigneten Raum zur Verfügung gestellt, in welchem er jederzeit zur Ausübung seiner Befugnisse zusammenkommen kann. Zweckmäßig sind gemeinsame, in festen Abständen stattfindende Besprechungen des Betriebsrats mit der Betriebsleitung unter deren Vorsitz, in denen das Arbeitsprogramm des Betriebs und die Tätigkeit der Mitglieder des Betriebsrats besprochen [werden]. Die Mitglieder des Betriebsrats erhalten den Verdienstausfall, der ihnen infolge ihrer Tätigkeit im Betriebsrat entsteht, voll ersetzt.
8. Über alle in gemeinschaftlichen Sitzungen des Betriebsrats mit der Betriebsleitung gepflogenen Verhandlungen wird in der Sitzung ein Protokoll verfasst, worin festgelegt wird, welche Angelegenheiten bekannt gegeben werden dürfen. Betriebsleitung und Betriebsrat

verpflichten sich auf genaue Einhaltung dieser Vorschriften. Bei Verstößen behält sich die Betriebsleitung vor, den Schuldigen zur Verantwortung zu ziehen und ihn nötigenfalls schadenersatzpflichtig zu machen.
9. Die Ausführungen der gemeinsam mit der Betriebsleitung gefassten Beschlüsse übernimmt die Betriebsleitung, der nach wie vor die Leitung des Betriebs zusteht. Ein Eingriff in die Betriebsleitung oder selbstständige Anordnungen stehen dem Betriebsrat nicht zu.
10. Streitigkeiten zwischen Betriebsleitung und Betriebsrat entscheiden die zuständigen gesetzlichen Körperschaften, sofern nicht durch das Zusammenwirken der Betriebsräte mit den wirtschaftlichen Organisationen der Arbeitnehmer und der Arbeitgeber besondere Schlichtungsstellen zu errichten sind.

26. Literarische Verarbeitung der Arbeitswelt Stahlindustrie. Heroisierende Darstellung harter Arbeit (um 1923)

Christoph Wieprecht,[31] Martinwerk, in: Otto Wohlgemuth, Ruhrland. Dichtungen werktätiger Menschen, Essen o.J. [um 1923], S. 67.

Martinwerk

1 Hünengestalten – in Schweiß gebadet –
So stehen sie vor der zuckenden Glut;
Hornhäutig die Hand, die den Wagen entladet,
Darauf hoch das Erz und die Massel ruht.
Und Brocken auf Brocken in wirbelndem Bogen
Empfängt unter Zischen das glühende Meer,
Bis alles, was knirschend die Wage gewogen,
In den Schlund versenkt das dampfende Heer.

2 Verschnauft euch – Gesellen. Die Türen geschlossen!
Nun, Stocher, den Gasdruck auf Schmelzen gestellt!
Du kennst ja kein Müdsein – stehst selbst wie gegossen,
Ein Denkmal der Kunst in der eisernen Welt.

---

31 Christoph Wieprecht (1875–1942), von 1890 bis 1927 als Dreher, Fräser und Fabrikaufseher für die Firma Fried. Krupp AG beschäftigt und Mitglied des katholisch geprägten Christlichen Metallarbeiterverbands, verfasste seit 1910 zahlreiche Gedichte und wurde 1924 in den von Otto Wohlgemuth gegründeten »Ruhrlandkreis« aufgenommen. Nach 1933 wurde Wieprecht von der nationalsozialistischen Kulturpolitik gefördert. Auch Otto Wohlgemuth (1884–1965) beschrieb die harte und gefährliche Arbeit des Bergmanns in Prosatexten und Lyrik, Gemälden und Zeichnungen. 1916 gründete er den Hellweg-Bund, 1923 den Ruhrlandkreis. Im gleichen Jahr wurde er Bibliothekar. 1933 in den Ruhestand versetzt, arrangierte er sich später mit den nationalsozialistischen Machthabern, bis man ihn 1942 aus der Reichsschrifttumskammer ausschloss. Nach dem Krieg unterstützte er schreibende Arbeiter.

Lass züngeln, dann lodern die schaffenden Flammen;
Frag nicht nach den quellenden Wolken von Gas –
Wir tragen das Werkzeug zum Gusse zusammen,
Und du – schau prüfend durchs schirmende Glas.

3   Die Stunden verrinnen – sie nehmen die Proben –
Gegossen – zerschlagen – die Masse ist gar –
Hallo – nun die Pfanne zur Grube gehoben!
Den Abstich durchstößt die glühende Schar.
Was – brennen die Kleider? Das Schurzfell in Flammen?
Ein Schlag mit dem Handsack – dann weiter die Hast –

4   Nehmt einmal die Kraft und den Atem zusammen –
– Grün flammend im Kran hängt die glühende Last,
Es regnen die Funken! Ein Spritzen und Sprühen!
Und plätschernd ergießt in die Form sich der Strahl –
Ob ringsum die Wangen auch brennen und glühen –
Der Wille der Arbeit ist härter als Stahl.

5   Entkleidet der Form steht die Arbeit der Flamme –
Es zittert die Luft an dem grausigen Ort –
Zusammengegossen zur mächtigen Bramme –
Leuchtender Genius, schaffe sie fort!

27. Grubenklima und Unfälle als besondere Gefahren der Bergmannsarbeit (1925)
Bruno Heymann/Karl Freudenberg, Morbidität und Mortalität der Bergleute im Ruhrgebiet, Essen 1925, S. 198–199.

Grubenklima und Unfallgefahr sind die Mächte, die Leben und Gesundheit des Bergmanns in besonders hohem Maße gefährden.

Die heiße, oft zugleich sehr feuchte und nahezu unbewegte Luft unter Tage wird namentlich den jungen Bergleuten in den ersten Jahren der unterirdischen Tätigkeit gefährlich, solange der Regulationsapparat des Körpers noch keine genügende Anpassungsfähigkeit an die abnormen klimatischen Lebensbedingungen unter Tage und ihren jähen Wechsel bei der Ein- und Ausfahrt erlangt hat; aber auch für die älteren Bergleute bleibt das Grubenklima ein nicht zu unterschätzender Feind. Ihm ist es offenbar zum großen Teil zuzuschreiben, dass die Belegschaft von ungewöhnlich zahlreichen und schweren Lungenentzündungen, von häufigen rheumatischen Leiden mit anschließenden Herzschädigungen sowie von Nierenerkrankungen heimgesucht wird. Ferner zwingt die enorme Wasserabgabe durch Transpiration im Verein mit der Einatmung von Staub den Arbeiter zu sehr starker Flüssigkeitsaufnahme, gibt damit nicht selten Anlass zu katarrhalischen Magen- und Darmerkrankungen und verleitet auch leicht zu übermäßigem Genuss alkoholischer Getränke, die den Körper in mannigfaltiger Hinsicht schädigen und besonders gegen die oben genannten Erkältungskrankheiten widerstandsloser machen.

Unfälle bedrohen den Bergmann so stark, dass nur wenige andere Berufe eine ähnliche Gefährdung aufweisen können. Bald sind es mechanische Verletzungen bei der Ein- und Ausfahrt oder bei der Arbeit durch das eigene Gezähe, durch Maschinen, durch Stein- oder Kohlenfall; bald sind es [die] aus der Kohle entwickelten Gase, die schwere Vergiftungen hervorrufen oder sich entzünden und zu fürchterlichen Explosionen führen, die mit ungeheurer Gewalt und Schnelligkeit als glutheiße Welle durch die Strecken rasen und nicht nur auf ihrem unmittelbaren Weg alles Leben durch Zerschmetterung und Verbrennung vernichten, sondern auch die in weit entfernten Betriebsstellen tätigen Arbeiter durch die nicht mehr atembaren und giftigen »Schwaden« aufs Schwerste gefährden.

28. Die Auswirkungen der Mechanisierung auf die Gesundheit des Bergmanns (1928)

Ausschuß zur Untersuchung der Erzeugungs- und Absatzbedingungen der deutschen Wirtschaft (Hg.), Verhandlungen und Berichte des Unterausschusses für Arbeitsleistung (IV. Unterausschuß), Bd. 2: Die Arbeitsverhältnisse im Steinkohlenbergbau in den Jahren 1912 bis 1926, Berlin 1928, S. 226–227, 268–269.

Die Einführung der Schrämarbeit und die damit zusammenhängende Verminderung des Schießens [haben] die Unfallgefahr im Allgemeinen vermindert, weil durch das Schießen das Nebengestein mehr in Bewegung versetzt wurde und daher mehr Stein- und Kohlenfall eintrat, ferner, weil bei der Schrämarbeit der Abbau schneller fortschritt und der Versatz schneller eingebracht werden konnte; die Bruchlinie saß dann nicht mehr innerhalb des Arbeitsraums, sondern schon im Versatz.

Andererseits aber wurden durch den schnelleren Abbau größere Flächen des Gebirges freigelegt, wodurch es zu größeren Gebirgsbewegungen und Gebirgsbrüchen kam.

Ferner wurde durch den Lärm der Schrämmaschine sowie der Schüttelrutsche und des Abbauhammers die Unfallgefahr erhöht, weil das Ohr des Bergmanns in der Aufnahme der Warngeräusche des Gebirges behindert war. Die Geräusche der Pressluftwerkzeuge verhindern den Bergmann, die Warnzeichen im Gebirgsdruck, das Knistern und Knacken in seiner Umgebung wahrzunehmen. Einflüsse der Gebirgsverhältnisse, besonders in schlechtem Gebirge, Gebirgsbrüche waren bei Arbeiten mit der Hacke leichter zu bemerken. Beim Arbeiten mit dem Presslufthammer kann der Bergmann nichts hören und kann nur mit dem »Gefühl« arbeiten.

Abgesehen von der dadurch auch tatsächlich vermehrten Unfallgefahr, war auch die Verständigung mit den Kameraden erschwert, die Leute mussten sich in die Ohren brüllen, und die vermehrte Anstrengung der Sprachorgane verursachte Kopfschmerzen.

Ganz allgemein war das Gefühl der Unsicherheit gewachsen und dadurch die »Nervosität« des Bergmanns vermehrt.

Die *Schüttelrutsche* hat im Anfang die Unfallhäufigkeit auch dadurch erhöht, dass die Leute sich unvorsichtig an der Schüttelrutsche entlang bewegten; diese Unfälle sind aber weggefallen, nachdem die Leute sich an die Schüttelrutsche gewöhnt hatten. Auch sind im Laufe der Zeit verschiedene Änderungen vorgenommen worden, wodurch die Unfallgefahr vermindert wurde.

Nach Dr. Baader[32] ist die typische, durch das Arbeiten mit Pressluftwerkzeugen hervorgerufene Krankheit die »knarrende Sehnenscheidenentzündung«, über die in der Literatur gewöhnlich unter der Bezeichnung »Muskel- oder Nerven- oder Sehnenscheidenentzündung durch Pressluftwerkzeuge« berichtet wird. Bei den Presslufthämmern erfolgt fast 500 Mal in der Minute ein Rückschlag, und die Muskeln werden dadurch aufs Äußerste in einen Zustand dauernder Zusammenziehung gebracht, was mit der Zeit zu einem Zustand der Dauerkontraktur führen kann. Es treten dann prickelnde Schmerzen in den Muskeln auf, wenn eine Kontraktur der anderen unmittelbar folgt. Es kann auch zu Stauungen der Blutversorgung kommen, soweit die Blutgefäße durch zusammengekrampfte Muskeln gequetscht werden. Daher sind Schmerzen in der Oberarm-, Unterarm- und Schultermuskulatur bei Pressluftarbeitern häufig.

Die Krankheit verläuft so, dass sich zunächst eine starke Ermattung einstellt, verbunden mit unbehaglicher Stimmung. Trotz vorhandener Müdigkeit ist keine rechte Schlafneigung vorhanden. Der Nachtschlaf bietet keine Erholung und Erfrischung, weil die Bettwärme die Schmerzen in der Muskulatur noch steigert. Diese Erscheinungen sind äußerlich nicht zu erkennen, und deshalb wird der Arzt einen Krankenschein meist nicht ausstellen, die Leute müssen also weiter zur Arbeit gehen, was sie nervös und arbeitsunwillig macht. Vieler solcher Krampfzustände klingen nach 8 bis 14 Tagen wieder ab. […]

Einen der stärksten Faktoren für die Stimmung des Arbeiters stellt die *Mechanisierung* dar.

Ganz allgemein wurden die im Bergbau neuerdings eingeführten Maschinen von den Arbeitern, zum Mindesten von den älteren, gefühlsmäßig abgelehnt, und zwar meist mit der Begründung, dass die Arbeiten in den mechanisierten Betrieben *körperlich*, zum Mindesten aber wegen des Lärms und der Mehrbeanspruchung der Aufmerksamkeit *geistig* stärker anstrenge.

Allerdings pflegte diese *gefühls*mäßige Ablehnung nicht dahin zu führen, dass die Arbeiter auch tatsächlich, *handlungs*mäßig, der Arbeit an den Maschinen aus dem Weg gingen und, wenn sie die Wahl hatten, die Arbeit mit der Hacke bevorzugten. Es wird vielfach sogar behauptet, dass die Arbeiter sich an die mechanisierten Betriebspunkte geradezu hindrängten, und dass sie sich aufs Äußerste dagegen gewehrt hätten, wenn man ihnen den Abbauhammer wieder zu nehmen versucht hätte. Keineswegs dürfen aber solche Tatsachen dahin interpretiert werden, dass jene gefühlsmäßige Abneigung nur »Gerede« und in der Tat nicht vorhanden sei; für einen solchen Schluss sind die Äußerungen der Arbeiter zu allgemein. Wohl aber bleibt zu untersuchen, welche Motive – im Sinne des Arbeiters – jene gefühlsmäßige Abneigung zu überkompensieren geeignet waren.

Eine wesentliche der vorerst noch anzuführenden Tatsachen ist jedenfalls der Konservativismus des Bergmanns, und daher war auch der Widerstand der *älteren* Hauer, die sich noch

---

32 Der Arbeitsmediziner Dr. Ernst Wilhelm Baader (1892–1962) beschäftigte sich vor allem mit den anerkannten Berufskrankheiten (Gewerbekrankheiten).

nicht z.B. an die Bohrhämmer gewöhnt hatten, größer als derjenige der jüngeren, die noch nicht lange mit Handbohrern gearbeitet hatten. Solange der Arbeiter die neue Arbeitsmethode nicht kannte, lehnte er sie ab. Er ging nicht gern in die Schüttelrutsche hinein, aber, wenn er erst einmal darin war, ging er auch nicht gern wieder heraus. Ein Grund für diesen Konservatismus ist auch der, dass der Arbeiter nur sehr ungern mit seiner Kameradschaft wechselt.

Ferner ist wesentlich, dass der Bergmann, besonders der ältere, grundsätzlich der Maschine feindlich gegenüberstand, weil sie die Arbeiter von der Arbeit verdränge. Der Arbeiter hätte nichts von der Mechanisierung, weil er an der dadurch erzielten Steigerung des Ertrags nicht den vollen Gewinn hätte. Die Arbeiter gingen zwar schließlich doch, wenn auch ungern, in die mechanisierten Betriebspunkte, weil sie dort mehr verdienten als an den nicht mechanisierten und nicht mechanisierbaren; aber sie fanden, das Maß dieses Mehrverdienstes entspräche nicht dem Maß des erhöhten Arbeitsaufwands und des erhöhten Ertrags. […]

Andererseits war bei manchen Arbeitern die Abneigung gegen die Rutschenbetriebe gerade dadurch begründet, dass diese Betriebsweise sie zwang, ein ganz bestimmtes Pensum zu leisten, während er im Einzelbetrieb – abgesehen von der Kontrolle – sich in seiner Arbeit freier fühlte. So mag vielleicht – im Widerspruch mit dem zuvor Gesagten – die Ablehnung der mechanisierten Betriebe zum Teil oft auch auf einer Ablehnung der dort herrschenden straffen Organisation beruht haben.

29. Zur Arbeitszufriedenheit der Bergarbeiter (1927)
Hendrik de Man, Der Kampf um die Arbeitsfreude. Eine Untersuchung auf Grund der Aussagen von 78 Industriearbeitern und Angestellten, Jena 1927, S. 57. (Auszug)

Fall 39
Beruf: Bergmann, gelernt.
Aufgabe: Zwei Jahre Schlepper, dann Lehrhauer (Vorrichtungsarbeiten: Abteufen der Schächte, Treiben der Stollen, »Durchtreiben« von Gebirgsstörungen durch Bohren und Sprengen), zuletzt Hauer.
Arbeitsfreude: +/–
Begründung: »Meine Berufsarbeit würde mir Freude bereiten, wenn sie sich unter anderen Bedingungen vollziehen würde.« Ein guter Arbeitserfolg erfordert eine gewisse Qualifiziertheit: Kenntnis der Gesteinslagerung, Ansetzen der Bohrlöcher usw.; die neuzeitliche Wetterführung hat die hygienischen Verhältnisse verbessert; eine gewisse Selbstständigkeit besteht in Bezug auf Arbeitspausen: »Die Zeit zur Verzehrung seines Arbeitsbrots bestimmt der Bergmann selbst.« Die Hemmungen sind: Der Lohn ist zu niedrig im Verhältnis zur Leistung. Das Akkordsystem ist im Bergbau ungerecht, wegen der Verschiedenheit der Gebirgsverhältnisse. Die in neuerer Zeit eingeführten Maschinen sind verhasst.

»In früherer Zeit bohrte man mit der Hand (mit Fäustel und Bohrer). Die Arbeit vollzog sich mit einem gewissen Rhythmus und in manchen Fällen sogar mit Gesang. Die mit diesen Arbeiten betrauten Arbeiter besaßen einen gewissen Berufsstolz und waren von den Unternehmern sehr begehrt. Heute hat die Maschine auch in diesem Arbeitsprozess Eingang gefunden. Der Bohrhammer, mittels dessen heute das Bohren vorgenommen wird, ruiniert die Gesundheit der Bergarbeiter. Neben der großen Staubentwicklung, welche durch das Ausstoßen des verbrauchten Luftdrucks verursacht wird, rüttelt der Bohrhammer den Körper des Bergmanns derart, dass schon nach wenigen Jahren Arbeit mit dieser Maschine sich große nervöse Störungen bemerkbar machen; die bisher beliebte Arbeit wird nunmehr nur mit großer Abneigung verrichtet.

Die Vorgesetzten im Bergbau sind von minderer geistiger Qualität; technische Betriebskenntnis überwiegt bei ihnen, jedoch feinere seelische Regungen sind der Mehrheit von ihnen fremd. In der Zeit nach dem Krieg haben Reserve-Offiziere als Beamte im Bergbau Eingang gefunden, diese Beamtenkategorie besitzt weder das eine noch das andere des Obengesagten.«

30. Schilderung eines Arbeitstages unter Tage (1928)
Graf Alexander Stenbock-Fermor,[33] Meine Erlebnisse als Bergarbeiter, Stuttgart 1928, S. 17–19, 24–26.

Es war eine gewaltige, turmhohe Halle. In langen Reihen, in gleichem Abstand voneinander, hingen Haken von der Decke, die durch Kettenvorrichtungen heraus- und herabgezogen werden konnten. An den Haken hing die Grubenkleidung der Bergleute – jeder Mann hatte seinen besonderen Haken –, die jedes Mal vor der Einfahrt mit der »Tagkleidung« gewechselt wurde. Während der Schicht hing dann die »Tagkleidung« in der Waschkaue. Nach der Arbeit gab es wiederum ein großes Umziehen: Die schmutzige »Untertagkleidung« hängten die Arbeiter an die Haken und zogen sie hoch – bis sie zur nächsten Schicht wieder gebraucht wurde. Durch die hohe Lage – der Raum mochte zehn Meter hoch sein – ließ sich ein schnelleres Trocknen erreichen. Einen seltsamen Anblick boten die unzähligen Hosen und Jacken, die dicht unter der Decke hingen und hoch oben hin und her schaukelten, als ob Tausende von Erhängten baumelten!

Im Augenblick hatte ich meine »Tagkleidung« vom Körper und streifte die Grubenkleidung über: derbes Arbeitshemd, blau-leinene Hose und Jacke, alte Soldatenstiefel; als Kopfbedeckung den sogenannten »Speckdeckel«, eine runde schirmlose Militärmütze, die von den meisten Bergleuten getragen wurde, da sie leicht und bequem war und vor herabfallenden kleineren Steinen oder Geröll einigen Schutz bot. Ich hing die ausgezogenen Sachen an meinen Haken, zog ihn empor und eilte aus der Waschkaue, um meine Grubenlampe in Empfang zu nehmen.

Die Lampen wurden an einer Stelle der Durchgangshalle verteilt, jede war nummeriert und musste mit der Nummer des Empfängers übereinstimmen. Ich schrie: »2218«, und sofort drückte mir ein junger Bursche eine Grubenlampe in die Hand. Die war nicht schwer und hand-

---

33 Alexander Graf Stenbock-Fermor (1902–1972) war zunächst viele Jahre als Bergarbeiter im Ruhrbergbau tätig und arbeitete seit Ende der 1920er Jahre als freier Schriftsteller. Wegen seiner kommunistischen Gesinnung wurde Stenbock-Fermor im Nationalsozialismus verfolgt und lebte nach 1945 in der SBZ/DDR.

lich, Benzin speiste die kleine Flamme. Nun strömte alles durch schmale Gänge mit eisernen Stufen zu der »Hängebank«, wo die Verladung in die Förderkörbe vonstattenging.

Breit und hoch lag die Halle der Hängebank ausgebreitet. In der Mitte gähnte die Öffnung des Schachts, der hier mündete. Riesige stählerne Förderkörbe glitten unaufhörlich abwechselnd in die Höhe und Tiefe; die Seile, die die Körbe hielten, wurden von einer gewaltigen, rotierenden, elektrisch betriebenen Trommel in stete Bewegung gesetzt. Jeder Korb hatte vier Etagen, »Sätze« genannt, und konnte 50 Mann tragen. Die Sätze waren so niedrig, dass man in gekauerter Stellung sitzen musste, nur der oberste Satz bot Platz zum Stehen. Zwei lange Ketten wartender Arbeiter standen bereits vor uns. Ich stellte mich hinten an. Jedes Mal, wenn ein Korb gefüllt war, gab es ein Glockenzeichen, und der Korb sauste hinab, fast gleichzeitig ging ein anderer in die Höhe, und die Verladung wurde fortgesetzt. Vor dem Einsteigen musste jeder Bergmann seine Kontrollmarke dem »Hängebankmeister« abgeben; dieser zog die Marke – jede hatte ein Loch in der Mitte – über einen Draht. Nach Schichtende wurden die Marken unten am Schacht verteilt, sodass die Auffahrt sich genau in derselben Reihenfolge vollzog wie die Einfahrt. [...]

Er schloss die Holzkiste auf, die neben der Bremse stand, und nahm die »Gezähe« – so hießen die bergmännischen Werkzeuge wie Keilhaue, Fäustel, Spitzhammer (Hacke), Schippe usw. – hinaus. Jeder von uns nahm einige Werkzeuge, und nun krochen wir den niedrigen, schmalen Gang hinunter. Es ging sehr mühselig: Die Strecke wollte kein Ende nehmen. Immerzu stieß ich mit dem Kopf an die Decke. Einzelne Stellen der Lage hingen so tief, dass wir nur auf allen Vieren kriechend weiter kamen. Als wir endlich die 50 Meter geschafft hatten, fühlten wir uns in Schweiß aufgelöst. Verschnaufend setzten wir uns auf einen Stein. Die Strecke war hier so hoch, dass man gebückt stehen konnte. Auf den schmalen Schienen, die bis hierher gelegt waren, stand ein breiter, niedriger Holzwagen, der am Seil der oberen Bremse fest hing. Im Umkreis am Boden lagen Steine, Geröll, altes Holz, Sand, einige zurechtgestutzte Stempel und Halbhölzer (dicke Bretter) für den Verbau. Die Temperatur mochte etwa 30 Grad betragen. Wir zogen Hemd und Jacke aus und waren nur noch mit der Hose [bekleidet], die von einem Ledergürtel festgehalten wurde. Der Schweiß rann über Gesicht und Körper. Franz nahm seine eingewickelten Butterbrote und befestigte sie mit einem Draht in der Mitte eines Halbholzes, quer über uns. »Von wegen der Ratten«, sagte er. »Ja, ich habe auch schon oben welche laufen sehen, gibt es viele?« fragte ich. – »Satt! Manche sind zahm. Da hat's einen, Wilhelm in der sechsten Sohle, der hat 'ne zahme. Jeden Tag zum Buttern (so hieß die Frühstückspause) kommt das Biest und frisst ihm aus der Hand. Der ist schon acht Jahre am selben Ort in Arbeit – jeden Tag kommt die Ratte zu derselben Stunde!«

Mein Arbeitsgenosse drückte mir eine Schippe in die Hand. »Lad mal den Wagen voll, ich setze unterdessen 'n Stempel.« Ich nahm die Schaufel, stieß sie in das Geröll und suchte sie zu heben – verflucht, war das schwer! Dicke Steine rollten zu beiden Seiten der Platte hinunter. Auf halbem Weg ließ ich die Schaufel wieder sinken. Verdammt, verdammt! Ich biss die Zähne aufeinander, riss mich zusammen und schippte abermals – ich ächzte, stöhnte, keuchte – aber es gelang: Die Schaufel kam über den Wagen, der Inhalt rasselte nach einer kleinen Drehung hinein. Zehnmal gelang es mir – dann fühlte ich mich ausgepumpt und erledigt. Der Schweiß strömte über das Gesicht, dass ich die Augen kaum öffnen konnte, der ganze Körper brannte. »Junge, Junge, so wird's gemacht!« sagte Franz, nahm die Schippe und arbeitete. Es ging fabelhaft. In kühnem Schwung flogen Steine und Geröll in den Teckel; in der Zeit, in der ich fünfmal schaufelte, hatte er die Schippe mindestens zwanzigmal entleert. Der Wagen war nun schon halb voll. Ohne irgendein Zeichen der Abgespanntheit übergab er mir die Schaufel. »Na, lernst's auch noch!« knurrte er und machte sich weiter am Holz zu schaffen.

Wieder ging ich mit aller Energie ans Werk und, siehe da – es ging! Ich setzte die Schippe fest und tief ein, schwang sie möglichst weit durch die Luft und fühlte neue Kräfte. Endlich konnte ich triumphierend die Schaufel niedersetzen: Der Wagen stand voll! Mit mir war es aber auch zu Ende. Kaum konnte ich noch stehen, vom ständig gebückten Arbeiten schmerzte der Rücken, und ich musste nach Luft jappen. »Ich geh nu rauf«, ertönte die Stimme meines Kumpels, »ich zieh den Teckel nach oben, lad ihn um und lass ihn wieder runter. Dann komm ich wieder zurück. Hacke solange den Boden weich!« Er steckte sich ein neues Stück Kautabak zwischen die Zähne, nahm seine Grubenlampe, die an einem Stempel befestigt war, und setzte sich in Bewegung.

31. Sozialkritische Verarbeitung der Arbeitswelt Bergbau in der Literatur (1904; 1931)

Heinrich Kämpchen, Aus der Tiefe. Gedichte und Lieder eines Bergmanns. Ausgewählt und eingeleitet von Wilhelm Helf, Bochum 1931, S. 18, erstmals abgedruckt in: Heinrich Kämpchen,[34] Neue Lieder, Bochum 1904, S. 7–8.

Bergmannsdasein / Bergmannslos

1 Tief im dunklen Schoß der Erden,
fern vom gold'nen Sonnenlicht,
unter Mühen und Beschwerden
machst du, Knappe, deine Schicht.
Schon beim ersten Morgengrauen
fährst du in die Tiefe ein,
Kohlen, Kohlen musst du hauen
um den Lohn erbärmlich klein. –

2 Dir ist keine Frist gegeben
für die Freuden der Natur,
arm und öde ist dein Leben
und ein steter Frondienst nur.
Ob des Winters Stürme wüten,
ob der holde Frühling lacht,
dort wo gift'ge Dünste brüten,
musst du scharren in dem Schacht. –

---

34 Heinrich Kämpchen (1847–1912) wurde mit 13 Jahren Bergmann. Wegen seiner Teilnahme am großen Bergarbeiterstreik von 1889 geriet er auf die schwarze Liste und musste von einer Berginvalidenrente leben. Er veröffentlichte drei Gedichtbände und ist der wohl bekannteste Bergarbeiterdichter des Ruhrgebiets.

3 Musst die harte Felswand sprengen,
wo dir stündlich Unheil droht,
musst dich winden durch die engen
Klüfte unter Druck und Not.
Plötzlich, ohne es zu künden,
wuchtet nieder das Gestein,
oder aus verborg'nen Schlünden
bricht die Wasserflut herein. –

4 Heimlich durch das Reich der Nächte,
lauschend deinem Atemzug,
schleicht sich das Gespenst der Schächte,
das so manchen schon erschlug. –
Aus dem Dunkel bricht das Feuer,
trifft der wilde Wetterstrahl –
und du bist dem Ungeheuer
preisgegeben ohne Wahl. –

5 Aber, wenn du den Gefahren
auch entgangen bist im Schacht,
hat er doch nach wenig Jahren
arm und elend dich gemacht. –
All dein bestes Herzblut trank er,
ein Vampir in grimm'ger Wut,
und ein Siecher und ein Kranker
bist du nur *zum Sterben* gut. –

32. Die kurze Lebensarbeitszeit des Bergarbeiters (1945)
Matthias Odenthal, Der Gesundheitszustand der Ruhrknappschaftsmitglieder in dem Zeitraum 1913 bis 1943, Essen 1945, S. 16, 47. (Auszug)

Der Bergbau stellt an die Arbeitskraft der Bergarbeiter sehr hohe Anforderungen. Diese Tatsache bewirkt, dass bei einem Bergarbeiter der Zeitpunkt der Invalidisierung früher eintritt als bei den anderen Arbeiterkategorien. Die Invalidisierung bedeutet jedoch nicht in jedem Fall, dass der Invalidisierte aus dem Arbeitsprozess ausscheidet. Vielfach kennzeichnet sie einen Zustand, der den Bergarbeiter zwar als bergfertig, d.h. für die Arbeit unter Tage aus gesundheitlichen Gründen nicht mehr verwendbar bezeichnet, der jedoch noch eine Verwendung in den Übertagebetrieben zulässt. So stieg die Zahl der beschäftigten Invaliden und Ruhegehaltsempfänger im Versicherungsbereich der Ruhrknappschaft im Jahr 1935 von 4.600 = zwei Prozent der im Bergbau Beschäftigten auf 49.300 = 19 Prozent im Jahr 1943. Demzufolge fällt auch das endgültige Ausscheiden aus dem Arbeitsprozess als Folge völliger Arbeitsunfähigkeit, wie die folgende Übersicht zeigt, nicht mit der Invalidisierung zusammen.

Das durchschnittliche Invalidisierungsalter der in der Ruhrknappschaft versicherten Bergarbeiter stellte sich 1913 auf 43,7 Jahre und stieg bemerkenswerterweise auf 51 Jahre im Jahr 1926 an. […]

Das Ergebnis der vorliegenden Untersuchung zeigt eindeutig, dass die Gesundheit der Ruhrbergarbeiter weit mehr gefährdet ist als die anderer Arbeitergruppen. Diese Feststellung erstreckt sich auf die Ganzheit des Untersuchungszeitraums. Hierbei lag nach den Ergebnissen der Krankenstatistik nach Krankheitsarten in den Jahren 1938–1943 das Schwergewicht der Krankheitsfälle bei zehn Haupterkrankungsarten, von denen die Berufs- und Betriebsunfälle

– Grippe – Muskelrheuma, Lumbago, Hexenschuss – Bronchitis – Furunkel, Abszess, Panar, Phlegmone- und Magenerkrankungen allein 69 Prozent 1938 und 64 Prozent 1943 betrugen. Die Ursachen der Haupterkrankungsarten sind bei den Ruhrbergarbeitern weit mehr als bei den anderen Arbeiterkategorien durch die besonderen Produktions- und Arbeitsbedingungen bedingt, wobei insbesondere das Gefahrenmoment eine besondere Rolle spielt. Ließen sich diese Gefahren vermindern, dann würde der Gesundheitszustand der Bergarbeiter in einem anderen Licht erscheinen.

Kapitel V
Die Entwicklung der Städte bis zum Ersten Weltkrieg
Von Benjamin Ziemann und Klaus Tenfelde

Es hatte in alter Zeit zwischen Ruhr und Lippe nicht eben zahlreiche und auch nicht sehr bedeutende Städte gegeben. Dortmund als wichtiger Hanse- und Handelsort stach hervor, Essen spielte eine Rolle als geistliches Zentrum, Duisburg und Mülheim waren durch die Hafenanlagen geprägt. Bis zur Mitte des 19. Jahrhunderts wuchsen diese teilweise sehr alten Städte unter dem Eindruck der frühen Industrialisierung deutlich, und als weitere wichtige Hellwegstadt gesellte sich nun Bochum hinzu. Zwischen 1840 und 1870 ordnete sich die spätere Städtelandschaft im Ruhrgebiet. Das war die Zeit der ersten Tiefbauschächte in der Hellwegzone mit Belegschaften von einigen Hundert Bergleuten, es war auch die Zeit der Ansiedlung der großen Hüttenwerke zumeist noch nahe den Weichbildern der alten Städte. Krupp und der Bochumer Verein bestimmten das Wachstumsbild für Essen und Bochum. Essen erlebte in den 1860er Jahren einen gewaltigen Bevölkerungszuwachs – mit allen schroffen Folgen, zumal im Segeroth, der halbstädtischen Grauzone zwischen dem Stadtkern und der Kruppschen Gussstahlfabrik.

Die Standortbildung der Industrie formte die Stadtregion und bestimmte das Städtewachstum bis weit in das 20. Jahrhundert. Andere Standortfaktoren kamen hinzu, darunter anfangs die territoriale Zugehörigkeit, auch die Flusslage, die zunächst Mülheim und Ruhrort, dann Duisburg groß machte, während die Städte am mittleren Ruhrlauf bald wegen des Eisenbahnbaus ins Hintertreffen gerieten. Mit der Köln-Mindener-Eisenbahn, die seit 1848 das werdende Ruhrgebiet mit den preußischen Zentren in Berlin und Köln verband, ist im Grundsatz ein für die gesamte Region bis heute verbindliches Verkehrsnetz auch zwischen den Städten etabliert worden *(vgl. hierzu Kap. III)*, das in der Folgezeit stark ausgebaut wurde und die wachsende Rolle der Hellwegstädte als urbane Dienstleistungszentren unterstrich. Fortan sollten alle großen Werke eigene Werksbahnen mit Anschlüssen an das Bahnnetz erbauen; Schienenwege, Bahnübergänge und Brückenbauten, bald auch über die Flüsse und Kanäle, sollten das Bild der Region formen.

Die Standortwahl der Schwerindustrie wirkte sich jedoch sehr viel grundsätzlicher aus. Bergbau ist standortgebunden. Die Geologie des Flöz führenden Karbons mit ihrer flächigen Erstreckung von der Ruhruferzone bis weit nach Norden, über Münster hinaus, und vom linken Niederrhein bis nördlich von Hamm machte, auch aus bergrechtlichen Gründen, Abteuf- und Förderpunkte für neue Schächte in einer Entfernung von ursprünglich ein bis zwei Kilometern voneinander erforderlich. Später, mit der Verleihung größerer Grubenfelder und deren »Konsolidation« durch Zusammenlegung, dann mit besserer Bewältigung des untertägigen Transports, der sonstigen Logistik einschließlich der Wetterführung und in genauerer Kenntnis der »Störungen«, der »Mulden« und »Sättel« im Steinkohlengebirge, wurden größere Entfernungen wie in der Emscher- und Lippezone mit allerdings dann auch noch viel größeren Belegschaften der einzelnen Schachtanlagen möglich. Natürlich waren die Werks- und Konzernleitungen bemüht, »ihre Leute« dicht bei den Arbeitsstätten anzusiedeln. An einen den Bedürfnissen des äußerst raschen Bevölkerungswachstums auch nur einigermaßen nachkommenden privaten oder kommunalen Wohnungsbau war gar nicht zu denken. Deshalb spielte der Werkswohnungsbau fast immer in der nahen Umgebung der Zechen und Hüttenwerke eine ganz maßgebliche Rolle für die »Zersiedelung« der Region: Alte, kleine bäuerliche Siedlungen, Kirchdörfer, wurden in den Landkreisgebieten Zentren, bald große Zentren eines gewaltigen Bevölkerungszustroms. Stadt für Stadt entstand gänzlich neu, manchmal auf, wie es damals schon hieß, »öde[r] Heide« *(Dok. 1)*. Jede Siedlung erstrebte Selbstständigkeit. Ruhrstadt als »Städtestadt« entstand in der zweiten Hälfte des 19. Jahrhunderts. Das heutige Bild einer zersiedelten Stadtlandschaft formte sich auf zwei Wegen: durch das überragende *Bevölkerungswachstum infolge Zuwanderung* und durch *Eingemeindungen*, besser: Einverleibungen, die den ursprünglich selbstständigen Bürgermeistereien und später auch einigen längst schon selbstständigen Städten ihre Eigenständigkeit raubten.

Das Bevölkerungswachstum konzentrierte sich zunächst keineswegs nur auf die alten Städte. Bis zum Ende des 19. Jahrhunderts wuchsen die Landgemeinden eher stärker als die durch ihre mittelalterlichen Weichbilder noch beengten Hellwegstädte. Zu ihnen gesellten sich nun, nördlich gelegen, Recklinghausen und Herne, Lünen, Castrop, Wanne, Eickel und Gelsenkirchen sowie vor allem Bottrop und Oberhausen *(Dok. 8, 15, 18)*. Das Wachstum der Ruhr-Flussstädte, in Hattingen, Witten oder Mülheim, fiel demgegenüber bereits zurück. Etliche dieser Städte wurden bis 1914 Großstädte im statistischen Sinn, beherbergten also mehr als 100.000 Einwohner. Hamborn, das diese Grenze schon überschritten hatte, musste, weil man in Berlin »proletarischen« Einfluss auf die Stadtpolitik fürchtete, bis 1911 warten, bevor es Stadt werden durfte *(Dok. 23)*.

Überall geht Bevölkerungswachstum auf zwei Einflüsse zurück: Auf die Gebürtigkeit der ortsanwesenden Bevölkerung und auf Zuwanderung. Erstere sank erkennbar frühzeitig bei denjenigen, die seit Generationen ansässig waren, aber das waren, relativ gesehen, immer weniger Menschen. Die Zuwanderung beherrschte das Bild und machte die Region jetzt zu einer solchen der Jugend: Junge Bergleute und Hüttenarbeiter kamen im Alter von 18 bis 35 Jahren, und sie verbanden den Zuzug mit der Suche nach einem sicheren Lohnerwerb und mit der Hoffnung auf eine erfolgreiche Familiengründung. Es waren immer zuerst junge Männer, die ins Revier kamen. Deshalb mangelte es während der im Konjunkturzyklus rhythmischen Wachstumsstöße der Städte stets an Frauen, und das trieb die jungen Menschen in die aufstrebenden Vergnügungsstätten des Reviers wie die Cranger Kirmes *(vgl. Dok. 30 in Kap. VII)*. Es war daran wichtig, dass diese Zuwanderer aus ländlichen Hintergründen stammten und wenig gebildet waren. Sie gründeten Familien, um Kinder zu zeugen, und das taten sie reichlich: Das

Revier wurde zusätzlich »jung«. Solche »importierte Fruchtbarkeit« beherrschte den Modus der Familienbildung bis in die Weimarer Zeit und darüber hinaus *(vgl. Kap. VII)*.

Die Zunahme der Kirchdorf-, Vorort- und Stadtbevölkerungen war deshalb im Wesentlichen den – bis 1914 – zwei großen Zuwanderungswellen geschuldet, vor allem jedoch der zweiten: Die erste Zuwanderer-Generation dominierte das Migrationsgeschehen bis in die frühen 1870er Jahre, diese Menschen kamen aus den näher gelegenen ländlichen Räumen und oft auch aus den im Süden und Südosten angrenzenden Landschaften der Mittelgebirge *(vgl. Kap. III)*. Die zweite Welle von Zuwanderern entstammte den östlichen Provinzen Preußens und den mecklenburgischen Territorien *(Dok. 3, 5)*. Die Menschen kamen aus Pommern, West- und Ostpreußen, der damals preußischen Provinz Posen und in geringerem Maße auch aus Schlesien, wo es eine eigene starke Schwerindustrie gab. Darunter waren zahlreiche preußische Staatsbürger polnischer Zunge, zumeist Katholiken, aber auch evangelische Masuren polnischer Sprache *(Dok. 19)*. Allein diese Zuwanderer zählten um 1914 mindestens 450.000 Köpfe. Sie kamen jetzt vor allem in die nördliche Wachstumszone des Reviers, aber zum administrativen Zentrum der polnischen Zuwanderung wurde Bochum.

Zu diesem Zeitpunkt gab es mehr als 3,5 Mio. Menschen im Ruhrgebiet, wenn man dessen Grenzen durch die »Einzugsgebiete« von Bergbau und Hüttenindustrie definiert. In nur zwei bis drei Generationen, seit Mitte des 19. Jahrhunderts, hatte sich die Zahl der ansässig Gewordenen mindestens verzehnfacht – ein Wachstum, das in jener Zeit allenfalls noch von Berlin erreicht worden ist. Es warf ungeheure Probleme auf *(Dok. 2)*. Nirgendwo kam die Errichtung der kommunalen Infrastrukturen diesem Wachstum auch nur annähernd nach. Die »Urbanisierung« der schwerindustriellen Ballungsregion blieb deshalb, bis in die Jahrzehnte nach 1945, mängelbehaftet, »defizient«. Es gab riesengroße Probleme des Schulhaus-, Wohnungs- und Straßenbaus, der Wasserversorgung und des Abwasserwesens, der allgemeinen Hygiene; bis in die Zwischenkriegszeit blieb die Seuchengefahr allgegenwärtig *(Dok. 6, 16, 30)*. Und außerdem verursachten die großen Werke der Montanindustrie Umweltschäden bisher völlig unbekannten Ausmaßes, ein Problem, das sich mit der Errichtung von immer leistungsfähigeren Schachtförderanlagen, Kokereien, Brikettfabriken und Gasanstalten an der Wende zum 20. Jahrhundert enorm verstärkte *(Dok. 31)*. Mochte man sich auch, angeleitet durch Wachstums- und Fortschrittsfreude und geblendet auch durch zunehmenden Wohlstand, innerhalb der Region darum noch weniger bekümmern, so formte sich doch längst schon das Bild vom grau verhangenen, Feuer speienden »Pott« *(Dok. 24)*. Von außerhalb gesehen, erschien »Ruhrstadt« als Lebensmittelpunkt schon frühzeitig wenig attraktiv.

Die Kernprobleme waren aber solche der Stadtplanung, die mit gänzlich neuen Herausforderungen zu kämpfen hatte und darüber als eigener Verwaltungszweig eigentlich erst entstand. Die neue städtische »Leistungsverwaltung« *(Dok. 13, 17)* griff auf das Umland aus. Längst hatten die alten Städte ihre Weichbilder im Wortsinn gesprengt, ihre Stadtmauern geschliffen. Seit den 1870er Jahren wuchsen die Städte in mehreren Eingemeindungswellen mit einem ersten Höhepunkt schon vor 1914 *(Dok. 14)* weit über ihre ursprünglichen Stadtkerne hinaus. Neben dem natürlichen Bevölkerungswachstum der Zuwanderer beherrschten diese Eingemeindungen das Strukturbild und die Grundzüge der Stadtentwicklung vor 1914.

Diese Entwicklungen waren oft mit schweren Konflikten verbunden: Die bisher selbstständigen Gemeinden widerstrebten, konnten sich aber nie dauerhaft dem Sog der großen Zentren versagen und erlagen schließlich den handfesten Interessen der Großindustrie *(Dok. 14)*. Es waren aber auch die Leitlinien der Stadtplanung und die technisch-organisatorische Erschließung des Stadtraums mit den hierfür erforderlichen riesigen Investitionen, die diese Entwicklung erzwangen. Unaufhörlich waren Kirchen und Schulen zu errichten. Die große Seuchengefahr erzwang rasche Kanalisierung und Zuführung von sauberem Wasser, Hygiene auf Märkten und in Schlachthöfen, Sicherung der Zufuhr von Lebensmitteln, vor allem von frischer Milch. Der ländliche Raum in der Umgebung des Reviers richtete sich darauf ein. In den Städten und darüber hinaus waren Wachstumszonen planend zu bestimmen, stets in großer Abhängigkeit von der Montanindustrie, die letztlich vielerorts das Planungsgeschehen bestimmte. Auseinandersetzungen zwischen Werks- und Kommunalverwaltungen namentlich über den Werkswohnungsbau waren die Regel. Hinzu kam, seit Ende des 19. Jahrhunderts, mit der technischen Beherrschung der Elektrizität die Erschließung des innerstädtischen, sehr viel größer gewordenen Raums durch den öffentlichen Nahverkehr. Die Glühlampe löste das Petroleumlicht und die Gaslaterne ab, aber das begann in den Arbeitervierteln erst nach dem Weltkrieg. Außerdem entwickelten diese vielen »neuen« Menschen schon vor 1914 auch gänzlich neue, einer urbanen Umgebung angemessene Bedürfnisse: Freizeit und Vergnügen waren zu organisieren, nicht nur in Volksparks und Gaststätten, sondern auf Kirmessen, in den ersten Lichtspieltheatern *(Dok. 25)*. Das musste, so dachte die »Obrigkeit« auf allen Ebenen, irgendwie beherrscht, eingedämmt werden, damit nicht die Flut eines ungehemmten Proletariats vollends die Sitten verdürbe.

Dabei blieben die Kommunalverwaltungen und die städtische Politik von einem meist ansässigen Bürgertum beherrscht, das, den schieren Zahlen nach, weit hinter Städten vergleichbarer Größe zurückblieb. Der Machterhalt trotz absolut und relativ gewaltig zunehmender Arbeiterbevölkerung hing vor allem mit dem Dreiklassenwahlrecht zusammen, das den Steuern zahlenden Mittel- und Oberschichten den politischen Einfluss erhielt. Diejenigen, die in den Versammlungen der Stadtverordneten Entscheidungen trafen, neigten dazu, ihre Interessen zu sichern, und sie agierten oftmals in mehr oder weniger ausgeprägter Abhängigkeit von den Wünschen der Montanindustrie. Trotzdem konnten – im Rahmen des wesentlich während der ersten Hälfte des 19. Jahrhunderts entstandenen Kommunalverfassungsrechts – starke Oberbürgermeister in der Region immer wieder ihren Einfluss geltend machen und hochmoderne Entwicklungen gerade in der Erschließung der städtischen Infrastruktur in Gang setzen. Dass die Region längst schon zusammenwuchs, weil überall ganz ähnliche Maßstäbe und Probleme der Stadtentwicklung auftraten und beherrscht werden mussten, wurde sehr früh in Kritik an einer wenig standortnahen Regionalverwaltung erkannt *(Dok. 12)*. Es ist dann unter anderem als Problem des Verkehrs zwischen den Städten *(Dok. 21)* und bald als Aufgabe umfassender regionaler Verkehrs- und Grünflächenplanung *(Dok. 26)* formuliert worden. Eine neue administrative Ordnung hatte »Ruhrstadt« mit den Provinzen, Regierungsbezirken und Kreisen bereits vor der Industrialisierung erhalten, und diese sollte bis heute fortbestehen. Ihre innere Zergliederung, gipfelnd im bald schon konkurrierenden, alles Gewohnte sprengenden Wachstum der Städte, empfing die Region von der Schwerindustrie. Das war, dem Maße nach, einzigartig in Europa.

Literaturhinweise

(vgl. auch Hinweise zu Kap. XIV)

Ulrich Borsdorf (Hg.), Essen. Geschichte einer Stadt, Bottrop/Essen 2002.
Franz-Josef Brüggemeier/Thomas Rommelspacher, Blauer Himmel über der Ruhr. Geschichte der Umwelt im Ruhrgebiet 1840–1990, Essen 1992.
David Crew, Bochum. Sozialgeschichte einer Industriestadt, Berlin 1985.
Eduard Führ/Daniel Stemmrich, »Nach gethaner Arbeit verbleibt im Kreis der Eurigen«. Bürgerliche Wohnrezepte für Arbeiter zur individuellen und sozialen Formierung im 19. Jahrhundert, Wuppertal 1985.
Ulrike Gilhaus, »Schmerzenskinder der Industrie«. Umweltverschmutzung, Umweltpolitik und sozialer Protest im Industriezeitalter in Westfalen 1845–1914, Paderborn 1995.
Ralph Jessen, Polizei im Industrierevier. Modernisierung und Herrschaftspraxis im westfälischen Ruhrgebiet 1848–1914, Göttingen 1991.
Susanne Peters-Schildgen, »Schmelztiegel« Ruhrgebiet. Die Geschichte der Zuwanderung am Beispiel Herne bis 1945, Essen 2005.
Lutz Niethammer (Hg.), Wohnen im Wandel. Beiträge zur Geschichte des Alltags in der bürgerlichen Gesellschaft, Wuppertal 1979.
Heinz Reif, Die verspätete Stadt. Industrialisierung, städtischer Raum und Politik in Oberhausen 1846–1929, Text- und Kartenbd., Köln/Bonn 1993.
Jürgen Reulecke, Vom Kohlenpott zu Deutschlands »starkem Stück«. Beiträge zur Sozialgeschichte des Ruhrgebiets, Bonn 1990.
Daniel Stemmrich, Die Siedlung als Programm. Untersuchungen zum Arbeiterwohnungsbau anhand Kruppscher Siedlungen zwischen 1861 und 190, Hildesheim/New York 1981.
Detlev Vonde, Revier der großen Dörfer. Industrialisierung und Stadtentwicklung im Ruhrgebiet, Essen 1989.

Dokumente

1. »Die wilde Ruhr kunstvoll und kühn überschritten«. Feierliche Eröffnung eines Teilstücks der Köln-Mindener Eisenbahn zwischen Duisburg und dem Essener Norden (1846)

Zeitungsartikel zur Eröffnung der Eisenbahnstrecke von Duisburg bis Haus Berge.[1] Allgemeine politische Nachrichten, Nr. 93 vom 19.11.1846. Abschrift. Rheinisch-Westfälisches Wirtschaftsarchiv Köln 130–2003/73.

Am 13. d. M. wurde die Eisenbahnstrecke von Duisburg bis Haus Berge eröffnet; ein Ereignis, woran sich große und freudige Erwartungen knüpfen.

Nur bei der sehr trockenen Witterung im Sommer und Herbst d.J. konnten die großen Anstrengungen der Direktion und der Beamten der Köln-Mindener Eisenbahn es dahin bringen, dass diese Bahnstrecke am 13. d. [M.], also am Geburtstag unserer allverehrten Königin,[2] wenn auch noch nicht dem Verkehr übergeben, so doch mit Lokomotiven befahren wurde.

Die verehrliche Direktion hatte zu der Fest- oder Probefahrt viele Personen von den verschiedenen Verwaltungszweigen und dem Handelsstand aus Düsseldorf, Duisburg, Ruhrort, Mülheim und Essen eingeladen. Dieselbe traf mit ihrer Begleitung morgens gegen 11 Uhr auf dem Bahnhof zu Duisburg ein und wurde sehr festlich empfangen. Gegen 12 Uhr fuhr der Festzug, dem sich der Herr Landrat Devens[3] und andere Herren von Duisburg, Ruhrort, Mülheim und Essen angeschlossen hatten, ab, und erreichte bald die kunstvolle Brücke über [der] Ruhr bei Alstaden.

Die Gesellschaft stieg hier aus und weihte der allverehrten Landesmutter ein jubelndes Lebehoch! An der Altstader Schule wurden die Festgenossen von dem Lehrer und dessen Kinderschar begrüßt. Auf dem Bahnhof in der Lipper Heide[4] schlossen sich dem Zug noch mehrere Gäste an.

Kurz vor Haus Berge erwarteten der Herr Bürgermeister von Borbeck und mehrere Herren von Essen den Zug und brachten der Direktion ein dreimaliges bergmännisches Glückauf. Nachdem diese Herren sich zu dem Zug gesellt hatten, traf man gegen 1 Uhr vor dem Bahnhof zu Haus Berge ein, der bestimmt ist, von vielen Kohlenzechen des Essener Reviers die Kohlen für den Eisenbahntransport aufzunehmen. Bis hier ist die Bahnstrecke erst fahrbar geworden. Bei dem Rückzug stieg die Gesellschaft, an 80 Personen, zu Oberhausen aus, besichtigte die großartigen Eisenwalz- und Hammerwerke der Herren Jacobi, Haniel u. Huyssen und nahm darauf ein von dieser Gewerkschaft angebotenes Frühstück oder Mittagessen ein. Bei dieser

---

1 Adeliger Rittersitz bei Borbeck, nach dem der heutige Essener Stadtteil Bergeborbeck benannt ist. – Zu diesem Teilstück der Köln-Mindener Eisenbahn vgl. auch Dok. 11 in Kap. III.
2 Gemeint ist Königin Elisabeth von Preußen (1801–1873), Gemahlin Friedrich Wilhelms IV.
3 Friedrich Karl Devens (1782–1849) war von 1830 bis 1848 Landrat des Kreises Recklinghausen.
4 Im Original durchgängig: Lipperhaide.

Gelegenheit sprach u.a. der Herr Hüttendirektor Lueg[5] von der großen Wichtigkeit der eben befahrenen Bahnstrecke, wie sie die wilde Ruhr kunstvoll und kühn überschritten, die Sümpfe der Lipper Heide nicht gefürchtet hätte, und wie bald über sie hin die Schätze des Essener und Bochumer Kohlen-Reviers dem Rhein zugeführt werden würden. Von dem Bahnhof in der ehemals öden Lipper Heide werde man dann in fliegendem Zug hierhin und dorthin, wie nach Mülheim, Ruhrort, so [auch] nach Köln, Amsterdam, Berlin dringen; [in] einige[n] Jahre[n] werde man nicht mehr denken können, dass jüngst noch so öde Heide hier war. Die Direktion wolle aber auch, wohlüberlegt, den Heidenamen vertilgen und de[n] Bahnhof darin »Oberhausen« nennen. Der Redner rühmte die Energie und großen Leistungen der Direktion der Köln-Mindener Eisenbahn, welche das große Werk so rasch förderte, und die ganze Gesellschaft stimmte laut und herzlich einem dreimaligen Lebehoch bei. Hierauf nahm Herr von Wittgenstein, Präsident der Direktion,[6] das Wort, äußerte sich anerkennend und rühmend über die großen und zeitgemäßen Fortschritte der Industrie und gedachte dabei der freundlich bewirtenden Gewerkschaft der Herren Jacobi, Haniel u. Huyssen. Herr Hugo Haniel[7] aus Ruhrort dankte im Namen dieser Gewerkschaft, indem er lebhaft die Verdienste der Beamten der Eisenbahn, die an der eröffneten Bahnstrecke so eifrig und kunstgerecht gewirkt hätten, hervorhob.

Das Fest war durch Heiterkeit belebt. Die Bedeutung desselben für unsere ganze Gegend ist nicht zu verkennen; denn wenn auch die erwähnte Bahnstrecke vorläufig nicht dem allgemeinen Verkehr eröffnet werden kann, so steht dies[es] doch bald zu erwarten. Gegen Ende dieses Jahres wird wohl die Strecke von Duisburg bis Dortmund und kurz darauf bis Hamm eröffnet werden. Mit Ende 1847 hofft man schon die ganze Bahn von Köln bis Minden vollendet zu haben, was, wenn man die kurze Bauzeit und die vielen zum Teil sehr bedeutenden Überbrückungen [und] Durchschnitte bedenkt, staunenswert zu nennen ist und jedenfalls gerechte Anerkennung verdient.

---

5 Wilhelm Lueg (1792–1864) war seit 1823 geschäftsführender Direktor der Hüttengewerkschaft Jacobi, Haniel und Huyssen.
6 Heinrich von Wittgenstein (1797–1869), gebürtiger Kölner, war u.a. auch Bürgermeister seiner Heimatstadt und wurde 1848 Regierungspräsident in Köln.
7 Hugo Haniel (1810–1893), seit 1826 im väterlichen Unternehmen und nach dem Tod Franz Haniels 1868 dessen Nachfolger, war bereits in den 1840er Jahren als Vertreter seines Vaters eng in die Verhandlungen zum Bau der Köln-Mindener Eisenbahn und weiterer Strecken eingebunden.

2. Aufruf um Spenden für die Errichtung einer katholischen Volksschule in Herne 1863

Bitte um Unterstützung zum Bau einer katholischen Schule in Herne vom 15.1.1863, abgedruckt in: H. Stache, Die Entwicklungsgeschichte der Herner Volksschulen, 1. Teil, Herne 1964, S. 132.

Nachdem in der Gemeinde Herne und Umgegend durch die in Betrieb gekommenen Bergwerke die Zahl der Katholiken sich binnen zehn Jahren auffällig rasch vermehrt hatte und jetzt auf 400 gestiegen ist, stellte sich bald das Bedürfnis sowohl eines eigenen Geistlichen als auch eines Lehrers heraus, da dieselben von ihrem Pfarrort und der Schule in Eickel eine starke Stunde entfernt waren, Kirche und Schule in Eickel aber, wo sich gleichfalls die Katholiken bedeutend gemehrt hatten, kaum den dortigen Bedürfnissen genügten.

Es wurde darum in Herne eine Schule für die katholischen Kinder zunächst eröffnet in einem gemieteten Lokal, und als dies nicht mehr genügte, ein anderes passendes nicht zu haben war, eine Notschule errichtet.

Allein auch diese genügt nicht mehr für die gegenwärtigen 75 Schulkinder, umso weniger, als die Gemeinde, in welcher im Jahr 1862 30 Geburten vorgekommen sind, in gar raschem Zunehmen begriffen ist. Die Not drängt, auf Errichtung eines geräumigen und dauerhaften Schulhauses bedacht zu sein. Es ist ein solches projektiert, dessen Kostenaufschlag sich auf 3.200 Taler beläuft, in welcher Summe noch nicht das zum Ankauf eines Platzes Nötige mit begriffen ist.

Diese Summe aufzubringen ist den Katholiken in Herne bei ihrer offenbaren Armut und Mittellosigkeit ganz unmöglich. Denn außer fünf Insassen,[8] welche zusammen bloß 15 Taler Grundsteuer zahlen, und außer einigen Handwerkern und Eisenbahnbeamten sind sie durchgängig Bergarbeiter und Tagelöhner, welche zusammen bloß 256 Taler Klassen- und 48 Taler Gewerbesteuer zahlen. Und da sie außer 147 Taler[n] Kommunalsteuern noch für Unterhalt und Wohnung des Geistlichen, welcher sich wegen Mangel eines eigenen Hauses einmieten muss, zur Bestreitung der kirchlichen Bedürfnisse, zum Unterhalt des Lehrers noch gegen 500 Taler aufbringen müssen, so ist gar nicht abzusehen, wie sie auch nur etwas aufbringen können zum Schulhausbau.

Bei dieser unserer großen Not hat auf Antrag der Königlichen Regierung der Oberpräsident von Westfalen uns die Abhaltung einer Hauskollekte in den Regierungsbezirken Arnsberg und Münster bewilligt. Da auf dem reichlichen Ertrag derselben unsere Hoffnung beruht, so richten wir dringendst die Bitte an alle, unsere Not nicht ganz zu übersehen, sondern sie durch etwas, wenn auch Weniges, lindern zu helfen. Freilich in Anbetracht der vielen Kollekten müssen wir fürchten, bei manchem kein Gehör zu finden; indes unsere Not zwingt uns, selbst auf die Gefahr hin, Unwillen zu erregen, unsere Stimme bittend zu erheben. Doch da wir schon bei manchen Gutgesinnten in der Nähe, welche unsere dürftige Lage mit Augen sah[en], Gehör gefunden [haben], hoffen wir auch in der Ferne, Gehör zu finden, hoffen, nicht wenig, sondern viel zu erhalten.

---

8   D.h. Grundeigentümern.

3. In Essen angekommen. Brief des zugewanderten Bergarbeiters Max Alias in seine ostpreußische Heimat 1875

Max Alias an seinen Schwager, Essen-Steele, 29.3.1875. Landesarchiv NRW Abt. Westfalen, OBA Dortmund 234, Bl. 133, Faksimile in: Klaus Tenfelde, Sozialgeschichte der Bergarbeiterschaft an der Ruhr im 19. Jahrhundert, 2. Aufl., Bonn 1981, Abb. nach S. 320. Die Schriftform der Vorlage wurde beibehalten.

Mein gelibter Schwager ich grüse dich viel mall alle Freinde und bekante. Ich bin glücklich und gesunnd den 5 März Eingetroffen in Essen und den 9 März bin ich in Arbeit eingetreten ich arbeite in eine Steinkohlegruberei 8350 Fuß tief in die Erde wir arbeiten jeden Tag 8 Stunden u. verdienen in die 8 Stunden 1 Tlr. 10 Sgr. bis 1 Tlr. 15 Sgr. wir müssen 2 Monate arbeiten dan bekommen wir für den ersten Monat ausbezahlt und der Lohn für eine Monat wird immer eingehalten die Arbeit gefällt mir sehr gut und wir brauchen keine Kälte und keine Hitze ausstehn. Ich bin in Kost bei einen guten Landsman u bezahle 13 Tlr. per Monat. Die Witterung ist sehr schlecht bei uns den wir kriegen jeden Tag Schnee und Regen

Mein geliebter Schwager ich bitte dich sehr daß du so gut sein möchtest und so rasch wie möglich meinen Gürtel mir schichtest und ich will dir auch dafür ein Geschenk schicken.

Ich schließe jetzt den ich habe wenig Zeit u muß bald nach die Arbeit jehe verbleibe dein treuer Schwager

Max Alias.

4. Im preußischen Abgeordnetenhaus berichtet der Referent der Kommission für das Gemeindewesen über einen außergewöhnlichen Bergschaden (1876).

Maas, Die Beschlüsse des Abgeordnetenhauses vom 26. Juni 1876, betreffend das Rechtsverhältnis zwischen Grundbesitzer und Bergwerksbetreiber, in: Zeitschrift für Bergrecht 17 (1876), S. 369–412, hier S. 380. (Auszug)

Als ein Novum wurde von dem Referenten noch angeführt, dass sich in Oberhausen infolge der Bodensenkungen eine viele Morgen bedeckende Wasseransammlung gebildet habe, welche im Volksmund nach der Gesellschaft Concordia »Concordiasee« genannt werde und in welcher sich zerstreut einzelne Wohngebäude befänden, deren Kommunikation untereinander und mit dem übrigen Teil der Stadt anfänglich durch eine Notbrücke und durch Kähne unterhalten worden sei und jetzt noch durch einen Notdamm unterhalten werde. Dieser Stand der Dinge wurde als unbestreitbar gemeinschädlich bezeichnet. Von anderer Seite wurde dagegen hervorgehoben, dass die Bildung von Teichen in Oberhausen stets vorgekommen sei und dass die in Rede stehende Wasseransammlung durch die ungewöhnlichen atmosphärischen Niederschläge des verflossenen Winters in Verbindung mit sonstigen, vom Bergbau unabhängigen Umständen hervorgerufen worden sei.

5. Knappschaftsärzte verschiedener Gemeinden des Ruhrgebiets beschreiben die Relation von einheimischen und zugewanderten Arbeitern (1878).

Heinrich Klostermann, Topographische und statistische Skizze des Märkischen Knappschafts-Vereins zu Bochum, Köln 1878, S. 20–21. (Auszug)

Die Bergleute sind nur zum Teil Eingeborene des Landes, ein großer Teil ist eingewandert. Es überwiegen die *Eingeborenen* im Ruhrgebiet, und es überwiegen die *Eingewanderten* im Emschergebiet; annähernd gleich gemischt sind dieselben im Gebiet des Hellwegs. [...]

In Ermangelung ziffermäßiger statistischer Angaben für diese Verhältnisse lassen wir aus den Berichten der Knappschaftsärzte nachstehend einige charakteristische Sätze folgen:

1. *Dr. Schönert*, Wattenscheid (Gebiet des Hellwegs): Die Lebensweise und die Gewohnheiten der aus allen Stämmen des Deutschen Reichs und selbst über dieselben hinaus (Italiener, Schweden) zusammengewürfelten Bevölkerung tragen kein lokales Gepräge. Man sagt hier: »Was zu Hause nicht taugen will, kommt nach hier und geht in die Grube!« Und doch lernen die Leute sich bald an Subordination [zu] gewöhnen.

2. *Dr. Kayser*, Wattenscheid (Gebiet des Hellwegs): In alle[n] meine[n] Revierteile[n], außer Leithe, sind fremde Arbeiter: Polen, Schweden, Italiener, Sachsen, Schlesier etc., eingezogen, auch mit Familien. Es scheint fast, als überwögen die Fremden, wenigstens im östlichen Teil von Wattenscheid, die Einheimischen numerisch. In diesem Teil ist die Bevölkerung fast gleichmäßig in die beiden hauptchristlichen Konfessionen geschieden, in den anderen Teilen ist die katholische Religion vorherrschend. Den religiösen Bedürfnissen wird gleichmäßig Rechnung getragen; nur haben die evangelischen Schulkinder der entfernteren Gemeinden den weiten Weg nach Wattenscheid zurückzulegen. Meines Wissens hat sich bis jetzt noch kein Jude für die Bergarbeit entschließen können.

3. *Dr. Klüter*, Schalke[9] (Emschergebiet): Einheimische sind nur sehr wenige in dem ganzen Revier vorhanden; denn vor etwa 15 Jahren bestand[en] Schalke und Braubauerschaft[10] nur aus verschiedenen Bauernhöfen mit etwa 6–700 Einwohnern. Die Gesamtzahl der Einwohner von Schalke beträgt nach der jüngsten Volkszählung am 1. Dezember a[nni] pr[aeteriti][11] 7.807, von Braubauerschaft 3.276. Die Bevölkerung besteht zum weitaus größten Teil aus Arbeitern: Bergleuten und Fabrikarbeitern, welche fast sämtlich zugewandert sind, entweder aus anderen Gegenden Westfalens oder aus den verschiedenen anderen Provinzen, besonders viele aus Schlesien und Polen, dann auch viele aus Italien, Frankreich etc.

4. *Dr. Grütner*, Gelsenkirchen (Emschergebiet): Die Arbeiterbevölkerung selbst stammt aus den verschiedensten Gegenden; ein eigentlich eingeborener Arbeiterstamm existiert hier noch nicht; das Haupt-Kontingent hat Westfalen gestellt, namentlich die Bezirke von Paderborn,

---

9 Schalke, um 1800 Bauerschaft mit 3 Höfen, 17 Kotten und 129 Einwohnern, zählte 1890 etwa 15.000 Köpfe und bildete mit der Gemeinde Heßler das Amt Schalke. Heute Stadtteil von Gelsenkirchen.
10 Heute: Bismarck, Ortsteil von Gelsenkirchen.
11 Des vorangegangenen Jahres.

Minden, Herford; ferner sind viele Rheinländer da, denen sich in den letzten Jahren eine große Anzahl Schlesier und Polen zugesellt haben. Demnach ist nun auch ihre Lebensweise verschieden, sowohl was die Reinlichkeit anbetrifft, als auch was ihre Nahrung, ihre Lebensweise, den Genuss alkoholischer Getränke, die Widerstandsfähigkeit des Körpers gegen Krankheit bringende Schädlichkeiten und in der Krankheit selbst anbelangt. Vorzugsweise sind es die Polen, die in Bezug auf letztere zwei Punkte am Tiefsten stehen, während in Betreff der Reinlichkeit der Wohnungen die meisten viel zu wünschen übrig lassen. […]

6. *Dr. Lind*, Eickel (Emschergebiet): Die Bevölkerung ist sehr verschieden dicht gesät. Neben den zahlreichen, sehr vereinzelt liegenden Privatwohnungen der sogenannten »kleinen Leute« sieht man die vielfach überfüllten Arbeiterkolonien und Menagen,[12] welche alle hiesigen Zechen wegen des bestehenden Wohnungsmangels für einen großen Teil ihrer Arbeiter zu bauen gezwungen waren. Betreffs dieser letzteren Bevölkerung ist zu bemerken, dass sie in den verflossenen Gründerjahren vielfach aus hergezogenen, rohen, leicht zu Exzessen geneigten Elementen bestand, wie die vielen Totschläge und Misshandlungen bewiesen haben. Sodann war durch das dichte Zusammenleben die Moralität häufig genug gefährdet. Nach den zahlreichen Arbeiterentlassungen der letzten Jahre und der Herabsetzung der hohen Löhne hat sich die hiesige Gegend gereinigt und sich allmählich ein Stamm guter Bergleute gebildet. […]

9. *Dr. Borberg*, Herdecke (Ruhrgebiet): Die meisten Bergarbeiter in dem Bezirk sind angesessen, haben einen kleinen Kotten, besorgen außer der Grubenarbeit die Bestellung ihres Ackers, dessen Ertrag aber sehr wenig lohnend ist, und beschäftigen sich je nach den lokalen Verhältnissen mit Besenbinden. Ferner betreiben noch viele Einwohner bei der großen Zahl von Sandsteinbrüchen die Steinhauerei.

10. *Dr. Broelemann*, Hörde (Gebiet des Hellwegs): Der Kulturzustand meines Reviers ist im Großen und Ganzen ein befriedigender. Besonders die ansässigen Bergleute, die ihr kleines Eigentum haben, zeichnen sich vorteilhaft vor den aus anderen Gegenden zugezogenen und vorübergehend sich hier aufhaltenden aus, und zwar nicht allein in Bezug auf elementares Wissen, sondern auch durch ihre im Allgemeinen sittliche und nüchterne Lebensweise. Auch den Fabrikarbeitern gegenüber, mit denen sie vielfach durcheinander wohnen, zeigen sie größeren Fleiß, Sparsamkeit, anständigeres Betragen in Wirtshäusern und auf Lustbarkeiten und eine größere Mäßigkeit im Genuss geistiger Getränke. Es scheint von dem alten Korpsgeist der früheren Bergleute, der leider immer mehr verschwindet, doch noch etwas übrig geblieben zu sein.

11. *Dr. Lemmer*, Sprockhövel (Ruhrgebiet): Seit Jahrhunderten bildet der Bergbau den einzigen Industriezweig, auf den die körperlich und geistig sehr entwickelte, auch im Ganzen im Wohlstand lebende Bevölkerung angewiesen ist. Ackerbau wird hier so viel, als die Bodenbeschaffenheit gestattet, getrieben, indes sind Bauerngüter, wie sie an der anderen Seite der Ruhr angetroffen werden, nicht vorhanden; in der Regel reicht ein Pferd zur Bewirtschaftung aus. Zusammenhängende Ortschaften sind hier selten, da der verheiratete Bergarbeiter seit alters her auf unkultiviertem Boden sich ansiedelt, den er in der schichtenfreien Zeit bearbeitet

---

12 Ledigenheime, vgl. dazu Dok. 18 in Kap. VII.

und nicht leicht verlässt. Daher kommt es auch, dass in hiesiger Gegend ein alter Bergmannsstand wohnt, der selten durch jüngere Kräfte von außen vermischt wird.

6. Die Emscher: Zustand des Flusses um 1890
Bericht des Herner Amtmanns Schaefer[13] vom 19.5.1890. Abschrift. Stadtarchiv Herne IV/146, Bl. 57–58. (Auszug)

Bei der diesjährigen Emscherschau im Schaubezirk Bochum, welche am heutigen Tag von den Unterzeichneten – Herrn Amtmann Schaefer als Vertreter des beurlaubten Königlichen Landrats – unter Zuziehung der beteiligten Ortsbehörden von der Grenze mit dem Schaubezirk Dortmund an abwärts vorgenommen wurde, fand sich Folgendes zu erinnern:

1. Das Wasser der großen Emscher war [durch] die vielen mitgeführten Schlammmassen vollständig verunreinigt, zeigte durchweg eine dunkle Färbung und verbreitete einen üblen Geruch. – Die Verunreinigungen, welche fast ausschließlich aus der Dortmunder Gegend mitgeführt werden, machen das Wasser der großen Emscher innerhalb dieses Schaubezirks zum Viehtränken unbrauchbar und verderben bei jedem Ansteigen während der Sommermonate die auf den Ufern und niedrigen Stellen wachsenden Pflanzen.

2. Die Böschungen des Emscherflusses, besonders am rechten Ufer, waren vielfach mit Bäumen und Sträuchern bewachsen, welche die Vorflut in erheblichem Maße hindern. Die Entfernung derselben […] ist unbedingt zu verlangen. – Von einer Aufführung jedes einzelnen Besitzers wurde Abstand genommen, da eine allgemeine Aufforderung in dieser Hinsicht […] bei der erheblichen Anzahl der Anpflanzungen als zweckmäßiger erachtet werden musste. […]

10. Der von Castrop kommende Lanferbach war stark verunreinigt und führte erhebliche Schlammmassen; es bleibt zunächst festzustellen, von welchen Zechen diese Verunreinigungen dem Bach zugeführt werden.

11. Der beim Haus Strünkede vorbeigehende, oberhalb der Chaussee Herne-Recklinghausen einmündende Mühlenbach war ebenfalls stark verunreinigt.

7. Das Weichbild der Gemeinde Schalke in der Emscherzone gegen Ende des 19. Jahrhunderts [1919]
Hans Klose, Das westfälische Industriegebiet und die Erhaltung der Natur, Berlin 1919, S. 341–342.

Wenn vor mehr als fünfundzwanzig Jahren der Schalker Amtmann zur Mittagszeit die Akten zurückschob und seine Sprösslinge zum Spaziergang zusammenrief, so erregte dieser Ruf keine ungemischte Freude. Vier Stunden Schulstubenarbeit schaffen hungrigen Mägen, und dem stand das Mittagessen besser an als ein Gang ins Freie, der dreiviertel, oft auch eine

---

13 Hermann Schaefer (1844–1932) war seit 1879 Amtmann in Herne und betrieb energisch die Erhebung der Gemeinde zur Stadt. Das gelang 1897, Schaefer wurde der erste Bürgermeister der Stadt, verblieb bis 1907 in diesem Amt und wurde anlässlich des Abschieds zum ersten Ehrenbürger der Stadt gewählt. Vgl. Dok. 10, 15 in diesem Kapitel.

ganze Stunde zu dauern pflegte. Aber der Amtmann war der Meinung, dass Bewegung in frischer und nach Möglichkeit reiner Luft für die Jugend ebenso notwendig sei wie das Lernen in der Schule, und daher führte er uns, seine heranwachsenden Kinder, durch die mittägliche Sonne die noch ungepflasterte, schon damals schwärzliche Oststraße hinab gen Braubauerschaft. So hieß die Nachbargemeinde, bevor sie den vornehmeren Namen Bismarck annahm.

Rechter Hand blieb der in ein Wirtshaus verwandelte Bauernhof der alten Schulten to Monekinck zurück, neben dem ein Kapellensaal nach Aufhören seines geistlichen Berufs dem Realgymnasium des emporblühenden Industrieorts als bescheidene Turnhalle diente. Links standen noch die Reste eines ehemals stattlichen Wäldchens, in dem Friedrich Grillo,[14] der erfolgreiche Gründer, vor Jahren sein Wohnhaus erbaut hatte und das jetzt wie üblich einer Gartenwirtschaft zugehörte. Nun kamen Industrieanlagen: ein Teil des großen Drahtwalzwerks, dann der Ringofen und der hohe Förderturm der Zeche Consolidation II mit seinen luftig drehenden Förderrädern und gegenüber die ruhigere Eisenhütte. Weiter ging es, wo die Zechenkolonie Sophienau mit ihren einförmigen, langweilig gereihten Zwei- und Vierfamilienhäusern begann, einem Anschlussgleis nach, den Plankenzaun des großen Grubenholzplatzes entlang, an einer hohen Schutthalde vorüber, deren Tonschiefer immer wieder auf Pflanzenabdrücke geprüft wurden, – und dann war man im Freien. Die grünen Wiesen und Weideflächen wechselten ab mit Kartoffelland und Kornfeldern, aus denen man mehr oder minder vorsichtig einige Kornblumen oder Raden[15] herausholen konnte. In diesem freien Gelände ließ sich wandern, solange man wollte, denn es erstreckte sich fast ununterbrochen zum Emscherfluss und darüber hinaus zum großen Hertener Wald. [...]

Viel schöne Natur, in des Worts eigentlicher Bedeutung, bot der tägliche Weg des Trampelklubs, wie boshafte Mitschüler ihn benannten, nicht. Schon damals engten im Osten und Westen lange Häuserreihen den Horizont ein; die Halden, Schlote und Gebäude der Kohlen- und Eisenwerke hoben sich düster gegen den Himmel ab, und grauschwarze Rauchfahnen hingen im Wind.

8. Rede des Oberhausener Kommerzienrats Dr. Carl Lueg[16] bei der Eröffnung der elektrischen Straßenbahn in Oberhausen über die Bedeutung von Straßen- und Eisenbahnen für die Stadtentwicklung (1897)
Heimatbuch 75 Jahre Oberhausen, Oberhausen 1937, S. 183. (Auszug)

Auch ich möchte mir erlauben, einige Worte zu sprechen, und zwar im Namen der Industrie. Mit Befriedigung blicken wir auf den heutigen Tag, der uns die Erfüllung eines lange gehegten Wunsches bringt. Die Industrie steht naturgemäß jeder Verkehrserweiterung und -ausdehnung mit großem Interesse gegenüber, mit besonderem Interesse aber der hiesigen Straßenbahn,

---

14 Friedrich Grillo (1825–1888) mehrte das väterliche Vermögen durch Beteiligungen an Zechen und Hüttenwerken und gründete 1873 die Gelsenkirchener Bergwerks-AG.
15 Weißlich oder rötlich blühende Pflanze, die in größeren Mengen auf Getreidefeldern wächst.
16 Carl Lueg (1833–1905), Sohn des langjährigen Hüttendirektors der JHH, Wilhelm Lueg (vgl. Dok. 1, Anm. 5), war von 1873 bis 1903 erster Vorstandsvorsitzender der Gutehoffnungshütte.

weil es uns mittels dieser Bahn möglich ist, unsere großen Arbeitermassen zu konzentrieren und zu dezentralisieren [...]. Zu der Geschichte unserer Straßenbahn möchte ich aber noch eine kleine Nachlese halten. Es ist Ihnen ja wohl allen bekannt, dass der Bau zuerst einer auswärtigen Erwerbsgesellschaft überlassen sein sollte; nachdem sich aber die bezüglichen Verhandlungen zerschlagen hatten, machte man sich mit dem einzig gesunden Gedanken vertraut, dass die Übernahme und Ausführung einer solchen Kleinbahn am besten von den kommunalen Verbänden selbst erfolge, und so entstand das Oberhausener Werk, das wir jetzt vollendet vor uns sehen. Allerdings war man damals nicht von Bedenken frei, ob die erforderlichen Mittel nicht unsere Kräfte überstiegen, und so entwickelte sich der Gedanke, mit Mülheim eine sogenannte elektrische Ehe einzugehen. Es wurde aber gefunden, dass schon zur Zeit des Brautstandes die Funken hin und her flogen, und die Sache wurde daher bedenklich. Ich lasse es dahingestellt, ob sie vom Weibchen auf das Männchen oder vom Männchen auf das Weibchen ausgingen, aber der Fall war es, und deshalb wurde beschlossen, diese Ehe nicht einzugehen. Die oberen Behörden aber meinten, dass gerade das Heil in dieser Ehe zu finden sei; die Angelegenheit verzögerte sich, es kam der Präsidentenwechsel in Düsseldorf dazu, und die Sache ging nicht vorwärts und nicht rückwärts. Da hatten wir das große Glück, mit dem Präsidentenwechsel in Freiherrn von Rheinbaben[17] einen [Regierungs-] Präsidenten zu erhalten, dessen erste Amtshandlung war, dass er die Akten und Vorarbeiten für die Straßenbahn mit großem Interesse und Eifer studierte und darauf die Ehe trennte. Wir bekamen dann die Konzession, es wurde rasch mit dem Bau begonnen, und wir haben unser Versprechen gehalten, sodass wir heute soweit sind, die Bahn eröffnen zu können. Wir sind also in erster Linie dem Herrn Regierungspräsidenten unseren Dank schuldig für die rasche Förderung unserer Wünsche. Aber unter unseren Gästen sehe ich noch einen für Oberhausen sehr wichtigen Mann. Oberhausen, ein Kind der Industrie, steht und fällt mit der Eisenbahn. Wir haben nun die große Freude, den Herrn Eisenbahnpräsidenten zum ersten Mal in unserer Mitte begrüßen zu können und heißen ihn mit aufrichtigem Dank hier willkommen. Ich habe persönlich schon lange Jahre das Vergnügen gehabt, mit ihm zu verkehren, und gefunden, dass er bei allen Anliegen mit großem Wohlwollen uns entgegenkam. Aber in letzter Zeit scheint dieses Wohlwollen doch durch einige dunkle Wolken getrübt worden zu sein. Der internationale Zugverkehr ist uns leise weggenommen worden, wir haben zwar Ersatz dafür erhalten, aber können uns trotzdem nicht ganz der Sorge erwehren, dass aus unserem Hauptstrang ein Nebenstrang werden könne; andererseits sind wir aber auch wieder durch die Anwesenheit des Herrn [Regierungs-] Präsidenten beruhigt. Wir sind durchaus nicht neidisch und gönnen unseren Nachbarstädten alles Gute, wenn wir nicht dabei benachteiligt werden. Ich möchte dazu dem verehrten Herrn Eisenbahnpräsidenten noch Folgendes ausführen: Wie die Köln-Mindener Strecke gebaut wurde, da gingen die Städte Mülheim und auch Essen bis ans Ministerium dagegen an, dass sie um

---

17 Georg Kreuzwendedich Freiherr von Rheinbaben (1855–1921) war seit 1896 Präsident des Regierungsbezirks Düsseldorf und später u.a. langjähriger preußischer Finanzminister.

Gotteswillen nicht von der Bahn berührt wurden. Da war es hier das Heideblümchen,[18] das sich an die erste Schiene kristallisierte, es kristallisierte sich an den ersten Schuppen, und mit der Eisenbahn ist Oberhausen gestiegen, es ist sozusagen ein Kind der Eisenbahn.

9. Der Düsseldorfer Regierungspräsident erläutert, dass der Gemeinde Altenessen aufgrund ihrer »defizienten Urbanisierung« die angestrebte Gewährung des Stadtrechts versagt werden sollte (1898).

Regierungspräsidium Düsseldorf an den preußischen Minister des Innern vom 16.8.1898. Geheimes Staatsarchiv Preußischer Kulturbesitz Berlin, I. HA, Rep. 77 (M), Tit. 312, Nr. 26, Bd. 2, Bl. 105–110, abgedruckt in: Lutz Niethammer, Umständliche Erläuterung der seelischen Störung eines Communalbaumeisters in Preußens größtem Industriedorf oder Die Unfähigkeit zur Stadtentwicklung, Frankfurt a. M. 1979, S. 83–87. (Auszug)

Dem eingehenden Gutachten des Landrats muss ich mich anschließen und bitten, dem Antrag der Landgemeinde Altenessen auf Verleihung der Städte-Ordnung zurzeit *keine* Folge zu geben.

Es ist bei der rapiden Entwicklung im Industriebezirk möglich, ja wahrscheinlich, dass die hiesige Instanz sich zehn Jahre später anders zu der Frage stellen muss und kann. Heute ist jedoch der Antrag, Altenessen die Städte-Ordnung zu verleihen, noch nicht genügend begründet.

Zwar betrug die Einwohnerzahl nach der letzten Volkszählung 20.984 und nach der letzten Personenstandsaufnahme im November vorigen Jahres 22.384 Seelen, also weit mehr, als viele Städte des Staatsgebiets zählen. Altenessen teilt aber das Schicksal vieler Industriegemeinden des Westens, nur ein Konglomerat von weit über das platte Land hinverstreuten Zechen, Arbeiterkolonien, einzelnen Häusern von Gruben- pp. Beamten, kleinen Gewerbetreibenden, von Kirchen, Schulhäusern pp. zu bilden, ohne über bloße Ansätze zur geschlossenen städtischen Bebauung bisher hinweggekommen zu sein. Diese Arbeitergemeinden des Industriebezirks unterscheiden sich hierin ganz wesentlich von den großen Vororts-Landgemeinden bei Berlin und anderen großen Städten des Ostens, welche sich ja von Letzteren kaum noch abheben und bei denen daher auch das Verlangen nach der Städte-Ordnung berechtigt sein mag.

Von dem 1.090 ha umfassenden Areal der Gemeinde Altenessen sind einschließlich der Hofräume und Gärten nur 218 ha bebaut, während 789 ha dazwischen liegenden Landes noch landwirtschaftlich benutzt werden. Wirklich bebaut, aber nirgends geschlossen – wenn man von einigen Häusern der Essen-Horster Provinzialstraße absieht – sind dagegen nach der Schätzung des Katasteramts sogar nur 1/7 oder 1/8 jener 218 ha, also von den 1.090 ha des Gemeindebezirks nur 27 bis 31 ha, die aber nicht zusammenliegen, sondern sich über das ganze Gemeinde-Areal hin verstreuen.

Charakteristisch ist ferner, dass nur *eine* einzige Straße in Altenessen überhaupt gepflastert ist, die oben erwähnte Essen-Horster Provinzialstraße, keine Straße, auch nicht einmal diese, aber ganz mit Bürgersteigen versehen ist.

---

18 Gemeint ist das Lokal des gleichnamigen bürgerlichen Geselligkeitsvereins.

Von den 22.384 Einwohnern gehören
  29 zu Gewerbetreibenden in Großbetrieben,
2.101 zu Gewerbetreibenden in Kleinbetrieben,
  112 zum Stand der selbstständigen Landwirte,
  315 zu den landwirtschaftlichen Arbeitern und Dienstboten,
1.670 zu den Staats-, Gemeinde- und Privatbeamten,
aber *18.157* zu den stark fluktuierenden *Bergleuten* und anderen gewerblichen *Arbeitern*, die also 81,1 Prozent der ganzen Bevölkerung ausmachen, während im Hauptterritorium städtischen Lebens der sesshafte Bürgerstand überhaupt fehlt.

Steuerlich sind 39 Prozent aller Zensiten überhaupt nicht staatseinkommensteuerpflichtig, 85 Prozent aller Zensiten haben nicht über 1.200 Mark, 97,5 Prozent Zensiten nicht über 3.000 Mark Einkommen. Nur zwei Prozent beziehen ein Einkommen von 3.000 bis 6.000 Mark und bloß ½ Prozent ein Einkommen von mehr als 6.000 Mark.

75,7 Prozent aller Wohngebäude in Altenessen sind kleine Arbeiterhäuser. Weitere 18,5 Prozent sind gleichfalls kleinere Häuser bis zu 750 Mark Nutzungswert.

Zur Gewerbesteuer sind nur 205 selbstständige Gewerbetreibende unter 22.384 Einwohnern veranlagt, von denen 18 auf Großbetriebe und 187 auf Kleinbetriebe entfallen. Steuerfrei sind dagegen 389 Gewerbetreibende.

Die hiernach außerordentlich beschränkte Leistungsfähigkeit der Gemeinde kann auch auf kein nennenswertes Vermögen zurückgreifen. Die im Bericht der Gemeindekommission angeführte Sparkasse steht nicht im Eigentum der Gemeinde; diese darf nur die Überschüsse zu gewissen Zwecken verwenden. Von der Wasserleitung, die die Eingabe an Euer Exzellenz ferner unter anderem hervorhebt, gehört der Gemeinde nur die Rohrleitung; das Werk selbst ist das Gelsenkirchen-Schalker Wasserwerk.

Nach dieser ganzen Konfiguration – wegen der näheren Ausführung[en] darf ich mich auf die eingehenden Angaben des Landrats beziehen – handelt es sich bei Altenessen um ein kommunales Gebilde, das vielleicht in einer späteren Periode mit Recht die Verleihung der Städte-Ordnung nachsuchen kann, zurzeit aber allem anderen eher gleicht als dem, was man mit dem Begriff einer Stadt gemeinhin verbindet.

Vor allem sprechen aber die auf den letzten drei Seiten seines Berichts vom Landrat hervorgehobenen *politischen Gründe* allgemeiner Art *gegen* die Befürwortung des Antrags.

Es ist bekannt, dass die ganzen rheinisch-westfälischen Industriegemeinden zwischen Oberhausen und Hamm i[n] W[estfalen] nach der Annahme der Städte-Ordnung streben und nur auf den Erfolg von Altenessen warten, um ihrerseits mit bestimmten Anträgen zu kommen. Dringt Altenessen durch, so ist auch nicht abzusehen, welche Gründe gegen die Anträge der meisten in ganz gleicher oder ähnlicher Lage befindlichen Gemeinden angeführt werden könnten. Die Folge würde aber eine völlige Auflösung der landrätlichen Kreise ein, da ein Teil der Landgemeinden schon jetzt, der andere bei dem raschen Wachsen der Bevölkerung bald darauf als *Stadtkreise* aus den landrätlichen Kreisen ausscheiden würde.

Zu dem Nachteil ultramontaner[19] pp. Stadtverordneten-Mehrheiten und der durch sie beeinflussten Bürgermeisterwahlen würden also *städtische*, und zwar von der Aufsicht des Landrats ganz losgelöste, *Polizeiverwaltungen* treten. Zu welchen Folgen dieser eine straffe Staatsaufsicht ausschließende Zustand in Zeiten wirtschaftlicher Krisen oder politischer Gärung in dem dicht bevölkertsten Industriegebiet des Preußischen Staats führen könnte, liegt auf der Hand, sodass ich mit dem Landrat von Essen, abgesehen von den weiter oben hervorgehobenen, meines Erachtens durchschlagenden Bedenken auch aus diesen politischen Gründen mich *grundsätzlich* gegen die Verleihung der Städte-Ordnung an die fraglichen Arbeitergemeinden, in diesem Fall an Altenessen, aussprechen, eventuell aber die Bildung Königlicher Polizei-Direktionen in dem Industriegebiet als die im Interesse des Staatswohls notwendige Voraussetzung für die Stattgebung des Antrags bezeichnen muss.

10. Herne, die »jüngste Stadt Westfalens«, bewirbt sich als Station des Kaiserbesuchs im August 1899 anlässlich der Einweihung des Dortmunder Hafens.
Bürgermeister Hermann Schaefer an den königlichen Generalmajor und Kommandeur der Leibgendarmerie, Herrn von Scholl, in Potsdam vom 21.2.1899. Stadtarchiv Herne V/3014, Bl. 7–8. Eigenhändiger Entwurf.[20]

Herr General wollen gütigst mir erlauben, eine Bitte vorzutragen.

Majestät [Kaiser Wilhelm II.] besucht demnächst Dortmund. Herne, die jüngste Stadt Westfalens, würde es sich zur höchsten Ehre anrechnen, wenn Majestät auch Herne zu besuchen allergnädigst geruhen wollten.

Den Besuch eines Mitglieds unseres Herrscherhauses hat Herne zuletzt gehabt, als des späteren Kaisers Majestät nebst hoher Gemahlin auf der Hochzeitsreise von London nach Berlin fuhren.[21]

Herne liegt nur 22 km westlich von Dortmund, an der Hauptlinie der K[öln]-M[indener] Bahn u[nd] am Endpunkt des Dortmund-Ems-Kanals. Vor wenigen Jahren noch ein unbedeutendes Dorf, wurde Herne am 1. April 1897 Stadt, zählt jetzt rund 25.000 Seelen u[nd] wird in Bälde Stadtkreis werden.

---

19 Ultramontanismus meint »diejenige Auffassung des Katholizismus, die dessen ganzen Schwerpunkt nach Rom, also jenseits der Berge (ultra montes), verlegen möchte«. Meyers Großes Konversationslexikon, Bd. 19, Leipzig 1909, S. 885.

20 Der erhoffte Kaiserbesuch blieb trotz mehrmaliger Erinnerungsschreiben aus. – Zu Schaefer vgl. auch die Dok. 6 und 15 in diesem Kapitel.

21 Gemeint ist der Kurzaufenthalt des späteren deutschen »99-Tage-Kaisers« Friedrich III. (1831–1888) und seiner Gemahlin Victoria von Großbritannien und Irland (1840–1901) auf dem Herner Bahnhof vom 5.2.1858. Zu diesem und anderen zeremoniellen Empfängen Kaiser Wilhelms I. (1884) und des Reichspräsidenten von Hindenburg (1925) auf dem Bahnhof Wanne-Eickel vgl. Alexander von Knorre, Hoher Besuch. Aufenthalte von bedeutenden Persönlichkeiten auf den Bahnhöfen Herne und Wanne-Eickel, in: Der Emscherbrücher, Nr. 10/1997, S. 17–20.

Eintrittskarte zur feierlichen Eröffnung des Dortmunder Hafens durch Kaiser Wilhelm II. am 11.8.1899 [Stadtarchiv Herne]

Und wenn Majestät auch nur eine viertelstündige Rundfahrt durch Herne machen oder wenn Majestät auch nur am Bahnhof den ehrerbietigsten Gruß der städtischen Vertretungen entgegenzunehmen geruhen wollten, die Bürgerschaft würde in Markaner Treue[22] sich hochbeglückt fühlen. –

Meine Bitte stützt sich auf den einstimmigen Beschluss des Magistrats u[nd] geht dahin, der Herr General möchten, wenn tunlich, gütigst herbeiführen, dass in das Kaiserprogramm S[eine]r Majestät der Besuch von Herne aufgenommen werde.

Sollten der Herr General eingehenden Vortrag gestatten, so würde derselbe mündlich oder schriftlich erfolgen können. –

Vielleicht erinnern sich der Herr General meiner Person:

Ich war Leutnant u[nd] Bataillons-Adjutant im Regiment Nr. 117 zu Darmstadt, wurde 1870 durch mehrere Schüsse schwer verwundet u[nd] dann in das Westpreußische Grenadier-Regiment Nr. 6 nach Posen versetzt. 1875 nahm ich den Abschied, weil der rechte Arm wenig gebrauchsfähig geblieben ist, wurde 1876 Amtmann in Ückendorf, 1879 Amtmann in Herne

---

22 Geflügeltes Wort, das die Kaisertreue der Bewohner der früheren Grafschaft Mark zum Ausdruck bringen sollte.

u[nd] hier 1897 zum Bürgermeister gewählt. Ich bin Hauptmann a. D., trage die Uniform des 1. Westpreuß[ischen] Grenadier-Regiments Nr. 6 u[nd] besitze neben anderen Dekorationen das Eiserne Kreuz II. Klasse.

In meiner Zivilstellung erfreue ich mich des Wohlwollens der staatlichen Aufsichts-Organe.

11. Die Innenstadt von Essen um 1899 [1944]

Essener Arbeitsjahre. Erinnerungen des Ersten Beigeordneten Paul Brandi.[23] Abriss aus einer für die eigene Familie verfassten Schrift: »44 Jahre im Industriebezirk«, Essen 1944, S. 9–11, abgedruckt in: Beiträge zur Geschichte von Stadt und Stift Essen 75 (1959), S. 7–106. (Auszug)

Als ich, noch nicht ganz 29 Jahre alt, am 14. Juli 1899 zum Beigeordneten der Stadt Essen gewählt wurde, stand die Verwaltung der Stadt unter der Leitung des tatfreudigen, geistig überragenden Oberbürgermeisters Erich Zweigert, der dieses Amt seit dem 1. Juni 1886 bekleidete. Er hat in den anschließenden 20 Jahren entscheidend dazu beigetragen, dass Essen aus einer unansehnlichen, etwas kulturarmen Provinzstadt von etwa 100.000 Einwohnern in verhältnismäßig kurzer Zeit zu einer Großstadt von über 700.000 Einwohnern, zu einer beliebten Wohnstadt und zum anerkannten Mittelpunkt des Rheinisch-Westfälischen Industriebezirks sich entwickeln konnte. [...]

Der äußere Eindruck, den Essen bei meinem Dienstantritt auf mich gemacht hatte, bestätigte den Ruf, in welchem Essen damals in Deutschland stand, das heißt, den einer wenig anmutenden Industriestadt. Die Enge der Altstadt, deren Radius einen Kilometer nicht überstieg, einerseits und das überschnelle Anwachsen der Einwohnerzahl andererseits hatten bisher eine moderne oder wenigstens sachgemäße Ausgestaltung des Stadtbilds unmöglich gemacht. Die Altstadt enthielt außer der sehr eindrucksvollen und schön gelegenen Münsterkirche und den in ihrer Nähe liegenden, übrigens meist recht bescheidenen Kurien der adeligen Mitglieder des 1802 säkularisierten freiweltlichen Damenstifts keine Erinnerungen aus älterer Zeit, dagegen war das Städtebild in den engen Hauptstraßen noch durchaus von niedrigen, zum Teil noch schieferbeschlagenen Häusern bergischer Bauart beherrscht, neben denen sich vielfach gräuliche Fassaden von Geschäftshäusern in Zuckerbäckerarchitektur breitmachten. Abgesehen von dem in neuerer Zeit in gotischem Stil erbauten Rathaus existierten in der Altstadt keinerlei monumentale Baulichkeiten. Schon am Bahnhof, dessen Empfangsgebäude im Sommer 1899 noch nicht vorhanden war, wurde der Ankommende durch das ununterbrochen laute Arbeiten der Niethämmer von dem nahe gelegenen Schulz-Knaudt'schen Walz- und

---

23 Paul Brandi (1870–1960) wurde 1899 zum Beigeordneten, später zum Ersten Beigeordneten der Stadt Essen gewählt und versah dies Amt bis 1911. Sein jüngerer Bruder Ernst Brandi (1875–1937) war u.a. Vorsitzender des Bergbauvereins und des Zechenverbands; ein weiterer Bruder war der zeitweilig einflussreiche Historiker Karl Brandi (1868–1946). Die Datierung der Quelle wurde aus dem Text erschlossen. Zu Brandis Ausführungen über die Essener Oberschicht um 1900 vgl. auch Dok. 22 in Kap. VI. Über den im Text genannten Oberbürgermeister Zweigert vgl. Dok. 13 in diesem Kapitel.

Kesselwerk darauf aufmerksam gemacht, dass er sich im Industriebezirk befinde, und die dem Bahnhof zugewandte Halde des Werkes, die stets in rot glühender Schlacke leuchtete, verstärkte noch diesen Eindruck. Die Eisenbahn selbst war nur zum Teil schon hochgelegt, und der jetzigen Post gegenüber stand noch das bescheidene hölzerne Empfangsgebäude der ehemals Bergisch-Märkischen Eisenbahn. Auf dem Postgrundstück selbst lag die ältere Villa Oscar v. Waldthausens[24] mit Garten, an die sich in der Kettwiger Straße zunächst ein wenige Meter breiter, unbefestigter Seitenweg, der durch Gärten führte, und sodann der Bauplatz des Hotels Royal, das 30 Jahre später wieder abgebrochen wurde, anschlossen. An der südlichen Ecke der Lindenallee lag ein zweigeschossiges Wohnhaus, in welchem das Bankgeschäft Hirschland sein Geschäft in zwei Zimmerchen betrieb. An der Nordecke der Lindenallee war neben dem Hotel Schulte das große katholische Krankenhaus gelegen, das sich in seiner ganzen Länge die Lindenallee hinaufzog und hier die Innenstadt fest abriegelte, denn die jetzige Rathenaustraße, ein späterer Durchbruch, war noch nicht vorhanden. Im Übrigen galt die Lindenallee als vornehme Wohnstraße. Hier lag eine Reihe größerer Villen wohlhabender Bürger und Krupp'scher Direktoren, wie die des Ersten Direktors Geheimrat Jencke[25] u.a. Aber auch die große Lokalbank, die Essener Creditanstalt, die sich aus kleineren Verhältnissen zur führenden Bank des Industriebezirks entwickelt hatte, schickte sich an, hier ein großes Bankgebäude zu errichten und damit die Umwandlung der Lindenallee in die Bankstraße des Reviers einzuleiten. Das noch in Betrieb befindliche alte Bankgebäude lag, ein bescheidener zweistöckiger Bau, an der Ostseite der Kettwiger Straße, Ecke Akazienallee. Auch an der letzteren, einer Fortsetzung der Lindenallee auf dem Gelände der früheren Stadteinfriedung, besaßen noch einige Honoratioren ihre mehr oder weniger eleganten Wohnhäuser, insoweit sie sich nicht schon an der nach Süden führenden Verlängerung der Kettwiger Straße, der Huyssenallee, angesiedelt hatten. Bei dieser hatte die Stadtverwaltung in den Gründerjahren allerdings den Anlauf zur Erstellung einer breiteren repräsentativen Straße gemacht, wenn auch der Anfang nichts weniger als repräsentativ war; denn hier lag das alte, rauchgeschwärzte, evangelische Krankenhaus, das Huyssenstift, während links eine hässliche Kneipe die platzartig erweitere Straße beherrschte. Die genannte Repräsentationsstraße verlief aber nur ein paar hundert Meter in ihrer vollen Breite, um dann wieder in die alte Provinzialstraße überzugehen. Hier endete auch schon bald das Stadtgebiet. Am Südende der Huyssenallee lag am Rande des zwar kleinen, aber immerhin wohl gepflegten Stadtparks der städtische Saalbau in schlichter, aber ganz würdiger Architektur, in Wahrheit ein Holz- bzw. Fachwerkbau mit einem großen Saal, in welchem alle größeren Versammlungen und Konzerte abgehalten wurden. In ihm machte ich bald nach meinem Dienstantritt schon eine große Volksfeier aus Anlass der Enthüllung des Bismarckdenkmals mit. Bei dem großen Festessen trat mir zum ersten Mal, und zwar wohltuend, die in der Stadt herrschende bürger-

---

24 Die Waldthausens waren eine berühmte Essener Bürger-, Bankiers- und Industriellenfamilie. Vgl. dazu Dok. 1 in Kap. VI.
25 Der Geheime Finanzrat Hanns Jencke (1843–1910), seit 1879 bei Krupp, war zwischen 1879 und 1902 Vorsitzender der Prokura bzw. des Direktoriums von Krupp.

lich-liberale, offenbar jedem Kastengeist abholde Gesellschafts- bzw. Geselligkeitsauffassung entgegen. Das Staatsbeamtentum trat hinter dem unendlich zahlreicheren Privatbeamtentum zurück, Garnison war nicht vorhanden, und die führende Oberschicht, zusammengefasst unter dem Sammelnamen »Gewerken«, d.h. die wohlhabenden, an der Industrie, vor allem am Bergbau beteiligten Kapitalisten, entstammten fast ausnahmslos den eingeborenen bürgerlichen Familien, zu denen mannigfache verwandtschaftliche Beziehungen bestehen geblieben waren.

12. Kritik an der Verwaltung des Ruhrgebiets durch eine Bezirksregierung, deren Sitz weit außerhalb der Region liegt (1899)

Leitartikel »Zum Herner Streik-Prozeß«,[26] in: Rheinisch-Westfälische Zeitung, Nr. 916 vom 5.12.1899, 1. Ausgabe.

Es wäre noch anzuführen eine allgemeine Bemerkung über die Regierung in Arnsberg. Die Bevölkerung unseres Industriebezirks hat es seit Langem empfunden, dass es unmöglich ist, diesen entscheidenden Bezirk Westfalens von Arnsberg aus zu leiten. Die »Perle des Sauerlandes« ist ja ein bevorzugter Platz für Überanstrengte aus dem Industriebezirk, welche sich für einige Zeit ausruhen und erholen wollen; allein, dass diese Idylle der richtige Ort sei für den Sitz des Industrie-Regierungspräsidiums, wird von allen Sachkennern entschieden bestritten. Es wäre interessant zu wissen, wieweit von Stunde zu Stunde der Regierungspräsident über die Vorgänge zu Herne informiert worden ist, in welcher Weise sich der Verkehr zwischen dem Streikgebiet und der Regierung abgespielt hat. Ein direkter *Telegraf* Herne-Arnsberg ist unseres Wissens nicht vorhanden; der *Fernsprecher* nach Arnsberg ist, wie wir auf unserer Redaktion am besten wissen, für rasche Verständigung unbrauchbar, und was die *Zugverbindung* anlangt, so ist es bequemer, von Herne nach Hannover oder Hamburg zu fahren als nach Arnsberg; es würde tatsächlich mit einem Regierungspräsidium in Hamburg oder Hannover ein besserer Verkehr zu ermöglichen sein als mit dem in Arnsberg. Den langjährigen Wünschen unseres Industriebezirks auf Beseitigung dieses Missstandes wird durch den gegen uns geführten Prozess neue Nahrung zugeführt. Am Sonntag gab es bereits schwere Verwundungen, am Montag wüste Auftritte auf den Zechen, am Dienstag eine Reihe von Toten und Schwerverletzten, am Mittwoch Mittag erst kam der Präsident in die Lage, sich durch Augenschein von der Schwie-

---

26 Der Verfasser des Beitrags ist höchstwahrscheinlich Theodor Reismann-Grone, der damalige Chefredakteur der Zeitung und NS-Oberbürgermeister Essens seit 1933 (vgl. dazu die Dok. 9 und 31 in Kap. XI). Anlass des Aufsatzes war die sogenannte Herner Polenrevolte von 1899, in deren Verlauf etliche junge polnische Bergleute auf der Herner Bahnhofstraße von einem Militärkontingent niedergeschossen wurden; vgl. zu diesen Vorgängen Klaus Tenfelde, Die »Krawalle von Herne« im Jahre 1899, in: Internationale Wissenschaftliche Korrespondenz zur Geschichte der Arbeiterbewegung 15 (1979), S. 71–104, vgl. dazu auch Dok. 20 in Kap. VIII. Wegen der Kritik am Verhalten der Behörden während der Vorgänge strengte der Arnsberger Regierungspräsident ein Verfahren gegen den Chefredakteur an. Vgl. Stefan Frech, Wegbereiter Hitlers? Theodor Reismann-Grone. Ein völkischer Nationalist (1863–1949), Paderborn etc. 2009, S. 136, 160.

rigkeit der Lage zu überzeugen. Es ist die allgemeine Überzeugung, dass, wenn der Präsident mitten im Regierungsbezirk gewohnt hätte, dies nach den verschiedensten Richtungen hin Vorteile gebracht hätte. Es ist deshalb zu wünschen, dass die lang geplante und viel erörterte Verlegung des Regierungspräsidiums von Arnsberg nicht länger an der Eifersucht der Städte scheitert. Will man nicht das Präsidium von Arnsberg verlegen, so ist es zweckmäßig, eine *neue Regierung für den Industriebezirk* zu schaffen.

13. Aufgaben und Leistungen der Städte im Revier 1903

Die Verwaltung der Stadt Essen im XIX. Jahrhundert mit besonderer Berücksichtigung der letzten fünfzehn Jahre. Erster Verwaltungsbericht der Stadt Essen, erstattet vom Oberbürgermeister [Erich] Zweigert,[27] bearbeitet vom städtischen statistischen Amt, Essen 1902, S. VI-VIII. (Auszug)

Die Entwicklung ist seit Einführung der Selbstverwaltung in unseren preußischen Städten fast überall dieselbe gewesen. Ursprünglich beschränkte sich die städtische Verwaltung lediglich auf die Verwaltung des städtischen Vermögens; auch in den für die verschiedenen Provinzen erlassenen Städteverordnungen wird diese Vermögensverwaltung als die Hauptaufgabe bezeichnet. Selbst [die] Schul- und Armenverwaltung traten zurück, befanden sich oft nicht einmal in den Händen der kommunalen Behörden, sondern wurden von der Kirche oder von besonderen Schulsozietäten einerseits und von besonderen Armenverbänden andererseits geleitet, bei denen der Bürgermeister oft nur indirekt beteiligt war.

Durch die Städteordnung wurde die Polizeiverwaltung in die Hände der Bürgermeister gelegt und durch diese Personalunion ein Teil der städtischen Selbstverwaltung, ganz gewiss auch nicht zum Schaden der eigentlichen polizeilichen Tätigkeit. Demnächst war es die Schulverwaltung, welche ganz besonders das Interesse der Städte in Anspruch nahm, und zwar sowohl das Volksschulwesen als auch die höheren Schulen in ihrer eigenartigen, vielseitigen, echt deutschen Gestaltung. Wenn auch nicht verkannt werden soll, dass den staatlichen Schulaufsichtsbehörden auf dem Gebiet des Schulwesens große Verdienste zugestanden werden müssen, so kann doch, ohne Widerspruch zu erfahren, behauptet werden, dass es die Gemeinden gewesen sind, welche die preußische Volksschule auf ihre gegenwärtige Höhe gehoben haben, dass es die Gemeinden gewesen sind, welche höhere Schulen je nach ihren Bedürfnissen gründeten und so besonders den Realanstalten erst diejenige Bedeutung verschafft haben, deren sich dieselben heute in unserem öffentlichen Leben erfreuen und hoffentlich in immer gesteigertem Maß zu erfreuen haben werden. [...] Die preußische Volksschule wird eine Gemeindeschule sein, oder sie wird nicht sein.

Auf dem Gebiet der Armenverwaltung hat man ebenfalls erst in neuerer Zeit angefangen, die engen Gesichtspunkte der Fürsorge für den notdürftigsten Lebensunterhalt aufzugeben, welche noch das Landrecht für die Armenverwaltung als maßgebend bezeichnete. Man sieht nicht mehr diejenige Armenverwaltung als die beste an, welche die geringsten Kosten erfor-

---

27 Erich Zweigert (1849–1906) war seit 1886 bis zu seinem Tod Oberbürgermeister von Essen.

dert, sondern man ist dank des immer weitere Kreise gewinnenden sogenannten Elberfelder Armenpflegesystems[28] dazu übergegangen, auch hier zu individualisieren, die Fürsorge für die Armen und Hilfsbedürftigen auf sein ganzes leibliches und geistiges Wohl zu erstrecken, auf die prophylaktische Wirkung Wert zu legen, Arme und Armenpfleger zu erziehen, die Letzteren insbesondere dahin, dass sie in dem Armen nicht mehr lediglich einen lästigen, Kosten verursachenden Menschen erblicken, den sobald als möglich abzuschieben wichtigste Pflicht sei.

In dem letzten Drittel des vorigen Jahrhunderts war es besonders die öffentliche Gesundheitspflege, welche die Tätigkeit der Gemeinden in Anspruch genommen hat. Dank der Fortschritte der Wissenschaft auf diesem Gebiet war es möglich, Ersprießliches zu leisten. Unsere deutschen Städte zeigen, was wir geleistet haben. Unsere Krankenhäuser und öffentlichen Schlachthöfe, unsere Kanalisationen und Wasserleitungen, unsere Straßenbauten und Bebauungspläne mit ihren öffentlichen Gärten und Parkanlagen und die vielen anderen im Interesse der öffentlichen Gesundheitspflege geschaffenen Einrichtungen beweisen, was die Selbstverwaltung auf diesem Gebiet zu leisten imstande gewesen ist. Was wird die Zukunft an neuen Aufgaben bringen?

Schon regt sich auf allen Gebieten des wirtschaftlichen Lebens eine energische kommunale Tätigkeit. Während man es bis vor kurzer Zeit für das Richtige hielt, den Gemeinden jede Betätigung auf dem Gebiet des Wirtschaftslebens zu untersagen, während man oft genug hören konnte, dass die Gemeinden mit ihrer bürokratischen Verwaltung nicht befähigt seien, wirtschaftliche Unternehmungen erfolgreich zu leiten, erstreckt sich schon jetzt die Arbeit der Gemeinden auf fast alle wirtschaftlichen Gebiete. Überall sehen wir, dass Gasanstalten, Wasserleitungen, große kommunale, den Interessen des Viehhandels dienende Viehhöfe erbaut, Elektrizitätswerke und Straßenbahnen angelegt und von den Gemeinden nicht nur hergestellt, sondern auch betrieben werden. Hafenanlagen, ja, Bergwerke und Eisenbahnen befinden sich in städtischer Verwaltung. Das Feuerversicherungswesen ist zum Teil in kommunalen Händen. Unsere Sparkassen sind nicht nur bestimmt, zur sicheren Anlegung von Ersparnissen Gelegenheit zu geben, sondern sie oder neben ihnen besonders gegründete Banken haben die Aufgabe übernommen, in wirtschaftlicher Beziehung dem Realkredit zu dienen; sie verfolgen damit nunmehr auch wirtschaftliche und nicht bloß humanitäre Ziele. Freilich sind die Fortschritte auf diesem Gebiet nur langsam. Das finanzielle Risiko schreckt die Gemeinden häufig zurück, und sie sind dann hinterher oft zu ihrem Schaden gezwungen, die unentgeltlich an Private zur geschäftlichen Ausnutzung erteilten Konzessionen mit großen Opfern zurück zu erwerben. Ob, wann und wie das zu geschehen hat, ist nach den örtlichen Verhältnissen zu beurteilen. Aber das Bestreben der Gemeinden, alle diese Angelegenheiten in eigene Verwaltung zu über-

---

28 Das »Elberfelder System« der Armenpflege wurde in den 1850er Jahren eingeführt und versuchte eine bessere Verteilung und Kontrolle der Leistungen der Armenpflege; vgl. Barbara Lube, Mythos und Wirklichkeit des Elberfelder Systems, in: Karl-Hermann Beeck (Hg.), Gründerzeit. Versuch einer Grenzbestimmung im Wuppertal, Köln/Bonn 1984, S. 158–184.

nehmen, ist unverkennbar. Es ist berechtigt, weil es unserer staatlichen, kommunalen und wirtschaftlichen Entwicklung entspricht, und es verdient daher die Unterstützung sowohl der zur kommunalen Verwaltung berufenen Organe als auch der Staatsbehörden und der Gesetzgebung.

Ganz besonders wird es aber ein Feld sein, welches der kommunalen Fürsorge in Zukunft in erster Linie überantwortet werden wird, das ist die sozialpolitische Tätigkeit der Gemeinden. Auf dem großen Gebiet des Arbeiterversicherungswesens sind die Gemeinden schon heute umfangreich tätig, wenn auch nur als Hilfsorgane. Bei dem Ausbau der Versicherungsgesetzgebung und bei der berechtigterweise vielfach gewünschten Vereinfachung derselben möge man den Gesichtspunkt einer engeren Anlehnung an die Gemeindeorgane nicht außer Acht lassen. Vorüber sind auch hier seit Langem die Zeiten, in welchen man der Gemeinde jede selbstständige, durch die Gesetze nicht geforderte Betätigung auf diesem Gebiet zu untersagen geneigt war. Die Wohnungsfrage ist heute bereits anerkanntermaßen eine kommunale Frage, und die dringend notwendige Besserung der Wohnverhältnisse wird nur gelingen, wenn die Gemeinden es als ihre Aufgabe erkennen, hier nicht nur [be]ratend, sondern tatkräftig unter Aufwendung erheblicher öffentlicher Mittel einzugreifen. Das Schlafstellenwesen, dieser Krebsschaden unseres ganzen gesellschaftlichen Lebens in wirtschaftlicher und sittlicher Beziehung, kann nur gebessert oder beseitigt werden, wenn die Gemeinden ihre Hand dazu bieten, Logierhäuser für Unverheiratete beiderlei Geschlechts zu errichten, bei deren Betrieb nicht ein großer Unternehmergewinn herausgewirtschaftet, sondern neben einer angemessenen Verzinsung und Tilgung des Anlagekapitals lediglich die Beschaffung guter und billiger Quartiere als Ziel gesteckt wird. Aber neben der Wohnungsfrage sind es noch viele andere, auf die sich die sozialpolitische Tätigkeit der Gemeinden erstrecken kann und erstrecken wird. Sie sind bekannt. Ich nenne nur Volksbibliotheken und Lesehallen auf geistigem, Kaffeeküchen und Volksküchen auf leiblichem Gebiet, ferner die Fürsorge für die Beschäftigung vorübergehend arbeitsloser Personen, die wir jetzt oft der Not gehorchend haben übernehmen müssen, und die Einrichtung kommunaler Arbeitsnachweisstellen[29] sowie endlich die kommunale Regelung und Kontrolle der gewerkschaftlichen Arbeiterorganisationen, ohne damit sagen zu wollen, dass ich etwas mehr als eine Andeutung hätte geben wollen. Hier werden die Aufgaben der Gemeinden im laufenden Jahrhundert zu suchen sein. Freilich fehlt den Gemeinden zurzeit für viele dieser Aufgaben die gesetzliche Zuständigkeit, auch ist Vorsicht und langsames und bedächtiges Vorgehen auf diesem Gebiet gewiss geboten. Aber wenn es gelingen soll, die sozialen Gegensätze auf friedlichem Weg auszugleichen, die anerkannten Missstände zu beseitigen, so wird niemand so sehr berufen sein, hieran wirksam mitzuarbeiten, als die Gemeinden und ihre Verwaltungsorgane.

---

29 Kommunale Arbeitsnachweise wurden zeitgenössisch kontrovers diskutiert. Sie sollten unter Aufsicht der Städte Arbeit vermitteln.

14. Der Bochumer Landrat Gerstein legt die Hintergründe für die Eingemeindung der Landgemeinde Wiemelhausen in die Stadt Bochum offen (1903).

Landrat Gerstein[30] (Kreisausschuss Bochum) an den Regierungspräsidenten in Arnsberg vom 27.2.1903. Landesarchiv NRW Abt. Westfalen, RA 17736. (Auszug)

Die Haupttriebfeder für die Eingemeindung ist die Großindustrie, welche in der Gemeindevertretung von maßgebender Bedeutung ist. In der Gemeinde Wiemelhausen besteht eine besondere Gewerbesteuer, während diese in Bochum bei der von der Großindustrie getragenen Zusammensetzung der Stadtverordneten-Versammlung nicht hat durchgesetzt werden können. Diese Kopfsteuer beträgt zurzeit ungefähr 45.000 Mark, eine Summe, welche in Zukunft aus anderen Steuerquellen der vergrößerten Stadt aufgebracht werden soll!

Von dieser Belastung will sich die in der Gemeinde vorhandene Großindustrie freimachen; man kann daher dieses Vorgehen bezeichnen als eine »Eingemeindung zur Abschaffung der Kopfsteuer«! Mit welcher Rücksichtslosigkeit vorgegangen worden ist, ergibt das Protokoll vom 5. August 1901 [...], wonach den Gemeindevertretern, welche gegen die Eingemeindung gestimmt haben (zugleich den Arbeitern der Zeche »Julius Philipp«), von dem Betriebsführer eröffnet worden ist, dass sie, wenn sie noch einmal anders stimmten [als] der Herr Direktor, ihre Entlassung erhalten würden. Infolgedessen ist bei den weiteren Verhandlungen dafür Sorge getragen [worden], dass eine *Abstimmung* über die Frage der Eingemeindung nicht wieder stattgefunden hat.

Auch im Übrigen haben die Gemeindevertreter allein deshalb für die Eingemeindung gestimmt, weil sie ein Heruntergehen der Steuer und ein Steigen der Grundstückswerte erreichen wollen! Gründe des öffentlichen Wohls sind in der Gemeindevertretung nicht maßgebend gewesen.

15. Lieder beim Festessen zum 25-jährigen Dienstjubiläum von Bürgermeister Schaefer in Herne preisen den erreichten Stand der kommunalen Daseinsfürsorge (1904).

Programm der Feier des 25jährigen Dienstjubiläum des Herrn Ersten Bürgermeisters Schaefer zu Herne am Sonntag den 7. August 1904 im Saale des Herrn Fritz Funke [gedruckt]. Stadtarchiv Herne V/3123, Bl. 49.[31]

---

30 Karl Gerstein (1864–1924) war langjähriger Landrat und Polizeipräsident von Bochum und während des Ersten Weltkriegs Zivilgouverneur im besetzten Belgien.
31 Neben dem hier abgedruckten Lied wurden noch die beiden Lieder »Straßenbahn« und »Unser Schlachthaus« dargeboten.

Fortschritt (Mel.: Hipp, hipp, hurra!)

1 Lasst tönen laut den frohen Sang,
Ein Hoch dem Jubilar!
Ihm bringen wir in hellem Klang
Heut unsern Jubel dar;
Denn unser Bürgermeister hat
Heut' fünfundzwanzig Jahr
Das Amt regiert und auch die Stadt
Mit grosser Kunst fürwahr;
Drum soll Begeistrung uns entflammen
Hipp hipp hurra
Wir halten fest und treu zusammen
Hipp hipp hurra!

2 O Herner Staub, O Herner Schlamm
Wie quältest Du uns schier!
Jetzt sprengt auf festem Strassendamm
Ein Wagen für und für.
Nun fehlt zur vollen Sauberkeit
Die Badeanstalt noch,
Ist das auch keine Kleinigkeit
Gelingt's dem Schaefer doch.
    Drum soll etc.

3 Gymnasium human, real
Entwickelt sich enorm;
Fürwahr es muss auch hier noch 'mal
Eingreifen die Reform;
Und sieht man unser Denkmal dann,
Wird das Erstaunen gross,
Wie mild blickt uns der Kaiser an
Wie kühn sein stehend Ross.
    Drum soll etc.

4 Bei städt'schem Gaslicht ziehen bald
Wir in den Stadtpark ein,
Schon freut sich darob Jung und Alt,
Doch wie bringt's Geld man ein?
Durch Schaefers Zauberwort ersteh'n
Aus einem Taler zwei,
Er zaubert auch den Stadtpark schön
Mit Blumen mancherlei.
    Drum soll etc.

5 »Geschäftsordnung!« Herr Vogel[32] spricht,
Herr Schaefer sagt: »Wofür?
Ein Schema brauchen wir doch nicht,
Die Ordnung herrscht ja hier.
Bei uns ist immer Einigkeit,
Sie ist des Lebens Mark,
O Bürger haltet fest daran,
Denn Einigkeit macht stark!«
    Drum soll etc.

---

32 Jean Vogel (1875–1938), seit 1897 in der Herner Stadtverordnetenversammlung, gehörte zudem als Vertreter des Amts Herne bis 1906 dem Bochumer Kreistag an. Vogel wurde 1927 zum »Stadtältesten« ernannt.

16. **Mängel in der Trinkwasserversorgung lösen in Gelsenkirchen eine Typhusepidemie aus, die etwa 300 Todesopfer fordert (1905).**

E[rnst] Grahn, Die Gerichtsverhandlungen über die Gelsenkirchener Typhusepidemie im Jahre 1901, in: Journal für Gasbeleuchtung und verwandte Beleuchtungsarten sowie für Wasserversorgung 48 (1905), S. 447–457, 475–502, 516–546, hier S. 448, 524, 545.

In den Kreisen Gelsenkirchen, Essen, Hattingen, Recklinghausen hatte sich im Sommer 1901 eine sehr ausgedehnte Typhusepidemie entwickelt, welche im Wesentlichen auf den Bezirk des nördlichen westfälischen Wasserwerks im Gebiet der Steeler Wasserkunst beschränkt blieb. Die Erkrankungen wurden im September sehr zahlreich; die Verbreitung war eine sehr gleichmäßige. Als die Ursache der Erkrankungen wurde in erster Linie das vom Steeler Wasserwerk gelieferte Wasser angesprochen.

Das Wasserwerk wird gewöhnlich als Grundwasserwerk angesehen; es entnimmt aus dem grobkiesigen und grobschotterigen Alluvium[33] in der Nähe der Ruhr Wasser aus einer Reihe von etwa 15 m tiefen, größtenteils gemauerten Brunnen, welche in wechselnden Abständen 10 m bis 150 m entfernt von der Ruhr zu beiden Seiten derselben sich befinden und beiderseits durch Düker[34] verbunden sind.

Das gelieferte Wasser besteht aber nur zum Teil aus Grundwasser, zum Teil dagegen aus filtriertem Flusswasser. Die natürliche Filtration scheint zeitweise gut gewesen zu sein, da nach Angabe des Kreisarztes bisweilen nur 14 bis 21 Keime im ccm Wasser gefunden wurden. Zur kritischen Zeit war das Wasser allerdings nicht so rein, da nach den Untersuchungen des *Dr. Tenholt* die Keimzahl in mehrtägigen Zwischenräumen vom 1. August bis 27. September 1901 zwischen 66 und 128 schwankte und im Durchschnitt 108 betrug. Die Untersuchungen sind wenig zahlreich gewesen; sie geben auch keinen vollgültigen Aufschluss über die Beschaffenheit des gelieferten Wassers.

Während des Sommers 1901 wurden in der Bevölkerung über das Wasser aus der Steeler Leitung lebhafte Klagen laut. Nicht nur die quantitative Leistung des Werks ließ viel zu wünschen übrig, indem außer in industriellen Anlagen auch in den höheren Stockwerken der Wohnungen Wassermangel eintrat; sondern auch die Beschaffenheit des Wassers wurde beanstandet. Zeitweise war es trübe, soll aashaft gerochen, schlecht geschmeckt haben; in den Zapfhähnen sollen Würmer erschienen sein.

Ungeachtet des offenbaren Mangels an Wasser wurden auch während dieser Zeit noch weitere Konsumenten angenommen. Dass dabei das Werk durch einen direkten Zufluss von der Ruhr gespeist wurde, stellten die Wasserwerksdirektoren auch zu der Zeit noch in Abrede, als die Ausdehnung der Typhusepidemie auf die schlechte Beschaffenheit des Wassers zurückgeführt wurde. Erst allmählich konnte festgestellt werden, dass tatsächlich unerlaubt Manipulationen behufs Lieferung des benötigten Wassers seit langer Zeit stattgefunden hatten. Erwiesen ist, dass ohne Genehmigung der Behörden eine *Sickergalerie* angelegt worden war: Ein Graben,

---

33 »Das Angeschwemmte« (von lat.: alluvio »Anschwemmung«).
34 Unterirdische Führung einer Rohrleitung unter einer Straße, einem Deich, einem Fluss etc.

mit Bruchsteinen gefüllt und mit Erde bedeckt, führte Wasser direkt aus der Ruhr in die Nähe einiger der bezeichneten Brunnen bis auf 8,5 m Entfernung heran.

Außerdem aber wurde Ruhrwasser zugeführt, welches durch ein Stichrohr seit 1888 oder 1889 in der Ruhr in einer Steinpackung oder im Fluss selbst lag und von dort in einen Brunnen leitete, der seinerseits durch Heber mit zwei anderen Brunnen verbunden in die gesamte Leitung gelangte und den Wasserstand des ganzen Werks regelte. Das Stichrohr bestand also etwa seit dem Jahr 1890 und wurde von den jetzigen Direktoren des Steeler Werks mit übernommen; zeitweilig soll es durch einen Schieber geschlossen gewesen sein; es war aber während des hier in Betracht kommenden Zeitraums in Benutzung und deckte nach Angabe der Direktoren schätzungsweise öfter ein Drittel des ganzen täglichen Wasserbedarfs – 20.000 m^3. Das Wasser strömt durch das angeblich zwischen 30 bis 40 cm weite Stichrohr mit großer Geschwindigkeit. Aus diesem Einleiten von Ruhrwasser erklären sich die Veränderungen des Aussehens, des Geschmacks und des Geruchs und die bakteriologische Beschaffenheit des Steeler Leitungswassers, denn die Ruhr soll stets suspendierte Stoffe mit sich führen und von sehr schmutzigem Aussehen sein. Die Zuführung von ungereinigtem Ruhrwasser hat wöchentlich von Mittwoch bis Sonnabend bis zum 25. September 1901 stattgefunden. [...]

Aufgrund der topografischen und namentlich der Abwässerungsverhältnisse von *Gelsenkirchen St[adt] und L[an]d* hielt er die dortigen gesundheitlichen Zustände für sehr im Argen liegend und meinte, sie müssten nach allen Richtungen auf die Bewohner in hohem Maße krankheitserregend eingewirkt haben. Auch die Behörden schienen diese Anschauung zu teilen, denn sie wären jetzt ernstlich bemüht, für die Beseitigung der Schäden nach ihren Kräften zu sorgen.

Die Stadt *Gelsenkirchen* hätte für ihren stark bebauten Teil eine Kanalisation; auch in *Bismar[c]k* wäre, wenn auch nur ein kleiner Teil, kanalisiert; aber in Schalke wären überall keine Kanäle vorhanden. In Heßler und Hüllen wäre es ebenso wie in anderen Ortschaften schlecht damit bestellt.

Auch vielfach wären die Wohnungsverhältnisse in gesundheitlicher Beziehung als schlecht zu bezeichnen. In der Kolonie in der Gewerkenstraße in Schalke wären Wohnungen mit zwei Zimmern für sechs, acht und zehn Personen, und das Niveau dieser Kolonie läge tiefer als das Straßenniveau; in der Sophienstraße wäre eine Kolonie aus 60 Häusern mit je vier bis acht kinderreichen Familien, für welche der Stall und der Abort eins wären, etc.

Die Fäkalienbeseitigung ließe auch sehr viel zu wünschen übrig; z.B. würden aus einer Grube im Mittelpunkt von Schalke die Fäkalien direkt in einen 40 m entfernten offenen Graben entleert.

Berücksichtige man, dass sich derartige beispiellose Zustände in direkter Nähe von Hauptverkehrsstraßen befänden, die täglich von Tausenden von Arbeitern und anderen Passanten benutzt würden, und zöge man ferner in Betracht, dass in unmittelbarer Nähe größere dicht bevölkerte Ansiedlungen bestehen und mehrere Schulen errichtet sind, so wäre nicht zu verkennen, dass es in dieser Gegend unter den geschilderten Verhältnissen nur eines geringen Anstoßes bedurfte, vereinzelt auftretende Krankheiten zu Epidemien werden zu lassen. Soweit er hätte feststellen können, wären zur Zeit der Typhusepidemie in diesem Bezirk von Schalke die ersten und meisten Erkrankungen zu verzeichnen gewesen, und auch in diesem Jahr wäre in nächster Nähe wieder die Ruhr stark aufgetreten. Ähnlich und noch schlimmer lägen die Verhältnisse in anderen Gemeinden und Gebieten. Seit 1903 hätten die Verhältnisse sich allerdings gebessert.

17. Ratspolitik in Landgemeinde und Stadt. Erinnerungen Otto Heinemanns [1943]

Otto Heinemann,[35] Aus meinem Leben und meiner Zeit (Mskr. 1943). Stadtarchiv Essen, Msc 184, S. 78–79, S. 82–84.

Meine politische Tätigkeit

Kaum war ich in meiner neuen Stellung in Essen, geriet ich in den Strudel der Politik, zunächst der Kommunalpolitik. Ich wohnte in Rüttenscheid, einem südlichen Vorort von Essen, wo viele Kruppsche Beamte wohnten. Mein Vermieter nahm mich eines Abends mit in eine Versammlung des Bürgervereins, der sich mit Kommunalpolitik beschäftigte und in einem gewissen Gegensatz zu der im Ort herrschenden Zentrumspartei stand. Ohne mein Zutun wurde ich an demselben Abend in den Vorstand gewählt und von diesem zum Vorsitzer bestellt. Der Bürgerverein hatte sich bisher schon an den Gemeinderatswahlen mit eigenen Kandidaten mit einem gewissen Erfolg beteiligt. Er beschäftigte sich sonst mit Verkehrsfragen, insonderheit mit der Essener Straßenbahn, die von den Kruppschen Beamten zur Fahrt nach und von der Kruppschen Fabrik stark benutzt wurde. Auf die Leitung der Straßenbahn hatte die geldlich daran stark beteiligte Stadt Essen einen großen Einfluss. Diese wollte unter Führung ihres Oberbürgermeisters Rüttenscheid eingemeinden. Der Rüttenscheider Gemeinderat lehnte aber ab; und Essen hatte daraufhin kein Interesse daran, den Straßenverkehr zwischen Essen und Rüttenscheid, die baulich eine zusammenhängende Wohnstätte bildeten, zu verbessern, weil dadurch der Zuzug nach dem landschaftlich schöneren und gesundheitlich besseren Rüttenscheid gefördert wurde. Unter meiner Leitung nahm der Bürgerverein zugunsten der Eingemeindung Stellung. Die preußische Regierung der damaligen Zeit war den Eingemeindungen aber abgeneigt, weil die Städte eine freiheitlichere Verfassung besaßen als die Landgemeinden, wo die konservativen Landräte einen starken Einfluss hatten. In den Großstädten schritt die Radikalisierung der Arbeitermassen schneller vorwärts als in den Landgemeinden. Dazu kam, dass nach der rheinischen Landgemeindeordnung der Bürgermeister von der Regierung auf Lebenszeit bestellt, also nicht von der Gemeindevertretung gewählt wurde und ferner, dass im

---

35 Otto Heinemann (1864–1944), leitender Angestellter bei Krupp und seit 1904 Mitglied des Gemeinderats von Rüttenscheid, wurde nach dessen Eingemeindung 1905 Stadtrat von Essen. Otto Heinemann war der Vater des späteren Essener Oberbürgermeisters und Bundespräsidenten Gustav Heinemann (1899–1976). – Der Abdruck dieses Texts in Otto Heinemann, Kronenorden Vierter Klasse. Das Leben des Prokuristen Heinemann (1864–1944), hg. v. Walter Henkels, Düsseldorf/ Wien 1969, S. 129 f., 132–134, weist kleinere Abweichungen und eine wichtige Differenz auf: Bei Henkels heißt es, der Rüttenscheider Bürgermeister habe von der Stadt Essen eine Abfindung von 100.000 Mark erhalten. – Zum Dreiklassenwahlsystem vgl. Dok. 2, Anm. 2 in Kap IV.

Rheinland alle Grund- und Hausbesitzer, sogenannte Meistbegüterte, die mindestens 150 Mark an Grund- und Gebäudesteuer jährlich zahlten, ohne weiteres Mitglieder des Gemeinderats waren. Der Rüttenscheider Gemeinderat bestand aus 24 nach dem Dreiklassenwahlsystem gewählten und etwa der gleichen Zahl per se Mitgliedern, hauptsächlich Bauunternehmern. Der Gemeinderat war eine ausgesprochene Interessentenvertretung. Essen erhob höhere Steuern, nämlich 200 Prozent der staatlichen Einkommensteuer, außerdem Straßenausbaukosten von Neubauten, während Rüttenscheid diese Kosten von der Allgemeinheit tragen ließ und nur 150 Prozent der Einkommensteuer als Gemeindesteuer erhob. Der mir befreundete schöngeistige Redakteur der Rheinisch-Westfälischen Zeitung und der Vereinsschriftführer unterstützten mich bei der Führung des Vereins, sodass regelmäßige Versammlungen mit einem anziehenden Verhandlungsstoff abgehalten werden konnten. [...]

In den meisten vom Bürgerverein Rüttenscheid einberufenen, stark besuchten Wahlversammlungen hielt ich das Hauptreferat. Die anfangs 1904 stattgefundene Gemeinderatswahl brachte dem Verein einen vollen Erfolg. In der zweiten Abteilung wurden nur seine Kandidaten, in der ersten die Hälfte derselben gewählt, und in der dritten Abteilung kam es zur Stichwahl zwischen unseren Kandidaten und denen der Zentrumspartei. Nunmehr wurde die Frage der Eingemeindung von Rüttenscheid nach Essen, die im allgemeinen und öffentlichen Interesse lag, von uns Stadtverordneten aus Bürgervereinskreisen aufgegriffen. Die Mehrheit des Gemeinderats war gegen die Eingemeindung. Die Steuern wurden künstlich niedrig gehalten. Der Haushaltsplan der Gemeinde für das Jahr 1904 war nur dadurch ohne Steuererhöhung zum Balancieren gebracht worden, dass ein größerer Restbetrag einer im Extraordinarium[36] zu buchenden Anleihe in den ordentlichen Haushaltsplan aufgenommen worden war. Mit dem Vorsitzenden der Zentrumspartei besuchte ich wegen der in Fluss gekommenen Eingemeindungsfrage den Essener Oberbürgermeister, der uns bei dieser Gelegenheit die Mitteilung machte, dass der Bürgermeister von Rüttenscheid für den Fall der Eingemeindung für seine Rechte eine Abfindung in Höhe von 250.000 Mark gefordert hatte unter Ablehnung des Übertritts in Essener Dienste mit entsprechender Stellung. Derselbe Mann, der in Rüttenscheid die Eingemeindung bekämpfte, wollte erst für sich sorgen und seine Schäfchen ins Trockene bringen, ehe er die Verhandlungen darüber im Rüttenscheider Gemeinderat ansetzte. Dieser Vorgang gab mir Veranlassung zu einem scharfen persönlichen Angriff auf den Bürgermeister in der nächsten Sitzung des Gemeinderats, indem ich auf die Bestimmung der Gemeindeverfassung hinwies, wonach ein Gemeindevertreter in eigener Angelegenheit nicht mitberaten und abstimmen kann. Darüber große Entrüstung des Bürgermeisters, Inschutznahme desselben durch den ihn vertretenden Beigeordneten, der sofort ein Vertrauensvotum für ihn beantragte. Die Mehrheit des Gemeinderats war schon im Begriff, sich zustimmend von ihren Sitzen zu erheben, da griff der Zentrumsführer ein und winkte ab. Damit war die Sache im Augenblick erledigt. Der Bürgermeister begab sich alsbald zu dem Vorsitzenden des Kruppschen Direktoriums und beschwerte sich über mich. Dieser ließ mich zu sich kommen und machte mir Vorhaltungen,

---

36 Außerordentlicher Haushaltplan, der die einmaligen Einnahmen und Ausgaben umfasst.

wie ich einem Königlichen Beamten solche Vorwürfe machen könnte. Ich beharrte auf meinem Standpunkt. Im Übrigen hatte die Angelegenheit damit sein Bewenden. Die anderen Kruppdirektoren gaben mir im Stillen recht. Mein Vorgehen hatte den Erfolg, dass der von der Stadt Essen überreichte Eingemeindungsvertrag nunmehr vom Bürgermeister dem Gemeinderat vorgelegt wurde. Damit war der von mir beabsichtigte Zweck erreicht. Die Essener Vorschläge gingen mit Änderungsvorschlägen zurück, die große Forderungen, wie Steuerermäßigungen für fünf Jahre und andere erhebliche Sonderrechte vorsahen. Der Essener Oberbürgermeister Zweigert wandte sich in einem Handschreiben vom 22.2.1905 zur Förderung der Eingemeindungsfrage persönlich an mich. Unmittelbar vor der Gemeinderatssitzung, in der die Eingemeindung nach Essen beschlossen wurde, hatte der Bürgermeister von der Stadt Essen einen Scheck über 250.000 Mark erhalten, also seinen Willen bekommen. Der Fall kam im preußischen Landtag zur Sprache und wurde scharf kritisiert. Der Landtag fasste einen Beschluss, wonach künftig solche »Geschäfte« ausgeschlossen wurden.

Die Eingemeindung nach Essen wurde am 1. April 1905 vollzogen. Ich kam mit fünf anderen Gemeinderäten in die Essener Stadtverordnetenversammlung, die 72 Vertreter zählte, darunter kein Sozialdemokrat, obwohl die Sozialisten in Essen über Zehntausende von Stimmen verfügten. Zugleich wurde ich Mitglied wichtiger Kommissionen, vor allem der Finanzkommission, der Kommission für Vorbereitung von Wahlen und Rechnungsrevisionskommission, deren Vorsitzender ich wurde, der einzigen Kommission, deren Vorsitz nach der Städteordnung nicht dem Oberbürgermeister zustand. Die Rheinische Städteordnung kennt keinen Magistrat. Daher hatte im Rheinland die Finanzkommission etwa die Bedeutung eines Magistrats, da alle mit Ausgaben oder Einnahmen verbundenen Vorlagen erst die Finanzkommission passieren mussten, ehe sie an die Stadtverordnetenversammlung gelangten. Die Mitglieder dieser Kommission waren über die städtischen Angelegenheiten weit besser unterrichtet als andere Stadtverordnete.

18. Der Landrat von Gelsenkirchen, zur Nieden, begründet nicht ohne Eigennutz gegenüber dem Regierungspräsidium in Arnsberg seine Ablehnung der Stadtrechtsverleihung an Wanne und Eickel (1908).

Der Landrat von Gelsenkirchen, Alfred zur Nieden,[37] an den Regierungspräsidenten in Arnsberg vom 20.5.1908. Abschrift. Geheimes Staatsarchiv Preußischer Kulturbesitz Berlin, I. HA, Rep. 778 (M), Tit. 740, Nr. 12, Bd. 3, Bl. 197–212, hier Bl. 197–200, 205–208.

Am 12. d. M. erschien der Gemeindevorsteher der Landgemeinde Wanne (35.805 Seelen) bei mir und teilte mir mit, dass die zeitige Mehrheit der Wanner Gemeindevertretung beabsichtige, mit der Gemeindevertretung der Nachbargemeinde Eickel (22.225 Seelen) wegen einer Vereinigung beider Gemeinden in Verhandlungen zu treten; man gehe zugleich darauf aus, für die neue Gesamtgemeinde Wanne-Eickel die Städterechte zu erwerben und wolle die Vereinigung hiervon

---

37 Alfred zur Nieden war von 1903 bis 1920 Landrat des Landkreises Gelsenkirchen.

abhängig machen; er bäte mich, mit Euer Hochwohlgeboren Fühlung darüber zu nehmen, ob auf eine Genehmigung der Vereinigung und zugleich eine Erwerbung der Stadtrechte zu rechnen sei.

Ich habe dem Gemeindevorsteher erwidert: Ob Euer Hochwohlgeboren geneigt wären, der Königlichen Staatsregierung [die] Vereinigung der beiden Gemeinden zu empfehlen, wisse ich nicht; ich könne mir denken, dass die Königliche Staatsregierung solches nur auf dem Boden der Landgemeindeordnung zulassen werde; denn erhielte die neue Gemeinde die Städteordnung, so würde sie damit aus dem Kreis ausscheiden, und damit würde bei der geringen Größe des übrig bleibenden Rests das Verschwinden des Landkreises Gelsenkirchen besiegelt sein; es sei zum mindesten zweifelhaft, ob die Königliche Staatsregierung zurzeit gewillt sei, den Landkreis Gelsenkirchen aufzulösen: Wolle man also den Landkreis Gelsenkirchen beibehalten und zugleich die Vereinigung der beiden Gemeinden zulassen, so könne dies nur auf dem Boden der Landgemeindeordnung geschehen, und die neue Gemeinde würde also dann eine Landgemeinde werden müssen. Euer Hochwohlgeboren von der Sachlage in Kenntnis zu setzen, würde ich nicht verfehlen; ich riete, die Antwort abzuwarten, bevor man bindende Abmachungen mit der Gemeinde Eickel träfe.

Aus dem weiteren Verlauf der Unterhaltung ist nicht den Worten, aber ihrem Sinn nach hervorzuheben, dass der Gemeindevorsteher zugab, die Verleihung von Stadtrechten an eine vereinigte Gemeinde Wanne-Eickel würde wohl die Auflösung des Landkreises Gelsenkirchen bedeuten. Es wäre weniger die Zugehörigkeit zum Landkreis, von der man sich befreien wolle; ob Landrat und Kreisausschuss oder Euer Hochwohlgeboren mit dem Bezirksausschuss die nächste kommunale Aufsichtsbehörde wäre, falle schließlich nicht ins Gewicht; man bedaure, dass sich an den Erwerb der Städterechte die Trennung vom Landkreis knüpfe, dem man gern angehöre. Man wolle aber Stadt werden, weil jede Gemeinde sich gerne Stadt nennen höre und weil insbesondere die Haus- und Grundbesitzer sich von der Zugehörigkeit zu einer Stadt eine höhere Bewertung ihrer Ländereien als städtischer Grundstücke versprächen; auch glaube man, dass für die neue größere Gemeinde die Zahl von 18 Gemeindeverordneten, wie sie die Landgemeindeordnung nur zulasse, zu gering sei. Finde schließlich die Königliche Staatsregierung einen Ablehnungsgrund etwa in der Bevölkerungszusammensetzung des Kreises, insbesondere in der allerdings vorhandenen starken Beimischung von Polen und Reichsausländern und glaube deshalb auf den Landrat in Gelsenkirchen als unmittelbaren Staatsbeamten nicht verzichten zu sollen, so würde dieses Bedenken doch dadurch hinfällig, dass ja anscheinend binnen kurzem ein Königlicher Polizeidirektor in Gelsenkirchen die Interessen des Staats auch für das Gebiet des jetzigen Landkreises vertreten würde.

Um gegenüber der durch diese Unterredung gegebenen Sachlage zu einem Entschluss kommen zu können, ist vorweg folgende Frage zu beantworten:

Haben die Landkreise im rheinisch-westfälischen Industriebezirk, insbesondere der Landkreis Gelsenkirchen, ihre Aufgabe erfüllt oder sind sie für absehbare Zeit weiter beizubehalten?

Entscheidet man sich für eine Beibehaltung, so ist im Hinblick auf die letzte Bemerkung des Gemeindevorstehers dann weiter die Frage aufzuwerfen: Lassen sich die Landkreise, insbesondere der Landkreis Gelsenkirchen, ohne Störung und mit Erfolg weiter aufrechterhalten

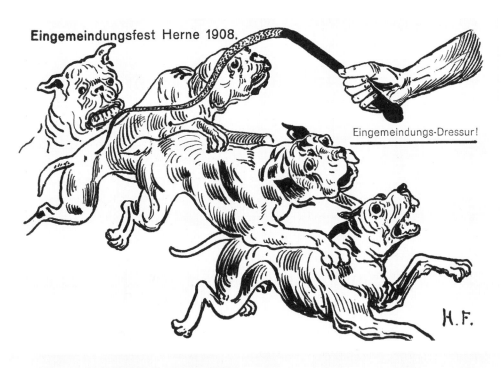

Postkarten zum „Eingemeindungsfest Herne 1908", Zeichner unbekannt [Stadtarchiv Herne]

neben Polizei-Direktionen, die einem selbstständigen Polizeidirektor unterstehen; oder sind nicht vielmehr die Stellungen des Landrats und Polizeidirektors auf eine Person zu vereinigen?

Es kann kein Zweifel bestehen, dass die Landkreise des Industriebezirks für absehbare Zeit weiter beizubehalten sind, und es muss entschieden verneint werden, dass sie ihre Aufgabe bereits erfüllt haben. Der Staatsregierung kann es nicht daran liegen, den Industriebezirk in eine Kette von Städten aufgelöst zu sehen; die Verhältnisse sind dafür noch lange nicht reif genug. Die Bevölkerung ist nicht etwa aus sich heraus, sondern durch enormen Zuzug von Arbeitern aus allen Gegenden des Reichs und auch aus dem Ausland so stürmisch gewachsen. Der Landkreis Gelsenkirchen hat sich z.B. in fünf Jahren um über ein Viertel seiner Bevölkerung vermehrt, von 100.000 auf jetzt 133.000 Seelen. [Zählt] man hierzu noch das starke Fluktuieren der Bevölkerung, so ist unter solchen Verhältnissen an eine hinreichende Bildung eines mit staatlicher Gesinnung durchdrungenen Mittelstands, die m.E. allein die Gewährung der Städteordnung an diese Gebiete rechtfertigen würde, bisher noch nicht zu denken gewesen. Das häufig infolge der Bedrängtheit der Bevölkerung und der zur Verfügung stehenden Geldmittel städtische Aussehen einiger Ortsteile unserer Landgemeinden darf dabei nicht stören.

Es kommt auf die Menschen an, die sie bewohnen. Der Bezirk muss erst die reichlichen Ansammlungen von Polen einigermaßen verdaut haben (im Landkreis Gelsenkirchen nach den Erhebungen von 1906 ungefähr ein Viertel der Bevölkerung = 28.678, dazu 3.293 Reichsausländer, insbesondere Steiermärker und Holländer), ehe man auf dem Wege der Vereinigungen, Eingemeindungen und damit der Kreisteilungen und Kreisauflösungen fortschreiten darf. Wie wenig national zuverlässig und unbesonnen ein Teil auch der deutschen Bevölkerung noch ist, zeigt der Umstand, dass bei den letzten Gemeindeverordnetenwahlen in Wanne in der dritten Abteilung mithilfe der sogenannten Bürger- und Arbeiterpartei zum ersten Mal zwei Polen, und zwar Radikalpolen (Sokolführer),[38] in die Gemeindevertretung gewählt wurden. […]

Die beiden Gemeinden, die bis zum Jahr 1891 bereits einem Amt, dem Amt Wanne, angehörten, dann aber in die beiden Ämter Wanne und Eickel geteilt wurden, gruppieren sich […] um den Bahnhof Wanne, einen Knotenpunkt mehrerer wichtiger Bahnlinien, insbesondere der Linien Köln-Minden-Berlin und Köln-Hamburg. Die Gemeinden sind aufeinander angewiesen und bilden mit den ihnen wirtschaftlich zugehörigen Gemeinden Holsterhausen und Röhlinghausen ein verhältnismäßig gut abgerundetes Gebiet. Die Grenzen beider Gemeinden sind ineinander verzwickt. Beide haben bereits verschiedene gemeinsame Einrichtungen wie Realgymnasium und Schlachthof. Für beide Gemeinden besteht eine vor Kurzem gegründete Synagogengemeinde Wanne-Eickel. Nach einer vor einigen Jahren abgegebenen Erklärung des Herrn Justizministers ist ferner die Schaffung eines Amtsgerichts in Wanne-Eickel zu erwarten, wenn beide Gemeinden einen Gemeindebezirk bilden. Bisher gehört Wanne zum Amtsgericht Gelsenkirchen, Eickel zum Amtsgericht Bochum. Es ist für unseren Industriebezirk nur

---

38   Bei den Sokol (»Falken«) handelte es sich um Turnbewegungen slawischer Herkunft im Deutschen Reich oder in anderen europäischen Staaten, deren Mitglieder ein starkes ethnisches Selbstbewusstsein kultivierten.

erwünscht, wenn ein zusammengehöriges Gebiet von über 60.000 Einwohnern die Stätte der Straf- und Zivilrechtswege in möglichst greifbare Nähe gerückt erhält.

Ich kann aus allen diesen Gründen die Zulassung einer Vereinigung von Wanne mit Eickel im Rahmen der Landgemeindeordnung nur befürworten. Die besonderen Gründe, die der Gemeindevorsteher für die sofortige Erwerbung der Städterechte angeführt hat, sind hinfällig. Ein junges Gemeinwesen in der Lage von Wanne-Eickel mit seiner in wenigen Jahrzehnten so stark angewachsenen Bevölkerung fährt besser mit einer Gemeindevertretung, die nicht zu viel Mitglieder zählt. Die Zahl von 18 ist unter solchen Verhältnissen durchaus nicht zu gering und reicht für eine genügende Vertretung der vorhandenen Interessen völlig aus. Bei einer auf diese Zahl beschränkten Vertretung wird es übrigens höchstwahrscheinlich ausgeschlossen sein, dass in der Großgemeindevertretung die Polen und die Sozialdemokraten es je aus eigener Kraft zu einer auch nur nennenswerten Minorität bringen. Dabei sind indes die Worte »aus eigener Kraft« zu betonen, besonders bei der zurzeit parteipolitisch obwaltenden Konstellation. Was die Grundstückspreise anlangt, auf die die Stadtrechte angeblich erhöhend einwirken sollen, so kann sich Wanne-Eickel schon jetzt am allerwenigsten über deren zu geringe Höhe beklagen und hat für eine Steigerung Stadtrecht nicht nötig. Infolge der stetigen Bevölkerungsvermehrung, der Emscherregulierung und vor allem des Baus des Rhein-Herne-Kanals sind in den letzten Jahren die Grundstückspreise im nördlichen Teil des Landkreises Gelsenkirchen in geradezu stürmischer Weise in die Höhe gegangen. Beim Kauf des Ritterguts Crange zahlte der Kreis vor zwei Jahren noch 2.500 Mark für den Morgen; zurzeit sind in dieser Gegend Grundstücke selbst in größeren Komplexen nicht unter 4.000 Mark für den Morgen zu haben; von den Parzellenpreisen ganz zu schweigen.

Sonach schlage Euer Hochwohlgeboren ich ganz gehorsamst vor, eine Ermächtigung für mich erwirken zu wollen, den Gemeindevertretungen zu erklären, dass die Königliche Staatsregierung zurzeit nicht gewillt sei, einer Gemeinde des Landkreises Gelsenkirchen, auch nicht einer vereinigten Gemeinde Wanne-Eickel, Stadtrechte zu gewähren und die Stellungnahme zu einer Vereinigung der Gemeinden Wanne und Eickel auf dem Boden der Landgemeindeordnung von der Prüfung der seinerzeit ihr etwa vorzulegenden bestimmungsmäßigen Verhandlungen abhängig machen werde. [...]

Bei dem zu gewärtigenden Kampf um die Stadtrechte wird die taktische Lage hier im Landkreis Gelsenkirchen wie an anderen Stellen für die Bekämpfer der Landkreise nicht ungünstig sein. Wie sehr die Presse, insbesondere die Rheinisch-Westfälische Zeitung, aber auch sonstige liberale und Zentrumsblätter immer wieder von Neuem auf die Notwendigkeit hinweist, die Landkreise aufzulösen und ihre Gebiete den angrenzenden Stadtkreisen zuzuweisen oder Teile von ihnen selbst zu Stadtkreisen zu machen, darauf brauche ich nicht näher hinzuweisen. Es ist nicht ausgeschlossen, dass diese mitunter recht geschickt auftretende Agitation bei ihrer Motivierung auch das neuerdings wieder stärker in den Vordergrund getretene Streben nach einer Verwaltungsreform benutzt. In den Wahlreden fast aller Kandidaten, auch der der nationalliberalen Partei, sieht man zurzeit regelmäßig dieses letztere Thema wiederkehren. Es ist sehr wahrscheinlich, dass man hören wird, es sei mit einer Vereinfachung der Verwaltung nicht zu vereinbaren, in so kleinen Gebieten, wie es z.B. der Land- und Stadtkreis Gelsenkirchen mit seinen 1,4 Quadratmeilen Umfang darstellt, neben dem Oberbürgermeister noch zwei unmittelbare Staatsbeamte, nämlich den Polizeidirektor und den Landrat zu haben. Die Bevölkerung wird von dem festen Willen der Königlichen Staatsregierung, die Landkreise, insbesondere den Landkreis Gelsenkirchen, beizubehalten, nicht überzeugt sein, und die Versuche, den Bestand der Landkreise negativ zu beeinflussen, werden nicht aufhören, wenn die Bevölkerung neben den Landräten einen zweiten unmittelbaren Staatsbeamten sieht, der diesen wichtige Funktionen ihres bisherigen Wirkens abgenommen hat.

19. Anwerbung von Neubergleuten: der »Masurenaufruf« von 1908

»Aufruf an die Masuren«, in: Bergarbeiter-Zeitung 20 (1908), Nr. 32 vom 8.8.1908; nachfolgend u.a. abgedruckt (und kommentiert) in: Horst Siebel/Alexander Brandenburg, Der Wortlaut des »Aufrufs an die Masuren«, in: Der Anschnitt 31 (1980), Heft 5/6, S. 282–284.

Masuren!

In rein ländlicher Gegend, umgeben von Feldern, Wiesen und Wäldern, den Vorbedingungen *guter Luft, liegt, ganz wie ein masurisches Dorf*, abseits vom großen Getriebe des westfälischen Industriegebiets, eine *reizende*, ganz neu erbaute Kolonie der Zeche Victor bei Rauxel.

Diese Kolonie besteht vorläufig aus über 40 Häusern und soll später auf etwa 65 Häuser erweitert werden. In jedem Haus sind nur vier Wohnungen, zwei oben, zwei unten. Zu jeder Wohnung gehören etwa drei oder vier Zimmer. Die Decken sind drei Meter hoch, die Länge beziehungsweise Breite des Fußbodens beträgt über drei Meter. Jedes Zimmer, sowohl oben als auch unten, ist also schön, groß, hoch und luftig, wie man sie in den Städten des Industriegebiets kaum findet.

Zu jeder Wohnung gehört ein sehr guter, hoher und trockener Keller, sodass sich die eingelagerten Früchte, Kartoffeln usw. dort sehr gut erhalten werden. Ferner gehört dazu ein geräumiger Stall, wo sich *jeder sein Schwein, seine Ziege oder seine Hühner halten kann. So braucht der Arbeiter nicht jedes Pfund Fleisch oder sein[en] Liter Milch zu kaufen.* Endlich gehört zu jeder Wohnung auch ein Garten von etwa 23 bis 24 Quadratruten.[39] So kann sich jeder sein Gemüse, sein Kumst[40] und seine Kartoffeln, die er für den Sommer braucht, selbst ziehen. Wer noch mehr Land braucht, kann es in der Nähe von Bauern billig pachten. Außerdem liefert die Zeche für den Winter Kartoffeln zu billigen Preisen.

Dabei beträgt die Miete für ein Zimmer (mit Stall und Garten) nur vier Mark monatlich, für die westfälischen Verhältnisse jedenfalls ein sehr niedriger Preis. Außerdem vergütet die Zeche für jeden Kostgänger monatlich eine Mark. Da in einem Zimmer vier Kostgänger gehalten werden können, wird die Miete also in jedem Monat um vier Mark geringer; ganz abgesehen davon, was die Familie an den Kostgängern selbst verdient. Wenn also eine Familie vier Zim-

---

39 Alte deutsche Maßeinheit. In Preußen entsprach 1 Quadratrute rund 14 Quadratmetern.
40 (Sauer-)Kohl.

mer hat, würde sie monatlich viermal vier gleich 16 Mark zu bezahlen haben. Hält sie nun vier Kostgänger, so würde die Miete nur zwölf Mark betragen.

Die ganze Kolonie ist von schönen breiten Straßen durchzogen, Wasserleitungen und Kanalisation sind vorhanden. Abends werden die Straßen elektrisch beleuchtet. Vor jedem zweiten Haus liegt noch ein Vorgärtchen, in dem man Blumen oder noch Gemüse ziehen kann. Wer es am schönsten hält, bekommt eine Prämie. In der Kolonie wird sich in nächster Zeit auch ein Konsum befinden, wo allerlei Kaufmannswaren, wie Salz, Kaffee, Heringe usw., zu einem sehr billigen Preis von der Zeche geliefert werden, auch wird dort ein Fleischkonsum eingerichtet werden. Für größere Einkäufe liegen Castrop, Herne und Dortmund ganz in der Nähe. Ledige Leute, die nicht in Privatkost gehen wollen, können in einer Menage zu sehr billigen Preisen wohnen und essen.

Den Ankommenden wird in der ersten Zeit je nach Bedarf ein Barvorschuss bis zu 50 Mark gegeben.

Für die Kinder sind dort zwei Schulen erbaut worden, sodass sie nicht zu weit zu laufen brauchen, auch die Arbeiter haben bis zur Arbeitsstelle höchstens zehn Minuten zu gehen. Bis zur nächsten Bahnstation braucht man etwa eine halbe Stunde.

Die Löhne stellten sich durchschnittlich im Juni 1908 so:

Tagesarbeiter, 8 Stunden-Schicht	3,80 bis 4 Mk.
Platzarbeiter, 12 Stunden-Schicht	3,60 bis 4,50 Mk.
Kokslader	4,72 Mk.
Koksfüller	4,46 Mk.
Ziegeleiarbeiter	4 bis 4,50 Mk.
Schlepper bei Kokerei	3,80 Mk.
Schlepper in der Grube	3 bis 4,10 Mk.
Lehrhauer im 1. Jahr	5,50 Mk.
Hauer im Gedinge etwa	6,35 Mk.
Gesteinshauer etwa	6,40 Mk.
Zimmerhauer etwa	5,35 Mk.

Man sieht also, dass jeder Arbeiter gut auskommen kann. *Wer sparsam ist, kann noch Geld auf die Sparkasse bringen. Es haben sich in Westfalen viele Ostpreußen mehrere Tausend Mark gespart. Das Geld ist dann wieder in die Heimat gekommen, und so hat die Heimat auch etwas davon gehabt. Überhaupt zahlt diese Zeche wohl die höchsten Löhne.* Feierschichten kommen dort nicht vor, *vielmehr Überschichten*, sodass die Arbeiter immer Verdienst haben werden. *Entlassungen masurischer Arbeiter werden*, außer dem Fall grober Selbstverschuldung, *nicht vorkommen*.

Masuren! Es kommt der Zeche hauptsächlich darauf an, *brave, ordentliche Familien* in diese ganz neue Kolonie hinein zu bekommen. Ja, wenn es möglich ist, soll diese Kolonie *nur mit masurischen Familien* besetzt werden. So bleiben die Masuren ganz unter sich und haben mit

Polen, Österreichern[41] usw. nichts zu tun.[42] Jeder kann denken, dass er in seiner masurischen Heimat wäre. Es gibt Masuren, die bei der Zeche schon lange tätig sind und sich bei der anständigen Behandlung wohlfühlen. *Als Beweis wird in Masuren bald ein solcher Arbeiter als Zeuge erscheinen.*

Jede Familie erhält vollständig freien Umzug; ebenso jeder Ledige freie Fahrt. Sobald eine genügende Anzahl vorhanden ist, wird ein Beamter der Zeche sie abholen. Die Zeche verlangt für den freien Umzug keine Bindung, eine bestimmte Zeit dort zu bleiben, wie andere Zechen. Sie vertraut ganz und gar der Ehrlichkeit der Masuren. Wem es nicht gefällt, kann von dort ruhig weiter ziehen: Die Verwaltung der Zeche hofft aber, dass es den masurischen Familien dort so gefallen wird, dass sie ans Weiterziehen gar nicht denken werden. Auch weiß sie, dass sehr viele Familien später *freiwillig* nachziehen werden, *wenn erst die Briefe der Zugezogenen angekommen sind.*

Überlege sich also ein jeder die ernste Sache reiflich! Die Zeche will keinen aus der Heimat weglocken, auch keinen seinem jetzigen Arbeitsverhältnis entreißen; *sie will nur solchen ordentlichen Menschen, die in der Heimat keine Arbeit oder nur ganz geringen Verdienst haben, helfen, mehr zu verdienen und noch etwas zu ersparen, damit sie im Alter nicht zu hungern brauchen.* Vorgetäuscht wird durch dieses Plakat nichts, es beruht alles auf Wahrheit.

Wer sich die Angelegenheit reiflich überlegt hat, sage dies seinem Gastwirt, bei dem dieses Plakat aushängt. Dieser schreibt dann an *Herrn Wilhelm Royek in Harpen bei Bochum. Es werden dann in kurzer Zeit zwei Herren erscheinen, die das Nähere bekannt geben werden.* Jeder besorge sich gleich seine Papiere: Arbeitsbuch und Geburtsschein (Militärpass genügt nicht). Diese Papiere werden von den beiden Herren gleich mitgenommen. Später kommt dann ein Beamter der Zeche, um die sich Meldenden abzuholen, da die Wohnungen erst Ende September bezogen werden können.

20. Erste Initiative zur Gründung einer Technischen Hochschule im Ruhrgebiet (1908)

Entwurf eines Schreibens des Magistrats der Stadt Dortmund (von Oberbürgermeister Wilhelm Schmieding endgültig gezeichnetes Konzept) an den preußischen Kultusminister Dr. Ludwig Kolle vom 21.1.1908. Stadtarchiv Dortmund, Best. 3 Nr. 2939, Bl. 120ff., erste Seite faks. abgedruckt in: Heimat Dortmund 1/2009 (40 Jahre Universität Dortmund), Umschlag hinten.

Exzellenz!
Im April des vergangenen Jahres hat die Handelskammer zu Dortmund Euer Exzellenz gebeten, die Vorarbeiten für die Errichtung einer westfälischen technischen Hochschule in Dortmund anordnen zu wollen.[43]

---

41 In der Vorlage: »Oestreichern«.
42 Anspielung auf ein in der masurischen Heimat verbreitetes Ressentiment.
43 Eingabe der Industrie- und Handelskammer Dortmund an den preußischen Kultusminister Studt vom 22.4.1907. Westfälisches Wirtschaftsarchiv Dortmund, K 1 Nr. 98, Bl. 291–342.

Die von der Dortmunder Handelskammer unterbreitete Eingabe ist dem Magistrat Dortmund in ihrem Wortlaut zur Kenntnis gebracht worden.

Der Magistrat schließt sich der sachlichen Begründung des in der Eingabe dargelegten Bedürfnisses für eine westfälische technische Hochschule an und hat sich nunmehr mit der Frage befasst, in welcher Lage Dortmunds die Errichtung einer technischen Hochschule am zweckmäßigsten erfolgen könne.

Indem wir Euer Exzellenz in der Anlage einen Übersichtsplan der Stadt Dortmund überreichen, in welchem die Lage des für eine eventuelle Errichtung einer technischen Hochschule [vorgesehenen Gebiets] zum Gesamtgebiet der Stadt ersichtlich ist, sowie einen Entwurf eines Spezialbebauungsplans dieses im Südwesten der Stadt gelegenen Geländes, beehren wir uns hierzu Folgendes auszuführen:

Die Stadtgemeinde Dortmund besitzt in jener Gegend ein etwa 170 Morgen umfassendes Terrain, welches in der im Zusammenlegungsverfahren begriffenen Feldmark gelegen ist. Bei der Zusammenlegung wird gleichzeitig ein neuer Bebauungsplan auf das bisher noch nicht mit Gebäuden bestandene Gelände gelegt, und es besteht die Absicht, den größten Teil des in dem Zusammenlegungsbereich gelegenen städtischen Geländes zu Parkanlagen, [einem] botanischen Garten und [zu] sonstigen öffentlichen Zwecken zu verwenden. Von diesem Gelände ist ein etwa 20 Morgen großes Stück, wie es für die Zwecke einer technischen Hochschule wünschenswert ist, besonders in dem Entwurf bezeichnet.

Die bei der technischen Hochschule zu Danzig bestehenden Gebäude sind vergleichsweise an der entsprechenden Stelle eingezeichnet worden.

Das ganze Terrain wird etwa in der Mitte von Osten nach Westen von einer geplanten Allee durchschnitten. Diese Allee verläuft auf der nach Süden die Innenstadt im großen Bogen umziehenden Erhebung. Auf dem von hier aus nach Süden sonst absteigenden Terrain würden die Hochschulanlagen eine besonders zweckmäßige Lage erhalten, insofern sie sich räumlich im unmittelbaren Zusammenhang mit der nach dieser Seite hin fast vollständig baulich entwickelten Stadt befinden und dabei landschaftlich hervorragend schön zu liegen kämen, weil man von da aus die herrliche Aussicht auf das südlich vorgelegte Ardeygebirge besitzt.

Wir glauben der Zustimmung der städtischen Vertretung für die Bereitstellung des angedeuteten Terrains sicher zu sein und bitten Euer Exzellenz in Rücksicht zu ziehen, dass bei einem vor etwa sechs Jahren seitens des Unterzeichneten Euer Exzellenz' Amtsvorgänger, Herrn von Studt, mündlich gehaltenen Vortrag sich derselbe für unsere Bestrebungen günstig ausspracch und die Förderung der Angelegenheit zusagte.

Unter Bezugnahme auf die Seiten 19 und [folgende] der seitens der Handelskammer zu Dortmund Euer Exzellenz unterbreiteten Eingabe, wo die wichtigsten Merkmale hervorgehoben sind, welche die im industriellen Leben bedeutsame Stellung Westfalens charakterisieren, sprachen wir die sichere Erwartung aus, dass Euer Exzellenz mit demselben Wohlwollen unsere Bestrebungen zur Errichtung einer technischen Hochschule in Dortmund unterstützen werden, wie das von Euer Exzellenz bei dem weiteren Ausbau der Akademie in Münster zur Universität geschehen ist.

Die Stellung, welche die Stadt Dortmund vermöge ihrer Größe und Lage im Industriegebiet sowohl wie in Westfalen einnimmt, dürfte den ausgesprochenen Wunsch, eine technische Hochschule nach Dortmund zu bekommen, von selbst rechtfertigen, und bedarf es daher keines Hinweises darauf, dass die Bevölkerung Dortmunds in dieser Beziehung diejenige Berücksichtigung seitens der Königl. Staatsregierung erwartet, welche Münster bei [der] Errichtung der Akademie bzw. Universität [und] Essen bei [der] Errichtung der Königl[ichen] Eisenbahndirektion erfahren hat.

Wenn der Zeitpunkt für die Errichtung einer weiteren technischen Hochschule augenblicklich auch noch nicht als gekommen erachtet wird, so bitten wir doch für die Zukunft, Dortmund als diejenige Stadt vorsehen zu wollen, wo eine technische Hochschule am zweckmäßigsten untergebracht wird.

Wir bitten daher Euer Exzellenz unter Berücksichtigung der vorstehenden Angaben, die Frage der Errichtung einer westfälischen technischen Hochschule in Dortmund wohlwollend prüfen und fördern zu wollen.

21. Anfänge einer S-Bahn für das Revier: Planungen für eine Städtebahn Düsseldorf-Dortmund 1910[44]

Denkschrift »Rheinisch-Westfälische-Städtebahn Düsseldorf-Dortmund«, aufgestellt vom Bureau für Eisenbahn- und Wasserbau, Essen (Regierungs- und Baurat a.D. Karsch) im Februar 1910. Stadtarchiv Herne V/3224, Bl. 54. (Auszug)

Die ganze Gegend zwischen Düsseldorf und Dortmund, in einer Erstreckung von 75 km und darüber hinaus, ist dicht bevölkert, besonders erstreckt sich zwischen Duisburg und Dortmund, im sogenannten Kohlenrevier, eine zusammenhängende, außergewöhnlich dichte Bevölkerungszone, in welcher sich die Großstädte Duisburg – Mülheim-Ruhr – Oberhausen – Gelsenkirchen – Essen-Ruhr – Bochum – Herne und Dortmund durch ihre Vorstädte und industriellen Anlagen fast die Hand reichen.

Obwohl alle diese Städte sich einig sind im Ringen um die höchste industrielle Ausnutzung der ihnen von der Natur gebotenen Bodenschätze, so unterscheiden sie sich doch wiederum durch besondere Merkmale voneinander, welche ihnen die individuelle Lage und der angestammte Volkscharakter aufgeprägt ha[ben].

Die Städte von Düsseldorf bis Essen liegen in der Rheinprovinz, während Gelsenkirchen, Bochum, Herne und Dortmund zu Westfalen gehören. Hier macht sich mehr der fränkische, dort der westfälische Volkscharakter bemerkbar. Ist er auch durch Vermischung und Zuzug von Tausenden von fremden Elementen mehr und mehr äußerlich verwischt, so kann man ihn herausfinden, wenn man z. B. Düsseldorf und Dortmund miteinander vergleicht.

Auch anderweitig hat fast jede Stadt ihre ausgeprägten Sonderheiten:

---

44 Vgl. hierzu Bernd Walter, Das Scheitern der RWS in den 1920er Jahren, in: Wilfried Reininghaus/ Karl Teppe (Hg.), Verkehr und Region im 19. und 20. Jahrhundert, Paderborn 1999, S. 201–248. (Die Denkschrift von 1910 bleibt hier unerwähnt).

Düsseldorf ist die Stadt der Kunst, der Regierungsbehörden und des Stahlwerkverbands.

Duisburg besitzt den größten Binnenhafen Europas und erzieht hier ein rühriges Schiffer- und Handelsvolk.

Mülheim-Ruhr ist die Vaterstadt der Stinnes und Thyssen; sie besitzt in den westlichen Vororten eine blühende Garten- und Waldstadt, mit denen sie durch Straßenbahn verbunden ist. Auch ist hier das Bad Raffelsberg hervorzuheben.

Essen-Ruhr steht hoch im Weltverkehr durch Krupp und das Kohlensyndikat, durch die Eisenbahn-Direktion und den Unternehmungsgeist seiner Bürger.

Gelsenkirchen konzentriert in sich die Kraft der Arbeiter in großzügigen Anlagen und Werken.

Herne hat eine bedeutende Zukunft vor sich infolge seiner am weitesten nach Osten vorgeschobenen Lage am Rhein-Herne-Kanal.

Bochum rühmt sich des Bochumer Vereins und der Knappschaft.

Dortmund schließlich, die alte märkische Hauptstadt, ist der Sitz der großartigsten Brauereien. Sie ist eine Handelsstadt ersten Rangs, welche durch den Dortmund-Ems-Kanal direkt mit dem Meer verbunden ist.

Alle diese Gegensätze müssen sich naturgemäß untereinander ausgleichen.

Den Güterverkehr, welcher im Kohlenrevier mit circa 24.000 Wagen entspringt, leistet die Staatsbahn in mustergültiger Weise. Den Personenverkehr können jedoch alle vorhandenen Verkehrsanlagen, welche der Staat, die Kommunen und Private geschaffen haben, nicht bewältigen. Wenngleich an Sonn- und Festtagen fast der ganze Güterverkehr auf der Staatsbahn eingestellt ist, so kann man eine Überlastung der Staatsbahn an diesen Tagen doch beobachten, da der Reiseverkehr ins Unangemessene wächst; dann reichen weder die Eisenbahnen noch die Straßenbahnen aus, und Tausende müssen zurückbleiben, welche sonst mitgefahren wären. […]

Alle diese Übelstände beseitigt eine elektrische Bahnanlage.

Die Baukosten einer elektrischen Bahn stellen sich wesentlich geringer als […] bei einer Dampfbahn, da sich die elektrische Bahn dem vorhandenen Gelände besser anschmiegen kann. Auch wird sie verhältnismäßig kürzer, da sie stärker steigen und fallen kann. Ferner versäumt sie beim Anhalten und Abfahren an den Haltestellen die geringste Zeit, sodass sie eine größere Reisegeschwindigkeit entwickelt als […] eine Dampfbahn. Schließlich können die elektrischen Züge nach Bedürfnis schneller verstärkt oder vermindert werden, weil jeder einzelne Wagen mit einem Kraftmotor ausgestattet ist.

Trotz der vielen Haltestellen soll die neue elektrische Bahn nach einem starren Fahrplan mit einer Reisegeschwindigkeit von 60 km in der Stunde fahren. Der Abstand der Züge beträgt nach Bedürfnis fünf bis zwanzig Minuten. […]

Die Städtebahn hat den Charakter einer zweigleisigen beschleunigten Straßenbahn auf eigenem Bahnkörper. Wegekreuzungen in Schienenhöhe sind grundsätzlich ausgeschlossen. Soweit irgend angängig, sind kostspielige Tunnelanlagen vermieden und die billigeren Dammschüttungen im freien Feld und Unterpflasterbahnen in den Städten zur Anwendung gekommen. Nur in Mülheim-Ruhr musste das Ruhrtal mit einem größeren Viadukt überschritten werden.

Die Städtebahn beginnt in Düsseldorf am Vorplatz des Hauptbahnhofs und endigt in Dortmund ebenfalls am Vorplatz. Sie führt zuerst in nördlicher Richtung bis nach Duisburg und wendet sich hier nach Westen durch das Kohlenrevier über Mülheim-Ruhr, Essen-Ruhr, Gelsenkirchen, Bochum und Dortmund.

Um aber auch die nördlichen, stark bevölkerten industriellen Gegenden an diese Linie anzuschließen, ist eine besondere nördliche Linie geplant, welche bei Gelsenkirchen und Dortmund an die Hauptlinie anschließt und über Herne und Castrop führt.

Die gesamte Länge der Bahn beträgt 100,65 km. Hiervon hat die Hauptlinie eine Länge von 76,85 km und die nördliche Nebenlinie eine Länge von 23,80 km.

Auf der gesamten Linie sind 31 Bahnhöfe und Haltestellen angelegt. Ihre durchschnittliche Entfernung voneinander beträgt 3,2 km. Die Bahnhöfe beziehungsweise Haltestellen liegen an den Punkten, an denen sich schon jetzt der größte Verkehr konzentriert hat oder wo Anlagen geplant werden, welche neuen Verkehr schaffen sollen.

22. Die zur Provinz Westfalen gehörenden Städte des Ruhrgebiets im Jahr 1910
A[lbert] Gieseler/W[ilbert] Petri, Kleine Heimatkunde der Provinz Westfalen, 2. Aufl., Bielefeld/Leipzig 1910, S. 24–26.

Westlich vom Hellweg liegt zwischen den Städten Hamm, Unna, Essen, Recklinghausen das Kohlen- und Industriegebiet. Anstelle der schönen Saatgefilde, der stattlichen Bauernhöfe und zerstreut liegenden Ortschaften erblicken wir hier Ortschaft an Ortschaft, Stadt an Stadt, hochragende Schornsteine, riesige Fabriken in großer Zahl. Die ganze Gegend ist erfüllt von dröhnender Arbeit und rastlosem Verkehr. Nach allen Richtungen wird sie vom schnaubenden Dampfross durchzogen.

Die Bodenschätze. Im Industriegebiet befinden sich die Schätze nicht nur auf der Erde, sondern vor allen Dingen im Schoß der Erde. Aus der Tiefe der Erde schaffen im rheinisch-westfälischen Industriegebiet über 300.000 Bergleute jährlich etwa 83 Millionen Tonnen Kohlen ans Tageslicht. Sie haben einen Wert von über 800 Millionen Mark. Jeder vierte Mann ist hier ein Bergmann. […]

Die reichen Kohlenschätze sowie die auch vorkommenden Eisenerze begünstigten die Entwicklung der Eisenindustrie. In der Gewinnung von Roheisen aus den Eisenerzen hat Deutschland sogar England überflügelt. Von den 12 ½ Millionen Tonnen, die Deutschland jährlich liefert, werden etwa 40 Prozent im rheinisch-westfälischen Industriegebiet aus heimischen (Siegerland, Lothringen, Luxemburg) und ausländischen (Spanien, Schweden) Erzen gewonnen. Der größte Teil dieses Roheisens wird in den zahlreichen Eisenwerken weiterverarbeitet. Die Eisenindustrie blüht in den Städten Hamm, Schwerte, Aplerbeck, Hörde (Hermannshütte – 4.700 Arbeiter), Dortmund (Union[45] – 10.000 Arbeiter, Stahlwerk Hoesch – 4.500 Arbeiter),

---

45 Hierbei handelt es sich um die 1872 gegründete Union, Aktiengesellschaft für Bergbau, Eisen- und Stahl-Industrie (Dortmunder Union), nicht zu verwechseln mit der Dortmunder Union-Brauerei.

Witten, Annen, Barop, Bochum (Bochumer Verein – 5.850 Arbeiter), Herne, Gelsenkirchen u[nd] a[nderen] Orten. Übertroffen werden die Eisenwerke in diesen Orten allerdings noch durch die in Essen (Rheinland) gelegenen Kruppschen Werke mit 64.354 Arbeitern und Beamten. Von ihnen kommen auf die besonders Kanonen, Panzerplatten und Schienen liefernde Gussstahlfabrik in Essen 35.745 Arbeiter.

Die nachfolgende Tabelle zeigt, dass in Bergbau und Hüttenwesen in manchen Kreisen mehr als die Hälfte der Bewohner Beschäftigung findet.

Es waren von je 1.000 Personen beschäftigt:

	im Bergbau	in der Hüttenindustie	als Landwirt
Gelsenkirchen, Landkreis	586	44	19
Bochum, Landkreis	585	47	30
Dortmund, Landkreis	563	–	88
Gelsenkirchen, Stadt	414	48	–
Hattingen	348	104	67
Hörde	309	158	–
Hamm, Landkreis	241	–	–
Hamm, Stadt	–	269	–
Bochum, Stadt	119	230	–
Witten	95	121	–
Dortmund, Stadt	70	142	–

Im Gegensatz zu der hoch entwickelten Eisenindustrie ist die Baumwollenindustrie, die ehemals im Kreis Hattingen blühte, zurückgegangen. Mit der Gewinnung von Glas und feuerfesten Steinen beschäftigen sich in Witten, Annen und Dortmund etwa 4.000 Menschen. Hauptorte für die Bierbereitung sind Dortmund, Bochum, Langendreer, Gelsenkirchen und Witten. Die Dortmunder Brauereien, die jährlich für etwa 22 Millionen Mark Bier herstellen, sind weit über die Grenzen unseres Vaterlands hinaus bekannt.

Das Verkehrswesen. Das Industriegebiet mit seinem Reichtum an Bodenschätzen und an Erzeugnissen der hoch entwickelten Industrie überragt alle Gebiete durch die Engmaschigkeit und Mannigfaltigkeit seiner Verkehrsstraßen. In keinem Teil unseres Vaterlands ist auf kleinem Raum solch ein Riesenverkehr zusammengedrängt. Allein für die Kohlenbeförderung sind täglich 20–24.000 Wagen erforderlich. Etwa 1/3 aller Güter Deutschlands wird hier verladen. Fünf große Bahnstrecken durchziehen von Osten nach Westen das Gebiet; sie sind durch viele Seitenlinien miteinander verbunden. Neben den Eisenbahnen vermitteln die schiffbaren Flüsse und der Dortmund-Ems-Kanal mit dem großen Schiffshebewerk bei Henrichenburg den Riesenverkehr.

23. Mit 100.000 Einwohnern ist Hamborn eine Großstadt, rechtlich aber noch immer eine Landgemeinde (1910).

Telegramm aus Hamborn an Kaiser Wilhelm II. vom 24.9.1910. Geheimes Staatsarchiv Preußischer Kulturbesitz Berlin, I. HA, Rep. 89 (M), Nr. 14323, Bl. 18.

Sr. Majestät dem Deutschen Kaiser, Insterburg. Euer Majestät melden untertänigst die zur Festsitzung versammelten Gemeinderatsmitglieder der Landgemeinde Hamborn die heute erfolgte Geburt des hunderttausendsten Einwohners. Die Vertreter der Bürgerschaft des neuen Großdorfs erneuern bei dieser Gelegenheit das Gelöbnis unverbrüchlicher Treue und Liebe zu Euer Majestät und dem Vaterland: im Auftrag Schrecke, Bürgermeister.

24. Das Ruhrgebiet im Wettstreit der Dichter 1901–1911

a) *Meine Heimat (von Philipp Witkop, 1901)*[46]

Paul Schneider (Hg.), Ruhrland. Ein Heimatbuch für das rheinisch-westfälische Industriegebiet, Leipzig 1925, S. 11–12; ferner in: Haas, Fehde um Gelsenkirchen. Drei Dichter: Philipp Witkop, Theodor Kummer, Adolf Wurmbach, in: Gelsenkirchen in alter und neuer Zeit. Ein Heimatbuch 1 (1948), S. 134–156, hier S. 134f.

1 Aus tausend Schloten steigt ein dicker Rauch.
Der wälzt sich langsam durch die Lüfte her,
Dann sinkt er nieder dicht und schwarz und schwer
Und brütet dumpf auf Haus und Baum und Strauch.
Es lauert rings ein großes, schwarzes Sterben,
Und alle Blätter sind so welk und grau,
Als funkelte hier nie ein Tropfen Tau.
Kein Frühling will die Straße bunter färben.

2 O, wüsstet ihr, wie ich in meinen Träumen
Oft weinend rief nach einem Stückchen Wald,
Nach ein paar frischen, wipfelstolzen Bäumen,
Durch die der Sturm sein helles Singen hallt,
Wie mir die Blume, die am Straßenrande
Nur schwarzbestaubt und mühsam aufgeblüht,
War wie ein Gruß aus einem Märchenlande,
Wie sie mit Glück und Sonne mich durchsprüht. –

---

46 Philipp Witkop, Ein Liebeslied und andere Gedichte, Zürich etc. 1902, S. 73f. – Philipp Witkop (1880–1942), geb. in Kleinenberg bei Paderborn und in Gelsenkirchen als Sohn eines Kolonialwarenhändlers aufgewachsen, war von 1910 bis zu seinem Tod Professor für Neuere Deutsche Literaturgeschichte an der Albert-Ludwigs-Universität Freiburg. Zum Dichterstreit bzw. zur »Fehde um Gelsenkirchen« vgl. Dirk Hallenberger, Industrie und Heimat. Eine Literaturgeschichte des Ruhrgebiets, Essen 2000, S. 48–53.

3 Ihr wisst es nicht, ihr könnt es nimmer wissen,
Und nimmer fühlen könnt ihr all das Leid,
Das mir die ganze Jugend hat zerrissen
Das mich durchbebt so lange lange Zeit –
Nur Rauch, nur Qualm, der sich voll träger Ruh
Aus tausend Schloten wälzt in schwarzer Masse –
Wie ich dich hasse, meine Heimat du!
Wie ich seit Kindertagen schon dich hasse!

b) *Heimatgruß (1910, von Theodor Kummer)*[47]
in: Haas, Fehde um Gelsenkirchen, S. 137–141, sowie in Schneider (Hg.), Ruhrland, S. 12–16.

1 Im Emschergrund, am Waldesrande
Ein blondes Mädchen einsam lag;
Es blickte in die stillen Lande
Und sann und träumte Tag für Tag.

2 Es plaudert mit des Baches Wellen
Und lauscht dem knorr'gen Eichenbaum,
Dem einz'gen trauten Spielgesellen
In seinem sel'gen Kindertraum.

3 Gar manches wusst er zu berichten
Aus längst entschwund'ner ferner Zeit;
Viel Wundermärchen und Geschichten
Aus tiefer Waldeseinsamkeit.

4 Von Elfen, die in lauen Nächten
Zum Tanz sich reih'n im Mondenschein,
Von Riesen, die mit Zaubermächten
Einst schleuderten den großen Stein.

5 Von Schätzen, die in dunklen Tiefen,
Verzaubert in den Felsenschacht,
Jahrtausende schon einsam schliefen,
Von bärt'gen Männlein treu bewacht.

6 Auch von der Menschen Tun und Schaffen,
von Römerlist und blut'gem Krieg,
Von Kaiser Karl, von Frankenwaffen,
Von Sachsenlandes Ruhm und Sieg.

7 Wie einstmals wilde Friedensboten
Gekommen von dem Strand der Ruhr,
Und dort, wo Baldurs Feuer lohten,
Das Kreuz gepflanzt in Feld und Flur.

8 Wie auf dem Anger bei der Linde,
Dort wo das Bächlein murmelnd rauscht,
Der Botschaft von dem Himmelskinde
Die Heidenleute fromm gelauscht.

9 Wie Wodan schied und bald das Neue
Durch alle Gaue siegreich drang,
Und hell das Lied der Sachsentreue,
Das Lied vom Heliand[48] erklang.

10 Wie Essens Fürstäbtissin schaute
Nach Norden, nach dem Heideland;
Ihr Dienstmann ein[e] Burg sich baute,
Der Ritter, an des Schwarzbachs Rand.

---

47 Aus dem Festvortrag »Poesie im Industriezeitalter« des westfälischen Dichters Theodor Kummer (1857–1938), gehalten auf dem 28. Westfälischen Philologentag am 9.7.1911 in Gelsenkirchen. Dr. Kummer war Gymnasialprofessor in Gelsenkirchen und Lehrer Witkops. Kummer hatte Witkops Gedichtband 1902 für die Gelsenkirchener Zeitung rezensiert.
48 Der Heliand entstand in der ersten Hälfte des 9. Jahrhunderts und ist ein in altsächsischer Sprache verfasstes Leben Christi, erzählt nach der Überlieferung der Evangelien.

11 Und wie die stillen Hofessassen
   Stets nur gekannt den eignen Hauch
   Und, treu im Lieben wie im Hassen,
   Nicht wichen von der Väter Brauch. […]

12 Ihr alle, die ihr hier geboren
   Und hier einst fandet Euer Glück, –
   Habt ihr das Jugendland verloren,
   O kehret heut` zu ihm zurück!

13 Bereitet nie der Mutter Schande,
   Die Euch gewiegt auf ihrem Knie!
   Getreu dem großen Vaterlande,
   Vergesst auch eure Heimat nie! –

14 Fangt auf des Nörglers Zungenhiebe
   Und ruft voll Sachsenstolz ihr zu:
   »Wie ich von Kindesbeinen an dich liebe;
   Wie ich dich liebe, meine Heimat du!« –

c) *Willkommen in Gelsenkirchen (1911, Verfasser unbekannt)*[49]
Theodor Kummer, Poesie im Industriezeitalter. Festvortrag anlässlich des 28. Westfälischen Philologentages in Gelsenkirchen am 9.7.1911, Gelsenkirchen 1911, S. 13 (Anhang).

1 Seid gegrüßt beim Festpokale,
   Freunde aus Westfalenland!
   Die Ihr heut zum ersten Male
   Hier Euch eint am Emscherstrand.
   Gruß und Dank den edlen Damen,
   Die nicht floh'n vor Staub und Ruß!
   Allen, die zum Feste kamen,
   Froh »Glückauf« als Willkommgruß! –

2 Auch im Land der schwarzen Schlote
   Wehet Gottes Himmelsluft,
   Glänzt der Hain im Abendrote,
   Haucht die Rose süßen Duft.
   Hell ertönt Apollos Leier,
   Bacchus schenket gold'nen Wein;
   Schelmisch durch die Nebelschleier
   Blitzen blaue Äugelein. –

3 Winken auch nicht grüne Auen,
   Waldumkränzte Bergeshöh'n:
   And're Wunder gibt's zu schauen.
    – Menschenwerke groß und schön.
   Zauberkräfte, die einst schliefen
   Unbekannt in ew'ger Nacht,
   Weckte aus verborg'nen Tiefen
   Forschergeist und Schaffensmacht. –

4 Die die schwarzen Schienenwege
   Kühn in alle Welt gesandt
   Und mit hohem Eisenstege
   Stolze Ströme überspannt:
   Die dem Dampfross seine Flügel,
   Stahlgewand dem Schiffe lieh:
    – Allweg über Tal und Hügel
   Herrscht die Fürstin – *Industrie*. –

---

49 Begrüßungslied beim Festmahl anlässlich des Philologentags, nach der Melodie des »Deutschland-Lieds« von Joseph Haydn (1732–1809).

5 Hört Ihr's stampfen, hört Ihr's dröhnen,
   Wo der Dampftitan sich bläht?
   Surren, murren, ächzen, stöhnen,
   Rasseln, rollen früh und spät?
   Bergmann klopft in dunkler Kammer
   Drunten ohne Rast und Ruh‹;
   Oben schlägt der Eisenhammer
   Dumpf und schwer den Takt dazu. –

6 Sah't Ihr nicht Vulkans Gesellen
   Trotzig dort am Ofen steh'n?
   Wo die weißen Gluten schwellen,
   Brodelnd auf und nieder geh'n?
   Zischend naht die Feuerschlange –
   Doch ein Druck von Menschenhand
   Bietet Halt dem wilden Drange,
   Bändigt Wut und Höllenbrand. – –

7 Neue Zeiten, neues Streben,
   – Neues Ringen, neuer Fleiß!
   Doppelt köstlich ist das Leben,
   Rinnet von der Stirn der Schweiß.
   Über Gräber, über Leichen
   Kühn zur Sonne geht's empor;
   »Arbeit« trägt als Siegeszeichen
   Stolz ihr Riesenbanner vor. – […]

8 Hat Dein tiefstes Herz vernommen,
   Was der Luftschwan bebend singt,
   O, dann sei uns hier willkommen,
   Wo der Psalm der *Arbeit* klingt! –
   Alter Sehnsucht Melodien
   Werden wach in Deiner Brust,
   Und in ew'gen Harmonien
   Löst sich Menschenleid und -lust. – – –

25. In Eickel wird 1912 das erste Kommunalkino im Deutschen Reich gegründet.

Beschluss der Amtsversammlung/Gemeindevertretung von Eickel vom 14.5.1912. Stadtarchiv Herne V/1132, Bl. 49, 58–62. (Auszug)

[Die] Gemeindevertretung beschließt die Anlage und den Betrieb eines Kinematografen-Theaters[50] auf Kosten der Gemeinde. Wünschenswert erscheint diese Anlage einmal, weil zurzeit ein ordentlicher, derartiger Betrieb in Eickel nicht vorhanden ist; der von den Gebr[üdern] Schlüter aus Wanne in einem leer stehenden Geschäftslokal an der Kaiserstraße betriebene kann aus verschiedenen Gründen kaum in Betracht kommen. Sodann aus ästhetischen, kulturellen und patriotischen Gründen, um dem Schund, der in solchen Privat-Theatern in der Regel geboten wird, entgegenzutreten und an dessen Stelle Filme von wissenschaftlichem und unterhaltendem, volksbildendem Wert zu setzen, sodann im Verein mit auf ähnlichen Grundlagen aufgebauten Anstalten allmählich Einfluss auf den Filmmarkt, der jetzt vom Ausland fast ausschließlich abhängig ist, zu gewinnen und so die Millionen, die noch aus dem Land fließen, hier zu behalten. Endlich, um [das] Kino in den Dienst der Jugendpflege und Volksschule durch geeignete Vorführungen zu stellen.

50 Das kommunale Lichtspielhaus Eickel wurde am 30.11./1.12.1912 mit dem Großstadtdrama »Mütter verzaget nicht« eröffnet. Mit Kriegsbeginn 1914 verdrängten zunehmend Propagandafilme die Belehrungs-, Anschauungs- und Aufklärungsfilme für Schüler. Spätestens Mitte der 1920er Jahre war das Ende des Eickeler Kommunalkinos besiegelt. Der neu gestaltete Gartmannsche Saal wurde fortan für Theateraufführungen, Vereinsversammlungen und Kaiser-Geburtstagsfeiern genutzt, und die Filme wurden »vor Ort« in Schulkinos gezeigt.

[Die] Vertretung bewilligt daher die zur Anlage des Kinos erforderlichen Mittel, ebenso die erforderlichen Betriebskosten in Höhe von rd. 14.000 M. jährlich. Sie bevollmächtigt eine Kommission, [...] alle erforderlichen Schritte zur Anlage und [zum] Betrieb eines Kinematografen-Theaters zu tun. Etwaige erforderliche Reisen werden bewilligt.

[Die] Vertretung ist der Ansicht, dass aus dem Kinobetrieb den Steuerzahlern keine Lasten entstehen, [sondern dass] im Gegenteil noch ein Überschuss zu erwarten ist.

Zur Unterbringung des Kinos wurde der Ankauf der Gartmannschen Besitzung am Markt zum Preis von 140.000 M. vorgeschlagen. [Die] Gemeindevertretung kann sich jedoch noch nicht entschließen, die ganze Besitzung zu kaufen, bewilligt aber die Kosten für den Ankauf des Saals mit den dahinter liegenden Gartengrundstücken und einen den polizeilichen Vorschriften entsprechenden Eingang vom Markt zum Preis von 30.000 M. sowie die Kosten der Instandsetzung des Saals und Einrichtung des Kinematografen-Theaters mit ca. 20.000 M.

26. Probleme der Flächenplanung im Ruhrgebiet 1912: Verkehrs- und Grünflächen
R[obert] Schmidt, Denkschrift betreffend Grundsätze zur Aufstellung eines General-Siedelungsplanes für den Regierungsbezirk Düsseldorf (rechtsrheinisch), Essen 1912, S. 77f., 82, 90, 102. (Auszug)[51]

Wir sind gewohnt, dass in unserem Staatsleben jede Spezialbehörde nur ihre Interessen verfolgt. Streng konservativ, unter dem Daumendruck eines Finanzministeriums, kümmert sie sich um die Interessen anderer Behörden und Korporationen erst dann, wenn diese es verstehen, möglichst deutlich, zäh, nachdrücklich und an angebrachter Stelle sich Geltung zu verschaffen. So wissen wir, dass insbesondere die Staatsbahnverwaltung die Bedürfnisse der Bahnhofsentwürfe in der Regel nicht über ihre weißen Grenzsteine hinaus sucht und der Anerkennung und Durchführung neuer Linien erst ein jahrelanger unermüdlicher Ansturm vorausgehen muss, wie z.B. [bei] der Linie Osterfeld-Hamm. Wir wissen, dass es den Klagen wegen des chronischen Wagenmangels, der die Kohlenindustrie zwingt, unter Vergeudung von Arbeitslohn und Materialverschlechterung die Produktionskosten unnötig zu erhöhen, dämpfend entgegen klingt: Richtet eure Produktion nach den vorhandenen Wagen! Jede Forderung auf Verbesserung des Vorortverkehrs der Großstädte wird niedergeschmettert mit der Erklärung: »Nach den Erfahrungen, dass der Berliner Vorortverkehr sich nicht rentiert, muss es der Herr Minister grundsätzlich ablehnen, weiteren Städten einen Vorortverkehr zu geben oder ihn zu verbessern«. In einem Fall wird der durchaus nicht kaufmännische Gesichtspunkt, im anderen Fall der sehr kauf-

---

51 Die Gründung des Siedlungsverbands Ruhrkohlenbezirk im Jahr 1920 (vgl. Kap. XIV in diesem Werk) beruhte wesentlich auf dieser 1912 veröffentlichten Denkschrift. Robert Schmidt (1869–1934) war seit 1906 Stadtbaurat und Beigeordneter der Stadt Essen. Er entwickelte den ersten Bebauungsplan für Essen und verfolgte mit der hier zit. Denkschrift die Bildung eines Zweckverbands der Ruhrgebietsstädte, der mit dem Siedlungsverband Ruhrkohlenbezirk 1920 gegründet wurde. Schmidt wurde der erste Verbandsdirektor bis 1932. Vgl. Matthias Dudde, Robert Schmidt, in: War die Zukunft früher besser? Visionen für das Ruhrgebiet, Essen 2000, S. 133–138.

männische Gesichtspunkt angewandt, der einen nicht rentierenden Artikel ausscheidet, ohne zu bedenken, dass durch das Staatsmonopol auch die Verpflichtung auferlegt wird, rentable und unrentable Unternehmungen durcheinander zu rechnen und ruhig zuzugeben, dass die enormen Überschüsse des Güterverkehrs dem Personenverkehr in jeder Form zugute kommen sollten.

Wir sahen bereits, dass das Provinzialstraßennetz, das früher vollkommen seinen Zweck erfüllte, jetzt durchaus unzureichend ist, aus dem einfachen Grund, weil es seine eigene Entstehungsgeschichte hatte und nicht vorausblickend dem jetzigen Städtekonglomerat angepasst werden konnte.

Das Gleiche gilt für die Staatsbahnlinien des Bezirks. Ihr engmaschiges Netz verdankt keinem einheitlichen übersichtlichen Gedanken sein Dasein. Privatgesellschaften ließen es zum Teil als Konkurrenzunternehmungen entstehen, und seine Entwicklungsgeschichte ist ein Konglomerat von Petitionen, Enttäuschungen, Gründungen, Verlusten, woraus schließlich nach erfolgter Verstaatlichung das solide durch den enormen Güterverkehr rentierende Unternehmen sich bildete. [...]

Das Bahnnetz des engeren Bezirks ist hiernach noch sehr verbesserungsbedürftig. Diese Verbesserungen müssen nach einheitlichem Plan projektiert werden, wobei, wie bei dem Generalsiedlungsplan, versucht werden muss, alle Interessen in gemeinsame und spezielle zu teilen. Diese Arbeit kann ohne Hilfe der Eisenbahnverwaltung nicht geleistet werden, weil hier betriebstechnische Anforderungen maßgebend sind.

Wie brennend die Frage geworden ist, beweist das Projekt der [...] Städtebahn, mit welchem die Städte Abhilfe schaffen wollten.[52] Das Projekt wurde von dem Inhaber des Bahnmonopols abgelehnt, der in Preußen die Sonderstellung der Partei und des Richters gleichzeitig hat. Hierbei wurden Verbesserungen in dem bestehenden Bahnnetz zugesagt, und nun besteht das Wetteifern der Städte um Erhaschen des größten Vorteils aus diesem Versprechen.

Jedenfalls sind Ergänzungslinien notwendig, nachdem die Bahnhofsanlagen selbst leistungsfähig gestaltet worden sind. Diese Ergänzungslinien müssen hauptsächlich die Nord-Südrichtung haben. Insbesondere fehlt jede Verbindung von Südost nach Nordwest, etwa Elberfeld-Holland, welche gleichzeitig die Verbindung zwischen den Wupperstädten und dem Herzen des Industriebezirks schafft, die jetzt nur auf großem Umweg in schlechter Verkehrsfolge vorhanden ist. [...]

Wesentlich schwieriger wird die Festlegung eines systematischen Klein- und Großgrünflächennetzes sein, weil in einer Reihe von Gemeinden wegen der noch vorhandenen vielen baufreien Flächen im Privatbesitz, jetzt bestehende Freiflächen unterschiedslos mitwirkend, den Eindruck festigen, als ob es sich hier um einen unnötigen Luxus handelte, denn es ist schwer, sich den Endzustand der Bebauung vorzustellen. Außerdem wird der Kostenaufwand gefürchtet, weil den Gemeinden des Westens namentlich Schullasten stets neu geboren werden, die ihre Etats überwiegend beherrschen und eine erhöhte Anspannung der jetzt schon hohen Steuer-

---

52 Vgl. Dok. 21 in diesem Kapitel.

sätze kaum noch zulässig ist. Der Wunsch, dass der Staat die Schullasten übernimmt, indem er die ganze Nation die kostbaren Folgen der nicht unerwünschten Fruchtbarkeit eines Teils tragen lässt und insbesondere hierzu die vielen unfruchtbaren Luxusstädte heranzieht, wird wohl Wunsch bleiben.

Nach den bisher gemachten Erfahrungen würde es aber in späterer Zeit stellenweise nur mit ganz enorm hohen, unnötig aufgebrachten Kosten oder an anderer Stelle ganz unmöglich sein, der dann gebieterisch auftretenden Forderung nach Grünflächen gerecht zu werden. Aber kam es denn bei den Hauptverkehrsstraßen nicht auch zunächst lediglich darauf an, durchgehende bandartige Flächen von der Bebauung freizuhalten, ohne sich weiter Gedanken darüber zu machen, welche Kosten später etwa durch einen Ausbau entstehen? Genauso kommt es bei den Grünflächen darauf an, die Kosten, die sicherlich entstehen werden, durch das vorläufige Freihalten später auf ein Minimum herabzudrücken. Es müss[te] also vorläufig genügen, dass große Flächen an geeigneter und planmäßig bestimmter Stelle von der Bebauung freigehalten werden. [...]

Aber alle diese Maßnahmen bekämpfen einzelne Missstände. Sie können selbst in ihrer Vereinigung keine endgültige Besserung bringen, solange es nicht gelingt, der gesamten Menschenmasse eine einwandfreie Ansiedlung in Gegenwart und Zukunft zu ermöglichen nach einem umfassenden, sogenannten *General-Siedlungsplan.*

Dieser General-Siedlungsplan stellt einen Organismus dar, dessen einzelne Teile in Wechselbeziehung zueinander alle Bedürfnisse der modernen Massenansiedlung erfüllen müssen. Er soll geben die Lösung der Wohnungsfrage, verbunden mit den Erholungsstätten in der erquickenden Natur; die Großarbeitsstätten getrennt von den Wohnstätten, sodass sie sich wechselseitig nicht ungünstig beeinflussen; außerdem muss durch ihn die Regelung der Verkehrsfragen jeder Art erfolgen mit dem Endzweck, ein in allen Teilen und Formen den Bedürfnissen voll entsprechendes Kunstwerk zu formen, dessen Aufbau ohne Zerstörungen, ohne Irrwege stetig fortschreitend möglich ist. Die Durchführung des General-Siedlungsplans liefert den Nährboden für eine gesunde, frohe, arbeitsame Bevölkerung, deren Nationalstolz und Vaterlandsfreude geweckt und gestählt werden durch das Gefühl der Zugehörigkeit zu einem planmäßig einwandfrei angelegten und geleiteten Großunternehmen, das aufgebaut ist nach den Grundsätzen des Gemeinwohls.

Gesetzmäßig besteht dieser General-Siedlungsplan aus dem *General-Bebauungsplan* und den ihn *ergänzenden Vorschriften* auf dem Gebiet des Baurechts und der Ästhetik (Gesetz gegen die Verunstaltung usw.).

Der *General-Bebauungsplan* bestimmt die Flächen für Wohnbezirke und Kleinbetriebe, für Großarbeitsstätten, für Grünplätze und Erholungsflächen sowie das Netz der Hauptverkehrsstraßen und Bahnlinien aller Art und gibt die leitenden Gesichtspunkte für die Spezial-Bebauungspläne.

Die ergänzenden Vorschriften regeln die Nutzung der Planflächen. Sie erfüllen den Sinn der Linienführung und die Plandisposition. Sie lösen insbesondere die Wohnungsfrage nach gesundheitlichen, wirtschaftlichen und ästhetischen Gesichtspunkten. [...]

Wo die Verteilung der Wohn- und der Industrieflächen von den einzelnen Städten bereits vorgenommen ist, müssen lediglich Unstimmigkeiten bei dem Zusammentreffen mit Nachbargemeinden ausgeschaltet werden. Wo die Gebietseinteilung fehlt, ist sie in gleichem Sinn jetzt vorzunehmen.

Die Lage der Grünflächen ist gegeben durch die jetzigen Bestände. Sie müssen erhalten, ergänzt und im Bedarfsfall im Rahmen des Gesamtplans verlegt werden. Die kleinen Grünflächen sollen als Grünzüge die gesamte Siedlung durchweben und nach Bedarf durch Spiel- und Sportplätze ergänzt werden.

Die Verkehrsbeziehungen zwischen und in den Siedlungsgruppen sind gegebene und bestimmen die Verkehrswege einschließlich der Bahnlinien. Die örtliche Festlegung des Verkehrsnetzes in zweckentsprechende Leistungsfähigkeit hat nach den in der Denkschrift niedergelegten Grundsätzen im Einvernehmen mit den Einzelverwaltungen noch zu erfolgen. Alle Verwaltungen müssen sofort Sorge tragen, dass diese Linien vorläufig überall von der Bebauung frei bleiben, bis ihre förmliche Festsetzung erfolgt ist. Derselbe Grundsatz gilt sinngemäß für die Grünflächen.

Die Bauvorschriften müssen ebenfalls unabhängig von den politischen Grenzen der Gesamtdisposition untergeordnet werden, und zwar einmal unter Regelung der Bauweise, dann unter Bestimmung der Wohnbezirke und der Industrieflächen. Für die Wohnbezirke ist ein Wohnhaustyp anzustreben, der die gesündeste Haus- und Wohnungsform unter wirtschaftlicher Ausnutzung der Baukosten erreichen lässt. Dabei soll die gute bodenständige Hausform vor allem gefördert, unnötige und unzweckmäßige Vorschriften sollen ausgeschlossen werden.

Mit allen Mitteln muss versucht werden, die bekannten hässlichen Bauten, die unsere Heimat so sehr verunstalten und die unseres übrigen Kulturstands unwürdig sind, zu beseitigen, wobei im Interesse der individuellen künstlerischen Entwicklung von allzu eingehenden Bestimmungen in den Ortsstatuten Abstand zu nehmen ist.

Ein edler Wetteifer der Städte zur Erfüllung dieser Aufgaben wird dem Wohl des Vaterlands dienen.

27. Der Düsseldorfer Regierungspräsident von Dallwitz zählt in einem Schreiben an Wilhelm II. die Gründe dafür auf, dass Sterkrade zur Verleihung der Stadtrechte geeignet ist (1912).
Der Düsseldorfer Regierungspräsident an Kaiser Wilhelm II. vom 10.3.1912. Geheimes Staatsarchiv Preußischer Kulturbesitz Berlin, I. HA, Rep. 89 (M), Nr. 14859, Bl. 1–2.

Die Landgemeinde Sterkrade im Kreis Dinslaken (Reg. Bez. Düsseldorf) hat um Verleihung der Städteordnung gebeten. Die Gemeinde hat sich aus einem ursprünglich ländlichen Gemeindewesen im Laufe der Jahre zu einem bedeutenden Industrieort mit städtischem Gepräge entwickelt. Diese Entwicklung ist namentlich durch die im Jahr 1782 erfolgte Anlage der Gutehoffnungshütte hervorgerufen worden, die sich aus kleinen Anfängen zu einer Weltfirma emporgearbeitet hat.⁵³ Im gleichen Schritt mit dem Kohlenbergbau hat sich in Sterkrade die Eisenindustrie entwickelt. Der industrielle Aufschwung, der auch für die Zukunft anzuhalten verspricht, hat eine starke Vermehrung der Bevölkerung zur Folge gehabt. Die Einwohnerzahl der Gemeinde betrug 1885 rund 7.200, 1890 rund 8.800, 1895 rund 11.300, 1900 rund 15.300, 1905 rund 21.200, 1910 rund 34.500 Seelen. Gegenwärtig zählt die Gemeinde rund 36.200 Einwohner. Die kommunalen Einrichtungen der Gemeinde entsprechen ihrem städtischen Charakter. Die Straßen des inneren Orts sind geschlossen bebaut, gepflastert und kanalisiert. Zum Teil sind asphaltierte Bürgersteige vorhanden. Die Gemeinde besitzt ein Realprogymnasium, zwei Mädchenlyzeen⁵⁴ und 19 Volksschulen, eine obligatorische kaufmännische und eine obligatorische gewerbliche Fortbildungsschule, ein eigenes Gaswerk mit einer Jahreserzeugung von rund einer Million Kubikmetern und eine Gemeindesparkasse mit einem Einlagebestand von rund 21 Millionen Mark. Mit einem Kostenaufwand von 70.000 M. ist ein Alters- und Waisenhaus erbaut worden. Für die Krankenpflege sind zwei Krankenhäuser mit 350 Betten vorhanden. Die Verwaltung der Gemeinde ist in gutem Zustand, die finanzielle Leistungsfähigkeit durchaus günstig. Das umlagefähige Staatssteuersoll beträgt rund 379.000 M., das Barvermögen rund 785.000 M., das in Grundstücken, Gebäuden und Mobiliar investierte Vermögen rund 2.320.000 M. Der Wunsch der Gemeinde nach Verleihung der Städteordnung erscheint berechtigt. Die Formen der Landgemeindeordnung sind für die Verwaltung dieses volkreichen industriellen Gemeinwesens mit ausgesprochen städtischem Charakter, das sich durch reges kommunales Leben und zahlreiche größere Anstalten verschiedenster Art auszeichnet, wenig geeignet.

Der Provinziallandtag der Rheinprovinz, der gemäß § 21 Abs. 2 der rheinischen Kreisordnung über den Antrag der Gemeinde gehört worden ist, hat erklärt, dass gegen die Verleihung der Stadtrechte an Sterkrade keine Bedenken zu erheben sind.

Eure Kaiserliche und Königliche Majestät bitte ich hiernach in Übereinstimmung mit den Provinzialbehörden alleruntertänigst, der Gemeinde Sterkrade durch huldreiche Vollziehung des anliegenden Erlassentwurfs die Städteordnung allergnädigst verleihen zu wollen.

28. Siedlungsstruktur der Vororte und ihre Abhängigkeit von den benachbarten Städten (1912)

Hans Petermann, Die Eingemeindungen der kreisfreien Städte des rheinisch-westfälischen Industriebezirks, Dortmund 1912, S. 105–106, 110–112.

Für die Zusammensetzung der Bevölkerung in den eingemeindeten Bezirken kann als Regel gelten, dass in dem Fall der selbstständigen industriellen Entwicklung der Vororte hauptsächlich hier die Arbeiterbevölkerung ansässig geworden ist, während in denjenigen Vororten, deren Besiedlung von der Stadt aus geschehen ist, die Bevölkerung mehr aus besser situierten Kreisen, vielfach aus Beamten besteht (Rüttenscheid, Huttrop). Diese Zusammensetzung erklärt

---

53 Zur Entstehungsgeschichte der Gutehoffnungshütte vgl. Kap. II.
54 Mädchengymnasien mit anschließender Berufsschule.

sich daraus, dass der Arbeiter vor allem einen kurzen Weg zu seiner Arbeitsstätte liebt und dass die Kürze des Weges zur Arbeitsstätte für ihn in Hinsicht der Wahl seiner Wohnung ausschlaggebend ist. Dem besser situierten Beamten dagegen geh[en] Licht und Luft und Gesundheit der Wohnung über einen weiten Weg zur Arbeitsstätte. Daher pflegen die Außenbezirke, falls sie eine eigene industrielle Entwicklung haben, hauptsächlich von Arbeitern, falls ihnen diese industrielle Entwicklung fehlt, in der Regel von kleineren Beamten bewohnt zu sein.

Die Bebauung in den Vororten ist gleichfalls für den Industriebezirk charakteristisch. Diejenigen Gemeinden, die eine selbstständige industrielle Entwicklung aufzuweisen haben, sind zumeist in der Art bebaut worden, dass zunächst in der Nähe der gewerblichen Anlagen die Arbeiter sich anzusiedeln pflegten und dass dann allmählich die zwischen den industriellen Unternehmungen und dem Stadtkern verlaufende Verkehrsstraße angebaut wurde. Gleichzeitig setzte dann weiter die Bebauung bald hier, bald dort ziemlich unregelmäßig ein, sodass der Vorortbezirk eine möglichst weitläufige Besiedlung aufzuweisen hatte. Die Arbeiterwohnhäuser in diesen Gemeinden sind zumeist ein- bis dreistöckige Gebäulichkeiten. Viergeschossige Häuser kommen bei einer selbstständigen Entwicklung der Industrie in den Vororten seltener vor. Anders dagegen hat sich die Bebauung derjenigen eingemeindeten Bezirke vollzogen, auf welche die Stadt sich wegen Raummangels ausgedehnt hat. Die Bebauung in diesen Gemeinden schiebt sich, soweit sie im Zusammenhang mit dem bebauten Terrain der Stadt steht, in gleicher Breite und Dichtigkeit über die Stadtgrenze hinaus. Auch die Bauart ist dieselbe wie in der Stadt, und drei- bis viergeschossige Wohnhäuser sind überwiegend vorhanden. Die schnell wachsende Bebauung der Vororte ist für die Stadtgemeinden in mancher Hinsicht ein Gegenstand großer Sorgen und Gefahren. […]

Das wichtigste Mittel jedoch, um die Vorortgemeinden zu einem Teilbezirk der benachbarten Stadt zu machen, ist die Anlage von bequemen Verkehrsmöglichkeiten. Fast sämtliche von den Städten des rheinisch-westfälischen Industriebezirks eingemeindete Ortschaften waren mit den Stadtzentren durch Straßenbahnlinien verbunden. Die industrielle Entwicklung der Vororte ist es in erster Linie gewesen, die das Verkehrsbedürfnis mit dem Stadtzentrum wachgerufen hat. Je mehr die Landwirtschaft von der fortschreitenden Industrie in den eingemeindeten Bezirken zurückgedrängt wurde, desto größer wurde die Kaufkraft dieses Bezirks. Denn bei der Landwirtschaft spielte noch die Eigenproduktion eine große Rolle, da der Landmann in erster Linie das verbraucht, was er selber in seiner Wirtschaft produziert hat. Seine Kaufkraft ist daher gering. Es änderten sich jedoch die Verhältnisse mit dem Wachstum der Industrie. Die in der Nähe der Werke ansässigen Beamten und Arbeiter, die ihren Lohn in barem Geld erhielten, konnten das, was sie in ihrer Wirtschaft verbrauchten, nur in geringem Maße selbst produzieren. Sie waren deshalb auf den Einkauf der zu ihrer Wirtschaft notwendigen Gegenstände angewiesen. Dieser Einkauf vollzog sich, sofern es sich um Lebensmittel und geringeren Einkaufsverkehr handelte, in der Nähe der Wohnungen selbst. Denn die hier wohnenden Gewerbetreibenden hatten genügenden Absatz, um diese Waren ebenso billig wie die Händler in der Stadt liefern zu können. Handelte es sich jedoch um den besseren Einkaufsverkehr, so konnten Geschäfte dieser Art in den industriellen Vororten nicht bestehen. Denn da der Umsatz weniger lebhaft war als in der benachbarten Stadt, so war es den Verkäufern nicht möglich, ebenso billig wie in den Stadtzentren zu verkaufen und ein gleich reichhaltiges Lager zu unterhalten. Dieses hatte zur Folge, dass sich zwischen den eingemeindeten Bezirken und dem Stadtkern, zumal bei der wachsenden Kaufkraft der Außenbezirke, ein Verkehrsbedürfnis herausstellte, das durch Omnibus, Pferdebahn oder Straßenbahn befriedigt wurde. Die Anlage dieser Verbindungen hatte nun die Wirkung, dass die Vorortgemeinden eine Selbstständigkeit in dem besseren Einkauf selbst bei größerer Entwicklung ihrer Kaufkraft nicht mehr erlangten. Denn die Gewohnheit, Kredit und Bekanntschaft hatten den besseren Einkaufsverkehr ein für alle Mal den Stadtzentren zugewendet. Ferner hoben die Straßenbahnen, welche die Städte mit den Vororten verbanden, wiederum den Umsatz und den gesamten Geschäftsverkehr der Stadtzentrale. In Erkenntnis dieses Umstands gingen die Städte darauf hinaus, in der Stadtzentrale die Straßenbahnlinien strahlenförmig zusammenlaufen zu lassen. Dieses hat zu einer gewaltigen Entwicklung der Geschäfte der Stadt geführt und die wirtschaftliche Überlegenheit der Stadt gesichert, sodass der bessere Einkaufsverkehr seitens der Vorortgemeinden sich stets dorthin wenden musste. So waren die Vororte in dieser Hinsicht völlig in wirtschaftliche Abhängigkeit von den Stadtzentren geraten, da sie ohne deren große Geschäfte die Bedürfnisse ihrer Bewohner nicht zu befriedigen vermochten.

29. Das Bevölkerungswachstum und die jährliche Fluktuation der Bevölkerung erreichen in der Industriegemeinde Hamborn vor dem Ersten Weltkrieg Extremwerte (1913).

Li Fischer-Eckert, Die wirtschaftliche und soziale Lage der Frauen in dem modernen Industrieort Hamborn, Hagen 1913, S. 14–15, S. 65, 68.

Die Einwohnerzahl von Hamborn betrug am

1. April 1900	29.000
1. April 1905	61.074
1. April 1910	96.127
1. April 1911[55]	101.599

Innerhalb eines Jahrzehnts hat sich die Bevölkerung in der Gemeinde mehr als verdreifacht, und es ist leicht einzusehen, dass es schwierig war, die Gemeindeeinrichtungen mit diesem raschen Anwachsen gleichen Schritt halten zu lassen. Die Verkehrsverhältnisse des Dorfs, das fast über Nacht zu einer Großstadt geworden war, waren die denkbar schwierigsten. Ausgebaute Straßen fehlten fast ganz, abgesehen von einer kurzen gepflasterten Strecke der Provinzialstraße. Die außerordentlichen Maßnahmen, die zur Förderung des Wegebaus getroffen wurden, gehen am klarsten aus folgenden Zahlen hervor. 1900 verfügte die Gemeinde über 2.800 laufende [Meter] gepflasterter Straßen, im Jahr 1910 dagegen waren 217.000 laufende [Meter] ausgebaut. Mit Basalt befestigt waren 1900 sechs laufende [Meter], 1910 13.875

---

55 Jetzt ist die Einwohnerzahl auf 106.000 gestiegen.

laufende [Meter]. Ebenso verlangte die Durchführung der Kanalisation zur Entwässerung des Gemeindegebiets bedeutende Aufwendungen. [...]

Eine ganz ungeheure Menge der Bevölkerung ist demnach an den Zu- und Wegzügen beteiligt. Im Allgemeinen kann man sagen, dass in den Jahren des wirtschaftlichen Aufschwungs der Zuzug überwiegt, in den Jahren wirtschaftlichen Stillstands der Wegzug ziemlich nah an die Zuzugszahl heranreicht. Besonders stark fällt diese Tatsache in dem ersten Jahrfünft der Statistik in die Augen. Während in den Krisenjahren 1900–1902 der Zuzug von 49,07 Prozent auf 46,2 Prozent fiel, steigt er rapide in den nun folgenden Jahren der steigenden Konjunktur im Jahr 1905/1906 auf 57,9 Prozent der Gesamtbevölkerung, um bei dem bald einsetzenden Sinken der Konjunktur in den Krisenjahren 1906 und 1907/1908 auf 33,3 Prozent zu fallen. 1905/06 überstieg der Zuzug den Wegzug um 14,5 Prozent, 1907–1908 war dies nur noch um 5,3 Prozent der Fall. Dass in den letzten Jahren besonders seit 1908 der Zuzug nach Hamborn nicht mehr so stark ist wie in den vorhergehenden Jahren, liegt daran, dass an den Grenzen des Grubenfelds von Hamborn neue Bergwerke entstanden sind, die, wie der vorerwähnte Aufruf der Zeche Rauxel[56] zeigt, einen großen Teil Arbeiter an sich ziehen. Der relative Zuwachs der Gemeinde ist infolgedessen immer mehr gesunken. Die Unternehmer klagen ganz besonders über den Mangel an geschulten Arbeitern, was wohl zu dem Schluss berechtigt, dass gelernte Arbeiter an anderen Orten einen ausreichenden Verdienst finden und keine Veranlassung zur Wanderschaft haben.

Immerhin zeigt die Statistik,[57] dass ein starkes Drittel der Bevölkerung von außen hereinströmt und fast ein volles Drittel in demselben Zeitraum auch wieder die Stadt verlässt. Dass bei diesem ständigen Wechsel keine festere Bande wirtschaftlicher, sozialer oder ethischer Natur aufkommen, liegt auf der Hand. [...]

Niemandes Heimat! Das ungefähr ist der Eindruck, den man aus der Hand der Zahlen über die Fluktuation der Bevölkerung erlangt. Die Menschen, die die Stadt bevölkern, kommen aus allen Gegenden zusammen, in der Hoffnung, hier das Idealland des hohen Verdienstes gefunden zu haben, und da diese Hoffnung sich meistens nicht erfüllt, greifen sie wieder zum Wanderstab, um in einem anderen Zechenort dieselbe Enttäuschung zu erleben. Niemandes Heimat, dies traurige Wort für jeden, dem der Begriff der Heimat eine ganze eigene Welt von Seligkeiten umschließt, das ist das Milieu, in dem Tausende von Frauen dort in Hamborn die schwere Aufgabe ihrer Mutter- und Gattinnenpflichten erfüllen sollen, in dem Tausende von Kindern aufwachsen, die durch den ständigen eigenen Wechsel und den der Nachbarschaft niemals die heilsame Wirkung einer Kindheits- und Jugendfreundschaft erfahren.

---

56 Gemeint ist die Zeche Victor bei Rauxel, vgl. hierzu Dok. 19 in diesem Kapitel (»Masurenaufruf«).
57 Vgl. die Übersicht »Wanderungsbewegung in der Gemeinde Hamborn«, ebd., S. 64.

30. Unzureichende Abwasserentsorgung und Müllabfuhr in den Landgemeinden und Vororten führen zu schlechten hygienischen Verhältnissen. Der Kreisarzt von Dortmund berichtet (1913).

Nathanael Wollenweber, Mängel im Wohnungswesen im westfälischen Industriebezirk und ihre Bedeutung für die Ausbreitung der Infektionskrankheiten, Berlin 1913, S. 3–4, 6–7, 20–21.

Dass wir auch im westfälischen Industriebezirk schwere Mängel im Wohnungswesen haben, kann nicht abgestritten werden. Wer als unbefangener Beobachter aus anderen Gegenden unseres Vaterlands kommend besonders die älteren Ortsteile unserer Industriegemeinden – Städte wie Landgemeinden – durchwandert, wer die vielen hohen, oft nur teilweise oder gar nicht verputzten, in der Regel jeden Schmucks baren, von vielen Familien bewohnten Häusern, die schmutzigen Höfe, die staubigen oder schlammigen Straßen, die noch in sehr vielen Ortsteilen offen daherfließenden Abwässer sieht, der bekommt den unabweisbaren Eindruck: Hier ist nicht gut hausen. Er wird die Menschen, die in solchen Ortsteilen wohnen, bedauern – besonders die Kinder, die in ihnen aufwachsen; es wird ihm ein gewisses Verständnis dafür aufgehen, dass diese Menschen trotz hoher Löhne, trotz vieler Gelegenheiten zu Vergnügungen, trotz aller Segnungen der bisherigen sozialen Gesetzgebung unzufrieden sind, er wird es aber auch leicht begreiflich finden, dass hier Krankheit und Tod mehr Opfer fordern als in den bessergestellten Landesteilen.

Wohl aus Mangel an Verständnis für die hohe soziale und hygienische Bedeutung des Wohnungswesens haben es in früheren Jahrzehnten bei der rapiden Entwicklung des Bergbaus die Verwaltungen der Gemeinden wie die Leiter der Industrie unterlassen, für die großen heranziehenden Menschenmassen gute Wohnungsverhältnisse zu schaffen. Man hat das Wohnungswesen der privaten Vereinbarung zwischen Angebot und Nachfrage überlassen. Nachfrage nach Wohnungen war stets rege da. So konnten die Bodenspekulation und die Bauunternehmer unbehindert durch gemeinnützige Bodenpolitik und Wohnungsfürsorge es dahin bringen, dass in den rapide sich entwickelnden Stadtteilen wie mitten auf dem oft sprunghaft industrialisierten Land das Massenmietshaus mit allen seinen hygienischen und sozialen Schattenseiten typisch geworden ist. Dass die Zeiten sich mittlerweile wesentlich geändert haben, dass besonders die großen Bergwerksgesellschaften volles Verständnis für das Wohnungswesen haben und in einer sehr großen Anzahl von Kolonien gute, zum Teil mustergültige Wohnungsverhältnisse geschaffen haben, sei schon hier vorbehaltlos anerkannt.

Aber wir haben nun einmal die Folgen früherer Fehler, müssen uns mit ihnen abfinden und sie möglichst zu mildern suchen. [...]

Die Abortgruben der Unternehmerhäuser sind in der Regel leidlich. Die Abwässerbeseitigung dagegen ist durchweg in den Landgemeinden, aber auch in manchen Städten schlecht. Im offenen Rinnsal fließen die Abwässer am Haus vorbei zum Straßengraben und in ihm weiter. Oft kann man sehen, wie die Kinder in ihnen spielen und Teiche bauen.

Die Höfe sind in der Regel sehr unsauber. Abfallstoffe, Asche, Papier usw. liegen umher; wenn Aschenkästen vorhanden sind, so sind sie häufig undicht oder überfüllt, da es in den Landgemeinden meist an geregelter Müllabfuhr fehlt. Die normalerweise auf dem Hof vorhandenen Stallungen für Schweine, Hühner und Gänse tragen ihr[en] Teil zur Beschmutzung des Hofs bei. Bis ein Stück auf das hinten angrenzende Feld hinaus findet sich allerhand Unrat. Der Boden ist mit festen und flüssigen – tierischen wie menschlichen – Abfallstoffen durchsetzt, deren Menge er nicht zu verdauen vermag. [...]

So ungefähr [sehen] das Unternehmerhaus und seine Umgebung in den älteren industriellen Landgemeinden und den Außenbezirken der Städte des Kohlenreviers aus. Gewiss gibt es Ausnahmen, aber die Mehrzahl entspricht dem oben gezeichneten Bild. In den Arbeitervierteln der Großstädte zeigen ja die Massenmietshäuser insofern ein anderes Bild, als sie besser verputzt sind, meist Kanalanschluss und regelmäßige Müllabfuhr haben. Dafür sind aber die Höfe noch weniger luftig, weil hinten in mehr oder weniger geringer Entfernung andere Gebäude stehen und die Häuser noch höher sind. Auf den Quadratmeter bebauten Boden entfallen noch mehr Menschen, und fast alle sozialen und hygienischen Schäden des dichten Zusammenhausens der Menschen sind mindestens ebenso wie in den Industrie-Landgemeinden festzustellen. Das Massenmietshaus, gleichgültig, ob es einem Kapitalisten oder Bauunternehmer gehört, oder etwa ein Bergmann aus seinen Ersparnissen und mithilfe hoher Hypotheken es gebaut hat, kann man fast durchweg nur als hygienisch schlecht bezeichnen. [...]

Als Grundlage für die behördliche Einwirkung auf das Wohnungswesen hat der Regierungsbezirk Arnsberg neben den allgemeinen gesetzlichen Bestimmungen zunächst die Regierungs-Baupolizeiverordnung vom 16. März 1910.[58] Sie hat gegenüber der älteren den großen Vorteil der Einführung von Bauzonen. Es wäre nur dringend zu wünschen, dass auch alle größeren Industriegemeinden die Zonenbebauung einführten und dabei die Landhauszone als die normale und demgemäß weitaus größte vorsähen. Die Verordnung lässt im Übrigen meines Erachtens manche dringenden und allmählich wohl durchführbaren hygienischen Forderungen unberücksichtigt oder behandelt sie nicht eingehend genug; insbesondere bleiben bezüglich der Fragen über die Aborte, die Beseitigung der Abwässer, die Belichtung, Wasserversorgung usw. noch mancherlei Wünsche übrig, wenn anders die Verhältnisse in Zukunft besser werden sollen. [...]

Soweit ich unterrichtet bin, werden die Forderungen der Verordnung bei der Genehmigung von Neubauten wohl innegehalten. Aber die Bauherren schlagen der Baupolizei gern und oft ein Schnippchen. Oft habe ich z.B. gefunden, dass auch bei neuen Häusern die Zahl der Aborte weit geringer war, als sie sein musste. Die Unternehmer geben eben bei dem Baugesuch an, sie wollten Fünf-, Sechs- und Mehrzimmerwohnungen einrichten, teilen aber sofort nach der Gebrauchsabnahme das Haus in Zwei- bis Dreizimmerwohnungen ein und pfropfen es voll. Soweit meine Erfahrungen reichen, schreitet die Polizei alsdann nicht ein, obwohl sie in der Baupolizeiverordnung selbst eine Handhabe hätte. Ähnliches kommt auch in anderer Hinsicht vor. Es gelten weiter für den Regierungsbezirk einige andere Polizeiverordnungen, die für das Wohnungswesen in Betracht kommen, z.B. über die Beseitigung der menschlichen und tierischen Abgänge vom 7. April 1885. Besonders nenne ich die Verordnung vom 17. Dezember

---

58 Vgl. Sonder-Beilage zum 12. Stück des Amtsblatts der Königlichen Regierung Arnsberg vom 25.3.1910, S. 1–24.

1878, welche das Einlassen von Abfällen, Unrat und Hausabwässern in die Straßengräben verbietet. Aber wo sind diese Verordnungen, abgesehen von dem größten Teil der großen Städte und den anderen Orten, die [eine] Kanalisation haben, durchgeführt? In Hörde, wie in Dorstfeld und Marten, selbst in größeren Teilen von Hagen fließen die Abwässerbäche munter durch die Straßen. Die Abwässerverordnung lässt sich aber auch m.E. gar nicht durchführen. Wie soll man die riesigen Mengen der Abwässer eines Mietshauses in Gruben ohne Überläufe auffangen? Alle Industriegemeinden müssen eben kanalisiert werden, und für die im Emschergebiet liegenden ist jetzt, wo die Regulierung allmählich der Vollendung entgegengeht, der gegebene Zeitpunkt, dies mit allem Nachdruck zu verlangen.

31. »Kinderkrankheiten« auf Zollverein: Die Direktion der Zeche Zollverein in Essen-Katernberg erklärt die Umweltbelastungen durch ihre neuen Anlagen und lehnt durchgreifende Gegenmaßnahmen ab (1913).
a) Antwortschreiben der Direktion der Zeche Zollverein (Rudolf Lattau) an die Bürgermeisterei Stoppenberg auf Klagen der Anwohner sowie der Lehrer und Schüler der Beisenschule in Katernberg gegen die Inbetriebnahme der neu errichteten Kokerei und Nebenproduktgewinnungsanlage auf Zollverein 3/10 vom 13.10.1913. Stadtarchiv Essen 124/151.
b) Weiteres Antwortschreiben vom 20.10.1913 (Ebd.).

a) Auf unserer Schachtanlage 3/10 haben wir eine Koksofenbatterie von 60 Öfen erbaut und am 1. Oktober probeweise in Betrieb genommen; gleichzeitig ist die Ammoniakfabrik dem Betrieb übergeben worden, während die Benzol-Vorprodukten-Anlage in etwa 14 Tagen fertig sein wird. Die letzteren beiden Betriebe unterstehen der Gewerbepolizeibehörde, dagegen die Kokerei ausschließlich der Bergbehörde.

In der Sitzung des Kreisausschusses ist nur über die Nebenprodukten-Anlage verhandelt und der Beschluss gefasst worden, uns die nachgesuchte Genehmigung zu erteilen. Alle von der Gewerbepolizei und der Bergbehörde verlangten Einrichtungen sind von uns getroffen worden. Bei der Benzolfabrik handelt es sich nicht um eine Anlage, die das Fertigprodukt liefert, sondern nur um eine Vorprodukten-Anlage, bei der überhaupt nicht mit Säure gearbeitet wird. Das gewonnene, fünfzigprozentige Benzol wird in Kesselwagen nach Schacht 1/2 gebracht und hier in der Hauptfabrik weiterbehandelt. Die Anlage auf Schacht 3/10 kann gar keine Ausdünstungen verursachen, ebenso wenig wie die Ammoniakfabrik. Die Gase werden in geschlossenen Rohrleitungen den Fabriken zugeführt und nur in geschlossenen Räumen verarbeitet.

Wie oben gesagt, ist die Kokerei erst probeweise in Betrieb genommen und arbeitet noch keine 14 Tage. Es ist ganz natürlich, dass in der ersten Betriebszeit sogenannte Kinderkrankheiten zu überwinden sind. Wenn jetzt mitunter eine etwas stärkere Rauchentwicklung auftritt, so ist das eben nicht zu vermeiden. Sie wird, wie wir bestimmt erwarten, im Laufe dieser oder der nächsten Woche wesentlich nachlassen, sodass das zulässige Maß von Belästigung, wie man es hier im Industriegebiet hinnehmen muss, nicht überschritten wird.

Die Beisenschule liegt so, dass sie bei Südsüdwest-Wind von dem Rauch betroffen wird. Bei allen anderen Windrichtungen sind Belästigungen ausgeschlossen. Weshalb man bei den jetzt schon mehrere Tage herrschenden günstigen Windrichtungen die Schule bis auf Weiteres einfach ganz schließt, ist uns unverständlich. Die Klagen der Schulleitung sowohl wie die der Anwohner scheinen uns doch sehr übertrieben zu werden. Es ist ja ganz natürlich, dass sich die Schulkinder selbst außerordentlich freuen, schulfreie Tage zu bekommen; wenn ihnen nun durch häufigere Fragen, ob es ihnen übel sei, in suggestiver Weise nahegelegt wird, sich die Schulfreiheit selbst zu verschaffen, dann ist es wirklich kein Wunder, dass nicht noch viel mehr Kinder angeblich krank werden. Unsere vielen Arbeiter und Beamten, die den ganzen Tag unausgesetzt in den Betrieben selbst tätig sind und zum Teil auch dicht dabei wohnen, verspüren nichts von Übelkeit, fühlen sich vielmehr sehr wohl, trotzdem eine ganze Reihe Leute dabei sind, die neu eingetreten sind und sich also noch nicht durch Gewöhnung eine besondere Widerstandsfähigkeit erworben haben.

Alles in allem scheint man die Sachlage gegen uns weidlich ausnutzen zu wollen. Besonders scheint uns der Lehrer Kreutzer eifrig tätig zu sein, um alles gegen uns mobilzumachen.

b) Nach den Erfahrungen, die wir in unseren fast 20 Jahre alten Koksbetrieben bei unseren Arbeitern gemacht haben, müssen wir bestreiten, dass die Ausdünstungen der Kokerei auf die menschliche Gesundheit in irgendwie erheblicher Weise ungünstig einwirken, besonders, wenn der Rauch sich auf einer so langen Strecke, wie es bei der Beisenschule der Fall ist – etwa 230 Meter – mit der Luft vermischt, [so]dass eine große Verdünnung des Rauchs eingetreten ist, ehe er die angeblichen schädlichen Wirkungen ausüben kann. [...] Der mit den Untersuchungen betraute Arzt hat nach Ihren eigenen telefonischen Mitteilungen irgendwelche tatsächlichen Krankheitssymptome bei keinem einzigen Kind feststellen können, es ist lediglich erwiesen, dass verschiedentlich Erbrechen vorgekommen ist. Wir behaupten, dass, soweit nicht der Wunsch, sich Schulferien zu verschaffen, die Wirkung hervorgebracht hat, in erheblicher Weise suggestive Einwirkungen von Einfluss gewesen sind. [...]

An die Notwendigkeit, den Unterricht längere Zeit auszusetzen, können wir nicht glauben und möchten davor warnen, überstürzte Maßnahmen zu treffen, wie sie der sofortige Bau von Schulbaracken sein würde. Wir lehnen es ab, für die Kosten aufzukommen und bemerken nebenbei, dass wir die uns für einen achtklassigen Barackenbau benannte Kostensumme von 100.000 bis 110.000 M. als geradezu ungeheuerlich bezeichnen müssen. [...] Ebenso [müssen wir] die Arztkosten für Untersuchungen von Kindern [...] aus den schon angegebenen Gründen ablehnen. [...]

Wir geben zu, dass zurzeit noch kleinere Störungen an der Kokerei vorkommen, die die Rauchentwicklung vermehren. Wir sind aber mit allen Kräften dabei, sie abzustellen und hoffen, dass uns dies noch im Laufe dieser Woche gelingt. Ist der normale Stand des Betriebs einmal erreicht, so halten wir berechtigte Klagen für ausgeschlossen.

Um aber auch für die Folgezeit der Beisenschule einen Schutz zu verschaffen, werden wir, obwohl wir eine Verpflichtung dazu ganz ausdrücklich ablehnen, mit aller Beschleunigung daran gehen, unsere Koksproduktion auf Schacht 3 für die nächste Zeit zu lagern, anstatt sie zu versenden, und dadurch eine etwa 20 Meter hohe Kokshalde an der Grundstraße in einem langen Streifen von der Schule her zu schaffen, durch die sie vor Rauchbelästigungen völlig geschützt ist. [...]

Sie sehen, dass wir freiwillig alles tun, um Schäden zu verhüten, trotzdem uns dadurch sehr hohe Kosten entstehen.

Ein großes industrielles Werk, das über 6.000 Arbeiter beschäftigt und weit über 20.000 Menschen Brot verschafft, bringt selbstverständlich für die ganze Gegend außerordentliche Segnungen mit sich. Hieran teilzunehmen, ist jeder gern bereit, wenn es aber heißt, kleine Belästigungen mit hinzunehmen, wird das Geschrei gleich ungeheuer groß, und jeder sucht für sich herauszuschlagen, was nur irgend möglich ist.

Wir sind der Auffassung, dass es wohl Aufgabe der Behörden sein müsste, hier beruhigend einzugreifen und ausgleichend zu wirken, damit die große Aufregung sich etwas legt.

32. Die Herner Zentrumspartei beklagt in einer Resolution die konfessionell einseitige Besetzung der höheren Beamtenstellen in der Stadt (1913).

»Protest der Herner Katholiken gegen die liberale Imparität in Herne«, in: Herner Anzeiger vom 24.11.1913. (Auszug)

Die Herner Katholiken sind in ihrer Zahl überwiegend. Ihr Steuersoll steht dem der evangelischen Mitbürger in Herne, die großen Werke abgerechnet, nicht nach, sondern über. Bei Besetzung der mittleren und unteren städt[ischen] Beamtenstellen werden die Katholiken hier zu wenig, bei Besetzung der Oberbeamtenstellen bisher gar nicht berücksichtigt. Das kann dem Frieden, einem ehrenvollen Frieden zwischen der hiesigen Bürgerschaft, nicht dienen.

Das hiesige Zentrum hat stets Einigkeit und gegenseitiges Vertrauen unter der Herner Bürgerschaft erstrebt und ist namentlich in jüngster Zeit für den Sieg der bürgerlichen Parteien bei öffentlichen Wahlen mannhaft eingetreten, hat demgegenüber nur bescheidene Rückeroberung gemacht, friedenshalber aber sich damit begnügt, weil das Zentrum einen gedeihlichen und dauernden Frieden unter den Herner Bürgern, dem Zentrum und den Liberalen, mit Sicherheit erwartete.

Die liberale Stadtverordnetenmehrheit hat nun bei der jüngst getätigten Stadtratswahl den bescheidenen und berechtigten Wunsch der Zentrumspartei nach Anstellung eines katholischen besoldeten Stadtrats einfach unbeachtet gelassen, weil man anscheinend keinen Katholiken in einer höheren Stellung der Herner Stadtverwaltung haben will.

Angesichts vorstehend aufgeführter Tatsachen legt die heutige Zentrumsversammlung der Zentrumspartei von Herne entschieden Verwahrung ein gegen die von der liberalen Mehrheit der Herner Stadtverordneten bei Besetzung der städtischen Beamtenstellen beliebte und geübte Imparität gegenüber den berechtigten Wünschen und Forderungen der Herner Katholiken. Wir fordern von unserer liberalen Stadtverwaltung Betätigung wahrer Parität und werden nicht eher ruhen, als bis man auch den Katholiken in Herne nach dem preußischen Grundsatz: »Jedem das Seine!« volle Gerechtigkeit bei der Besetzung der städtischen Beamtenstellen überhaupt, insbesondere der höheren Verwaltungsposten, zuteilwerden lässt.

Kapitel VI
Oberschicht, wirtschaftliche Führungsgruppen und industrielle Interessenpolitik
Von Barbara Michels

In der vorindustriellen Zeit unterschied sich das Schichtgefüge der noch recht kleinen Ruhrgebietsstädte kaum von denjenigen in anderen deutschen Kleinstadt-Landschaften: Kaufleute, Handwerksmeister bis hin zu Gastwirten, wenige Vermögende, kaum jedoch Beamte bestimmten die Zusammensetzung der städtischen Führungsgruppen. Auf dem Land gab es kleinen und mittleren bäuerlichen Besitz und einige wenige Eigentümer größerer Güter.

Seit Ende des 18. Jahrhunderts kam eine gänzlich neue Schicht auf, die der Unternehmer. Sie errichteten vor allem als Textilfabrikanten bald Spinnereien und Webereien. Wichtig wurde der Kohlenhandel entlang der Ruhr und besonders an deren Mündung, von wo einige bedeutende Unternehmensgründungen ihren Ausgang nahmen *(vgl. dazu Kap. II)*. Es gehörten zweifellos Pioniergeist und Wagemut dazu, das meist familiär ersparte Kapital in ganz neue Produktionsanlagen zu investieren: Das zeigen vor allem die Gründungsgeschichten der Hütten- und Stahlwerke, aber auch die frühen, besonders risikoreichen Investitionen im Kohlenbergbau. Einigen Unternehmern, wie z.B. Mathias Stinnes (1780–1825) oder dem jungen Alfred Krupp (1812–1887/*Dok. 2*), mangelte es häufig an Kapital, da sich ein durch Banken organisiertes System des Kapitalmarkts in der ersten Hälfte des 19. Jahrhunderts noch im Aufbau befand *(vgl. Einleitungen zu Kap. II und III)*. Seit den 1850er Jahren floss dann zudem vermehrt ausländisches Kapital ins Ruhrgebiet.

In der Frühphase der Industrialisierung nahmen die preußische Bergverwaltung und mit ihr die leitenden Staatsbeamten wesentlichen Einfluss auf die Wirtschaft *(Dok. 23)*. Einer der wichtigsten Gründe für den quantitativen Anstieg des Bergbaus in der zweiten Hälfte des 19. Jahrhunderts war die Liberalisierung des Bergrechts, dessen Reform sich von 1851 bis 1865 erstreckte *(vgl. dazu Dok. 7, 14, 18 in Kap. III)*. Erst nach dieser Neugestaltung war es möglich, dass private Anteilseigner (Gewerken) die Unternehmensführung übernahmen *(Dok. 13)*. In der Folge begann die große Zeit der Aktiengesellschaften: Als vorherrschende Unternehmensform lösten sie bald die alten bergrechtlichen »Gewerkschaften«, deren Anteile an der Börse nicht gehandelt werden konnten, ab. Familienbetriebe und -gesellschaften traten in den Hintergrund und mit ihnen die Generation der persönlich haftenden Pionierunternehmer wie Franz Haniel (1779–1868) oder Mathias Stinnes.

Die sogenannte Gründerzeit (ca. 1850–1870er Jahre) brachte im sich als Wirtschaftsregion herausbildenden Ruhrgebiet eine Reihe berühmter Bergwerks- und Stahlunternehmer hervor. Hierbei handelte es sich zum einen um die Söhne der Pioniere: So baute etwa Alfred Krupp, seit

1848 Alleineigentümer der Essener Gussstahlfabrik, das Unternehmen seines Vaters Friedrich zu einem weltweit agierenden Konzern aus. Zum anderen traten auch neue Namen wie der aus einer Eifeler Industriellenfamilie stammende Albert Hoesch (1847–1898), seit 1871 Werksleiter des neu gegründeten »Eisen- und Stahlwerks Hoesch« in Dortmund oder die Brüder August (1842–1926) und Joseph Thyssen (1844–1915), Begründer des gleichnamigen Stahlkonzerns in Styrum, in Erscheinung. Auch mit ihren Namen sowie mit dem zur Zeit der Reichsgründung geborenen Hugo Stinnes (1870–1924) wird die weitere wirtschaftliche Entwicklung im Ruhrgebiet und darüber hinaus bis weit in das 20. Jahrhundert hinein verbunden. Die genannten Unternehmer gründeten langfristig führende Betriebe und lenkten deren Geschicke. Dort, wo sie erfolgreich waren, erzielten sie mit ihren Unternehmen im Zeitalter der Kohle und des Stahls ungeheure Gewinne. So verzeichnete etwa die Fried. Krupp AG in Essen innerhalb von knapp zwanzig Jahren signifikante Umsatzsteigerungen. Hatte das Unternehmen 1852 noch 566.032 Mark erzielt, war es 1879/80 mit 30.037.345 Mark bereits mehr als das Fünffache.

Die Bedeutung dieser Unternehmer für den wirtschaftlichen Fortschritt des Ruhrgebiets spiegelt sich mitunter in den verliehenen Titeln und Ehrenbürgerschaften wider *(Dok. 14, 16, 20, 26)*. Etliche Montanunternehmer wie August Thyssen, aber auch der Mülheimer Lederindustrielle Eugen Coupienne (1843–1906) wurden im Kaiserreich Kommerzienräte, andere wurden geadelt, einige, darunter Alfred Krupp, lehnten dies ab. Kennzeichnend für ihren Führungsstil war ein autoritäres und sozialpatriarchalisches Auftreten *(vgl. dazu Kap. IV)*. In konfessioneller Hinsicht waren die Brüder Thyssen sowie der aus Koblenz stammende Peter Klöckner (1863–1940) die einzigen Katholiken unter den ansonsten protestantisch geprägten prominenten Unternehmern. Politisch zählte die Unternehmerschaft anfangs deutlich zum liberalen, seit der Reichsgründung 1870/71 eher zum nationalliberalen oder konservativen, jedenfalls aber kaisertreuen Lager. Friedrich Wilhelm Harkort (1793–1880), der seinen sozialliberalen Ansichten zeitlebens treu blieb, bildet insofern eine Ausnahme. Die ausgeprägte Kaisertreue dokumentiert exemplarisch der Bericht von Fritz Baare (1855–1917), Generaldirektor des Bochumer Vereins für Bergbau und Gussstahlfabrikation, über den Besuch Kaiser Wilhelms II. während der Düsseldorfer Gewerbeausstellung 1902 *(Dok. 24)*.

Noch stärker als die Pionierunternehmer der Frühindustrialisierung trieben die Unternehmer der Gründerzeit neben ihren wirtschaftlichen Erfolgen die Herausbildung industrieller Familiendynastien voran. Die soziale Abgrenzung der Oberschicht nach außen zeigte sich ferner am Heiratsverhalten bedeutender Familien. Die gezielt geknüpften familiären Verflechtungen im Sinne einer wohlüberlegten Heiratspolitik gingen oft Hand in Hand mit beruflichen Netzwerken und Hilfestellungen, von denen später auch die angestellten Direktoren und Manager profitierten *(Dok. 4, 5, 22, 36, 37)*. Ein für das Ruhrgebiet prominentes Beispiel ist die Familie Krupp *(Dok. 36)*. Die Enkelin Alfred Krupps, Bertha (1886–1957), die spätere Ehefrau Gustav Krupps von Bohlen und Halbach (1870–1950), wurde 1902 Alleinerbin der Kruppschen Gussstahlfabrik. Ihr Vater Friedrich Alfred Krupp (1854–1902) hatte diese 1887 übernommen und weiter ausgebaut *(Dok. 25)*. Bertha Krupp war nach Angabe des Jahrbuchs der Millionäre durch ihre Erbschaft 1912 die reichste Person Preußens *(Dok. 30)*.

Die neue Generation der Bergwerks- und Stahlunternehmer übergab die eigentlichen Werksleitungen sowie weitgehende Leitungsbefugnisse immer häufiger an Manager, besonders früh bei der Gutehoffnungshütte, bald auch im Bergbau. Mithin bildete sich eine neue, schwerindustrielle Führungsschicht heraus. Viele Manager waren gut ausgebildete Ingenieure, die als »Bergassessoren a.D.« der wirtschaftlichen Führungsschicht akademischen Glanz verliehen und sich sehr häufig mit ihr verschwägerten. Die Berufsgruppe der preußischen Bergassessoren prägte die Region des Ruhrgebiets nachhaltig. Das charakteristische Selbstbewusstsein der Bergassessoren ist vor dem Hintergrund des erstarkenden Ruhrkohlenbergbaus sowie der zunehmend professionalisierten Ausbildung zu betrachten. Die Führungsgruppe der Bergassessoren organisierte sich häufig in berufsspezifischen Vereinen. Ein Beispiel hierfür ist der Berg- und Hüttenmännische Verein (BuHV) *(Dok. 8, 15)*. Er wurde 1861 als Verein für Studenten der Berliner Bergakademie gegründet, des Hauptausbildungsorts für höhere Bergbeamte in Preußen. Die BuHV-Mitglieder stammten mehrheitlich aus dem Ruhrgebiet und waren später hier beruflich tätig. Ab den 1870er Jahren kam es zu einem vermehrten Übergang der Bergassessoren aus dem Staatsdienst in die Privatindustrie. Hierfür waren meist finanzielle Hintergründe ausschlaggebend. In der Privatindustrie lenkten sie als leitende Angestellte und Manager lange Zeit die Geschicke der Schwerindustrie des Reviers und Preußens.

Für die wirtschaftliche Führungselite im Allgemeinen war ein hoher Organisationsgrad in bürgerlichen Vereinen signifikant. Das Sozialverhalten der wirtschaftlichen Führungsgruppe des späteren 19. und frühen 20. Jahrhunderts verdeutlicht das sozial exklusive Selbstverständnis dieser Gruppe. In die elitären Gesellschaften fand nicht jedermann Aufnahme *(Dok. 21)*. Oft wurde die Aufnahme neuer Mitglieder durch das Verfahren der sogenannten Ballotage, einer geheimen Abstimmung mit schwarzen und weißen Kugeln, geregelt. Eine bewusste soziale Abgrenzung nach außen kennzeichnete die Mehrheit der bürgerlichen Geselligkeitsvereine und das Selbstverständnis der Unternehmer. Ein wesentliches Element der exklusiven Geselligkeit bildeten die Festlichkeiten in Vereinen, Verbänden oder Gesellschaften. Während eines Festes interagierten und kommunizierten die Mitglieder auf symbolische Art miteinander und versicherten sich somit ihrer sozialen und politischen Selbstauffassung als Gruppe *(Dok. 15, 21, 22)*. Nicht zuletzt diente solche Vereinsgeselligkeit der Anbahnung adäquater Eheschließungen. Ein Beispiel für solch exklusive Vereinigungen war die bereits im Jahr 1809 gegründete Essener »Societät«. Ein Blick in ihre Mitgliederliste demonstriert die hochkarätige Besetzung *(Dok. 1)*: So gehörten der »Societät« neben dem Gründer der Essener Gussstahlfabrik, Friedrich Krupp (1787–1826), u.a. diverse Mitglieder der einflussreichen Familie Huyssen an. Einer ihrer prominentesten Vertreter, Heinrich Arnold Huyssen (1779–1870), beeinflusste als Politiker, Industrieller und Oberbürgermeister die Geschicke der Stadt Essen. Huyssen kam aus einer alteingesessenen Essener Familie. Gemeinsam mit den Brüdern Haniel sowie Gottlob Jacobi gründete Huyssen 1808 die Gewerkschaft Jacobi, Haniel & Huyssen in Sterkrade, Vorläuferin der späteren Gutehoffnungshütte *(vgl. dazu Kap. II)*. Ab 1813 war Heinrich Huyssen Oberbürgermeister von Essen und unterstützte viele soziale Projekte wie etwa den Bau des Krankenhauses »Huyssens-Stift«.

Seit 1871 lassen sich vermehrt Verbands- und Kartellgründungen in der Schwerindustrie des Ruhrgebiets feststellen *(Dok. 28)*. Bekannte Beispiele sind der Verein für bergbauliche Interessen im Oberbergamtsbezirk Dortmund *(Dok. 6, 7, 11)* und das Rheinisch-Westfälische Kohlensyndikat *(Dok. 19)*. Der 1858 gegründete Verein für bergbauliche Interessen im Oberbergamtsbezirk Dortmund stand am Beginn weitergehender Verflechtungen montanindustrieller Organisationen, die ihre Interessen gegenüber dem Staat und auch in wissenschaftlicher, technischer und wirtschaftsorganisatorischer Hinsicht zu organisieren suchten. Diese Haltung kam beispielsweise während der großen Bergarbeiterstreiks im Ruhrgebiet 1889 und 1905 zum Tragen *(Dok. 9, 17, 18)*.

Die neue Führungsschicht der Manager hat im Bergbau spätestens seit der Revolutionszeit und deutlich erkennbar seit den 1870er Jahren durch ihre Interessenverbände und durch persönlichen Einsatz erheblichen Einfluss auf die Politik des Reichs, Preußens und insbesondere der örtlichen Kommunalverwaltungen genommen. Dabei traten die führenden Unternehmer im späten Kaiserreich bereits in den Hintergrund. Ihre Manager dirigierten die Verbandspolitik und saßen in den Stadtverordneten-Versammlungen, wo sie die Interessen ihrer inzwischen weit gegliederten Konzerne durchzusetzen wussten.

Trotz des erheblichen Aufschwungs der Wirtschaft im Ruhrgebiet kam es im Jahr 1873 zu einer wirtschaftlichen Krise. In der Folge schlossen sich zunehmend mehr Unternehmen zu Kartellen, Syndikaten und Trusts zusammen *(Dok. 32, 33)*. Durch gemeinsame Preisabsprachen sollten planbare Gewinne erreicht und die Konkurrenzfähigkeit sichergestellt werden. Herausragende Bedeutung besaß für das Ruhrgebiet das 1893 gegründete Rheinisch-Westfälische Kohlensyndikat *(Dok. 29)*. Einen wesentlichen Aufschwung erfuhr die Ruhrwirtschaft in den 1890er Jahren. Seit dieser Zeit verschwanden nach und nach die traditionellen Gewerken, und der Bergbaubesitz ging zunehmend an Großunternehmen über. In dieser Phase der Kartellisierung und Monopolisierung im Ruhrgebiet traten zudem Banken an die Seite der Unternehmen, um sich langfristige Rendite und Dividende zu sichern.

Insgesamt betrachtet hat die Industrialisierung im Ruhrgebiet wie in kaum einer anderen Region Deutschlands und Europas eine neue Oberschicht aus reichen Unternehmern hervorgebracht, die sich in ihrem Reichtum, ihren Lebensformen und politischem Einfluss weit von ihren Herkunftsschichten entfernten. Dieser seit dem späten 19. Jahrhundert auch in der Öffentlichkeit als »Montanbarone« durchaus kritisierte Personenkreis schwand in der Folgezeit mehr und mehr. Die Einflussreichsten unter ihnen machten in der sogenannten Ruhrlade während der Weimarer Republik kaum noch ein Dutzend Köpfe aus. Steter Strukturwandel brachte auch in anderen Gewerben, so in der regionalen Chemieindustrie, führende Persönlichkeiten hervor, aber diese blieben meist im Schatten der Montanunternehmer. Eine akademische Mittelschicht (Knappschaftsärzte, Ingenieure, Rechtsanwälte) gab es durchaus, aber diese stand gleichfalls unter dem Einfluss der großen Werke. Gemessen an der Bevölkerungszahl, gab es viel zu wenige Gymnasien, akademische Bildungsstätten fehlten ganz *(vgl. Dok. 20 in Kap. V)*, und auch an Behörden blieb das Ruhrgebiet arm. Die Montanwirtschaft hatte eine in ihrer Zusammensetzung ziemlich einseitige Mittel- und Oberschicht geschaffen, deren Grenzen sich erst viel später, im Zuge des Strukturwandels und der »Bildungsrevolution« im Ruhrgebiet der 1960er und 1970er Jahre *(vgl. dazu Kap. XVII)*, allmählich öffneten.

Literaturhinweise

Bernd Faulenbach, Die Preußischen Bergassessoren im Ruhrbergbau. Unternehmermentalität zwischen Obrigkeitsstaat und Privatindustrie, in: Mentalitäten und Lebensverhältnisse. Beispiele aus der Sozialgeschichte der Neuzeit. Rudolf Vierhaus zum 60. Geburtstag, hg. von Mitarbeitern und Schülern, Göttingen 1982, S. 225–242.

Lothar Gall, Krupp. Der Aufstieg eines Industrieimperiums, Berlin 2000.

Gerhard Gebhardt, Ruhrbergbau. Geschichte, Aufbau und Verflechtung seiner Gesellschaften und Organisationen, Essen 1957.

Hansjoachim Henning, Soziale Verflechtungen der Unternehmer in Westfalen 1860–1914. Ein Beitrag zur Diskussion um die Stellung der Unternehmer in der Gesellschaft des deutschen Kaiserreichs, in: Zeitschrift für Unternehmensgeschichte 23 (1978), Heft 1, S. 1–30.

Stefan-Ludwig Hoffmann, Geselligkeit und Demokratie. Vereine und zivile Gesellschaft im transnationalen Vergleich 1750–1914, Göttingen 2003.

Ulrike Laufer, Bürgerliches Vereinsleben an der Wiege der Ruhrindustrie, in: Essener Beiträge. Beiträge zur Geschichte von Stadt und Stift Essen 119 (2006), S. 37–102.

Jörg Lesczenski, August Thyssen. 1842–1926: Lebenswelt eines Wirtschaftsbürgers, Essen 2008.

Stefan Przigoda, Unternehmensverbände im Ruhrbergbau. Zur Geschichte von Bergbau-Verein und Zechenverband 1858–1933, Bochum 2002.

Manfred Rasch et al. (Hg.), August Thyssen und Hugo Stinnes. Ein Briefwechsel 1898–1922, München 2003.

Karin Schambach, Stadtbürgertum und industrieller Umbruch. Dortmund 1780–1870, München 1996.

Friedrich Zunkel, Der rheinisch-westfälische Unternehmer 1834–1879, Köln 1962.

Dokumente

1. **Die bürgerliche Elite an der Ruhr organisiert sich in Vereinen. Mitgliederliste der Essener »Societät« während der Französischen Zeit (1812)**
Mitgliederliste des 1809 gegründeten bürgerlichen Vereins »Societät«[1] in Essen von 1812, abgedruckt in: Karl Mews, Gesellschaft Verein Essen 1828–1953, Essen 1953, S. 80. Die Schriftform der Vorlage wurde beibehalten.

1. Herr Bergarzt *Ahrens.*
2. Herr Obristhofmeister[2] *von Asbeck.*
3. Herr Gold- und Silberarbeiter *Ascherfeld.*
4. Herr Canton-Einnehmer *Aschoff.*
5. Herr Hofbuchdrucker und Buchhändler *Bädeker.*
6. Herr Prediger *Bährens.*
7. Herr Secretair *Bäumgen.*
8. Herr Markscheider *Baur.*
9. Herr Bezirks-Empfänger *von Bernuth.*
10. Herr *von Bernuth jun.*
11. Herr Landrichter *Biesten.*
12. Herr Friedensrichter *Biesten.*
13. Herr Tribunalrichter *Bölmann.*
14. Herr Tribunal-Präsident *Brockhoff.*
15. Herr Kirchmeister Canonikus *Brockhoff.*
16. Herr Kaufmann *P. J. Brockhoff jun.*
17. Herr Adjoint u. Kaufm. *P. J. Brockhoff jun.*
18. Herr Arrondissements-Physikus, *Dr. Brüning.*
19. Herr Adjoint *Bruns.*
20. Herr Friedrich *von Cocy.*
21. Herr Franz *von Cocy.*
22. Herr Procureur *Creuzer.*
23. Herr Gerichtschreiber *Daler.*
24. Herr Justiz-Commissair *Devens.*
25. Herr Gressier *Devens.*

---

1 Zu den bürgerlichen (Bildungs-)Vereinen an der Ruhr im 19. Jh. vgl. Ulrike Laufer, Besitz und Bildung. Bürgerliches Vereinsleben an der Wiege der Ruhrindustrie, in: Essener Beiträge 119 (2006), S. 37–102.
2 Obristhofmeister: oberster Würdenträger und Beamter am Hof; Abbé: Abt; Adjoint: vermutlich Zweiter Bürgermeister; Arrondissements-Physikus: Bezirksarzt; Avoué: nicht plädierender Anwalt; Canonikus: Mitglied des Domkapitels; Gressier: unbekannt; Maire: Bürgermeister; Procureur: Staatsanwalt.

26. Herr Mechanikus *Di[n]nendahl*.
27. Herr Gold- und Silberarbeiter *Vom Ende*.
28. Herr Berg-Assessor *Figge*.
29. Herr Hofapotheker *Flashoff*.
30. Herr *Carl Flashoff*.
31. Herr Pastor *Gottung*.
32. Herr Canonikus *Graffweg*.
33. Herr Kaufmann *Grevel*.
34. Herr *Grillo*.
35. Herr Gressier *Guisez*.
36. Dr. *Gützloe*.
37. Herr Communal-Empfänger *Haentjens*.
38. Herr Kaufmann *von Halfern*.
39. Herr Advokat *Heintzmann*.
40. Herr Pastor *Hengstenberg*.
41. Herr Pastor *Herbrügge*.
42. Herr *Hosson*.
43. Herr *Arnold Huyssen sen*.
44. Herr [Heinrich Arnold] *Huyssen jun*.
45. Herr Kaufmann *H. L. Huyssen*.
46. Herr *W. C. Huyssen*.
47. Herr Notar *Keller*.
48. Herr Lehndirektor *Kopstadt*.
49. Herr Apotheker *Korte*.
50. Herr Kaufmann *Fr[iedrich] Krupp*.
51. Herr *W. Krupp*.
52. Herr Lederfabrikant *Kuhlhoff*.
53. Herr Canonikus *Leimgardt*.
54. Herr Abbé *Loisel*.
55. Herr Kaufmann *Lührmann*.
56. Herr Procureur-Substitut *Mainz*.
57. Herr Kaufmann *L. Mallinckrodt*.
58. Herr Ober-Einnehmer *Masson*.
59. Herr Domainen-Rentmeister *Mittweg*.
60. Herr Hypotheken-Bewahrer *Möllenhoff*.
61. Herr *von Müller*.
62. Herr Notair *von Müntz*.
63. Herr Kaufmann *P. Nedelmann*.
64. Herr Kaufmann *W. Nedelmann*.
65. Herr Gendarmerie-Lieutenant *Neuhaus*.

66. Herr Notair *Noot.*
67. Herr Kaufmann *Petersen.*
68. Herr Tribunal-Richter *von Pöppinghaus.*
69. Herr Communal-Empfänger *Reinbach.*
70. Herr Commissions-Rath *Scheuerlein.*
71. Herr *von Schmitz.*
72. Herr Tribunalrichter *Schniewind.*
73. Herr Kaufmann *A. Sölling.*
74. Herr Kaufmann *G. Sölling.*
75. Herr Unter-Präfekt *Freiherr von Sonsfeld.*
76. Herr Bergamts-Registrator *Springorum.*
77. Herr Berg-Direktor *Stifft.*
78. Herr Bergamts-Rendant *Striebeck.*
79. Herr Kaufmann *Strohn.*
80. Herr Maire *von Tabouillot.*
81. Herr Avoué *Tutmann.*
82. Herr *F. Tutmann.*
83. Herr Kaufmann *A. Ueberfeld.*
84. Herr Kaufmann *P. W. Varnhorst.*
85. Herr Kaufmann *J. W. Waldthausen.*
86. Herr Kaufmann *G. W. Waldthausen.*
87. Herr Kaufmann *C. Waldthausen.*
88. Herr Kaufmann *F. Waldthausen.*
89. Herr Steuer-Controleur *Weinhagen.*
90. Herr Kaufmann *Wilhelmi.*
91. Herr Canonikus *Wilthelm.*

2. Alfred Krupp bittet den Oberpräsidenten der Provinz Westfalen, Freiherrn von Vincke, um ein Darlehen aus der Ruhrschifffahrtskasse (1836).
Alfred Krupp an den Freiherrn von Vincke[3] vom 16.4.1836. Historisches Archiv Krupp Essen, FAH 2 B 86, S. 447-450; Abschrift in Alfred Krupps Briefe und Niederschriften, Bd. 2, 1835/1836, S. 110–112.

Euer Exzellenz bin ich so frei neben einer kurzen Darstellung des jetzigen Zustands meiner Gussstahlfabrik eine gehorsame Bitte ergebenst vorzulegen. Ich darf vermuten, dass Euer Exzellenz diese Anlage wenn auch nur aus früheren Jahren als unbedeutend, doch in etwa bekannt sein werde, und dass bei der Bekanntschaft mit welchem Interesse Hochdieselben

---

3 Ludwig Freiherr von Vincke (1774–1844), der u.a. dem Reformerkreis um Freiherr vom und zum Stein angehörte, war von 1815 bis zu seinem Tod erster Oberpräsident der preußischen Provinz Westfalen.

sich der vaterländischen Industrie annehmen, meine Beschreibung der außerordentlich glücklichen Wendung ihres früheren Schicksals nicht ganz ungütig aufnehmen werden.

Mit dem Fortschreiten der Verbesserung des Gussstahls hat seit mehreren Jahren die Abnahme so zugenommen, dass im vergangenen Jahr sich die Anlage einer Dampfmaschine notwendig machte, welche schon jetzt zum Betrieb von vier Hämmern, einer Anzahl Drechsel- und Polierbänke und mehreren anderen Einrichtungen ihre volle Beschäftigung hat. Meine Fabrikate werden sowohl in ganz Deutschland, welches ich bereisen lasse, als auch in weiterer Entfernung, Holland, Italien, der franz[ösischen] Schweiz überall mit der größten Zufriedenheit angewendet und durchschnittlich englischen ähnlichen Fabrikaten vorgezogen. Im vergangenen Jahr versandte ich schon nach Sardinien, Athen und Petersburg. Vor sechs Jahren hatte ich kaum sechs Arbeiter, jetzt bin ich schon genötigt, die beschäftigte Zahl von 70 zu vermehren, um nicht die Besteller durch zu lange Verzögerung der Absendungen unzufrieden zu machen. […]

Was der Geschäftsfonds bei dem nun über früheres Erwarten ausgedehnten Betrieb erfordert, überschreitet jedoch meine Mittel, umso mehr, da ein ausgedehnter Kredit, den ich durchschnittlich bewilligen muss, die Vorschüsse vermehrt. Hiesige Kapitalisten wollen nur auf Grundeigentum Geld ausleihen, Fabrik-Anlagen werden nicht als hinlängliche Hypothek geschätzt; auf Veranlassung mir zugekommener Mitteilung, dass Euer Exzellenz die Kapitalien der Ruhrschifffahrtskasse[4] vorzugsweise zur Unterstützung von Fabriken verwenden, wage ich nun die gehorsame Bitte um ein Darlehen von 10.000 Tlr. gegen übliche Zinsen, wogegen ich meine neue gehörig versicherte Anlage gern verpfänden würde. Als fähig, über den Zustand meiner Fabrik näheren Bericht abzugeben, beziehe ich mich auf den Bürgermeister der Stadt Essen, den Hr. Pfeiffer[5] oder auf den Königl. Berg-Rat Herrn Heintzmann,[6] welcher Letztere aus näherer Bekanntschaft mit [dem] Fabrikwesen und durch Ansicht des Ganzen gewonnenen Kenntnis der Verhältnisse wohl eine vollständigere Beschreibung abgeben könnte. […]

Könnte dieser Betrag auch nicht sogleich disponibel gestellt und mir dagegen vor der Hand nur ein Teil, etwa 3–5.000 Tlr. ausgezahlt werden, so würde dies für den Augenblick schon eine wirksame Stütze sein.

In dem Vertrauen, an der besonderen Gunst, die Ew. Exzellenz durchgehends allen Industrie-Zweigen und den Unternehmern schenken, einigen Anteil zu genießen, sehe ich der Hochgeneigtsten Bescheidung entgegen und verharre mit vorzüglicher Hochachtung Ew. Exzellenz. […]

Alfred Krupp

---

4   Zu den Aufgaben der 1780 in Werden gegründeten Ruhrschifffahrtskasse vgl. Dok. 15, Anm. 81 in Kap. II.
5   Bertram Pfeiffer (1797–1872) war von 1833 bis 1847 Oberbürgermeister der Stadt Essen und zugleich von 1834–1838 Bürgermeister von Steele.
6   Heinrich Heintzmann (1778–1858), der im oberschlesischen Steinkohlenbergbau ausgebildet wurde, wurde zu Beginn der 1820er Jahre Direktor der Essen-Werdenschen Bergamts. Der spätere Oberbergrat (1837) und Geheime Bergrat (1852) setzte sich u.a. für eine Ausdehnung des Kohlenabsatzes und für eine Neugestaltung der Berggesetzgebung ein.

3. Friedrich Harkort über die soziale Verantwortung von Staat, Unternehmern und Gesellschaft (1844)

Friedrich Harkort,[7] Bemerkungen über die Hindernisse der Zivilisation und Emanzipation der unteren Klassen [Fortsetzung der Bemerkungen über die Preußische Volksschule], Elberfeld 1844, Abdruck nach der Neuauflage von Julius Ziehen, Frankfurt/Main 1919, S. 23 ff.; zitiert nach: Ernst Schraepler, Quellen zur Geschichte der sozialen Frage in Deutschland, Göttingen 1955, S. 87–90. (Auszug)

Der Staat muss einschreiten, um fernerem Verderben zu wehren, damit der Strom des Pauperismus nicht unaufhaltsam wachsend die gesegneten Augen des Vaterlands Unheil bringend überschwemme. [...] Vom Staat verlangen wir, dass er nicht allein gebietend, sondern auch helfend und fördernd einschreite.

Zunächst muss die Regierung mit aller Strenge das Gesetz hinstellen und handhaben, dass durchaus keine Kinder vor zurückgelegter Schulzeit in Fabriken angestellt werden dürfen. Den Eltern muss unerbittlich das Recht genommen sein, ihre Kinder als Sklaven an die Industrie zu verkaufen. [...] So wie die Sachen jetzt stehen, werden die Kinder benutzt, um die Löhne der Erwachsenen zu drücken; lasst die Unmündigen ausscheiden aus dem Kreis der Dienstbarkeit, und die Älteren finden eine bessere Vergütung für die Arbeit ihrer Hände. Selbst gehöre ich zu den Leitern der Industrie, allein vom Herzen verachte ich jede Schaffung von Werten und Reichtümern, die auf Kosten der Menschenwürde, auf Erniedrigung der arbeitenden Klassen begründet ist. Zweck der Maschine ist, den Menschen der tierischen Dienstbarkeit zu entheben, nicht ärgere Fron zu schaffen. [...]

Dann sorgt der Staat für einen Volksunterricht, der ist, wie er sein soll, karge nicht mit der geistigen Saat, bestelle das Feld nicht durch Fronen, und es wird ein neues Geschlecht aufblühen, edler als das alte.

Demnächst muss die Dauer der Arbeit, wenigstens ein Maximum, gesetzlich festgestellt werden, eine Wohltat, die selbst dem Sklaven Amerikas zuteilwird. [...] Ebenso gut, wie das Gesetz den Sonntag zur Ruhe bestimmt, kann es den Feierabend feststellen. [...] Dass eine gesetzliche Norm möglich und für die Erhaltung eines tüchtigen Arbeiterstands förderlich ist, lehrt der deutsche Bergbau. Die Schicht ist von acht bis zwölf Stunden täglich festgesetzt. [...] Der Knappschaftsverband sichert Unterstützung in Krankheitsfällen oder bei Invalidität. Durch diese einfache Organisation erscheint der Stand gesicherter und unabhängiger als [...] jene Masse von Lohnarbeitern anderer Gewerbe. Proletarier werden so nicht gebildet.

Früher bemerkten wir bereits, dass es untunlich erscheint, den Fabrikherrn für den Unterhalt seiner Leute verantwortlich zu machen. Allein die Pflicht könnte dringend nahe gelegt werden, das System der wechselseitigen Unterstützung [...] sowohl in Krankheitsfällen als [auch bei] Invalidität unter ihnen einzuführen und mit angemessenen Zuschüssen zu unterstützen. Sichert der Staat durch Zollschutz die Herren, dann geschehe auch einiges für die Diener.

---

7 Zu Friedrich Harkort vgl. auch Dok. 15 in Kap. II, Dok. 1 in Kap. III (mit Vita) und Dok. 5 in Kap. IV.

Der Arme, welcher in den kleinsten Quantitäten kauft, muss eben deshalb die teuersten Preise bezahlen. Diesem zu begegnen, könnte der Fabrikant seine Arbeiter zu einem Verein sammeln, welcher die notwendigsten Bedürfnisse in größeren Massen anschaffte und unter sich verteilte. Allein bei dieser nützlichen Einrichtung dürfte der Arbeiter nicht aus der Hand in den Mund leben, sondern müsste eine gewisse Voraussicht und Sparsamkeit besitzen, welche nur eine bessere Volkserziehung gewährt. […]

Nach jetzigen Verhältnissen leistet der Arbeiter gewisse Dienste gegen einen gewissen Lohn, wobei noch strenge Aufsicht stattfinden muss; weiter kümmert ihn weder die Wohlfahrt der Fabrik noch des Unternehmers. Die Arbeitskraft tritt noch zu roh und ungebildet auf, als dass eine engere Verbindung mit dem Kapital möglich wäre. Denken wir uns indessen eine sittlich gebildete Masse von Individuen, dann könnte ein glückliches Verhältnis stattfinden. Außer den festen Löhnen wäre der Arbeit ein Anteil an Gewinn zuzugestehen, und Fleiß und Tätigkeit würden Wunder tun. […] Das Verhältnis wäre nicht so schwierig, als […] manchem erscheinen mag. Der Fabrikunternehmer steht da als Monarch, die Arbeiter, wie beratende Stände, von Jahr zu Jahr einberufen. […]

Das Kapital oder der Unternehmer brächte eigentlich keine Opfer, denn der so gestellte Gehilfe arbeitete mehr und besser. […]

In solcher Weise würde es möglich, die Monopole des Reichtums zu brechen, die dem Land nur verderblich[e] Früchte bringen. Die Zeit wird kommen, wo bei manchen Gewerben unser Vorschlag Eingang findet, denn der schroffe Gegensatz zu großem Überfluss und Mangel wird täglich bedenklicher. Die Bevölkerung indessen, welche einen solchen Versuch macht, muss eine menschlichere Erziehung genossen haben als […] die heutigen Proletarier der großen Industriellen.

4. Hermann Krupp, Bruder Alfred Krupps, über dessen Verehelichung (1853)

Hermann Krupp[8] an G. Jürst, Baden vom 30.6.1853, abgedruckt in: Wilhelm Berdrow (Hg.), Alfred Krupps Briefe: 1826–1887. Im Auftrage der Familie und der Firma Krupp, Berlin 1928, S. 136. (Auszug)

Sie wünschen ferner über Alfreds Verheiratung etwas zu wissen; ich vermute, dass das junge Ehepaar bereits in Berlin ist und Ihnen alles erzählt hat, denn sie hatten stark vor, ganz bald nach Berlin zu gehen. Die Hochzeit hat allerdings nicht lange auf sich warten lassen; die zufällige Anwesenheit eines Bruders[9] der jetzt jungen Frau, meiner liebenswürdigen Schwägerin, der in Triest wohnt, hat sie beschleunigen helfen. Am 19. Mai, während wir in Paris waren, ist Alfred in ersehnten Ehestand getreten; ich hoffe und zweifle auch nicht daran, dass sie beide glücklich und zufrieden sein werden. – Als ich rheinabwärts mit meiner Frau nach Koblenz kam

---

8 Hermann Krupp (1814–1879) war nach dem Tod des Vaters zunächst mit seinem älteren Bruder Alfred für die Kruppsche Gussstahlfabrik in Essen zuständig, ehe er ab 1844 in Berndorf bei Wien den österreichischen Unternehmenszweig des späteren Krupp-Konzern aufbaute.
9 Gemeint ist Ernst Eichhoff (1820–1881), späterer Prokurist bei Krupp und Vater Ernst Eichhoffs (1873–1941), von 1910 bis 1934 Oberbürgermeister der Stadt Dortmund.

und [wir] auf der Brücke spazieren gingen, begegneten wir [dem] überseelige[n] Paar. Das war wohl das erste Mal in dieser Welt, dass zwei Ehepaare Krupp sich getroffen [haben]. Wenn Alfred vergessen hat, seinen Freunden Mitteilung zu machen, so werden Sie dies entschuldigen, wenn Sie sehen, wie überglücklich er sich fühlt und über seine Frau alles vergessen könnte.

5. Franz Haniel über Geburt, Verheiratung und Verlust seiner Kinder (1858–1862)[10]

Franz Haniel,[11] Biographie-Nekrolog. Hierüber angefangen zu schreiben bei meiner Badecur in Wiesbaden vom 15 Juli bis 25. dens[elben] in Wiesbaden 1858 *für meine Familie*. Aufstellung meines Lebenslaufs und die darin vorgekommenen Verhältnissen, von 10 zu 10 Jahren, so weit *ich mich diese jetzt noch erinnere*. Haniel-Archiv Duisburg, HM:7, Bl. 1–116, hier Bl. 35–38, 59–60, 72, 91–93, 104–106, abgedruckt in: Bodo Herzog und Klaus J. Mattheier, Franz Haniel 1779–1868, Bonn 1979, S. 13–125, hier S. 49, 51, 69, 79, 96f., 112, 114. Die Schriftform der Vorlage wurde beibehalten.

Mit meiner jetzigen Frau, geborene Friederike Huyssen,[12] womit ich früher schon einigemal getanzt hatte, machte ich im Nov[em]b[e]r 1805 auf einen ball in Essen bekanndschaft u[nd] heiratete Sie am 14 Juli 1806. [...]

Da wir in Ruhrort unter Joachim Murat; zum Großherzogthum Berg gehörten,[13] so kamen wir gut weg; hatten auch keine Ursache uns über die Behandlung der Franzosen zu beschweren im Jahr 1807 im Monat Mai gebar meine Frau mir den ersten sehr lieben Sohn Eduard, den wir leider im Sept[em]b[e]r 1826 in sehr großer Trauer am Nerven Fieber[14] verloren, ein 2ter Sohn starb uns am ...[15] bei der Geburt; – meine Wohnung war in mein jetziges Haus in den 3 Stuben westlich, nach den Garten gerichtet in Ruhrort. im Jahr 1808 verheiratete sich mein brüder Gerhard mit meiner Frau Schwester u[nd] wir beide brüder separirten uns im Geschäft, Jeder

---

10 Zu weiteren Auszügen aus Haniels Biographie-Nekrolog von 1858, die sich mit seinen Engagements als Unternehmer in der ersten Hälfte des 19. Jahrhunderts beschäftigen, vgl. Dok. 23 in Kap. II.
11 Zur Kurzbiografie Franz Haniels (1779–1868) vgl. Dok. 2, Anm. 2 in Kap. III sowie zuletzt Bernhard Weber-Brosamer, Haniel 1756–2006. Eine Chronik in Daten und Fakten, Duisburg-Ruhrort 2006 sowie ders., Franz Haniel – Ein Kaufmann mit Weitblick, in: St. Antony – die Wiege der Ruhrindustrie, S. 31–34. Zu Franz Haniel vgl. u.a. auch Dok. 17 in Kap. II.
12 Gemeint ist Friederike Huyssen (1785–1867), Schwester des späteren Schwagers und Teilhabers von Franz Haniel, Heinrich Huyssen.
13 In napoleonischer Zeit reichte das Großherzogtum Berg (1806–1813) unter Joachim Murat (1767–1815) von [Duisburg-]Ruhrort im Westen bis Soest im Osten. Das Großherzogtum war nach dem Vorbild der französischen Verwaltung in vier Départements (Bezirke) aufgeteilt, von denen das Département Ruhr wiederum in die Arrondissements (Unterbezirke) Dortmund, Hamm und Hagen unterteilt war.
14 Damals volkstümliche Bezeichnung für verschiedene schwere, das Nervensystem schädigende Fiebererkrankungen, darunter Typhus.
15 Hier folgt bis zum Zeilenende eine leere Zeile. Es sollte wohl nachträglich das Datum eingetragen werden. Vermutlich handelt es sich um Carl Haniel (geb. 6.7.1808, gest. 31.12.1808). Rheinisch-Westfälisches Wirtschaftsarchiv zu Köln, 130–1030/6, Bl. 9.

betrieb das nemliche Geschäft separat für eigene Separat Rechnung, nur die Eisenhütten St. Antoni u[nd] NeuEssen, so wie die Korn u[nd] Oel Mühle zu Oberhausen blieben für gemeinschaftliche Rechnung mit Schwager Jacobi in Compagnie, jeder von uns dreien ein Drittheil, nemlich

    Gotlob Jacobi[16] 1/3

    Gerh[ard] Haniel 1/3

    und ich 1/3. [...]

in dieser Periode v[on] 1820/1830 wurden meine 3 Söhne F[riedrich] W[ilhel]m, Theobald, Richard u[nd] meine Tochter Thusnelde geboren, bei Erstern war Sr. Majestät der König Friedr[ich] W[ilhel]m der III nach damaligen Landes Gesetzen, der 7te nacheinander in der Ehe geborene Sohn, Pathe; wobei ich auf alle Unterstützung oder Emolumente[17] verzichtete, bei unsern 8ten Sohn Friedr[ich] W[ilhel]m *Theobald*, wurde Sr. Majestät der König [Friedrich Wilhelm] IV. Pathe, beide Könige haben die Pathenstelle angenommen; *leider* habe ich diesen vielgeliebten Sohn Theobald welcher bereits seine beide; erstes und zweites Examen als Referendar bei der Justitz zurükgelegt u[nd] als Kreisrichter fungirte, [1852] in Erfurt am Nervenfieber verloren, während Er im begriff war sein 3tes Examen zu machen; mein folgender Sohn Richard welcher sich dem Kaufmännischen Fach gewidmet, ein *Jahr* in Brüssel und ein 2tes in Lille im Pensionat zugebracht, Frankreich, England, Schottland zweimal durchreißte ein Jahr bei der Garde Dragoner in Berlin gedient, hierauf als Lieutenand u[nd] Adjudant bei den Dragoner Uhlanen eintreten mußte, verloren; ebenfals am Nervenfieber, wie Er im begriff stand sich zu verheiraten, zu unserer ganzen Familie großen Schmerz u[nd] Trauer! – bei unsern 7ten Sohn Friedr[ich] W[ilhel]m hatten wir das Unglük wie er ca. 2 ½ Jahr alt war, daß er in unserer Küche in einen Topf kochendes Waßer, so die Magd eben vom Fourneau abgenommen, rüklings fiel, ungeachtet seine Kleidchens stark verbrante, doch glüklich wieder hergestellt wurde, wobei uns Prediger Krumacher noch behülflich war.[18] [...]

In den Zeitraum 1830/1840 verheirateten sich meine beide Söhne Hugo mit Fräulein Berta Haniel und Max mit Fräulein Friderike Cockerill[19] v[on] Aachen. meinen ältesten Sohn Eduard hatte ich leider am Nerven fieber 1826 verloren; [...]

1845.[20] Anfangs Februar mußte ich als Abgeordneter zum Landtag ca. 2 M[ona]te nach Coblenz u[nd] konnte erst den 10 April rükkehren während dieser Anwesenheit erhielt ich durch v[on] Bodelschwing[21] den Titel als Commerzienrath. machte ich nähere u[nd] freund-

---

16   Zu Gottlob Jacobi vgl. die Dok. 7, 9, 11, 12 und 23 in Kap. II.

17   Nutzen, Vorteile.

18   An anderer Stelle, S. 78, vermerkt Franz Haniel, dass Tochter Thusnelde »den Schluß unserer Kinder« bildete und dass bis Juli 1860 nur noch 5 Söhne und 1 Tochter lebten.

19   Friederike Cockerill, die Max Haniel vermutlich im Jahr 1838 heiratete, war die Enkelin des britischen Großindustriellen William Cockerill (1759–1832), der im heutigen Belgien einen einflussreichen Stahl- und Maschinenbaukonzern aufbaute.

20   I. O. marginalisiert.

21   Ernst von Bodelschwingh (1794–1854), von 1834 bis 1842 Oberpräsident der Rheinprovinz in Koblenz und seit 1842 in Preußen Finanzminister bzw. Kabinettsminister, übernahm 1845 das Amt

schaftliche Bekanntschaft mit d[em] H[errn] OberPraesidenten vom Schaper[22] unsere beide Töchter waren zusamen im Grosherzoglichen Pensionat in Mannheim, wir beide Väter sprachen ab, nach beendigung des Landtags gemeinschaftlich unsere beide Tochter zu besuchen, indeßen wurde durch den außerordentlich starken Schneefall, starken Frost, große Rheinüberschwemmung diese Tour vereitelt; später besuchte die Tochter d[es] H[err]n von Schaper Fräulein Clara meine Tochter Thusnelde, hierdurch wurde die Bekanntschaft u[nd] später die eheliche Verbindung des Fräulein Clara v[on] Schaper mit meinem Sohn Max herbeigeführt, [...]

Mein vorstehend genante vielgeliebte 5te Sohn Theobald worüber Sr. Maj[estät] Friedr[ich] W[ilhel]m der IV Pathe war, haben wir als Gerichts Referendar am Nervenfieber in Erfurt verloren, vermutlich hat ein Duel so der Assessor ... mit ...[23] hatte, wobei Er Erstern seinen Freund secondirte u[nd] durch einen Schuß getroffen fast in seinen Armen starb, viel zu seine Krankheit u[nd] Todt beigetragen indem der Vater des Getödteten, Direktor ....[24] nach Erfurt kam u[nd] ihn beredete mit nach Berlin zu reisen u[nd] die tief erschütterten Aeltern zu trösten. [...]

1861 den ...[25] Vermählte sich die Tochter meines Sohns Hugo, Adeline mit [Theodor] Boninger in Duisburg[26] und wurde ...[27] 1862 von ein Mädchen (Urenkelin) glüklich entbunden. 1859 Novbr 20[28] – war ein Fest Tag wo ich mein 80tes Lebensjahr zurücklegte u[nd] welcher ungewöhnlich gefeiert wurde, von Sterkrade Antoni, Oberhausen, NeuEssen kamen Herr Lueg[29] u[nd] Sohn an der Spitze mit dem Beamten Personal, Meistern u[nd] viel Arbeiter zur Gratulation herüber, schloßen sich unsere hiesigen Beamten Meister u[nd] Schiffer u[nd] Arbeiter an und brachten mir mit illuminirten farbigen Gläsern u[nd] Fahnen Abends einen glänzenden Fackelzug.

    des Innenministers.
22 Justus Wilhelm Eduard von Schaper (1792–1868) war als Nachfolger Ernst von Bodelschwinghs von 1842 bis 1845 Oberpräsident der Rheinprovinz in Koblenz.
23 I. O. Raum für Namensergänzungen.
24 I. O. Raum für Namensergänzung.
25 I. O. Raum für Datumsergänzung.
26 Vermutlich Theodor Böninger, Nachfahre des Duisburger Spinnfabrikanten Böninger (1764–1825). Vgl. dazu Dok. 10 in Kap. II.
27 I. O. Raum für Datumsergänzung.
28 I. O. marginalisiert.
29 Wilhelm Heinrich Lueg (1792–1864), verheiratet mit Sophia Haniel, der Tochter Wilhelm Haniels, stieg vom Hauslehrer der Familie Haniel zum Direktor der Fa. Jacobi, Haniel & Huyssen auf.

6. Der neu gegründete Verein für die bergbaulichen Interessen im Oberbergamtsbezirk Dortmund stellt sich vor (1859).

Schreiben des Vereins für die bergbaulichen Interessen im Oberbergamtsbezirk Dortmund an die »in Betracht kommenden Behörden«[30] vom 17.2.1859, abgedruckt in: Verein für die bergbaulichen Interessen im Oberbergamtsbezirk Dortmund in Gemeinschaft mit der Westfälischen Berggewerkschaftskasse und dem Rheinisch-Westfälischen Kohlensyndikat (Hg.), Die Entwickelung des Niederrheinisch-Westfälischen Steinkohlen-Bergbaues in der zweiten Hälfte des 19. Jahrhunderts, Bd. XI: Wirtschaftliche Entwickelung, Teil 2, Berlin 1904, S. 54–55.

Der in der Natur der Verhältnisse begründete und mit der gesetzlichen Selbstverwaltung der Bergwerke in Einklang stehende Wunsch, zu der Lösung der wichtigen Fragen, welche die ebenso großartige als gefahrvolle Entwicklung des Bergbaus im Oberbergamtsbezirk Dortmund hervorgerufen hat, auf dem Wege gemeinschaftlichen Wirkens und Handelns der Werkseigentümer beitragen zu können, hat viele Gewerkschaften und Bergbaugesellschaften zu der Bildung einer Assoziation veranlasst, deren Zweck es ist, »die Interessen des Bergbaus zu fördern«.

Indem wir uns, gestützt auf einen einstimmigen Beschluss der Generalversammlung erlauben, pp. die Statuten und das Verzeichnis der bis jetzt beigetretenen Mitglieder dieses »Vereins für die bergbaulichen Interessen« ehrerbietigst zu überreichen, bitten wir ergebenst, der Vereinstätigkeit Ihr geneigtes Wohlwollen zuwenden zu wollen und überzeugt zu sein, dass die zu dem Verein gehörigen Werkseigentümer sich glücklich schätzen werden, die auf das Gedeihen des Bergbaus gerichteten Bestrebungen Eines pp. nach Kräften unterstützen helfen zu können.

7. Handelsminister von der Heydt über die Gründung (1858) des Vereins für die bergbaulichen Interessen im Oberbergamtsbezirk Dortmund (1859)

Handelsminister von der Heydt an den Oberpräsidenten von Westfalen, Staatsminister Herrn von Duesberg[31] zu Münster, vom 1.4.1859. Landesarchiv NRW Abt. Westfalen, OP Münster 2817, Bl. 60.

Eurer Exzellenz erwidere ich auf die gefälligen Berichte vom 2. und 5. März d. J. hierdurch ergebenst, dass, wenngleich die Handelskammer zu Bochum und der Bürgermeister zu Dortmund in den mit dem Bericht der Regierung zu Arnsberg vom 25. Februar d. J. eingereichten Berichten die von den Gewerken Broelemann und Genossen beantragte Errichtung einer Gewerkenkammer[32] befürwortet haben, doch die Regierung (nicht, wie Ew. Exzellenz annehmen, den Antrag unterstützt, vielmehr) zunächst eine freiwillige Vereinigung der Gewerkschaften zur

---

30 Zu den Aufgaben des Bergbau-Vereins vgl. die Einleitung und Dok. 11 in diesem Kapitel sowie Dok. 4, Anm. 5 in Kap. IV.
31 Franz von Duesberg (1793–1872) war von 1850 bis 1871 Oberpräsident der preußischen Provinz Westfalen.
32 Berufsständische Körperschaft und Interessenvertretung der Anteilseigner (Gewerken) einer Gewerkschaft. Gewerkenvereine waren im Ruhrbergbau bereits seit den 1820er Jahren gegründet worden, die jedoch zumeist nach kurzer Zeit wieder aufgelöst wurden. Versuche, eine eigene Gewerkenkammer nach dem Vorbild der Handelskammern dauerhaft einzurichten, scheiterten.

Wahrung ihrer gemeinschaftlichen Interessen für zweckmäßiger erachtet. Dass aber auch die Gewerkschaften selbst auf diesem Wege ihre gemeinsamen Interessen zu wahren glauben und damit zu erkennen geben, dass sie eine Vertretung durch eine Gewerken-Kammer nicht wünschen, bekundet der im Anfang dieses Jahres zustande gekommene Verein für die bergbaulichen Interessen im Oberbergamtsbezirk Dortmund, dessen Statuten Ew. Exzellenz unterm 5. d. M. eingereicht haben und welche[m] nach dem von der Regierung zu Arnsberg beigefügten Verzeichnis bereits 89 Gewerkschaften beigetreten waren.

Unter diesen Umständen erscheint es jedenfalls nicht geraten, gegenwärtig über die Bildung einer besonderen Gewerken-Kammer neben den Handelskammern Beschluss zu fassen, vielmehr angemessen, zunächst die Erfolge des bereits gebildeten Privatvereins abzuwarten, um darauf zu erwägen, ob neben demselben die Errichtung einer Gewerkenkammer als ein Bedürfnis anzuerkennen ist und eventuell der früher von den Gewerken Broel[e]mann und Genossen ausgesprochene Wunsch zu berücksichtigen sein würde.

Ew. Exzellenz ersuche ich daher, die Sache einstweilen auf sich beruhen zu lassen, über die Wirksamkeit des Vereins für die gemeinsamen Interessen der Gewerkschaften sich jedoch gefälligst in Kenntnis zu erhalten; und nach Ihren Wahrnehmungen demnächst die etwa geeignet erscheinenden Maßregeln in Vorschlag zu bringen.

8. Auszug aus der Schlusskommersrede des Bundesbruders und Präses Philipp Schiller[33] anlässlich des einjährigen Bestehens des Berg- und Hüttenmännischen Vereins (1862)

Altherren-Verband des Berg- und Hüttenmännischen Vereins e.V., Die Geschichte des Berg- und Hüttenmännischen Vereins e. V. 1861 bis 1986. Akademische Verbindungen zu Aachen, Berlin, Clausthal, Herford 1986, S. 19.

Vereinsgenossen!

Zum letzten Mal in dem scheidenden Semester haben wir uns zahlreich versammelt zu einem Fest, dessen Feier erhöht wird durch die beglückende Anwesenheit hochverehrter Ehrengäste, durch die zahlreiche Beteiligung werter Kollegen und Freunde.

Es ist ein Teil der Zeit wiederum dahingeschwunden, die uns aus den Armen der Praxis an den Busen der Wissenschaft geführt [hat], jener schönen, goldenen Zeit, die in den spätesten Jahren noch frohe Erinnerungen in uns hervorrufen wird, jener Zeit, von deren weiser Benutzung es abhängt, inwieweit wir die Ziele unseres Lebens erreichen.

Viele von Ihnen scheiden jetzt aus unserem Kreis, wenige nur von denen, die hier froh und festlich versammelt sind, wird das kommende Jahr noch in diesen Mauern sehen. Alle nimmt uns die Praxis, von der wir ausgingen, auf, nachdem wir hier durch große Meister eingeführt

---

33 Der Berg- und Hüttenmännische Verein setzt sich zusammen aus Aktiven (Studenten) und sogenannten »Alten Herren«. Alle Vollmitglieder bezeichnen sich untereinander als Bundesbrüder. Philipp Schiller war einer der 15 Gründer und zwischen 1861 und 1862 erster Vorsitzender (Präses) der Aktiven des Vereins.

wurden in die Vorhallen der Wissenschaft, nachdem wir hier das eigentliche Fundament unseres Fachs haben legen dürfen.

Kollegen! Lassen Sie uns das nie vergessen, dass eben die Wissenschaft der Grundstein unseres Fachs ist, lassen Sie uns stets des[sen] eingedenk sein, dass unsere großen Fachgenossen in ihr nicht minder Verdienstliches geleistet haben wie in dem eigenen Fach, dass ihre Namen mit gleichen Ehren genannt werden in den Büchern der Wissenschaft wie in den Annalen des Bergbaus; lassen Sie es uns stets als den größten Ruhm unseres Fachs betrachten, dass dieses Jahrhunderts größter Genius ihm angehört, dass Alexander von Humboldt noch am späten Abend seines Lebens, als zwei Welten ihm den Lorbeer auf den Scheitel gedrückt haben, sich offen zu den Unserigen bekannt hat. [...]

So sei das erste Glas an dem heutigen Fest der Wissenschaft gebracht. Ihr, der Königin von Geistes Gnaden, ihr, der Streiterin für Wahrheit und für Licht, ihr, als dem Vereinigungspunkt aller deutschen Geister, als dem einigen, als dem freien, als dem Heiligen Reich Deutscher Nation und ihren anwesenden Vertretern, deren einige wir jubelnd als unsere Fachgenossen in Anspruch nehmen, aus dem tiefsten Herzensgrund ein dreifaches Glückauf!

9. Die Haltung der Arbeitgeber zum Bergarbeiterstreik: Essen 1872
Vortrag Emil Krablers auf der Generalversammlung des Vereins für die bergbaulichen Interessen im Oberbergamtsbezirk Dortmund vom 9.7.1872,[34] in: Glückauf 8 (1872), Nr. 29 vom 21.7.1872. (Auszug)

Die Lage der Kohlen-Industrie in unserem Bezirk wird in diesem Augenblick vollständig beherrscht durch den *Massenstreik*, der im *Essener Bezirk* ausgebrochen ist.

Gestatten Sie mir, m[eine] H[erren], Ihnen kurz die Entwicklung und den bisherigen Verlauf des Streiks zu rekapitulieren.

Sie werden aus den Zeitungen sich erinnern, wie im Laufe des Monats Mai zunächst in Essen ganz plötzlich die Lage der Bergarbeiter zu dem Thema von größeren Arbeiterversammlungen gemacht, dass hauptsächlich die in Essen vielfach für den Arbeiter herrschende Wohnungsnot sowie die angebliche Tatsache hervorgehoben wurde, dass von allen Arbeitslöhnen allein der Lohn der Bergleute nicht gestiegen und dass dies namentlich mit Rücksicht auf die enorm gestiegenen Kohlenpreise nachzuholen sei. [...]

Was nun den Vorwand des Streiks betrifft, so kann man ihn wohl mit Recht als frivol bezeichnen. Wer auch immer die eigentlichen Agitatoren und Veranlasser sein mögen, so viel steht fest, ein auch nur partieller Notstand war nicht vorhanden; die Löhne hatten seit mehreren Jahren ihre steigende Tendenz behauptet und einen allgemeinen Durchschnitt von 32 bis 35 Silbergroschen erreicht; die große Mehrzahl der vom Streik betroffenen Zechen hatte in den letzten Jahren geräumige Arbeiterwohnungen gebaut, vielfach waren Konsumanstalten

---

34 Krablers Vortrag leitete die Verhandlungen des Bergbau-Vereins über eine Resolution bezüglich der Arbeitseinstellungen auf den Essener Zechen ein, die ebenfalls in der Glückauf-Ausgabe abgedruckt wurde.

zur Beschaffung billiger und guter Nahrungsmittel eingerichtet worden; nur in der Stadt Essen selbst hatte bei der kolossalen Zunahme der Bevölkerung der Bau von Wohnungen dem Bedürfnis nicht ganz folgen können. [...] Prinzipiell sind daher die Gewerken entschlossen gewesen, überhaupt in keine Verhandlungen einzutreten, denn schon mit dem einen Schritt der Verhandlung wäre dem Streik seine Berechtigung zuerkannt gewesen, sondern ruhig abzuwarten, bis unter dem Druck der Umstände die Arbeitseinstellung ihr Ende erreicht.

10. Der Bochumer Unternehmer und Handelskammerpräsident Wilhelm Endemann über sein geschäftliches und öffentliches Wirken (1872)

Wilhelm Endemann, Curriculum vitae vom 6.10.1872.[35] Landesarchiv NRW Abt. Westfalen, OP Münster 1514 I, Bl. 103–109. (Auszug), abgedruckt in: Franz Mariaux, Gedenkwort zum hundertjährigen Bestehen der Industrie- und Handelskammer Bochum, Bochum 1956.

Wilhelm Endemann, geboren am 9. August 1809 zu Bochum, Kreis Bochum, Regierungsbezirk Arnsberg. Die Eltern waren der Bürger Moritz Endemann, Brennereibesitzer, Wirt, Bäcker und Landwirt, und Anna Maria geborene Heimeshoff, beide in Bochum, katholischer Konfession.

Von meinem 6. bis zum 12. Lebensjahr besuchte ich die Elementarschule, dann, nach meiner Konfirmation, die in Bochum bestehende Rektoratschule und hatte außerdem noch Privatstunden im Lateinischen, weil ich Lust hatte, Theologie zu studieren. In meinem 16. Jahr nahm mich mein Vater aus der Schule, indem ich ihm in seinen Wirtschaftsverhältnissen assistieren resp. ihm dabei behilflich sein sollte. Wider meinen Willen war ich genötigt, aus der betreffenden Schule zu gehen und das Geschäft meines Vaters zu erlernen; zu meiner weiteren Vervollkommnung in demselben bin ich drei Jahre auswärts, in Duisburg, Krefeld etc. bei anderen Leuten tätig gewesen, wurde aber inzwischen wieder ins elterliche Haus zur weiteren Fortführung des Geschäfts zurückgezogen.

Im 20. Lebensjahr, Anfang 1829, in welchem Alter ich militärpflichtig wurde, meldete ich mich zum freiwilligen Militärdienst beim Landwehrstamm, 16. Landwehr-Infanterie-Regiment, mit dem Gesuch, mich als Bezirksgefreiten bei dem in Bochum stationierten Bezirksfeldwebel eintreten zu lassen, um dadurch die Möglichkeit zu erlangen, meinen Vater, der bereits das 60. Lebensjahr überschritten [hatte], in dem vorerwähnten Geschäft zu unterstützen resp. Hilfe zu leisten. Wohl durfte der Hoffnung Raum gegeben werden, dass ich als der älteste Sohn von acht Geschwistern auf Reklamation als Familienernährer Berücksichtigung finden möchte; allein die Vorliebe zum Militärdienst, wie auch um meiner Verpflichtung als solcher nachzukommen, bewogen mich, beim Militär einzutreten, und ich habe auch meine Militärdienstjahre zur Zufriedenheit meiner Vorgesetzten vollendet. Beim Ablauf dieser Dienstzeit wurde ich zum Unteroffizier ernannt und habe einige Landwehrübungen etc. mitgemacht.

---

35 Wilhelm Endemann (1809–1891) hatte seinen Lebenslauf beim Oberpräsidenten der Provinz Westfalen und beim Arnsberger Regierungspräsidenten eingereicht, um das Verfahren zur Verleihung des Kommerzienrats-Titels einzuleiten.

Als meine jüngeren Brüder herangewachsen waren, dass sie meine Eltern unterstützen konnten, convenierte[36] mir das vorerwähnte Geschäft meines Vaters nicht mehr, sondern ich hatte zu höheren industriellen und kommerziellen Geschäften einen größeren Trieb.

Im Jahr 1834 etablierte in Bochum ein Handlungsgeschäft mit Holz, Tannenbord etc., etc., wo ich bald bedeutende Lieferungen im Entreprise[37] übernahm und durch meinen täglichen unermüdeten Fleiß so viel erwarb, dass ich im Jahr 1836 ein Koksgeschäft (Handel mit ausgeschwefelten Steinkohlen) verbunden mit Kohlenhandel anlegte, da die Koksfabrikation im Bergamtsbezirk Bochum sozusagen noch nicht existierte, und die Kokskonsumenten, besonders die aus dem Siegerland etc., ihren Koks per Fuhre aus dem Essen'schen Revier beziehen mussten. Dieses Geschäft brachte ich durch meine unausgesetzte, rastlose Tätigkeit zu solchem Aufschwung, dass solches in kurzer Zeit einen allgemein anerkannten Ruf bekam, wodurch der Absatz immer größer und bedeutender wurde. [...]

Neben diesem Geschäft hatte ich in den Jahren 1851 bis 1858, besonders im Emschertal an der Köln-Mindener Bahn, zwischen Gelsenkirchen und Castrop-Bochum, bedeutende Schürfarbeiten auf Steinkohlen vornehmen lassen, bei welchen Schürf- resp. Bohrarbeiten auf Steinkohlen ich mehrere Jahre ununterbrochen sogar über hundert Menschen beschäftigte. Durch unaufhaltsame und rege Durchführung ist es mir gelungen, das Steinkohlenlager zu entdecken, [was] anderweitigen Gesellschaften, die darauf große Kosten verwandt [haben], bis dahin nicht gelungen war und dieserhalb die Schürfarbeiten auf Kohlen wieder verließen.

Schon in den Jahren 1856 und 1858 habe ich verschiedene dieser Steinkohlen-Grubenfelder an englische und französische Gesellschaften veräußert und dahin gestrebt, dass diese Werke unverzüglich in Betrieb kamen, wodurch ich nicht allein englisches und französisches Kapital hierhergezogen, sondern auch die ganze Gegend bei Herne zu einem bedeutenden Aufschwung gebracht habe. [...]

Nicht allein habe ich diese meine eigenen industriellen und kommerziellen Angelegenheiten ins Auge gefasst und bin strebsam gewesen, auch die Interessen des Staats und meiner Vaterstadt habe ich nach Kräften gefördert. Vom Ende der 1850er Jahre bis Anfang 1860 war ich permanenter Stadtverordneter der Stadt Bochum; anfangs der 1860er Jahre wurde ich als Beigeordneter besagter Stadt gewählt und von der königlichen Regierung bestätigt; später nochmals wiedergewählt, wurde diese Wahl, weil die Stadt Bochum zu dieser Zeit an die 20.000 Seelen zählte, von Seiner Majestät dem König bestätigt. –

In Anerkennung meiner Bemühungen für Kirchen, Schulen und Wohltätigkeits-Anstalten ist mir von Seiner Heiligkeit dem Papst Pius IX.[38] der St.-Gregorius-Orden verliehen worden. Bis zum Jahr 1869, wo ich von Bochum nach dem Haus Horst, Amt Hattingen, verzog, habe ich das Amt als Beigeordneter sowie noch sonstige öffentliche Ämter an Wohltätigkeits-Anstalten zur Zufriedenheit der städtischen Behörden bekleidet. – [...]

---

36   Behagte, befriedigte.
37   Geschäft, vermutlich: Zwischenhandel.
38   Pius IX. (1792–1878) war seit 1846 Papst.

So habe ich auch im Interesse des Staats und des Kreises Bochum gewirkt; als sich die Handelskammer des Kreises Bochum konstituierte, wurde ich von Anfang an als Mitglied, später als stellvertretender Vorsitzender und schließlich als Vorsitzender (Präsident) gewählt, welche Stellung ich nach Kräften mehrere Jahre bis zu meinem Verzug aus dem Kreis wahrgenommen habe.[39]

Nicht unerwähnt kann ich hierbei lassen, dass ich als Delegierter der Handelskammer zu Bochum bei dem ersten preußischen Handelstag in Berlin, sowie später bei dem ersten deutschen Handelstag in Heidelberg abgeordnet war, und habe mich zurzeit für das Aufblühen des Kreises Bochum sehr bemüht, besonders noch, dass in Bochum eine königliche Bankagentur ins Leben gerufen wurde, wobei ich die Ehre hatte, bei Seiner Majestät dem König schriftlichen und mündlichen Vortrag zu halten, mit aller Huld und Gnade aufgenommen zu werden und Gehör auf meine Vorstellung zu finden.

11. Zu den Aufgaben des Bergbau-Vereins in der Wirtschaftskrise (1874)
Verein für die Bergbaulichen Interessen im Oberbergamtsbezirk Dortmund, Ordentliche Generalversammlung des Vereins für die Bergbaulichen Interessen im Oberbergamtsbezirk Dortmund – stenographischer Bericht (1861–1879), Bericht der 15. ord. General-Versammlung vom 18.12.1874, S. 9.

Hinsichtlich des Absatzgebiets der westfälischen Kohle wurde von dem Redner[40] konstatiert, dass dasselbe bis dahin noch nicht in einem solchen Grad Einschränkungen erlitten habe, wie man es von der Einführung der höheren Frachtsätze befürchtet habe; die neue Tarifmaßregel sei noch zu kurze Zeit in Kraft und eine große Zahl gerade der bedeutenderen Konsumenten noch durch ihre bis zu[m] Ende des Jahres reichenden Kontrakte gebunden, [um] ihren Bedarf trotz der erhöhten Frachtsätze von den diesseitigen Zechen zu beziehen. Ja, es sei sogar nach einer Seite in der letzten Zeit eine Erweiterung des Absatzgebiets erfolgt, freilich nicht durch Tariferhöhungen, sondern durch das Gegenteil, durch Ermäßigungen selbst der Frachtsätze, welche vor dem 1. August in Kraft waren. Die Rheinische Bahnverwaltung habe sich in anerkennenswerter Erkenntnis ihrer geschäftlichen Aufgaben mit den Hüttenwerken von Luxemburg einerseits und mit den Zechen des diesseitigen Bergbaudistrikts andererseits in Verbindung gesetzt und es durch günstige Transportbedingungen zu Wege gebracht, dass zur Zeit ein nicht unwesentlicher Absatz unserer Kohle nach dem Luxemburgischen Industriebezirk stattfinde. Sollte die gegenwärtige Ungunst der Konjunktur eine dauernde werden oder gar sich noch verschlimmern, so werde es Aufgabe des Vereins sein müssen, die Bestrebungen um die Erweiterung des Absatzgebiets, welche in früheren Jahren teilweise mit gutem Erfolg stattgefunden haben, von Neuem wieder aufzunehmen; insbesondere werde in dieser Beziehung das Augenmerk auf die Nordseeplätze, Bremen, Hamburg etc. zu richten sein, wo nach den früher

---

39 Endemann war 1858–1865 Mitglied bzw. von 1865 bis 1869 Vorsitzender der Handelskammer für den Landkreis Bochum.
40 Gemeint ist Gustav Natorp (1824–1891), von 1864 bis 1891 Geschäftsführer des Bergbau-Vereins.

darüber angestellten Erhebungen eine erhebliche Vermehrung des Absatzes zu erzielen sein werde, wenn Produzenten und Konsumenten und vor allem die Eisenbahnen sich für einige Zeit zu Opfern bereitfinden lassen würden. Leider seien aber auf der Venlo-Wanne-Hamburger Strecke der Köln-Mindener Bahn die Frachtsätze für Kohlen und Koks ebenso wie auf den übrigen Linien in die Höhe gesetzt [worden], und sei es deshalb sehr die Frage, ob selbst der geringe Kohlenverkehr, der auf dieser Strecke bis dahin bestehe, sich behaupten oder ob er sich nicht in Folge der verkehrten Tarifpolitik noch vermindern werde.

12. Alfred Krupp über »Maßnahmen zur Haltung des Geschützabsatzes durch Höflichkeitsbezeugungen und Geschenke« (1878)

Alfred Krupp an die Mitglieder des Direktoriums vom 13.5.1878. Historisches Archiv Krupp Essen, Zentralregistratur B 2, S. 47–62. (Auszug)

Vorschläge für Geschenke. –
Ich glaube nämlich, dass es an der Zeit ist, besondere Anstrengungen zu machen, die Welt heranzuziehen, damit wir in großen und kleinen Partien Bestellungen auf Geschütze erhalten und dass wir bei den Geschenken darauf Rücksicht nehmen sollten, welche Bedeutung der betreffende Staat hat in Ansehung seines möglichen Bedarfs an Geschützen, ob Berg-, Feld-, Küsten-, Festungs- oder Marinegeschütze dahin gehören, ferner, ob der Staat auch durch solches Geschenk und durch Befriedigung und Gunst für den etwaigen Friedensbedarf gewonnen werden kann. Ob er Eisenbahnen und Marine oder Dampfschiffe hat oder haben wird. –

Nebenbei ist, wie bisher geschehen, [ein] möglichst vollständiges Album, welches Werke und Produkte zeigt, an alle solche Staaten zu senden und an kleinere, z.B. Haiti, die kleinen amerikanischen Republiken oder asiatische selbstständige Staaten, Gouverneurs und Khans etwa nur solches Album; selbst wenn die Aussicht sehr zweifelhaft für den Augenblick sein mag. Mancher aber wird die Bilder sich ins Gedächtnis rufen. Ich würde [dies] empfehlen, da noch eine Menge Bilder gemacht werden, welche die Zahl der Bedienung zeigen und jeden Mann auf seiner Stelle bei Groß- und Kleingeschütz und Pferde und Protze daneben in irgend einer Aktion, Richten, Laden, Auswischen oder dergl. Das ist besonders wichtig für die nicht Eingeweihten, Barbaren – oder auch hoch stehende Personen der ersten Staaten. Fürsten und Prinzen werden solche Bilder mit Leben gern sehen und sich Gedanken darüber machen. In dieser Parenthese empfehle [ich] also solche lebendige[n] Bilder und so bald, wie die Modelle fertig sind, auch das Neuere, Panzer und Schiffskanone[n]. –

Zum eigentlichen Zweck des Schreibens übergehend wäre also wohl eine Liste aufzustellen von Staaten und den für dieselben geeigneten Objekten. Es ist dabei auch außer dem Kaliber der Unterschied zu machen, ob das Geschütz für den Gebrauch oder ein Salon-Objekt sein soll. Wo die Geschütze bekannt und eingeführt sind und man Dank beze[u]gen und Gunst gewinnen will, gibt man ein Salon-Geschütz wie in Russland, wo man damit schießen soll ein reglementsmäßiges, wie in China, Marokko. – Ohne Zweifel ist das nach Marokko zum Modell dienende im gewöhnlichen, rohen, äußeren Zustand abgegangen. –

Es ist aber – je nach Bedeutung des Landes – wohl die Frage am Platz, ob wir nicht dem neuen Sultan ein gleiches Salon-Geschütz schicken sollten, und zwar die jetzt in Berlin anwesende Gesandtschaft einladen und dem Chef derselben die Absicht äußern – wenn nicht das Geschütz selbst zum Vorzeigen fertig sein könnte. – [...]

Jetzt wäre also eine Liste zu entwerfen für Bestimmung und Objekt, Kaliber und Vollendungsgrad. Ich will nur einige Staaten oder Fürsten nennen, zu jedem aber sei das Fragezeichen gedacht, ob oder ob nicht passend. –

Das holländische Kriegsministerium.
Der König von Belgien.
König von Schweden.
König von Sachsen.
König von Italien.
König von Portugal.
König von Spanien.
König von Griechenland.
König von Bayern.
Prinz von Wales oder Kriegsminister England.
Kaiser von Brasilien.
Argentinische Staaten. Welche?
Gouverneur von Canada.
König von Siam; Haiti, Madagaskar und andere Staaten in Asien. Streichen vorbehalten.

13. Über die Sorgen und das Anlageverhalten eines Ruhrgewerken in der zweiten Hälfte des 19. Jahrhunderts. Erinnerungen der Tochter Heinrich Grimbergs [1933]
Aus den Erinnerungen Maria Marckhoffs, geb. Grimberg, an ihren Vater Heinrich Grimberg[41] [1933]. Westfälisches Wirtschaftsarchiv Dortmund, S 8/17. Kopie der handschriftlichen Notizen, 64 Bl., hier Bl. 33–36.

Wer glaubt, beim Bergbau sei das Geldverdienen leicht, der müsste mal erleben, was Vater durchzumachen hatte. Wir Kinder wussten schon, wenn es sonntags hieß: de Gollvis[42] kommt, dass das Sorgen für die Eltern waren. Stundenlang saßen sie am großen Esszimmertisch über die Grubenfelderkarten gebeugt, trostlos über die immer wiederkehrenden Verwerfungen. Bis

---

41 Heinrich Grimberg (1833–1907), Bergbauunternehmer aus Bochum, gründete zusammen mit anderen Gewerken die Gewerkschaften der Zeche Minister Stein in Dortmund-Eving (1856), der Zeche Lothringen in Bochum-Gerthe (1872) und der Zeche Monopol in Kamen und Bergkamen (1873). Die Schachtanlagen der letztgenannten Zeche trugen die Namen der beiden Gewerken Grimberg und (Friedrich) Grillo. Mitte der 1890er Jahre war Grimberg zudem Mitgründer der Bohrgesellschaft Wintershall in Heringen (Werra) mit Sitz in Bochum. Zur Biografie Grimbergs vgl. Barbara Gerstein, Grimberg, Heinrich, in: Neue Deutsche Biographie 7 (1966), S. 75f.
42 Vermutlich einer der Betriebsführer Grimbergs.

unsere Mutter mal sagte: Gebt es da auf, fangt nach der anderen Seite an, man tat es u. fand dort wirklich gute Flöze. Aber als man die Kohle glücklich hatte u. die Zeche gut ausgebaut war, kam Absatzmangel. Wie oft musste Vater da reisen, um Kohlen zu verkaufen bei der Eisenbahn, bei Eisen- u. Hüttenwerken. Und waren sie glücklich verkauft, wurden sie oft ohne Grund beanstandet, um den Preis zu drücken. Seit der Gründung des Kohlensyndikats[43] ist das alles anders; kein Kaufmann macht sich heute eine Vorstellung von den Schwierigkeiten, die Kohle los zu werden. Und schwer war es auch, das nötige Geld zu beschaffen. Wie oft fuhr Vater eine Nacht nach Berlin, die nächste zurück, in den schlechten Jahren dritter Klasse; sein halbes Leben fast hat Vater auf der Eisenbahn verbracht. Welch unerhörte Schwierigkeiten es ihm gemacht hat, seine fälligen Zubußen zu bezahlen, das weiß kein Mensch. Ich kam als Kind einmal vorn ins Büro u. sah Vater weinen. Zutiefst erschüttert ging ich schnell zurück, u. Mutter sagte mir, Vater ist so traurig, er hat eben Minister Stein verkaufen müssen, um Zubuße zu bezahlen, u. M[inister] St[ein] sei sein bester Besitz mit guter Ausbeute gewesen. Als Frau ging ich mal mit Vater über die große Rheinbrücke in Köln, als er mir sagte: »Sieh Kind, hier habe ich mal in dunkler, schrecklicher Nacht voll Verzweiflung gestanden u. wäre am liebsten herunter gesprungen, um aus aller Qual u. Sorge ein Ende zu finden. Aber dann habe ich an unseren Herrgott, an Mutter u. Euch Kinder gedacht u. bin nach Hause gefahren, u. Gott u. gute Freunde haben mir geholfen«.

1890 verkaufte Papa seine Kuxen Monopol an [die Gelsenkirchener Bergwerks-AG, die] schon die Majorität ohnehin hatte. Alle freuten sich, nur ich sagte immer: »Dein schönes Monopol, Vater, ich hätte es nicht getan«. Bis Mutter mir sagte, ich solle schweigen, es wäre Vater selbst schwer; aber gegen [die Gelsenkirchener Bergwerks-AG] könne er es nicht halten. Und da muss ich noch etwas berichten, was den Weitblick unseres Vaters bestätigt. Mutter quälte: »Vater, leg nicht alles in Industrie an, nimm preuß[ische] Consol u. Pfandbriefe, ich kann nicht noch mal durchmachen, was ich durchgemacht habe«. Und Vater: »Ja Mutter, ich tue Dir ja gern einen Gefallen, aber ich nehme ja Gelsenberg Aktien, die sind das Beste, was es gibt. Wenn die mal kaputt gehen sollten, dann geht vorher eher der preußische Staat kaputt«. Wer hätte geahnt, dass er wahr gesprochen [hat], dass zur Inflationszeit alle Staatspapiere, alles Geld, alle Werte kaputt waren, [Gelsenkirchener Bergwerks-AG und Harpener Bergbau AG] aber den Geldwert behielten. Als [die Gelsenkirchener Bergwerks-AG] den Vereinigten Stahlwerken beitrat, behielt es als einzigen Besitz für sich Monopol u. baute den Schacht Grimberg in so großzügiger Weise aus, dass es die best ausgebauteste Zeche des Kohlenreviers ist. Wir alle können stolz sein, dass der Name Heinrich Grimberg mit einem solchen stolzen Werk verknüpft ist u. für viele Zeiten weiterlebt.

---

43 Das Rheinisch-Westfälische Kohlensyndikat (RWKS) wurde 1893 in Essen gegründet. Vgl. Dok. 19 in diesem Kapitel.

14. »Bahnbrecher des Kohlenbergbaus von Westfalen«. Thomas Robert Mulvany über seinen Vater William Thomas Mulvany (1885)

Bericht von Thomas Robert Mulvany vom 24.12.1885, in: Second Report of the Royal Commission on Depression of Trade and Industry (1886), Anlage, Teil II, S. 171, abgedruckt in: William Otto Henderson, William Thomas Mulvany – ein irischer Unternehmer im Ruhrgebiet 1806–1885, Köln 1970, S. 19–20.

Ich bin stolz zu berichten – und sicher, dass alle unsere Landsleute sich freuen werden, zu hören –, dass hier in Deutschland allgemein zugegeben wird, dass die Entwicklung dieses großen Reviers zu einem beträchtlichen Ausmaß dem initiativen Talent meines eigenen Vaters, des verstorbenen William Thomas Mulvany,[44] zugeschrieben wird. Er war früher Kommissar der öffentlichen Bauten in Irland, zuletzt Vorsitzender der Hibernia- und Shamrock-Bergbaugesellschaft in Herne, Westfalen, sowie auch des großen Vereins zum Schutz und zur Förderung der allgemeinen Interessen in den Provinzen von Westfalen und dem Rheinland. Dieses letztere Institut hat mein Vater mit einem deutschen Freund im Jahr 1871 – in Verbindung mit den führenden Industriellen aller Industriebranchen und deren Eisenbahngesellschaften – gegründet. Unter der fähigen Leitung meines Vaters hatte dieser Verein einen großen Erfolg während der schwierigen Jahre der Wirtschaftskrise und danach. Er gewann außerordentlichen Einfluss im Reichstag und in der Regierung, und alle wirtschaftlichen Reformen des Tages müssen hauptsächlich dem weisen Nutzen zugeschrieben werden, welcher aus diesem Einfluss – in Verbindung mit dem Verein für die bergbaulichen Interessen des Oberbergamtsbezirks Dortmund – gezogen wurde, von welchem mein Vater Mitglied und Dr. Hammacher[45] Vorsitzender war. Die Ermäßigung von Eisenbahnfrachttarifen, der Erwerb von Eisenbahnen durch den Staat, die Einführung eines geringen Einfuhrzolls auf Eisen, die Verbesserung der Schifffahrt, der geplante große Kanal vom Rhein zur Nordsee und Elbe [...], [alles war] im Wesentlichen dem Einfluss meines Vaters zu verdanken. [...] Er wurde von allen als der Bahnbrecher des Kohlenbergbaus von Westfalen anerkannt, wo er das englische System des Bergbaus und des Schachtbaus im Jahr 1855 einführte.

15. Feierstunde der Bergbauelite (1886)

Bericht über das 25. Stiftungsfest des Berg- und Hüttenmännischen Vereins in Berlin vom 13.2.1886. Bergbau-Archiv Bochum 89/516.

Es gestaltete sich diese Feier wohl zu dem glänzendsten Fest, das der Verein jemals begangen hat; prunkvoll nach außen, aber noch mehr als das herrlich und erhebend für den Verein in sich selbst. Allen seinen lieben »Alten Herren«, welche durch ihr persönliches Erscheinen und durch

---

44 Zu William Thomas Mulvany (1806–1885), der 1855 aus Irland eingewandert war und zu einem der führenden Ruhrgewerken und Verbandspolitiker der montanindustriellen Unternehmerschaft aufstieg, vgl. auch Dok. 6 in Kap. VIII.

45 Zu Friedrich Hammacher vgl. Dok. 24 in Kap. III.

ihre kräftige Unterstützung mit Wort und Tat zu dem Gelingen dieses Fests beitrugen, sagt der Verein an dieser Stelle seinen innigsten Dank.

Die Feier begann am 11. Februar mit einem Abendessen und darauf folgendem Festspiel in den Räumen des Grand Hôtel am Alexanderplatz, bei welcher Gelegenheit der Direktor der Königlichen Bergakademie, Herr Geheimrat Hauchcorne,[46] dem Verein ein Album mit den Fotografien der Vorgesetzten und Dozenten der Königlichen Bergakademie widmete.

Am 12. Februar, mittags, folgte ein Konvent, dessen Verlauf im Protokollbericht zur Kenntnis der »Alten Herren« gebracht wurde; hier sei noch einmal erwähnt, dass zu Ehrenmitgliedern des Vereins die Herren Oberberghauptmann Dr. Huyssen[47] und Geheimrat Dr. Hauchcorne gewählt wurden.

Am Abend des 12. Februar fand im großen Saal des Grand Hôtel am Alexanderplatz ein solemner Kommers statt, bei welchem, wie schon am Abend vorher, zahlreiche hohe Vorgesetzte, die Dozenten der Bergakademie und viele Freunde des Vereins anwesend waren. Ein urfideler Katerfrühschoppen auf der Kneipe des Vereins und eine sich daran anschließende Kremserpartie nach Tegel beendeten am 13. Februar das in jeder Beziehung wohl gelungene Fest.

Zu Ehren der Jubelfeier wurde dem Verein von den Assistenten der Bergakademie ein prächtiges Trinkhorn und von den »Alten Herren« und Vereinsmitgliedern ein Präsidentenstuhl dediziert, wofür der Verein den Herren seinen herzlichsten Dank hiermit ausspricht.

16. Der Dortmunder Stahlindustrielle Albert Hoesch soll zum Kommerzienrat ernannt werden (1889).

»Vorschlag zur Verleihung des Characters als Kommerzienrath an den italienischen Consul Albert Hösch[48] zu Dortmund«. Antrag des Arnsberger Regierungspräsidenten vom 6.3.1889. Landesarchiv NRW Abt. Westfalen, OP Münster 1514 I, Bl. 234–235, abgedruckt in: Paul Hermann Mertes, Zum Sozialprofil der Oberschicht im Ruhrgebiet, in: Beiträge zur Geschichte Dortmunds und der Grafschaft Mark, Bd. 67, Dortmund 1971, S. 181.

Hoesch ist ein vorzüglich intelligenter Kaufmann, Ingenieur und Industrieller, der seine Schule als Leiter eines Werks in England unter schwierigen Arbeiterverhältnissen durchgemacht hat. Als Sohn einer sehr begüterten Familie aus Düren ist er selbst Hauptteilhaber des Dortmunder Werks; die übrigen Anteile gehören nahen Verwandten. Dass das Hoeschsche Stahlwerk in so

---

46 Wilhelm Hauchcorne (1828–1900), seit 1876 Geheimer Bergrat, war seit 1866 Direktor der Bergakademie zu Berlin und zählte gemeinsam mit dem Geologen Ernst Beyrich (1815–1896) zu den ersten Direktoren der 1873 in Berlin gegründeten Königlichen geologischen Landesanstalt für den preußischen Staat.
47 Der Geologe Dr. August Huyssen (1827–1903) war seit 1884 Leiter der gesamten preußischen Bergverwaltung.
48 Albert Hoesch (1847–1898) bekam 1871 von seinem Vater Leopold Hoesch (1820–1899) die Werksleitung des neu gegründeten Eisen- und Stahlwerks Hoesch in Dortmund übertragen und legte bis Ende des 19. Jahrhunderts den Grundstein für die weitere Entwicklung des Konzerns.

gutem Gang ist, ist das Verdienst von Albert Hoesch allein; und dessen Industrie kommt den übrigen Entwicklungen zugute.

Bei der Entwicklung der Syndikatsverbindungen ist er ebenfalls tätig gewesen und gehört insbesondere dem Verband der Feinblechfabrikanten an, welcher mit so großen Schwierigkeiten zustande gekommen ist. Hoesch steht nach seinem geschäftlichen Charakter auf durchaus sicherer Basis und hat dauernd seine Einsicht und Tatkraft an die Entwicklung der Dortmunder Eisenindustrie geknüpft. Er steuert als Höchstbesteuerter Dortmunds in der 25. Einkommensteuerstufe. Das Kapitalvermögen des p. Hoesch ist auf 750.000 M. aus Erbschaften ermittelt: Seine Aktienbeteiligung an dem gedachten Stahlwerk beträgt 240.000 M. Als Leiter des Werks bezieht er ein Gehalt von 23.400 M. Dazu kommen an Tantiemen jährlich 12.000 M.

Von seinem noch lebenden Vater, der notorisch ein gut fundierter Mann ist, hat Hoesch später eine erhebliche Erbschaft zu erwarten. In politischer Beziehung ist p. Hoesch ein guter Patriot; er gehört der gemäßigt liberalen Partei an und wirkt aktiv mit bei der Wahlbewegung.

Er ist stellvertretender Stadtverordnetenvorsteher und nimmt an allen kommunalen Angelegenheiten lebhaften Anteil.

17. Erklärung der Zechenvertreter zum großen Bergarbeiterstreik 1889
Erklärung des Vereins für die bergbaulichen Interessen vom 11.5.1889. Landesarchiv NRW Abt. Westfalen, OP Münster 2828 I, abgedruckt in: Wolfgang Köllmann, (Hg.), Der Bergarbeiterstreik von 1889 und die Gründung des »Alten Verbandes« in ausgewählten Dokumenten der Zeit, Bochum 1969, S. 79. (Auszug)

Die seit Anfang diesen Monats im Gang befindlichen Arbeitseinstellungen auf den Steinkohlengruben des niederrheinisch-westfälischen Bergbaubezirks, welche sich nunmehr auf bereits mehr als drei Viertel aller Werke erstrecken, sind ausnahmslos *ohne vorherige Kündigung des Arbeitsvertrags* erfolgt, beruhen deshalb in ihrem Ausgang auf *ungesetzlichem* Boden.

Durch die Versammlungen der Bergarbeiter und [die] auf anderem Wege zur Kenntnis der Grubenverwaltungen gebrachten Anträge und Beschwerden der Arbeitsausständigen rechtfertigen das ungesetzliche Vorgehen der Letzteren nicht. Es kann auch nicht zur Entschuldigung behauptet werden, dass in der wirtschaftlichen Lage oder in der Ordnung der Bergarbeit unseres Bezirks Missstände vorlägen, unter deren Druck besonnene Männer zur sofortigen Niederlegung der Arbeit Anlass gehabt hätten. In keinem Bergwerksbezirk des europäischen Festlands besteht eine kürzere Arbeitszeit als in unserem Bergrevier. [...]

Die älteren und ernsteren Bergleute vertrauten deshalb mit Grund der naturgemäßen Entwicklung der Lohnverhältnisse und der Verständigung mit der Verwaltung der einzelnen Zechen. Sie sind vorwiegend nur durch die Aufhetzungen und Drohungen jüngerer Arbeiter in den Strom der Bewegung hineingezogen worden.

Im Interesse der zukünftigen Entwicklung der Arbeitsverhältnisse innerhalb des Bezirks und zur Aufrechterhaltung der festen Grundlagen, auf denen dieselben beruhen müssen, könnte wir in dem uns jetzt von den Arbeitern ungesetzlich aufgenötigten Kampf lediglich die Machtverhältnisse entscheiden lassen.

Wir erwägen jedoch die ungewöhnlich ernsten Folgen, welche die längere Fortdauer der Arbeitseinstellung nicht nur für unseren Bezirk, sondern auch für die weitesten Kreise des Vaterlands hat und erklären deshalb rückhaltlos, dass jede einzelne Grubenverwaltung unseres Bezirks bereit und ernstlich entschlossen ist, den Arbeitern, wenn sie die Arbeit wieder aufgenommen haben werden, erhöhte Löhne zu bewilligen.

Es ist unmöglich und widersinnig, [...] eine allgemeine Lohnerhöhung in bestimmter prozentualer Höhe für den Bergarbeiter vorzunehmen und deshalb sinnlos, eine solche zu versprechen. Wir beanspruchen aber für unsere feierliche Lohnerhöhungszusage das volle Vertrauen, welches dem Ernst und den Schwierigkeiten der Lage entspricht.

Was das Verlangen, die zurzeit acht Stunden unter Tage betragende Arbeitszeit abzukürzen, betrifft, so entbehrt dasselbe jeder sachlichen Begründung.

Essen, 11. Mai 1889. [Unterschriften][49]

18. Die Haltung der Arbeitgeber zu Streiks (1890)
Der Spezialdirektor der Meidericher Steinkohlenbergwerke an den Meidericher Bürgermeister vom 24.12.1890. Stadtarchiv Duisburg 13/419. (Auszug)

Das: »Jedermann sei untertan der Obrigkeit, die Gewalt über ihn hat.«[50] verpflichtet Arbeitgeber und Arbeitnehmer, wollen sie treue Untertanen sein, in allen Fällen, sich der gesetzlichen Ordnung zu fügen. Diese weise Ordnung benimmt dem Arbeitnehmer das Recht, gegen die Bestimmungen und das Arbeitsreglement des Arbeitgebers in hetzerischer Weise Front zu machen und durch Aufwiegelung der Mitarbeiter zu gleichem Tun die Störung des öffentlichen Friedens – dessen die ganze menschliche Gesellschaft schon zum Wohl ihrer selbst absolut bedarf – hervorzurufen.

Irren ist menschlich; auch Arbeitgeber irren und fehlen; immerhin steht indessen denjenigen, die ihre Interessen und humane Behandlung bedroht oder verletzt glauben, der richtige Weg, Beschwerde bei staatlichen Behörden, offen, welche in Beurteilung derselben mit unserem erhabenen Kaiser den Wahlspruch »Jedem das Seine« hochhalten und pflegen. Von Unterdrückung kann somit in unserem wohl organisierten mustergültigen Staat keine Rede sein.

Aus diesen Gründen erachtet der ergebenst Unterzeichnete mit Rücksicht auf die leider im Vaterland weit eingerissene Verkennung öffentlicher Ordnung – besonders seitens der jüngeren Arbeiterschaft – es für geboten, durch möglichst scharfe gesetzliche Maßregeln den zügellosen Ausschreitungen, wie solche beim letzten Arbeitsausstand hauptsächlich im Gelsenkirchener

---

49 Unterschrieben wurde die Erklärung von den 27 Vorstandsmitgliedern des Bergbau-Vereins, zu denen u.a. Friedrich Adolf Hammacher, Emil Krabler, Hugo Haniel, Emil Kirdorf, Oskar von Waldthausen und Gustav Natorp gehörten.
50 Bezug auf das 13. Kapitel des Briefs an die Römer/»Römer 13« (Neues Testament, Die Paulinischen Briefe).

und Bochumer Revier sich breitmachten und allda selbst besser denkende Arbeiter an Ausübung ihres Berufs behinderten und dieselben wider ihren Willen mit in den Strudel rissen, einen kräftigen Riegel für die Zukunft vorzuschieben.

Versöhnende Worte der Arbeitgeber können auch zukünftig bei etwaigen Arbeitseinstellungen, die Gott verhüten wolle, manche Aufregung im Keim ersticken, wenigstens erhoffe ich auch fernerhin im Verkehr mit unserer 800 Mitglieder zählenden Belegschaft, die zum weitaus größten Teil noch gottlob in Liebe zu Kaiser und Reich hochsteht und den schuldigen Respekt vor Ordnung und Gesetz bewahrt hat, in etwaigen Differenzfällen [eine] schnelle und beiderseits ausgleichende Lösung; dennoch aber halte ich strengste Ordnungsmaßnahmen [für] angezeigt, weil nicht vorauszusehen ist, ob nicht der geringere, winzige Belegschaftsteil, welcher seit Jahresfrist den vielfachen Bergarbeiterversammlungen in Essen, Gelsenkirchen, Bochum, Dortmund usw. anwohnte, allwo nur Zwietrachtssaat mit vollen Händen ausgestreut wurde, soweit vergiftet wurden, [um] bei sich bietender Gelegenheit die bösen Früchten durch Agitation und Arbeits-Zwangabhaltung des ruhigen Stamms der Belegschaftsmitglieder bloßzulegen.

Jeder Friedliebende würde eine weise Vorsicht Königl. Regierung darin erblicken, wenn Hochdieselben vorbauend so scharfe Ordnungsbestimmungen zum Wohl aller treffen wollte, dass jedermann rechtzeitig die Augen geöffnet würde über die Tragweite der ersten Mahnung: »Und folgst Du nicht willig, so brauch ich Gewalt!«[51]

Wir stehen am Vorabend des schönen Weihnachtsfests, zu welchem meine Darlegung in Disharmonie stehen würde, wenn ich nicht berechtigt wäre, mildernd hinzuzufügen, dass des Gesetzes Strenge nur dem Guten zum Schutz und dem Bösen zum Trutz gilt.

Möge in unser aller Herz der Geist der Verträglichkeit und Friedliebe seinen Einzug halten, damit alle Stände auch im Hinblick auf tägliches Schaffen und Walten beruhigt der Zukunft entgegengehen können!

    Gott walt's!
    Mit Hochachtung & Ergebenheit
    ppa. Meidericher Steinkohlenbergwerke
    Der Spezialdirektor
    Chatel

19. Zeitungsartikel zur Gründung des Rheinisch-Westfälischen Kohlensyndikats 1893
»Das Kohlensyndikat«, in: Neueste Mittheilungen vom 6.3.1893, S. 1–2.

Mit dem 1. März [1893] hat sich im Ruhrgebiet eine Kohlenverkaufsvereinigung – ein »Syndikat« von Kohlenzechen – gebildet, welches den Zweck hat, die Produktion von Kohlen dem Bedarf entsprechend auszudehnen oder zu beschränken, sowie den Preis der Kohlen für die Gesamtheit der Werke festzustellen und nach Umständen zu erhöhen und so einerseits dem

---

51 Abwandlung eines Satzes aus Goethes Erlkönig: »Und bist Du nicht willig, so brauch ich Gewalt«.

Sinken der Kohlenpreise entgegenzutreten, andererseits dem Wettkampf unter den Kohlenzechen, der oft dahin geführt hat, dass sie sich, um Bestellungen heranzuziehen, im Preis unterbieten, ein Ende zu bereiten; fortan soll jede Zeche Aufträge, die sie erhält, der Verkaufsvereinigung (dem »Syndikat«) übergeben, nicht aber selbst zur Ausführung bringen.

Dieser Zusammenschluss ist eines der größten wirtschaftlichen Ereignisse der letzten Zeit und hat daher auch in den Beratungen des Abgeordnetenhauses bei dem Etat der Bergwerkverwaltung Beachtung gefunden. Von der einen Seite wurde diese Syndikatsbildung als für alle Kohlenkonsumenten, und so auch insbesondere für die Eisenbahnverwaltung, nachteilig und schädlich bezeichnet, auf der anderen Seite erblickte man darin ein notwendiges und geeignetes Mittel, um der Überproduktion, den Schleuderpreisen und somit auch den alsdann notwendigerweise folgenden Hungerlöhnen der Arbeiter einen Damm entgegenzusetzen.

Von den Kohlensyndikaten hängt das Wohl und Wehe der deutschen Industrie ab. Sind die Kohlenpreise hoch, so erhöhen sich die Arbeitslöhne im Kohlenrevier und der Zuzug von Arbeitern nach dem Westen steigert sich; die weitere Folge davon ist, dass sich die Produktionskosten der verschiedenen Industrien vermehren: Denn sie müssen die Kohlen teurer bezahlen. Sind die Kohlenpreise niedrig, so sinken die Arbeitslöhne, und die Industrie kann billiger produzieren. Gewiss wäre eine billige Produktion in gewissem Sinne der erwünschteste Zustand; aber seine Folgen würden doch von großem Nachteil sein, weil die Bergarbeiter in ihrem Lebensstand stark heruntergedrückt würden; die soziale Unzufriedenheit würde sich schließlich in einer die Industrie wie die Gesellschaft überhaupt bedrohlichen Weise geltend machen. Das richtige Mittel zu finden, um nicht nur Produktion und Bedarf in Einklang zu bringen, sondern auch die Preise so festzustellen, dass die Kohlenzechen ihre Kapitalanlage verständig verzinsen, ihre Arbeiter angemessen bezahlen und die Industrie doch nicht geschädigt wird, ist überaus schwierig. Ein Mittel hierzu kann ein Zusammenschluss der Kohlenzechen zum Zweck eines gemeinsamen Verkaufs bilden. Die Frage ist nur, ob das »Syndikat« weise genug ist, in der Feststellung der Preise die richtigen Grenzen einzuhalten.

An sich ist – und das hat der Handelsminister, Freiherr v. Berlepsch,[52] anerkannt – der Gedanke durchaus richtig, dass sich Produzenten zusammentun, um dahin zu wirken, dass sie dem freien Wettbewerb in Feststellung der Kohlenpreise ein Ziel setzen und stattdessen für ständige und eine Zeit lang dauernde Preise sorgen. Denn hiermit werden auch ständige Lohnverhältnisse herbeigeführt werden, was bei einer Zahl von einer halben Million Bergarbeiter gewiss von außerordentlichem Nutzen sein würde. Wenn das Streben des »Syndikats« nur dahin gehen würde, der Kohle den Preis zu erhalten, der eine verständige Verzinsung des Anlagekapitals gewährleistet, dann würde man keinen Grund haben, dieser Verkaufsvereinigung einen Vorwurf zu machen. Die Selbstkosten der Zechen sind stark in die Höhe gegangen: Sie betrugen z.B. im Jahr 1888/89 bei den Saarbrücker Gruben 5,71 Mark für die Tonne, im Jahr 1891/92 aber 8,39 Mark, d.h., sie waren im letzteren Jahr höher als die Kohlenpreise im

---

52 Hans Hermann Freiherr von Berlepsch (1843–1926) war von 1890 bis 1896 preußischer Handelsminister.

Jahr 1888/89, als diese 7,31 Mark betrugen. Im laufenden Betriebsjahr sind sie etwas heruntergegangen, aber sie stehen noch auf 8,23 Mark.

Nun freilich sagen die Gegner derartiger Vereinigungen, dass die Verkaufsvereinigung die Preise noch weit höher steigern werde, als es in der Sache gerechtfertigt sei, weil eben die Vereinigung jede lästige Konkurrenz, die auf die Preise von selbst drückt, ausschließe. Indes, so groß ist ihre Macht nicht: Denn es gibt noch Konkurrenzen, so das fiskalische Verkaufsbüro im Saargebiet, ferner die englische, die belgische, die böhmische, die sächsische und die oberschlesische Kohle. Also, so ganz selbstständig und unabhängig in der Preisnormierung ist das Kohlensyndikat nicht. Sowohl die Eisenbahnverwaltung wie die Marine haben sich schon oft englischer Kohle bedient, wenn sie glaubten, den westfälischen Zechen zu hohe Preise zahlen zu müssen. Vor allem kann die Staatseisenbahnverwaltung in sehr wirksamer Weise dem Missbrauch der Macht des Kohlensyndikats entgegenarbeiten. Vor der Hand ist eine bedenkliche Entfaltung dieser Macht nicht zu fürchten. Entwickelt sich aber die Sache, wie die Gegner befürchten, bedenklich, würden der Industrie wie den Kohlenkonsumenten überhaupt ungerechtfertigte Preise zugemutet, so wird die Regierung, wie der Minister erklärt hat, nach Möglichkeit die Folgen zu verhindern wissen.

20. Dank der Kommune: August Thyssen wird 1896 Ehrenbürger der Gemeinde Styrum.
Ehrenbürger-Brief der Gemeinde Styrum für August Thyssen[53] vom 1.4.1896. ThyssenKrupp Konzernarchiv Duisburg, abgedruckt in: Manfred Rasch, Stahl, Rohstoffe, Weiterverarbeitung und Transport: Die Brüder August und Joseph Thyssen, in: Horst A. Wessel (Hg.), Mülheimer Unternehmer – Pioniere der Wirtschaft, Essen 2006, S. 313–323, hier S. 321.

Siehe hierzu die Abbildung des Ehrenbürger-Briefs für August Thyssen auf Seite 371.

---

53 August Thyssen (1842–1926) hatte 1870 in Styrum bei Mülheim an der Ruhr das Walzwerk Thyssen & Co. gegründet, das die Grundlage für einen der größten integrierten europäischen Montankonzerne bildete. Nach dem Ersten Weltkrieg ging der Thyssen-Konzern 1926 zum Großteil in die Vereinigte Stahlwerke AG auf. In Zusammenarbeit mit Hugo Stinnes war August Thyssen 1898 grundlegend an der Gründung der Rheinisch-Westfälischen Elektrizitätswerke (RWE) beteiligt gewesen. Zu August Thyssen vgl. Jörg Lesczenski, August Thyssen (1842–1926) – Lebenswelt eines Wirtschaftsbürgers, Essen 2008.

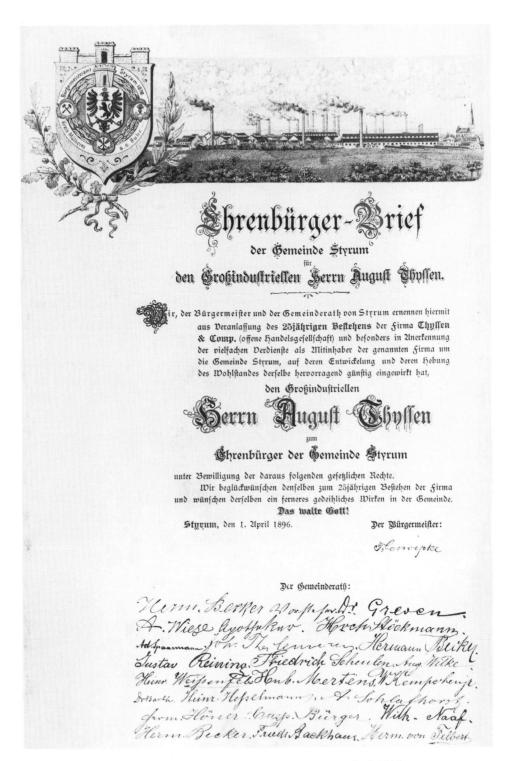

Ehrenbürger-Brief der Gemeinde Styrum für August Thyssen vom 1. April 1896
[ThyssenKrupp Konzernarchiv Duisburg]

21. Aus den Statuten der »Wigwam«-Gesellschaft zu Mülheim an der Ruhr (1898)

Statuten der Gesellschaft »Wigwam« zu Mülheim an der Ruhr[54] vom 24.9.1898. Stadtarchiv Mülheim/Ruhr 3009/3/17.

Zweck der Gesellschaft.

§ 1.

Der Zweck der Gesellschaft ist gemütliches Zusammensein.

Mitgliedschaft

§ 2.

Wer der Gesellschaft beitreten will, muss sich durch ein Mitglied vorschlagen lassen. Erforderlich ist, dass derjenige, dessen Persönlichkeit der Gesellschaft nicht bekannt ist, wenigstens einmal die Gesellschaft besucht hat, ehe sein Name von einem Vorstandsmitglied [...] an der schwarzen Tafel bekannt gemacht wird.

Nachdem diese schriftliche Anmeldung mindestens eine Woche ausgehangen hat, wird über die *Aufnahme* durch Kugelung[55] [...] abgestimmt, wobei mindestens zwei Drittel der abgegebenen Stimmen sich für die Aufnahme erklären müssen.

Im Falle der Ablehnung kann eine etwaige zweite Anmeldung erst nach Ablauf eines Jahres berücksichtigt werden; erfolgt die Aufnahme auch dann nicht, so ist die Ablehnung als endgültig anzusehen.

§ 3.

Jeder neu Aufgenommene hat ein *Eintrittsgeld* von 10 Mark und den vollen *Jahresbeitrag* von 5 Mark zu entrichten.

Das Etatsjahr beginnt am 1. November und endigt am 31. Oktober [...]

Im Falle besonderen Bedarfs kann ein *besonderer Beitrag* bis zu 3 Mark erhoben werden, wenn in der Generalversammlung mindestens zwei Drittel der Anwesenden dafür stimmen.

§ 4.

Offiziere, Sanitätsoffiziere und *obere Militärbeamte* der hiesigen Garnison können ohne Kugelung Mitglieder werden.

---

54 Die bürgerliche Gesellschaft »Wigwam« wurde 1863 als »Stamm der Delawaren am grünen Ruhrflusse« in Mülheim an der Ruhr gegründet. Ihre Mitglieder, Häuptlinge sowie alte und jüngere Krieger, gaben sich Namen berühmter Indianer des Delawaren-Stamms wie z.B. Falkenauge, Lederstrumpf, Wildtöter, blutige Hand, lederner Büffel oder schwarzer Biber. Laut Wigwam-Chronik, S. 8, verstand sich die Gesellschaft als eine »Stätte geselligen, harmlosen Frohsinns in der originellen Form des Indianertums«, in der eine »gewisse urwüchsige Derbheit« kultiviert wurde. Zu den Vorsitzenden der Gesellschaft, deren erste Statuten auf das Jahr 1868 zurückgehen, hatte in den 1870er Jahren u.a. auch der Lederindustrielle Eugen Coupienne (vgl. Dok. 26 in diesem Kapitel) gehört. Wigwam-Chronik von 1863–1901, Mülheim/Ruhr 1901. Stadtarchiv Mülheim/Ruhr 1339/14/1. Als der Schwund an Mitgliedern immer mehr zunahm, wurde die Wigwam-Gesellschaft 1908 aufgelöst.

55 Zur Kugelung bzw. Ballotage vgl. die Einleitung zu diesem Kapitel.

Der Jahresbeitrag zählt für *Avantageure*[56] und *Einjährig-Freiwillige*[57] vom Tag der Aufnahme in die Gesellschaft an. […]

§ 7.

Nichtmitglieder können durch Mitglieder *eingeführt* werden, doch ist der Name der Einzuführenden in das Fremdenbuch einzutragen.

Einheimische, die nicht gesonnen sind, in die Gesellschaft einzutreten, können nur ausnahmsweise eingeführt werden. […][58]

Die vorstehenden *Statuten* wurden in der Generalversammlung vom 24. September 1898 genehmigt.

22. Gut vernetzt: Paul Brandi über die Essener Oberschicht um 1900 [1944]

Essener Arbeitsjahre. Erinnerungen des Ersten Beigeordneten Paul Brandi. Abriß aus einer 1944 für die eigene Familie verfaßten Schrift »44 Jahre im Industriebezirk«, in: Essener Beiträge zur Geschichte von Stadt und Stift Essen 75 (1959), S. 7–106, hier S. 11, 15–18.

Am Südende der Huyssenallee lag am Rand des zwar kleinen, aber immerhin wohl gepflegten Stadtparks der städtische Saalbau in schlichter, aber ganz würdiger Architektur, in Wahrheit ein Holz- bzw. Fachwerkbau mit einem großen Saal, in welchem alle größeren Versammlungen und Konzerte abgehalten wurden. In ihm machte ich bald nach meinem Dienstantritt schon eine große Volksfeier aus Anlass der Enthüllung des Bismarckdenkmals mit. Bei dem großen Festessen trat mir zum ersten Mal, und zwar wohltuend, die in der Stadt herrschende bürgerlich liberale, offenbar jedem Kasteiengeist abholde Gesellschafts- bzw. Geselligkeitsauffassung entgegen. Das Staatsbeamtentum trat hinter dem unendlich zahlreicheren Privatbeamtentum zurück, Garnison war nicht vorhanden, und die führende Oberschicht, zusammengefasst unter dem Sammelnamen »Gewerken«, d.h. die wohlhabenden, an der Industrie, vor allem am Bergbau beteiligten Kapitalisten, entstammten fast ausnahmslos den eingeborenen bürgerlichen Familien, zu denen mannigfache verwandtschaftliche Beziehungen bestehen geblieben waren. In hohem Ansehen stand aber die Stadtverwaltung selbst, d.h. die wenigen leitenden Herren, in denen die führenden Kreise ihre berufenen Vertreter sahen. Dies musste ich bei der erwähnten Bismarckfeier sogleich erfahren. Während im Saal selbst die Bürgerschaft in buntem Durcheinander tafelte, thronte auf dem Podium das Denkmalskomitee mit den Stadtvertretern. Da ich als solcher bald erkannt wurde, musste ich dann auch mein bescheidenes Plätzchen unten im Saal verlassen und mich auf dem Podium als der neue Herr anstaunen lassen. […]

---

56 Anwärter zum Berufsoffizier.

57 Wehrpflichtige mit höherem Schulabschluss, die nach freiwilliger Meldung einen einjährigen Militärdienst ableisten, um nach Abschluss der Grundausbildung als Offizier in einem Truppenteil seiner Wahl zu dienen.

58 Es folgen die §§ 8–14, u.a. Vorstand, Generalversammlungen, Statutenänderungen, Auflösung.

Überraschend war für mich als Beamtensohn das ungewöhnlich hohe Einkommen der Angehörigen der führenden Klasse. Wenn auch die Witwe eines Großindustriellen[59] mit einem Jahreseinkommen von über 800.000 M. eine Ausnahmeerscheinung war, so waren doch Einkommen zwischen 200.000 und 500.000 M. öfter vertreten, solche zwischen 100.000 und 200.000 M., gemessen an der damaligen Einwohnerzahl, sogar zahlreich zu nennen. Sie verteilten sich in erster Linie auf die Angehörigen der alteingesessenen Familien, wie Waldthausen, Huyssen, Sölling[60] und andere, die im Handel den Grund zu einem bürgerlichen Vermögen gelegt hatten, aber durch enge Verbindung mit der Industrie zu großer Wohlhabenheit gelangt waren. Dieser Kreis hatte sich beim Wachstum der Stadt durch eine Reihe von aus der Umgebung zugezogenen Familien, die eine gleiche Entwicklung genommen hatten, wie die Bömkes, Grevels, Hilgenbergs, erweitert. [...]

Louis Huyssen war über 40 Jahre Stadtverordneter gewesen und erwartete, aus diesem Anlass Ehrenbürger der Stadt zu werden. Da er aber besondere Verdienste, abgesehen von dem, dass er alljährlich seine Räume für die geheime Etatssitzung der Finanzkommission, in der auch die Beigeordnetengehälter festgesetzt wurden, zur Verfügung stellte, nicht hatte, so beauftragte mich der Oberbürgermeister, lediglich eine Adresse zu entwerfen, die dem Jubilar durch eine Deputation überreicht werden sollte. Huyssen war von dem Besuch unterrichtet und hatte sich, wie erzählt wurde, von der Bank ein Paket von 100 Tausendmarkscheinen, das er dem Oberbürgermeister im Austausch mit dem Ehrenbürgerbrief übergeben wollte, kommen lassen. Da dieser Brief aber nur die bescheidene Form einer einfachen Adresse bekommen hatte, behielt Huyssen angeblich das Paket in der Tasche und beschränkte sich auf wenige Dankesworte. Im Gegensatz zu dieser ein wenig kleinbürgerlichen Erscheinung war der letzte Sölling ein Grandseigneur alten Stils, der noch sogenannte Vatermörder[61] trug. Er hatte in den 20er Jahren in Antwerpen gelernt und verband Vornehmheit mit Liebenswürdigkeit. Aufgrund einer bedeutenden Stiftung war er zum Ehrenbürger der Stadt gewählt [worden]. Ich habe mit dem alten, mehr als 80-jährigen Herrn im »Verein«[62] spätabends oft Skat gespielt. Die Erben des Junggesellen wohnten sämtlich außerhalb Essens. [...]

Durch viele Zweige und mit bedeutendem Vermögen war in Essen die Familie Waldthausen vertreten, deren prominentestes Mitglied, Julius von Waldthausen,[63] in Essen allerdings nur ein Absteigequartier besaß, da er im diplomatischen Dienst tätig war. Zwei Mitglieder der Familie waren Stadtverordnete, einer der beiden, Heinrich v. Waldthausen, auch unbesoldeter Beige-

---

59 Gemeint ist vemutlich Wilhelmine Grillo (1829–1904), die Witwe des aus Essen stammenden Bergwerks- und Stahlunternehmers Friedrich Grillo (1825–1888), der u.a. das Hüttenwerk Schalker Verein (1872) und die Gelsenkirchener Bergwerks-AG (1873) gegründet hatte.
60 Zu diesen alteingesessenen Essener Familien vgl. Dok. 1 in diesem Kapitel.
61 Hoher, separat aufgeknöpfter Hemdkragen, der zur Zeit des Biedermeier und Vormärz (ca. 1815–1848) verbreitet getragen wurde.
62 Die Bürgergesellschaft »Verein« in Essen war 1828 aus einem Zusammenschluss des Vereins zum Kronprinzen bzw. der Societät und der Gesellschaft Erholung hervorgegangen.
63 Julius Freiherr von Waldthausen (1858–1935) war ein deutscher Diplomat.

ordneter und gewissermaßen Verbindungsmann vom Oberbürgermeister, mit dem ihn auch persönliche Freundschaft verband, zu den Gewerken und zur Industrie. Als Vorsitzender der Gesellschaft »Verein« stand er auch an der Spitze des gesellschaftlichen Lebens und übte selbst entsprechende Gastfreundschaft, an der auch wir als Jungverheiratete mehrfach teilhatten. Er war im Ganzen eine erfreuliche Erscheinung. Einen gewissen Gegensatz zu ihm bildete Albert v. Waldthausen,[64] ein sehr wohlhabendes Mitglied dieser Familie, dessen Vermögen außer der ersten Zahl sieben Nullen aufwies. Er lebte in einer schönen Villa, später Heimatmuseum, in größter Sparsamkeit. Als er mir sein Vermögensverzeichnis übergab, antwortete er mir auf meine Frage, ob er nicht noch weiteres mobiles Vermögen, z.B. Bankguthaben, besitze: »Ach ja, das hatte ich nicht erwähnt, ich unterhalte immer bei der Disconto-Gesellschaft in Berlin ein täglich verfügbares Guthaben von etwa zwei Millionen, damit ich immer in der Lage bin, eine günstige Anlagemöglichkeit in der Industrie auszunutzen«. Sein einziger Sohn war Husarenoffizier, quittierte den Dienst und ging in die Schweiz; erst dessen Witwe, eine Essener Apothekerstochter, kehrte vor einer Reihe von Jahren, nachdem sie Mann und den einzigen Sohn verloren hatte, nach Essen zurück und starb dort vor nicht langer Zeit, hatte aber als Wohltäterin nicht geringe Verdienste.

23. Der Bergbau-Verein gratuliert seinem einzigen Ehrenmitglied zum 80. Geburtstag (1900).

Güchwunschurkunde des Vorstands des Vereins für die bergbaulichen Interessen im Oberbergamtsbezirk Dortmund zum 80. Geburtstag Hermann Brasserts[65] vom 26.5.1900, abgedruckt in: Stefan Przigoda, Unternehmensverbände im Ruhrbergbau. Zur Geschichte von Bergbau-Verein und Zechenverband 1858–1933, Bochum 2002, S. 34.

Exzellenz!

Der Tag, an dem Ew. Exzellenz das achtzigste Lebensjahr vollendet, lässt unter den zahlreichen Glückwünschen auch den bergbaulichen Verein erscheinen, dessen einziges Ehrenmitglied Sie sind und dadurch dem Verein mehr Ehre einbringen, als Sie von ihm empfangen. Als Vertreter des bedeutendsten Bergbaubezirks unsers Landes fühlt sich der Verein besonders berufen und verpflichtet, dem verdienten Mann dankerfüllte Glückwünsche auszusprechen, der das allgemeine Berggesetz und damit eine der wesentlichsten Grundlagen geschaffen hat, von denen aus sich der preußische Bergbau zu ungeahnter Größe und Blüte entwickeln konnte.

---

64 Albert von Waldthausen (1834–1924) war Bankier und Stadthistoriker in Essen.
65 Hermann Brassert (1820–1901), der als examinierter Jurist in den 1860er Jahren die Leitung des Oberbergamts Bonn übernommen hatte, entfaltete u.a. als Mitbegründer der Zeitschrift für Bergrecht eine umfangreiche wissenschaftliche Tätigkeit. Im Auftrag des Oberberghauptmanns Otto Ludwig Krug von Nidda (1810–1885) wurde Brassert 1861 mit einem Gesetzesentwurf zur Vereinheitlichung des preußischen Bergrechts beauftragt. Seine Arbeiten flossen schließlich in das Allgemeine Berggesetz für die preußischen Staaten vom 24.6.1865 ein (vgl. Dok. 18 in Kap. III). Der gebürtige Dortmunder Brassert, der aus persönlichen Gründen die Nachfolge des verstorbenen Krug von Nidda ablehnte, war u.a. von 1872 bis zu seinem Tod Stadtverordneter in Bonn.

Wenn schon diese eine große Tat genügt hätte, um Ihrem erfolgreichsten Wirken im Dienst des Vaterlands und seines Bergbaus ein lang andauerndes Andenken zu sichern, so bildet sie doch nur einen Teil Ihrer gesegneten gemeinnützigen Lebensarbeit.

In zu immer höheren Stufen aufsteigenden Einstellungen haben Sie die Interessen des Bergbaus und seiner Angehörigen mit hoher Einsicht, unparteilicher Gerechtigkeit und nie versagendem Wohlwollen zu wahren und zu fördern verstanden und trotz schwerer Belastung durch Dienstgeschäfte noch eine umfassende literarische Tätigkeit zu entfalten vermocht, die namentlich in der von Ihnen begründeten Zeitschrift für Bergrecht die reichsten Früchte für den Bergbau und die Rechtswissenschaft gezeitigt hat.

Als unser allergnädigster Kaiser und Herr vor einigen Wochen Ihnen die höchste Rangstellung verlieh, die einem preußischen Beamten zuteilwerden kann,[66] da wurde dieser Gnadenbeweis im ganzen Land mit freudigem Dank begrüßt, gewiss nicht am wenigsten von unserem Bergbau-Verein, der mit berechtigtem Stolz den ausgezeichneten Mann als Ehrenmitglied zu den Seinigen zählt.

Möge Euer Exzellenz noch ein langer goldiger Lebensabend beschieden sein, das ist unser von Herzen kommender Glück- und Segensgruß!

24. Der Generaldirektor des Bochumer Vereins berichtet seinem Bruder, Generalvertreter der Firma in Berlin, vom Besuch des BV-Pavillons durch Kaiser Wilhelm II. auf der Düsseldorfer Gewerbeausstellung im August 1902.
Generaldirektor Fritz Baare[67] an Bernhard Baare vom 16.8.1902. Abschrift. Historisches Archiv Krupp Essen, WA 80/4274.

Im Anschluss an mein gestriges Telegramm und an meine vorläufige kurze briefliche Mitteilung möchte ich Dir Folgendes noch über den Kaiserbesuch mitteilen:

Je mehr wir uns dem Kaisertag näherten, umso größer wurde eigentlich meine Unruhe und Sorge, ob nicht doch der Kaiser uns »auslassen« würde, was ich, wie Du weißt, im Interesse unseres Vereins[68] und der Arbeiterschaft im höchsten Maße beklagt hätte. [...] Am Freitag gegen 11 Uhr wussten wir absolut noch nicht, ob der Kaiser kommen würde. Es war arrangiert, dass während seiner Abwesenheit in der Maschinenhalle gegen 11 Uhr die Turmglocken[69] fortgesetzt geläutet werden und dass, wenn etwa der Kaiser die Hauptallee überschreitend käme, bei seiner Ankunft in der Mitte der Allee die Turmglocken aufhören und die großen schweren Glocken anschlagen würden, bis er noch 20 Schritte vom Eingang war. Dann sollten die Turm-

---

66 Brassert war im Jahr 1900 von Kaiser Wilhelm II. zum Wirklichen Geheimen Rat ernannt worden und durfte fortan den Titel »Exzellenz« führen.
67 Friedrich (Fritz) Baare (1855–1917) war von 1895 bis zu seinem Tod Generaldirektor des Bochumer Vereins.
68 Gemeint ist der Bochumer Verein für Bergbau und Gussstahlfabrikation.
69 Der Pavillon des Bochumer Vereins war mit einem ca. 70 Meter hohen Glockenturm aus Gips versehen.

glocken wieder einsetzen. Etwa 10 Minuten nach 11 Uhr hatte sich eine freie Bahn gebildet von der Maschinenhalle direkt zu unserem Pavillon. Das Publikum bildete von selbst Spalier, weil es als selbstverständlich annahm, dass der Kaiser von der Maschinenhalle zu uns kommen würde. Gleichzeitig wurde aber auch von der Maschinenhalle durch Polizeibeamte ein Weg zum Seiteneingang der Kunsthalle freigemacht, sodass es noch fraglich war, welchen der beiden frei gehaltenen Wege der Kaiser wählen würde. Plötzlich kam ein höherer Polizeibeamter herangestürmt, um mitzuteilen, er hätte soeben ein Zettelchen erhalten, wonach Majestät direkt zu uns käme. Wenige Minuten darauf kam er auch schon heran. [...]

Da Lueg[70] mir gesagt hatte, der Kaiser könne sehr starke Geräusche nicht gut ertragen, sollten absichtlich die großen Glocken nicht angeschlagen werden. Wie der Kaiser aber sehr lange bei den Glocken stehen blieb, trat Lueg heran und sagte: »Majestät, die Glocken können auch angeschlagen werden«, worauf der Kaiser bat, dieses zu veranlassen. Natürlich geschah das auch sofort, und er bemerkte mir dann: »Ich muss sagen, diese und die anderen Glocken klingen ganz hervorragend«. Ich dankte für die allerhöchste Anerkennung und bemerkte, auch ich fände den Ton sehr sympathisch; die Turmglocken hätten auch nur wenige Tage im Turm gegangen, bis sie schon einen Liebhaber und Käufer gefunden hätten. Der Kaiser meinte, das wäre erfreulich, worauf ich schmunzelnd sagte, für die großen Glocken hätten wir allerdings noch keinen Abnehmer gefunden. Der Kaiser meinte, er hoffe, der würde auch noch kommen. Er besichtigte dann mit lebhaftem Interesse die Reliefarbeiten, wobei ich ihn darauf hinwies, dass diese Reliefarbeiten bei Stahl außerordentlich schwierig herzustellen wären. Mit einem Mal drehte er sich um und sagte: »Herr Baare, ich will Ihnen etwas sagen, ich werde gleich, wenn ich nach Berlin komme, mit Mirbach[71] sprechen, der wird sich bezüglich der Abnahme der Glocken sehr für die Sache interessieren; das tut Mirbach mit besonderer Vorliebe; sie müssen wissen, er ist in dieser Beziehung ein Racker«. Ich erwiderte: »Die Läutseligkeit von Exzellenz Mirbach ist mir wohl bekannt«, worauf der Kaiser sagte: »'Läutseligkeit'« sehr gut, aber er ist so«. Ich erwiderte dann: »Jawohl Majestät, Exzellenz Mirbach hat ein sehr einnehmendes Wesen«, worauf der Kaiser wieder herzlich schmunzelte. [...]

Wir gingen dann auf das Podium vor dem Diorama,[72] und zwar, ohne dass die Herren der Begleitung gefolgt wären. Eigentlich stutzte er etwas, wie er durch die Scheibe sah, das Stutzen war aber ein freudiges, denn er sagte sofort: »Das ist wirklich ganz großartig, und die herrliche Beleuchtung, das ist ganz hervorragend«. Ich habe mehrere Minuten mit ihm

---

70 Der Großindustrielle und Düsseldorfer Stadtverordnete Heinrich Lueg (1840–1917) war einer der Organisatoren der Gewerbeausstellung.

71 Ernst von Mirbach (1844–1925) war preußischer Generalleutnant und Oberhofmeister der letzten deutschen Kaiserin Auguste Victoria (1858–1921), die für ihr großes Engagement beim Bau evangelischer Kirchenbauten bekannt war.

72 Mithilfe eines Dioramas, einer halb durchsichtigen, beidseits bemalten Schaubühne, war es seit dem 19. Jahrhundert im Theater oder bei Ausstellungen möglich, durch eine wechselnde Beleuchtung der Vorder- und Rückseite z.B. Bewegungen zu simulieren. Im Falle des Bochumer Vereins zeigte das Durchscheinbild eine Arbeiterkolonie vor den Betriebsanlagen des Montanunternehmens.

vor der Scheibe gestanden und musste ihm die Einrichtung der einzelnen Häuser erklären, auch die des Arbeiter-Kosthauses etc. [...] Ich erläuterte ihm den Baareplatz, machte ihn auf das Denkmal aufmerksam, erwähnte auch, dass ich glaube, mit Stolz sagen zu können, dass sozialdemokratische Einflüsse auf unsere Leute sozusagen wirkungslos blieben. Unsere Leute wären königstreu und besonders der Stamm unserer Arbeiterschaft treu und anhänglich für das Werk. Er erwiderte: »Es freut mich, das von Ihnen zu hören, und wird es hoffentlich so bleiben.« [...] Mehrere Herren aus seiner Begleitung haben mir nachher gesagt, ich schien den Kaiser gut unterhalten zu haben, denn er hätte mehrere Male laut gelacht und wieder ein sehr interessiertes Gesicht gemacht, der Pavillon scheine ihm ganz hervorragend gefallen zu haben.

Wenn ich nun denke, wie es gewesen wäre, wenn der Kaiser uns nicht besucht hätte, so muss ich sagen, dass wir in ausgezeichneter Weise abgeschnitten haben, worüber ich mich herzlich freue im Interesse unserer sämtlichen Werksangehörigen, die gewiss mit großem Stolz hören, wie wir ausgezeichnet worden sind. [...]

Nachdem nun der Kaiser unseren Pavillon verlassen hatte, ging er über die Hauptallee in die Kunsthalle. Er ließ also auf der einen Seite Erhard[73] und auf der anderen Seite Hörde. Was Erhard betrifft, so hörte ich verschiedene Stimmen, dass das eigentlich weniger schlimm sei, und was Hörde betrifft, so hat mich eigentlich das Übergehen des Hörder Vereins, wo Tull[74] anwesend war, recht schmerzlich berührt, ich hätte ihm wirklich gern einen kurzen Besuch gegönnt. [...] Nach dem Kunstpalast blieben noch bis zur Abfahrt ca. 18 Minuten, und sollten diese für die Besichtigung von »Krupp« und für das Panorama[75] verwendet werden. Eigentlich ist der Kaiser bei Krupp kürzere Zeit gewesen [als] bei uns.

25. Nach der Beisetzung des verstorbenen Friedrich Alfred Krupp[76] hält Wilhelm II. eine Ansprache vor den Direktoren und Arbeitervertretern des Kruppschen Werks im Essener Bahnhof, die als »Tischtuchrede« Berühmtheit erlangte (1902).

Ansprache Kaiser Wilhelms II. vom 26.11.1902 im Essener Bahnhof, abgedruckt in: Wilhelm Klein und Max Hehemann (Hg.), Friedrich Alfred Krupp. Eine Gedächtnisschrift, Essen 1903, S. 66–68. (Auszug)

Es ist mir ein Bedürfnis, Ihnen auszusprechen, wie tief Ich in Meinem Herzen durch den Tod des Verewigten ergriffen worden bin. Dieselbe Trauer lässt Ihre Majestät die Kaiserin und

---

73 Gemeint ist vermutlich Heinrich Erhardt (1840–1928), u.a. Gründer der Rheinmetall.
74 Gemeint ist Matthias Tull, Generalbevollmächtigter des Hörder Vereins.
75 Das »Panorama«, ein 15 Meter hohes und 120 Meter langes Gemälde des Malers Max Clarenbach, das General »Blüchers Übergang über den Rhein bei Kaub am 1. Januar 1814« zeigte, sollte den Sieg Preußens über die französische Fremdherrschaft symbolisieren. Das Gemälde wurde erstmals auf der Gewerbeausstellung der Öffentlichkeit vorgestellt.
76 Friedrich Alfred Krupp (1854–1902) starb nach Angaben des Amtlichen Deutschen Telegraphenbüros am 22. November 1902 mit nur 48 Jahren an den Folgen eines Gehirnschlags. Die genauen Umstände seines Todes blieben jedoch – u.a. aufgrund des sehr allgemein gehaltenen ärztlichen Bulletins – im Dunkeln.

Königin Ihnen allen aussprechen und hat sie das auch bereits schriftlich der Frau Krupp zum Ausdruck gebracht. Ich habe häufig mit Meiner Gemahlin die Gastfreundschaft im Kruppschen Hause genossen und den Zauber der Liebenswürdigkeit des Verstorbenen auf Mich wirken lassen. Im Laufe der letzten Jahre haben sich unsere Beziehungen so gestaltet, dass Ich Mich als einen Freund des Verewigten und seines Hauses bezeichnen darf. Aus diesem Grunde habe Ich es Mir nicht versagen wollen, zu der heutigen Trauerfeier zu erscheinen, indem Ich es für Meine Pflicht gehalten [habe], der Witwe und den Töchtern Meines Freundes zur Seite zu stehen. Die besonderen Umstände, welche das traurige Ereignis begleiteten, sind Mir zugleich Veranlassung gewesen, Mich als Oberhaupt des Deutschen Reichs hier einzufinden, um den Schild des Deutschen Kaisers über dem Hause und dem Andenken des Verstorbenen zu halten. Wer den Heimgegangenen näher gekannt hat, wusste, mit welcher feinfühligen und empfindsamen Natur er begabt war, und dass diese den einzigen Angriffspunkt bieten konnte, um ihn tödlich zu treffen. Er ist ein Opfer seiner unantastbaren Integrität geworden. Eine Tat ist in deutschen Landen geschehen, so niederträchtig und gemein, dass sie Aller Herzen erheben gemacht und jedem deutschen Patrioten die Schamröte auf die Wange treiben musste über die unserem ganzen Volk angetane Schmach.[77] Einem kerndeutschen Mann, der stets nur für Andere gelebt, der stets nur das Wohl des Vaterlands, vor allem aber das seiner Arbeiter im Auge gehabt hat, hat man an seine Ehre gegriffen, diese Tat mit ihren Folgen ist weiter nichts als Mord; denn es besteht kein Unterschied zwischen Demjenigen, der den Gifttrank einem anderen mischt und kredenzt, und demjenigen, der aus dem sicheren Versteck seines Redaktionsbüros mit den vergifteten Pfeilen seiner Verleumdungen einen Mitmenschen um seinen ehrlichen Namen bringt und ihn durch die hierdurch hervorgerufenen Seelenqualen tötet. Wer war es, der diese Schandtat an unserem Freund beging? Männer, die bisher als Deutsche gegolten haben, jetzt aber dieses Namens unwürdig sind, hervorgegangen aus eben der Klasse der deutschen Arbeiterbevölkerung, die Krupp so unendlich viel zu verdanken hat, und von der Tausende in den Straßen Essens heute mit tränenfeuchtem Blick dem Sarg ihres Wohltäters ein letztes Lebewohl zuwinkten.

Zu den Vertretern der Arbeiter gewendet:

Ihr Kruppschen Arbeiter habt immer treu zu Eurem Arbeitgeber gehalten und an ihm gehangen, Dankbarkeit ist in Euren Herzen nicht erloschen; mit Stolz habe ich im Ausland überall

---

77 Friedrich Alfred Krupp, der aus gesundheitlichen Gründen und zu Forschungszwecken häufig auf der italienischen Insel Capri weilte, war bei seinem letzten Aufenthalt von der italienischen Presse, so Lothar Gall, mit »Eskapaden aller Art« und »Gelagen antikischen beziehungsweise antiken Vorbildern nachempfundenen Ausmaßes, am Ende auch sexueller Natur« in Verbindung gebracht worden. Nachdem das Auswärtige Amt darauf verzichtet hatte, zugunsten Krupps zu intervenieren, machte der »Vorwärts«, das Zentralorgan der SPD, am 15.11.1902 diese Vorwürfe in Deutschland publik. Hieran änderten auch die Bemühungen des Reichskanzlers von Bülow nichts mehr, durch die Beschlagnahme der Ausgabe und eine Verleumdungsklage gegen den »Vorwärts« einen »Skandal« zu verhindern. Vgl. hierzu Lothar Gall, Krupp. Der Aufstieg eines Industrieimperiums, Berlin 2000, S. 282–284.

durch Eurer Hände Werk den Namen unseres deutschen Vaterlands verherrlicht gesehen. Männer, die Führer der deutschen Arbeiter sein wollen, haben Euch Euren teuren Herrn geraubt. An Euch ist es, die Ehre Eures Herrn zu schirmen und zu wahren und sein Andenken vor Verunglimpfungen zu schützen. Ich vertraue darauf, dass Ihr die rechten Wege finden werdet, der deutschen Arbeiterschaft fühlbar und klarzumachen, dass weiterhin eine Gemeinschaft oder Beziehungen zu den Urhebern dieser schändlichen Tat für brave und ehrliebende deutsche Arbeiter, deren Ehrenschild besteckt worden ist, ausgeschlossen sind. Wer nicht das Tischtuch zwischen sich und diesen Leuten zerschneidet, legt moralisch gewissermaßen die Mitschuld auf sein Haupt. Ich hege das Vertrauen zu den deutschen Arbeitern, dass sie sich der vollen Schwere des Augenblicks bewusst sind und als deutsche Männer die Lösung der schweren Frage finden werden.

26. **Der Mülheimer Fabrikbesitzer und Verbandsfunktionär der deutschen Lederindustrie, Eugen Coupienne, erhält 1904 vom König von Preußen ein Patent als Kommerzienrat.**
Patent als Kommerzienrath für den Fabrikbesitzer Eugen Coupienne[78] in Mülheim a. d. Ruhr vom 14.7.1904. Stadtarchiv Mülheim/Ruhr 1390/2/3.

Wir Wilhelm,
von Gottes Gnaden
König von Preußen etc.
tun kund und fügen hiermit zu wissen, dass wir Allergnädigst geruht haben, dem Fabrikbesitzer Eugen Coupienne in Mülheim a. d. Ruhr den Charakter als Kommerzienrat zu verleihen. Es ist dies in dem Vertrauen geschehen, dass der nunmehrige Kommerzienrat Coupienne Uns und Unserem Königlichen Hause in unverbrüchlicher Treue ergeben bleiben und fortfahren werde, nach Kräften zum allgemeinen Besten beizutragen, wogegen derselbe sich Unseres Allerhöchsten Schutzes bei den mit seinem gegenwärtigen Charakter verbundenen Rechten zu erfreuen haben soll. Urkundlich haben Wir dieses Patent Allerhöchstselbst vollzogen und mit Unserem Königlichen Insiegel versehen lassen.
Gegeben Molde an Bord M[einer] Y[acht] »Hohenzollern«, den 14. Juli 1904.
[gez.] Wilhelm II.

---

78   Eugen Coupienne (1843–1907), Onkel von Hugo Stinnes, avancierte gegen Ende des 19. Jh. zur zentralen Persönlichkeit für die gesamte deutsche Lederindustrie. Neben dem Vorsitz des Börsenvereins der Häute-, Fell- und Lederbranche für Rheinland und Westfalen in Köln (ab 1884) war Coupienne langjähriger Vorsitzender des Centralvereins der deutschen Lederindustrie in Frankfurt am Main. Zu Eugen Coupienne vgl. Peter Durniok, Artikel Eugen Coupienne, in: Neue Deutsche Biographie 3 (1957), S. 382–383.

27. Streit um den preußischen Staatsbergbau im Ruhrgebiet (1904)

Erklärung der Handelskammer Bochum betr. die geplante Verstaatlichung der Bergwerksgesellschaft Hibernia, o.D. [August 1904]. Stadtarchiv Herne V/3018, Bl. 25–27.

Die Beteiligung des Staats am Bergbau zum Zweck der Sicherung seines eigenen Kohlenbedarfs kann an sich, weder von dem allgemeinen Standpunkt der Volkswirtschaft noch von dem besonderen der Interessen des Bergbaus und des hiesigen Industriebezirks aus, zu Bedenken Veranlassung geben. Daher ist auch das im Jahr 1902 erfolgte Eintreten des Preußischen Fiskus in den Ruhrkohlenbergbau in keiner Weise unliebsam empfunden, sondern sogar willkommen geheißen worden.

Mit der geplanten Verstaatlichung der Bergwerksgesellschaft Hibernia[79] verlässt jedoch die Staatsregierung ihren Standpunkt, keine in Förderung stehenden Zechen weiter zu erwerben. Ihre Absicht bei dem Erwerb ist eingestandenermaßen nicht mehr in erster Linie auf die Sicherung des Kohlenbedarfs gerichtet.

Das Ausscheiden eines so bedeutenden Großbetriebs aus der Reihe von Privatunternehmungen würde wegen seiner auch von der Regierung anerkannten mustergültigen Organisation und Leitung und wegen seines gleichfalls von der Regierung sehr günstig beurteilten Einflusses auf unsere Bergbauindustrie in sämtlichen Industrie- und Handelszweigen aufs Lebhafteste bedauert werden.

Für die beteiligten Gemeinden würde der Erwerb der Zechen der Gesellschaft durch den Staat schwere wirtschaftliche Schädigungen hervorrufen, durch eine sehr erhebliche Minderung der Steuerbeträge und durch den Wegzug zahlreicher gut besoldeter höherer und niederer Beamter.

Die für die Verstaatlichung der Hibernia offiziös mitgeteilte Begründung kann weder als ausreichend noch als stichhaltig anerkannt werden.

Denn was die angeblich von der Regierung durch den Erwerb von Hibernia erstrebte Gewinnung eines mäßigenden Einflusses auf die Preisfestsetzungen des Kohlensyndikats anbetrifft, so steht fest, dass die Regierung noch vor Kurzem die ihr dargebotene Gelegenheit zur Gewinnung eines solchen Einflusses von der Hand gewiesen hat. Außerdem ist allgemein anerkannt worden, dass das Syndikat bisher eine durchaus maßvolle Preispolitik beobachtet hat, und es ist kein Grund vorhanden, anzunehmen, dass in dieser Hinsicht in absehbarer Zeit eine Änderung eintreten wird. Überdies können die anderweitig mit der Preispolitik des fiskalischen Bergbaus und derjenigen unserer Staatseisenbahnen gemachten Erfahrungen die Kohlen verbrauchenden Industrien auch gar nicht zu dem Wunsch veranlassen, dass der Fiskus auf die Preisbildung der Kohlen eine entscheidende Einwirkung erhielte.

Nach unserer Kenntnis der einschlägigen Verhältnisse müssen auch die durch die Fusionen hervorgerufenen Befürchtungen als gegenstandslos bezeichnet werden. Dass im Kohlensyndi-

---

79 Zur Verstaatlichung der Hibernia Bergewerksgesellschaft vgl. Dietmar Bleidick, Die Hibernia-Affäre. Der Streit um den preußischen Staatsbergbau im Ruhrgebiet zu Beginn des 20. Jahrhunderts, Bochum 1999.

kat infolge der Fusionen der bisherige, von der Regierung günstig beurteilte Einfluss leitender Persönlichkeiten im Schwinden begriffen sein soll, bestreiten wir; das würde nach unserem Dafürhalten erst dann ernstlich zu befürchten sein, wenn die wesentlichen Träger dieses Einflusses durch eine Verstaatlichung ihrer Unternehmungen beseitigt sein sollten.

Die Fusionsbestrebungen bewegen sich keineswegs in der Richtung auf Bildung eines den gesamten Bergbau umfassenden Trusts, sondern bezwecken nur die schon längst als wirtschaftlich zweckmäßig erkannte Bildung sogenannter gemischter Großbetriebe. [...]

Wenn das bloße Bekanntwerden der Verschmelzungspläne die Regierung zu dem folgenschweren Schritt bewogen hat, innerhalb der Zeit von nur wenigen Monaten mit ihrer bisherigen Politik zu brechen, so muss damit gerechnet werden, dass eine weitere Entwicklung der gemischten Großbetriebe den Staat veranlassen wird, auf dem einmal beschrittenen Weg der Verstaatlichung von Zechen weiter fortzuschreiten. [...]

Die Verstaatlichung unseres Bergbaus muss aber aus politischen, volks- und staatswirtschaftlichen und aus sozialen Gründen, im Interesse nicht nur der Bergbauunternehmungen und ihrer Besitzer, sondern auch in dem der Kohlenkonsumenten und der Arbeiterschaft, auf das Nachdrücklichste bekämpft werden.

Nur der bekannten Zähigkeit der hiesigen am Bergbau beteiligten Kreise ist das gegenwärtige Aufblühen unserer Bergbauindustrie zu verdanken, und es wäre ein Unrecht gegen dieselben, ihnen die Früchte ihrer langjährigen und meist mit erheblichen Opfern verbundenen Tätigkeit zu nehmen.

Staatsbetriebe können auch nicht die Lasten übernehmen, welche unser Bergbau für die Konkurrenzfähigkeit der deutschen Eisenindustrie in Gestalt von Ausfuhrvergütungen auf sich genommen hat.

Mit einem verstaatlichten Bergbau wird die deutsche Volkswirtschaft nicht in der Lage sein, den immer schwerer werdenden Konkurrenzkampf gegen ein vielfach durch natürliche Verhältnisse begünstigtes Ausland mit Erfolg zu bestehen.

28. »Mit so viel Geschick und Energie«. Der junge Gustav Stresemann über das industrielle Organisationswesen in Rheinland und Westfalen (1905)

Beitrag Gustav Stresemanns,[80] in: Sächsische Industrie. Sächsische Industrie- und Handelszeitung, hg. v. Verband Sächsischer Industrieller, Nr. 1 (1904/05), abgedruckt in: Josef Winschuh, Der Verein mit dem langen Namen. Geschichte eines Wirtschaftsverbandes, Berlin 1932, S. 4.

Wir haben in Deutschland zwei Industriegebiete, die »schwere Industrie« in Rheinland und Westfalen und das Königreich Sachsen mit seinen bedeutsamen Städten der Textil- und Metallindustrie, daneben viele andere Industriezweige. Aber welch ein Unterschied zwischen der Bedeutung und dem Einfluss der Industrie in diesen beiden Gebieten! In Rheinland-Westfalen

---

80 Gustav Stresemann (1878–1929), als späterer Reichskanzler (1923) und langjähriger Außenminister (1923–1929) wohl der bekannteste und angesehenste Politiker der Weimarer Republik, war von

hat sich die Industrie schon seit Langem eine Organisation in dem bekannten und berühmten »Verein zur Wahrung der Interessen der Industriellen von Rheinland und Westfalen«[81] geschaffen, der an dem Übergang des deutschen Reichs zur Schutzzollpolitik *wesentlichen Anteil* hatte, der in seinem Sinne und im Anschluss an den Centralverband Deutscher Industrieller seine Interessen *mit so viel Geschick und Energie verfochten* hat, dass seine Ansichten viele Jahre lang *maßgebend für die Stellungnahme der Regierung* zu den Forderungen der deutschen Industrie geworden sind. Noch vor Kurzem mussten wir beim Kampf um die Notstandstarife[82] erleben, dass für die preußische Regierung die rheinisch-westfälische Industrie schlechthin die Industrie vorstellt. Gleichzeitig findet man in Rheinland-Westfalen die Anerkennung des Industriellen als Persönlichkeit, die Wertung der industriellen und kaufmännischen Arbeit auch durch die Behörden. Wir brauchen nicht auszuführen, wie viel in *Sachsen noch fehlt*, um uns auch nur annähernd gleiche Zustände zu schaffen.

29. Emil Kirdorf, Gründer des Rheinisch-Westfälischen Kohlensyndikats und Generaldirektor der Gelsenkirchener Bergwerks-AG, über das Verhältnis der Ruhrindustrie zur Politik auf der Versammlung des Vereins für Socialpolitik (1905)

Referat von Geh. Kommerzienrat E. Kirdorf, Gelsenkirchen vom 27.9.1905,[83] abgedruckt in: Verhandlungen des Vereins für Socialpolitik über die finanzielle Behandlung der Binnenwasserstraßen mit Referaten von H. Schuhmacher und A. Wirminghaus, über das Arbeitsverhältnis in den privaten Riesenbetrieben mit Referaten von L. Brentano und E. Leidig und das Verhältnis der Kartelle zum Staate mit Referaten von G. Schmoller und E. Kirdorf-Gelsenkirchen, in: Schriften des Vereins für Socialpolitik, Bd. 116: Verhandlungen der Generalversammlung in Mannheim, 25., 26., 27. und 28. September 1905, Leipzig 1906, S. 272–293, hier S. 276. (Auszug)

Meine Herren! Dann ist die Machtkonzentration, die durch die Syndikate entsteht, als eine große Gefahr hingestellt worden. Auf der anderen Seite aber ist ja von Herrn Professor Schmol-

---

1902 bis 1908 Rechtsbeistand des Verbands sächsischer Industrieller. – Der Titel des Beitrags war nicht zu ermitteln.
81   Der am 30. März 1871 von Vertretern der rheinisch-westfälischen Montan- und Textilindustrie gegründete Interessenverband, der sogenannte Langnamverein, trug den vollen Namen »Verein zur Wahrung der gemeinsamen wirtschaftlichen Interessen in Rheinland und Westfalen«.
82   Hierbei handelt es sich um Ausnahmetarife, d.h. alle abweichend gebildeten Gütertarife, die zur Beseitigung eines Notstands Frachtermäßigungen gewähren. Die von der preußischen Bahnverwaltung im Juli 1904 eingeführten Notstandtarife galten vor allem für die Versendung von landwirtschaftlichen Futtermitteln nach Schlesien. Hintergrund war eine extreme Trockenheit, die den Transport durch Frachtschiffe unmöglich machte.
83   Emil Kirdorf (1847–1938) wurde 1871 Direktor der Zeche Holland und war von 1873–1926 langjähriger Direktor der Gelsenkirchener Bergwerks-AG. Er bewirkte maßgeblich die Gründung des Rheinisch-Westfälischen Kohlensyndikats 1893. Als Mitbegründer des Alldeutschen Verbands 1891 findet man ihn fortan auf der Seite der politischen Rechten. Kirdorf wurde Mitglied der NSDAP und ließ sich von Hitler ehren.

ler[84] richtig hervorgehoben worden, dass die Syndikate gerade die ganz großen Bildungen, die Trusts, eher verhindern als fördern, und in den Syndikaten selbst, meine Herren, liegt doch eine Machtkonzentration nicht. [...]

Wenn es als Gefahr bezeichnet wurde, wie es seinerzeit in Äußerungen der Regierung geschah, die in der Begründung für den Ankauf der Hibernia[85] mitgeteilt wurden, dass die Industrien sich vereinigen, größere Zusammenballungen vornehmen, so kann es, meine Herren, eine Gefahr in politischer Beziehung doch nicht sein; denn ich kenne keine Klasse im bürgerlichen Leben unseres Staats, die von geringerem politischen Einfluss ist als die Industrie.

(Zurufe: Leider! – Heiterkeit.)

Wir haben doch leider, meine Herren, gar nichts zu sagen. Wie häufig ist die Aufforderung an die leitenden Personen der Industrie, auch an meine Person, ergangen: Sie sind verpflichtet, eine Vertretung im Parlament zu übernehmen. Ja, meine Herren, in den Reichstag wählt mich kein Mensch (große Heiterkeit), und um in den Landtagen, wo mir ja von Parteien, die möglicherweise die Mehrheit bekommen hätten, einmal ein Mandat angeboten worden ist, überhaupt etwas zu leisten, ist man verpflichtet, einer Partei beizutreten, der man aus innerster Überzeugung nicht beitreten kann. Ich wüsste wenigstens keine Partei in unseren Parlamenten, der ich beitreten könnte.

(Heiterkeit.)

Man wäre also wirkungslos. Außerdem stehe ich aber auch auf dem Standpunkt: Man kann nie im Leben zwei Herren dienen, und ein bezahlter Arbeiter, wie ich es bin, ist verpflichtet, seine Aufgabe zu erfüllen und die Interessen der Gesellschaft zu wahren. Ich möchte aber einmal sehen, wie ich eine große Gesellschaft leiten sollte, trotzdem ich gleichberechtigte und gleichwertige Kollegen zur Seite habe – wir sind eine kollektive Direktion, ich habe absolut keine übergeordnete Stellung in ihr –, wie ich meiner Aufgabe gerecht werden sollte, wenn ich das halbe Jahr mit anderen beruflichen Ehrenpflichten zu tun hätte.

30. Laut Jahrbuch der Millionäre ist Bertha Krupp von Bohlen und Halbach 1912 die reichste Privatperson im gesamten Deutschen Reich.

Rudolf Martin, Das Jahrbuch der Millionäre Deutschlands, Bd. 12: Jahrbuch des Vermögens und Einkommens der Millionäre in Westfalen, Berlin 1913, S. V.

Die reichste Person der Rheinprovinz, Frau Bertha Krupp von Bohlen und Halbach,[86] ist auch zugleich die reichste Person von Preußen und von Deutschland. Nur ihr Einkommen

---

84 Gustav (von) Schmoller (1838–1917), der Begründer der deutschen Nationalökonomie, war von 1890 bis zu seinem Tod 1917 langjähriger Vorsitzender des 1873 gegründeten Vereins, der sich »einerseits gegen die von der deutschen Manchesterschule betriebene Politik des Laissez-faire in der Sozialpolitik und andererseits gegen die sozialrevolutionären Ideen des aufkommenden Sozialismus« richtete. Vgl. www.socialpolitik.de (zuletzt gesehen am 18.9.2009).
85 Vgl. dazu Dok. 27 in diesem Kapitel.
86 Zu Bertha Krupp von Bohlen und Halbach vgl. die Einleitung zu diesem Kapitel.

(18.985.000 Mark im Jahr 1912) wird vielleicht noch von dem Einkommen des Kaisers um rund 1 Million Mark überragt. Der König von Preußen zahlt keine Steuern, und ist daher sein Vermögen und Einkommen in dem Jahrbuch der Millionäre in Berlin nicht aufgrund der amtlichen Steuerstatistik, sondern auf andere Weise festgestellt worden.

Die fünf größten Vermögen im Königreich Preußen waren bei der Steuerveranlagung des Jahres 1911 – das Vermögen wird in Preußen nur alle drei Jahre veranlagt – die folgenden:

	Mill. Mark
Frau Bertha Krupp von Bohlen und Halbach in Essen-Ruhr	283
Fürst Henckel von Donnersmarck[87] in Neudeck, Oberschlesien	254
Generalkonsul Freiherr von Goldschmidt-Rothschild[88] in Frankfurt a. M.	163
Herzog von Ujest auf Slawentzitz,[89] Oberschlesien	154
Kaiser Wilhelm II.	140

Die fünf größten Einkommen im Königreich Preußen waren bei der Steuerveranlagung für das Jahr 1912 die folgenden:

	Mill. Mark
Kaiser Wilhelm II.	22
Frau Bertha Krupp von Bohlen und Halbach	18,98
Fürst Henckel von Donnersmarck	13,145
Herzog von Ujest	6,5
Geh[eimer] Kommerzienrat Ziese[90] in Lärchwalde	4,43

Das Vermögen der Frau Bertha von Bohlen und Halbach ist in den drei Jahren von 1908 bis 1911 um 96 und das Vermögen des Fürsten Henckel von Donnersmarck um 77 Mill. Mark angewachsen. Diese Vermögenssteigerung ist eine märchenhafte und hat sich in Deutschland niemals zuvor ereignet.

---

87 Fürst Guido Henckel von Donnersmarck (1830–1916) bezog seinen Reichtum vor allem aus dem Besitz zahlreicher Bergwerke und Eisenhütten im oberschlesischen Montanrevier.

88 Freiherr von Goldschmidt-Rothschild (1843–1940), seit 1903 in den preußischen Adelsstand erhoben, war der prominenteste Vertreter der in Frankfurt am Main ansässigen jüdischen Bankiersfamilie. In der NS-Zeit musste Rothschild u.a. den Familiensitz und seine Kunstsammlung weiter unter Wert an die Stadt Frankfurt verkaufen.

89 Hans Heinrich Georg zu Hohenlohe-Öhringen, Herzog von Ujest (1858–1945), trat u.a. als Montanindustrieller in Oberschlesien in Erscheinung.

90 Carl Ziese (1848–1917), gelernter Ingenieur, war u.a. Besitzer einer florierenden Großwerft in Danzig.

31. Gustav Krupp von Bohlen und Halbach spricht sich gegen den geplanten Sturz des Reichskanzlers Theobald von Bethmann Hollweg aus (1917).[91]

Gustav Krupp von Bohlen und Halbach[92] an Finanzrat Ernst Haux[93] vom 7.4.1917. Historisches Archiv Krupp Essen, FAH 4 C 73b, S. 168–171.

Sie haben mir die Frage vorgelegt, ob ich als Besitzer der Kruppschen Fabrik die Dinge laufen lassen und nichts tun wolle, um das Ihrer Ansicht nach zum Abgrund rollende Rad der inneren Politik aufzuhalten bzw. in Summa, um einen Wechsel in der Stelle des Reichskanzlers herbeizuführen.

Sie wissen, dass ich grundsätzlich der Ansicht bin, der Inhaber der Firma Krupp wie ihre Beamten sollten sich möglichst aus dem Kampf der Politik heraushalten; das schließt aber selbstverständlich nicht aus, dass ich im Falle der Not mich ganz einzusetzen gewillt sein würde, wenn ich – nicht in negativer Kritik, sondern – in positivem Raten und Handeln einen Weg zur Rettung aus Gefahr zu weisen wüsste.

Ich muss mir daher jetzt die Frage vorlegen, ob Gefahr vorhanden [ist], und bejahenden Falles, ob ich einen Weg zur Rettung weiß.

Mit großer Sorge erfüllt mich schon lange das Hinabgleiten unserer monarchischen und staatlichen Autorität auf dem schiefen Weg zum Demokratismus, eine Sorge, die in mir lebt seit mindestens dem Jahr 1910, und [die] bestärkt wurde durch die seinerzeitigen Reichstagsdebatten über die Politik unseres Kaisers, durch die Verneigung Bülows vor dem Reichstag,[94]

---

91 Reichskanzler (1909–1917). Theobald von Bethmann Hollweg (1856–1921) vertrat namentlich im Frühjahr 1917 mit dem Eintreten für ein allgemeines Wahlrecht auch in Preußen und für eine Parlamentarisierung des Reichs Reformbestrebungen, die u.a. in eine Vertrauenskrise mit der Obersten Heeresleitung mündeten. Das Intrigenspiel rechtsgerichteter Kreise gegen den Reichskanzler erfasste auch das Direktorium der Fa. Fried. Krupp wegen der langjährigen engen Kontakte der Firma mit den Militärbehörden. Bethmann Hollweg kam seiner Absetzung am 13.7.1917 mit einem Rücktrittsgesuch zuvor.

92 Gustav Krupp von Bohlen und Halbach (1870–1950), ausgebildeter Diplomat, heiratete 1906 die Krupp-Alleinerbin Bertha Krupp und nahm fortan als Aufsichtsratsvorsitzender des Essener Unternehmens die Aufgabe eines Industriellen wahr. Unter seiner Regie entwickelte sich der Krupp-Konzern nicht nur in der Kriegswirtschaft des Zweiten Weltkriegs, sondern vor allem bereits im Ersten Weltkrieg zu einem der schlagkräftigsten und einflussreichsten deutschen Rüstungsunternehmen. Wegen seiner engen Beziehungen zum NS-Regime und der Beschäftigung von Zwangsarbeitern wurde Gustav Krupp von Bohlen und Halbach 1945 durch den Internationalen Militärgerichtshof in Nürnberg als Kriegsverbrecher angeklagt. Zu einer Verurteilung kam es aufgrund seines schlechten Gesundheitszustands jedoch nicht mehr. – Zu Gustav Krupp von Bohlen und Halbach vgl. u.a. auch die Dok. 3 und 34 in Kap. IX sowie Dok. 28 in Kap. XIII.

93 Ernst Theodor Haux (1863–1938), seit 1896 bei der Firma Fried. Krupp und als langjähriger Finanzchef von 1896 bis 1921 Mitglied des Direktoriums, wechselte anschließend in den Aufsichtsrat.

94 Reichskanzler (1900–1909) Bernhard von Bülow (1849–1929) hatte sich in der sogenannten Daily-Telegraph-Affäre – das war ein ganz und gar undiplomatisches Interview, das Wilhelm II. in England gegeben hatte und das in Deutschland eine Staatskrise über das »persönliche Regiment« des Kaisers auslöste – nach Ansicht konservativer Kreise und Eliten im Reichstag nicht vor den Kaiser gestellt. Der Reichskanzler musste zurücktreten.

in seinem Abgang und durch die vielen nachgefolgten, zur Genüge bekannten Tatsachen. Der Krieg hat das Tempo beschleunigt und wird es, je länger er dauert, desto mehr beschleunigen. Dagegen sehe ich kein grundlegendes Mittel. Eben in der langen Dauer des Kriegs sehe ich mehr den Urgrund der gegenwärtigen Verhältnisse als in den mehr oder minder großen Fehlern der gegenwärtigen Reichsleitung, die ich gewiss nicht verkenne und in Berlin mehr als einmal offen zur Sprache gebracht habe. […]

Aus der eben geschilderten Auffassung heraus hege ich schon längstens die Hoffnung auf ein nicht zu fernes, vernünftiges Kriegsende, auf einen Frieden, dessen Ergebnisse ich mir allerdings schon lange nicht mehr so hoffnungsvoll ausmale, [wie] zu Beginn des Kriegs, aus dieser Auffassung heraus ich unser Friedensangebot im Dezember begrüßt [habe], aus ihr heraus konnte ich auch die fast allgemeine Genugtuung nicht mitempfinden, mit der der Abbruch der amerikanischen Beziehungen zu uns mit der nachfolgenden Kriegserklärung aufgenommen wurde.

Je länger der Krieg dauert, desto geringer wird, so fürchte ich, für uns der Preis sein, den wir von außen für alle unsere Opfer erhalten werden, umso höher andererseits der Preis, den wir nach innen werden bezahlen müssen.

Die Gefahr, die Sie im Auge haben, verkenne ich also nicht, aber ich sehe ihren Grund in den Verhältnissen mehr als in der vom Kanzler befolgten Politik und kann mir daher eine Rettung aus derselben nicht durch einen Kanzlerwechsel versprechen, wenn ich nicht weiß, dass an die Stelle des gegenwärtigen Inhabers der Reichskanzlerstelle ein »Zivil-Hindenburg« tritt.

Wenn ich auch der Letzte bin, der Bethmanns in die Augen fallenden Fehler und Mängel verkennt – ich rechne hierher seine m.E. übertriebenen Dankbarkeitsgefühle und -äußerungen gegen links, seine Abneigung gegen bzw. den Mangel an Verständnis für eine politisch notwendige Aufmachung in so mancherlei Dingen und viele andere bekannte Momente –, so bin ich doch nach wie vor fest überzeugt, dass ihm über alles Persönliche und Kleinliche das Wohl unseres Volks und seine Zukunft allein am Herzen liegt und dass er ein – leider selten! – anständiger und vornehmer Charakter ist, – und das ist in der Schicksalsstunde unseres Volks auch viel wert! Und dass er trotz der bisherigen langen Dauer des Kriegs eine gewisse Einheit im Inneren noch zu erhalten verstanden hat, darf auch nicht verkannt werden.

32. Der rheinische Separatismus und die Schwerindustrie 1919
Protokoll einer Versammlung am 7.2.1919. Historisches Archiv Krupp Essen, WA 3/223. (Auszug)

In dem heute auf dem Essener Rathaus zusammengetretenen, etwa 50 Mitglieder umfassenden Ausschuss zur Wahrnehmung [der Interessen] des rheinisch-westfälischen Industriebezirks[95] fanden aufgrund einer eingehenden Erörterung sowohl der politischen wie der wirtschaftlichen Belange folgende Ausführungen und Vorschläge einstimmige Billigung.

---

95 Über den Ausschuss ist in der Forschungsliteratur bisher nichts bekannt. Vgl. Martin Schlemmer, »Los von Berlin«. Die Rheinstaatbestrebungen nach dem Ersten Weltkrieg, Köln etc. 2007.

1. Der Einspruch der Essener Einheitsversammlung von voriger Woche, dass über den Industriebezirk nicht wie über eine Ware verfügt werden dürfe, muss in schärfster Weise wiederholt werden. Da die in Köln bearbeiteten Pläne die Errichtung einer *westdeutschen Republik* im Verband des Deutschen Reichs zum Gegenstand haben und diese *westdeutsche Republik Rheinland und Westfalen* umfassen soll, so ist es ein vollkommenes Unding, dass ein Ausschuss, dem nicht Vertreter des rheinisch-westfälischen Industriebezirks der Bedeutung dieses Bezirks entsprechend angehören, Pläne über die Errichtung einer westdeutschen Republik bearbeitet. Der Industriebezirk ist nicht nur das wirtschaftlich wertvollste Kernstück des Deutschen Reichs, sondern damit auch der preußischen Provinzen Rheinland und Westfalen.
2. Sowohl in der Kölner Entschließung vom 1. Februar wie in der Entschließung der Essener Einheitsversammlung ist Ausgangs- und Zielpunkt die Bekundung des festen Willens, dass kein Teil des deutschen Volks vom deutschen Reichskörper losgelöst oder seine Verbindung mit dem Reichskörper aufgelockert werden darf. Da dies besonders für die linksrheinischen Gebiete des Deutschen Reichs gilt, so musste schon die Einsetzung eines Ausschusses nur aus linksrheinischen Vertretern mindestens die Feinde, aus deren Reihen zum Teil die Festlegung des Rheins als Deutschlands Grenze gefordert wird, zu einer Missdeutung führen. Der Industriebezirk wiederholt deshalb seinen festen Entschluss, keinem Plan zuzustimmen, der die Grundlagen des Deutschen Reichs erschüttert.
3. Vom Standpunkt der unerlässlichen Einigkeit des deutschen Volks aus und entsprechend einer von zwei Mitgliedern des Kölner Ausschusses überbrachten Einladung wird ein kleiner Ausschuss des Industriebezirks[96] gebildet, der beauftragt wird, die Angelegenheiten des rechts- und linksrheinischen Preußens gemeinschaftlich mit dem Kölner Ausschuss zu beraten. Der Zuständigkeit der deutschen oder preußischen Nationalversammlung darf damit in keiner Weise vorgegriffen werden. Ferner dürfen innenpolitische Gesichtspunkte solange keine Rolle spielen, als dadurch außenpolitische Gefahren für das Deutsche Reich heraufbeschworen werden können.

---

[96] Diesem, vom Essener Oberbürgermeister Hans Luther (1879–1962) geleiteten Gremium gehörten bei seiner Gründung neun Mitglieder, darunter die Oberbürgermeister der Städte Duisburg und Dortmund, Karl Jarres (1874–1951) und Ernst Eichhoff (1873–1941), der Essener Gewerkschaftssekretär und Zentrumspolitiker Christian Kloft (1867–1938) sowie das Direktoriumsmitglied der Firma Fried. Krupp AG, Oberregierungsrat Otto Wiedfeldt (1871–1926), an. Dieser Kreis wurde kurz darauf u.a. durch Vertreter des Bergischen Landes und offenbar auch durch Hugo Stinnes (1870–1924) erweitert. Historisches Archiv Krupp Essen, WA 3/223.

33. Bestrebungen zur Konzentration der Stahlindustrie 1919

Albert Vögler[97] an Otto Wiedfeldt[98] vom 25.10.1919. Historisches Archiv Krupp Essen, WA 3/225. (Auszug)

Zunächst sende ich Ihnen mit der Bitte um vertrauliche Kenntnisnahme Ausführungen, die ich zur Umgestaltung unseres Verbandswesens vor Monaten einem kleineren Kreis von Herren zugänglich gemacht habe. Bei den ganz anders gearteten Verhältnissen der Firma Krupp hatte ich zunächst Abstand davon genommen, mich auch hierhin zu wenden. Erst später ist mir die Überlegung gekommen, dass man doch eigentlich die großen Hallen der früheren Kriegsabteilungen hervorragend verwerten könnte, wenn die beteiligten Werke sich zu dem Entschluss aufrafften, ihre Verfeinerungsbetriebe, die heute zersplittert auf jedem Werk vorhanden sind, zu geschlossenen Fabrikationen zusammenfassen. Ob wir dazu schon reif sind, möchte ich allerdings bezweifeln. Dazu geht es uns vorläufig scheinbar noch zu gut.

Später habe ich dann Herrn Dr. Bruhn,[99] als ich mich mit dessen Verbandspolitik nicht mehr einverstanden erklären konnte, wenn ich nicht irre, auszugsweise von meinen Ideen unterrichtet. Es wird aber gut sein, wenn die Frage bei ihm nur ganz vorsichtig angeschnitten wird, da er ein überzeugter Anhänger von Syndikaten ist, die in der Festlegung der Verkaufspreise und peinlichen Pflicht- und Anspruchslisten nach seiner Meinung die Interessen der Wirtschaft genügend vertreten können. Mir will es umgekehrt scheinen, als ob wir die Bürokratisierung der Syndikate so schnell wie möglich aus unseren Wirtschaftsbetrieben entfernen müssen. Glücklicherweise war in der Eisenindustrie immer nur ein ganz bescheidener Teil der Erzeugnisse zwangssyndiziert, und darum hat sich durchweg ein reges Leben in den Werken und eine ausgezeichnete Führung entwickelt.

---

97 Albert Vögler (1877–1945) war nach seinem abgeschlossenen Maschinenbaustudium in verschiedenen Werken in führender Position tätig, bevor er 1912 zum Vorstandsmitglied der Deutsch-Luxemburgischen Bergwerks- und Hütten AG avancierte. 1917 zum Generaldirektor ernannt, behielt er diese Position bis 1926 und wechselte dann als Vorstandsvorsitzender zu der neu gegründeten Vereinigte Stahlwerke AG (VSt). Danach übernahm er das Amt des stellvertretenden Aufsichtsratsvorsitzenden und rückte 1940 an die Spitze des VSt-Aufsichtsrats. Vögler hatte eine Vielzahl von Positionen in Wirtschafts- und berufsständischen Verbänden inne und hatte einen Sitz in zahlreichen Aufsichts- und Beiräten von Wirtschaftsunternehmen. Albert Vögler beging auf Haus Ende in Herdecke unmittelbar nach seiner Verhaftung durch amerikanische Truppen Selbstmord. Vgl. zuletzt Manfred Rasch, Über Albert Vögler und sein Verhältnis zur Politik, in: Mitteilungsblatt des Instituts für soziale Bewegungen 28 (2003), S. 127–156.

98 Otto Wiedfeldt (1871–1926), der 1918 in die Firma Fried. Krupp AG eintrat, war 1918 bis 1925 Mitglied des Direktoriums und wechselte 1925 im Zuge einer Verkleinerung der Geschäftsleitung in den Aufsichtsrat.

99 Bruno Bruhn (1872–1958), seit 1912 bei Krupp und seit 1917 Direktoriumsmitglied, wechselte 1925 in den Aufsichtsrat.

34. Funktionen und Mitgliedschaften in Vereinen und Verbänden. Der Krupp-Direktor Heinrich Vielhaber [um 1919]

Personalakte Heinrich Vielhaber.[100] Historisches Archiv Krupp Essen, WA 131/3203.

Aktiengesellschaft für Unternehmungen der Eisen- und Stahlindustrie	Aufsichtsratmitglied
Gewerkschaft Emscher-Lippe	Grubenvorstandsmitglied
Gewerkschaft Ver. Helene Amalie	dto.
Gewerkschaft Ver. Constantin der Große	dto.
Westfälische Drahtindustrie	Aufsichtsratmitglied
Reichsverband der deutschen Industrie	Mitglied des Hauptausschusses
dto. Steuerausschuss	I. Vorsitzender
dto. Fachgruppe der Eisenschaffenden Industrie	Mitglied
dto. Aktionsausschuss betr. Betriebsrätegesetz	dto.
dto. Institut für ausländisches Recht	Senatsmitglied
Steuerpolitischer Präsidialbeirat des R[eichs]V[erbands]	Mitglied
Verein deutscher Eisen- und Stahlindustrieller	Mitglied des Hauptvorstands
dto. Fachgruppenausschuss	Mitglied
dto. Nordwestliche Gruppe	Vorstandsmitglied
Verein zur Wahrung der gemeinsamen wirtschaftlichen Interessen in Rheinland und Westfalen [Langnamverein]	Mitglied des Vorstands – Beisitzer –
dto. Ausschuss zur Beratung der Gesetzentwürfe, die aufgrund des Dawesberichts[101] zu erwarten sind	Mitglied
Vereinigung der deutschen Arbeitergeberverbände	Präsidialmitglied und Ausschussmitglied
dto. Sozialpolitischer Ausschuss	Vorsitzender
dto. Presseausschuss	Mitglied
dto. Kommission: Fürsorge für Kriegsbeschädigte	dto.
dto. Verwaltungsausschuss	Mitglied

---

100 Heinrich Vielhaber (1868–1940), seit 1895 bei Krupp, schied 1925 aus dem Direktorium aus und trat in den Aufsichtsrat über.

101 Der Dawesbericht wurde als Finanzierungsplan durch einen Sachverständigenausschuss unter der Leitung von Charles Dawes am 9.4.1924 in London abgeschlossen und galt seit dem 1.9.1924 als internationaler Vertrag über die deutschen Reparationszahlungen nach dem Ersten Weltkrieg. Demnach sollten die Reparationszahlungen ausschließlich von der wirtschaftlichen Leistungsfähigkeit des Deutschen Reichs abhängig gemacht werden. Eine zeitliche Begrenzung sowie die Gesamthöhe der Reparationen wurden nicht festgelegt. 1929/30 wurde der Dawesplan durch den Young-Plan ersetzt.

Arbeitgeberverband der Nordwestlichen Gruppe	Vorstandsmitglied [...]
Verkehrsverein Essen	Ausschussmitglied [...]
Kanalverein Rhein Herne	Vorstandsmitglied
Vereinigung für Familienwohl im Regierungsbezirk Düsseldorf	Vorstandsmitglied [...]
Krupp Jubiläumsstiftung für die Stadt Essen	Mitglied des Stiftungsrats
Kruppstiftung und Friedrich Alfred Krupp Stiftung der Stadt Essen	Mitglied der Pflegschaft
»Kruppstiftung 1915«	Vorsitzender des Verwaltungsausschusses [...]
Nationalstiftung für die Hinterbliebenen der im Krieg Gefallenen	Mitglied des Präsidiums [...]
Emscher Genossenschaft	Abgeordneter
Siedlungsverband Ruhrkohlenbezirk	Abgeordneter
Provinziallandtag	Abgeordneter
Provinzialrat	Mitglied
Landesbank der Rheinprovinz	Stellv[ertretendes] Vorst[ands]Mitgl[ied]
Hütten- und Walzwerksberufsgenossenschaft	Mitglied des Genossenschaftsvorstands
Hütten- und Walzwerksberufs-Genossenschaft, Sektion I	Mitglied des Sekt[ions-]vorst[ands]
Pensionsverband für obere Werksbeamte	Vorstandsmitglied

35. »Mehr Kaufmann als Unternehmer«. Heinrich Imbusch über Hugo Stinnes [1936–1942]

Hugo Stinnes.[102] Aus einer Porträtsammlung Heinrich Imbuschs[103] »Wie ich sie sah«.[104] Handschriftliches Manuskript, undat. [ca. 1936–1942]. Archiv für soziale Bewegungen Bochum, NL Imbusch, Mappe 10, Nr. 133.

Ein auf den ersten Blick unscheinbarer, knapp mittelgroßer Herr von französischem Typ mit schwarzem Spitzbart. Anscheinend hatte Stinnes monatelang immer den gleichen Anzug an

---

102 Zur Vita von Hugo Stinnes vgl. Dok. 22, Anm. 53 in Kap. VIII.
103 Zu Heinrich Imbusch vgl. Dok. 23, Anm. 23 in Kap. IV.
104 Im Nachlass Imbusch finden sich insgesamt dreißig Porträts über Persönlichkeiten, die er im Rahmen seiner beruflichen Laufbahn kennenlernte, darunter die beiden Weimarer Reichskanzler Wilhelm Marx und Heinrich Brüning, den Reichsaußenminister Walter Rathenau, weitere Industrielle wie Paul Silverberg und Hermann Vogelsang, Otto Hue und Fritz Husemann sowie Adam Stegerwald.

(vielleicht hatte er von einer Sorte immer mehrere). Stets trug er auch den gleichen schwarzen steifen Hut. Der Mann wurde erst bei näherem Umgang interessant. Man sah dann seltene Augen. Sie konnten aufblitzend etwas zeigen. In der Regel zeigten sie nichts. Dazu kam ein meist unbewegliches Gesicht. Stinnes' größte Stärke. Man konnte oft tagelang mit ihm verhandeln, ohne dass ein Aufblitzen seiner Augen oder eine Änderung seiner Gesichtszüge seine Gedanken verraten hätten. Er saß dann da, anscheinend teilnahmslos mit ausdruckslosem Gesicht. Trotzdem verfolgte er scharf die Verhandlungen und griff ein, wenn es ihm richtig erschien.

Stinnes' gesuchte äußere Einfachheit war Theater und auf Wirkung berechnet. Er nannte sich ja auch bescheiden »Kaufmann aus Mülheim«. Absichtlich behielt er auch sein einfaches Büro in Mülheim bei. Es nützte ihm sehr, als er schon groß war. Wenn er amerikanischen Geschäftsfreunden, von denen er Geld wünschte, erst die von ihm kontrollierten Hotels, großen Werke, Schiffe usw. zeigte und sie hinterher in sein kleines Büro führte, in dem er »mit fast nichts angefangen« hatte, dann war die Wirkung nach seiner eigenen Angabe durchschlagend. Ein Mann, der mit nichts anfing und in verhältnismäßig kurzer Zeit so viel zusammenbrachte, der hatte Kredit. Seine einfache äußere Erscheinung wirkte in dem Gesamtrahmen stark Kredit erhöhend. Er wusste das und wollte es so.

Stinnes ging in seinen Geschäften auf. Andere Fragen interessierten ihn nur insoweit, als sie mit Geschäften zusammenhingen. Er mimte auch kein besonderes Interesse für andere Dinge. Es war in der Regel nicht möglich, ihn zu einem Gespräch über andere Fragen zu bewegen. Umso mehr bemühte man sich darum. Es zeigte sich dann, dass Stinnes' Talent stark einseitig festgelegt war. […]

Wie so viele in seinen Kreisen war Hugo Stinnes in religiöser Beziehung ungläubig. Er persönlich war aber nicht fanatisch. Bei einer Unterhaltung im Kaiserhof zu Essen gab er offen seinen Unglauben zu. Er sei, sagt er, seit rund 25 Jahren auch nicht mehr zur Kirche gegangen. Ihm fehle die Veranlagung zum Glauben. Nach seiner Auffassung bedürfe man, um glauben zu können, einer entsprechenden Veranlagung. Es sei beim Gläubigen wie beim Kaufmann. Der eine habe die Veranlagung zum Kaufmann, habe das notwendige Konjunkturgefühl usw., der andere nicht. So könne der eine Kaufmann werden, der andere nicht. So könne auch der Mensch mit Veranlagung zum Glauben glauben, der andere ohne die Veranlagung könne das nicht. – Da einer der Anwesenden dieser Ansicht widersprach, fügte Stinnes noch hinzu: »Ich glaube, dass die Sache so ist. Ich gebe aber zu, dass die Menschen, die glauben, glücklicher sind, als die, die nicht glauben. Sie sind im Durchschnitt auch besser«. […]

Zweifellos war Stinnes mehr Kaufmann als Unternehmer. Immer wieder sah man das bei Verhandlungen. Vielleicht ist damit der Unterschied aber noch nicht genügend gekennzeichnet. Stinnes hatte auch einen starken spekulativen Zug. War er nicht auch mehr Spekulant als Kaufmann? Man hatte bei mancher Unterhaltung den Eindruck.

Stinnes beschränkte sich bei der Auswahl der Personen, denen er Vertrauen schenkte, nicht engherzig auf den Kreis der Unternehmer. Er suchte seine Pläne immer mit Menschen zu besprechen, deren Urteil ihm im jeweiligen Fall vorteilhaft erschien. Es war ihm gleich, wo

Erste Seite des Stinnes-Porträts von Heinrich Imbusch [1936–1942]
[Archiv für soziale Bewegungen Bochum]

Hugo Stinnes (1870–1924), um 1914
[Deutsches Historisches Museum, Berlin]

er sie fand. Besonders gern hatte er [C]arl Legien,[105] den Leiter der Generalkommission der sozialdemokratischen Gewerkschaften. Auch für Otto Hue[106] hatte er Sympathien. Jahrelang besprach er fast alle seine wichtigen Pläne auch auffallend offen mit dem Vorsitzenden des Gewerkvereins christlicher Bergarbeiter Deutschland, Abg. Imbusch. Stinnes wusste zu schätzen, wenn ein Mensch vertrauliche Dinge für sich behalten konnte und ihm unter vier Augen rücksichtslos die Wahrheit sagte. Er genierte sich in dieser Beziehung auch nicht. […]

Immer legte Stinnes Wert darauf, als solider und zuverlässiger Kaufmann im Sinne des an der Wasserkante, in Hamburg ausgebildeten Schlages angesehen zu werden. Sein Wort musste mehr gelten als bei jedem anderen ein Vertrag. [Der] Verfasser muss gestehen, mit Stinnes in jeder Beziehung nur die besten Erfahrungen gemacht zu haben. Nie versuchte Stinnes, sich vor einem unter vier Augen gegebenen Wort zu drücken oder auch nur das Geringste abzuhandeln. Er gab auch nie einem mehrdeutigen Wort eine für den Gegner geringwertigere Auslegung.

---

105 Carl Legien (1861–1920), ab 1890 Vorsitzender der Generalkommission der Gewerkschaften Deutschlands, handelte am 15.11.1918 mit Hugo Stinnes das gleichnamige Abkommen aus. Zur Vita Legiens, der u.a. von 1918 bis 1920 den Allgemeinen Deutschen Gewerkschaftsbund leitete, vgl. neuerdings Karl Christian Führer, Carl Legien 1861–1920 – Ein Gewerkschafter im Kampf um ein »möglichst gutes Leben« für alle Arbeiter, Essen 2009.
106 Zur Kurzbiografie Otto Hues vgl. Dok. 16, Anm. 22 in Kap. IV.

36. Berufliche Weichenstellungen eines angehenden Industriemanagers [1985]

Hans-Günther Sohl,[107] Notizen, Bochum 1985, S. 37–38. (Auszug)

Für meine berufliche Laufbahn war entscheidend, dass während meiner Oberbergamtszeit ein neuer Berghauptmann die Leitung des Oberbergamts übernahm. Es war der bisherige Oberbergamtsdirektor in Dortmund, Heinrich Schlattmann,[108] ein drahtiger, energischer und dynamischer Westfale, dem der Ruf voranging, kritisch und hart zu sein, und der in der Bergverwaltung gefürchtet war. Er wurde 1934 Oberberghauptmann in Berlin.

Mit Schlattmann kam ein neuer Wind ins Breslauer Oberbergamt. [...] An mir hatte er irgendwie Gefallen gefunden. Als ich mich von ihm verabschiedete, drückte er mir drei Briefe in die Hand mit dem Bemerken: »Sie gehören ins Ruhrgebiet!« Es waren Empfehlungsbriefe an Hans Hold (Stinnes-Zechen), Gustav Knepper ([Vereinigte Stahlwerke]-Zechen) und Ernst Tengelmann ([Gelsenkirchener Bergwerks-AG], später Essener Steinkohle), die drei damals führenden Persönlichkeiten des Ruhrbergbaus. [...][109]

Die Prüfungskommission erhob sich, und Flemming hielt eine kurze Ansprache [...]. Sie schloss mit folgenden Worten:

»Meine Herren, Sie haben alle Ihr Examen bestanden, zwei mit »Ausreichend« und zwei mit »Gut«. Für die Herren, die mit »Ausreichend« bestanden haben, habe ich im Staatsdienst keine Verwendung. Für die Herren, die mit »Gut« bestanden haben, habe ich im Staatsdienst *zurzeit leider auch* keine Verwendung.«

Damit standen wir, wie man bei uns sagte, im »Bergfreien«. Nach einer Ausbildung von mindestens acht Jahren, die oft überschritten wurden, war das zwar nicht sehr ermutigend, aber wir hatten uns ohnehin vorgenommen, unser Heil in der Privatindustrie zu suchen. Es waren die Jahre, in denen bei der Hochzeit eines Kollegen der Brautvater in seiner Tischrede die Frage stellte: »Was ist ein Bergassessor?!« und dann selbst die Antwort gab: »Ein Bergassessor ist ein Mann, der von seinem Vater so lange unterhalten wird, bis ihn der Schwiegervater übernimmt.«

---

107 Hans-Günther Sohl (1906–1989), Manager der Ruhrindustrie, stieg nach seiner Ausbildung zum Bergassessor in der NS-Zeit u.a. zum Wehrwirtschaftsführer der Reichsvereinigung Eisen (1941) und stellvertretenden Vorstandsvorsitzenden der Vereinigte Stahlwerke AG (1943) auf. Nach 1945 und einer eineinhalbjährigen Internierung wurde das ehemalige NSDAP-Mitglied mit der Liquidation der Vereinigten Stahlwerke beauftragt. 1953 konnte Sohl den Vorstandsvorsitz der neu gegründeten Thyssen AG übernehmen, den er bis Anfang der 1970er Jahre innehatte. Zudem war Sohl zwischen 1956–1969 Vorsitzender der Wirtschaftsvereinigung Eisen- und Stahlindustrie und leitete von 1972–1976 den Bundesverband der Deutschen Industrie e.V. (BDI).

108 Heinrich Schlattmann (1884–1943), Bergrat (1921) und Oberbergrat (1925) und seit 1929 Direktor des Oberbergamts Dortmund, wurde 1931 zum Berghauptmann im Oberbergamtsbezirk Breslau ernannt. Nach der Berufung als »oberster Bergbeamter« ins Reichswirtschaftsministerium war Schlattmann von 1934 bis 1937 u.a. für die Beaufsichtigung des gesamten Bergwerksbetriebs im Deutschen Reich zuständig.

109 Es folgt eine Beschreibung seiner Abschlussprüfung.

37. Familie Krupp zwischen Weimarer Republik und Nachkriegszeit (1927–1950)

Undatiertes Interview mit Friedrich (Fritz) von Bülow.[110] Maschinenschriftliches, hs. korrigiertes Mskr. Historisches Archiv Krupp Essen, WA 8/188.

Herr v. Bülow, Sie wollten mir etwas erzählen über das große Familienbild in der Villa Hügel, welches, glaube ich, von einem Maler Harcourt gemacht worden ist?

Ja, dieses Bild hängt im großen unteren Saal ganz rechts und ist – ich glaube im Jahr 1927 – vom englischen Porträtmaler Harcourt gemalt worden. Ich möchte dieses Bild als eine Apotheose der Familie Krupp in der Ära Bertha und Gustav Krupp von Bohlen bezeichnen. Es war die Zeit, [in der] wohl die Familie am glücklichsten war und sein konnte. Die bösen Krisenjahre nach dem Ersten Weltkrieg, die Inflationszeit, [in der] die Firma fast zusammengebrochen wäre, waren überstanden, und es ging allmählich aufwärts. Auch der Familie Krupp ging es rein familienmäßig in der Zeit sehr gut. Das sieht man an den schönen stattlichen Kindern, an den gesunden, gut aussehenden Eltern. Auf dem Bild erkennen Sie zunächst Alfried, der damals 20–21 Jahre alt war und in Aachen studierte. Dann sehen Sie Klaus, der wohl auch sein Studium begonnen hatte, er studierte Rechtswissenschaft, die ersten Semester in Oxford, später ist er, was noch nachzuprüfen wäre, nach Amerika gegangen, hat auch große Reisen gemacht, ist längere Zeit in Südafrika gewesen. Das dritte Kind ist die Tochter Irmgard, die damals reizend und niedlich war. Es kommen die Brüder Berthold, Harald und dann die beiden jüngsten, Waltraudt und Eckbert, beides auch sehr reizende Kinder, hinzu. Im Gegensatz hierzu möchte ich feststellen, wie es zwanzig Jahre später mit dieser stolzen Familie aussah.

Es waren die Jahre unmittelbar nach dem schrecklichen Zusammenbruch. Herr und Frau v. Bohlen selbst waren in Blühnbach,[111] aber nicht etwa in dem schönen Schloss, sondern in einem kleinen Nebengebäude, dem Posthaus – das große Schloss war von den Amerikanern requiriert worden und diente als Erholungsheim für rekonvaleszente Offiziere.

Herr v. Bohlen war damals geistig und körperlich zusammengebrochen und starb am lebendigen Leib. Die Kontrolle war streng, und auch Frau v. Bohlen konnte sich kaum aus dem Haus bewegen. Alfried war damals in Nürnberg, der Prozess schwebte mit dem völlig ungewissen Ausgang. Der zweite Sohn Klaus war gleich zu Anfang des Kriegs, Januar 1940, als Flieger bei einem Übungsflug abgestürzt in tragischer Weise. […] Es ist ein sehr großer Schmerz für die Eltern gewesen, denn Klaus gehörte wohl zu ihren liebsten Kindern, aufgeschlossen, tüchtig, war viel gereist, hatte glücklich geheiratet. Er war damals Leiter von Berndorf, dem großen Metallwerk in Österreich, was er später erben sollte, und es war umso tragischer, dass er

---

110 Friedrich von Bülow (1889–1984) war leitender Angestellter bei der Fried. Krupp AG, u.a. persönlicher Assistent von Gustav Krupp von Bohlen und Halbach. Als Kruppscher »Hauptwehrbeauftragter« während des Zweiten Weltkriegs wurde von Bülow 1948 in Nürnberg zu zwölf Jahren Haft verurteilt, 1951 aber bereits entlassen.

111 Schloss Blühnbach bei Salzburg war als »Feriensitz« Eigentum der Familie Krupp.

umkam, als er unmittelbar vor einem langen Urlaub stand, wonach er »u.k.«[112] geschrieben werden sollte, um die Leitung des Werks wieder zu übernehmen. Irmgard hatte im Jahr 1938 einen Freiherrn Raitz v. Frenz geheiratet. [...] 1941 fiel der junge Mann vor St. Petersburg, ließ sie zurück mit drei Kindern, die Eltern hatten dem jungen Paar ein schönes Gut in der Nähe von Danzig erworben. Irmgard hat unter gefahrvollen Umständen das Gut beim Einrücken der Russen verlassen müssen und lebte unter beschränkten Verhältnissen auf einem anderen Kruppschen Gut in der Klausheide.[113] Der Sohn Berthold war in Essen und hatte die Leitung der Kruppschen Fabrik zusammen mit den nichtverhafteten Direktoren und zusammen mit seinem Onkel Herrn von Wilmowsky[114] übernommen und machte auch schwere Zeiten durch. Immerhin war er wenigstens ein freier und damals auch ein gesunder Mann. Sein jüngerer Bruder Harald war in russischer Gefangenschaft und sah noch langen Jahren voller Entbehrungen und Ungewissheit in Russland entgegen. Waltraudt war verheiratet mit einem Herrn Thomas. Es ging ihr verhältnismäßig gut in Bremen. Aber natürlich, das Schicksal der Eltern der Geschwister musste auch ihr große Sorgen machen. Endlich war der jüngste Sohn Eckbert noch zu nennen, der in Italien, ich glaube unmittelbar vor oder vielleicht sogar nach dem Waffenstillstand, umgekommen war, von Partisanen erschlagen. Herr Leonhard auf der Kruppschen Fabrik, der der Leiter des Übersetzungsbüros ist, hat kürzlich die Überführung der Leiche von Norditalien auf den Kruppschen Friedhof an der Meisenburg veranlasst und wird Näheres hierüber sagen können. Wenn ich recht unterrichtet bin, hat er auch Italiener über den tragischen Vorfall, bei dem Eckbert und viele Kameraden ums Leben kamen, befragt.

---

112 Unabkömmlich für den Wehrmachtsdienst.
113 Klausheide bei Nordhorn/Lingen.
114 Tilo von Wilmowsky (1878–1966), der 1907 Friedrich Alfred Krupps Tochter Barbara geheiratet und seit 1911 dem Aufsichtsrat der Firma Fried. Krupp angehört hatte, bekleidete in den 1920er Jahren als Mitglied der DNVP verschiedene (wirtschafts-)politische Ämter in Mitteldeutschland. Wenngleich die NS-Machtergreifung eine Fortsetzung seiner politischen Karriere verhinderte, stieg er im Unternehmen bis zum stellvertretenden Aufsichtsratsvorsitzenden auf. Nach dem 20. Juli 1944 unter dem Verdacht der Mitwisserschaft verhaftet, wurde von Wilmowsky in das Konzentrationslager Sachsenhausen überstellt, das er überlebte. Nach Abschluss der Nürnberger Nachfolgeprozesse veröffentlichte von Wilmowsky 1950 das mehrfach aufgelegte Buch „Warum wurde Krupp verurteilt? Legenden und Justizirrtum".

Kapitel VII
Arbeiterleben und Arbeiterkultur in der schwerindustriellen Erwerbswelt
Von Klaus Tenfelde

Seit dem Beginn des 19. Jahrhunderts, und rasch zunehmend seit der Jahrhundertmitte, haben die beiden »Branchenkulturen« des Bergbaus und des Hüttenwesens die Erwerbswelt im Ruhrgebiet sehr stark überformt. Dieser Prozess hat bis in die zweite Nachkriegszeit angehalten und ist seither, als Folge des »Strukturwandels« und der allgemeinen Modernisierung der Daseinsverhältnisse, rückläufig. In diesem Kapitel werden einige grundsätzlich unterscheidende, die Besonderheit der Region zutiefst prägende Formen und Tendenzen des schwerindustriellen Arbeitermilieus bis in die 1920er Jahre dokumentiert. Man muss bei der Lektüre beachten, dass Quellen, die hierüber Auskunft geben, fast immer Stellungnahmen »der Anderen«: der Behörden und zeitgenössischer Beobachter, sind. Selten nur sind Selbstaussagen dokumentiert.

Wiederum muss, auch aus Gründen der Überlieferung, das Leben der Bergarbeiter im Vordergrund stehen. Es wird im Folgenden vorwiegend aus drei Blickrichtungen erkundet: zunächst anhand von Wahrnehmungen über die Rolle des Berufs überhaupt, der Bergarbeiterschaft als eines »Standes«, der im Zuge der Bergrechtsreformen *(vgl. hierzu Kap. III)* »gleichgeschaltet«, den Arbeitern anderer Gewerbe gleichgestellt wurde und einen tief greifenden Imageverlust erlitt. Andere Quellen beleuchten, zweitens, die eigenen Prozesse der Familienbildung und die Wohnformen unter dem Eindruck stärkster Zuwanderung vornehmlich von ledigen Arbeitern, einer aus dem Boden gestampften und sich rasch verändernden Umwelt sowie knapper, stets die Grenze zur Armut berührender Einkommensverhältnisse. Schließlich wird der Blick auf die Formen »außerfamilialer« Vergesellschaftung namentlich im zeitgenössischen Vereinsleben gelenkt; dabei verschwimmen gelegentlich die Übergänge zur gewerkschaftlichen und politischen Vereinsbildung *(vgl. hierzu Kap. VIII)*.

Die bergbauliche Leitkultur ist nicht in der Region entstanden. Sie ist vielmehr mit der behördlichen Administration des Ruhrbergbaus seit der Mitte des 18. Jahrhunderts durch die bergbehördliche Führungsschicht, die Bergbeamten, in die Region getragen und dort fest verwurzelt worden. Die besonderen, abgeschiedenen Welten des Salz- und Erzbergbaus hatten seit dem hohen Mittelalter und unter dem Einfluss der im »Bergregal« ausgedrückten Sonderrechtlichkeit der deutschen Bergbaugeschichte Sozialformen hervorgebracht, die in anderen Gewerben und Regionen unbekannt blieben, die aber im Zuge der Industrialisierung auch auszustrahlen begannen. Die untertägige Arbeitswelt blieb dabei immer Ausgangs- und Angelpunkt vielfältiger Sonderungen und Mystifizierungen *(vgl. hierzu auch Kap. IV)*. Zu den eigenen Sozialformen gehörten die Knappschaften als bergmännische Schutzgemeinschaften, die hierarchische Gliederung des »Bergvolks«, die kommunale Vergesellschaftung in »Bergstädten« (zu denen es allerdings im Ruhrgebiet nicht gekommen ist) und die große Welt der Zeichen und Symbole von der Bergmannsuniform über die Bergmannsfrömmigkeit und ein eigenes Liedgut bis zu den zahlreichen berufsbezogenen, mit Symbolkraft stilisierten Gegenständen und Ritualen.

Die Knappschaften konnten im Ruhrgebiet im 18. und frühen 19. Jahrhundert nur gegen teilweise erbitterten Widerstand der Gewerken, d.h., der Bergbau treibenden Unternehmer, durchgesetzt werden. Sie prägten namentlich durch die weit reichende soziale Absicherung die bergmännische Erfahrungswelt *(Dok. 1)*. Ihre Rituale wurden, bis hin zu »Bergfesten«, dann freilich gern übernommen, und zwar durchaus auch von der Unternehmerschaft *(Dok. 2, 3)*, weil auch die Pflege einer national-monarchischen Gesinnung damit leicht zu vereinbaren war *(Dok. 4)*. Die so geprägte Bergbaukultur fand während der Reformzeit der 1850er und 1860er Jahre in den eigenen, den »Knappenvereinen« der Bergleute eine Heimstatt und vermittelte hier dem Berufsleben Bedeutung *(Dok. 6–9)*. Während dann, nach der Wende zum 20. Jahrhundert, Heinrich Kämpchen die »Paradekittel« der uniformierten Knappenvereine beklagte, ist im Gewerkverein christlicher Bergarbeiter die Montankultur vor allem wegen ihrer ausgeprägten Christlichkeit und monarchischen Formung gepflegt worden *(Dok. 23, 25)*.

Das Hüttenwesen hatte in altdeutscher Tradition mit dem Bergbau stets in enger Verwandtschaft gestanden, aber diese Nähe verlor sich mit der Industrialisierung und ist auch rechtlich aufgelöst worden. Die Kultur prägende Rolle der Bergbauelite fehlte deshalb in diesem Bereich, auch wenn bestimmte Berufstätigkeiten wie die »Puddler«, die in der Frühzeit einen besonders guten Stahl »zu rühren« verstanden, oder die Schmiede hohes Ansehen genossen. Eine eigene »Elitenkultur« ist in der Erzverhüttung und Roheisen- bzw. Stahlgewinnung erst seit Ende des 19. Jahrhunderts mit der Professionalisierung der Hütteningenieure wirksam geworden.

Sowohl im Bergbau als auch in der Eisen erzeugenden Industrie sind seit den 1850er Jahren Hunderttausende Arbeiter neu eingestellt worden. Sie kamen anfangs aus der näheren Umgebung, bald aber von weither *(vgl. hierzu Kap. III)*. Ihnen ließen sich die alten, berufsverbundenen Werte nicht leicht vermitteln. Der zugewanderte, »ungelernte« Bergmann und seine Söhne, die aus Mangel an Alternativen dem Beruf ebenfalls zuwuchsen, waren schlicht »Arbeiter«, eher »Hilfsarbeiter«, denn man »erlernte« den Beruf durch dessen Ausübung, man häufte Erfahrungswissen an, aber darüber verfiel das Ansehen des »Standes«. Das ist zeitgenössisch beobachtet und vielfach debattiert worden *(Dok. 27, 32)*. Zu »Lehrberufen« wurden beide Branchen erst in nationalsozialistischer Zeit.

Bergarbeit und Hüttenarbeit sind, auch in den ersten Phasen der Technisierung und Mechanisierung und also weitgehend bis in die 1960er Jahre, außerordentlich anstrengende, schweißtreibende und deshalb ausschließlich von Männern vollzogene Erwerbsformen geblieben. Das hat die Montan- als eine Männerwelt konstituiert, und es hat tiefe Spuren in den Mentalitäten und Gewohnheiten eingedrückt und hinterlassen. Aus heutiger Sicht, und im Übrigen durchaus auch im zeitgenössischen Vergleich, mutet deshalb die Familienbildung in der Montangesellschaft als ausgesprochen »strukturkonservativ« und zugleich relativ hermetisch an. Das hing zum einen mit der Vielzahl junger Zuwanderer, ganz überwiegend aus ländlichen Umgebungen, zum anderen mit den fehlenden Erwerbschancen junger Frauen in der Montangesellschaft zusammen, sodass, anders als in den Lohnarbeiterschaften besser ausgebildeter Branchen, die Ehe vergleichsweise sehr früh eingegangen wurde und den Familien eine zahlreiche Kinderschar entstammte. In der Phase raschesten Wachstums wurde die Montangesellschaft deshalb auf doppelte Weise immer jünger: durch den Zustrom junger Arbeiter und durch die zahlreichen Kinder junger Familien, an deren Bildung allein das Fehlen einer ausreichenden Zahl junger Frauen hindern mochte.

Junge Familien mit zahlreichen Kindern dominierten in den Wachstumsphasen der Industrie die Strukturen der lokalen Bevölkerungen. Ursprünglich waren die Lebensverhältnisse karg, aber die Bergleute lebten in noch ganz ländlichen Umgebungen, und die Bergbehörden überwachten die Einkommensverhältnisse *(Dok. 5)*. Unbestreitbar hoben sich die Lohneinkommen während der ersten Wachstumsphase (bis etwa 1874), und städtische Konsumformen wurden möglich, aber die nun hereinbrechende große Krise brachte in den 1870er Jahren Arbeitslosigkeit und auch Lohneinbußen. Ein üppiger Konsum ist bis in die Jahre nach dem Zweiten Weltkrieg keiner Arbeiterfamilie ermöglicht worden *(Dok. 5, 12, 15, 17)*. Die realen Einkommen der Berg- und Hüttenarbeiterfamilien sind zwar seit der Mitte des 19. Jahrhunderts zeitweise deutlich gestiegen, und wegen des durchgängigen Mangels an Arbeitern bestand bis zum Ausbruch des Ersten Weltkriegs ein hohes Maß an faktischer Arbeitsplatz-Sicherheit. Auch verdiente man im Ruhrgebiet besser als in anderen deutschen Montanregionen und in den Fabrikquartieren der sonstigen großen Industriestädte. Dennoch konnte von Wohlstand nicht die Rede sein. Ersparnisse ließen sich, schon wegen der Lasten der großen Familien, kaum je bilden, und deshalb konnten diese Arbeiterfamilien auch kaum je ein Eigentum erwerben, das mehr umfasste als den Hausrat. Allein im Süden des Reviers stand der alte Bergmannskotten häufiger noch im Eigentum der Bergarbeiterfamilie.

Die Haushaltsführung besserte sich, indem die Ernährung vielgestaltiger wurde, während die Mieten der Werkswohnungen vergleichsweise niedrig blieben. Die Haushalte gerieten jedoch in den Kriegsjahren in existenzielle Nöte und in der Inflationszeit bis zur Ruhrbesetzung 1923 an den Rand schieren Überlebens. Bis 1929 sind die Vorkriegs-Realeinkommen ungefähr wieder erreicht worden, aber nun, in der Weltwirtschaftskrise seit 1930, zerstörte der Verlust des Arbeitsplatzes letztlich oft genug den familiären Zusammenhalt.

Allein jungen, ledigen Arbeitern ging es recht gut. Mit der Familiengründung, nach der alle strebten, begann eine nicht endende Zeit knapper Haushaltsführung, in der jedes weitere Kind die Spielräume für Ausgaben noch viel enger zog. Außerdem gerieten zumal in den Phasen stärkster Zuwanderung die Wohnungsverhältnisse aus allen Fugen. Die großen Werke entschlossen sich frühzeitig, den Bedarf an jungen Arbeitskräften durch Errichtung von Ledigenheimen (»Menagen«) für Zuwanderer zu sichern, und man begann schon 1845 mit einem eigenen werksgebundenen Wohnungsbau *(Dok. 10, 18, 24, 35)*. Vor allem die Kruppsche Gussstahlfabrik in Essen entwickelte Vorbildwirkung für einen patriarchalischen, disziplinierenden Arbeiterwohnungsbau. Es ist dabei kennzeichnend für die flächige Ausbreitung der Bergbauregion, dass die Werkskolonien in der Umgebung der Schächte und Hüttenwerke, also verstreut in der Region entstanden und sich weniger auf die trotzdem immer größer gewordenen Städte konzentrierten; das Problem der privatwirtschaftlich errichteten »Mietskasernen« und ihrer Hinterhöfe ist deshalb dem Ruhrgebiet weitgehend erspart geblieben. Im Gegenteil, der Werkswohnungsbau war, dem jeweiligen Zeitverständnis nach, modern und solide. Er richtete sich an einem bestimmten Horizont an Erwartungen aus: Der Arbeiter sollte eine durchaus größere Familie auch mit Hilfe eines großen eigenen Gartens und eines Stalls für die berühmte Bergmannsziege (das war in der Regel ein Schwein) unterhalten können, und die Aufnahme von Schlaf- und Kostgängern, ledigen Zuwanderern, wurde durchaus gern gesehen, diente sie doch den Interessen desselben Arbeitgebers. Wer aber die Stelle zu einem anderen Arbeitgeber wechselte, dem wurde gekündigt *(Dok. 24)*. Und außerdem drückte sich die Hierarchie der Beschäftigungsverhältnisse schon in der Gesamtanlage der Siedlungen aus. Manchmal waren die Werksleitungen bestrebt, fremdsprachige Zuwanderer in eigenen Wohngemeinschaften anzusiedeln; das betraf vor allem die nördliche Region *(vgl. hierzu Dok. 19 in Kap. V)*.

Die eigenständigen Daseinsformen der Montanarbeiterschaften gerannen in denjenigen Formen, in denen sie sich »vergesellschafteten«, das heißt: sich in gemeinsamen Wahrnehmungen, Daseinsdeutungen und Zielorientierungen verbanden. Das begann am Arbeitsplatz, in den Orts- und Strebkameradschaften und Zechenbelegschaften, und auf weitgehend dieselben Kollegen traf man ja im familiären Austausch, in den Wohnnachbarschaften, ihren Kneipen und sonstigen Stätten alltäglicher Begegnung. Authentische Solidarität wurzelte hier. Sie drückte sich am ehesten in den zahllosen Bestrebungen aus, auch außerhalb des Arbeitsplatzes, der Familien und Nachbarschaften für bestimmte Zwecke miteinander Verbindungen einzugehen. Das Arbeitervereinswesen ist, bis zum Aufkommen anderer, stärker individualisierter Formen der Freizeitorganisation seit den 1960er Jahren *(vgl. hierzu Kap. XVIII)*, die mit Abstand wesentlichste Ausdrucksform einer eigenständigen Arbeiterkultur der Montanregion gewesen *(Dok. 16, 25)*. Es begegnet in unerhört vielfältigen Formen – wohl ein Jeder war Mitglied irgendeines Vereins, und sei es nur durch den ersparten Groschen, den er nach dem Kneipenaufenthalt in den dort aufgestellten Sparkasten der örtlichen Sparkasse schob. Kennzeichnend war die milieuartige Selbstzuordnung der Menschen, die sich im polnischen, christlich-katholischen oder auch nationalen Vereinswesen dokumentierte *(Dok. 19–20, 23, 29)*.

Auch diese Welt war von Männern dominiert, aber bei Festlichkeiten kam man nicht ohne Frauen aus. Es war eine Welt, die rhythmisch – zum Stiftungsfest, an den nationalen Gedenktagen, bei sportlichen Wettkämpfen – zur Öffentlichkeit, zur Repräsentation drängte und die von Seiten der Obrigkeit, aber auch, zumindest anfänglich, von beiden Großkirchen misstrauisch beobachtet wurde: Unerwünschte Politik schien sich hier zu formieren, deshalb gab es ein restriktives Vereinsrecht *(Dok. 11, 13, 29)*, und auch den Kirchen war die vermutete Vergnügungssucht, der Verlust also an »Kirchenzucht« jenseits der engeren Gottesdienstgemeinde, verdächtig.

In den Vereinen gerann das Milieu der Arbeiterschaft, besser, gerannen die Milieus: dasjenige der christlich-katholischen Arbeiter vornehmlich im Westen, dasjenige der eher sozialdemokratischen im Osten mit Dortmund als einer frühen Hochburg. Den Behörden erschien das sich ebenso formierende Milieu der zugewanderten Arbeiter polnischer Zunge besonderer Überwachung bedürftig *(Dok. 31)*. Überhaupt, was immer sich in den Vereinen und ihren Lustbarkeiten, aber auch in der örtlichen Kirmes *(Dok. 30)*, an Bedürfnis nach Vergnügungen artikulierte, schien der scharfen Regelung und Aufsicht zu bedürfen: von der Anzahl der zuzulassenden Gaststätten über die Zahl der Kirmestage bis zum Fahnenumzug der Vereine. Es entging denjenigen, die sich zur Aufsicht und Kontrolle ermächtigt sahen, dass sich in diesen Ausformungen einer ganz anderen, neuen Arbeiterkultur ebenso neue, freiere, nach Ausdruck strebende Bedürfnisse verbargen. Einstweilen überwogen, in der Wahrnehmung der Zeitgenossen und auch unter den Arbeitern selbst, die Signale einer scheinbar schrankenlosen Freiheit: Alkoholismus, Jugendverderbnis und mancherlei sonstige »Sittenlosigkeit« *(Dok. 28, 33)*.

Literaturhinweise

Lynn Abrams, Workers culture in imperial Germany. Leisure and recreation in the Rhineland and Westphalia, London 1992.

Franz-Josef Brüggemeier, Leben vor Ort. Ruhrbergleute und Ruhrbergbau 1889–1919, München 1983.

Franz-Josef Brüggemeier/Lutz Niethammer, Schlafgänger, Schnapskasinos und schwerindustrielle Kolonie. Aspekte der Arbeiterwohnungsfrage im Ruhrgebiet vor dem ersten Weltkrieg, in: Jürgen Reulecke/Wolfhard Weber (Hg.), Fabrik, Familie, Feierabend. Beiträge zur Sozialgeschichte des Alltags im Industriezeitalter, Wuppertal 1978, S. 135–175.

Dagmar Kift (Hg.), Kirmes, Kneipe, Kino. Arbeiterkultur im Ruhrgebiet zwischen Kommerz und Kontrolle (1850–1914), Paderborn 1992.

Elisabeth Kosok, Arbeiterfreizeit und Arbeiterkultur im Ruhrgebiet. Eine Untersuchung ihrer Erscheinungsformen und Wandlungsprozesse 1850–1914, Diss., Bochum 1989.

Klaus Tenfelde, Sozialgeschichte der Bergarbeiterschaft an der Ruhr im 19. Jahrhundert, 2. Aufl., Bonn 1981.

Dokumente

1. Die Knappschaft: soziale Rechte der Bergleute (1824)

Knappschafts-Ordnung für die Bergleute in den Bezirken des Märkischen und Essen-Werdenschen Bergamts vom 14./20.12.1824. Landesarchiv NRW Abt. Westfalen, OBA Dortmund 1882, Bl. 327–331. (Auszug)[1]

Dritter Abschnitt
Genuss der Vorteile für die Knappschafts-Mitglieder

§ 30

Die Knappschaftsmitglieder und deren Familien haben Anspruch auf den Genuss folgender Vorteile unter den dabei bemerkten Bedingungen und Einschränkungen.

§ 31

Freie Kur und Arznei erhält der Bergmann durch den dazu bestellten Bergarzt und Bergwundarzt bei vorkommenden Krankheiten und Beschädigungen, wenn diese nicht in der Zeit seiner Militärdienste oder eines willkürlichen, mit oder ohne Genehmigung seiner Vorgesetzten stattgefundenen Feierns eingetreten sind.

§ 32

Dem in der freien Kur sich befindenden Bergmann wird in den ersten acht Wochen, oder so lange seine Krankheit in dieser Zeit dauert, ein Schichtlohn zu dem Betrag des von ihm monatlich zu entrichtenden Freischichtgelds, unter der Benennung *Krankenschichtlöhne* für jeden Tag, mit der alleinigen Ausnahme des Sonntags, verabreicht. Bei längerer Dauer der Krankheit wird [dieser] Krankenschichtlohn auf die Hälfte des Betrags herabgesetzt, und wenn nach fünf Wochen, also nach Verlauf von überhaupt drei Monaten, vom Anfang der Krankheit an gerechnet, der Bergarzt und Bergwundarzt keine schriftliche Erklärung ausstellt, dass die Krankheit in einem Zeitraum von ferneren drei Monaten wahrscheinlich zu heben sein werde, so wird der Kranke vorläufig in die Invalidenliste eingetragen und empfängt, statt der Krankenschichtlöhne, die ihm zukommenden Invalidengelder so lange, bis er im Stande ist, in die Reihe der arbeitenden Bergleute wieder einzutreten. […]

§ 34

Wenn es zweifelhaft erscheint, ob der als Kranker angemeldete Bergmann sich wirklich in einem Krankheitszustand befindet oder ob solcher von ihm nur fälschlich vorgegeben worden [ist], so empfängt er vorläufig nur die Hälfte des Krankenschichtlohns, und die andere Hälfte wird ihm nachgezahlt, sobald sich das wirkliche Dasein einer Krankheit zu erkennen gegeben hat. Wenn es aber ermittelt worden ist, dass der Bergmann eine Krankheit fälschlich vorgegeben, oder sie selbst vorsätzlich erregt oder durch seine Schuld die Heilung verzögert hat, so wird nicht nur von ihm [der] bereits empfangene Krankenschichtlohn wieder eingezogen und

---

1 Die Abschnitte 1–2 regelten »Allgemeine Pflichten der Bergleute« (§§ 1–20) bzw. »Besondere Verpflichtungen der Bergleute als Knappschafts-Mitglieder« (§§ 22–29).

ihm weiter solches nicht verabreicht, sondern er wird auch einer, den Umständen angemessenen, Strafe unterworfen.

§ 35

Invalidengelder empfangen die im Dienste des Bergbaus zur Bergwerksarbeit unfähig gewordenen Bergleute, nachdem sie auf Grund eines von dem Bergarzt und Bergwundarzt darüber ausgestellten Scheins, oder wenn sie die Bergarbeit nicht mehr anhaltend betreiben können, in die Invalidenliste eingeschrieben worden sind. Der Betrag der Invalidengelder wird für jeden Grad des Bergmannsstandes besonders festgesetzt, und der Invalide empfängt den ganzen Betrag der ihm hiernach zukommenden Invalidengelder, wenn er bei der Bergarbeit gar nichts oder doch nicht so viel zu verdienen im Stande ist, als das Doppelte seiner Invalidengelder beträgt, die Hälfte desselben aber nur, wenn er so viel oder mehr verdienen kann.

§ 36

Witwengelder empfangen die Witwen der im Dienst des Bergbaus verstorbenen Knappschaftsmitglieder und der Invaliden, ohne Unterschied, ob die Männer in erster, zweiter oder in weiter folgender Ehe mit ihnen gelebt haben. Die Witwengelder betragen zwei Drittel der Invalidengelder desjenigen Grades, für welchen von ihren Männern das Freischichtgeld zuletzt bezahlt worden ist. Mit der Wiederverheiratung einer Witwe hört die Zahlung der Witwengelder auf, und diejenige Witwe, welche ihre Eheverbindung mit einem invaliden Bergmann geschlossen hat, bleibt von dem Genuss der Witwengelder ausgeschlossen. […]

§ 42

Kindergelder werden als Unterstützung für diejenigen ehelichen Kinder der Bergleute, ohne Unterschied des Geschlechts und bis zu ihrem Eintritt in das fünfzehnte Lebensjahr, gezahlt, deren Väter im Dienst der Bergarbeit gestorben oder invalide geworden sind und im letzteren Fall neben ihren Invalidengeldern gar nichts zu verdienen im Stande sind, sondern nur von Beihilfe leben. Die von Invaliden nach ihrer Einschreibung in die Invalidenliste erzeugten, so wie auch die von einer Witwe bei ihrer Wiederverheiratung ihrem Mann zugeführten, nicht von einem Knappschaftsmitglied erzeugten, Kinder bleiben davon ausgeschlossen.

§ 43

Freien Schulunterricht in den Elementarschulen empfangen, ohne Unterschied des Geschlechts und ohne Rücksicht auf den Vermögenszustand der Eltern, alle ehelichen Kinder und Waisen der Bergleute und Invaliden; die Kinder der Letzteren jedoch nur, wenn sie vor der Einschreibung ihrer Väter in die Invalidenliste erzeugt sind.

§ 44

Zu den *Begräbniskosten* für gestorbene Bergleute und Invaliden wird, ohne Unterschied des Grades im Bergmannsstand und ohne Rücksicht auf die Nachlassenschaft des Verstorbenen, ein bestimmter Beitrag aus der Knappschaftskasse verabreicht.

Außerordentliche Unterstützungen werden den Bergleuten, Invaliden und Witwen nur unter sehr dringenden Umständen verabreicht. Als bestimmte außerordentliche Unterstützung aber wird derjenigen Witwe, deren Mann bei der Bergwerksarbeit zu Tode gekommen ist, ein [achtwöchiger] Schichtlohn, jede Woche zu sechs Schichten gerechnet, zu dem Betrag des Freischichtgeldes, und zwar desjenigen Grades, in welchem ihr Mann zuletzt gestanden hat, außer den ihr zukommenden Witwengeldern verabreicht.

2. Bergfest und Verleihung einer Fahne an die Mülheimer Knappschaft 1832

Bericht der Rheinisch-Westfälischen Zeitung vom 26.4.1832, wörtlich zitiert bei: Walter Riffler, Knappenfeier vor 100 Jahren. Bergmännische Sitten und Gebräuche – Die Feierlichkeiten bei der Verleihung einer Knappschaftsfahne im Jahre 1932 (Chronik der Heimat. Monats-Beilage des Mülheimer General-Anzeigers, August 1932).

In den Provinzen Essen und Werden hat der Bergbau seit dem Jahr 1803, in welchem dieses Land mit dem preußischen Reich vereinigt wurde, an Bedeutsamkeit vielfach zugenommen und auf das Wohl der Eingesessenen und die Gewerbe einen segnenden Einfluss geäußert. Das Königlich Essen-Werdensche Bergamt war der Meinung, dass der gegenwärtige Zeitpunkt, wodurch den ungefesselten Debit[2] der Steinkohlen nach Holland der Betrieb eine der blühendsten Stufen erreicht hat, vorzüglich dazu geeignet sei, das Interesse für den Bergbau immer mehr zu wecken, den bergmännischen Geist – als ein wesentliches Erfordernis zur Beförderung und Erhaltung der für den Bergbau wohltätigen Einrichtungen – zu beleben, das Ehrgefühl bei der Knappschaft rege zu halten, sie zur fortwährenden unerschütterlichen Treue und Anhänglichkeit an den besten der Könige zu ermuntern und ihr zugleich ein öffentliches Zeichen der Achtung für die Beschwerden ihres gefahrvollen Berufs darzubringen. Die Gewerkschaften der hiesigen Steinkohlenzechen unterstützten die Behörden mit freudiger Bereitwilligkeit; sie wünschten, dass nach alter Sitte ein bergmännischer Aufzug gehalten, auf ihre Kosten eine Fahne gestickt und solche den Mitgliedern der Knappschaft in feierlicher Art übergeben werden möchte. Nachdem die höheren Bergwerksbehörden diesem Wunsch ihre Genehmigung erteilt hatten, wurde der gestrige Tag zur Begehung dieses bergmännischen Fests bestimmt, und nicht allein das hochlöbliche westfälische Oberbergamt, das benachbarte Märkische Bergamt [Bochum], die Gewerke[n] des hiesigen Bezirks, sondern auch der Landrat des Kreises, die Chefs und Vorsteher der hiesigen Militär- und Zivilbehörden und die Geistlichkeit zur Teilnahme an dieser Festlichkeit eingeladen.

Gegen Abend versammelten sich sämtliche dem hiesigen Königlichen Bergamt angehörigen Beamten und eine Anzahl von fast tausend Bergleuten und Grubenbeamten an einem dazu bestimmten Platz vor dem Kettwiger Tor. Ausgezeichnete Ordnung und Ruhe, mit welcher die Mannschaft allen Anordnungen willige Folge leistete, und besondere Sorgfalt, welche sie auf ihren Anzug verwendet hatte – denn jeder, ohne Ausnahme, erschien in neuer bergmännischer Uniform mit Schachthut und Feder –, ließen den guten Geist der Leute hinreichend erkennen.

Gegen die neunte Stunde, nachdem ein freundlicher stiller Abend seinen Schleier über die Stadt gedeckt hatte, verkündigte der Donner der aufgepflanzten Böller und das Aufsteigen einer Leuchtkugel den Abmarsch des Korps. Es war dabei folgende Ordnung beobachtet: Den Zug

---

2 Veraltet für: Absatz, Verkauf.

führte der Knappschaftsälteste Mennecke, mit einer Grubenlampe in der Hand, alsdann folgten acht Fackeln in Front, welche vor dem Direktor des Bergamts, Bergrat Heintzmann,[3] begleitet von dem Reviergeschworenen, Hauptmann Honigmann, beide zu Pferde, getragen wurden, hierauf vierzig Hauptoboisten, begleitet von Fackeln. Es folgten nun ferner der Bergmeister Kloz,[4] begleitet von dem Maschineninspektor Merker, der zum Fahnenträger ausersehene Bergeleve Baur, zu beiden Seiten ein Knappschaftsältester, die Fahnenwache, bestehend aus den die Bergschule besuchenden angehenden Gruben- und Betriebsbeamten; sämtliche Beamte des Bergamts, welche nicht zur technischen Partie gehören, endlich die in drei Züge geteilten Bergleute, geführt von dem Markscheider Böhnert und den Geschworen Haardt und Hilgenstock, das Ganze an geeigneten Stellen von Fackeln umgeben. Eine unübersehbare Zahl von Zuschauern umringte die Truppe während des Marsches durch mehrere Teile der Stadt, welche durch stete Ordnung und durch den strahlenden Glanz von fast tausend Grubenlichtern und Fackeln einen freudigen und zugleich imposanten Anblick gewährte. Vor dem bergamtlichen Dienstgebäude angelangt, stellte sich die Mannschaft in einem offenen Viereck auf.

3. **Bericht über das Bergfest der Knappen der Zeche Wiesche, Mülheim, im Jahre 1838 (wieder entdeckt 1938)**
»Bergfest der Wiescher Knappen. Ein Stück alten Mülheimer Brauchtums«, in: Mülheimer Zeitung, Nr. 208 vom 31.7.1938. Stadtarchiv Mülheim an der Ruhr.

Ein Zufall spielte uns einen Bericht über ein Bergfest, bei welchem [ein] Knappen-Gesangverein mitwirkte, in die Hand. Der Bericht ist in den »Essener Allgemeinen Politischen Nachrichten« vom 2. September 1838 erschienen. Vielleicht hat man eine Schilderung dieses Bergfests in der Absicht veröffentlicht, andere Zechen des Ruhrgebiets sollten den Wiescher Knappen und Gewerken nacheifern, zumal die sonstigen redaktionellen Nachrichten über Mülheim in der alten Essener Zeitung sehr spärlich sind. Man hielt also das Wiescher Bergfest für solch ein hervorragendes Ereignis, dass man auch außerhalb Mülheims dafür großes Interesse voraussetzte. Deshalb dürfen wir wohl annehmen, dass unsere Vorfahren dadurch Bahn brechend und beispielhaft in der weiteren Umgebung unserer Heimatstadt gewirkt haben.

»Die löbliche Gewerkschaft der Kohlenzeche Wiesche gibt ihren Knappen jährlich ein Bergfest, und zwar fand dieses, um demselben zugleich eine höhere Tendenz, einen väterlichen Charakter zu verleihen, seit längerer Zeit am Sonntag nach dem 3. August [1838], als dem Geburtstag unseres allverehrten Königs,[5] statt. Diese bergmännischen und zugleich vaterländischen Feste wünschte nun die Gewerkschaft durch einen zweckmäßigen Gesang der Knappen verherrlicht zu sehen; ließen diese indessen Gesänge erschallen, so waren es meistens nur frivole, einen bergmännischen und vaterländischen Charakter durchaus entehrende Lieder.

---

3 Heinrich Heintzmann (1778–1858) war langjähriger Direktor des Bergamts Essen-Werden.
4 Zu Bergmeister Kloz vgl. auch Dok. 17 in Kap. II sowie Dok. 3 in Kap. VIII.
5 Friedrich Wilhelm III. (1770–1840) war von 1797 bis zu seinem Tod König von Preußen.

Von dem Grundsatz ausgehend, dass man den gesanglustigen Knappen nur Besseres bieten dürfe, wenn sie das Schlechtere, Frivole gern sollten fahren lassen, beschlossen die Herren Deputierten der löblichen Gewerkschaft, dass sie ihren dazu fähigen Knappen einen methodischen Gesangunterricht wollten erteilen lassen, um sie in den Stand zu setzen, eigentliche Berg- und Vaterlandslieder singen, einüben und weiterverbreiten zu können. Sie wandten sich zu diesem Zweck an den als tüchtiger Sänger und Musiker bekannten Lehrer Herrn Bungert in Heißen, und dieser übernahm den Unterricht der auserwählten, meist aus seinen früheren Schülern bestehenden Knappen und das Sammeln zweckmäßiger bergmännischer und vaterländischer Gesänge.

Besonders der soeben verflossene 3. August dieses Jahres, an welchem die Wiescher Knappen ihr Bergfest recht sinnig gerade mit der Geburtstagsfeier unseres geliebten Königs vereinigten, gab Zeugnis von dem tüchtigen Streben sowohl des Vorstands als auch der einzelnen Mitglieder dieses Vereins. Von den Herren Deputierten der löblichen Gewerkschaft war es angeordnet, dass die Feier dieses Tages um acht Uhr morgens mit einem Gottesdienst auf der Grube angefangen wurde. Die ganze Knappschaft in ihrem Paradeanzug, mit ihrer Fahne und den Beamten an der Spitze, schloss einen Halbkreis um die aus mächtigen Kohlenstücken erbaute Kanzel, welcher gegenüber die Herren Deputierten und Gewerken und hinterwärts das Musik- und Sängerkorps standen. Herr Prediger Vogt, der die Kanzel betreten hatte, entwickelte in einer sehr herzlichen Rede den Zweck der Feier, mahnte und ermunterte die Knappen in ihrem schweren Beruf und erhob sich dann mit ihnen im innigen Dankgebet zum Vater im Himmel, der König und Knappen bisher so gnädig geführt und geschützt [habe]. Des Sängerkorps' herrlicher vierstimmiger Gesang erhöhte ungemein die Feier, und als zum Schluss aus aller Knappen Munde ein kräftiger Choral mit Begleitung der Instrumentalmusik mächtig daherbrauste, da fühlten wir tief ergriffen den gewaltigen Eindruck eines solchen unter des Herrn freiem Himmel gehaltenen Gottesdienstes.

Nach beendigter Feier ordneten sich nun die Knappen unter der Führung des Herrn Leutnant und Gewerken Michels zum Zug nach der Stadt. Die Hauptstraßen derselben wurden mit Musik und Trommelschlag durchzogen und vor dem Rathaus zur Bewillkommnung des ersten Ortsvorstands, des Herrn Bürgermeisters Weuste,[6] Halt gemacht. Nachdem dem geliebten König ein herzliches Lebehoch gebracht [worden war], traten die Sänger in einen Kreis und stimmten Vaterlands- und Festlieder an. Von hier ging der Zug nach dem Markt, und nachdem von den Knappen ein Kreis geschlossen war, traten Sänger und Musiker wieder vor und trugen ebenso wohl schöne vierstimmige Gesänge als auch mehrere sehr gut ausgeführte Musikstücke vor, worauf sich der Zug wieder nach der Zeche wandte. Hier waren nun nachmittags die Gewerken, der Ortsbürgermeister und mehrere Fremde in dem schönen Saal des Zechenhauses versammelt. Die Knappen wurden auf dem freien Platz vor demselben freundlich bewirtet und freuten sich unter wechselndem Spiel und Tanz recht herzlich, wobei, soviel wir bemerkt,

---

6   Christian Weuste (1789–1862) war von 1822 bis 1847 Bürgermeister der Stadt Mülheim an der Ruhr.

auch nicht einen Augenblick durch Unordnung oder Rohheit der allgemeine Frohsinn gestört wurde, so dass jeder Anwesende die öftere Wiederkehr eines solchen fröhlichen und genussreichen Fests nur wünschen konnte«.

Ein Stück altes Mülheimer Brauchtum ist vor unseren geistigen Augen wieder lebendig geworden – ein Stück Brauchtum, das von einer Bevölkerung ausgeübt wurde, die nach der Väter Weise ihrer schweren Arbeit in der Erde nachging. Es waren knorrige Männer, jene Knappen vor 100 Jahren, die nur einen kleinen Teil der technischen Hilfsmittel hatten, die der Bergbau heute kennt. Aber sie fanden nach harter Arbeit noch Muße genug, schöne Lieder einzuüben. Sie waren fast alle bodenständig, bewirtschafteten mit ihrer Familie nebenbei einen kleinen Kotten, liebten ihre Heimat und waren stolz darauf, Bergmann zu sein. Ihnen ist es mit zu verdanken, dass der Ruf Mülheims als Kohlen- und Schifferstadt bis weit nach Holland hinein verbreitet wurde.

Mit den »frivolen« Liedern, die der Verfasser des hundertjährigen Berichts missbilligend rügt, wird es wohl halb so schlimm gewesen sein. Die Mülheimer plattdeutschen Lieder nehmen heute sowohl als auch damals freilich kein Blatt vor den Mund, sind mitunter ein bisschen derb und drastisch. Zartbesaitete Gemüter, die dem gesunden Volksempfinden entfremdet waren (und das war in einer guten alten Zeit leider bei den Schulgebildeten oft der Fall, als man allem Natürlichen fremd gegenüberstand), haben damals vielleicht daran Anstoß genommen. Man war in gewisser Hinsicht ein bisschen rückständig, hatte noch nicht erkannt, welchen Schatz man in den alten schönen Liedern besaß, die weder Dichter noch Komponist kennen, die das Volk selber geformt hat und die deshalb so echt und wahr klingen.

4. Festprogramm des Vereins der Belegschaft der Zeche Ver. Hannibal in Bochum 1855

Verein der Belegschaft der Zeche Ver. Hannibal, Bochum-Hordel, 14. April 1855, in: Bergbau-Archiv Bochum 20/1142, abgedruckt in: Evelyn und Werner Kroker (Hg.), Solidarität aus Tradition. Die Knappenvereine im Ruhrgebiet, München 1988, S. 62f. Verfasser des Programms ist offenbar der Lehrer J. Beielstein aus Herne.

12 Uhr:	Antreten der Belegschaft auf der Grube.
12 ½ Uhr:	Zug nach Bochum. Die Musik voran, die Fahne, dann die Sänger.
	Je Zwei u[nd] Zwei.
	Unterwegs spielt die Musik.
1 ½ Uhr:	Ankunft im Festlokal.
	Die Sänger singen: Hannibal.
	Essen: Nach der Suppe: Toast auf den König.

Teure Knappen! An dem heutigen Tag, oder besser gesagt an dem heutigen Fest ist es wohl mit Recht unsere Pflicht, dem Obersten der Bergherrn, unserem vielgeliebten König und Landesvater, unser erstes Glückauf zu bringen, denn er ist es ja, der uns das Recht verleiht, auch dieses Fest feiern zu können, der unseren schönen Bund so väterlich beschützt, unseren Fleiß stets würdig belohnt. Ihm zu Ehren tragen wir vereint ein Kleid als Zeichen des Unterpfands seiner Liebe und seines Schutzes, deshalb töne auch Ihm zuerst unser fröhliches und dankbares Glückauf entgegen.

Erhebt Euch mit mir, und bringen wir Ihm aus dankvollem Herzen ein jubelndes Glückauf. Dem Obersten der Bergherrn, S[eine]r Majestät F[riedrich] W[ilhelm] IV., ein donnerndes Glückauf, Glückauf und nochmals Glückauf!

Die Sänger: Heil Dir, des Volkes Hort!
Nach dem ersten Gericht: Toast auf die Bergherren.
Liebe Kameraden! Das erste vorhin ausgebrachte Glückauf galt dem Obersten der Bergherren, unserem lieben König, das zweite Glückauf soll den übrigen Bergherrn gelten, unter deren Schutz und Aufsicht wir arbeiten und die unser aller Wohl zu befördern suchen. Den Bergherren des Königlichen Oberbergamts zu Dortmund und des Märkischen Bergamts zu Bochum also ein dreimaliges donnerndes Glückauf, nochmals Glückauf u[nd] abermals Glückauf!

Die Sänger: Glück auf! Glück auf! Glück auf!

Nach dem zweiten Gericht: Toast auf die Gewerke[n].
Teure Knappen! Es gibt eine Gewerkschaft, wie die unserige, der wir in der Erinnerung der erhaltenen Wohltaten mit froher dankerfüllter Brust gegenüber stehen; denn sie ist es ja, durch deren Veranlassung wir teilweise zu dem Fäustel gegriffen [haben], und wir müssen gestehen, wir haben's gern getan, unter einer Gewerkschaft stehend, die keine Kosten, keine Mühen, keine Sorge scheut, uns Knappen das zu geben: dass wir mit Recht in ihnen nicht allein unsere Brotherren, sondern auch unsere Gönner begrüßen, ein Beweis hierfür ist das heutige Fest. Der Gewerkschaft der Zeche Ver. Hannibal also aus voller Brust ein donnerndes, dreimaliges Glückauf!

Die Sänger: alle Knappen singen fröhlich.
Während des Essens spielt mit obigen Ausnahmen die Musik. Während die Musiker essen: Bericht über den Verein.[7]
Die Sänger: 1) Glück auf! zum Berg- u[nd] Freudenfest.
            2) Zum Bergmann hab' ich mich geweiht.
            3) Im Dunkel der Erde liegt unser [Vergnügen].
Die Musik spielt ein Stück.
Die Sänger: 1) Wir fahren zur Grube.
            2) Ruhe weht vom Himmelszelt.
            3) Glück auf! Glück auf! In der ewigen Nacht.
Die Musik spielt ein Stück.
Die Sänger: 1) Was ist des Bergmanns höchste Lust?.
            2) Zwar Krieger sind wir Knappen nicht.
            3) Der König lebe, lebe lang.

---

7   Der Bericht ist in Kroker/Kroker (Hg.), Knappenvereine, S. 63–66, gedruckt.

Die Musik spielt.

Vorbereitung zum Tanz.

Während die Sänger in obigen drei Pausen singen, trinken die Frauen Kaffee.

5. Kollektive Bittschrift von Bergleuten aus dem Hardensteiner Revier an das Oberbergamt Dortmund um Lohnerhöhung 1855

Herbede und Vormholz, den 3. November 1855. Landesarchiv NRW Abt. Westfalen, OBA Dortmund 1385, Bl. 415a-416, abgedruckt in: Klaus Tenfelde, Sozialgeschichte der Bergarbeiterschaft an der Ruhr im 19. Jahrhundert, 2. Aufl., Bonn 1981, S. 609. Die Schriftform der Vorlage wurde beibehalten.

Hohes Oberbergamt!

Bekanntlich sind seit einigen Jahren die Preise aller Lebensbedürfnisse so gestiegen, dass dieselben fast dreimal so hoch stehen wie früher; der Schichtlohn des Bergmannes ist indes nicht in denselben Maß erhöht und steht mit den Preisen der Lebensmittel im Mißverhältnis.

Wir erlauben uns, dies in Folgender Aufstellung ganz gehorsamst darzutun und nehmen dabei eine Familie zu fünf Personen an obgleich viele uns eine zahlreichere Familie haben.

Dieselbe bedarf zur Anschaffung der unentbehrlichsten Lebensmittel als:

Brod täglich	8 Sgr.	–
Butter ¼ Pfd. oder	2	–
Schweinefleisch ½ Pfd. oder Rindfleisch 1 Pfd.	4	–
Salz ¼ Pfd.	–	3 Pfg.
Kaffee 1 Loth	–	3
Oel	2	–
Kartoffeln ½ Viertel	5	–
Gemüse Erbsen Bohnen Grütze oder Graupen	3	–
Unschlitt oder Schmalz	1	6
macht täglich	26 Sgr.	

wobei nur die unentbehrlichsten Lebensmittel und die niedrigsten Preise berechnet sind. Wohnungsmiete 20–25 Tlr. jährlich Kleidung und andre Bedürfnisse sowie Steuern und Abgaben haben wir hier nicht in Anschlag gebracht weil wir fürchteten durch zu große Zahlen den Schein der Unbescheidenheit auf uns zu laden obgleich es auf der Hand liegt, dass auch diese Dinge zu den unentbehrlichsten Lebensbedürfnissen gehören. Wir hoffen, durch eine enge Beschränkung unserer Ansprüche Einem Hohen Oberbergamt und unsere verehrten Vorgesetzten die Gewährung unserer ganz gehorsamsten Bitte:

Hochgeneigt unsern Schichtlohn mit den Preisen der Lebensbedürfnisse in ein richtiges Verhältnis zu setzen und denselben auf mindestens 26 Sgr. zu erhöhen, damit wir nicht bei unserer schweren und gefahrvollen Arbeit mit unsern Kindern fernerhin dem Hunger preisgegeben seien, zu erleichtern, und wir zweifeln nicht, Ein hohes Oberbergamt werde bei genauer und strenger Prüfung obiger Aufstellung unsere Bitte Gerechtigkeit widerfahren lassen. Die Ausbeute der Gruben hat mit den Preisen der Lebensmittel gleichen Schritt gehalten; nicht allein die Preise der Kohlen sind in dem Maße gestiegen, sondern auch der Absatz hat sich in gleichem Maße vermehrt, sodass die Mittel unsere gewiss nicht übertriebenen Ansprüche zu befriedigen in reicher Fülle fließen. Dass wir dabei darben sollen, ist gewiss nicht der Wille Eines Hohen Oberbergamtes und doch müssen wir es wenn wir uns mit der unzulänglichen Erhöhung unseres bisherigen Schichtlohns von 15 resp. 16½, Sgr. auf 18–19½ Sgr. wie sie uns auf unsere Beschwerde beim Königlichen Bergamte bewilligt worden ist, begnügen müssten.

Wir sehen daher der hochgeneigten Gewährung unserer ganz ganz gehorsamsten Bitte vertrauensvoll entgegen.

Eines hohen Oberbergamts ganz gehorsamste Knappschafts-Mitglieder des Hardensteiner Reviers

[folgen Unterschriften] Max König [und 14 weitere Bergleute]

6. Fahnenweihe in einem katholischen Knappenverein 1862
Festbericht des Katholischen Bergmannsvereins Überruhr. Stadtarchiv Essen, I 23 (Protokollbuch), abgedruckt in: Evelyn und Werner Kroker (Hg.), Solidarität aus Tradition. Die Knappenvereine im Ruhrgebiet, München 1988, S. 155f. (Auszug)

Gegen vier Uhr versammelten sich die Vereins-Mitglieder in dem festlich dekorierten Vereinssaal ein und zogen alsdann, den Vorstand an der Spitze, zur Behausung des Präsidenten Herrn Vikar Dernen zur Abholung der Fahne zum Vereinslokal. Daselbst enthüllte der Herr Präsident,[8] d[em] Gesuch des Vorstandsmitglieds Trompeter folgend, die Fahne, welche alsdann unter Festgesang durchs Dorf getragen wurde. Im Lokal zurückgekehrt, wurden von dem Vorstand und mehreren anderen Vereinsmitgliedern die noch fehlenden Nägel feierlichst eingeschlagen und die Fahne nach einer sehr schönen und höchst passenden Rede des Herrn Präsidenten von Letzterem dem Verein überreicht. Der Nachmittag wurde ausgefüllt durch passende allgemeine Gesänge und Deklamationen und waren von dem Vorstandsmitglied Trompeter Stereoskopen[9] aufgestellt. Später am Abend nahm der Herr Präsident nochmals das Wort und erklärte den Mitgliedern die Komposition des Fahnenbilds.

Gegen neun Uhr wurde die Festlichkeit, die in sehr munterer Stimmung so ausgezeichnet und mit der größten Ordnung verlaufen war, mit einem donnernden Hoch auf den Präsidenten und den ganzen Verein geschlossen und die Fahne zur Behausung des Vizepräsidenten Trompeter gebracht.

---

8   Alle katholischen Arbeiter- und Knappenvereine hatten einen Geistlichen als »Präses« und wählten einen Vorstand aus ihren Mitgliedern. Die »Präsidesverfassung« war typisch für das katholische Vereinswesen.
9   Optische Geräte, mittels derer plastisch gesehen werden konnte.

7. Aus den Statuten des katholischen Knappenvereins Niederwenigern 1863

8. November 1863. Zweite Versammlung des Knappenvereins St. Antonius Niederwenigern. KAB St. Mauritius Hattingen-Niederwenigern, Protokollbuch (hs.), abgedruckt in: Evelyn und Werner Kroker (Hg.), Solidarität aus Tradition. Die Knappenvereine im Ruhrgebiet, München 1988, S. 68–71. (Auszug)

§ 1 [...] Der katholische Bergmannsverein der Pfarre Niederwenigern stellt sich, wie der zu Überruhr,[10] unter den Schutz der unbefleckt empfangenen Jungfrau Maria und des heil[igen] Antonius von Padua, welcher Heilige allgemein für den besonderen Schutzpatron der Bergleute gehalten wird.

§ 2 Jedes Mitglied des Vereins macht sich verbindlich, sich sorgfältig zu hüten vor dem in den Gruben so häufig vorkommenden Schimpfen, Fluchen und unsittlichen Reden. Auch muss jedes Mitglied dahin streben, als guter Katholik allen übrigen religiösen Pflichten (insbesondere der Heilighaltung der Sonn- und Festtage) in seinem Stand und Amt pünktlich nachzukommen, um so recht Viele für Gott und seine heil[ige] Kirche zu gewinnen.

§ 3 Jedes Mitglied macht sich (jedoch nicht unter einer Stunde) verbindlich, zur Verehrung der unbefleckten Empfängnis Mariae und des oben genannten Schutzpatrons täglich, und zwar kurz vor der Arbeit, für sich ein »Vater unser« und ein »Gegrüßet seiest du Maria« zu beten, damit ihn der liebe Gott vor Gefahren bei der Arbeit beschützen und [ihm] am Ende des Lebens eine glückselige Sterbestunde verleihen wolle.

§ 4 Die Vereinsmitglieder gehen im Laufe des Jahres dreimal, und zwar erstens am Sonntag nach Maria Empfängnis, zweitens am Sonntag nach dem Fest des heil[igen] Antonius und drittens am Sonntag nach dem Fest des heil[igen] Josephus gemeinschaftlich zur heil[igen] Kommunion, und wird sehr gewünscht, dass sie außer diesen festgesetzten Tagen auch noch sonst fleißig zur heil[igen] Kommunion kommen.

§ 5 Wird ein Vereinsmitglied krank, so sollen die übrigen Mitglieder sich bereitwillig zeigen, denselben zu besuchen, nötigenfalls bei demselben Nachtwache zu halten und insbesondere bei bedenklichen Krankheiten dahinwirken, dass der Kranke frühzeitig mit den heil[igen] Sterbesakramenten versehen werde. Wer den kranken Mitbruder besuchen und bei demselben Nachtwache halten soll, bestimmt der Vorstand oder ein Mitglied desselben, und hat derselbe hierbei auf die besonderen Verhältnisse Rücksicht zu nehmen und dafür zu sorgen, dass es möglichst abwechselnd geschehe.

§ 6 Wenn ein Vereinsmitglied stirbt, so sollen die übrigen dem verstorbenen Mitbruder möglichst zahlreich die letzte Ehre erweisen.

§ 7 Als Mitglied des Vereins kann jeder unbescholtene Bergmann, welcher das sechzehnte Lebensjahr vollendet hat, aufgenommen werden.

§ 8 Unordentliche Vereinsmitglieder, welche dem Verein nicht zur Ehre, sondern zur Schande gereichen, werden von dem Vorstand, wenn eine dreimalige Ermahnung von Seiten des Vor-

---

10 Vgl. Dok. 6 in diesem Kapitel.

standes nichts genützt hat, in einer öffentlichen Generalversammlung genannt und aus dem Verein ausgeschlossen. [...]

§ 12 Der Vorstand besteht aus einem Präses (dem [der]zeitigen katholischen Pfarrer von Niederwenigern), einem Vizepräses (dem [der]zeitigen Primissar[11]), einem zweiten Vizepräses (der aus den Bergleuten gewählt wird) und aus acht bis zehn anderen gewählten Mitgliedern.

8. Aufruf von Bergleuten in der Gegend von Recklinghausen zur Gründung eines Vereins: 25. Oktober 1867

Wochenblatt für den Kreis Recklinghausen 37 (1867), Nr. 45, abgedruckt in: Evelyn und Werner Kroker, Solidarität aus Tradition. Die Knappenvereine im Ruhrgebiet, München 1988, S. 74.

Glückauf!

Bei dem großartigen Aufschwung des Bergbaus hat sich die Zahl der Bergleute für hier und Umgebung so gesteigert, dass es gewiss nur wünschenswert erscheinen kann, dieselben zu einer Korporation, wie dies allerorts der Fall ist, zu vereinigen. Die Ältesten[12] laden daher alle Bergleute und Gönner von nah und fern zu einer Beratung über einen hier zu gründenden (Knappschafts-) oder Gewerkschafts-Verein (Verein der Bergleute) auf Sonntag den 27. dieses [Monats] abends von 5 bis 8 Uhr beim Herrn Wirt L. Bresser hier freundlichst ein.

Dieser Verein soll zugleich den edlen Doppelzweck haben, Freud und Leid gemeinsam zu teilen, neben dem Vergnügen auch helfend in der Not, zur Genüge der Nächstenliebe, der Nächstenpflicht anzutreten!

Möge daher der an alle Bergleute hiermit entsendete bergmännische Gruß Glück Auf alle hierfür begeistern und uns zuführen; denn alle soll dieses Band der Liebe und Freundschaft als zusammengehörende Glieder aneinanderketten, weil nur in der gleichen Berechtigung Eintracht und Kraft und daher ein gedeihliches Aufblühen einer so schönen Sache erzielt werden kann.

9. Gegenseitige Unterstützung als Motiv der Vereinsgründung. Aus den Statuten des Bergmannsvereins Glückauf Dortmund-Berghofer Mark 1872

Statuten des Bergmannsvereins Glückauf (Dortmund-) Berghofer Mark 1872. Landesarchiv NRW Abt. Westfalen, RA 14295, Bl. 90. (Auszug)

§1 Der Verein hat den Zweck:
a) seinen Kameraden, die im Verein eingeschrieben, im Fall einer Erkrankung resp[ektive] Beschädigung ein Unterstützungsgeld zu gewähren,
b) durch deklamatorische Vorträge und Belehrungen in den Versammlungen den Mitgliedern eine Erholungsstunde zu verschaffen.

---

11 Der Primissar ist derjenige Geistliche, der die »prima missa«, die erste Messe, hält.
12 Es sind wahrscheinlich Knappschaftsälteste gemeint.

§ 2 Jeder unbescholtene Bergarbeiter, von der III. Klasse des Märkischen Knappen-Vereins[13] an, kann durch Zahlung des festgesetzten Eintrittsgelds, sowie des monatlichen Beitrags, sich die Mitgliedschaft dieses Vereins erwerben und ist dadurch nachfolgendes Unterstützungsgeld zu fordern berechtigt:

§ 3 Das Unterstützungsgeld wird in folgender Weise gerechnet:

a) wenn die Krankheit über zehn Tage dauert, sowohl bei Beschädigung auf oder in der Grube als bei gewöhnlicher Krankheit, für jeden Tag ohne Sonntag 5 Sgr., vom ersten Tag der Erkrankung an gerechnet;

b) dauert die Krankheit unter zehn Tage, so hat der Erkrankte in keinem Falle Anspruch auf Unterstützungsgeld zu machen.

§ 4 Wer sich durch eine Nebenarbeit, durch unsittlichen Lebenswandel oder Schlägerei, eine Krankheit resp. Beschädigung zugezogen hat, kann keinen Anspruch auf Unterstützung machen.

§ 5 Das oben genannte Unterstützungsgeld wird bei gewöhnlicher Krankheit nur drei Monate, bei Beschädigung auf oder in der Grube aber bis zur Wiederherstellung, wenn dieselbe nicht über 6 Monate währt, nach vorerwähnter Norm vom Vereins-Rendanten ausgezahlt. Der Erkrankte ist von den monatlichen Beiträgen während der Dauer seiner Krankheit frei.

§ 6 Um dies Unterstützungsgeld richtig an den Erkrankten auszuzahlen, ist es nötig, dass derselbe seinen Krankenschein, bevor er ihn zur Aufbewahrung an den Knappschaftsältesten abliefert, dem Rendanten unserer Unterstützungskasse vorzeigen muss.

§ 7 Jedes neu aufgenommene Mitglied zahlt als Beitrittsgeld 22 ½ Sgr. auf einmal, oder in monatlichen Beiträgen [pro] Monat 7 ½ Sgr., und ist erst dann unterstützungsberechtigt. [Danach] wird ein monatlicher Beitrag von 2 ½ Sgr. erhoben. [...]

§ 24 Vom 1. August 1872 an darf kein Mitglied mehr im Verein aufgenommen werden, welches einem andern gleichartigen Verein angehört, um aus zwei Hilfskassen in Krankheitsfällen Unterstützung zu beziehen.

§ 25 Verunglückt ein Mitglied auf oder in der Grube, oder stirbt dasselbe an einer gewöhnlichen Krankheit, so wird dasselbe mit Musik und dem Verein zu Grabe geleitet. Die Gebühren für die Musik betragen 6 Tlr. Dieses Geld ist aus der Kasse zu nehmen. Leidet es der Kassenbestand jedoch nicht, so ist dasselbe vom Verein aufzubringen.

10. Zechenwohnungen im Kreis Essen 1872

Der Geschäftsführer des Bergbauvereins, Gustav Natorp, an den Königlichen Landrat des Landkreises Essen, Freiherrn von Hövel, vom 3.10.1872. Landesarchiv NRW Abt. Rheinland, LRE 74, Bl. 293f. (Auszug)

In der Anlage[14] beehre ich mich, Ihrem Wunsch gemäß Ihnen eine Zusammenstellung der Wohnungsverhältnisse auf einer Anzahl von Steinkohlengruben zu geneigter Einsicht resp. Benut-

---

13 Die Knappschafts-Vollmitglieder wurden in drei »Klassen« geführt.
14 Die Tabellen wurden nicht aufgenommen.

zung zu überreichen. Dieselbe umfasst zwar bis dahin nur die Hälfte der zu dem Verein für die bergbaulichen Interessen gehörigen Zechen, dürfte indes doch vielleicht für Ihre Zwecke einige Anhaltspunkte gewähren. Im Übrigen gestatte ich mir zu den Tabellen einige ergänzende und erläuternde Bemerkungen.

Die Anzahl der von den in den Tabellen aufgeführten Zechen erbauten Arbeiterhäuser beträgt 518; die Anzahl der mit denselben vorhandenen Familienwohnungen 1.546. In denselben wohnen zurzeit 2.984 Arbeiter. Nimmt man an, dass die Belegschaft jeder Zeche durchschnittlich 400 Mann beträgt und hiernach auf sämtlichen genannten Zechen etwa 23.200 Arbeiter beschäftigt wären, so würden etwa über zwölf Prozent derselben in Zechenwohnungen wohnen. Das in den Häusern bis dahin angelegte Kapital beläuft sich auf 898.947 Tlr.

Für das nächste Jahr ist auf den genannten Zechen der Bau von 1.806 Wohnungen in Aussicht genommen.

Es fehlt in der Tabelle eine Angabe darüber, wie viel Leute in eigenen Häusern wohnen. Ihre Anzahl ist in den südlicheren Teilen des Bergbaudistrikts nicht gering.

Fast sämtliche Zusammenstellungen äußern sich dahin, dass die Arbeiter den Zechenwohnungen entschieden vor anderen Mietswohnungen den Vorzug geben, was allerdings schon durch den niedrigeren Mietzins, den sie an die Zechen zu zahlen haben, erklärlich wird.

Die meisten Wohnungen sind so eingerichtet, dass auch Aftermieter oder sogenannte Kostgänger in dieselben aufgenommen werden können.

Sämtliche Zechen gestatten nur Leuten ihrer eigenen Belegschaften die Benutzung der Häuser, auch sind infolge der Arbeitseinstellung[15] die Bestimmungen der Mietskontrakte bezüglich der Kündigungsfrist schärfer gefasst [als] früher.

Nur wenige Zechen haben Einrichtungen getroffen, welche es dem Arbeiter ermöglichen, das von ihm bewohnte Haus als Eigentum zu erwerben. Auch gewähren nur einzelne Zechen ihren Leuten Darlehen zu niedrigen Zinsen oder zinsfreie Vorschüsse, resp. Grund und Lohn, wenn dieselben selbst bauen wollen.

11. Verbot der Unterstützungseinrichtungen von Knappenvereinen 1873
Der Oberpräsident von Westfalen an die Königliche Regierung zu Arnsberg vom 30.6.1873. Landesarchiv NRW Abt. Westfalen, RA 14294, Bl. 231, abgedruckt in: Christlich-Soziale Blätter 5 (1873), S. 103f.; Otto Hue, Die Bergarbeiter. Historische Darstellung der Bergarbeiter-Verhältnisse von der ältesten bis in die neueste Zeit, Bd. 2, Stuttgart 1913, S. 283.

Der Königlichen Regierung erwidere ich ergebenst auf den gefälligen Bericht vom 23. April d.J. […] betreffend die in letzter Zeit besonders zahlreich unter dem Namen »Knappen-Vereine« sich bildenden Vereinigungen von Bergarbeitern, welche ihren Statuten nach zum Teil rein gesellschaftliche Zwecke, zum Teil neben diesen auch Versicherungszwecke für den Fall von Krankheiten, Unglücks- und Sterbefällen ihrer Mitglieder verfolgen, wie ich es mit Rücksicht auf

---

15 Gemeint sind die Bergarbeiterstreiks im Essener Raum von 1872; vgl. die Dok. 7 bis 9 im Kap. VIII.

die angezeigten Ergebnisse der über die Wirksamkeit dieser Vereine und deren sozialistische sowie kirchenpolitische Tendenzen stattgehabten Ermittlungen für geboten erachten muss, nach dem sehr beachtenswerten Gutachten des Königlichen Oberbergamts zu Dortmund in dessen Schreiben vom 27. März d.J. bei Erteilung der staatlichen Genehmigung zu dem Betrieb der zur Versicherung für Krankheits-, Unglücks- und Sterbefälle eingerichteten Kassen dieser Vereine mit äußerster Sorgfalt zu verfahren, *für jetzt* aber, und bis auf Weiteres, die von Seiten solcher Vereine eingehenden Anträge auf Erteilung einer Genehmigung *überhaupt abzulehnen*. Es kommt hierbei in Betracht, dass es bei der Lebhaftigkeit und den gesteigerten Anstrengungen, womit zurzeit für die Ausbreitung und die agitatorische Behandlung der sozialistischen und kirchenpolitischen, staatsfeindlichen Tendenzen gewirkt wird, notwendig vermieden werden muss, durch staatliche Genehmigung der Unterstützungs- und Sterbekassen von Vereinen der bezeichneten Art neue, mit den Merkmalen der Rechtsfähigkeit ausgestattete Faktoren ins Leben treten zu lassen, in welchen jene Tendenzen Sammel- und Stützpunkte finden könnten.

Zudem sind die Bewegungen auf den bezeichneten Gebieten zurzeit noch zu sehr im Fluss, als dass die Ermittlungen und Wahrnehmungen darüber, inwiefern die resp. Vereinsbildungen in diese Bewegungen eingreifen und denselben förderlich sind, als abgeschlossen betrachtet werden könnten.

Indem ich bemerke, dass bis auf Weiteres diese Gesichtspunkte für die Prüfung und resp. Beanstandung der beim Oberpräsidium ressortmäßig eingehenden resp. Anträge maßgebend sein werden, kann ich der Königlichen Regierung nur empfehlen, bezüglich derjenigen, hier in Betracht kommenden Anträge, über welche dortiger Seite ressortmäßig zu befinden ist, in gleicher Weise zu verfahren.

Zugleich ersuche ich die Königliche Regierung ergebenst, Ihre Aufmerksamkeit dem Vereinswesen auf diesem Gebiet und den dabei zu Tage tretenden Erscheinungen fortgesetzt zuzuwenden und über die gewonnenen weiteren Erfahrungen nach Jahresfrist gefälligst zu berichten.

12. Lebensverhältnisse und Haushaltsführung zu Beginn der großen Wirtschaftskrise 1874

Bericht der Essener Zeche Graf Beust über allgemeine Lebensverhältnisse vom 4.8.1874. Landesarchiv NRW Abt. Westfalen, OBA Dortmund 1776, Bl. 323–326. (Auszug)

Nur, was Kleidung und Wohnung anbelangt, kann man direkt auf die Frage, ob die gesamte Lebensweise der Arbeiter sich gehoben hat, mit bestimmtem »Ja« antworten; es kann sogar besonders bei den Frauen als Manier bezeichnet werden, einen großen Luxus an Kleidern zu entwickeln. Vergleiche jedoch führen auch zur bejahenden Antwort auf obige Frage in Bezug auf Nahrung.

Wenn man nämlich – und dieses ist der Fall – unter den Arbeitern eine Art Abscheu vor der Menage[16] oder in der Benutzung derselben eine Art Erniedrigung findet, wenn man weiter oft die Äußerungen hört, »das Futter in der Menage« – welches doch ganz gewiss dem Tisch der sonstigen ländlichen Arbeiterbevölkerung zur Seite gestellt werden kann – sei »für Polacken und Schweine gut genug«, so kann man hieraus auf die Lebensweise dieser Leute sicheren Schluss ziehen. Die Beifügung von Haushaltungsbudgets ist nicht möglich, weil man mit Sicherheit behaupten kann, dass die meisten Familien keinen geordneten Hausstand haben. Dieselben leben eben von [der] Hand zum Mund und kaufen, was ihnen der Markt und ihr Geld bieten. Dieses kann auch nicht anders sein, denn wenn man mit dem jetzigen hiesigen Dienstpersonal, aus welchem hauptsächlich die Frauen der Arbeiter geworben werden, die Urteile und Klagen über dieselben von vernünftigen Hausfrauen hört, so kann es nicht wunderbar erschienen, dass die meisten Arbeiter nicht einmal auf normalem Standpunkt stehen bleiben, viel weniger aber vorankommen.

Sieht man diesen Fehler bei den Frauen, so ist anderenteils bei den Männern der unmäßige Genuss von geistigen Getränken auffällig. Mag das Letztere teilweise eine Folge des Ersteren sein oder aber in mangelhafter Erziehung des Arbeiters sich gründen, […] beide zusammen sind die Hauptfehler, welche das Glück der Arbeiter untergraben und aber auch den Werkbesitzern die Hebung der Verhältnisse gründlich verleiden.

Zur geistigen Hebung der Arbeiter ist es auf der Zeche nicht nötig, außergewöhnliche Einrichtungen zu treffen, da die nur zehn Minuten entfernte Stadt Essen, zu deren Kommunallasten sie beiträgt, in dieser Beziehung den Arbeitern alles bietet, was verlangt werden kann.

13. Der Knappenverein Dortmund-Aplerbeckermark beschwert sich wegen Nichtgenehmigung seiner Statuten (1874).

Knappenverein Glückauf Germania, Aplerbeckermark, an die Regierung Arnsberg vom 12.6.1874. Landesarchiv NRW Abt. Westfalen, RA 14295, Bl. 35–36. Die Schriftform der Vorlage wurde beibehalten.

Hohe, Königliche Regierung!
Voll Vertrauen auf die Gerechtigkeit und Milde einer hohen königlichen Regierung erlauben sich unterzeichnete, Folgendes Hochderselben vorzutragen:
»Im Anfange des Jahres *1872* constituirte sich hier, in der Aplerbeckermark, zum Zwecke eine mähligen[17] Bildung, Geselligkeit und gute Kameradschaft unter den Bergleuten zu erzielen, besonders auch, da von den betreffenden Gewerkschaften bei Arbeitsunfähigkeit unzureichendes Krankengeld gezahlt wird, seinen Mitgliedern in Krankheits und Unglücksfällen eine bessere Unterstützung zu gewähren, unter zu Grundelegung der vorberathenen und zweck-

---

16 Menagen waren oft eilige errichtete Wohnheime für zugewanderte ledige Arbeiter.
17 Allmählichen.

entsprechenden Statuten und unter der nationalen Aegide »Glück auf Germania« ein Knappen Verein –

Die [unleserlich] Statuten[18] wurden jedoch, wiewohl dem gleichzeitig oder gar später in Aplerbeck auftauchenden Knappen Verein »Glück auf Fortuna« fast *gleich*lautende Statuten genehmigt worden sind, durch Herrn Amtmann Gutjahr[19] in Aplerbeck verworfen, erst nach Streichung der Paragraphen über Unterstützung usw nur *polizeilich* genehmigt.[20]

In Folge dieser Abänderung ist es nun nicht erlaubt, nicht möglich, bedürftigen Mitgliedern Unterstützung zu gewähren, droht der Verein nach langem Bestehen sich dieserhalb aufzulösen –

Um aber dieses zu verhüten besonders, wo ein solider Fond vorhanden ist, hierwegen vielleicht große Unannehmlichkeiten entstehen könnten, erlauben sich namens des Vereins unterzeichnete Mitglieder desselben in Abänderung, in der ersten Fassung ihre Statuten anliegend einer hohen, Königlichen Regierung zur Prüfung vorzulegen und erhoffen unter der ehrenhaftesten Versicherung, *nie* und *nimmer* socialen *Bestrebungen*[21] zu Huldigen, nur den vorgeschriebenen Zielen nachzukommen, hiernach einen gütigen und günstigen Bescheid

Ganz gehorsamst [gez.] Heinrich Bäcker, Heinrich Bantja

14. Eisenbahn-»Frevel«. Die Direktion der Köln-Mindener-Eisenbahn weist auf die Zerstörung der Bahnanlagen durch die Arbeiterbevölkerung im Raum Essen hin (1874).

Die Direktion der Köln-Mindener-Eisenbahn-Gesellschaft (gez. Oppenheim) an das Königliche Eisenbahn-Kommissariat zu Koblenz vom 10.11.1874 (weitergeleitet an die Landratsämter Duisburg-Mülheim und Essen sowie an die Königliche Regierung, Abteilung des Innern). Abschrift. Landesarchiv NRW Abt. Rheinland, LRD 460, Bl. 70.

Dem Königlichen Eisenbahn-Kommissariat beehren wir uns ergebenst zu berichten, dass am 24. v. M. bei Ankunft des Schnellzugs 87 auf Station Altenessen Reisende ausstiegen, welche voll Entrüstung ein zehn Zentimeter langes und spitzes Stück Eisen vorzeigten, welches während der Fahrt von Borbeck nach Altenessen unter Zertrümmerung des Coupéfensters in das Coupé geschleudert worden war, glücklicherweise ohne Verletzung der Insassen. Der Frevel wurde angeblich durch Schulbuben in der Nähe der Rheinischen Überführungsbrücke bei Station 80,6 vollführt, wo der Weg nach der Bremer Kaserne vorbeiführt.

---

18 §1 der Statuten (ebd., Bl. 84) lautet: »Der Verein hat den Zweck, durch declamatorische Vorträge und Belehrungen in den Versammlungen den Mitgliedern eine Erholungsstunde und Fortbildung zu beschaffen, und das Band guter Kameradschaft zu erhalten und zu pflegen«.
19 Adolf Gutjahr (1834–1912) war von 1886 bis 1902 Amtmann in (Dortmund-)Aplerbeck.
20 Wenn die Vereine Kasseneinrichtungen (Sterbegelder, Krankengelder) betrieben, unterlagen sie besonderer behördlicher Genehmigung. Die Genehmigungspraxis ist nach dem Streik von 1872 deutlich verschärft worden; vgl. Dok. 11 in diesem Kapitel.
21 Gemeint sind sozialdemokratische Bestrebungen.

Dem Bürgermeisteramt zu Altenessen ist Anzeige gemacht worden. Die diesseitigen Recherchen haben noch zu keiner Ermittlung der Schuldigen geführt, und erlauben wir uns bei dieser Gelegenheit ergebenst wiederholt zu bemerken, dass die diesseitigen Beamten die außerhalb des Bahnterrains und oft im Versteck handelnden Frevler zu verfolgen außerstande sind und selbst durch die bekannte Rohheit und Zügellosigkeit unter der Arbeiterbevölkerung dort bei Abwehr der Zerstörung der Bahnanlagen pp. persönlich bedroht werden.

15. Familienbildung und Lebenshaltung der Bergarbeiter in Wattenscheid 1874
Bericht der Zeche Holland vom 30.12.1874. Landesarchiv NRW Abt. Westfalen, OBA Dortmund 1777, Bl. 45. (Auszug)

6. Gesamt-Lebensweise

Eine Änderung zum Besser[e]n ist in dieser Hinsicht nicht zu verkennen, doch ist dieselbe nicht von einem solchen Umfang, wie es mit Rücksicht auf die hohen Verdienste der letzten Jahre hätte der Fall sein können, hervorgetreten. Der Grund zu dieser Erscheinung liegt einmal darin, dass die Bedürfnisse der bergmännischen Bevölkerung besonders in Bezug auf Kleidung in einem über die Steigerung des Verdienstes hinausgehendem Maße gewachsen sind, während in Bezug auf [eine] Verbesserung der Haus-Einrichtungen nur in seltenen Fällen ein wesentlicher Fortschritt zu bemerken ist. Die Zahl der Wirtshäuser ist in stetem Wachstum begriffen, und sämtliche Wirte finden ihre Rechnung, wohingegen in Bezug auf eine bessere leibliche Ernährung nur eine geringe Besserung eingetreten ist.

Die Wurzel dieses Übels liegt zum allergrößten Teil in dem nur in seltenen Fällen ein erfreuliches Bild bietenden Familienleben. Die jungen Leute werden entweder von ihren Eltern nicht kontrolliert, oder, wo dieses geschieht, entziehen sie sich der Aufsicht der Eltern, indem sie die elterliche Wohnung verlassen und anderweitig Unterkommen suchen, was sie dann auch immer gegen ein Kostgeld von 13–15 Tlr. monatlich finden. Nach Bestreitung ihrer sonstigen Bedürfnisse bleibt ihnen dann noch immer Geld genug zum Besuch der Wirtshäuser, Tanzböden, von Gesangvorstellungen pp. übrig. Oft schon vor der Ableistung der Militärpflicht, jedenfalls aber sofort nach Ableistung derselben heiraten die meisten, und zwar beinahe durchgängig unerfahrene, junge Mädchen von 16–17 Jahren, die von einer geordneten Haushaltung keine Idee haben und für alles, nur nicht für die Bedürfnisse des Mannes, besorgt sind. Der Mann kehrt daher schon bald zu seinem früheren Wirtshausleben zurück, es entsteh[en] Zank und Streit, in vielen Fällen werden von beiden Teilen andere, unlautere Beziehungen unterhalten, und unter diesen Eindrücken wachsen die Kinder auf.

Auf diese Weise erklärt es sich, dass selbst in den letzten Jahren nur eine verhältnismäßig geringe Zahl von Bergarbeitern zu Land- und Hausbesitz gelangt ist und dass auch die Zahl derjenigen, die in den Ortssparkassen Geld angelegt haben, eine unverhältnismäßig kleine ist.

7. Leistungen der Zeche für das geistige Wohl der Arbeiter

Hauptsächlich infolge einer namhaften Unterstützung seitens der Zeche Holland und der Wattenscheid zunächst liegenden übrigen Zechen ist vor zwei Jahren in Wattenscheid eine höhere

Bürgerschule errichtet worden, die vorläufig aus de[n] Klassen Sexta, Quinta und Quarta besteht und der jedes Jahr eine weitere Klasse, vorläufig bis Unter-Sekunda, beigefügt werden soll. Der Besuch dieser Anstalt seitens der, zum größten Teil katholischen, bergmännischen Bevölkerung ist bisher nur ein geringer und mag hierzu nicht wenig beitragen, dass diese Schule bis jetzt auch immer von ultramontaner Seite auf das Heftigste angefeindet wird.

Ein großer Teil der Belegschaft von Holland gehört den beiden hier bestehenden, ultramontanen Vereinen, dem St. Antonius Knappen-Verein und dem Pius-Verein, an, und diese Leute sind von ihren Vorstehern derartig geschult, dass sie denselben in allem blindlings folgen, und alle Bemühungen in dieser Richtung, eine Gegenströmung hervorzurufen und, besonders durch populäre Vorträge, zu belehren, bisher vergebens gewesen sind.

16. Über die Gründung der evangelischen Arbeitervereine im Revier 1882

Paul Göhre,[22] Die evangelisch-soziale Bewegung, ihre Geschichte und ihre Ziele, Leipzig 1896, S. 109f.

Es war Ende April oder Anfang Mai 1882 in Gelsenkirchen, als ein einfacher, aber intelligenter Bergmann, Ludwig Fischer mit Namen, zu dem dortigen Pfarrer kam. Er klagte bitter über das Vorgehen des katholischen Arbeitervereins, der wie überall auch in Gelsenkirchen zuerst unter dem Ruf der Toleranz auch zahlreiche evangelische Arbeiter in seine Reihen geladen und nunmehr immer offener und erfolgreicher unter diesen für Rom Propaganda machte. Das Vereinsorgan sei katholisch, die Kandidaten, die die Vereinsmitglieder bei den Reichstagswahlen wählen müssten, seien meist die der Zentrumspartei. So würden die Evangelischen immer mehr ihrem Bekenntnis entfremdet, und trete solch einer in eine gemischte Ehe (was sehr häufig vorkommt), so lasse er sich fast immer überreden, seine Kinder katholisch taufen und erziehen zu lassen. Das alles sei nicht mehr mit anzusehen. Warum dem nicht ein Ende machen? Warum nicht einen evangelischen Arbeiterverein gründen, der Roms Proselytenmacherei[23] eine Schranke setze und für die Arbeiter eine Stätte zu freundlicher Geselligkeit, zu treuer Wahrung ihres Bekenntnisses, zur gegenseitigen Hilfeleistung und zum offenen Meinungsaustausch auch über die soziale Frage werde? Der Pastor fand den Plan wohl beachtenswert, hatte aber seine Bedenken. Noch mehr Vereine? Und auf wie lange? Würden sie Dauer haben? Würden sie Erfolg haben? Würden sie wirklich den gut organisierten Katholischen die Waage halten? Das

---

22 Paul Göhre (1864–1928) war Pfarrer. Er forderte von der evangelischen Kirche ein weiter reichendes sozialpolitisches Engagement, musste deshalb seinen Dienst quittieren und wurde Sozialdemokrat. Bekannt wurde er vor allem durch die von ihm angeregte Veröffentlichung von Arbeiter-Lebenserinnerungen. – Vgl. Günter Brakelmann, Die Anfänge der Evangelischen Arbeitervereinsbewegung in Gelsenkirchen 1882–1890, in: Kurt Düwell/Wolfgang Köllmann (Hg.), Rheinland-Westfalen im Industriezeitalter. Beiträge zur Landesgeschichte des 19. und 20. Jahrhunderts, Bd. 2, Wuppertal 1984, S. 40–55.

23 Proselyten sind (allgemein) zum (richtigen) Glauben Bekehrte; bei den Juden sind es zum Judentum bekehrte Heiden.

waren seine Bedenken, [sie] zwangen ihn zu zögern. Aber Bergmann Fischer hatte keine und zögerte nicht. Er fand in dem Gelsenkirchener Lehrer Bischof einen Meinungsgenossen und Gehilfen der Tat. Sie beide verfassten einen Statutenentwurf und besprachen ihn mit einigen Gesinnungsgenossen. Als sie deren Zustimmung sicher waren, beriefen sie am 29. Mai eine öffentliche Versammlung. 57 Mann, Bergleute und Arbeiter, erschienen; die Statuten wurden angenommen, der erste Evangelische Arbeiterverein war gegründet.

17. Die Lage der Arbeiter im westlichen Ruhrgebiet 1889
Bürgermeisterei Meiderich an das Landratsamt Ruhrort vom 10.7.1889 (Entwurf).[24] Stadtarchiv Duisburg 13/419. (Auszug)

In der hiesigen Landgemeinde u[nd] [Bürgermeisterei] sind die der Aktiengesellschaft »Meidericher Steinkohlenbergwerke« gehörenden Zechen Westende und Ruhr & Rhein gelegen, von denen die Erstere in den letzten drei Jahren eine Vermehrung der Belegschaft von 514 auf 602 Mann erfahren hat, während die Belegschaft der Zeche Ruhr & Rhein von 310 auf 159 Köpfe zurück gegangen ist. [Unter den insgesamt 761 Bergleuten beider Zechen] sind 517 Verheiratete und 244 Unverheiratete.

Die Zechenverwaltung besitzt 83 Arbeiterfamilienwohnungen, für welche die verheirateten Bergleute durchschnittlich [jährlich] je 69 Mark Miete zahlen müssen; ferner sind hier 101 verheiratete Bergleute Hausbesitzer, so dass von einem Mangel an Bergarbeiterwohnungen hier wohl nicht die Rede sein kann. [...]

Der Kostenaufwand für einen allein stehenden Bergmann erfordert für vollständige Wohnung [...] mit Beköstigung 1,20–1,40 Mark, an sonstigen Ausgaben [wie] Kleidung pp. 70 bis 90 Pfennig, gleich 2,30 Mark täglich.

Eine Bergarbeiterfamilie, bestehend aus Mann, Frau und drei Kindern im Alter von fünf bis 15 Jahren müsste an Miete wöchentlich aufbringen 1,30 Mark, für Nahrung, Kleidung, Hausrat pp. 13,80 Mark, gleich 15,10 Mark.

In Duisburg wird dieselbe Familie erst dann der Unterstützung öffentlicher Armenmittel für bedürftig erachtet, wenn und soweit das wöchentliche Einkommen derselben weniger als 9,20 Mark beträgt. Daraus geht hervor, dass der obige Satz von 15,10 Mark verhältnismäßig reichlich bemessen ist.

Hinsichtlich der Wohnungsverhältnisse ist noch besonders hervorzuheben, dass die vorhin aufgezählten Belegschaften von zusammen 761 Mann durchaus nicht als sämtlich hier wohnhaft zu betrachten sind. Vielmehr wohnen ungefähr 89 verheiratete und 90 unverheiratete Bergleute in den benachbarten Städten und Gemeinden.

Bedenklich steht es bekanntlich mit dem Unterkommen der unverheirateten Arbeiter, da diese [...] als Kost- u[nd] Quartiergänger Unterkunft suchen müssen. Jedoch wird die Zahl von 244 solcher Arbeiter im Vergleich mit der Gesamteinwohnerzahl von 18.000 Seelen als nicht

---

24 Mit zahlreichen Randergänzungen und Streichungen.

so sehr bedenklich betrachtet werden müssen; auch tritt der Umstand mildernd hinzu, dass von diesen unverheirateten Bergarbeitern eine beträchtliche Anzahl gerade wieder Söhne von verheirateten Bergarbeitern ist.

18. Verhaltensregeln für die Bewohner einer Menage in Herne [1880er Jahre]
»Haus- und Stuben-Ordnung für die Arbeiter-Menage der Zeche Barrillon«,[25] undat. [1880er Jahre]. Stadtarchiv Herne.

Siehe hierzu die Abbildung auf Seite 424.

19. Bericht über ein Verbandsfest der katholischen Vereine Dortmunds 1890
»X. Verbandsfest der kath. Vereine Dortmunds«, in: Tremonia Nr. 123 vom 2.6.1890. (Auszug)

Zum zehnten Mal war gestern der Tag gekommen, an dem die katholischen Vereine Dortmunds ihr gemeinsames Verbandsfest feierten. In der Tat, ein schönes, erhebendes Fest; denn die Wurzel dieses alljährlichen Fests ruht in der allumfassenden Liebe, Eintracht und Einheit im katholischen Denken und Fühlen aller Teilnehmer. Das sind Grundpfeiler für den guten Verlauf eines Fests, die auch Sturm und Regen nicht wegfegen kann, das sind Marksteine, die tief in des Herzens Grund ruhen, die durch künstliches Geflimmer wohl einen äußeren höheren Schein, aber keinen inneren höheren Wert erlangen können. So liegt also die erste Hauptbedeutung dieses Fests der kathol[ischen] Vereine in seinem katholischen, allem Wind und Wetter trotzenden gemeinsamen Grundgedanken. Doch gewiss, neben dem Herzen beanspruchen auch die Sinne ihre Berücksichtigung und mit Recht. Zur rechten Zeit, am rechten Ort und in der rechten Weise soll der inneren Freude auch der äußere Ausdruck verliehen, froher Sinn und frischer Lebensmut sollen sich entfalten und gepflegt werden, um so auch wieder Herz und Geist neu zu stärken und anzuspornen. So will`s Gott, so will`s seine h[ei]l[ige] Kirche. Unter diesem Gesichtspunkt nimmt das alljährliche Verbandsfest der katholischen Vereine Dortmunds nicht die letzte Stelle unter den vielen schönen und erhabenen Zielen der einzelnen Vereine wie des Verbands als solchem ein, hier zeigt sich auch der äußeren Welt klar und eindrucksvoll, was vereinte Kraft, die Einheit in der Idee, den Zielen und Zwecken Tausender braver katholischer Männer vermag, es ist der untrügliche Ausdruck, dass ein wahrhaft katholisches Denken und Handeln einerseits und ein wahrhaft froher heiterer Sinn andererseits nicht Gegensätze, sondern Faktoren sind, die sich auf das Innigste verbinden. […]

Das Fest selbst wurde in üblicher Weise durch ein feierliches Leviten-Hochamt[26] in der Liebfrauenkirche, an welchem die einzelnen Vereine mit ihren Fahnen und Emblemen in überaus großer Zahl teilnahmen, eingeleitet. Dem Hochamt ging diesmal noch eine besondere Feier, die

---

25 Die Herner Zeche Barillon wurde 1889 nach einem Besitzerwechsel (Harpener Bergbau AG) wieder in Julia umbenannt.
26 Bis zum II. Vatikanischen Konzil eine besonders feierliche Form der Messe unter Mitwirkung eines Diakons und Subdiakons.

Haus- und Stuben-Ordnung

für die Arbeiter-Menage der Zeche

§ 1.
Die Aufnahme der Arbeiter der Zeche in die Arbeiter-Menage ist lediglich von der Einwilligung der Gruben-Verwaltung abhängig. Es kann somit kein Arbeiter ein Recht auf Aufnahme in Anspruch nehmen.

§ 2.
Die Aufnahme wird durch Eintragung in die Stammliste des Hauses bekundet und sind die in die Stammliste Eingetragenen zur regelmäßigen Benutzung der Menage verpflichtet.

§ 3.
Die Verwaltung der Menage obliegt dem Vorsteher und haben sich alle Mitglieder der Menage den Anordnungen desselben zu unterwerfen.

§ 4.
Jeder Eintretende erhält bei seinem Eintritt zugewiesen
1. ein Bett bestehend aus:
   a) einer eisernen Bettstelle,
   b) einer Matratze mit Ueberzug,
   c) einem Kopfkissen mit Ueberzug,
   d) einer resp. zwei wollenen Decken mit Ueberzug.
2. Zur Aufbewahrung seiner Kleidungsstücke, Schuhe und sonstiger Effecten: einen verschließbaren Schrank.

Jeder Eintretende hat sich bei seinem Eintritt sofort zu überzeugen, daß die vorbezeichneten Gegenstände sämmtlich vorhanden sind. Wenn dies nicht der Fall sein sollte, hat es dem Vorsteher sofort Meldung zu machen. Spätere Reclamationen wegen nicht gelieferter Gegenstände sind unstatthaft. Jedes Mitglied ist für die ihm zur Benutzung überwiesenen Gegenstände mit dem ihm auf der Zeche zustehenden Lohne haftbar.

Beim Empfange reiner Bettwäsche hat Jeder die schmutzige dem Vorsteher zu übergeben.

§ 5.
Dem Menagen-Vorsteher steht das Recht zu, jederzeit ohne Angabe von Gründen Mitglieder von der ferneren Benutzung der Menage auszuschließen. Entlassung aus den Diensten der Zeche hat auch die gleichzeitige Entlassung aus der Menage zur Folge. Bei Entlassung aus der Menage sind die zur Benutzung überwiesenen Gegenstände dem Vorsteher zurückzuliefern. Für beschädigte oder abhanden gekommene Gegenstände ist nach Ermessen des Vorstehers Ersatz zu leisten.

§ 6.
Das Betragen der Mitglieder der Menage muß jederzeit ein gesittetes und anständiges sein. In der Menage darf kein Branntwein getrunken werden; ferner ist Pfeifen, Singen sowie jegliches Lärmen untersagt. Alles Bemalen, Beschmutzen, oder Beschädigen der Wände, Thüren, Tische, Bänke oder sonstiger Geräthschaften ist entschieden verboten. Aus den Fenstern darf nichts gegossen oder geworfen werden. Das Reinigen der Kleidungsstücke und der Schuhe oder Stiefel darf weder im Saal noch in den Schlafzimmern, sondern nur in dem dazu bestimmten Hofraum vorgenommen werden. Vor Eintritt in das Haus hat Jeder seine Füße zu reinigen. Das Einführen von Fremden in die Menage, gleichgültig ob dieselben Arbeiter der Zeche sind, ist ohne besondere Erlaubniß des Vorstehers auf's Strengste verboten.

§ 7.
Wer die Abtritte, Gänge, Treppen oder sonstigen Räume verunreinigt, bezahlt im ersten Falle 3 Mark Strafe und verläßt im Wiederholungsfalle das Haus.

§ 8.
Jeder Mann hat sich wenigstens jeden Sonntag mit reiner Leibwäsche zu versehen. Keiner darf ferner im schmutzigen Grubenanzug resp. ungewaschen das Haus betreten; er hat die auf der Zeche vorhandene Wasch- und Bade-Anstalt zu benutzen und sich dort umzukleiden.

§ 9.
Uebertretungen der §§ 6 und 8 werden mit 50 bis 3 Mark bestraft und folgt im Wiederholungsfalle sofort Entlassung.

§ 10.
Wer Branntwein in die Menage mitbringt, wird mit 6 Mark, im Wiederholungsfalle mit Ausweisung aus der Menage bestraft. Betrunken zurückkehrenden Leuten ist die Aufnahme im Hause untersagt.

§ 11.
Die zur Benutzung übergebenen Schränke müssen monatlich an dem dazu bestimmten Tage von den Inhabern gründlich gereinigt werden. Bei dieser Gelegenheit sind sämmtliche in denselben befindliche Gegenstände herauszunehmen und dieselben sowie auch der Schrank gehörig zu reinigen. Im Unterlassungsfalle tritt eine Strafe von 1 Mark ein. Dem Vorsteher steht jederzeit das Recht einer Revision einzelner oder sämmtlicher Schränke zu, und hat jedes Mitglied der Aufforderung des Vorstehers, seinen Schrank zur Revision zu öffnen, zu jeder Zeit unweigerlich Folge zu geben.

§ 12.
Schwer Erkrankte, sowie mit ansteckenden Krankheiten Behaftete werden auf Anordnung des Arztes dem Krankenhause überwiesen.

§ 13.
Bei Streitigkeiten unter sich haben sich die Mitglieder der Menage an den Vorsteher zu wenden und sich dem Ausspruche desselben unbedingt zu unterwerfen; Etwaige Beschwerden sind zunächst an den Vorsteher und eventl. an die Grubenverwaltung zu richten.

§ 14.
Der Grubenverwaltung bleibt die Feststellung des Kostgeldes sowie die jederzeitige Abänderung desselben vorbehalten. Das Kostgeld wird bei der Löhnung in Abzug gebracht. Reclamationen gegen das erhobene Kostgeld sind spätestens am Tage nach dem Lohntage bei dem Vorsteher vorzubringen.

Die Zechen-Verwaltung.

Buchdruckerei von Franz Halbach in Herne (Westf.)

[Stadtarchiv Herne]

Weihe der neuen Fahne der Gesangabteilung des kath[olischen] Knappenvereins, voraus. Um ein Uhr sammelten sich dann die verschiedenen Vereine zum *Festzug*. Wahrlich ein schmuckes, eindrucksvolles Bild, dieser Festzug, so groß und erhebend wie selten einer seiner Vorgänger, seitdem die Dortmunder Vereine das Fest unter sich feiern. Wie stolz marschierten unsere braven Arbeiter unter den Klängen der drei Musikkapellen strammen Schritts, die innere Herzensfreude in den Mienen wiederspiegelnd, durch die Straßen der Stadt hinter ihren Fahnen und Vereinszeichen, den Sinnbildern ihrer Zusammengehörigkeit. Am Fredenbaum[27] füllten sich bald nach Ankunft des Zugs die weiten Räume bis zum letzten Eckchen, Freude strahlte überall empor und ein munteres, ungezwungenes Leben gelangte mehr und mehr zur Geltung.

Kurz nach vier Uhr wurde das Zeichen gegeben, dass im großen Saal der besondere Festakt, bestehend in Festreden und Gesang, beginne. Als Festredner war diesmal einer unserer ersten Männer des Zentrums, der Land- und Reichstags-Abgeordnete *Dr. Lieber*,[28] erschienen, der durch seine letzte Rede vor der Reichstagswahl im Februar dieses Jahres hier noch im besten Andenken stand. Wie sich der berühmte und eifrige Vorkämpfer des kath[olischen] Volks an unserem herrlichen Fest erbaut hat, das bewiesen seine von Herzen kommenden und zu Herzen dringenden Worte in einer einzig schönen Festrede […].

Unter den anheimelnden Weisen der drei Musikkapellen […], von denen die erste auf dem Festplatz, die zweite im neuen und die dritte im alten Saal konzertierte, sowie den munteren Liedern des Gesangvereins »Cäcilia«, zu dem sich auch die neu gegründeten Gesangabteilungen des St. Josefsvereins und des Knappenvereins mit ihren Volksweisen guten Mutes gesellten, verliefen die weiteren Stunden in ungetrübter Heiterkeit und Freude. Dazwischen sorgte auch der Sammelverein für das kath[olische] Waisenhaus in bekanntem Ernst und Scherz wieder für seine Lieblinge, und manch` Scherflein ist für dieselben wieder aus heiterem und fühlendem Herzen geopfert worden. Um acht Uhr verließ Herr Abg[eordnete] Dr. *Lieber* den Festplatz, er fuhr noch am Abend ab, um morgen wieder seiner Pflicht im Landtag zu genügen. Ein donnerndes Hoch aus der gewaltigen Menge begleitete ihn. Gegen 9 ½ schlug dann die Stunde zur Heimkehr. Die verschiedenen Vereine stellten sich auf der Wiese zum Abmarsch auf, ein prächtiges Feuerwerk gab dem schönen Ganzen am Festplatz einen würdigen Schluss, und dann bewegte sich der Festzug durch die Schützenstraße wieder der heimischen Stätte zu. Die Straßen bis zum Körnerplatz, wo der Zug sich auflöste, waren teilweise durch bengalische Flammen[29] und das sonst abgebrannte Feuerwerk taghell erleuchtet. Mit einem nochmaligen Hoch auf Papst und Kaiser, ausgebracht durch den Vorsitzenden des Festkomitees, Herrn

---

27 Der Fredenbaumpark im Dortmunder Norden, hervorgegangen aus dem Stadtwald Westerholz, gehört noch heute zu den größten Parkanlagen der Stadt. 1890 wurde auf dem Parkgelände ein großer Saalbau fertig gestellt, in dem u.a. die alljährlichen Feierlichkeiten zum Kaisergeburtstag, Schützen- und Volksfeste stattfanden.

28 Dr. Ernst Lieber (1838–1902) war seit 1870 Mitglied des preußischen Abgeordnetenhauses und seit 1870 für die Zentrumspartei Mitglied des Reichstags.

29 Bengalisches Feuer wird pyrotechnisch erzeugt und ermöglicht grelles Licht bei oft starker Rauchentwicklung.

Lensing,[30] ging die einzig schöne Feier zu Ende. Erwähnt sei noch, dass während dieses Hochs in bengalischen Flammen die Namenszüge des h[ei]l[igen] Vaters und Kaisers am Berghoffschen Haus erglänzten.

Sind wir nun auch mit unserem Bericht zu Ende? Jawohl, wir sind es in den allgemeinen Umrissen, in die wir denselben fügen müssen, zumal aber haben wir nicht den geringsten Tadel auszusprechen, dass etwa irgendwo die gezogenen Schranken der Ordnung und der Sitte überschritten worden wären. Unsere kath[olischen] Vereine haben gestern aufs Neue gezeigt, dass sie schöne Feste zu feiern verstehen, Feste so einträchtig und gesittet, dass sie auch bei dem Gegner[31] Achtung und Anerkennung finden müssen. Gewiss aber haben die Mitglieder der teilnehmenden Vereine auch diesmal wieder den Heimweg angetreten, geistig gestärkt, ausgerüstet mit frischem Mut und neuer Schaffensfreudigkeit zur ferneren Tätigkeit in den katholischen Vereinen, die in Wahrheit sind die festesten Bollwerke gegen alle Umsturzideen, die mächtigsten Vorkämpfer für Thron und Altar.

20. Gutachten des Alldeutschen Verbands zur »Polenfrage« im Ruhrgebiet (1901)

Ernst Schaper/Oskar Einecker, Die Polen im Rheinisch-westfälischen Steinkohlen-Bezirke, hg. vom Gau »Ruhr und Lippe« des Alldeutschen Verbandes,[32] München 1901, S. IXff.

Eine Besorgnis, dass die polnische Sprache und Rasse im rheinisch-westfälischen Industriebezirk um sich greifen und deutsche Bezirke und Bevölkerungen polonisieren könnten, braucht bei *richtiger* Behandlung der Polenfrage nicht gehegt zu werden. Unter den gleich weiter darzulegenden elf Bedingungen ist es sogar wahrscheinlich, dass die Eindeutschung der Polen sich im Industriebezirk wesentlich rascher vollziehen wird als im Osten. Es ist daher eine Überführung der Polen von der Ostgrenze in das Innere Deutschlands, soweit nicht sonstige Schädigungen (als da sind die Bildung und dauernde Fortsetzung eines Fremdkörpers im Industriegebiet, ferner die Besiedlung der durch Abwanderung entvölkerten Bezirke des Ostens mit russischen und polnischen Polen usw.) damit verbunden sind, im nationalen Belange *nicht zu hemmen*.

Nur müssten dabei dienliche *Maßregeln* ergriffen und streng beobachtet werden, welche Auswüchse und unliebsame Nebenerscheinungen dieser Poleneinwanderung beseitigen sollen. Als solche Maßregeln betrachten wir hauptsächlich folgende:

30 Lambert Lensing sen. (1851–1928) war ein bekannter Dortmunder Zeitungsverleger (»Tremonia«).
31 Der Duktus des gesamten Artikels verweist auf den Konfessionsgegner, hier: die protestantische Mehrheit der Dortmunder Bevölkerung, der im Nachklang zum Kulturkampf Einheit und Einigkeit des katholischen Blocks demonstriert werden sollte.
32 Der Alldeutsche Verband, 1891 von Alfred Hugenberg und Carl Peters als Allgemeiner Deutscher Verband in Berlin gegründet, setzte sich als politische Organisation u.a. für die Stärkung des deutschen Nationalbewusstseins und die Förderung des Deutschtums im Ausland ein. Früh unter dem Einfluss rechtsradikaler Strömungen, wurde er von den Nationalsozialisten erst im Frühjahr 1939 verboten. Zur polnischen Zuwanderung an der Ruhr vgl. grundlegend Christoph Kleßmann, Polnische Bergarbeiter im Ruhrgebiet 1870–1945. Soziale Integration und nationale Subkultur einer Minderheit in der deutschen Industriegesellschaft, Göttingen 1978.

1. Die öfters hervortretende *Abneigung* der Deutschen aller Stände und Konfessionen gegen den Polen im Industriebezirk ist zu hemmen und zu *regeln*. Die Deutschen sind darauf aufmerksam zu machen, dass es falsch ist, wenn sie den deutschfreundlichen Polen und Masuren, ja sogar den mit schlesischem oder ostpreußischem Dialekt Deutsch-Redenden als »Polaken« verlachen und zurückstoßen. Es ist im Gegenteil eine gute Aufnahme solcher Elemente in deutsche Kreise und eine freundliche Behandlung anzustreben; vor allem ist die Aufnahme solcher Leute in Vereine deutscher Gesinnung (zum Beispiel Turn- und Kriegervereine) nach Kräften zu unterstützen.
2. Dem vorhandenen Bestreben mancher Polen auf *Verdeutschung ihres Namens* ist auf das Weitgehendste entgegenzukommen. Zur Vereinfachung dieser Umdeutschung muss jeder einen polnischen Namen Tragende das Recht haben, etwa gegen Anmeldung beim Amtsgericht, ohne dass ihm irgendwelche Kosten erwachsen, seinen Namen zu ändern und zwar so, dass er a) seinen polnischen Namen in den entsprechenden deutschen umändern kann (zum Beispiel Piekarz in Bäcker), b) dass er seine polnische Namensendung in eine deutsche verwandelt (zum Beispiel Kowalski in Kowaler) oder c) beides zusammen (zum Beispiel Lwowski in Lemberger).

    Die Kosten der Bekanntmachungen usw. trägt der Staat. Die Veränderung des Namens kann nur aus besonderen Gründen seitens des Amtsgerichts über eine Sperrfrist von drei Monaten hinaus verzögert oder gänzlich verboten werden.

    Die Arbeitgeber und die Behörden sollen nach Kräften auf eine Benutzung dieses erleichterten Rechts hindrängen.
3. Die *Einwanderung* ist nur *reichsdeutschen* Polen[33] zu gestatten; es ist noch strenger als bisher darauf zu sehen, dass keine ausländischen Polen den Zuzug vermehren.
4. Die *polnische Presse* im Industriebezirk ist streng zu beaufsichtigen; zu dem Behufe sind alle polnischen Blätter zu verpflichten, den polnischen Text und eine *deutsche Übersetzung* nebeneinander zu drucken, da das Polnische keine gemeinverständliche Umgangssprache ist.

    Ausländische polnische Blätter sind überhaupt zu verbieten, weil hier eine Bürgschaft ihres loyalen Verhaltens dem Deutschen Reich gegenüber nicht gegeben und eine wirksame Kontrolle nicht erzielt werden kann.
5. Es ist anzustreben, dass alle *Versammlungen* im Industriebezirk in der *Landessprache* abgehalten werden. Die entgegenstehende Rechtspraxis des Oberverwaltungsgerichts muss eventuell durch ein Gesetz abgeändert werden. Die Teilnahme polnisch sprechender Schulkinder an Versammlungen, vor allem die Benutzung dieser Schulkinder zum Aufsagen polnischer Gedichte und Ansprachen, ist zu untersagen.

---

33 Die polnischen Bürger der östlichen Regierungsbezirke Preußens waren preußische bzw. deutsche Staatsbürger.

6. Die *polnischen Vereine* im Industriebezirk bedürfen nach wie vor einer Beaufsichtigung. Aufzüge in polnischer Tracht und Demonstrationen wie z.B. das Anbringen polnischer Schilder aller Art sind zu verbieten.
7. Es ist gesetzlich zu bestimmen, dass die Bergpolizeiverordnung des Oberbergamts zu Dortmund vom 25. Januar 1899[34] auf alle Industriezweige ausgedehnt würde, wonach fremdsprachige Arbeiter, die des Deutschen nicht in Wort und Schrift mächtig sind, im Bergbau nicht an gefährlichen Punkten und mit gefährlicher Arbeit, Arbeiter, welche kein Deutsch verstehen, überhaupt nicht im Bergbau beschäftigt werden dürfen; eine solche allgemeine Verordnung setzt eine Belohnung auf das rasche und gründliche Erlernen der deutschen Sprache.
Die Gerichtsschreibereien, Behörden, Knappschaften usw. sind zu verpflichten, Fremdsprachige, welche vor Gericht usw. die Kenntnis der deutschen Sprache ableugnen, bei der Aufsichtsbehörde zur Anzeige zu bringen.
8. Es ist wünschenswert, dass die *Arbeitgeber* polnische Umtriebe nicht dulden und polnische Agitatoren entlassen.
9. Es erscheint zweckmäßig, dass der *Kohlen- und Eisenbezirk*, welcher vier Fünftel aller Polen beherbergt, zu einem Verwaltungsbezirk vereinigt wird, um eine gemeinsame Behandlung der Polen zu erleichtern.
10. Die polnische Sprache ist unter keinen Umständen in den *Schulen*, Fortbildungsschulen [und] Konfirmationsunterrichten zuzulassen.
11. Vom nationalen Standpunkt ist die *polnische Seelsorge* im Industriebezirk durchaus zu beanstanden. Es ist daher grundsätzlich seitens der Kirchenbehörden den immer gesteigerten Ansprüchen der Polen nicht weiter statt zu geben, vielmehr die polnische Seelsorge einzuschränken und mit der Zeit ganz zu unterlassen.

21. Zur Frage der Zulassung von Frauen zu Versammlungen politischer Vereine (1902)

Der Düsseldorfer Regierungspräsident Hans Dietrich von Holleuffer[35] an den Ruhrorter Landrat Eduard Kötter vom 10.4.1902. Stadtarchiv Duisburg 13/410 (Eigenhändig).

Die in neuerer Zeit in der Handhabung des Überwachungsrechts sowohl wie in Bezug auf die Zulassung von Frauen bei Versammlungen politischer Vereine mehrfach hervorgetretenen Verschiedenheiten geben Veranlassung, darauf hinzuweisen, dass seitens der Polizeibehörden in den Fällen, in denen die Verordnung vom 11. März 1850[36] ihrem Ermessen freien Spielraum lässt, eine Praxis zu vermeiden ist, die den Schein der Parteilichkeit hervorrufen kann.

---

34 Es handelt sich um die sogenannte Sprachenverordnung des Oberbergamts Dortmund.
35 Hans Dietrich von Holleuffer (1855–1902) war von 1899 bis zu seinem Tod Regierungspräsident im Regierungsbezirk Düsseldorf.
36 Das preußische Vereinsgesetz von 1850 verbot die Mitgliedschaft von Frauen in »politischen« Vereinen.

Demgemäß ist das Verbot der Teilnahme von Frauen an politischen Vereinen und an den von diesen veranstalteten Versammlungen einschließlich der Vereinsvergnügungen – in dem Umfang, in dem es nach dem Wortlaut des Gesetzes und nach den Entscheidungen des Oberverwaltungsgerichts zu Recht besteht, *allen* politischen Vereinen gegenüber – gleichviel, welcher Parteirichtung sie angehören – ausnahmslos zur Durchführung zu bringen.

Andererseits empfiehlt es sich, insoweit die Fassung der die Beteiligung von Frauen an Vereinsversammlungen betreffenden Bestimmungen über deren Tragweite Meinungsverschiedenheiten nicht ausschließt und diese durch die Rechtsprechung noch nicht beseitigt sind, zur Vermeidung von Ungleichmäßigkeiten *durchweg* eine tunlichst entgegenkommende Praxis zu beobachten.

Dies trifft auf die Frage zu, ob Frauen auch dann schon einer Vereinsversammlung unzulässigerweise »beiwohnen« und deshalb gemäß § 8 Absatz 3 l. c. zu entfernen sind, wenn sie nach den obwaltenden äußeren Umständen lediglich als Zuschauerinnen anzusehen sind und die Annahme einer aktiven Beteiligung ihrerseits an den Verhandlungen nach Lage der Sache von vornherein ausgeschlossen erscheint.

Dies wird in der Regel dann der Fall sein, wenn Frauen gesondert von den Teilnehmern an der Versammlung in von dem eigentlichen Versammlungsraum räumlich getrennten Logen oder Tribünen sich befinden. Unter dieser Voraussetzung ist daher seitens der überwachenden Beamten von dem Verlangen auf Entfernung der Frauen so lange Abstand zu nehmen, als diese nicht durch Zurufe, Beifallsbezeugungen u[nd] dergl[eichen] mehr an den Versammlungen tatsächlich sich beteiligen.

Ich ersuche, die Bürgermeister der Kreise, soweit erforderlich, gelegentlich mündlich im Sinne der vorstehende[n] Gesichtspunkte behufs Verständigung der vorzugsweise mit der Überwachung von Versammlungen politischer Vereine betrauten polizeilichen Exekutivbeamten mit Anwendung zu versehen.

22. Der Reichstagsabgeordnete Hermann Roeren urteilt über die Beziehungen zwischen deutschen und polnischen Katholiken 1903.

Bericht vom 23. Verbandsfest der kath. Vereine Dortmunds, in: Tremonia, Nr. 234 vom 8.6.1903, S. 1. (Auszug)

Ich will diese Gelegenheit nicht vorübergehen lassen, um auch *an unsere polnischen Freunde einen kurzen Wahlappell zu richten.*

Ich halte mich dazu berechtigt, weil meine politischen Freunde mir das Zeugnis nicht versagen werden, dass ich überall und stets, wo ich in meiner Stellung als Abgeordneter dazu berufen war, für die Rechte des polnischen Volks mit Entschiedenheit eingetreten bin. (Bravo!) Ich fühle mich dazu aber auch gedrängt, weil mir das Wohl und Wehe der polnischen Bevölkerung aufrichtig am Herzen liegt, umso mehr, als unsere polnischen Freunde Söhne ein und derselben Kirche sind, der auch wir angehören, ein und denselben Glauben bekennen, den auch wir bekennen, weil sie stets, namentlich in der Zeit des Kulturkampfs, Schulter an Schulter mit uns in treuer Waffenbrüderschaft für die religiöse Freiheit des gesamten katholischen Volks gekämpft haben. Das soll nun plötzlich anders werden! Jetzt soll ein Keil zwischen uns getrieben, es sollen die polnischen Katholiken von den deutschen Katholiken getrennt werden. So will's der Hakatismus,[37] so das alldeutsche Kulturkämpfertum, so der evangelische Bund, die überall, nur unter verschiedenen Parolen, ein und denselben Kampf gegen die katholische Kirche führen. Zu diesem Kampf ertönt im Osten der Ruhr: »Wider den Polonismus!«, im Westen und im Süden: »Wider den Ultramontanismus!« und anderwärts die Parole: »Los von Rom!« Es handelt sich um einen Kampf gegen die katholische Kirche. Und da hoffen die Gegner, und mit Recht, dass, wenn erst die katholischen Polen vom Zentrum getrennt sind, sie dann ein umso leichteres Spiel mit den deutschen Katholiken haben. Wären Sie, meine lieben Freunde, nicht *katholische* Polen, dann würden Sie auch überall nicht so bekämpft werden. Der Ansturm geht zwar zunächst gegen Ihre Nationalität, aber hat man Sie erst von dieser losgelöst, dann glaubt man Sie empfänglicher gemacht zu haben für das »Los von Rom!« Das sollten Sie bedenken und sich ernstlich die Frage vorlegen, wo Sie denn nun in dieser Ihrer Lage einen aufrichtigeren und besseren Schutz finden können als beim Zentrum. Das Zentrum ist stets mit Entschiedenheit für Ihre Rechte eingetreten. Es hat stets namentlich den Kampf gegen Ihre Muttersprache, die Ihr natürliches Recht ist, und gegen Ihre National-Eigentümlichkeiten, die Ihnen durch feierliche Verträge und durch Königswort garantiert sind, auf das Schärfste verurteilt. Das Zentrum ist stets für die Polen eingetreten aus den Grundsätzen des Rechts, der Gerechtigkeit und der Verfassung, die Sie als völlig gleichberechtigte Staatsbürger hinstellt. Ganz besonders ist das Zentrum dagegen aufgetreten, dass man selbst den Religionsunterricht nicht mehr in der Muttersprache des Einzelnen erteilt.

23. Ein katholischer Knappenverein erwägt, Wähler der sozialdemokratischen Partei aus seinen Reihen auszuschließen (1904).
Versammlung des Katholischen Bergmannsvereins (Essen-)Überruhr vom 7.11.1904. Stadtarchiv Essen, I 23 (Protokollbuch).

Nachdem die Protokolle von der vorigen Versammlung wie von der außerordentlichen Generalversamml[ung] verlesen [worden waren], wurde vom hochwürd[igsten] Herrn Präses Bericht über den Knappenbund gegeben. In längeren Ausführungen legte er, was auf dem Delegiertentag in Essen verhandelt worden war, auseinander. Da auch beschlossen worden war, dass jeder Lokalverein wenigstens ein Exemplar der Westdeutschen Arbeiter-Zeitung halten

---

[37] Der »Verein zur Förderung des Deutschtums in den Ostmarken« wurde 1894 in Posen gegründet. Er wurde u.a. von Altkanzler Bismarck und von Friedrich Alfred Krupp unterstützt und erhielt die Kurzbezeichnung »Hakatisten«, die aus den Anfangsbuchstaben der Namen der Vereinsgründer gebildet wurde. Sie galt, namentlich unter Polen, als Schimpfwort für »Polenfeinde«. Die Hakatisten formierten sich im Umfeld der aufstrebenden alldeutschen Bewegung, die völkisch-rassistisches und expansionistisches Gedankengut forcierte.

solle, beschloss auch der hiesige Knappenverein einstimmig, auf Kosten des Vereins ein Exemplar zu halten. [Es] soll vom 1. Januar 1905 vom Herrn Präses gehalten und bezogen werden.

Sodann wurde nochmals darauf hingewiesen, dass die Versammlung[en] besser besucht [werden sollten]. Ebenfalls wurde von verschiedenen Mitgliedern es sehr gerügt, dass, [obwohl] wir ein kath[olischer] Knappenverein wären, bei der letzten Gemeinderatswahl auch Mitglieder vom Knappenverein sozialdemokratische Stimmen abgegeben hätten. Es wurde der Wunsch laut, solche Mitglieder auszuschließen. Da dieses aber nach den jetzigen Statuten nicht geht, die anderen von der Regierung, wo dieses [unleserlich] vorgesehen und enthalten ist, noch nicht genehmigt sind, muss leider davon noch Abstand genommen werden. Der Verein sprach darauf hin den Wunsch aus, dass dann aber solche Mitglieder von selbst gingen.

Nachdem noch Verschiedenes besprochen worden war, wurden die Beiträge gezahlt und die Versammlung geschlossen.

24. Zur Frage der Zwangsräumung von Bergarbeiterwohnungen während des Streiks 1905
Geheimes Schreiben des Ruhrorter Landrats Kötter an den Ruhrorter Bürgermeister vom 31.1.1905. Stadtarchiv Duisburg 12/1387, Bl. 319.

Die Aktiengesellschaft Phönix und die Gewerkschaft Deutscher Kaiser beabsichtigen, die gegen eine größere Anzahl ausständiger Bergarbeiter erlassene Kündigung der Zechenwohnungen gewaltsam durchzuführen. Durch eine derartige Maßregel würden die Polizeiverwaltungen vor die wohl kaum erfüllbare Aufgabe gestellt werden, sofort für die Unterbringung zahlreicher, auf die Straße gesetzter Familien zu sorgen; auch würde eine solche Maßregel geradezu [eine] Herausforderung der Menge zu Ausschreitungen und Gewalttätigkeiten bedeuten und somit eine ernstliche Gefahr für die öffentliche Ordnung und Sicherheit bringen. Es würde daher m[eines] E[rachtens] gerechtfertigt sein, ev[en]t[uell] auch der requirierenden Gerichtsbehörde die hierzu benötigten Polizeibeamten, die überdies zurzeit anderweitig voll in Anspruch genommen sind, nicht zur Verfügung zu stellen.

Jedenfalls sehe ich mich veranlasst, hiermit anzuordnen, dass sich die Polizeibehörde nur mit meiner Genehmigung an der Exmission[38] beteiligt.

---

38 Zwangsräumung einer Wohnung.

25. Christliche Gewerkschaften und konfessionelle Arbeitervereine als Kulturbewegung (1906)

»Die christlichen Gewerkschaften und die konfessionellen Arbeiter- und Knappenvereine«, in: Der Bergknappe 11 (1906), Nr. 3 vom 20.1.1906. (Auszug)

Ebenso notwendig wie die durch die Gewerkschaften erstrebte wirtschaftliche Besserstellung der Arbeiter ist deren geistige und religiös-sittliche Hebung: Ja, letztere ist vielfach die Vorbedingung für einen guten Erfolg in der Gewerkschaftsbewegung. Nur die Arbeiter, die einen gewissen geistigen Weitblick besitzen und einen festen religiös-sittlichen Rückhalt haben, sind wirklich gute christliche Gewerkschaftler. Nur geistig höher stehende Arbeiter können ermessen, dass die Gewerkschaftsbewegung eine Kulturbewegung ersten Rangs und nicht nur eine Streik-, Kranken- oder Sterbeversicherung ist. Es ist auch nicht genug, wenn die Arbeiter eine kleine Lohnerhöhung oder eine Verkürzung der Arbeitszeit erringen. Sie müssen auch lernen, ihren Verdienst in der rechten Weise zu verwenden, ihre freie Zeit gut auszunutzen. Die Arbeiter dürfen nicht stumpfsinnig dahinleben und ihre freie Zeit mit Spiel und Trunk totschlagen, sondern sie müssen sich geistig fortbilden und höhere geistige Genüsse schätzen lernen. Gewiss tragen nun schon die christlichen Gewerkschaften durch ihre wirtschaftliche Tätigkeit zur geistigen und sittlichen Hebung ihrer Mitglieder bei, indem sie dieselben zur Selbstachtung, Disziplin und Solidarität erziehen. Das genügt aber in heutiger Zeit nicht. Bei der herrschenden religiös und sittlich verflachenden Zeitströmung, bei der gewaltigen antireligiösen Propaganda der Sozialdemokratie sind in religiös-sittlicher Beziehung weitergehende Aufgaben zu erfüllen. Diese aber können von den Gewerkschaften, welche Arbeiter der verschiedenen Konfessionen in sich vereinigen, nicht gepflegt werden, es sind hierzu konfessionelle Vereinigungen erforderlich. [...]

Im eigenen Interesse aber müssen wir christliche Gewerkschaftler aber auch den konfessionellen Vereinen angehören. Wir müssen uns dort in religiös-sittlicher Beziehung aufklären, uns einen Rückhalt schaffen, damit es den Aposteln des Materialismus nicht gelingt, den christlichen Gewerkschaften den Boden unter den Füßen weg zu graben, indem sie die große Masse der Arbeiter dem Christentum entfremden. Stellen wir deshalb in beiden Vereinigungen unseren Mann.

26. Gründung eines »Nationalen Bergarbeiter-Verbands« in Essen-Altenessen 1906

Flugblatt »An alle nationalgesinnten Bergarbeiter!«, o.D. [ca. 1906]. Landesarchiv NRW Abt. Rheinland, RD.[39]

Kameraden!
Die Vorgänge der letzten Jahre haben die Notwendigkeit ergeben, eine *Organisation auf nationaler Grundlage* zu schaffen, in der sich der national gesinnte Bergarbeiter wohl fühlen kann.

---

39 Die aus den 1970er Jahren stammende Kopie der Quelle wurde leider mit einer falschen Signaturangabe versehen. Trotz intensiver Recherchen im Bestand »Regierung Düsseldorf« war es leider nicht möglich, die korrekte Aktensignatur zu ermitteln.

Viele Tausende – besonders evangelische Bergleute – sind noch nicht organisiert, weil sie es mit ihrem Gewissen nicht vereinbaren konnten, den bestehenden Organisationen sich anzuschließen. Andere Tausende haben sich hauptsächlich dem »alten Verband« angeschlossen, *seufzen aber unter dem sozialdemokratischen Druck und Terrorismus*, der dort herrscht.

Der neu gegründete »*nationale Bergarbeiter-Verband*« will *alle die Bergarbeiter um sich scharen*, die auf der einen Seite *ihre Berufsinteressen in ruhiger und besonnener Weise schützen und wahren wollen*, und die andererseits *treu zu Kaiser und Reich und treu zu ihrer Kirche stehen*.

Der Zweck des nationalen Bergarbeiter-Verbands ist:
1. Das wirtschaftliche und kulturelle Wohl seiner Mitglieder zu fördern.
2. Im Gegensatz zu den revolutionären Tendenzen der Sozialdemokratie alle Maßnahmen einer kraftvollen Sozialreform auf dem Boden der heutigen Gesellschaftsordnung zu unterstützen.
3. Die nationale Gesinnung und Treue zu Kaiser und Reich innerhalb der Bergarbeiterschaft zu pflegen.
4. In Bezug auf das Arbeitsverhältnis den wirtschaftlichen Frieden zwischen Arbeitgeber und Arbeitnehmer zu erstreben.

Dieser Zweck soll erreicht werden:
Durch Belehrung und Aufklärung unserer Mitglieder über alle wichtigen Fragen des Arbeitsverhältnisses, der sozialen Gesetzgebung und des kulturellen und geistigen Lebens.
Durch Beteiligung an sämtlichen für Bergarbeiter in Frage kommenden sozialen Einrichtungen (Knappschafts- und Ausschusswahlen etc.).
Durch Errichtung von Arbeitsnachweisen.
Durch Errichtung von Rechtsauskunftsstellen.
Durch Gewährung von Unterstützungen in Krankheits- und Sterbefällen.
Durch Schaffung eines Fachorgans zur Besprechung aller beruflichen Angelegenheiten.

Kameraden! Wir haben die neue Organisation ins Leben gerufen, *damit man die Stimme der national gesinnten Bergarbeiterschaft auch hört*, damit man uns nicht bei jeder Gelegenheit an die Wand drückt, als hätten wir nichts zu bedeuten.

Man wird uns »Streikbrecherorganisation«, »Gelbe Gewerkschaft« und »Arbeiterzersplitterer« schimpfen. Lasst schimpfen, wer dazu Neigung und Beruf verspürt! *Wir werden fest und entschieden alle Zeit für die Interessen der Bergarbeiterschaft eintreten*, und wir werden durch ruhiges und besonnenes Handeln mehr erreichen als andere Organisationen.

Wir wollen keinen Klassenkampf – wir wollen nicht bei jeder Gelegenheit im Arbeitgeber unseren Feind sehen – *wir wollen wirtschaftlichen Frieden* und eine gegenseitige Verständigung.

Die Beunruhigung auf wirtschaftlichem Gebiet, welche in den letzten Jahren bei uns Platz gegriffen hat und die durch den Kampfcharakter der bestehenden Organisationen mit hervorgerufen ist, hat dem Bergarbeiter nur Schaden und keinen Vorteil gebracht.

Wir wollen die Maßnahmen unserer sozialpolitischen Gesetzgebung nicht von vornherein ablehnen – wie es die Sozialdemokratie tut – sondern wollen dafür eintreten, *dass eine kräftige und entschiedene Sozialreform* weitergeführt wird.

Wir wollen selbst als Organisation soviel als möglich leisten durch Aufklärung und Belehrung, durch Arbeitsnachweise und Rechtsschutz.

Der nationale Bergarbeiter-Verband wendet sich an alle national gesinnten Bergarbeiter ohne Unterschied der Konfession.

Alle, die in Bergwerken, Hütten, Salinen, Kokereien, Schwelereien und Brikettanlagen beschäftigt sind, können beitreten.

Der *monatliche* Beitrag beträgt *nur 50 Pfennig*, als Eintrittsgeld werden auch 50 Pfennig erhoben.

Nationalgesinnte Kameraden! Wir bitten Euch alle, tretet unserer Organisation bei, helft, dass wir bald eine Macht werden, vereinigt Euch mit uns unter der Devise:

Für das Wohl des Bergmanns!

Für Kaiser und Reich!

Der provisorische Vorstand des nationalen Bergarbeiter-Verbands[40]

27. »Ist es eine Schande, Bergarbeiter zu sein?« Vom Ansehen der Bergarbeiter (1907)

»Ist es eine Schande Bergarbeiter zu sein?«, in: Der Bergknappe 12 (1907), Nr. 18 vom 4.5.1907.

Zu dieser Frage veranlasst uns eine uns zugegangene Nachricht, nach der ein Lehrer die Kinder seiner Klasse, welche zu Ostern aus der Schule entlassen wurden, ermahnte, auch nach der Entlassung aus der Schule sich gut aufzuführen und weiter zu lernen, damit sie es im Leben zu etwas bringen. Wenn sie nicht lernten und vorwärts strebten, dann könnten sie nachher Bergarbeiter werden und zur Grube gehen.

Die Kinder – wenigstens eine Anzahl derselben, wenn nicht alle – haben dabei den Eindruck gewonnen, dass nach Ansicht des Lehrers nur die ganz dummen und faulen Menschen, die sonst zu nichts taugten, zur Grube gehen. Ja, einige der Kinder, deren Vater Bergmann ist, waren empört über die Worte des Lehrers, und eines derselben meinte zu seinem Vater: »Wenn das wahr wäre, dann wärst Du ja auch einer von den Dummen.«

Wir nehmen an, dass der betreffende Lehrer die Ausführungen nicht böse gemeint hat, sondern nur den Kindern gute Lehren für die Zukunft geben wollte. Das hätte aber in einer besseren und geschickteren Weise geschehen können. Man kann die Kinder zum Vorwärtsstreben ermahnen, ohne dass man ehrliche Arbeit heruntersetzt und gewissermaßen als eine Schande hinstellt. Man braucht die Angehörigen eines ganzen Standes – der, nebenbei bemerkt, zu den

---

40 Es folgen die Namen von 13 Mitgliedern des provisorischen Vorstands.

wichtigsten zählt – nicht als Dummköpfe und faule Menschen hinzustellen, um die Kinder zu veranlassen, auch nach der Schulentlassung fleißig zu lernen und zu arbeiten.

Es ist ja leider eine Tatsache, dass der Bergarbeiterstand heute nicht mehr so geachtet ist wie früher. Die Änderung der wirtschaftlichen Verhältnisse und der Berggesetzgebung im vergangenen Jahrhundert hatten für die Bergarbeiter nachteilige Folgen. Dazu kam dann die durch die gewaltige Ausdehnung des Bergbaus notwendig gewordene Einführung fremder, oft auf einer niedrigen Kulturstufe stehender Arbeiter. Aus den geachteten Bergleuten der früheren Zeit wurden verachtete Lohnarbeiter.

Aber hat man ein Recht, auf die Bergarbeiter herabzusehen, alle Angehörigen des Bergarbeiterstandes als Dummköpfe und unfähige Menschen hinzustellen? Keineswegs. *Die Angehörigen des Bergarbeiterstandes sind in ihrer übergroßen Mehrzahl ebenso tüchtig und achtbar wie auch die Angehörigen anderer Berufe.* Man kann sie nicht für Dummheiten und Schlechtigkeiten *Einzelner* verantwortlich machen. Was würde man sagen, wenn wir die Behauptung anstellten, alle Bankdirektoren seien Betrüger und Spitzbuben, weil es in dem Stand solche gibt; oder wenn wir alle Akademiker als Mörder bezeichnen, weil einzelne derselben mit ruhiger Überlegung einen Gegner im Duell getötet haben? Welcher Entrüstungsschrei würde sich in den Kreisen der Lehrer erheben, wenn wir sagen wollten, alle Lehrer seien Lumpen, weil es vielleicht einzelne im Lehrerstand gibt, die diese Bezeichnung verdienen? Wenn man aber selbst nicht derart behandelt sein will, sollte man auch andere nicht so behandeln.

Im Interesse der Arbeiter und auch der Allgemeinheit sollte man mehr [als] bisher daran denken, dass bei der Berufswahl nicht nur die Anlagen, der Fleiß und die Tüchtigkeit, sondern weit mehr der Geldbeutel entscheidend ist. Die Kinder der Arbeiter müssen mit wenigen Ausnahmen sobald wie möglich mit zur Arbeit, um ihr Brot zu verdienen. Viele derselben würden auch lieber, ebenso wie die bevorzugten Kinder reicher Eltern, noch länger zur Schule gehen und weiter studieren. Es ist ihnen aber leider, der wirtschaftlichen Verhältnisse wegen, unmöglich. Hat nun ein Angehöriger der bevorzugten Klassen ein Recht, sie dafür als Dummköpfe und faule Menschen hinzustellen, sie noch obendrein zu verhöhnen? Wir denken nicht.

Wir müssen hier aber gestehen, dass viele Bergarbeiter selbst mit Schuld sind, dass sie heute nicht höher geachtet werden, *weil sie sich selbst nicht achten und die anderen Stände nicht zwingen, sie zu achten.* Jeder einzelne Angehörige unseres Standes sollte sich immer und überall so aufführen, dass man ihn achten kann. Es gibt leider Einzelne, die glauben, sich immer durch ein möglichst ungesittetes und unhöfliches Benehmen, durch einen rohen Ton, bemerkbar machen zu müssen. Und nach ihren Taten schätzt mancher Tölpel aus anderen Ständen die gesamten Bergarbeiter ein, weil er eben nicht sieht, dass die übergroße Mehrzahl der Bergleute sehr achtbare Menschen sind. Es ist im Interesse unseres Standes anzustreben, dass alle Angehörigen desselben ihm Ehre machen. Die Hauptsache aber ist, dass wir uns als Gesamtheit *die Achtung der anderen Stände erzwingen*. Das können wir durch eine starke, gut ausgebaute Organisation. Denken wir immer daran, dass man uns achtet, wenn man uns fürchten muss. Zeigen wir durch unsere Arbeit, dass wir keine Dummköpfe sind. Heben wir unseren Stand, dann wird man uns nicht mehr als Abschreckungsmittel den Kindern schon in der Schule vorführen können. Arbeite jeder mit an der Gewinnung neuer Mitglieder. Gerade die unorganisierten Bergleute, diejenigen, die sich nicht um die Erringung der Gleichberechtigung mit den anderen Ständen bemühen, sind an der heutigen niedrigen Einschätzung unseres Standes schuld.

28. Über den »Alkoholunfug« 1909

M. Lootz, Einige Betrachtungen über den Alkoholunfug, unter besonderer Berücksichtigung der Gladbecker Verhältnisse, in: Bergarbeiter-Zeitung 21 (1909), Nr. 16 vom 17.4.1909, S. 2.[41] (Auszug)

Wer mit offenen Augen in den Sumpf unseres industriellen Elends hinabblickt, wer mit Grauen und wehem Herzen die ganze Jammermisere, die sich dem Beobachter der heutigen Massenqual darbietet, an sich vorüberziehen lässt, der wird finden, dass die verschiedensten Faktoren die Ursachen dieses Allgemeinübels sind. Den Grundmotiven, den Fundamenten dieses unhaltbaren Zustands, welche in der rein politisch-ökonomischen Sphäre liegen, nachzuspüren, soll nicht Aufgabe vorliegender Abhandlung sein. Diese Momente sind uns ja alle bekannt, denn sie zeigen sich uns täglich in den groben Umrissen der kapitalistischen Unsinnsverhältnisse. An der Beseitigung dieser fluchwürdigen Tatsachen arbeiten wir ja schon stündlich durch die parlamentarischen und organisatorischen Reformationen. Aber diese verhältnismäßig indirekte Aufgabe unseres Kampfs gegen die unsittliche Gegenwarts-Kalamität kann recht wirksam durch direkte Hilfsmittel außerhalb des allgemeinen Organisationsrahmens unterstützt werden, und zwar durch die in der Einzelpersönlichkeit liegende Kraft. Eine bestimmte Form der Auslösung dieser Kraft sehe ich in der ernsten Aufgreifung des Abstinenzgedankens. Gerade die alkoholische Enthaltsamkeit gibt nur die Gewähr einer stets bereiten, stets zuverlässigen Arbeiterschaft, die bei der Minierarbeit gegen den Weltfeind Kapitalismus absolut vorhanden sein muss.

Deshalb verschlägt es gar nichts, diese Frage in unserem Fachorgan mal zu beleuchten, zumal bisher die Behandlung der Alkoholfrage in unseren Spalten wenig Raum und Liebe fand. Vielleicht lächelt die redaktionelle Zukunft nun etwas freundlicher in dieser Beziehung, ist doch die hervorragend riesige Konsumtion des Alkohols ein typisches Merkmal des Grubenproletariats hiesiger Zentren. Warum soll dies verschwiegen werden? Meine persönlichen Beobachtungen erlauben mir, einige düstere Bestätigungen innerhalb der Milieulinien des Gladbecker Distrikts hier zur Kenntnisnahme vorzulegen.

In nächster Nähe Gladbecks produzieren sechs große Brennereien nicht zu unterschätzende Quantitäten des verfluchten Fuselgifts. Früher beteiligten sich sämtliche Brennereien am Detailverkauf, jedoch durch Beschluss des Gladbecker Wirtevereins kam es zu einem Boykott über alle Brennereien, welche unter 21 Liter an diverse Käufer abgaben. Augenblicklich trotzt

---

41 Der Artikel erschien sogar dem scharf antisozialistischen Gewerkverein christlicher Bergarbeiter so beachtlich, dass er die Informationen in einem eigenen Aufsatz übernahm: Der Bergknappe 14 (1909), Nr. 25.

noch eine einzige in Dorsten liegende Brennerei dem Ansturm des Gladbecker Wirtevereins. Und diese Brennerei ist nun das tägliche Ziel einer Anzahl Berufskollegen, die mit zehn, fünfzehn, ja vielfach zwanzig Liter fassenden Korbflaschen nach dem schauerlichen, modernen Tempel des Alkoholgottes pilgern. Ich habe mir einmal die Mühe gemacht, eine solche unliebsame Kumpelwanderung zahlenmäßig festzustellen, und es ergaben sich nach meinen Notierungen folgende Zahlen.

Es nahmen Billette nach Dorsten:

	Mann	Mutmaßliches Literquantum
Montags	27	205
Dienstags	13	90
Mittwochs	18	125
Donnerstags	34 (Lohntag)	285
Freitags	68	400
Samstags	53	360
	213	1465

Rechnen wir nun zu diesen 213 Personen die gleiche Anzahl als Mitgenießende hinzu, die nicht zu niedrig gegriffen noch hinter den Käufern steht, so ergibt sich auf den Kopf genau 3,4 Liter. In der Regel wird die Quantumserneuerung vierzehntäglich wiederholt, doch weiß ich eine Reihe von Fällen, wo diese Neubeschaffung sogar wöchentlich vorgenommen wird. Der Preissatz pro Liter beträgt, in oben angegebenen Quanten in der Brennerei eingekauft, 60 Pfennig. Also ungefähr 879,00 Mark wandern vierzehntäglich, nur auf das geografisch engbegrenzte Gladbeck berechnet, in die Taschen der unersättlichen Schnapsbauern, zum Zweck geistiger und körperlicher Verwüstung unserer Bergarbeiterbrüder. Nach bestmöglicher Beurteilung resultierten sich zwei Drittel der Konsumenten aus polnischer, ein Drittel aus schlesischer und sonstiger Volksfärbung. Noch ein weiteres unliebsames Symptom für die weiter um sich greifende Alkoholverwilderung ist darin zu erblicken, dass auch viele Frauen ungeniert mit der Korbflasche den Giftstoff für ihre Männer herbeibesorgen helfen. Frauen sollten es überhaupt ablehnen, ihren gewöhnlich später nachfolgenden familiären Ruin mit herbeischaffen zu helfen. Ihre Würde als Frau und ihre Bedeutung als Wirtschafterin gibt ihnen das Recht dazu. Welch ein trübes Beispiel alkoholischer Aktivität! Und das in dem örtlich engbegrenzten Gladbeck allein. Doch was bedeuten obige Zahlen im Gegensatz zu dem riesigen Lokalverbrauch, wie er täglich noch per Glas und Flasche vor sich geht? Ersparen wir uns, die beschämenden Bilder hier zu erneuern, wie die reale Umschau sie uns fast stündlich wie ein Naturfilm produziert. Es ist eine erbarmungslose Tragödie, wo die Beteiligten am Ende wie Menschenschemen in dem Fuselsumpf verekeln, wo die Frauen hungergepeitscht, geprügelt für den Lasterhang des Gatten mitbüßen müssen, ja schließlich durch die Not und das Gattenbeispiel noch selbst in dem Sumpf ersticken. Wo die Kinder verschmutzt und verlottert in den meisten Fällen das Schandgetränk für den Vater selbst herbeischaffen müssen, um dafür auf die Dauer entmenschlicht, verroht und brutalisiert zu werden. Ich habe einmal mit blutendem Herzen einem fünfjährigen Knaben das leise Selbstgespräch abgelauscht, wie er, mit drei Flaschen beladen, zur Schenke humpelte und dabei die Schnapsbezeichnungen auseinanderhielt, um sie nicht zu vergessen. Dabei klebte die Säuferarmut der Eltern übelriechend auf seinem abgemagerten Körperchen. Dieses Kind hat mir besonders wehgetan, obwohl das tägliche Beispiel die Gefühle für dergleichen Szenen mehr und mehr abstumpft. Und was das Schlimmste noch mit ist, dergleichen alkoholisierte Menschen gehen in der Regel für jedwede Organisation verloren. Sie gehen meistens vollständig auf in der Befriedigung ihrer unglücklichen Gewohnheit. Ein jeder Versammlungsbesucher kennt ja die hässlichen Bilder aus eigener Anschauung, wenn schon ein angetrunkenes Mitglied den geordneten Verlauf der Verhandlung durch unpassende Zwischenrufe und Reden stört und dem durch den Alkohol aufgepeitschten Temperament zwanglos die Zügel schießen lässt.

29. Die Spaltung der evangelischen Arbeitervereine 1910
Bericht des Essener Polizeipräsidenten an den Düsseldorfer Regierungspräsidenten vom 25.6.1910. Abschrift. Landesarchiv NRW Abt. Rheinland, RD 15935, Bl. 52–54. (Auszug)

Der Evangelische *Arbeiterbund* ist zu unterscheiden von dem *Verband* der Evangelischen Arbeitervereine; er ist durch eine Absplitterung von Evangelischen Arbeitervereinen von dem Verband der Evangelischen Arbeitervereine im Jahr 1897 infolge Meinungsverschiedenheiten unter den Vorstandsmitgliedern über die zu erstrebende Einwirkung auf die Mitglieder in ihrer Stellungnahme zu dem gewerkschaftlichen und politischen Leben entstanden.

Der Evangelische Arbeiterbund bezweckt satzungsgemäß:
– Pflege christlicher Gesinnung und Stärkung des evangelischen Bewusstseins im festen Anschluss an die evangelische Landeskirche;
– die Liebe zu Kaiser und Reich mit aller Kraft zu fördern;
– ein friedliches Verhältnis zwischen Arbeitgebern und Arbeitnehmern zu pflegen und zu wahren;
– den Mitgliedern nach Möglichkeit Arbeitsgelegenheit zu verschaffen und dieselben in außergewöhnlichen und unverschuldeten Notfällen durch zweckentsprechende Einrichtungen nach Kräften zu unterstützen;
– den Kampf gegen die Irrlehren der Sozialdemokratie und alle das Wohl des Arbeiterstands gefährdenden Bestrebungen gemeinsam und planmäßig zu führen;
– Pflege echter Kameradschaftlichkeit und veredelnder Unterhaltung, Förderung des Familiensinns;
– Förderung der geistigen und Berufsbildung.

Der *Verband* der Evangelischen Arbeitervereine dagegen gewährt die Aufnahme nur Vereinen, deren Satzungen folgende Bestimmungen enthalten:
1. Der Verein steht auf dem Boden des evangelischen Bekenntnisses und erstrebt unter seinen Mitgliedern die Stärkung des evangelischen Bewusstseins und christlichen Lebens.
2. Die Mitglieder stehen treu zu Kaiser und Reich.

3. Der Verein erstrebt die entschiedene Fortführung der Sozialreform unter Anlehnung an die Kaiserliche Botschaft vom 17. November 1881, die Erlasse vom 4. Februar 1890 und das soziale Programm des Gesamtverbands Evangelischer Arbeitervereine Deutschlands.[42] Die Pflege des guten Einvernehmens zwischen Arbeitgebern und Arbeitnehmern ist nach Kräften zu fördern.
4. Wer das entwürdigende Versprechen gegeben hat oder von jetzt an gibt, seine Kinder der katholischen Kirche zu überweisen oder wer seine Kinder katholisch taufen oder erziehen lässt, kann nicht Vereinsmitglied werden oder bleiben.
5. Bei Vereinsfestlichkeiten ist das Tanzvergnügen ausgeschlossen.

Wenn nach Vorstehendem die Ziele der beiden Richtungen im Wesentlichen dieselben sind, so gestaltet sich in der Praxis die Vereinstätigkeit insofern verschieden, als der Evangelische *Arbeiterbund* neben der Wahrung seiner satzungsgemäßen Bestrebungen mehr kirchlicher Natur bei seiner Stellungnahme zu politischen oder sozialpolitischen Fragen sich in dem Rahmen der nationalen Parteien bewegt, wie auch die geistige Führung von Männern besorgt wird, die in der nationalliberalen Partei eine örtliche Führerrolle innehaben, während der *Verband* der Evangelischen Arbeitervereine die Richtung der christlich-nationalen Arbeiterbewegung verfolgt, wie dies in Ziffer 3 seiner Satzungen besonders zum Ausdruck kommt. Der Vorsitzende des Gesamtverbands der Evangelischen Arbeitervereine ist der Pfarrer Lic. Weber[43] in M[önchen]Gladbach, der auch dem Gesamtvorstand des Verbands der christlichen Gewerkschaften Deutschlands angehört.

Der Evangelische *Arbeiterbund* hat seinen Sitz in Herne; er zählt gegenwärtig 71 Ortsvereine mit rund 14.000 Mitgliedern, von denen neun Vereine mit rund 2.100 Mitgliedern auf den östlichen Teil des Regierungsbezirks Düsseldorf entfallen. […]

Den Evangelischen Arbeitervereinen gehören fast durchweg die Geistlichen des Orts, aber auch Lehrer und sonstige Personen an, die sich auf kirchlichem Gebiet betätigen.

Sie stellen dann auch die führenden Personen des Vereins, und so ergibt sich schon hieraus, dass das Vereinsleben sich an die Kirche mehr oder weniger eng anlehnt. Die Verbände sowohl wie die Vereine nehmen auch zu den Tagesfragen auf sozialpolitischem Gebiet Stellung, die sich dann entsprechend dem gemeinsamen Vorgehen der Gesamtverbandsleitung mit der christlichen nationalen Arbeiterbewegung in der Regel an die Stellungnahme der christlichen Gewerkschaften anlehnt.

---

42 Vgl. dazu u.a. Manfred G. Schmidt, Sozialpolitik in Deutschland. Historische Entwicklung und internationaler Vergleich, 3. Aufl., Wiesbaden 2005.
43 Pfarrer Ludwig Weber (1846–1922) gilt als einer der Gründer der evangelischen Arbeiter-Vereinsbewegung. »Lizenziat« war ein in der Schweiz und an einigen deutschen theologischen Fakultäten verliehener akademischer Titel.

30. »Hier kam der kleine Mann mehr zur Geltung«. Zeitungsbericht zur Cranger Kirmes 1911
Wanner Zeitung vom 12.8.1911. Stadtarchiv Herne. (Auszug)

[Die Cranger Kirmes] übt eine Zugkraft aus, die auch in diesem Jahr so recht wieder in die Erscheinung trat. Schon früh morgens sah man die Bewohner aus der näheren und ferneren Nachbarschaft zu Pferd oder auf Wagen herbeikommen. Meist waren es Landwirte und Kleingewerbetreibende, die auf dem Viehmarkt ihren Bedarf ergänzen bzw. einen Teil ihrer Viehbestände absetzen wollten. Aber auch Neugierige, von dem Ruf des Cranger Pferdemarkts angelockt, waren in stattlicher Anzahl erschienen. Der Auftrieb zum Pferdemarkt war ein gewaltiger. Fast 2.000 Tiere waren aufgebracht worden. Auf dem Marktplatz sowie auf den Straßen zum Platz herrschte ein lebensgefährliches Gedränge. Pferd stand an Pferd. Man musste äußerste Vorsicht anwenden, um durch die Reihen zu wandern, denn die Tiere schlugen fortwährend aus infolge der *Fliegenplage*, die – wie man sich denken kann – durch die große Hitze erzeugt wurde. Indessen sind Unfälle durch Hufschläge schwererer Natur nicht zu verzeichnen. Die Preise bewegten sich in nicht zu hohen Lagen, dennoch war das *Geschäft nur ein mittelmäßiges*. Kauflust war wenig vorhanden, wenigstens blieb der Umsatz beträchtlich hinter dem der anderen Jahre zurück.

Auf dem *Schweinemarkt* herrschte ein reges Leben. Hier kam der kleine Mann mehr zur Geltung. Aus allen Himmelsrichtungen waren die Bewohner, namentlich die Inhaber von *Koloniewohnungen*, erschienen, um sich ein oder mehrere Borstentiere für ihre »Viehzucht« zu kaufen. Heute [fühlt] sich doch der Koloniebewohner erst wohl, wenn er einen oder mehrere Dickhäuter in seinem Stall, der nun einmal zur Wohnung gehört, beherbergen kann.

Und das ist gut so. Ze[u]gt es doch von einer gewissen *auskömmlichen Lebenshaltung*. Das größte Kontingent der Käufer stellte die *polnische Nation*. Hier herrschte ein flotterer Geschäftsverkehr. Leider hatten die Tiere sehr unter der Einwirkung der Hitze zu leiden. Manche belustigende Episode ereignete sich bei diesem Geschäft. Nur eine sei hier erzählt. Ein biederer Polensohn wollte sein Borstentier verkaufen. Warum, mögen die Götter wissen. Er hatte es von einem kleinen Ferkelchen zu einer recht stattlichen Sau aufgezogen und fordert nur den Preis von 80 Mark. Ein Arbeitskumpel von hier, der den Markt besichtigte, teilte ihm mit, dass er eine Frau wisse, die für diesen Preis das Tier kaufen werde. Er überredete den Besitzer, mit ihm zu dieser Frau zu gehen. Und richtig, unser lieber Freund *Stachu* geht mit dem Arbeitskumpel und seinem Schwein, das sie abwechselnd am Strick führen, zu dieser Käuferin, die in der Wilhelmstraße wohnt. Doch der Weg ist weit und die Hitze groß; größer aber der [Durst] der beiden Polensöhne: In jeder Wirtschaft wird Halt gemacht und das Herz gekühlt. So kommt man endlich in die Nähe der Wohnung, wo die Frau wohnt. Der Arbeitskumpel führt just das Schwein, als man dort ankam. Bald ist man auch handelseinig. Die Frau nimmt das Tier und sucht das Geld hervor, doch muss ein derartiges Geschäft natürlich mit einem guten Schluck bekräftigt werden. Der Besitzer eilt darum in die nächste Wirtschaft, um einen guten Tropfen zu holen. Inzwischen kommt die Frau mit dem Geld. Unser Freund, der *Stachu,* nimmt sogleich

20 Mark von dem Kaufpreis und verschwindet. Als unser biederer Freund zurückkommt mit seinem Fläschchen und den Freund nicht findet, fordert er den Kaufpreis, und dabei erfährt er, dass der andere bereits mit 20 Mark auf und davon ist. Anfänglich schimpft er, sodass ein großer Menschenauflauf entsteht. Je mehr der Inhalt der Flasche zusammenschmilzt, desto versöhnlicher wird er. Schließlich meint er resigniert: »*Na, lass ihn laufen. Heite ist Festdag in Kirmes auf Crange*«.

Das rechte Kirmesleben begann eigentlich erst am Nachmittag. Da kamen die Vergnügungssüchtigen. Aus Herne, Bochum, Gelsenkirchen, Recklinghausen usw. kamen sie im Kutschwagen, Kremsern,[44] mit der Elektrischen usw. in hellen Scharen, um sich zu vergnügen und eine rechte Volksbelustigung mitzumachen. Unheimlich wurde an manchen Stellen und zu mancher Zeit das Gedränge. Über 40 Schau- und Verkaufsbuden hatten Aufstellung gefunden. Drei Dampfkarussels, vier Bodenkarussels, drei Schiffsschaukeln, ein Zirkus, ein Kasperle-Theater, ein Zauberschloss und viele andere Buden sorgten für die *Unterhaltung der Besucher*, denen die Hitze nicht genierte, sondern die das Kirmesleben in vollen Zügen genossen.

In den dem Kirmesplatz benachbart liegenden Wirtschaften konnte man selten Platz finden. Die Wärme erzeugte anhaltenden Durst, und diesen konnte man dort an der Quelle löschen. Überall war *Freikonzert* oder *Tanz* veranstaltet. Zweifellos können die dortigen Wirte mit dem Geschäft zufrieden sein. Leider muss auch in diesem Jahr wieder eine Reihe von *Diebstählen* und von *Schlägereien* verzeichnet werden. Berücksichtigt man aber die gewaltige Volksmenge, so muss man doch sagen, dass es außer den kleinen Vergehen gut abgelaufen ist. Wenigstens darf die Cranger Kirmes das für sich in Anspruch nehmen, dass sie noch nie ein Menschenleben gefordert hat.

31. Staatliche Überwachung der »Lustbarkeiten der Polenvereine« 1912
Runderlass des Regierungspräsidenten in Münster vom 18.10.1912. Abschrift. Landesarchiv NRW Abt. Westfalen, RM VII 23, 1, Bl. 209.

Um bei der Genehmigung von Lustbarkeiten der Polenvereine ein gleichmäßiges und zweckentsprechendes Verfahren seitens der Ortspolizeibehörden zu sichern, bestimme ich hierdurch Folgendes:
1. Die Ortspolizeibehörden haben in Zukunft stets, bevor sie über Anträge auf Erlaubnis zur Abhaltung polnischer Lustbarkeiten befinden, eine Äußerung des Polizeipräsidenten in Bochum (Polenüberwachungsstelle)[45] einzuholen.
2. Falls in ländlichen Ortspolizeibezirken die Teilnahme auswärtiger Vereine vorgesehen ist, haben die Ortspolizeibehörden die Anträge dem Landrat vorzulegen. Dieser holt seinerseits

---

44 Vielsitzige Mietkutsche.
45 Hierzu: Christoph Kleßmann, Polnische Bergarbeiter im Ruhrgebiet 1870–1945. Soziale Integration und nationale Subkultur einer Minderheit in der deutschen Industriegesellschaft, Göttingen 1978, S. 86f., 96f. u. ö. Die »Zentralstelle für die Überwachung der Polenbewegung im rheinisch-westfälischen Industriegebiet« wurde 1909 beim Polizeipräsidenten Bochum eingerichtet.

eine Äußerung des Polizeipräsidenten in Bochum ein und ermächtigt die Ortspolizeibehörden zur Erteilung oder Versagung der Erlaubnis.
3. Bei Meinungsverschiedenheiten zwischen Ortspolizeibehörden und der Polizeidirektion in Bochum ist seitens ländlicher Ortspolizeibehörden die Entscheidung des Landrats, seitens der Ortspolizeibehörden der Stadtkreise meine Entscheidung einzuholen.
4. Im Übrigen ist meine Zustimmung dann erforderlich, wenn es sich um besonders große oder durch die Art ihrer Feier auffallende Lustbarkeiten handelt.

32. Über das geschwundene Ansehen des Bergmannsstandes (1914)
»Das bergmännische Bildungsproblem«, in: Der Bergknappe 19 (1914), Nr. 5 vom 17.1.1914. (Auszug)

Im krassen Widerspruch zu den mancherlei Bildungsmitteln und Rechten in politischer und sozialer Hinsicht, die auch dem einfachsten Arbeiter heute zur Verfügung stehen, steht das Ansehen des Bergmanns, besonders, wenn man das Ansehen des Bergmannsstandes zu Anfang und Mitte des 19. Jahrhunderts (1800–1850) zum Vergleich heranzieht. Der Bergmann in früherer Zeit hatte weder die allgemeine Volksschule besucht, noch las er täglich seine Zeitung und allerlei Bücher – oft konnte er nicht einmal lesen und schreiben –, noch beteiligte er sich an der hohen oder kommunalen Politik. Woher trotzdem sein höheres Ansehen in sozialer Hinsicht? Neben der damaligen Wirtschaftsweise kommt zuerst in Betracht, dass der Bergmann zwar keine umfassende Schulbildung, dafür aber eine größere Bildung in fachlicher Hinsicht und oft auch von Herz und Gemüt besaß. Noch nicht war die Lohnfreude die einzige Freude bei der Arbeit. Er hatte neben seiner viel einfacheren und langsameren Arbeitsmethode und vor allem wegen seiner durch Tradition und amtliche Bestimmungen genau festgelegten praktischen Ausbildung mehr Zeit und Gelegenheit, sich außer mit der rein mechanischen Arbeit auch mit den allgemeinen Fragen der Bergbaukunst zu beschäftigen. [...]

Praktische Erfahrung war zu der Zeit das fast einzig Ausschlaggebende. Die Beamten waren noch in den vierziger Jahren fast alles Praktiker. Dazu hatte fast jeder Bergmann einen Beamten in seiner engeren oder entfernteren Verwandtschaft und ferner die Aussicht, einmal selbst Beamter zu werden. Dabei war der Bergmann wegen seines relativ hohen Lohns, seiner Traditionen, die in den Bergmannsuniformen, Bergfesten usw. auch der Öffentlichkeit gegenüber imponierend wirkten, gleichsam tonangebend in den damals meist rein ländlichen Gegenden. Dazu kam noch das Geheimnisvolle, Gefährliche und Romantische seines Berufs, der nur wenige Tausende zu seinen Mitgliedern zählte. Es war die Zeit, von der man sagen konnte: »Schön ist des Bergmanns Leben, und herrlich ist sein Lohn!«[46]

---

46 Das Zitat bezieht sich auf das gleichnamige Lied von G. E. A. Wahlert aus den 1830er Jahren, das rasch zum festen Repertoire des Liedguts des Berg- und Hüttenmännischen Vereins zu Berlin bzw. des von ihm in zahlreichen Auflagen herausgegebenen »Liederbuchs für Berg- und Hüttenleute« (vgl. etwa die 3. Aufl., Essen 1879, S. 134–136) gehörte.

Wie sieht es demgegenüber heute aus?

Aus dem stolzen Bergmann, der einem mit vielen Vorrechten ausgestatteten Stand angehört, ist in den Augen vieler ein bloßer Lohnarbeiter geworden. Außer der wirtschaftlichen Entwicklung ist hieran vor allem das Eindringen Tausender betriebsunkundiger, fremdländischer Arbeiter schuld, die oft in moralischer und völkischer Hinsicht gegenüber dem alteingesessenen Bergmannsstamm minderwertig waren. Die aus dem alten Bergmannsstamm herrührenden sowie die wirklich praktisch ordentlich gebildeten Bergleute stehen in fachlicher Hinsicht auch heute noch turmhoch über dem Bergmann der alten Zeit. Man denke nur an die enormen Fortschritte bezüglich des Schachtabteufens, der Abbau- und Gewinnungsmethoden, der Förderung usw. Für den, der dieses alles wirklich praktisch durchgemacht hat, hat das natürlich eine ganz andere fachliche Ausbildung zur Folge, als in der allen Raubbau treibenden guten alten Zeit. Dazu kommt die vielseitige Betätigung des Arbeiters in seinen Organisationen, im öffentlichen Leben; jeder hat die Volksschule besucht, liest Zeitungen, Bücher usw.

Wenn trotzdem das Ansehen des Bergmannsstandes gegen früher gesunken ist, so liegt das vor allem daran, dass durch die große Masse der aus allen Herren Länder heran geholten fremden Arbeiter das allgemeine Niveau heruntergedrückt wurde, zu besonders großem Nachteil für die oft ohne jede geistige Anregung heranwachsende bergmännische Jugend. Man beachte nur aufmerksam den Unterhaltungston in den Gruben. Der gute und innerlich vornehm denkende Kern unserer alten Bergleute ist tatsächlich machtlos gegen den rüden und obszönen Unterhaltungsstoff, der dort leider manchmal herrscht, besonders dort, wo die Sozialdemokraten in der Mehrzahl sind. Selbst über *Arbeiterfragen* kann mancher Kamerad dort unten nicht sprechen, da die oft eben erst im Ruhrgebiet warm gewordenen Angehörigen des alten Verbands sachliche Antworten nicht zu kennen scheinen und mit Phrasen, Schlagworten, Spitznamen und Verhöhnungen um sich werfen. [...]

Aber wie gesagt, diese Leute lernen aus eigenem Anschauen die außerordentliche Fachbildung des Bergmanns nicht kennen. Sie berufen sich darauf, dass sie nicht nur in fachlicher Hinsicht, sondern auch in Bezug auf den ganzen Bildungsgang weit höher ständen, als der Bergmann. Da wird zunächst mit dem Lehrlings- und Gesellenwesen renommiert. Dazu kommt, dass auch heute noch mancher Geselle auf Wanderungen, allerdings meist per Eisenbahn, Land und Leute und die verschiedenen Berufsarbeiten kennen lernt. Ferner muss jeder Handwerker die Fortbildungsschule besuchen. [...]

Zu all diesem kommt dann noch, dass auch der Nachwuchs des Bergmanns in die sogenannten gebildeten Stände hinein will. Die Folgen sind erhöhte Kosten für Schule, Lehrlingszeit usw. Mancher Bergmannssohn wird lieber ein schlecht bezahlter Schreiber [sein], als dass er sich dem allerdings anstrengenden Bergmannsberuf zuwendet, wo er aber ein ganz anderes Geld verdient. Wenn so dem Bergmannsstand der bessere Nachwuchs verloren geht, so ist dem fremden Element das Eindringen noch mehr erleichtert. Allerdings besteht eine der Lehrlingseinrichtung entsprechende Lehrhauerzeit. [...]

Bei dieser Gelegenheit sei dann auch darauf hingewiesen, dass in der Öffentlichkeit das Ansehen des Bergmannsstandes oft in schlimmster Weise von solchen Leuten geschädigt wird, die eigentlich gar kein Bergmann sind; die nur vorübergehend auf der Zeche tätig waren, sich aber doch die Bezeichnung beilegten. Gar zu leicht ist dann die Öffentlichkeit geneigt, etwaige verurteilenswerte Verfehlungen solcher Elemente dem ganzen, ehrenwerten Bergmannsstand anzuhängen.

33. »Ist die Bergmannsjugend verdorben?« (1920)

»Ist die Bergmannsjugend verdorben?«, in: Knappen Jugend. Jugendschrift des Gewerkvereins christlicher Bergarbeiter Deutschlands, Nr. 8 vom 21.8.1920.

Bis zum Überdruss hört man heute von einer bestimmten Sorte von Menschen über die »verdorbene Jugend« jammern. Insbesondere kommt die Bergmannsjugend schlecht weg.

Gewiss haben die unglücklichen Zeitverhältnisse, in denen die heutige Jugend aufwächst, recht ungünstig auf die Erziehung vieler Jugendlicher eingewirkt. Doch sind die Spuren der Zeit nur deshalb so deutlich sichtbar, weil viele, die berufen sind, gute Jugendbildner und -führer zu sein, versagt haben. Nicht allen ist die Jugenderziehung Herzenssache gewesen. Vor allem hat aber das *schlechte Beispiel* von *Erwachsenen* geradezu verheerend gewirkt. Das sind Tatsachen, an denen nicht gerüttelt werden kann. Aber kurzweg zu sagen, »die heutige Jugend ist verdorben«, das geht zu weit. Und wir legen ganz energisch dagegen Protest ein, dass auf die Arbeiterjugend geschimpft wird, dagegen beispielsweise die Verfehlungen der studierenden Jugend mit dem Mantel der Liebe zugedeckt werden. Wenn ein Teil der arbeitenden Jugend heute Wege geht, die zu verwerfen sind, dann sind ihnen diese Wege sehr oft von der sozial höher stehenden Jugend gezeigt worden. Doch darüber ein andermal! Wenn Leute, die mit der arbeitenden Jugend wenig Fühlung haben, diese verkennen, so ist das noch begreiflich. Aber dass selbst ältere Arbeitskameraden so schnell mit ihrem schwarzen Urteil fertig sind, gibt doch zu denken. Wenn sie auch nicht in dem Ton über die Bergarbeiterjugend reden, wie dieses von anderer Seite geschieht. So sind sie doch sehr enttäuscht darüber, dass der *gewerkschaftliche* Geist den jungen Kameraden fehlt.

Als wir jüngst einigen Kameraden aufs Dach stiegen, dass sie, trotzdem eine ganze Anzahl junge Knappen in der Zahlstelle vorhanden waren, noch keine Jugendabteilung gegründet hatten, da sagten sie: »Die heutige Jugend läuft auf dem Sportplatz und in dem Kino herum, aber für gewerkschaftliche Arbeiten ist sie nicht zu haben; erst recht geben die jungen Mitglieder für die Jugendarbeit keine 50 Pfg. aus, die vertrinken sie lieber!« Ein anderer Kamerad schreibt Folgendes: »Kommt und bringt einige Tausend Zigaretten für die Jugendlichen mit, die werdet ihr los, und wenn das Stück 1 Mk. kostet. Doch für die Jugendlichen 50 Pfg. auszugeben, das ist den meisten zu viel. Mit Idealen lockt ihr heute keinen mehr hinter dem Ofen weg«. Wir geben zu, dass das Urteil dieser Schwarzseher auf einen Teil der Jugend leider zutrifft. Aber die übergroße Mehrheit ist doch aus einem ganz anderen Holz geschnitzt. Der größte Teil unserer Jungmannen ist noch begeisterungsfähig für alles Gute und Edle. Er ist noch ideal gesinnt. Das beweist die freudige Aufnahme der Jugendschrift in den meisten Zahlstellen und die mustergültige Arbeit unserer Jungmannen in den Jugendabteilungen. Allerdings, wer selbst seine Ideale über Bord geworfen hat, der kann der Jugend keinen Idealismus predigen. Wirklich tüchtige ältere Gewerkschafter haben sich uns gegenüber noch nicht über mangelnden Idealismus der Jugend beklagt. Es fehlt ihnen nicht an ideal gesinnten jungen Kameraden, weil ihr gutes Beispiel genügend anzog.

34. »Ruhrland – Kinderland«. Gesundheitsverhältnisse in Oberhausen in den 1920er Jahren

Erich Schröder,[47] Ruhrland – Kinderland/Das gesunde Ruhrvolk, in: GHH-Werkszeitung 5 (1929), Nr. 10 vom 11.5.1929, S. 3–4.[48] (Auszug)

Das Ruhrland im Schatten der Schlote, die Kohlenstadt in der Emscherniederung. Sie sind gewiss kein Kinderparadies von der Art, wie es in den Märchenbüchern steht. Aber fehlt Wiese und Wald, fehlen Täler und Höhen, so fehlen doch zwischen den Halden und Hütten nicht die Kinder! Aber was für Kinder, hört man immer wieder fragen. Bleichwangig vom Industriedunst, angekränkelt vom Kohlenstaub, ein Geschlecht, kümmerlich wie einst die Föhren und Birken auf dem Heideland. Ist nun wirklich das Ruhrland, insbesondere die Stadt Oberhausen, in dieser Beziehung so schlecht wie ihr Ruf?

Als in der Mitte des vorigen Jahrhunderts Industrie und Verkehr in der Lipperheide aufblühten, strömten aus allen Teilen Deutschlands Männer und Frauen im besten Lebensalter in das neu erschlossene Wirtschaftsgebiet. Sie fanden hier *die besten Vorbedingungen zur Familiengründung*. So wuchs eine Stadt heran, mit einem Bevölkerungsaufbau, in dem die 20- bis 40-Jährigen stark überwogen, ein Zustand, der wiederum die besten Voraussetzungen für einen gesunden Kinderreichtum bot. Tatsächlich lagen in den letzten Jahrzehnten des vorigen Jahrhunderts in Oberhausen die Geburtenziffern immer um 40 auf 1.000 Einwohner: Und selbst, als um 1900 herum hin und her im Reich ein Geburtenrückgang sich stark bemerkbar machte, hatte *die junge Industriestadt Oberhausen* noch immer einen *erfreulichen starken natürlichen Bevölkerungszuwachs* aus ihrem Geburtenreichtum.

Natürlich sind die Kriegs- und Nachkriegsjahre, die böse Zeit der Geldentwertung, der Ruhrbesatzung und der schweren wirtschaftlichen Erschütterung auch am Ruhrland und an unserer Stadt nicht spurlos vorübergegangen. Aber trotz all dieser Erschütterungen steht das Gebiet als rechtes Kinderland *immer noch an der Spitze des Reichs*. [...]

Wie steht es nun mit der *Gesundheit und Leistungsfähigkeit der im Industriegebiet geborenen Kinder*? Werden sie bei der schlechten Luft, bei dem vielen Ruß und Staub, bei der

---

47 Dr. Erich Schröder war langjähriger Stadtmedizinalrat und Amtsarzt in Oberhausen und habilitierte sich Ende der 1930er Jahre an der Medizinischen Akademie Düsseldorf mit der Arbeit »Tuberkulose und Schule«.
48 Schröders Beitrag war im selben Jahr bereits in der anlässlich seines 25-jährigen Bestehens entstandenen Festschrift des »General-Anzeigers für Oberhausen, Sterkrade, Osterfeld, Bottrop und Umgegend« veröffentlicht worden.

mangelnden Besonnung nicht schwach und kränklich sein, sodass sich das Gesamtbild doch nicht so freundlich gestaltet, wie es rein zahlenmäßig den Anschein hat? Bei der Entwicklung des Gebiets aus einer großen Zahl kleiner, leistungsschwacher Gemeinden fehlen uns leider aus der ganzen ersten Zeit bis zum Krieg und natürlich auch über die Kriegsjahre brauchbare zahlenmäßige Unterlagen über die gesundheitlichen Verhältnisse der Kinder. Soweit sich aus der Sterblichkeit der Säuglinge, aus den Todesfällen an übertragenen Krankheiten im Kindesalter und aus der Tuberkulosesterblichkeit nachträgliche Schlüsse ziehen lassen, waren die Verhältnisse hier keineswegs schlechter – *in mancher Beziehung sogar besser* – als in anderen Bezirken Deutschlands. Wie schon erwähnt, brachten die Kriegs- und Nachkriegsjahre schwere Rückschläge. Auch für die Notjahre 1920/24 fehlen in Oberhausen die zahlenmäßigen Unterlagen, da wir zu dieser Zeit weder ein statistisches Amt noch ein Gesundheitsamt hatten. In der Nachbargemeinde Borbeck, in der der Verfasser damals als Schularzt tätig war, sind über die besonderen Auswirkungen der wirtschaftlichen Not gerade auf die Schuljugend Erhebungen angestellt worden. Bei einer unvermuteten Untersuchung am 25. Oktober 1923, die sich auf über 10.000 Schulkinder erstreckte, wurde festgestellt, dass 10,5 Prozent der Kinder vor der Schule kein genügendes Frühstück gehabt hatten, über 40 Prozent aller Kinder kamen mit mangelhafter Kleidung – stark verschlissene Ober- und Unterkleider und in Ersatzstücken, mit undichten Schuhen – zum Unterricht. Rund drei Prozent der Kinder saßen ohne Hemd oder ohne Schuhe und Strümpfe noch Ende Oktober in der Schulbank. Bei einer Nachuntersuchung im Februar 1924 hatten sich diese Dinge noch verschlechtert und wiesen in mancher Beziehung größere Notstände auf, als sie bei einer etwa gleichzeitigen Erhebung in Berlin festgestellt wurden. Es ist eine Erfahrungstatsache, dass solche schwere Störungen, wenn sie nur verhältnismäßig kurze Zeit andauern, von einer im Kern gesunden Bevölkerung überraschend schnell überwunden werden, während sie einem innerlich morschen Volk nur den letzten Stoß geben. Die *Entwicklung der gesundheitlichen Verhältnisse* seit 1925 spricht durchaus *für die Kernhaftigkeit unseres Ruhrvolks und seiner Jugend.* […]

Woraus erklären sich nun diese unstreitig günstigen bevölkerungspolitischen Ergebnisse, sowohl was die Zahl als [auch] den Kräftezustand der Oberhausener Kinder angeht? Hier wirkt zweifellos eine Reihe von Dingen zusammen. Einmal auch der heute noch *günstige Bevölkerungsaufbau;* weiter die Tatsache, dass die Art der Beschäftigung in der örtlichen Industrie auf der einen Seite *gesunde Menschen* beansprucht, auf der anderen Seite ihnen aber auch eine wirtschaftliche Lebensfähigkeit gewährt, die wesentlich besser ist, als in manchen anderen Bezirken des Reichs, wo z.B. Heimarbeit, Frauenarbeit usw. vorherrschen. Rassenhygienisch ist die *starke Mischung in der Bevölkerung* zweifellos ein Vorteil, die Verwandtenehen und andere Inzuchtgefahren fast ausschließt. Von größter Bedeutung ist weiter die *Siedlungsweise im Industriebezirk;* die weitläufig in der Ebene verstreuten, verhältnismäßig niedrigen Wohnhäuser, die zwar den Schönheitssinn nicht befriedigen, die aber den großen Vorteil haben, die Menschen und sonderlich auch die Kinder nicht zusammenzupferchen und die allenthalben Lücken lassen, die zum Kleingartenbau und vor allem zur Spielbetätigung der Kinder geeignet sind.

Durch diese Umstände wird ein großer Teil der *klimatischen Nachteile*, z.B. der zweifellos hohe Staubgehalt der Luft und die geringe Besonnungsdauer, wieder ausgeglichen. Nur hinsichtlich der Entstehung und *Verbreitung der sog. englischen Krankheit* (Rachitis) waren die Klimaeinwirkungen hier fast ebenso ungünstig wie im Mutterland dieser Krankheit, eben in England. Diese Schäden konnten erst in den allerletzten Jahren durch eine frühzeitige, planmäßige Erfassung aller von Rachitis bedrohten Säuglinge und durch vorbeugende Verwendung der sog. künstlichen Höhensonne abgestellt werden.

Die Aufzählung dieser verschiedenen Gründe soll nicht nur eine Erklärung des gegenwärtigen Zustands sein, sondern muss zugleich den Kommunen unseres Bezirks und in mancher Beziehung gerade den Verbreitungsorten dieser Zeitung Hinweis und Mahnung sein, in welcher Richtung sie planen und arbeiten müssen, um das Ruhrland auch unter fortschreitender Industrialisierung und unter den Anforderungen des Verkehrs als Kinderland zu erhalten. Neben dem besonders pfleglichen Ausbau des Mutter- und Kinderschutzes und der gesundheitlichen Betreuung der Schuljugend gehören hierher die *Sorge für die Erhaltung von Spielplätzen und Grundflächen* – besonders auch für Kleinkinder –, die Förderung des Wohnungsbaus in der Form der Flachsiedlung u.a.m. Wenn dann der neueste Zweig der Ruhrlandhygiene, die Rauchbekämpfung, Fortschritte macht und im Westen und Osten der Stadt die Schlackenhalden nicht mehr qualmen, wenn uns hingegen die Reichsbahn in Vorortszügen zu Berliner Tarifen in die Natur hinausbringt – dann wird das Ruhrland am Ende noch ein ganz richtiges Kinderland mit blauem Himmel und weißen Wolken!

35. Leben in der Kolonie in den 1920er Jahren [1983]
Moritz Grän, Erinnerungen aus einer Bergarbeiterkolonie im Ruhrgebiet, Münster 1983, S. 20–22. (Auszug)

Die Wohnküche
[…] Im Flürchen vor dem Plumpsklo stand bei uns die Waschmaschine, die in den zwanziger Jahren mit dem Wassermotor ausgerüstet wurde und dann des Abflusses wegen in den Keller wanderte. […]

Eine ordentliche Hausfrau in der Kolonie musste montags morgen so früh wie möglich ihre ebenso tadellos gewaschene wie nicht zerrissene Wäsche demonstrativ aufhängen. Wer nicht früh aufstehen wollte, wusch schon Sonntagabend, machte sich dann aber der Sabbatschändung schuldig oder brachte den Wasserhaushalt der Kolonie durcheinander. Da viele zur gleichen Zeit wuschen, sonntagabends oder montags in aller Herrgotts Frühe, sank der Wasserdruck so, dass oft der Wassermotor die Wäsche nicht schleudern konnte.

In dem anderen Flürchen standen bei den Nachbarn die Fässer mit dem weithin säuerlich riechenden Schweinefutter, ein Geruch, den ich noch heute in der Nase habe. Oder das Kappesfass, das Fass mit eingestampftem Sauerkohl. Zur Herbstzeit kamen u.a. die Büdericher Kappesbauern mit Planwagen, die aussahen wie die Planwagen im Wilden Westen Amerikas, voll beladen mit Weißkohlköpfen. Die Hausfrauen kauften Weißkohl zentnerweise, und dann setzte das Rennen um die Kappesschaben ein. In der Mitte einer großen Holzschiene waren die Schabemesser eingelassen. Darüber konnte ein Fach hin- und hergeschoben werden, das den gehälfteten Kohlkopf über den Messern hin- und herbewegte und dabei schnitzelte. Dann wurden die Schnitzel in die Salzbrühe im Fass eingestampft. Lange hielt sich die Anweisung: am besten mit bloßen Füßen, das gibt dem Sauerkraut den guten Geschmack! Ob das Scherz oder Ernst war, habe ich nie erfahren können. Bei uns jedenfalls wurde Sauerkraut nur in kleinen Mengen eingestampft, bei anderen hatten die Fässer beträchtlichen Umfang. Wichtig war es, auch einen schwergewichtigen Stein zu finden, dessen Druck über einer Holzplatte für die Entwicklung des guten Sauerkrauts sorgte.

Beim Eintritt aus dem Flürchen in die Wohnküche fiel der Blick auf die Längswand, vor der neben der fünfsitzigen Holzbank auf gedrehten Füßen und geschwungenen Lehnen der Tisch stand. In den frühen Jahren war er einfach mit einer Wachstuchdecke fest überzogen, so dass nur selten eine Tischdecke aufgelegt wurde, z.B. zum Sonntagsnachmittagskaffee bei Besuch. An jeder der freien Tischkanten stand ein Stuhl. Vaters Platz war am Ofen. Er war von der Kokerei her hohe Temperaturen gewohnt. Sein erster Gang nach Heimkehr von der Kokerei war immer an die Ofentür, um nachzuschütten. Ihm war es zu Hause oft zu kalt.

Womit wir beim Herd, der Kochmaschine, wären. Das war lange Zeit ein Statussymbol, wie heute etwas das Auto. Je mehr »silberne Aufschläge« er hatte, je heller seine Platte strahlte und je dicker die [mit einem] Silberrohr glänzende Umrandung war, desto schöner war der Herd. Redensart in der Kolonie: Die verhungern, weil die Herdplatte nicht dreckig werden darf. [...]

Wir hatten bald einen eingebauten Wasserkessel auf der Herdplatte, der vom abziehenden Rauch mitgeheizt wurde und ständig warmes Wasser anbot.

Dass die Kohlen manchmal mehr Steine als Kohlen hatten, musste in Kauf genommen werden.[49] Die Kohlen waren ja Deputat. Holz zum Anzünden gab es auch, wenn auch nicht immer in genügender Menge, sodass die Kumpel die berühmten Mutterklötzkes – das sind Abschnitte von den Stempeln – aus der Grube mitbrachten.[50]

---

49 Die Zechen lieferten den Bergarbeitern die ihnen zustehenden »Brandkohlen« in oftmals weniger guter Qualität.
50 Das »Mutterklötzken« wurde unter Tage bei Schichtende gern aus einem besonders glatt gewachsenen Stempel geschnitten, mit einem »Schießdraht« umwickelt, mit dem Beil in kleine Scheite zerteilt und bei der Ausfahrt »unter der Joppe« zur Waschkaue getragen, denn die Grubenleitungen verboten vielfach diese Praxis. Die gut brennenden Scheite dienten »der Mutter« zum morgendlichen Anfeuern des Herds.

Kapitel VIII
Sozialer Konflikt und Gewerkschaften bis zum Ersten Weltkrieg
Von Klaus Tenfelde

Es wäre ein Irrtum anzunehmen, die vorindustrielle Welt hätte, ob in der Ruhrregion oder andernorts, gesellschaftliche Konflikte nicht gekannt. Auseinandersetzungen zwischen Bauern und Grundherren, Gesellen und Meistern, Städten und Fürsten, brachen immer wieder auf und hinterließen oftmals tödliche Spuren. Die Reformation brachte harsche Konfessionskonflikte ins Land, und der Dreißigjährige Krieg verwüstete Städte wie das einstmals prächtige Dortmund gleich mehrmals. Mit der Herausbildung der modernen Montanindustrie veränderten sich jedoch die gesellschaftlichen Konfliktlagen grundsätzlich und nachhaltig. Hiervon handelt dieses Kapitel.

Die Industrialisierung und die damit entstehende Industriegesellschaft ließen den Kernkonflikt über Lohnarbeit und Verteilungsgerechtigkeit ganz in den Vordergrund der gesellschaftlichen Spannungen treten. Die Montanregion nahm darin, indem sich in ihr dieses Geschehen besonders schroff konturierte, eine Leitfunktion wahr. Das war keineswegs von Anfang an so. Nachdem das preußische Bergrecht und dessen autoritär-hierarchische Organisationsformen im 18. Jahrhundert auf das Ruhrgebiet übertragen worden waren *(vgl. Dok. 2 in Kap. II)*, ließen sich harte Interessenkonflikte, wie es sie auch in älteren Montangesellschaften längst gegeben hatte, einstweilen vermeiden – oder besser: kanalisieren. Der Streik als dominierende Form der Regulierung von Konflikten über das Lohnarbeitsverhältnis ist deshalb, vergleicht man das Ruhrgebiet beispielsweise mit Sachsen, hier verspätet »eingeübt« worden, und Gewerkschaften wurden ebenfalls verspätet gegründet. Nachdem die modernen Arbeiterbewegungen Fuß gefasst hatten, ist gerade diese Region allerdings von massenhaften Konfliktereignissen, »Massenstreiks«, wiederholt erschüttert worden.

Noch während der Revolution von 1848/49 hatten sich die Entwicklungen im Ruhrgebiet nicht sonderlich von denjenigen in anderen Regionen unterschieden. Zwar formierte sich das Bürgertum auch in Duisburg, Dortmund und Essen bereits in politischen Vereinen, und in Duisburg entstand sogar mit der Zigarrenarbeiterassoziation eine erste Gewerkschaft, aber vom »Bund der Kommunisten« oder der »Arbeiterverbrüderung«, den frühen Bestrebungen der organisierten deutschen Arbeiterbewegung, ist in der gerade entstehenden Montangesellschaft nichts zu erkennen. Die immerhin bereits rund 12.000 Bergarbeiter dieser Zeit waren weitgehend monarchisch und staatstreu gesinnt. Sie hörten auf ihre Obrigkeiten, die Bergbehörden, wenn diese auch einige Mühe hatten, gewisse Forderungen möglichst zu unterdrücken – unter Hinweis auf die längst gepflegte Form der Konfliktregulierung und -kanalisierung: auf das Beschwerden- und Petitionswesen.

Sich beschweren, und mit der Beschwerde in Gestalt einer Immediateingabe »bis vor die Stufen des Throns« treten, das durfte in Preußen seit Friedrich dem Großen jeder Untertan. Die Bergleute verfügten dabei mit ihren Behörden über einen unmittelbaren branchentypischen Adressaten, und sie haben sich dieses Weges, individuell und kollektiv, durchaus fleißig bedient *(Dok. 1, 2, 5, sowie die Dok. 2 und 14 in Kap. IV, Dok. 5 in Kap. VII)*. Solche Beschwerden galten zuvörderst Knappschaftsangelegenheiten, darunter der Erhaltung der »guten alten Rechte« der Bergleute, weiterhin einer Erhöhung der Löhne, die unter berufsständischen Verhältnissen von den Bergbehörden normiert wurden, bald auch sonst wie unzuträglichen Arbeitsverhältnissen, und manchmal, selten genug, wurde auch bereits anonym protestiert *(Dok. 3)*. Die Beamten pflegten hierauf sehr wohl zu reagieren und ordneten in der Regel genauere Untersuchungen über die beklagten Befunde an. Aus anderen Berufen, zumal aus der Hüttenarbeiterschaft, sind vergleichbare Konflikte oder gar bereits Streiks bis weit über die Jahrhundertmitte hinaus bisher in der Forschung nicht bekannt geworden. Überhaupt, die Hütten- und Metallarbeiter des Ruhrgebiets sind bis zum Ersten Weltkrieg nicht durch große oder wichtige Streikereignisse hervorgetreten.

Anders die Bergarbeiter. Für sie brachten die umwälzenden Reformen des Bergrechts zwischen 1851 und 1865 *(vgl. die Dok. 7, 14, 18 in Kap. III)*, mit denen Preußen den Interessen der Bergwerksunternehmer an liberalen Märkten und Investitionsfreiheit nachkam, eine ebenso einschneidende Veränderung ihres Status als Arbeiter. Sie wurden binnen Kurzem mit »normalen« Lohnarbeitern, wie es sie in allen anderen Gewerben längst schon gab, gleich gesetzt, und sie sahen sich deshalb jetzt den Schwankungen des Arbeitsmarkts und den dadurch beeinflussten Lohneinkommen ausgesetzt. Niemand sorgte mehr, wie ehedem die Bergbehörde, für Unkündbarkeit und Sicherheit durch ein karges, aber garantiertes Lohneinkommen. Auch die Knappschaft, der alte Schutz- und Sicherungsverband der Bergarbeiter unter starker Kostenbeteiligung der Unternehmer, verlor alle ständische Sonderung und wurde zu einem Instrument einer im übrigen sehr zukunftsfähigen Absicherung gegen die Folgen von Unfall, Krankheit und Invalidität umgeformt: In Teilen bildete die neue preußische Knappschaft das Vorbild für die Bismarcksche Sozialpolitik der 1880er Jahre.

Gegen diese »Überführung« in einen lohnabhängigen Normalstatus haben sich die Bergleute gewehrt, freilich zu Zeitpunkten, als die Gesetzgebung längst vollendet worden war *(Dok. 5)*. Deshalb, aber auch wegen des starken wirtschaftlichen Wachstums bis zu den Reichsgründungsjahren, stieß dieser Protest ins Leere, denn alle Bergleute verdienten jetzt deutlich mehr, die Konjunktur sicherte die Arbeitsplätze, gerade ältere, erfahrene Bergleute waren gesuchte Praktiker. Was dann die Knappschaft anging, verfügte man weiterhin über Rechte, vermittelt durch gewählte Knappschaftsälteste, und gänzlich abgeschafft worden ist die behördliche Bergbauaufsicht nicht, etwa hinsichtlich der Grubensicherheit.

Von etwa 1867 bis 1889, bis zum bis dahin mit Abstand größten Arbeiterstreik in Deutschland, datierte eine Phase des Übergangs, während derer die Belegschaften, aber auch die Arbeitgeber, neue Formen des Konfliktaustrags in der Industriegesellschaft einzuüben hatten. Zunächst konzentrierte sich der Kampf um höhere Löhne und bessere Arbeitsverhältnisse auf das westliche Ruhrgebiet, wo sich zu dieser Zeit auch eine christlich-soziale Arbeitnehmerschaft formierte und bereits Einflüsse der eben entstehenden politischen Arbeiterbewegung spürbar waren. Den Ausgang fand die Bewegung in einer berühmt gewordenen Massenpetition *(Dok. 2 in Kap. IV)*, und sie endete in dem ersten großen Streik vornehmlich im westlichen Ruhrgebiet im Jahre 1872 *(Dok. 7–9)*, an den sich auch ein erster, erfolgloser Versuch der Gewerkschaftsgründung anschloss. Die Bergleute verstanden zunehmend, dass die Selbstorganisation in Knappenvereinen *(vgl. hierzu Kap. VII)* nicht ausreichen würde, ihre Interessen wirksam zu vertreten. Aber der Staat in Gestalt der regionalen Obrigkeiten und die Gegenmaßnahmen der Unternehmerschaft hinderten sie mit Nachdruck daran – bis hin zum Sozialistengesetz 1878–1890, mit dem das Deutsche Reich Gewerkschaften und sozialistische Parteien radikal unterdrückte *(Dok. 10–14)*. Die lange, opferreiche Geschichte der Interessenkämpfe fand dann einen letzten Höhepunkt im großen Maistreik von 1889 *(Dok. 15)*, an dem sich 100.000 Bergleute beteiligten und der in einer Delegation zum Deutschen Kaiser *(Dok. 16)* gipfelte: Noch einmal wurde der alte Konfliktmodus – der Appell an die Obrigkeit – probiert, ohne Erfolg, und hieraus resultierte deshalb die nun endlich stabile Gewerkschaftsgründung, der Bergarbeiterverband von 1890. Er hieß, nachdem sich Ende 1894 der Unmut christlich-katholischer Bergleute über die sozialistische und internationalistische, monarchiekritische Politik dieser Organisation in einer eigenen Gewerkschaft – dem »Gewerkverein christlicher Bergarbeiter« – gebündelte hatte, fortan im Revier meistens der »Alte Verband« *(Dok. 17–19)*.

Es war nicht zuletzt die »kulturkämpferische« Grundhaltung Bismarcks und des preußisch-protestantischen Reichs gegen den »ultramontanen« Katholizismus gewesen, auf der diese fatale Spaltung der eben stabilisierten deutschen Gewerkschaftsbewegung beruhte. Sie hielt bis 1949 an, und das Ruhrgebiet wurde zu einem Schwerpunkt der Kämpfe zwischen den Organisationen *(Dok. 33)*. Schon seit 1869 hatte es daneben einen kleinen Bergarbeiterverband, den »Gewerkverein deutscher Bergarbeiter«, gegeben, der sich dem deutschen Liberalismus nahe fühlte, im Ruhrgebiet allerdings kaum Fuß fasste. Neben diese drei Verbände trat, im Anschluss an eine sogenannte »Polenrevolte« in Herne 1899 *(Dok. 20)*, ein Bergarbeiterverband der »Polnischen Berufsvereinigung«. Denn die bestehenden Gewerkschaften hatten sich als unfähig erwiesen, auch die gewerkschaftlichen Interessen der nun zu Hunderttausenden in das Ruhrgebiet strömenden polnischen Bergarbeiter zu vertreten. Wo sich die Gewerkschaften stritten, da gab es offenbar Anlass zu neuerlichen Gründungen. Seit dem großen Streik von 1905 *(Dok. 22–25)* bemühten sich die Arbeitgeber um »wirtschaftsfriedliche«, d.h., den offenen Arbeitskampf ablehnende Verbände, die sogenannten »Werksvereine«, die von den kampfbereiten Gewerkschaften als »Gelbe« verhöhnt wurden. Solche Bestrebungen fassten aber durchaus Fuß, etwa in der Kruppschen Gussstahlfabrik in Essen oder bei masurischen, dezidiert königstreuen Zuwanderern im nördlichen Revier *(vgl. Dok. 19 in Kap. V)*. Und schließlich entstand, ausgehend von einem Arbeitskampf auf Zeche Lucas 1910, im Ruhrgebiet auch eine anarcho-syndikalistische Bergarbeiterbewegung, die zwischen gewerkschaftlichen und politischen Kampfzielen nicht unterschied und ausschließlich auf den Erfolg lokaler, »direkter« Kampfmaßnahmen im Interesse der Arbeiter setzte *(Dok. 31)*.

Der Streit der Verbände beherrschte deshalb die späteren Massenstreik-Ereignisse im Revier: den Streik von 1905, in dem sich die Verbände wenigstens zeitweise zu einem »Dreibund« vereinigten, und jenen von 1912 *(Dok. 32)*, von dem sich die christliche Seite fernhielt. Das zeigte, dass sich die »Lohnarbeiterklasse« inzwischen, in aller Ähnlichkeit ihrer Arbeits- und Daseinsbedingungen, milieuartig gespalten hatte: Die Richtungsgewerkschaften waren zum gewerkschaftspolitischen Arm der sie tragenden »sozialmoralischen Milieus« geworden, von denen das christlich-katholische und das freigewerkschaftlich-sozialdemokratische im Ruhrgebiet in den Vordergrund traten und das gesellschaftliche und politische Gefüge auf Seiten der Arbeiter nunmehr dominierten. Andererseits beobachtete man vor allem bei »den Christen« und »den Sozialisten« sehr wohl bereits, was sich in anderen Ländern tat *(Dok. 26)*; beide Verbände sind auch bereits in internationale Kontakte eingetreten.

Diese Entwicklungen, die durch die Gesellschafts- und Verfassungsordnung des zweiten Deutschen Kaiserreichs stark begünstigt wurden, schwächten die gewerkschaftliche Interessenvertretung ungemein. Sie machten direkt und mittelbar die Arbeitgeberseite stark. Die Unternehmer waren, mit der Bergrechtsreform, gleichsam in ein vom sich zurückziehenden Staat hinterlassenes Vakuum getreten, in dem sie nunmehr diejenige Autorität über die Arbeiter auszuüben strebten, die zuvor den Bergbehörden zugestanden hatte. Und außerdem versetzte das gewaltige wirtschaftliche Wachstum der Schwerindustrie, die seit den 1850er Jahren zur Leitbranche der Industrialisierung geworden war, die tatsächlich sehr reich gewordenen Unternehmer in Kohle und Stahl an die Spitze der deutschen Industriewirtschaft. Sie sahen sich imstande, und sie wurden darin durch die Haltung von Staat und Behörden bestärkt, in ihren Betrieben eine beinahe unbegrenzte Macht auszuüben, ihren, wie es schon zeitgenössisch hieß, »Herr-im-Hause-Standpunkt« zu exekutieren. Das begann schon in den 1860er Jahren *(Dok. 6, 24, 30)*, und es wirkte sich, bei aktuellen Konflikten, stets auch im Ruf nach behördlich-polizeilicher Unterstützung aus. Es betraf vor allem das Ruhrgebiet *(Dok. 25, vgl. auch Kap. VI)* und formte die lokalen Gesellschaften bis hin zu einem dominierenden Einfluss auf die Kommunalpolitik. Jenseits des Bergbaus und der Hüttenindustrie gab es wenig im Revier, und in diesen Branchen bestimmten die Unternehmer. Sie konnten es sich, im Gegensatz zu vielen anderen Branchen im Reich, leisten, mit Gewerkschaften gar nicht erst in Verhandlungen über die Gestaltung der Lohn- und Arbeitsverhältnisse zu treten. So sah man, in den großen Streikereignissen der Jahre 1889, 1905 und 1912, die »öffentliche Meinung« durchaus auf Seiten der Arbeiter. Mit Mühe nur konnte der Staat modernere Formen der Konfliktregulierung: Gewerbegerichte *(Dok. 28)*, die Streitigkeiten über das Lohnarbeitsverhältnis zu verhandeln hatten, Arbeiterausschüsse und von Arbeitern gewählte Sicherheitsmänner, auf gesetzlichem Weg etablieren, und das geschah regelmäßig im Anschluss an die erwähnten großen Massenstreiks.

Literaturhinweise

Franz-Josef Brüggemeier, Leben vor Ort. Ruhrbergleute und Ruhrbergbau 18890–1919, 2. Aufl., München 1984.

Gerald D. Feldman/Klaus Tenfelde (Hg.), Arbeiter, Unternehmer und Staat im Bergbau. Industrielle Beziehungen im Vergleich, München 1989.

Dieter Fricke, Der Ruhrbergarbeiterstreik von 1905, Berlin-DDR 1955.

Otto Hue, Die Bergarbeiter. Historische Darstellung der Bergarbeiter-Verhältnisse von der ältesten bis in die neueste Zeit, 2 Bde. (1910/1913), Neudruck Berlin/Bonn 1981.

Heinrich Imbusch, Arbeitsverhältnis und Arbeiterorganisationen im deutschen Bergbau. Eine geschichtliche Darstellung (1908), Neudruck Berlin/Bonn 1980.

Wolfgang Jäger (Bearb.), Bildgeschichte der deutschen Bergarbeiterbewegung, München 1989.

Max Jürgen Koch, Die Bergarbeiterbewegung im Ruhrgebiet zur Zeit Wilhelms II. (1889–1914), Düsseldorf 1954.

Wolfgang Köllmann/Albin Gladen (Hg.), Der Bergarbeiterstreik von 1889 und die Gründung des »alten Verbandes« in ausgewählten Dokumenten der Zeit, Bochum 1969.

Dietrich Milles, »...aber es kam kein Mensch nach den Gruben, um anzufahren«. Arbeitskämpfe der Ruhrbergarbeiter 1867–1878, Frankfurt a. M./New York 1983.

Hans Mommsen/Ulrich Borsdorf (Hg.), Glück auf, Kameraden! Die Bergarbeiter und ihre Organisationen in Deutschland, Köln 1979.

Klaus Tenfelde, Sozialgeschichte der Bergarbeiterschaft an der Ruhr im 19. Jahrhundert, 2. Aufl., Bonn 1981.

Klaus Tenfelde/Helmuth Trischler (Hg.), Bis vor die Stufen des Throns. Bittschriften und Beschwerden von Bergleuten im Zeitalter der Industrialisierung, München 1986.

Michael Zimmermann, Schachtanlage und Zechenkolonie. Arbeit und Politik in einer Arbeitersiedlung 1880–1980, Essen 1987.

Dokumente

1. **Kollektivbeschwerde märkischer Knappschaftsältester an die Oberberghauptmannschaft zu Berlin über den Verlust von Privilegien und die sich verschlechternde soziale Lage der Bergleute (1823)**
Undatiert [Eingangsvermerk vom 13. Mai 1823]. Geheimes Staatsarchiv, Preußischer Kulturbesitz Berlin, Rep. 121 Abt. B. Tit. X Sect. 2m Nr. 101, Bd. 4, Bl. 38–44 (hs., von fremder Hand), abgedruckt in: Klaus Tenfelde/Helmuth Trischler (Hg.), Bis vor die Stufen des Throns. Bittschriften und Beschwerden von Bergleuten im Zeitalter der Industrialisierung, München 1986, S. 76–80. Die Schriftform der Vorlage wurde beibehalten.[1]

Unterthänigste Vorstellung einiger Knappschafts-Aelteste und Deputirte der Grafschaft Mark. Im Nahmen der Bergleute vom Stamm.

Königlich Preußische Hochlöbliche Oberberg Hauptmannschaft in Berlin.

Seit einigen Jahren haben wir in aller Unthertänigkeit, und mit aller Bescheidenheit gegen der Annahme zu vieler Bergarbeiter, und Aufnahme in der Knappschaft geeifert; wir haben unsre Gründe für unser Benehmen in einer Menge Vorstellungen von verschiedenen Datis dem Wohllöblichen Berg Amt, sowohl als dem Hochlöblichen Oberberg Amt vorgelegt, welche wir erforderlichen falls präsentiren werden, aber immer sind wir dahin beschieden, daß eine Hochlöbliche Oberberghauptmannschaft mit Aufhebung unser General-Privilegium angeordnet habe, daß nicht so sehr auf den Bergmanns Stamm gesehen, sondern jede der tüchtige, und mit Kräften begabte Bergarbeiter in der Knappschaft aufgenommen werden sollte.

Wir können ohnmöglich dafür halten, daß eine Königliche Weise, und gerechte Ober Berghauptmannschaft solche Grundsätze auffassen und feststellen kann. Denn

Daß unsere uns von den Regenten des Landes von unserm großen und gerechten Monarchen ausgegebene Privilegien, worauf unsere Väter vertraut, vieles aufgeopfert und sich vieles haben gefallen lassen, viel Saur und Süßes gelitten haben, von einer Königlichen Oberberghauptmannschaft sollten gelöset seyn, ist aber so unglaublich, als es ungerecht seyn würde; Wir begreifen, daß auch selbst des Königs Majestät uns diese Privilegien nicht nehmen kann, – und auch gewiß nicht nehmen wird, und werden auch selbst im höchsten Fall den Weg Rechtens dagegen einschlagen.

Der Einwand, daß die französische Regierung, und demnächst die Zeitumstände[2] uns unsere, in diesen Privilegien bestimmte Befreiung von Militair genommen haben, und darum unsere Privilegien aufgehoben seyn sollen, ist, – wenn man es recht sagen soll, ein recht stiefmütterlicher Gedanke, wodurch die neuen Kinder begünstigt und die Aelteren unterdrückt

---

1 Diese Eingabe veranlasste zum Erlass der Knappschaftsordnung von 1824; vgl. die Auszüge in Kap. VII, Dok. 1.
2 In der »Franzosenzeit« galten die ehedem versprochenen Privilegien der Bergleute nicht fort, und sie wurden nach der Wiederinbesitznahme durch Preußen auch nicht bekräftigt.

werden sollen. – Aber vor dem Rechtdenkenden hält das kein Stich. Denn wenn man uns mit Gewalt einen Finger genommen hat, sollen wir darum durch Recht die ganze Hand verlieren?

Ubi est Juditium![3]

Die Franzosen nahmen uns dies Vorrecht mit Gewalt, ohne zu berücksichtigen, daß wir Bergleute von Jugend auf täglich fürs wohl des Regenten, und des Vaterlandes in Lebens Gefahr sind.

Die darauf gefolgte Zeit nahm jeden rechtschaffenen Staatsbürger in Anspruch, den rechtmäßigen Thron und Vaterland zu vertheidigen, und da sind wir gerne und willig hinzugetreten, und wir westphälische Bergleute können uns rühmen, als tüchtige Männer gefochten zu haben.

Wir sind auch zu jeder Zeit bereit König und Vaterland ferner zu vertheidigen, mit Gut und Blut; aber unter der Form, wie es unser König für alle Bergleute seiner Staaten verordnet hat, und nicht anders; wir Westphälinger wollen nicht anders und schlechter behandelt sein, wie die übrige Bergleute des Königs.

Dieserhalb sollten wir unsere übrige Privilegia verlieren?

Das wird und kann der Wille des Königs nicht seyn, und sollte es der Wille der Behoerden seyn; so müssen wir in aller Unterthänigkeit dagegen protestiren, und verlangen unsre Rechte so lange verwahrt, bis durch Urtheil und Recht, darunter die Fragen entschieden seyn werden;

Können unsere Privilegien und fundirte Instituto von den Monarchen gegeben, von den Behoerden aufgelöst werden:

Kann man Fremde zu unserer Knappschaft nicht gehörende nach Willkühr in diesen Verein aufnehmen?

Kann man unter diesen, unsere Arbeit, unser Brod, und Verdienst, worauf wir angenommen und berufen sind, vertheilen?

So lange diese Fragen auf dem Wege Rechtens noch nicht entschieden sind, müßen wir unterthänigst bitten:

A. An unsere Privilegien, und an unserer Knappschafts Einrichtung Nichts zu ändern.

    Die Aufnahme vieler Menschen zu Bergarbeiter als:
    a. Menschen aus fremden Provinzen.
    b. Einheimische Handwerker, Schneider, Schuster, Leinweber, Britzel-Bäcker p.p. hat uns in die traurige Lage gesetzt, die vorhandene Arbeit mit diesen zu theilen.

Vorerst wir alle mögliche Arbeit heran gesucht, zum Nachtheil der Gewerkschaft.

Fürs andere verfahren wir echte Bergleute vom Stamm nur drey bis höchstens 4 Schichte in der Woche, und um diese verfahren zu können, werden wir und unsre Söhne von einem Revier ins andere geschickt, wo wir auf den Her und Hinwegen das erbärmliche Verdienst verzehren müßen; während zu Hause, Frau und Kinder, alte kraftlose Aeltern, und kleine hülflose Geschwistern um Brot schreien.

---

3 Lat. (!): »Wo ist der Richter?«; richtig wäre »iudicium«.

Alle diese traurige, bittere Wahrheiten, Klagen, Bitten werden nicht von unsern Behoerden geachtet – wir werden abgewiesen, – wir müßen leiden, darben, warum?

Damit die Menschen, welche wider Recht und Gerechtigkeit seit 3. 4. 5. Jahren Atteste oder Scheine erhalten haben, zu userm Nachtheil Arbeit und Reglements erhalten, und erhalten sollen.

Warum man ihnen diese Scheine gegeben hat, und warum diese in unserer Knappschaft Institut aufgenommen werden sollen, daß weiß der, der über uns alle sitzet, und uns alle der einstens richten wird, wenn er die Hunger Stimme unserer Kinder und Greise vernimmt.

Die Klagen über dieser Schein-Ausstellung und Aufnahme körnt von allen Seiten.

Der Gewerke leidet dabey. Denn wenn wir in der Woche 6 Schichte verfahren, so können wir a 22 Stbr per Tag in der Woche verdienen 2 Rt 12 Stbr. Jetzt erhält der Arbeiter pr[o] Tag 27 Stbr macht in einer Woche 2 Rt 46 Stbr.[4]

Der Gewerke hat daher auf einem Mann Nachtheil 34 Stbr macht auf 100 Hauer wöchentlich 56 Rt 40 Stbr und aufs Jahr 2912 Rt und nun rechne man auf alle Bergarbeiter.

Für uns ist der schaden ganz grenzlos, verfahren wir wöchentlich 6 Schichte a 22 Stbr, so verdienen wir wöchentlich 2 Rt 12 Stbr, macht im Jahr 114 Rt 24 Stbr.

Hiervon kann man aber bey einer kleinen Cultur eines Gartens p. Frau und Kinder ernähren. Jetzt aber beim Verfahren von 3 Schichten a 27 Stbr erhalten wir wöchentlich 1 Rt 21 Stbr

Transp.   114 Rt 24 Stbr, also im Jahr 60 Rt 12. Ab für Laufen von einem Revier zum Andern 10. rest 64 Rt 12. Unterschied 64 Rt 12.

Daß man sich hierbey nicht beruhigen kann, daß alle Remonstrationen, und sonstigen Manövers nicht möglich machen können von 50 Rt 12 Stbr Familie zu ernähren, daß alles dieses nicht hinreichen wird, uns begreiflich zu machen, daß wir dies alles erdulden und leiden müßen, weil es der hiesigen Bergbehoerde gefallen hat: Jedem der darum angehalten hat, Scheine zu ertheilen, und unter den Bergarbeitern aufzunehmen, wird wohl jeder Gerechte, jeder Vernüftige von selbst einsehen.

Und dies erwarten wir auch gewiß von der Weisen und Gerechten Ober Berg Hauptmannschaft.[5]

Man hat neuerdings verordnet, oder ist bemüth einzuleiten, daß alle Bergarbeiter über 60 Jahre alt, als Invalide Bergleute angesehen werden sollen.

2tens Daß alle Bergleute Söhne unter 18 Jahr die Bergarbeit nicht antreten sollen.

Nun ist es bekannt, daß mancher Mann von 60 Jahr, noch sehr rüstig und zur Arbeit fähig ist, daß mancher zwar nicht die allerschwerste Arbeit in böse Wetter verrichten kann, aber

---

4   Richtig wäre 2 Rt. 42 Stbr.; die Rechenprobleme mancher Petenten verweisen auf das niedrige Niveau der zeitgenössischen Elementarbildung.

5   Die preußische Bergverwaltung (und weitgehend auch diejenige in anderen deutschen Staaten) gliederte sich in die Oberberghauptmannschaft in Berlin (eine Abt. des Finanz-, später des Handelsministeriums), die Berghauptmannschaften jeweils in einer oder mehreren Provinzen (für das Ruhrgebiet: Oberbergamt Dortmund) als mittlere und die Bergämter als untere Ebene.

dennoch zu vieler Arbeit sehr nützlich ist.- und durch Uebung Schläg und Handgriff manchen rüstigen Jungen vorzuziehen ist, bessere Arbeit liefert, auch noch mannigmal der alleinige Ernährer einer zahlreichen armen Familie ist, – soll dieser nun abgelegt werden?

Eben bekannt ist es, daß der Mensch von Jugend auf, sich zum Bergmann bilden muß, die Nathur hat dies bestimmt, so auch, daß einer im 16 Jahr viel mehr phisische Kraft, als jener im 24 und 30 Jahre hat.

Warum sollen nun solche Bergleute Söhne zurück gewiesen, und jene Alte abgelegt, und zur Knappschafts-Casse verwiesen werden? Nur allein um Platz für die neu aufgenommnen Fremdlinge zu haben.

Wir sind aber besonders von diesen Alten beauftragt; Sie durch Vorstellungen gegen solche Uebel zu schützen.

Vormahls hatte es große Schwierigkeiten hieselbst noch im vorigen Jahr: In der Reihe der Invaliden aufgenommen zu werden, mit Recht um den Müßigang nicht zu befördern, und vorzüglich die Knappschafts-Casse, so lange als möglich zu schonen.

Jetzt wird nichts von alledem berücksichtigt, sondern man hohlt die Menschen wieder ihren Willen heran, um Invalide zu werden und warum. Um den neu Anfgenommenen Platz zu verschaffen.

Alles dieses zwingt uns eilend, uns an die Königliche Hochlöbliche Oberberghauptmannschaft zu wenden, und unterthänigst zu bitten:

B. Den Märkischen Ober und Bergamts Behoerden schleunigst anzubefehlen, bis zur ausgemachten Sache an der Aufnahme in der Knappschaft nichts zu ändern; auch keine Invaliden aufzunehmen, als welche damit friedig sind.
C. Denen die keine Bergleute vom Stamm, mit keinem Reglement versehen sind, nicht eher Arbeit zu geben, bis unsere Bergleute vom Stamm, und deren Söhne, voller Schichten verfahren, mithin wöchentlich 6 Schichte verfahren.
D. Daß die Unfähigkeit zur Arbeit und Qualification zur Invalidität durch den Geschwornen, Obersteiger, Steiger, Knappschaftsaelteste und Berg Arzt und Chirurgien bestimmt werden, und nicht nach der allgemeinen Feststellung von 60 jährigen Alters.
E. Und das man uns das General-Privilegium von 1769 in glaubhafter Abschrift verabfolgen läßt. – welche das Berg Amt uns vorenthält.

Glückauf.
[gez.] Knappschaftsälste Stoch [es folgen die Unterschriften von weiteren vier Ältesten]

2. Eingabe von Bergleuten der Zeche Pörtingsiepen an das Bergamt Essen um Lohnerhöhung 1830

Zeche Pörtinghausen, undatiert [1830]. Abschrift. Landesarchiv NRW Abt. Westfalen, OBA Dortmund 1385, Bl. 11, abgedruckt in: Klaus Tenfelde, Sozialgeschichte der Bergarbeiterschaft an der Ruhr im 19. Jahrhundert, 2. Aufl., Bonn 1981, S. 608. Die Schriftform der Vorlage wurde beibehalten.

An Ein Königlich Wohllöbliches Bergamt zu Essen.

Einem Königlich Wohllöblichen Bergamte wird bekannt sein, daß vor einigen Jahren, als Korn, Oel [usw.] in billigem Preise standen, das Schichtlohn für den Bergmann im Allgemeinen um 6 Pf. per Schicht für jeden Grad des Bergmann Standes Herab gesetzt wurde, mit der ausdrücklichen Versicherung, falls eine ansehnliche Preis Erhöhung eintrete, auch in dem Maaße das Schichtlohn erhöht werden sollte. –

Statt daß nun damals das Malter Roggen nur 4 Thlr. kostete, hat es jetzt den Preis von 7–8 Thalern; das Maaß Oel, früher nur 7 Sgr. kostend, gegenwärtig dagegen 12 Sgr. Statt daß endlich der in die Kost gehende Bergmann sonst nur 4 Thlr. monatliches Kostgeld entrichtete, muß er jetzt 5 Thlr. geben.

Unter diesen Umständen sahen wir unterschriebene Bergleute uns genöthigt, wohl eingedenk der bei Herabsetzung des Schichtlohns uns gegebenen oben gedachten Versicherung, unsere gegründete Beschwerde dem verehrten Herrn Geschwornen vorzulegen; derselbe bedeutete uns aber, daß er beim Wohllöblichen Berg-Amte zur geeigneten Zeit bei Regulirung der Kohlenpreise auf Erhöhung angetragen, mit Nachweisung der gestiegenen Preise der Nahrungsmittel. Die Gewerkschaften hätten indeß eine Erhöhung noch nicht für nöthig gefunden: und möchten wir uns selbst einmal an unser Bergamt wenden.

Ueberzeugt von der väterlichen Fürsorge und den weisen Einsichten Eines Wohllöblichen Bergamtes erlauben wir uns daher die ganz gehorsamste Bitte,

Hochgeneigt eine Erhöhung des Schichtlohnes, etwa um 6 Pfennige bewirken zu wollen, auf daß wir das wieder erhalten, was uns in wohlfeiler Zeit genommen ist.

In Hoffnung der Erfüllung unserer gerechten Bitte, nennen wir uns mit aller Hochachtung
Ein Wohllöbliches Bergamt ganz gehorsame Bergleute der Zeche Pörtingsiepen
für uns und alle arbeitsame Bergleute.
[gez.] Wilhelm Küpper [und 26 weitere Bergleute]

3. Anonymer Drohbrief an den Revierbeamten Bergmeister Klotz mit Lohnforderungen (1830)

Oberruhr [Essen-Überruhr], den 28.10.1830. Landesarchiv NRW Abt. Westfalen, OBA Dortmund 1385, Bl. 36f., abgedruckt in: Klaus Tenfelde, Sozialgeschichte der Bergarbeiterschaft an der Ruhr im 19. Jahrhundert, 2. Aufl., Bonn 1981, S. 634. Die Schriftform der Vorlage wurde beibehalten.

Herrn Bergmeister Klo[t]z[6]

Die Bergleute haben sich auf der Zege Gewalt Vereinigt. Wen sie von Monath October noch keinen bessern lohn beko so wollen sie Andern Mittel gebraugen Erstens sollen beide Steiger in der Grube ihr leben lassen das Geforte[7] soll Ihre Ruhstatt sein, hilft das noch nicht so Sol Es dem Herrn Geschworn sein leben kosten bis zum högsten Grade wollen Sie es jetzt treiben: Zegen und Maschinsgebeude Solen vom feuer verzehrt werden wen aber Zusatz vorhanden ist und was Sie von lohn können, so wollen sie Allen möligen fleis Anwenden und der Gewerkschaft ihren Vorteil sügen[8] ich schreibe blos aus Gütte die nachricht ich habe mit meinen ohren dieses gehörth. Schrecklig wahr die Vereinigung und der schwuhr Welgen sie taten wie sie beisamen wahren das der eine vor dem andern sich nicht. Verrathen wollen. und das Geschichth so wahr ich geschrieben habe., Hauer – 14 bis 15 – Groschen Schlepper 13. bis 14 grosche im Malen[9]. 10 bis 11 gros Transport. 11 bis 12 gr

Auf die jetzige arbeit den mehr Arbeiten könten sie nicht ich wolte meinen Namen wohl schreiben aber so habe ich zuviel laufen von Oberuhr nach Essen dieses Wirt Viel schlimer Werden wie ich geschrieben habe wen der lohn nicht Erfolgt 37 Man wahren da wo die Vereinigung wahr.

An Hoglöbligen Bergmeister Klotz in Essen

4. In Castrop protestieren Eisenbahnarbeiter der Köln-Mindener Eisenbahn gegen Kürzungen bei der Lohnauszahlung (1847).

Zeitungsartikel der Kölnischen Zeitung vom 9.4.1847, abgedruckt in: Westfälischer Merkur, Nr. 91 vom 16.4.1847 (Rubrik „Locales und Provinzielles").

Gestern wurden einige Hundert Handarbeiter von der Köln-Mindener Eisenbahn von dem Unternehmer des Oberbaus einer Strecke der genannten Bahn in einem hiesigen Wirtshaus ausgelöhnt. Der Unternehmer mochte ein friedliches Abkommen mit den Arbeitern nicht voraussetzen, denn er brachte zwei Gendarmen, zwei Polizeidiener und mehrere Untergebene mit zur Stelle. Er hatte sich aber auch nicht getäuscht. Während der Löhnung, die mehrere Stunden dauerte, ging es sehr unruhig zu. Die Arbeiter drohten, schimpften und tobten, behaup-

---

6 Über die Schreibung des Namens waren selbst die Behörden im Unklaren. Vgl. Dok. 2 in Kap. VII.
7 Wohl: »Geförderte«, vielleicht der sogenannte Alte Mann, d.h., der durch das abgebaute Flöz hinterlassene, einstürzende oder durch Gestein »versetzte« Leerraum.
8 Vermutlich »fügen«.
9 D.h. »pro Schicht«.

tend, der Unternehmer habe die Auslöhnung über Gebühr verzögert, wodurch sie während der Ostertage Mangel an Lebensunterhalt erlitten hätten, und jetzt [würden] ihnen obendrein von dem versprochenen Tagelohn 3 bis 6 Sgr. p[ro] Tag verkürzt. Gleich nach beendigter Löhnung rotteten die Arbeiter sich zusammen und – im Gefühl des ihnen widerfahrenen Unrechts bei ihrer drückenden Not, viele auch durch übermäßigen Genuss geistiger Getränke noch mehr angeregt – durchzogen lärmend die Straßen, und es würde gewiss zu ernstlichen, bedauerlichen Ruhestörungen gekommen sein, hätte nicht der Unternehmer sich eiligst aus dem Staub gemacht. Ist die Behauptung der Arbeiter unwahr, so verdient sie ernstliche Ahndung; ist sie aber, und auch die mehrerer Fuhrleute auf der Eisenbahn, dass ihnen für Auslöhnungskosten 5 bis 10 Sgr. p[ro] Löhnungstag in Abzug gebracht worden seien, richtig, so wäre zu wünschen, dass die Behörden sich der armen arbeitenden Klasse kräftigst annähmen. Jedenfalls ist die Auslöhnung im Wirtshaus ein großer Übelstand, indem dadurch viele Arbeiter verleitet werden, mehrere Tageverdienste zu vertrinken und im Trunk Exzesse zu begehen, während ihre Familie[n] daheim darb[en].

5. Immediateingabe der Bergleute der Grafschaft Mark wegen der neuen Knappschaftsstatuten 1858

Laer bei Bochum, den 12. Juni 1858. Landesarchiv NRW Abt. Westfalen, MBAB 26, Bl. 368–372. Abschrift von Abschrift zur Berichterstattung an das Handelsministerium vom 30.6.1858, abgedruckt in: Klaus Tenfelde, Sozialgeschichte der Bergarbeiterschaft an der Ruhr im 19. Jahrhundert, 2. Aufl., Bonn 1981, S. 613–615. Die Schriftform der Vorlage wurde beibehalten.

Ew. Königl. Hoheit![10]
nahen in tiefster Unterthänigkeit und Ehrfurcht die unterzeichneten Bergleute der Grafschaft Mark mit einer Bitte, deren Erfüllung die Gewissen vieler Tausende beruhigen und sie zugleich in alten und theuren Pflichten und Rechten schützen soll.[11]

Schon vor dem Jahre 1854, in welchem Sr. Majestät, unseres allergnädigsten Königs und Herren, Gesetz die Errichtung von Knappschaften befahl. bestand eine solche unter uns und wurden uns die Statuten derselben bei unsrer Aufnahme in die Knappschaft Punkt vor Punkt vorgelesen und die Haltung derselben mit einem feierlichen Eide von uns gelobt.

In dem Gesetze vom 10. April 1854 haben Sr. Majestät allergnädigst zu befehlen geruht, daß die alten Knappschaften bestehen bleiben können und nur ihre Statuten in den §. 3. 4. 5. 6. u. 7 des Gesetzes in Einklang zu bringen sind.[12]

---

10 Adressat war Wilhelm I. (1797–1888), ab 1858 Regent für den Vater Friedrich Wilhelm IV. und ab 1861 König, ab 1871 Deutscher Kaiser.
11 Die Eingabe ist das Resultat der Beratungen von Delegierten der Bergleute in der südlichen Umgebung von Bochum, die am 30.5.1858 zu einer großen Versammlung zusammengetreten waren. Vgl. Tenfelde, Sozialgeschichte, S. 402.
12 Diese Paragrafen regeln u.a. die den Knappschaftsmitgliedern vom Knappenschaftsverein zu gewährenden Leistungen, die Zusammensetzung der Knappschaftsbeiträge und die Wahl der

Dessen ungeachtet sind unsre alten beschwornen Statuten aufgehoben und es soll uns ein neues Statut aufgedrungen werden, welches mit der Clevisch-Märkischen Bergordnung und unsern alten Statuten in Widerspruch steht, indem es unsre Rechte und Pflichten ändert, ja uns sogar den alten ehrbaren Namen »Bergleute« entzieht und überall nur von »Bergarbeitern« redet.

Dieses Statut ist ohne entsprechende Mitwirkung von Seiten der Bergleute erlassen worden.[13]

Wir fühlen uns aus einem doppelten Grunde in unserm Gewissen gebunden, dieses Statut nicht anzunehmen:

Zuerst haben wir das alte Statut beschworen. Wer kann uns von diesem Eide entbinden, so lange wir Bergleute sind? Bleibt aber unser Eid, so muß auch das beschworne Statut bleiben, sonst sind wir meineidig.

Sodann räumt uns das alte Statut Rechte ein, die wir, ohne Unrecht zu thun, dem immer zahlreicher werdenden Stande der Bergleute nicht vergeben dürfen,[14] zumal, da diese Rechte unserm Stande wol gebüren.

Der Bergmann zieht jeden Morgen, wenn er in die Grube fährt, sein Todtenhemd an; er arbeitet im tiefen Schooße der Erde, da, wohin kein Strahl der Sonne dringt beim schwachen Scheine seiner Grubenlampe, über ihm das hängende Gestein. Oft durchziehen es unerkennbare Risse und seine wuchtigen Massen stürzen urplötzlich herab und zerschmettern den Arbeiter vor Ort. So findet mancher seinen Tod, während seine Mitknappen, getreu ihrer Pflicht, unter der Gefahr, verschüttet zu werden, viele Stunden arbeiten, um nur seine Leiche wieder ans Licht zu ziehen. Schlagende Wetter drohen, den Bergmann niederzuwerfen, plötzlich und gewaltig, wie der Blitz des Himmels, oder verletzen ihn wenigstens mit gefährlicher und schmerzhafter Verbrennung. Oft brechen über ihm in Ritzen und Klüften gesammelte Wassermassen herein und bringen ihm den Tod, wenn es ihm nicht gelingt, durch frühzeitige und schnelle Flucht den kalten Fluthen zu entgehen.

Diese und noch andere Gefahren werden um so größer, je tiefer die Bauten in das Innere der Erde dringen.

Verdient der Bergmann, der, von solchen Gefahren umgeben, die Schätze der Tiefe an's Licht fördert, nicht für sich, sondern für die Gewerken, verdient er nicht die alten, durch Königl. Gesetze verbrieften Rechte? Verdient er nicht den ehrlichen Namen Bergmann? Ist es ihm zu verdenken, wenn er auf gesetzlichem Wege seine alten Rechte zu wahren sucht? Gewiß nicht.

Darum nahen wir auch mit zuversichtlicher Hoffnung Ew. Königl. Hoheit und bitten allerunterthänigst

---

Knappschaftsärzte. Gesetz-Sammlung für die Königlichen Preußischen Staaten 1854, Nr. 11 vom 20.4.1854, S. 139–142, hier S. 140–141.
13 Am Rand: Fragezeichen.
14 Am Rand: Frage- und Ausrufungszeichen.

»Höchst dieselben wollen geruhen, uns in unsern alten, durch die Clevisch-Märkische Bergordnung[15] verbrieften und in unsrem alten Knappschafts-Statut von uns beschworenen Rechten und Pflichten zu erhalten und zu diesem Zwecke die neue Knappschafts-Ordnung von 1856 wieder aufheben.«

indem wir in aller Demuth und in tiefster Ehrfurcht versichern, daß wir unserm angestammten Königl. Hause in guten und bösen Tagen freudig den treusten Gehorsam weihen, die Landes-Gesetze gern erfüllen und allen Pflichten, welche uns unser Stand und unsere besondern Gesetze und Ordnungen auflegen, mit Pünktlichkeit und Treue nachzukommen stets uns bestreben werden.

Die Dringlichkeit dieser unsere Bitte zu begründen, wagen wir es, Ew. Königl. Hoheit noch mitzutheilen, daß zahlreiche Knappschafts-Genossen bloß aus dem Grunde,

»daß sie das neue Knappschafts Statut nicht annehmen wollten«, ihrer Arbeit verlustig erklärt sind, welche Strafe noch dadurch verschärft ist, daß der Revier-Geschworne ihr Gestrichenwerden aus der Knappschafts-Rolle beantragt und diese Strafe mit Anschlagung der Namen auf allen Zechen bekannt gemacht hat, damit sie nirgends wieder Arbeit bekommen; – obgleich dieser Grund der Ausschließung weder in den alten, noch in den neuen Statuten vorgesehen, also völlig ungesetzlich ist.[16]

Diese Strafe hat unter andern 18 Bergleute von Franziska Tiefbau im Reviere östlich Witten betroffen.

Noch viele andere unserer Brüder sind mit ihren Familien auf diese Weise brodlos, und der Verzweiflung nahe, heben aber mit uns als getreue Unterthanen, die nicht eidbrüchig werden wollen, ihre Hände zu Ew. Königl. Hoheit empor und bitten allerunterthänigst um Abwendung der uns allen drohenden Noth durch Erfüllung unserer Bitte.

In tiefster Ehrfurcht, in Liebe, Gehorsam und Treue verharren Ew. Königl. Hoheit allerunterthänigste Bergleute und unterzeichnen im Auftrag [gez.] Herrm. Rohsiepe, Wilh. Bringhoff, Börncke, Madel, W. Oberhagemann, August Otto, Maschinenwärter der Zeche Wallfisch bei Witten a. d. Ruhr.

6. »Schutz der Arbeitswilligen«: ein Streik auf Zeche Shamrock in Herne 1861

William T. Mulvany an den Ehren-Amtmann von Herne F. von Forell vom 27.5.1861. Stadtarchiv Herne, Bestand Amt Herne, Akte IV/219, Bl. 42–43. Die Schriftform der Vorlage wurde beibehalten.

Ich erlaube mir die Ehre Ihnen die Mittheilung zu machen daß die Belegschaft unserer Zeche Shamrock eigenmächtig feiert und die Arbeit ohne die gesetzliche Vierzehntägige Kündigung verlaßen hat. – und mehrere derselben combinirt, um durch Drohungen die gehorsame und friedlich gesinnte Arbeiter von der Rückkehr zur Arbeit zu enthalten. Als Repräsentant dieser Zeche erlaube ich mir Ihre gefällige Aufmerksamkeit dieser Sache zu schenken, da wir von

---

15 Vgl. dazu Dok. 2 in Kap. II.
16 Nachsatz am Rand angestrichen.

gemachten Mittheilungen wissen, daß die beßer gesinnten Arbeiter durch diese Drohungen vom arbeiten zurückgehalten sind – und wir haben Ursache zu fürchten daß einige, die trotz dieser Drohungen heute in Arbeit gegangen sind, an dem Weg von und nach der Zeche angehalten und mißhandelt werden.

Für die Ruhe der Gemeinde erlaube ich mir deshalb die Ehre vorzuschlagen, daß es rathsam sein möchte, die Polizei des Districts von dieser Sache in Kenntniß zu setzen, um über die friedlich gesinnte Arbeiter am Wege zu und von ihrer Arbeit auf der Zeche – (Morgens 4 Uhr Mittags 12 Uhr und Abends nach 8 Uhr) zu wachen, und dieselbe von Anfall und Mißhandlung hauptsächlich im Dorf Herne und der Nachbarschaft der Zeche zu schützten.[17]

Mit aller Hochachtung
W[illiam] T. Mulvany[18]
Repräsentant.

7. Erster Massenstreik im Ruhrgebiet 1872: Behördliche Maßnahmen zur Streiküberwachung

Der Regierungspräsident in Düsseldorf an den Essener Landrat vom 17.6.1872. Landesarchiv NRW Abt. Rheinland, LRE 74, Bl. 43.

Nachdem am heutigen Tag auf den meisten im dortigen Kreis liegenden Zechen die beschlossene Arbeitseinstellung bedauerlicherweise zur Durchführung gekommen sein wird, empfiehlt es sich, die §§ 110, 111, 113–116 des Strafgesetzbuchs[19] für das Deutsche Reich durch die Kreis- und Lokalblätter event[uell] auch durch Plakate zu republizieren.

Ihrer Erwägung stelle ich ferner anheim:
1. ob es nicht angemessen sein wird, während des Streiks die Zahl der Nachtwächter in den betreffenden Ortschaften zu verstärken und deren Dienststunden anders zu regulieren,
2. ob es nicht den obwaltenden Verhältnissen entsprechen dürfte, während dieser Zeit in den betreffenden Ortschaften die Polizeistunde (§ 365 des Strafgesetzbuchs) durch Lokal-Polizei-Verordnungen auf 10 Uhr festzusetzen.

---

17 In diesem Satz mehrere Unterstreichungen von der Hand des Amtmanns Forell, der am 28.5. mitteilte, dass die entsprechenden polizeilichen Maßnahmen getroffen worden seien. Der Amtmann bat noch, ihm die »Hauptträdelsführer« seines Polizeibezirks namhaft zu machen.
18 Sprachliche Unzulänglichkeiten Mulvanys (1806–1885) erklären manche Ungereimtheiten dieses Schreibens. Vgl. Olaf Schmidt-Rutsch, William Thomas Mulvany – Ein irischer Pragmatiker und Visionär im Ruhrgebiet, Köln 2003, sowie Dok. 14 in Kap. VI.
19 Es handelt sich vor allem um die Delikte Volksverhetzung, Aufforderung zur Begehung einer strafbaren Handlung, Widerstand gegen die Staatsgewalt und Aufruhr. Vgl. das Gesetz, betreffend die Redaktion des Strafgesetzbuches für den Norddeutschen Bund als Strafgesetzbuch für das Deutsche Reich vom 15.5.1871 (RGBl. 1871, Nr. 24, S. 127–205 Sechster Abschnitt).

Außerdem ersuche ich Sie, für *jede* der betreffenden Zechen genau feststellen zu lassen:

a, wie stark die Belegschaft *unmittelbar vor* Ausbruch des Streiks gewesen ist,

b, wie viel davon am heutigen Tag zur Arbeit gekommen sind,

und mir die betreffenden Nachweisungen *möglichst bald* einzureichen. Sodann ist während der Dauer des Streiks an *jedem* Montag für *jede* der betreffenden Zechen festzustellen, auf wie hoch sich die Zahl derjenigen beläuft, welche überhaupt auf der betreffenden Zeche wieder arbeiten, und ist mir die betreffende Nachweisung jedes Mal schleunigst einzureichen.

8. Massenstreik 1872: Die Gewerken der großen Essener Zechen ersuchen um polizeilichen Schutz für arbeitswillige Bergarbeiter.

Die Arbeitseinstellung auf den Steinkohlenzechen von Essen und Umgebung 1872. Eingabe der Deputierten von 29 Zechen im Raum Essen an die Königliche Regierung zu Düsseldorf vom 19.6.1872. Abschrift. Landesarchiv NRW Abt. Rheinland, LRE 74, Bl. 73–75. (Auszug)

Die Vorstände [von 29 Zechen im Essener Raum] traten am heutigen Tag hierselbst zusammen, um die Maßregeln in Erwägung zu ziehen, welche seitens der Grubenverwaltungen gegenüber der Bewegung zu ergreifen seien. Es stellte sich bei dieser Beratung heraus, dass die Anzahl der Arbeiter, welche auf den erwähnten 29 Zechen seit gestern die Arbeit eingestellt haben, sich auf 16.635 Mann beläuft und dadurch eine tägliche Minderförderung von 282.000 Zentnern herbeigeführt wird.

Von allen Seiten wurde die Tatsache konstatiert, dass die Arbeitseinstellung am gestrigen Morgen mit geringen Ausnahmen in aller Ruhe und ohne Störung vor sich gegangen und dass auch über den Verlauf des heutigen Tages dasselbe zu berichten sei.

Dagegen sprechen sich die Grubenverwaltungen auch einstimmig dahin aus, dass die Arbeitseinstellung nicht in dem Umfang erfolgt sein würde, wie es tatsächlich der Fall gewesen ist, wenn sich nicht ein großer Teil der Arbeiter durch die seit 14 Tagen hier [ausgesprochenen] Drohungen [hätte] einschüchtern und bestimmen lassen, von der Arbeit fortzubleiben.

Es wurde die einstimmige Ansicht dahin aus[ge]sprochen, dass mindestens die Hälfte der Belegschaften von dem Augenblick an zur Arbeit zurückkehren werde, in welchem sie gegen Tätigkeiten seitens ihrer Kameraden sich geschützt wissen würde. Für die Richtigkeit dieser Ansicht liegen sowohl die Erklärungen einer großen Anzahl von Bergleuten vor, welche sich ihren Beamten gegenüber dahin ausgesprochen haben, dass sie gern bereit sein würden, die Arbeit wieder aufzunehmen, sobald sie dies ohne Gefährdung ihrer persönlichen Sicherheit tun könnten, als auch mehrfache Einschüchterungen und Bedrohungen, die gegen die arbeitswilligen Leute, selbst gegen die nicht unmittelbar beteiligten Maschinisten, versucht worden sind. Bezüglich der Letzteren hat sich zudem herausgestellt, dass dieselben nicht sowohl von Leuten derselben Grube, sondern von Arbeitern anderer Zechen verübt wurden.

Die Vertreter [der] von dem Streik betroffenen Zechen haben hieraus die Überzeugung gewonnen, dass die Arbeitseinstellung sehr bald seitens einer großen Zahl von Arbeitern aufgegeben werden würde, wenn dieselben sich in ihrer persönlichen Freiheit nicht beschränkt sähen.

Andererseits ist man aber auch allseitig der Ansicht, dass die vorhandenen Polizeikräfte in Berücksichtigung sowohl des ausgedehnten Gebiets, auf welchem die Arbeitseinstellung erfolgt ist, als auch der großen Anzahl der Streikenden [bei weitem] nicht ausreichend sind, um den zur Wiederaufnahme der Arbeit bereiten Bergleuten die greifbare Überzeugung zu gewähren, dass ihnen derjenige Schutz zu Teil wird, welcher erforderlich ist, um sie gegen Gefährdung von Leib und Leben sicher zu stellen.

Die in der heutigen Versammlung vertretenen Grubenverwaltungen haben die gehorsamst Unterzeichneten beauftragt, der Königl[ichen] Regierung von der vorstehenden Auffassung der Sachlage Mitteilung zu geben und der Erwägung hochderselben anheimzugeben, ob und welche Maßregeln seitens der Behörde zu ergreifen sein dürften, um denjenigen Arbeitern, welche zur Wiederaufnahme der Arbeit bereit sind, den ausreichenden Schutz zur Ausführung ihrer Arbeit angedeihen zu lassen.

9. Die Ursachen des Streiks von 1872 in der Sicht der Arbeitgeber
Rede des Vorsitzenden des Bergbau-Vereins Friedrich Hammacher,[20] in: Glückauf 8 (1872), Nr. 29 vom 21.7.1872. (Auszug)

Wir müssen die Frage nach den Ursachen [des Streiks] aber auch *positiv* beantworten, und der Vereinsvorstand glaubt, diese Gründe *einmal in den irrigen Anschauungen der Arbeiter über die wirtschaftlichen Verhältnisse, welche den Lohn bestimmen, sodann aber und vor Allem in den jahrelangen, Gemüt und Geist zerhetzenden Einflüssen zu erkennen, welche gewisse staatsfeindliche Parteien auf unsere Arbeiter ausüben, um dieselben gegen unsere vaterländischen Zustände einzunehmen.* […]

Unter einem großen Teil der industriellen Arbeiter und selbst in weiteren Kreisen der Bewohner der Stadt Essen und deren Umgebung herrscht eine allgemeine Unzufriedenheit mit bestehenden staatlichen und gesellschaftlichen Verhältnissen.

Wodurch ist diese Erscheinung zu erklären?

Wir wollen durchaus nicht verkennen, dass die rapide Zunahme der Bevölkerung der Stadt Essen und Umgebung viele soziale Übelstände schwerer Art hervorgerufen hat. Der Bau von Wohnungen, namentlich für die Arbeiter, hat durchaus nicht gleichen Schritt gehalten mit der Zunahme der Bevölkerung; die Wohnungsmieten sind in der Folge hiervon sehr hoch, und viele Personen, namentlich Arbeiter, müssen in ungesunden und unwürdigen Räumen wohnen.

---

20 Der Jurist Dr. Friedrich Hammacher (1824–1904) war 1848 als junger, auch mit sozialistischem Denken bekannter Revolutionär Mitglied der Demokratischen Partei in Essen und nahm in der Folgezeit verschiedene lokale Ämter wahr. Als Mitbegründer des Bergbauvereins (1858) wirkte er bis 1889 als dessen langjähriger Vorsitzender; er wurde wegen seiner Vermittlung im großen Streik von 1889 zum Rücktritt gedrängt. Er wurde ab 1863 in das Preußische Abgeordnetenhaus gewählt, wirkte ab 1867 auch im (Norddeutschen) Reichstag und wurde Ehrenbürger mehrerer Städte im westlichen Ruhrgebiet.

Ähnliche Übelstände bestehen aber auch in den benachbarten Industriestädten, z.B. in Dortmund, Bochum, Witten. Trotzdem begegnet man hier nicht dem tiefen Missmut und der grollenden Unzufriedenheit der unteren Klassen der Bevölkerung wie in Essen, und trotz aller Anstrengungen des Essener Streik-Komitees und anderer hilfsbereiter Agitatoren blieb die jetzige Arbeitseinstellung im Wesentlichen auf den Essen-Oberhausener Bezirk lokalisiert und vor den Kreisen Bochum und Dortmund stehen.

10. Aufruf an die Bergleute in Rheinland und Westfalen zur Gründung eines Bergarbeiterverbands 1877
Zeitungsausschnitt aus dem Rheinisch-Westfälischen Volksfreund Essen vom 17.11.1877. Landesarchiv NRW Abt. Rheinland, RD Präs. 835, Bl. 87.

Kameraden! Es geht ein Ruf an Euch zur Vereinigung aller Bergleute! Dass es an der Zeit ist, unsere Zersplitterung und Uneinigkeit fahren zu lassen und mit Ernst gemeinsam an eine Verbesserung unserer Lage zu gehen, wahrlich, das brauchen nicht wir Euch in langer Rede auseinander zu setzen, das lehren einen jeden die Lohnabzüge und der Druck der letzten Jahre; es darf in Zukunft von uns nicht mehr das Wort gelten, dass, wenn drei Deutsche beisammen sind, sich mindestens zwei davon streiten, sondern wir müssen unser und unserer Familien Wohl fest im Auge halten und demgemäß handeln.

Als die Zeit des Gründerschwindels und Börsenwuchers war, da hat man nicht danach gefragt, ob die Bergleute, welche doch die wertvollsten Schätze unter Lebensgefahr mit Mühsal aus dem Boden der Erde hervorholen, ein menschenwürdiges Dasein hätten, aber als die Geschäftsstockung kam, da hieß es sogleich, die Arbeitslöhne müssen herabgesetzt werden, damit die Dividende keinen Schaden leide. Jetzt hat sich in letzter Zeit das Geschäft bedeutend gebessert, die Kohlenpreise sind in stetem Steigen, aber niemand will den Bergleuten zugestehen, dass sie nun berechtigt seien, einen Teil der Lohnabzüge durch Verbesserung ihres Einkommens wieder einzubringen; das nennt man vielmehr übermäßige Forderungen. Ebenso wird jeder von Euch, Kameraden, wissen, wie Not es tut, die Knappschaftskassen zu regeln, damit wir Bergleute unsere Kranken und Invaliden mit unseren sauer ersparten Groschen so unterhalten, wie wir es für gerecht erachten und keiner Bevormundung unterliegen.

Alles dieses sind Zustände, welche uns gebieterisch zurufen, dass wir jetzt allen Zwist und Streit fahren lassen müssen, um gemeinsam einen großen Bund zu schließen und auf friedlichem und durchaus gesetzlichem Weg unsere Lage zu verbessern. Sind jemals die Börsenspekulanten, welche doch gerade beim Bergbau mit ihrem Aktienschwindel das Fett von der Suppe schöpfen, wenn es für sie galt, die geduldigen Schafe zu scheren, darüber uneins geworden, dass sie Christen oder Juden, Liberale oder Reaktionäre, Freimaurer oder Synagogenbrüder waren? Niemals! Aber das arbeitende Volk möchten sie in steter Zwietracht sehen, damit es nie einig wird. – Nun wohl, wir verfolgen einen durchaus gerechten Zweck; durch Einigkeit wollen wir erzielen, dass das Knappschaftskassenwesen rechtschaffen geregelt werde; dass eine ehrenhafte, gerechte Behandlung aller Kameraden stattfinde und dass, sobald die Kohlenpreise wieder steigen – und das geschieht jetzt –, die heruntergedrückten Löhne entsprechend gesteigert werden; damit verfolgen wir nicht nur unserer Familien erstes Interesse, sondern auch ein sittliches Ziel, denn nur dann, wenn das Volk ein menschenwürdiges Dasein hat, kann dem Verderben und Verbrechen, welches die Not mit sich bringt, kräftig entgegengearbeitet werden.

Kameraden, es ergeht daher der Ruf an Euch: Vereinigt Euch! Unser Bund soll nur die vorgesteckten Ziele verfolgen. Alle politischen und religiösen Fragen sollen von ihm gänzlich ausgeschlossen sein; denn nur, wenn wir alle einig sind, können wir etwas erzielen, der Katholik sowie der Protestant haben eine gleiche Pflicht, dafür zu sorgen, das ihre Familien Brot haben und ein sittliches Leben führen können. Es sind jetzt allerdings schon vielfach vereinzelte Versuche von den Bergleuten einzelner Zechen gemacht worden, ihre Lage zu verbessern. Aber dies kann nie auf die Dauer nützen, denn gerade die vereinzelten Versuche bewirken, dass die Direktionen eine Arbeitseinstellung herbeiführen und durch fremde Arbeitskräfte die alte Belegschaft zu ersetzen suchen. Nur dann, wenn wir einen großen Bund von Vereinen der Bergleute[21] schaffen und diese Vereine gut verwaltete Kassen haben, dann bilden wir eine Macht, welche mit gerechten Forderungen auch durchdringen wird. Niemand sage, das sei zu schwer; wenn wir nur redlich wollen, dass es besser werde, dann kann das große Werk der Einigung nicht fehlschlagen. Die vielen Hunderttausenden von Bergleuten in Deutschland bilden aber vereint eine solche Macht, dass sie alsdann durch ihren Einfluss auch ohne Arbeitseinstellung schon vieles erringen können, welches sonst die schmerzlichsten Opfer kosten würde.

Kameraden! In nächster Zeit soll der Anfang gemacht werden, vorerst soll eine Bergmannsversammlung im Städtischen Garten stattfinden. Tag und Stunde soll in dieser Zeitung noch näher bekannt gemacht werden. Glück auf! Kameraden! Essen, im November 1877.

11. Das erste Attentat auf Kaiser Wilhelm I.: Majestätsbeleidigungen in Essen 1878
Der Bürgermeister von Essen, Hache,[22] an den Regierungspräsidenten Düsseldorf vom 4.6.1878. Abschrift. Landesarchiv NRW Abt. Rheinland, RD 45060, Bl. 20.

Eurer Hochwohlgeboren verfehle ich nicht, wenn auch mit aufrichtiger Trauer, ganz gehorsamst zu berichten, dass der am 2. Juni d. J. gegen Seine Majestät den Kaiser verübte Mordanschlag

---

21 Nach dem gescheiterten Versuch, eine Bergarbeitergewerkschaft im Anschluss an den Streik von 1872 zu gründen, gingen die neuerlichen Bestrebungen 1877 u.a. von Gerhard Stötzel (1835–1905), dem ersten Arbeiter-Abgeordneten im Deutschen Reichstag, aus. Stötzel ist erstmals 1877 für die Zentrumspartei gewählt worden. Der neuerliche Gründungsversuch ging in den behördlichen Maßnahmen zur Vorbereitung und Durchsetzung des Sozialistengesetzes 1878 unter. Er ging als »Rosenkranzverband« in die Geschichte ein; Anton Rosenkranz gehörte der Essener christlichsozialen Richtung an und beharrte dennoch auf einem überkonfessionellen Verband. In Dortmund wirkte bereits der spätere Kaiserdelegierte Ludwig Schröder an der Verbandsgründung mit. Vgl. Klaus Tenfelde, Sozialgeschichte der Bergarbeiterschaft an der Ruhr im 19. Jahrhundert. 2. Aufl., Bonn 1981, S. 514–522.

22 Albert Gustav Hache (1835–1886) war ab 1868 Bürgermeister, später bis zu seinem Tod Oberbürgermeister von Essen. Zu Hache vgl. auch Dok. 25 in Kap. III.

in hiesiger Stadt[23] Anlass zu schweren Majestätsbeleidigungen in drei Fällen geworden ist. So sehr sich die Feder sträubt, die von geradezu bestialischer Gesinnung Zeugnis gebenden Ausdrücke niederzuschreiben, so halte ich mich doch verpflichtet zur wörtlichen Wiedergabe derselben, da solche als ein Symptom der sittlichen Verwilderung, welche auch hier um sich gegriffen hat, zu gelten haben werden.

1., Der Schneider Heinrich Prinz, 58 Jahr[e] alt, katholisch, äußerte am Abend des 2. Juni auf dem Hofraum seines Hauses nach dem Bekanntwerden des Attentats in Gegenwart verschiedener Personen:
»Der Alte ist nun kaputt, jetzt sollt Ihr auch kaputt gemacht werden und zu Kreuze kriechen Ihr Hessenvölker« und ferner:
»Der Kaiser kann mich im Arsch lecken«.
P. Prinz ist Faulenzer und Trinker.
Bei Vernehmung der Zeugen stellte es sich heraus, dass p. Prinz schon im Oktober [...] folgende Äußerungen gemacht hat:
»Preußen ist ein Spitzbubenland resp[ektive] Staat; hier lebt man unter der Knute, in Frankreich ist ein freieres Leben! Der calvinische Lump, der Kaiser. Wenn dieser eben nicht Calvinist wäre, wäre es gewiss besser im Staat«.

2., Paul Wingenfeld, 40 Jahr[e] alt, Händler, der hauptsächlich die Jahrmärkte als sogenannter Döppchenspieler[24] bezieht, im Übrigen auch als Faulenzer und Trinker bekannt ist, katholisch, Mitglied der Marianischen Kongregation,[25] äußerte am 3. d. M. abends auf dem Weg vom Kettwiger Tor bis zur Alfredistraße zu verschiedenen Personen u. a.:
»Es wäre gut gewesen, wenn die Kugel ihn, den Kaiser, getroffen hätte«.

3. Alex Ludwig, 31 Jahr[e] alt, katholisch, Mitglied des christlichen Arbeiter-Vereins aus [unleserlich] in Schlesien geboren, seit November [...] als Kruppscher Fabrikarbeiter wohnhaft, äußerte am 2. d. Mts. abends in der Werkstatt bei Gelegenheit einer Unterhaltung über das Attentat:
»Meinetwegen können sie den Kaiser besch[o]ssen[26] haben; für 100 Taler erschieße ich auch einen«.

Die sämtlichen drei Übeltäter sind sofort in Haft genommen und nach Instruktion der Sache der Königlichen Staatsanwaltschaft zugeführt [worden], welche ihrerseits Untersuchungshaft

---

23 Auf Kaiser Wilhelm I. waren am 11. Mai und 2. Juni 1878 Attentate verübt worden. Für diese Attentate machten die Behörden und große Teile der Öffentlichkeit die Sozialdemokraten verantwortlich. Die Attentäter handelten nicht in irgendeiner Verbindung zu dieser Partei, die sich von jedem Terrorismus seit Jahren mit Nachdruck frei sagte.
24 Das auch heute noch verbreitete, nicht legale Wettspiel beruht auf dem Verbergen von Gegenständen oder Münzen unter mehreren, blitzschnell verschobenen, gleichen Behältnissen, wobei der Einsatzgeber erraten muss, unter welchem Behälter sich der Gegenstand oder die Münze befindet.
25 Es handelt sich um einen katholischen Laienorden.
26 Im Original: beschissen.

beantragt hat. Es steht mit Sicherheit zu erwarten, dass das Gericht die Untersuchungshaft beschließen wird.

12. Vor dem Sozialistengesetz: Beginn der Hetze gegen Sozialdemokraten im Sommer 1878

Runderlass des preußischen Handelsministers von Maybach[27] an alle Oberbergämter vom 13.6.1878. Abschrift. Landesarchiv NRW Abt. Westfalen, OP Münster 2693 I, Bl. 21–22. (Auszug)

Die traurigen Ereignisse der jüngsten Zeit haben mit erschütternder Deutlichkeit gezeigt, welche Früchte durch die sozialdemokratische Agitation der letzten Jahre gezeitigt sind, und welche Gefahren dem Vaterland aus dem ungehinderten Fortgang derselben drohen würden.

Sie stellen daher nicht nur an die Gesetzgebung und Verwaltung des Staats, sondern auch für alle Klassen der bürgerlichen Gesellschaft die dringende Aufgabe, jenen Agitationen mit allen ihren zu Gebote stehenden Mitteln entgegenzutreten. Insonderheit werden auch die Vertreter der Industrie sich aufgefordert fühlen müssen, durch eine energische vereinigte und planmäßige Selbsttätigkeit dafür zu sorgen, dass jene Agitationen von dem in ihren Unternehmungen beschäftigten Personal ferngehalten und, wo sie bereits Boden gefunden haben, wieder beseitigt werden. Aus öffentlichen Kundgebungen habe ich zu meiner Befriedigung erfahren, dass die Industrie in einzelnen Bereichen sich dieser Aufgabe bereits bewusst geworden ist. Es wird aber Pflicht aller Handelskammern und kaufmännischen Korporationen sein, in ihrem Kreis die Erkenntnis zu verbreiten und zu befestigen, dass der Stand der Arbeitgeber nicht nur eine dringende patriotische Anforderung erfüllt, sondern auch seinem eigentlichen Lebensinteresse dient, wenn er den natürlichen Einfluss, welchen er auf die Arbeiter auszuüben vermag, in entschiedenerer und planmäßigerer Weise dazu benutzt, um selbst unter Hintansetzung augenblicklicher Geschäftsinteressen die sozialdemokratische Agitation zu bekämpfen. Ohne auf die mancherlei Mittel einzugehen, welche eine wohlwollende und verständige gemeinsame Tätigkeit zur heilsamen Einwirkung auf die arbeitenden Klassen den Arbeitgebern darbietet, will ich namentlich darauf aufmerksam machen, dass jeder unter ihnen imstande ist, nicht nur im persönlichen Verkehr mit seinen Arbeitern durch Belehrung und Ermahnung auf dieselben einzuwirken, sondern auch durch aufmerksame und kräftige Beaufsichtigung der Arbeitsräume dafür Sorge zu tragen, dass das Zusammensein der Arbeiter in den letzteren nicht zu sozialdemokratischen Agitationen, zum Verteilen oder Vorlesen von sozialdemokratischen Zeitungen und Schriften – wie es seither mitunter geschehen sein soll – gemissbraucht werde, und dass solche Elemente, welche den Mahnungen des Arbeitgebers kein Gehör schenken oder sogar die sozialdemokratischen Lehren unter ihren Mitarbeitern zu verbreiten suchen, aus den Fabriken und Werkstätten entfernt werden.

---

27 Albert von Maybach (1822–1904) stammte aus Werne an der Lippe, war lange Zeit führend im Eisenbahnwesen tätig und wurde am 30. März 1878 preußischer Handelsminister.

13. Der christlich-soziale Arbeiterverein in Essen und das Sozialistengesetz 1878

Erlass des preußischen Innenministers Botho Graf zu Eulenburg[28] an die Regierung Düsseldorf vom 11.10.1878. Landesarchiv NRW Abt. Rheinland, RD 45060, Bl. 142f.

[Ich erkläre mich] damit einverstanden, dass das Gesetz gegen die gemeingefährlichen Bestrebungen der Sozialdemokratie, wenn es in der jetzt bekannten Form in Kraft tritt, auf die christlich-soziale Partei in Essen zurzeit nicht würde zur Anwendung gebracht werden können.

Der von dem Oberbürgermeister zu Essen erstattete Bericht […] ergibt allerdings, dass die christlich-soziale Partei sich die Agitationsweise der Sozialdemokratie angeeignet hat, indem sie in gleich aufreizender Weise den Klassenhass schürt, Unzufriedenheit in den ärmeren Klassen der Bevölkerung verbreitet, die Gesetzgebung und die Anordnung der Staatsbehörden in hämischer Weise kritisiert usw., sowie, dass die Partei bei der letzten Reichstagswahl[29] mit den Sozialdemokraten gemeinsam operiert habe. Nun können zwar diese Tatsachen wohl zu dem Urteil berechtigen, dass das Verhalten der christlich-sozialen Partei den öffentlichen Frieden gefährde und dass diese Partei, wenn sie an Ausdehnung gewönne, in ähnlichem Maße staatsgefährdend werden könne wie die Sozialdemokratie. Aus dem Verhalten der christlich-sozialen Partei bzw. aus ihrem Programm oder ihren zu Tage tretenden Bestrebungen ist aber, wie in den vorliegenden Berichten ausdrücklich anerkannt wird, bisher nicht zu entnehmen, dass die Partei auf den Umsturz der Staats- und Gesellschaftsordnung gerichtete Ziele verfolge. Vielmehr scheint der vornehmliche Zweck der Leiter in der Schürung des religiösen Fanatismus und der auf dieser Grundlage zu gewinnenden Beherrschung der Massen unter energischer Bekämpfung der Staatsregierung zu bestehen. Die Christlich-Sozialen stehen daher zurzeit im Wesentlichen mit der ultramontanen Partei auf einem Boden.

Dass aber die von letzterer Partei bei den Reichstagswahlen geübte Taktik, welche sie mit der Sozialdemokratie in Berührung brachte, kein hinreichendes Motiv abgeben kann, um dieselbe dem gegen die sozialdemokratische Agitation gerichteten Gesetze zu unterwerfen, bedarf keiner näheren Ausführung.

Wenn aber auch nach jetziger Lage der Verhältnisse ein Einschreiten gegen die Vereine und Presseerzeugnisse der christlich-sozialen Partei sich nicht würde rechtfertigen lassen, so muss doch das Verhalten dieser Partei einer aufmerksamen und stetigen Überwachung unterworfen bleiben, da die Annahme nahe liegt, dass die fortgesetzt in die Arbeitermassen getragene Agitation den Boden für die Aufnahme sozialdemokratischer Tendenzen derartig vorbereitet, dass letztere früher oder später, auch gegen die Absicht der ursprünglichen Leiter der Agitation, in erkennbarer Weise zu Tage treten werden und die Anwendung des erwähnten Gesetzes notwendig machen können.

---

28   Botho Graf Wendt zu Eulenburg (1831–1911) war als Nachfolger seines Onkels Friedrich Graf zu Eulenburg seit 1878 Innenminister und wurde später zeitweise preußischer Ministerpräsident, während Bismarck im Amt des Reichskanzlers verblieb.
29   Gemeint ist die Reichstagswahl vom 30. Juni 1878.

14. Unter dem Sozialistengesetz: Rote Fahnen und Gerüchte 1886
Bericht des Essener Landrats Göring an die Regierung Düsseldorf vom 21.4.1886. Landesarchiv NRW Abt. Rheinland, RD 8860, Bl. 247.

Der Königlichen Regierung beehre ich mich gehorsamst anzuzeigen, dass es nach einem in Werden umlaufenden Gerücht, dessen Ursprung nicht genau hat festgestellt werden können und welches auch von Zeitungen erwähnt worden ist, versucht werden sollte, am diesjährigen Kaisergeburtstag[30] an dem auf der Ruhrbrücke zu Werden befindlichen Standbild Seiner Majestät eine rote Fahne anzubringen.

Die Polizeibehörde, welche hiervon vorher Kenntnis erhalten [hatte], hatte insgeheim die notwendigen Vorsichtsmaßregeln getroffen und diejenigen Personen, welche als Sozialdemokraten verdächtig sind, genau beobachten lassen.

Am Geburtstag Sr. Majestät hat sich indes nichts Verdächtiges gezeigt; das Gerücht ist zuerst von dem Fabrikarbeiter Albert Peschel nebst einem vielleicht beteiligten Fabrikarbeiter Eduard Hügel, welcher sozialdemokratischer Agitationen verdächtig ist, im trunkenen Zustand verbreitet worden.

Ich habe Anweisung getroffen, dass die als Sozialdemokraten verdächtigen Personen in nicht auffälliger Weise seitens der Polizeibehörde beobachtet werden.

15. Der Ausbruch des großen Streiks vom Mai 1889 im Raum Essen
Bericht des Regierungspräsidenten in Düsseldorf an den Handelsminister und den Minister des Inneren zu Berlin vom 10.5.1889.[31] Landesarchiv NRW Abt. Rheinland, RD 24709, Bl. 112–121. Entwurf (Auszug)

Es ist bis heute nicht festzustellen gewesen, wer den Streik zuerst angezettelt und begonnen hat. Dass hierbei sozialdemokratische Führer die Hand im Spiel gehabt haben, ist zwar wahrscheinlich, indes mit Sicherheit nicht nachzuweisen. Die Arbeitseinstellung tritt, wie ich gestern auf Zeche Bonifacius zu beobachten Gelegenheit hatte, an den meisten Schächten spontan ein. Die Belegschaft erscheint vollzählig, kleidet sich in der sog[enannten] Kaue um und trifft Anstalten einzufahren. Dann erklärt der eine oder andere nicht arbeiten zu wollen; einzelne schließen sich ihm an, und plötzlich [ver]weigert die ganze Belegschaft die Einfahrt. Auf die Frage der Direktoren, Betriebsführer etc., warum [sie] denn streiken wollten, geben die Arbeiter dann zumeist entweder gar keine Antwort oder begnügen sich mit der allgemeinen Redewendung, dass sie *mehr* haben wollten. Ruhig, wie sie gekommen [war], pflegt die ausständige Belegschaft sich darauf auch wieder zu entfernen. Dass zwischen den Streikenden gewisse Beziehungen aufrechterhalten werden, ist zwar zu vermuten; eine allgemeine Orga-

---

30 Im Original: Kaisers Geburtstage. – Kaiser Wilhelm I. (1797–1888) wurde am 22. März geboren. Der Kaisergeburtstag wurde in bürgerlichen Kreisen stets mit Festbanketts begangen und war Anlass zu zahlreichen Ordensverleihungen.
31 Es handelt sich um den Entwurf eines Berichts, der nie versandt, sondern zu den Akten gelegt wurde, da er durch die Ereignisse überholt wurde.

nisation besteht aber ebenso wenig wie ein von der Gesamtheit bevollmächtigtes Streikkomitee. Dagegen scheinen für einzelne Distrikte, z.B. die Stadt Essen, und für eine Reihe von Zechen besondere Komitees gewählt zu sein. Wenigstens sind mehrfach Veröffentlichungen durch Anschlag und Zuschriften an die Zechenverwaltungen erfolgt, welche mit dem Ausdruck »Das Komitee« unterzeichnet waren. Die Mitglieder dieses angeblichen Komitees haben nicht festgestellt werden können. – Mitteilungen über Streikangelegenheiten, namentlich Aufforderungen zur Arbeitseinstellung, werden vielfach den Arbeitern durch Anheften kleiner geschriebener Zettel an den verschiedensten Stellen des Zechenhofs, insbes[ondere] in der Kaue, zur Kenntnis gebracht; nicht selten enthalten diese Zettel auch Bedrohungen für die bei der Arbeit Verbleibenden. Nach den sie anheftenden Persönlichkeiten wird deshalb eifrigst gefahndet; jedoch ist es bisher noch nicht gelungen, eine derselben zu erwischen. [...]

Die Forderungen der Streikenden sind in ihrer äußeren Formulierung sehr verschieden; den Kernpunkt bildet aber überall eine Lohnerhöhung von 15 bis 30 Prozent und Festhaltung der achtstündigen Schicht unter Einrechnung der Ein- und Ausfahrtszeit. Alles Andere (Gewährung billiger Brandkohlen, Schaffung des Bauholzes vor Ort u[nd] dergl[eichen] erscheint nebensächlich.

Diesen Forderungen gegenüber verhalten die Grubenverwaltungen sich ablehnend. Ihr Standpunkt hat auch die Billigung der Bergwerksbesitzer-Versammlung gefunden, welche unter Teilnahme von 46 Zechenverwaltungen des Bochumer, Herner und Gelsenkirchener Vereins am letzten Mittwoch in Bochum stattgefunden hat.

16. August Siegel erinnert sich an die Audienz der Streikführer aus dem Ruhrgebiet bei Kaiser Wilhelm II. am 15. Mai 1889 [1931].

August Siegel,[32] Mein Lebenskampf. Das Schicksal eines deutschen Bergarbeiters, Mskr. Bochum 1931, S. 70–73, in: Archiv für soziale Bewegungen Bochum, IGBE-Archiv Nr. 15700. (Auszug)

Wir versuchten auf unserer Fahrt nach Berlin, ein Wagenabteil für uns allein zu bekommen, was uns leider nicht gelang. Als das Signal zur Abfahrt gegeben wurde, sprang ein Herr, der bis dahin auf dem Bahnsteig hin und her gegangen war, schnell in unser Abteil, wo auch unser Gepäck bereits verstaut war. Es war ein Geheimpolizist. Wir unterhielten uns über gleichgültige Dinge, kamen aber auch mit ihm ins Gespräch. Er erzählte uns, dass er in Berlin ein kleines Hotel wisse, das in der Nähe des Bahnhofs liege; dort könnten wir billig logieren. Wir versprachen hinzugehen. Beim Aussteigen des Morgens wurden wir gleich von einer Schar Zeitungsmenschen umringt, die später alle möglichen Dinge über uns bekannt gemacht haben. So schrieb einer: »Die Deputation besteht aus einem Obersteiger und zwei Steigern«. Gewiss, gewöhnliche Bergleute konnten es nicht sein.

---

32 Zur Vita August Siegels (1856–1936), einem der Mitbegründer des »Alten Verbands«, vgl. Anm. 34 sowie Heinrich Weeke, Siegel, August, in: Internationales Handwörterbuch des Gewerkschaftswesens 1932, S. 1466.

Ein Abgesandter kam auf uns zu und fragte uns, wo wir zu logieren gedächten, damit er uns finden könne; denn die Stunde der Audienz sei noch nicht festgesetzt. Er ging auch mit nach dem uns angeratenen Hotel, wo wir Zimmer Nr. 12 angewiesen bekamen. Für unseren Schutz waren also genügend Vorkehrungen getroffen, obgleich wir unserer paar Groschen wegen keinen Raubanfall fürchteten. Um zwölf Uhr brachte der Abgesandte die Nachricht, dass wir um drei Uhr im Schloss sein sollten. Wir fuhren per Droschke. Kaum ausgestiegen, kam ein Herr auf uns zu, der uns den genauen Weg zeigte. Im Tor stand ein Doppelposten, eine Treppe höher ein Gardejäger ohne Waffen. An der Tür des Fahnensaals trat erneut ein Herr auf uns zu, der uns Instruktionen dahingehend erteilte: »Die ganze Sache darf nur zehn Minuten dauern, und während dieser Zeit muss auch der Kaiser sprechen. Sprechen Sie laut und deutlich, Seine Majestät hört schwer. Einer von Ihnen darf nur sprechen. Und vergessen Sie nicht, Seine Majestät anzureden mit Euer Gnaden«.

Wir guckten einander an. »Was«, sagte Schröder, »der Mann hat einen lahmen Arm, hören tut er auch nicht gut. Was ist denn eigentlich alles mit ihm los!« Dass nur einer reden durfte, wussten wir schon vorher. Als Sprecher hatten wir Schröder bestimmt; er war der Älteste, auch hatte er seine Kriegsdenkmünze von 1870/71 angesteckt, die ich vorher noch nie bei ihm bemerkt hatte. Im Fahnensaal besahen wir uns erst die Gegenstände. Da standen eine Menge Fahnen, auch Bleisoldaten von alten Zeiten und Kriegsschiffe in kleiner Nachbildung, alles mit Glas überzogen, um Staub abzuhalten. Während wir noch da standen, kam der Minister des Inneren, Her[r]furth,[33] herein, der an uns vorbei in ein Zimmer trat. Vor uns lief ein Diener immer auf und ab, öffnete bald diese, bald jene Tür, um zu sehen, woher der Kaiser kam, bis der schließlich, gekleidet in der Uniform der Kürassiere, eintrat. Da ich in der Mitte meiner Kameraden stand, nahm er gerade vor mir Stellung. Wir verneigten uns etwas, und so tat er auch. Ich war äußerst erstaunt, so hatte ich mir den Landesvater »von Gottes Gnaden« nicht vorgestellt. Sein schwarzgelbes, eingefallenes Gesicht mit dem finsteren gebietenden Blick war zu vergleichen mit dem Gesicht eines Mannes, der tags zuvor dem Wein übermäßig zugesprochen hatte. Gedanken stiegen in mir auf: Wie viel Summen in seiner Umgebung für Dekorationen verschwendet werden, zumal, wenn er Besuche abstattete, und welchen Kontrast das bildete zu dem Hungerschicksal der unterernährten Arbeiterkinder. Doch war nicht länger Zeit zum Vergleiche ziehen.

Schröder begann: »Wir überbringen Eurer Majestät die Grüße von Hunderttausend Bergleuten, und diese bitten um Eure Gnade. Sprechen Eure Majestät ein kaiserliches Wort, so wird die Ruhe wiederhergestellt und Millionen von Tränen getrocknet«.

»Was ist Euer Wunsch?« hob der Kaiser an.

Schröder erwiderte: »Die von unseren Vätern ererbte achtstündige Schichtzeit und dabei so viel zu verdienen, dass wir unsere Familien ehrlich und ordentlich ernähren können.«

---

33   Ernst Ludwig Herrfurth (1830–1900) war 1888 bis 1892 preußischer Innenminister.

Darauf der Kaiser: »Ihr habt den Kontrakt gebrochen und dadurch die Werksbesitzer schwer geschädigt. Ich habe bereits Schritte getan, die Sache untersuchen zu lassen. Ich habe alle Meine Regierungsorgane beauftragt, die Sache genau zu untersuchen, wen die Schuld trifft. Sollte die Sache aber eine Parteiverschiebung werden, hauptsächlich zur Sozialdemokratie – ein Sozialdemokrat ist bei mir ein Reichs- und Vaterlandsfeind – so werde Ich alle Meine Macht einsetzen, und Meine Macht ist stark. Dann werde Ich aber auch alles über den Haufen schießen lassen. Sollte das aber nicht sein, so seid Ihr Meines Kaiserlichen Wohlwollens und Meines Schutzes sicher.«

Schröder: »Wir danken Eurer Majestät für die gewährte Audienz.«

Wir verneigten uns wieder etwas und verließen den Saal. Wie wir draußen waren, meinte Schröder zu uns: »Man ärgert den Stier mit dem roten Lappen, bis er um sich beißt.«[34]

17. Der »Alte Verband«, die sozialdemokratische Bergarbeitergewerkschaft, wird am 19. August 1889 in Dortmund-Dorstfeld gegründet.

Bericht des Dortmunder Landrats an den Oberpräsidenten der Provinz Westfalen, Heinrich Studt,[35] vom 19.8.1889. Landesarchiv NRW Abt. Westfalen, OP Münster 2830 I, Bl. 49–50. (Auszug)

Es sind [auf dem Bergarbeiter-Delegiertentag zu Dorstfeld] 41 Knappenvereine aus dem Dortmunder Revier (Stadt- und Landkreis Dortmund und Kreis Hörde) und drei Knappenvereine aus dem Bochumer Revier durch je einen Deputierten vertreten gewesen.

Im Übrigen haben sich aus den Revieren Bochum, Gelsenkirchen und Essen die Belegschaften von 66 verschiedenen Zechen durch je einen Deputierten – scheinbar einen der Streik-Delegierten – vertreten lassen.

Die Legitimation dieser Deputierten ist von der Versammlung nicht weiter geprüft worden. Es scheinen die betreffenden Knappenvereine und Belegschaften dem Komitee (Bunte, Schröder und Siegel) die Namen der gewählten Vertreter vorher schriftlich mitgeteilt zu haben. Der Bezirk Dortmund war bei dieser Besetzung der Versammlung vorwiegend vertreten.

---

34 Die »Kaiserdelegierten« Bunte, Schröder und Siegel waren auf Beschluss einer Versammlung der Knappenvereins-Delegierten und nach behördlichen Hinweisen, dass der Kaiser sie als Vertreter der Bergleute empfangen würde, zur Audienz nach Berlin gereist. Der Kaiser empfing sie nur sehr kurz und in frostiger Form, sodass ihnen kaum das Vorbringen ihrer Anliegen erlaubt wurde. Die Kaiserdelegierten standen seit längerem der Sozialdemokratie nahe und bildeten den organisatorischen Kern des neuen Verbands. Sie wurden allerdings nach dem Streik gemaßregelt und auch strafrechtlich verfolgt. Friedrich Bunte (1855–1910) wurde der erste Vorsitzende des neuen Verbands; August Siegel (1856–1936) emigrierte wegen strafrechtlicher Verfolgung 1892 nach England, kehrte 1918 zurück und wurde 1919 Bibliothekar des Alten Verbands; Ludwig Schröder (1848–1914) war von 1891 bis 1896 Vorsitzender des Verbands; er wurde dann im Zuge einer perfiden Beschuldigung (»Essener Meineidsprozess«) zu Haft verurteilt und später rehabilitiert.

35 Heinrich Konrad [von, geadelt 1906] Studt (1838–1921) war von 1889 bis 1899 Oberpräsident der Provinz Westfalen.

Aus auswärtigen Revieren nahmen an der Versammlung teil je ein Bergmann aus Nieder-Planitz bei Zwickau (Königreich Sachsen), aus Waldenburg (Schlesien) und aus Aachen. Dieselben gaben sich aus als Vertreter der Bergleute der betreffenden Bezirke, ohne dass erörtert wurde, in welcher Weise bzw. von wem ihre Wahl erfolgt sei. Der Leiter der Versammlung hob hervor, dass die Bergarbeiter Deutschlands – bis auf das Saarbrücker Revier – vertreten seien und dass die Versammlung als »Parlament der deutschen Bergarbeiter« anzusehen sei.

Außer den Deputierten hatten sich einzelne Bergleute der Umgegend eingefunden, sodass die Versammlung aus ungefähr 200 Bergleuten bestand. Vertreter der Presse waren zugelassen. […]

Die Versammlung verlief im Allgemeinen ruhig. Der Ton der Reden war meist ein gemäßigter – abgesehen von einzelnen Ausfällen und verdächtigenden Redensarten gegen die Grubenverwaltungen und Bergbehörden. Es sind aber keine Ausschreitungen derart vorgekommen, [so] dass eine Auflösung der Versammlung hätte angezeigt erscheinen können.

Die Leitung des Delegiertentags hatte der zu Dorstfeld wohnhafte Bergmann Siegel (Mitglied der von S[eine]r Majestät dem Kaiser empfangenen Deputation) übernommen. Die anderen Führer der Knappenvereine Bunte und Schröder zu Dortmund hatten mehrere Referate zu der [in einem früheren Bericht] mitgeteilten Tagesordnung übernommen. […]

Es ist auf den Antrag Schröders beschlossen worden, die Statuten der Bergarbeiter-Vereinigung für Rheinland und Westfalen, welche der Polizeibehörde zu Bochum eingereicht und von dieser genehmigt seien, für den zu bildenden Verband anzunehmen. Es ist hiermit also eine Vereinigung der Bergarbeiter des niederrheinisch-westfälischen Reviers gebildet worden. Anmeldungen zu diesem Verband wurden während der Versammlung schon entgegengenommen.

Es ist ferner beschlossen [worden], dass im nächsten Jahr eine allgemeine Versammlung deutscher Bergarbeiter in Eisleben stattfinden soll. Das Komitee wurde beauftragt, vorbereitende Schritte zu tun [für den] Erlass eines Gesetzes über Bildung von Arbeitsämtern, Lohnkommissionen und Schiedsgerichten.

18. Die Behörden beobachten misstrauisch die Gründung des Verbands deutscher Bergarbeiter 1889.

Runderlass des Düsseldorfer Regierungspräsidenten vom 2.10.1889. Abschrift. Stadtarchiv Duisburg 14/347.

In Verfolg der jüngsten Streikbewegung im niederrheinisch-westfälischen Kohlenrevier haben unter verschiedenen Namen und Satzungen sich Vereine der Bergleute gebildet, welche einen festeren Zusammenschluss des Bergmannsstands anzustreben scheinen (so der Gemeinschaftliche Knappenverein »Schlägel und Eisen« zu Essen, der Verband zur Wahrung und Förderung bergmännischer Interessen in Rheinland und Westfalen zu Bochum[36] u.a.). Ich halte es für

---

36   Ursprünglicher Name des in Dortmund-Dorstfeld gegründeten »Alten Verbandes«.

wünschenswert, dass diesen Vereinen eine gleichartige Behandlung seitens sämtlicher Polizeibehörden zuteilwird und ersuche daher Euer Hochwohlgeboren ergebenst, mir baldgefälligst zu berichten,

1. ob und bzw. welche derartige Vereinigungen in Ihrem Verwaltungsbezirk bestehen und
2. wie dieselben bisher polizeilicherseits behandelt worden sind, namentlich, ob § 2 des Vereinsgesetzes vom 11. März 1850 auf dieselben Anwendung gefunden hat.

Dem gefälligen Bericht sind die betreffenden Vereinsstatuten womöglich in je einem Exemplar anzuschließen.

Der oben gedachte Verband zur Wahrung und Förderung bergmännischer Interessen zu Bochum beabsichtigt ausweislich des § 2 seines Statuts, nach örtlichen Verhältnissen Unterleitungen – Zahlstellen – einzurichten.[37] Euer Hochwohlgeboren wollen sich daher gefälligst auch darüber äußern, ob und in welcher Weise solche Zahlstellen zwischenzeitlich in Ihrem Verwaltungsbezirk gebildet und wie dieselben bisher von den Polizeibehörden behandelt worden sind.

19. Grundsätze des 1894 gegründeten Gewerkvereins christlicher Bergarbeiter (1898)

»Befindet sich der Gewerkverein christlicher Bergarbeiter auf der richtigen Bahn?«, in: Der Bergknappe 3 (1898), Nr. 3 vom 1.2.1898. (Auszug)

Wir sagen offen heraus: Wir stellen uns auf den Boden der christlichen Sozialpolitik, wir erkennen die bestehende gesellschaftliche Ordnung als die richtige an, und es liegt uns fern, *nebenher* Ziele zu verfolgen, welche der Religion und der Gesellschaft feindlich sind. – Nimmt auch der Alte Verband[38] diesen Standpunkt ein? Kein Bergmann wird das zu behaupten wagen. Früher hat der Alte Verband *ausgeprägt* sozialistische Tendenzen vertreten, heute tut er es seltener; aus taktischen Gründen geht er mehr im gewerkschaftlichen Gewand einher. Das ist also das äußerste Zugeständnis, was der Alte Verband macht: »Äußerlich lassen wir unsere sozialistischen Tendenzen zurücktreten im Verband«; aber weiter kommt uns der Alte Verband nicht entgegen; nie und nimmer wird er unseren § 2 [der Satzung des Gewerkvereins] unterschreiben und sagen: »Der Alte Verband stellt sich auf den Boden der christlichen Sozialpolitik und der bestehenden gesellschaftlichen Ordnung«. Darin liegt auch der beste Beweis, dass der Alte Verband nicht so weit von der Sozialdemokratie entfernt ist, wie seine Führer sagen und wie der eine oder andere Bergmann zu glauben scheint.

---

37 Das preußische Vereinsgesetz von 1850 sah Überwachung und erhebliche Einschränkungen für die Wirksamkeit »politischer« Vereine vor. Diese durften insbesondere nicht miteinander in Verbindung treten und auch keine Frauen als Mitglieder aufnehmen.

38 Als »Alter Verband« wurde, nach Gründung des Gewerkvereins christlicher Bergarbeiter, der 1890 gegründete freigewerkschaftliche Bergarbeiterverband, bezeichnet. Vgl. Claudia Hiepel, Arbeiterkatholizismus an der Ruhr. August Brust und der Gewerkverein christlicher Bergarbeiter, Stuttgart 1999.

20. Die »Herner Polenrevolte«: Bekanntmachung des Landrats vom 27. Juni 1899[39]

Bekanntmachung des Landrats vom 27.6.1889. Stadtarchiv Herne V/3323, abgedruckt in: Klaus Tenfelde, Die »Krawalle von Herne« im Jahre 1899, in: Internationale Wissenschaftliche Korrespondenz zur Geschichte der deutschen Arbeiterbewegung 15 (1979), S. 71–104, hier S. 95f.

Unter bedauerlichem *Bruch* des bestehenden *Arbeitsvertragsverhältnisses* haben junge Bergarbeiter *meist polnischer* Abstammung auf den Zechen von der Heydt, Julia, Shamrock, Friedrich der Große und neuerdings auch Constantin IV,[40] sämtlich in oder bei Herne, die Arbeit *ohne Kündigung* niedergelegt, weil ihren Forderungen auf Lohnerhöhung wegen gestiegener Knappschaftsgefälle nicht *sofort* entsprochen worden war. Zu diesem unbesonnenen Vorgehen sind grobe Ausschreitungen hinzugetreten, welche, namentlich in vergangener Nacht, eine bedenkliche Höhe erreicht haben; es sind besonders auf und in der Nähe der Zechen Shamrock und Friedrich der Große Schusswaffen und Steine gegen die Beamten der Polizei angewendet worden, und es haben insbesondere die *polnischen* Bergarbeiter *sowie deren Frauen*, anscheinend unter dem Einfluss volksgefährlicher Aufwiegler, ein grobes Beispiel von Missachtung der bestehenden Gesetze gegeben.

Ich bin entschlossen, jedem weiteren Versuch der Störung der öffentlichen Ordnung mit äußerstem Nachdruck entgegenzutreten und habe die Sicherheitsbeamten entsprechend angewiesen. Ich warne daher die feiernden Bergleute oder fremden Zuzügler, sich in den Straßen irgendwie durch Lärm oder tätliche Angriffe, namentlich aber durch Zusammenrottungen oder gar durch Waffengebrauch, bemerklich zu machen, da die Folgen auf ihr Haupt zurückfallen werden!

Die besonnenen älteren Bergleute, namentlich die *deutschen Familienhäupter* der ohne Grund Feiernden, ersuche ich dringend, mit mir der Ordnung die Wege zu ebnen und durch Wort und Beispiel die unbesonnene *Jugend* zur Pflicht zurückzuleiten. Die Zechenverwaltungen sind bereit, begründeten Forderungen, wenn sie in *anständiger Form* angebracht werden, nach Möglichkeit sofort zu entsprechen und alle diejenigen wieder zur Arbeit anzunehmen, welche bis Mittwoch sich dazu melden. Sie werden aber denjenigen, welche Eigentum der Arbeitgeber zerstören oder in lärmender Art ungebührliche Forderungen zu erzwingen suchen, eine entsprechende Antwort geben.

An das Publikum richte ich die Bitte, zur Herstellung friedlicher Verhältnisse nach Kräften durch gute Haltung beizutragen, insbesondere fordere ich die Waffenhändler auf, den Verkauf von Waffen und Munition irgendwelcher Art an Käufer, *welche einen Waffenschein nicht vorzei-*

---

[39] Vergleichbare Bekanntmachungen wurden aufgrund von Verfügungen der Bezirksregierungen von Landräten bzw. Bürgermeistern bei Streiks erlassen. – Die zeitgenössisch so bezeichnete »Herner Polenrevolte« brach aus, weil junge Schlepper polnischer Herkunft gegen die Erhöhung ihrer Knappschaftsbeiträge protestierten. Es kam bei Zusammenstößen auf der Herner Bahnhofstraße zu zahlreichen Toten und Verwundeten; ein Militärkontingent wurde nach Herne verlegt.

[40] In der Folge weiteten sich die Ausstände auch auf die Zeche Mont-Cenis in (Herne-)Sodingen und auf einzelne Zechen bei Gelsenkirchen und Recklinghausen aus.

gen können, rundweg abzulehnen, da ihnen bekannt sein muss, welchem Zweck jene Gegenstände gerade jetzt dienen sollen und sie sich daher der Beihilfe an einem Verbrechen gegen Leib und Leben schuldig machen würden.

Die Wirte ersuche ich, die bestehenden Vorschriften über Verhinderung der Völlerei und über die Polizeistunde zu beachten, damit eine allgemeine Schanksperre solange [wie] möglich vermieden werden kann. [...][41]

Für Ortschaften, in denen Zechen gelegen sind, deren Belegschaft die Arbeit unter Vertragsbruch niedergelegt hat, wird hiermit die Polizeistunde auf 10 Uhr abends festgesetzt. Öffentliche Festlichkeiten irgendwelcher Art werden daselbst nicht genehmigt. [Die] Ausdehnung dieser Beschränkungen auf benachbarte Gemeinden oder Verschärfung bleibt der Ortspolizeibehörde vorbehalten.

21. Aus der freigewerkschaftlichen Agitation 1902

Rede von Johannes Leimpeters, Redakteur beim »Alten Verband« in Bochum,[42] auf einer öffentlichen Bergarbeiterversammlung in Dortmund-Eving vom 16.3.1902. Aus der Niederschrift des überwachenden Polizeibeamten. Stadtarchiv Dortmund, Best. 17 En 9 (Auszug). Die Schriftform der Vorlage wurde beibehalten.

Ich habe vor weniger Zeit in Bochum im Bergmannsheil[43] einen Kranken besucht, welcher mir unter Thränen, seine schlechte Aufwartung klage; trocken Brod bekam derselbe zu Essen. Ist das nicht zu Heulen, so eine Behandlung? Man solle die Oberältesten[44] über Bord werfen und mehr Wärter anstellen. Aber es ist noch vieles faul im Staate Dänemark sagt Hammlet und so auch in unserer Knappschaftskasse, womit wir nicht zufrieden sein können. Der Arbeiter ist gezwungen, sich und seine Famielie aus seinem Verdienst zu unterhalten. Wir haben die Zeiten nicht mehr, wie in früheren Jahren zur Sklavenzeit, die Sklaven hatten so lange was zu Fressen wie die Unternehmer. Heute sind die Arbeitgeber nicht mehr auf einen tüchtigen Arbeiter angewiesen; wenn ein Arbeiter nicht genügt, dann werden für denselben Lohn zwei oder drei genommen.

Kameraden, wir müssen uns organisieren, damit wir die Bedingungen erhalten; viel Geld und wenig Arbeit. Es ist den Herrn, namentlich der Gelsenkirchner Gesellschaft[45] gelungen, Leute aus dem Auslande durch Vorspiegelung falscher Thatsachen hierher zu bekommen. Es wurde

---

41 Hier folgt »zur Warnung« der Abdruck von § 81 Allg. Berggesetz von 1865 (Kündigungsfristen); § 153 Reichsgewerbeordnung von 1869 (Verbot des Koalitionszwangs), § 110 Strafgesetzbuch von 1871 (öffentliche Aufforderung zum Ungehorsam), § 9 Preuß. Pressegesetz von 1851 (Verbot ungesetzlicher Plakate), Polizeiverordnung des Oberpräsidenten der Provinz Westfalen vom 27.4.1891 (unbefugter Aufenthalt in der Nähe einer Betriebsstätte).
42 Johannes Leimpeters (1867–1923) war zeitweise Mitglied im Vorstand des Alten Verbands und Redakteur der Bergarbeiterzeitung.
43 Das Bochumer »Bergmannsheil« war das wichtigste Knappschaftskrankenhaus im Ruhrgebiet.
44 Kritik an den Knappschaftsältesten.
45 Vermutlich ist die Gelsenkirchener Bergwerks-AG gemeint.

ihnen versprochen, sie könnten im Monat 30 bis 36 Schichte machen und pro Schicht 6 bis 7 Mark verdienen, die Reise würde vergütet und sie könnten billig wohnen. Die Gesellschaft hat in einem Jahre 6800 Mark an Miethe herausgeschlagen. Da kann mann billig wohnen. Vor einigen Jahren, als die Höllandische- und Rußischegrenze festgelegt wurde, infolge der Maul- und Klauenseuche, da verlangten wird, daß jeder Arbeiter aus dem Auslande, welcher hier in Deutschland arbeiten wollte, ein Gesundheitsattest bei sich führen sollte. Aber wie ist die Körner- und Wurmkrankheit[46] nach hier gekommen? Mann sieht also, daß für die Gesundheit der Ochsen und Schweine mehr gesorgt wird als für uns. Ich meine ein Bergmann habe auf Gesundheit und anständige Kleidung eher Anspruch als die Herrn Unternehmer. Denn der Bergmann steht jeden Tag in Lebensgefahr und muß schwere Arbeit verrichten. Aber die Herren [...] können nach dem Süden in schöne Gegenden [...] Reisen auf Kosten der Knappschaftskasse. Ich habe einen Betriebsführer gekannt, der sah aus wie ein nothleidender Landwirth, hatte aber eine Gewicht von zwei Zentner, der reißte auch jedes Jahr auf Kosten der Knappschaftskasse ins Bad. Die Leute sagten immer, der ist nicht krank, ich habe aber den Krankenschein gesehen; auf demselben stand Influenza. Die Löhne werden gedrückt, Feierschichten eingelegt und die Bestrafungen gehen wieter. Auf Zeche Konstantin wurde ein alter Invalide wegen Bummel gekündigt. Auf einer anderen Zeche verunglückte ein Bergmann und war sofort tot, am nächsten Tage wurde derselbe wegen Feiern mit 1,50 M. bestraft. Ist so etwas nicht zum Heulen?

Raffen wir uns nicht auf zur Organisation, so wird noch mehr Schindluder mit uns gespielt. Entweder Organisiren wir uns, oder wir gehen zu Grunde. Wir müssen sehen, daß wir jeden Bergmann in die Organisation aufnehmen, und dann was Religion anbetrifft freien Lauf lassen. Aber in Deutschland haben wir nur eine einzige gute Partei, welcher mann angehören kann [...] Was die Brodwucher und die nothleidende Landwirthschaft anbelangt, so hat sich in der Nähe von Königsberg ein nothleidender Landwirth einen Saal bauen lassen, und denselben mit einer Militärkapelle, sowie mit seinen Prinzessinnen [...] eingeweith. Er solle seine Prinzessinnen lieber im Kuhstall auf den Kuhmist schicken, damit sie diecke Beine krigten. Domänenpächter und nothleidende Landwirthe können im Kreise der Landräthe verkehren, aber kein Bergmann; selbst wenn er die schönste Frau und er die schönsten rothen Backen und den schönsten Schnurbart hat. Es wäre das Richtigste, wenn wir den Reichstag auflösten und bildeten einen Neuen. Kaufleute und Beamte würden uns helfen denn die kaufen auch gerne billig Brod [...].

Aber wenn wir hierfür eintreten, werden wir Sozialdemokraten genannt; dafür sind Beweise da. Wenn ein Bergmann in der Grube Heil Dir im Siegerkranz oder die Wacht vom Rhein singt, dann sagt der Betriebsführer: »Du bist ein feiner Kerl, kauf Dir eine Uniform und wenn dann ein Moltke oder Bißmarcktum eingeweiht wird, stell Dich davor und schrei so lange Hura bis Dir der Kopf platzt. In Schlesien gehen die Bergleute 30 bis 40 Schichten monatlich in die Grube und die Herrn Besitzer treiben mit deren Frauen Halotriar. Können wirs auch jetzt noch nicht zwingen, aber mit unserer Organisation können wir die Gewerkschaften[47] energisch ent-

---

46 Vgl. Dok. 16 in Kap. IV über die Kosten der Wurmkrankheit.
47 Gemeint: Bergbau-Gewerkschaften, also Unternehmen.

gegentreten. Wir wollen keine Feierschichten, wollen einige Stunden weniger Arbeiten statt feiern. Die Sklaven hatten es im Mittelalter besser, wie heute ein Bergmann. Aber unter den Bergleuten sind noch viele, die mit der Zeche halten, schwören […] Meineide, um sich nur als Schmarotzer aufzuspielen.

Es thun aber auch viele darum, damit sie nicht gekündigt werden, weil sie sonst für sich und ihre Famielie nichts zur fressen haben. Wir müssen es so weit bringen, daß wir den Wein trinken und nicht die Aktionäre und Pfaffen. Die Löhne sind gesunken, aber die Dividende ist hoch gedrückt; besonders bei der Gelsenkirchener Gesellschaft. Es sind weniger Kohlen gefördert und bedeutend mehr Ueberschuß erziehlt. Kameraden ihr thut noch nicht alle die richtige Zeitung lesen, hätten wir unsere Arbeiterzeitung nicht, so machten es die Zechen noch schlimmer; sie ist also ein Umweg zur Beschwerde. Was bringen nun andere Zeitungen? Der Herzog von Hessen lässt sich scheiden, Wilhelminchen von Holland,[48] bekommt welche hinter die Ohren u.s.w. Kameraden wir wollen arbeiten, es geht uns nicht wie den Schwarzen in Afrika, wir wissen, daß wir Aktionäre zu ernähren haben. Wir wollen dieses auch, aber wir wollen auch anständig Essen und trinken haben und anständig gekleidet gehen, ebenso eine anständige Wohnung haben. Und sollte uns diese nicht gelingen, so wollen wir den Tod sterben, wie Kaiser Barbarossa[49] vor den heiligen Thore vor Jerusalem.

22. Auftakt zum Massenstreik 1905: Bericht über eine Streikversammlung der Belegschaft der Stinnes-Zeche Bruchstraße in Bochum-Langendreer am 27. Dezember 1904

Bericht des Königlichen Bezirks-Polizei-Kommissars Bernhardt an den Regierungspräsidenten in Arnsberg vom 28.12.1904. Abschrift. Landesarchiv NRW Abt. Rheinland, RD 15924, Bl. 214–217. (Auszug)

Die Nachmittags-Versammlung war schon vor 5 Uhr überfüllt, geduldig warteten die Leute, bis die Versammlung kurz vor oder nach 6 Uhr eröffnet wurde. Überhaupt bekunden die Bergleute ein Interesse an der Sache, wie ich es noch selten beobachten konnte. Die Leitungen der Versammlungen, also die gewählte Kommission, hielt streng darauf, dass nur Belegschaftsmitglieder sich mit Rede und Stimme an den Verhandlungen beteiligten. Wiederholt wurde von Arbeitern anderer Belegschaften der Versuch gemacht, zu Wort zu kommen, um auszuführen, dass auch die Belegschaften von Nachbarzechen unzufrieden sind und zum Losschlagen bereitstehen. Ja, ein Revier warf dem leitenden Büro sogar Vergewaltigung à la Ballestrem[50] vor. Auf

---

48 Offenbar gemeint: Wilhelmina (1880–1962), seit 1890 bzw. 1898 (Volljährigkeit) Königin der Niederlande.
49 Kaiser Friedrich I. (»Barbarossa«, ca. 1122–1190) ertrank im Verlauf des dritten Kreuzzugs in einem Fluss.
50 Vermutlich handelt es sich um den Zentrumspolitiker, Parlamentarier und Montanindustriellen in Oberschlesien, Franz Graf von Ballestrem (1834–1910). Ballestrem war führender Zentrumspolitiker und von 1898 bis 1906 Reichstagspräsident.

die Anzapfungen hin, dass der Vorstand des alten Bergarbeiter-Verbands stets bremse, legte Husemann[51] in der Abendversammlung den Standpunkt des Vorstands klar. Er sagte ungefähr:

Wir sind gewillt, eine Verlängerung der Schichtzeit (Seilfahrt)[52] unter keinen Umständen ruhig hinzunehmen, und die Erklärungen des Vertreters des polnischen Gewerkvereins von heute Vormittag sowie die Abmachungen mit dem christlichen Gewerkverein haben uns darin bestärkt. Wir haben den Frieden gewollt und wollen ihn heute noch, aber die Zechen-Verwaltungen wollen uns (die Arbeiter) die Macht fühlen lassen. Scheingründe sind es, die sie für die Verlängerung der Seilfahrt vorbringen. Wir haben erkannt, dass System in der Sache liegt; überall wo das versucht wurde hat derselbe Mann,[53] der kaltblütig die Zeche »Louise Tiefbau« entgegen dem Willen der staatlichen Autoritäten stilllegt, die Hand im Spiel. Ich verweise nur auf Maria Anna & Steinbank, Hasenwinkel, auf die Einführung der verlängerten Seilfahrt auf Baaker Mulde und Friedlicher Nachbar, dem folgt Oberhausen und jetzt Bruchstraße und Westende[54] bei Oberhausen, und schließlich soll auf einer Zeche im Dortmunder Revier – der Name wurde nicht genannt – etwas Ähnliches im Gange sein.

Im Verein mit der gewählten Kommission werden wir auch jetzt alles versuchen, um die Zechenverwaltung zu bewegen, den Anschlag zurückzunehmen. Die Kommission geht morgen am 28. dieses Monats zur Betriebsverwaltung und legt die unterschriebenen Protestlisten vor

---

51 Fritz Husemann (1873–1935), Bergarbeiterführer, geb. in Ostwestfalen, ab 1892 zunächst Zechenmaurer und Bergmann in Dortmund und Bochum, 1904 Gewerkschaftssekretär und 1919 Vorsitzender des »Alten Verbands«, 1920 Vorstandsmitglied der Bergarbeiter-Internationale, 1919–1924 SPD-Abgeordneter in der Preußischen Landesversammlung und im Preußischen Landtag, 1924–1933 Mitglied des Deutschen Reichstags (Nachfolger Otto Hues), insgesamt vier Verhaftungen durch die Nationalsozialisten, starb 1935 im KZ Papenburg-Esterwegen an den Folgen einer Schussverletzung, die ihm von einer SS-Lagerwache zugefügt worden war. Zu Fritz Husemann vgl. auch Dok. 8 in Kap. X sowie die Dok. 4 und 11 in Kap. XI.

52 Es ging um eine Verlängerung der Schichtzeit (inklusive Ein- und Ausfahrt) um eine halbe Stunde.

53 Gemeint ist der Mülheimer Unternehmer Hugo Stinnes (1870–1924), der aufgrund seines aus Zukäufen und Beteiligungen bestehenden Montankonzerns einer der einflussreichsten Großindustriellen im Kaiserreich und in der frühen Weimarer Republik war. 1904 übernahm Stinnes den Aufsichtsratsvorsitz der Dortmunder Steinkohlenbergwerk Louise Tiefbau AG, die er 1908 in die Deutsch-Luxemburgische Bergwerks- und Hütten-AG einbrachte. Stinnes handelte im November 1918 mit dem Gewerkschaftsführer Carl Legien das Stinnes-Legien-Abkommen aus. Zum Leben und Wirken von Hugo Stinnes vgl. Gerald D. Feldman, Hugo Stinnes. Biographie eines Industriellen 1870–1924, München 1998 sowie Dok. 35 in Kap. VI.

54 Auf Zeche Louise Tiefbau in (Dortmund-) Barop und (Dortmund-) Hombruch lief ab 1904 nur noch ein einschichtiger Förderbetrieb, 1908 erfolgte die Betriebsstilllegung wegen des zu kleinen Grubenfelds. Auf Zeche Maria Anna & Steinbank in (Bochum-) Höntrop erging 1904 nach dem Erwerb durch die Gewerkschaft Mathias Stinnes der Stilllegungsbeschluss, 1905 wurde der letzte Abbaubetrieb eingestellt. Die (Bochum-) Lindener Zechen Hasenwinkel und Baaker Mulde gingen 1904 in die benachbarte Zeche Friedlicher Nachbar ein, die bis Anfang der 1960er Jahre förderte. Die Zechen Oberhausen und Westende in (Duisburg-) Meiderich/Laar wurden ebenfalls erst in den 1960er Jahren stillgelegt.

mit der Bitte um eine Antwort bis zum 3. Januar 1905. Fällt die Antwort ablehnend aus, dann wendet sich die Kommission an den Herrn Direktor Sattelmacher, der den Anschlag unterschrieben hat, und schließlich an das Königliche Oberbergamt, wozu wir Vertrauen haben; der Bergrevierbeamte Bergrat Remy in Witten wird ausgeschaltet, weil er sich das Vertrauen der Arbeiter verscherzt hat. Wir sind der Meinung, jeder Beamte und jede Verwaltung hat die Pflicht, das Seinige dazu beizutragen, um einen Streik abzuwenden, der bei dem vorhandenen Explosionsstoff leicht zu einem allgemeinen ausarten kann und nicht zuletzt den Staat und alle wirtschaftlichen Kreise schädigen wird. Wir sind uns auch klar darüber, dass ein Streik in erster Linie die Arbeiter schwer schädigen muss, während er den Werksbesitzern vorläufig insofern günstig ist, als sie ihre Kohlenhaufen loswerden. Aber so kann es unmöglich weiter gehen, die Kohlenpreise sind gestiegen, während die Löhne der Arbeiter auf alle mögliche Weise gedrückt werden. Entweder[55] hungern ohne Verdienst als hungern bei solchem Verdienst.

Es wurden dann eine Reihe von Fällen an der Hand der Lohnbücher vorgebracht, wo anscheinend tüchtige Hauer, kräftige gesunde Leute, in 21 bis 23 Schichten im Monat 50 und 70 Mark verdient hatten.

Dann gab der Vertreter des alten Verbands noch bekannt, dass die Belegschaft bis zu 90 Prozent organisiert sei. Die Einigkeit sei vorhanden, das bewiesen die Unterschriften in den Protestlisten gegen den neuen Aufschlag. Es könne noch nicht gesagt werden, wie viele unterschrieben hätten, jedoch eine Liste schon biete ein erfreuliches Bild, von 150 Mann, die darin stehen, habe ein einziger seine Unterschrift verweigert.

Zum Schluss wandte sich Husemann an die Belegschaftsmitglieder mit der Bitte, sie möchten schon jetzt ihre Frauen und Mütter auf den möglichen, folgenschweren Kampf vorbereiten und sie insoweit aufklären, dass sie schon jetzt sparen müssten, damit sie ihren Männern und Söhnen später nicht in den Rücken fielen und sie zur Aufnahme der Arbeit antrieben.

[…] Was nun allgemeine Beobachtungen anbetrifft, so kann ich sagen, dass mir in den langen Jahren, in denen ich die Bergarbeiterbewegung zu beobachten Gelegenheit hatte, noch nie eine solche zähe Erbitterung unter den Arbeitern begegnet ist, als sie hier zu Tage tritt. Früher mussten die Führer mitunter wohl noch nachhelfen, um eine Bewegung zu erzielen, jetzt müssen sie sich in der Tat alle erdenkliche Mühe geben, den einen plötzlichen gewaltsamen Ausbruch des angehäuften Zündstoffs zu verhindern und die Bewegung in gesetzliche ruhige Bahnen zu lenken. Immer und immer wieder wird von dieser Seite betont, wir wollen alles versuchen, um uns die Achtung und Sympathie der Bevölkerung und der Allgemeinheit nicht zu verscherzen. Und die Sympathie der Bevölkerung und vor allen der Geschäftsleute besitzen die Arbeiter im vollen Maße, vielmehr als Anfang der 90er Jahre, ja, die Abneigung und der Hass der Bevölkerung gegen Herrn Stinnes und die Verwaltung der Zeche Bruchstraße geh[en] in vielen Fällen so weit, dass sie die Bergleute geradezu zum »Brocken hinwerfen« auffordern.

Wie ich nun erfahren habe, soll es in der Absicht des Herrn Stinnes liegen, unbedingt auf die Durchführung dieser neuesten Bekanntmachung zu beharren; daher komme ich zum

---

55 Randvermerk eines Bearbeiters: »Lieber«.

Schluss, ohne schwarz malen zu wollen, zu der Ansicht, dass ein Streik auf Zeche Bruchstraße unvermeidlich sein wird und dass dieser Streik nicht auf die Zeche Bruchstraße beschränkt bleiben wird. Die unzufriedenen Belegschaften anderer Zechen vor allem im Oberhausener und Essener Revier warten vertraulichen Nachrichten zufolge nur auf das Vorgehen der Belegschaft von Zeche Bruchstraße und wollen dann auch losschlagen. Ob dann noch das gesetzliche Vorgehen Platz greift und die Kündigungsfrist eingehalten wird, möchte ich bezweifeln.[56]

23. Massenstreik 1905: Aufruf der »Siebenerkommission«, Januar 1905[57]
Flugblatt (undatiert). Stadtarchiv Duisburg 12/1387, Bl. 197.

Allerhand Tricks werden augenblicklich von den Grubenbesitzern angewandt, um Euch wieder an die Arbeit zu bekommen. Man hat den Kolonisten die Wohnung gekündigt. Lasst Euch nicht verblüffen! Die Gemeinde-, Kreis-, Provinzial- und Staatsbehörde duldet nicht, dass man Euch auf die Straße setzt.

Die Nachricht ist Euch zugegangen, Ihr sei[d] aus der Belegschaftsliste gestrichen und entlassen; oder es sind Euch schon Abkehrscheine ins Haus gesandt.

Dieses ist ebenfalls ein Schreckschuss. Wer soll denn nachher den Betrieb wieder in Gang bringen, wenn nicht die streikenden Bergleute. Unseretwegen mag man allen Bergleuten die Abkehr[58] ins Haus schicken. Wir wissen sehr gut, dass die Aktionäre nicht nachher selbst die Kohlen hauen und schleppen. Dabei ist es unsere Grundbedingung aller und jeder Verhandlungen: Keiner darf infolge des Streiks gemaßregelt werden.

Auf den Zechen werden Anschläge aufgehangen, wonach diejenigen von der Wurmuntersuchung befreit sein sollen, die am 24. und 25. Januar wieder anfahren.[59] Dieses ist ein Linsenmuß für den Verkauf der Erstgeburt. Der Knappschaftsverein erlässt auch schon eine unnötige Bekanntmachung. Lasst Euch auch hier nicht verblüffen. Wer 20 Tage nach dem Eintritt in den Streik krank wird, und man will ihm auf der Zeche keinen Krankenschein geben, so gehe er zu seinem Knappschaftsältesten, der gibt ihm einen solchen. Auch liegt keine Gefahr vor, das Pensionsrecht zu verlieren.

Kameraden. In diesen Tagen erhaltet Ihr auf den Zechen den Restlohn vom Monat Dezember. Diese Zeit ist besonders gefährlich für Euch. Man wird Euch vielleicht zur Anfahrt zu bewegen suchen. Schüttelt diese Leute stumm von Euch ab und wartet auf die Parole der

---

56 Tatsächlich ging von der Zeche Bruchstraße im Januar 1905 der nächste, etwa vierwöchige Massenstreik aus, der weite Teile des Ruhrkohlenbezirks erfasste. Dieser Streik richtete sich nicht nur gegen die neue Arbeitszeitregelung im Ruhrbergbau, sondern u.a. auch gegen die als ungerecht empfundene Entlohnung der Bergleute.
57 Als Streikleitung wurde die Siebenerkommission aus allen vier Bergarbeiterverbänden gebildet: dem freigewerkschaftlichen und dem christlichen, dem polnischen und dem liberalen (Hirsch-Dunckerschen) Bergarbeiterverband. Diese übergreifende Verbändesolidarität hielt nicht lange an.
58 D. i. Kündigung.
59 Zur Wurmkrankheit vgl. Dok. 16 in Kap. IV.

Führer. Es würde ein Gaudium[60] für die Zechenbesitzer und deren Beamten sein, wenn sie Euch betören und fahnenflüchtig machen könnten. Wir vertrauen Eurem gesunden Sinn, dass Ihr etwaigen Schmeichlern und Lockspitzeln nicht folgen, sondern auf Eure Führer hören werdet. Kein Zurück, bis Erfolge den Führern garantiert sind.

Kameraden, haltet aber an den Lohntagen ganz besonders Ruhe und Ordnung. Nehmt Euch besonders in Acht. Lasst Euch nicht provozieren. Macht dem Namen der deutschen Bergleute auch weiterhin Ehre.

24. Massenstreik 1905: Schutz der Arbeitswilligen
Erlass des Landrats von Ruhrort vom 19.1.1905. Stadtarchiv Duisburg 12/1385, Bl. 41.

Es ist festgestellt worden, dass die von den Ausständigen organisierten, an Schleifen oder Binden erkennbaren Arbeiterpatrouillen und Posten eine Kontrolle über die Arbeitswilligen zu dem Zweck ausüben, sie zur Niederlegung der Arbeit aufzufordern. Es werden hiernach durch das Verhalten einer angeblich nur zur Aufrechterhaltung der Ruhe und Ordnung bestimmten Organisation von Ausständigen tatsächlich Arbeitswillige von der Aufnahme oder Fortsetzung der Arbeit abgehalten. Diesen Morgen ist ein Arbeitswilliger in [Duisburg-] Marxloh auf dem Weg nach der Zeche von zwei mit einer weißen Binde versehenen Streikenden schwer misshandelt worden.

Ich weise sie deshalb an, gegen diese Arbeiterpatrouillen und Posten, sofern sie auch dort nach ihrem Verhalten als Streikposten zu dienen scheinen und hierbei gegen gesetzliche Bestimmungen oder polizeiliche Anordnungen verstoßen, mit Nachdruck einzuschreiten. Das Einschreiten gegen die Streikposten ist vom Kammergericht stets als berechtigt anerkannt, wenn dies *im Interesse der Aufrechterhaltung der Sicherheit und Ruhe auf den Straßen* geschieht; ein solcher Fall wird insbesondere stets vorliegen, wenn durch die Streikposten Arbeitswillige belästigt werden oder eine solche Belästigung zu befürchten ist.

Sie wollen hiernach die Polizeibeamten sofort mit entsprechender Anweisung versehen.

25. Emil Kirdorf erinnert sich an den Bergarbeiterstreik von 1905 (1906).
Ausschnitt aus dem Geschäftsbericht der Direktion der Gelsenkirchener Bergwerks-AG (Emil Kirdorf[61] u.a.) für das Jahr 1905, März 1906, S. 3f. Bergbau-Archiv Bochum 55/58. Vgl. auch F[riedrich] A[rthur] Freundt (Bearb.), Emil Kirdorf. Ein Lebensbild: zum fünfzigjährigen Gedenktage seines Eintritts in den Ruhrbergbau, Essen 1922, S. 44–45. (Auszug)

Die bedenklichste Erscheinung des Jahres bleibt der Bergarbeiterausstand, nicht durch sein Auftreten an sich: Wir mussten bei der unaufhörlichen Hetzarbeit der sozialdemokratischen und christlich-sozialen Verbände, deren Presse und solche verwandter Art jederzeit mit einem Aus-

---

60 Vergnügen.
61 Zur Vita Kirdorfs vgl. Dok. 29, Anm. 84 in Kap. VI. Zu Kirdorf vgl. auch Dok. 13 in Kap. XI.

bruch der Massen rechnen, wir haben damit gerechnet und sind von dem Ausstand in keiner Weise überrascht worden.

Überrascht aber hat uns die Haltung der Regierung und der öffentlichen Meinung: Eine seit Anfang der 90er Jahre eingeführte einheitliche Arbeitsordnung, die Sicherheit guter Lohnverhältnisse, [...] die dem Kohlensyndikat zu verdankende Stetigkeit des Kohlenmarkts und die Einsicht der Grubenverwaltungen, Hand in Hand mit einer staatlichen Aufsicht gehend, wie sie schärfer und zuverlässiger nirgend besteht, haben so geordnete Verhältnisse in unserer Bergwerksindustrie geschaffen, dass wir der allgemeinen Verurteilung der in verhetzender Weise heraufbeschworenen Arbeiterbewegung mit Ruhe und Sicherheit entgegensehen durften. Dass das Gegenteil eintrat, können wir nur der bedauerlichen Tatsache zuschreiben, dass die Regierung nicht Veranlassung nahm, der Sozialdemokratie und der ultramontanen Partei gegenüber Zeugnis für die geordneten Verhältnisse unserer Industrie, über die sie durch ihre Aufsichtsorgane genau unterrichtet war und ist, abzulegen. Bei unserer berechtigten Abwehr gegen die Umsturzbestrebungen, die wir nicht allein in dem uns anvertrauten Interesse, sondern im allgemeinen Interesse festhielten, fanden wir nicht nur keine Unterstützung, sondern die Regierung stellte sich auf die Seite unserer Gegner und stärkte sie durch Gesetze, deren Bestimmungen schwerlich der angestrebten Förderung des Friedens dienen werden. Bietet so der letztjährige Bergarbeiterausstand eine der bedauerlichsten Erscheinungen in der Geschichte unserer Industrie, so wollen wir doch die Hoffnung nicht aufgeben, dass die nach dem Ausstand vorgenommenen Untersuchungen[62] endlich dazu beigetragen haben, den Verhältnissen unserer Industrie eine gerechtere Beurteilung zuteilwerden zu lassen.

26. Internationale Solidarität: Reaktionen der Ruhrbergleute auf den Bergarbeiterstreik in Nordfrankreich 1906

Polizeibericht vom 3.4.1906 über eine öffentliche Bergarbeiterversammlung am 1.4.1906 in Essen. Abschrift. Landesarchiv NRW Abt. Rheinland, RD.[63] (Auszug)

Unsere Brüder in Frankreich haben auf dem Kongress in Lens beschlossen, den Kampf weiter zu führen. Ich war selbst in Lens anwesend und habe den Verhandlungen des Kongresses beigewohnt. Durch die niedrigen Löhne und das große Grubenunglück in Courrières[64] war die Bevölkerung des Departements Pas-de-Calais so erbittert, dass sie sofort in den Ausstand trat.

---

62 Wie bereits 1889, führte auch der Massenstreik von 1905 zu einer Novellierung des Allgemeinen Berggesetzes.
63 Die aus den 1970er Jahren stammende Kopie der Quelle wurde leider mit einer falschen Signaturangabe versehen. Trotz intensiver Recherchen im Bestand »Regierung Düsseldorf« war es leider nicht möglich, die korrekte Aktensignatur zu ermitteln.
64 Am 10.3.1906 richtete eine Grubenexplosion auf den Anlagen der nordfranzösischen Bergwerksgesellschaft von Courrières große Zerstörungen an. Von 1.425 eingefahrenen Bergarbeitern kamen letztlich 1.099 ums Leben. Vgl. dazu u.a.: Michael Farrenkopf/Peter Friedemann (Hg.), Die Grubenkatastrophe von Courrières 1906. Aspekte transnationaler Geschichte, Bochum 2008; Michael Farrenkopf, Courrières 1906 – eine Katastrophe in Europa. Explosionsrisiko und Solidarität im

Der Kongress in Lens brauchte also den Ausstand nicht zu beschließen, sondern nur über das fernere Verhalten verhandeln. Von ca. 90.000 Bergarbeitern im Departement Pas-de-Calais befinden sich ca. 80.000 im Ausstand.

Die französischen Kapitalisten und Werksbesitzer faselten schon, dass der Ausstand bald beendigt sein würde, dass die Mehrzahl der Ausständigen schon wieder einführe und dergleichen Märchen mehr, wie diese bei dem großen Bergarbeiterstreik im Ruhrrevier [im Jahr 1905] von den Unternehmern auch ausgestreut wurden. Dem ist aber nicht so, dazu sind unsere französischen Brüder viel zu viel begeistert und fanatisiert. Vier Wochen lang wollen dieselben den Kampf ohne jede Unterstützung führen, weil sie bis dahin noch ihren rückständigen Lohn bekommen, dann hoffen dieselben noch weitere zwei bis drei Wochen kämpfen zu können mit den Mitteln der Organisation, und in dieser Zeit werden dieselben von allen Seiten wohl soviel Unterstützung bekommen haben, dass sie es noch lange aushalten können.

Das große Grubenunglück bei Courrières kann als ein richtiger kapitalistischer Mord bezeichnet werden. Bei den hohen Dividenden, welche die Gesellschaft dort jährlich herausschindet, waren die Sicherheitsmaßregeln und sonstigen Verhältnisse, die Bewetterung pp. die denkbar schlechtesten.

Früher wurden diese Schächte als Muster hingestellt und von Fachmännern aller Länder in Augenschein genommen, jetzt auf einmal das große Unglück, wobei es sich herausstellt, dass die Einrichtungen, wie sie dort vorhanden waren, gänzlich unzulänglich waren. Die deutsche Rettungsmannschaft wurde requiriert, welche sich auch ausgezeichnet bewährt hat. Alle Achtung vor diesen braven Kameraden. Leider bestehen diese Rettungsabteilungen bei uns auch erst auf wenigen Zechen.

Wenn hier auch irgendwo ein Unglück passiert, müssen die Rettungsmannschaften erst von den Zechen Shamrock[65] oder Rhein-Elbe[66] geholt werden. Bei den hohen Dividenden der Werksbesitzer sollten dieselben dazu übergehen, überall die Rettungsapparate zu beschaffen und Mannschaften mit denselben auszubilden. Dieses können wir im Interesse unseres Lebens und unserer Gesundheit fordern, weil wir jeden Tag Leben und Gesundheit für die Werksbesitzer aufs Spiel setzen. Auf den Courrières-Schächten bestand eine schlechte Bewetterung, sonst hätte das Unglück nicht so groß werden können, es wurde noch bei offenen Lampen gearbeitet, es war keine Berieselung vorhanden und dergleichen Missstände mehr, trotzdem wurden dieselben bis zu dem großen Unglück als mustergültig hingestellt. Ein dortiger Arbeiterkontrolleur hat schon vor Wochen auf die schlechte Bewetterung, auf die schlechte Luft in den Schächten hingewiesen, er wurde jedoch nicht gehört. Es galt nur Kohlen zu schaffen, und [es] wurden zu diesem Zweck Überschichten über Überschichten gemacht, ebenso wie es bei der flotten Konjunktur auch hier geschieht. So tragen die Überschichten auch einen Teil der Schuld

---

Bergbau. Führer und Katalog zur Ausstellung des Deutschen Bergbaumuseums, des Instituts für Stadtgeschichte und des Stadtarchivs Herne, Bochum 2006.
65 Zeche Shamrock in Herne, im Original: Zeche Chamwerk.
66 Zeche Ver. Rheinelbe und Alma in Gelsenkirchen-Ückendorf.

an dem großen Unglück. Die Hauptschuld tragen jedoch die Werksbesitzer durch ihre Profitgier, bei denen ist [es] das einzige Ziel, die Dividenden möglichst hoch zu schrauben, alles andere kümmert dieselben nicht. Jetzt soll jedoch die Schuld an dem Unglück den Arbeitern zugeschoben werden. Bei dem Unglück auf der Zeche Borussia[67] sagte mir ein Herr, der mit der Untersuchung desselben betraut war, dass der Anschläger am Abend vor dem Unglück bis 11 Uhr im Wirtshaus gesessen hätte. Ich konnte mir hieraus nur nehmen, dass er damit sagen wollte, dass der Anschläger, welcher die Petroleumlampe auf dem Füllort heruntergestoßen hatte, wodurch das Unglück entstanden war, betrunken gewesen sei und derselbe dadurch das Unglück verschuldet hätte. Ich fragte ihn darauf, wie lange der Obersteiger, Betriebsführer und die sonstigen Beamten an diesem Abend denn im Café oder Wirtshaus gesessen hätten, worauf er mir antwortete, dass ich hiernach nicht zu fragen hätte. So wird es aber immer gemacht. Es mag passieren was will, es wird immer versucht, die Schuld auf den Arbeiter abzuwälzen. Ich behaupte aber, dass gerade die vielen Überschichten, die Übermüdung der Arbeiter auch ein Teil Schuld an dem Unglück auf Zeche Borussia sind. Hoffentlich wird hierüber sowie auch über die Ursache und die Schuld des Unglücks in Courrières bald Klarheit geschaffen werden. Die Regierung sollte endlich einmal dazu übergehen, den Kapitalisten die Einlegung der Überschichten zu verbieten. [...]

Gegen dieses Überschichtenwesen müssen wir vorgehen, besonders, wo unsere Brüder in Frankreich im Streik stehen. Wir müssen heute den festen Entschluss fassen, von heute an keine Überschicht mehr zu verfahren, damit können wir unsere kämpfenden Brüder in Frankreich am besten unterstützen und nützen uns selbst. Ein jeder, welcher von heute an noch eine Überschicht verfährt, ist nichts anderes [als] ein Streikbrecher, denn mit jeder Überschicht fallen wir unseren französischen Kameraden in den Rücken.

27. **Der Deutsche Metallarbeiter-Verband wirbt unter Gelsenkirchener Hüttenarbeitern für den Beitritt zur Gewerkschaft (1906).**
Deutsche Metallarbeiter-Zeitung, Nr. 10 vom 15.9.1906.[68]

Blühende Industrie, wohin man blickt. Unzählige Fabrikschlote, aus denen dicker, schwarzer Rauch quillt und die Luft verdunkelt und dem Himmel eine ewig bleigraue Farbe verleiht. Schwarz verrußte Häuser, die trostlos nüchtern aussehen. Schlechte, schmutzige Straßen, die von langen, gleichförmigen Häuserreihen gebildet werden. Nicht nur einzelne Straßen, nein,

---

67 Am 10.7.1905 waren auf der Zeche Borussia in (Dortmund-) Oespel/Kley 39 Bergleute bei einem Grubenbrand auf der 5. Sohle von Schacht 1 ums Leben gekommen. Auslöser des Unglücks war eine umgeworfene Öllampe im Füllort. Schacht 1 wurde noch im selben Jahr stillgelegt, nachdem er völlig ausgebrannt war und die unteren Sohlen durch die zerstörten Pumpen unter Wasser standen. »Anschläger« bedienen die Signaleinrichtungen am Förderschacht (über Tage: auf der »Hängebank«; unter Tage: am »Füllort«), um die Fördermaschinisten über die gewünschte Bewegung des Förderkorbs zu informieren.
68 Für den Hinweis auf die Quelle danke ich Herrn Prof. Dr. Stefan Goch.

ganze Viertel sind von Arbeitern übervölkert. Alles atmet Arbeit, schwere, unermüdliche Arbeit. Tag und Nacht schaffen fleißige Menschen unermesslichen Reichtum. Und wo bleibt all dieses Gold, das hier geschäftige Hände hervorbringen? In den Kurgärten und Kursälen von Ostende, in Norwegens Fjorden, am Spieltisch in Monte Carlo, auf Schottlands Bergen, in den Tälern Tirols und der Schweiz, bei den Pyramiden von Gizeh, an den Gestaden von Capri, unter dem herrlich blauen reinen Himmel und den märchenhaften Gärten der Riviera. Da sieht man das Gold wieder, das hier unter schweren Entbehrungen Menschen schufen. Man sieht es dort wieder in den Händen von Herren und Damen, die nie einen Finger rühren, um auch nur etwas selbst zu verdienen. Dort wird der Reichtum verprasst, verjubelt, verspielt, mit vollen Händen zum Fenster hinausgeworfen, während hier viele, viele tausend Menschen kaum satt zu essen, kaum Zeit zum Schlafen haben. Hier ist weder Freude noch Schönheit. Hier kann keine edle Kunst gedeihen. Hier kennt man nur Arbeit. Müde, bleich, mit schwarz umränderten Augen, das blecherne Essgeschirr in der Hand, schleichen die Erzeuger des unermesslichen Reichtums durch die Straßen, ihrer Wohnung zu. Wohnung? O, eher alles andere, nur kein Heim sind *diese* Wohnungen. Und die Frauen, die Trägerinnen der zukünftigen Generation? Verhärmt, interesselos, gleichgültig. Not und Sorge flimmert in ihren brennend trockenen Augen und reicher Himmelssegen vergrößert alljährlich das Elend. Polen und Tschechen, Italiener und Kroaten, die hier zu Tausenden arbeiten, drücken dem Charakter der Stadt ihren eigentümlichen Stempel auf. Alle Geschäfte, fast ganz ohne Ausnahme, sind nur den Bedürfnissen der Arbeiter angepasst. Abends elf Uhr sind die Straßen wie ausgestorben, ein Nachtleben, wie es andere, viel kleinere Großstädte haben, kennt man hier nicht. Kirchen und Pfaffen, Betstuben und Missionszelte in unglaublicher Menge sprechen für die Rückständigkeit der Bevölkerung. Religiöse Kost im Überfluss, wo die leibliche, Brot und Fleisch, fehlt. So sehen wir denn in Gelsenkirchen eine Stadt, die so durch und durch proletarisch und nur proletarisch ist wie kaum eine andere im Ruhrkohlengebiet. Nun sollte man meinen, dass gerade eine solche Stadt eine Hochburg der modernen Arbeiterbewegung sein müsste, denn nirgends tritt der blutgierige Kapitalismus so brutal und rücksichtslos auf wie hier. Aber weit gefehlt. Ein kleines Häuflein von den etwa 12.000 hier beschäftigten Metallarbeitern hat sich erst im Deutschen Metallarbeiter-Verband zu gemeinsamem Wirken zusammengefunden. Aber selbst diese paar Hundert können als überzeugte Anhänger der modernen Arbeiterbewegung kaum gelten. Den hohen Wert der Organisation haben sie noch nicht erfasst, noch weniger aber arbeiten sie für das Gedeihen ihres Verbands. Da sollte vor Kurzem ein Flugblatt verbreitet werden, um neue Mitglieder zu gewinnen. Trotz mehrfacher mündlicher und schriftlicher Einladung hatten sich gerade vier Mann eingestellt. Kann man das vielleicht Interesse nennen? Da braucht sich kein Kollege wundern, wenn der Verband, statt Fortschritte hier zu machen, an Mitgliedern verliert. Geht es den Gelsenkirchener Kollegen denn schon so gut, dass sie glauben, sie brauchten keinen Verband? Sie haben doch jedenfalls Ursache genug, mit den Lohn- und Arbeitsverhältnissen unzufrieden zu sein. Der Lohn ist durchaus nicht glänzend zu nennen, umso weniger, als in Gelsenkirchen unerhörte Preise für Lebensmittel und Wohnungen gefordert werden. Und die Arbeitszeit? Überstunden, unzählige, und selten eine geregelte Arbeitszeit. Buchstäblich wahr ist es, was man oft in Versammlungen zu hören bekommt, dass viele Arbeiter ihre eigenen Kinder kaum sonntags sehen können. Die sanitären Verhältnisse, die Behandlung, die skandalösen Arbeitsordnungen in den Betrieben spotten jeder Beschreibung. Die Lohnverhältnisse sind vielleicht jetzt noch einigermaßen günstig, zuweilen wenigstens. Dafür haben wir auch gegenwärtig eine Hochkonjunktur wie selten vorher. Arbeitslose gibt es hier nicht, im Gegenteil, überall herrscht Arbeitermangel. Die Kollegen sollen aber nur nicht denken, dass dies immer so sein wird. Kommen erst wieder die mageren Jahre, und die Arbeiter haben nicht beizeiten daran gedacht, sich der Organisation anzuschließen, dann folgen Verschlechterungen der Arbeitsverhältnisse, dass es nur so eine Art hat. Jetzt ist die Zeit, Verbesserungen durchzuführen und sich für die Zukunft zu wappnen. Ja, Kollegen, es ist die höchste Zeit, die Lauheit abzutun und ein treues Mitglied des Verbands zu werden. Wir brauchen Mitglieder vor allem, die mehr tun als nur Beiträge kleben, wir brauchen Kollegen, die eifrig bestrebt sind, der Organisation mehr und immer mehr Mitglieder zuzuführen, die ihre ganze Kraft und ihr ganzes Können einsetzen für eine starke widerstandsfähige Organisation. Je stärker und je mächtiger unser Verband wird, umso einflussreicher werden wir werden. Dann wird auch die Stunde schlagen, dass in Gelsenkirchen Verhältnisse geschaffen werden, die den Arbeitern ein menschenwürdiges Dasein ermöglichen.

28. Aufruf des Gewerkvereins christlicher Bergarbeiter zur Berggewerbegerichtswahl 1908

»Kameraden, erfüllt Eure Pflicht bei der Berggewerbegerichtswahl!«, in: Der Bergknappe 13 (1908), Nr. 50 vom 12.12.1908.

Am 14. Dezember [1908] sind im Ruhrgebiet die Ersatzwahlen der Beisitzer am Berggewerbegericht.[69] Die Wahlen sind in den für die einzelnen Bezirke festgesetzten Wahllokalen von 10 bis 6 Uhr. Es gilt jetzt, unverzüglich die letzten Vorbereitungen zur Wahl zutreffen, damit der Ausgang der Wahl ein guter ist.

Wahlberechtigt ist, wie schon mitgeteilt, jeder 25 Jahre alte Bergarbeiter, ganz gleich, ob er über oder unter Tage beschäftigt ist, der im Bezirk des Berggewerbegerichts wohnt. Wer außerhalb des Berggewerbegerichtsbezirks wohnt, wählt dort, wo er arbeitet. Die ausländischen Kameraden sind bei dieser Wahl ebenfalls wahlberechtigt, sofern sie den auch für deutsche Arbeiter geltenden Bestimmungen entsprechen.

Die Wahl ist geheim und geschieht mittels zusammengefalteten Stimmzettels. Zur Wahl muss sich jeder Wähler eine Legitimation besorgen. Die Steiger oder Betriebsführer müssen auf Verlangen kostenlos die Ausweisscheine ausstellen. […]

---

69 Mit der Errichtung der Berggewerbegerichte folgte der Staat einer langjährig von gewerkschaftlicher Seite in vielen Branchen erhobenen Forderung. Die Gerichte wurden im Bergbau, in Reaktion auf den Streik von 1889, 1890 eingerichtet und sollten Streitigkeiten über Löhne etc. vermittelnd lösen.

Dann heißt es, *bis zum Wahltag agitieren für die Kandidaten des Gewerkvereins*. Jedes Mitglied des Gewerkvereins muss seinen Mann stellen und mitarbeiten. Nur durch eifrige Mitarbeit aller lässt sich in vielen Bezirken der Sieg erringen.

Am Wahltag ist eine *einmütige geschlossene Wahlbeteiligung erforderlich*. Unsere Kameraden müssen durch starke Wahlbeteiligung zeigen, dass sie den Wert eines Sondergerichts für die Schlichtung gewerblicher Streitigkeiten erkennen. In der Institution des Berggewerbegerichts ist die Gleichberechtigung der Arbeiter und Arbeitgeber praktisch durchgeführt. Unsere Vertreter sitzen hier mit den Vertretern der Arbeitgeber zu deren größtem Ärger [...] gleichberechtigt an einem Tisch. Auch das muss uns ein Grund sein, einmütig, wie ein Mann, an der Wahl teilzunehmen. Wir sind mit der bisherigen Wirksamkeit der Berggewerbegerichte nicht zufrieden. Sorgen wir durch die Wahl nur guter, gerecht denkender Arbeitervertreter dafür, dass unser Recht eine entschiedene Vertretung findet.

Kameraden! Es gilt, am Wahltag mit dem Stimmzettel in der Hand unsere Gleichberechtigung mit dem Arbeitgeber zu betonen, es gilt, unser Recht zu vertreten, es gilt, für die Ehre unserer Organisation zu kämpfen.

Vor drei Jahren ist in verschiedenen Wahlbezirken recht nachlässig gearbeitet [worden]. Mancher Sitz ging dadurch für uns verloren. Unsere Kameraden wurden dafür nach der Wahl von den Gegnern mit Hohn und Spott überschüttet. Soll das wieder vorkommen? Nein und nochmals nein! Zeigen wir den Gegnern, dass auch die Gewerkvereinsmitglieder munter sind.

Mitglieder der Ortsvorstände und Vertrauensmänner! Ihr seid das Rückgrat unserer Organisation. Ihr seid es hauptsächlich, die jeden einzelnen Kameraden für unsere Bewegung gewinnen und erhalten müssen, die Tag für Tag einen ständigen Kleinkrieg für unsere Organisation führen. Ihr bringt unserer Bewegung, Eurem Stand, fortwährend große Opfer. Von Eurer Arbeit wird auch der Ausgang dieser Wahl hauptsächlich abhängen. Kameraden! Arbeitet in diesen Tagen doppelt eifrig. Klärt die noch unwissenden und rüttelt die lauen Bergleute auf. Seid unermüdlich. Es gilt ja unserer guten Sache, für die Euch ja kein Opfer zu groß ist.

Mitglieder des Gewerkvereins! Erfüllt alle Eure Pflicht! Unterstützt die Arbeit Eurer Vertrauensleute. Helft ihnen bei ihrer Arbeit. Zeigt, dass auch Ihr ganze Gewerkvereinsmitglieder seid, die wissen, was sie wollen und die Interessen und die Ehre ihrer Organisation energisch zu verteidigen wissen. *Der bevorstehende Kampf muss mit einem Sieg des Gewerkvereins enden.*

29. Sozialdemokraten bei Krupp (1908)

Bericht des Direktoriums der Firma Fried. Krupp an das Königliche Bezirkskommando vom 28.12.1908. Historisches Archiv Krupp Essen, WA 41/6–171.

Wir haben keinen Zweifel, dass sich unter den Arbeitern unserer Gussstahlfabrik solche mit sozialistischer Gesinnung in nicht unerheblicher Anzahl befinden, wir können aber in dieser Beziehung keine genaueren Angaben machen, da die Betreffenden im Allgemeinen innerhalb des Betriebs mit ihrer Gesinnung nicht hervortreten. Arbeiter, die im Betrieb agitatorisch zu wirken suchen, erhalten die Kündigung und sind von der Wiederannahme dauernd ausgeschlossen.[70]

Mit einem Rückgang der wirtschaftlichen Konjunktur, wie er zurzeit besteht, pflegt regelmäßig ein Nachlassen der sozialistisch-gewerkschaftlichen Bewegung verbunden zu sein, was in der Verminderung der Arbeitsgelegenheit und in dem Wegzug vieler junger, radikal gesinnter Arbeiter seine Erklärung findet. Eine Zunahme der sozialdemokratischen Bewegung in dem Sinne, dass dadurch die Zuverlässigkeit der Mannschaften des Beurlaubtenstandes in Frage gestellt wäre, muss daher zurzeit jedenfalls als ausgeschlossen gelten.

30. **Ein arbeitswilliger Bergmann bittet den Betriebsinspektor der Zeche Lucas anlässlich eines Streiks um Schutz vor den Streikposten (1910).**
Bergmann Thomas Gaschinsky an Betriebsinspektor Limberg vom 30.11.1910. Landesarchiv NRW Abt. Rheinland, RD Präs. 846. Die Schriftform der Vorlage wurde beibehalten.

Herrn Wohlgeboren Betriebsinspektor Limberg.

Ich nehme mir die Freiheit Ihnen Herr Wohlgeboren Betriebsinspektor Limberg meine Lage klar zu stellen, aus welchem Grunde ich nicht im Stande bin, meine beiden Söhne und ich die Arbeit aufzunehmen, so gerne ich auch arbeiten will; aber es ist uns nicht möglich durchzukommen, weil wir werden von allen Seiten aufgepasst und ich bin mir mein Leben nicht sicher mit meinen Söhne zur Arbeit hinzugehen. Das kommt davon, dass ich im Jahre 1905 bei dem Streik immer gearbeitet habe, denn damals arbeitete ich auf Zeche Freien Vogel bei Hörde.[71] Und nun als am Montag die Arbeit niedergelegt wurde, da hieß es denn auch noch, nun wir wollen doch aufpassen, ob der alte Streikbrecher dem auch jetzt mit seinen beiden Jungens auch weiter arbeitet. Aber dieses Mal kommt er nicht so gut wieder durch wie damals 1905 als er gleich an der Zeche wohnte. Auch standen des Abends als ich mit meinen beiden Söhnen zur Arbeit gehen wollte 4–6 Mann an die zwei Wege, wo wir hergehen müssen. Wie Sie ja auch wohl wissen geehrter Herr Wohlgeborener Betriebsinspektor, dass ich die Zeit wo wir hier auf Zeche Lukas arbeiten, immer unsere Schicht verfahren haben und es auch sobald wie es mir und meinen beiden Söhnen möglich ist, die Arbeit gleich wieder aufnehmen werde. Nun möchte ich Sie geehrter Herr Wohlgeborener Betriebsinspektor bitten, mir doch Ihren Rat erteilen wie ich es nun machen soll mit meiner Arbeit, dass ich gerne bereit bin die Arbeit wieder aufzunehmen. Wenn ich nur weiß wie ich mein Leben schützen kann, denn ich habe ja auch Frau und Kinder zu ernähren. Möchten Sie mir nun etwas Rat erteilen in diese Sache, so möchte ich Ihnen bitten mir doch eben zu benachrichtigen.

Geehrter Herr Betriebsinspektor Limberg. Es bittet Ihnen um Entschuldigung in diese Sache [gez.] Thomas Gaschinsky.

---

70 D. h., die Firma führte »schwarze Listen« über die aus dem bezeichneten Grund Entlassenen.
71 D. i. Zeche Freie Vogel & Unverhofft.

31. »An die Bergsklaven!« Syndikalistische Agitation gegen den Arbeitsnachweis des Zechenverbands[72] [ca. 1910]

Flugblatt »An die Bergsklaven!«, o.D. [ca. 1910]. Landesarchiv NRW Abt. Westfalen, RM VII 82, Bl. 9.

Motto: Erhebt Euch, die verflucht auf Erden,   *Versklavte Menge, auf! Erhebt Euch!*
           Des Hungers Sklaven, greift zur Tat!   *Räumt auf mit der Vergangenheit!*
           Das Denken bricht sich Bahn gewaltsam   *Die Welt muss sich von Grund auf ändern,*
           Und flammt empor – das Ende naht.   *Wer heut nichts gilt, lebt auf befreit!*
                                                      Eugen Pottier[73]

Kameraden! Klassengenossen!

Die Knechtung und Knebelung durch den Zwangsarbeitsnachweis der Grubenprotzen ist perfekt. Seine verheerende Wirkung auf die gesamte Lage der Bergarbeiter beginnt sich schon jetzt in der kurzen Zeit seines Bestehens zu zeigen. Noch ist es der Anfang. Noch wird man nicht mit den gemeinen Mitteln, die derartigen Instituten eigen sind, wie sie z.B. durch die Aufdeckung der Geheimakten des Mannheim-Ludwigshafener Arbeitsnachweises bekannt geworden [sind], zu Werke gehen.

Die Bergarbeiter sollen erst eingewöhnt werden. Der Verderben bringende Einfluss des Arbeitsnachweises auf die Gemüter der Knappen ist aber jetzt schon zu verspüren.

Die Bedingung, erst kündigen zu müssen, bevor der Bergmann weiß, wo er später bleibt, ist eine Fessel. Das Gefühl der Unsicherheit, nicht zu wissen, ob er in Wochen oder Monaten nach der Kündigung Arbeit und somit Brot für sich und die Seinen hat, beherrscht ihn. Auch die Aussicht auf die Geldausgaben und die Hetzjagd von dem Maßregelungsbüro – pardon Arbeitsnachweis! – zur Zeche und umgekehrt gibt ihm zu denken.

Der Zweck, der mit allen diesen Maßnahmen erreicht werden soll, ist zu offensichtlich, als dass er verkannt werden könnte. Es soll verwirklicht werden, was auf einer Versammlung eines Zentral-Unternehmerverbands in Bezug auf den Arbeiter gesagt wurde. Er soll wissen:

»Dass er als Knecht geboren, auch als solcher sein Leben zu verbringen hat. Das, was er sich einbildet, als sein rechtmäßiges Arbeitsverdienst zu betrachten, ist eben eine in Gnaden gewährte Zuwendung, für die er sich dankbar zu erweisen hat.«

---

72   Der 1909 gegründete Zechenverband bündelte die Interessen der Bergbaugesellschaften in Arbeiterangelegenheiten und besonders bei Konflikten. Er führte, um den Arbeitsmarkt im Bergbau zu kontrollieren, einen zentralen »Arbeitsnachweis« ein, bei dem offene Stellen und abkehrende Bergleute gemeldet wurden. Das Büro sollte nicht nur den starken Arbeitsplatz-Wechsel, das »Zechenlaufen«, einschränken. Es führte, zusammen mit »Schwarzen Listen« über streikbereite Bergleute, zu einer scharfen Disziplinierung der Belegschaften.

73   Eugène (der Vorname wurde »eingedeutscht«) Edine Pottier (1816–1887) war französischer Kommunist und Mitglied der Pariser Commune 1871. Er war u.a. Verfasser des berühmten internationalen Kampflieds der Arbeiterbewegung, der »Internationale«.

Bergsklaven, Knechte will man aus Euch machen. Für den Jammerlohn, der für die schwerste und gefahrenreichste Beschäftigung der gesamten Industrie gezahlt wird, sollt Ihr Euch den modernen Strauchrittern noch dankbar erweisen. Ihr sollt froh sein, dass Ihr überhaupt noch Lohn erhaltet und Euch ja nicht einbilden, dass Ihr die paar Mark, die Ihr erhaltet, rechtmäßig zu fordern habt, sondern man will Euch lehren, dass dies »*eine in Gnaden gewährte Zuwendung ist.*«

Die frechste Verhöhnung der Arbeiterschaft, von deren Schweiß und Blut sich eine Handvoll beutegieriger Kapitalisten mästen, spricht aus solchen Worten.

Kameraden! Es liegt nur an Euch, dass man so Eure Menschenrechte zertreten kann.

Nach der Bergarbeiterkonferenz in Berlin schrieben die Zeitungen: »Die Bergarbeiter wären wert, geprügelt zu werden, wollten sie sich derartige Zustände länger gefallen lassen.« Sie erhielten jetzt als Antwort auf die dort erhobenen berechtigten Forderungen an die Grubenbarone von diesen den Arbeitsnachweis, wodurch die Existenzbedingungen der Bergarbeiter auf ein noch tieferes Niveau herabgedrückt werden sollen.

Bergarbeiter! Lasst Ihr Euch dieses alles gefallen, dann wird man in Zukunft den Bogen noch straffer spannen und den Brotkorb noch höher hängen.

Bis jetzt habt Ihr noch keinen Widerstand geleistet, der von den Zechenbesitzern ernst zu nehmen wäre.

Bettelgesuche und Petitionen an Minister und Regierungen, das war bisher der »Kampf«, der geführt wurde.

Seid Ihr denn immer noch nicht zur Erkenntnis gekommen, dass auf diesem Wege nichts zu erreichen ist?

Habt Ihr immer noch Vertrauen zur Gesetzgebung, die Euch doch 1905 so schnöde im Stich gelassen hat?

Lastet die verhasste Berggesetz- und Knappschaftsnovelle nicht schwer genug auf Euch?

Könnt Ihr von dem »Verwaltungsausschuss der Besitzenden«, – denn weiter sind die Regierungen doch nichts – verlangen, dass sie gegen ihre eigenen Interessen verstoßen?

Eine Arbeiterschaft, die ihre Rechte fordert, sollte sich nicht zu einer solch erniedrigenden Tat, wie sie die Bittgesuche und dergleichen darstellen, her[ab]lassen. Sie ernten dafür nur Spott und Hohn seitens der Berg- und anderer Herrenmenschen.

Freilich werden manche unter Euch sagen: »Wäre nur eine andere Konjunktur, dann würden wir uns so etwas nicht bieten lassen. Aber jetzt, wo alle Lager voll sind?«

Das ist das alte Lied.

Bei guter Konjunktur heißt es: »Wir bekommen die Kumpels nicht aus der Grube heraus, solange noch sechs bis sieben Mark verdient werden«; bei schlechter Konjunktur klingt es umgekehrt: »Jetzt, wo alle Lager voll sind, hat es doch keinen Zweck, da arbeiten wir nur den Kapitalisten in die Hände.« Ja zum Teufel, wann ist denn dann überhaupt der richtige Zeitpunkt, den Kampf gegen kapitalistische Willkür und Unterdrückung aufnehmen zu können?

Warum habt Ihr Euch denn organisiert?

Der Abgeordnete Sachse[74] sagte im Reichstag:

»Unser Zweck ist, große wirtschaftliche Kämpfe zu verhindern!«

Klassengenossen! Dieses Bekenntnis erklärt gewiss alles. Denkt an die vor drei Jahren mit so großem Tamtam eingeleitete, ein so klägliches Ende genommene Lohnbewegung. Die Konjunktur war gut, die Stimmung der Kameraden ebenfalls, und was war das Ende? »Die Berge kreisten […] und haben ein Mäuslein geboren.«

Denkt auch an das famose Knappschaftsgesetz und die damit verbundene Bewegung. Auch da war die Konjunktur gut, die Erbitterung der Massen sehr groß, und was kam heraus? – »Unser Zweck ist, große wirtschaftliche Kämpfe zu verhindern!« Diesem Grundsatz gemäß wurde die erlittene Niederlage zu einem Sieg gemodelt. »*Ein gewaltiger Sieg des Bergarbeiter-Verbands!*« war seinerzeit am Kopf der »Bergarbeiter-Zeitung« zu lesen, und jetzt muss der »gewaltige Sieg« in seinen Einzelheiten zerpflückt werden, um die Paragrafen ob ihres arbeiterfeindlichen Inhalts zu kennzeichnen. Der Zweck, »große wirtschaftliche Kämpfe zu vermeiden«, war erreicht. […]

Kampf! Kampf! Unerbittlicher Kampf in allen seinen Formen! [Das] muss die Parole sein. Große wirtschaftliche Kämpfe *vorzubereiten und zur gegebenen Zeit durchzuführen, das ist der Zweck der Arbeiterorganisationen.*

Den günstigsten Zeitpunkt erfassen, um den Kapitalisten eine empfindliche Niederlage beizubringen, *das ist Taktik.* Unsere Aufgabe ist und soll sein, diesen Grundsatz zur Durchführung zu bringen.

»*Die beste Deckung ist der Hieb!*« sagte ein bekannter Sozialdemokrat. Als die Frage des Zwangsarbeiternachweises auftauchte, da war es Zeit für die Vertreter der Organisation – die die Folgeerscheinungen desselben doch kennen mussten, – alles zu unternehmen, [um] den Gewaltstreich abzuwenden. Stattdessen verwies man darauf, abzuwarten, was der 1. Januar bringe, ob die Grubenbarone es wagen würden, ihre Drohung wahr zu machen. Man weiß nicht, ob man angesichts solchen Verhaltens von Naivität oder von etwas Schlimmerem in Bezug auf die Führer reden soll. Jedenfalls hätte die fieberhafte Tätigkeit, die von dem Zeitpunkt an die Grubenbarone entfalteten, sie eines Besseren belehren können. Es hörten die Feierschichten auf, Wagenmangel war mit einem Mal auch nicht mehr vorhanden, sondern alles wurde aufgeboten, die Lagerplätze zu füllen, um in einem eventuellen Kampf gerüstet zu sein. Anstatt hier nun seitens der Arbeiterorganisation einzusetzen, verwies man die empörten Bergarbeiter an den Reichstag, in dem dann die Sache auch so verlief, wie sie verlaufen musste.

Genau so ist es auch mit den weiteren Maßnahmen, die ergriffen wurden. In dem gemeinsamen Aufruf der vier Vorstände heißt es: »Ein Streik sei jetzt nicht angebracht, erst müssten die großen Kohlenvorräte verschwinden«.

Ist hier nicht den Grubenbaronen ein warnender Fingerzeig gegeben? Haben sie nicht ein Interesse daran, dafür zu sorgen, dass ja die großen Vorräte nicht zusammenschrumpfen?

---

74 Hermann Sachse (1862–1942) war 1892–1895 Vorsitzender des Sächsischen Berg- und Hüttenarbeiterverbands und 1898–1920 für die SPD Mitglied des Reichstags.

„Der moderne Simson". Karikatur zum Bergarbeiterstreik 1912 (Zeichner: A. Mrawek), erstmals abgedruckt in: Illustrierte Unterhaltungs-Beilage des Wahren Jacob, Nr. 670 vom 23.3.1912 [Institut für Zeitungsforschung Dortmund]

Wissen wir nicht aus Erfahrung, dass es den Werksgewaltigen ein Leichtes ist, dafür zu sorgen, dass auch in Zeiten flottesten Geschäftsgangs noch Kohlen auf Lager geschüttet werden?

Bergarbeiter! Bei richtiger Erziehung der Mitglieder wäre es ein Leichtes, die großen Vorräte verschwinden zu machen. Würden nur angesichts der modernen Kampfesweise der Kapitalisten auch die modernen Machtmittel den organisierten Arbeitern propagiert. *Die direkte Aktion*, in diesem Fall die *passive Resistenz*, würde in zirka zwei Monaten mit den ganzen Vorräten aufgeräumt haben.

Bergarbeiter! Es ist unmöglich, im Rahmen eines knappen Flugblatts die Prinzipien unserer Vereinigungen ausführlich zu erörtern. Im Allgemeinen ist in Vorstehendem ein kleiner Überblick gegeben.

Manch einer von Euch wird sagen: »Das ist alles richtig, aber Ihr seid zu schwach, solches durchzuführen«. Manch anderer, vor allem Eure Angestellten, werden sagen: »Ihr treibt nur Zersplitterung!« Demgegenüber haben wir kurz zu erwidern: Allerdings können wir noch nicht auf eigene Faust den Kampf mit dem Großkapital aufnehmen. Aber revolutionäres Denken und Fühlen können wir unter der Arbeiterschaft und vor allem der Bergarbeiterschaft verbreiten. Den heiligen Hass gegen diese heutige wahnsinnige sogenannte göttliche Weltordnung in die Herzen der Bergsklaven säen, das können und wollen wir. Der andere Vorwurf fällt auf den Urheber zurück. Wird gekämpft, dann werdet Ihr uns an erster Stelle in Euren Reihen sehen. Unser Ziel geht allerdings über das Ziel des deutschen Bergarbeiterverbands hinaus. In augenblicklicher Situation muss – um mit Bömelburgs[75] Worten zu reden – es sich zeigen, dass *»wir in erster Linie Arbeiter und Klassengenossen sind, die den Kampf führen für ihre gemeinsamen Rechte«*.

Die Vorstände der Freien Bergarbeiter-Vereinigungen.

32. Streikjustiz 1912
Eine Statistik der Streikjustiz, in: Arbeiter-Zeitung (Dortmund), Nr. 180 vom 20.6.1912.

Über die Anzahl der wegen Streikvergehens Verurteilten und die Gesamtsumme der Strafen veröffentlicht die neueste »Bergarbeiter-Zeitung« eine Aufstellung.[76] Diese ist gewonnen aus den Verhandlungsberichten verschiedener Zeitungen im Industriebezirk, soweit sie verfolgt werden konnten. Bis zum 10. Juni ergeben sich nach den lückenhaften Feststellungen Verurteilungen:

---

75 Theodor Bömelburg (1862–1912), Gewerkschaftsführer und SPD-Politiker, war u.a. Mitgründer (1891) und langjähriger Vorsitzender (1894–1910) des Deutschen Maurerverbands und des Bauarbeiterverbands. Von 1903 bis zu seinem Tod war Bömelburg zudem Reichstagsmitglied für den Wahlkreis Dortmund-Hörde.

76 Die Angaben in diesem Artikel stimmen überein mit dem Aufsatz »Ein Vierteljahr Streikjustiz«, in: Bergarbeiter-Zeitung 24 (1912), Nr. 25 vom 22.6.1912, S. 2.

	Männer	Frauen	Jahre	Monate	Wochen	Tage	Mark Geldstr[afe]
In Bochum	163	63	38	1	10	5	4.022
In Dortmund	176	56	23	–	11	4	5.056
An and[eren] Orten	171	47	23	9	2	3	2.591
Zusammen	510	166	85	3	2	5	11.669

85 Jahre Freiheitsstrafen! Fast 12.000 Mark Geldstrafe!

So ungeheuer diese Zahlen sind, glauben wir behaupten zu können, *dass sie weit hinter der Wirklichkeit zurückbleiben.* Über viele Verhandlungen ist gar nicht berichtet worden. Vor allen Dingen konnten die Schöffengerichtssitzungen nicht sämtlich mit Berichterstattern belegt werden. Gerade diese aber haben (man denke an *Castrop*) vielfach geradezu drakonische Strafen verhängt. Man geht deshalb wohl nicht fehl, wenn man annimmt, dass weit über hundert Jahre Gefängnis bisher verhängt worden sind.

Nicht Mörder und Räuber haben diese Freiheitsstrafen abzubüßen, sondern *brave Arbeitsleute*, die nur etwas mehr Brot für sich und ihre Kinder haben wollten. Gutwillig bekamen sie es nicht, also haben sie es den schwerreichen Kohlenkönigen durch gemeinsame Arbeitseinstellung *abtrotzen* wollen. Das wurde ihnen von den *Streikbrechern* vereitelt. Die 676 Verurteilten haben nichts weiter verbrochen, als dass sie jene Arbeitwilligen zur Teilnahme am Streik zu bewegen suchten. Das geschah je nach dem Temperament durch Ermahnung, durch Schimpfworte, durch Drohungen, in vereinzelten Fällen allerdings durch Handgreiflichkeiten. Die wenigen Gewalttätigkeiten, die vorgekommen sind, haben eine furchtbare Strafe nach sich gezogen. Ein Arbeiter erhielt dafür drei Jahre Zuchthaus, zwei andere je zwei Jahre Gefängnis, weitere zwei jeder ein Jahr und drei Monate. In *keinem Fall* – das muss hervorgehoben werden – *haben Streikende ein Menschenleben auf dem Gewissen.* Fünf Menschen wurden allerdings während des Streiks getötet. Aber nicht von streikenden Arbeitern sind sie erschlagen worden – sie fielen von den Revolverkugeln der *Polizei* und eines *christlichen Arbeitswilligen*. Drei der Opfer sind, wie es amtlich heißt, in der Notwehr getötet worden, die anderen zwei durch eigenes Verschulden und unglücklichen Zufall. Den Tätern dürfte kaum etwas geschehen, die Untersuchung wird ihre Straflosigkeit schon ergeben.

Den Bergleuten und allen anderen Arbeitern ha[ben] der Streik und der nachfolgende Justizfeldzug eindringliche Lehren erteilt. Wer die Macht hat, auf dessen Seite steht das Recht. Wenn die Arbeiter ihr Recht wollen, müssen sie sich die Macht verschaffen. Sie ist zu erlangen durch die Einigkeit, durch die Organisation. An den Arbeitern selbst liegt es, diese Lehren in die Tat umzusetzen. Je früher sie es tun, desto geringer werden die Opfer sein, die sie im Kampf um ihr Recht bringen müssen.

33. Fortgesetzter Streit unter den Bergarbeitergewerkschaften nach dem »Dreibundstreik« 1912:[77] Bericht über eine Bergarbeiterversammlung am 28. Dezember 1913

Polizeibericht über eine öffentliche Bergarbeiterversammlung des Gewerkvereins christlicher Bergarbeiter in Datteln vom 28.12.1913. Landesarchiv NRW Abt. Westfalen, RM VII 46,2, Bl. 6–9.

Der Arbeitersekretär Stieler eröffnete die Versammlung mit dem Gruß, mit dem die Kollegen täglich zur Arbeit gehen, »Glück auf«, und erteilte dem Referenten Rediger[78] das Wort zu der Tagesordnung. Rediger führte aus, der Zweck der heutigen Versammlung sei, aufzuklären, wodurch die in letzter Zeit auf der Zeche Emscher-Lippe zu Tage getretenen Missstände entstehen und welches die Folgen für die Bergarbeiter sind. Zwei Vertrauensleute seien von der Zeche Emscher-Lippe entlassen worden, weil sie die Urheber eines Artikels im »Bergknappen«[79] seien, welcher die Missstände im Betrieb rügte. Durch diese Maßregelung seien zwei Familienväter brotlos geworden. Durch diese Maßnahme sei der Arbeitsvertrag gebrochen. Das Vorgehen der Verwaltung sei keinesfalls gerechtfertigt und nicht dazu angetan, den gewerblichen Frieden zu erhalten. Die Verwaltung der Zeche sei von jeher bestrebt gewesen, den Arbeiterorganisationen das Rückgrat zu brechen.

Der Arbeitsvertrag gibt heute den Unternehmern das Recht, nach Belieben zu schalten und zu walten. Die Arbeitsverträge werden unterschrieben, weil es die Arbeiter müssen, sie müssen sich dem Bestreben fügen. Der Vertrag ist frei von dem Mitbestimmungsrecht der Arbeiter. Wir stehen auf dem Standpunkt, dass korporative Arbeitsverträge[80] eingeführt werden müssen. [...] Die Gegner eines korp[orativen] Vertrags sind jedoch die Unternehmer und gelben Gewerkschaften.[81] Diese letzten werden gleichfalls von den Unternehmern gezüchtet. Dies geschieht vielfach auch in der Weise, dass den Anhängern dieser Bewegung eine Bevorzugung zuteilwird, in dem ihnen gute Arbeitsstellen usw. zugewiesen werden. Diese Leute bilden geradezu die Schutztruppe der Unternehmer. [...]

Weiter sprach Redner über die Missstände im Grubenbetrieb der Zeche Emscher-Lippe. Um von und zu ihrer Arbeitsstätte zu gelangen, müssen die Arbeiter teilweise durch das Wasser. Die Arbeiter wollen hier auf Emscher-Lippe keine Badekur durchmachen. Weiter wird darüber Klage geführt, dass die Arbeiter nach Beendigung der Arbeitszeit zu lange am Schacht warten müssen, um nach Hause zu kommen. So sind in letzter Zeit Fälle vorgekommen, dass Arbeiter

---

77 Der christliche Gewerkverein hatte sich an der Streikbewegung 1912 nicht beteiligt; der Ausstand wurde vom Verband deutscher Bergarbeiter, der polnischen Berufsvereinigung und dem liberalen Gewerkverein der Bergarbeiter (Hirsch-Duncker) getragen, und sein Scheitern wurde deshalb den christlichen Gewerkverein angelastet.
78 Bezirksleiter des christlichen Gewerkvereins aus Lünen/Westfalen.
79 Organ des Gewerkvereins christlicher Bergarbeiter Deutschlands aus Essen/Ruhr.
80 D. i. Tarifverträge.
81 »Gelbe«, wirtschaftsfriedliche, den Streik ablehnende Gewerkschaften (die Herkunft der Bezeichnung als »Gelbe« ist unklar) entstanden auch im Ruhrgebiet vermehrt ab etwa 1905 auf Anregung der Arbeitgeber. Vgl. Klaus J. Mattheier, Die Gelben. Nationale Arbeiter zwischen Wirtschaftsfrieden und Streik, Düsseldorf 1973.

2 ½ Stunden lang nach beendigter Schicht haben warten müssen, bevor sie zu Tage gefördert wurden. Die Kollegen sind für das lange Zurückbehalten in der Grube nicht entschädigt worden. Die Folgen hiervon sind Erkältungen, Krankheiten und letzten Endes Feierschichten. Weiter sind auch [bei] der Seilfahrt Vorfälle passiert, die den Bergpolizei-Vorschriften zuwider sind. Durch diese Missstände entstehen Krankheiten unter den Arbeitern, und das Leben wird in unnötiger Weise verkürzt. Zu den gelben Vertrauensmännern kann man kein Vertrauen haben. […] Wir wollen ein Mitbestimmungsrecht an den Lohnverträgen; die Gelben wollen das nicht. Aus diesem Grund wird die gelbe Bewegung von den Unternehmern verhätschelt. Wer liefert den Scharfmachern das Wasser? Unsere gelben Werkvereine gehen mit den Unternehmern durch Dick und Dünn. Die Gelben stimmen in deren Gesang mit ein. Die gelbe Bewegung darf nicht unterstützt werden. Diese übt Verrat an der Arbeiterschaft. Wenn ein Bergmann fällt, dann müssen zehn andere für ihn einspringen. […] Die Organisationen müssen eine bessere Grundlage haben. Aufrecht wollen wir sein. Aufklärung müssen wir haben. Jeder Bergarbeiter muss für die Organisationen eintreten. (Zurufe: Streik 1912!) Wir müssen dafür bestrebt sein, wir müssen dafür kämpfen, dass ein freier Arbeitsvertrag eingeführt wird.

Poladzik Soz[ialdemokrat]:

Er führte an, dass 1912 die Gelegenheit da gewesen sei, die Interessen der Arbeiterschaften zu fördern. (Da er ausfällig wurde und trotz wiederholter Aufforderung nicht zur Tagesordnung sprach, wurde ihm das Wort von dem Versamml[ungs-] Leiter entzogen.)

Kühn gelbe Gew[erkschaften]:

Kameraden! Bitte um größte Ruhe. Man muss den Gegner so schonend wie möglich behandeln. Ich wundere mich über die heutige Versammlung. Heute bekämpft man die Gelben, im vergangenen Jahr bekämpfte man die Roten. Steht dem christl[ichen] Bergarbeiterverband kein anderes Mittel zur Verfügung? Mir will es scheinen, dass man mit dieser Versammlung eine Wahlagitation verfolgt. Warum beschreitet man diesen Weg? Überall gibt es Missstände. Man muss diese Missstände auf eine andere Weise zu beseitigen suchen. […] Seit 25 Jahren bestehen die Verbände. Streiks verwerfen wir. Der Schaden kommt erst nachher. Wir streiken auch nicht mehr, weil es keinen Zweck hat. Man kann die Sache auf eine andere Schiebkarre laden. Eine Frage an den christl[ichen] Gewerkverein: Warum ist der Kampf bei den Sicherheitsmännerwahlen? Ihr sollt zurücktreten. Für die ganzen übrigen Auswürfe habe ich keine Worte mehr.

Krakowczyk Soz[ialdemokrat]:

Kameraden! Letzter Redner hat sich tapfer gezeigt. Es kommt darauf an, wie er sich benommen hat. Richtig ist, dass der christl[iche] Verband mit der heutigen Versammlung nur für eine spätere Wahl agitieren will. 1912 haben wir ebenfalls gestreikt wegen der Missstände. Damals war viel mehr zu erreichen. Ein großer Teil der Missstände ist ja auch abgeschafft worden, nur durch Streik. Wie haben sich jedoch die Christlichen verhalten? Streikbrecher sind sie gewesen, nach Militär haben sie geschrien; sie haben die Arbeitgeber aufgewiegelt und diesen nahe gelegt, doch die Kontraktbruchstrafe einzuhalten. Eines muss ich festnageln, die Gelben tun dies nicht. Jede Kleinigkeit wird aufgebauscht. Die christl[iche] Bergarbeitervereinigung hat den Unternehmern das Material geliefert. Die Wahrheit wird nicht gerne gehört. Die christl[iche] Bergarbeiterbewegung ist absolut nicht selbstständig. 1912 war der günstige Zeitpunkt etwas zu erreichen, falls die ganze Belegschaft gestreikt habe. Imbusch[82] hat dies selbst gesagt, und sogar bezeugt uns dies heute die Handel[s]kammer. Bei einer solchen Arbeitsgemeinschaft kann aber nichts erreicht werden, denn sie werden zum Verräter. Imbusch sagt: »Mit dem Teufel schließen wir lieber Gemeinschaft als mit den Roten«. Die Christlichen verüben Frevel an der ganzen Arbeiterschaft. Jeder Kamerad der christl[ichen] Gewerkschaft ist ein Hindernis der Bewegung. […] Nun sind zwei Sicherheitsleute der christl[ichen] Gewerkschaft entlassen, dies ist ganz logisch. Kein Unternehmer kann solche Artikelschreiber in seinem Betrieb dulden. Noch etwas zum Streik 1905. Damals wurde seitens der Christlichen den Bergarbeiterverbänden zugerufen: »Getrennt marschieren, vereint schlagen«. 1912 wurde den Unternehmern kein Bein gestellt. Eine Extrawurst haben sie für sich gebraten. Eine schlimmere Heuchelei kann ich mir nicht vorstellen. […] Die christlichen Gewerkschaften sind Eiterbeulen am Nacken der Arbeiter. Mit einer glühenden Stange müssen sie weggebrannt werden. Die Arbeiterschaft muss geschlossen vorgehen. Die Unternehmer beuten die Arbeiter aus, nur die Macht kann zum Ziel gereichen, nur die Geschlossenheit kann es bringen. […]

Rediger, christliche Gew[erkschaft] (Schlusswort):

Welche Schlüsse sollen wir aus der heutigen Versammlung ziehen? Vor allen Dingen muss darauf gesehen werden, dass die herrschenden Missstände abgeschafft werden. […] Man hat uns nicht angehört, deswegen halten wir uns verpflichtet, diese Sachen an die Öffentlichkeit zu bringen. Den Vorwurf des Kollegen Kuhn, dass wir Verrat an der Arbeiterschaft verübt hätten, muss ich entschieden zurückweisen, vielmehr geschieht dies von der gelben Seite, da sie jedes Mitbestimmungsrecht an dem Arbeitsvertrag ablehnen. […] Agitation haben wir mit der heutigen Versammlung nicht vor, vielleicht wollten dies die Roten mit ihren Reden bezwecken. Die gelben Werkvereine können wir nicht anerkennen, als was sie sich heute ausgeben. Die Gelben erziehen Heuchler und Schmarotzer. Wir werden niemals einen Roten wählen. Jeder, der rot angehaucht ist, gehe zum Bergarbeiterverband, wer christlich gesinnt ist, der gehe zum christlichen Verband. Den freien korporativen Arbeitsvertrag werden wir erkämpfen. Mit einem Hoch auf den Gewerkverein christl[icher] Bergarbeiter Deutschlands schloss die Versammlung. Von den Anwesenden Sozialdemokraten und gelben Gewerkschaften wurde dieses Hoch mit andauernden Pfuirufen begleitet.

---

82 Zu Heinrich Imbusch vgl. u.a. Dok. 23, Anm. 30 in Kap. IV (Vita) sowie Dok. 32 in Kap. VI.

Kapitel IX
Weltkrieg, Bürgerkrieg, Besetzung 1914–1924
Das »unberechenbare Jahrzehnt«
Von Holger Heith

Eine Kulmination von außergewöhnlichen Ereignissen und Krisen innerhalb nur eines Jahrzehnts, wie sie die Menschen im Ruhrgebiet zwischen den Jahren 1914 und 1924 durchlebten, verlangt geradezu nach einem prägenden Begriff. Mit dem Titel, den die Historikerin Karin Hartewig 1993 ihrem Buch über die Sozialgeschichte der Bergarbeiter und ihrer Familien gegeben hat, ist diese Dekade am treffendsten beschrieben: »Das unberechenbare Jahrzehnt«.

Zu Beginn des Betrachtungszeitraums, im August 1914, wurden die Ereignisse von der Mobilmachung, der Erklärung des Kriegszustands und der Einführung der Kriegswirtschaft bestimmt. Die Begeisterung, die aus frühen Filmdokumenten und offiziellen Verlautbarungen *(Dok. 1)* bekannt ist, wurde zumindest von denen, deren Ehemänner, Väter und Söhne zum Kriegseinsatz einberufen wurden, nur bedingt geteilt. Verstärkt wurde manche Skepsis durch die bei Kriegsbeginn schlagartig steigenden Lebensmittelpreise, was schon im August 1914 zur Einrichtung von Volksküchen führte. Den Gewerkschaften, die sich bei Kriegsbeginn – nachdem Kaiser Wilhelm II. verkündet hatte, er kenne jetzt keine Parteien mehr, er kenne nur noch Deutsche – bereitwillig unter die Pickelhaube des „Burgfriedens" begeben hatten, blieb angesichts der beginnenden Notlage der Arbeiterschaft nur noch die Option, mit Vorstellungen bei den Behörden und Arbeitgebern an deren soziale und nationale Verantwortung zu appellieren *(Dok. 2)*. Die Montanunternehmer verharrten jedoch in ihrer während langer Vorkriegsjahrzehnte festgefahrenen „Herr-im-Hause"-Strategie. Sie waren nur bedingt zu Opfern bereit und verzichteten auch nicht auf Kriegsgewinne, die sich durch die Umstellung auf Rüstungsproduktion erzielen ließen. Wenn Krupp, um solchen Anschein zu vermeiden *(Dok. 3)*, ausdrücklich festlegte, die Friedenspreise beizubehalten, dann muss man die vollständige Auslastung der Kapazitäten für den Kanonenbau im Wortsinn in Rechnung stellen.

Die durch die hohen Kriegsverluste steigende Zahl von Einberufungen machte es für die Unternehmen notwendig, diese Verkleinerung der Belegschaften zu kompensieren, und, vor allem seit dem Hindenburg-Progamm seit Herbst 1916, die nunmehr aufs Äußerste angespannten Rüstungserwartungen durch sehr zahlreiche zusätzliche Arbeitskräfte zu erfüllen. Mit den Zehntausenden Frauen, denen das Einkommen der Ehemänner und Väter fehlte, stand der Wirtschaft ein »Ersatzheer« von Arbeitskräften zur Verfügung *(Dok. 4)*. So rückten zum Beispiel in den Bergwerken zunächst die jugendlichen Arbeiter ab 16 Jahren an die gefährlichen Arbeitsplätze ihrer Väter unter Tage, und die Frauen verrichteten zunehmend die Arbeit über Tage. Des Weiteren wurden Kriegsgefangene und Arbeiter aus den besetzten Gebieten, vornehmlich Belgier und Polen, eingesetzt. Kriegsgefangene hatten sich zum Teil gemeldet, um dem eintönigen Lagerleben zu entgehen, aber in Belgien wurden Arbeitslose von den deutschen Besatzungsbehörden vor die Wahl gestellt, entweder »freiwillig« zur Arbeit in das Deutsche Reich zu gehen oder keine Lebensmittelkarte zu erhalten. Ostpolnische Arbeiter wurden sogar zwangsverpflichtet. Da durch den Einsatz von Frauen, Jugendlichen und Ausländern den Arbeitern des Ruhrgebiets und ihren Organisationen die Möglichkeit genommen war, ihre knapper werdende Arbeitskraft nach dem Prinzip von Angebot und Nachfrage in Lohnverhandlungen teuer zu verkaufen, blieben die Löhne niedrig. Zwang und niedriger Lohn waren Ursachen für eine geringe Arbeitsmotivation der ausländischen Arbeiter *(Dok. 5)*. Die sich mit Kriegsverlauf stark verschlechternde Versorgungslage mit Lebensmitteln und Gütern des täglichen Lebens *(Dok. 7)* senkte, wie auch bei den deutschen Arbeitern, zunehmend die Leistungsfähigkeit. Schlimmer noch, oft genug waren die ausländischen Arbeiter aus nichtigsten Anlässen den Misshandlungen ihrer deutschen Vorgesetzten recht- und schutzlos ausgeliefert *(Dok. 6)*.

In den Erinnerungen der meisten Menschen, die während des Ersten Weltkriegs und der Nachkriegsjahre im Ruhrgebiet lebten, hat sich der durch die englische Seeblockade und die Bevorzugung der Kriegsproduktion zunehmende Hunger eingebrannt. Die Steckrübe, die als Ersatzlebensmittel für Getreide, Kartoffeln, ja sogar Kaffee herhalten musste, wurde zum Synonym für diese Hungerjahre *(Dok. 8, 12, 13)*. Die stetigen Meldungen über Gefallene, die steigende Zahl zurückkehrender Kriegsversehrter, niedrige Löhne, Maßregelungen und Misshandlungen durch Vorgesetzte und vor allem der anhaltende Hunger führten bereits 1916 zu spontanen Streiks und Unruhen, die sich bis Kriegsende steigerten *(Dok. 9–11, 21)*.

Auslöser dieser Proteste waren nicht die klassischen Träger der deutschen Arbeiterbewegung, die einheimischen männlichen Arbeiter. Wer noch in Arbeit stand, musste täglich befürchten, im Falle des Aufbegehrens mit der Einberufung gemaßregelt zu werden. Bei den Hungerdemonstrationen schritten Jugendliche und Frauen oftmals voran. Sie waren unorganisiert und scherten sich nicht um den Burgfrieden. Sie hatten Väter, Ehemänner und Söhne im Krieg verloren. Sie waren nach jahrelangen zehnstündigen Schichten, dem Schlangestehen nach Lebensmitteln und durch jahrelange Unterernährung verzweifelt, und es gab wenig zu verlieren. Mit Kriegsende bemühten sich die Unternehmer, die Frauen so schnell wie möglich aus den Betrieben zu verdrängen, um sie durch die heimkehrenden Frontsoldaten zu ersetzen *(Dok. 18)*.

Ob es 1918 im Deutschen Reich oder im Ruhrgebiet eine reale Alternative zur folgenden Weimarer Republik gab, ist seit Jahrzehnten eine umstrittene Frage. Im Ruhrgebiet zeigten die jungen Benachteiligten ebenso die Bereitschaft, grundlegende gesellschaftliche Veränderungen mit Waffengewalt durchzusetzen *(Dok. 14)*, wie die alten Eliten bereit waren, genau dieses bald auch mit Waffengewalt zu verhindern *(Dok. 15)*.

In dieses durch Hunger und Elend ausgezehrte Ruhrgebiet kehrte nach Kriegsende im Rahmen der Demobilisierung ein Heer von Männern zurück, das jahrelang die Grausamkeit der Schützengräben überlebt hatte. Wie überall im Deutschen Reich gründeten sich Arbeiter- und Soldatenräte, welche während der Novemberrevolution die politische und militärische Macht in den Städten des Ruhrgebiets übernahmen. Diese revolutionären Ereignisse nötigten auch die Unternehmer zu handeln. Unter dem Druck von wilden Streiks waren sie zu Zugeständnissen bereit. Erstmals wurden die Bergarbeitergewerkschaften als verhandlungsberechtigte Vertreter der Arbeitnehmer anerkannt *(Dok. 16)*. In den Verhandlungen des Jahres 1919 konnten einige der schlimmsten Missstände beseitigt werden. Neben Lohnerhöhungen konnten die Gewerkschaften die Achtstunden-Schicht für Untertagearbeiter und die Einführung von Urlaubstagen durchsetzen *(Dok. 23)*. Während allerdings die Achtstunden-Schicht im Revolutionsverlauf durch das berühmte Stinnes-Legien-Abkommen für alle Gewerbe verbindlich gemacht wurde, hatten die Bergleute davon wenig: Im Bergbau hatte im Prinzip immer schon die verkürzte Schichtzeit gegolten, auch wenn es auf den Zechen nicht an Versuchen gefehlt hatte, auf geeignet erscheinende Weise an der Arbeitszeit zu manipulieren. Anders in den Hüttenwerken: Hier war nun endlich Schluss mit der elenden Arbeitsschicht.

Das wichtigste Ziel, die Sozialisierung des Ruhrbergbaus, konnte jedoch nicht erreicht werden. Die Parteien und Organisationen der Arbeiterklasse waren sich sowohl in ihren Zielen, als auch in der Vorgehensweise, uneinig. Während SPD, USPD und die sozialdemokratischen Gewerkschaften die Legitimation der Regierung durch freie Wahlen anstrebten, war das Ziel der KPD und der von ihr dominierten Arbeiter- und Soldatenräte die Revolution nach sowjetischem Vorbild *(Dok. 19, 20, 22)*. Eine solche hofften nicht nur konservative Kreise, sondern auch Sozialdemokraten und christliche Gewerkschaften zu verhindern. Auch auf das massive Drängen der Wirtschaftsführer rückten unter Duldung der sozialdemokratischen Reichsregierung Freikorpstruppen in das Ruhrgebiet, die durch Verhaftungen, Folter und Mord eine Welle des Terrors an die Ruhr trugen. Erst die Verhängung des Belagerungszustands und der Einmarsch von Reichswehrtruppen im März 1919 führten zu einer kurzen Periode angespannter Ruhe.

Zu massiven Gewaltexzessen führten die Ereignisse, die sich im Ruhrgebiet im Anschluss an den Kapp-Lüttwitz-Putsch in Berlin anbahnten. In Berlin hatte am 13. März 1920 der ehemalige Generallandschaftsdirektor Kapp mit Hilfe der Freikorpstruppen des Generals Lüttwitz die Reichsregierung gestürzt. Der Allgemeine Deutsche Gewerkschaftsbund rief zum Generalstreik auf, dem sich auch die Arbeiter des Ruhrgebiets anschlossen. Zwar brach der Putsch angesichts des massiven Widerstands nach wenigen Tagen zusammen, die erneut mobilisierten Arbeiter an der Ruhr waren aber nicht bereit, ohne die Erfüllung weiterer Forderungen die Arbeit wieder aufzunehmen. Stattdessen stellten sie sich den erneut in das Ruhrgebiet einrückenden Freikorps entgegen. In diesen bis in den Mai 1920 andauernden Kämpfen gelang es der Roten Ruhr-Armee zeitweise beinahe, das gesamte Ruhrgebiet zu besetzen. Der Aufstand von zeitweise mehr als 50.000 Arbeitern ist zum Teil durch Verhandlungen, vor allem aber durch den brutalen und massiven Einsatz der Truppen des Münsteraner Generals Watter und der reaktionären Freikorpskämpfer auch unter grauenhaften Racheakten beendet worden *(Dok. 24–28)*.

Die frühen Weimarer Jahre waren durch die Folgen des Kriegs geprägt. Ein großer Teil der Polen verließ das Ruhrgebiet, um in den neu gegründeten polnischen Staat zurückzukehren *(Dok. 17)*; andere suchten Arbeit in den belgischen und nordfranzösischen Kohlerevieren. Die bürgerlichen Parteien bemühten sich nach Hunger, Elend und Bürgerkrieg um die Mobilisierung ihrer Klientel *(Dok. 29)*, und die Wirtschaftsvertreter begannen, ihre in der Revolution eingebüßten betrieblichen Machtpositionen möglichst wieder herzustellen. Insgeheim wurde auch das weitgehende Rüstungsverbot des Versailler Vertrags unterlaufen *(Dok. 30)*. Die Lebensbedingungen der Arbeiter an der Ruhr verbesserten sich jedoch kaum, sodass die Städte bis 1923 durch Hungerunruhen erschüttert wurden *(Dok. 35, 42)*.

Noch viel stärker erschütterte die Menschen des Ruhrgebiets der Einmarsch französischer und belgischer Truppen am 10. Januar 1923. Zum Ausgleich für rückständige Reparationsleistungen sollten die Besatzer »produktive Pfänder« nehmen und den Abtransport von Ruhrkohle sicherstellen. In der Ablehnung der fremden Besatzung waren sich die Parteien und Organisationen, die sich wenige Jahre zuvor noch im Bürgerkrieg befunden hatten, überraschend einig. Mit Boykottaufrufen und passivem Widerstand sollte den französischen Truppen der Aufenthalt und der Abtransport von Kohle erschwert werden *(Dok. 32)*. Die Besatzungsbehörden antworteten darauf mit Strafandrohungen. Beamte und Industrielle, die eine Zusammenarbeit verweigerten, wurden verhaftet und in andere Reichsgebiete abgeschoben *(Dok. 33, 34)*. Bei mehreren Zusammenstößen von Soldaten und Bürgern sowie bei Anschlägen auf die Besatzungstruppen kamen zahlreiche Menschen ums Leben *(Dok. 39, 40)*. Der passive Widerstand wurde durch finanzielle Mittel der Reichsregierung gestützt. Diese Ausgaben, verbunden mit dem Wegfall der Industrieproduktion des Ruhrgebiets, führten zu einer rasanten Inflation, deren Folgen die Menschen in der Region an den Rand des Verhungerns brachten *(Dok. 35–38, 44)*. Im Oktober 1924 begann der Abzug der Besatzungstruppen, der erst im August 1925 mit der Räumung Duisburgs beendet wurde *(Dok. 43, 45)*.

Literaturhinweise

Werner Abelshauser/Ralf Himmelmann (Hg.), Revolution in Rheinland und Westfalen. Quellen zu Wirtschaft, Gesellschaft und Politik 1918–1923, Essen 1988.

Conan Fischer, The Ruhr Crisis,1923–1924, Oxford 2003.

Lothar Gall (Hg.), Krupp im 20. Jahrhundert. Die Geschichte des Unternehmens vom Ersten Weltkrieg bis zur Gründung der Stiftung, Berlin 2002.

Johannes Gorlas/Peter von Oerzen (Hg.), Ruhrkampf 1920, Essen 1987.

Karin Hartewig, Das unberechenbare Jahrzehnt. Bergarbeiter und ihre Familien im Ruhrgebiet 1914–1924, München 1993.

Gerd Krumeich (Hg.), Der Schatten des Weltkrieges. Die Ruhrbesetzung 1923, Essen 2004.

Kai Rawe, »… wir werden sie schon zur Arbeit bringen!« Ausländerbeschäftigung und Zwangsarbeit im Ruhrkohlenbergbau während des Ersten Weltkrieges, Essen 2005.

Rürup, Reinhard (Hg.), Arbeiter- und Soldatenräte im rheinisch-westfälischen Industriegebiet. Studien zur Geschichte der Revolution 1918/19, Wuppertal 1975.

Klaus Schwabe (Hg.), Die Ruhrkrise 1923. Wendepunkt der internationalen Beziehungen nach dem Ersten Weltkrieg, Paderborn 1985.

Dokumente

1. Die Essener Chronik berichtet über die Auswirkungen des deutschen Kriegseintritts 1914 auf das öffentliche Leben in der Stadt [1928].
Essener Chronik für das Jahr 1914 [Dez. 1928]. Stadtarchiv Essen.

Aufgrund der Erklärung des Kriegszustands wurde [am 31. Juli 1914] im Regierungsbezirk Düsseldorf, soweit er zum 7. Armeekorps gehörte, also auch in Essen, der verschärfte Kriegszustand angeordnet. Aller Fernsprechverkehr nach außerhalb der Ortschaften war aufgehoben, alle Wirtschaften wurden verpflichtet, um 10 Uhr abends zu schließen, Straßenansammlungen mit mehr als zehn Personen waren verboten, alle Versammlungen außer zu geschäftlichen, geselligen und kirchlichen Zwecken bedurften der Genehmigung des kommandierenden Generals in Münster. Schon nachmittags um 6 Uhr hörte der Fernsprechverkehr von Essen nach auswärts tatsächlich auf, die Wirtschaften wurden pünktlich geschlossen. Das Publikum fügte sich willig der ungewohnten Anordnung. Jeder wusste, dass diese Anordnungen nur den Zweck hatten, der Armee ihre ungeheuer verantwortungsvolle Aufgabe zu erleichtern.

In der Nachmittagsstunde des 1. August [1914], etwa gegen 6 Uhr, als die Kirchenglocken den Sonntag einläuteten, wurde die städtische Feuerwehr alarmiert. Sie erhielt im Rathaus die Plakate über die Mobilmachung des Deutschen Heeres und heftete diese Plakate unter dem Klang ihrer Warnungsglocken an allen Straßenecken in der Stadt an. Der Deutsche Kaiser hatte die Mobilmachung des gesamten Heeres und der Marine verfügt.

Die Würfel waren gefallen, die furchtbare Spannung und Aufregung war gelöst. Eine starke Bewegung ging durch das nach Tausenden zählende Publikum. Oberst Rethel verkündete vor dem Bezirkskommando I am Theaterplatz an der Spitze des Offizierskorps die Mobilmachung, Oberbürgermeister Holle[1] trat vor das Portal des Rathauses nach dem Marktplatz zu mit den Worten: »Soeben hat Seine Majestät der Kaiser die Mobilmachung angeordnet. Er ruft Heer und Marine zu den Waffen. Unsere Deutsche Armee und Flotte lebe hoch!« Begeistert stimmte alles in das Hoch ein, und brausend erscholl es: Deutschland, Deutschland über alles. Nach einem weiteren Hoch auf den Kaiser und Kriegsherrn sang die Menge entblößten Haupts: Heil Dir im Siegerkranz.

Im Nu hatte sich die schicksalsschwere Kunde durch die ganze Stadt verbreitet. Ein riesiger Verkehr, wie ihn Essen wohl noch nie gesehen hatte, durchflutete die Hauptverkehrsader vom Bahnhof bis zum Viehoferplatz. Die Haltung des Publikums war ruhig und würdig und dem Ernst der Situation angepasst. Niemand verhehlte sich, dass der kaum noch abwendbare Weltkrieg schwere Wunden schlagen würde. Man sah das Auge mancher Mutter, Gattin und Braut still sich feuchten, und auch auf den Gesichtern der Männer lag tiefer Ernst. Deutschland rüstete sich zu einem harten, schweren Kampf, den es gezwungen, aber doch voll Vertrauen und Zuversicht, aufnahm.

---

1 Albert Holle (1866–1945) war von 1906 bis 1918 Oberbürgermeister der Stadt Essen.

2. Der Gewerkverein christlicher Bergarbeiter Deutschlands appelliert an den Zechenverband, auf die zu Kriegsbeginn angekündigten Lohnabzüge angesichts der Gewinnlage zu verzichten und stattdessen selber Opfer zur Verteidigung des Vaterlands zu bringen (Aug. 1914).
Eingabe Heinrich Imbuschs (Hauptvorstand des Gewerkvereins christlicher Bergarbeiter Deutschlands) an den Zechenverband vom 17.8.1914, in: Der Bergknappe. Organ des Gewerkvereins Christlicher Bergarbeiter Deutschlands, Nr. 34 vom 22.8.1914, S. 1. (Auszug)

Wie uns von verschiedenen Stellen des Oberbergamtsbezirks Dortmund mitgeteilt wurde, haben einige Zechenverwaltungen Lohnabzüge angekündigt. Die Zeche General Blumenthal will sogar einen Lohnabzug von zehn Prozent vornehmen.

Der betroffenen Arbeiterschaft hat sich deshalb eine große Erregung bemächtigt.

Lohnabzüge sind in der jetzigen Zeit nicht berechtigt. Der Kohlenbergbau hat auch während des Kriegs genügend Absatzmöglichkeiten. Die den Grubenverwaltungen nahestehende Presse hat das ja noch in den letzten Tagen deutlich ausgesprochen und angekündigt, dass der Ruhrbergbau allen brauchbaren Arbeitslosen Beschäftigung geben könne. Die Preise für Brennstoffe sind auch ausreichend hoch.

Bietet schon die Lage des Bergbaus keine Begründung für Lohnherabsetzungen, so noch weniger die allgemeine Lage. In der jetzigen Zeit muss das ganze deutsche Volk, insbesondere die Arbeiterschaft, schwere Opfer bringen. Opfer an Blut und Gut. Die Verteidigung des Vaterlandes, die Unterstützung der Angehörigen unserer Krieger erfordern gewaltige Aufwendungen. Die infolge des Kriegs gestiegenen Preise für Lebensbedürfnisse legen den Minderbemittelten ebenfalls schwere Lasten auf. Unter diesen Umständen ist eine weitere Belastung des Volkes zugunsten des Bergbaukapitals nicht berechtigt und auch nicht zu tragen. Der Arbeiterstand ist bis zur Grenze seiner finanziellen Leistungsfähigkeit angespannt. Auch der Mittelstand würde durch eine Lohnreduzierung im Bergbau indirekt schwer getroffen.

Wir bitten deshalb die Leitung des Zechenverbands, auf die angeschlossenen Zechenverwaltungen hinzuwirken, dass die angekündigten Lohnabzüge unterbleiben. Von dem im deutschen Bergbau angelegten Kapital kann in der jetzigen ernsten Zeit ebenfalls etwas Opferwilligkeit erwartet werden. Das Kapital darf nicht die ihm durch den Krieg auferlegten Opfer auf die ohnehin stark belasteten Arbeiter abwälzen. Die Besitzer von Bergwerksanteilen haben doch nicht weniger Interesse an einem glücklichen Ausgang des Kriegs als auch die Arbeiter.

3. Zur Kruppschen Preispolitik nach Kriegsbeginn (1914)
Direktive Gustav Krupp von Bohlen und Halbachs an das Krupp-Direktorium, o.D. [Nov. 1914]. Historisches Archiv Krupp Essen, FAH 4 C 73a.

Mit Rücksicht auf den Kriegszustand *keine* Verständigung mit anderen Werken betreffend Lieferung und Preis von Kriegsmaterial für deutsche Regierungen. – Preisbestimmung nur nach Maßgabe normaler Gewinnzuschläge der Friedenszeit.

4. Die Königliche Bergwerksdirektion Recklinghausen beantragt beim Minister für Handel und Gewerbe in Berlin, den kriegsbedingten Arbeitskräftemangel im Ruhrbergbau durch den Übertage-Einsatz von Frauen zu kompensieren (1915).

Die Königliche Bergwerksdirektion Recklinghausen an den Minister für Handel und Gewerbe vom 28.10.1915. Abschrift. Bergbau-Archiv Bochum 32/850.

Zur Behebung des großen Mangels an Arbeitskräften, besonders unter Tage, könnte dadurch etwas beigetragen werden, dass ein Teil der über Tage beschäftigten Arbeiter und jugendlichen Arbeiter unter Tage angelegt [wird] und durch weibliche Arbeitskräfte ersetzt wird. Die Arbeiterinnen werden in der Lampenstube, im Holzlager, in der Sieberei, beim Auf- und Abladen von Kohlen, Koks und Bergen, sowie mit Aufräumungsarbeiten auf den Zechenplätzen zu beschäftigen sein. In erster Linie sollen Angehörige der Belegschaftsmitglieder berücksichtigt werden, vor allem diejenigen der Kriegsteilnehmer.

Die Arbeiterinnen müssen dieselben Schichten verfahren wie die männlichen Arbeiter, jedoch nur während der Tagesstunden. Es würden daher diejenigen Arbeiterinnen, welche an den Lesebändern beschäftigt sind, achtstündige, soweit sie im übrigen Betriebe angestellt werden, zwölfstündige Schicht erhalten. Bei den in zwölfstündiger Schicht Beschäftigten sind Vor- und Nachmittags-Pausen von je einer Viertelstunde und eine Mittagspause von 1 ½ Stunden vorzusehen. An etwaigen Überschichten, welche in der Regel im Anschluss an die Morgen- und Mittagsschicht mit je vier Stunden Dauer eingelegt werden, müssten auch die in geschlossenen Räumen an den Lesebändern beschäftigten Arbeiterinnen teilnehmen, jedoch nur in den Tagesstunden von 6 Uhr vormittags bis 6 Uhr nachmittags. Für diese Schichten würde eine halbstündige Mittagspause zu gewähren sein, im Übrigen ergeben die in der Förderung eintretenden Unterbrechungen Pausen von mindestens einer Stunde.

Bei genügendem Angebot besteht die Absicht, die weiblichen Arbeitskräfte nur in halben Schichten zu beschäftigen, um ihnen Gelegenheit zu geben, für den Haushalt sorgen zu können. Es wird bei der Auswahl der Arbeiterinnen besonders darauf geachtet werden, dass nur gesunde und kräftige Personen beschäftigt werden. Außerdem haben die Frauen mit Kindern nachzuweisen, dass während ihrer Abwesenheit vom Hause anderweitig für die Familie gesorgt wird. Die Beschäftigung von Arbeiterinnen findet auf zahlreichen Privatzechen bereits längere Zeit statt. Die erforderlichen Ausnahmen von den Vorschriften der Reichsgewerbeordnung sind vom Königlichen Oberbergamt Dortmund ohne Weiteres gewährt worden und werden auch für die bergfiskalischen Schachtanlagen zweifellos gewährt werden.

Wir bitten Eure Exzellenz, grundsätzlich die Genehmigung zur Beschäftigung von Arbeiterinnen auf unseren Schachtanlagen in dem oben verzeichneten Rahmen erteilen zu wollen.[2]

---

2 Das Ministerium erteilte mit Schreiben vom 4.11.1915 seine Genehmigung unter der Voraussetzung, »dass die Frauenarbeit, sobald die Verhältnisse es irgend gestatten, wieder eingeschränkt und eingestellt wird«. Bergbau-Archiv Bochum 32/850.

5. Die Unternehmensleitung des Bochumer Vereins berichtet über die schlechten Erfahrungen mit russisch-polnischen und belgischen Arbeitern und bittet daher dringend darum, von einem weiteren kriegsbedingten Austausch deutscher Arbeiter durch Ausländer abzusehen (1915).

Der Verwaltungsrat und der Generaldirektor des Bochumer Vereins für Gussstahlfabrikation an die Königliche Geschützgießerei und Geschossfabrik Ingolstadt vom 7.12.1915. Historisches Archiv Krupp Essen, WA 80/2376.

Wir beschäftigen auf unseren Werken seit Monaten etwa 110 freie russisch-polnische Arbeiter, welche mit erheblichen Kosten aus Russisch-Polen durch Vermittlung des Arbeitsamts in Lodz herangezogen wurden.

Die Erfahrungen, welche wir mit diesen Leuten gemacht haben, sind geradezu erbärmlich.

Trotzdem dieselben in unserer mustergültig eingerichteten Kaserne – welche etwa 1.300 Mann fasst – mit bester Verpflegung untergebracht sind, lohnen sie uns die ihnen gebotene Gelegenheit zu einem verhältnismäßig hohen Verdienst, mit widerlichen Unannehmlichkeiten, die ein deutscher Arbeiter sich niemals zu Schulden kommen lassen würde.

Die Arbeitsleistungen sind geradezu kläglich. An unseren Hochöfen beladen die deutschen Arbeiter in Tagesschicht 80 bis 90 Wagen mit Erz.

Ein russisch-polnischer Arbeiter erreicht im Durchschnitt zur Not 27 Wagen, dabei verlangt er aber seinen Mindestlohn von 5 M., wozu wir ein sehr Erhebliches hinzulegen müssen. Im Akkord würde er 2,70 M. verdienen.

Die Unbotmäßigkeit dieser Leute ist ganz unglaublich, sowohl bei der Arbeit wie außerhalb derselben. Sie können nur durch Zwang zur Arbeit gebracht werden und entziehen sich derselben, wo es nur geht. Sie sind dabei von bösartig halsstarriger Gesinnung und wiegeln ihre Landsleute und unsere eigenen Leute auf. Der Schmutz, den sie überall verbreiten, ist geradezu tierisch.

Gelegentlich eines neulichen, recht bösartigen Krawalls, den die Russen in unserer Kaserne hervorgerufen hatten und der durch unsere eigenen Wachmannschaften nicht niedergehalten werden konnte, mussten fünf Hauptanführer wegen Aufruhrs, tätlichen Angriffs und versuchter Gefangenenbefreiung von der zur Hilfe gerufenen Königlichen Polizei dem Gericht übergeben werden. Dabei fand man gelegentlich der angestellten Zimmeruntersuchung 28 teils volle, teils geleerte Schnapsflaschen in den von den Russen bewohnten Räumen. Die Russen waren zum großen Teil schwer betrunken und hatten sich und die Räume in einer nicht wiederzugebenden Weise besudelt.

Freie belgische Arbeiter beschäftigen wir auch seit einer Reihe von Monaten. Da dieselben nur für die Dauer von drei Monaten verpflichtet werden dürfen, die Anwerbung der Leute aber recht schwierig und kostspielig ist – wir haben zu dem Zwecke seit Monaten einen Ingenieur in Charleroi ansässig gemacht – so sind diese Arbeiter vorläufig noch viel teurer als inländische Arbeiter. Ihre Anzahl ist zurzeit auf etwa 130 Mann angewachsen.

Die Verwendung derselben im Betrieb ist wegen Schwierigkeiten, welche die Verständigung bietet, eine begrenzte. Die Leistungen sind sehr verschieden und auch oft recht mäßig.

Alles in Allem genommen, haben wir bis jetzt durch die Anwerbung von freien Arbeitern aus den besetzten feindlichen Gebieten noch keinen, auch nur annähernd gleichwertigen Ersatz für die uns genommenen deutschen Arbeiter gefunden. Wir würden ebenso gerne irgendwelche Leute von der Straße zur Arbeit einstellen, wenn wir sie nur finden könnten.

Somit sind die Voraussetzungen, welche behördlicherseits auf den Austausch kriegsverwendungsfähiger deutscher Arbeiter durch ausländische Arbeiter gesetzt werden, leider bei Weitem nicht zutreffend.

Besichtigungen und Nachfragen, welche seitens der Königlichen Gewerbeinspektion, wie auch seitens des zuständigen Kontrolloffiziers angestellt wurden, haben unsere Darlegungen auf's Vollste bestätigt.

Es kann daher nur die dringende Bitte ausgesprochen werden, der an der Lieferung von Heeresmaterial und im Besonderen von Artilleriemunition beteiligten Industrie möchten von den auf's Äußerste eingeschränkten Beständen an deutschen Arbeitern nur so wenig genommen werden wie irgend angängig ist, da diese an ihrer jetzigen Stelle auch dem Vaterland dienen.

Es sind noch ungezählte, andere Berufsstellen von minderer Wichtigkeit vorhanden, die dem Vaterland die Kräfte für's Feld geben können.

6. **Misshandlung russisch-polnischer Arbeiter durch Grubenbeamte 1915. In ihrer Eingabe an das Oberbergamt Dortmund machen die vier Bergarbeiterverbände des Ruhrgebiets auf diese Übergriffe aufmerksam und bitten darum, die Vorfälle zu untersuchen.**[3]

Eingabe des »Alten Verbands«, des Gewerkvereins christlicher Bergarbeiter, des Hirsch-Dunckerschen Gewerkvereins und der Polnischen Berufsvereinigung an das Königliche Oberbergamt Dortmund vom 14.12.1915, abgedruckt in: Vorstand des Verbandes der Bergarbeiter Deutschlands (Hg.), Material zur Lage der Bergarbeiter während des Weltkrieges. Eine Sammlung von Eingaben der vier Bergarbeiterverbände, besonders des Vorstandes des Verbandes der Bergarbeiter Deutschlands, an die Regierung sowie Zivil- und Militärbehörden, Werksbesitzer usw., Bochum 1919, S. 144ff.

Wir erlauben uns [...], die uns zugegangenen Beschwerden dem Königl. Oberbergamt zu übermitteln:

1. Am Freitag, den 26. November 1915 weigerten sich auf Zeche Neumühl Kriegsgefangene, in die Grube einzufahren, da sie keine Bergarbeiter seien. Diese Leute sind nun

---

3 Am 7.12.1915 waren diese Beschwerden bereits Thema einer Besprechung von Vertretern der vier Bergarbeiterorganisationen mit Handelsminister Dr. Sydow in Berlin. Sydow, der darauf hinwies, diese Beschwerden zur Überprüfung der Angaben direkt beim Oberbergamt in Dortmund einzureichen, betonte, dass von dieser Stelle aus gegen prügelnde Beamte selbst dann vorgegangen werden solle, wenn diese damit ihres Amts enthoben würden.

nach Angabe unseres Gewährsmannes misshandelt und mit Gewalt auf den Förderkorb gebracht, also zur Anfahrt gezwungen worden.

Unser Gewährsmann teilt uns mit, dass sich beim Schlagen besonders der Obernachtwächter Angenendt und der Fahrsteiger Uhlental hervorgetan haben. An der Misshandlung haben sich ferner noch Fahrsteiger Achtner, Drogemann, Heidtkamp und der Betriebsführer Klembeck beteiligt.

Herr Inspektor Faust habe die Schuldigen schon vernommen, da auf Zeche Neumühl große Aufregung über das Vorgehen gegenüber den Kriegsgefangenen herrscht.

2. Unterm 30. November sandte unser Bezirksleiter Krahn eine Beschwerde an den Königlichen Bergrevierbeamten des Bergamts Recklinghausen (West): Danach wurden auf der Zeche Graf Bismarck, Schacht 3/5, in Buer-Erle aus Russisch-Polen eingeführte Arbeiter schlecht behandelt.

Im Revier 3 hat der Reviersteiger in Gemeinschaft mit Schießmeistern den Arbeiter Corda so misshandelt, dass er einige Schichten feiern musste. […]

Der Zeuge Wilhelm Scheller gibt an, dass Steiger Momberger sich ausdrückte, die polnischen Arbeiter seien wie Gefangene zu behandeln, sie müssten Schläge haben, dass sie die Wand hinaufgingen.

Durch ein weiteres Schreiben vom 8. Dezember 1915 wurde dem Bergrevieramt Essen-West mitgeteilt, dass der russische Arbeiter Robert Miller, wohnhaft in Erle, Breitestraße 20, weil er sich über zu Unrecht gemachte Abzüge beschwerte, zu Boden geworfen und getreten wurde.

3. An den Königl. Bergrevierbeamten des Bergreviers Essen II sandte unser Bezirksleiter Krahn unterm 12. Dezember eine Beschwerdeschrift. Laut dieser schlug der Fahrhauer Müller auf Zeche Welheim am 10. November 1915 den 39-jährigen polnischen Arbeiter Hittinger öfters ins Gesicht, da sich im Bremsberg Wagen losgehakt hatten. […]

4. Am 30. November wurde im Grubenbetrieb der Zeche Matthias Stinnes 3/4 der Russisch-Pole Johann Gorkowski von dem Fahrsteiger Mahl wiederholt geschlagen, da er aus dessen Kaffeeflasche getrunken hatte.

5. Dass nicht nur polnische Arbeiter und Kriegsgefangene unter schlechter Behandlung zu leiden haben, sondern auch einheimische Arbeiter davon betroffen werden, zeigt folgender Fall: Am 15. Dezember 1915 kam der Wetterkontrolleur Hermann Hügen, der schon 66 Jahre zählt, abends 9 Uhr auf die Zeche Zweckel, um zu melden, dass er nicht anfahren könne.

Er geriet dabei mit dem Fahrhauer Bernhard in Wortwechsel. Als dann Hügen nach Schacht II zur Waschkaue gehen wollte, wurde er von Bernhard überfallen und ins Gesicht geschlagen, dass er zu Boden fiel. Nun hieb Bernhard weiter auf ihn ein, so dass er einige Wunden im Gesicht erhielt und krank feiern musste.

Dem Wunsch Sr. Exzellenz, des Herrn Handelsministers, Beschwerden über Misshandlungen an das Oberbergamt zur Untersuchung weiter zu geben, sind wir hiermit nachgekommen und ersuchen uns von dem Ergebnis der Untersuchung gefälligst Mitteilung machen zu wollen.

7. Der Rabbi der Synagogengemeinde Duisburg beantragt beim Oberbürgermeister die Freigabe von Fetten, die für rituell lebende Duisburger Juden geeignet sind (1916).
Rabbi Dr. Neumark für das Rabbinat der Synagogengemeinde Duisburg an den Oberbürgermeister (und zu Händen des Schlachthofdirektors Dr. Heine) vom 6.7.1916. Stadtarchiv Duisburg 50/328.

Nachdem ich bei der königlichen Regierung zu Düsseldorf die Zusicherung erhalten habe, dass die Freigabe des Rohfettes für die rituellen jüdischen Haushaltungen auch in Duisburg genehmigt werden wird, bitte ich, die Freigabe nunmehr zu wollen. [...]

Es sei mir noch gestattet, auch hier zu betonen, dass mit diesem Antrag keinerlei Bevorzugung der jüdischen rituell lebenden Bevölkerung bezweckt wird, sondern vielmehr, dass diese, wie auch der Herr Reichskanzler ausdrücklich anerkannt hat, aus einer besonderen für sie vorhandenen Notlage befreit werden, da alle anderen Fettarten, nämlich Speck, Margarine und eben auch [das dem] allgemeinen Schmelzen entstammende Talgfett von ihren Haushaltungen grundsätzlich ausgeschlossen sind.

Ich wäre daher sehr dankbar, wenn nun nach erfolgter Verfügung des Herrn Reichskanzlers dieser Notstand für die jüdischen Haushaltungen in Duisburg, wie es beispielsweise in Elberfeld, Düsseldorf, Gelsenkirchen, Frankfurt a./M. bereits geschehen ist, möglichst umgehend aufgehoben werden könnte.

8. Der Wittener Oberbürgermeister weist auf die Notwendigkeit hin, die Lebensmittelversorgung rein industrieller Gemeinden an das Niveau der landwirtschaftlich geprägten Bezirke anzugleichen, um dem wachsenden Unmut in der Stadtbevölkerung entgegenzutreten (1917).
Bericht des Oberbürgermeisters der Stadt Witten an den Regierungspräsidenten von Arnsberg vom 19.1.1917. Stadtarchiv Witten, Witten-Neu, 1.15.190, Bd. 5. (Auszug)

Allgemeine Stimmung

Die Stimmung der Bevölkerung ist durch die außerordentlich fühlbare Lebensmittelknappheit gedrückt, aber ruhig und entschlossen.

Freilich ist zu berücksichtigen, dass die neueste Herabsetzung des Kartoffelverbrauchs erst eben in Wirksamkeit getreten ist. Darüber kann kein Zweifel bestehen, dass mit einer so geringen Kartoffelmenge, wie sie dem Einzelnen jetzt zusteht, auch bei äußerster Einschränkung ohne Schaden für die Volksernährung nicht auszukommen ist, wenn nicht bald außer Steckrüben andere Nahrungsmittel von höherem Nährwert (Hafernährmittel, Grieß, Graupen, Teigwaren) in größerer Menge als bisher ausgegeben werden. Es muss meines Erachtens noch mehr wie bisher Rücksicht darauf genommen werden, dass es den Einwohnern einer rein industriellen Gemeinde hinsichtlich ihrer Ernährung heute viel schlechter geht als der Bevölkerung in ländlichen oder doch stark mit Landwirtschaft durchsetzten Gebieten. Das wird auch von der Bevölkerung, die naturgemäß zahllose Beziehungen zu solchen Gegenden hat, immer noch als ungerecht empfunden, und es ist die Besorgnis nicht unberechtigt, dass sich in der Industriebevölkerung ein starkes Maß von Unmut gegen die landwirtschaftlichen Kreise, denen man auch viel Schuld an der Verteuerung, vor allen Dingen aber an der Knappheit mancher Lebensmittel, beimisst, aufhäuft. Auch die eindringlichste Belehrung über die Schwierigkeiten, mit denen die Landwirtschaft im Krieg zu kämpfen hat, kann daran nicht viel ändern, ebenso wenig, wie ich mir von den Hindenburgspenden[4] einen durchgreifenden Erfolg zu versprechen vermag. So dankenswert diese Spenden sind, werden sie doch kaum eine nachhaltige Aufbesserung der Versorgung ermöglichen. Soweit es die vorhandenen Gesamtvorräte irgendwie zulassen, muss das Kriegsernährungsamt auf eine systematische Verbesserung der Ernährung in den rein industriellen Bezirken hinwirken, wobei weniger die Preisfrage als die Mengenfrage in Betracht kommt. Wenn in dieser Beziehung ein gerechter Ausgleich, der in Anbetracht der hier zu leistenden Schwerarbeit umso notwendiger ist, der sich aber nicht allein auf die Schwer- oder Schwerstarbeiter erstrecken sollte, beschaffen wird, dann kann mit Zuversicht erwartet werden, dass der gute Geist der Bevölkerung sich mit den unvermeidlichen Kriegsschwierigkeiten in Ruhe und Entschlossenheit abfindet.

9. Streiks im Oberhausener Bergrevier (Frühjahr 1917)

Bericht der Polizeiverwaltung Sterkrade (i.V. Beigeordneter Dr. Heuser) an den Landrat von Dinslaken über die Arbeitsniederlegungen in den dortigen Bergwerken vom 20.4.1917. Landesarchiv NRW Abt. Rheinland, Landratsamt Dinslaken 112, Bl. 1–2, abgedruckt in: Werner Abelshauser/Ralf Himmelmann (Hg.), Revolution in Rheinland und Westfalen. Quellen zu Wirtschaft, Gesellschaft und Politik 1918–1923, Essen 1988, S. 5f.

Unter Bezugnahme auf mein Telefongespräch von heute morgen berichte ich, dass die Hälfte der Belegschaft der Zeche Sterkrade, etwa 300 Personen, zur Frühschicht heute Morgen nicht angefahren ist. Als Grund für die Arbeitsverweigerung führen die Streikenden aus, sie könnten mit der verkürzten Brotration nicht auskommen. Außerdem wird geltend gemacht, dass auch die Ausgabe anderer Lebensmittel derartig knapp sei, dass sie infolge Unterernährung nicht imstande seien, die schwere Arbeit zu verrichten. Außerdem werden höhere Löhne verlangt. Ich muss darauf hinweisen, dass die Feiernden meist Frauen und halbwüchsige Burschen sind.

Heute Nachmittag findet im Lokal von Effkemann hierselbst um 2 Uhr eine Belegschaftsversammlung statt, über deren Ergebnisse ich sofort berichten werde.

Gestern Abend haben außerdem die Arbeiter des Maschinenbauwerks I und II erklärt, von heute ab nicht mehr arbeiten zu wollen. Die Belegschaft von Maschinenbauwerk II hat jedoch die Arbeit heute Morgen bei Beginn der Frühschicht wieder aufgenommen. In der ersten Pause haben jedoch ein großer Teil der Frauen und vier Männer die Arbeit niedergelegt. Auf Maschinenwerk I arbeiten eine Reihe Frauen und Jugendliche ebenfalls nicht. Der Grund, weshalb auf

---

4 Die 1915 vom Deutschen Städtetag initiierten Hindenburgspenden sollten ursprünglich das deutsche Heer mit warmer Kleidung unterstützen. Offenbar wurden die Spendenmaßnahmen im Laufe des Ersten Weltkriegs auch auf die Versorgung der Ruhrgebietsbevölkerung ausgeweitet.

diesen Abteilungen gefeiert wird, soll der sein, dass am gestrigen Lohntag unberechtigte Lohnkürzungen stattgefunden haben. Aber auch hier wird ebenfalls über die Verkürzung der Brotration und die Knappheit an Lebensmitteln geklagt. Ich hoffe, dass die Bewegung keinen weiteren Umfang annimmt und bald beendet sein wird. Ich werde auch hierüber berichten, sobald sich die Lage ändern sollte. Straßenumzüge und Unruhen haben bisher nicht stattgefunden.

10. »Die Bergleute marschieren auf!« (1917)
»Die Bergleute marschieren auf!«, in: Essener Arbeiter-Zeitung, Nr. 182 vom 6.8.1917.

Eine Kundgebung von gewaltiger Bedeutung
war es, die am Sonntag früh im Städtischen Saalbau stattfand. Die Bergarbeiter marschierten auf! Als der Kartenverkauf begann, waren schon 600–800 Menschen ohne Karten im Saal, über 4.000 Karten wurden ausgegeben, sodass im Saal auf der Galerie und in den Wandelgängen 5.000 Menschen anwesend waren. Gewaltig war die Zahl der vergeblich Einlass Begehrenden, sodass unsere Schätzung von 8.000 Besuchern keine übertriebene ist. *Und was sagt diese Versammlung der Öffentlichkeit und den Behörden?* Sie ist eine *ernste Mahnung* vor allen Dingen an die Unternehmer im Bergbau, den Bogen nicht zu überspannen, *Lebensnotwendigkeiten* und *Würde* der Bergarbeiter zu achten dadurch, dass sie den überlebten »Herr-im-Hause-Standpunkt« aufgeben, die *Löhne* in Einklang bringen mit den Lebensbedürfnissen und ablassen von dem Standpunkt, die *Organisationen* als nicht vorhanden zu betrachten.

Aber die Versammlung sagt auch der Öffentlichkeit, *dass die Arbeitermassen den Verständigungsfrieden wollen!* Im selben Saal, in dem der »Unabhängige Ausschuss« aus ganz Rheinland-Westfalen ein Fünftel der gestrigen Besucherzahl zusammenbringt für den Machtfrieden, erheben die Bergleute ihre Stimme für den Verständigungsfrieden. Wir verkennen gewiss nicht die hohe Bedeutung von Kommerzienräten und Industriekapitänen für unser Wirtschaftsleben, aber das Rückgrat unserer Wirtschaft, die Kohlenförderung, ist den Bergleuten anvertraut. *Diese wichtige Tatsache sichert der Kundgebung der Bergleute die Beachtung, die sie verdient.*

Die Versammlung sagt aber auch den *Arbeitern* etwas! Sie predigt ihnen eindringlich die Notwendigkeit und die unwiderstehliche Wucht der *Einigkeit der Arbeiter!*

Mögen *alle*, die es angeht, aus dem Essener Zeichen vom 5. August 1917 lernen!

11. Unruhen im Speisesaal. Polizeibericht über Proteste in einem Barackenlager der Firma Fried. Krupp AG in Essen, die durch Unzufriedenheit mit der Lebensmittelversorgung ausgelöst wurden (1917)
Revierbericht des Königlichen Polizeikommissars Lammert (Essen) vom 25.11.1917, weitergeleitet vom Polizeipräsidenten an die Firma Fried. Krupp AG. Abschrift. Historisches Archiv Krupp Essen, WA 41/6–161.

Am Nachmittag des 25. dieses Monats gegen 12 ½ Uhr brachen Unruhen im Speisesaal 3 in den Baracken der Hammerstr. aus, und zwar in dem Teil des Saals, der in der Hauptsache von Berlinern benutzt wird. Es handelte sich um junge Burschen, die angeblich wegen schlechten

Essens die übrige Belegschaft aufwiegelten. Es sollten keine Kartoffeln im Essen und zudem auch der Spinat sauer sein. Die Beschwerde war nach Angabe der Barackenleitung unbegründet und das Essen einwandfrei. Trotzdem, dass in den verschiedenen Speisesälen schon zwei bis drei Mal gedeckt war, hatte sich noch keine Klage erhoben, bis in dem sogenannten Berlinersaal plötzlich die Unzufriedenheit ausbrach.

Diese Leute drangen trotz wiederholten Verbots der Leitung in die anderen Säle ein und wiegelten die übrige Belegschaft auf. Tische wurden umgeworfen, gefüllte Essschüsseln umgestülpt, sodass die Speisen auf die Erde liefen, das Personal wurde mit Tellern und Speisen beworfen (auch der Mantel des Polizeiwachtmeisters Bannemann wurde durch die umhergeworfenen Speisen arg beschmutzt), kurz die Säle zeigten ein wüstes Aussehen. Die Kruppsche Oberkontrolle,[5] Feuerwehr, sowie die Polizei wurden zur Hilfe gerufen, und es gelang nach längerer Zeit, Säle und Küche zu räumen. Nur der Saal 3 musste zum Schluss gewaltsam geräumt werden, wobei sowohl die Oberkontrolle und Feuerwehr als auch die Polizei mitwirkte. Bei dieser Gelegenheit wurde ferner der Hauprädelsführer und Anstifter, der Arbeiter Hermann Brake, Fabriknummer 27838, festgenommen. Dieser hatte, wie durch Zeugen festgestellt, die übrige Belegschaft zu den Taten aufgereizt, auch geäußert, er wolle dem Verwalter Kutzi den Schädel einschlagen. Zum Schluss machte er sich noch des Hausfriedensbruchs schuldig, indem er sich weigerte, den Saal zu verlassen. Besonders ist es aufgefallen, dass sich unter den aufrührerischen Elementen namentlich viele zur Arbeitsleistung bei der Firma Krupp kommandierte Soldaten befanden, die sich in voller Uniform an den Tumulten beteiligten.

12. Ein Recklinghäuser Bergmann, Jahrgang 1909, über seine persönlichen Erinnerungen an das »Hungerjahr« 1917 [1981]
Stadt Recklinghausen (Hg.), Hochlarmarker Lesebuch. Kohle war nicht alles. 100 Jahre Ruhrgebietsgeschichte, Oberhausen 1981, S. 62.

Wir hatten zu Hause einen Küchenschrank mit Schubladen. Er war abgeschlossen. Wir Kinder hatten Hunger, wir haben bald vor Hunger geweint. An einem Nachmittag war die Mutter weg, bei einer Tante. Da haben wir Kinder die Schubladen aus dem Schrank genommen, unten reingegriffen und das Brot rausgenommen. »Oh, das Brot!« – Wir haben es ganz aufgegessen.

Als wir es auf hatten, kam uns das böse Gewissen. Und jetzt kam auch die Mutter nach Hause. »Ach«, sagt sie, »von Tante Hedwig hab ich was zu Essen mitgebracht, da wollt` ich euch heut` Abend was von machen«.

Da hat meine kleine Schwester uns verpetzt, unabsichtlich. »Ja, wir haben schon gegessen!«, sagt sie. »Wir haben Brot gehabt«. – »Wie seid ihr denn da rangekommen?« – »Ja, die Schublade losgemacht«.

Da hat die Mutter geweint: »Das Brot ist doch für den Vater. Der muss doch arbeiten. Und wenn der jetzt nach Hause kommt… Ich hab nichts für den Vater«.

---

5   Hierbei handelte es sich um eine Art Werkschutz für das gesamte Unternehmen.

Die Mutter hat geweint. Und wir haben da gestanden und tatsächlich mitgeweint.

Das bleibt einem doch ein bisschen in Erinnerung. Das war wohl das schlimmste Jahr – 1917.

13. »Es waren schlimme, schlimme Jahre«. Erinnerungen von Ida Martin aus Gelsenkirchen-Buer an die Weltkriegszeit 1914–1918 [ca. Anfang der 1980er Jahre]

Ida Martin, »Es waren schlimme, schlimme Jahre«, undat. Mskr. 10 S. [ca. Anfang der 1980er Jahre] Historisches Archiv Krupp Essen, WA 8/193, auszugsweise abgedruckt in: Hartmut Hering/ Michael Klaus (Hg.), Und das ist unsere Geschichte. Gelsenkirchener Lesebuch, Oberhausen 1984, S. 151–157.

[Meine Mutter fing] auf der Kokerei der Zeche Bergmannsglück an. Dort haben damals fast nur Frauen gearbeitet, nur ganz alte Männer und Invaliden waren noch hier, junge Männer hat man hier nicht gesehen, die waren alle im Krieg. Auf den Batterien waren nur Frauen. Außer in den Gruben haben die Frauen praktisch überall die Arbeit der Männer gemacht. Der Koks, der glühend aus den Öfen kam, wurde von den Frauen mit großen Gabeln auf Loren geladen, die dann in bereitstehende Waggons gekippt wurden. Zwölf Stunden wurde damals gearbeitet, von morgens sechs bis abends sechs. Fast den ganzen Krieg über war meine Mutter auf der Kokerei. Für das Geld konnte man ab und zu etwas außer der Reihe erstehen, zum Beispiel Maismehl, Fischfrikadellen oder Stockfisch, auch mal ein Stück Kernseife. Die wurde nur fürs Gesicht genommen, dann in ein Tuch gewickelt, das Mutter aufhob. Die übliche Seife war aus Sand.

Das Essen konnten wir aus der Kriegsküche holen. Anfangs mussten wir dazu nach Buer gehen, wo es im Kellergeschoss von Scherkamp in riesigen Kesseln gekocht wurde. Später gab es das Essen auch in Hassel auf dem Marktplatz. Es war meist nur eine dünne Suppe, aber es war täglich eine warme Mahlzeit. Steckrüben waren ja die Hauptgrundlage. Davon kochte man Suppe, machte Salate usw. Was man nicht alles getan hat, um an Essen zu kommen. Bei den Bauern in Hassel und Polsum erbaten wir uns Arbeit, denn das gute Essen, einige Kartoffeln oder Fallobst nahm man gerne mit. Um Pilze zu suchen, gingen wir fast bis nach Hervest, weil in der Nähe alles abgegrast war. Wenn die Bauern in der Erntezeit in Hassel an der Zechenbahn die Kartoffeln abluden, die dann auf Scheine verkauft wurden, schlichen sich die Jungen, meine Brüder auch, mit langen Stöcken, die an einem Ende einen großen Nagel hatten, an und versuchten, ab und zu, eine Kartoffel zu erspießen. Mit Peitschen wurden sie weggejagt. Aber der Hunger war zu groß. Es gab noch einige Familien, wo die Männer noch da waren. Die bekamen besondere Zuteilungen und standen sich dadurch etwas besser. Die haben dann sogar manchmal Kartoffelschalen weggeschmissen. Wenn unsere Jungs die fanden und mitbrachten, haben wir sie abgewaschen und zerquetscht und auf der Herdplatte davon Reibekuchen gemacht, denn Fett gab es überhaupt nicht. Es gab nur ein paar Gramm Margarine, und wenn es Leberwurst gab, war auch die sehr schlecht, da bekam jeder nur eine Scheibe anstatt Fleisch. Wie Fleisch schmeckt und aussieht, wussten wir gar nicht mehr. Bezeichnend ist vielleicht noch Folgendes: [Einer meiner Brüder] von neun Jahren sollte Brot holen gehen.

Er kam zurück und sagte, sie hätten keins, lief nach oben, schloss sich ein und aß das ganze Dreipfundbrot auf. Das gab nachher eine große Prügelei unter den Brüdern, denn alle hatten ja Hunger, und auf die Marken der nächsten Woche gab es noch nichts. Aber der Bruder sagte nur: »Und wenn Du mich totschlägst, ich war einmal richtig satt.« Ja, das waren schlimme, schlimme Zeiten. [...]

Meine Tante arbeitete damals in Essen in der Kruppschen Menage, heute sagt man Werkskantine. Sie besorgte mir dort Arbeit in der Schälküche. Ich hatte täglich einen Zentner Zwiebeln zu schälen. Wenn man sich daran gewöhnt hatte, war es ein schöner Job, bzw. eine Arbeit, denn das Wort »Job« kannte man damals noch nicht. Es war überhaupt verboten, ausländische Wörter zu benutzen. Wir mussten sagen: Bürgersteig, obwohl es früher nur Trottoir geheißen hatte. [...]

Da ich bei meiner Tante wohnen konnte, gefiel es mir bei Krupp ganz gut. Auch fiel in so einem Küchenbetrieb immer etwas ab. Wir konnten dort zum Beispiel gekochte Pellkartoffeln kaufen. Für 15 Pfennig gab es einen Liter. Wenn ich sonntags nach Hause fuhr, nahm ich oft zehn Pfund gekochte Kartoffeln mit. Man denkt heute vielleicht, so alte Pellkartoffeln, aber zu Hause wurden die mit Schale und allem gegessen, als wenn ich eine Tüte Gebäck mitgebracht hätte. Hauptsache, man war satt. Das kann sich keiner vorstellen. Ich kann heute noch kein Brot wegwerfen. Auch meine Brotscheine nahm ich mit nach Hause. So konnte ich meiner Familie über die Zeit helfen.

Nach den wechselvollen letzten Jahren war jetzt eine ruhigere Zeit eingekehrt, aber der Krieg nahm und nahm kein Ende. Die Verluste an Menschen waren ungeheuer groß. Da machte die Nachricht die Runde, der Kaiser wolle noch einmal zu Krupp kommen. Jeder wusste, dass der Kaiser mit Krupp sehr gut befreundet war, und Krupp war ja die Waffenschmiede. Die Bevölkerung von Essen war ja fast ganz bei Krupp beschäftigt. Es gab vorbildliche Sozialeinrichtungen und sogar Altenwohnungen, und so war die Arbeiterschaft bereit zu tun, was Krupp wünschte.

Als der Kaiser kam, durften wir uns auf die aufgestapelten Kappesfässer an die hohe Mauer stellen. Endlich war es soweit, es hieß, sie kommen. Dort war der Kaiser. Wir haben »Hurra« geschrien und geklatscht. Der Kronprinz hat uns Kusshände zugeworfen, und das war doch für uns Mädchen ein erhebendes Gefühl: Mein Gott, man hat die Großen einmal gesehen, nicht nur immer auf den Bildern. Wir waren selig. Auch Ludendorff und Hindenburg waren dabei, die wollten wohl mit Krupp verhandeln, ob noch was zu retten sei. Aber es war umsonst, ein paar Tage später war der Krieg aus, und der Kaiser musste abdanken.[6]

---

6 Zum Kaiserbesuch vgl. Kruppsche Mitteilungen, Nr. 36 vom 14.9.1918: Ludendorff und Hindenburg gehörten nicht zur kaiserlichen Begleitung. Der kaiserliche Besuch ist fotografisch dokumentiert in der Beilage »Nach der Schicht« zu den Kruppschen Mitteilungen, Nr. 37 vom 21.09.1918, sowie im Historischen Archiv Krupp Essen, WA 16 K 36c. Vgl. Klaus Tenfelde, »Krupp bleibt doch Krupp«. Ein Jahrhundertfest – Das Jubiläum der Firma Fried. Krupp AG in Essen 1912, Essen 2005, S. 148f.

14. Bericht eines Offiziers über die Erzählung eines jungen, aus dem Ruhrgebiet stammenden Soldaten über von der Front geschmuggelte Waffen und deren geplante Verwendung nach dem Krieg (1918)
Bericht Rentier Schütz an das Stellvertretende General Kommando II in Stettin vom 27.1.1918. Bayerisches Hauptstaatsarchiv München Abt. IV (Kriegsarchiv), Stellv. Gen. Kdo. I. A. K. Nr. 593, abgedruckt in: Bernd Ulrich/Benjamin Ziemann (Hg.), Frontalltag im Ersten Weltkrieg. Wahn und Wirklichkeit. Quellen und Dokumente, Frankfurt/Main 1995, S. 207f.

Dem Generalkommando melde ich hiermit, dass ich in der letzten Zeit wiederholt im Wartesaal und im Bahnwagen Zuhörer von Gesprächen gewesen bin, wo Soldaten ganz offen erklären, sie würden sich durch eine nach Beendigung des Krieges zu veranstaltende Revolution für Ungerechtigkeiten rächen, die sie angeblich von ihren Vorgesetzten erfahren haben wollen. [...] Ich fuhr von Mikolaiken i[n] Ostpr[eußen] nach Arys.[7] In dem Wagenabteil befanden sich mehrere Soldaten und als Zivilistin eine Lehrerin und ich. Es wurde über den Krieg und seine üblen wirtschaftlichen Begleiterscheinungen gesprochen. Hierbei äußerte sich ein neben mir sitzender junger Soldat, der nach seiner Angabe im rheinisch-westf[älischen] Industriegebiet beheimatet ist, auch wieder über die nach dem Krieg in Deutschland ausbrechende Revolution. Er sagte, dass er sich für diesen Fall schon mit Waffen Armeerevolver mit genügend Munition und Handgranaten versehen habe. Auf meine Frage, ob es denn möglich sei, Waffen und Munition mitzunehmen, ohne dass es von den Vorgesetzten bemerkt würde, erklärte er, dass dies ganz unauffällig geschehen könne, sowohl von unseren Armeerevolvern als auch von erbeuteten feindlichen könne man unbemerkt welche mit nach Hause nehmen. Auch Handgranaten ließen sich unauffällig mitnehmen, indem der Stiel ausgedreht würde und so die einzelnen Teile leicht in der Tasche zu verbergen seien. In seiner Heimat nähme jeder Soldat, der auf Urlaub nach Hause fährt, derartige Waffen mit.

15. Der Vorstand des Mülheimer Bergwerks-Vereins sieht die Gefahr eines Bergarbeiterstreiks im Ruhrrevier nur dann gegeben, wenn die Regierung in Berlin weiter nachsichtig und ängstlich gegenüber den Arbeitern agiere. Das Generalkommando in Münster habe bereits zugesichert, in einem solchen Fall für »Ruhe und Frieden« zu sorgen (1918).
Der Vorstandsvorsitzende des Mülheimer Bergwerks-Vereins, Hugo Stinnes, an die Polizeiverwaltung Mülheim/Ruhr vom 25.7.1918. Abschrift. Stadtarchiv Mülheim/Ruhr 1200/1427.

In Beantwortung Ihrer gef[äl]l[igen] Anfrage vom 22. dieses Monats [...] möchten wir uns dahin äußern, dass wir nicht nur mit der Möglichkeit, sondern mit der Wahrscheinlichkeit einer größeren Lohnbewegung unter den Bergarbeitern rechnen, weil die Gewerkschaftsführer sich bewusst sind, es mit einer Regierung zu tun zu haben, die seit Jahren eine Politik der Schwäche betrieben hat. Solange von Berlin aus immer ängstlich angefragt wird, ob denn auch wirk-

---

7 Ostpreußische Kleinstadt mit Truppenübungsplatz.

lich die Bergarbeiter ruhig bleiben wollen, kann man mit Bestimmtheit annehmen, dass sie das Gegenteil tun werden. Das Gegenstück sieht man bei denjenigen Werken, die mit bewusster Kraft derartigen Bestrebungen gegenüber treten, und bei denen ein Arbeiterausstand entweder überhaupt nicht eingetreten oder nach kurzer Zeit wieder unterdrückt worden ist. Diejenigen Werke, welche den Arbeitern am meisten entgegenkommen und bei denen die höchsten Löhne gezahlt werden, insbesondere die Werke der Rüstungsindustrie, sind am meisten von Ausständen betroffen worden, und hier haben auch die Arbeiter am meisten erreicht. Wir hören, dass sowohl die Maschinenfabrik Thyssen als auch die Dortmunder Union neuerdings scharf gegen die Bestrebungen der Arbeiter, eine verkürzte Samstagsschicht durchzudrücken, vorgegangen sind. Wir sind der Überzeugung, dass ihnen das gelingt und die Arbeiter mit ihren Forderungen nicht durchdringen werden, aber immer unter der Voraussetzung, dass ihnen nicht das Generalkommando noch im letzten Augenblick in den Arm fällt. Das Generalkommando in Münster selbst hat bisher immer viel Verständnis gezeigt und würde auch u.E. immer für Ruhe und Frieden haben sorgen können, wenn ihm nicht ständig von der ängstlichen Regierung in Berlin Schwierigkeiten bereitet worden wären. Also noch einmal, ein Bergarbeiterausstand ist nicht zu befürchten, wenn wir eine Regierung der Kraft haben, aber mit Wahrscheinlichkeit zu erwarten, wenn wir [es] mit einer Regierung der Schwäche zu tun haben. Das ist unser Standpunkt, der auch u.E. von sämtlichen Bergwerksgesellschaften geteilt wird, und wenn der Herr Minister des Innern darüber noch im Unklaren sein sollte, so möge er bei der Bergbehörde hier im Bezirk weitere Erkundigungen einziehen.

16. Die Bergarbeiterverbände werden im Oktober 1918 vom Zechenverband als verhandlungsberechtigte Vertreter anerkannt.
»Ein bedeutungsvoller Tag«, in: Bergarbeiter-Zeitung 30 (1918), Nr. 43 vom 26.10.1918.

Der 18. Oktober 1918 muss als ein bedeutungsvoller Tag in der Geschichte der Bergarbeiterbewegung Deutschlands verzeichnet werden. Wir hoffen zuversichtlich, dass von diesem Tag an eine Periode unserer Bergbauindustrie beginnt, die sich zugunsten der Allgemeinheit vorteilhaft von der jüngsten Vergangenheit unterscheidet.

Die Organisation der rheinisch-westfälischen Zechenbesitzer ist in Verhandlungen mit den Bergarbeitergewerkschaften eingetreten, erkennt diese als verhandlungsberechtigte Faktoren an und ist gewillt, zukünftig die auftauchenden Streitfragen über das bergmännische Arbeitsverhältnis, soweit sie nicht gesetzlich geregelt sind oder werden, durch schiedlich-friedliche Vereinbarungen zu lösen. Was wir seit mehr als 25 Jahren erstrebt haben, nun ist es erreicht; und wir dürfen versichern, zum Segen der Allgemeinheit! Nun dürfen wir auch fester denn je hoffen, dass unser aus tausend Wunden blutendes Vaterland in der außerordentlich schwierigen Übergangszeit vom Kriegszustand bis zur Befestigung des Weltfriedens von unabsehbar verhängnisvollen Arbeitskämpfen in unserer großen Bergbauindustrie verschont bleibt. Bis dann können sich auf gegenseitiger Achtung beruhende Vertragsverhältnisse zwischen Arbeiter und Unternehmer herausgebildet haben, die eine dauernde, ruhige gewerbliche Entwicklung verbürgen. Nach dem entsetzlichen Aderlass, den der Krieg uns zugefügt hat, müssen alle aufbauenden Kräfte zusammenwirken, um die vernichtende Selbstzerfleischung zu verhüten. Und dafür, so hoffen wir, haben die Essener Verhandlungen am 18. Oktober eine tüchtige Vorarbeit geleistet.

Der moralische Erfolg ist noch weit bedeutender. Die gewerkschaftliche Organisation der Bergleute ist nun auch werksseitig anerkannt und damit unsere prinzipiell wichtigste Forderung erfüllt! Der gewerkschaftlichen Organisation soll von den Zechenverwaltungen nichts mehr in den Weg gelegt werden. Nun muss aber auch die Drückebergerei in den Belegschaften ein Ende nehmen! Die Gewerkschaften werden sich selbstverständlich nur für ihre Mitglieder bemühen. Wer keiner Gewerkschaft angehört, darf nicht auf die Vertretung seiner Interessen rechnen. Jedes Belegschaftsmitglied kann sich heute ohne Furcht vor Maßregelung gewerkschaftlich organisieren, und je mehr Belegschaftsmitglieder organisiert sind, umso besser und haltbarer werden die Vereinbarungen über Lohn, Schichtzeit, Arbeitswechsel usw. sein. Wer sich nun nicht gewerkschaftlich organisiert, der hindert oder erschwert diese nützlichen Vereinbarungen.

17. Die Polen im Ruhrgebiet in der Endphase des Ersten Weltkriegs (1918)
Polizeibericht von Kriminalschutzmann Kluck (gegengezeichnet von Polizeiwachtmeister Kaczmierowski) vom 4.11.1918 über die Volksversammlung Herner Filiale der polnischen Arbeiterpartei in Bochum vom 3.11.1918. Stadtarchiv Herne Va/59, Bl. 68. (Auszug)

Ferner kam Redner auf die gegenwärtige Kriegslage zu sprechen. Er betonte, dass die Lage für die Deutschen jetzt ernst geworden sei, aber den Mut hätten letztere noch nicht verloren, und sie hätten sich auch stets aus den Schlingen, die von den Feinden gelegt wurden, herauszudrehen verstanden. Galizien habe sich bereits an das Königreich Polen angeschlossen? Wie sollten sich nun die hiesigen Polen zur Sache verhalten? Sie sollten sich ruhig verhalten und alle ihrer Beschäftigung ruhig weiter nachgehen. Es werden keine Revolutionen veranstaltet, wie es der Bolschewismus in Russland mache und die Unabhängigen[8] in Deutschland betreiben wollten. Wenn Unruhen veranstaltet würden, dann würde erst recht Hungersnot für die ärmeren Volksschichten eintreten, und man könnte dann noch mehr Leichen über die Straßen fahren sehen. Mit Unruhen würde man in Deutschland auch weniger zu rechnen haben, weil das deutsche Volk auf einer höheren Bildungsstufe stehe als das russische. Durch das ruhige Verhalten der Organisationen in Deutschland seien Letztere auch bei den höchsten Regierungskreisen zum hohen Ansehen gelangt, weshalb es auch Scheidemann[9] und Genossen leichter geworden sei,

---

8 Gemeint sind die Anhänger der 1917 gegründeten Unabhängigen Sozialdemokratischen Partei Deutschlands (USPD).
9 Philipp Scheidemann (1865–1939), zuvor u.a. Fraktionsvorsitzender der SPD, gehörte nach der Abspaltung der USPD 1917 dem Parteivorstand der Mehrheitspartei (MSPD) an und rief am 9. November 1918 in Berlin in einer berühmt gewordenen Rede die »deutsche Republik« aus. Zudem wurde Scheidemann Mitglied des Rats der Volksbeauftragten.

ihre jetzigen Stellungen einzunehmen. Die Regierung habe Vertrauen zu den Organisationen. Der Bolschewismus drohe, auch in das Königreich Polen überzugreifen. Hier sei es Aufgabe der polnischen Regierung, dafür zu sorgen, dass dies nicht eintritt. Die Polen wollten ein vollkommenes unabhängiges Königreich Polen haben, aber nicht auf bolschewistischen Grundsätzen aufgebaut.

18. Planungen in der Ruhrindustrie zur Entlassung weiblicher Arbeitskräfte nach Kriegsende (1918)

Brief Paul Reuschs an August Haniel vom 12.11.1918. Rheinisch-Westfälisches Wirtschaftsarchiv Köln 300-193000/4, abgedruckt in: Werner Abelshauser/Ralf Himmelmann (Hg.), Revolution in Rheinland und Westfalen. Quellen zu Wirtschaft, Gesellschaft und Politik 1918–1923, Essen 1988, S. 236.

Sehr geehrter Herr Haniel:
Die allgemeine Lage wird allmählich kritischer. Die Mitarbeiter der Arbeiterausschüsse und die Führer der Gewerkschaften haben ihre Leute kaum noch in der Hand. Die radikalsten Elemente versuchen, sich der Führung zu bemächtigen, ob mit Erfolg, muss abgewartet werden.

Heute wird auf der Abteilung Sterkrade, Zeche Sterkrade und Zeche Hugo gefeiert. Auf den übrigen Werken und Zechen wird gearbeitet.

Sobald die fremden Arbeitskräfte – Kriegsgefangene, Griechen usw. – abgeschoben sind, werde ich mit dem allmählichen Abbau der weiblichen Arbeitskräfte beginnen. Von Kündigungen wird vorläufig Abstand genommen, um die Weiber nicht auf die Straße zu treiben. Dagegen wird mithilfe der Arbeiterausschüsse schon jetzt auf diejenigen weiblichen Arbeitskräfte eingewirkt, welche im eigenen Haus oder anderweitig Beschäftigung finden, die Kündigung selbst auszusprechen. Ich nehme an, dass es uns gelingen wird, ohne jegliche Härte die Frauen allmählich los zu werden.

Mit dem Arbeiter- und Soldatenrat in Oberhausen ist verabredet, dass alle Soldaten, die bereits in Massen zurückkehren, und die früher auf der Gutehoffnungshütte arbeiteten, uns sofort zur Wiedereinstellung überwiesen werden.

Erfreulicherweise herrscht in allen Betrieben, mit Ausnahme von Abteilung Sterkrade, erheblicher Mangel an Arbeitskräften. Mehrere Hochöfen mussten gedämpft werden. Auch die Kokereien sind zum Teil außer Betrieb, sodass wir auf den Oberhausener Werken etwa 2.000 Leute und auf den Zechen mehr als 4.000 Leute sofort einstellen und beschäftigen können.

19. Flugblatt für die Sozialisierung des Bergbaus und gegen wilde Streiks (Febr. 1919)

»An die Bevölkerung des Ruhrkohlengebietes!« Flugblatt der Arbeiter- und Soldatenräte des Industriegebietes und des Arbeiter- und Soldatenrates vom 17.2.1919. Archiv für soziale Bewegungen Bochum, IGBE-Archiv Nr. 19245.

Siehe die Abbildungen auf den Seiten 521 und 522.

An die Bevölkerung des Ruhrkohlengebietes!

Die Konferenz der A.-S.-Räte des Ruhrkohlengebietes, die am 14. Januar unter Teilnahme von Vertretern aller gewerkschaftlichen Bergarbeiterorganisationen in Essen tagte, beschloß, die

sofortige Sozialisierung des Kohlenbergbaues

selbst in die Hand zu nehmen. In diesen kurzen Worten liegt eine Tatsache von ungeheurer Bedeutung. Damit ist die Revolution von der politischen zur sozialen, zur wirtschaftlichen Revolution geworden. Sozialisierung, das ist ein Wort, unter dem sich nicht jeder etwas vorstellen kann. Es bedeutet, daß

die Ausbeutung des Arbeiters durch den Unternehmer ein Ende

haben soll, daß die großen Betriebe dem Kapitalisten genommen und Eigentum des Volkes werden sollen. Niemand soll sich mehr mühelos an der Arbeit anderer bereichern können, allen Arbeitenden sollen die Früchte ihrer Arbeit selbst zugute kommen. Der Anfang soll gemacht werden bei den Bergwerken, bei den Bodenschätzen, die noch mehr als alles andere von Rechts wegen dem ganzen Volke und nicht einzelnen Bevorzugten gehören.

Zur Durchführung der Sozialisierung ist von der Konferenz ein Volkskommissar, Landrichter **Ruben**, eingesetzt worden; ihm sind von jeder sozialistischen Partei, von der Mehrheitspartei, den Unabhängigen und der Spartakusgruppe je drei Beisitzer zur Seite gegeben worden, die gemeinsam an die Aufgaben der Sozialisierung herangehen werden.

Dieses selbe Bild, die gemeinsame ernsthafte Arbeit aller sozialistischen Gruppen an den praktischen Aufgaben der Sozialisierung, zeigte die ganze Konferenz, und es ist dringend notwendig, daß sich die gesamte sozialistische Arbeiterschaft des Industriegebiets und darüber hinaus zusammenfindet, um gemeinsam an diesem großen Ziel des Sozialismus zu arbeiten.

Der Volkskommissar und seine Beisitzer sollen aber nicht wie die alten Behörden von oben herab alles anordnen, sondern sie sollen getragen sein von dem

Vertrauen der ganzen Arbeiterschaft.

Deshalb ist beschlossen worden, das Werk der Sozialisierung auf dem **Rätesystem** aufzubauen. Ihr braucht über dies Wort nicht zu erschrecken und dabei an Bolschewismus oder andere grauliche Sachen denken. Das Beschlossene bedeutet nichts anderes als die Erfüllung dessen, was die Bergarbeiter seit Jahrzehnten für ihre Vertretungen auf den Zechen gefordert haben. Ob man die Vertretung Ausschuß oder Rat nennt, ist gleichgültig. In jedem Steigerrevier soll ein Vertrauensmann der Arbeiterschaft gewählt werden, der die Angelegenheiten des Reviers, insbesondere die Festsetzung der Gedinge und die Überwachung der Arbeiterschutzvorschriften zu überwachen hat. Sämtliche Reviervertrauensleute einer Schachtanlage wählen den **Zechenrat**, der mit der Betriebsleitung zusammen sämtliche Angelegenheiten der Schachtanlage regelt. Der Zechenrat soll bestehen aus einem technischen Beamten, einem kaufmännischen Beamten und bis zu drei Belegschaftsmitgliedern. Für jedes Bergrevier wird ein **Bergrevierrat** gewählt. Die 20 Bergrevierräte des Kohlengebiets wählen den **Zentralzechenrat**, der die Tätigkeit des Volkskommissars und seiner Beigeordneten überwacht. Durch diesen Ausbau der Arbeitervertretung ist die Mitbestimmung der Arbeiterschaft in den kleinsten wie in den größten Fragen gesichert.

Eine der ersten Aufgaben des Volkskommissars wird es sein, in Gemeinschaft mit den Berufsverbänden der Bergleute

tarifmäßig geregelte Lohnverhältnisse

für das ganze Gebiet zu schaffen. Das kann natürlich nicht im Handumdrehen geschehen. Neben der Regelung der Lohnfrage muß auch auf eine **Senkung der Preise für Lebensmittel** Bedacht genommen werden, da ja Lohnsteigerungen zwecklos sind, wenn sie wie bisher von einem anhaltenden Steigen der Lebensmittelpreise begleitet sind.

Im eigenen Interesse muß die Arbeiterschaft **Disziplin und Solidarität** beweisen, auch dann, wenn in der ersten Zeit nach dem ungeheuren Zusammenbruch des Krieges sich die Verhältnisse

Vorderseite des Flugblatts von Febr. 1919 [Archiv für soziale Bewegungen Bochum]

nicht so glänzend entwickeln, wie wir alle das wünschen möchten. Wir haben nunmehr die Gewißheit,
**daß wir nicht mehr für die Kapitalisten,
sondern für uns und für die Volksgesamtheit arbeiten,**
und daß nach gewissenhafter Prüfung der Verhältnisse durch die Beauftragten der Arbeiter selbst der Arbeiterschaft jede Verbesserung ihres Loses zuteil wird, die praktisch möglich ist.

Unserem ganzen Volke geht es wie dem einzelnen kleinen Geschäftsmann, der aus dem Kriege zurückkehrt und sein Geschäft neu aufbauen muß. Unser Land steht vor einem ungeheuren wirtschaftlichen Trümmerhaufen und nur ernste Arbeit und gewissenhafte Selbstzucht kann es aus dem Elend hinausführen.

Wir treten nun an Euch mit der Aufforderung heran, sofort überall dem Streik ein Ende zu machen. Die allergrößte und wichtigste Forderung ist erreicht: Die Bergwerke sind Volkseigentum geworden. Es gilt jetzt das Erreichte auszubauen, damit jedem einzelnen Arbeiter die Früchte der Sozialisierung zugute kommen. Dieser Ausbau kann nur gelingen, wenn das Wirtschaftsleben im Gang bleibt. Wer heute, nach erfolgter Sozialisierung noch streikt, schädigt sich selber und seine Arbeitskollegen. Er fällt uns in den Arm in dem Augenblick, wo wir endgültig aufräumen wollen mit dem Kapitalismus, er unterstützt den Kapitalismus und schädigt den Sozialismus.

Arbeiter, haltet die Augen offen.

Der Kapitalismus hat nur noch eine Hoffnung, daß das Werk der Sozialisierung an Eurer Uneinigkeit zusammenbricht. Er wird **bestochene Agenten** unter Euch schicken, die Euch klarmachen sollen, mit der Sozialisierung sei Euch nicht gedient, die Euch **unüberlegte Forderungen** einblasen und Euch zu wilden Streiks aufhetzen.

Seht Euch die Leute an, die jetzt noch nach der Sozialisierung zum Streik auffordern!

Sie können nicht Euer Gutes wollen. **Alle Eure Organisationen:** die freien Gewerkschaften, die syndikalistischen Gewerkschaften und die christlichen Gewerkschaften, die Hirsch-Dunkerschen und die polnischen, sind nach den Erklärungen ihrer Vertreter auf der Essener Konferenz **für die Sozialisierung und gegen den Streik.** Alle sozialistischen Parteien: die sozialdemokratische Mehrheitspartei, die Unabhängigen und der Spartakusbund fordern Euch auf, die Arbeit aufzunehmen.

Wer jetzt noch zum Streik auffordert, ist entweder ein gefährlicher Wirrkopf oder ein bestochener Agent des Kapitalismus.

Nehmt Euch in Acht vor diesen Leuten und weist sie mit allem Nachdruck zurück. **Laßt Euch nicht terrorisieren** von einer unaufgeklärten Minderheit, von unreifen Burschen, Wirrköpfen, und Kapitalsknechten. Besinnt Euch, daß Ihr Männer seid, die wissen was sie wollen.

Verteidigt selbst Eure neuerrungene sozialistische Freiheit.

Wo es not tut werden die Arbeiter- und Soldatenräte Euch Schutz und Hilfe gewähren. Wir wollen keinen Militarismus; Eure eigenen Volkswehren sind stark genug, den Sozialismus zu verteidigen. Geht unverzüglich an die Wahl der Betriebsräte. Die Wahlordnung wird in den Zeitungen bekanntgegeben. Die Betriebsräte sichern Euch die Durchsetzung aller vernünftigen Forderungen. Der Streik wird dadurch zu einem veralteten Hilfsmittel. **Rätesystem ist besser als Streik.**

Eine der ersten Aufgaben des Rätesystems wird eine gleichmäßige, gerechte Lohnregelung für das ganze Gebiet sein. Habt Vertrauen zu Euren selbstgewählten Führern!

Einigkeit, Entschlossenheit und Einsicht tut not. Es ist uns gleich, zu welcher gewerkschaftlichen Organisation, zu welcher politischen Gruppe Ihr gehört. Jeden Klassenbewußten, jeden sozialistisch aufgeklärten Volksgenossen rufen wir auf zur gemeinsamen Arbeit. Wir wollen uns hindurchringen durch diese schwere Zeit. Wir wollen uns herausarbeiten aus dem Elend, in das der Kapitalismus und der Militarismus uns gestürzt haben. **Wirkliche Freiheit, Wohlstand des ganzen Volkes, dauernder Völkerfriede, das sind die Ziele unserer gemeinsamen Arbeit.**

Die Arbeiter- und Soldatenräte des Industriegebietes.

J. A.: **Arbeiter- und Soldatenrat, Essen.**

Baade (Unabh. Soz.)   **König** (Spartakusbund)   **Limbertz** (Soz.-Dem. Partei).

Rückseite des Flugblatts von Febr. 1919 [Archiv für soziale Bewegungen Bochum]

20. Flugblatt gegen die sozialdemokratische Regierung in Berlin, für einen Generalstreik und den Abzug von Reichswehrtruppen aus dem Ruhrgebiet (Febr. 1919)
Streik-Komitees von KPD und USPD, undat. [Febr. 1919]. Archiv für soziale Bewegungen Bochum, IGBE-Archiv Nr. 19245.

Arbeiter!
Genossen!

Die Regierung der Ebert-Scheidemann-Noske[10] hat uns den Kampf aufgezwungen, wir müssen ihn aufnehmen.

In Rheinland und Westfalen herrschten Ruhe und Ordnung, bis es den kommandierenden Generalen und dem Volksverräter Noske einfiel, die Regierungstruppen, diese Banden gedungener Söldner, zu Mord und Plünderung in das Revier zu senden.

Im Sennelager, in Münster, in Recklinghausen, in Hervest-Dorsten, in Haltern wüten diese Bluthunde. Wehrlose Weiber und Kinder fallen ihrem Wüten zum Opfer. Kein Arbeiter ist dort seines Lebens mehr sicher, kein Haus ist sicher vor ihren Plünderungen.

Sollen wir warten, bis sie das ganze Industrierevier überschwemmen, sollen wir uns wie Hunde erschießen lassen von den Söldnern des Kapitals?

Wir haben lange Geduld geübt. Frist über Frist ist der Reichsregierung gestellt worden. Die Delegierten der Arbeiter sind in Berlin und Weimar verspottet und genarrt worden.

Was will die Regierung? Warum lechzt sie nach Blut? *Sie will den revolutionären Geist der Arbeiterschaft im Industrierevier brechen.* Sie hat, als sie noch nicht ihre Mörderbanden organisiert hatte, das Versprechen gegeben, dass sie die Sozialisierung des Bergbaus durchführen werde; inzwischen haben die Verräter des Sozialismus, die Ebert und Scheidemann mit der Kapitalistenklasse paktiert. Die Beherrscher des Kapitals diktieren die Bedingungen.

Mit der Sozialisierung ist es aus. Der von den Arbeitern eingesetzten Neunerkommission zur Verbreitung der Sozialisierung wird eine Gnadenfrist gelassen; sie soll, nach dem Willen der Regierung, noch ein paar Wochen für die Beruhigung der Bergarbeiter sorgen, dann hat sie abzutreten, *und die Arbeitskammer, in der die Stinnes und Thyssen das große Wort führen werden, soll an ihre Stelle treten.* Frecher hat man unter der Regierung Wilhelms niemals die Arbeiter verhöhnt!

Weil man wohl weiß, dass die revolutionäre Arbeiterschaft sich solches nicht bieten lässt, sendet man die Mörderscharen her. *Damit die Herrschaft der Stinnes und Konsorten gesi-*

---

10 Friedrich Ebert (1871–1925), zuvor Vorsitzender des Rats der Volksbeauftragten, wurde am 11. Februar 1919 von der Nationalversammlung zum ersten Reichspräsidenten der Weimarer Republik gewählt. Philipp Scheidemann (1865–1939) war von Februar 1919 bis zu seinem Rücktritt im Juni erster Ministerpräsident und Gustav Noske (1868–1946) erster Reichswehrminister der Weimarer Republik. Alle drei SPD-Politiker waren langjährige Mitglieder der Reichstagsfraktion und des Parteivorstands und gehörten innerhalb der SPD dem rechten Flügel an. Deren Vertreter sprachen sich prinzipiell für die notfalls gewaltsame Landesverteidigung gegen Aufständische und Streikende aus.

chert sei, soll der weiße Schrecken[11] *im Land herrschen, sollen die Träger des revolutionären Gedankens hingeschlachtet werden, wie sie in Berlin, in Bremen, in Hamburg hingeschlachtet wurden.*

Arbeiter, Genossen! Den uns aufgezwungenen Kampf müssen wir durchkämpfen.

Wir fordern Euch auf, überall die Arbeit niederzulegen und nicht wieder aufzunehmen, bis die Regierungstruppen aus dem Revier zurückgezogen sind.

Vermeidet jede Gewalt.

Haltet proletarische Disziplin und Ordnung.

Lasst es nicht zu, dass unsere heilige Sache durch verbrecherische Elemente besudelt wird.

Bleibt ihr fest und geschlossen, dann ist der Sieg unser. Sie können nicht Kohlen mit Kanonen und Maschinengewehren aus der Erde holen. Sie werden gezwungen werden, unsere Reche zu achten.

Auf zum Kampf für unser Recht

Das Streik-Komitee

Für die kommunistische Partei Deutschlands:

A. Koenig, K. Völker, E. Jacqel.

Für die Unabhängige des Sozialdemokratische Partei Deutschlands:

Plewka. G. Neystens, M. Herrmann.

Streiklokal: Spahn, Essen, Steeler Straße

21. Beschwerde über die zunehmenden Hamsterfahrten aus den Industrieregionen des Ruhrgebiets nach Ostwestfalen (1919)

Beschwerdeschreiben des Kreisausschusses Höxter beim Regierungspräsidenten in Minden vom 2.3.1919. Abschrift. Landesarchiv NRW Abt. Westfalen, OP 3945, abgedruckt in: Werner Abelshauser/Ralf Himmelmann (Hg.), Revolution in Rheinland und Westfalen. Quellen zu Wirtschaft, Gesellschaft und Politik 1918–1923, Essen 1988, S. 203f.

Ew. Hochwohlgeboren beehre ich mich zu berichten, dass die Hamsterplage im hiesigen Kreis einen Umfang und Formen angenommen hat, die zu den größten Besorgnissen Anlass geben.

Von allen Seiten höre ich Klagen und beobachte es selber bei meinen Dienstfahrten, dass die Hamsterer des Rheinisch-Westfälischen Industriegebiets jetzt scharenweise, ungehemmt durch irgendwelche behördlichen »Maßnahmen zur Einschränkung des Reiseverkehrs« den Kreis überfluten. Die Bewohner geben ihnen von ihren Vorräten, teils gelockt durch die unglaublichen Preise, die ihnen gezahlt werden (für 1 Pfund Butter sind schon 31 M. geboten worden!), teils aus Gutmütigkeit und Bequemlichkeit, um die Klagen nicht länger hören zu müssen, teils auch,- und das nimmt leider einen bedrohlichen Umfang an – aus Furcht vor den versteckten oder auch offenen Drohungen, mit denen das Verlangen nach Lebensmitteln

---

11 Hier wird auf die Oktoberrevolution 1917 in Russland und die Rolle der sozialdemokratisch orientierten Menschewiki (Weißen) als Gegner der Bolschewiki (Roten) um Lenin angespielt.

begleitet wird. Gewalt gegen Drohungen zu setzen, scheuen sich die Leute noch vielfach, sind auch in einzeln liegenden Gehöften oft dazu nicht in der Lage, da die Hamster schon jetzt häufiger truppweise ihre Besuche abstatten. Die Gendarmen sind der Menge von vielfach bewaffneten Hamstern gegenüber, die sich auf Bahnhöfen zusammenfinden, zur Machtlosigkeit und Ohnmacht verurteilt, da auch das müßige Publikum, das die Bahnhöfe namentlich der kleinen Städte belebt, meist Partei für die Hamster und Schleichhändler ergreift. Die von mir angeordnete Maßnahme, dass mehrere Gendarmen zusammenarbeiten, kann auch keinen durchschlagenden Erfolg haben, und vorläufig sträuben sich aus erklärlichen Gründen noch die Bauernwehren, bei derartigen Durchsuchungen und Beschlagnahmen, wobei sie sich blutige Köpfe holen können und ihre Zeit verlieren, mitzuwirken.

Diesen Übelständen gegenüber muss ich es als eine unverantwortliche und nicht scharf genug zu rügende Maßnahme bezeichnen, wenn, wie ich festgestellt habe, zahlreiche Ortspolizeibehörden wie z.B. Wattenscheid, Gelsenkirchen, Wanne, Dortmund, den Hamstern Fahrtausweise, die von ihnen und den pp. Soldaten und Arbeiterräten unterschrieben, gestempelt und gesiegelt sind »zum Einkauf von Lebensmitteln« ausstellen, und, wie von Hamstern vielfach erzählt wird, sie zu Hamster-Reisen in ländliche Bezirke geradezu auffordern. Die betreffenden Verwaltungen sollten sich doch selber sagen, dass sie den ländlichen Lieferkreisen damit die Erfüllung ihrer Ablieferungspflicht völlig unmöglich machen.

Euer Hochwohlgeboren bitte ich gehorsamst, sich für die Abstellung dieses Missstandes einsetzen zu wollen, da ich voraussehe, dass sonst der Tag sehr nahe gerückt ist, an dem der Kreis Höxter sich in Bezug auf Lebensmittellieferung bankrott erklären muss, und an dem sich infolge weiterer Einfälle von hungrigen und gewinnsüchtigen Menschenmassen Folgen von unabsehbarer Tragweite einstellen.

22. Der Regierungspräsident in Arnsberg berichtet an den Minister des Innern über spartakistische Unruhen in seinem Regierungsbezirk (1919).

Schreiben des Regierungspräsidenten in Arnsberg an den Minister des Innern vom 7.5.1919. Abschrift. Landesarchiv NRW Abt. Westfalen, OP Münster 6007, Bl. 267–270, abgedruckt in: Werner Abelshauser/Ralf Himmelmann (Hg.), Revolution in Rheinland und Westfalen. Quellen zu Wirtschaft, Gesellschaft und Politik 1918–1923, Essen 1988, S. 87ff.

An spartakistischen Unruhen sind im hiesigen Regierungsbezirk zeitlich geordnet folgende vorgekommen:

In Dortmund hatte am 7. Januar ein Ausschuss revolutionärer Soldaten durch auffällige Plakate Soldaten, Matrosen, Soldaten der Sicherheitswehr, Deserteure und Kriegsbeschädigte zu einer öffentlichen Soldatenversammlung eingeladen. Diese Versammlung wurde von aufrührerischen Elementen in geschickter Weise zu einem größeren Putsch benutzt, der durch Demonstrationszüge eingeleitet werden sollte und den Zweck hatte, die Herrschaft der Revolutionäre aufzurichten und die Vorbereitungen zur Nationalversammlung zu stören. Es kam an vier Stellen der Stadt zu erheblichen Kämpfen. Bei dieser Gelegenheit wurde vorübergehend das Redaktionsgebäude der Westfälischen Allgemeinen Volkszeitung (Organ der Mehrheitssozialisten) besetzt. Die Aufrührer wurden jedoch nach wenigen Stunden wieder daraus vertrieben.

Gegen 12 1/4 Uhr nachts wurde ein Sturm auf das Stadthaus und das Polizeigefängnis unternommen. Etwa 1.500 Personen verlangten Einlass und begannen mit Gewalttätigkeiten, als dieser verweigert wurde. Das erste Tor zum Gefängnis wurde erbrochen. Als die Sicherheitswehr darauf scharf zu schießen begann, wurden, nachdem ein Mann aus der Zahl der Angreifer getötet und einer schwer verletzt worden war, Verhandlungen eingeleitet, die dazu führten, dass die Demonstranten abzogen.

Im Ganzen hatten die Angreifer zwei Tote und zwölf zum Teil schwer Verletzte.

In Ickern, Landkreis Dortmund, wurde am 18. Januar das Amtsgebäude der Verwaltungsstelle Ickern überfallen. Beabsichtigt war, den aus Mehrheitssozialisten bestehenden Arbeiterrat abzusetzen. Im Anschluss an eine vorangegangene Versammlung wurde ein Demonstrationszug nach dem Amtshaus veranstaltet und dort die im Amtsgebäude befindliche Sicherheitswehr und Polizei entwaffnet und der Arbeiterrat verhaftet. Das Waffendepot wurde gestürmt und die Waffen unter die Menge verteilt. Nach drei Tagen wurden die Leute durch die Dortmunder Sicherheitswehr entwaffnet.

In Altenbochum, Landkreis Bochum, war am 5. Februar 1919 die Belegschaft der Zeche Dannenbaum I und II in [den] Ausstand getreten. Verlangt wurde die Absetzung des Grubeninspektors Schleicher, der bei den Arbeitern infolge seiner Strenge unbeliebt war.

Etwa 400 Ausständige setzten noch am Abend dieses Tages die Förderung auf den Zechen Prinzregent, Friederika und Julius Philipp der Bergbaugesellschaft Deutsch-Luxemburg still. Sie zogen vor die Privatwohnungen des Direktors Knepper und des Grubeninspektors Schleicher, um diesen ihre Forderungen vorzutragen. Da beide nicht anwesend waren, drangen sie in die Wohnungen ein, raubten in Gegenwart der verängstigten Frauen, was ihnen in die Hände fiel. Außer den vorhandenen Lebensmitteln wurden Bekleidungsstücke, Wäsche, Läufer, Nippsachen,[12] Federvieh, Kaninchen und Schafe gestohlen und namentlich bei Schleicher durch Einschlagen der Schränke und mutwilliges Beschädigen der Möbel erheblicher Schaden angerichtet. Der Gesamtschaden wird auf 30.000 Mk. angegeben. [...]

In Ickern, Landkreis Dortmund, wurde am 19. Februar im Anschluss an eine Versammlung der unabhängigen Sozialisten auf der Zeche Viktor 3/4[13] das dort befindliche Lebensmittellager, das die Lebensmittel für die Gefangenen enthielt, gestürmt und geplündert. Es wurden für annähernd 250.000 M. Lebensmittel, Decken und andere Gegenstände entwendet. Eine Anzahl von Zechenbeamten, die die Plünderung verhindern wollten, wurden zum Teil schwer verletzt. Das Strafverfahren ist im Gange. Im Anschluss hieran wurde am 21. Februar ein Überfall auf die Sicherheitswehr von Castrop unternommen, die den Schutz der Zeche Viktor übernommen hatte. Veranlassung hierzu war, dass die Castroper Sicherheitswehr im Auftrag des Bezirkssoldatenrats Castrop die unzuverlässige Sicherheitswehr Ickern aufgelöst hatte.

---

12 Nippes.
13 Im Original: Viktoria 3/4.

Auch hier wurde im Anschluss an eine Versammlung, zu der viel auswärtiges Gesindel herangezogen worden war, ein Umzug veranstaltet, an dem die Zechenbeamten und mehrere andere Einwohner Ickerns teilzunehmen gezwungen wurden. Die Spartakisten hatten zuvor die Fernsprechanschlüsse der Einwohner gesperrt. Es kam zu einem scharfen Feuergefecht, das von 5 Uhr nachmittags bis 12 Uhr nachts anhielt und eine erhebliche Zahl von Toten und Verwundeten zur Folge hatte. Die Spartakisten konnten erst mit Hilfe der Sicherheitswehren von Bochum und Herne überwältigt werden. Während des Gefechts wurden verschiedene Wohnungen von Zechenbeamten gestürmt und vollständig ausgeplündert. Die Strafverfolgung ist eingeleitet, aber noch nicht abgeschlossen.

In Witten hatten am 19. und 22. März aus Anlass der im Rathaus geführten Tarifverhandlungen Ansammlungen stattgefunden. Am 24. März nachmittags stellten sich vor dem Lokal der Wittener Volkszeitung, die von den Arbeitern falscher Berichterstattung über die Tarifverhandlungen beschuldigt wurde, hinter einer roten Fahne geschlossen anmarschierend, mehrere 1.000 Personen ein. Sie wollten von der Zeitung die Angabe des Namens des Berichterstatters des angeblich unrichtigen Artikels erzwingen. Da diese Absicht der Polizeiverwaltung vorher bekannt geworden war, waren vor dem Haus und in der Nähe 23 Polizeibeamte und eine Anzahl von Sicherheitsmannschaften des Arbeiterrats mit Karabinern und Handgranaten aufgestellt. Von dem Polizeiinspektor wurde die Menge wiederholt vor Gewalttätigkeiten und deren Folgen eindringlich gewarnt. Eine Abordnung der Demonstranten war inzwischen in die Druckerei eingelassen worden. Von verschiedenen Leuten wurde gefordert, dass die Polizei und die Sicherheitswehr die Waffen ablegen sollten. Das wurde von dem Polizeikommissar, der den Befehl führte, abgelehnt. Hierauf stürzten sich die Demonstranten in überwältigender Zahl auf die Polizei- und Sicherheitsmannschaften und versuchten, ihnen die Waffen zu entreißen. Nachdem einer der Demonstranten eine Handgranate gegen die Polizei geworfen hatte, die einen Polizeiwachtmeister tötete und mehrere Beamte verletzte, machte die Polizei ebenfalls von ihren Waffen Gebrauch und säuberte die Straße. Bei dieser Gelegenheit wurden 17 Personen getötet und etwa 35 verwundet. Auf telefonisches Ersuchen an die Schutzzentrale Herne trafen am Abend Verstärkungen aus Bochum und Gelsenkirchen ein. Die Menge versuchte, diesen die Waffen und Maschinengewehre zu entreißen, so dass der Polizeiinspektor sich genötigt sah, wiederum gegen die Menge vorzugehen, um den Raub der Waffen zu verhindern. Die mehrtausendköpfige Menge, aus der zum Teil Schüsse fielen, wurde dann durch die Abgabe von Schreckschüssen zerstreut. Am 25. März nachmittags hatte sich wieder eine größere Menge vor dem Rathaus angesammelt, auch diesmal wurde der Versuch gemacht, den Sicherheitswehren die Waffen wegzunehmen, zum Teil mit Erfolg. Die Menge wurde darauf ebenso wie tags vorher durch Abgabe von Schreckschüssen zerstreut, die geraubten Waffen wurden wieder zurückgeholt.

Am 31. März kam es in Castrop, Landkreis Dortmund, nachm[ittags] zu größeren Unruhen, die durch spartakistische Elemente hervorgerufen waren.

Im Anschluss an eine von Spartakisten am 29. März einberufene Belegschaftsversammlung der Zeche Schwerin, in welcher die bekannten acht Punkte der unabhängigen Sozialdemokraten[14] gefordert wurden, zog ein Zug von etwa 400 Mann nach Castrop, um dem dortigen Bürgermeister die Resolution zu überreichen. Verhandlungen wurden auf den 31. März im Rathaus anberaumt. Am Mittag des 31. März trafen außer den Bergleuten der Zeche Schwerin auch Abordnungen der Belegschaften von den Zechen Erin und Teutoburgia in Castrop ein. In dem Rathaus wurden dann mit dem Bürgermeister und dem Arbeiterrat Verhandlungen geführt, die daran scheiterten, dass Bürgermeister und Arbeiterrat die Forderungen nicht anerkannten, weil die Entscheidung hierüber nicht in ihrem Ermessen läge. Die Forderungen auf Entwaffnung der Polizei, Gendarmerie und Sicherheitswehr wurden abgelehnt. Die Streikkomitees brachen hierauf die Verhandlungen ab. Sie teilten mit verhetzenden Worten der Menge, die sich vor dem Gebäude angesammelt hatte, das Ergebnis mit, und erklärten, man dürfte sich das nicht gefallen lassen, sondern müsse unter allen Umständen die Waffen herausholen. Die Masse stürmte dann auf das Verwaltungsgebäude ein, schlug Fensterscheiben entzwei und trat Türen ein; gleichzeitig wurde aus der Menge geschossen. Infolgedessen ging die Sicherheitswehr mit scharfen Schüssen und Handgranaten gegen die Stürmenden vor. Die Menge zerstob nach kurzer Zeit. Sieben Tote und acht Schwerverletzte wurden festgestellt. Im Laufe des Nachmittags trafen die Sicherheitswehren aus den benachbarten Städten ein und schafften Ordnung, soweit es noch nötig war. […]

Besonders bemerkenswerte Vorkommnisse sind soweit nicht zu verzeichnen. Auch sind besondere Gräueltaten und Rohheiten der aufrührerischen Elemente oder Missgriffe und Ausschreitungen der Organe der Regierungsgewalt nicht zu meiner Kenntnis gekommen.

Der Bericht kann erst jetzt erstattet werden, da infolge der dauernden Unruhen im Regierungsbezirk die Berichte der Unterbehörde zum Teil mit sehr erheblicher Verspätung eingingen.

Gez. von Bake.

23. Erstmals in der Geschichte des Ruhrbergbaus soll den Bergleuten unter bestimmten Voraussetzungen Urlaub gewährt werden (1919).
Herner Zeitung, Nr. 217 vom 17.9.1919.

Zwischen den Vertretern der vier großen Bergarbeiterorganisationen[15] und dem Zechenverband sind nach längeren Verhandlungen jetzt Richtlinien für die Erteilung von Urlaub an die Bergarbeiter festgelegt worden. Der Urlaub wird allen mindestens 18 Jahre alten Arbeitern gewährt und beträgt nach Erfüllung gewisser Voraussetzungen, zu deren Prüfung nähere Vereinbarungen getroffen werden sollen, bei einjähriger Beschäftigungsdauer drei Arbeitstage, bei zweijähriger Beschäftigung vier Arbeitstage, bei dreijähriger Beschäftigung fünf Arbeitstage, bei

---

14 Gemeint sind die Forderungen des ersten Kongresses der Arbeiter- und Soldatenräte Deutschlands (16.-18.12.1918) in Berlin, auf dem u.a. auf die Einschränkung der Befehlsgewalt der Offiziere, die Abschaffung der Rangabzeichen und die Wahl der Offiziere durch die Truppe gedrängt wurde.
15 Im Einzelnen handelt es sich um den Alten Verband, den Gewerkverein christlicher Bergarbeiter, den Hirsch-Dunckerschen Gewerkverein der Bergarbeiter und die Bergbau-Abteilung der Polnischen Berufsvereinigung.

vierjähriger und längerer Beschäftigung sechs Arbeitstage, wobei jedoch die Beschäftigungszeit im Alter von weniger als 17 Jahren nicht mitzählt. Für die Urlaubsschichten erhält der Schichtlöhner ebenso wie der Gedingelöhner den Lohn bezahlt, den er pro Schicht verdienen würde, wenn er auf der Zeche bei gleicher Beschäftigung weiter gearbeitet hätte. Während des Urlaubs darf keine andere Lohnarbeit verrichtet werden.

24. Polizeibericht über »Aufwiegler« und »Hetzer« in Duisburg (1920)
Bericht eines Polizeikommissars an den Polizeibezirk VII in Duisburg vom 4.2.1920. Stadtarchiv Duisburg 51/19.

Im Nachgang zu der am 3.2. vorgelegten Meldung betr. Aufwiegler unter den Bergarbeitern, sind jetzt weitere Personen festgestellt:

1.) der schon angegebene Karl Pusemann, geb. 4.11.[18]75 in Wilmersdorf. Er hat sich am 3.2. nach Friemersheim, Steinstraße 19, abgemeldet. P. ist sehr radikal und ein ganz gefährlicher Hetzer. Beim ersten Streik im Monat Januar hat P., noch bevor der überwachende Beamte in der Versammlung erschien, erklärt:

»Den Kapitalisten muss man mit der Spitzhacke drangehen. Es muss Blut fließen«.

Dann soll P. während der Versammlung laut gerufen haben:

»Wenn wir von der Polizei gezwungen werden, Notstandsarbeiten zu verrichten, so müssen wir das, was wir mit den Händen geschafft, mit dem Arsch wieder umwerfen«.

Ob der überwachende Beamte – Polizeioberwachtmeister Bleesen – diese Äußerungen gehört [hat], weiß ich nicht.

Dem Unterzeichneten ist dies von einer einwandfreien Person mitgeteilt worden.

Als weiterer radikaler Hetzer kommt noch hinzu, der Bergmann Wilhelm Kriener, geb. 24.4.85 in Mengede, wohnhaft Cleverstraße 9.

25. Flugblatt der »Roten Ruhr-Armee«, in dem sie sich gegen Vorwürfe der Grausamkeit wehrt und dem Militär eben diese vorwirft (1920)
Aufruf der Roten Armee vom 20.3.1920, abgedruckt in: Hans Spethmann, Zwölf Jahre Ruhrbergbau. Aus seiner Geschichte von Kriegsanfang bis zum Franzosenabmarsch 1914–1925. Bd. II: Aufstand und Ausstand vor und nach dem Kapp-Putsch bis zur Ruhrbesetzung, Berlin 1928, S. 133.

An Alle!

Der Bevölkerung wird zur Kenntnis gebracht, dass die Rote Armee keine Gräueltaten und Rohheiten begangen hat. Die Reichswehrtruppen dagegen haben in der unmenschlichsten Weise die festgenommenen Geiseln und die in Gefangenschaft geratenen Soldaten der Roten Armee behandelt. Die Geiseln wurden mit ausgespreizten Beinen über die Maschinengewehre gestellt und dienten somit als Deckung der Maschinengewehr-Schützen. Die Gefangenen wurden in Strohhaufen gesteckt und bis zur Verkohlung verbrannt, andere, mit den Füßen nach oben, aufgehängt, ihre Leiber aufgeschlitzt und die Därme herausgenommen; vorher wurden sie in der brutalsten Weise mit Gewehrkolben misshandelt. So haben Reichswehrtruppen gegen ihre eigenen Landsleute gehandelt.

Wir bringen mit dem Gefühl des Abscheus, der Verachtung und entsetzlichen Grauens dieses von sogenannten »*Reichswehrtruppen*« (Banditen sind es) der Bevölkerung zur allgemeinen Kenntnis, ohne an Rache und Vergeltung an Unschuldigen zu denken.

Der gesamten Bevölkerung wird gerechter Schutz durch die Rote Armee zugesichert, wenn sie sich loyal verhält und die Waffen streckt. Keine Rache, keine sonstigen Strafen wird die Rote Armee verhängen. Wir kämpfen nur für unsere Ideale, die die der ganzen Menschheit sein müssten, für ein freies Volk auf freiem Grund.

Keine Gräueltaten, keine Vergeltung, keine Strafen; nur Menschenliebe und Gerechtigkeit wollen wir obwalten lassen.

Die Rote Armee.

26. Während des »Ruhrkampfs« bittet die »Rote Ruhr-Armee« die Firma Fried. Krupp AG um die Herstellung und Bereitstellung von Geschützen und Munition (1920).
Anfrage des revolutionären Vollzugsrats der Stadt Essen an die Verwaltung der Firma Krupp vom 26.3.1920. Historisches Archiv Krupp Essen, WA 41/5–60.

Die Gefechtsleitung der roten Armee richtet an die Verwaltung der Fa Krupp die höfl[iche] Anfrage ob die Firma gewillt ist, Geschütze nebst Munition für die rote Armee herzustellen?

Außerdem wird gebeten um ein genaues Verzeichnis der dort lagernden brauchbaren Geschütze u. Munition.

Eine genaue Antwort wird bis 10.30 Uhr erbeten.

Die Antwort überbringt der Bote.

In Vertretung der Gefechtsleitung Dinslaken

Kutscher, Kurier

Essen 26.3.20.

[Antwortschreiben der Fried. Krupp AG vom 26.3.1920]

Auf die Anfrage vom 26. d. M. erwidern wir,

1.) dass wir nach den Friedensbedingungen nur mit Zustimmung der Entente Artilleriegerät herstellen dürfen. Die Herstellung von Kriegsmaterial erfordert Monate. Auch fehlen uns diejenigen Rohstoffe, welche wir nicht selbst herstellen können.

2.) dass nach den Bestimmungen des Friedensvertrags das Kriegsmaterial zerstört bzw. unbrauchbar gemacht werden musste und normale und brauchbare Geschütze mit dazu passender Munition hier nicht mehr vorhanden sind. Durch die Kommission des rev[olutionären] Vollzugsrats ist der Bestand unseres Essener Versuchsplatzes und Museums wiederholt eingehend geprüft und alles Brauchbare beschlagnahmt und herausgeholt worden.

27. Bericht über antisemitische Ausschreitungen von Reichswehrtruppen Mitte Juni 1920, bei denen erstmals Hakenkreuze in den Straßen von Dortmund gesehen wurden

Archiv der sozialen Demokratie Bonn, NL Severing, Nr. 9, Bl. 33. Abschrift, abgedruckt in: Erwin Könnemann/Gerhard Schulze (Hg.), Der Kapp-Lüttwitz-Ludendorff-Putsch. Dokumente, München 2002, S. 1041–1043 (Dok. 692).

Sofort nach dem Einrücken der Reichswehr (4.4.20) setzte eine heftige antisemitische Agitation ein. Gleich nach dem Einrücken der Truppen auf dem Steinplatz, machten sich Offiziere und Mannschaften daran, antisemitische Flugblätter zu verteilten und u.a. das Warenhaus Meyer & Günther ganz und gar mit antisemitischen, aufreizenden Zetteln zu bekleben. In den verschiedenen Lokalen kam es zu antisemitischen Exzessen. Die Wände der Häuser bedeckten sich mit Hakenkreuzen, was vorher hier ganz unbekannt war. Reichswehrsoldaten erklärten, dass es ihnen verboten sei, bei jüdischen Kaufleuten zu kaufen. [...]

Der Rabbiner der Gemeinde Dr. *Jacob*, suchte daher den derzeitigen Kommandeur der hiesigen Reichswehrtruppen. General *Haas*, persönlich auf, um Beschwerde zu führen. Der Erfolg war der Erlass eines Dienstbefehls an die hiesigen Truppen am 8.4., welcher antisemitische Ausschreitungen und das Tragen des Hakenkreuzes im Dienst verbot und besonders auf das bisherige gute Verhältnis zwischen Juden und Christen in Dortmund hinwies. Dieser Erlass hatte aber so wenig Wirkung, dass sich die Ausschreitungen noch vermehrten. So wurde der Rabbiner selbst bei Gelegenheit einer Parade der Reichswehrtruppen aus dem Glied heraus ohne jeden Grund von einem Vizefeldwebel antisemitisch beschimpft. [...]

Am 12.4. wurden in der Mittagszeit vor der Synagoge Flugblätter verteilt, an dieselbe Zeit angeklebt und große Hakenkreuze angemalt, und zwar von Wachtmannschaften der Wache auf dem Postgebäude [...] und Angehörigen des Freikorps Oberland. [...]

Inzwischen liefen beständig neue Beschwerden über antisemitische Exzesse der Reichswehr ein. So wurde z.B. ein Kaufmann *Grünewald* von einem Vizefeldwebel unter der Beschuldigung, er habe ihn persönlich in Verdacht gebracht, Hakenkreuze an die Häuser gemalt zu haben, auf der Straße für verhaftet erklärt, zur Wache mitgenommen und dort misshandelt. Dabei hat dieser Vizefeldwebel später selbst gestanden, sich in der Nacht durch die Straßen geschlichen und Hakenkreuze gemalt zu haben. [...] Ja, selbst zwei jüdische Knaben von 13 Jahren wurden, als sie an der Viktoriabrauerei angebrachte antisemitische Zettel abkratzen wollten, von dem davorstehenden Posten verhaftet und einige Zeit festgehalten. Hierbei und bei ihrer Entlassung wurden sie von dem Posten, dem wachhabenden Unteroffizier und dem angesammelten Pöbel mit Schimpfworten wie Judenpack, Schweinehunde und dergl. bedacht.

In der Pfingstnacht wurden sogar auf dem Ostfriedhof die jüdischen Grabsteine massenhaft mit Rotstift durch Hakenkreuze besudelt, worüber der Rabbiner einen empörten Artikel in den Dortmunder Zeitungen vom 26.5.20 veröffentlichte.

Beschwerden über diese und ähnliche Vorgänge blieben ohne sichtlichen Erfolg. Die Haltung der Reichswehrsoldaten wurde vielmehr immer drohender. [...]

Nach dem Abzug der Truppen am 7.6.20 flaute zwar die Bewegung ab, aber sie hatte doch tiefe Spuren hinterlassen, besonders bei der Jugend der höheren Schulen, wo sich für die jüdischen Schüler unerträgliche Zustände herausgebildet haben.

28. Polizeibericht über militärische Übungen von Syndikalisten und Kommunisten im Hamborner Stadtgarten (1920)
Polizeibericht vom 2.7.1920. Stadtarchiv Duisburg 51/19. (Auszug)

Mit den militärischen Übungen ist auch hier bereits begonnen [worden]. Am 29.6. (Peter-Paulstage) hat unter Führung eines Syndikalisten, der sich durch Matrosen ähnliche Kleidung als Führer kenntlich machte, im Hamborner Stadtgarten eine militärische Übung stattgefunden. Beteiligt waren 40–50 Personen, meistens Jugendliche. Um den Anschein eines harmlosen Turnvereins zu geben, waren auch Mädchen dabei, auch wurde Handharmonika gespielt. Die Teilnehmer waren Syndikalisten und Angehörige der KPD. Es wurden Exerzierübungen in Reihe und Glied unter Kommando des Matrosen ausgeführt, auch fanden Wurfübungen mit Steinen statt.
Beobachtung öffentlicher Plätze ist veranlasst.

29. Die Essener Zentrumspartei wirbt um die Wahlstimmen der Haus- und Grundbesitzer (1921).
Wahlaufruf des Vorstands der Zentrumspartei in Essen Stadt und Land, in: Der Türmer von Essen 2 (1921), Nr. 4 vom 15.2.1921.

Haus- und Grundbesitzer von Essen Stadt und Land! Die Wahlen stehen vor der Tür!
Nur noch wenige Tage trennen uns von dem Großwahltag.[16] *Alle Parteien werben um die Stimmen der Wähler,* besonders um die der Haus- und Grundbesitzer. Jeder Haus- und Grundbesitzer legt sich in diesen Tagen die Frage vor: *Welcher Partei sollst und darfst Du Deine Stimme geben?* Diese bedeutungsvolle Frage bedarf zunächst noch einer ernstlichen Prüfung. *Weder Schlagworte, noch Voreingenommenheit gegen eine gewisse Partei dürfen hier verwirrend wirken,* vielmehr ist Folgendes in Erwägung zu ziehen:
1. Der *Haus-* und *Grundbesitz* hängt in seinen wirtschaftlichen *Daseinsbedingungen* aufs Innigste mit dem *allgemeinen Wirtschaftsleben* zusammen. Dieses lag infolge des *unglücklich verlaufenen Kriegs* und der *nachfolgenden Revolution* vollständig danieder. *Es drohte zusammenzubrechen und alle kleineren und mittleren Vermögen mit in den Strudel hinabzuziehen.* Wenn das *Schlimmste verhütet* worden ist und das *Wirtschaftsleben* und die *Staatsmaschine* nach und nach, wenn auch langsam wieder [in] Gang gekommen sind, so ist das der *viel verlästerten Koalitionsregierung* und insbesondere der *tatkräftigen Mitarbeit des Zentrums im Reich wie in Preußen zu verdanken.* Andere *Parteien* haben es

---
16 Gemeint sind die Wahlen zum preußischen Landtag vom 20. Februar 1921.

vorgezogen, sich *nörgelnd* in den *Schmollwinkel zurückzuziehen* und dem *Wiederaufbau* alle möglichen *Schwierigkeiten* zu machen. [...]

2. Wenn heute gewisse Kreise in Flugschriften und Zeitungsartikeln versuchen, *die Haus- und Grundbesitzer gegen die Zentrumspartei* in gehässiger Weise aufzupeitschen, so muss wahrheitsgemäß doch festgestellt werden, *dass keine Partei sich mehr für den kleinen und mittleren Grundbesitz eingesetzt hat, als die Zentrumspartei in den 50 Jahren ihres Bestehens*. Auch fernerhin wird die Zentrumspartei, getreu ihrer ruhmreichen Vergangenheit, in den Parlamenten für die berechtigten Wünsche der Grundbesitzer eintreten. [...]

3. Wer die ruhmreiche Vergangenheit der Zentrumspartei kennt, kann nur wider besseres Wissen behaupten, dass die Zentrumspartei jemals die Enteignungsbestrebungen der Sozialdemokraten unterstützt habe, noch unterstützen wird. [...]

Die besondere Notlage der Haus- und Grundbesitzer, namentlich auch im hiesigen Wahlkreis, ist der Zentrumspartei durchaus bekannt. Was in ihren Kräften steht, wird sie als Partei des sozialen Ausgleichs tun, um diese Notlage zu beseitigen. Die Not der Stunde fordert nicht die Schürung der Gegensätze zwischen Hausbesitz und Mieter, sondern den Weg der Verständig[ung] u[nd] des Ausgleichs unter Wahrung der berechtigten Interessen beider Teile.

Die Parole für den politisch denkenden Haus- und Grundbesitzer lautet deshalb am Großwahltag (20. Februar 1921):

Meine Stimme gehört dem Zentrum!

30. Die Firma Fried. Krupp AG schließt ein »Geheim-Abkommen« mit dem Reichswehrministerium bei der Entwicklung und Produktion von Kriegsgerät (1922).

Vereinbarungen über Zusammenarbeiten von Reichswehrministerium und der Firma Fried. Krupp AG vom 25.1.1922. Abschrift. Historisches Archiv Krupp Essen, WA 42/244.

1.) Es ist in beiderseitigem Interesse geboten, sowohl Krupps Erfahrungen für die Weiterentwicklung von Geschützen bis 17 cm Kaliber, von Munition und von Fahrzeugen heranzuziehen, wie auch Krupp die Erfahrungen des R[eichs]w[ehr]M[inisteriums] diesem Gebiet zur Verfügung zu stellen.

Zu den Geschützen bis zu 17 cm Kaliber aufwärts gehören auch die damit zusammenhängenden anderen Gegenstände des Kriegsbedarfs, die bisher schon im Arbeitsgebiet der Firma Krupp lagen; ferner die zu diesen Geschützen und zu diesen anderen Gegenständen des Kriegsbedarfs zugehörigen theoretischen Fragen, wie insbesondere die innere und äußere Ballistik dieser Geschütze. Ferner gehört dazu auch der Inhalt der Pflichtenhefte, wie er bisher üblich ist.

2.) In weitestgehender Weise wird Krupp auch an der Entwicklung neuartiger Waffen beteiligt, sofern Rechte Dritter dadurch nicht verletzt werden. [...]

4.) R[eichs]w[ehr]M[inisterium] verpflichtet sich, die Kruppschen Konstruktionen und Erfahrungen keiner anderen Fabrik zugänglich zu machen, als den jeweils von der Entente für

„Jong, holt Pohl!" („Jungs, haltet stand!"). Flugzettel zur Ruhrbesetzung, vermutlich 1923 [Stadtarchiv Recklinghausen, ZF/29, C. 7.]

die Fertigung von Kriegsmaterial zugelassenen Fabriken, je für ihr spezielles, jeweils von der Entente festgelegtes Arbeitsgebiet. […]

5.) Sofern R[eichs]w[ehr]M[inisterium] im Landesinteresse außer den jeweils von der Entente zugelassenen Fabriken für die Fertigung von Kriegsmaterial noch andere Fabriken glaubt [hin]zuziehen zu müssen, wird Krupp keine Einwendungen dagegen erheben, wenn Krupp diese Fabriken vorher genannt werden, und wenn Krupp bei der Fertigung von Kriegsmaterial selbst in einem jeweils gemeinsam festzusetzenden, seiner Leistungsmöglichkeit entsprechenden Umfang beschäftigt wird. […]

6.) Krupp unterstellt auf dem genannten Gebiet seine gesamten Zeichnungen sowie konstruktiven und ballistischen Erfahrungen dieser Vereinbarung und ist bereit, eingearbeitete Oberbeamte zur Zusammenarbeit mit dem R[eichs]w[ehr]M[inisterium] zur Verfügung zu stellen. […]

9.) Diese Vereinbarungen werden von beiden Seiten geheim gehalten.

Die Vereinbarungen gelten vorläufig bis zum 31. Dezember 1931 und verlängern sich jeweils um ein weiteres Jahr, falls sie nicht vorher mit halbjähriger Frist gekündigt worden sind. Sie erlöschen, wenn besondere Verhältnisse eintreten, die sie überhaupt hinfällig machen.

31. Der Kampf gegen die Ruhrbesetzung beginnt: Zeitschriftenartikel, in dem die »enge Notgemeinschaft« der Bevölkerung beschworen und zur Abwehr alles Fremden aufgerufen wird (1923)

»Heimat in Not!«, in: Die Heimat, vereinigt mit den Heimatblättern der »Roten Erde«. Monatsschrift für Land, Volk und Kunst in Westfalen und am Niederrhein, hg. v. Westfälischen Heimatbund, 5 (1923), Nr. 2 vom Februar 1923. (Auszug)

In den Tagen, als sich das Januarheft unserer Zeitschrift unter der Presse befand, brach über einen beträchtlichen, über den wichtigsten Teil unserer Heimat und unseres Vaterlands ein in der Geschichte bisher nicht erhörtes Unglück herein: Mitten im Frieden sind Franzosen und Belgier mit einem ungezählten, waffenstarrenden Heer in das Ruhrkohlengebiet eingefallen. Man muss schon an die kriegerischen Zeiten, die unser Land vor rund dreihundert Jahren durchmachte, zurückdenken, um auch nur einigermaßen Vorgänge zum Vergleich heranziehen zu können mit denjenigen, die sich heute tagtäglich in dem Land abspielen, das als das Land der friedlichen Arbeit in aller Welt bekannt ist.

Angeblich, um sich durch eine »friedliche Aktion« von den ihnen vertragsmäßig zuständigen Kohlen einen geringen Bruchteil zu sichern, der ihnen nicht geliefert werden konnte, in Wirklichkeit, um neben ihrer politischen und militärischen Vorherrschaft auf dem europäischen Festland auch das wirtschaftliche Übergewicht zu gewinnen, haben Frankreich und Belgien diesen Dolchstoß in das »Herz Deutschlands« getan. Unser Vaterland soll zu einem machtlosen Staatengebilde ohne jede wirtschaftliche Bedeutung herabsinken.

So sind denn viele Millionen Deutsche in dem neu besetzten Gebiet wehrlos den sich von Tag zu Tag steigernden Anmaßungen und widerrechtlichen Gewaltmaßnahmen übermütiger Feinde ausgesetzt, denen gegenüber ihnen nur ein Mittel der Abwehr bleibt: Festes Zusammenhalten in unbeugsamem Widerstand gegen alle Akte der Gewalt und der Willkür!

Ganz Westfalen und das niederrheinische Land müssen eine enge Notgemeinschaft bilden. Diejenigen unserer Landsleute, die von der Besetzung nicht betroffen sind, müssen ihren unter der Knute der Fremden leidenden Brüder treu und hilfreich zur Seite stehen, damit sie in ihrem Widerstand ermutigt und gestärkt werden.

Klarer als je tritt heute die Bedeutung der Heimatliebe hervor. Sie muss die feste Mauer sein, an der sich der Übermut der Fremden bricht. Denn nicht nur um die Kohlen, sondern um Land und Volkstum geht es. Heimatliebe ist Gemeinsinn und Vaterlandsliebe. Sie zu wecken und zu pflegen, ist eine der wichtigsten Forderungen des Tages, da sie uns Stütze und Stab sein muss in den schweren Tagen, die wir unter den Drangsalen der fremden Besatzung durchleben.

32. Recklinghäuser Arbeiterverbände und Händler rufen am 7. Februar 1923 zum Boykott gegen die Soldaten der französischen Besatzungsmacht auf.

»An die Handel- und Gewerbetreibenden Recklinghausens!«. Flugblatt vom 7.2.1923. Stadtarchiv Recklinghausen, ZF/29, Bd. 1, C.4, abgedruckt in: [Wilhelm] Klenke/[Heinrich] Schnitzler, Recklinghausen unter der französischen Besatzung 1923/25, Recklinghausen 1927, S. 348f.

An die Handel- und Gewerbetreibenden Recklinghausens!

Die unterzeichneten Organisationen *verlangen* von den Handel- und Gewerbetreibenden Recklinghausens die *sofortige* Einstellung des Verkaufs von Waren *jeglicher* Art an die Besatzungstruppe. Pflicht eines jeden Handel- und Gewerbetreibenden ist es, die vorhandenen Waren nur an die deutsche Bevölkerung zum Verkauf zu bringen. Ein *Verräter* am deutschen Volk, in Sonderheit aber an der vergewaltigten Ruhrbevölkerung ist derjenige, der unserer Aufforderung nicht nachkommt. Die unterzeichneten Organisationen werden wirkungsvolle Maßnahmen gegen die Außenseiter zu treffen wissen und auch für die Veröffentlichung der Namen Sorge tragen.

Weiter wird von sämtlichen Handel- und Gewerbetreibenden verlangt, dass in den *Schaufenstern* oder sonstigen Auslagen bis auf Weiteres keinerlei Ware mehr ausgestellt wird. Es wird nochmals darauf hingewiesen, dass diesen beiden Forderungen sofort Folge zu leisten ist. Die werktätige sowie die übrige Bevölkerung steh[en] hinter den Handel- und Gewerbetreibenden.

Die Bergarbeiterverbände
Die Eisenbahnerverbände
Die Verbände der Post
Die freien Gewerkschaften
Die Christlichen Gewerkschaften
Die Hirsch-Dunckerschen Gewerkschaften
Die Union
Die Angestelltenverbände
Der Deutsche Beamtenbund
Der Allgemeine Deutsche Beamtenbund.

33. Das französischen Oberkommando stellt mit Anordnung vom 8. Februar 1923 den Boykott gegen die Besatzung unter Strafandrohung.

[Wilhelm] Klenke/[Heinrich] Schnitzler, Recklinghausen unter der französischen Besatzung 1923/25, Recklinghausen 1927, S. 242f.

Bekanntmachung für die Bevölkerung.

In Ausführung eines Befehls, dessen Ursprung und Ziel wir kennen, haben die Kaufleute von Recklinghausen die Weisung erhalten, ihre Läden für die Besatzungstruppen zu schließen, andernfalls ihre Namen öffentlich bekanntgegeben werden und sie scharfe Strafmaßnahmen auf sich laden.

Um dieser Herausforderung entgegenzutreten, entscheidet der kommandierende General der Truppen Kraft der Verordnung des kommandierenden Generals vom 11. Januar, die den Belagerungszustand verhängt, wie folgt:

1. *Alle Vergnügungs- und Schankstätten, Theater, Kinos, Cafés und Restaurants sind vom 8. Februar bis zum Erlass eines neuen Befehls zu schließen.*
2. Die diesem Befehl Zuwiderhandelnden werden vor das Militärgericht gestellt.
3. *Die Kaufleute, die sich weigern, an einzelne Angehörige der Besatzungstruppen für ihren persönlichen Bedarf Gegenstände zu verkaufen, mit Ausnahme von Lebensmitteln, werden vor das Militärpolizeigericht gestellt und können zu einer Gefängnisstrafe bis zu sechs Monaten verurteilt werden.*

Weitere Maßnahmen werden noch ergriffen werden, bis sämtliche Handlungen offener Feindseligkeit gegenüber den Besatzungstruppen aufgehört haben.

Es wird daran erinnert, dass Ansammlungen von mehr als acht Personen streng verboten sind, *und dass die Truppen den Befehl haben, sie gewaltsam auseinanderzusprengen.*

Der kommandierende General für das Gebiet von Recklinghausen

34. Bericht eines Krupp-Angestellten über die Verhaftung Gustav Krupp von Bohlen und Halbachs durch die französischen Besatzer (1923)

Brief Friedrich Schlegels an Finanzrat Dr. Haux vom 2.5.1923. Abschrift. Historisches Archiv Krupp Essen, FAH 4 C 30.

Kaum sind die Aufregungen des Karsamstags vorüber, noch sitzen die Herren Hartwig, Bruhn und Oesterlen im Landgerichtsgefängnis in Werden – Herr Ritter ist inzwischen frei gelassen worden, da er ja auch mit der Sache nichts zu tun hatte – und schon haben wir gestern die schmerzliche Nachricht hören müssen, dass die Franzosen nach einem kurzen Verhör Herrn von Bohlen auch festgenommen und ins Amtsgerichtsgefängnis in Werden eingeliefert haben.

Herr von Bohlen weilte zu Sitzungen des Preußischen Staatsrats in Berlin, brach seine Berliner Geschäfte ab und kehrte in der Nacht von Montag zum Dienstag aus Berlin zurück, um zur Vernehmung zu eilen. Bei dieser Vernehmung ist er vom Untersuchungsrichter verhaftet worden. Er befindet sich z.Zt. in Werden im Amtsgerichtsgefängnis und teilt mit Herrn Oesterlen eine Zelle.

Wir Kruppianer sind auf's Äußerste empört über diese Verhaftung und über die Art, wie die Franzosen hier vorgehen. Wenn es auf die hiesige Bevölkerung allein ankäme, dann würde bei der Stimmung, die hier trotz aller Bedrängungen durch die Franzosen herrscht, das Durchhalten noch auf lange Zeit hinaus erfolgen können. Aber die Nachrichten aus dem übrigen Deutschland lassen erkennen, dass dieselbe Hand, die 1918 den Dolchstoß geführt hat, auch jetzt wieder an der Arbeit ist, um die ganzen Sorgen und Bedrückungen, denen wir ausgesetzt sind, durch innere Verwicklungen und durch das ewige Schreien nach Verhandlungen vergeblich zu machen.

35. Hungerunruhen und Straßenkämpfe in Gelsenkirchen 1923

»Schwere Ausschreitungen in Gelsenkirchen. Das Polizeipräsidium von den Kommunisten erstürmt«, in: General-Anzeiger für Dortmund und die Provinz Westfalen, Nr. 134 vom 24.4.1923, S. 6. Institut für Zeitungsforschung Dortmund, F 6590.

Im Laufe des heutigen Tages kam es hier zu schweren Ausschreitungen, die schließlich in blutige Kämpfe ausarteten. Nach dem Muster des Vorgehens in einigen Ortschaften des Landkreises Essen begann heute Morgen auf dem hiesigen Fleischmarkt eine gewaltsame Herabsetzung der Preise für Fleisch, Fett und Milch. Der Markt war von einer außergewöhnlich starken Menge besucht. Im Anschluss hieran drangen Teile dieser Demonstranten in die innere Stadt und versuchten die gleiche Herabsetzung der Preise in einer Anzahl von Lebensmittelgeschäften durchzuführen. Inzwischen hatten die meisten Geschäftslokale ihre Betriebe geschlossen. In den Geschäften, in denen eine Abordnung, die sich Kommission nannte, die Preise herabgesetzt hatte, wurde die Ware innerhalb einer Stunde verkauft. Inzwischen waren, da die Bewegung einen immer drohenderen Charakter annahm, sämtliche Feuerwehrer der Stadt und der Industrien sowie der Selbstschutz alarmiert worden. Gegen Mittag zeigte sich folgendes Bild: Den vereinigten Feuerwehren und dem Selbstschutz war es gelungen, die dem Polizeipräsidium anliegenden Straßen von den Demonstranten zu säubern. Kurz nach drei Uhr sammelten sich gewaltige Menschenmassen vom Hauptbahnhof kommend an, die immer mehr Zulauf aus den einzelnen Stadtteilen und aus der Umgebung erhielten.

Mittlerweile war bekannt geworden, dass eine von den Kommunisten im Kristallpalast einberufene Versammlung nicht stattfinden sollte, weil die Straßen dazu gesperrt waren. Unvermutet drangen mehrere Hundertschaften der Kommunisten, die aus der Ringstraße kamen, mit Stöcken und anderen Waffen versehen vor und mischten sich unter die Menge am Hauptbahnhof. Als in diesem Augenblick ein Wagen der Feuerwehr vorbeifuhr, wurde er demoliert, ebenso ein Wagen der Straßenbahn. Plötzlich entwickelte sich eine große Schießerei. Die Annahme, dass die Franzosen in den Kampf eingegriffen hätten, hat sich nicht bewahrheitet. Von wo aus die Schüsse gefallen sind, ist noch nicht festgestellt. Der Kampf dauerte mehrere Stunden und war abends 7 Uhr noch nicht abgeschlossen. Bisher sind zwei Tote und über 20 Verwundete in den Krankenhäusern untergebracht. Der Straßenbahnverkehr wurde eingestellt.

In den Abendstunden hatten sich die Kommunisten Waffen beschafft und versuchten, das Polizeipräsidium in der Bankstraße zu stürmen und gegen den Selbstschutz, der sich erneut versammelt hatte, vorzugehen. Dies ist ihnen weitgehend gelungen. Obwohl die Bürgerwehr und die Feuerwehrleute sich tapfer verteidigten, mussten sie dennoch der Übermacht weichen und schließlich flüchten. Bei der gegenseitigen Schießerei gab es auf beiden Seiten abermals eine Anzahl Leicht- und Schwerverletzte. Ein Feuerwehrmann wurde getötet. Die Kommunisten drangen in das Polizeipräsidium ein, zertrümmerten eine Anzahl Einrichtungsgegenstände und schleppten eine Anzahl Akten heraus, die sie auf offener Straße verbrannten.

36. Die Firma Fried. Krupp AG reagiert mit der Herstellung eigener Gutscheine und Gutmarken auf die Inflation und den Mangel an Zahlungsmitteln in Essen und Umgebung (1923).

Denkschrift der Firma Fried. Krupp AG zu den Krupp'schen Gutscheinen, undat. [1923]. Historisches Archiv Krupp Essen, WA 3/224. (Auszug)

Eines der größten wirtschaftlichen Übel, unter denen wir in Deutschland zurzeit leiden, ist die Inflation, oder zu Deutsch: die Zettelpest, die alle Preise aufbläht und fortschreitend schließlich alles, was an deutscher Wirtschaft trotz des Kriegs und besonders der letzten anderthalb Jahre noch zuverlässig und gesund ist, anzustecken und zu vernichten droht. Wer – in freilich heute etwas altmodischer Weise – zuerst an das Wohl der Gesamtheit denkt, wird daher in Deutschland alles tun, um die Papiergeld-Flut einzudämmen. Sie nun gar noch zu vergrößern durch Ausgabe von eigenen Gutscheinen, war daher für die Firma Krupp sehr bedenklich, auch wenn es sich in unserem Fall nur darum handelt, Buchforderungen der Firma, die sie in Guthaben bei auswärtigen Banken besaß und nur aus Mangel an Beförderungsmöglichkeiten nicht in Zahlungsmitteln nach Essen umsetzen konnte, in einzelne kleine Gutscheinforderungen umzuwandeln, die unsere Werksangehörigen durch Annahme der Scheine gegen die Firma erhalten. Es trat also streng genommen keine Vermehrung des deutschen Geldzettelumlaufs hierdurch ein. […] Da unsere Werksangehörigen einen großen Teil ihrer Gehalts- und Lohneinnahmen schnell zum Wareneinkauf an die Konsum-Anstalt weitergeben, laufen zudem die Krupp'schen Gutscheine größtenteils innerhalb der Firma selbst um und kehren in kurzer Zeit zur Hauptkasse zurück.

Aber stärker als diese Bedenken wog bei der Firma, dass die meisten Werksangehörigen stets arbeitsbereit waren und in den Tagen bolschewistischer Freiheit nur durch Ächtung oder Zwang gehindert waren. Ihnen gegenüber wollte die Firma ihre Löhnungszusage unter allen Umständen halten, zumal es sich um bereits verdiente Löhne und Gehälter handelte. […]

Um die Aufnahme der Zahlungsmittel in dem Verkehr zu sichern, auch soweit er über den Rahmen des Krupp'schen Werks hinausgeht, hat die Firma rechtzeitig an die Behörden und an die in Frage kommenden größeren Geschäftsleute in Essen ungültige Muster der Gutscheine geschickt. Tatsächlich sind unsere Krupp'schen Gutscheine und Gutmarken von dem Verkehr vom ersten Tag an anstandslos aufgenommen, ja, in gewissen Kreisen mit Vorliebe benutzt worden. Dies gilt auch für den Bereich Bochum-Gelsenkirchen, wohin wir für den Löhnungsbedarf der Zechen Hannover & Hannibal 3 Millionen Mark Gutscheine in der Osterwoche geben mussten. Manche Gutscheine sind, was der Eigentümlichkeit halber nicht vergessen sei, mit erheblichem Aufgeld gehandelt worden. Dankbar muss der entgegenkommenden Unterstützung der Essener Banken, der Essener Postdirektion und besonders der Essener Reichsbankstelle gedacht werden. Nur mit Hilfe der Krupp'schen Gutscheine haben die Lohn- und Gehaltszahlungen ohne Einschränkung und ohne Störung trotz mancher Eingriffe von Unberufenen bei der Lohnauszahlung während der ganzen bolschewistischen Wirren und Kämpfe durchgeführt werden können. Alle unsere Werksangehörigen haben regelmäßig die verdienten Löhne und Gehälter erhalten.

37. Plünderungen und Diebstähle in Essen während der Inflations- und Besatzungszeit 1923
»Die Raben auf dem Leichenfelde der Industrie«, in: Essener Allgemeine Zeitung, Nr. 94 vom 8.6.1923. Abschrift. Historisches Archiv Krupp Essen, WA 9z188.

Die Vertreibung der Schutzpolizei durch die fremden Gewalthaber, die völlige Unzulänglichkeit des noch vorhandenen Polizeischutzes haben stellenweise im Ruhrgebiet Zustände heraufbeschworen, die mit wachsender Besorgnis verfolgt werden müssen. Die Verwilderung der Sitten, vor allen Dingen *der schrankenlose Frevel am öffentlichen und am privaten Eigentum* haben in der jüngsten Zeit unter der Einwirkung des mangelnden Polizeischutzes Formen angenommen, die jeder Beschreibung spotten. Erst in diesen Tagen wurden im Essener Stadtwald unerhörte Zustände aufgedeckt, die wir in unserer letzten Nummer bereits behandelt haben. Aber das ist ein Kinderspiel gegenüber den beispiellosen Vorgängen, die man heute *tagtäglich am Emscherkanal*, auf Kruppschen Fabrikanlagen beobachten kann. Aus verschiedenen großen Krupp-Prozessen ist bekannt, dass die Kruppsche Fabrik mit ihren wertvollen Materialien und Erzeugnissen im Laufe der Nachkriegsjahre zum Objekt ungeheuerlicher Ausbeutung geworden ist. Trotz unermüdlicher und umfassender Gegenmaßnahmen hat die Firma Krupp des Parasitenheeres nicht Herr werden können. Aber während die Ausplünderung in den Kruppschen Werkstätten heimlich und mit raffiniertem Geschick vonstatten geht, hat sich heute auf den abseits vom Fabrikbetrieb gelegenen *Lagerstätten der Firma Krupp* offener Raub und rohe Gewalt breitgemacht. Die Vorgänge, die sich in diesen Tag, wo die Firma Krupp ihrer Leiter beraubt und die Polizei machtlos ist, am Emscherkanal abspielen, gewähren einen erschreckenden Einblick in das wüste Chaos der heutigen Zeit, in der *alle Bande der Ordnung und der Moral zerrissen* sind. Hinter dem Segerothviertel am Emscherkanal ziehen sich die ausgedehnten Kruppschen Neuanlagen mit dem Martinwerk VII in der Nähe entlang. Auf diesem Gelände lagern Eisenvorräte, zerschnittene Panzerplatten und andere Materialien in gewaltiger Menge und ungeheurem Wert. Vor längerer Zeit haben die Besatzungstruppen den Emscherkanal abgesperrt, sodass *die Kruppschen Anlagen ohne Schutz und Bewachung* sind. Dieser Notstand hat das Diebes- und Raubgesindel ermutigt, in Scharen über das Kruppsche Eigentum herzufallen und es in Karren und Fuhrwerken zu stehlen. Zu Hunderten tummeln sich tagtäglich die Räuberbanden auf den Anlagen und laden die Materialien auf. Um sich gegebenenfalls zur Wehr setzen zu können, wenn sie in ihrem Treiben gehindert werden sollten, haben sie sich mit Verteidigungsgegenständen aller Art ausgerüstet. Auch weibliche Personen sind unter den Diebesbanden ständig in erheblicher Anzahl anzutreffen. Am Dienstag waren die Anlagen von etwa 1.000 bis 4.000 Dieben überschwemmt, die Fuhrwerke mit sich führten. Mehrfach haben in der jüngsten Zeit Aufsichtsbeamte gewagt, gegen das Raubgesindel vorzugehen, aber sie konnten nichts ausrichten. *Die Diebe setzten sich zur Wehr* und drangen mit Eisenstangen, Spitzhacken, Hämmern und anderen Verteidigungsgegenständen auf die Beamten ein, sodass diese gezwungen waren, ihr Leben in Sicherheit zu bringen. In einem Fall gelang es den Beamten, *ein mit 45 Zentnern zerschnittener Panzerplatten beladenes Lastauto* außerhalb der Anlagen, als es nach Bottrop abgefahren und dort zu Geld gemacht werden sollte, dem Diebesgesindel nach heftiger

Gegenwehr abzujagen und in Sicherheit zu bringen. Die Ladung hatte einen Wert von mehreren Millionen Mark. Welch erschreckenden Umfang das skandalöse Treiben der Diebesbanden angenommen hat, erhellt aus dem Umstand, dass *sogar die großen Hebekräne, die am Kanal stehen, abmontiert werden. Ein Fallwerk ist bereits gänzlich abgebrochen und fortgeschafft worden.* Als an einem der letzten Tage eine Anzahl von Beamten wiederum gegen die nach mehreren Tausenden zählenden Diebesbanden vorgehen sollte, kam es zu einem regelrechten Kampf, in dessen Verlauf ein Beamter um Haaresbreite von den Dieben getötet worden wäre. Fünf Personen erlitten Verletzungen. Die Beamten mussten der Übermacht weichen, worauf die Diebesbanden ungestört ihr Plünderungswerk fortsetzten. Ungeheure Vorräte an Materialien verschwinden auf diese Weise allmählich von den Kruppschen Anlagen; und was alltäglich den dreisten Diebesbanden zur Beute wird, stellt Millionenwerte dar. Die gestohlenen Materialien werden selbstredend zunächst auf die Lagerstätten der Großhehler gefahren, die aus den angekauften und verhältnismäßig gering bezahlten Waren gewaltige Gewinne erzielen. *Diese unhaltbaren Zustände schreien zum Himmel und erheischen dringend Abhilfe.* Es handelt sich hier um Interessen, die die Allgemeinheit lebhaft berühren; und die Allgemeinheit hat die Aufgabe, an der Beseitigung solcher Auswüchse der zügellosen Sittenverwilderung nach Kräften mitzuwirken. Aus diesen Erwägungen heraus haben sich nunmehr mehrere Werke zu gemeinsamer Abwehr vereinigt. Es werden starke Kommandos aufgeboten werden, die mit vereinter Macht gegen das Raubgesindel rücksichtslos einschreiten sollen. Im Übrigen haben die maßgebenden Stellen sich auch an die Regierung gewendet und ihr eine eingehende Schilderung dieser die öffentliche Ordnung im höchsten Maße gefährdeten Zustände unterbreitet.

38. Die nackten Zahlen der Inflation 1923. Eine Rückschau aus dem Jahr 1932
Paul Wentzcke, Ruhrkampf. Einbruch und Abwehr im rheinisch-westfälischen Industriegebiet, Bd. 2, Berlin 1932, S. 198–199. (Auszug)

Eine Preisaufnahme, in der das Gesundheitsamt Gelsenkirchen am 29. November [1923] die Not festhielt, zeigte wahrhaft erschreckende Zahlen. Während die Tageseinnahme eines Vollarbeiters (2.000 Köpfe gegen 55.000 Erwerbslose!) vier Billionen, nach der Festsetzung der Reichsbank knapp eine Goldmark, betrug, sollte ein unterstützter Erwerbsloser mit 1,2 Billionen, ein unterstützter Sozialrentner mit 1,04, ein Schützling der Armenverwaltung mit 0,5, ein lediger Schwerkriegsbeschädigter, der keinerlei Arbeit leisten konnte, mit 0,9, ein verheirateter Arbeiter, der von der Ortskrankenkasse Krankengeld bezog, mit zwei Billionen Mark auskommen! Von den wichtigsten Lebensmitteln und Bedarfsgegenständen war ein Pfund Schweinefleisch auf vier Billionen, ein dreipfündiges Brot auf 1,05 Billionen, ein Pfund Margarine auf 1,3 Billionen, ein Liter Milch auf 0,28 Billionen, ein Meter Hemdentuch auf 3,5 Billionen, eine Schürze auf 8 Billionen, ein Meter warmer Mantelstoff auf 15 Billionen, ein Kinderbettchen mit Matratze auf 140 Billionen Mark gestiegen. […] Drei Viertel der Bergleute waren Ende 1923 nicht mehr in der Lage, für sich und ihre Angehörigen die allernotwendigsten Lebensmittel aus ihrem Einkommen zu beschaffen. Dasselbe galt für Rentner, die meisten Handwerker, die freien Berufe, mit einem Wort für den sogenannten Mittelstand, der vor allem in den ersten sechs Monaten [der Ruhrbesetzung] schwer zu leiden hatte und daher im Spätherbst nicht mehr widerstandsfähig war. Die ersten Folgen zeigten sich in einer unheimlichen Zunahme der Kleinkindersterblichkeit, die in Bochum 1923 um 82 Prozent gegen das Vorjahr stieg. Die Tuberkulose raffte 28 Prozent mehr Menschen hinweg, an Schwindsucht, Typhus und Ruhr wurden doppelt soviel Todesfälle gemeldet. In der Wirrnis der Währung spiegelte sich die verzweifelte Lage; empfindlicher wie im »freien« Deutschland machte sich im Industrierevier das Fehlen einer ordnenden Hand fühlbar. Die Papiermark taumelte dem Abgrund zu, der sie im November verschlang.

39. Zeitungsartikel über einen Sprengstoffanschlag auf der Hochfelder Brücke, bei dem mehrere belgische Soldaten ums Leben kommen (1. Juli 1923)
Duisburger Generalanzeiger vom 1.7.1923.

Großes Aufsehen und berechtigte Unruhe hat ein Vorfall hervorgerufen, der sich in der Nacht von Freitag auf Samstag etwa gegen 1 Uhr 30 Min. auf der Hochfelder Brücke zwischen Duisburg und Rheinhausen zugetragen hat. Dort ist auf bis zur Stunde noch nicht aufgeklärte Weise ein Sprengkörper explodiert, als ein aus Duisburg kommender, mit belgischen Soldaten besetzter Personenzug um die angegebene Zeit die Brücke passierte. Mehrere Wagen des Zugs sind vollständig zertrümmert, ebenso ein Teil des Brückengeländers. Acht bis neun Tote und 43 Verwundete (darunter zwei Zivilpersonen) sind bisher festgestellt. Ob der Sprengkörper sich bereits in dem Zug befunden hat und wie er dort hingekommen ist, oder ob der Sprengkörper auf den Schienen gelegen hat, ist bisher noch nicht aufgeklärt. Die Besatzungsbehörde nimmt einen Sabotageakt an und hat im Zusammenhang mit dem Vorfall durch die belgische Kriminalpolizei eine Reihe von Herren als Geiseln festnehmen lassen.

40. Die Besatzungsbehörde in Duisburg reagiert umgehend und mit zahlreichen Sanktionen auf den Sprengstoffanschlag der vorherigen Nacht (1. Juli 1923).
Sanktionsbefehl der Besatzungsbehörde für die Stadt Duisburg vom 1.7.1923. Stadtarchiv Duisburg 52/235, Bl. 4.

Der Oberbefehlshaber der Besatzungstruppen in Duisburg hat am Samstag folgenden Befehl erlassen:

In Anbetracht dessen, dass ein verbrecherisches Attentat von ganz besonderer Schwere im Laufe dieser Nacht innerhalb des Gebiets der Stadt Duisburg begangen ist und angesichts der Notwendigkeit, die Sicherheit der Besatzungstruppen zu gewährleisten, erteile ich auf Grund der mir durch den Belagerungszustand verliehenen Vollmachten folgenden Befehl:

Artikel 1.
Ich lasse 20 Bürger der Stadt verhaften, die als Geiseln festgehalten werden.

Artikel 2.
Die Kaffeehäuser, Theater, Kinos und öffentlichen Lokale der Stadt Duisburg sind bis auf weiteren Befehl geschlossen.

Artikel 3.
Jeder Straßenbahnverkehr innerhalb der Stadt Duisburg ist bis auf weiteren Befehl untersagt.

Artikel 4.
Der Verkehr von Automobilen aller Art und Materialien innerhalb der Stadt Duisburg ist bis auf weiteren Befehl verboten.

Artikel 5.
Der Personenverkehr (Fußgänger) ist in der Stadt Duisburg von 10 Uhr abends bis 5 Uhr morgens bis auf weiteren Befehl untersagt. Ausgenommen sind Personen, denen auf ihren Antrag durch die Militärbehörde ein besonderer Erlaubnisschein ausgestellt ist.

Artikel 6.
Bis auf weiteren Befehl werden keinerlei Passierscheine ausgestellt, weder Fahrbescheinigungen für Wagen aller Art noch für Personen.

Artikel 7.
Wer sich gegen vorstehenden Befehl vergeht, verfällt den in meiner Verordnung Nr. 4328 vom 11. April 1923 vorgesehenen Strafe.[17] Er setzt sich außerdem sofortiger Verhaftung und gegebenenfalls der Einziehung seines Fahrzeugs aus.

Artikel 8.
Vorstehende Verordnung tritt am 30. Juni 10 Uhr abends in Kraft.

41. Ein Herner Lehrer fordert Entschädigung für seine von den französischen Besatzern beschlagnahmten Brieftauben (1923).
Erich Abendroth an das Besatzungsamt Herne vom 24.8.1923. Abschrift. Stadtarchiv Herne Vb/86b, Bl. 126.

Am 18. August d. J. erschien ein franz[ösischer] Gendarm und beschlagnahmte meine Tauben, die ich bei meinem Bruder Fritz Abendroth, Vödestraße 72a, auf dem Schlag hatte. Als Grund der Beschlagnahme gab er an, ich habe die Tauben bei der Besatzung nicht angemeldet und somit dazu beitrage, den passiven Widerstand zu verstärken. Die in der anliegenden Aufstellung aufgeführten Tauben sind mir abgenommen worden. Der mir hierdurch entstandene Schaden beläuft sich auf 23 Tauben à 8 Mio. = 184 Mio. [Papiermark]. Als Zeugen der Beschlagnahme benenne ich: 1. meine Schwester, Pauline Abendroth, Herne, Vödestraße 72a

2. meinen Bruder, Fritz Abendroth, Herne, Vödestraße 72a.

Ich bitte, das zur Feststellung und Begleichung meiner Schadenersatzansprüche Erforderliche, sowie die Auszahlung der Schadensumme gefl. alsbald veranlassen zu wollen. [...] Gleichzeitig möchte ich noch darauf hinweisen, dass die bis zum Tage der Auszahlung eingetretene Geldentwertung, wie auch höheren Orts bereits verfügt, zu berücksichtigen ist.

---

17 Der Wortlaut dieser Verordnung war nicht zu ermitteln.

42. »Ein Funke genügte zur Explosion«. Das konfliktreiche Krisenjahr 1923 aus der Sicht eines Dortmunder Polizeiführers [ca. 1930]

Die Dortmunder Polizei im Ruhrkampf. Vorgelegt von Polizei-Oberst Kleinow, Münster, Führer der städtischen Polizei Dortmund-Hörde vom 15. September 1913 bis Mai 1919 und der städtischen Ersatz- und Schutzpolizei in Dortmund in der Zeit vom Mai 1919 bis Ende Juli 1926. Mskr. mit hs. Korrekturen bzw. Ergänzungen o. D. [ca. 1930]. Stadtarchiv Dortmund, Bl. 1–166, hier Bl. 90–93, 115–117. (Auszug)

Mit außerordentlichen Gefahren verbunden war für die Polizei der Dienst in der Linienstraße. In ihr belegen waren ausschließlich Bordellhäuser. Schon zu normalen Zeiten war der Dienst dort sehr schwer. Die Polizei verrichtete hier, von einem eigens in den Straßen errichteten Wachtlokal aus, Tag- und Nachtwache und Streifendienst.

Bald nach Einzug der Franzosen erließ der Kommandant eine Verfügung, wonach bestimmte Häuser dieser Straße nur von französischen Soldaten und zwei weitere nur von französischen Offizieren betreten werden durften. Gegen diese Beschlagnahme des menschlichen Leibes vonseiten der französischen Machthaber erhob der stellvertretende Polizeipräsident Reg. Rat Martinius sofort energischen Protest, ohne damit die Aufhebung zu erreichen. Soldaten fanden sich zahlreich zur Nachtzeit und zu den Abendstunden ein, oft mehr oder weniger betrunken. Häufig wurde ihnen der Zutritt verweigert. Deutsche Besucher, auch nicht von der besten Art, und Franzosen gerieten sehr oft zusammen. Es kam nicht selten vor, dass die angetrunkenen Soldaten, die fast alle mit Pistolen bewaffnet waren, in der Straße eine Keilerei auslösten. Das polizeiliche Vorgehen gegen sie bestand in [der] Räumung der Straße. Es war für die Beamten mit Lebensgefahr verbunden. Nach Aufhebung des passiven Widerstands fand die polizeiliche Arbeit in dieser Straße durch die französische Gendarmerie insofern Erleichterung, als sie auf Anruf der deutschen Polizei erschien und gegen renitente Soldaten vorging. Es sind viele Soldaten festgenommen, z.T. auch schwer bestraft worden. Sehr übel fielen die Angehörigen eines Tankgeschwaders[18] in der Linienstraße auf, die oft sinnlos in der Straße umherknallten. [...]

Das Heer von Schornsteinen, das zu Betriebszeiten ein Zeichen der Kraft, wie überhaupt des Lebensimpulses von sich gibt, starrte rauchlos in den Himmel, ein schauriges Bild, das sich lähmend auf die Nerven legte und die Zuversicht zu einem guten Abschluss stark zu schwächen drohte! Auf den Straßen rasende Menschenmengen, die schnell ihre Papiermark in Ware umzusetzen versuchten, ein starkes Zurückhalten der Verkäufer mit ihren Waren, die mit der Papiermark nichts anzufangen vermochten. Ein häufiges Eingreifen der Polizei gegen Verkäufer unter Drohung des Geschäftsausschlusses bei Verweigerung der Warenabgabe, das war, kurz skizziert, das äußere Bild, das erneuten Aufruhrputschen einen guten Nährboden gab.

Im Herbst [19]23 kam es zu schweren Straßenkämpfen, bei denen die Polizei sich glatt durchsetzte. [...] In den bewegten Nachmittags- und Abendstunden durchzogen Polizeistreifen in Stärke von 10–15 Beamten unter Führern die Straßen und griffen sofort ein, wenn Plünderungsversuche unternommen wurden. Die Geschäftsstraßen waren nach Sicherungsabschnitten

---

18 Panzergeschwader, von engl. tank = Panzer.

geordnet und einem Führer unterstellt. Das große Heer von Arbeitslosen bevölkerte die Straßen. Ein Funke genügte zur Explosion. [...]

Mit welchen Aufgaben sich die Polizei neben ihrem sonstigen Dienst in dieser anormalen Zeit zu beschäftigen hatte, beweist folgender Hergang:

Die Kohlengewinnung war zum Stillstand gekommen. Sämtliche Zechen ruhten. Die Halden wurden von den Franzosen abgefahren. Der Mangel an Brennmaterial wurde bei der zunehmenden kalten Jahreszeit immer fühlbarer. Man verfiel auf sonderbare Auswege:

Seit Jahr und Tag hatte die Zeche Dorstfeld eine Kohlenwäscherei in Betrieb, deren Abwässer sie einem großen Teich (zwischen Huckarde, Dorstfeld und Marten belegen) zuführte. Das Entstehen des Teiches ist auf die Abwässer zurückzuführen. Im Winter hatte sie seit Jahren dem Eissport gedient. Infolge der Emscherregelung[19] war der Teich ziemlich ausgetrocknet. Auf ihn stürzte sich die Einwohnerschaft von Dortmund, Marten und Huckarde, ausgerüstet mit Hacken, Spaten, Handfuhrwerken und Fahrzeugen aller Art, um die zurückgebliebenen Schlammreste zu gewinnen. Ein Bild, wie es die Goldgräber in Kalifornien im Anfang ihrer wilden Arbeit nicht besser darstellen konnten, tat sich auf. Die Zeche legte zwar gegen die Ausnutzung der Schlammkohlenfelder Verwahrung ein, ließ jedoch die Gewinnung stillschweigend zu. Energisch protestierte das Straßenreinigungsamt gegen die Verunreinigung der Zugangsstraßen. Auf der Rheinischen Straße – eine der Verkehrshauptadern der Stadt – war ständi[g] eine lange Kette von Schlammfahrzeugen, die hin und her zurückbefördert wurden, zu sehen. Die Kohlen kamen in schwunghaften Handel. Von der Kohlensteuer blieben sie verschont. Die Polizei hatte die Kohlengewinnung stillschweigend zugelassen, wobei sie sich sagte, dass das Heer der dort beschäftigten Arbeiter einmal produktiv tätig sei, andererseits nicht die Straßen bevölkere, die ohnehin von Arbeitslosen dicht besät waren. [...]

Eine andere Art der Kohlengewinnung, rückkehrend zu den Uranfängen des Bergbaus, tat sich auf. Bei der Emscherregulierung hatten Arbeiter an den Abhängen der Bolmke[20] Kohlenfunde gemacht. Im Nu waren die ganzen Bergabhänge rechts der Emscher, auf Dortmunder Gebiet belegen, mit Kohlenfeldern besät. Tagesstollen, in der Tiefe von 5–20 m, wurden von feiernden Bergleuten kunstgerecht angelegt. Es entstand auf weiter Fläche Stollen neben Stollen, aus dem mittels Handbetrieb (es wurden Eimer und Körbe in den Schacht gelassen) die Kohle gefördert wurde. Einen besonderen Heizwert hatte sie nicht, doch trug sie dazu bei, der dringendsten Not entgegenzutreten. [...]

Mit dieser Kohlengewinnung verbunden war eine große Gefahr für die benachbarten Wälder. Jenseits der Emscher lagen große Waldungen des Freiherrn von Romberg und der Stadt Dortmund. Zunächst wurde aus den Wäldern das zum Versatzbau benötigte Holz gewonnen. Daraus folgerte man eine allgemeine Freigabe der Wälder zum Zwecke der Abholzung. In dichten Scharen stürzten sich die Einwohner aus Hombruch, Barop, Wellinghofen, Hörde, auch aus Dortmund auf die Wälder. Das Vorgehen der einzelnen Beamten war völlig wirkungslos. Als die

---

19 Gemeint ist die zu Beginn des 20. Jahrhunderts eingeleitete Regulierung der Emscher.
20 Stadtnahes Wald- und Naturschutzgebiet in Dortmund.

Gefahr für die städtischen Wälder immer größer wurde, säuberte ich mit starken Polizeikommandos die Wälder, wir fanden z.T. Widerstand und nahmen eine große Anzahl von Holzfällern fest, beschlagnahmten Sägen, Äxte und Beile, die zum Holzfällen benutzt worden waren. [...] Ohne das Einschreiten der starken Dortmunder Polizeikräfte wären die Wälder abgeholzt worden.

Das Einebnen der Löcher war aus sicherheitspolizeilichen Gründen erforderlich. Da die Polizei den Zustand geduldet hatte, musste sie auch wieder die Gefahr beseitigen. Polizeibeamte haben monatelang mit Erwerbslosen an dem Wiederzuschütten der Kohlenschächte gearbeitet.

43. Die deutsche Staatsführung gibt Ende September 1923 den passiven Widerstand an der Ruhr auf.

Proklamation des Reichspräsidenten und der Reichsregierung an das deutsche Volk vom 26.9.1923, abgedruckt in: [Heinrich] Schulthess, Schulthess' europäischer Geschichtskalender 1923, München 1928, S. 177–178.

An das deutsche Volk! Am 11. Jan[uar] haben französische und belgische Truppen wider Recht und Vertrag das deutsche Ruhrgebiet besetzt. Seit dieser Zeit haben Ruhrgebiet und Rheinland schwerste Bedrückungen zu erleiden. Über 180.000 deutsche Männer, Frauen, Greise und Kinder sind von Haus und Hof vertrieben worden, für Millionen Deutsche gibt es den Begriff der persönlichen Freiheit nicht mehr. Gewalttaten ohne Zahl haben den Weg der Okkupation begleitet. Mehr als hundert Volksgenossen haben ihr Leben dahingeben müssen, Hunderte schmachten noch im Gefängnis. Gegen die Unrechtmäßigkeit des Einbruchs erhoben sich Rechtsgefühl und vaterländische Gesinnung. Die Bevölkerung weigerte sich, unter fremden Bajonetten zu arbeiten. Für diese, dem Deutschen Reich in schwerster Zeit bewiesene Treue und Standhaftigkeit dankt das ganze deutsche Volk. Die Reichsreg[ierun]g hatte es übernommen, nach ihren Kräften für die leidenden Volksgenossen zu sorgen. [...] Das Wirtschaftsleben im besetzten und unbesetzten Deutschland ist zerrüttet. Mit furchtbarem Ernst droht die Gefahr, dass bei Festhalten an dem bisherigen Verfahren die Schaffung einer geordneten Währung, die Aufrechterhaltung des Wirtschaftslebens und damit die Sicherung der nackten Existenz für unser Volk unmöglich gemacht wird. Diese Gefahr muss im Interesse der Zukunft Deutschlands ebenso wie im Interesse von Rhein und Ruhr abgewendet werden. Um das Leben von Volk und Staat zu erhalten, stehen wir heute vor der bitteren Notwendigkeit, den Kampf abzubrechen. Wir wissen, dass wir damit von den Bewohnern der besetzten Gebiete noch größere seelische Opfer als bisher verlangen. [...] Dafür zu sorgen, dass die Gefangenen freigegeben werden, dass die Verstoßenen zurückkehren, bleibt die vornehmste Aufgabe der Reichsreg[ierun]g. Vor allen wirtschaftlichen und materiellen Sorgen steht der Kampf für diese elementarsten Menschenrechte. Deutschland hat sich bereit erklärt, die schwersten materiellen Opfer für die Freiheit der deutschen Volksgenossen und deutscher Erde auf sich zu nehmen. Diese Freiheit ist uns aber kein Objekt für Verhandlungen oder für Tauschgeschäfte. Reichspräsid[ent] und Reichsreg[ierun]g versichern hierdurch feierlich vor dem deutschen Volk und vor der Welt, dass sie sich zu keiner Abmachung verstehen werden, die auch nur das kleinste Stück deutscher

Erde vom Deutschen Reich loslöst. In der Hand der Einbruchsmächte und ihrer Verbündeten liegt es, ob sie durch Anerkennung dieser Auffassung Deutschland den Frieden wiedergeben oder mit der Verweigerung dieses Friedens alle die Folgen herbeiführen wollen, die daraus für die Beziehungen der Völker entstehen müssen. Das deutsche Volk fordern wir auf, in den bevorstehenden Zeiten härtester seelischer Prüfung und materieller Not treu zusammenzustehen. Nur so werden wir alle Absichten auf Zertrümmerung des Reiches zunichte machen, nur so werden wir der Nation Ehre und Leben erhalten, nur so ihr die Freiheit wiedergewinnen, die unser unveräußerliches Recht ist.

44. Die Bergarbeiterverbände des Ruhrgebiets rufen zur Wiederaufnahme der Arbeit auf (1923).

Aufruf der Bergarbeiterverbände des Ruhrreviers zur Wiederaufnahme der Arbeit vom 2.10.1923, in: Vorwärts, Nr. 462 vom 3.10.1923, abgedruckt in: Herbert Michaelis et al. (Hg.), Ursachen und Folgen vom deutschen Zusammenbruch 1918 und 1945 bis zur staatlichen Neuordnung Deutschlands in der Gegenwart, Bd. 5: Die Weimarer Republik. Das kritische Jahr 1923, Berlin 1961, S. 210 (Dok. 1084).

Die Reichsregierung hat durch ihren Aufruf an das deutsche Volk vom 26. September bekannt gegeben, dass der passive Widerstand aufgegeben werden soll.[21] Die Aufgabe musste erfolgen, wenn die deutsche Wirtschaft nicht vollständig zugrunde gehen soll. Dem rasenden Währungsverfall muss Einhalt geboten und die Notenpresse zum Stillstand gebracht werden. Unerlässliche Voraussetzung hierfür [sind] die Aufgabe des passiven Widerstands und die Wiederaufnahme der Arbeit. Die Existenz und die Zukunft des deutschen Volks und vor allem der Arbeiterschaft macht diese Maßnahmen zur zwingenden Notwendigkeit. Die unterzeichneten Verbände fordern Euch deshalb auf, die Arbeit und Förderung sofort in vollem Umfang wieder aufzunehmen.

Kameraden! Ruhe und Ordnung im Innern Deutschlands [sind] vor allem erforderlich, wenn die gefahrdrohende Lage überwunden werden soll. Kommunisten, Unionisten und Rechtsbolschewisten fordern den Gewaltstreich und arbeiten auf den Bürgerkrieg hin. Das ist ein Verbrechen am Volk und zerstört die deutsche Republik. Kameraden, versagt diesen Volksverderbern die Gefolgschaft. Die vier Bergarbeiterverbände[22] haben bisher Eure Interessen vertreten und wahrgenommen. Sie werden es auch in den kommenden schweren Zeiten tun. Die Wahrnehmung der Arbeiterinteressen kann umso wirksamer geschehen, je geschlossener die Kameraden den Verbänden und ihren Weisungen folgen.

---

21 Vgl. dazu Dok. 43 in diesem Kapitel.
22 Vgl. hierzu die Dok. 16 und 23 in diesem Kapitel.

45. Ein Beigeordneter aus Oberhausen zieht im Frühjahr 1924 eine vorläufige Bilanz der Besatzungszeit und deutet auf die künftigen Probleme der Gemeinden im Ruhrgebiet hin.

Karl Menne, Die Zukunft der Gemeinden des rheinisch-westfälischen Industriegebietes, in: Zeitschrift für Kommunalwirtschaft 14 (1924), Nr. 5 vom 10.3.1924, S. 181–185.

Die Gegenwart ist für die Gemeinden trübe. Dunkel und schwer liegt auch die Zukunft vor ihnen, und die Ausblicke sind nicht rosig. Wenn wir auf die vergangene Zeit zurückblicken, so ließen der passive Widerstand und die Besetzung des Ruhrgebiets den Gemeinden ganz besonders schwierige Aufgaben erwachsen. Die Aufgabe des passiven Widerstands brachte nicht das erwünschte und erhoffte baldige Wiederaufleben der Wirtschaft; im Gegenteil: Handel und Wandel stockten noch immer zu einem großen Teil. Industrie und Wirtschaft liegen vielfach noch arg danieder. Ein ungeheures Heer von Erwerbslosen ist vorhanden. Ansätze zur Besserung sind zwar da, aber nur sehr, sehr langsam geht der Wiederaufbau vonstatten. Darunter haben die Gemeinden des Industriegebiets nicht nur finanziell schwer zu leiden. Besonders fühlbar macht sich für die Wiederaufbauarbeit, die große Anforderungen an die Gemeinden stellt, das Fehlen der Stadtoberhäupter und sonstiger leitender Beamten, wenn auch gern anerkannt werden soll, dass sie hier und da ihrem Wirkungskreis schon wieder zurückgegeben sind. [...]

Das gesamte *Finanzwesen* der Gemeinden ist zurzeit schwer zerrüttet. Wenn auch die *Vermögenslage* als solche durchaus nicht schlecht sein mag, da die Gemeinden wohl überall rechtzeitig alle Anleiheschulden getilgt und Hypotheken abgestoßen haben mögen, so fehlt es doch an vorhandenen flüssigen Geldmitteln, um die *laufenden* Aufgaben zu bewältigen. Gerade jetzt macht sich das Fehlen einer eigenen Finanzhoheit der Gemeinden besonders übel bemerkbar. Sie sind ja Kostgänger des Reichs geworden, und die Steueranteile fließen nur sehr spärlich. [...]

Auch die *Steuerhoheit* der Gemeinden ist außerordentlich beschränkt. Das Recht, wirklich ertragreiche Steuern auszuschreiben, ist ihnen arg beschnitten worden. Im Großen und Ganzen sind sie auf Gewerbesteuer, Kopfsteuer, Lohnsummensteuer, Vergnügungssteuer, Getränkesteuer und Grundsteuer angewiesen. Alle diese Steuerquellen sind schon außerordentlich hoch angespannt. [...]

Gewaltige Summen verschlingt die *Fürsorge für die Erwerbslosen*, umso mehr, als die Gemeinden sehr oft die Gelder für das Reich tagelang vorstrecken müssen und die neue Regelung der Erhebung von *Beiträgen* von den Arbeitgebern und Arbeitnehmern vorerst noch so gut wie gar nichts einbringt. Unbedingt muss künftig die Unterstützung noch mehr als bisher in Gestalt der *produktiven Erwerbslosenfürsorge* ausgestattet werden. Für die Unterstützungssätze müssen im Wege produktiver Arbeit *Gegenwerte* geschaffen werden. Daneben ist als Ziel die planmäßige Abwanderung besonders der jugendlichen Erwerbslosen in andere Wirtschaftsgebiete und ihre Verwendung zur Urbarmachung von Öd- und Moorländereien und sonstiger Siedlungstätigkeit zu fördern und weiter zu verfolgen. – Große Unkosten erwachsen auch beim *Armenwesen*, da in folge der geringen Verdienstmöglichkeiten zahlreiche Personen auf die Unterstützung aus öffentlichen Mitteln angewiesen sind. [...]

Gegenwärtig ist die *Wohnungsnot* noch äußerst groß, ob sie durch Fortzug, durch gestaffelte Einführung der Goldmieten und dadurch herbeigeführtes Freiwerden von Wohnungen gemindert wird, steht noch sehr dahin. Der Plan, einen Teil der Goldmiete oder einen Teil des Aufkommens aus der Hypothekenaufwertung zum Zwecke des Wohnungsbaus zu verwenden, begegnet allenthalben sehr gemischten Gefühlen. [...]

Die *Verkehrsverhältnisse* haben sich zwar erheblich gebessert, haben aber die frühere Höhe noch immer nicht erreicht. Die Inanspruchnahme der *Straßen und Wege* während der Zeit des passiven Widerstands und des dadurch hervorgerufenen Stillstehens der Eisenbahn, durch Kraftwagen und sonstige Lastfahrzeuge, war ungeheuer. Die Straßen und Wege befinden sich teilweise in völlig zerfahrenem Zustand. Den Gemeinden müssen zum Zwecke der Wiederinstandsetzung reichliche Beträge aus den staatlichen Fahrzeugsteuern unbedingt überwiesen werden. Den Verkehr zwischen den einzelnen Gemeinden des Industriegebiets hat lange Zeit hindurch fast nur die *Straßenbahn* vermittelt. Auf diese Weise konnte sie sich über Wasser halten. Ob dies so bleibt oder der zunehmende Verkehr auf den Regiebahnen eine Einschränkung des Straßenbahnverkehrs mit sich bringt, bleibt noch abzuwarten. Eine Ausgestaltung des Straßenbahnwesens durch Zusammenlegung mehrerer Betriebe benachbarter Städte, durch Herstellung günstiger Verbindungen und Anschlüsse könnte nur zum Vorteil gereichen. [...]

Die *gesundheitlichen Verhältnisse* sind nicht die besten. Die fürchterliche Volksgeißel der Tuberkulose breitet sich, gefördert durch Unterernährung, unzureichende Wohnungsverhältnisse, immer mehr aus. Leider nur wenig können die Städte angesichts der großen Finanznot dagegen tun. Ganz dürfen sie sich dieser Aufgabe aber auch in Notzeiten wie den jetzigen nicht entziehen. Soweit es nur eben ihre Kräfte zulassen, müssen sie der Frage der Volksgesundheit besondere Beachtung schenken. – Auch ein wirksames, nachhaltiges Durchgreifen der Städte auf *wirtschaftlichem Gebiet* kann nur in beschränktem Maße erfolgen. Wie bisher, werden die Städte kaum dem Handel mit Krediten weiter unter die Arme greifen können. Der Notwendigkeit, sonstige Maßnahmen zum Besten des Volkswohls, wie *Suppenküchen, Volksspeisungen*, Einrichtung von *Wärmehallen*, Übernahme von *Milchpatenschaften* [und dergleichen mehr], eventuell durch Sammlungen und Spenden einzurichten und durchzuhalten, werden sich die Städte angesichts der Notlage der Bevölkerung jedoch nicht verschließen können. Aber auch hier zwingt die Finanznot zur Sparsamkeit und Zurückhaltung. [...]

Die Gemeinden sind in der nächsten Zukunft vor die Lösung ungeheurer Aufgaben gestellt. Diese können sie nur erfüllen, wenn sie einmal den Kreis der Aufgaben auf die unbedingt wichtigsten zusammendrängen, weniger bedeutungsvolle zurückstellen oder aufgeben, und wenn sie zum anderen sich mit ihrem Personal zur Erfüllung dieser Aufgaben auf das Äußerste beschränken. [...]

Es geht unter keinen Umständen mehr an, dass die Gemeinden wie bisher »das Mädchen für alles« darstellen und auf ihre Schultern alle nur möglichen Aufgaben gebürdet werden, ohne dass sie dafür einen Pfennig Zuschuss erhalten. Die Entwicklung der letzten Jahre in dieser Beziehung muss unbedingt aufhören. Was hat man nicht alles den Gemeinden auferlegt! Angefangen von der Lebensmittelversorgung der Kriegszeit, den Preisprüfungsstellen, Wucherämtern, Wohnungsämtern, Mieteinigungsämtern, der Fürsorge für Flüchtlinge, Kriegsbeschädigte, Sozial- und Kleinrentner bis zu zahlreichen sonstigen Aufgaben, die zu lösen ureigenste Sache von Reich und Staat wäre. Damit muss ein Ende gemacht werden. [...]

Zum Schluss muss gesagt werden, dass die Gemeinden trotz der Notlage nicht verzweifeln und die Hände nicht tat[en]los in den Schoß legen dürfen. Ein frisches, tatkräftiges Zugreifen kann zur Besserung und Gesundung führen. Der Umstand, dass sich allenthalben in den Gemeinden ein eifriges Regen zeigt, und dass man mit Energie und Zuversicht an die Lösung der schwierigen Aufgaben herangeht, birgt die sichere Gewähr in sich, dass auch hier die Notzeiten überstanden werden und sich endlich der Segen zeigt. Schon Friedrich der Große hat mit Recht gesagt: »Es kommt niemals so rosig, wie man es sich träumen lässt, aber auch niemals so schwarz, wie man es sich ausmalt«. Dies Wort dürfte sich auch bei der zukünftigen Entwicklung der Gemeinden des Industriegebiets bewahrheiten.

Das Ruhrkohlenbecken um 1890

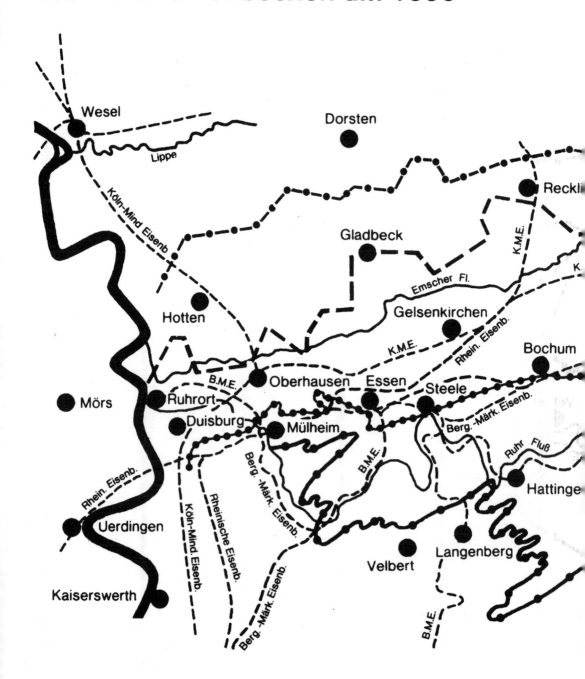